합격을 앞당기는
해커스 한국사능력시험 심화(1·2·3급) 2주 합격
추가자료

한국사능력검정시험 인강 **30% 할인 쿠폰**
`K622 D78K KF0A A000`

한국사 시대흐름잡기 특강 **무료 수강권**
`878K D782 K2DC D000`

이용방법 해커스한국사 사이트(history.Hackers.com) 접속 후 로그인 ▶
사이트 메인 우측 상단의 [나의 정보] 클릭 ▶ [나의 쿠폰] 클릭 ▶ [쿠폰/수강권 등록] 클릭 ▶
위 쿠폰번호 등록 후 [마이클래스]에서 수강

* 쿠폰 유효기간: 2026년 12월 31일까지
* 쿠폰 등록 직후 강의가 지급되며, 지급일로부터 30일간 수강 가능합니다.
* 본 쿠폰은 한 ID당 1회에 한해 등록 및 사용 가능합니다.

▲ 할인쿠폰 바로가기   ▲ 무료 수강권 바로가기

데일리 셀프 쪽지 시험(PDF)
`20HZ 5FZU J2FO N6H6`

폰 안에 쏙! 빈출 문화재 퀴즈(PDF)
`GWJU 6KHM KSCE YEVV`

이용방법 해커스한국사 사이트(history.Hackers.com) 접속 후 로그인 ▶ 사이트 메인 상단의 [교재/자료] 클릭 ▶
[교재 자료 다운로드] 페이지에서 본 교재 우측의 해당자료 [다운로드] 클릭 ▶
위 쿠폰번호 입력 후 이용

한국사 최신인강 전 강좌 **0원으로 듣기**

이용방법 해커스한국사 사이트(history.Hackers.com) 접속 후 로그인 ▶ 사이트 메인 상단의 [이벤트] 클릭 ▶
[한능검 전 강좌 100% 무료] 배너 클릭 후 이용

* 이벤트 강의는 14일간 수강 가능합니다. (매일 선착순 50명 제공, ID당 1회에 한해 수강 가능)

바로가기 ▶

한국사 단기합격의 모든 것, 해커스한국사   history.Hackers.com

해커스 한국사능력검정시험 심화 [1·2·3급] 2주 합격 이 특별한 이유!

어려운 개념도 쉽고 재미있게 학습하니까!

1
기출 자료를
이야기로 만든
스토리로 미리보기를 통해
생소한 한국사 흐름을
재미있게 학습!

2
어려운 개념도
머릿속에 저절로 그려지는
마인드맵으로
복잡한 한국사 개념을
단번에 정리!

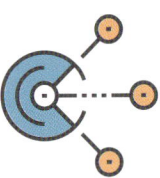

반복 학습으로 점수까지 잡을 수 있으니까!

3

기출 키워드 퀴즈와
시대 기출 테스트로
암기한 내용을
점검하고
실력 향상까지!

4

최빈출 포인트만
모아 구성한
**실력 점검
기출 모의고사**로
실전 감각을 극대화!

5

합격직행노트로
시험 직전
빈출 주제만
콕! 짚어 마무리!

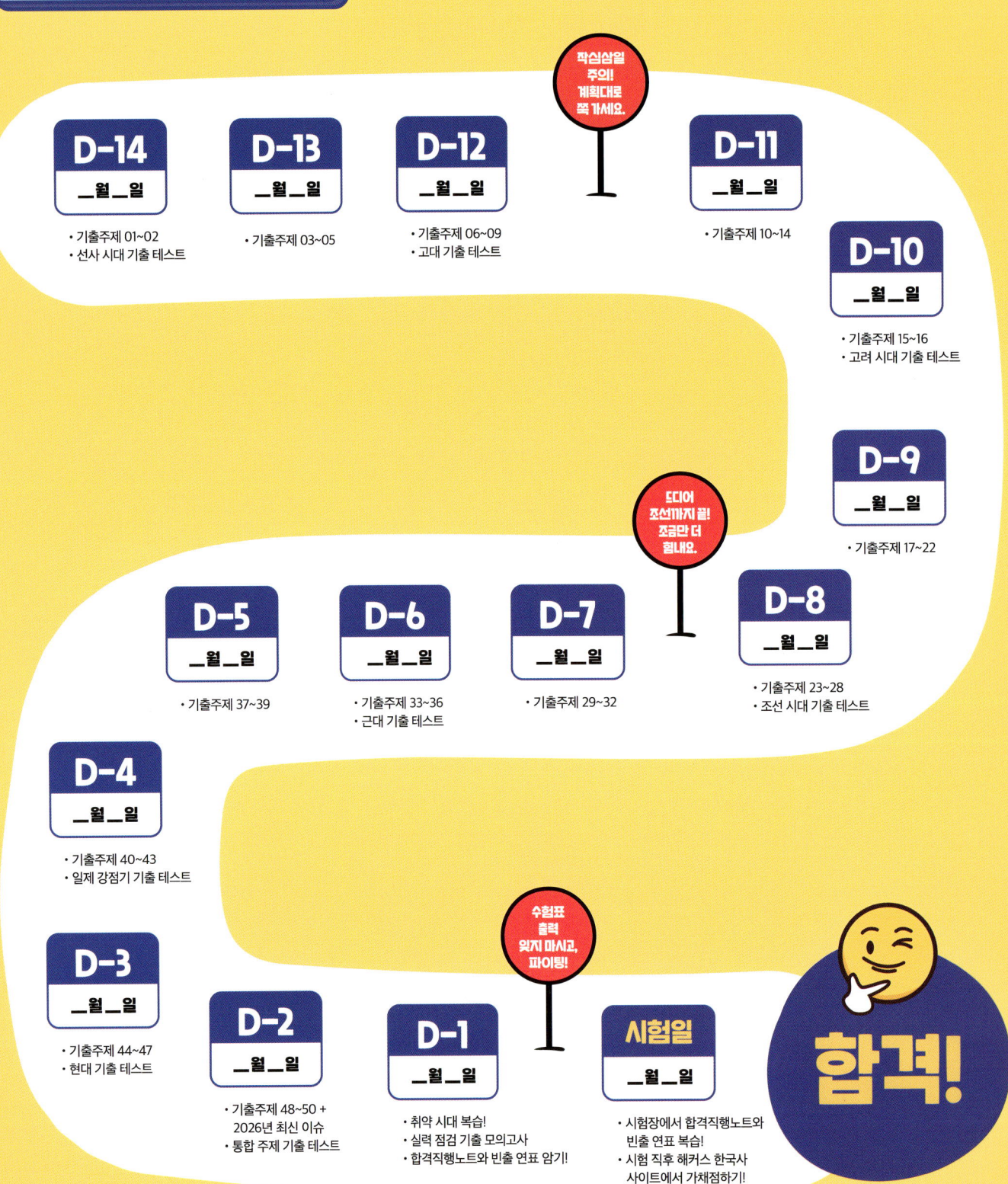

해커스
한국사
능력
검정시험 심화 [1·2·3급]

2주 합격

해커스

이 책의 차례

이 책의 활용법 4
한국사능력검정시험 A to Z 8

I 선사 시대

선사 시대 흐름 잡기 12

기출주제
- 01 구석기~철기 시대 14
- 02 고조선과 여러 나라의 성장 22

선사 시대 기출 테스트 30

III 고려 시대

고려 시대 흐름 잡기 90

기출주제
- 10 고려의 건국과 발전 92
- 11 고려의 통치 체제 96
- 12 문벌 귀족 사회와 무신 정권 100
- 13 고려의 대외 관계 104
- 14 원 간섭기와 공민왕의 개혁 정치 108
- 15 고려의 경제와 사회 112
- 16 고려의 문화 116

고려 시대 기출 테스트 124

II 고대

고대 흐름 잡기 34

기출주제
- 03 삼국의 발전 36
- 04 가야 연맹 48
- 05 고구려의 대외 항쟁과 신라의 삼국 통일 52
- 06 통일 신라와 발해 56
- 07 통일 신라의 혼란과 후삼국 시대 64
- 08 고대의 경제와 사회 68
- 09 고대의 문화 72

고대 기출 테스트 84

IV 조선 시대

조선 시대 흐름 잡기 130

기출주제
- 17 조선 전기의 정치 132
- 18 조선의 통치 체제 140
- 19 조선 전기의 문화 144
- 20 조선의 대외 관계 148
- 21 조선 후기의 붕당 정치와 탕평 정치 156
- 22 조선 후기의 세도 정치 164
- 23 조선의 토지·수취 제도 168
- 24 조선 후기의 경제 발달 172
- 25 조선의 사회 모습 176
- 26 조선의 교육 기관과 성리학 180
- 27 실학의 등장과 국학의 연구 확대 184
- 28 조선 후기 문화의 새 경향 188

조선 시대 기출 테스트 192

근대

근대 흐름 잡기 … 200

기출주제
- 29 흥선 대원군 집권 시기와 개항 … 202
- 30 개화 정책과 위정척사 운동 … 210
- 31 임오군란과 갑신정변 … 214
- 32 동학 농민 운동과 갑오·을미개혁 … 218
- 33 독립 협회와 대한 제국 … 226
- 34 국권 피탈과 저항 … 230
- 35 열강의 경제 침탈과 경제적 구국 운동 … 238
- 36 근대 문화의 형성 … 242

근대 기출 테스트 … 246

일제 강점기

일제 강점기 흐름 잡기 … 252

기출주제
- 37 일제의 식민 통치와 경제 수탈 … 254
- 38 1910년대의 독립운동 … 266
- 39 3·1 운동과 대한민국 임시 정부 … 270
- 40 의열 투쟁과 1920년대의 독립 운동 … 274
- 41 실력 양성 운동과 사회적 민족 운동 … 282
- 42 1930년대 이후의 무장 투쟁 … 286
- 43 민족 문화 수호 운동과 문화 활동 … 290

일제 강점기 기출 테스트 … 298

현대

현대 흐름 잡기 … 304

기출주제
- 44 대한민국 정부 수립 과정 … 306
- 45 이승만 정부 … 310
- 46 박정희 정부 ~ 이명박 정부 … 318
- 47 남북의 통일 논의 … 326

현대 기출 테스트 … 330

통합 주제

기출주제
- 48 지역사 … 336
- 49 유네스코에 등재된 우리 문화재 … 340
- 50 세시 풍속과 민속놀이 … 346
- **출제예감** 2026년 한국사 최신 이슈 리스트 … 350

통합 주제 기출 테스트 … 354

실력 점검 기출 모의고사 … 358
합격직행노트 [책 속의 책]

 데일리 셀프 쪽지 시험, 폰 안에 쏙! 빈출 문화재 퀴즈(PDF) - 해커스한국사(history.Hackers.com)

이 책의 활용법

1 쉽고 빠르게 시대 흐름을 잡아요!

시대별로 반드시 알아둬야 할 주요 흐름을 연표로 구성된 빈출 키워드와 함께 읽어보면서 쉽고 빠르게 주요 흐름을 파악할 수 있어요!

술술 읽어보는 주요 흐름
한국사 노베이스도 쉽고 빠르게
흐름을 이해할 수 있도록
시대별 주요 흐름을 정리했어요!

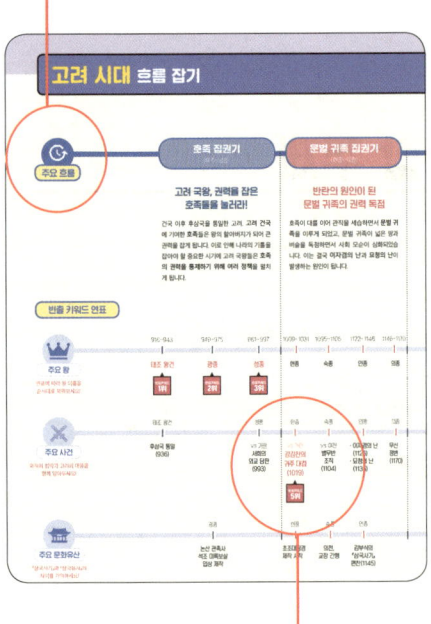

함께 보는 빈출 키워드 연표
실제 시험에 자주 나온 키워드를
주요 흐름과 함께 보며 정리할 수 있도록
연표로 정리했어요.

2 빈출 개념을 공부하고 퀴즈로 개념을 다져요!

최근 3개년 한국사능력검정시험 심화 전 문항을 분석하여 빈출 개념만 모아 50개의 주제로 정리했어요. 학습 후에는 <기출 선택지로 개념 다지기>를 통해 개념을 한 번 더 정리할 수 있어요!

해커스 한국사능력검정시험 심화 **2주 합격**

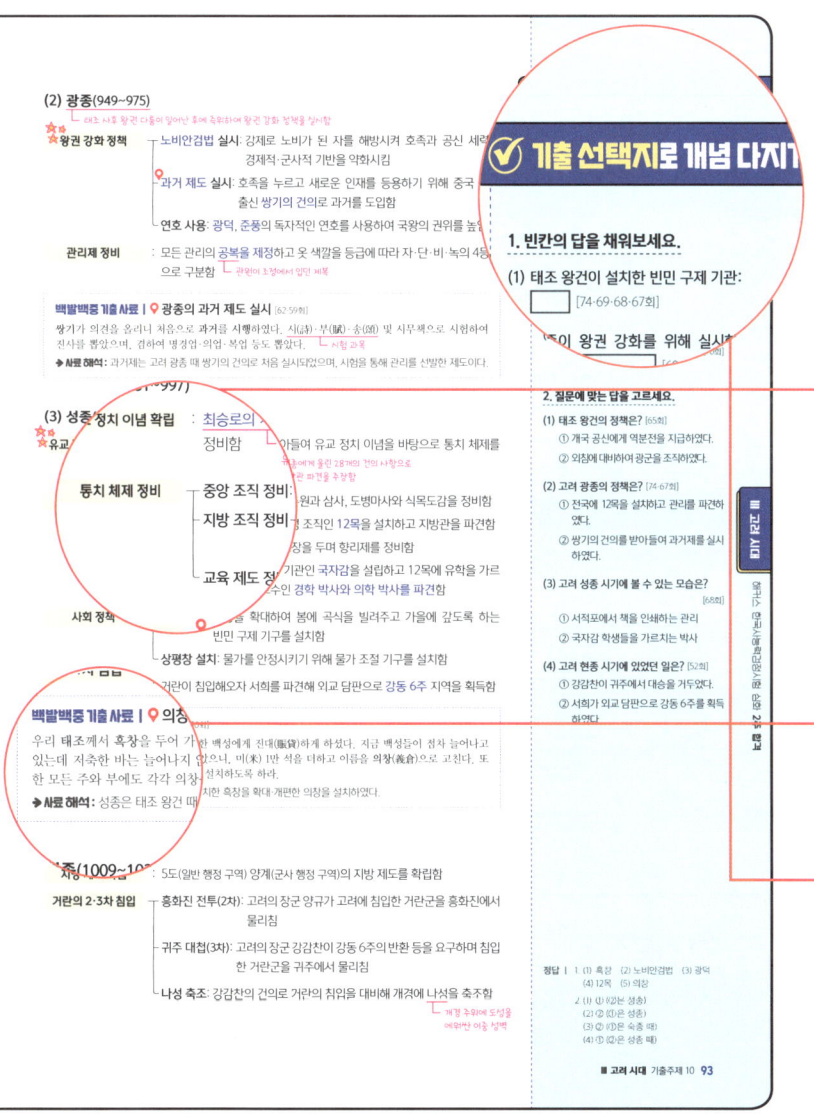

스토리로 미리보기
기출 장면을 담은 역사 이야기를 미리 보면서 재미있게 공부할 수 있어요.

마인드맵 개념 정리
어려운 개념도 머릿속에 저절로 그려지는 마법 같은 마인드맵 개념 정리로 쉽게 공부할 수 있어요.

백발백중 기출 자료/사료
학습한 개념과 관련된 기출 자료 및 사료를 함께 학습할 수 있어요.

기출 선택지로 개념 다지기
기출 키워드 빈칸 퀴즈로 시험에 꼭 나오는 핵심 키워드를 암기하고, 기출 선택지 양자택일 퀴즈로 개념을 한 번 더 점검할 수 있어요.

이 책의 활용법 **5**

이 책의 활용법

3 필수 기출로 문제 풀이법을 익히고 개념을 적용해보세요!

필수 기출문제의 첨삭 해설로 문제 풀이 과정을 익히면서 앞서 공부한 개념을 적용하는 연습을 할 수 있어요!

첨삭 해설

개념은 다 공부했는데 문제만 보면 어떻게 풀어야 할지 막막하죠?
개념을 문제에 적용하는 방법을 알려주는 친절한 첨삭 해설로 쉽게 문제를
풀 수 있어요.

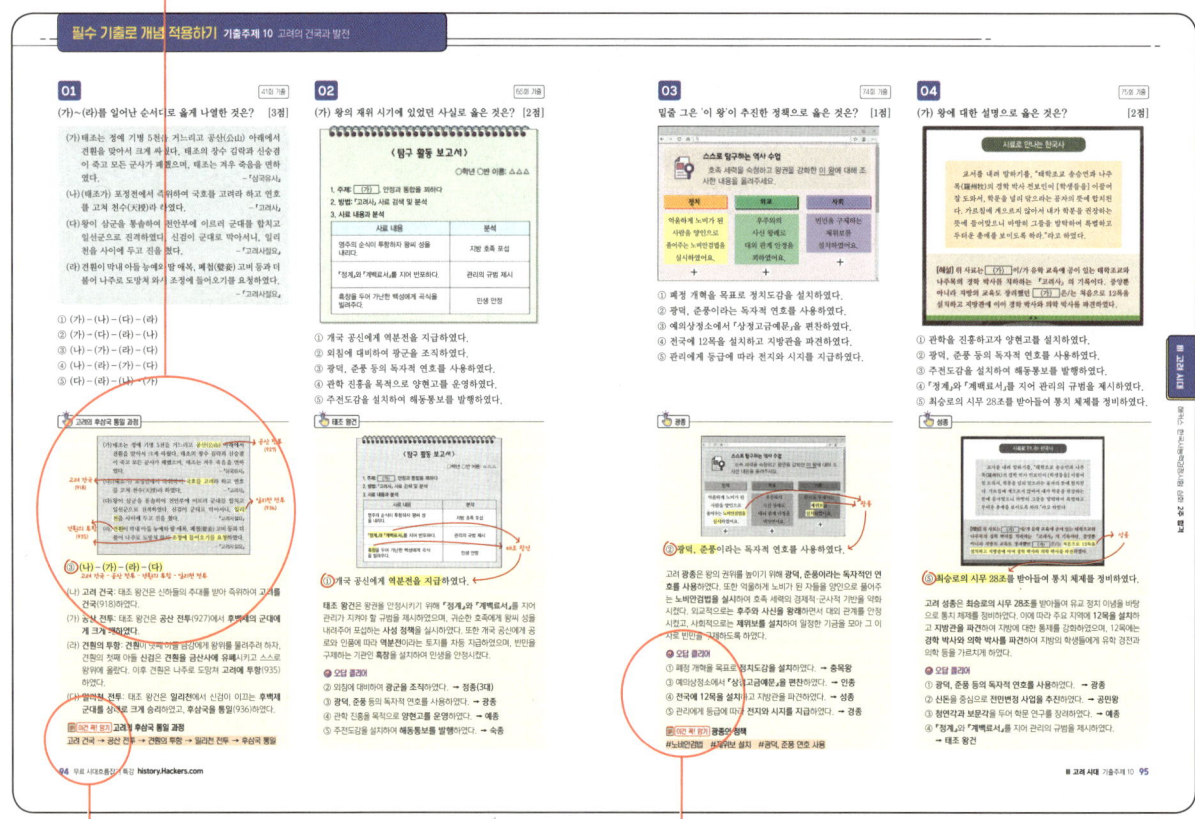

이건 꼭! 암기

또 나올 필수 기출문제의 핵심 키워드는
한 번 더 암기하세요!

오답 클리어

오답 선택지의 핵심 포인트를
빠르게 체크하고 넘어갈 수 있어요.

해커스 한국사능력검정시험 심화 **2주 합격**

4 기출문제로 실전 감각을 쌓고 합격 실력을 완성하세요!

시대 기출 테스트로 실전 감각을 쌓고, 기출 모의고사 1회분을 풀면서 실력을 점검하고 합격을 확신하세요!

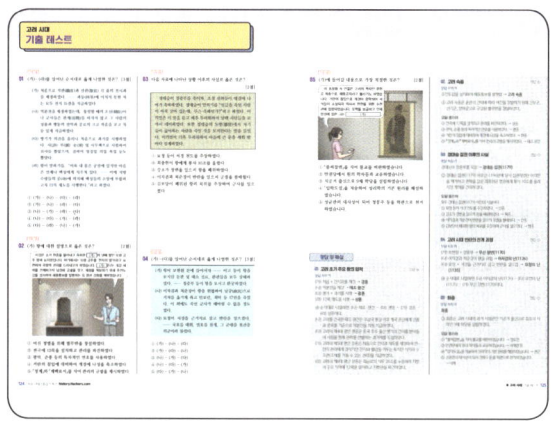

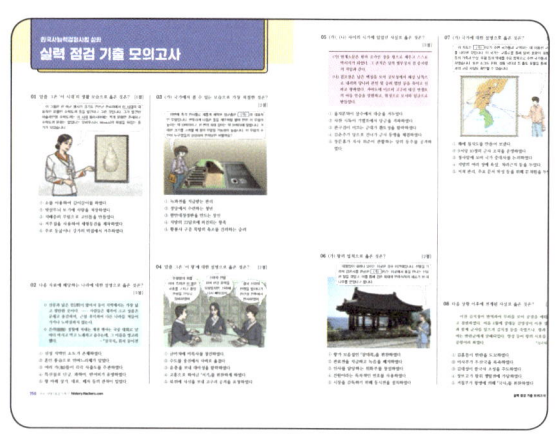

시대 기출 테스트

각 시대 마무리 단계에서 다양한 유형의 기출문제를 풀며 스스로의 부족한 점을 보완하고 실전 감각을 쌓아보세요.

실력 점검 기출 모의고사

최근 3번 이상 출제된 최빈출 포인트로 구성된 기출 모의고사를 실전처럼 풀면서 합격 실력을 완성할 수 있어요.

5 빈출주제 TOP5의 알짜 개념만 집중 암기하세요!

실제 한국사능력검정시험의 빈출 주제 TOP5인 사건, 인물, 왕, 문화유산, 제도를 모아 알짜 개념만 요약했어요.

시험 직전, 집중해서 외우면 20점은 더 오를 수 있어요!

이 책의 활용법 **7**

한국사능력검정시험 A to Z

📝 한국사능력검정시험이란?

한국사능력검정시험은 한국사와 관련된 유일한 국가 자격 시험으로 국사편찬위원회에서 주관합니다. 한국사에 대한 전국민적 공감대를 형성하고 역사에 대한 관심을 확산·심화시키기 위한 목적으로 시행되는 시험이며, 선발 시험(상대 평가)이 아닌 일정 수준의 점수를 취득하면 인증서가 주어지는 인증 시험입니다.

📝 한국사능력검정시험의 평가 등급 및 문항 수

종류	인증등급	급수 인증 기준	평가 수준	문항 수
심화	1급	80점 이상	대학교 교양 및 전공 학습, 고등학교 심화 수준	50문항 (5지 택1)
심화	2급	79점 ~ 70점		
심화	3급	69점 ~ 60점		
기본	4급	80점 이상	중·고등학교 학습, 초등학교 심화 수준	50문항 (4지 택1)
기본	5급	79점 ~ 70점		
기본	6급	69점 ~ 60점		

📝 2026년 한국사능력검정시험 심화 일정

구분		제77회	제78회	제79회	제80회	제81회
시험일		2월 7일(토)	5월 23일(토)	8월 9일(일)	10월 17일(토)	11월 28일(토)
원서 접수 기간	접수	1월 6일(화)~ 1월 13일(화)	4월 21일(화)~ 4월 28일(화)	7월 7일(화)~ 7월 14일(화)	9월 15일(화)~ 9월 22일(화)	11월 3일(화)~ 11월 10일(화)
원서 접수 기간	추가 접수	1월 20일(화)~ 1월 23일(금)	5월 5일(화)~ 5월 8일(금)	7월 21일(화)~ 7월 24일(금)	9월 29일(화)~ 10월 2일(금)	11월 11일(수)~ 11월 13일(금)
합격자 발표		2월 20일(금)	6월 5일(금)	8월 21일(금)	10월 30일(금)	12월 11일(금)

* 한국사능력검정시험은 시도별 원서 접수 가능 일자가 다르니, 홈페이지를 참고하세요.
* 한국사능력검정시험은 시험장이 한정되어 있으므로, 특별히 원하는 지역이나 시험장이 있는 응시자는 서둘러 접수하는 것을 추천합니다.
* 원서 접수 기간 종료 후 잔여 좌석에 대하여 추가 접수를 할 수 있습니다. 추가 접수는 원서 접수 기간 취소 등의 사유로 인한 잔여 좌석에 한해 신청하는 것으로, 잔여 좌석이 없을 경우 시험에 응시할 수 없습니다.

📌 한국사능력검정시험의 활용 및 특전(2025년 8월 기준)

1. 각종 공무원 시험의 응시자격 부여
- 국가·지방공무원 7급 공개경쟁채용시험(2급 이상)
- 5급 국가공무원 공개경쟁채용시험(2급 이상)
- 외교관 후보자 선발시험(2급 이상)
- 교원임용시험(3급 이상)
- 지역인재 7급 수습직원 선발시험 추천자격 요건
- 국가·지방공무원 9급 공개경쟁채용 시험(3급 이상)
  *2027년도부터 시행 예정

2. 한국사 시험 대체
- 군무원 공개경쟁채용시험의 한국사 시험
- 국비 유학생, 해외파견 공무원 선발시험의 한국사 시험
- 이공계 전문연구요원(병역) 선발 시 한국사 시험
- 경찰청 및 해양경찰청 순경 공개경쟁채용시험의 한국사 시험
- 소방 및 소방 간부후보생 공개경쟁채용시험의 한국사 시험
- 우정 9급(계리) 공개채용 필기시험의 한국사 시험
- 국회 8급 공개채용 필기시험의 한국사 시험

3. 일부 공기업 및 민간 기업 채용·승진
- 한국공항공사 5급(1급)
- 국민체육진흥공단(1~3급)
- 인천국제공항공사(2급 이상)
- 한국무역보험공사(2급 이상)
- 한국전력공사(3급 이상)
- 한국 콜마(2급 이상) 외 다수

4. 가산점 부여
- 4대 사관학교(공군·육군·해군·국군간호사관학교) 입시
  ※ 학교별 가산점 부여 방식이 상이함
- 공무원 경력경쟁채용 시험

* 한국사능력검정시험은 자체적인 유효 기간은 없습니다. 그러나 인증서를 요구하는 기관·기업마다 인정 기간·가산점 부여 방법 등이 다르므로, 반드시 지원하는 시험·기관·기업을 통해 인정 기간을 확인하시기 바랍니다.

📌 한국사능력검정시험 To Do 리스트

접수 시작일
✔ 시험 접수하기
- PC, 모바일로 한국사능력검정시험 홈페이지(http://www.historyexam.go.kr/)에서 온라인(ON-LINE)상으로만 접수가 가능해요.
- 결제를 마쳐야만 접수가 정상적으로 처리되어 시험에 응시할 수 있어요.

시험 D-DAY
✔ 시험장 준비물 챙기기
① 수험표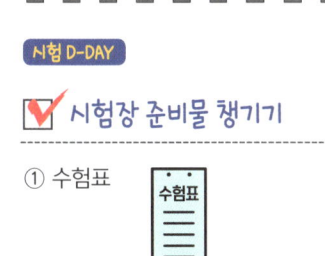
② 신분증
③ 컴퓨터 수성사인펜, 수정 테이프

합격자 발표일
✔ 합격 여부 확인하기
- 한국사능력검정시험 홈페이지(http://www.historyexam.go.kr/)에서 성적 통지서와 인증서를 출력할 수 있어요.
- 별도로 성적 통지서와 인증서를 발급해주지 않으니 필요할 때마다 직접 출력해야 합니다.

해커스 한국사능력검정시험
심화 2주 합격

I 선사 시대

최근 3개년 기출 트렌드
*최근 3개년 회차인 심화 75~60회 기준입니다.

기출주제	출제 문항 수
01 구석기 ~ 철기 시대	16문항
02 고조선과 여러 나라의 성장	17문항 1위

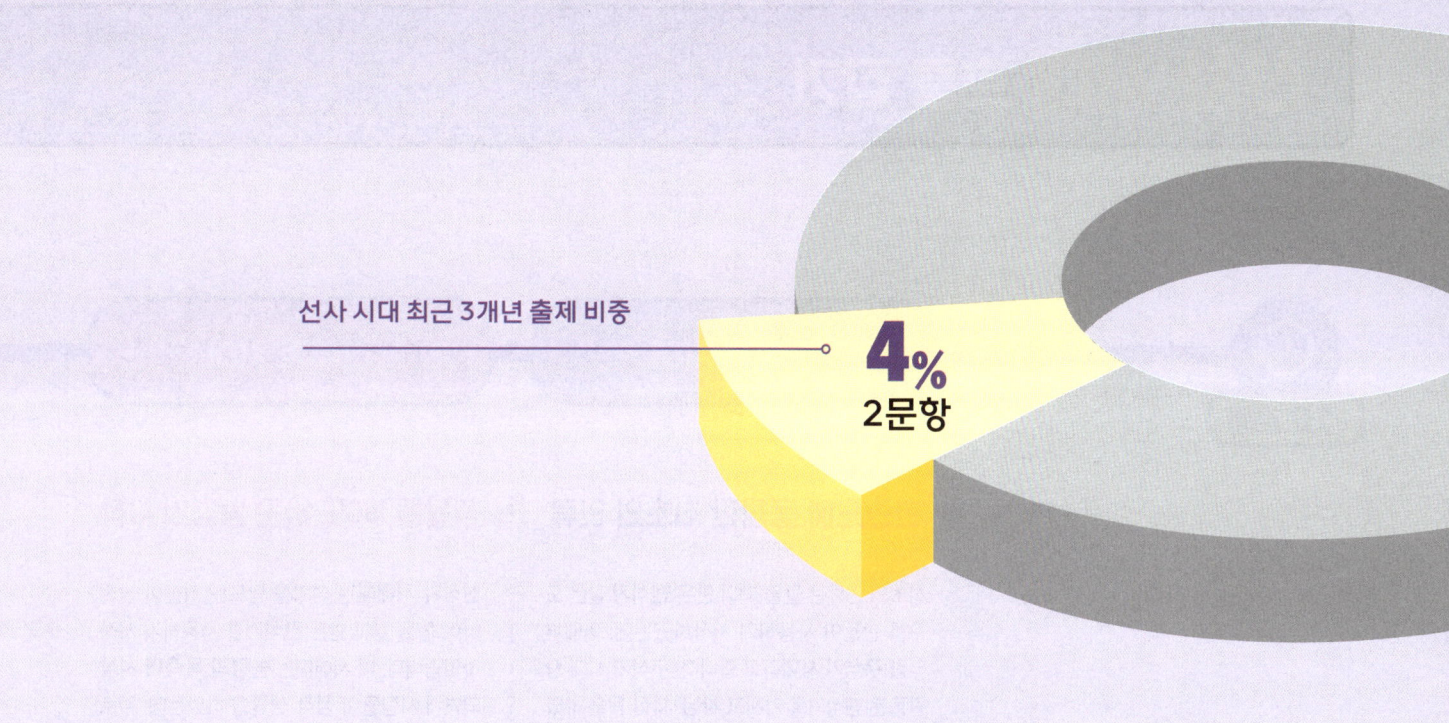

선사 시대 최근 3개년 출제 비중

4%
2문항

빈출 키워드 TOP3

주먹도끼, 빗살무늬 토기, 고인돌

범금 8조, 부여, 동예

학습 포인트

- **고조선과 여러 나라의 성장**은 선사 시대의 빈출 주제예요. 철기 시대에 등장한 여러 나라의 특징과 풍속은 반드시 구분해서 외워 두세요!

- **구석기~철기 시대**는 빈출 키워드인 주먹도끼와 빗살무늬 토기, 고인돌이 반복 출제되니, 빈출 키워드를 통해 시대를 구분하는 연습이 필요합니다!

선사 시대 흐름 잡기

주요 흐름

구석기 시대

한반도에 등장한 최초의 인류

최초의 인류는 돌을 떼어 만든 **뗀석기** 같은 도구를 만들어 사용하기 시작하였는데, 이때부터를 **구석기 시대**라고 합니다. 구석기 시대 사람들은 뗀석기를 가지고 **사냥·채집** 등을 하였고, **이동 생활**을 하며 **막집이나 동굴**에서 거주하였습니다.

신석기 시대

생활을 180도 바꾼 농경의 시작

신석기 시대에는 석기를 만드는 기술이 발전하여 돌을 갈아 만든 **간석기**를 사용하기 시작하였습니다. 이 시대에는 **농경과 목축**이 시작되면서 사람들이 **정착 생활**을 하였는데, 주로 **움집**에서 생활하였습니다. 또한 **빗살무늬 토기**와 같은 토기를 만들어 수확물을 저장·조리하는 데 사용하였습니다.

빈출 키워드 연표

국가
청동기 시대에 최초의 국가 고조선이 건국되었다는 것을 기억하세요!

무리 + 평등 사회   부족 + 평등 사회

유물
시대별 주요 유물들이 시험에 그대로 나오니 잘 기억하세요!

주먹도끼   슴베찌르개   빗살무늬 토기   가락바퀴   갈돌과 갈판

 빈출키워드 **2위**

 빈출키워드 **1위**

한국사능력검정시험 전문 선생님의
무료 특강과 함께 시대 흐름 잡기

청동기 시대

계급이 발생한 청동기 시대

중국으로부터 청동기 문화가 전파되면서 **청동기 시대**가 시작되었습니다. 이 시대에는 **벼농사가 시작**되고 **반달 돌칼** 등의 석기가 사용되어 **농업 생산량**이 크게 증가하였고, 힘센 사람이 더 많은 생산물을 갖게 되면서 **계급이 발생**하였습니다. 점차 경쟁이 커지면서 한반도 최초의 국가인 **고조선**이 등장하였습니다.

철기 시대

철기 문화를 바탕으로 성장한 '여러 나라'

청동보다 단단한 철을 사용하기 시작하면서 **철기 시대**가 시작되었습니다. 철기 문화는 고조선을 뒤이은 **위만 조선에서 적극적으로 수용**하며 널리 퍼졌습니다. 한편 위만 조선이 멸망한 후 옛 고조선 땅과 한반도 남부에는 철기 문화를 바탕으로 **부여, 고구려, 옥저, 동예, 삼한**과 같은 여러 나라가 등장하였습니다.

고조선 건국

위만 조선 성립 · **고조선 멸망** (빈출키워드 5위) · 초기 국가의 등장
- **부여** (빈출키워드 4위)
- 고구려
- 옥저
- 동예
- 삼한

반달 돌칼 · 비파형동검 (빈출키워드 3위) · 미송리식 토기 · 고인돌

세형동검 · 명도전

기출주제 01 구석기~철기 시대

빈출 태그 | #주먹도끼 #동굴, 막집 #빗살무늬 토기 #가락바퀴 #비파형동검 #반달 돌칼 #고인돌 #세형동검

스토리로 미리보기

역잘알: 한국사 공부 시작했다며? 공부하다가 막히는 부분이 있으면 언제든 물어봐~!

역알못: 오 진짜? 어쩌지 처음부터 잘 모르겠어. 선사 시대랑 구석기 시대, 신석기 시대라는 단어부터 헷갈려ㅠㅠ

역잘알: 맞아ㅋㅋㅋ 나도 처음에는 시대 이름부터 헷갈려서 잘 모르겠더라.

우선 선사 시대는 문자로 쓰인 기록이 남아 있지 않은 시대를 의미해. 그래서 선사 시대는 사람들이 사용한 도구에 따라 여러 시대로 나뉘지.

역알못: 앗 그럼 석기 시대면 돌을 사용한 시대겠네?

역잘알: 맞아~ 맨 처음에는 돌을 깨뜨리거나 떼어내서 만들었는데, 이 투박한 도구를 뗀석기라고 해. 긴 시간이 흐른 뒤에는 사람들이 돌을 갈아서 정교한 석기를 만들었는데, 이 도구는 간석기라고 해.

그래서 뗀석기를 사용한 시대를 옛 구(舊)자를 써서 **구석기 시대**, 간석기를 사용한 시대를 새 신(新)자를 써서 **신석기 시대**라고 해. 같은 돌을 도구로 썼지만, 신석기 시대에는 좀 더 발전된 모양을 갖추었던 거지.

역알못: 아하~, 석기라고 해서 모두 같은 시대에 쓰인 건 아니었구나!!!

1 구석기 시대

선사 시대 중 뗀석기를 생활 도구로 사용한 시대로, 약 기원전 70만 년 전부터 시작됨

(1) 도구

뗀석기
- 돌을 깨뜨려 떼어내서 날을 만든 도구인 뗀석기를 주로 사용함
- **주먹도끼**, 돌날과 몸돌, **찍개**, **찌르개**, 슴베찌르개, 밀개, 긁개 등이 있음
- 흑요석이라는 암석으로 뗀석기를 만들어 화살촉 등에 사용함

▲ 흑요석제 석기

뼈 도구: 동물의 뼈나 뿔로 만든 도구를 사용함

백발백중 기출 자료 | 📍 뗀석기 [72회]

▲ 주먹도끼　　▲ 찍개　　▲ 긁개　　▲ 슴베찌르개

➡ **자료 해석**: 구석기 시대에는 돌을 깨뜨려 날을 만든 뗀석기를 사용하였으며, 그중 슴베찌르개는 돌 윗부분에 날을 만들고 아래 부분에는 자루에 박을 수 있는 부분인 슴베가 있어 화살촉, 창처럼 사용되었다.

---

(2) 생활 모습

경제 생활: 열매 **채집**, **사냥**, 어로(물고기잡이) 활동을 통해 생활함

주거 생활: 주로 **동굴**, 바위 그늘에서 살거나 강가의 **막집**에서 거주함 (강가 근처의 언덕에 나무 줄기 같은 것을 얽어 간단하게 지은 집)

사회 생활
- **무리 사회**: 무리를 이루어 식량을 찾아다니는 이동 생활을 전개함
- **평등 사회**: 경험이 많고 지혜로운 사람이 지도자가 되었으나 계급이 없는 **평등한 공동체 생활**을 함

예술 활동
- **특징**: 사냥감을 많이 얻도록 비는 주술적 의미를 담은 예술품을 제작함
- **예술품**: 동물의 뼈나 뿔을 이용한 조각품을 제작하거나 바위에 고래, 물고기 등을 새김

주요 유적지: **충남 공주 석장리**(광복 이후 남한에서 최초로 발견된 구석기 시대 유적지), **경기 연천 전곡리**(아슐리안형 주먹도끼가 출토됨), 충북 단양 수양개 유적

◀ 아슐리안형 주먹도끼

(3) 중석기 시대

시기: 구석기 시대에서 신석기 시대로 나아가는 과도기

특징
- **자연 환경의 변화**: 기후가 따뜻해지면서 거대한 짐승이 사라지고 작은 동물, 식물이 번성함
- **도구의 변화**: 작고 빠른 동물을 사냥하기 위해 아주 작은 크기의 잔석기를 제작하였고, 여러 개의 석기를 나무나 뼈에 꽂아 쓰는 이음 도구(톱, 활, 창)를 제작함

2 신석기 시대

선사 시대 중 간석기를 생활 도구로 사용한 시대로, 기원전 8000년경부터 시작됨

(1) 도구

간석기	─ 돌을 갈아서 여러 가지 형태와 용도를 가진 간석기를 만들어 사용함 └ 돌보습, 돌괭이, 돌낫 등의 농기구와 갈돌과 갈판 등의 조리 도구가 있음
토기	: 식량을 조리하거나 보관하기 위해 빗살무늬 토기, 덧무늬 토기, 이른 민무늬 토기 등을 제작하여 사용함
수공업 도구	: 실을 뽑는 도구인 가락바퀴와 뼈바늘을 이용하여 옷·그물 등을 만듦 (물고기잡이에 활용함)

백발백중 기출 자료 | 신석기 시대의 도구 [74·70회]

▲ 갈돌과 갈판 / ▲ 빗살무늬 토기 / ▲ 가락바퀴

- 갈돌과 갈판: 나무 열매나 곡물 껍질을 벗기는 데 사용된 간석기
- 빗살무늬 토기: 강가나 바닷가의 땅에 꽂아서 사용하기 위해 끝을 뾰족하게 만든 토기
- 가락바퀴: 실을 뽑는 도구로 뼈바늘과 함께 원시적인 수공업에 사용됨

(2) 생활 모습

경제 생활	─ 조·피 등 밭농사 중심의 농경과 목축을 시작함 └ 농업이 활발하게 이루어지지 않고, 주로 사냥과 물고기잡이를 함
주거 생활  ▲ 신석기 시대의 집터	─ 정착 생활 시작: 농경과 목축의 시작으로 정착 생활을 하면서 강가나 바닷가에 움집을 짓고 거주함 └ 움집: 중앙에 화덕이 있는 원형·방형의 반지하 집으로, 4~5명의 한 가족이 거주할 수 있는 크기로 제작됨 (모서리가 둥근 네모꼴)
사회 생활	─ 부족 사회: 혈연을 바탕으로 하는 씨족을 부족 구성의 기본 단위로 하여 부족을 형성함 └ 평등 사회: 연장자나 경험이 많은 자가 부족을 이끌었으나 여전히 계급이 없는 평등한 공동체 생활을 함
신앙 생활	─ 농경을 통해 자연의 섭리에 대한 관념이 발생하여 원시 신앙으로 발전함 └ 원시 신앙: 애니미즘(자연물에 영혼이 있다고 믿음), 토테미즘(특정 동식물을 부족의 기원과 연결해 숭배함), 샤머니즘(무당과 그 주술을 믿음) 등
예술 활동	: 치레걸이, 조개 껍데기 가면과 같은 장식품을 제작함
주요 유적지	: 서울 암사동(신석기 시대의 집터가 발견됨), 제주 한경 고산리(이른 민무늬 토기가 출토됨), 황해도 봉산 지탑리(농경의 시작을 알려주는 탄화된 좁쌀이 출토됨), 부산 동삼동(조개무지인 패총이 발견됨), 경남 창녕군 비봉리 유적 등

▲ 신석기 시대의 대표 유적지
(봉산 지탑리, 양양 오산리, 서울 암사동, 부산 동삼동, 제주 고산리)

✓ 기출 선택지로 개념 다지기

1. 빈칸의 답을 채워보세요.

(1) 구석기 시대의 대표 도구: [주먹]도끼 [71·66회]

(2) 구석기 시대 사람들이 생활한 곳: 동굴이나 강가의 [   ] [66회]

(3) 신석기 시대의 대표 토기: [빗살무늬]토기 [71·67회]

(4) 신석기 시대의 실을 뽑는 도구: [   ] [69회]

2. 질문에 맞는 답을 고르세요.

(1) 구석기 시대의 생활 모습은? [71회]
① 주로 동굴이나 바위 그늘에서 살았다.
② 가락바퀴를 이용하여 실을 뽑았다.

(2) 구석기 시대의 사회 모습은? [52·45회]
① 지배층의 무덤으로 고인돌을 축조하였다.
② 계급이 없는 평등한 공동체 생활을 하였다.

(3) 신석기 시대의 생활 모습은? [71회]
① 농경과 목축을 통해 식량을 생산하였다.
② 대표적인 도구로 주먹도끼, 찍개 등을 제작하였다.

(4) 신석기 시대의 유물을 모두 고르면? [70회]

① ②

③ ④

정답 |
1. (1) 주먹 (2) 막집 (3) 빗살무늬 (4) 가락바퀴
2. (1) ① (②은 신석기 시대)
　(2) ② (①은 청동기 시대)
　(3) ① (②은 구석기 시대)
　(4) ② 갈돌과 갈판, ③ 빗살무늬 토기
　　(①, ④은 구석기 시대의 주먹도끼, 슴베찌르개)

기출주제 01 구석기 ~ 철기 시대

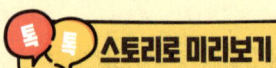

스토리로 미리보기

 역잘알: 공부는 잘 되고 있니? 이제 청동기 시대 공부하겠네~

 역알못: 응, 이제 **청동기 시대**랑 **철기 시대** 공부할건데 꼭 알아둬야 할 내용 좀 짚어줘.

 역잘알: 음, 청동기 시대는 계급이 발생해서 지배자가 등장했다는 게 가장 중요해!

 역알못: 청동기를 사용하는데 왜 갑자기 지배자가 나타난거야?ㅠㅠ

 역잘알: 말하자면 긴데, 청동기 시대에 **벼농사**가 시작되었는데 이때 농사짓는 기술도 엄청나게 발전하게 되었어. 사람들이 배불리 먹고도 식량이 남을 정도로.

그러면 어떻게 되겠어? 남은 식량들은 힘이 센 사람이 갖게 되고, 결국 그중에 더 많이 갖고 힘이 센 사람이 자연스럽게 지배자가 된 거야.

 역알못: 오, 그런거구나. 그럼 청동기로 농사를 지어서 식량이 많이 남게 된 거지?

 역잘알: 아냐~~ 청동이 귀해서 청동기는 지배자들만 사용할 수 있었어. 그래서 청동기 시대에도 농사 지을 때 여전히 간석기를 사용했지.

 역알못: 그렇구나. 요즘 농사 지을 때 사용하는 쟁기 같은 건 언제부터 쓰기 시작한거야?

 역잘알: 철로 만든 쟁기는 청동기 시대가 끝나고 철기 시대가 되면 사용되기 시작해. 철이 단단해서 튼튼한 농기구를 만들 수 있게 되었어.

---

3 청동기 시대
└ 선사 시대 중에서 청동기를 만들기 시작하고 사용한 시대

(1) 청동기의 보급

보급	기원전 2000년~1500년경부터 구리에 주석이나 아연을 섞어 만들어진 청동기가 보급됨
영향	사회 규모가 확대되면서 최초의 국가인 고조선이 출현함

⭐⭐(2) 도구

특징	청동은 재료가 귀하고 다루기 어려워 의식용 도구나 무기로 사용함
청동기	**비파형동검**, 거친무늬 거울, **청동 거울**과 **청동 방울**(의례 도구) 등
석기	**반달 돌칼** 등 농기구는 여전히 간석기를 사용함(청동은 단단하지 못함)
토기	**민무늬 토기**, 송국리식 토기, 미송리식 토기, 붉은 간 토기 등을 제작함

└ 바닥은 납작하고 배의 중간 부분이 약간 부푼 형태의 토기

백발백중 기출자료 | 📍청동기 시대의 도구 [73·72·70·62회]

▲ 비파형동검 　　　　▲ 반달 돌칼 　　　　▲ 민무늬 토기

비파(악기) 모양과 유사하여 이름 붙여진 청동검 | 반달 모양의 돌칼로 곡식의 이삭을 자르는 데에 사용함 | 무늬가 없는 적갈색의 토기

(3) 생활 모습

┌ 조, 보리, 콩 등

경제 생활	┌ 밭농사가 농경의 중심이었으나 일부 저습지에서는 **벼농사**가 시작됨 └ 경제 생활에서 농경이 점차 중시됨(농경문 청동기)
주거 생활	┌ 강 주변의 언덕이나 구릉에 취락을 형성함 ├ 외부 침입에 대비하기 위해 목책(나무 울타리 기둥)과 환호(도랑)를 설치함 └ 반지하의 움집이 점차 지상 가옥으로 변화함, 직사각형의 움집에서 생활함
사회 생활	┌ **사유 재산 발생**: 농업 생산력이 증가하여 발생한 잉여 생산물을 힘이 강한 자가 소유하게 됨 ├ **계급 발생**: 생산물의 분배와 사유화 때문에 사람들 사이에 갈등이 생겨나고 빈부 격차와 계급 분화가 발생함 ├ **군장의 출현**: 권력과 경제력을 가진 지배자인 군장(족장)이 등장함 └ **제정일치 사회**: 정치적 지배자인 군장이 제사장의 역할까지 동시에 수행함

- **무덤**
  - 고인돌: 지배층의 경제력과 정치 권력을 반영한 거대한 무덤으로, 많은 인력을 동원하여 축조함
  - 돌널무덤: 돌널(돌로 만든 관)을 만들고 위에 판석을 덮은 무덤

▲ 고인돌

- **예술 활동**: 울주 반구대 바위그림(사냥과 고기잡이의 성공을 기원함), 고령 장기리 바위그림(동심원·십자형 등 기하학적인 무늬가 새겨져 있음)
- **주요 유적지**: 여주 흔암리, 부여 송국리 유적, 의주 미송리 동굴

백발백중 기출 자료 | 부여 송국리 유적 [65회]

부여 송국리 유적은 우리나라 청동기 시대를 대표하는 유적이다. 발굴 조사를 통해 목책(木柵)의 흔적과 100여 기 이상의 대규모 주거지가 발견되었다. 또한 '송국리식 토기'라고 불리는 민무늬 토기를 비롯하여 비파형동검, 거푸집 등 다양한 유물이 출토되어 청동기 시대의 생활 모습을 보여주는 중요한 자료로 평가된다.

➡ **자료해석**: 부여 송국리 유적은 청동기 시대의 대표적인 유적으로, 민무늬 토기를 비롯하여 비파형동검, 거푸집 등이 발견되었으며, 외부의 침입에 대비하기 위해 세운 목책의 흔적이 발견되었다.

4 철기 시대
기원전 5세기경 중국으로부터 철기가 유입되면서 전개된 시대로, 현재도 철기 시대에 속함

(1) 도구

- **철기**: 쟁기, 쇠스랑 등의 철제 농기구와 철제 무기를 제작하여 사용함
  → 철제 무기를 사용하여 전투력을 키운 부족들이 정복 활동을 통해 세력을 키움 → 만주와 한반도 지역에 여러 나라가 성립됨

- **청동기**
  - 철제 무기가 만들어지면서 청동기는 의식용 도구로 사용됨
  - 거푸집, 세형동검, 잔무늬 거울 등
    청동 제품을 제작하는 틀로 청동기 시대 후기부터 사용함

- **토기**: 민무늬 토기, 검은 간 토기 등을 제작함

▲ 거푸집　▲ 세형동검

(2) 생활 모습

- **경제 생활**
  신라 지증왕 때 우경을 보급하였다는 기록이 있음
  - 소를 이용하여 농사를 짓는 우경이 시작되어 깊이갈이(땅을 깊이 가는 일)가 가능해져, 농업 생산력이 증가함
  - 일부 지역에서는 벼농사를 실시하기 위한 저수지를 설치함

- **주거 생활**: 움집의 지상 가옥화 현상이 더욱 확대됨

- **사회 생활**: 철제 무기를 이용한 정복 활동이 활발하게 전개되어 지배자와 피지배자 간의 계급 분화가 촉진됨

- **무덤**
  - 널무덤: 구덩이를 파고 직접 시신을 묻는 보편적인 무덤 양식
  - 독무덤: 크고 작은 항아리나 독 두 개를 맞붙여 관으로 사용한 무덤 양식

- **중국과의 활발한 교류**
  - 중국 화폐의 출토: 명도전, 반량전, 오수전, 화천 등의 중국 화폐가 우리나라의 철기 시대 유적지에서 출토됨
    중국 연나라와 제나라의 화폐
    → 중국과의 교류가 활발하였음을 확인할 수 있음
  - 한자의 사용: 경남 창원 다호리에서 출토된 붓을 통해 당시 한자를 사용하였음을 짐작할 수 있음

▲ 경남 창원 다호리 붓

▲ 명도전

✓ 기출 선택지로 개념 다지기

1. 빈칸의 답을 채워보세요.

(1) 비파 모양과 유사한 청동검:
　□□ 동검 [67회]

(2) 청동기 시대 곡식 수확에 사용한 도구:
　□□□□ [73·69회]

(3) 청동기 시대 지배층의 무덤:
　□□□ [74·72회]

(4) 철기 시대에 제작한 동검:
　□□ 동검 [74·71회]

(5) 철기 시대에 사용한 중국 화폐:
　반량전, □□□ [66·64회]

2. 질문에 맞는 답을 고르세요.

(1) 청동기 시대의 생활 모습은? [67회]
① 실을 뽑기 위해 가락바퀴를 처음 사용하였다.
② 비파형동검과 청동 거울 등을 제작하였다.

(2) 청동기 시대의 생활 모습은? [75회]
① 지배층의 무덤으로 고인돌을 축조하였다.
② 계급이 없는 평등한 공동체 생활을 하였다.

(3) 청동기 시대에 대한 설명은? [73회]
① 소를 이용한 깊이갈이가 일반화되었다.
② 반달 돌칼을 사용하여 벼를 수확하였다.

(4) 철기 시대에 대한 설명은? [66·64회]
① 명도전을 사용하여 중국과 교류하였다.
② 빗살무늬 토기를 이용하여 식량을 저장하였다.
③ 주로 동굴에 살면서 사냥과 채집을 하였다.

정답 | 1. (1) 비파형　(2) 반달 돌칼
　　　(3) 고인돌　(4) 세형　(5) 명도전
　　2. (1) ②(①은 신석기 시대)
　　　(2) ①(②은 구석기, 신석기 시대)
　　　(3) ②(①은 고려 시대)
　　　(4) ①(②은 신석기 시대,
　　　　　③은 구석기 시대)

필수 기출로 개념 적용하기 기출주제 01 구석기~철기 시대

01 [71회 기출]

(가) 시대의 생활 모습으로 옳은 것은? [1점]

① 주로 동굴이나 바위 그늘에서 살았다.
② 청동 방울 등을 의례 도구로 사용하였다.
③ 따비와 괭이로 땅을 갈아 농사를 지었다.
④ 거푸집을 이용하여 세형동검을 제작하였다.
⑤ 빗살무늬 토기를 만들어 식량을 저장하였다.

 구석기 시대

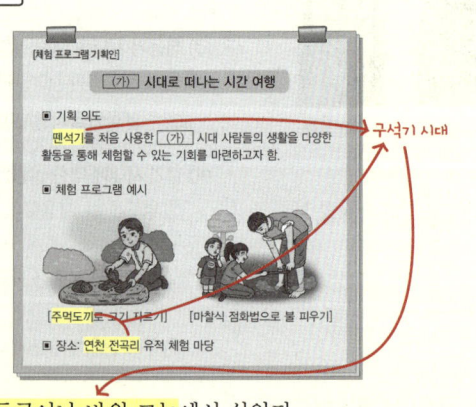

① 주로 **동굴이나 바위 그늘**에서 살았다.

구석기 시대는 돌을 깨뜨려 만든 **뗀석기**인 **주먹도끼** 등을 사용하였다. 또한 구석기 시대 사람들은 **이동 생활**을 하였기 때문에 주로 **동굴이나 바위 그늘**에서 살았다.

◎ 오답 클리어
② 청동 방울 등을 의례 도구로 사용하였다. → 청동기 시대
③ 따비와 괭이로 땅을 갈아 농사를 지었다. → 청동기 시대
④ 거푸집을 이용하여 세형동검을 제작하였다. → 철기 시대
⑤ 빗살무늬 토기를 만들어 식량을 저장하였다. → 신석기 시대

🔖 이건 꼭! 암기 **구석기 시대**
#뗀석기 #주먹도끼 #연천 전곡리 #동굴, 바위 그늘

02 [66회 기출]

(가) 시대의 생활 모습으로 옳은 것은? [1점]

① 반달 돌칼로 벼를 수확하였다.
② 주로 동굴이나 막집에서 살았다.
③ 반량전, 명도전 등 화폐를 사용하였다.
④ 빗살무늬 토기를 만들어 식량을 저장하였다.
⑤ 가락바퀴와 뼈바늘을 이용하여 옷을 만들었다.

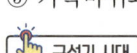 구석기 시대

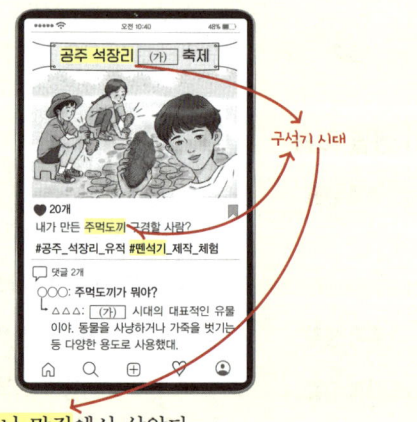

② 주로 **동굴이나 막집**에서 살았다.

구석기 시대는 돌을 깨뜨려서 날을 만든 **뗀석기**를 사용하던 시대로, 이 시대 사람들은 **주먹도끼, 찍개** 등을 사용하여 사냥을 하였다. 또한 구석기 시대 사람들은 주로 이동 생활을 하였기 때문에 **동굴**이나 강가에 **막집**을 지어 살았다.

◎ 오답 클리어
① 반달 돌칼로 벼를 수확하였다. → 청동기 시대
③ 반량전, 명도전 등 화폐를 사용하였다. → 철기 시대
④ 빗살무늬 토기를 만들어 식량을 저장하였다. → 신석기 시대
⑤ 가락바퀴와 뼈바늘을 이용하여 옷을 만들었다. → 신석기 시대

03
[74회 기출]

(가) 시대의 생활 모습으로 가장 적절한 것은? [1점]

> 올해는 서울 암사동 유적 발견 100주년입니다. 1925년 을축년 대홍수로 우연히 모습이 드러난 이 유적은 수차례 발굴 과정에서 (가) 시대의 대표적 유물인 빗살무늬 토기와 갈돌, 갈판이 출토되고, 유구인 집터가 발견되었습니다.

서울 암사동 유적 발견 100주년 맞아

① 목책과 환호 등 방어 시설을 갖추었다.
② 소를 이용한 깊이갈이가 일반화되었다.
③ 농경과 목축을 통해 식량을 생산하였다.
④ 지배층의 무덤으로 고인돌을 축조하였다.
⑤ 거푸집을 이용하여 세형동검을 제작하였다.

🖐 신석기 시대

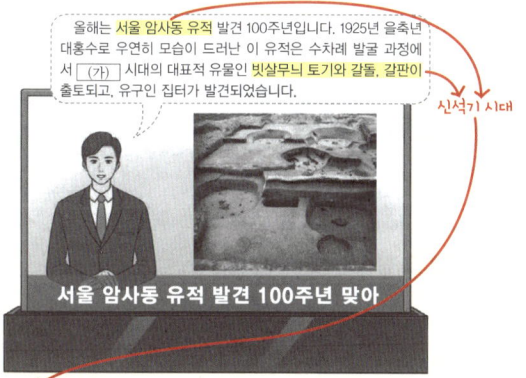

③ 농경과 목축을 통해 식량을 생산하였다.

신석기 시대는 돌을 갈아 만든 **간석기**를 사용하였으며, 밭농사 중심의 **농경과 목축을 시작**하여 식량을 생산하였다. 이에 따라 신석기 시대 사람들은 정착 생활을 하게 되어 남은 식량을 저장하기 위해 **빗살무늬 토기**와 같은 토기와, 나무 열매나 곡물 껍질을 벗기는 데 사용한 **갈돌과 갈판**을 제작하였다.

🔴 오답 클리어
① 목책과 환호 등 방어 시설을 갖추었다. → 청동기 시대
② 소를 이용한 깊이갈이가 일반화되었다. → 고려 시대
④ 지배층의 무덤으로 고인돌을 축조하였다. → 청동기 시대
⑤ 거푸집을 이용하여 세형동검을 제작하였다. → 철기 시대

04
[69회 기출]

(가) 시대의 생활 모습으로 가장 적절한 것은? [1점]

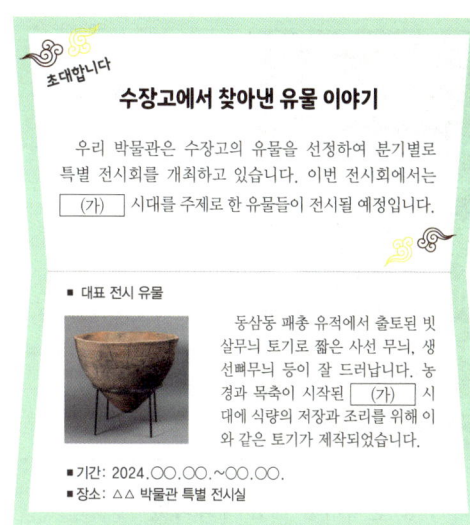

초대합니다
수장고에서 찾아낸 유물 이야기

우리 박물관은 수장고의 유물을 선정하여 분기별로 특별 전시회를 개최하고 있습니다. 이번 전시회에서는 (가) 시대를 주제로 한 유물들이 전시될 예정입니다.

■ 대표 전시 유물

동삼동 패총 유적에서 출토된 빗살무늬 토기로 짧은 사선 무늬, 생선뼈무늬 등이 잘 드러납니다. 농경과 목축이 시작된 (가) 시대에 식량의 저장과 조리를 위해 이와 같은 토기가 제작되었습니다.

■ 기간: 2024.○○.○○.~○○.○○.
■ 장소: △△ 박물관 특별 전시실

① 반달 돌칼을 이용하여 벼를 수확하였다.
② 주로 동굴이나 강가의 막집에 거주하였다.
③ 가락바퀴와 뼈바늘로 옷을 만들어 입었다.
④ 많은 인력을 동원하여 고인돌을 축조하였다.
⑤ 주먹도끼, 찍개 등의 뗀석기를 처음 제작하였다.

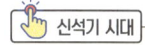 신석기 시대

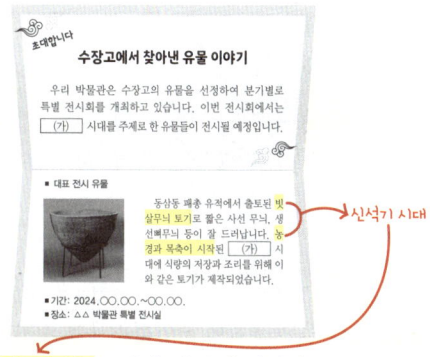

③ **가락바퀴와 뼈바늘**로 옷을 만들어 입었다.

신석기 시대는 돌을 갈아 만든 간석기를 사용하였으며, 밭농사 중심의 **농경과 목축을 시작**하여 식량을 생산하였다. 이에 따라 신석기 시대 사람들은 정착 생활을 하게 되어 남은 식량을 저장하기 위해 **빗살무늬 토기**와 같은 토기를 제작하였으며, **가락바퀴**를 이용하여 실을 뽑고 **뼈바늘**로 옷과 그물을 만들었다.

🔴 오답 클리어
① 반달 돌칼을 이용하여 벼를 수확하였다. → 청동기 시대
② 주로 동굴이나 강가의 막집에 거주하였다. → 구석기 시대
④ 많은 인력을 동원하여 고인돌을 축조하였다. → 청동기 시대
⑤ 주먹도끼, 찍개 등의 뗀석기를 처음 제작하였다. → 구석기 시대

필수 기출로 개념 적용하기 기출주제 01 구석기~철기 시대

05 [75회 기출]

(가) 시대의 생활 모습으로 가장 적절한 것은? [1점]

① 주먹도끼 등 뗀석기를 처음 제작하였다.
② 소를 이용한 깊이갈이가 널리 보급되었다.
③ 주로 강가의 동굴이나 막집에 거주하였다.
④ 많은 인력을 동원하여 고인돌을 축조하였다.
⑤ 가락바퀴를 이용하여 실을 뽑기 시작하였다.

06 [68회 기출]

(가) 시대의 생활 모습에 대한 설명으로 옳은 것은? [1점]

① 반달 돌칼로 벼를 수확하였다.
② 소를 이용하여 깊이갈이를 하였다.
③ 주로 동굴이나 강가의 막집에서 살았다.
④ 오수전, 화천 등의 중국 화폐로 교역하였다.
⑤ 옷을 만들 때 가락바퀴와 뼈바늘을 이용하기 시작하였다.

청동기 시대

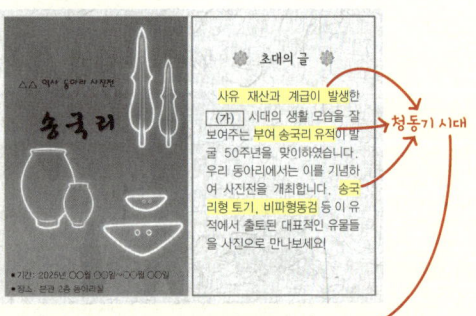

④ 많은 인력을 동원하여 **고인돌을 축조**하였다.

청동기 시대의 대표적인 유적인 부여 송국리 유적에서는 '송국리형 토기'라고 불리는 민무늬 토기와 청동기인 **비파형동검** 등 다양한 유물이 출토되었다. 또한 청동기 시대에는 **사유 재산과 계급이 발생**하였으며, 권력과 경제력을 가진 지배층의 무덤인 **고인돌이 축조**되었다.

오답 클리어
① 주먹도끼 등 뗀석기를 처음 제작하였다. → 구석기 시대
② 소를 이용한 깊이갈이가 널리 보급되었다. → 고려 시대
③ 주로 강가의 동굴이나 막집에 거주하였다. → 구석기 시대
⑤ 가락바퀴를 이용하여 실을 뽑기 시작하였다. → 신석기 시대

청동기 시대

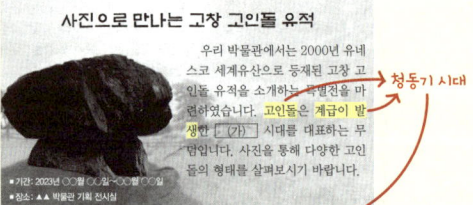

① **반달 돌칼**로 벼를 수확하였다.

청동기 시대에는 **계급이 발생**하였으며, 권력과 경제력을 가진 지배층의 무덤인 **고인돌이 축조**되었다. 또한 청동기 시대의 사람들은 곡식의 이삭을 자르는 도구인 **반달 돌칼**을 사용하여 벼를 수확하였다.

오답 클리어
② 소를 이용하여 깊이갈이를 하였다. → 철기 시대
③ 주로 동굴이나 강가의 막집에서 살았다. → 구석기 시대
④ 오수전, 화천 등의 중국 화폐로 교역하였다. → 철기 시대
⑤ 옷을 만들 때 가락바퀴와 뼈바늘을 이용하기 시작하였다.
   → 신석기 시대

이건 꼭! 암기 청동기 시대
#계급 발생 #고인돌 #반달 돌칼

07
[67회 기출]

(가) 시대의 생활 모습으로 옳은 것은? [1점]

계급이 출현한 (가) 시대의 생활상을 엿볼 수 있는 환호, 고인돌, 민무늬 토기 등이 울주 검단리 유적에서 발굴되었습니다. 특히 마을의 방어 시설로 보이는 환호는 우리나라의 (가) 시대 유적에서 처음 확인된 것으로, 둘레가 약 300미터에 달합니다.

① 철제 무기로 정복 활동을 벌였다.
② 주로 동굴이나 막집에서 거주하였다.
③ 소를 이용한 깊이갈이가 일반화되었다.
④ 비파형동검과 청동 거울 등을 제작하였다.
⑤ 빗살무늬 토기에 음식을 저장하기 시작하였다.

 청동기 시대

④ 비파형동검과 청동 거울 등을 제작하였다.

청동기 시대에는 청동을 사용하여 도구를 만들어 사용하던 시대로, **비파형동검과 청동 거울** 등을 제작하였다. 또한 청동기 시대에는 **계급이 발생**하였으며, 많은 인력을 동원하여 지배층의 무덤인 고인돌을 축조하였다. 한편, 청동기 시대에는 부족 간의 전쟁이 빈번해지면서, 마을 주변에 목책(울타리), 환호(도랑) 등의 방어 시설을 설치하였다.

오답 클리어
① 철제 무기로 정복 활동을 벌였다. → 철기 시대
② 주로 **동굴이나 막집**에서 거주하였다. → 구석기 시대
③ 소를 이용한 **깊이갈이**가 일반화되었다. → 고려 시대
⑤ **빗살무늬 토기**에 음식을 저장하기 시작하였다. → 신석기 시대

이건 꼭! 암기 청동기 시대
#계급 출현 #환호 #고인돌 #민무늬 토기
#비파형동검과 청동 거울 #울주 검단리 유적

08
[14회 기출]

자료의 (가)에 들어갈 내용으로 옳은 것은? [1점]

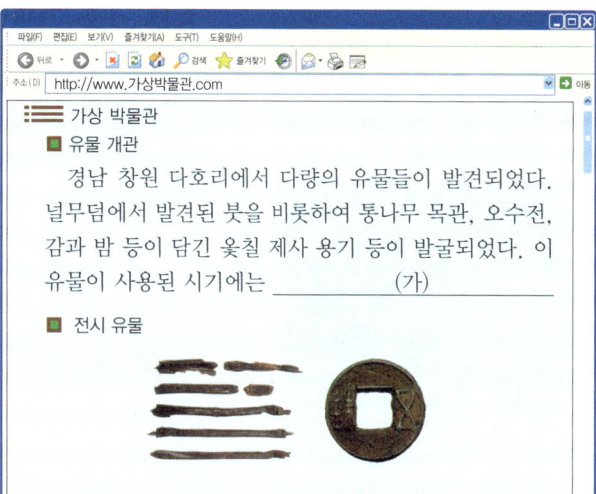

가상 박물관
■ 유물 개관
경남 창원 다호리에서 다량의 유물들이 발견되었다. 널무덤에서 발견된 붓을 비롯하여 통나무 목관, 오수전, 감과 밤 등이 담긴 옻칠 제사 용기 등이 발굴되었다. 이 유물이 사용된 시기에는 ____(가)____
■ 전시 유물

① 중국과의 교류가 활발하였다.
② 무리를 지어 이동 생활을 하였다.
③ 계급이 없는 평등한 생활을 영위하였다.
④ 가락바퀴를 이용하여 옷을 만들기 시작하였다.
⑤ 자연물에 정령이 있다고 믿는 애니미즘이 등장하였다.

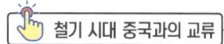 철기 시대 중국과의 교류

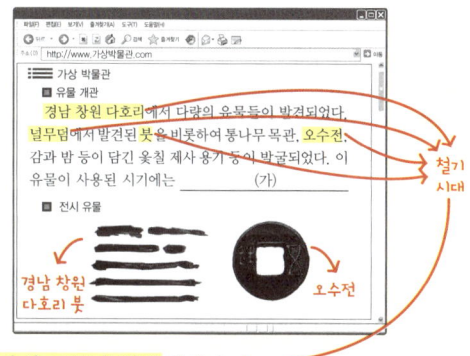

① 중국과의 교류가 활발하였다.

철기 시대의 창원 다호리의 **붓**과 중국 화폐인 **오수전**은 당시 우리나라가 중국과 활발하게 교류하였음을 알려 주는 유물이다.

오답 클리어
② 무리를 지어 **이동 생활**을 하였다. → 구석기 시대
③ 계급이 없는 **평등한 생활**을 영위하였다. → 구석기, 신석기 시대
④ **가락바퀴**를 이용하여 옷을 만들기 시작하였다. → 신석기 시대
⑤ 자연물에 정령이 있다고 믿는 **애니미즘**이 등장하였다.
→ 신석기 시대

이건 꼭! 암기 철기 시대 중국과의 교류
#창원 다호리의 붓 #오수전 #명도전

기출주제 02 고조선과 여러 나라의 성장

빈출 태그 | #단군왕검 #위만 조선 #고조선의 멸망 #범금 8조 #부여_사출도, 영고 #고구려_동맹 #옥저_민며느리제 #동예_무천, 책화 #삼한_소도

스토리로 미리보기

S#1 사람이 되고 싶은 곰이 100일 동안 쑥과 마늘을 먹다!

곰이지만 사람이 되고 싶어서 환웅님께 갔더니 동굴에서 100일 동안 쑥과 마늘만 먹으라고 하시네. 그래서 호랑이랑 같이 도전하는 중인데, 호랑이는 많이 힘들어 보여. 힘들지만 나는 꼭 성공해서 사람이 될 거야.

S#2 단군왕검이 고조선을 건국하다!

나, 단군왕검! 환웅과 웅녀 사이에서 태어난 고귀한 존재! 하늘에 제사를 지내니 '단군'이고, 나라를 다스리니 '왕검'이니라. 이제 홍익인간의 정신으로 '조선'이라는 나라를 세우니, 나를 따르라!

S#3 고조선이 중계 무역으로 번영을 누리다!

중국 한나라가 남쪽의 진나라와 무역을 하려는 것 같은데 우리 고조선이 가운데에 있으니, 두 나라 사이에서 돈을 좀 벌어야겠군. 우리가 북쪽 한나라에서 물건을 가져와서 가격을 더 붙여 남쪽 진나라에 파는거야.

1 고조선의 정치 – 단군 조선과 위만 조선

┌ 이성계가 세운 조선과 구분하기 위하여 단군 조선 + 위만 조선을 통틀어 고조선이라 칭함

(1) 고조선(단군 조선)의 성립

건국
┌ 전설적인 지명
- **단군왕검**이 기원전 2333년 청동기 문화를 바탕으로 아사달에서 건국함
- **단군 신화**: 환웅이 비·바람·구름 신을 데리고 인간 세상에 내려와, 인간이 되고 싶어하는 곰과 호랑이에게 100일 간 쑥·마늘만 먹으라고 함 → 곰이 끝까지 견뎌 여인이 되어 환웅과 결혼했고, 둘 사이에서 단군왕검이 태어남

단군 신화의 의미 (『삼국유사』, 『제왕운기』, 『동국여지승람』 등에 수록되어 있음)
┌ 종교적 지배자(제사장)와 정치적 지배자가 일치하는 형태의 사회를 일컫는 말
- **제정일치 사회**: 단군(제사장) + 왕검(정치적 군장)
- **농경 사회**: 풍백(바람), 우사(비), 운사(구름)가 농경에 관계되는 일을 주관함
- **토테미즘**: 곰과 호랑이를 숭배하는 부족이 존재함
- **선민 사상**: 환웅 부족은 스스로 하늘의 자손임을 강조하여 우월성을 과시함

세력 범위

▲ 미송리식 토기
- 중국 랴오닝(요령) 지방을 중심으로 성장하였으며, 이를 바탕으로 인접한 족장 사회를 통합하여 한반도까지 세력을 확장함
- 비파형동검, 미송리식 토기, 북방식 고인돌의 출토 지역을 통해 고조선의 세력 범위를 확인할 수 있음

▲ 고조선의 세력 범위

(2) 고조선의 발전

고조선의 성장: 기원전 4세기경 스스로 왕을 칭하며 중국 랴오시(요서) 지방을 경계로 중국의 **연나라와 대적할 만큼** 성장함
└ 중국의 전국 7웅 중 한 나라

연나라 장수 진개의 침입: 기원전 3세기 초 **연나라 장수 진개의 침입**으로 서쪽 영토(요동 지역)를 상실하고 대동강 유역으로 중심지를 이동함

고조선의 국력 강화
- **왕위 세습**: 기원전 3세기경에 **부왕**과 같은 강력한 왕이 등장하여 **준왕에게 왕위를 세습**함
- **관직 정비**: 왕 밑에 **상(相), 경, 대부, 대신, 장군** 등의 관직을 설치·정비함

(3) 위만 조선의 성립 과정

위만의 이주: 진·한 교체기(기원전 2세기)에 **위만**과 유이민들이 고조선으로 이주해 옴
┌ 철기 문화를 보유하고 있었음
└ 중국이 진나라에서 한나라로 교체되는 시기를 뜻하는 용어

위만의 성장: 위만이 준왕의 신임을 받아 서쪽 변경을 수비하는 임무를 맡음

위만 조선의 성립: 세력을 확대한 위만은 왕검성에 침입하여 **준왕을 몰아내고 왕위에 오름** (기원전 194)
└ 고조선의 수도

백발백중 기출 사료 | 📍위만 조선의 성립 과정 [52회]

연(燕)의 위만이 망명하여 오랑캐의 복장을 하고 동쪽으로 패수를 건너 준왕에게 항복하였다. …… 위만이 망명자들을 꾀어내어 그 무리가 점점 많아지자, 준왕에게 사람을 보내 "한의 군대가 열 갈래로 쳐들어오니 [왕궁에] 들어가 숙위하기를 청합니다."라고 속이고 도리어 준왕을 공격하였다.
— 『삼국지』 동이전

※ 조선인의 옷

➤ **사료 해석**: 위만은 연나라에서 고조선으로 망명하였다. 이후 준왕의 신임을 받아 서쪽 변경을 수비하는 임무를 맡았다가 세력을 키워 준왕을 몰아내고 왕위에 올랐다.

(4) 위만 조선의 발전

철기의 사용	: 철기 문화를 본격적으로 수용하면서 농업, 수공업, 상업이 발달함
영토 확장	: 철제 무기를 바탕으로 활발한 정복 사업을 전개하여 **진번·임둔 등 주변 지역을 복속**시키고 광대한 영토를 차지함
중계 무역 전개	: 지리적 이점을 이용하여 **한반도 남부의 진국(辰國)과 중국의 한** 사이에서 두 나라가 직접 무역하는 것을 막고 **중계 무역**으로 경제적 이익을 독점함

(5) 고조선(위만 조선)의 멸망 과정

한 무제의 공격	: 고조선(위만 조선)이 중계 무역으로 이익을 독점하자, **우거왕** 때 중국의 한 무제가 군사를 보내 **고조선의 왕검성을 공격**함
↓	※ 고조선의 마지막 왕
고조선의 저항	: 약 1년 간 한의 군대에 맞서 항전하였으나 지배층의 내분이 발생하여 조선상(相) 역계경이 한반도 남부의 진국으로 이동하였고 우거왕이 피살됨
↓	※ 고조선의 지배층은 온건파(조선상 역계경)와 강경파(우거왕)로 분열됨
★★ 고조선의 멸망 📍	─ 수도 왕검성의 함락으로 고조선이 멸망함(기원전 108)
	└ 고조선 멸망 이후 한나라는 고조선의 영토에 **4군현**을 설치하여 일종의 식민 통치를 전개함

※ 한나라가 고조선의 영토 안에 설치한 4개의 군현(낙랑, 진번, 임둔, 현도)

백발백중 기출 사료 | 📍고조선의 멸망 [65회]

니계상 참이 사람을 시켜 **고조선의 왕 우거**를 죽이고 와서 항복하였다. 그러나 왕검성은 끝내 함락되지 않았기에 우거왕의 대신(大臣) 성기가 한(漢)에 반기를 들고 공격하였다. 좌장군은 우거왕의 아들 장과 항복한 상 노인의 아들 최로 하여금 그 백성을 달래고 성기를 주살하도록 하였다. 드디어 고조선을 평정하고 **진번·임둔·낙랑·현도군**을 설치하였다.
— 『한서』

➤ **사료 해석**: 고조선이 한나라의 군대에 항전하던 중 우거왕이 피살되고 수도 왕검성이 함락됨으로써 고조선이 멸망하였다. 한나라는 고조선의 영역이었던 곳에 4군현(진번·임둔·낙랑·현도군)을 설치하였다.

(6) 고조선의 사회

★★ **범금 8조(8조법)**
┌ 목적: 사회 질서를 유지하기 위해 **범금 8조(8조법)**를 제정함
├ 기록: 8개의 조항 중 3개 조항의 내용만 현전함
├ 내용: 살인죄, 상해죄, 절도죄에 대한 처벌 내용이 담김
└ 의미: 생명과 사유 재산 중시, 형벌 제도 존재, 계급 사회(노비 제도가 존재함)

멸망 이후 사회의 변화	: 한 군현의 지배를 받던 토착민들의 반발이 거세지자, 법 조항을 60여 조로 늘려 제정함

✓ 기출 선택지로 개념 다지기

1. 빈칸의 답을 채워보세요.

(1) 고조선의 왕위를 세습한 왕: _____ [42회]

(2) 준왕을 몰아내고 왕이 된 인물: _____ [75회]

(3) 한 무제가 파견한 군대와 맞서 싸운 왕의 이름: _____ [52회]

(4) 고조선의 법: _____ [74·73회]

2. 질문에 맞는 답을 고르세요.

(1) 고조선에 대한 설명은? [74회]
① 제가 회의에서 국가 중대사를 결정하였다.
② 왕 아래 상, 대부, 장군 등의 관직을 두었다.

(2) 위만 조선 성립 이전의 사실은? [64회]
① 한 무제가 파견한 군대와 맞서 싸웠다.
② 전국 7웅 중 하나인 연과 대립할 만큼 강성하였다.

(3) 위만에 대한 설명은? [68회]
① 한 무제가 파견한 군대에 맞서 싸웠다.
② 진번과 임둔을 복속하여 세력을 확장하였다.

(4) 위만 조선에 대한 설명은? [42회]
① 한(漢)과 진국(辰國) 사이에서 중계 무역을 하였습니다.
② 지방의 여러 성에 욕살, 처려근지 등을 두었습니다.

(5) 고조선의 사회 모습은? [65회]
① 사회 질서를 유지하기 위해 범금 8조를 두었다.
② 정사암에 모여 국가의 중대사를 논의하였다.

정답 | 1. (1) 준왕 (2) 위만 (3) 우거왕
(4) 범금 8조(8조법)
2. (1) ② (①은 고구려)
(2) ② (①은 위만 조선 성립 이후)
(3) ② (①은 우거왕)
(4) ① (②은 고구려)
(5) ① (②은 백제)

기출주제 02 고조선과 여러 나라의 성장

스토리로 미리보기

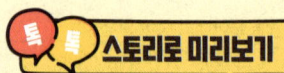

세상에, 우리나라 역사에 이렇게 많은 나라가 있었을지 몰랐어! ㅠㅠ 어떻게 다 외우지?
역알못

역잘알
ㅋㅋㅋ깜짝 놀랐지? 잘 알려진 삼국 시대 이전에도 여러 나라가 있었어.

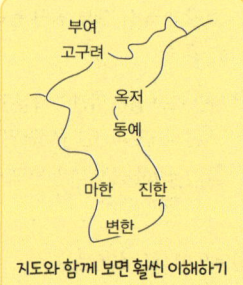
부여, 고구려, 옥저, 동예, 마한, 진한, 변한
지도와 함께 보면 훨씬 이해하기 쉬울거야~

어휴, 역시 나라가 많네. 이걸 다 구분해서 공부하려면 오래 걸리겠다ㅠㅠ
역알못

역잘알
포인트만 정확히 알아도 나라들을 쉽게 구분할 수 있어. 내가 공부할 때 썼던 암기팁 알려줄까?

그렇게 있으면 바로 알려줘야지~!
역알못

역잘알
"부영 고동 동무" 이것만 외워.

이게 머냐면, "부여-영고, 고구려-동맹, 동예-무천"이야. 여러 나라들은 매년 하늘에 제사를 지냈는데, 이건 바로 나라 이름과 제사 이름의 짝꿍이고, 지도를 보면 위에서 아래로 내려오는 순서야. 이거 시험에 엄~청 자주 나오니까, 꼭 외워라~!

"부영! 고동! 동무!"
"부여-영고! 고구려-동맹! 동예-무천!"
역알못

---

2 부여

위치: 만주 쑹화 강 유역의 넓은 평야 지대(동이 지역 중에서 가장 평탄하고 넓은 곳)
— 길림(지린) 시 일대

정치:
- 5부족 연맹체
  - 왕 아래에 **마가, 우가, 저가, 구가라는 가(加)**들이 존재함
    — 농경과 목축을 중시하여 지배 세력의 명칭에 동물 이름을 붙였음
  - 여러 가들이 별도로 **사출도**라는 행정 구역을 주관하고 관리(대사자, 사자)를 거느림
    — 수도를 중심으로 동, 서, 남, 북으로 나눈 부여의 지방 관할 구획
- 왕권 미약: 수해나 흉년이 들면 왕에게 책임을 묻기도 함

경제: 농경과 목축이 발달함(반농반목), 특산물로 말·주옥·모피가 유명함

풍속과 문화:
- 제천 행사: 매년 **12월에 영고라는 제천 행사**를 개최해 하늘에 제사를 지냄
- 순장: 임금이 죽으면 껴묻거리와 함께 사람을 묻는 풍습
- 우제점법: 소를 죽여 그 굽의 모양으로 길흉을 점치는 것
- 형사취수제: 형이 죽은 뒤 동생이 형수와 결혼하는 제도
  — 고구려에서도 시행됨
- 법률: 1책 12법(남의 물건을 훔치면 12배로 배상함)

백발백중 기출자료 | 부여의 풍속 [71회]
- 형벌은 엄하고 각박하여 …… 도둑질을 하면 [도둑질한 물건의] 12배를 변상케 했다.
- 전쟁을 하게 되면 그때도 하늘에 제사를 지내고, 소를 잡아서 그 발굽을 보아 길흉을 점치는데, 발굽이 갈라지면 흉하고 발굽이 붙으면 길하다고 생각했다.

➤ **자료 해석**: 부여는 1책 12법의 조항이 있어 남의 물건을 훔치면 12배로 배상하게 하였고, 소를 죽여 그 굽의 모양으로 길흉을 점치는 우제점법의 풍습이 있었다.

---

3 고구려
— 부여에서 내려온 주몽이 건국한 나라

위치: 압록강 유역의 만주 졸본 지역

정치:
— 계루부, 절노부, 소노부, 순노부, 관노부로 이루어진 고구려 5개의 부족
- 5부족 연맹체: 왕 아래에 **대가**(상가, 고추가)들이 존재하였으며 대가들은 **사자, 조의, 선인** 등의 관리를 거느림
- **제가 회의**: 대가들이 모여서 국가의 중대사를 결정한 고구려의 귀족 회의

경제: 약탈을 통해 식량 문제를 해결하고, 지배층은 집집마다 **부경이라는 창고**를 두어 곡식을 저장함

풍속과 문화:
- 제천 행사: 매년 **10월에 동맹이라는 제천 행사**를 개최함
  - 왕과 신하들이 국동대혈에 모여 하늘에 제사를 지냄
    — 고구려의 도읍 동쪽에 있는 큰 동굴
- 서옥제: 혼인을 한 뒤 신부 집 뒤꼍에 조그만 집(서옥)을 지어 살다가, 자식이 성장하면 신부를 데리고 신랑 집으로 돌아가는 혼인 풍습
- 법률: 1책 12법(남의 물건을 훔치면 12배로 배상함)

4 옥저와 동예

구분	옥저	동예
위치	함경도 및 강원도 북부의 동해안에 위치하여 선진 문화의 수용이 늦음	
정치	· 후, 읍군, 삼로 등의 군장이 자기 부족을 통치하는 군장 국가 · 고구려의 압력을 받아 연맹 왕국으로 성장하지 못하고 군장 국가 단계에서 멸망함	
경제	· 해산물이 풍부하고 토지가 비옥하여 윤택한 경제 생활을 전개함 · 맥포(삼베), 어염(생선과 소금), 해산물 등을 고구려에 공물로 납부함	· 토지가 비옥하여 윤택한 경제 생활을 하였고, 천을 짜는 방직 기술이 발달함 · 특산물: 단궁(활), 과하마(작은 말), 반어피(바다표범의 가죽)
풍속과 문화	· 민며느리제: 여자가 어렸을 때 남자 집에 가서 살다가 성장한 후에 남자가 여자 집에 예물을 치르고 혼인을 하는 제도 · 가족 공동묘(골장제): 가족이 죽으면 가매장하였다가 나중에 그 뼈를 추려서 가족 공동 무덤인 커다란 목곽에 안치하는 제도	· 제천 행사: 무천(10월) · 철(凸)자형, 여(呂)자형 가옥에서 생활함 · 족외혼: 같은 씨족이 아닌 다른 씨족과 혼인함 · 책화: 다른 부족의 영역을 침범하면 노비·소·말 등으로 변상한 제도

백발백중 기출 사료 | 옥저와 동예의 풍속 [69·66·57회]

- 장사를 지낼 때에는 큰 나무 곽을 만든다. …… 사람이 죽으면 임시로 매장한다. …… 온 집 식구를 하나의 곽 속에 넣어 두는데, 죽은 사람의 숫자만큼 나무를 깎아 생전의 모습과 같이 만들었다. → 옥저의 가족 공동묘
  - ➡ **사료 해석**: 옥저는 사람이 죽으면 임시로 매장하였다가 나중에 그 뼈를 추려서 큰 나무 곽으로 된 가족 공동묘에 함께 묻었다.

- 대군장이 없고 관직으로는 후·읍군·삼로가 있다. …… 해마다 10월이면 하늘에 제사를 지내는데, 밤낮으로 술 마시고 노래 부르며 춤추니 이를 무천이라 한다. → 동예의 무천
  - ➡ **사료 해석**: 동예는 매년 10월에 무천이라는 제천 행사를 지냈다.

- 산천을 중요시하여 산과 내마다 각기 구분이 있어 함부로 들어가지 않는다. …… 읍락을 침범하면 벌로 노비나 소·말을 부과하였다. → 동예의 책화
  - ➡ **사료 해석**: 동예는 읍락 간의 경계를 중시하여 다른 부족의 영역을 침범하면 노비나 소·말 등으로 변상을 하는 책화의 풍습이 있었다.

5 삼한

> 마한은 백제, 진한은 신라, 변한은 금관가야로 발전

위치	고조선 멸망 이후 한반도 남부 지방에서 마한(천안·익산), 진한(대구·경주), 변한(김해)의 삼한이 성립됨
정치	─ 마한의 소국인 목지국을 비롯한 많은 소국으로 이루어짐 ─ 군장 국가: 신지·읍차 등의 군장이 다스림 ─ 제정 분리: 종교를 주관하는 제사장인 천군이 신성 지역인 소도를 다스림
경제	─ 벼농사 발달: 저수지를 축조하고 철제 농기구를 사용하여 벼농사가 발달함 ─ 철 생산: 변한은 철이 많이 생산되어 낙랑과 왜에 수출하였고, 교역할 때 철(덩이쇠)을 화폐처럼 사용함
풍속과 문화	─ 해마다 씨를 뿌리고 난 뒤인 5월에 수릿날을, 가을 곡식을 거두어들이는 10월에 계절제를 개최함 ─ 진한과 변한에는 남녀가 몸에 문신을 새기는 풍습이 있었음 ─ 마한은 초가 지붕이 있는 토실에서 거주하고 생활함

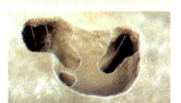
▲ 마한 토실

✓ 기출 선택지로 개념 다지기

1. 빈칸의 답을 채워보세요.

(1) 부여의 가(加)들이 다스린 별도의 행정 구역: ☐ [72회]

(2) 고구려의 제천 행사: ☐ [74회]

(3) 옥저의 혼인 풍습: ☐ [74회]

(4) 읍락 간의 경계를 중시한 동예의 풍습: ☐ [74·71회]

(5) 삼한의 신성 지역: ☐ [74·73·71회]

2. 질문에 맞는 답을 고르세요.

(1) 부여에 대한 설명은? [64회]
① 목지국을 비롯한 많은 소국으로 이루어졌다.
② 영고라는 제천 행사를 열었다.

(2) 고구려에 대한 설명은? [57회]
① 서옥제라는 혼인 풍습이 있었다.
② 12월에 영고라는 제천 행사를 열었다.

(3) 고구려의 경제 상황은? [75회]
① 수도에 동시전이 설치되었다.
② 집집마다 부경이라는 창고가 있었다.

(4) 옥저에 대한 설명은? [66회]
① 신성 지역인 소도가 존재하였다.
② 혼인 풍속으로 민며느리제가 있었다.

(5) 동예에 대한 설명은? [70회]
① 여러 가(加)들이 각각 사출도를 주관하였다.
② 무천이라는 제천 행사를 열었다.

(6) 삼한에 대한 설명은? [70·69회]
① 혼인 풍습으로 서옥제가 있었다.
② 신지, 읍차 등의 지배자가 있었다.

정답 | 1. (1) 사출도 (2) 동맹
(3) 민며느리제 (4) 책화 (5) 소도
2. (1) ② (①은 삼한)
(2) ① (②은 부여)
(3) ② (①은 신라)
(4) ② (①은 삼한)
(5) ② (①은 부여)
(6) ② (①은 고구려)

필수 기출로 개념 적용하기 기출주제 02 고조선과 여러 나라의 성장

01 [74회 기출]

밑줄 그은 '이 나라'에 대한 설명으로 옳은 것은? [2점]

이곳 강화 참성단은 단군왕검이 하늘에 제사를 올리던 제단이라고 전합니다. 우리 역사상 최초의 국가인 이 나라를 세운 것을 기념하는 개천절 행사가 매년 열리며, 전국체육대회 성화 채화식도 이곳에서 거행됩니다.

① 여러 가(加)들이 사출도를 다스렸다.
② 동맹이라는 제천 행사를 개최하였다.
③ 민며느리제라는 혼인 풍습이 있었다.
④ 읍락 간의 경계를 중시하는 책화가 있었다.
⑤ 왕 아래 상, 대부, 장군 등의 관직을 두었다.

02 [72회 기출]

밑줄 그은 '이 나라'에 대한 탐구 활동으로 가장 적절한 것은? [2점]

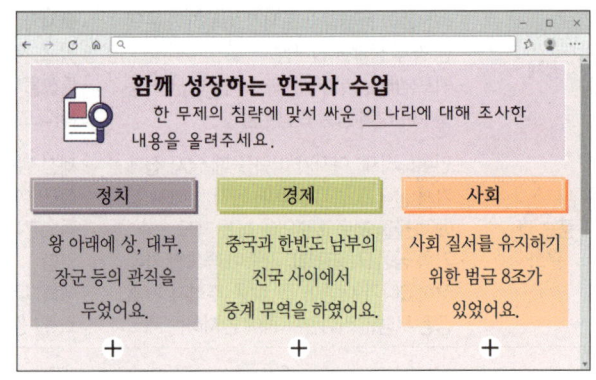

함께 성장하는 한국사 수업
한 무제의 침략에 맞서 싸운 이 나라에 대해 조사한 내용을 올려주세요.

정치: 왕 아래에 상, 대부, 장군 등의 관직을 두었어요.
경제: 중국과 한반도 남부의 진국 사이에서 중계 무역을 하였어요.
사회: 사회 질서를 유지하기 위한 범금 8조가 있었어요.

① 임신서기석의 내용을 분석한다.
② 칠지도에 새겨진 명문을 해석한다.
③ 수도 왕검성의 위치에 대한 자료를 검색한다.
④ 10월에 지냈던 제천 행사인 동맹을 살펴본다.
⑤ 국가의 중대사를 논의한 화백 회의에 대해 조사한다.

🖐 고조선

⑤ 왕 아래 상, 대부, 장군 등의 관직을 두었다.

고조선은 **단군왕검**이 건국한 **우리나라 최초의 국가**로, 왕 아래에 상, 대부, 장군 등의 관직을 두어 정치적 기틀을 다졌다. 또한 살인, 상해, 절도 등의 죄를 다스리는 **범금 8조**를 두어 사회 질서를 유지하였다. 한편 우리나라는 매년 10월 3일을 **개천절**로 삼고 국경일로 제정하였다.

🔴 오답 클리어
① 여러 **가(加)**들이 **사출도**를 다스렸다. → 부여
② **동맹**이라는 제천 행사를 개최하였다. → 고구려
③ **민며느리제**라는 혼인 풍습이 있었다. → 옥저
④ 읍락 간의 경계를 중시하는 **책화**가 있었다. → 동예

📋 **이건 꼭! 암기 고조선**
#단군왕검 #우리 역사상 최초의 국가 #개천절 #관직_상, 대부, 장군

🖐 고조선

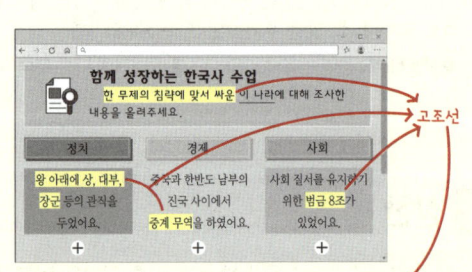

③ 수도 **왕검성**의 위치에 대한 자료를 검색한다.

고조선은 단군왕검이 건국한 우리나라 최초의 국가로, 사회 질서를 유지하기 위한 **범금 8조**가 있었다. 또한 고조선은 **왕 아래에 상, 대부, 장군 등의 관직**을 두었으며, 위만 집권 이후인 기원전 2세기경에는 지리적 이점을 이용하여 한반도 남부의 진국과 중국의 한 사이에서 **중계 무역**으로 경제적 이익을 독점하였다. 이에 우거왕 때 중국의 **한 무제가 고조선을 침략**하자, 고조선은 약 1년간 항전하였으나 수도 **왕검성**이 함락되면서 멸망하였다.

🔴 오답 클리어
① **임신서기석**의 내용을 분석한다. → 신라
② **칠지도**에 새겨진 명문을 해석한다. → 백제
④ 10월에 지냈던 제천 행사인 **동맹**을 살펴본다. → 고구려
⑤ 국가의 중대사를 논의한 **화백 회의**에 대해 조사한다. → 신라

03

[75회 기출]

(가), (나) 사이의 시기에 있었던 사실로 옳은 것은? [2점]

> (가) 진승과 항우가 군사를 일으켜 천하가 혼란해지자, 연(燕)·제(齊)·조(趙)의 백성이 괴로움을 견디다 못해 점차 준왕에게 망명해 왔다. 준왕은 이들을 서쪽 지역에 거주하게 하였다.
>
> (나) 좌장군이 패수상군을 격파하고 왕검성에 이르러 그 성의 서북 방면을 포위하였다. 누선장군도 좌장군과 합세하여 성의 남쪽에 주둔하였다. 우거왕이 끝까지 성을 굳게 지키니, 수개월이 지나도 함락시킬 수 없었다.

① 위만이 왕위를 찬탈하였다.
② 이사부가 우산국을 복속시켰다.
③ 온조가 위례성에 도읍을 정하였다.
④ 관구검이 환도성을 침략하여 함락하였다.
⑤ 미천왕이 서안평을 공격하여 영토를 넓혔다.

04

[68회 기출]

(가)에 들어갈 내용으로 가장 적절한 것은? [2점]

> #8. 궁궐 안
> 손자와 대화하며 과거를 회상하는 장면
> 손자: 할아버지, 어떻게 왕이 되셨나요?
> 왕: 이 땅에 들어와서 처음에는 국경 수비를 맡았다가 준왕을 몰아내고 왕이 되었지.
> 손자: 또 무슨 일을 하셨어요?
> 왕: 왕검성을 중심으로 기반을 정비하고 백성을 받아들여 나라의 내실을 다졌단다. 그리고 (가)

① 율령을 반포하여 체제를 정비하였단다.
② 화랑도를 국가적인 조직으로 개편하였단다.
③ 내신좌평 등 여섯 명의 좌평을 거느렸단다.
④ 진번과 임둔을 복속하여 영토를 확대하였단다.
⑤ 지방의 여러 성에 욕살, 처려근지 등을 두었단다.

위만의 망명과 한 무제의 고조선 공격 사이의 사실

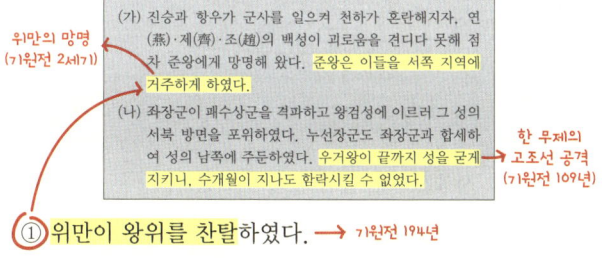

① 위만이 왕위를 찬탈하였다. → 기원전 194년

고조선은 기원전 3세기경에 부왕과 같은 강력한 왕이 나타나 준왕에게 왕위를 세습하였다. 기원전 2세기경 중국의 진·한 교체기에 고조선으로 망명한 유이민 출신의 **위만**이 서쪽 변경의 수비를 맡아 세력을 키운 후 준왕을 몰아내고 **왕위를 찬탈**하였다. 이후 우거왕 때에 이르러 **한의 무제가 위만 조선의 수도인 왕검성을 공격**(기원전 109년)하였고, **우거왕이 항전**하였으나 결국 **왕검성이 함락**(기원전 108년) 되면서 위만 조선은 멸망하게 되었다.

오답 클리어
② 이사부가 우산국을 복속시켰다. → (나) 이후, 신라 지증왕
③ 온조가 위례성에 도읍을 정하였다. → (나) 이후, 백제 온조왕
④ 관구검이 환도성을 침략하여 함락하였다.
　→ (나) 이후, 고구려 동천왕
⑤ 미천왕이 서안평을 공격하여 영토를 넓혔다.
　→ (나) 이후, 고구려 미천왕

 위만 조선

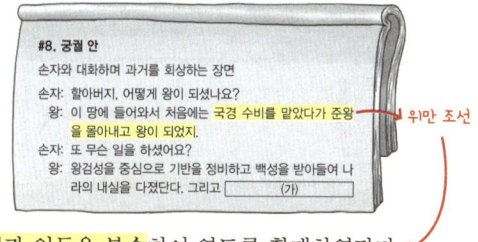

④ 진번과 임둔을 복속하여 영토를 확대하였단다.

위만이 기원전 2세기경 준왕을 몰아내고 왕이 되면서 **위만 조선**이 성립되었다. 이후 위만 조선은 철제 무기를 바탕으로 **진번과 임둔을 복속**시켜 세력을 확장하였으며, **중국의 한(漢)나라와 한반도 남부의 진국(辰國) 사이에서 중계 무역**을 통해 경제적 이익을 독점하였으나, 우거왕 때 한 무제에 의해 왕검성이 함락되면서 멸망하였다.

오답 클리어
① 율령을 반포하여 체제를 정비하였단다. → 고구려, 백제, 신라
② 화랑도를 국가적인 조직으로 개편하였단다. → 신라
③ 내신좌평 등 여섯 명의 좌평을 거느렸단다. → 백제
⑤ 지방의 여러 성에 욕살, 처려근지 등을 두었단다. → 고구려

📒 이건 꼭! 암기 **위만 조선**
#위만_준왕을 몰아내고 왕위에 오름 #위만 조선_진번과 임둔 복속

필수 기출로 개념 적용하기 기출주제 02 고조선과 여러 나라의 성장

05 [71회 기출]

다음 검색창에 들어갈 나라에 대한 설명으로 옳은 것은? [2점]

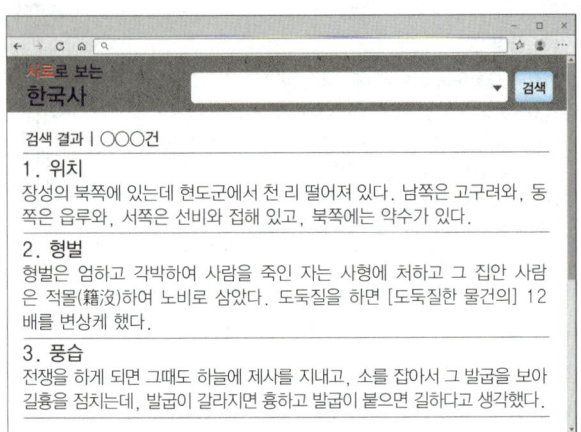

① 신성 지역인 소도가 있었다.
② 혼인 풍속으로 민며느리제가 있었다.
③ 읍락 간의 경계를 중시하는 책화가 있었다.
④ 여러 가(加)들이 각각 사출도를 주관하였다.
⑤ 사회 질서를 유지하기 위해 범금 8조를 만들었다.

06 [57회 기출]

(가), (나) 나라에 대한 설명으로 옳은 것은? [2점]

> (가) 그 나라에는 왕이 있고, 벼슬로는 상가·대로·패자·고추가·주부·우태·승·사자·조의·선인이 있으며, 신분의 높고 낮음에 따라 각각 등급을 두었다. …… 10월에 지내는 제천 행사는 국중대회로 이름하여 동맹이라 한다.
> — 『삼국지』 「동이전」
> (나) 그 나라의 풍속은 산천을 중요시하여 산과 내마다 각기 구분이 있어 함부로 들어가지 않는다. …… 해마다 10월이면 하늘에 제사를 지내는데, 주야로 술을 마시고 노래를 부르며 춤추니 이를 무천이라 한다. 또 호랑이를 신으로 여겨 제사를 지낸다.
> — 『삼국지』 「동이전」

① (가) – 낙랑과 왜에 철을 수출하였다.
② (가) – 서옥제라는 혼인 풍습이 있었다.
③ (나) – 연의 장수 진개의 공격을 받았다.
④ (나) – 가(加)들이 별도로 사출도를 다스렸다.
⑤ (가), (나) – 골품에 따라 관등 승진에 제한이 있었다.

🖱 부여

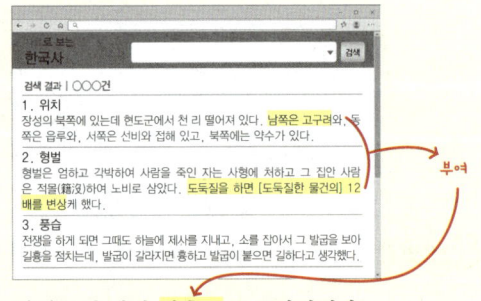

④ 여러 가(加)들이 각각 **사출도**를 주관하였다.

부여는 만주 쑹화강 유역의 평탄하고 넓은 지대에서 성장하였으며 **남쪽으로는 고구려**와 접해 있었다. 또한 부여에는 남의 물건을 훔치면 12배로 배상하는 **1책 12법**이 있었다. 부여에는 왕 아래에 가축의 이름을 딴 **마가·우가·구가·저가**의 여러 가(加)들이 있었는데, 이들은 별도로 **사출도**라는 행정 구역을 주관하였다.

⊘ 오답 클리어
① 신성 지역인 소도가 있었다. → 삼한
② 혼인 풍속으로 민며느리제가 있었다. → 옥저
③ 읍락 간의 경계를 중시하는 책화가 있었다. → 동예
⑤ 사회 질서를 유지하기 위해 범금 8조를 만들었다. → 고조선

📒 이건 꼭! 암기 **부여**
#가(加)_마가·우가·구가 #1책 12법 #우제점법 #사출도

🖱 고구려와 동예

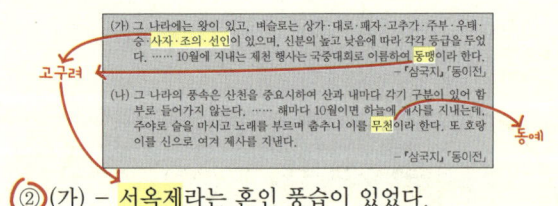

② (가) – **서옥제**라는 혼인 풍습이 있었다.

고구려는 만주 졸본 지역에서 성장한 나라로, 왕 아래에 **상가·고추가** 등의 대가들이 있었고, 이들은 각각 **사자·조의·선인** 등의 관리를 거느렸다. 고구려는 매년 10월에 **동맹**이라는 제천 행사를 지냈으며, 혼인 후 남자가 여자 집 뒤에 작은 집(서옥)을 짓고 살다가 자식이 크면 남자 집으로 돌아가는 **서옥제**라는 혼인 풍습이 있었다.

⊘ 오답 클리어
① 낙랑과 왜에 철을 수출하였다. → 변한, 금관가야
③ 연의 장수 진개의 공격을 받았다. → 고조선
④ 가(加)들이 별도로 사출도를 다스렸다. → 부여
⑤ 골품에 따라 관등 승진에 제한이 있었다. → 신라

📒 이건 꼭! 암기 **고구려**
#사자·조의·선인 #동맹(10월) #서옥제

07

[73회 기출]

(가), (나) 나라에 대한 설명으로 옳은 것은? [2점]

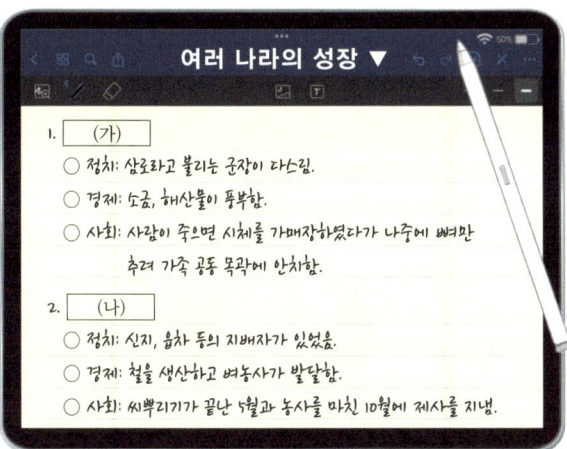

① (가) - 영고라는 제천 행사를 열었다.
② (가) - 사회 질서를 유지하기 위해 범금 8조를 만들었다.
③ (나) - 신성 지역인 소도가 존재하였다.
④ (나) - 제가 회의에서 나라의 중대사를 결정하였다.
⑤ (가), (나) - 도둑질한 자에게 12배로 배상하게 하였다.

👆 삼한

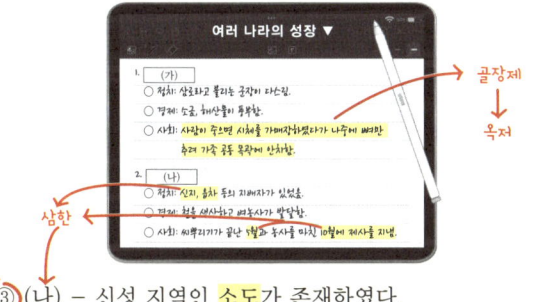

③ (나) - 신성 지역인 **소도**가 존재하였다.

삼한에는 **신지·읍차** 등으로 불리는 지배자가 있었으며, 이와 별도로 종교를 주관하는 제사장인 **천군**과 천군이 다스리는 신성 지역인 소도가 존재하였다. 또한 삼한은 해마다 씨를 뿌리고난 뒤인 **5월(수릿날)**과 가을 곡식을 거두어 들이는 **10월(계절제)**에 제천 행사를 열어 하늘에 제사를 지냈다.

◎ 오답 클리어
① 영고라는 제천 행사를 열었다. → 부여
② 사회 질서를 유지하기 위해 **범금 8조**를 만들었다. → 고조선
④ 제가 회의에서 나라의 중대사를 결정하였다. → 고구려
⑤ 도둑질한 자에게 12배로 배상하게 하였다. → 부여·고구려

📋 이건 꼭! 암기 삼한
#신지·읍차   #제천 행사_5월(수릿날), 10월(계절제)   #소도

08

[70회 기출]

(가) 나라에 대한 설명으로 옳은 것은? [2점]

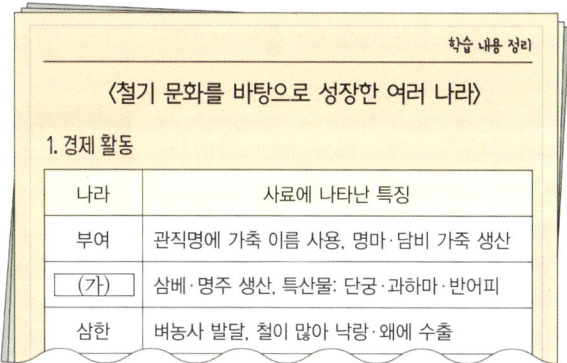

① 신지, 읍차 등의 지배자가 있었다.
② 혼인 풍습으로 민며느리제가 있었다.
③ 10월에 무천이라는 제천 행사를 열었다.
④ 여러 가(加)들이 각각 사출도를 주관하였다.
⑤ 제가 회의에서 나라의 중대사를 결정하였다.

👆 동예

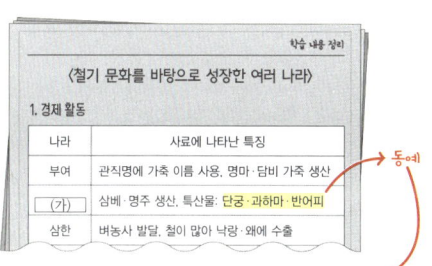

③ 10월에 **무천**이라는 제천 행사를 열었다.

동예는 후, 읍군, 삼로라는 지배자가 자기 부족을 통치한 군장 국가로, 매년 10월에 **무천**이라는 제천 행사를 열어 하늘에 제사를 지냈다. 동예는 특산물로 단궁(활), 과하마(작은 말), 반어피(바다표범의 가죽)가 유명하였으며, 산과 내(강)로 구분된 읍락 간의 경계를 중시하는 다른 부족이 경계를 침범하면 노비나 소, 말 등으로 변상하게 하는 책화의 풍습이 있었다.

◎ 오답 클리어
① 신지, 읍차 등의 지배자가 있었다. → 삼한
② 혼인 풍습으로 **민며느리제**가 있었다. → 옥저
④ 여러 가(加)들이 각각 사출도를 주관하였다. → 부여
⑤ 제가 회의에서 나라의 중대사를 결정하였다. → 고구려

📋 이건 꼭! 암기 동예
#후, 읍군, 삼로   #단궁, 과하마, 반어피   #책화   #무천

선사 시대
기출 테스트

01 (가) 시대의 생활 모습으로 옳은 것은? [1점]

강원도 양양군 오산리에서 (가) 시대 마을 유적이 발굴되었습니다. 약 8천 년 전에 형성된 집터에서는 (가) 시대를 대표하는 유물인 빗살무늬 토기와 덧무늬 토기를 비롯하여 이음낚시, 그물추 등이 출토되었습니다.

① 주로 동굴이나 막집에 거주하였다.
② 고인돌, 돌널무덤 등을 축조하였다.
③ 명도전을 이용하여 중국과 교역하였다.
④ 농경과 목축을 통하여 식량을 생산하였다.
⑤ 비파형동검과 거친무늬 거울 등을 제작하였다.

02 (가) 국가에 대한 설명으로 옳은 것은? [2점]

니계상 참이 사람을 시켜 (가) 의 왕 우거를 죽이고 와서 항복하였다. 그러나 왕검성은 끝내 함락되지 않았기에 우거왕의 대신(大臣) 성기가 한(漢)에 반기를 들고 공격하였다. 좌장군은 우거왕의 아들 장과 항복한 상 노인의 아들 최로 하여금 그 백성을 달래고 성기를 주살하도록 하였다. 드디어 (가) 을/를 평정하고 진번·임둔·낙랑·현도군을 설치하였다.
ㅡ『한서』

① 동맹이라는 제천 행사를 열었다.
② 신성 지역인 소도가 존재하였다.
③ 읍락 간의 경계를 중시하는 책화가 있었다.
④ 여러 가(加)들이 별도로 사출도를 다스렸다.
⑤ 사회 질서를 유지하기 위해 범금 8조를 두었다.

03 (가) 시대의 생활 모습으로 가장 적절한 것은? [1점]

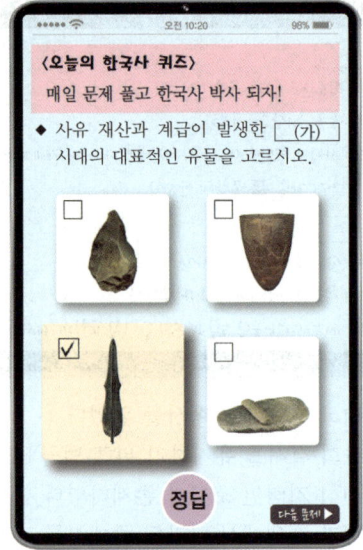

〈오늘의 한국사 퀴즈〉
매일 문제 풀고 한국사 박사 되자!
◆ 사유 재산과 계급이 발생한 (가) 시대의 대표적인 유물을 고르시오.

① 철제 무기로 정복 활동을 벌였다.
② 오수전, 화천 등의 중국 화폐로 교역하였다.
③ 많은 인력을 동원하여 고인돌을 축조하였다.
④ 주로 동굴이나 강가에 막집을 짓고 거주하였다.
⑤ 가락바퀴와 뼈바늘을 사용하여 옷을 만들기 시작하였다.

04 다음 자료에 해당하는 나라에 대한 설명으로 옳은 것은? [2점]

호의 수는 5천인데 대군왕은 없으며 읍락에는 각각 대를 잇는 우두머리가 있다. …… 여러 읍락의 거수(渠帥)들은 스스로를 삼로라 일컬었다. …… 장사를 지낼 때에는 큰 나무 곽을 만든다. 길이가 10여 장이나 되며 한쪽을 열어 놓아 문을 만든다. 사람이 죽으면 임시로 매장한다. 겨우 시체가 덮일 만큼 묻었다가 가죽과 살이 다 썩은 다음에 뼈만 추려 곽 속에 넣는다. 온 집 식구를 하나의 곽 속에 넣어 두는데, 죽은 사람의 숫자만큼 나무를 깎아 생전의 모습과 같이 만들었다.
ㅡ『삼국지』「동이전」

① 신성 지역인 소도가 존재하였다.
② 혼인 풍습으로 민며느리제가 있었다.
③ 범금 8조를 통해 사회 질서를 유지하였다.
④ 여러 가(加)들이 각각 사출도를 주관하였다.
⑤ 정사암에 모여 국가의 중대사를 논의하였다.

05 (가), (나) 나라에 대한 설명으로 옳은 것을 〈보기〉에서 고른 것은? [3점]

> (가) 대군장이 없고, 그 관직으로는 후(侯)와 읍군과 삼로가 있다. …… 해마다 10월이면 하늘에 제사를 지내는데, 밤낮으로 술 마시며 노래 부르고 춤추니, 이를 무천이라 한다. 또 호랑이를 신으로 여겨 제사 지낸다.
> — 『후한서』 동이열전
>
> (나) 해마다 5월이면 씨뿌리기를 마치고 귀신에게 제사를 지낸다. 떼를 지어 모여서 노래와 춤을 즐기며 술 마시고 노는데 밤낮으로 쉬지 않는다. …… 국읍에 각각 한 사람씩을 세워서 천신의 제사를 주관하게 하는데, 이를 천군이라 부른다.
> — 『삼국지』 위서 동이전

〈보기〉
ㄱ. (가) - 혼인 풍습으로 민며느리제가 있었다.
ㄴ. (가) - 읍락 간의 경계를 중시하는 책화가 있었다.
ㄷ. (나) - 신지, 읍차 등의 지배자가 있었다.
ㄹ. (나) - 여러 가(加)들이 별도로 사출도를 주관하였다.

① ㄱ, ㄴ ② ㄱ, ㄷ ③ ㄴ, ㄷ
④ ㄴ, ㄹ ⑤ ㄷ, ㄹ

⑤ 고조선은 사회 질서를 유지하기 위해 살인, 상해, 절도 등의 죄를 다스리는 범금 8조를 두었다.

오답 클리어
① 동맹이라는 제천 행사를 열었다. → 고구려
② 신성 지역인 소도가 존재하였다. → 삼한
③ 읍락 간의 경계를 중시하는 책화가 있었다. → 동예
④ 여러 가(加)들이 별도로 사출도를 다스렸다. → 부여

03 청동기 시대 정답 ③

정답 치트키
비파형동검 사진 + 사유 재산과 계급이 발생 → 청동기 시대

③ 청동기 시대에는 계급이 발생하면서 지배자인 군장이 등장하였고, 많은 인력을 동원하여 지배층의 무덤으로 고인돌을 축조하였다.

오답 클리어
① 철제 무기로 정복 활동을 벌였다. → 철기 시대
② 오수전, 화천 등의 중국 화폐로 교역하였다. → 철기 시대
④ 주로 동굴이나 강가에 막집을 짓고 거주하였다. → 구석기 시대
⑤ 가락바퀴와 뼈바늘을 사용하여 옷을 만들기 시작하였다. → 신석기 시대

04 옥저 정답 ②

정답 치트키
사람이 죽으면 임시로 매장함 + 온 집 식구를 하나의 곽 속에 넣어둠 → 골장제 → 옥저

② 옥저에는 여자가 어렸을 때 남자 집에서 살다가 성장한 후 남자가 여자 집에 예물을 치르고 혼인을 하는 풍습인 민며느리제가 있었다.

오답 클리어
① 신성 지역인 소도가 존재하였다. → 삼한
③ 범금 8조를 통해 사회 질서를 유지하였다. → 고조선
④ 여러 가(加)들이 각각 사출도를 주관하였다. → 부여
⑤ 정사암에 모여 국가의 중대사를 논의하였다. → 백제

정답 및 해설

01 신석기 시대 정답 ④

정답 치트키
양양군 오산리 + 빗살무늬 토기와 덧무늬 토기 → 신석기 시대

④ 신석기 시대에는 농경과 목축을 시작하였으며, 이를 통하여 식량을 생산하였다.

오답 클리어
① 주로 동굴이나 막집에 거주하였다. → 구석기 시대
② 고인돌, 돌널무덤 등을 축조하였다. → 청동기 시대
③ 명도전을 이용하여 중국과 교역하였다. → 철기 시대
⑤ 비파형동검과 거친무늬 거울 등을 제작하였다. → 청동기 시대

02 고조선 정답 ⑤

정답 치트키
왕 우거(우거왕) + 왕검성 → 고조선

05 동예와 삼한 정답 ③

정답 치트키
(가) 후와 읍군과 삼로 + 10월 + 무천 → 동예
(나) 천군 → 삼한

③ ㄴ. 동예는 산과 내로 구분된 읍락 간의 경계를 중시하여, 다른 부족을 침범하면 노비나 소, 말 등으로 변상하게 하는 책화가 있었다.
ㄷ. 삼한에는 신지, 읍차 등의 정치적 지배자가 있었다.

오답 클리어
ㄱ. 혼인 풍습으로 민며느리제가 있었다. → 옥저
ㄹ. 여러 가(加)들이 별도로 사출도를 주관하였다. → 부여

해커스 한국사능력검정시험
심화 **2주 합격**

II 고대

최근 3개년 기출 트렌드 *최근 3개년 회차인 심화 75~60회 기준입니다.

기출주제	출제 문항 수	
03 삼국의 발전	25문항	**1위**
04 가야 연맹	6문항	
05 고구려의 대외 항쟁과 신라의 삼국 통일	14문항	
06 통일 신라와 발해	22문항	**3위**
07 통일 신라의 혼란과 후삼국 시대	17문항	
08 고대의 경제와 사회	8문항	
09 고대의 문화	24문항	**2위**

고대 최근 3개년 출제 비중 **15%** 7~8문항

빈출 키워드 TOP3

장수왕, 성왕, 진흥왕

금관가야, 대가야, 김해 대성동 고분군

백제 부흥 운동, 나·당 동맹 결성, 기벌포 전투

신문왕, 9서당 10정, 발해

궁예, 견훤, 김헌창의 난

청해진, 민정 문서, 골품 제도

원효, 의상, 최치원

학습 포인트

- **삼국의 발전**은 삼국 시대의 왕의 업적이나, 재위 시기의 사실을 묻는 문제로 자주 출제됩니다. 삼국 시대 주요 왕들의 업적을 구분해서 정리해 두세요!

- **고대의 문화**는 매회 기본적으로 출제되는 최빈출 포인트예요. 각 국가별 승려와 유학자의 활동이 자주 출제되니, 이를 구분해서 정리해 두세요! 또한 각 국가별 문화유산의 특징을 그림 자료와 함께 구분하여 암기하는 것이 중요합니다!

- **통일 신라**는 '왕'을 묻는 문제, **발해**는 '국가'를 묻는 문제로 자주 출제됩니다. 같은 시기에 있었던 통일 신라의 통치 체제와 헷갈리지 않게 구분해서 정리해 두세요!

고대 흐름 잡기

주요 흐름

삼국의 성립과 백제 전성기 (기원전 1c~4c)

삼국 중 가장 먼저 전성기를 맞이한 '백제'

주몽(동명성왕)이 **고구려**를, 온조가 **백제**를, 박혁거세가 **신라**를 건국하면서 **삼국 시대가 시작**되었습니다. 삼국 중 **백제**는 한강 유역을 바탕으로 영토를 확장하여 가장 먼저 전성기를 맞이하였습니다.

고구려 전성기 (5c)

만주 벌판을 호령한 '고구려'

고구려는 백제의 공격으로 왕이 사망하는 위기를 겪었습니다. 그러나 **소수림왕**이 나라의 기틀을 다진 것을 바탕으로 **광개토 대왕**과 **장수왕** 때 만주에서 한강 유역까지 광대한 영토를 차지하며 전성기를 맞이하였습니다.

빈출 키워드 연표

주요 왕
연표에 따라 각 나라 주요 왕의 이름을 순서대로 외워보세요!

기원전 1세기	179~197	346~375	371~384	391~412	412~491	455~475
[신라] 박혁거세 [고구려] 동명성왕 [백제] 온조왕	[고구려] 고국천왕	[백제] 근초고왕	[고구려] 소수림왕	[고구려] 광개토 대왕	[고구려] 장수왕	[백제] 개로왕

주요 사건
삼국 간의 항쟁 과정을 순서대로 외워보세요!

[가야] 김수로왕	[고구려] 고국천왕	[백제] 근초고왕	[고구려] 광개토 대왕	[고구려] 장수왕	[고구려] 장수왕
금관가야 건국 (기원후 1c)	진대법 실시 (194)	평양성 공격, 고구려 고국원왕 전사 (371)	신라 구원 (400)	평양 천도 (427)	・백제의 한성 함락 ・백제, 웅진 천도(475)

주요 문화유산
불교와 관련된 문화유산을 잘 기억하세요!

[고구려] 소수림왕	[백제] 침류왕
불교 수용·공인	불교 수용·공인

한국사능력검정시험 전문 선생님의
무료 특강과 함께 시대 흐름 잡기

신라 전성기 (6c)

약소국에서 삼국의 중심으로! '신라'

신라는 귀족의 세력이 강해 삼국 중 가장 늦게 국가 체제를 정비하기 시작하였습니다. 차근차근 힘을 기른 신라는 **진흥왕** 때 **한강 유역을 차지**하고 영토를 확장하며 전성기를 맞이하였고, 삼국 통일의 기틀을 마련하였습니다.

신라의 삼국 통일과 남북국 시대 (7~8c)

삼국을 통일한 '신라', 고구려를 계승한 '발해'

신라는 당나라와 동맹을 맺어 **백제, 고구려를 멸망**시킨 후 **당나라까지 물리쳐 삼국 통일을 완성**하였습니다. 한편 고구려 멸망 이후 고구려 유민인 **대조영**이 고구려를 계승한 발해를 건국하면서, 한반도 남과 북에 두 나라가 존재하는 **남북국 시대**가 시작되었습니다.

신라 하대와 후삼국 시대 (9~10c)

다시 삼국으로 갈라진 통일 신라

통일 이후 강력했던 **신라**의 왕권이 점차 약해지면서 **귀족들의 왕위 쟁탈전**이 일어났습니다. 이를 틈타 지방에서 성장한 호족 세력 중 **견훤이 후백제**를, **궁예가 후고구려**를 건국하면서 신라가 다시 삼국으로 갈라지게 되었습니다 (**후삼국 시대**).

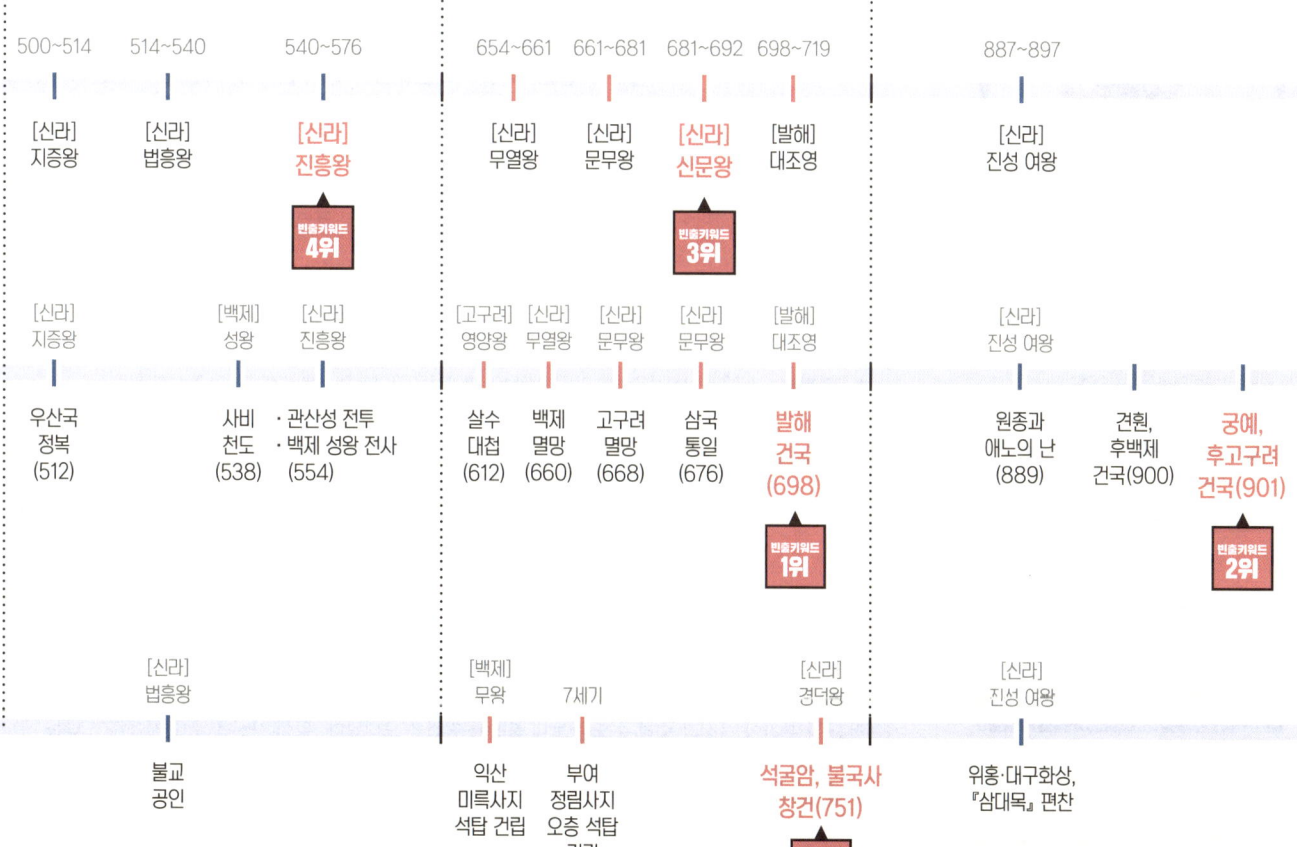

II 고대 흐름 잡기 35

기출주제 03 삼국의 발전

빈출 태그 | #고구려 소수림왕 #광개토 대왕 #장수왕 #백제 근초고왕 #성왕 #신라 지증왕 #법흥왕 #진흥왕

스토리로 미리보기

S#1 고국천왕이 백성을 위해 진대법을 실시하다!

나, 고국천왕. 사냥을 나갔다가 슬피 우는 백성이 있길래 그 이유를 물었더니 흉년이라 어머니께 드릴 곡식이 없어서라는군. 아, 가슴이 아프다. 백성들이 굶주리지 않도록 봄에 곡식을 빌려주었다가 가을에 갚도록 해야겠다. 여봐라, 을파소를 들게 하라.

S#2 소수림왕이 불교를 수용하고 율령을 반포하다!

아버지 고국원왕께서 백제 근초고왕과의 전쟁에서 돌아가신 슬픔을 미처 추스르지도 못했는데, 내가 왕이 되다니. 위기에 빠진 이 나라 고구려를 강하게 하려면, 나라의 정신을 바로 잡을 불교와 국가 통치를 위한 법이 필요해. 아버지, 이 나라를 크게 키워서 꼭 복수하겠습니다.

S#3 장수왕이 남진 정책을 본격화하다!

나, 장수왕. 선왕(광개토 대왕)께서 북쪽으로 영토를 넓혀 놓으셨으니, 나는 백제와 신라가 있는 남쪽으로 영토를 넓혀야겠다. 지금 있는 국내성은 너무 북쪽이라 남쪽으로 진출하기 어려울 테니, 평양으로 도읍을 옮겨야겠어.

1 고구려

(1) 고구려의 건국

건국	: 부여에서 내려온 주몽(동명왕)이 졸본 지역에서 고구려를 건국함
국내성 천도	: 동명왕의 뒤를 이어 즉위한 유리왕 때 졸본에서 국내성으로 도읍을 옮김

(2) 고구려의 발전(1세기~4세기)

태조왕 : (동)옥저를 정복하고 동해안으로 진출함

고국천왕
- **부자 상속제 확립**: 왕위 계승을 형제 상속제에서 부자 상속제로 변경하여 왕권을 더욱 강화함
- **5부 개편**: 부족적 전통을 지닌 5부를 행정적인 성격의 5부로 개편하여 왕권을 강화함 ─ 계루부, 절노부, 소노부, 순노부, 관노부
- **을파소 등용**: 을파소를 발탁하여 제가 회의의 의장인 국상으로 등용함
- **진대법 실시**: 식량이 떨어지는 춘궁기에 백성들에게 곡식을 빌려주고 추수기에 갚도록 하는 구휼 제도인 **진대법을 실시**하여 빈민을 구제함

동천왕 : 중국 위나라 장수인 관구검이 이끄는 군대의 공격을 받아 세력이 위축됨

미천왕
- **서안평 점령**: 중국 요동 지역의 서안평을 공격하여 점령함
- **낙랑군·대방군 축출**: 고조선 멸망 후 중국 한나라가 설치한 낙랑군과 대방군을 몰아내고 대동강 유역까지 영토를 확장함

고국원왕 ─ 이름은 사유
- 백제 근초고왕이 **평양성을 공격**하자, 이를 방어하다가 **전사함**
- 선비족이 세운 나라인 전연의 모용황의 침입을 받아 수도인 환도성이 함락됨

> **백발백중 기출 사료 | 📍 고국원왕 전사** [72회]
> 겨울에 백제 왕이 태자와 함께 정병 3만 명을 거느리고 고구려를 침입하여 **평양성**을 공격하였다. 고구려왕 사유가 힘껏 싸우며 막다가 날아오는 화살을 맞고 죽었다.
> ▶ **사료 해석**: 고국원왕(사유)은 백제의 근초고왕이 평양성을 공격하자 이를 방어하다가 전사하였다.

⭐소수림왕 ─ 아버지인 고국원왕이 전사한 국가적 위기 상황에서 즉위함
- **불교 수용**: 중국의 전진과 수교하고, 승려인 순도를 통해 불교를 수용한 후 공인함 ─ 삼국 중 최초로 공인함
- **율령 반포**: 국가 통치의 기본법인 **율령을 반포**하여 중앙 집권 체제를 강화함
- **📍태학 설립**: 우리나라 최초의 국립 대학인 **태학**을 설립하여 인재를 양성하고 유학을 보급함 ─ 귀족의 자제를 대상으로 교육함

> **백발백중 기출 사료 | 📍 소수림왕의 불교 수용과 태학 설립** [68회]
> 전진 왕 부견이 사신과 승려 순도를 보내 불상과 경전을 보내왔다. 왕이 사신을 보내 사례하고 방물(方物)을 바쳤다. 태학을 세우고 자제를 교육시켰다.
> ▶ **사료 해석**: 소수림왕은 중국 전진의 승려 순도를 통해 불교를 수용 및 공인하고, 태학을 설립하였다.

(3) 고구려의 전성기와 쇠퇴 (5세기~7세기)

- **광개토 대왕** (영락 대왕으로도 불림)
  - **정복 활동**
    - 거란과 후연(선비족)을 공격하여 만주와 랴오둥(요동) 지역을 확보함
    - **백제를 공격**하여 백제 아신왕의 항복을 받아내고 **한강 이북의 지역을 점령**함
  - **신라 구원**: 신라 내물 마립간의 요청으로 5만의 군사를 보내 신라에 침입한 왜를 격퇴하고 **금관가야를 공격**함 → 한반도 남부까지 영향력을 확대함 (전기 가야 연맹이 쇠퇴하는 계기)
  - **연호 사용**: **영락**이라는 독자적인 연호를 사용하여 자주성을 드러냄

백발백중 기출 사료 | 광개토 대왕의 정복 활동과 신라 구원 [66·40회]

- 태왕의 유일한 목적은 북방의 강성한 선비를 정벌하여 지금의 봉천, 직예 등의 땅을 차지하는 것이었다. …… 중국 역사상 일대 효웅(梟雄)들이 모두 그 기세가 꺾이어 할 수 없이 수천 리의 토지를 고구려에 넘겨줌으로써, 태왕이 그 시호와 같이 토지를 광개(廣開)함에 이르렀다. → 후연(선비족) 공격 - 『조선상고사』
- 영락 6년 병신에 왕이 친히 군사를 이끌고 **백제를 토벌**하였다. 백제가 의에 복종하지 않고 감히 나와 싸우니 왕이 크게 노하여 아리수를 건너 정병을 보내 그 도성에 육박하였다. 이에 백제왕(아신왕)이 이제부터 영구히 고구려왕의 노객이 되겠다고 맹세하였다. → 백제 공격
- 왕이 보병과 기병 등 5만 명을 보내 **신라를 구원**하게 하였다. 고구려군이 남거성을 거쳐 신라성에 이르렀는데, 그곳에 왜적이 가득하였다. 고구려군이 도착하자 **왜적이 퇴각**하였다. → 신라 구원

➡ **사료 해석**: 광개토 대왕은 후연(선비족)을 정벌하는 한편, 백제를 공격하여 랴오둥(요동)부터 한강 이북 지역까지 영토를 확장하였으며, 신라 내물 마립간의 요청에 따라 군사를 보내 신라를 구원하였다.

- **장수왕** (이름은 거련으로 광개토 대왕의 뒤를 이어 즉위함)
  - **평양 천도**: 도읍을 국내성에서 평양으로 옮겨 **남진 정책**을 본격화함 (수도를 옮김 / 한반도 남쪽으로 영토를 확장하는 정책)
  - **한성 공격**: 백제의 수도인 한성을 공격하여 **백제의 개로왕을 전사시킴**
  - **광개토 대왕릉비 건립**: 아버지 광개토 대왕의 업적을 기리기 위해 만주에 건립한 비석으로, 고구려의 건국 신화, 광개토 대왕의 정복 활동 등이 기록되어 있음

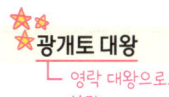

▲ 고구려 전성기인 5세기 때의 지도

백발백중 기출 사료 | 장수왕의 평양 천도와 한성 공격 [50회]

- [장수왕] 15년, 평양으로 도읍을 옮겼다. → 평양 천도 - 『삼국사기』
- 고구려 왕 **거련**(장수왕)이 군사 3만 명을 이끌고 와서 왕도인 **한성을 포위**하였다. 왕이 성문을 닫고서 나가 싸우지 못하였다. …… 사람들이 매우 두려워하여 나가서 항복하려는 자들도 있었다. 왕이 어찌할 바를 몰라 수십 명의 기병을 거느리고 성문을 나가 서쪽으로 달아나니, 고구려 군사가 추격하여 **왕을 해쳤다**. → 한성 공격 (백제 개로왕) - 『삼국사기』

➡ **사료 해석**: 장수왕은 남진 정책을 위해 평양으로 도읍을 옮겼다. 이후 백제의 수도 한성을 포위하여 함락시키고 백제 개로왕을 사살하였다.

- **문자왕**: 부여를 복속함으로써 고구려의 최대 영토를 달성함
- **영양왕**
  - **신라 공격**: 신라에 빼앗긴 영토를 되찾고자 온달 장군을 보냈으나 실패함
  - **역사서 편찬**: 이문진으로 하여금 역사서 『**신집**』 5권을 편찬하게 함 (『유기』를 간추린 역사서)

✅ 기출 선택지로 개념 다지기

1. 빈칸의 답을 채워보세요.

(1) 태조왕이 정복한 나라: ☐ [48·45회]

(2) 고국천왕이 실시한 구휼 제도: ☐ [70·68회]

(3) 백제 근초고왕의 공격으로 전사한 왕: ☐ [70·69회]

(4) 소수림왕 때 반포된 기본법: ☐ [62회]

(5) 광개토 대왕이 사용한 독자적 연호: ☐ [72·70회]

(6) 장수왕이 국내성에서 도읍을 옮긴 곳: ☐ [72·68회]

2. 질문에 맞는 답을 고르세요.

(1) 고국천왕의 업적은? [68·65회]
① 낙랑군을 축출하여 영토를 확장하였다.
② 을파소를 등용하고 진대법을 시행하였다.

(2) 소수림왕의 업적은? [68회]
① 태학을 설립하여 인재를 양성하였다.
② 서안평을 공격하여 영토를 확장하였다.

(3) 광개토 대왕의 업적은? [66·61회]
① 전진의 순도를 통해 불교를 수용하였다.
② 영락이라는 독자적인 연호를 사용하였다.

(4) 고국원왕 전사 이후의 사실은? [65회]
① 유리왕이 졸본에서 국내성으로 천도하였다.
② 소수림왕이 불교를 공인하고 율령을 반포하였다.

(5) 장수왕 때의 사실은? [60회]
① 국내성에서 평양으로 도읍을 옮겼다.
② 백제가 고구려의 평양성을 공격하였다.

정답 | 1. (1) 옥저 (2) 진대법 (3) 고국원왕 (4) 율령 (5) 영락 (6) 평양
2. (1) ② (①은 미천왕)
(2) ① (②은 미천왕)
(3) ② (①은 소수림왕)
(4) ② (①은 고국원왕 전사 이전)
(5) ① (②은 고국원왕 때)

기출주제 03 삼국의 발전

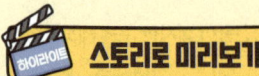

S#1 근초고왕이 고구려 평양성을 공격하다!

우리 왕(근초고왕)께서 남쪽 지방에 있는 마한을 정벌하시더니 이번에 북쪽에 있는 고구려를 공격하신다고 한다. 고구려군이 강하다지만, 왕의 기세를 보아하니 왠지 이길 수 있을 것만 같아.

S#2 무령왕이 22담로에 왕족을 파견하다!

나, 무령왕. 웅진으로 천도한 후 귀족들 간의 다툼 때문에 약해진 백제의 왕권을 다시 강화할 것이다. 왕권에 방해되는 지방 귀족들을 통제하려면 역시 지방에 왕족을 파견하는 수밖에!

S#3 성왕이 신라 진흥왕에게 한강 유역을 빼앗기다!

나, 성왕. 고구려가 힘이 약해진 틈을 타 신라 진흥왕과 연합하여 드디어 한강 유역을 되찾고 싶었다. 분명 한강 하류는 우리 백제가 갖기로 약속했는데, 신라 진흥왕의 배신으로 빼앗기고 말다니!!

2 백제

(1) 백제의 건국과 성장 - 한성 시기

- **건국**: 부여와 고구려 계통의 유이민 세력인 온조가 한강 유역의 토착 세력과 결합하여 한성(하남 위례성)에서 백제를 건국함
- **고이왕**
  - **정복 활동**: 마한의 소국인 목지국을 병합하고, 한강 유역을 확보함
  - **관등제 정비**: 6좌평과 16관등제의 기본 골격을 마련함
    - └ 백제의 벼슬 등급을 나타내는 16관등 중 가장 높은 등급을 뜻하는 말

(2) 백제의 발전

- **근초고왕**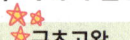

  ▲ 백제의 전성기인 4세기 때의 지도

  - **왕권 강화**: 왕위의 부자 상속제를 확립하여 부여씨가 왕위를 세습하게 됨 ─ 백제의 왕족
  - **정복 활동**
    - **마한 정복**: 마한 지역을 모두 정복하고 전라도 지역을 차지함
    - **고구려 공격**: 고구려의 평양성을 공격하여 고국원왕을 전사시키고 황해도 일대까지 진출함
  - **대외 교류**
    - **중국**: 랴오시(요서)·산둥(산동) 지방으로 진출하고 중국의 동진과 교류함
    - **일본**: 큐슈(규슈) 지방까지 진출하였고, 왜왕에게 칠지도를 하사함

      ▲ 칠지도
  - **역사서 편찬**: 박사 고흥으로 하여금 역사서인 『서기』를 편찬하게 함

- **침류왕**: 중국 동진에서 온 승려 마라난타를 통해 불교를 수용·공인함
- **비유왕**: 고구려의 평양 천도에 대항하여 신라 눌지 마립간과 나·제 동맹을 체결함

> **백발백중 기출 사료 | 근초고왕의 역사서 편찬** [73회]
> 옛 기록에 이르기를, "백제는 나라를 연 이래 문자로 일을 기록한 적이 없는데 이 왕 때에 이르러 박사 고흥을 얻어 처음으로 『서기』가 있게 되었다."라고 하였다.
> ➡ **사료 해석**: 근초고왕은 박사 고흥으로 하여금 역사서인 『서기』를 편찬하도록 하였다.

(3) 백제의 위기

- **개로왕** ─ 이름은 경(경사), 성은 부여
  - **북위에 국서 전송**: 고구려 장수왕이 남진 정책을 추진하자, 이를 견제하기 위해 중국의 북위에 군사를 요청하는 국서를 전송함
  - **한성 함락**: 고구려 장수왕의 공격으로 한성이 함락되면서 개로왕이 전사함

> **백발백중 기출 사료 | 개로왕의 북위에 국서 전송** [61회]
> 여경[개로왕]이 처음으로 사신을 보내 표를 올렸다. "…… 고구려의 선조인 쇠[고국원왕]가 우호를 가벼이 깨뜨리고 직접 군사를 지휘하여 우리의 국경을 짓밟았습니다. …… 속히 장수를 보내 구원하여 주십시오."
> ─『위서』
> ➡ **사료 해석**: 백제 개로왕은 고구려 장수왕이 남진 정책을 추진하자, 이를 견제하기 위해 중국 북위에 군사를 요청하는 국서를 전달하였다.

(4) 백제의 중흥 노력 – 웅진 시기

- **문주왕** (개로왕의 아들): 개로왕이 전사하고 한성이 함락되자, 웅진(공주)으로 수도를 옮김
- **동성왕** (이름은 모대): 고구려에 대항하고자 신라 소지 마립간과 결혼 동맹을 맺어 나·제 동맹을 강화함
- **무령왕** (이름은 사마)
  - 22담로 설치: 지방에 행정 구역인 22담로를 두고 왕족을 파견하여 지방에 대한 통제를 강화함
  - 대외 교류
    - 중국 남조의 양나라와 외교 관계를 강화함
    - 관련된 문화유산으로 양직공도(양나라에 파견된 백제의 사신이 담긴 그림)와 무령왕릉(중국 남조의 영향을 받아 축조된 벽돌무덤)이 있음

▲ 양직공도

(5) 백제의 중흥과 쇠퇴 – 사비 시기

- ★★**성왕** (이름은 명농, 무령왕의 아들)
  - 사비 천도: 수도를 웅진에서 대외 진출이 용이한 사비(부여)로 옮김
  - 국호 변경: 국호를 '백제'에서 '남부여'로 고침 (일명 소부리라고도 불림)
  - 체제 정비: 중앙 관청을 22부로, 행정 구역을 5부(수도)와 5방(지방)으로 정비함
  - 대외 교류: 일본에 노리사치계를 보내 불경과 불상을 전함
  - 한강 유역 회복 (일시적 회복)
    - 한강 하류 지역 수복: 신라 진흥왕과 연합하여 고구려를 공격하였고, 일시적으로 한강 하류 지역을 수복함
    - ↓
    - 한강 하류 지역 상실: 신라 진흥왕의 배신으로 한강 하류 지역을 신라에게 빼앗김
    - ↓
    - 관산성 전투: 성왕이 신라의 관산성을 공격하였으나, 신라군에 크게 패하고 성왕이 전사함
    - 나·제 동맹 결렬: 나·제 동맹 관계가 완전히 결렬됨

> **백발백중 기출 사료 | 📍관산성 전투** [74회]
> 백제 왕 명농(성왕)이 가야와 함께 와서 관산성을 공격하였다. [신라의] 군주(軍主)인 각간 우덕과 이찬 탐지 등이 맞서 싸웠으나 불리하였다. …… 고간 도도가 급히 쳐서 백제왕을 죽였다.
> ➡ **사료 해석:** 백제 성왕은 빼앗긴 한강 유역을 되찾기 위해 신라의 관산성을 공격하였으나, 이 과정에서 신라군에 크게 패하고 성왕이 전사하였다(관산성 전투).

- **무왕** (금마저라고도 불림)
  - 익산 천도 시도: 익산으로의 천도를 추진하여 왕권을 강화하고자 함
  - 미륵사 창건: 익산에 미륵사라는 절을 창건함
- **의자왕**
  - 대야성 점령: 신라를 공격하여 대야성(오늘날의 합천)을 함락시킴
  - 멸망: 신라와 당의 연합군(나·당 연합군)이 공격하자 계백의 결사대를 보내 항전하였으나, 결국 사비성이 함락되면서 멸망함

> **백발백중 기출 사료 | 📍대야성 점령** [74회]
> 8월에 [백제 왕이] 장군 윤충을 보내 군사 1만을 거느리고 신라 대야성을 공격하였다. 성주 품석이 처자와 함께 나와 항복하자 윤충이 모두 죽이고 그 머리를 베어 왕도로 보냈다.
> ➡ **사료 해석:** 백제 의자왕은 장군 윤충을 보내 신라의 대야성을 공격하여 함락시켰다.

✅ 기출 선택지로 개념 다지기

1. 빈칸의 답을 채워보세요.
(1) 고이왕 때 정비한 제도: ☐ [52회]
(2) 근초고왕이 공격한 고구려의 성: ☐ [75·73회]
(3) 박사 고흥이 편찬한 역사서: 『 ☐ 』 [67·66·64회]
(4) 무령왕이 설치한 지방 행정 구역: ☐ [74·71·68회]
(5) 성왕이 수도로 삼은 곳: ☐ [73·64회]
(6) 성왕이 전사한 전투: ☐ [62·61회]

2. 질문에 맞는 답을 고르세요.
(1) 근초고왕의 업적은? [73회]
① 계백의 결사대를 보내 신라군에 맞서 싸웠다.
② 평양성을 공격하여 고국원왕을 전사시켰다.

(2) 개로왕이 북위에 국서를 전송한 배경은? [61회]
① 장수왕이 평양으로 천도하고 남진을 추진하였다.
② 을지문덕이 살수에서 승리하였다.

(3) 무령왕의 업적은? [57회]
① 금마저에 미륵사를 창건하였다.
② 지방에 22담로를 두어 왕족을 파견하였다.

(4) 성왕의 업적은? [67회]
① 국호를 남부여로 개칭하였다.
② 고흥에게 『서기』를 편찬하게 하였다.

(5) 의자왕 재위 시기의 사실은? [44회]
① 사비로 천도하고 국호를 남부여로 고쳤다.
② 신라를 공격하여 대야성을 점령하였다.

정답 | 1. (1) 관등제 (2) 평양성 (3) 서기 (4) 22담로 (5) 사비 (6) 관산성 전투
2. (1) ② (①은 의자왕)
(2) ① (②은 무왕 때, 북위에 국서를 전송한 이후)
(3) ② (①은 무왕)
(4) ① (②은 근초고왕)
(5) ② (①은 성왕 때)

기출주제 03 삼국의 발전

스토리로 미리보기

S#1 지증왕이 국호와 지배자의 칭호를 바꾸다!

우리 사로국도 이제 이만하면 다른 나라와 견줄 수 있을 것 같군. 중국은 '왕'이라는 칭호를 쓰는데, 나라고 쓰지 말란 법이 있겠나! 신하들도 그렇게 하자고 하는데 말이야. 좋다, 앞으로 나를 '마립간'이 아닌 '왕'으로 부르거라! 이 나라의 국호도 '신라'로 바꾸자!

S#2 법흥왕이 이차돈의 순교를 계기로 불교를 공인하다!

나, **법흥왕**. 흩어진 백성들의 마음을 하나로 모으려면 공식적으로 **불교**를 받아들여야 하는데, 귀족들의 반대가 거세서 걱정이군. 어떻게 해야 귀족들의 마음을 움직일 수 있을지 고민이네.

S#3 진흥왕이 정복한 영토에 순수비를 세우다!

나, **진흥왕**은 수많은 전쟁에서 승리하여 남으로는 대가야까지, 북으로는 함경도까지 영토를 확장했어. 이제, 순수하면서, 그러니까 쉬운 말로 나라의 여러 지역을 두루 살피고 돌아다니면서, 백성들을 좀 보살펴야겠어. 기념으로 **순수비**도 좀 세우고. 우리 신라의 힘을 온 천하에 알릴 수 있겠지.

3 신라 (통일 이전)

(1) 신라의 건국

건국	: 경주 지역의 토착민 세력과 유이민(박혁거세) 집단이 결합해 신라를 건국함
초기의 정치 형태	: 박·석·김의 3성이 번갈아 가며 왕위를 차지하였으며, 유력 집단의 우두머리가 연장자를 뜻하는 <u>이사금</u>으로 추대됨

└ 거서간 → 차차웅 → 이사금 순으로 지배자 칭호가 바뀜

(2) 신라의 발전

내물 마립간
- 지배자 칭호 변경: 왕권이 강화되어 최고 지배자의 칭호를 '이사금'에서 대군장을 뜻하는 '**마립간**'으로 변경함
- 왕위 세습 확립: <u>김씨</u>가 독점적으로 왕위를 계승하는 방식으로 변경함
  └ 왕위를 교대로 차지한 박·석·김의 3성 중 하나
- 고구려의 내정 간섭 ─ 고구려 광개토 대왕의 도움을 받아 왜구를 물리친 이후 고구려의 내정 간섭을 받음
  - **호우명 그릇**에서 당시 신라에 대한 고구려의 영향력을 확인할 수 있음

백발백중 기출 자료 | 호우명 그릇 [73·65회]

- 경주의 호우총(무덤)에서 발견된 그릇
- 그릇 밑바닥에 고구려 광개토 대왕의 이름이 새겨져 있음
- 당시 신라에 대한 고구려의 영향력을 확인할 수 있는 유물

➤ **자료 해석**: 호우명 그릇 밑바닥에는 '을묘년국강상광개토지호태왕호우십'이라는 명문이 발견되어 당시 신라에 대한 고구려의 영향력을 알 수 있다.

눌지 마립간 : 고구려 장수왕의 남진 정책에 대항하여 백제 비유왕과 나·제 동맹을 체결함

소지 마립간 : 고구려에 맞서 백제 동성왕과 결혼 동맹을 맺어 나·제 동맹을 강화함

⭐⭐ 지증왕
- 국호·왕호 변경: 국호를 '사로국'에서 '**신라**'로 정하고, 지배자의 칭호를 '마립간'에서 '**왕**'으로 변경함
- 순장 금지: 농업 노동력을 확대하기 위해 순장을 금지함
- 우경 장려: 농업 생산력을 높이기 위해 우경(소를 이용해 농사를 짓는 일)을 장려함
- 정복 활동: 장군 이사부를 보내 **우산국(울릉도)을 복속시킴**
- 지방 제도 정비: 주·군·현으로 나누고 관리(군주 등)를 파견함
- 동시전 설치: 수도 경주에 시장을 감독하는 관청인 동시전을 설치함

백발백중 기출 사료 | 지증왕의 국호·왕호 변경 [51회]

신하들이 아뢰기를 "…… 신(新)은 '덕업이 날로 새로워진다'는 뜻이고, 라(羅)는 '사방(四方)을 망라한다'는 뜻이므로 이를 나라 이름으로 삼는 것이 마땅하다고 여겨집니다. …… 이제 여러 신하들이 한 마음으로 삼가 신라국왕(新羅國王)이라는 칭호를 올립니다."라고 하였다. 왕이 이를 따랐다.

➤ **사료 해석**: 지증왕은 국호를 '사로국'에서 사방을 망라한다는 뜻의 '신라(新羅)'로, 왕호를 '마립간'에서 '왕(王)'으로 변경하였다.

▲ 이차돈 순교비
(백률사 석당)

법흥왕
- 병부 설치: 군사력을 강화하기 위해 중앙 부서로 병부를 설치함
- 상대등 설치: 화백 회의의 주관자이자 귀족들의 대표인 상대등을 설치하여 나라의 일을 총괄하게 함
  - 국가 중대사를 결정한 신라의 귀족 회의 기구
- 율령 반포: 중앙 집권 체제를 정비하기 위해 율령을 반포함
- 공복 제정: 처음으로 관리들의 공복을 제정함
  - 붉은 빛과 자주 빛 등으로 등급을 표시함
- 연호 사용: 건원이라는 독자적인 연호를 사용함
- 불교 공인: 이차돈의 순교를 계기로 불교를 공인함
- 금관가야 정복: 금관가야를 복속시키고 마지막 왕인 김구해에게 벼슬을 줌

(3) 신라의 전성기 (6세기~7세기)

▲ 신라의 전성기인 6세기 때의 지도

진흥왕
- 한강 상류 유역 확보: 백제 성왕과 연합하여 고구려가 차지하고 있던 한강 상류 지역을 점령함
- 한강 하류 유역 확보: 백제가 점령했던 한강 하류 지역까지 확보하고, 백제 성왕과의 관산성 전투에서 승리함
- 대가야 정복: 대가야를 공격하여 멸망시키고 영토를 확장함
- 함경도 진출: 북쪽으로는 고구려를 공격하여 함경도 지방까지 진출함
- 비석 건립
  - 단양 신라 적성비: 고구려의 영토였던 단양의 적성을 점령하고 단양 신라 적성비를 건립함
  - 진흥왕 순수비: 정복한 지역을 순수하고 북한산비, 창녕비, 황초령비, 마운령비를 건립함
    - 임금이 나라 안의 지역을 두루 살피며 돌아다니던 일
- 화랑도 개편
  - 청소년 집단인 화랑도를 국가적인 조직으로 정비함
  - 좋은 가문 출신이며 덕행이 있는 자를 화랑의 지도자로 뽑아 '화랑 국선'이라 칭함
- 『국사』 편찬: 신하 거칠부로 하여금 역사서인 『국사』를 편찬하게 함

진평왕
- : 승려 원광에게 일종의 외교 문서인 걸사표를 짓게 함
  - 중국 수나라에 군사 지원을 요청하는 내용

선덕 여왕

▲ 첨성대
- 대야성 전투: 백제 의자왕의 공격을 받아 대야성이 함락당함
  → 김춘추를 고구려에 보내 도움을 요청하였으나 실패함
- 문화 정책
  - 황룡사 구층 목탑 건립: 승려 자장의 건의에 따라 건립함
  - 첨성대 축조: 천문 관측을 위해 첨성대를 축조함

진덕 여왕
- 나·당 동맹 체결: 김춘추를 당나라에 파견하여 당 태종과 나·당 동맹을 체결함
- 집사부 설치: 왕명을 수행하는 행정 기구로 집사부를 두고, 장관을 중시라고 함

백발백중 기출 자료 | 📍서울 북한산 신라 진흥왕 순수비(북한산비) [69회]

- 진흥왕이 한강 유역을 영토로 편입한 뒤 해당 지역을 순수(巡狩)하고 세운 비석
- 조선 후기에 김정희가 『금석과안록』에서 진흥왕의 순수비임을 밝힘
- 원래 북한산 비봉에 있었으나 현재는 국립 중앙 박물관에서 소장하고 있음

✅ 기출 선택지로 개념 다지기

1. 빈칸의 답을 채워보세요.

(1) 지증왕이 이사부를 보내 복속한 지역: ☐ [74·71회]

(2) 지증왕 때 설치된 시장 감독 관청: ☐ [74·73·71회]

(3) 법흥왕 때 순교한 인물: ☐ [75회]

(4) 법흥왕이 사용한 독자적인 연호: ☐ [74·67회]

(5) 진흥왕이 개편한 청소년 단체: ☐ [68·66회]

(6) 진흥왕 때 거칠부가 편찬한 역사서: 『☐』 [74·73·69회]

2. 질문에 맞는 답을 고르세요.

(1) 지증왕의 업적은? [71회]
① 김씨에 의한 왕위 계승권을 확립하였다.
② 이사부를 보내 우산국을 복속시켰다.

(2) 법흥왕의 업적은? [54회]
① 거칠부가 왕명에 의해 『국사』를 편찬하였다.
② 이차돈의 순교를 계기로 불교를 공인하였다.

(3) (가)에 들어갈 사건은? [74회]

| 관산성 전투 | → | (가) | → | 대야성 전투 |

① 진흥왕이 대가야를 공격하여 복속시켰다.
② 계백이 이끈 결사대가 황산벌에서 패배하였다.

(4) 진흥왕의 업적을 모두 고르면? [63·52회]
① 첨성대를 세워 천체를 관측하였다.
② 마운령, 황초령 등에 순수비를 세웠다.
③ 국가적인 조직으로 화랑도를 개편하였다.

정답 | 1. (1) 우산국 (2) 동시전 (3) 이차돈 (4) 건원 (5) 화랑도 (6) 국사
2. (1) ② (①은 내물 마립간)
(2) ② (①은 진흥왕)
(3) ① (②은 태종무열왕 때, 대야성 전투 이후)
(4) ②, ③ (①은 선덕 여왕)

필수 기출로 개념 적용하기 기출주제 03 삼국의 발전

01 [70회 기출]

(가) 왕의 재위 시기에 있었던 사실로 옳은 것은? [2점]

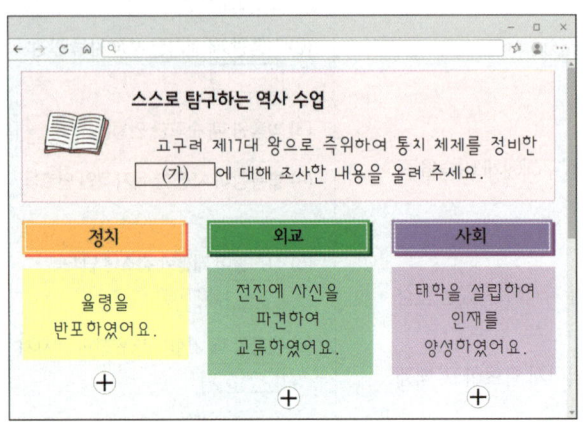

① 승려 순도를 통해 불교를 수용하였다.
② 낙랑군을 축출하여 영토를 확장하였다.
③ 영락이라는 독자적인 연호를 사용하였다.
④ 을지문덕이 살수에서 수의 군대를 물리쳤다.
⑤ 이문진이 유기를 간추린 『신집』 5권을 편찬하였다.

02 [66회 기출]

밑줄 그은 '왕'에 대한 설명으로 옳은 것은? [2점]

○ 기해년에 백제가 맹세를 어기고 왜와 화통하였다. 왕이 순행하여 평양으로 내려갔는데, 신라에서 사신을 보내어 아뢰기를, "왜인이 국경에 가득 차 성지(城地)를 파괴하고 있습니다. …… 귀부하여 명을 받고자 합니다."라고 하였다.

○ 경자년에 왕이 보병과 기병 5만 명을 보내서 신라를 구원하게 하였다. 군대가 남거성을 거쳐 신라성에 이르니 왜적이 많았다. 군대가 도착하자 왜적이 퇴각하였다.

① 대가야를 병합하였다.
② 평양으로 도읍을 옮겼다.
③ 22담로에 왕족을 파견하였다.
④ 영락이라는 연호를 사용하였다.
⑤ 낙랑군을 몰아내고 영토를 확장하였다.

소수림왕

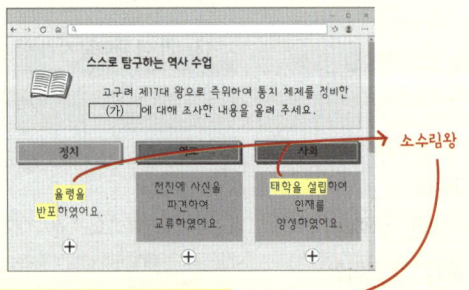 → 소수림왕

① **승려 순도를 통해 불교를 수용**하였다.

고구려 소수림왕은 아버지 고국원왕이 전사한 국가적 위기 상황에서 즉위한 왕으로, **통치 체제를 정비**하였다. 우선 중국의 **전진과 수교**하여 **사신을 파견**하였으며, 전진의 **승려 순도를 통해 불교를 수용**한 후 공인하였다. 또한 **율령을 반포**하여 중앙 집권 체제를 강화하였으며, 국립 대학인 **태학을 설립**하여 인재를 양성하였다.

오답 클리어
② 낙랑군을 축출하여 영토를 확장하였다. → 미천왕
③ 영락이라는 독자적인 연호를 사용하였다. → 광개토 대왕
④ 을지문덕이 살수에서 수의 군대를 물리쳤다. → 영양왕
⑤ 이문진이 『유기』를 간추린 『신집』 5권을 편찬하였다. → 영양왕

이건 꼭! 암기 소수림왕의 업적
#불교 수용 #율령 반포 #태학 설립

광개토 대왕

→ 광개토 대왕

④ **영락이라는 연호를 사용**하였다.

고구려 광개토 대왕은 고구려의 전성기를 이끈 왕으로, 북쪽으로는 **거란과 후연을 공격**하여 만주와 **랴오둥(요동) 지역을 확보**하였고, 남쪽으로는 **한강 이북 지역을 점령**하였다. 또한 신라 내물 마립간의 요청에 따라 5만 명의 군사를 보내 **신라에 침입한 왜를 격퇴**하였다. 한편, 광개토 대왕은 **영락이라는 독자적인 연호를 사용**하여 자주성을 드러내었다.

오답 클리어
① 대가야를 병합하였다. → 신라 진흥왕
② 평양으로 도읍을 옮겼다. → 고구려 장수왕
③ 22담로에 왕족을 파견하였다. → 백제 무령왕
⑤ 낙랑군을 몰아내고 영토를 확장하였다. → 고구려 미천왕

이건 꼭! 암기 광개토 대왕의 업적
#신라에 침입한 왜 격퇴 #연호 사용_영락

03
[60회 기출]

다음 검색창에 들어갈 왕에 대한 설명으로 옳은 것은?
[2점]

① 도읍을 국내성에서 평양으로 옮겼다.
② 낙랑군을 몰아내고 영토를 확장하였다.
③ 을파소의 건의로 진대법을 실시하였다.
④ 영락이라는 독자적 연호를 사용하였다.
⑤ 전진의 순도를 통해 불교를 수용하였다.

04
[53회 기출]

(가)~(다)를 일어난 순서대로 옳게 나열한 것은? [3점]

(가) 온달이 왕에게 아뢰기를, "신라가 한강 이북 땅을 빼앗아 군현으로 삼았습니다. …… 저에게 군사를 주신다면 단번에 우리 땅을 반드시 되찾겠습니다."라고 하였다.
(나) 10월에 백제 왕이 병력 3만 명을 거느리고 평양성을 공격해 왔다. 왕이 군대를 내어 막다가 날아온 화살에 맞아 이달 23일에 서거하였다.
(다) 9월에 왕이 병력 3만 명을 거느리고 백제를 침략하여 도읍 한성을 함락하였다. 백제 왕 부여경을 죽이고 남녀 8천 명을 포로로 잡아 돌아왔다.

① (가) - (나) - (다)
② (가) - (다) - (나)
③ (나) - (가) - (다)
④ (나) - (다) - (가)
⑤ (다) - (나) - (가)

장수왕

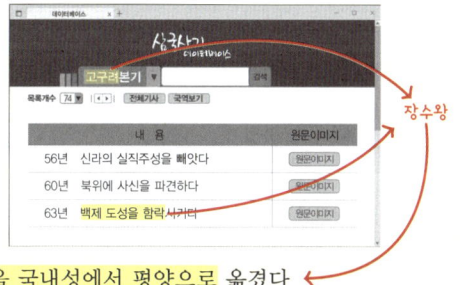

① 도읍을 국내성에서 평양으로 옮겼다.

고구려 광개토 대왕의 뒤를 이어 즉위한 **장수왕**은 남진 정책을 추진하기 위해 **도읍을 국내성에서 평양으로 옮겼다**. 이후 장수왕은 신라의 실직주성을 공격하여 빼앗았으며, 백제의 도성인 **한성을 공격**하여 **백제 개로왕을 전사**시키고 한강 유역까지 영토를 확장하였다.

오답 클리어
② 낙랑군을 몰아내고 영토를 확장하였다. → 미천왕
③ 을파소의 건의로 진대법을 실시하였다. → 고국천왕
④ **영락**이라는 독자적 연호를 사용하였다. → 광개토 대왕
⑤ 전진의 순도를 통해 불교를 수용하였다. → 소수림왕

이건 꼭! 암기 장수왕의 업적
#평양 천도_남진 정책 #백제 한성 함락

고구려의 항쟁

④ (나) - (다) - (가)
고국원왕 장수왕의 온달의 출정
전사   한성 함락 (영양왕)

(나) **고국원왕 전사**: 고구려 **고국원왕**은 백제 근초고왕이 **평양성을 공격**해오자 이를 방어하다가 **전사**하였다(4세기). 이후 왕이 전사한 국가적 위기 상황에서 즉위한 소수림왕은 국가의 통치 체제를 정비하였고, 그 뒤 광개토 대왕이 활발한 정복 활동을 펼쳤다.
(다) **장수왕의 한성 함락**: 광개토 대왕의 뒤를 이어 즉위한 **장수왕**은 도읍을 국내성에서 **평양으로 옮겨** 남진 정책을 본격화하였으며, 백제의 수도인 **한성을 함락시키고 백제 개로왕**(부여경)을 전사시켰다(5세기).
(가) **온달의 출정**: 광개토 대왕과 장수왕의 정복 활동으로 전성기를 맞이한 고구려는 점차 쇠퇴하여 백제와 신라의 연합군에게 한강 유역을 빼앗겼다. 이에 영양왕 때 장군 온달이 **신라에게 빼앗긴 한강 이북 지역을 되찾기 위해** 출정하였으나, 아단성(현재의 아차산성으로 추정) 전투에서 전사하였다(6세기).

필수 기출로 개념 적용하기 기출주제 03 삼국의 발전

05 [73회 기출]

밑줄 그은 '왕'에 대한 설명으로 옳은 것은? [2점]

> ○ 고구려가 군사를 일으켜 쳐들어왔다. 왕이 듣고 군사를 패하(浿河)가에 매복시켜 그들이 이르기를 기다렸다가 급히 치니 고구려 군사가 패배하였다.
> ○ 옛 기록에 이르기를, "백제는 나라를 연 이래 문자로 일을 기록한 적이 없는데 이 왕 때에 이르러 박사 고흥을 얻어 처음으로 『서기』가 있게 되었다."라고 하였다.

① 금마저에 미륵사를 창건하였다.
② 윤충을 보내 대야성을 함락하였다.
③ 사비로 천도하고 국호를 남부여로 고쳤다.
④ 평양성을 공격하여 고국원왕을 전사시켰다.
⑤ 동진에서 온 마라난타를 통해 불교를 수용하였다.

06 [69회 기출]

(가)에 들어갈 내용으로 적절한 것은? [2점]

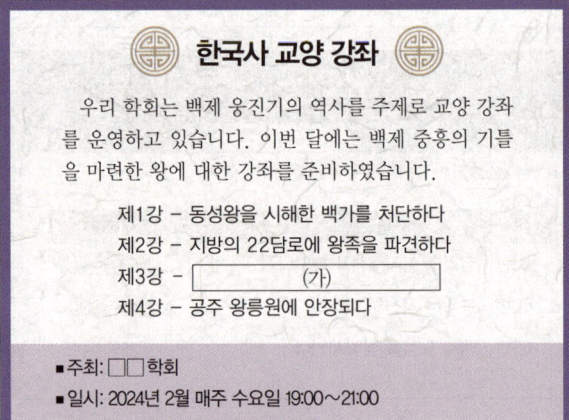

① 금마저에 미륵사를 창건하다
② 윤충을 보내 대야성을 함락하다
③ 평양성을 공격하여 고국원왕을 전사시키다
④ 진흥왕과 연합하여 한강 하류 지역을 수복하다
⑤ 사신을 보내 중국 남조의 양과 외교 관계를 강화하다

👆 근초고왕

> ○ 고구려가 군사를 일으켜 쳐들어왔다. 왕이 듣고 군사를 패하(浿河)가에 매복시켜 그들이 이르기를 기다렸다가 급히 치니 고구려 군사가 패배하였다. → **근초고왕**
> ○ 옛 기록에 이르기를, "백제는 나라를 연 이래 문자로 일을 기록한 적이 없는데 이 왕 때에 이르러 **박사 고흥**을 얻어 처음으로 『**서기**』가 있게 되었다."라고 하였다.

④ 평양성을 공격하여 고국원왕을 전사시켰다.

백제 **근초고왕**은 백제의 전성기를 이끈 왕으로, 고구려의 **평양성을** 공격하여 **고국원왕을 전사시키고** 황해도 일대까지 진출하는 등 활발한 정복 활동을 전개하였다. 또한 **박사 고흥**으로 하여금 역사서인 『**서기**』를 편찬하게 하였다.

🔴 오답 클리어
① 금마저에 미륵사를 창건하였다. → 무왕
② 윤충을 보내 대야성을 함락하였다. → 의자왕
③ 사비로 천도하고 국호를 남부여로 고쳤다. → 성왕
⑤ 동진에서 온 마라난타를 통해 불교를 수용하였다. → 침류왕

📋 **이건 꼭! 암기** 근초고왕의 업적
#고구려 평양성 공격 #고구려 고국원왕 전사 #『서기』 편찬

👆 무령왕

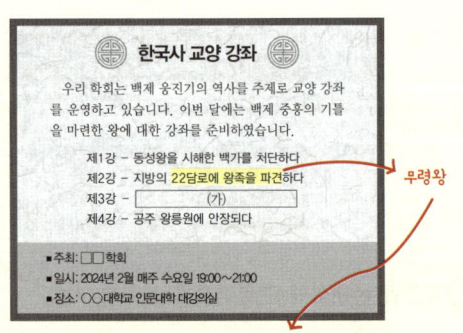

⑤ 사신을 보내 중국 남조의 양과 외교 관계를 강화하다

백제 **무령왕**은 웅진 시기에 백제의 중흥을 위해 노력한 왕으로, 지방에 행정 구역인 **22담로**를 두고 **왕족을 파견**하여 **지방에 대한 통제를 강화**하였다. 또한 무령왕은 중국 남조의 **양나라와 외교 관계를 강화**하였는데, 이는 양나라에 파견된 백제의 사신이 그려진 양직공도와 **중국 남조의 영향**을 받아 축조된 **벽돌무덤**인 **무령왕릉**을 통해서 알 수 있다.

🔴 오답 클리어
① 금마저에 미륵사를 창건하다 → 무왕
② 윤충을 보내 대야성을 함락하다 → 의자왕
③ 평양성을 공격하여 고국원왕을 전사시키다 → 근초고왕
④ 진흥왕과 연합하여 한강 하류 지역을 수복하다 → 성왕

07 [67회 기출]

다음 자료에 해당하는 왕에 대한 설명으로 옳은 것은? [1점]

① 국호를 남부여로 개칭하였다.
② 금마저에 미륵사를 창건하였다.
③ 고흥에게 『서기』를 편찬하게 하였다.
④ 윤충을 보내 대야성을 함락하였다.
⑤ 동진에서 온 마라난타를 통해 불교를 수용하였다.

08 [71회 기출]

(가)~(다) 학생이 발표한 내용을 일어난 순서대로 옳게 나열한 것은? [2점]

① (가) - (나) - (다)
② (가) - (다) - (나)
③ (나) - (가) - (다)
④ (나) - (다) - (가)
⑤ (다) - (나) - (가)

👆 성왕

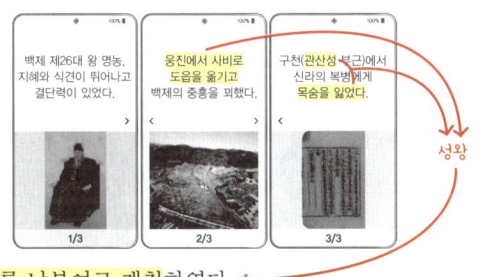

① 국호를 남부여로 개칭하였다.

백제 성왕은 백제의 중흥을 위해 노력한 왕으로, 수도를 웅진에서 대외 진출이 편리한 **사비(부여)**로 옮겼으며, **국호를 '백제'에서 '남부여'**로 고쳐 사용하였다. 한편 성왕은 신라 **진흥왕과 연합**하여 일시적으로 **한강 하류 지역을 회복**하였다. 그러나 진흥왕의 배신으로 신라에게 빼앗기게 되자, 신라를 공격하였으나 **관산성 전투에서 전사**하였다.

오답 클리어
② 금마저에 미륵사를 창건하였다. → 무왕
③ 고흥에게 『서기』를 편찬하게 하였다. → 근초고왕
④ 윤충을 보내 대야성을 함락하였다. → 의자왕
⑤ 동진에서 온 마라난타를 통해 불교를 수용하였다. → 침류왕

이건 꼭! 암기 성왕의 업적
#사비 천도   #국호 변경_남부여

👆 백제의 성장

⑤ (다) - (나) - (가)
근초고왕 침류왕 성왕

(다) **근초고왕**: 백제의 전성기를 이끈 제13대 왕이다. **고구려의 평양성을 공격하여 고국원왕을 전사**시키고 **황해도 일부 지역을 차지**하는 등 활발한 정복 활동을 전개하였다.
(나) **침류왕**: 백제 제15대 왕으로, 동진에서 온 승려 **마라난타를 통해 불교를 수용·공인**하였다.
(가) **성왕**: 백제의 중흥을 위해 노력한 제26대 왕으로, 도읍을 웅진(공주)에서 대외 진출이 편리한 **사비(부여)**로 옮겼으며, **국호를 '백제'에서 '남부여'**로 변경하였다.

이건 꼭! 암기 백제의 성장 과정
#근초고왕_평양성 공격   #침류왕_불교 수용
#성왕_사비 천도, 국호 남부여로 변경

필수 기출로 개념 적용하기 기출주제 03 삼국의 발전

09 [71회 기출]

밑줄 그은 '왕'에 대한 설명으로 옳은 것은? [2점]

① 병부와 상대등을 설치하였다.
② 백제 비유왕과 동맹을 체결하였다.
③ 이사부를 보내 우산국을 복속시켰다.
④ 매소성 전투에서 당의 군대를 격파하였다.
⑤ 김흠돌의 난을 진압하고 귀족들을 숙청하였다.

10 [49회 기출]

밑줄 그은 '왕'의 업적으로 옳은 것은? [3점]

① 관료전을 지급하고 녹읍을 폐지하였다.
② 건원이라는 독자적인 연호를 제정하였다.
③ 지방에 22담로를 두어 왕족을 파견하였다.
④ 독서삼품과를 시행하여 인재를 등용하였다.
⑤ 자장의 건의로 황룡사 구층 목탑을 건립하였다.

👆 지증왕

③ **이사부를 보내 우산국을 복속시켰다.**

신라 지증왕은 6세기에 신라의 정치 제도를 정비한 왕이다. 그는 재위 기간에 국호를 '사로국'에서 **신라**로 바꾸었으며, 지배자의 칭호를 '마립간'에서 중국식 칭호인 '왕'으로 변경하였다. 또한 지방을 주·군·현으로 정비하였고, 정복 활동에도 힘써 장군 **이사부**를 보내 **우산국**(울릉도)을 복속시켰다.

✅ 오답 클리어
① 병부와 상대등을 설치하였다. → 법흥왕
② 백제 비유왕과 동맹을 체결하였다. → 눌지 마립간
④ 매소성 전투에서 당의 군대를 격파하였다. → 문무왕
⑤ 김흠돌의 난을 진압하고 귀족들을 숙청하였다. → 신문왕

📌 이건 꼭! 암기 **지증왕의 업적**
#국호_신라 #지배자 칭호_왕 #우산국 정벌_이사부

👆 법흥왕

② **건원이라는 독자적인 연호를 제정하였다.**

신라 법흥왕은 금관국(금관가야)의 마지막 왕인 김구해가 왕비와 아들을 데리고 항복하자, 김구해를 비롯한 왕족들을 예로써 대접하고 신라의 진골 귀족으로 편입시켰다. 한편, 법흥왕은 신라 최초로 중국의 연호가 아닌 **건원**이라는 독자적인 연호를 제정하였다.

✅ 오답 클리어
① 관료전을 지급하고 녹읍을 폐지하였다. → 통일 신라 신문왕
③ 지방에 22담로를 두어 왕족을 파견하였다. → 백제 무령왕
④ 독서삼품과를 시행하여 인재를 등용하였다. → 통일 신라 원성왕
⑤ 자장의 건의로 황룡사 구층 목탑을 건립하였다. → 신라 선덕 여왕

📌 이건 꼭! 암기 **법흥왕의 업적**
#금관가야 복속 #건원 연호 사용

11
[63회 기출]

밑줄 그은 '왕'의 업적으로 옳은 것은? [2점]

> ○ 담당 관청에 명하여 월성의 동쪽에 새 궁궐을 짓게 하였는데, 그곳에서 황룡이 나타났다. 왕이 이것을 기이하게 여기고는 [계획을] 바꾸어 사찰을 짓고, '황룡'이라는 이름을 내려 주었다.
>
> ○ [거칠부가] 왕의 명령을 받들어 여러 문사(文士)를 모아 『국사』를 편찬하였다.
>
> – 『삼국사기』

① 이사부를 보내 우산국을 복속시켰다.
② 예성강 이북에 패강진을 설치하였다.
③ 관료전을 지급하고 녹읍을 폐지하였다.
④ 국가적인 조직으로 화랑도를 개편하였다.
⑤ 이차돈의 순교를 계기로 불교를 공인하였다.

12
[69회 기출]

밑줄 그은 '이 왕'의 업적으로 옳은 것은? [2점]

① 관료전을 지급하고 녹읍을 폐지하였다.
② 인재 등용을 위해 독서삼품과를 실시하였다.
③ 이차돈의 순교를 계기로 불교를 공인하였다.
④ 지방관을 감찰하기 위해 외사정을 파견하였다.
⑤ 대아찬 거칠부에게 명하여 『국사』를 편찬하였다.

진흥왕

④ 국가적인 조직으로 **화랑도를 개편**하였다.

신라 **진흥왕**은 신라를 전성기로 이끈 왕으로, 인재를 양성하기 위하여 청소년 집단인 **화랑도를 국가적인 조직으로 개편**하였다. 또한 거칠부로 하여금 역사서인 『국사』를 편찬하게 하였으며, 신라 최대의 사찰인 황룡사를 완공하였다. 정복 활동에도 힘쓴 진흥왕은 백제 성왕과 연합하여 고구려를 공격하고 한강 상류 지역을 차지한 뒤, 백제가 차지한 **한강 하류 지역까지 장악**하였다.

오답 클리어
① 이사부를 보내 **우산국**을 복속시켰다. → 지증왕
② 예성강 이북에 **패강진**을 설치하였다. → 선덕왕
③ **관료전**을 지급하고 **녹읍**을 폐지하였다. → 신문왕
⑤ 이차돈의 순교를 계기로 **불교를 공인**하였다. → 법흥왕

이건 꼭! 암기 진흥왕의 업적
#화랑도 개편 #『국사』 편찬 #황룡사 건립

진흥왕

⑤ 대아찬 **거칠부에게 명하여 『국사』를 편찬**하였다.

신라 **진흥왕**은 신라를 전성기로 이끈 왕으로, 장군 이사부를 파견해 백제와 고구려를 공격하는 등 활발한 정복 활동을 전개하였다. 진흥왕은 자신이 개척한 영토를 순행하고 이를 기념하기 위해 건립한 **북한산·창녕·황초령·마운령** 등에 **순수비**를 건립하였으며, **거칠부**로 하여금 역사서인 『국사』를 편찬하게 하였다. 한편 북한산비는 조선 후기 김정희가 저술한 『금석과안록』에서 신라 진흥왕이 건립한 순수비임이 처음으로 고증되었다.

오답 클리어
① 관료전을 지급하고 녹읍을 폐지하였다. → 신문왕
② 인재 등용을 위해 독서삼품과를 실시하였다. → 원성왕
③ 이차돈의 순교를 계기로 불교를 공인하였다. → 법흥왕
④ 지방관을 감찰하기 위해 외사정을 파견하였다. → 문무왕

기출주제 04 가야 연맹

빈출 태그 | #금관가야 #김수로왕 #김해 대성동 고분군 #대가야 #고령 지산동 고분군 #철기 문화 발달

스토리로 미리보기

역알못: 삼국 시대라고 해서 고구려, 백제, 신라만 공부하면 되는 줄 알았는데, 가야라는 나라도 있었구나. 그럼 가야까지 있으니까 사국 시대 아니야? ㅋㅋ

역잘알: ㅋㅋㅋ 그렇게 생각할 수도 있겠다~ 그런데 가야는 정치 형태가 삼국과는 달라서 포함되지 않았어.

가야는 고구려, 백제, 신라처럼 왕을 중심으로 한 하나의 국가가 아니라, 여러 작은 국가가 모여서 이루어진 **연맹 형태**였거든.

역알못: 아하, 그래서 가야 뒤에 연맹이라는 말이 붙는구나! 그러면 가야 안에서 반장 역할을 한 나라가 있었을 것 같은데?

역잘알: 오, 예리한걸? 가야에는 중심이 된 나라가 있었어. 처음에는 **김해 지역의 금관가야**가 중심이 되어 가야를 이끌었어. 이때를 **전기 가야 연맹**이라고 해.

그런데, 금관가야가 고구려 광개토 대왕의 공격을 받고 힘이 약해지는 바람에 전기 가야 연맹이 해체돼. 그 뒤에는 **고령 지역의 대가야**를 중심으로 후기 가야 연맹이 만들어졌어.

역알못: 그럼 전기 가야 연맹이 해체될 때 금관가야도 멸망한 거야?

역잘알: 흥흥 그건 아니야. 그때는 연맹만 해체된 거였어. 금관가야는 나중에 신라 법흥왕의 공격을 받아 멸망하게 돼.

1 가야 연맹의 정치 - 결성과 해체 과정

금관가야 건국: 김수로왕이 김해 지역에서 금관가야를 건국함
— 금관가야를 세운 시조로, 『삼국유사』에 탄생 설화가 전해짐

↓

백발백중 기출 사료 | 금관가야의 시조 김수로왕 [42회]

- 북쪽 구지봉(龜旨峯)에 신비한 기운이 있어 사람들이 모이니 하늘에서 나라를 새로 세워 임금을 모시라는 소리가 들렸다. 얼마 후 하늘에서 붉은 보자기에 싸인 금으로 만든 상자가 내려와 열어 보니 황금 알 여섯 개가 있었다. 여섯 알은 얼마 후 어린 아이가 되었는데 첫 번째 아이를 왕으로 모셨다. 세상에 처음 나타났다고 하여 이름을 수로(首露)라고 하였다. → **김수로왕의 설화**
- **호계사의 파사석탑(婆娑石塔)**은 옛날 이 고을이 금관가야였을 때, **시조 수로왕의 왕비 허황옥**이 동한(東漢) 건무 24년에 서역 아유타국에서 싣고 온 것이다. …… 탑은 사각형에 5층인데, 그 조각은 매우 기이하다. 돌에는 희미한 붉은 무늬가 있고 그 질이 매우 연하여 우리나라에서 나는 돌이 아니다.
— 『삼국유사』

➡ **사료 해석**: 금관가야는 김수로가 김해 지역에서 건국한 나라로, 『삼국유사』에 따르면 김수로왕은 배를 타고 건너온 아유타국의 공주 허황옥과 혼인하였다고 한다.

전기 가야 연맹 결성: 3세기경 금관가야를 중심으로 전기 가야 연맹이 결성됨
— 금관가야, 대가야를 포함한 6개 가야의 연맹

↓

⭐**금관가야의 쇠퇴**
- 4세기 초: 백제와 신라의 팽창에 밀려 세력이 약화됨
- 5세기 초: **고구려 광개토 대왕**이 보낸 군대가 **신라를 침입한 왜를 격퇴**하는 과정에서, 금관가야까지 공격을 받아 쇠퇴함

↓

전기 가야 연맹 해체: 금관가야 중심의 전기 가야 연맹이 해체됨

↓

후기 가야 연맹 결성
— 김수로왕의 형제인 이진아시왕이 건국함
- 5세기 말: 고령 지역의 **대가야**를 중심으로 후기 가야 연맹이 결성됨
  - 백제·신라와 동맹하여 고구려에 대항함
- 6세기 초: 백제·신라와 대등하게 세력을 다툴 만큼 성장함
  - 국제적인 고립에서 벗어나기 위해 신라와 결혼 동맹을 체결함

↓

⭐**금관가야 멸망**
- **신라 법흥왕**에 의해 **금관가야가 멸망함**(532)
- **김구해**를 비롯한 금관가야의 **왕족이 신라의 진골 귀족으로 편입**됨
— 금관가야의 마지막 왕

↓

대가야 멸망(후기 가야 연맹 해체)
- 대가야는 백제를 도와 관산성 전투에 참전하였으나 패배 후 세력이 약화됨
- **신라 진흥왕의 공격으로 대가야가 멸망**하고(562), 가야 연맹이 완전히 해체됨

백발백중 기출 사료 | 대가야의 멸망 [58회]

진흥왕이 이찬 이사부에게 명령하여 **대가야를 공격**하게 하였다. 이때 사다함은 나이가 15~16세였는데 종군하기를 청하였다. …… 대가야 사람들이 뜻하지 않은 병사들의 습격에 놀라 막아내지 못하였고, 대군이 승세를 타서 마침내 **멸망**시켰다.

➡ **사료 해석**: 대가야는 김수로왕의 형제인 이진아시왕이 고령 지방을 중심으로 건국한 나라로, 신라 진흥왕의 공격으로 멸망하였다.

2 가야 연맹의 경제

농경 문화 발달 : 일찍부터 고령과 합천 등지에서 벼농사를 실시함

철기 문화 발달
- 풍부한 철을 바탕으로 우수한 철기 문화를 유지하여 철제 무기와 도구를 생산하고 수출함
- 덩이쇠를 만들어 화폐와 같은 교환 수단으로 이용함

중계 무역 발달 : 풍부한 철의 생산과 해상 교통에 유리한 입지 조건을 이용하여 낙랑과 왜를 연결하는 중계 무역이 발달함

3 가야의 문화

★★ (1) 금관가야와 대가야의 유적 및 유물

(2) 가야 문화의 전파

신라에 영향
- 대가야의 우륵이 가야금과 가야 음악을 신라에 전달하여 신라의 문화 발전에 영향을 줌
- 장군 김유신, 유학자인 강수, 글씨로 유명하였던 김생 등의 가야 출신들이 신라에서 활약함
  └ 신라의 3대 명필가로 활약한 인물

일본에 영향 : 가야의 토기는 일본의 스에키 토기 제작에 큰 영향을 줌

✓ 기출 선택지로 개념 다지기

1. 빈칸의 답을 채워보세요.
(1) 금관가야의 시조: ☐ [44회]

(2) 금관가야를 멸망시킨 신라의 왕: ☐ [58회]

(3) 후기 가야 연맹의 중심 지역: ☐ [58회]

(4) 대가야를 멸망시킨 신라의 왕: ☐ [74·68회]

(5) 금관가야가 철을 수출한 나라: ☐ [68회]

2. 질문에 맞는 답을 고르세요.
(1) 금관가야에 대한 설명은? [71회]
① 만장일치제로 운영된 화백 회의가 있었다.
② 법흥왕 때 신라에 복속되었다.

(2) 대가야에 대한 설명을 모두 고르면? [75·43회]
① 후기 가야 연맹을 주도하였다.
② 왕족인 부여씨와 8성의 귀족이 지배층을 이루었다.
③ 진흥왕 때 신라에 복속되었다.

(3) 가야 연맹의 경제 상황은? [68회]
① 집집마다 부경이라는 창고가 있었다.
② 철이 많이 생산되어 낙랑, 왜 등에 수출하였다.

(4) 대가야의 문화유산은? [41회]
①  ②

정답 | 1. (1) 김수로왕 (2) 법흥왕 (3) 고령
(4) 진흥왕 (5) 낙랑, 왜
2. (1) ② (①은 신라)
(2) ①, ③ (②은 백제)
(3) ② (①은 고구려)
(4) ① (②은 고구려의 금동 연가 7년명 여래 입상)

필수 기출로 개념 적용하기 기출주제 04 가야 연맹

01 [68회 기출]

(가) 나라에 대한 설명으로 옳은 것은? [1점]

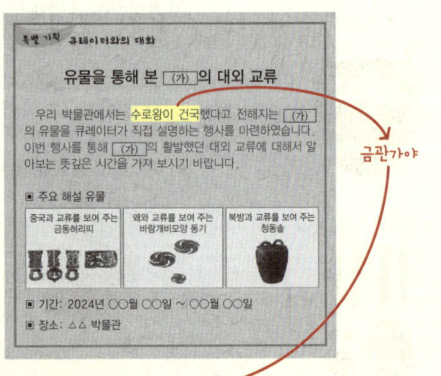

① 법흥왕 때 신라에 복속되었다.
② 서옥제라는 혼인 풍습이 있었다.
③ 6좌평이 중요한 국사를 논의하였다.
④ 만장일치제로 운영된 화백 회의가 있었다.
⑤ 지방에 22담로를 두어 왕족을 파견하였다.

 금관가야

① **법흥왕 때 신라에 복속되었다.**

금관가야는 김수로왕이 김해에서 건국한 나라로, 전기 가야 연맹을 주도하였다. 그러나 금관가야는 4세기 말 신라를 구원하러 온 고구려 광개토 대왕의 공격을 받아 쇠퇴하게 되었다. 이로써 전기 가야 연맹은 해체되었고, 6세기 중반에 금관가야는 마지막 왕인 김구해가 항복하면서 **법흥왕 때 신라에 복속되었다**.

오답 클리어
② 서옥제라는 혼인 풍습이 있었다. → 고구려
③ 6좌평이 중요한 국사를 논의하였다. → 백제
④ 만장일치제로 운영된 화백 회의가 있었다. → 신라
⑤ 지방에 22담로를 두어 왕족을 파견하였다. → 백제

02 [73회 기출]

(가) 나라에 대한 설명으로 옳은 것은? [2점]

① 진흥왕 때 신라에 복속되었다.
② 집사부를 비롯한 14부를 설치하였다.
③ 지방 장관으로 욕살, 처려근지 등을 두었다.
④ 여러 가(加)들이 별도로 사출도를 주관하였다.
⑤ 왕족인 부여씨와 8성의 귀족이 지배층을 이루었다.

 대가야

① **진흥왕 때 신라에 복속되었다.**

대가야는 이진아시왕이 경상북도 **고령**을 중심으로 건국한 나라이다. 5세기 초 고구려의 공격으로 금관가야의 세력이 쇠퇴하여 전기 가야 연맹이 해체되고, **대가야**로 가야 연맹의 중심지가 이동하여, 대가야가 **후기 가야 연맹**을 주도하였다. 그러나 대가야는 6세기에 신라 **진흥왕**이 보낸 이사부의 공격을 받아 **멸망**하였다.

오답 클리어
② 집사부를 비롯한 14부를 설치하였다. → 통일 신라
③ 지방 장관으로 욕살, 처려근지 등을 두었다. → 고구려
④ 여러 가(加)들이 별도로 사출도를 주관하였다. → 부여
⑤ 왕족인 부여씨와 8성의 귀족이 지배층을 이루었다. → 백제

03

[48회 기출]

(가) 나라의 문화유산으로 옳은 것은? [2점]

이곳은 김해 대성동 고분군 108호분 발굴 조사 설명회 현장입니다. 대형 덩이쇠 40매와 둥근고리큰칼, 화살촉 등 130여 점의 철기 유물이 출토되었습니다. 이번 발굴로 김수로왕이 건국하였다고 전해지는 (가) 에 대한 연구가 활발하게 이루어질 전망입니다.

①  ②  ③

④  ⑤

 금관가야의 문화유산

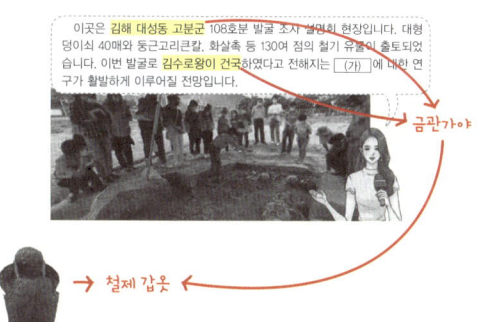

금관가야는 김수로왕이 건국한 나라로, 대표적인 문화유산으로 김해 대성동 고분군이 있다. 이곳에서는 철제 갑옷이 출토되어 금관가야가 풍부한 철을 이용하여 수준 높은 철기 문화를 발전시켰음을 알 수 있다.

오답 클리어
① 산수무늬 벽돌 → 백제의 도교 문화유산
② 칠지도 → 백제가 일본에 전해준 문화유산
④ 무령왕릉 석수 → 백제 무령왕릉에서 출토된 짐승상
⑤ 돌사자상 → 발해 정혜 공주 묘에서 출토된 짐승상

이건 꼭! 암기 금관가야의 문화유산
#김해 대성동 고분군 #철제 갑옷

04

[41회 기출]

(가) 나라의 문화유산으로 옳은 것은? [2점]

고령군은 본래 (가) (으)로 시조 이진아시왕에서 도설지왕까지 모두 16대에 걸쳐 520년간 이어졌던 곳이다. 진흥왕이 공격하여 멸망시키고 그 땅을 군(郡)으로 삼았다. 경덕왕이 이름을 고쳐 지금(고려)에 이르고 있다.
― 『삼국사기』

①  ②  ③

④  ⑤

대가야의 문화유산

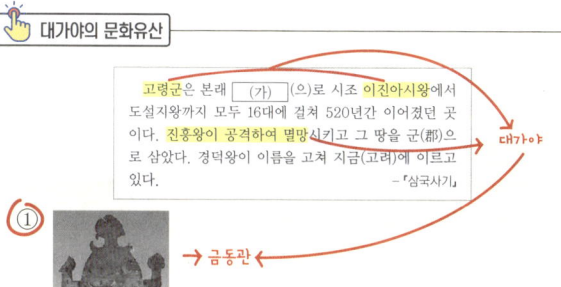

대가야는 이진아시왕이 경상북도 고령을 중심으로 건국한 나라로, 신라 진흥왕의 공격으로 멸망하였다. 대가야의 대표적인 유적지인 고령 지산동 고분군에서는 금동관과 풍부한 철을 바탕으로 제작된 판갑옷과 투구가 출토되었다.

오답 클리어
② 부여 능산리사지 석조사리감 → 백제의 문화유산
③ 천마도 → 신라 천마총에서 출토된 문화유산
④ 금동 연가 7년명 여래 입상 → 고구려의 불상
⑤ 돌사자상 → 발해 정혜 공주 묘에서 출토된 짐승상

이건 꼭! 암기 대가야의 문화유산
#금동관 #판갑옷과 투구 #고령 지산동 고분군

기출주제 05 고구려의 대외 항쟁과 신라의 삼국 통일

빈출 태그 | #살수 대첩 #연개소문 #나·당 동맹 #황산벌 전투 #검모잠 #안승 #매소성 전투 #기벌포 전투

스토리로 미리보기

S#1 고구려 을지문덕이 살수 대첩에서 승리하다!

나는 고구려 장수 **을지문덕**이오. 수나라 군대가 감히 수도인 평양성을 쳐들어오려고 하길래 전략을 써서 수나라 군대의 힘을 빼놓았소. 이제서야 수나라 군대가 후퇴하는데 **살수**에서 맹공격을 퍼부어 혼쭐을 내줘야겠소.

S#2 백제 계백의 결사대가 황산벌에서 저항하다!

나는 위대한 백제의 장군 **계백**이다. 마지막까지 신라에 맞서 싸우고자 결사대를 이끌고 **황산벌**에 도착하였다. 비록 우리 군사가 5천 밖에 안되지만 물러나지 않고 온 힘을 다해 싸울 것이다. 나가자 백제 군사들이여!!!

S#3 신라가 당나라를 몰아내고 삼국을 통일하다!

어제 뉴스 봤어? 드디어 당나라와의 전쟁이 끝나려나 봐. 백제, 고구려만 멸망시키면 금방 삼국을 통일할 줄 알았는데, 우릴 도와준 당나라가 한반도를 통째로 집어삼킬 속셈이었다니. 그래도 **기벌포**에서 당군을 격퇴했으니, **삼국 통일**이 눈 앞에 있다! 신라 만세!

1 고구려의 수·당 침입 격퇴 과정

고구려의 수나라 공격	수 문제의 고구려 침입	수 양제의 고구려 침입	★ 살수 대첩 (고구려vs수나라)
수나라가 중국을 통일하자, **고구려 영양왕**이 수나라의 요서 지방을 선제 공격함(598)	수 문제가 30만 대군을 이끌고 고구려에 침입하였으나, 성과 없이 퇴각함(598)	수 양제가 100만 대군을 이끌고 고구려에 침입함(612)	고구려 **을지문덕**이 살수에서 수의 군대를 크게 격파함(**살수 대첩**, 612)

수나라 멸망, 당나라 건국	고구려의 천리장성 축조	★★ 연개소문의 정변 ― 고구려의 장군으로 천리장성 축조를 감독함	안시성 전투 (고구려vs당나라)
수나라가 거듭된 전쟁으로 인한 국력 소모와 내란으로 멸망함(618) → 당나라가 건국된 후 당 태종이 팽창 정책을 추진함	고구려 영류왕은 **당의 침입에 대비**하여 **천리장성 축조를 시작함**(631)	고구려 **연개소문**이 정변을 일으켜 **보장왕을 옹립**하고, **막리지**가 되어 정권을 장악함(642) ― 행정권과 군사권을 장악한 최고 관직	당 태종이 침입하자, 안시성에서 성주 양만춘과 군·민이 협력하여 당의 군대를 격파함(**안시성 전투**, 645)

백발백중 기출 사료 | 연개소문의 정변 [73회]

연개소문은 왕의 조카인 장을 왕으로 세우고 스스로 막리지가 되었다. 그 관직은 당의 병부상서 겸 중서령의 직임과 같다. ― 영류왕 / 보장왕

➡ **사료 해석**: 연개소문은 정변을 일으켜 영류왕을 죽인 후 보장왕을 옹립하고, 최고 관직인 막리지가 되어 정권을 장악하였다.

2 신라의 삼국 통일

(1) 신라의 삼국 통일 준비

고구려와의 동맹 시도	: 선덕 여왕 때 **백제 의자왕**의 공격으로 **대야성**을 비롯한 여러 성이 함락됨 → **김춘추**를 보내 고구려에 군사를 청하였으나 실패함
★★ 나·당 동맹 결성	: 진덕 여왕 때 김춘추를 당에 보내 동맹을 제의하면서 **나·당 동맹이 결성**됨
집권 체제 강화	: 진덕 여왕 때 **집사부**를 설치하고 이후 중시의 기능을 강화시킴 ― 집사부의 장관 / 신라의 국가 기밀과 일반 업무를 관장한 최고 행정 기관
김춘추의 즉위	: 진골 출신인 김춘추가 신하들의 추대를 받아 **태종 무열왕**으로 즉위함 ― 태종 무열왕 때부터 혜공왕 때까지를 신라 중대라고 함

백발백중 기출 사료 | 나·당 동맹 결성 [68회]

김춘추가 무릎을 꿇고 아뢰기를, "…… 당의 군사를 빌려주어 흉악한 무리를 잘라 없애지 않는다면 저희 백성은 모두 포로가 될 것이며, 산 넘고 바다 건너 행하는 조회도 다시는 바랄 수 없을 것입니다."라고 하였다. (당) 태종이 매우 옳다고 여겨서 군사의 출동을 허락하였다. ― 『삼국사기』

➡ **사료 해석**: 신라는 김춘추를 당에 보내 군사 동맹을 제의하였고, 당 태종이 이를 수용하면서 나·당 동맹이 결성되었다.

(2) 신라의 삼국 통일 과정

백제의 멸망
- 황산벌 전투: 신라 김유신의 군대가 황산벌에서 계백의 결사대를 격파함 (660)
  - └ 신라군+소정방이 이끄는 당군
- 사비성 함락: 나·당 연합군의 공격으로 사비성이 함락되었고, 웅진에 있던 의자왕이 항복하면서 백제가 멸망함(660, 백제 의자왕)

↓

백제 부흥 운동
- 백제 유민의 저항
  - 복신과 도침이 주류성에서 부여풍을 왕으로 추대함(661) ← 의자왕의 아들
  - 흑치상지가 임존성에서 당군을 격파함 ← 소정방이 이끎
- 백강 전투: 왜의 수군이 백제 부흥군을 돕기 위해 백강 근처까지 왔으나 나·당 연합군에 패배함(663) → 백제 부흥 운동이 실패함

백발백중 기출 사료 | 📍백제 부흥 운동 [69회]
흑치상지가 도망하여 흩어진 무리들을 모으니, 열흘 사이에 따르는 자가 3만여 명이었다. …… 흑치상지가 별부장 사타상여를 데리고 험준한 곳에 웅거하여 복신과 호응하였다.
➡ **사료 해석**: 흑치상지는 백제 멸망 이후 임존성을 거점으로 백제 부흥 운동을 전개하였으며, 이후 주류성을 거점으로 활동하던 복신과 호응하였다.

고구려의 멸망
- 지배층의 내분: 수·당과의 전쟁으로 국력이 약해졌고, 연개소문의 사망(665) 후에 지배층이 분열됨
- 평양성 함락: 나·당 연합군의 공격으로 평양성이 함락되면서 고구려가 멸망함(668, 고구려 보장왕)

↓

고구려 부흥 운동
- 📍안승 추대: 고구려의 장군인 검모잠이 보장왕의 외손자(혹은 서자) 안승을 왕으로 추대하고 부흥 운동을 전개했으나, 내분이 발생함
- 신라의 지원: 신라 문무왕이 당을 견제하기 위해 안승에게 금마저(익산)에 보덕국을 세우게 하고 보덕국의 왕으로 임명함
- 실패: 지배층의 내분으로 고구려 부흥 운동이 실패함

백발백중 기출 사료 | 📍검모잠의 안승 추대 [73회]
검모잠은 남은 백성을 모아 궁모성에서 패강 남쪽으로 내려와 당나라 관인 및 승려 법안 등을 죽이고 신라로 향하였다. 사야도에 이르러 고구려 대신 연정토의 아들 안승을 알현하고, 한성으로 모셔와 임금으로 받들었다.
➡ **사료 해석**: 검모잠은 한성(황해도 재령)에 머물면서 사야도에 피신해 있었던 안승을 왕으로 추대하고 고구려 부흥 운동을 전개하였다.

나·당 전쟁
- 원인: 당은 백제와 고구려 멸망 이후 각각 웅진 도독부와 안동 도호부를 설치하였고, 신라에는 계림 도독부를 설치하여 한반도 전체를 지배하려는 야심을 드러냄 ← 평양에 설치
- 전개
  - 매소성 전투: 당의 20만 대군을 매소성에서 격파함(675)
  - 기벌포 전투: 설인귀가 이끄는 당의 수군을 기벌포에서 섬멸함(676) → 안동 도호부를 요동성으로 축출함
- 결과: 신라가 대동강에서 원산만에 이르는 영토를 차지하며 삼국 통일을 달성함(676, 신라 문무왕)
  - └ 통일 이후의 신라를 통일 이전과 구분하여 '통일 신라'라고 부르기도 함

✅ 기출 선택지로 개념 다지기

1. 빈칸의 답을 채워보세요.

(1) 을지문덕이 수의 군대를 격파한 전투: ☐ [75·73·71회]

(2) 나·당 동맹을 성사시킨 신라의 인물: ☐ [74·73·72회]

(3) 백제 부흥군에 의해 왕으로 추대된 인물: ☐ [68·62회]

(4) 백제 부흥군과 왜군이 나·당 연합군에 패배한 전투: ☐ [67·61회]

(5) 문무왕에 의해 보덕국 왕으로 임명된 인물: ☐ [74·71·70회]

(6) 신라가 설인귀가 이끄는 당의 수군을 물리친 전투: ☐ [73·72회]

2. 질문에 맞는 답을 고르세요.

(1) 살수 대첩 이후의 사실은? [69회]
① 연개소문이 정권을 장악하고 신라를 압박하였다.
② 장수왕이 평양으로 천도하고 남진 정책을 본격화하였다.

(2) (가)에 들어갈 사건은? [68회]

| 김춘추의 고구려 동맹 시도 | → | (가) | → | 나·당 동맹 체결 |

① 안시성의 군사와 백성들이 당군을 물리쳤다.
② 신라가 한강 하류를 차지하여 신주를 설치하였다.

(3) 황산벌 전투 이후의 사실은? [62·56회]
① 복신과 도침이 부여풍을 왕으로 추대하였다.
② 관산성 전투에서 백제 왕이 피살되었다.

(4) 매소성 전투 이전의 사실은? [73·61회]
① 사찬 시득이 기벌포에서 당군을 격파하였다.
② 문무왕이 안승을 보덕왕으로 책봉하였다.

정답 | 1. (1) 살수 대첩 (2) 김춘추 (3) 부여풍 (4) 백강 전투 (5) 안승 (6) 기벌포 전투
2. (1) ① (②은 살수 대첩 이전)
(2) ① (②은 진흥왕 때, 김춘추의 고구려 동맹 시도 이전)
(3) ① (②은 성왕 때, 황산벌 전투 이전)
(4) ② (①은 매소성 전투 이후)

필수 기출로 개념 적용하기 기출주제 05 고구려의 대외 항쟁과 신라의 삼국 통일

01 [69회 기출]

(가), (나) 사이의 시기에 있었던 사실로 옳은 것은? [2점]

(가) 을지문덕이 우중문에게 시를 보내 이르기를, "신묘한 계책은 천문을 다 헤아렸고 기묘한 계획은 지리를 모두 통달하였도다. 싸움에 이겨 이미 공로가 드높으니 만족할 줄 알고 그치기를 바라노라."라고 하였다.

(나) 안시성 사람들이 황제의 깃발과 일산을 멀리서 바라보고, 곧장 성에 올라가 북을 치고 소리를 질렀다. 황제가 화를 내자, 이세적은 성을 함락하는 날에 남자를 모두 구덩이에 묻어 죽이자고 청하였다. 안시성 사람들이 이를 듣고 더욱 굳게 지키니, 오래도록 공격하여도 함락되지 않았다.

① 관구검이 환도성을 공격하여 함락하였다.
② 계백이 이끄는 군대가 황산벌에서 항전하였다.
③ 연개소문이 정변을 일으켜 권력을 장악하였다.
④ 광개토 대왕이 신라에 침입한 왜를 격퇴하였다.
⑤ 미천왕이 낙랑군을 축출하여 영토를 확장하였다.

02 [48회 기출]

다음 가상 뉴스의 보도 내용이 나타난 시기를 연표에서 옳게 고른 것은? [2점]

589	645	660	668	676	698
(가)	(나)	(다)	(라)	(마)	
수의 중국 통일	안시성 전투	황산벌 전투	평양성 함락	기벌포 전투	발해 건국

① (가)   ② (나)   ③ (다)
④ (라)   ⑤ (마)

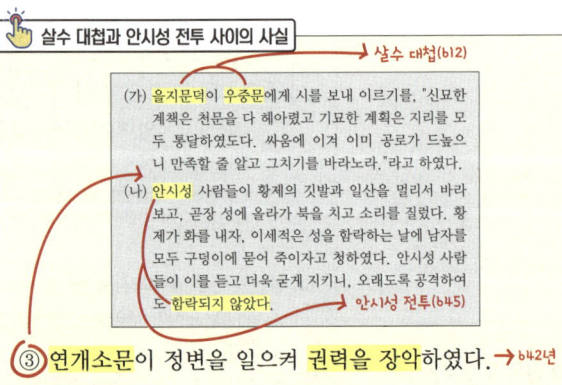

👆 살수 대첩과 안시성 전투 사이의 사실

③ 연개소문이 정변을 일으켜 권력을 장악하였다. → 642년

을지문덕이 수의 군대를 물리친 **살수 대첩**(612) 이후 수가 멸망하고 당이 건국된 상황에서, **연개소문**은 정변을 일으켜 보장왕을 옹립하고 **권력을 장악**하였다. 이후 연개소문이 대당 강경책을 추진하자, 당 태종은 이를 구실로 **고구려를 침략**하였으나 **안시성**에서 군·민의 결사적인 저항으로 끝까지 함락하지 못하고 돌아갔다 (**안시성 전투**, 645).

💡 **오답 클리어**
① 관구검이 환도성을 공격하여 함락하였다. → (가) 이전
② 계백이 이끄는 군대가 황산벌에서 항전하였다. → (나) 이후
④ 광개토 대왕이 신라에 침입한 왜를 격퇴하였다. → (가) 이전
⑤ 미천왕이 낙랑군을 축출하여 영토를 확장하였다. → (가) 이전

📋 **이건 꼭! 암기** 살수 대첩과 안시성 전투 사이의 사실
살수 대첩 → 수 멸망 → 당 건국 → 연개소문의 정변 → 안시성 전투

👆 나·당 동맹 체결

② (나)

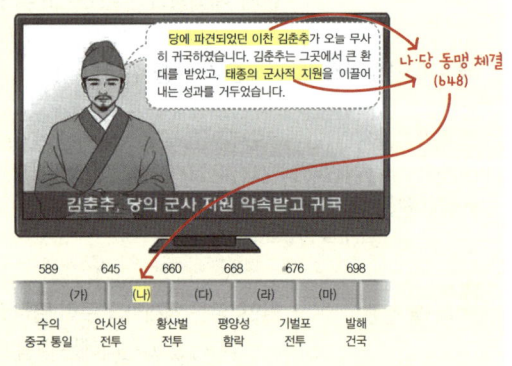

고구려의 대당 강경책에 대응하여 당 태종이 고구려를 침략하였으나, **안시성 전투**(645)에서 패배하였다. 이러한 상황에서 신라는 **김춘추**를 당에 파견하여 군사 동맹을 제의하였고, 결국 **나·당 동맹이 체결**되었다(648). 이후 신라군이 황산벌 전투(660)에서 백제 계백의 결사대를 격파하였고, 나·당 연합군에 의해 사비성이 함락 당하면서 백제가 멸망하였다.

📋 **이건 꼭! 암기** 나·당 동맹 체결 과정
안시성 전투 → 김춘추가 당에 파견 → 나·당 동맹 체결(당 태종-김춘추)

03 [58회 기출]

(가), (나) 사이의 시기에 있었던 사실로 옳은 것은? [3점]

> (가) 백제의 남은 적군이 사비성으로 진입하여 항복해 살아남은 사람들을 붙잡아 가려고 하였으므로, 유수(留守) 유인원이 당과 신라 사람들을 보내 이를 쳐서 쫓아냈다. …… 당 황제가 좌위중랑장 왕문도를 웅진도독으로 삼았다.
>
> (나) 손인사, 유인원과 신라왕 김법민은 육군을 거느려 나아가고, 유인궤와 별수(別帥) 두상과 부여융은 수군과 군량을 실은 배를 거느리고 백강으로 가서 육군과 합세하여 주류성으로 갔다. 백강 어귀에서 왜국 군사를 만나 …… 그들의 배 4백 척을 불살랐다.

① 사찬 시득이 기벌포에서 당군을 격파하였다.
② 의자왕이 윤충을 보내 대야성을 함락시켰다.
③ 복신과 도침이 부여풍을 왕으로 추대하였다.
④ 계백이 이끄는 군대가 황산벌에서 항전하였다.
⑤ 안승이 신라에 의해 보덕국왕으로 책봉되었다.

04 [69회 기출]

(가)~(다)를 일어난 순서대로 옳게 나열한 것은? [3점]

> (가) 사찬 시득이 수군을 거느리고 소부리주 기벌포에서 설인귀와 싸웠으나 패배하였다. 다시 나아가 크고 작은 22번의 싸움에서 승리하고, 4천여 명의 목을 베었다.
>
> (나) 흑치상지가 도망하여 흩어진 무리들을 모으니, 열흘 사이에 따르는 자가 3만여 명이었다. …… 흑치상지가 별부장 사타상여를 데리고 험준한 곳에 응거하여 복신과 호응하였다.
>
> (다) 검모잠이 국가를 다시 일으키기 위하여 당을 배반하고 보장왕의 외손 안승을 세워 임금으로 삼았다. 당 고종이 대장군 고간을 보내 행군총관으로 삼고 병력을 내어 그들을 토벌하니, 안승이 검모잠을 죽이고 신라로 달아났다.

① (가) - (나) - (다)
② (가) - (다) - (나)
③ (나) - (가) - (다)
④ (나) - (다) - (가)
⑤ (다) - (나) - (가)

백제 멸망과 백강 전투 사이의 사실

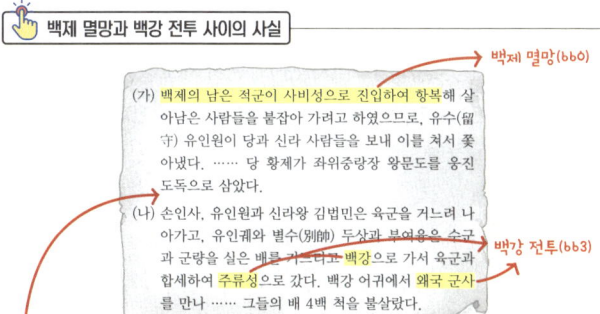

③ **복신과 도침이 부여풍을 왕으로 추대하였다.** → 661년

백제는 660년에 나·당 연합군에 의해 **수도 사비성이 함락되면서 멸망**하였다. 이에 곳곳에서 **백제 부흥 운동**이 일어났는데, 그중 복신과 도침은 의자왕의 아들 **부여풍을 왕으로 추대**(661)하면서 세력을 크게 떨쳤다. 이후 663년에 백제 부흥군을 도우러 온 **왜의 수군이 백강 전투**에서 나·당 연합군에 **패배**하면서 백제 부흥 운동은 실패하였다.

오답 클리어
① 사찬 시득이 **기벌포**에서 **당군을 격파**하였다. → (나) 이후
② **의자왕**이 **윤충**을 보내 **대야성을 함락**시켰다. → (가) 이전
④ 계백이 이끄는 군대가 **황산벌에서 항전**하였다. → (가) 이전
⑤ **안승**이 신라에 의해 **보덕국왕으로 책봉**되었다. → (나) 이후

이건 꼭! 암기 백제 부흥 운동
#복신, 도침 #부여풍을 왕으로 추대 #백강 전투에서 나·당 연합군에 패배

신라의 삼국 통일 과정

④ **(나) - (다) - (가)**
 백제 부흥 안승의   기벌포
  운동   신라 망명 전투

- (나) **백제 부흥 운동**: 백제 멸망 이후, 백제 부흥 운동(660~663)이 일어났다. 백제의 장군이었던 **흑치상지**는 임존성을 거점으로 운동을 전개하였으며, 주류성을 거점으로 활동하던 **복신**과 힘을 합치기도 하였다.

- (다) **안승의 신라 망명**: 고구려 멸망 이후 **검모잠**이 **안승**(보장왕의 서자 혹은 외손자)을 왕으로 추대하고 **고구려 부흥 운동**을 전개하였다. 그러나 지배층의 내분으로 안승이 검모잠을 죽이고 신라에 망명하였다(670).

- (가) **기벌포 전투**: 신라는 당의 설인귀가 이끄는 수군을 기벌포에서 **격퇴**(676)하며 당을 몰아내고 마침내 삼국 통일을 달성하였다.

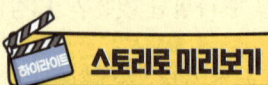

기출주제 06 통일 신라와 발해

빈출 태그 | #통일 신라 신문왕 #통일 신라의 통치 체제 #발해 무왕_장문휴 #문왕_정효 공주 #발해의 통치 체제

스토리로 미리보기

S#1 문무왕이 삼국을 통일하다!

나, 문무왕. 꿈에 그리던 삼국 통일을 드디어 이루었다. 이제 오랜 전쟁으로 힘들었을 백성들의 생활을 안정시키는 데 힘을 써야겠군. 그리고, 영토가 넓어진 만큼 지방을 잘 감시할 이들이 필요할 텐데, 그래, 외사정을 파견하자!

S#2 신문왕이 장인 김흠돌을 숙청하다!

나, 신문왕이 아버지의 뒤를 이어 왕위에 오른 지 얼마 되지 않았는데, 장인어른인 김흠돌이 감히 반란을 일으키다니. 이 기회에 반란에 가담한 귀족들을 전부 몰아내고 제대로 왕권을 세워야겠다.

S#3 통일 신라가 지방을 9주 5소경으로 정비하다!

통일 이후 신라는 영토가 많이 넓어졌어요. 그래서 전국을 9개의 주로 나누었어요. 또한 수도인 금성(경주)이 오른쪽 아래에 치우쳐 있는 점을 보완하기 위해 5개의 작은 도읍인 소경을 따로 두었답니다.

1 통일 신라의 성립과 발전

(1) 통일 직후의 상황

국력 강화: 삼국 통일 이후 영토의 확대 및 인구의 증가로 생산력이 증가하면서 국력이 강화되었고 정치적으로도 안정되어 왕권이 강화됨

문무왕
― 고구려 멸망: 당과 연합하여 고구려를 멸망시킴(668)
― 삼국 통일 완성: 매소성 전투, 기벌포 전투 등 나·당 전쟁에서 당에 승리하여 한반도에서 당을 축출하고 삼국 통일을 완성함(676)
― 체제 정비: 지방관을 감찰하기 위해 **외사정**이라는 관리를 파견함

(고구려의 왕족 안승을 금마저(익산)에 머물게 함)

(2) 통일 신라의 발전

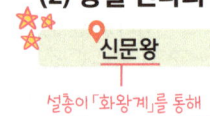

신문왕
― 김흠돌의 난 진압: 왕의 장인인 김흠돌이 반란을 일으키자, 이를 진압하며 진골 귀족 세력을 숙청하고 강력한 왕권을 확립함
― 관료전 지급: 문무 관리들에게 수조권을 행사할 수 있는 토지인 **관료전을 지급**하고 식읍을 제한함 (토지에서 조세를 걷을 수 있는 권리)
― 녹읍 폐지: 귀족의 경제적 기반이었던 **녹읍을 폐지**하여 귀족들의 경제적 기반을 약화시킴 (나라에서 왕족이나 공신에게 주는 일정한 토지) (수조권뿐만 아니라 노동력 징발까지 포함된 토지)
― 체제 정비 ┬ **9주 5소경**의 지방 행정 조직을 완비함
            ├ **9서당**(중앙군)과 **10정**(지방군)의 군사 제도를 완비함
            └ 국립 교육 기관인 **국학을 설립**하여 귀족 자제를 대상으로 유학 교육을 실시함

(설총이 「화왕계」를 통해 신문왕에게 어진 신하를 등용할 것을 간언함)

> **백발백중 기출 사료 | 📍신문왕의 만파식적** [50회]
>
> 해관 박숙청이 아뢰되, "동해에 작은 산이 떠서 감은사로 향하여 오는데 물결을 따라 왕래합니다."라고 하였다. …… 국왕이 배를 타고 그 산에 들어가니, 용이 나타나 "동해의 용이 된 그대의 아버지인 문무왕과 천신(天神)이 된 김유신이 그대에게 옥대와 대나무를 전해 주라고 하였다."라고 하였다. 국왕이 놀라고 기뻐하여 대나무를 베어서 피리를 만들었다. …… 그 피리를 만파식적(萬波息笛)이라 하고 나라의 보물로 삼았다.
>
> ➡ **사료 해석**: 신문왕은 아버지 문무왕의 은혜에 감사한다는 뜻으로 절 이름을 감은사라고 지었으며, 대나무를 베어 피리를 만들고 이를 만파식적이라고 칭하였다.

성덕왕: 백성 가운데 경제 활동을 할 수 있는 연령에 도달한 사람인 정(丁)에게 **정전**이라는 토지를 지급하여 토지 소유를 법제적으로 인정함

경덕왕
― 녹읍 부활: 귀족 세력의 반발로 폐지되었던 녹읍이 부활함(757)
― 관등명·지명 변경: 중앙 관료의 칭호와 **지방 행정 구역의 명칭을 중국식으로 변경**함
― 유학 교육 강화: **국학을 태학(감)으로 고치고** 박사와 조교를 둠
― 문화 정책 ┬ 김대성의 발원으로 불국사·석굴암을 창건함
            └ 성덕 대왕 신종을 주조하기 시작함

(혜공왕 때 완성되었으며 봉덕사에 안치됨)

2 통일 신라의 통치 체제

(1) 중앙 통치 조직

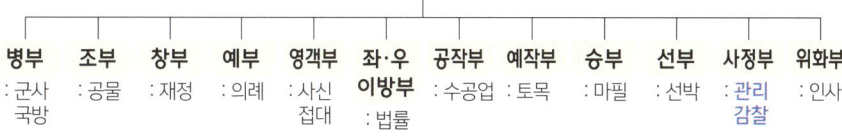

왕 — 장관: 시중(중시)
집사부
왕명 출납과 국정 총괄을 담당한 국왕 직속 기구로, 아래 13부를 둠

병부	조부	창부	예부	영객부	좌·우 이방부	공작부	예작부	승부	선부	사정부	위화부
: 군사 국방	: 공물	: 재정	: 의례	: 사신 접대	: 법률	: 수공업	: 토목	: 마필	: 선박	: 관리 감찰	: 인사

(2) 지방 행정 제도

9주 5소경 체제
- **9주**
  - 기존 신라 지역과 옛 고구려·백제 지역에 각각 3주씩 설치한 9개의 행정 구역
  - 주 아래에 군, 현을 두고 지방관으로 태수(군), 현령(현)을 파견함
- **5소경**: 수도의 위치가 치우친 것을 보완하기 위해 설치한 군사·행정상 요충지
- **특수 행정 구역**: 향·부곡(이곳의 주민들은 일반 농민보다 더 많은 공물을 부담함)

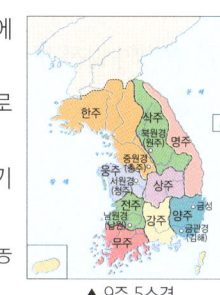
▲ 9주 5소경

지방 통제 정책
- **외사정**: 지방관을 감찰하기 위해 외사정을 파견함(문무왕)
- **상수리 제도**: 지방 귀족을 견제하기 위해 지방 귀족(향리)을 일정 기간 수도에 머무르게 한 제도로, 고려 시대의 기인 제도로 이어짐

(3) 군사 제도

9서당(중앙군)	: 민족 융합 정책으로 9서당에 고구려, 백제, 말갈인을 포함시킴
10정(지방군)	: 9주에 1정씩 배치하고 북쪽 국경 지대인 한주에는 1정을 더 두었음

> **백발백중 기출 사료 | 9서당** [69회]
>
> 여덟째는 적금서당이다. 왕 6년에 보덕국 사람들로 당을 만들었다. 금장의 색은 적흑이다. 아홉째는 청금서당이다. …… 금장의 색은 청백이다.
>
> ➡ **사료 해석**: 신라는 통일 이후 9서당 10정의 군사 제도를 완비하였으며, 민족 융합 정책의 일환으로 백제인과 보덕국인(고구려인)을 포함해 9서당을 편성하였다. 9서당은 중앙군으로서 수도의 방어와 치안 유지를 담당하였다.

(4) 관리 등용 제도

독서삼품과 실시: 원성왕 때 독서삼품과를 실시하여 관리를 채용함

> **백발백중 기출 사료 | 독서삼품과** [62회]
>
> 처음으로 독서삼품을 정하여 관리를 선발하였다. 『춘추좌씨전』이나 『예기』·『문선』을 읽어서 그 뜻에 능통하고, 겸하여 『논어』와 『효경』에 밝은 자를 상품(上)으로 하고, 『곡례』·『논어』·『효경』을 읽은 자를 중품(中)으로 하고, 『곡례』·『효경』을 읽은 자를 하품(下)으로 하였다.
>
> ➡ **사료 해석**: 독서삼품과는 원성왕 때 학생의 유교 경전 이해 수준을 시험하여 관리로 채용하기 위해 마련된 제도였으나 효과는 미미하였다.

✅ 기출 선택지로 개념 다지기

1. 빈칸의 답을 채워보세요.

(1) 문무왕 때 지방관을 감찰하기 위해 파견한 관직: ☐ [74·69·68회]

(2) 신문왕 때 문무 관리들에게 지급한 일종의 수조권: ☐ [74·71·69회]

(3) 성덕왕 때 백성들에게 지급한 토지: ☐ [74·63회]

(4) 통일 신라의 국왕 직속 기구: ☐ [73·68회]

(5) 통일 신라의 지방 행정 제도: ☐ [72·68회]

(6) 통일 신라의 중앙군: ☐ [74·72회]

2. 질문에 맞는 답을 고르세요.

(1) 문무왕의 업적은? [74회]
① 김흠돌을 비롯한 진골 귀족 세력을 숙청하였다.
② 지방관을 감찰하고자 외사정을 파견하였다.

(2) 신문왕의 업적을 모두 고르면? [72·67회]
① 이사부를 보내 우산국을 복속시켰다.
② 관리에게 관료전을 지급하고 녹읍을 폐지하였다.
③ 백성에게 정전을 지급하였다.
④ 지방 행정 제도를 9주 5소경으로 정비하였다.

(3) 9주 5소경으로 행정 구역을 정비한 국가에 대한 설명은? [56회]
① 9서당 10정의 군사 조직을 운영하였다.
② 욕살, 처려근지 등을 지방관으로 파견하였다.

(4) 원성왕의 업적은? [74회]
① 국학을 태학감으로 변경하여 유교 교육을 강화하였다.
② 독서삼품과를 실시하여 관리를 채용하였다.

정답 | 1. (1) 외사정 (2) 관료전 (3) 정전 (4) 집사부 (5) 9주 5소경 (6) 9서당

2. (1) ② (①은 신문왕)
(2) ②, ④ (①은 지증왕, ③은 성덕왕)
(3) ① (②은 고구려)
(4) ② (①은 경덕왕)

기출주제 06 통일 신라와 발해

스토리로 미리보기

 역알못: 신라가 삼국을 통일해서 이제 신라만 있는 줄 알았는데, 발해라는 나라도 있었네?

역잘알: 맞아. 신라가 삼국을 통일할 때 고구려의 옛 땅 일부분을 당에게 빼앗겼었거든.

그 고구려의 옛 땅에 세워진 나라가 바로 발해야. 발해를 건국한 사람도 고구려의 장군이었던 **대조영**이었고!

 역알못: 우와, 그럼 완전 고구려의 후예라고 볼 수 있겠네~?

 역잘알: 맞아. 그래서 발해를 공부하다 보면 고구려의 흔적들을 자주 발견할 수 있어.

우선 발해의 지배층에는 대부분 옛 고구려 사람들이 많았어. 발해의 왕들도 일본에 보내는 문서에 자신을 발해의 왕이라고 하지 않고 '고(구)려'의 왕이라고 적을 정도였어.

 역알못: 발해 사람들한테는 고구려를 계승한다는 의식이 컸나보다. 그럼 문화재 같은 것도 고구려랑 비슷했을까?

 역잘알: 비슷했지. 집 지을 때 지붕에 얹는 기와나 불상의 모양에서 발해가 고구려를 계승했다는 사실이 잘 드러나고 있거든.  이런 문화유산은 시험에도 잘 나오니까 꼭 알아둬야 해.

3 발해의 건국과 발전

(1) 발해의 건국

고왕(대조영)
- **고구려 멸망 이후의 상황**: 고구려 유민들의 저항이 지속되자 당은 보장왕을 요동 도독에 임명하는 등 회유책을 실시함 ─ 고구려의 마지막 왕
- **건국**: 고구려 유민 대조영이 만주 지린성(길림성) 동모산에서 건국함
- **연호**: 천통이라는 연호를 사용함

(2) 발해의 발전과 멸망

무왕(대무예) ★★
- **연호**: 인안이라는 독자적인 연호를 사용함
- **정복 사업**: 동북방의 여러 세력을 복속시켜 북만주 일대를 장악함
- **대당 강경책**: 대문예를 파견하여 당과 연결을 시도한 흑수말갈을 정벌하게 함 ─ 무왕의 동생
  - 장문휴의 수군을 보내 당의 등주(산동 지방)를 선제 공격함
  - → 당이 신라로 하여금 발해를 공격하게 하였으나 실패함
- **외교 정책**: 신라와 당을 견제하기 위해 일본에 사신을 보내 수교함

문왕(대흠무) ─ 정혜 공주와 정효 공주의 아버지
- **연호**: 대흥, 보력이라는 연호를 사용함
- **외교 정책**: 당과 친선 관계를 맺어 선진 문물을 수용하는 등 친당 외교를 바탕으로 통치 체제를 정비함
- **정복 사업**: 철리부 등 동북방 말갈족을 복속시킴
- **체제 정비**: 3성 6부의 중앙 정치 조직을 정비함
  - 수도를 중경 현덕부 → 상경 용천부 → 동경 용원부로 옮김

선왕(대인수) ★★
- **연호**: 건흥이라는 연호를 사용함
- **영토 확장**: 대부분의 말갈족을 복속하고 랴오둥(요동)으로 진출하여 고구려의 옛 땅을 대부분 회복함
  - → 전성기를 맞이해 중국으로부터 해동성국이라고 불림 ─ 바다 동쪽의 번성한 나라라는 뜻
- **체제 정비**: 5경 15부 62주의 지방 통치 체제를 완비함

대인선(마지막 왕): 거란의 침입을 받아 멸망함

> **백발백중 기출 사료 | 발해 무왕 때 장문휴의 등주 공격** [72회]
>
> 개원(開元) 20년에 발해가 천자의 조정을 원망하여 군사를 거느리고 등주(登州)를 습격하여 자사 위준을 살해하였습니다. 이에 황제께서 크게 노하여 하행성 등에게 군사를 징발하여 바다를 건너 공격해 토벌하도록 명하였습니다. 아울러 당에 숙위하고 있던 신라인 김사란을 귀국시켜 **신라로 하여금 발해를 공격하도록 하였습니다.** …… 겨울은 깊어 가고 눈이 많이 내려 신라와 당의 군대가 추위에 고생하므로 회군을 명령하였습니다.
>
> ▶ **사료 해석**: 발해 무왕은 장문휴로 하여금 당의 등주(산동 지방)를 공격하게 하여 자사 위준을 전사시켰다. 이에 당나라는 신라에 발해 공격을 명하였으나, 실패로 끝났다.

4 발해의 통치 체제

(1) 중앙 정치 조직 – 3성 6부제

```
왕 ─ 3성 ─ ★정당성 ──────────── 6부
          : 장관인 대내상이 국정을 총괄        ┌ 좌사정 : 충부, 인부, 의부
            하는 최고 통치 기관              └ 우사정 : 지부, 예부, 신부
                                                       └ 유교적 명칭
          ─ 선조성 : 정책 심의                           (충인의지예신)
          ─ 중대성 : 정책 수립
     ─ 중정대 : 관리들의 비리를 감찰하는 기구
     ─ 문적원 : 서적을 관리하는 기구
     ─ ★주자감 : 귀족들의 자제를 대상으로 유교 경전을 교육하는 국립 대학
```

★(2) 지방 행정 조직 – 5경 15부 62주

5경	: 전략적 요충지로, 수도 상경을 포함하여 중경, 동경, 남경, 서경이 있음	┌ 계획 도시로 남북으로 넓은 주작대로를 냄
15부	: 지방 행정의 중심지로, 도독을 두어 지방 행정을 총괄하도록 함	
62주	: 부 아래에 설치된 것으로, 자사가 파견됨	
촌락	┌ 주 아래에 위치한 말단 행정 조직으로, 주로 말갈족으로 구성됨 └ 토착민이 수령이 되고 지방관이 수령을 통해 촌락을 간접 통치함	

▲ 발해의 영역

(3) 군사 제도

중앙군(10위)	: 왕궁과 수도를 경비함
지방군	: 농병 일치의 군사 조직으로, 촌락 단위로 구성됨

★★5 발해의 고구려 계승 의식

주민 구성	: 고구려 출신인 대조영이 발해를 건국하였고, 고구려 계열 사람들이 지배층의 대부분을 차지함
명칭 사용	: 일본에 보낸 국서에 '고려' 또는 '고려 국왕(고구려왕)'이라는 명칭을 사용함
문화 양식 반영	─ 상경성 터 등에서 발견된 온돌 장치와 발해 석등 　└ 발해 수도의 터, 당나라 수도 장안을 본뜬 곳 ─ 정혜 공주 묘의 모줄임 천장 구조 　└ 발해 문왕의 둘째 딸 ─ 이불 병좌상: 고구려 양식을 계승하여 광배(불상의 후광)의 연꽃 무늬를 표현한 불상 ─ 수막새(기와): 고구려의 것과 무늬가 비슷함

▲ 발해 석등

✓ 기출 선택지로 개념 다지기

1. 빈칸의 답을 채워보세요.

(1) 발해를 건국한 인물의 이름: ☐ [63·61회]

(2) 무왕 때 당의 등주를 공격한 장군: ☐ [73·67·65회]

(3) 발해가 전성기 때 불린 이름: ☐ [46회]

(4) 선왕 때 완비한 발해의 지방 행정 조직: ☐ [70·63회]

(5) 발해의 교육 기관: ☐ [75·73·67회]

2. 질문에 맞는 답을 고르세요.

(1) 발해에 대한 설명을 모두 고르면? [73·72·70회]

① 내신좌평, 위사좌평 등 6좌평의 관제를 마련하였다.

② 5경 15부 62주의 지방 행정 제도를 갖추었다.

③ 중정대를 두어 관리를 감찰하였다.

④ 정당성의 대내상이 국정을 총괄하였다.

(2) 발해에 대한 설명은? [74회]

① 서적 관리, 주요 문서 작성 등을 위해 문적원을 두었다.

② 왜에 칠지도를 만들어 보냈다.

(3) 발해 무왕 시기의 사실은? [61회]

① 장문휴가 등주를 공격하였다.

② 대흥이라는 연호를 사용하였다.

(4) 발해 문왕에 대한 설명은? [63회]

① 북연의 왕을 신하로 봉하였다.

② 수도를 상경 용천부로 옮겨 체제를 정비하였다.

정답 | 1. (1) 대조영　(2) 장문휴　(3) 해동성국
　　　　(4) 5경 15부 62주　(5) 주자감
　　 2. (1) ②, ③, ④ (①은 백제)
　　　　(2) ① (②은 백제)
　　　　(3) ① (②은 문왕 때)
　　　　(4) ② (①은 고구려 장수왕)

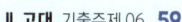

필수 기출로 개념 적용하기 기출주제 06 통일 신라와 발해

01 [74회 기출]
밑줄 그은 '이 왕'에 대한 설명으로 옳은 것은? [3점]

좋아요 74개 1시간 전
history_♡ 감은사지, 나홀로 역사 답사 #감은사는 삼국 통일의 위업을 달성한 이 왕이 부처의 힘을 빌어 왜구의 침입을 막고자 짓기 시작한 절이야. 그 뜻을 이어받은 아들 신문왕이 완공했고, 절의 이름을 #감은사라고 지었다고 해. 나는 이제 이 왕의 수중릉인 #대왕암으로 이동!

① 이사부를 보내 우산국을 복속하였다.
② 건원이라는 독자적 연호를 사용하였다.
③ 관료전을 지급하고 녹읍을 폐지하였다.
④ 거칠부에게 명하여 『국사』를 편찬하였다.
⑤ 지방관을 감찰하고자 외사정을 파견하였다.

 문무왕

⑤ 지방관을 감찰하고자 외사정을 파견하였다.

통일 신라 문무왕은 나·당 전쟁에서 승리하여 한반도에서 당을 축출하고 삼국 통일의 위업을 달성한 왕으로, 체제 정비를 위해 지방관을 감찰하고자 외사정을 파견하였다. 한편 아들인 신문왕은 아버지의 유언에 따라 그의 시신을 화장하고 대왕암에 장사를 지냈다.

오답 클리어
① 이사부를 보내 우산국을 복속하였다. → 지증왕
② 건원이라는 독자적 연호를 사용하였다. → 법흥왕
③ 관료전을 지급하고 녹읍을 폐지하였다. → 신문왕
④ 거칠부에게 명하여 『국사』를 편찬하였다. → 진흥왕

02 [62회 기출]
(가)에 들어갈 내용으로 옳은 것은? [2점]

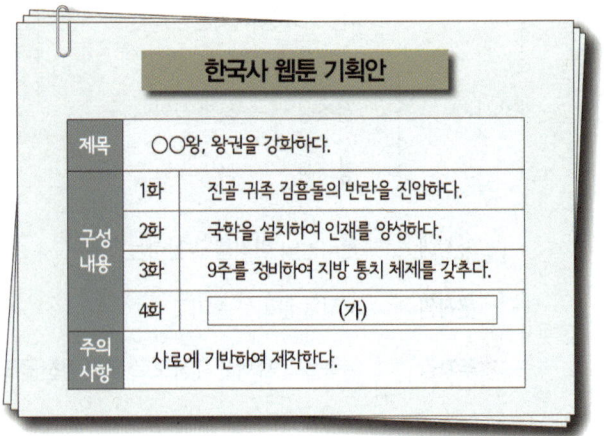

① 관료전을 지급하고 녹읍을 폐지하다.
② 마립간이라는 칭호를 처음 사용하다.
③ 이사부를 보내 우산국을 복속시키다.
④ 화랑도를 국가적 조직으로 개편하다.
⑤ 이차돈의 순교를 계기로 불교를 공인하다.

 신문왕

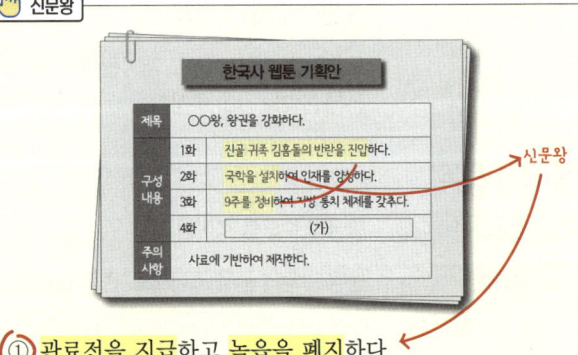

① 관료전을 지급하고 녹읍을 폐지하다.

신문왕은 김흠돌의 난을 진압하며 진골 귀족 세력을 숙청하고 강력한 왕권을 확립하였으며, 관리에게 관료전을 지급하고 녹읍을 폐지하여 귀족들의 경제적 기반을 약화시켰다. 또한 국립 교육 기관인 국학을 설치하여 인재를 양성하였다. 한편 신문왕은 통일 이후 늘어난 영토를 효율적으로 관리하기 위해 전국을 9주로 나누고, 수도인 금성(경주) 외의 중요한 지역에 특별 행정 구역인 5소경을 설치하여 9주 5소경의 지방 통치 체제를 갖추었다.

오답 클리어
② 마립간이라는 칭호를 처음 사용하다. → 내물 마립간
③ 이사부를 보내 우산국을 복속시키다. → 지증왕
④ 화랑도를 국가적 조직으로 개편하다. → 진흥왕
⑤ 이차돈의 순교를 계기로 불교를 공인하다. → 법흥왕

03 [26회 기출]

밑줄 그은 '왕'의 재위 기간에 있었던 사실로 옳은 것을 〈보기〉에서 고른 것은? [2점]

- 왕 10년 대상(大相) 대성이 불국사를 처음 창건하였다.
- 왕 16년 중앙과 지방의 여러 관리들에게 매달 주던 녹봉을 없애고 다시 녹읍을 주었다.

〈보기〉
ㄱ. 독서삼품과를 실시하여 관리를 채용하였다.
ㄴ. 지방 행정 구역의 명칭을 중국식으로 바꾸었다.
ㄷ. 성덕 대왕 신종을 완성하여 봉덕사에 안치하였다.
ㄹ. 국학을 태학감으로 변경하여 유교 교육을 강화하였다.

① ㄱ, ㄴ   ② ㄱ, ㄷ   ③ ㄴ, ㄷ
④ ㄴ, ㄹ   ⑤ ㄷ, ㄹ

04 [56회 기출]

지도와 같이 행정 구역을 정비한 국가에 대한 설명으로 옳은 것을 〈보기〉에서 고른 것은? [3점]

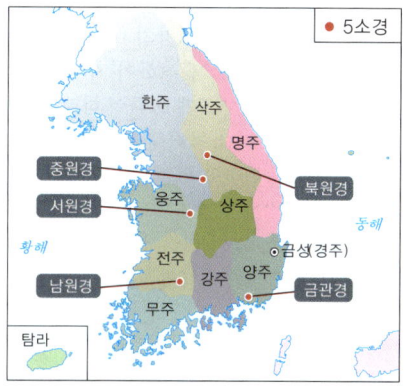

〈보기〉
ㄱ. 9서당 10정의 군사 조직을 운영하였다.
ㄴ. 욕살, 처려근지 등을 지방관으로 파견하였다.
ㄷ. 상수리 제도를 실시하여 지방 세력을 견제하였다.
ㄹ. 북계에 병마사를 파견하여 적의 침입에 대비하였다.

① ㄱ, ㄴ   ② ㄱ, ㄷ   ③ ㄴ, ㄷ
④ ㄴ, ㄹ   ⑤ ㄷ, ㄹ

💡 경덕왕

- 왕 10년 대상(大相) 대성이 불국사를 처음 창건하였다.
- 왕 16년 중앙과 지방의 여러 관리들에게 매달 주던 녹봉을 없애고 다시 녹읍을 주었다. → 경덕왕

④ ㄴ. 지방 행정 구역의 명칭을 중국식으로 바꾸었다.
ㄹ. 국학을 태학감으로 변경하여 유교 교육을 강화하였다.

경덕왕은 김대성의 발원으로 **불국사**와 석굴암을 창건하였으며, 귀족 세력의 반발에 따라 폐지되었던 **녹읍을 다시 부활**시켰다. 또한 중앙 관료의 칭호와 지방 행정 구역(군현)의 이름을 **중국식으로 변경**하였다. 이 외에도 국학을 **태학감**으로 고치고, **박사**와 **조교**를 두어 유학 교육의 강화와 전문화를 도모하였다.

⊘ 오답 클리어
ㄱ. 독서삼품과를 실시하여 관리를 채용하였다. → 원성왕
ㄷ. 성덕 대왕 신종을 완성하여 봉덕사에 안치하였다. → 혜공왕

📝 **이건 꼭! 암기** 경덕왕의 업적
#녹읍 부활 #중국식_관등명, 지명 #국학→태학감 #박사와 조교

💡 통일 신라의 통치 제도

 → 통일 신라

② ㄱ. 9서당 10정의 군사 조직을 운영하였다.
ㄷ. 상수리 제도를 실시하여 지방 세력을 견제하였다.

통일 신라는 전국을 9개의 주로 나누고, 수도인 금성(경주) 외의 요충지에 **5소경**을 설치하여 **9주 5소경**의 지방 행정 제도를 완비하였다. 또한 **지방 통제 정책**으로 지방 향리를 일정 기간 수도에 머무르게 하는 **상수리 제도**를 실시하였다. 한편 통일 신라는 **중앙군**으로 **9서당**을 두었으며, **지방군**으로는 **10정**을 두어 군사 제도를 정비하였다.

⊘ 오답 클리어
ㄴ. 욕살, 처려근지 등을 지방관으로 파견하였다. → 고구려
ㄹ. 북계에 병마사를 파견하여 적의 침입에 대비하였다. → 고려

📝 **이건 꼭! 암기** 통일 신라의 통치 제도
#9주 5소경 #9서당 10정 #상수리 제도

필수 기출로 개념 적용하기 기출주제 06 통일 신라와 발해

05 71회 기출

다음 사건이 일어난 시기를 연표에서 옳게 고른 것은? [2점]

> 개원(開元) 20년에 발해가 천자의 조정을 원망하여 군사를 거느리고 등주(登州)를 습격하여 자사 위준을 살해하였습니다. 이에 황제께서 크게 노하여 하행성 등에게 군사를 징발하여 바다를 건너 공격해 토벌하도록 명하였습니다. 아울러 당에 숙위하고 있던 신라인 김사란을 귀국시켜 신라로 하여금 발해를 공격하도록 하였습니다. …… 겨울은 깊어 가고 눈이 많이 내려 신라와 당의 군대가 추위에 고생하므로 회군을 명령하였습니다.

(가)	(나)	(다)	(라)	(마)
발해 건국	무왕 즉위	문왕 상경 천도	선왕 즉위	고려 건국	발해 멸망

① (가)   ② (나)   ③ (다)   ④ (라)   ⑤ (마)

06 63회 기출

(가) 왕에 대한 설명으로 옳은 것은? [3점]

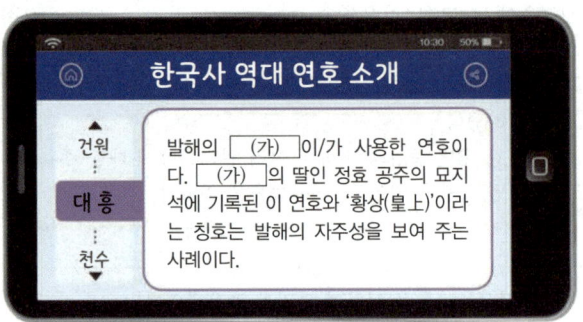

> 발해의 (가) 이/가 사용한 연호이다. (가) 의 딸인 정효 공주의 묘지석에 기록된 이 연호와 '황상(皇上)'이라는 칭호는 발해의 자주성을 보여 주는 사례이다.

(건원 / 대흥 / 천수)

① 북연의 왕을 신하로 봉하였다.
② 지린성 동모산에서 나라를 세웠다.
③ 신라에 군대를 파견하여 왜를 격퇴하였다.
④ 수도를 상경 용천부로 옮겨 체제를 정비하였다.
⑤ 5경 15부 62주의 지방 행정 조직을 확립하였다.

👆 발해 무왕의 등주 공격

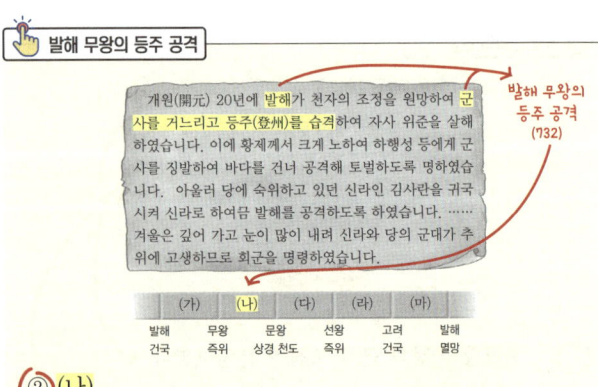

② (나)

발해 무왕(대무예)은 719년에 즉위한 발해의 제2대 왕으로, '인안'이라는 독자적인 연호를 사용하여 당과 대등하다는 인식을 드러내었다. 무왕은 **동생 대문예를 파견**하여 당과 연결을 시도한 흑수말갈을 정벌하게 하였으나, 대문예는 이를 거부하고 당으로 망명하였다. 이후 장문휴의 수군을 보내 당의 **등주(산둥 지방)를 선제공격**하였다(732). 이에 당은 발해를 반격하는 한편 **신라에 발해의 남쪽을 공격할 것**을 요청하였다. 신라와 당의 연합군은 발해를 공격하였으나 추위와 폭설로 병사의 절반 이상을 잃고 회군하였다. 이후 무왕의 뒤를 이어 즉위한 **문왕** 때는 중경 현덕부에서 **상경 용천부로 천도**하였다(755).

📋 **이건 꼭! 암기** 발해 무왕
#흑수말갈 정벌   #등주 선제공격_장문휴

👆 발해 문왕

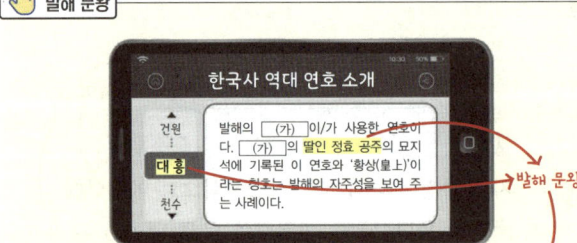

④ 수도를 **상경 용천부**로 옮겨 체제를 정비하였다.

발해 문왕은 발해의 제3대 왕으로, '**대흥**', '**보력**'이라는 연호를 사용하였다. 또한 문왕은 체제 정비의 일환으로 수도를 중경 현덕부에서 **상경 용천부**로 옮겼으며, 이후 **상경 용천부**에서 **동경 용원부**로 다시 천도하였다.

⊘ 오답 클리어
① 북연의 왕을 신하로 봉하였다. → 고구려 장수왕
② 지린성 동모산에서 나라를 세웠다. → 발해 고왕(대조영)
③ 신라에 군대를 파견하여 왜를 격퇴하였다. → 고구려 광개토 대왕
⑤ 5경 15부 62주의 지방 행정 조직을 확립하였다. → 발해 선왕

📋 **이건 꼭! 암기** 발해 문왕
#대흥, 보력   #정효 공주   #중경 현덕부 → 상경 용천부 → 동경 용원부

07 72회 기출

밑줄 그은 '이 국가'에 대한 설명으로 옳은 것은? [2점]

정혜 공주 무덤의 구조도   정혜 공주 묘지석

지린성 둔화에서 발견된 이 국가의 정혜 공주 무덤은 모줄임 천장 구조의 굴식 돌방 무덤으로 고구려 양식을 계승하고 있다. 또한 내부에서 출토된 묘지석에 '황상'이라는 칭호가 사용된 점을 통해 이 국가의 자주성을 확인할 수 있다.

① 서경을 북진 정책의 기지로 삼았다.
② 정당성의 대내상이 국정을 총괄하였다.
③ 영락이라는 독자적인 연호를 사용하였다.
④ 군사 조직으로 9서당 10정을 편성하였다.
⑤ 관리 선발을 위해 독서삼품과를 시행하였다.

👆 발해

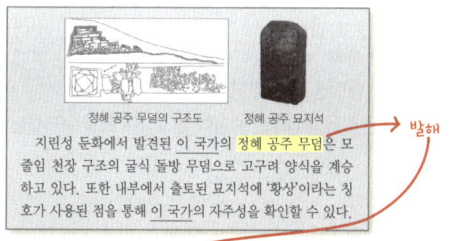

② 정당성의 대내상이 국정을 총괄하였다.

발해는 당의 3성 6부제를 수용하여 중앙 정치 조직을 정비하였으며, 정당성, 선조성, 중대성의 3성 중 정당성의 장관인 **대내상**이 국정을 총괄하였다. 한편 발해는 **고구려의 문화를 계승**하여, 문왕의 둘째 딸인 **정혜 공주**의 묘는 고구려 양식인 **모줄임 천장 구조의 굴식 돌방 무덤**으로 축조되었다.

❌ 오답 클리어
① 서경을 북진 정책의 기지로 삼았다. → 고려
③ 영락이라는 독자적인 연호를 사용하였다. → 고구려
④ 군사 조직으로 9서당 10정을 편성하였다. → 통일 신라
⑤ 관리 선발을 위해 독서삼품과를 시행하였다. → 통일 신라

📕 이건 꼭! 암기 **발해**
#3성_정당성, 선조성, 중대성   #정당성_대내상

08 69회 기출

(가) 국가에 대한 설명으로 옳은 것은? [2점]

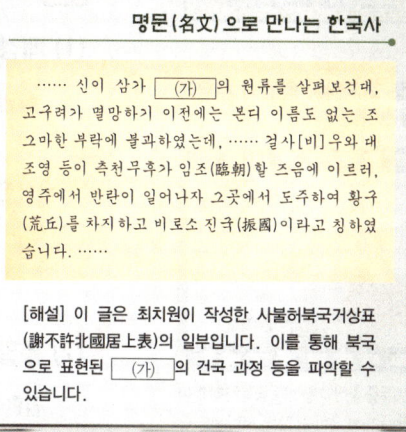

명문(名文)으로 만나는 한국사

…… 신이 삼가 (가) 의 원류를 살펴보건대, 고구려가 멸망하기 이전에는 본디 이름도 없는 조그마한 부락에 불과하였는데, …… 걸사[비]우와 대조영 등이 측천무후가 임조(臨朝)할 즈음에 이르러, 영주에서 반란이 일어나자 그곳에서 도주하여 황구(荒丘)를 차지하고 비로소 진국(振國)이라고 칭하였습니다. ……

[해설] 이 글은 최치원이 작성한 사불허북국거상표(謝不許北國居上表)의 일부입니다. 이를 통해 북국으로 표현된 (가) 의 건국 과정 등을 파악할 수 있습니다.

① 정사암 회의에서 나라의 중대사를 결정하였다.
② 지방의 여러 성에 욕살, 처려근지 등을 두었다.
③ 도병마사에서 변경의 군사 문제 등을 논의하였다.
④ 서적 관리, 주요 문서 작성 등을 위해 문적원을 두었다.
⑤ 골품에 따라 관등 승진, 일상 생활 등을 엄격히 제한하였다.

👆 발해

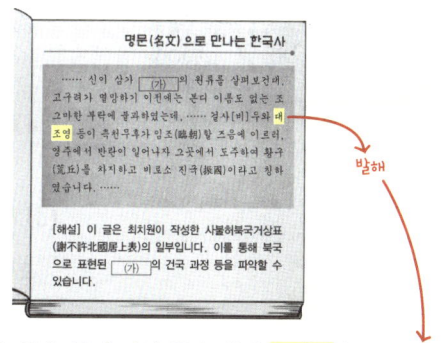

④ 서적 관리, 주요 문서 작성 등을 위해 **문적원**을 두었다.

발해는 **대조영**이 만주 동모산에서 건국한 나라로, 초기에는 **진국(振國)**이라고 하였다. 발해는 교육 기관으로 **주자감**을 두어 귀족들의 자제를 대상으로 유교 경전을 교육하였고, 서적 관리, 주요 문서 작성 등을 위한 기구로 **문적원**을 설치하였다. 한편 최치원이 작성한 사불허북국거상표에서는 발해를 **북국**으로 표현하였다.

❌ 오답 클리어
① 정사암 회의에서 나라의 중대사를 결정하였다. → 백제
② 지방의 여러 성에 욕살, 처려근지 등을 두었다. → 고구려
③ 도병마사에서 변경의 군사 문제 등을 논의하였다. → 고려
⑤ 골품에 따라 관등 승진, 일상 생활 등을 엄격히 제한하였다. → 신라

기출주제 07 통일 신라의 혼란과 후삼국 시대

빈출 태그 | #김헌창의 난 #원종과 애노의 난 #장보고 #6두품_최치원 #후백제 #견훤 #후고구려 #궁예

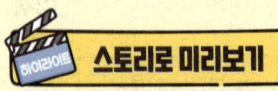

스토리로 미리보기

S#1 6두품 최치원이 왕에게 시무책을 올리다!

"나는 6두품이라 신라에서 뜻을 펴기 어렵군. 역시 내 신분의 한계인가." — 최치원

나 최치원은 6두품 출신의 한계를 극복하려고 어린 나이에 당나라에 유학을 갔소. 시험에도 합격하고, 당나라에서는 이름을 꽤나 떨쳤단 말이오. 그래서 고국으로 돌아와 혼란스러워진 나라를 바로 잡고자 진성 여왕께 시무 10여 조라는 개혁안을 바쳤는데, 시행되지 않고 있으니….

S#2 원종과 애노가 반란을 일으키다!

"우리도 더는 못 참는다! 원종과 애노의 봉기에 동참하자!"

에휴, 가뜩이나 귀족들이 세금을 많이 걷어서 살기 힘든데 흉년까지 겹치니 정말 못살겠다. 백성이 이 지경인데 나라에서는 세금을 더 걷으려고 하다니! 사벌주(상주)에서 원종과 애노가 봉기를 일으킨다니 우리도 갑시다!

S#3 궁예가 후고구려를 건국하다!

"내가 새로운 나라를 세워 고구려의 원수를 갚겠다!" — 궁예

나 궁예, 신라 왕족 출신이었지만 세력 다툼에 밀려나 중이 되었다. 호족 양길 밑에 들어가 공을 많이 세웠더니 점점 나를 따르는 사람이 많아지는군. 이제 양길을 몰아내고 세력을 더 키워 나 궁예가 왕이 되어야겠다!

1 통일 신라의 사회 혼란

(1) 배경

- **왕권 약화**: 혜공왕이 반란으로 피살된 이후 진골 귀족 간의 왕위 쟁탈전이 전개되었고 이로 인해 왕권이 약화됨
  - *혜공왕(무열왕 직계) 사후 선덕왕(내물왕계)이 즉위한 이후부터 신라 멸망 때까지를 신라 하대라고 함*

- **사회 혼란 심화**:
  - 골품제로 인해 진골 귀족들이 상위 관직을 독점한 반면 실무 능력이 뛰어난 **6두품** 출신들은 17관등 중 제6관등인 아찬까지로 **관직 승진이 제한**됨
  - 과도한 조세 징수와 수탈로 농민들은 노비가 되거나 초적으로 전락함
    - *난민을 뜻하는 말로, 대표적으로 양길이 있음*

★ (2) 통일 신라 말의 왕위 쟁탈전과 농민 봉기

- **김헌창의 난**: 아버지 김주원이 왕위에 오르지 못하자 불만을 품은 웅천주(공주) 도독 김헌창이 반란을 일으켰으나 실패함(822)
- **장보고의 난**: 장보고가 자신의 딸을 왕비로 옹립시키는 것이 좌절되자 이에 불만을 품고 청해진을 거점으로 반란을 도모하였으나 실패함(846)
  - *원래 이름: 궁복*
  - *김우징이 왕위에 오르는 데 군사적으로 지원하여 큰 공을 세움*
- **원종과 애노의 난**: 진성 여왕 때 사벌주(상주)에서 원종과 애노가 난을 일으킴(889)
  - *『삼대목』이라는 향가집을 편찬함*
- **적고적의 난**: 진성 여왕 때의 농민 반란으로, 붉은 바지(적고)를 입음(896)

> **백발백중 기출 사료 | 원종과 애노의 난** [66회]
> 진성왕 3년, 나라 안의 여러 주군(州郡)에서 공부(貢賦)를 바치지 않으니 창고가 비어 버리고 나라의 쓰임이 궁핍해졌다. 왕이 사신을 보내어 독촉하자, 이로 말미암아 곳곳에서 도적이 벌떼처럼 일어났다. 이때 원종과 애노 등이 사벌주를 근거로 반란을 일으켰다. — 『삼국사기』
> ▶ **사료 해석**: 진성 여왕 때 원종과 애노가 귀족·관리들의 과도한 수탈에 반발하여 사벌주에서 난을 일으켰다.

(3) 새로운 세력과 사상의 등장

- **호족 세력의 성장**
  - 출신: 지방 토착 세력, 중앙 권력에서 지방으로 밀려난 세력, 군진 세력 등
    - *수비를 위해 요충지에 설치한 군사 특수 지역(청해진)*
    - *견훤, 양길, 궁예, 왕건 등*
  - 성장: 중앙 정부의 지방 통제력이 약화되자 자신의 근거지에서 반독립적인 세력으로 성장함 → 선종과 풍수지리설 등을 사상적 기반으로 삼음
  - 특징: 스스로를 성주 또는 장군이라 칭하면서 자신이 통치하는 지방의 행정권, 군사권 및 경제적 지배력을 행사함

- **6두품 세력의 개혁 추구**
  - *득난이라고도 함*
  - 배경: 6두품 세력은 골품제로 승진이 제한되자, 신라의 골품제 사회를 비판하며 유학을 바탕으로 한 사회 개혁안을 제시함
  - 활동:
    - 최치원은 진성 여왕에게 개혁안인 시무 10여 조를 올렸음
    - 최언위, 최승우 등은 호족 세력과 연계하여 개혁을 추구함

- **새로운 사상의 등장**
  - 선종: 참선과 수행을 통해 깨달음을 얻고자 하는 등 개혁적인 성향을 갖고 있어 호족들에게 호응을 얻음
    - *불교의 한 종파*
    - 호족의 후원으로 각 지방에 9개의 선종 사원(9산 선문)이 건립됨
    - *대표: 실상산문, 가지산문(체징)*
  - 풍수지리설: 경주 중심의 지리 개념에서 벗어나 다른 지방의 중요성을 자각하는 계기를 마련해 줌
    - *땅의 기운이 길흉화복에 영향을 미친다는 사상*

2 후삼국 시대

(1) 후삼국 시대

- **정의**: 후백제·후고구려·통일 신라의 삼국이 대립하던 시기
- **성립**: 견훤이 후백제, 궁예가 후고구려를 건국하면서 통일된 신라는 다시 삼국으로 분열되어 후삼국 시대를 맞이함

▲ 후삼국 시대

(2) 후백제의 건국과 성장

진성 여왕 때 무진주(광주)를 점령하고 스스로 왕을 칭함. 첫째 아들 신검과 넷째 아들 금강 등이 있었음

- **건국**: 견훤이 완산주(전주)에서 후백제를 건국함(900)
- **성장**
  - 영토 확장: 충청도와 전라도 지역을 차지하여 경제 기반을 확보함
  - 대외 교류: 중국의 후당·오월에 사신을 파견함
- **한계**
  - 금성(경주)을 습격하여 신라 경애왕을 죽게 하는 등 신라에 적대적이었음
  - 조세를 지나치게 수취하였으며 호족 포섭에도 실패함
  - → 고려의 공격을 받아 멸망함(936)

백발백중 기출 사료 | 견훤의 금성 습격 [75회]

견훤이 신라의 수도로 들어갔다. 포석정에서 연회를 벌이고 있던 신라 왕은 적의 병사들이 이르렀다는 말을 듣고 부인과 함께 달아나 성의 남쪽에 있는 별궁에 숨었다. 견훤은 신라 왕을 찾아내고 핍박하여 자결하게 하였다.

➡ **사료 해석**: 견훤은 신라의 왕경(금성)에 침입하여 경애왕을 죽게 하는 등 신라에 대한 강경책을 전개하였다.

(3) 후고구려의 건국과 성장

출가한 후 중이 되어 스스로를 선종이라 부름

- **건국**: 신라 왕족 출신인 궁예가 양길의 휘하에서 힘을 기른 후 송악(개성)에서 후고구려를 건국함(901)
- **성장**
  - 영토 확장: 강원도, 경기도 일대를 점령하고 한강 유역을 확보함
  - 국호 변경: 국호를 '후고구려'에서 '마진'으로 바꾼 후 철원으로 수도를 옮겼고, 다시 '마진'에서 '태봉'으로 국호를 변경함
  - 관제 정비: 국정 총괄 기관인 광평성을 비롯한 각종 정치 기구를 마련함

미래의 부처인 미륵이 세상을 구원한다는 신앙

- **한계**: 지나친 조세 수취와 미륵 신앙을 통한 전제 정치로 신망을 잃은 궁예가 왕위에서 축출되었고, 왕건이 왕위에 올라 고려를 건국함(918)

백발백중 기출 사료 | 궁예 [71회]

북원의 도적 우두머리인 양길은 궁예가 자신을 배신한 것을 미워하여 국원 등 10여 곳의 성주들과 그를 칠 것을 모의하고 비뇌성 아래로 진군하였다. 그러나 양길의 병사는 패배하여 흩어져 달아났다.
– 『삼국사기』

➡ **사료 해석**: 궁예는 신라의 왕족 출신으로, 북원(원주)을 거점으로 활동하던 양길의 휘하에서 힘을 기른 후 송악(개성)에서 후고구려를 건국하였다.

✓ 기출 선택지로 개념 다지기

1. 빈칸의 답을 채워보세요.

(1) 신라 하대에 웅천주 도독이 일으킨 반란: _____ [75·73·67회]

(2) 진성 여왕 때 사벌주에서 일어난 봉기: _____ [74·72·69회]

(3) 완산주를 도읍으로 하여 후백제를 세운 인물: _____ [72회]

(4) 광평성 등의 기구를 마련한 인물: _____ [73·72·71회]

2. 질문에 맞는 답을 고르세요.

(1) 신라 하대의 모습은? [75회]
 ① 최승로가 시무 28조를 올렸다.
 ② 웅천주 도독 김헌창이 반란을 일으켰다.

(2) 최치원이 활동한 시기의 사실은? [68회]
 ① 원종과 애노의 난 등 농민 봉기가 일어났다.
 ② 묘청 등이 중심이 되어 서경 천도를 주장하였다.

(3) 신라 하대에 있었던 사실은? [67회]
 ① 왕의 장인인 김흠돌이 난을 일으켰다.
 ② 장보고가 왕위 쟁탈전에 가담하였다.

(4) 선종에 대한 설명은? [74회]
 ① 인내천 사상을 내세워 인간 평등을 주장하였다.
 ② 참선과 수행을 통한 깨달음을 강조하였다.

(5) 견훤의 활동을 모두 고르면? [72·66회]
 ① 국호를 마진으로 바꾸고 철원으로 천도하였다.
 ② 완산주를 도읍으로 삼아 나라를 세웠다.
 ③ 후당, 오월에 사신을 파견하였다.

정답 | 1. (1) 김헌창의 난 (2) 원종과 애노의 난
(3) 견훤 (4) 궁예

2. (1) ② (①은 고려 시대)
(2) ① (②은 고려 시대)
(3) ② (①은 신라 중대)
(4) ② (①은 동학)
(5) ②, ③ (①은 궁예)

필수 기출로 개념 적용하기 기출주제 07 통일 신라의 혼란과 후삼국 시대

01 [73회 기출]

밑줄 그은 '시기'에 있었던 사실로 옳은 것은? [3점]

> 이것은 보령 성주사지 대낭혜화상탑비로, 진성 여왕의 명을 받아 최치원이 비문을 작성했습니다. 혜공왕 피살 이후 왕위 쟁탈전이 치열했던 시기에 당에서 수행하고 돌아와 9산 선문 중 하나인 성주산문을 개창한 낭혜화상의 행적이 기록되어 있습니다.

① 김흠돌 등 진골 세력이 숙청되었다.
② 김헌창이 웅천주에서 반란을 일으켰다.
③ 거칠부가 왕명에 의해 『국사』를 편찬하였다.
④ 복신과 도침이 부여풍을 왕으로 추대하였다.
⑤ 자장의 건의로 황룡사 구층 목탑이 건립되었다.

02 [54회 기출]

(가)~(다)를 일어난 순서대로 옳게 나열한 것은? [3점]

> (가) 도적들이 나라의 서남쪽에서 일어났는데, 붉은색 바지를 입어 모습을 다르게 하였기 때문에 적고적(赤袴賊)이라고 불렸다. 그들은 주와 현을 도륙하고, 수도의 서부 모량리까지 와서 민가를 노략질하고 돌아갔다.
> (나) 웅천주 도독 헌창은 그의 아버지 주원이 임금이 되지 못하였다는 이유로 반란을 일으켜 국호를 장안이라 하고, 연호를 세워 경운 원년이라 하였다.
> (다) 아찬 우징은 청해진에 있으면서 김명이 왕위를 빼앗았다는 소식을 듣고 청해진 대사 궁복에게 말하였다. "김명은 임금을 죽이고 스스로 왕이 되었으니, …… 장군의 군사를 빌려 임금과 아버지의 원수를 갚고자 합니다."
> - 『삼국사기』

① (가) - (나) - (다)
② (가) - (다) - (나)
③ (나) - (가) - (다)
④ (나) - (다) - (가)
⑤ (다) - (가) - (나)

🖐 신라 하대의 사실

② 김헌창이 웅천주에서 반란을 일으켰다.

신라 하대는 혜공왕의 피살로 선덕왕이 즉위한 이후부터의 시기로, 이 시기에는 귀족 간의 **왕위 쟁탈전**이 치열하게 전개되고 왕권이 약화되었다. 헌덕왕 때 **웅천주(공주) 도독**인 **김헌창**은 자신의 아버지인 **김주원**이 왕이 되지 못한 데에 불만을 품고 웅천주에서 **국호를 장안, 연호를 경운**이라 하여 반란을 일으켰으나 실패하였다.

⊘ 오답 클리어
① 김흠돌 등 진골 세력이 숙청되었다. → 신라 중대
③ 거칠부가 왕명에 의해 『국사』를 편찬하였다. → 신라 상대
④ 복신과 도침이 부여풍을 왕으로 추대하였다. → 신라 중대
⑤ 자장의 건의로 황룡사 구층 목탑이 건립되었다. → 신라 상대

📋 이건 꼭! 암기 **신라 하대의 사실**
#김헌창의_난 #국호_장안 #연호_경운

🖐 신라 하대의 주요 사건

④ (나) - (다) - (가)
  김헌창의 김우징의 적고적의
    난   난   난

- (나) **김헌창의 난**: 신라 하대인 헌덕왕 때 웅천주(공주) 도독 **김헌창**이 자신의 아버지인 **김주원**이 왕위에 오르지 못한 것에 불만을 품고 반란(김헌창의 난)을 일으켰다.
- (다) **김우징의 난**: 신라 하대인 민애왕 때 **김우징**(신무왕)이 **청해진 대사 장보고**(원래 이름은 궁복)의 군사를 빌려 반대 세력을 제거한 후 왕위에 올랐다. 한편, 신무왕이 즉위한 후 장보고는 자신의 **딸을 왕비로 세우려 하였으나 실패**하자, 반란을 일으키기도 하였다.
- (가) **적고적의 난**: 사회 혼란이 더욱 심해진 진성 여왕 때 붉은 바지를 입은 **적고적**이 반란을 일으켜 신라의 수도인 경주의 서남쪽까지 진격하였다.

03
54회 기출

(가) 인물의 활동으로 옳은 것은? [2점]

○ (가) 은/는 왕의 족제(族弟)인 김부에게 왕위를 잇게 하였다. 그런 후에 왕의 아우 효렴과 재상 영경을 사로잡았다.
○ (가) 은/는 넷째 아들 금강이 키가 크고 지혜가 많아 특히 아끼어 왕위를 전하려 하니, [금강의] 형 신검, 양검, 용검 등이 이를 알고 몹시 근심하고 번민하였다.
― 『삼국유사』

① 사림원을 설치하여 개혁을 실시하였다.
② 국호를 마진으로 바꾸고 철원으로 천도하였다.
③ 김흠돌을 비롯한 진골 귀족 세력을 숙청하였다.
④ 『정계』와 『계백료서』를 지어 관리의 규범을 제시하였다.
⑤ 오월(吳越)에 사신을 보내고 검교태보의 직을 받았다.

견훤

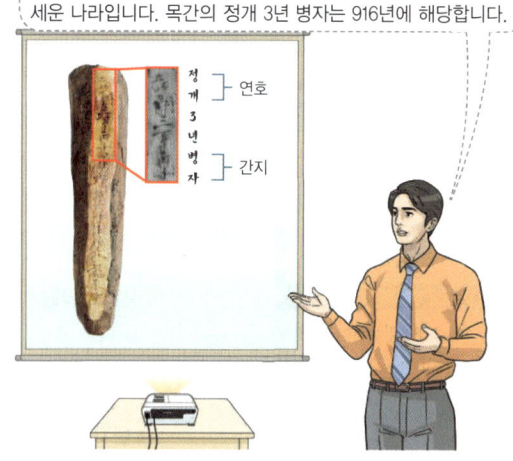

⑤ 오월(吳越)에 사신을 보내고 검교태보의 직을 받았다.

견훤은 완산주(전주)를 수도로 정하고 **후백제를 건국**한 후 중국의 **후당, 오월에 사신을 보내는** 등 적극적으로 교류하였다. 또한, 신라의 수도인 금성(경주)을 습격하여 신라 경애왕을 죽게 하는 등 **신라에 대한 강경책**을 전개하였다. 그러나 견훤은 넷째 **아들 금강**에게 왕위를 물려주려고 한 것에 불만을 품은 **첫째 아들 신검**에 의해 **금산사에 유폐**되었고, 이후 탈출하여 고려 **왕건에게 투항**하였다.

오답 클리어
① 사림원을 설치하여 개혁을 실시하였다. → 고려 충선왕
② 국호를 마진으로 바꾸고 **철원**으로 천도하였다.
  → 후고구려 궁예
③ 김흠돌을 비롯한 진골 귀족 세력을 숙청하였다.
  → 통일 신라 신문왕
④ 『정계』와 『계백료서』를 지어 관리의 규범을 제시하였다.
  → 고려 태조 왕건

04
73회 기출

(가) 인물에 대한 설명으로 옳은 것은? [3점]

경기도 양주 대모산성에서 태봉의 연호가 기록된 목간이 출토되었습니다. 태봉은 신라 왕족 출신으로 알려진 (가) 이/가 세운 나라입니다. 목간의 정개 3년 병자는 916년에 해당합니다.

① 경주의 사심관으로 임명되었다.
② 12목에 지방관을 처음으로 파견하였다.
③ 폐정 개혁을 목표로 정치도감을 설치하였다.
④ 광평성을 비롯한 각종 정치 기구를 마련하였다.
⑤ 오월(吳越)에 사신을 보내고 검교태보의 직을 받았다.

궁예

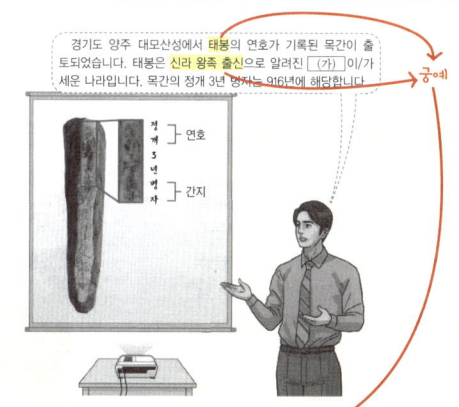

④ 광평성을 비롯한 각종 정치 기구를 마련하였다.

궁예는 신라의 왕족 출신으로, 고구려의 원수를 갚는다는 명분을 내세워 **송악(개성)**을 도읍으로 **후고구려**를 건국하고, **광평성**을 비롯한 각종 정치 기구를 마련하여 정치 체제를 정비하였다. 이후 국호를 후고구려에서 **마진**으로 바꾸고 **철원**으로 천도하였으며, 다시 **태봉**으로 변경하였다.

오답 클리어
① 경주의 사심관으로 임명되었다. → 경순왕(김부)
② 12목에 지방관을 처음으로 파견하였다. → 고려 성종
③ 폐정 개혁을 목표로 정치도감을 설치하였다. → 고려 충목왕
⑤ 오월(吳越)에 사신을 보내고 검교태보의 직을 받았다. → 견훤

기출주제 08 고대의 경제와 사회

빈출 태그 | #동시전 #관료전 #녹읍 #정전 #청해진_장보고 #솔빈부의 말 #골품제 #화랑도 #세속 5계

하이라이트 스토리로 미리보기

S#1 바다의 영웅, 장보고

나 장보고, 신분이 낮았지만 성공하고 싶어서 당나라로 건너왔다. 이곳에서 군인으로 성공하여 잘 살고 있었는데, 신라 사람들이 해적에게 붙잡혀 와 노예로 팔려가는 걸 보게 되었지. 더 이상 지켜볼 수만은 없다. 신라로 돌아가서 신라인들을 위해 해적을 물리쳐야겠다.

S#2 뼛속까지 새겨진 신라의 신분 제도, 골품제

우리 신라에는 뼈의 등급이라는 골품제라는 신분제가 있어. 나는 6두품이라 진골보다 똑똑해도 높은 관직에 오를 수가 없어. 심지어 집의 크기랑 수레의 크기도 신분에 따라 정해져 있다고!

1 고대의 경제

(1) 삼국의 경제

- **수취 제도** : 조세(곡물·포 징수), 공납(특산물 징수), 역(15세 이상 남자의 노동력 징발)
- **토지 제도**
  - **식읍**: 왕족이나 공을 세운 자에게 지급한 토지로, 토지의 주민들로부터 조세 징수와 노동력 징발까지 가능하였음
  - **녹읍**: 귀족에게 일을 한 대가(봉급) 개념으로 지급한 토지로, 토지의 주민들로부터 조세 징수와 노동력 징발까지 가능하였음
- **상업의 발달** : 신라는 지증왕 때 동시(시장)와 **동시전**(시장 감독 기관)을 설치함

(2) 통일 신라의 경제

- **토지 제도 시행 과정**
  - **관료전 지급(신문왕)**: 왕권 강화를 위해 조세만 수취할 수 있는 토지인 관료전을 지급함(관등에 따라 차등을 둠)
  - ↓
  - **녹읍 폐지(신문왕)**: 녹읍을 폐지하여 귀족들의 경제적 기반을 약화시킴
  - ↓
  - **정전 지급(성덕왕)**: 백성들에게 정전(丁田)을 지급하여 국가의 토지 지배력을 강화함 ┌ 일반 백성에게 주는 토지
  - ↓
  - **녹읍 부활(경덕왕)**: 진골 귀족 세력의 반발로 관료전이 폐지되고 녹읍이 부활함

- **민정 문서 (신라 촌락 문서)** ┌ 일본 도다이지(동대사) 쇼소인(정창원)에서 발견
  - **목적**: 조세 징수와 노동력 징발에 활용하기 위함
  - **작성 방법**: 토착 세력인 촌주가 매년 변동 사항을 조사하여 3년마다 작성함
  - **기록 내용**: 촌락마다 호(戶)의 등급과 변동 상황, 성별·연령별 인구의 규모, 논·밭의 면적 등을 기록함

- **대외 무역**

  ▲ 경주 원성왕릉 무인상 ┌ 서역인의 얼굴을 하고 있어 당시 통일 신라가 서역과 교역하였음을 알 수 있음

  - **당과의 무역**: 통일 후 무역이 번성하여 중국의 산둥 반도에 집단 거류지인 신라방, 여관인 신라관 등이 설치됨
  - **대표 무역항**: 당항성(한강 유역)과 **울산항**이 유명하였는데, 특히 울산항은 국제 무역항으로 번성하여 아라비아 상인들까지 왕래함
  - **장보고의 활약**
    - **청해진 설치**: 전라도 완도에 청해진을 설치하고 해적을 소탕하여 **해상 무역권을 장악함**
    - **법화원 건립**: 중국의 **산둥성 적산촌**에 **법화원**이라는 사찰을 건립함

> **백발백중 기출 자료 | 📍장보고의 법화원 건립** [62회]
>
> 적산 법화원은 산둥 반도에 있었던 신라의 집단 거주지에 세워진 절이다. 이 절을 창건한 **장보고**는 당에 건너가 무령군 소장이 되었다가 흥덕왕 때 귀국하여 활발히 활동하였다. 그러나 왕위 쟁탈전에 휘말려 암살당했다.
>
> ▶ **자료 해석**: 장보고는 당에 건너가 군인으로 활동하며, 중국 산둥 반도에 적산 법화원이라는 사찰을 지었다. 흥덕왕 때 신라로 귀국한 장보고는 완도에 청해진을 설치하고 해상 무역권을 장악하였다. 그러나 이후 왕위 쟁탈전에 개입하였다가 암살당했다.

(3) 발해의 경제

농업과 목축
- 밭농사를 주로 행하였으나 일부 지역에서는 벼농사도 실시함
- 돼지, 소, 말 등을 길렀고, 솔빈부의 말은 특산물로 유명함

대외 무역
- 대당 무역
  - 담비 가죽, 인삼, 불상 등을 수출하고, 비단·책 등을 수입함
  - 당의 장안으로 연결되는 교통로인 영주도를 통해 교류함
- 대일 무역: 일본도라는 교통로를 통해 일본과 교역함
- 신라와 교류: 발해의 수도 상경에서 시작해 동해안을 따라 신라로 가는 신라도라는 교통로를 두어 왕래함
- 거란과 교류: 거란도라는 교통로를 통해 교류함

※ 러시아에서 출토된 낙타 상을 통해 발해의 활발한 대외 교류를 알 수 있음

2 고대의 사회

(1) 삼국의 사회

고구려
- 지배층: 왕족인 고씨와 5부 출신 귀족으로 구성됨
- 제가 회의: 유력 귀족들이 모여 국가의 중대사를 결정함
- 지방 행정 조직: 지방의 여러 성에 지방관으로 욕살, 처려근지 등을 둠

> **백발백중 기출 사료 | 고구려의 지방 행정 조직** [75회]
> 그 나라는 관(官)을 세움에 9등이 있다. …… 또 여러 큰 성에는 녹살(욕살)을 두는데, 도독에 비견된다. 여러 성에는 처려근지를 두는데, 자사에 비견된다. 또한 도사라 이르기도 한다.
> → **사료 해석**: 고구려는 지방관으로 큰 성에는 녹살(욕살), 일반 성에는 처려근지를 파견하였으며 처려근지는 도사라고도 불렸다.

백제
- 지배층: 왕족인 부여씨와 8성의 귀족으로 구성됨
- 정사암 회의: 귀족들이 정사암에서 재상 선출 및 국가의 중대사를 결정함
  └ 천정대라고도 불리는 바위

신라
- 골품제
  - 출신 성분에 따라 골과 품으로 신분을 나눈 신라만의 신분 제도
  - 성골 – 진골 – 6두품 – 5~1두품으로 구성됨
  - 골품에 따라 관등 승진의 제한이 있었으며(6두품은 6관등인 아찬까지만 가능), 집과 수레의 크기 등 일상 생활까지 규제함
- 화백 회의: 의장인 상대등과 귀족들로 구성되어 국가의 주요 사항을 만장일치제로 결정함
- 화랑도
  - 신라의 청소년 수련 단체이자 일종의 군사 조직
  - 진흥왕 때 국가적인 조직으로 개편됨
  - 승려 원광이 지은 세속 5계를 실천하며 생활함

국선도, 풍월도라고 불림

(2) 통일 신라와 발해의 사회

통일 신라
- 6두품이 중앙 정계에 진출하여 국왕을 보좌하였으나 골품제로 인해 상위 관직으로 승진하지 못함
  → 통일 신라 말에 지방에서 성장한 호족과 연계하여 사회 개혁을 추구함
- 신라 하대에 정부의 강압적인 수취로 농민이 몰락하고 사회 모순이 증폭되면서 원종과 애노의 난(889, 진성 여왕) 등 농민 반란이 발생함

발해
- 지배층: 왕족인 대씨와 귀족인 고씨 등 대부분 고구려계 사람들로 구성됨
- 피지배층: 대부분 말갈인으로 구성됨

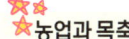

기출 선택지로 개념 다지기

1. 빈칸의 답을 채워보세요.

(1) 신라 지증왕이 설치한 시장을 감독하는 관청: [   ] [75·74·73회]

(2) 통일 신라 시기 국제 무역항으로 번성한 곳: [   ], 당항성 [72·63회]

(3) 장보고가 완도에 설치해 무역을 전개한 곳: [   ] [75회]

(4) 발해의 주요 특산품: [   ]의 말 [72·70회]

(5) 신라의 신분 제도: [   ] [75·73·72회]

2. 질문에 맞는 답을 고르세요.

(1) 통일 신라의 경제 상황은? [72회]
① 송상이 전국 각지에 송방을 두었다.
② 수도에 서시와 남시를 설치하였다.

(2) 발해의 경제 상황은? [74·64회]
① 거란도, 영주도 등을 통해 주변국과 교역하였다.
② 백성에게 정전이 지급되었다.

(3) 백제의 사회 모습은? [74·71회]
① 왕족인 부여씨와 8성 귀족이 지배층을 이루었다.
② 귀족 합의제인 화백 회의를 운영하였다.

(4) 신라에 대한 설명을 모두 고르면? [73·66회]
① 화랑도를 국가적인 조직으로 개편하였다.
② 정사암 회의에서 국가 중대사를 결정하였다.
③ 골품에 따라 관등 승진, 일상생활 등을 엄격히 제한하였다.

정답 | 1. (1) 동시전 (2) 울산항 (3) 청해진
　　　　(4) 솔빈부 (5) 골품제
　　　2. (1) ② (①은 조선)
　　　　(2) ① (②은 통일 신라)
　　　　(3) ① (②은 신라)
　　　　(4) ①, ③ (②은 백제)

필수 기출로 개념 적용하기 기출주제 08 고대의 경제와 사회

01 [38회 기출]

(가)~(라)를 시행한 순서대로 옳게 나열한 것은? [2점]

『삼국사기』로 보는 통일 신라의 토지 제도

(가) 교서를 내려 문무 관료전을 지급하되 차등을 두었다.
(나) 내외(內外) 관료의 녹읍을 폐지하고, 해마다 조(租)를 차등있게 하사하고 이를 항식(恒式)*으로 삼았다.
(다) 처음으로 백성에게 정전을 나누어 주었다.
(라) 내외(內外) 관료에게 매달 지급하던 녹봉을 없애고 다시 녹읍을 주었다.

*항식(恒式): 항상 따라야 하는 형식이나 정해진 법식
---

① (가) - (나) - (다) - (라)
② (가) - (다) - (라) - (나)
③ (나) - (라) - (가) - (다)
④ (다) - (나) - (가) - (라)
⑤ (라) - (가) - (나) - (다)

02 [66회 기출]

교사의 질문에 대한 학생의 답변으로 가장 적절한 것은? [2점]

① 삼한통보와 해동통보를 발행하였어요.
② 특산품으로 솔빈부의 말이 유명하였어요.
③ 고구마, 감자 등의 구황 작물을 재배하였어요.
④ 특수 행정 구역인 소에서 여러 물품을 생산하였어요.
⑤ 조세 수취를 위해 3년마다 촌락 문서를 작성하였어요.

통일 신라의 토지 제도

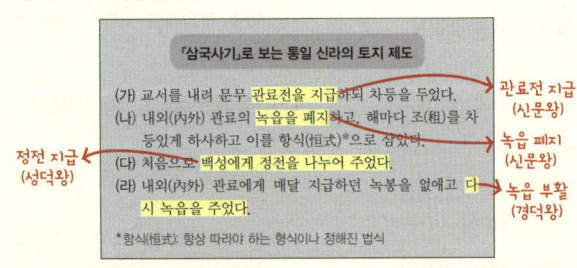

① (가) - (나) - (다) - (라)
관료전 지급 → 녹읍 폐지 → 정전 지급 → 녹읍 부활

(가) **관료전 지급**: 신문왕은 왕권을 강화하기 위해 관리들에게 조세만 수취할 수 있는 토지인 **관료전**을 지급하였다.
(나) **녹읍 폐지**: 신문왕은 조세뿐만 아니라 **노동력까지 징발이 가능**하였던 녹읍을 폐지하여 귀족들의 경제 기반을 약화시켰다.
(다) **정전 지급**: 성덕왕은 백성들에게 정전(丁田)을 지급하여 국가의 토지 지배력을 강화하였다.
(라) **녹읍 부활**: 경덕왕 때에는 진골 귀족 세력의 반발로 인하여 관료전이 폐지되고 녹읍이 다시 부활하였다.

📌 **이건 꼭! 암기** 통일 신라의 토지 제도 변천 과정
관료전 지급 → 녹읍 폐지 → 정전 지급 → 녹읍 부활

통일 신라의 경제 상황

⑤ 조세 수취를 위해 **3년마다 촌락 문서**를 작성하였어요.

통일 신라 시기에는 장보고가 완도에 **청해진을 설치**하고 해적을 소탕하여 서남해 지역의 해상 무역권을 장악하였으며, 촌락의 경제 상황을 파악하여 조세를 수취하기 위한 목적으로 토착 세력인 촌주가 **촌락 문서(민정 문서)를 3년마다 작성**하였다.

오답 클리어
① 삼한통보와 해동통보를 발행하였어요. → 고려
② 특산품으로 솔빈부의 말이 유명하였어요. → 발해
③ 고구마, 감자 등의 구황 작물을 재배하였어요. → 조선
④ 특수 행정 구역인 소에서 여러 물품을 생산하였어요. → 고려

📌 **이건 꼭! 암기** 통일 신라의 경제 상황
#청해진 설치 #신라 촌락 문서_촌주가 3년마다 작성

03
64회 기출

(가) 국가의 경제 상황으로 옳은 것은? [2점]

이 지도는 (가) 의 전성기 영역을 나타낸 것입니다. 이 국가에서는 각지에서 말이 사육되었는데, 그중에서도 솔빈부의 말은 당에 수출될 정도로 유명하였습니다. 특히, 고구려 유민 출신으로 산둥 반도 지역을 장악하였던 이정기 세력에게 많은 말을 수출하였습니다.

① 벽란도를 통해 아라비아 상인과 무역하였다.
② 구황 작물로 감자, 고구마를 널리 재배하였다.
③ 해동통보를 발행하여 화폐 유통을 추진하였다.
④ 시장을 관리하는 관청인 동시전을 설치하였다.
⑤ 거란도, 영주도 등을 통해 주변국과 교역하였다.

발해의 경제 상황

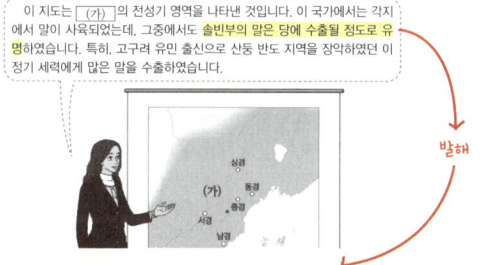

⑤ 거란도, 영주도 등을 통해 주변국과 교역하였다.

발해는 고구려 유민 출신인 대조영이 건국한 나라로, 선왕 때 고구려의 옛 땅을 대부분 회복하고 전성기를 맞이하여 '해동성국'이라 불렸다. 한편, 발해는 목축이 발달하여 솔빈부의 말이 특산물로 유명하였으며, 거란도(거란), 영주도(당), 일본도(일본) 등의 교통로를 통해 교역하였다.

오답 클리어
① 벽란도를 통해 아라비아 상인과 무역하였다. → 고려
② 구황 작물로 감자, 고구마를 널리 재배하였다. → 조선
③ 해동통보를 발행하여 화폐 유통을 추진하였다. → 고려
④ 시장을 관리하는 관청인 동시전을 설치하였다. → 신라

이건 꼭! 암기 발해의 경제 상황
#솔빈부의 말 #대외 무역_거란도, 영주도, 일본도

04
55회 기출

밑줄 그은 '이 제도'에 대한 설명으로 옳은 것은? [1점]

축하드립니다. 이번에 대아찬으로 승진하셨다고 들었습니다.

고맙네. 하지만 6두품인 자네는 이 제도 때문에 아찬에서 더 이상 올라갈 수 없다는 것이 안타깝네 그려.

① 원화(源花)에 기원을 두고 있다.
② 을파소의 건의로 처음 마련되었다.
③ 서얼의 관직 진출을 법으로 제한하였다.
④ 집과 수레의 크기 등 일상 생활을 규제하였다.
⑤ 문무 5품 이상 관리의 자손을 대상으로 하였다.

골품제

④ 집과 수레의 크기 등 일상 생활을 규제하였다.

골품제는 출신 성분에 따라 골과 품으로 신분을 나눈 신라의 신분 제도로, 성골·진골·6두품·5~1두품으로 구성되어 있었다. 신라에는 골품 제도에 따라 관등 승진의 제한이 있어, 진골 이상만 5관등인 대아찬부터 1관등인 이벌찬까지 승진이 가능하였고, 6두품은 6관등인 아찬에서 더 이상 올라갈 수 없었다. 뿐만 아니라 골품제는 집과 수레의 크기 등 일상 생활까지 규제하였다.

오답 클리어
① 원화(源花)에 기원을 두고 있다. → 화랑도(신라)
② 을파소의 건의로 처음 마련되었다. → 진대법(고구려)
③ 서얼의 관직 진출을 법으로 제한하였다.
→ 과거 제도 중 문과(조선)
⑤ 문무 5품 이상 관리의 자손을 대상으로 하였다.
→ 음서 제도(고려)

고대의 문화

빈출 태그 | #원효 #의상 #혜초 #독서삼품과 #최치원 #무령왕릉 #경주 분황사 모전 석탑 #영광탑 #금동 연가 7년명 여래 입상 #이불 병좌상

스토리로 미리보기

역알못: 불교가 종교인건 알겠는데, 유교 랑 도교도 종교인 거야?

역잘알: 우선 유교는 공자라는 사람의 가 르침에서 시작되어 발전된 종 교야.

부모에게 효도하고 친구 사이에 믿음이 있어야 한다는 예절들은 모두 유교에서 비롯된 거라고 보 면 돼~ 유교는 유학이라는 이름으로 학문 연구가 되어서 역사서와 유학자가 많아. 그 중에서 특히 **최치원**은 꼭 알아둬야 해.

역알못: 오, 그렇구나. '최치원'! 기억할게. 그럼 도교는?

역잘알: 도교는 우리가 알고 있는 신선 사 상을 바탕으로 만들어진 종교야. 신선이 되려면 자연 속에서 좋은 기운을 받아야 한다고 생각했어.

이 백제 금동대향로에 는 신선들이 사는 산들 이 표현되어 있어서 도 교가 고대에도 널리 퍼 졌다는 걸 알 수 있지.

역알못: 그렇구나. 그럼 고대에서는 어떤 사상이 시험에 제일 자주 나와?

역잘알: 아무래도 불교지. 고대에는 불교 가 나라를 다스리는 이념이었어. 그러니까 불교와 관련된 내용들 은 더 꼼꼼하게 공부해두라구!

1 불교

(1) 삼국의 불교 수용

고구려	소수림왕 때 중국 전진의 승려인 순도를 통해 불교를 수용함
백제	침류왕 때 중국 동진에서 불교를 수용함
신라	고구려에 의해 불교가 전래됨 → 법흥왕 때 이차돈의 순교로 불교가 공인됨

(2) 신라의 불교 발전

배경	이론 연마를 강조하는 교종과 실천 수행을 강조하는 선종이 함께 발달함
★원효	- **일심 사상 주장**: 모든 것이 한마음에서 나온다는 일심 사상의 이론적 체계를 완성함 - **불교의 대중화**: 아미타 신앙(정토종)을 전파함, **무애가**(불교의 이치를 담은 노래)를 민간에 유포함 ┌ 나무아미타불만 외우면 극락왕생할 수 있다는 신앙 - **저술**: 『십문화쟁론』, 『대승기신론소』, 『금강삼매경론』 등
★의상	- **화엄 사상 전파**: 당에서 화엄 사상을 공부하고 돌아와 신라에 화엄 사상을 전파함 ┌ 모든 존재가 상호 의존적이면서 서로 조화를 이루고 있다는 사상 - **화엄종 창시**: 화엄 사상을 바탕으로 **영주 부석사**에서 **해동 화엄종**을 개창함 - **관음 신앙 강조**: 질병이나 재해 등 현세의 고난에서 구제받고자 하는 관음신앙을 강조함 ┌ 인간의 고뇌를 해결해 주는 관음 보살을 믿음 - **저술**: 『화엄일승법계도』(화엄 사상 정리) 등
혜초	인도와 중앙아시아 지역의 풍물을 기록한 『왕오천축국전』을 저술함

2 도교

전래	삼국 시대에 당으로부터 전래됨
특징	신선 사상과 결합하여 불로장생을 추구함, 귀족 사회를 중심으로 유행함
문화유산	┌ 연개소문이 불교를 견제하기 위해 도교를 장려함, 당에 도사 파견을 요청함 - **고구려**: 강서 대묘의 사신도 - **백제**: **백제 금동대향로**, **산수무늬 벽돌**, 사택지적 비문, 무령왕릉의 지석

백발백중 기출자료 | 도교 문화유산 [70·69회]

▲ 고구려 강서 대묘의 사신도 중 현무도
도교의 방위신(청룡-동, 백호-서, 주작-남, 현무-북) 중 현무를 그린 벽화

▲ 백제 금동대향로
연꽃(불교 상징)과 신선(도교 상징)이 산다고 하는 삼신산의 봉우리를 형상화함

▲ 백제 산수무늬 벽돌
산과 신선(도교 상징)이 그려진 벽돌

3 유학(유교를 연구하는 학문)

(1) 유학 교육

고구려
- 수도: 소수림왕 때 태학을 설립하여 유교 경전을 교육함
- 지방: 장수왕 때 경당이 설치되어 학문과 무예(활쏘기)를 가르침

백제: 오경박사, 의박사, 역박사를 두어 유학과 기술학을 교육함

신라
- 유교 경전을 공부하겠다는 신라 청년들의 다짐이 기록된 비석
- 임신서기석을 통해 유교 경전을 공부했다는 사실을 알 수 있음
- 국학 설치: 신문왕 때 설치한 중앙 교육 기관으로 유학을 교육함
  - 수업 연한은 9년이며 경덕왕 때 태학감으로 이름이 바뀜
- 독서삼품과 실시: 원성왕 때 유교 경전의 이해를 시험하여 관리를 채용함

발해: 국립 교육 기관인 주자감에서 유교 경전을 교육함

(2) 역사서 편찬

고구려: 영양왕 때 이문진이 『유기(留記)』를 간추린 『신집』을 편찬함

백제: 근초고왕 때 고흥이 『서기』를 편찬함

신라: 진흥왕 때 거칠부가 『국사』를 편찬함

(3) 통일 신라의 유학자

설총 (원효의 아들)
- 이두 정리: 한자의 음과 훈을 차용한 이두를 체계적으로 정리함
- 「화왕계」 저술: 신문왕에게 「화왕계」를 바쳐 유교적 도덕 정치를 강조함

김대문: 진골 귀족 출신으로 『화랑세기』, 『고승전』 등을 저술함

강수: 외교 문서 작성에 능하여 당에 보내는 「청방인문표」를 집필함

최치원: 6두품 출신으로, 「격황소서(토황소격문)」, 『계원필경』 등을 저술함
- 신라 하대의 대표 인물로, 진성 여왕에게 시무 10여 조를 건의함
- 최치원이 중국 당나라에서 벼슬하던 중 반란을 일으킨 '황소'에게 항복을 권유하기 위하여 지은 격문

> **백발백중 기출자료 | 설총** [65회]
> 이곳은 이 인물을 제사하는 경주의 서악 서원. 그는 한자의 음과 훈을 빌려 우리말을 표기하는 이두를 체계적으로 정리함. 우리말로 유학 경전을 풀이하여 후학들을 가르침. 원효의 아들임.
> ➡ **자료 해석**: 설총은 원효의 아들이자 신라의 유학자로, 한자의 음과 훈을 빌려 우리말로 표기하는 이두를 체계적으로 정리하고, 유학 경전을 후학에게 가르쳤다.

4 고대 문화의 일본으로의 전파

고구려
- 담징(종이·먹 제조법을 전수함), 혜자(일본 쇼토쿠 태자의 스승이 됨)
- 고구려 수산리 고분 벽화는 일본의 다카마쓰 고분 벽화에 영향을 줌

▲ 고구려 수산리 고분 벽화

백제: 아직기(일본 도토 태자의 스승이 됨), 왕인(『천자문』, 『논어』 등을 전하고 가르침), 노리사치계(불경과 불상을 일본에 전달함), 오경박사와 역박사를 파견함
- 삼국 중 가장 활발하게 일본과 교류

신라: 조선술(배 만드는 기술)과 축제술(제방 축조 기술)을 일본에 전파함

가야: 토기 제작 기술을 전파하여 스에키 토기에 영향을 줌

✓ 기출 선택지로 개념 다지기

1. 빈칸의 답을 채워보세요.

(1) 원효가 불교의 대중화를 위해 지은 노래:
☐ [71·70·67회]

(2) 의상이 화엄 사상을 정리한 책:
『   』 [60회]

(3) 고구려 장수왕 때 지방에 설치한 교육 기관: ☐ [73·72회]

(4) 신라 원성왕이 실시한 관리 채용 제도:
☐ [72·71·69회]

(5) 백제 근초고왕 때 고흥이 편찬한 역사서:
『   』 [67·66회]

(6) 「화왕계」를 저술한 통일 신라 인물:
☐ [74·70회]

2. 질문에 맞는 답을 고르세요.

(1) 원효의 활동은? [61회]
① 일심 사상과 화쟁 사상을 주장하였다.
② 화랑도의 규범으로 세속 5계를 제시하였다.

(2) 의상의 활동은? [60회]
① 『화엄일승법계도』를 지어 화엄 사상을 정리하였다.
② 인도와 중앙아시아를 다녀와서 『왕오천축국전』을 남겼다.

(3) 백제의 도교 문화유산은? [64회]
①  ②

(4) 최치원에 대한 설명은? [70회]
① 「격황소서」를 지어 문장가로서 이름을 떨쳤다.
② 외교 문서 작성에 능하여 「청방인문표」를 지었다.

정답 | 1. (1) 무애가 (2) 화엄일승법계도
(3) 경당 (4) 독서삼품과 (5) 서기
(6) 설총

2. (1) ① (②은 원광)
(2) ① (②은 혜초)
(3) ② (①은 고구려 강서 대묘의 현무도)
(4) ① (②은 강수)

기출주제 09 고대의 문화

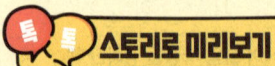

무덤은 다 밥그릇 뒤집어 놓은 모양인줄 알았는데, 고대에는 무덤 모양도 엄청 다양했었나봐!ㅠㅠ

ㅋㅋㅋ맞아. 고대에는 나라별로 무덤 모양이 다르기도 했어.

고구려는 초기에 돌을 쌓아 올린 **돌무지무덤**을 만들었어! 나중에는 입구를 통과하여 통로를 지나면 관을 놓는 돌방이 나오는 **굴식 돌방무덤**이 유행했어.

무덤에도 통로와 방이 있었다니! 엄청 크고 넓었겠다~

맞아ㅋㅋ 벽에 대형 그림도 그릴 수 있을 만큼 넓었지~ 하지만 쉽게 드나들 수 있는 구조여서 무덤 안에 있던 문화재들이 많이 도굴되어 사라졌어ㅠㅠ

앗, 그런 문제가 있었구나. 그럼 백제와 신라의 무덤은 어땠어?

백제의 무덤은 고구려와 양식이 비슷했는데, 차이점이 있다면 웅진 시기에 중국의 영향을 받아 **벽돌무덤**이 만들어졌다는 거야! 무덤 바깥이 아니라 내부를 벽돌로 쌓아 만들었어~

그리고 신라는 관을 돌로 덮고 그 위를 흙으로 또 덮은 형태의 **돌무지덧널무덤** 형태가 많았어. 경주에 가면 곳곳에 엄청 큰 언덕들이 있잖아? 그게 다 돌무지덧널무덤이야.

5 고대의 고분

(1) 고구려의 고분

국내성 시기 (돌무지무덤) — 유리왕~광개토 대왕
- 특징: 돌을 정밀하게 쌓아 올린 고구려 초기의 무덤 형태
- 장군총 — 7층의 계단식 돌무지무덤으로 **들여쌓기 방식이 활용됨**
  - 무덤 주위에 호석이 둘러져 있고 배총이 있음 (둘레돌 / 딸린 무덤)

▲ 장군총

평양 시기 (굴식 돌방무덤) — 장수왕~보장왕
- 특징
  - 돌로 널길과 널방 등을 만들고 그 위에 흙으로 덮어 봉분을 만든 고구려 중·후기의 무덤 형태
  - **내부의 벽과 천장에 벽화**가 그려져 있으며 모줄임 천장 구조를 하고 있음 (점차 모서리를 줄여 천장을 막는 형태)
- 대표 고분과 벽화

▲ 수산리 고분 벽화 ▲ 무용총 접객도 ▲ 무용총 수렵도 ▲ 각저총 씨름도
(당시 생활상이 벽화로 그려짐)

(2) 백제의 고분

한성 시기 (돌무지무덤) — 온조왕~개로왕
- 특징: 고구려 초기의 돌무지무덤과 형태가 비슷한 것을 통해 백제의 건국 세력이 고구려와 같은 계통임을 알 수 있음
- 대표 고분: 서울 석촌동 고분군

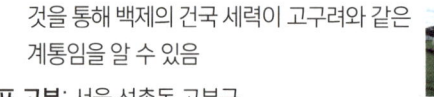
▲ 서울 석촌동 고분군

웅진 시기 (벽돌무덤) — 문주왕~무령왕
- 특징: **중국 남조의 영향**을 받아 널방과 널방으로 가는 길을 벽돌로 쌓은 형태
- 공주 송산리 6호분: 벽에 사신도와 일월도 등의 벽화가 그려져 있음
- **무령왕릉(공주 송산리 7호분)** — 무령왕과 왕비의 무덤
  - 송산리 6호분의 배수로 공사 중 발견됨
  - 벽돌무덤으로 중국 남조와의 문화적 교류를 보여줌
  - 금관, 귀고리, 석수 등 많은 껴묻거리와 무덤의 주인을 알 수 있는 **묘지석이 출토됨**
  - 지석(매지권)을 통해 도교의 영향을 받았음을 알 수 있음

▲ 무령왕릉

사비 시기 (굴식 돌방무덤) — 성왕~의자왕
- 특징: 규모는 작지만 세련된 고분이 제작됨
- 대표 고분: 부여 능산리 고분군(1호분에 사신도, 연꽃 무늬 등의 벽화가 있음)

▲ 부여 능산리 고분군

백발백중 기출 자료 | 📍 벽돌무덤과 굴식 돌방무덤 [31회]

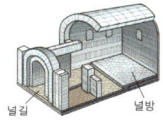
▲ 벽돌무덤
널방을 벽돌로 쌓고 그 위에 봉분을 만든 무덤

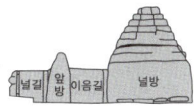
▲ 굴식 돌방무덤
돌로 널방 등을 만들고 그 위를 흙으로 덮은 무덤

(3) 신라의 고분

▲ 천마총 천마도

초기 (돌무지덧널무덤)
- 특징
  - 나무 덧널 위에 돌을 쌓고 그 위에 흙을 쌓아 만듦
  - 도굴이 어려운 구조로 다양한 금관, 유리잔 등 껴묻거리(부장품)가 그대로 남아 있음
- 천마총: 천마도가 출토됨
  - └ 벽화가 아닌 말의 안장 장식에 새겨진 그림
- 호우총: 호우명 그릇이 출토됨
- 황남대총: 금관을 비롯하여 유리잔, 유리병 등 서역의 물건이 출토됨

◀ 황남대총 북분 금관

6세기 중반 이후 (굴식 돌방무덤)
- 특징
  - 6세기 중반 이후 신라 고분은 거대한 돌무지덧널무덤에서 점차 규모가 작은 굴식 돌방무덤으로 변화함
  - 통일 이후 무덤의 둘레돌에 12지 신상을 조각하는 신라만의 독특한 양식이 나타남
- 대표 고분: 경주 김유신묘

백발백중 기출 자료 | 📍 돌무지덧널무덤 [38회]

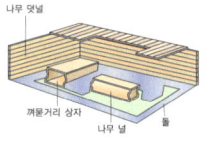
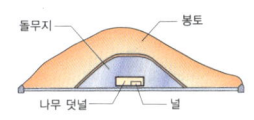

➡ **자료 해석**: 돌무지덧널무덤은 주검이 들어갈 나무 널을 나무 덧널 안에 넣고, 나무 덧널 위로 돌과 흙을 순서대로 쌓은 무덤이다.

(4) 발해의 고분

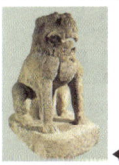
◀ 돌사자상

정혜 공주 묘
- 육정산 고분군에 위치함
- 고구려 양식을 계승한 모줄임 천장 구조의 굴식 돌방무덤
- 묘지의 명문을 통해 발해의 뛰어난 유학 수준을 확인할 수 있음
- 돌사자상이 출토됨

◀ 정효 공주 묘

정효 공주 묘
- 중국 당의 벽돌무덤 양식과 공간을 줄여가면서 천장을 쌓는 고구려의 평행 고임 구조가 결합된 형태
- 무덤 안에는 벽화가 그려져 있음

✅ 기출 선택지로 개념 다지기

1. 빈칸의 답을 채워보세요.

(1) 고구려의 대표적인 돌무지무덤: ☐ [31회]

(2) 중국 남조의 영향을 받은 백제의 벽돌 무덤: ☐ [51회]

(3) 도굴이 어려워 천마도를 비롯한 다양한 껴묻거리가 출토된 신라의 무덤: ☐ [66회]

2. 질문에 맞는 답을 고르세요.

(1) 굴식 돌방무덤에 대한 설명은? [38회]
① 벽과 천장에 벽화를 그리기도 하였습니다.
② 도굴이 어려워 금관, 유리잔 등 많은 껴묻거리가 출토되었습니다.

(2) 무용총에 대한 설명은? [44회]
① 매지권(買地券)이 새겨진 지석과 석수가 출토되었다.
② 당시 생활상을 담은 수렵도 등의 벽화가 남아 있다.

(3) 무령왕릉에 대한 설명은? [51회]
① 중국 남조의 영향을 받아 벽돌로 축조하였다.
② 내부에서 천마도가 수습되었다.

(4) 고구려의 고분 벽화는? [54회]
①
②

(5) 정혜 공주 묘에서 출토된 유물은? [48회]
①  ②

정답 | 1. (1) 장군총 (2) 무령왕릉 (3) 천마총
2. (1) ① (②은 돌무지덧널무덤)
　(2) ② (①은 무령왕릉)
　(3) ① (②은 천마총)
　(4) ② (①은 조선 전기 밀양 박익 벽화 묘의 벽화)
　(5) ② (①은 황남대총 금관)

기출주제 09 고대의 문화

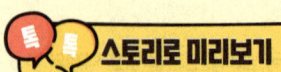

와 드디어 고대의 마지막이네!

고대에서 꼭 외워야 할 문화재만 몇 개 짚어줄래?

탑 중에서는 백제의 부여 정림사지 오층 석탑을 기억해야해.

오, 깔끔하고 되게 정돈된 느낌이다~ 그리고 또?

발해의 영광탑! 이 탑의 특이한 점은 돌이 아니라 중국의 영향을 받아서 벽돌을 쌓아 탑을 만들었다는 거야~ 벽돌은 중국의 영향 여러 번 나왔지?

우와, 벽돌로도 탑을 만들었다니 신기한걸!

마지막으로, 이 불상이 시험에 정말 자주 나와.

바로 **금동 연가 7년명 여래 입상** 이라는 고구려의 불상인데, 이름 첫 단어처럼 금동으로 만들어져서 금빛이 도는 것이 특징이야.

6 고대의 탑

(1) 백제와 통일 이전 신라의 탑

익산 미륵사지 석탑 (백제)	부여 정림사지 오층 석탑 (백제)	경주 분황사 모전 석탑 (통일 이전 신라)

· 목탑의 구조로 만들어진 **백제의 가장 오래된 석탑** · 금제 사리 봉안기와 사리 장엄구가 출토됨	당나라 장수 소정방이 자신의 공적을 새겨 놓아 평제탑(백제를 평정하고 세운 탑)이라 불리기도 하였음	· 돌을 벽돌 모양으로 다듬어서 쌓은 모전 석탑 · 현존하는 **신라 석탑 중 가장 오래된 석탑**

- 우리나라에 남아있는 석탑 중 가장 오래된 석탑
- 미륵사 창건 배경, 건립 연대 등이 기록됨
- 전탑(벽돌탑)을 모방했다는 뜻

(2) 통일 신라와 발해의 탑

경주 감은사지 동·서 삼층 석탑 (통일 신라)	경주 불국사 삼층 석탑 (통일 신라)	경주 불국사 다보탑 (통일 신라)

이중 기단(기단이 2개) 위에 3층의 탑신부로 구성됨(전형적인 통일 신라의 석탑 양식)	· 석가탑, 무영탑이라고도 함 · **『무구정광대다라니경』**이 출토됨	독특하고 복잡한 양식으로 건립되어 통일 신라의 높은 예술성을 확인할 수 있는 탑
양양 진전사지 삼층 석탑 (통일 신라)	화순 쌍봉사 철감선사 탑 (통일 신라)	영광탑 (발해)

기단부와 탑신부에 불상을 돋을새김(부조)으로 조각한 것이 특징	· 선종이 유행하면서 만들어짐 · 철감선사 도윤의 사리를 모신 팔각 원당형 승탑	중국(당)의 영향을 받아 만든 전탑

- 문무왕 때 짓기 시작하여 신문왕 때 완공됨
- 흙으로 구워 만든 벽돌로 쌓아 올린 탑

백발백중 기출 자료 | 📍『무구정광대다라니경』 [63회]

- 경주 불국사 삼층 석탑(석가탑)에서 발견됨
- 현존하는 최고(最古)의 목판 인쇄물

➡ **자료 해석:** 『무구정광대다라니경』은 불국사 삼층 석탑을 수리하던 중 내부에서 발견된 유물로, 현존하는 최고(最古)의 목판 인쇄물이다.

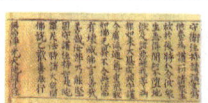

7 고대의 불상

금동 연가 7년명 여래 입상 (고구려)	서산 용현리 마애 여래 삼존상 (백제)	경주 배동 석조 여래 삼존 입상 (신라)

고구려의 대표 불상으로, 후광(광배) 뒷면에 글씨가 새겨져 있음	절벽에 조각된 불상으로, '백제의 미소'라는 별칭을 가지고 있음	신라의 불상으로, 푸근한 자태와 신라 조각의 정수를 보여줌
금동 미륵보살 반가사유상 (삼국)	석굴암 본존불 (통일 신라)	이불 병좌상 (발해)

삼국 시대에 만들어진 금동 불상으로, 반가의 자세로 생각에 빠진 모습을 표현함	석굴암 안에 있는 불상으로, 신라 예술의 뛰어난 균형미를 보여 줌	고구려의 영향을 받은 불상으로, 두 부처가 나란히 앉아 있는 모습을 표현함

- 절벽에 새겨진 불상의 이름에 붙는 명칭
- 경덕왕 때 김대성의 발원으로 건립된 인공 사원

8 고대의 건축

(1) 백제의 건축

부여 능산리 절터	: 성왕을 기리기 위해 건립된 절터로, 이 근처에서 백제 금동대향로가 출토됨
익산 미륵사	: 무왕 때 건립된 사찰로, 서탑인 미륵사지 석탑만 남아있음
부여 궁남지	: 무왕 때 건립된 별궁 연못으로, 조경 기술이 일본에 영향을 줌

(2) 신라의 건축

경주 황룡사	: 진흥왕 때 건립된 사찰로, 선덕 여왕 때 승려 자장의 건의로 황룡사 구층 목탑이 세워짐
경주 분황사	: 선덕 여왕 때 건립된 사찰
양양 낙산사	: 문무왕 때 승려 의상이 건립한 사찰
경주 불국사	: 경덕왕 때 김대성의 발원으로 건립된 사찰로, 유네스코 세계 문화유산에 등재됨
경주 동궁과 월지	: 신라의 별궁인 동궁과 그 연못인 월지(안압지)에서 귀족들의 놀이 도구인 14면체 나무 주사위가 출토됨

9 고대의 과학 기술

고구려	: 천문도 → 조선 태조 때 천상열차분야지도 제작에 영향
백제	: 칠지도(우수한 금속 공예 기술), 백제 금동대향로(섬세한 금속 공예 기술)
신라	: 금관 등 화려한 금속 장신구 제작(금·은 세공 기술 발달), 첨성대
통일 신라	: 상원사 동종(성덕왕), 성덕 대왕 신종(경덕왕~혜공왕)

✓ 기출 선택지로 개념 다지기

1. 빈칸의 답을 채워보세요.

(1) 백제의 대표적인 오층 석탑: ☐☐☐☐☐☐☐☐ [72·71회]

(2) 당의 영향을 받은 발해의 탑: ☐☐☐ [75·71회]

(3) 고구려의 대표적인 불상: ☐☐☐☐☐☐☐ 여래 입상 [75·69회]

(4) 백제 무왕이 창건한 사찰: ☐☐☐ 사 [73·72회]

2. 질문에 맞는 답을 고르세요.

(1) 백제의 탑은? [72·67회]

①  ②

(2) 발해의 탑은? [71·67회]

①  ②

(3) 백제의 불상은? [67회]

①  ②

(4) 고구려의 불상은? [69회]

①  ②

정답 | 1. (1) 부여 정림사지 오층 석탑
(2) 영광탑 (3) 금동 연가 7년명
(4) 익산 미륵

2. (1) ① (②은 신라, 경주 분황사 모전 석탑)
(2) ① (②은 통일 신라, 경주 불국사 다보탑)
(3) ① (②은 신라, 경주 배동 석조 여래 삼존 입상)
(4) ① (②은 발해, 이불 병좌상)

필수 기출로 개념 적용하기 기출주제 09 고대의 문화

01 70회 기출

(가) 승려에 대한 설명으로 옳은 것은? [2점]

일체유심조
모든 것은 마음먹기에 달려 있다!
우리 역사상 불교 발전에 가장 크게 이바지한 승려를 가리키는 이번 투표에서 여러분들의 현명한 선택을 기다립니다.
■ 주요 활동
· 『금강삼매경론』, 『대승기신론소』 등 저술
· 일심 사상과 화쟁 사상 주장

기호 ○번 (가)

① 구법 순례기인 『왕오천축국전』을 남겼다.
② 황룡사 구층 목탑의 건립을 건의하였다.
③ 무애가를 지어 불교 대중화에 기여하였다.
④ 화랑도의 규범으로 세속 5계를 제시하였다.
⑤ 『화엄일승법계도』를 지어 화엄 사상을 정리하였다.

02 67회 기출

밑줄 그은 '이 승려'에 대한 설명으로 옳은 것은? [2점]

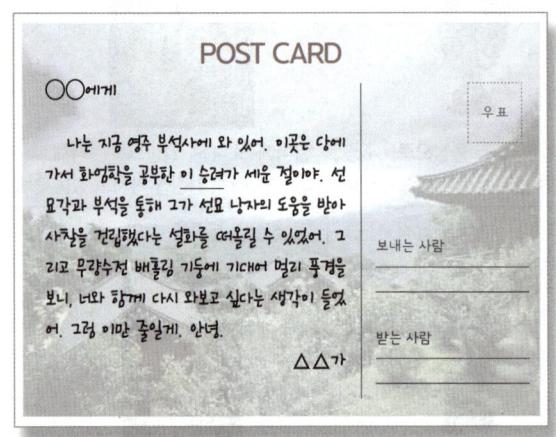

① 황룡사 구층 목탑의 건립을 건의하였다.
② 무애가를 지어 불교 대중화에 노력하였다.
③ 유식의 교의를 담은 『해심밀경소』를 저술하였다.
④ 승려들의 전기를 정리한 『해동고승전』을 편찬하였다.
⑤ 현세의 고난에서 구제받고자 하는 관음 신앙을 강조하였다.

👆 원효

③ **무애가**를 지어 불교 대중화에 기여하였다.

원효는 모든 것이 한마음에서 나온다는 **일심 사상**을 주장하였으며, '**무애가**'라는 노래를 지어 민간에 퍼뜨려 불교의 대중화에 기여하였다. 또한 그는 불교 이론을 정리한 『**십문화쟁론**』, 대승 불교의 사상과 체계를 이해하기 쉽게 풀이한 『**대승기신론소**』, 『**금강삼매경**』을 해석한 『**금강삼매경론**』 등을 저술하였다.

🔵 **오답 클리어**
① 구법 순례기인 『왕오천축국전』을 남겼다. → 혜초
② 황룡사 구층 목탑의 건립을 건의하였다. → 자장
④ 화랑도의 규범으로 세속 5계를 제시하였다. → 원광
⑤ 『화엄일승법계도』를 지어 화엄 사상을 정리하였다. → 의상

📌 **이건 꼭! 암기** **원효**
#무애가 #일심 사상 #『금강삼매경론』, 『대승기신론소』 저술

👆 의상

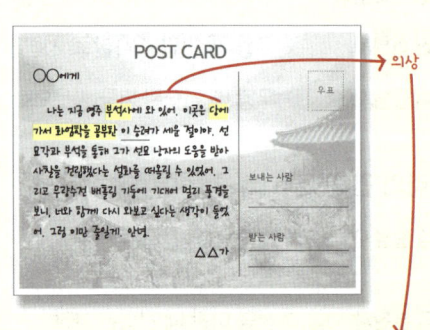

⑤ 현세의 고난에서 구제받고자 하는 **관음 신앙을 강조**하였다.

의상은 신라의 승려로, 당에 유학하여 화엄 사상을 공부하고 그 내용을 정리한 『**화엄일승법계도**』를 저술하였다. 귀국 이후 그는 **양양 낙산사**와 **영주 부석사**를 창건하였으며, 낙산사에서는 현세의 고난에서 구제받고자 하는 **관음 신앙**을 강조하였다.

🔵 **오답 클리어**
① 황룡사 구층 목탑의 건립을 건의하였다. → 자장(신라)
② 무애가를 지어 불교 대중화에 노력하였다. → 원효(신라)
③ 유식의 교의를 담은 『해심밀경소』를 저술하였다. → 원측(신라)
④ 승려들의 전기를 정리한 『해동고승전』을 편찬하였다.
  → 각훈(고려)

03 [70회 기출]

강연자의 질문에 대한 청중의 답변으로 가장 적절한 것은? [2점]

① 간경도감에서 경전이 간행되었습니다.
② 연개소문이 당에 도사 파견을 요청하였습니다.
③ 과거 시험의 교재로 『사서집주』가 채택되었습니다.
④ 범일이 9산 선문 중 하나인 사굴산문을 개창하였습니다.
⑤ 주요 경전의 이름이 새겨진 임신서기석이 만들어졌습니다.

🔆 도교

② 연개소문이 당에 도사 파견을 요청하였습니다.

도교는 신선 사상을 기반으로 불로장생을 추구하는 종교로, 우리나라에는 삼국 시대에 전래되었다. 삼국 시대에 도교는 민간 신앙과 산천 숭배, 신선 사상과 결합하여 귀족 사회를 중심으로 유행하였다. 한편 고구려는 보장왕 때 연개소문이 당에 도사 파견을 요청하는 등 불교와 연결된 귀족 세력을 견제하기 위해 도교를 장려하였다.

⊙ 오답 클리어
① 간경도감에서 경전이 간행되었습니다. → 불교
③ 과거 시험의 교재로 『사서집주』가 채택되었습니다
　→ 성리학(유교)
④ 범일이 9산 선문 중 하나인 사굴산문을 개창하였습니다.
　→ 선종(불교)
⑤ 주요 경전의 이름이 새겨진 임신서기석이 만들어졌습니다. → 유교

04 [70회 기출]

(가) 인물에 대한 설명으로 옳은 것은? [2점]

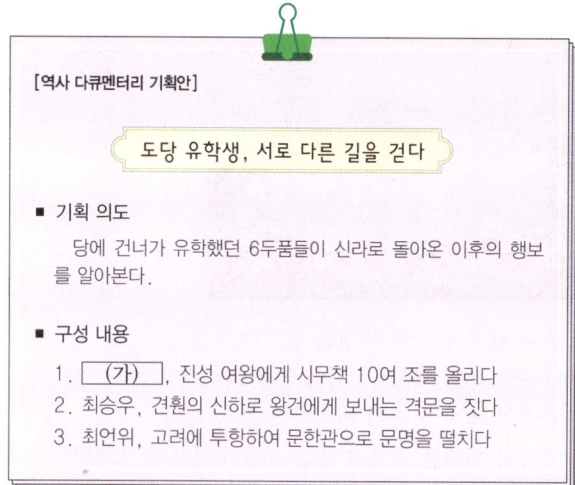

① 향가 모음집인 『삼대목』을 편찬하였다.
② 외교 문서인 「청방인문표」를 작성하였다.
③ 「격황소서」를 지어 문장가로서 이름을 떨쳤다.
④ 유식의 교의를 담은 『해심밀경소』를 저술하였다.
⑤ 국왕에게 조언하는 내용의 「화왕계」를 저술하였다.

 최치원

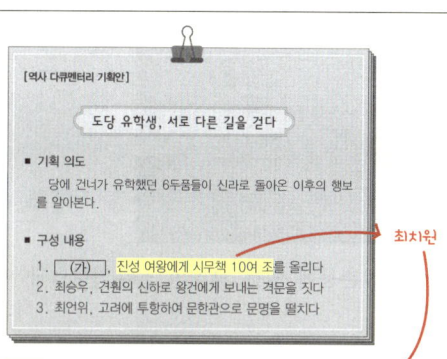

③ 「격황소서」를 지어 문장가로서 이름을 떨쳤다.

최치원은 신라 하대의 6두품 출신 유학자로, 당에 유학하여 빈공과 시험에 급제하였다. 또한 당에서 황소의 난이 일어나자, 「격황소서」를 써서 세상에 이름을 떨쳤다. 이후 그는 귀국하여 신라 사회를 개혁하기 위해 진성 여왕에게 시무책 10여 조를 건의하였다.

⊙ 오답 클리어
① 향가 모음집인 『삼대목』을 편찬하였다. → 대구화상, 위홍
② 외교 문서인 「청방인문표」를 작성하였다. → 강수
④ 유식의 교의를 담은 『해심밀경소』를 저술하였다. → 원측
⑤ 국왕에게 조언하는 내용의 「화왕계」를 저술하였다. → 설총

📝 **이건 꼭! 암기** 최치원
#6두품 출신　#빈공과 급제　#「격황소서」　#시무책 10여 조

필수 기출로 개념 적용하기 기출주제 09 고대의 문화

05 [23회 기출]

다음 문화유산에 대한 설명으로 옳은 것은? [2점]

 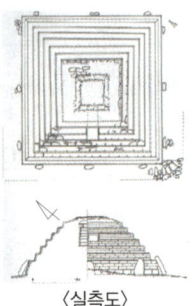

〈실측도〉

① 중국 남조 문화의 영향을 받았다.
② 나무로 곽을 짜고 그 위에 돌을 쌓았다.
③ 널방의 벽과 천장에 벽화가 그려져 있다.
④ 도굴이 어려운 구조로 많은 껴묻거리가 출토되었다.
⑤ 서울 석촌동에 있는 백제의 돌무지무덤과 양식이 유사하다.

06 [54회 기출]

밑줄 그은 '이 국가'의 벽화로 옳지 않은 것은? [3점]

이 국가의 고분 벽화는 도읍이었던 지안과 평양 일대에 주로 남아 있는데, 일상 생활과 풍속, 신앙과 의례를 묘사한 것으로 유명합니다. 이제 벽화 사진을 바탕으로 제작한 영상을 생생하게 만나 보세요.

①  ②  ③

④  ⑤

07 [51회 기출]

(가) 문화유산에 대한 설명으로 옳은 것은? [3점]

학술 대회 안내

올해는 백제의 고분 중 피장자와 축조 연대가 확인되는 유일한 무덤인 (가) 발굴 50주년이 되는 해입니다. 우리 학회는 이를 기념하여 '(가) 출토 유물로 본 동아시아 문화 교류'를 주제로 학술 대회를 개최합니다.

◆ 발표 주제 ◆
- 진묘수를 통해 본 도교 사상
- 금동제 신발의 제작 기법 분석
- 금송으로 만든 관을 통해 본 일본과의 교류

■ 일시: 2021년 ○○월 ○○일 13:00~17:00
■ 장소: □□ 박물관 강당
■ 주최: △△ 학회

① 서울 석촌동 고분군에 위치하고 있다.
② 나무로 곽을 짜고 그 위에 돌을 쌓았다.
③ 국보로 지정된 금동대향로가 출토되었다.
④ 무덤의 둘레돌에 12지 신상을 조각하였다.
⑤ 중국 남조의 영향을 받아 벽돌로 축조하였다.

무령왕릉(백제)

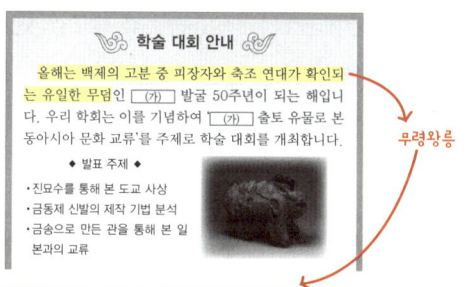

⑤ 중국 남조의 영향을 받아 벽돌로 축조하였다.

무령왕릉은 백제 고분 중 피장자와 축조 연대가 확인되는 유일한 무덤으로, 중국 남조의 영향을 받아 **벽돌무덤** 형태로 조성되었다. 한편 무령왕릉에서 출토된 **석수**는 무덤을 수호하는 **진묘수**의 일종으로, 도교의 영향을 받은 것이다.

오답 클리어
① 서울 석촌동 고분군에 위치하고 있다. → 돌무지무덤(백제)
② 나무로 곽을 짜고 그 위에 돌을 쌓았다. → 돌무지덧널무덤(신라)
③ 국보로 지정된 금동대향로가 출토되었다. → 부여 능산리 절터
④ 무덤의 둘레돌에 12지 신상을 조각하였다. → 굴식 돌방무덤(통일 신라)

이건 꼭! 암기 무령왕릉(백제)
#중국 남조의 영향_벽돌무덤 #무령왕릉 석수(진묘수)

08 [38회 기출]

(가), (나) 무덤 양식에 대한 설명으로 옳은 것은? [2점]

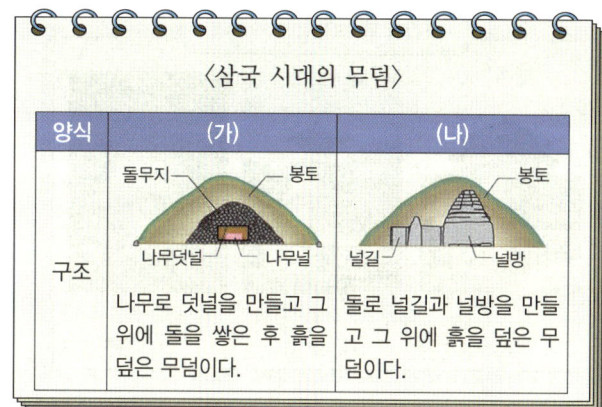

① (가) - 모줄임 천장 구조로 되어 있다.
② (가) - 무덤의 둘레돌에 12지 신상을 새겼다.
③ (나) - 대표적인 무덤으로 황남대총이 있다.
④ (나) - 내부의 천장과 벽에 그림을 그리기도 하였다.
⑤ (가), (나) - 중국 남조의 영향을 받아 만들어졌다.

돌무지덧널무덤과 굴식 돌방무덤

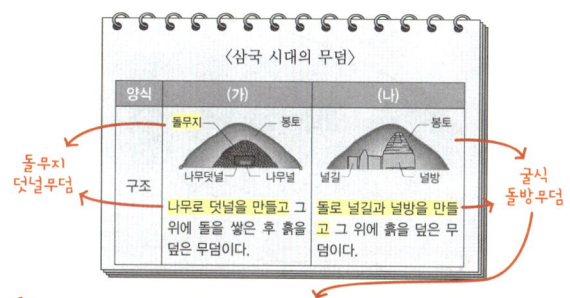

④ (나) - 내부의 천장과 벽에 그림을 그리기도 하였다.

굴식 돌방무덤은 돌로 널길과 널방을 만든 형태로, 내부의 천장과 벽에 그림이 그려지기도 하였다. 한편 **돌무지덧널무덤**은 나무 덧널 위에 돌을 쌓고 그 위에 다시 흙을 쌓는 형태이다.

오답 클리어
① 모줄임 천장 구조로 되어 있다. → 굴식 돌방무덤(고구려)
② 무덤의 둘레돌에 12지 신상을 새겼다. → 굴식 돌방무덤(신라)
③ 대표적인 무덤으로 황남대총이 있다. → 돌무지덧널무덤(신라)
⑤ 중국 남조의 영향을 받아 만들어졌다. → 벽돌무덤(백제)

이건 꼭! 암기 돌무지덧널무덤과 굴식 돌방무덤
#돌무지덧널무덤_벽화X #굴식 돌방무덤_벽화O

필수 기출로 개념 적용하기 기출주제 09 고대의 문화

09 [72회 기출]

(가)~(다)에 대한 설명으로 옳은 것은? [3점]

사진으로 보는 신라의 탑
(가) 경주 분황사 모전 석탑
(나) 경주 감은사지 동 삼층 석탑
(다) 화순 쌍봉사 철감선사탑

① (가) - 내부에서 『무구정광대다라니경』이 발견되었다.
② (가) - 1층 탑신에 당의 장수 소정방의 명으로 새긴 글이 있다.
③ (나) - 자장의 건의로 건립되었다.
④ (나) - 돌을 벽돌 모양으로 다듬어 쌓았다.
⑤ (다) - 선종의 영향을 받아 만들어졌다.

10 [68회 기출]

(가) 국가의 문화유산으로 옳은 것은? [2점]

○○ 신문
제△△호 ○○○○년 ○○월 ○○일

[특집] 우리 역사를 찾아서 - 영광탑

영광탑은 중국 지린성 창바이조선족자치현에 있으며, 벽돌을 쌓아 만든 누각 형태의 전탑이다. 지하에는 무덤으로 보이는 공간이 있는 것이 특징이다. 1980년대 중국 측의 조사에서 (가) 의 탑으로 확정하였다.

 ①  ② ③
 ④  ⑤

신라의 탑

⑤ (다) - 선종의 영향을 받아 만들어졌다.

화순 쌍봉사 철감선사탑은 신라 하대에 유입된 선종의 영향을 받아 만들어진 **통일 신라의 탑**으로, 철감선사 도윤의 사리를 모셨으며, **팔각 원당형**으로 만들어진 것이 특징이다.

오답 클리어
① 내부에서 『무구정광대다라니경』이 발견되었다.
 → 경주 불국사 삼층 석탑
② 1층 탑신에 당의 장수 소정방의 명으로 새긴 글이 있다.
 → 부여 정림사지 오층 석탑
③ 자장의 건의로 건립되었다. → 경주 황룡사 구층 목탑
④ 돌을 벽돌 모양으로 다듬어 쌓았다. → 경주 분황사 모전 석탑

발해의 문화유산

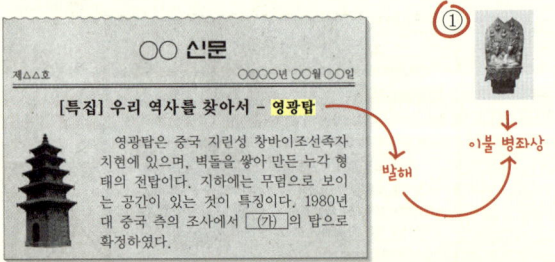

발해는 고구려 유민 대조영이 만주 동모산에서 건국한 나라로, 대표적인 문화유산으로는 **이불 병좌상, 영광탑** 등이 있다. 고구려의 영향을 받은 이불 병좌상은 **동경 용원부에서 출토된 불상으로**, 두 부처가 나란히 앉아 있는 모습을 형상화하였다. 또한, 영광탑은 중국(당)의 영향을 받아 만들어진 현존하는 유일한 **발해의 전탑**으로, 흙을 구워 제작한 벽돌로 쌓아 올려 만든 누각의 형태이다.

오답 클리어
② 영주 부석사 소조 여래 좌상 → 고려, 무량수전 내에 봉안된 불상
③ 금동 연가 7년명 여래 입상
 → 고구려, 광배(후광)에 '연가 7년'이 새겨짐
④ 석굴암 본존불 → 통일 신라, 석굴암 안에 위치한 불상
⑤ 금동 관음보살 좌상 → 조선 시대의 불상

이건 꼭! 암기 발해의 문화유산
#이불 병좌상 #영광탑

11 [69회 기출]

다음 설명에 해당하는 문화유산으로 옳은 것은? [2점]

12 [41회 기출]

(가)~(마)에 대한 설명으로 옳은 것은? [2점]

① (가) - 재상을 선출하던 천정대가 있다.
② (나) - 백제 금동대향로가 발굴되었다.
③ (다) - 백제의 대표적인 5층 석탑이 남아 있다.
④ (라) - 귀족들의 놀이 도구인 나무 주사위가 출토되었다.
⑤ (마) - 무령왕 부부의 무덤이 발견되었다.

👆 금동 연가 7년명 여래 입상

금동 연가 7년명 여래 입상은 경상남도 의령에서 출토된 **고구려**의 대표적인 불상이다. 이 불상은 광배가 있는 것이 특징이며, 광배(후광)의 뒷면에 '**연가 7년**'이라는 명문이 새겨져 있어 제작 연대를 추정할 수 있다. 또한 얼굴이 갸름하고, 옷자락이 좌우로 뻗쳐 있어 중국 북위의 영향을 받았음을 알 수 있다.

😊 오답 클리어
① 영주 부석사 소조 여래 좌상 → 고려, 무량수전 내에 봉안된 불상
③ 경주 구황동 금제 여래 좌상
  → 통일 신라, 경주 황복사지 삼층 석탑에서 출토됨
④ 익산 왕궁리 오층 석탑 금동 여래 입상
  → 통일 신라, 전라북도 익산의 왕궁리 오층 석탑에서 출토됨
⑤ 이불 병좌상 → 발해, 두 부처가 나란히 앉아 있는 모습을 표현함

👆 부여(사비)의 문화유산

③ (다) - 백제의 대표적인 **5층 석탑**이 남아 있다. → 부여 정림사지 오층 석탑

부여(사비) 정림사지에는 **부여 정림사지 오층 석탑**이 있는데, 이 탑은 당나라 장수 소정방이 백제를 평정한 자신의 공적을 기록해 놓아 **평제탑**이라고 잘못 불리기도 하였다.

😊 오답 클리어
① 재상을 선출하던 **천정대**가 있다. → 부여 호암사
② 백제 **금동대향로**가 발굴되었다. → 부여 능산리 절터
④ 귀족들의 놀이 도구인 **나무 주사위**가 출토되었다.
  → 경주 동궁과 월지
⑤ **무령왕 부부**의 무덤이 발견되었다. → 공주 무령왕릉

📖 이건 꼭! 암기 **부여(사비)의 문화유산**
#부소산성 #관북리 유적 #정림사지 오층 석탑 #궁남지 #능산리 고분군

고대
기출 테스트

65회 기출

01 다음 상황 이후에 있었던 사실로 옳은 것은? [2점]

> 10월에 백제왕이 병력 3만 명을 거느리고 평양성을 공격해 왔다. 왕이 군대를 출정시켜 백제군을 막다가 날아온 화살에 맞아 이달 23일에 세상을 떠났다.

① 유리왕이 졸본에서 국내성으로 천도하였다.
② 미천왕이 낙랑군을 축출하여 영토를 확장하였다.
③ 소수림왕이 불교를 공인하고 율령을 반포하였다.
④ 고국천왕이 을파소를 등용하고 진대법을 실시하였다.
⑤ 유주자사 관구검이 이끄는 군대가 환도성을 함락하였다.

70회 기출

02 다음 자료에 나타난 사건의 영향으로 가장 적절한 것은? [3점]

> 왕이 문주에게 일러 말하기를, "내가 어리석고 밝지 못하여 간사한 사람[도림]의 말을 믿어 이 지경이 되었다. …… 나는 마땅히 사직에서 죽겠지만, 네가 이곳에서 함께 죽는 것은 이로울 게 없다. 어찌 난을 피하여 나라의 계통을 잇지 않겠는가?"라고 하였다. …… 고구려의 대로 제우·재증걸루·고이만년 등이 북성을 공격하여 7일 만에 빼앗았다. 이동하여 남성을 공격하니 성 안 사람들이 두려워하였다. 왕이 성을 나와 도망하자, 고구려 장수 재증걸루 등이 왕을 보고 말에서 내려 절한 다음 그 얼굴을 향해 세 번 침을 뱉고는 죄를 나열한 다음 포박하여 아차성 아래로 보내 죽였다.

① 고구려가 평양으로 천도하였다.
② 동성왕이 나·제 동맹을 강화하였다.
③ 고국원왕이 근초고왕의 공격을 받아 전사하였다.
④ 백제가 고구려를 견제하고자 북위에 국서를 보냈다.
⑤ 신라가 왜를 격퇴하기 위해 고구려에 군사를 청하였다.

74회 기출

03 (가), (나) 사이의 시기에 있었던 사실로 옳은 것은? [3점]

> (가) 백제 왕 명농이 가야와 함께 와서 관산성을 공격하였다. [신라의] 군주(軍主)인 각간 우덕과 이찬 탐지 등이 맞서 싸웠으나 불리하였다. …… 고간 도도가 급히 쳐서 백제왕을 죽였다.
>
> (나) 8월에 [백제 왕이] 장군 윤충을 보내 군사 1만을 거느리고 신라 대야성을 공격하였다. 성주 품석이 처자와 함께 나와 항복하자 윤충이 모두 죽이고 그 머리를 베어 왕도로 보냈다.

① 백제가 국호를 남부여로 고쳤다.
② 진흥왕이 대가야를 공격하여 복속시켰다.
③ 계백이 이끈 결사대가 황산벌에서 패배하였다.
④ 김춘추가 당으로 건너가 군사 동맹을 체결하였다.
⑤ 신라가 한강 하류를 차지하여 신주를 설치하였다.

75회 기출

04 밑줄 그은 '그 나라'의 경제 상황으로 가장 적절한 것은? [2점]

> 그 나라는 관(官)을 세움에 9등이 있다. 첫 번째는 토졸이라 하며, 1품에 비견된다. 옛 이름은 대대로이며, 국정을 모두 맡는다. 3년마다 교대하는데, 직에 걸맞은 자가 있으면 연한에 구애받지 않는다. …… 또 여러 큰 성에는 녹살(욕살)을 두는데, 도독에 비견된다. 여러 성에는 처려근지를 두는데, 자사에 비견된다. 또한 도사라 이르기도 한다.
> – 『한원』

① 수도에 동시전이 설치되었다.
② 집집마다 부경이라는 창고가 있었다.
③ 금속 화폐인 건원중보가 주조되었다.
④ 솔빈부의 말이 특산품으로 수출되었다.
⑤ 곡물을 대여하고 이자를 받은 내용을 좌관대식기에 남겼다.

05 (가)에 들어갈 내용으로 가장 적절한 것은? [3점]

```
한국사 동영상 제작 계획안
         삼국이 하나 되다
              ○학년 ○반 ○모둠
■ 제작 의도
   삼국 통일 과정을 사건의 발생 순서대로 구성하여
   그 의의와 한계를 살펴본다.
■ 장면별 구성 내용
   #1. 김춘추가 당과의 군사 동맹을 성사시키다
   #2. 백제의 결사대 5천 명이 황산벌에서 패하다
   #3. 연개소문이 죽고 내분이 일어나다
   #4.            (가)
   #5. 신라 수군이 기벌포에서 승리하다
```

① 흑치상지가 당의 유인궤에게 항복하다
② 문무왕이 안승을 보덕국왕으로 책봉하다
③ 을지문덕이 살수에서 수의 군대를 물리치다
④ 부여풍이 백강에서 왜군과 함께 당군에 맞서 싸우다
⑤ 개로왕이 북위에 사신을 보내 고구려 공격을 요청하다

정답 및 해설

01 고국원왕 전사 이후의 사실   정답 ③

정답 치트키
백제왕 + 평양성을 공격 + 왕이 세상을 떠남 → 평양성 전투 → 고국원왕 전사(371)

③ 고구려 고국원왕 전사(371) 이후 즉위한 소수림왕은 불교를 공인(372)하고 율령을 반포(373)하는 등 통치 체제를 정비하였다.

오답 클리어
① 유리왕이 졸본에서 국내성으로 천도하였다. → 3년
② 미천왕이 낙랑군을 축출하여 영토를 확장하였다. → 313년
④ 고국천왕이 을파소를 등용하고 진대법을 실시하였다. → 194년
⑤ 유주자사 관구검이 이끄는 군대가 환도성을 함락하였다. → 246년

02 한성 점령의 영향   정답 ②

정답 치트키
문주 + 고구려 → 고구려의 한성 점령(475)

② 고구려 장수왕의 한성 공격으로 백제의 수도인 한성이 함락되는 등 남진 정책이 전개되자, 백제 동성왕은 신라와 결혼 동맹을 통해 나·제 동맹을 강화하여 고구려에 대항하고자 하였다.

오답 클리어
① 고구려가 평양으로 천도하였다. → 나·제 동맹의 배경
③ 고국원왕이 근초고왕의 공격을 받아 전사하였다. → X
④ 백제가 고구려를 견제하고자 북위에 국서를 보냈다. → X
⑤ 신라가 왜를 격퇴하기 위해 고구려에 군사를 청하였다. → X

03 관산성 전투와 대야성 전투 사이의 사실   정답 ②

정답 치트키
(가) 백제 왕 명농 + 관산성 → 관산성 전투(554)
(나) 윤충 + 대야성 → 대야성 전투(642)

② 관산성 전투(554) 이후 신라 진흥왕은 활발한 정복 활동을 전개하여 대가야를 복속(562)시키는 등 영토를 확장하였다.

오답 클리어
① 백제가 국호를 남부여로 고쳤다. → 538년, (가) 이전
③ 계백이 이끈 결사대가 황산벌에서 패배하였다. → 660년, (나) 이후
④ 김춘추가 당으로 건너가 군사 동맹을 체결하였다. → 648년, (나) 이후
⑤ 신라가 한강 하류를 차지하여 신주를 설치하였다. → 553년, (가) 이전

04 고구려의 경제 상황   정답 ②

정답 치트키
욕살 + 처려근지 + 도사 → 고구려

② 고구려는 집집마다 부경이라는 창고가 있어, 이곳에 약탈한 곡식을 저장하였다.

오답 클리어
① 수도에 동시전이 설치되었다. → 신라
③ 금속 화폐인 건원중보가 주조되었다. → 고려
④ 솔빈부의 말이 특산물로 수출되었다. → 발해
⑤ 곡물을 대여하고 이자를 받은 내용을 좌관대식기에 남겼다. → 백제

05 삼국 통일 과정   정답 ②

정답 치트키
○ 연개소문이 죽고 내분 → 연개소문 사망(665년경)
○ 신라 수군 + 기벌포 → 기벌포 전투(676)

② 674년에 신라 문무왕이 고구려 보장왕의 서자(혹은 외손자)인 안승에게 금마저(익산)에 보덕국을 세우게 하고 그를 보덕국왕으로 임명하였다.

오답 클리어
① 흑치상지가 당의 유인궤에게 항복하다 → 663년
③ 을지문덕이 살수에서 수의 군대를 물리치다 → 612년
④ 부여풍이 백강에서 왜군과 함께 당군에 맞서 싸우다 → 663년
⑤ 개로왕이 북위에 사신을 보내 고구려 공격을 요청하다 → 472년

고대 기출 테스트

06 [73회 기출] (가) 국가에 대한 설명으로 옳지 않은 것은? [2점]

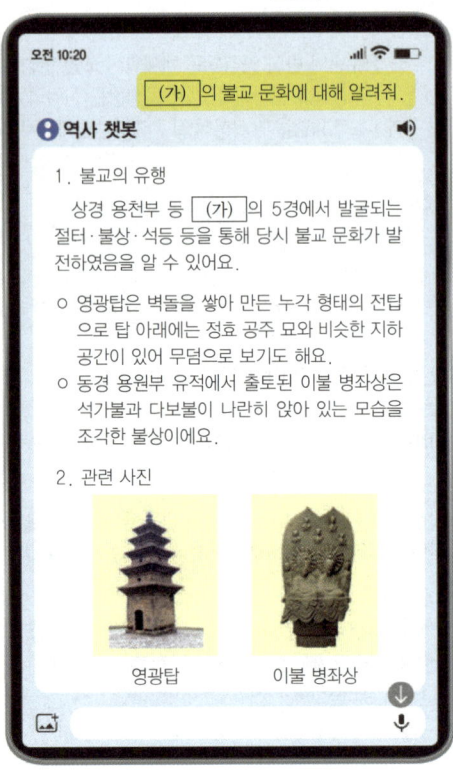

① 교육 기관으로 주자감을 설립하였다.
② 감찰 업무를 담당하는 중정대가 있었다.
③ 인안, 대흥 등 독자적인 연호를 사용하였다.
④ 거란도, 영주도 등을 통해 주변국과 교역하였다.
⑤ 내신좌평, 내두좌평 등 6좌평의 관제를 마련하였다.

07 [71회 기출] (가) 인물에 대한 설명으로 옳은 것은? [3점]

> 왕이 고구려가 자주 국경을 침략하는 것을 걱정하여 수에 군사를 요청해 고구려를 치고자 하였다. 이에 (가) 에게 명하여 걸사표를 짓도록 하였다. (가) 이/가 말하기를, "자기가 살고자 남을 멸하는 것은 출가한 승려로서 적합한 행동은 아니지만, 제가 대왕의 땅에서 살고 대왕의 물과 풀을 먹고 있으니 어찌 감히 명을 따르지 않겠습니까."라고 하면서 글을 써서 올렸다.

① 구법 순례기인 『왕오천축국전』을 남겼다.
② 황룡사 구층 목탑의 건립을 건의하였다.
③ 무애가를 지어 불교 대중화에 기여하였다.
④ 사군이충 등을 포함한 세속 5계를 제시하였다.
⑤ 풍수지리 사상이 반영된 『송악명당기』를 저술하였다.

08 [66회 기출] (가), (나) 사이의 시기에 볼 수 있는 모습으로 가장 적절한 것은? [3점]

> (가) 선덕왕이 죽었는데 아들이 없자, 여러 신하들이 회의를 한 후에 왕의 조카인 김주원을 옹립하고자 하였다. 주원의 집은 왕경에서 북쪽으로 20리 떨어진 곳에 있었는데, 마침 큰비가 와서 알천의 물이 넘쳐 주원이 건너 오지 못하였다. …… 여러 사람들의 뜻이 모아져 김경신이 왕위를 계승하도록 하였다.
> – 『삼국사기』
>
> (나) 나라 안의 모든 주군에서 공물과 부세를 보내지 않아, 창고가 텅텅 비어 나라 재정이 궁핍해졌다. 왕이 사신을 보내 독촉하니 곳곳에서 도적이 벌떼처럼 일어났다. 이때 원종과 애노 등이 사벌주에 근거하여 반란을 일으켰다.
> – 『삼국사기』

① 『계백료서』를 읽는 관리
② 녹읍 폐지를 명하는 국왕
③ 성균관에서 공부하는 학생
④ 초조대장경을 조판하는 장인
⑤ 김헌창의 난을 진압하는 군인

09 [72회 기출] (가) 인물에 대한 설명으로 옳은 것은? [2점]

① 훈요 10조를 남겼다.
② 경주의 사심관으로 임명되었다.
③ 금마저에 미륵사를 창건하였다.
④ 완산주를 도읍으로 삼아 나라를 세웠다.
⑤ 광평성을 비롯한 정치 기구를 마련하였다.

56회 기출

10 (가), (나) 인물에 대한 설명으로 옳은 것은? [2점]

- 당에 유학하고 돌아와 영주에 부석사를 세우고 많은 제자를 양성하였습니다.
- 오늘은 두 분의 고승을 모시고 어떤 활동을 하셨는지 들어 보겠습니다.
- 무애가를 지어 세상에 퍼뜨렸고, 이로 인해 많은 사람이 '나무아미타불'을 외우게 되었지요.

① (가) - 법화 신앙을 바탕으로 백련 결사를 이끌었다.
② (가) - 『화엄일승법계도』를 지어 화엄 사상을 정리하였다.
③ (나) - 불교 교단을 통합하기 위해 천태종을 개창하였다.
④ (나) - 인도와 중앙아시아를 여행하고 『왕오천축국전』을 저술하였다.
⑤ (가), (나) - 심성 도야를 강조한 유·불 일치설을 주장하였다.

정답 및 해설

06 발해   정답 ⑤
정답 치트키
상경 용천부 + 영광탑 + 이불 병좌상 → 발해
⑤ 백제는 고이왕 때 관등제를 정비하여 내신좌평, 내두좌평 등 6좌평의 관제를 마련하였다.

오답 클리어
① 발해는 교육 기관으로 국립 대학인 주자감을 설립하였다.
② 발해는 관리 감찰 업무를 담당하는 중정대가 있었다.
③ 발해는 인안, 대흥 등 독자적인 연호를 사용하였다.
④ 발해는 거란도(거란), 영주도(당) 등을 통해 주변국과 교역하였다.

07 원광   정답 ④
정답 치트키
걸사표를 짓도록 함 → 원광
④ 원광은 사군이충(충성으로써 임금을 섬긴다) 등을 포함한 화랑도의 규범인 세속 5계를 제시하였다.

오답 클리어
① 구법 순례기인 『왕오천축국전』을 남겼다. → 혜초
② 황룡사 구층 목탑의 건립을 건의하였다. → 자장
③ 무애가를 지어 불교 대중화에 기여하였다. → 원효
⑤ 풍수지리 사상이 반영된 『송악명당기』를 저술하였다. → 도선

08 원성왕 즉위와 원종과 애노의 난 사이의 사실   정답 ⑤
정답 치트키
(가) 선덕왕이 죽음 + 김경신이 왕위를 계승함 → 원성왕 즉위(785)
(나) 원종과 애노 등이 사벌주에 근거하여 반란을 일으킴
   → 원종과 애노의 난 (889, 진성 여왕)
⑤ 원성왕이 즉위(785)한 이후인 822년에 웅천주(공주) 도독 김헌창이 아버지 김주원이 왕위를 계승하지 못한 데에 불만을 품고 난을 일으켰으나, 실패하였다.

오답 클리어
① 『계백료서』를 읽는 관리 → 고려(태조 왕건), (나) 이후
② 녹읍 폐지를 명하는 국왕 → 신라 중대(신문왕), (가) 이전
③ 성균관에서 공부하는 학생 → 고려(공민왕), (나) 이후
④ 초조대장경을 조판하는 장인 → 고려(현종~???), (나) 이후

09 견훤   정답 ④
정답 치트키
경애왕이 습격을 받음 + 공산 전투에서 고려군에 대승을 거둠 → 견훤
④ 견훤은 전라도 지방의 군사력을 토대로 완산주(전주)를 도읍으로 삼아 후백제를 세웠다.

오답 클리어
① 훈요 10조를 남겼다. → 태조 왕건
② 경주의 사심관으로 임명되었다. → 경순왕(김부)
③ 금마저에 미륵사를 건립하였다. → 백제 무왕
⑤ 광평성을 비롯한 정치 기구를 마련하였다. → 궁예

10 의상과 원효   정답 ②
정답 치트키
(가) 당에 유학 + 부석사 → 의상
(나) 무애가 → 원효
② 의상은 신라의 승려로 당에 유학하여 화엄 사상을 공부하였으며, 『화엄일승법계도』를 지어 화엄 사상을 정리하였다.

오답 클리어
① 법화 신앙을 바탕으로 백련 결사를 이끌었다. → 요세(고려)
③ 불교 교단을 통합하기 위해 천태종을 개창하였다. → 의천(고려)
④ 인도와 중앙아시아를 여행하고 『왕오천축국전』을 저술하였다. → 혜초(신라)
⑤ 심성 도야를 강조한 유·불 일치설을 주장하였다. → 혜심(고려)

해커스 한국사능력검정시험
심화 2주 합격

III 고려 시대

최근 3개년 기출 트렌드
*최근 3개년 회차인 심화 75~60회 기준입니다.

기출주제	출제 문항 수	
10 고려의 건국과 발전	17문항	
11 고려의 통치 체제	8문항	
12 문벌 귀족 사회와 무신 정권	21문항	2위
13 고려의 대외 관계	19문항	3위
14 원 간섭기와 공민왕의 개혁 정치	18문항	
15 고려의 경제와 사회	14문항	
16 고려의 문화	31문항	1위

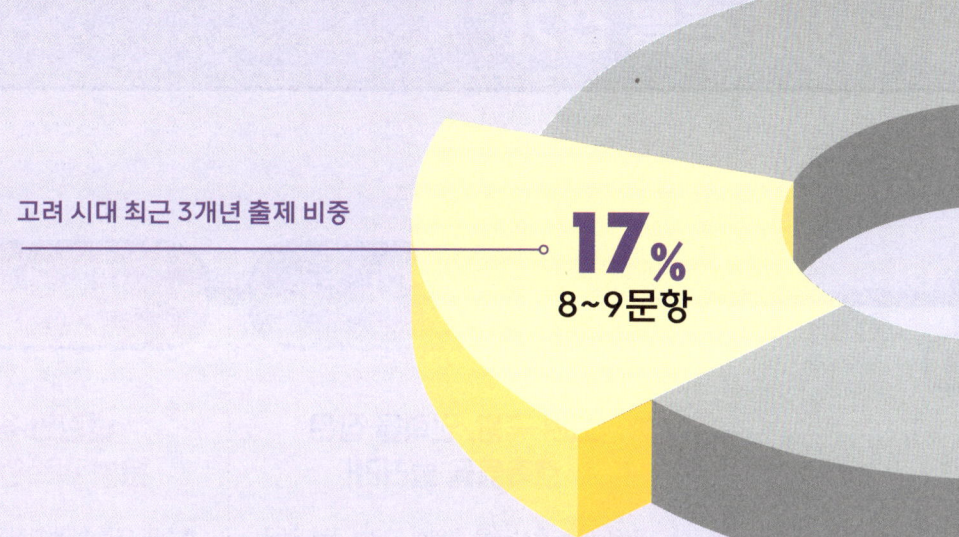

고려 시대 최근 3개년 출제 비중 — **17%** 8~9문항

빈출 키워드 TOP3

광종, 성종, 태조 왕건

어사대, 도병마사, 삼별초

묘청의 난, 최충헌, 최우

귀주 대첩, 동북 9성, 강화 천도

정동행성, 변발과 호복, 전민변정도감

해동통보, 벽란도, 경시서

지눌, 『직지심체요절』, 평창 월정사 팔각 구층 석탑

학습 포인트

- **고려의 문화**는 매회 기본적으로 출제되는 최빈출 포인트예요! 석탑, 불상 등 고려 시대 문화유산의 사진과 특징을 꼼꼼히 학습하세요! 또한 승려와 유학자의 활동이 주로 출제되니 이들의 활동을 반드시 구분해서 알아두세요!

- **문벌 귀족 사회와 무신 정권**은 문벌 귀족 집권 시기와 무신 정권 시기에 일어난 주요 반란에 대한 문제가 주로 출제되니, 반란을 일으킨 인물과 사건의 흐름을 반드시 암기하세요!

- **고려의 대외 관계**는 각 국가의 침입에 대한 고려의 대응과 관련된 문제가 많이 출제되니, 국가별로 고려가 대응한 내용을 구분해서 외워두세요!

고려 시대 흐름 잡기

주요 흐름

| 호족 집권기 (태조~성종) | 문벌 귀족 집권기 (현종~의종) |

고려 국왕, 권력을 잡은 호족들을 눌러라!

건국 이후 후삼국을 통일한 고려. **고려 건국**에 기여한 **호족**들은 왕의 할아버지가 되어 큰 권력을 잡게 됩니다. 이로 인해 나라의 기틀을 잡아야 할 중요한 시기에 고려 국왕들은 **호족의 권력을 통제하기 위해 여러 정책**을 펼치게 됩니다.

반란의 원인이 된 문벌 귀족의 권력 독점

호족이 대를 이어 관직을 세습하면서 **문벌 귀족**을 이루게 되었고, 문벌 귀족이 넓은 땅과 벼슬을 독점하면서 사회 모순이 심화되었습니다. 이는 결국 **이자겸의 난**과 **묘청의 난**이 발생하는 원인이 됩니다.

빈출 키워드 연표

주요 왕
연표에 따라 왕 이름을 순서대로 외워보세요!

918~943	949~975	981~997	1009~1031	1095~1105	1122~1146	1146~1170
태조 왕건	광종	성종	현종	숙종	인종	의종
빈출키워드 1위	빈출키워드 2위	빈출키워드 3위				

주요 사건
외적의 침략과 고려의 대응을 함께 알아두세요!

태조 왕건		성종	현종	숙종	인종	의종
후삼국 통일 (936)		vs 거란 서희의 외교 담판 (993)	vs 거란 강감찬의 귀주 대첩 (1019)	vs 여진 별무반 조직 (1104)	·이자겸의 난 (1126) ·묘청의 난 (1135)	무신 정변 (1170)
			빈출키워드 5위			

주요 문화유산
『삼국사기』와 『삼국유사』의 차이를 기억하세요!

	광종		현종	숙종	인종	
	논산 관촉사 석조 미륵보살 입상 제작		초조대장경 제작 시작	의천, 교장 간행	김부식의 『삼국사기』 편찬(1145)	

무신 집권기
(명종~원종)

차별받던 무신들, 권력을 잡다!

고려는 전통적으로 **무신을 차별**하였는데, 이 상황이 지속되자 결국 **무신들이 정변**을 일으켜 정권을 잡았습니다. 무신 집권기는 약 100년간 지속되었는데, 초기에는 불안정하였지만, **최충헌** 집권 이후 정권이 안정되었습니다.

권문세족 집권기
(원 간섭기, 원종~공민왕)

원(元)의 사위 나라가 된 고려

고려는 **몽골(원)의 침입**으로 결국 원의 사위 나라가 됩니다. 이때 원의 세력을 업고 등장한 **권문세족**이 각종 폐단을 일으켜 사회가 혼란스러워졌습니다. 이에 왕들은 폐단을 시정하기 위해 **개혁 정책**을 펼칩니다.

신진 사대부 집권기
(우왕~공양왕)

혁명인가, 개혁인가!

원의 세력을 몰아낸 고려. 이후 고려의 개혁 방향을 두고 새롭게 등장한 **신진 사대부**가 유지파(온건파)와 새 나라를 세우자는 **혁명파**로 나뉩니다. 결국 혁명파가 **이성계**와 함께 조선을 건국하고, **고려는 멸망**하게 됩니다.

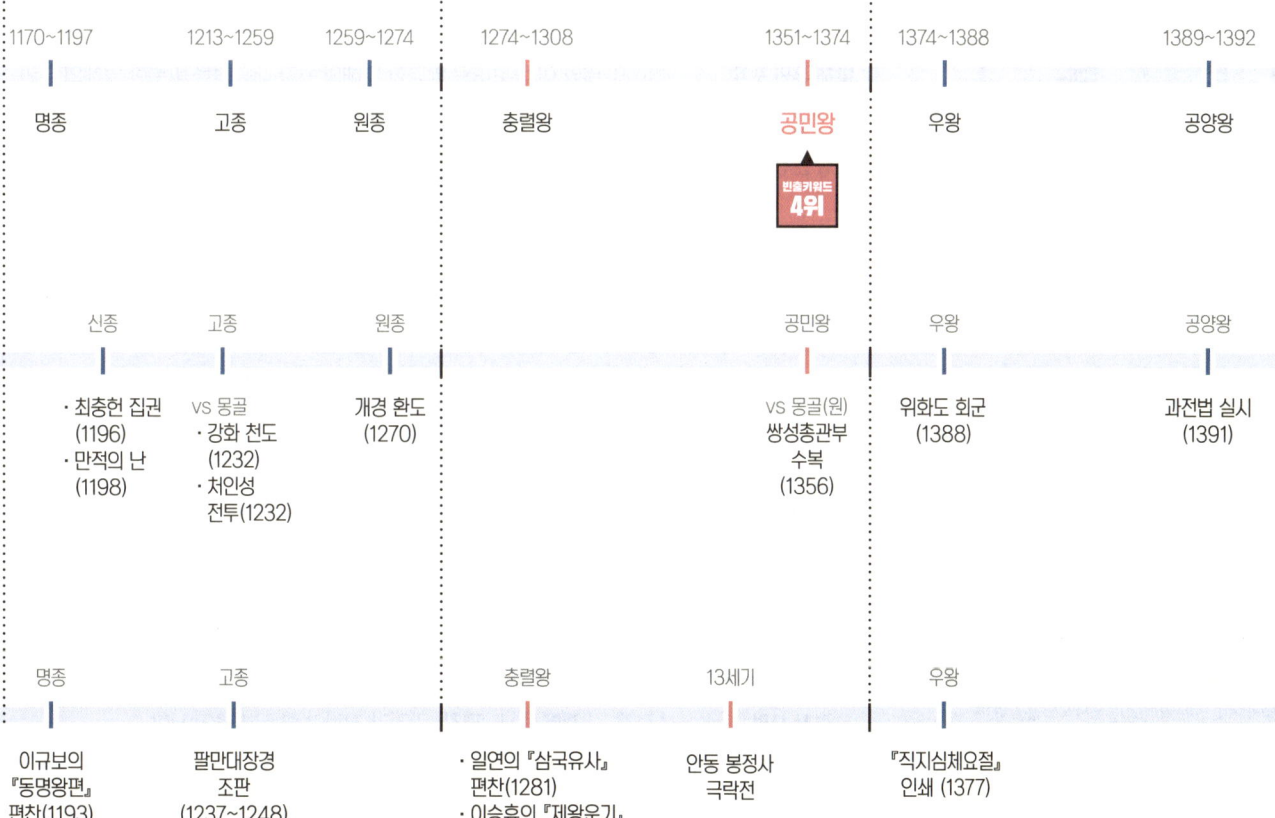

기출주제 10 고려의 건국과 발전

빈출 태그   #태조 왕건   #흑창   #사심관 제도   #『정계』, 『계백료서』   #광종   #노비안검법   #성종   #시무 28조   #12목   #의창

S#1 태조 왕건이 후삼국을 통일하다

나 왕건! 후고구려의 궁예를 몰아내고 신하들의 추대를 받아 왕위에 올라 고려라는 나라를 세웠지. 송악(개성) 출신답게 고향을 수도로 만든 것은 물론이고. 신라의 항복을 받고, 후백제와도 싸워 이겨 후삼국을 통일했으니, 이제는 백성들 보살펴야겠다.

S#2 광종이 호족 세력을 누르다!

난 광종. 왕이었던 두 형들이 호족들 때문에 고생하는걸 지켜봐 왔지. 이제 내가 왕이 되었으니 형들을 힘들게 한 호족들을 눌러 버리고 싶은데 말이야. 제일 먼저 호족들의 재산인 노비를 해방시켜야겠어.

S#3 최승로가 성종에게 28개의 개혁안을 바치다.

벌써 여섯 번째 왕(성종)을 모시게 되었군. 왕께서 나라의 고쳐야 할 점을 적어 내라고 하셔서 적어봤는데 28개나 나왔다. 너무 많이 썼나? 왕께서 꼭 유교 이념을 바탕으로 통치 체제를 정비해주셨으면 좋겠군.

1 고려의 건국과 후삼국 통일 과정

└ 후고구려·후백제·통일 신라

궁예 퇴출(918): 후고구려의 궁예가 정변으로 왕위에서 퇴출되고 태조 왕건이 즉위함

고려 건국(918): 태조 왕건이 국호를 고려로 바꾸고, 철원에서 송악(개성)으로 수도를 옮김

공산 전투(927): 후백제의 견훤이 이끄는 군대가 공산(팔공산)에서 고려 왕건의 군대를 상대로 승리함

고창 전투(930): 후백제의 견훤이 이끄는 군대가 고창(안동)에서 고려 왕건의 군대에게 패함 → 고려가 주도권을 장악함

견훤의 투항(935): 후백제의 견훤이 아들 신검에 의해 금산사에 유폐됨 → 금산사에서 탈출한 견훤이 고려에 투항함

신라의 항복(935): 신라의 경순왕(김부)이 고려에 항복함 → 고려가 신라를 병합함 (김부는 경주의 사심관이 됨)

일리천 전투(936): 후백제의 신검이 이끄는 군대가 일리천(구미)에서 고려의 왕건이 이끄는 군대에게 패함

후삼국 통일(936): 후백제가 멸망하고 고려가 후삼국을 통일함

2 고려의 발전

(1) 태조 왕건(918~943)

- **발해 유민 포용**: 발해의 멸망 이후 고려로 망명한 발해의 왕자 대광현을 비롯한 발해의 유민을 받아들이고, 대광현에게 왕씨 성을 내림
- **민생 안정 정책** ★★
  - **흑창 설치**: 빈민을 구제하는 기관인 흑창을 설치하여 민생을 안정시킴
  - **조세 인하**: 취민유도의 원칙으로 조세를 1/10로 낮춤
    └ 백성들에게 조세를 거둘 때에는 일정한 법도가 있어야 한다는 뜻
- **호족 통합·견제 정책**
  - **역분전 지급**: 개국 공신에게 인품·공로를 기준으로 토지를 지급함
  - **사심관 제도 실시**: 중앙 고위 관리를 출신 지역의 사심관으로 임명하여 출신 지방의 호족을 관리하게 한 제도로, 태조는 신라 경순왕(김부)을 최초의 사심관으로 임명함
  - **기인 제도 실시**: 지방 호족의 자제를 인질(기인)로 삼아 수도로 데려와 출신 지역의 일에 대해 자문하게 함
    └ 통일 신라의 상수리 제도의 영향을 받음
- **북진 정책**
  - **서경(평양) 중시**: 평양을 북진 정책의 전진 기지로 두고 서경으로 삼음
  - **대거란 강경책**: 거란이 수교를 위해 사신과 함께 선물로 보낸 낙타 50마리를 굶어 죽게 하고, 거란의 사신을 귀양 보내는 등(만부교 사건) 거란에 대한 강경책을 실시함
- **편찬 사업**
  - **『정계』, 『계백료서』 편찬**: 관리가 지켜야 할 규범을 제시함
  - **훈요 10조 반포**: 후대 왕들이 지켜야 할 10가지 도리를 제시함
    └ 불교 숭배, 서경 중시, 연등회·팔관회 중시 등을 강조함

(2) 광종(949~975)

└ 태조 사후 왕권 다툼이 일어난 후에 즉위하여 왕권 강화 정책을 실시함

왕권 강화 정책
- **노비안검법 실시**: 강제로 노비가 된 자를 해방시켜 호족과 공신 세력의 경제적·군사적 기반을 약화시킴
- **과거 제도 실시**: 호족을 누르고 새로운 인재를 등용하기 위해 중국 후주 출신 쌍기의 건의로 과거를 도입함
- **연호 사용**: 광덕, 준풍의 독자적인 연호를 사용하여 국왕의 권위를 높임

관리제 정비: 모든 관리의 공복을 제정하고 옷 색깔을 등급에 따라 자·단·비·녹의 4등급으로 구분함
└ 관원이 조정에서 입던 제복

> **백발백중 기출 사료 | 광종의 과거 제도 실시** [62·59회]
> 쌍기가 의견을 올리니 처음으로 과거를 시행하였다. 시(詩)·부(賦)·송(頌) 및 시무책으로 시험하여 진사를 뽑았으며, 겸하여 명경업·의업·복업 등도 뽑았다.
> └ 시험 과목
> ➡ **사료 해석**: 과거제는 고려 광종 때 쌍기의 건의로 처음 실시되었으며, 시험을 통해 관리를 선발한 제도이다.

(3) 성종(981~997)

유교 정치 이념 확립: 최승로의 시무 28조를 받아들여 유교 정치 이념을 바탕으로 통치 체제를 정비함
└ 유학자 최승로가 성종에게 올린 28개의 건의 사항으로 유교를 강조하고 지방관 파견을 주장함

통치 체제 정비
- **중앙 조직 정비**: 2성 6부, 중추원과 삼사, 도병마사와 식목도감을 정비함
- **지방 조직 정비**: 전국에 행정 조직인 12목을 설치하고 지방관을 파견함
  └ 호장·부호장을 두며 향리제를 정비함
- **교육 제도 정비**: 국립 교육 기관인 국자감을 설립하고 12목에 유학을 가르치는 교수인 경학 박사와 의학 박사를 파견함

사회 정책
- **의창 설치**: 흑창을 확대하여 봄에 곡식을 빌려주고 가을에 갚도록 하는 빈민 구제 기구를 설치함
- **상평창 설치**: 물가를 안정시키기 위해 물가 조절 기구를 설치함

거란의 1차 침입: 거란이 침입해오자 서희를 파견해 외교 담판으로 강동 6주 지역을 획득함

> **백발백중 기출 사료 | 의창** [56회]
> 우리 태조께서 흑창을 두어 가난한 백성에게 진대(賑貸)하게 하셨다. 지금 백성들이 점차 늘어나고 있는데 저축한 바는 늘어나지 않았으니, 미(米) 1만 석을 더하고 이름을 의창(義倉)으로 고친다. 또한 모든 주와 부에도 각각 의창을 설치하도록 하라.
> ➡ **사료 해석**: 성종은 태조 왕건 때 설치한 흑창을 확대·개편한 의창을 설치하였다.

(4) 현종(1009~1031)

지방 제도 확립: 5도(일반 행정 구역) 양계(군사 행정 구역)의 지방 제도를 확립함

거란의 2·3차 침입
- **흥화진 전투(2차)**: 고려의 장군 양규가 고려에 침입한 거란군을 흥화진에서 물리침
- **귀주 대첩(3차)**: 고려의 장군 강감찬이 강동 6주의 반환 등을 요구하며 침입한 거란군을 귀주에서 물리침
- **나성 축조**: 강감찬의 건의로 거란의 침입을 대비해 개경에 나성을 축조함
  └ 개경 주위에 도성을 에워싼 이중 성벽

✓ 기출 선택지로 개념 다지기

1. 빈칸의 답을 채워보세요.

(1) 태조 왕건이 설치한 빈민 구제 기관: ☐ [74·69·68·67회]

(2) 광종이 왕권 강화를 위해 실시한 노비 정책: ☐ [69·61·60회]

(3) 광종 때의 연호: ☐, 준풍 [74·73회]

(4) 성종이 설치한 지방 행정 조직: ☐ [74·73회]

(5) 성종이 설치한 빈민 구제 기구: ☐ [70회]

2. 질문에 맞는 답을 고르세요.

(1) 태조 왕건의 정책은? [65회]
 ① 개국 공신에게 역분전을 지급하였다.
 ② 외침에 대비하여 광군을 조직하였다.

(2) 고려 광종의 정책은? [74·67회]
 ① 전국에 12목을 설치하고 관리를 파견하였다.
 ② 쌍기의 건의를 받아들여 과거제를 실시하였다.

(3) 고려 성종 시기에 볼 수 있는 모습은? [68회]
 ① 서적포에서 책을 인쇄하는 관리
 ② 국자감 학생들을 가르치는 박사

(4) 고려 현종 시기에 있었던 일은? [52회]
 ① 강감찬이 귀주에서 대승을 거두었다.
 ② 서희가 외교 담판으로 강동 6주를 획득하였다.

정답 | 1. (1) 흑창 (2) 노비안검법 (3) 광덕 (4) 12목 (5) 의창
2. (1) ① (②은 정종)
(2) ② (①은 성종)
(3) ② (①은 숙종 때)
(4) ① (②은 성종 때)

필수 기출로 개념 적용하기 — 기출주제 10 고려의 건국과 발전

01 [41회 기출]

(가)~(라)를 일어난 순서대로 옳게 나열한 것은? [3점]

(가) 태조는 정예 기병 5천을 거느리고 공산(公山) 아래에서 견훤을 맞아서 크게 싸웠다. 태조의 장수 김락과 신숭겸이 죽고 모든 군사가 패했으며, 태조는 겨우 죽음을 면하였다. - 『삼국유사』

(나) (태조가) 포정전에서 즉위하여 국호를 고려라 하고 연호를 고쳐 천수(天授)라 하였다. - 『고려사』

(다) 왕이 삼군을 통솔하여 천안부에 이르러 군대를 합치고 일선군으로 진격하였다. 신검이 군대로 막아서니, 일리천을 사이에 두고 진을 쳤다. - 『고려사절요』

(라) 견훤이 막내 아들 능예와 딸 애복, 폐첩(嬖妾) 고비 등과 더불어 나주로 도망쳐 와서 조정에 들어오기를 요청하였다. - 『고려사절요』

① (가) - (나) - (다) - (라)
② (가) - (다) - (라) - (나)
③ (나) - (가) - (라) - (다)
④ (나) - (라) - (가) - (다)
⑤ (다) - (라) - (나) - (가)

02 [65회 기출]

(가) 왕의 재위 시기에 있었던 사실로 옳은 것은? [2점]

〈탐구 활동 보고서〉
○학년 ○반 이름: △△△

1. 주제: (가) , 안정과 통합을 꾀하다
2. 방법: 『고려사』 사료 검색 및 분석
3. 사료 내용과 분석

사료 내용	분석
명주의 순식이 투항하자 왕씨 성을 내리다.	지방 호족 포섭
『정계』와 『계백료서』를 지어 반포하다.	관리의 규범 제시
흑창을 두어 가난한 백성에게 곡식을 빌려주다.	민생 안정

① 개국 공신에게 역분전을 지급하였다.
② 외침에 대비하여 광군을 조직하였다.
③ 광덕, 준풍 등의 독자적 연호를 사용하였다.
④ 관학 진흥을 목적으로 양현고를 운영하였다.
⑤ 주전도감을 설치하여 해동통보를 발행하였다.

고려의 후삼국 통일 과정

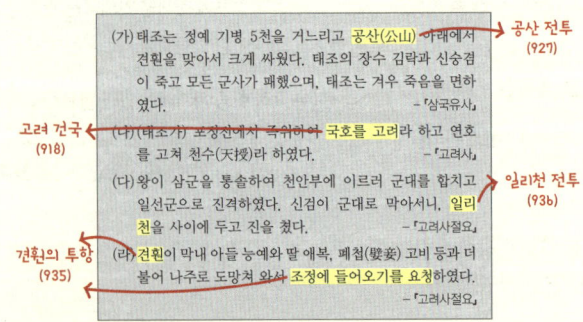

③ (나) - (가) - (라) - (다)
고려 건국 - 공산 전투 - 견훤의 투항 - 일리천 전투

- (나) **고려 건국**: 태조 왕건은 신하들의 추대를 받아 즉위하여 **고려를 건국**(918)하였다.
- (가) **공산 전투**: 태조 왕건은 **공산 전투(927)**에서 **후백제의 군대**에게 크게 패하였다.
- (라) **견훤의 투항**: 견훤이 넷째 아들 금강에게 왕위를 물려주려 하자, 견훤의 첫째 아들 신검은 **견훤을 금산사에 유폐**시키고 스스로 왕위에 올랐다. 이후 견훤은 나주로 도망쳐 **고려에 투항**(935)하였다.
- (다) **일리천 전투**: 태조 왕건은 **일리천**에서 신검이 이끄는 **후백제 군대**를 상대로 크게 승리하였고, **후삼국을 통일**(936)하였다.

이건 꼭! 암기 고려의 후삼국 통일 과정
고려 건국 → 공산 전투 → 견훤의 투항 → 일리천 전투 → 후삼국 통일

태조 왕건

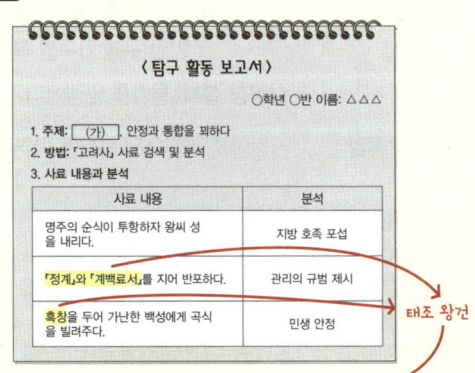

① 개국 공신에게 **역분전을 지급**하였다.

태조 왕건은 왕권을 안정시키기 위해 『정계』와 『계백료서』를 지어 관리가 지켜야 할 규범을 제시하였으며, 귀순한 호족에게 왕씨 성을 내려주어 포섭하는 **사성 정책**을 실시하였다. 또한 개국 공신에게 공로와 인품에 따라 **역분전**이라는 토지를 차등 지급하였으며, 빈민을 구제하는 기관인 **흑창**을 설치하여 민생을 안정시켰다.

오답 클리어
② 외침에 대비하여 광군을 조직하였다. → 정종(3대)
③ 광덕, 준풍 등의 독자적 연호를 사용하였다. → 광종
④ 관학 진흥을 목적으로 양현고를 운영하였다. → 예종
⑤ 주전도감을 설치하여 해동통보를 발행하였다. → 숙종

03 [74회 기출]

밑줄 그은 '이 왕'이 추진한 정책으로 옳은 것은? [1점]

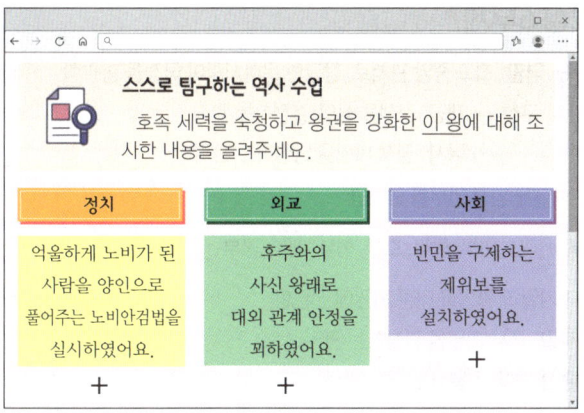

① 폐정 개혁을 목표로 정치도감을 설치하였다.
② 광덕, 준풍이라는 독자적 연호를 사용하였다.
③ 예의상정소에서 『상정고금예문』을 편찬하였다.
④ 전국에 12목을 설치하고 지방관을 파견하였다.
⑤ 관리에게 등급에 따라 전지와 시지를 지급하였다.

👆 광종

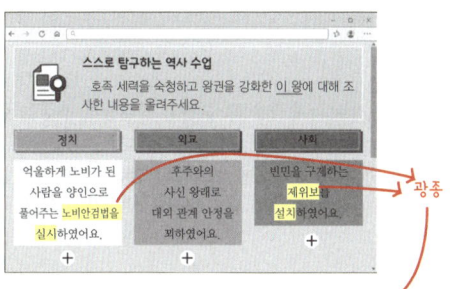

②광덕, 준풍이라는 독자적 연호를 사용하였다.

고려 **광종**은 왕의 권위를 높이기 위해 **광덕, 준풍이라는 독자적인 연호를 사용**하였다. 또한 억울하게 노비가 된 자들을 양인으로 풀어주는 **노비안검법을 실시**하여 호족 세력의 경제적·군사적 기반을 약화시켰다. 외교적으로는 **후주와 사신을 왕래**하면서 대외 관계를 안정시켰고, 사회적으로는 **제위보를 설치**하여 일정한 기금을 모아 그 이자로 빈민을 구제하도록 하였다.

오답 클리어
① 폐정 개혁을 목표로 **정치도감을 설치**하였다. → 충목왕
③ 예의상정소에서 『**상정고금예문**』을 편찬하였다. → 인종
④ 전국에 **12목을 설치**하고 **지방관을 파견**하였다. → 성종
⑤ 관리에게 등급에 따라 **전지와 시지**를 지급하였다. → 경종

이건 꼭! 암기 광종의 정책
#노비안검법 #제위보 설치 #광덕, 준풍 연호 사용

04 [75회 기출]

(가) 왕에 대한 설명으로 옳은 것은? [2점]

> **사료로 만나는 한국사**
>
> 교서를 내려 말하기를, "태학조교 송승연과 나주목(羅州牧)의 경학 박사 전보인이 [학생들을] 이끌어 잘 도와서, 학문을 널리 닦으라는 공자의 뜻에 합치된다. 가르침에 게으르지 않아서 내가 학문을 권장하는 뜻에 들어맞으니 마땅히 그들을 발탁하여 특별하고 두터운 총애를 보이도록 하라."라고 하였다.
>
> [해설] 위 사료는 (가) 이/가 유학 교육에 공이 있는 태학조교와 나주목의 경학 박사를 치하하는 『고려사』의 기록이다. 중앙뿐 아니라 지방의 교육도 장려했던 (가) 은/는 처음으로 12목을 설치하고 지방관에 이어 경학 박사와 의학 박사를 파견하였다.

① 광덕, 준풍 등의 독자적 연호를 사용하였다.
② 신돈을 중심으로 전민변정 사업을 추진하였다.
③ 청연각과 보문각을 두어 학문 연구를 장려하였다.
④ 『정계』와 『계백료서』를 지어 관리의 규범을 제시하였다.
⑤ 최승로의 시무 28조를 받아들여 통치 체제를 정비하였다.

👆 성종

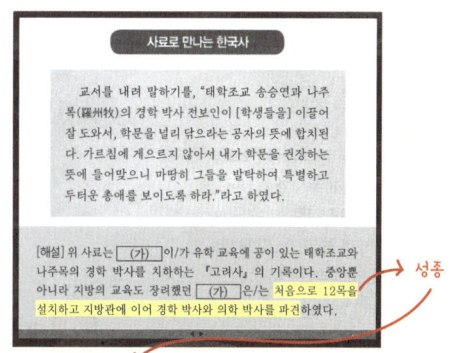

⑤최승로의 시무 28조를 받아들여 통치 체제를 정비하였다.

고려 **성종**은 **최승로의 시무 28조**를 받아들여 유교 정치 이념을 바탕으로 통치 체제를 정비하였다. 이에 따라 주요 지역에 **12목을 설치**하고 **지방관을 파견**하여 지방에 대한 통제를 강화하였으며, 12목에는 **경학 박사와 의학 박사를 파견**하여 지방의 학생들에게 유학 경전과 의학 등을 가르치게 하였다.

오답 클리어
① 광덕, 준풍 등의 독자적 연호를 사용하였다. → 광종
② 신돈을 중심으로 전민변정 사업을 추진하였다. → 공민왕
③ 청연각과 보문각을 두어 학문 연구를 장려하였다. → 예종
④ 『정계』와 『계백료서』를 지어 관리의 규범을 제시하였다.
   → 태조 왕건

기출주제 11 고려의 통치 체제

빈출 태그 | #중서문하성 #어사대 #도병마사 #2군 6위 #광군 #별무반 #삼별초

스토리로 미리보기

 역알못: 아~ 또 통치 체제야? 말만 들어도 머리가 복잡해지는데, 진짜 중요한 것만 짚어줄래?

역잘알: 통치 체제가 쉬운 내용은 아니지. 고려의 통치 체제는 우선 이 네 글자만 알아둬. 2성 6부!

역알못: 2성 6부? 그냥 들었을 땐 뭔지 하나도 모르겠는데.. 설명 조금만 더 해줘.

 역잘알: 쉽게 생각하면 2성은 정책을 검사하고 실천하는 곳이었어. **중서문하성**은 국회처럼 정책을 심의 및 결정했고, **상서성**은 행정부처럼 정책들을 실천했어.

그리고 지금 우리나라에 외교부, 법무부 이렇게 부서가 나뉘어 있듯이 고려에도 업무에 따라 나뉜 6개 부서가 있었는데, 그게 바로 상서성 아래의 6부야.

 역알못: 그렇게 얘기해주니까 조금 이해가 되는 것 같기도 하네. 그럼 딱 이것만 공부하면 돼?

 역잘알: 하나 더 알려주자면 고려에는 음서 제도라고 아버지 관직이 높으면 그 아들은 시험을 보지 않고도 높은 지위에 올라갈 수 있는 제도가 있었어!

1 중앙 정치 조직 - 2성 6부제

- 왕
  - **2성**
    - **중서문하성**: 최고 중앙 관서
      - 역할: 최고 중앙 관서로, 장관인 문하시중이 국정을 총괄함
      - 구성
        - 재신: 정책을 심의·결정하는 관리
        - 낭사: 정책 비판을 담당하는 관리
    - **상서성**: 실제 행정 업무를 담당함
      - **6부**: 이부, 병부, 호부, 형부, 예부, 공부
  - **중추원**
    - 역할: 군사 기밀과 왕명을 다른 기관에 전달함
    - 구성
      - 추밀: 군사 기밀을 관장하는 관리
      - 승선: 왕명 전달을 담당한 관리
  - **어사대**: 관리의 비리 감찰과 탄핵, 풍기 단속을 담당함
  - **삼사**: 화폐와 곡식의 출납 및 회계를 담당함
  - **도병마사** (원 간섭기에 도평의사사로 개편됨)
    - 역할: 국방·군사 문제를 담당한 임시 기구로, 큰 일이 있을 때마다 모임 (국방 문제가 없으면 몇 년동안 열리지 않기도 함)
    - 구성: 재신이 판사를, 추밀이 사를 구성함 (시중, 평장사 등 / 판추밀 등)
  - **식목도감**
    - 역할: 법제·격식 문제를 담당한 임시 기구로 합의제로 운영됨
    - 구성: 재신과 추밀로 구성됨
  - **대간**
    - 역할: 간쟁(국왕의 비행에 대해 간언함), 봉박(잘못된 조칙을 돌려 보냄), 서경(관리 임명, 법령의 개정·폐지 등에 동의함)권을 행사함
    - 구성: 중서문하성의 낭사와 어사대의 관원으로 구성됨

> **백발백중 기출 자료 | 어사대** [66회]
> 어사대는 고려의 관청으로 정치의 잘잘못을 가리고 풍속을 교정하며, 관리들의 부정을 감찰하고 탄핵하는 일을 담당함.
> → **자료 해석**: 고려의 중앙 정치 조직 중 하나인 어사대는 관리들을 감찰하고 탄핵하는 역할을 하였다. 또한 어사대의 관원은 중서문하성의 낭사와 함께 대간으로 불리며 서경권을 행사하였다.

2 지방 행정 조직

- **5도**
  - 성격: 일반 행정 구역으로, **안찰사**가 파견됨 (5도를 순방하며 주·군·현의 지방관을 감찰하고 민생을 살핌)
  - 조직: 도 아래에 주·군·현을 설치하고 지방관을 파견하였으며, 지방관이 파견된 주·주군·주현보다 지방관이 파견되지 않은 속군·속현이 더 많았음 (주현 인근의 구역)
- **양계(북계·동계)**: 국경에 위치한 군사 행정 구역으로, **병마사**가 파견됨 (군사 업무뿐만 아니라 양계 지역 내의 민생 업무까지 총괄함)
- **향·부곡·소**
  - 성격: 주·군·현 아래에 설치된 특수 행정 구역으로, 이곳의 주민들은 신분상 양민이지만 일반 군현의 양민에 비하여 차별을 받았음
  - 역할: 향·부곡의 주민들은 농업에 종사하며 국가의 공유지를 경작하였고, 소의 주민들은 수공업에 종사함

▲ 고려의 지방 행정 구역

3 군사 제도

중앙군
- **특징**: 직업 군인으로 구성되어 군대에 복무하는 대가로 군인전을 지급받고, 직역(직업)이 자손에게 세습됨
  - (군인이 군역에 복무하는 대가로 국가에서 지급받는 토지)
- **구성**
  - **2군**: 국왕의 친위 부대로, 응양군과 용호군으로 구성됨
  - **6위**: 수도와 국경의 방어를 담당함

지방군: 주현군(5도에 주둔한 예비군)과 주진군(양계에 주둔한 상비군)으로 구성됨

특수군
- **광군**: 정종 때 거란의 침입에 대비하기 위해 창설됨
- **별무반**: 숙종 때 윤관의 건의에 따라 여진을 정벌하기 위해 편성됨
- **삼별초**
  - 무신 집권기 때 최씨 무신 정권의 사병 역할을 담당한 군대로, 좌·우별초와 신의군으로 구성됨
  - 몽골 침입 당시 몽골에 대한 항쟁을 지속함

백발백중 기출 사료 | 고려의 중앙군 [51회]

목종 5년에 6위의 직원을 마련하여 두었는데, 뒤에 응양군(鷹揚軍)과 용호군(龍虎軍)의 2군을 설치하고, 6위의 위에 있게 하였다. 뒤에 또 **중방**을 설치하고, 2군·6위의 상장군과 대장군이 모두 회합하게 하였다.

➡ **사료 해석**: 고려의 중앙군은 국왕의 친위 부대인 2군과 수도·국경의 방어를 담당하는 6위로 구성되었다. 또한 2군과 6위의 지휘관인 상장군과 대장군으로 구성된 회의 기구인 중방을 설치하여 이들이 화합하게 하였다.

백발백중 기출 사료 | 삼별초 [62회]

처음에 최우가 나라 안에 도적이 많음을 근심하여 용사들을 모아 매일 밤 순행하면서 포악한 짓들을 금하였는데, 이로 인하여 이름을 **야별초(夜別抄)**라고 하였다. …… 그 군사가 매우 많아 마침내 나누어 **좌·우**로 삼았다. 또 우리나라 사람으로서 몽골로부터 도망쳐 돌아온 자들을 한 부대로 삼아 **신의군(神義軍)**이라고 불렀는데, 이들이 **삼별초**가 되었다.

➡ **사료 해석**: 삼별초는 최씨 무신 정권의 사병 역할을 담당한 군대로, 좌별초·우별초·신의군으로 구성되었다.

4 관리 등용 제도

과거 제도
- **자격**: 법적으로 양인 이상이면 누구나 응시가 가능함
  - (재가(재혼)한 여성의 자식도 응시가 가능함)
- **종류**
  - **문과**
    - 제술과(논술 시험으로, 명경과보다 중시됨)와 명경과(유교 경전의 이해 정도를 평가함)로 구성됨
    - 시험관인 지공거(좌주)와 합격자(문생) 간의 사제 관계가 관직 생활에 영향을 줌
  - **무과**: 거의 시행되지 않음
  - **잡과**: 기술학을 시험하여 기술관을 등용함
  - **승과**: 승려를 대상으로 시행됨
- **특징**: 지방 향리들이 중앙 관직으로 진출하는 통로 역할을 함

음서 제도
- **의미**: 과거를 거치지 않고 관리가 되어 지위를 세습하는 제도
- **대상**: 공신과 종실의 자손, 5품 이상 문무 관리의 자손이 대상이 되었으며, 사위, 조카, 외손자에게 적용되기도 함 (임금의 친족)

✓ 기출 선택지로 개념 다지기

1. 빈칸의 답을 채워보세요.

(1) 중서문하성의 장관: ☐ [44회]

(2) 관리를 감찰하는 기구: ☐ [67회]

(3) 대간의 주요 역할: ☐ [74회]

(4) 병마사가 파견된 지방 행정 구역: ☐ [75회]

(5) 여진을 정벌하기 위해 조직된 군대: ☐ [70회]

(6) 과거를 보지 않고 관리가 될 수 있는 제도: ☐ 제도 [55회]

2. 질문에 맞는 답을 고르세요.

(1) 고려 시대 삼사의 역할은? [67회]
 ① 화폐, 곡식의 출납과 회계를 맡았다.
 ② 왕명 출납과 군사 기밀을 담당하였다.

(2) 어사대에 대한 설명은? [66회]
 ① 고려 말에 도평의사사로 개편되었다.
 ② 관직 임명에 대한 서경권을 행사하였다.

(3) 고려의 중앙 관제에 대한 설명은? [74회]
 ① 재추를 중심으로 국방, 군사 문제를 논의하였다.
 ② 좌·우사정이 6부를 나누어 관할하였다.

(4) 삼별초에 대한 설명은? [73회]
 ① 거란의 침입에 대비하여 창설되었다.
 ② 최씨 무신 정권의 군사적 기반이었다.

(5) 고려의 과거 제도에 대한 설명은? [62회]
 ① 하급 실무직을 뽑는 취재가 운영되었다.
 ② 제술과, 명경과, 잡과, 승과로 구성되었다.

정답 | 1. (1) 문하시중 (2) 어사대 (3) 서경 (4) 양계 (5) 별무반 (6) 음서
2. (1) ① (②은 중추원) (2) ② (①은 도병마사) (3) ① (②은 발해) (4) ② (①은 광군) (5) ② (①은 조선 시대)

필수 기출로 개념 적용하기 기출주제 11 고려의 통치 체제

01 [74회 기출]

㉠~㉣에 대한 설명으로 옳은 것을 〈보기〉에서 고른 것은? [2점]

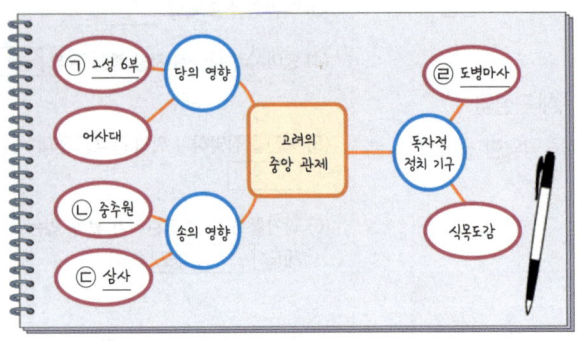

〈보기〉
ㄱ. ㉠ - 좌·우사정이 6부를 나누어 관할하였다.
ㄴ. ㉡ - 군사 기밀과 왕명 출납을 담당하였다.
ㄷ. ㉢ - 5품 이하의 관원에 대한 서경권을 행사하였다.
ㄹ. ㉣ - 재추를 중심으로 국방, 군사 문제를 논의하였다.

① ㄱ, ㄴ ② ㄱ, ㄷ ③ ㄴ, ㄷ ④ ㄴ, ㄹ ⑤ ㄷ, ㄹ

02 [59회 기출]

(가) 기구에 대한 설명으로 옳은 것은? [2점]

① 역사서 편찬과 보관을 주관하였다.
② 주로 국방과 군사 문제를 논의하였다.
③ 화폐, 곡식의 출납과 회계를 담당하였다.
④ 좌사정, 우사정의 이원적인 체제로 운영되었다.
⑤ 최우에 의해 설치되어 인사 행정을 처리하였다.

👆 고려의 중앙 관제

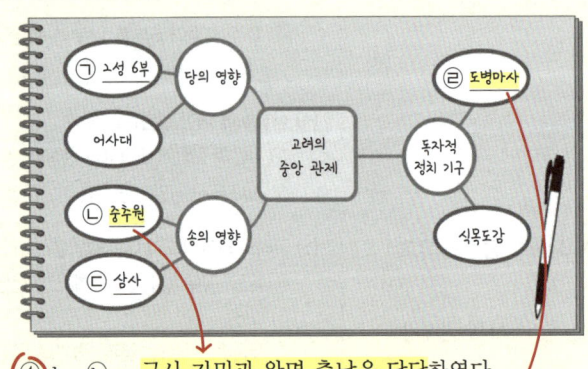

④ ㄴ. ㉡ - **군사 기밀과 왕명 출납**을 담당하였다.
ㄹ. ㉣ - **재추**를 중심으로 **국방, 군사 문제를 논의**하였다.

고려의 중앙 관제 중 송의 영향을 받아 설치한 기구인 **중추원**은 군사 기밀과 왕명의 출납을 담당하였으며, 독자적인 정치 기구인 **도병마사**는 중서문하성의 재신과 중추원의 추밀인 **재추**를 중심으로 **국방 및 군사 문제를 논의**하였다.

🚫 오답 클리어
ㄱ. ㉠ - 좌·우사정이 6부를 나누어 관할하였다. → 정당성(발해)
ㄷ. ㉢ - 5품 이하의 관원에 대한 **서경권**을 행사하였다.
　　→ 어사대, 낭사

👆 도병마사

② 주로 **국방과 군사 문제를 논의**하였다.

도병마사는 고려만의 독자적인 회의 기구로, 중서문하성의 재신과 중추원의 추밀이 참여하여 주로 **국방과 군사 문제**를 논의하였다. 처음에는 임시 기구로 운영되다가 원 간섭기인 **충렬왕** 때 **도평의사사**로 개편되면서 상설 기구가 되어, 국가의 중대사를 결정하는 **최고 정치 기구**로 발전하였다.

🚫 오답 클리어
① 역사서 편찬과 보관을 주관하였다. → 춘추관(조선)
③ 화폐, 곡식의 출납과 회계를 담당하였다. → 삼사(고려)
④ 좌사정, 우사정의 이원적인 체제로 운영되었다. → 6부(발해)
⑤ 최우에 의해 설치되어 인사 행정을 처리하였다. → 정방(고려)

📝 이건 꼭! 암기 도병마사
#고려의 독자적 기구 #국방과 군사 문제 논의 #개편_도평의사사

03

32회 기출

(가)에 들어갈 내용으로 옳은 것은? [2점]

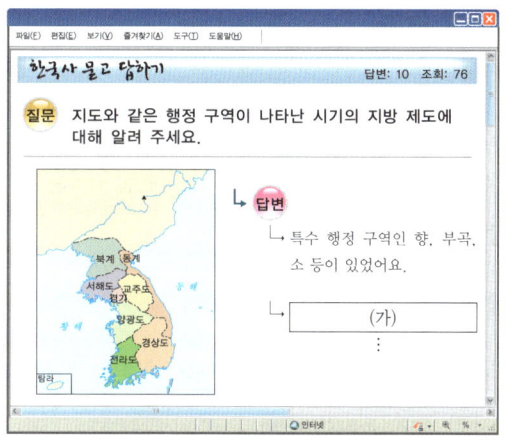

① 경재소를 설치하여 유향소를 통제하였어요.
② 전국의 모든 군현에 지방관을 파견하였어요.
③ 상수리 제도를 실시하여 지방 세력을 견제하였어요.
④ 5소경을 설치하여 수도의 편재성을 보완하고자 하였어요.
⑤ 국경 지대에 병마사를 파견하여 적의 침입에 대비하였어요.

고려의 지방 제도

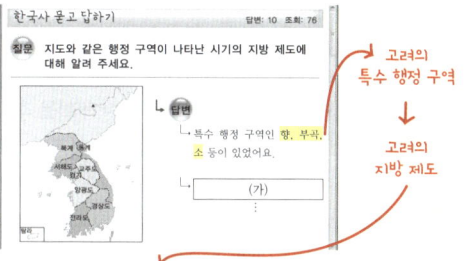

고려의 특수 행정 구역
고려의 지방 제도

⑤ 국경 지대에 병마사를 파견하여 적의 침입에 대비하였어요.

고려는 지방 행정 조직으로 **특수 행정 구역**인 **향·부곡·소**를 두었다. 또한 고려는 국경 지대인 **양계(북계·동계)**에 **병마사**를 파견하여 적의 침입에 대비하였다.

⊘ 오답 클리어
① 경재소를 설치하여 유향소를 통제하였어요. → 조선의 지방 제도
② 전국의 모든 군현에 지방관을 파견하였어요. → 조선의 지방 제도
③ 상수리 제도를 실시하여 지방 세력을 견제하였어요.
　→ 통일 신라의 지방 제도
④ 5소경을 설치하여 수도의 편재성을 보완하고자 하였어요.
　→ 통일 신라의 지방 제도

04

41회 기출

(가), (나) 제도에 대한 설명으로 옳은 것을 〈보기〉에서 고른 것은? [2점]

> (가) 제술업·명경업의 두 업(業)과 의업·복업(卜業)·지리업·율업·서업·산업(算業) …… 등의 잡업이 있었는데, 각각 그 업으로 시험을 쳐서 벼슬길에 나아가게 하였다. - 「고려사」
>
> (나) 무릇 조상의 공로[蔭]로 벼슬길에 나아가는 자는 모두 나이 18세 이상으로 제한하였다. - 「고려사」

〈보기〉
ㄱ. (가) - 재가한 여자의 자손은 응시에 제한을 받았다.
ㄴ. (가) - 향리의 자제가 중앙 관직으로 진출하는 통로가 되었다.
ㄷ. (나) - 후주 출신 쌍기의 건의로 시작되었다.
ㄹ. (나) - 사위, 조카, 외손자에게 적용되기도 하였다.

① ㄱ, ㄴ ② ㄱ, ㄷ ③ ㄴ, ㄷ ④ ㄴ, ㄹ ⑤ ㄷ, ㄹ

고려의 과거 제도와 음서 제도

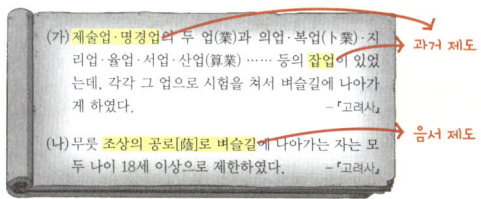

과거 제도
음서 제도

④ ㄴ. (가) - **향리의 자제가 중앙 관직으로 진출하는 통로**가 되었다. → 과거 제도
ㄹ. (나) - **사위, 조카, 외손자에게 적용**되기도 하였다. → 음서 제도

(가) **고려의 과거 제도**는 제술과, 명경과, 잡과 등으로 나뉘었으며, **향리의 자제**들이 중앙 관직으로 진출하는 통로가 되었다.
(나) **고려의 음서 제도**는 공신, 종실의 자손, 고위 관료의 자손이 대상이었으며 **사위, 조카, 외손자**에게 적용되기도 하였다.

⊘ 오답 클리어
ㄱ. 재가한 여자의 자손은 응시에 제한을 받았다. → 조선의 과거 제도
ㄷ. 후주 출신 쌍기의 건의로 시작되었다. → 고려의 과거 제도

📝 **이건 꼭! 암기** 고려의 과거 제도
#문과_제술업·명경업　#잡과　#향리_응시 가능

문벌 귀족 사회와 무신 정권

빈출 태그 | #이자겸의 난 #묘청의 난 #무신 정변 #최충헌 #봉사 10조 #만적의 난 #최우 #정방 #망이·망소이의 난

스토리로 미리보기

S#1 왕의 장인 이자겸, 난을 일으키다!

엣헴, 내 사위가 누군지 알아? 바로 왕(인종)이라고! 그런데 사위 하는 꼴을 보아하니 나를 몰아내려고 하네? 뭔가 심상치 않은데 내가 먼저 선수를 쳐야겠군. 궁궐에 불을 질러 왕을 가둬야겠어.

S#2 묘청이 서경 천도를 주장하다!

나는 서경 토박이 묘청이오. 개경의 궁궐이 불탄 것을 보니 아무래도 개경은 기운이 다한 것 같소. 왕(인종)께 서경으로 도읍을 옮기자고 건의해야겠소.

S#3 무신들이 정변을 일으키다!

묘청의 난 이후 왕과 문신들이 우리 무신들을 너무 무시하는구만. 월급도 제대로 안 주는데, 동료들을 모아서 무신들의 힘을 한 번 제대로 보여줘야겠어.

1 문벌 귀족 사회의 성립과 동요

(1) 문벌 귀족 사회의 성립

- **성립**: 초기 지방 호족이나 신라의 6두품 출신의 유학자들이 중앙 관료로 진출하였고, 여러 대에 걸쳐 고위 관직자를 배출한 가문이 문벌 귀족을 형성함
- **특징**
  - **정치 권력 장악**: 과거와 음서로 관직을 독점함
    - └ 고관의 자손들이 별도의 시험 없이 관리가 될 수 있는 제도
  - **경제 권력 장악**: 공음전의 혜택을 받음
    - └ 5품 이상의 고위 관료에게 지급한 토지로, 세습이 가능하였음
  - **권력 유지**: 다른 문벌 귀족 가문이나 왕실과 폐쇄적인 혼인 관계를 형성함
- **대표 가문**: 경원 이씨(이자겸), 경주 김씨(김부식) 등

(2) 문벌 귀족 사회의 동요

⭐이자겸의 난
- **배경**: 이자겸이 인종의 즉위에 공을 세우고, 왕실의 외척(인종의 장인이자 외조부)이 되어 권력을 장악하면서 왕의 측근 세력 간의 정치적 대립이 발생함
- **전개**: 인종이 이자겸 제거를 시도함 → 실패함 → 이자겸과 척준경이 난을 일으켜 정권을 장악함 → 이자겸과 척준경이 권력 유지를 위해 금(여진)의 군신 관계 요구를 수용함 → 인종이 척준경을 회유하여 이자겸을 제거함 → 척준경을 축출하여 난을 진압함
- **결과**: 왕궁이 불타며 왕실의 권위가 하락하자 서경 길지설이 떠오름
  - └ 풍수지리설에 근거해 서경이 명당이라는 설

⭐묘청의 난
- **배경**: 이자겸의 난 이후 인종이 왕권 회복을 위한 개혁을 추진하면서 김부식으로 대표되는 개경파와 묘청·정지상 등의 서경파의 대립이 발생함
  - └ 왕을 황제로 칭하며 독자적인 연호를 사용하자는 주장
- **전개**: 묘청이 서경 천도와 금국(여진) 정벌, 칭제 건원을 주장함 → 김부식 등 개경파의 반대로 실패함 → 묘청이 국호는 대위국, 연호는 천개라 하며 서경에서 난을 일으킴 → 김부식이 이끄는 관군에 의해 진압됨
- **결과**
  - **서경 몰락**: 서경파가 몰락하고 서경의 지위가 하락함
  - **무신에 대한 차별 심화**: 개경파 등의 보수적인 문신 세력이 득세하며 무신에 대한 차별이 심화되어 무신 정변이 일어나는 계기가 됨
- **의의**: 민족주의 사학자 신채호가 '조선 역사상 일천년래 제일 대사건'으로 평가함

> **백발백중 기출 사료 | 📍묘청의 난** [65회]
> 묘청이 서경을 근거지로 삼고 반란을 일으켰다. …… 국호를 대위, 연호를 천개, 그 군대를 천견충의군이라 불렀다.
> ➡ **사료 해석**: 묘청은 개경파의 반대로 서경 천도에 실패하자 서경을 근거지로 삼고 국호를 대위, 연호를 천개, 군대를 천견충의군이라 하며 반란을 일으켰다.

2 무신 정권의 성립과 동요

(1) 무신 정권의 성립(무신 정변)

배경	묘청의 난 이후 무신을 하대하는 분위기가 지속되고 군인전을 제대로 지급받지 못한 하급 군인들의 불만이 고조됨
전개	정중부·이의방 등의 무신이 보현원에서 문신을 제거함(무신 정변) → 의종을 폐위하고 거제도로 유배 보냄 → 명종을 임금으로 세우고, 정권을 장악함

└ 무신들의 회의 기구인 중방을 통해 권력을 행사함

(2) 무신 정권 집권자의 변화와 집권 시기의 사실

정중부 (1170~1179)
- 무신 정변 이후 이의방과 갈등이 생겨 이의방 일파를 제거함(1174)
- 사회 동요
  - 김보당의 난: 의종의 복위를 주장하며 동북면 병마사 김보당이 봉기함
  - 조위총의 난: 정중부를 제거하기 위해 서경 유수 조위총이 난을 일으킴 └ 고려의 지방관
  - 망이·망소이의 난: 공주 명학소에서 망이·망소이가 가혹한 수탈에 저항하여 무리를 모아 봉기함

경대승 (1179~1183): 정중부를 제거한 후 집권하였으며 도방을 설치함 └ 사병 집단

이의민 (1183~1196)
- 천민 출신으로, 경대승이 죽은 후 집권하였다가 최충헌에 의해 제거됨
- 김사미·효심의 난: 운문(김사미) 지역과 초전(효심) 지역을 중심으로 봉기함

최충헌 (1196~1219)
- 봉사 10조 제시: 명종에게 사회 개혁안을 올림(실제로 시행되지는 않음) ┌ 임금에게 올리는 글
- 교정도감 설치 ┌ 최씨 무신 정권의 최고 권력 기구로 활용됨
  └ 교정도감의 장관인 교정별감이 되어 국정 전반을 장악함
  (반대 세력 감시를 위해 설치)
- 도방 확대: 최씨 정권의 군사적 기반을 확충하기 위해 사병 집단을 확대함
- 사회 동요
  - 만적의 난: 최충헌의 노비 만적을 중심으로 개경에서 신분 해방을 주장하며 봉기함
  - 최광수의 난: 최광수를 중심으로 서경에서 고구려 부흥을 외치며 봉기함

최우 (1219~1249)
- 정방 설치: 인사 행정 담당 기구를 자신(최우)의 집에 설치함
- 서방 설치: 숙위 기구를 설치해 당대에 이름난 학자들을 머물게 함 └ 숙직하면서 지킴
- 삼별초 조직 ┌ 최우 때 설치된 야별초에서 유래됨
  └ 좌별초, 우별초, 신의군으로 구성된 특수군으로, 최씨 무신 정권의 군사적 기반 역할을 함
- 강화도 천도: 몽골의 침략에 대비하기 위해 개경에서 강화도로 도읍을 옮김

백발백중 기출 사료 | 정방 설치 [72회]

백관이 최우의 집에 나아가 정년도목(政年都目)을 올렸다. 최우가 청사에 앉아 그것을 받았다. 6품 이하는 당하(堂下)에서 두 번 절하고 땅에 엎드려 감히 고개를 들고 보지 못하였다. 이때부터 최우는 정방을 그의 집에 두고 백관의 인사 행정을 처리하였다.

➡ **사료 해석**: 최우는 자신의 집에 인사 행정 담당 기구인 정방을 설치하여 권력을 강화하고 인사권을 장악하였다.

✓ 기출 선택지로 개념 다지기

1. 빈칸의 답을 채워보세요.

(1) 인종 때 일어난 외척의 난: ☐ [70·66회]

(2) 서경파의 주장: 천도, 정벌 [70회]

(3) 묘청이 난을 일으켜 내세운 연호: ☐ [65회]

(4) 최충헌이 명종에게 올린 개혁안: ☐ [73·72·71회]

(5) 최우가 설치한 인사 행정 담당 기구: ☐ [64·63회]

(6) 공주 명학소에서 일어난 난: ☐ [73·71·68회]

2. 질문에 맞는 답을 고르세요.

(1) 인종 시기에 있었던 일은? [73·67회]
① 동북 9성이 여진에 반환되었다.
② 묘청 등이 서경에서 난을 일으켰다.

(2) 김부식에 대한 설명은? [72회]
① 만권당에서 원의 유학자들과 교유하였습니다.
② 관군을 이끌고 묘청의 난을 진압하였습니다.

(3) 최충헌의 활동은? [67·64회]
① 교정도감을 두어 국가의 중요한 사무를 처리하였다.
② 정방을 설치하여 인사권을 행사하였다.

(4) 무신 집권기의 사회 모습은? [71회]
① 청해진을 거점으로 국제 무역이 이루어졌다.
② 망이·망소이의 난 등 하층민의 봉기가 발생하였다.

정답 | 1. (1) 이자겸의 난 (2) 서경, 금국 (3) 천개 (4) 봉사 10조 (5) 정방 (6) 망이·망소이의 난
2. (1) ② (①은 예종 시기) (2) ② (①은 이제현 등) (3) ①, ② (①은 최우) (4) ② (①은 통일 신라)

필수 기출로 개념 적용하기 기출주제 12 문벌 귀족 사회와 무신 정권

01 [64회 기출]

밑줄 그은 '반란'이 일어난 시기를 연표에서 옳게 고른 것은? [1점]

> 이것은 경원 이씨 가문의 이자연 묘지명으로, 딸 셋을 모두 문종의 왕비로 보냈다는 내용이 기록되어 있습니다. 훗날 이자연의 손자 또한 딸들을 왕비로 보내 최고 권력을 누렸는데, 이에 위협을 느낀 인종이 그를 제거하려 하자 척준경과 함께 반란을 일으켰습니다.

1104	1135	1170	1196	1270	1351
(가)	(나)	(다)	(라)	(마)	
별무반 조직	묘청의 난	무신 정변	최충헌의 집권	개경 환도	공민왕 즉위

① (가) ② (나) ③ (다) ④ (라) ⑤ (마)

02 [75회 기출]

다음 상황이 나타난 시기를 연표에서 옳게 고른 것은? [2점]

> 서경 반란군이 검교첨사 최경을 개경으로 보내 표문을 올려 이르기를, "폐하께서 음양의 지극한 말을 믿으시고 도참의 비설을 고찰하시어 대화궁을 창건하시니 천제(天帝)의 도읍을 본떠 만드신 것입니다. …… 인심은 두려운 것이며 군중의 분노는 막기 어려우니 만약 폐하께서 수레를 타고 임하신다면 병란은 그칠 것입니다."라고 하였다. 표문이 도착하니 모두 말하기를, "신하가 감히 군주를 부르다니 그 사자(使者)를 베는 것이 옳습니다."라고 하였다.

918	1009	1126	1170	1356	1392
(가)	(나)	(다)	(라)	(마)	
고려 건국	강조의 정변	이자겸의 난	무신 정변	쌍성총관부 탈환	고려 멸망

① (가) ② (나) ③ (다) ④ (라) ⑤ (마)

이자겸의 난

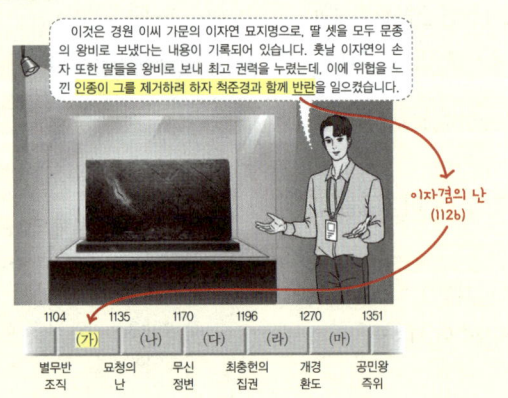

① (가)

이자겸의 난(1126) 이후 묘청, 정지상 등의 서경파는 풍수지리설을 내세워 서경으로 수도를 옮길 것을 주장하였고, 칭제 건원, 금국(여진) 정벌 등을 건의하였다. 그러나 김부식 등 개경파의 반대로 서경 천도에 실패하였다. 이에 묘청이 서경에서 난을 일으켜 연호를 천개로 하는 대위국을 세웠으나, 김부식이 이끄는 관군에 의해 진압되었다(묘청의 난, 1135). 묘청의 난 이후 보수적인 문신 세력이 득세하면서 무신을 하대하는 분위기가 더욱 심해지자 정중부, 이의방, 이고 등의 무신들이 정변을 일으켜 권력을 장악하였다(무신 정변, 1170).

이건 꼭! 암기 이자겸의 난
#인종 #척준경과 함께 반란

묘청의 난

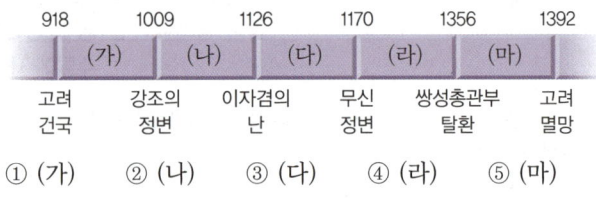

묘청의 난 (1135)

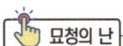

③ (다)

이자겸의 난(1126) 이후 묘청, 정지상 등의 서경파는 풍수지리설을 내세워 서경으로 수도를 옮길 것을 주장하였고, 칭제 건원, 금국(여진) 정벌 등을 건의하였다. 그러나 김부식 등 개경파의 반대로 서경 천도에 실패하였다. 이에 묘청이 서경에서 난을 일으켜 연호를 천개로 하는 대위국을 세웠으나, 김부식이 이끄는 관군에 의해 진압되었다(묘청의 난, 1135). 묘청의 난 이후 보수적인 문신 세력이 득세하면서 무신을 하대하는 분위기가 더욱 심해지자 정중부, 이의방, 이고 등의 무신들이 정변을 일으켜 권력을 장악하였다(무신 정변, 1170).

이건 꼭! 암기 묘청의 난
#서경 반란군(묘청 일당) #김부식 등 관군에 의해 진압됨

03 [62회 기출]

다음 사건의 배경으로 가장 적절한 것은? [2점]

> 조위총이 동·북 양계(兩界)의 여러 성에 격문을 돌려 군사를 불러모아 말하기를, "소문에 따르면 개경의 중방(重房)에서 '북계의 여러 성은 거칠고 사나운 무리를 많이 거느리고 있으니 토벌해야 한다.'고 논의하고 이미 많은 병력을 동원했다고 하니 어찌 가만히 앉아서 스스로 죽을 수 있겠는가? 각자 군사와 말을 규합하여 빨리 서경으로 달려와야 한다."라고 하였다.

① 노비 만적이 반란을 모의하였다.
② 정중부, 이의방 등이 정변을 일으켰다.
③ 신돈이 전민변정도감의 판사가 되었다.
④ 망이, 망소이 등이 명학소에서 봉기하였다.
⑤ 최충헌이 교정도감을 설치하여 국정을 총괄하였다.

04 [44회 기출]

(가)~(라)를 일어난 순서대로 옳게 나열한 것은? [2점]

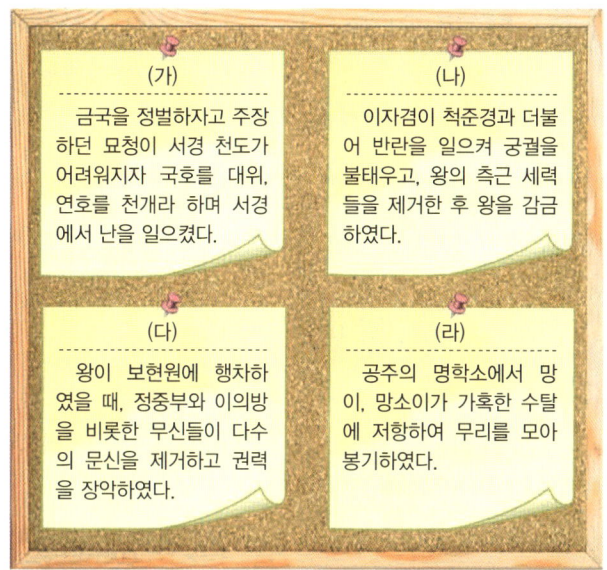

(가) 금국을 정벌하자고 주장하던 묘청이 서경 천도가 어려워지자 국호를 대위, 연호를 천개라 하며 서경에서 난을 일으켰다.

(나) 이자겸이 척준경과 더불어 반란을 일으켜 궁궐을 불태우고, 왕의 측근 세력들을 제거한 후 왕을 감금하였다.

(다) 왕이 보현원에 행차하였을 때, 정중부와 이의방을 비롯한 무신들이 다수의 문신을 제거하고 권력을 장악하였다.

(라) 공주의 명학소에서 망이, 망소이가 가혹한 수탈에 저항하여 무리를 모아 봉기하였다.

① (가) - (나) - (다) - (라)
② (가) - (나) - (라) - (다)
③ (나) - (가) - (다) - (라)
④ (나) - (가) - (라) - (다)
⑤ (다) - (가) - (나) - (라)

기출주제 13 고려의 대외 관계

빈출 태그 | #서희_외교 담판 #강동 6주 #귀주 대첩 #별무반 조직 #동북 9성 #강화 천도 #처인성 전투 #삼별초 #진포 대첩

스토리로 미리보기

S#1 강감찬이 귀주에서 거란을 물리치다!

오랑캐 주제에 세 번이나 고려를 침입하다니! 이번에야말로 이 강감찬이 거란에게 본 때를 보여줘야겠어. 듣자 하니 소배압이라는 자가 군대를 10만이나 끌고 온다던데.. 귀주로 유인해서 한꺼번에 쓸어버리자!

S#2 여진 정벌을 위해 별무반이 조직되다!

국경에서 말썽만 부리던 여진에게 지고 말다니.. 이대로 있기엔 자존심이 너무 상하는데? 왕(숙종)에게 특별한 부대를 만들자고 건의해서 여진을 무찔러야겠어! 아 참, 부대에 말 타고 싸우는 병사는 꼭 넣자고 해야지.

S#3 몽골에 항전하고자 수도를 강화로 옮기다!

휴, 선물까지 바쳐가면서 몽골군을 겨우 돌려 보냈는데 또 침입하면 나 최우의 위신이 위태로워지겠어. 몽골군이 쳐들어오기 어려운 섬으로 도읍을 옮겨서 전쟁 준비를 해야겠군. 어디로 옮기는 게 좋을까?

1 10~11세기 거란의 침입과 격퇴

건국 초기의 관계
- **강경책 실시**: 태조 왕건 때 거란에 대한 강경책을 실시하여 만부교 사건이 일어남 ┌ 거란이 보낸 낙타 50마리를 만부교에 매달아 굶어죽게 한 사건
- **광군 조직**: 정종 때 거란의 침입에 대비하기 위해 광군을 조직함

1차 침입(성종)
- **전개**: 거란의 장수 소손녕의 군대가 고려를 공격함
- **결과**: 서희가 외교 담판으로 강동 6주 지역을 획득함

▲ 강동 6주

2차 침입(현종) ┌ 초조대장경의 조판을 시작함
- **전개**: 고려의 무신 강조가 목종을 폐위하고 현종을 왕위에 올린 사건(강조의 정변)을 구실로 거란이 다시 침입함
- **결과**: 무신 양규가 흥화진 전투에서 승리하였고, 고려 현종의 입조를 조건으로 거란이 철수함 ┌ 고려 왕이 거란 조정에 문안 인사를 하는 것

★★ 3차 침입(현종)
- **전개**: 현종이 입조를 하지 않자, 거란의 장수 소배압이 10만 대군을 이끌고 강동 6주의 반환을 요구하며 침입함
- **결과**: 강감찬 장군이 귀주에서 거란군을 격퇴함 (귀주 대첩, 1019)

영향
- **나성 축조**: 강감찬의 건의로 개경 주위에 도성을 에워싼 외성을 축조함
- **천리장성 축조**: 압록강 하구에서 도련포를 잇는 천리장성을 축조함

> **백발백중 기출 사료 | 귀주 대첩** [63회]
> 거란의 병사들이 귀주를 지나가자 강감찬 등이 동쪽 교외에서 전투를 벌였다. …… 적병이 북쪽으로 달아나자 아군이 그 뒤를 쫓아가서 공격하였는데, 석천을 건너 반령에 이르기까지 시신이 들에 가득하였다.
> ➡ **사료 해석**: 거란의 3차 침입 때 강감찬이 귀주 지역에서 거란군을 크게 격파하였는데, 이때 거란 군사 중에 돌아간 자가 수천에 불과하였다.

2 12세기 여진 정벌과 금의 사대 요구 수용

(1) 여진 정벌 과정

```
여진과의 전투      ★★별무반 조직      여진 정벌과 동북 9성 축조
 (숙종)           (숙종, 1104)          (예종, 1107)
                                   └ 관리가 어려워 2년 후 여진에게 반환함
```

고려가 기병(말을 탄 군사) 중심인 여진과의 전투에서 패배함 | 윤관이 숙종에게 기병을 양성할 것을 건의해 **별무반을 조직**함 └ 신기군(기병), 신보군(보병), 항마군(승병)으로 구성 | 윤관이 별무반을 이끌고 여진을 정벌함 → **동북 9성**을 축조함

(2) 금의 사대 요구 수용

- **금나라 건국**: 여진족이 세력을 키워 금나라를 건국함
- **사대 요구 수용**: 금나라가 거란의 요나라를 멸망시킨 후 고려에 군신 관계를 요구하였고, 당시 집권자였던 **이자겸이 금의 사대 요구를 수용함**(1126)

3 13세기 몽골의 침입과 대몽 항쟁

(1) 몽골의 침입과 대몽 항쟁 과정

- **몽골 제국 성립**: 몽골 부족들이 통합되어 몽골 제국이 성립됨
- ↓
- **강동성 전투**: 고려가 몽골과 함께 고려에 침입한 거란족을 강동성에서 몰아냄 → 이를 계기로 몽골과 고려가 국교를 맺었으나, 몽골은 고려에 무리한 공물을 요구함
- ↓
- **저고여 피살 사건**: 고려에 왔던 몽골 사신 저고여가 국경에서 피살되면서 몽골이 침입하는 원인이 됨
- ↓
- **1차 침입**: 몽골이 저고여의 피살 사건을 구실로 침입하자, 박서가 귀주성에서 저항하였으나, 수도인 개경이 포위되어 고려 정부의 요청으로 강화를 맺고 돌아감
- ↓
- ☆**강화 천도**: 대몽 항쟁을 위해 집권자인 최우의 주도로 개경에서 강화도로 수도를 옮김
- ↓
- ☆**2차 침입**
  - 몽골이 고려의 강화 천도를 구실로 침입함
  - 승려 김윤후가 처인성에서 몽골 장수 살리타(살례탑)를 사살함(처인성 전투)
- ↓
- **3차 침입**: 경주 황룡사 구층 목탑이 불에 탔으며(소실), 몽골군의 침입을 격퇴하려는 염원을 담아 대장도감을 설치하고 팔만대장경의 조판을 시작함
- ↓
- **5차 침입**: 김윤후가 충주산성에서 몽골군을 물리침
- ↓
- **6차 침입**: 충주 다인철소 주민들이 몽골군에 맞서 싸움
- ↓
- **몽골과의 강화와 개경 환도**: 고려 정부는 몽골과 강화를 맺은 후, 무신 정권이 붕괴되자 개경으로 돌아옴(환도) → 고려가 몽골이 세운 원나라의 간섭을 받게 됨(원 간섭기)

> 대몽 항쟁을 주도함

(2) 삼별초의 항쟁 과정

> 당시 왕은 원종

- **강화도**
  - 고려 정부의 개경 환도에 반발하고 독자적인 대몽 항쟁을 전개함
  - 배중손의 지휘 아래 왕족 승화후 온을 왕으로 추대함
  - 고려·원 연합군의 공격을 피해 진도로 이동함
- ↓
- **진도**
  - 진도에 용장성을 쌓고 도읍을 건설함
  - 일본에 국서를 보내 몽골에 맞서 싸우자고 제의함
  - 배중손이 죽자 김통정의 지휘로 제주도로 이동함
- ↓
- **제주도**: 김통정의 지휘 아래 제주도에서 싸웠으나 고려·원 연합군에 의해 진압됨 → 탐라 총관부가 설치됨

▲ 삼별초의 항쟁

4 고려 말 홍건적과 왜구의 침입

> 놋다리 밟기라는 세시풍속이 이때부터 유래됨

- **홍건적의 침입 (공민왕)**
  - 개경이 함락되어 공민왕이 왕비인 노국 공주와 함께 복주(안동)로 피난을 감
  - 정세운·최영·이성계 등이 홍건적을 격퇴함
- **왜구의 침입 (우왕)**
  - **홍산 대첩**: 최영 장군이 홍산에서 왜구를 격퇴함
  - **진포 대첩**: 최무선 등이 진포에서 화포를 이용하여 왜구를 격퇴함
  - **황산 대첩**: 이성계 장군이 황산에서 왜구를 격퇴함

✓ 기출 선택지로 개념 다지기

1. 빈칸의 답을 채워보세요.

(1) 정종 때 거란 침입에 대비해 설치된 군사 조직: ☐ [73·72·71회]

(2) 서희가 외교 담판을 통해 획득한 지역: ☐ [74·70·67회]

(3) 강감찬이 거란을 물리친 전투: ☐ [66·64회]

(4) 여진 정벌을 위해 윤관의 건의로 조직된 부대: ☐ [74·71·70회]

(5) 여진을 정벌하고 지은 성: ☐ [74·72·69회]

(6) 몽골 침입의 배경이 된 사건: ☐ 피살 사건 [67·60회]

(7) 화포로 왜구를 격퇴한 전투: ☐ [74·70·65·62회]

2. 질문에 맞는 답을 고르세요.

(1) 거란에 대한 고려의 대응은? [65회]
① 개경을 방어하기 위해 나성을 축조하였다.
② 박위를 보내 근거지를 토벌하였다.

(2) 여진에 대한 고려의 대응은? [69회]
① 광군을 창설하여 침입에 대비하였다.
② 동북 9성을 설치하고 경계를 알리는 비석을 세웠다.

(3) 삼별초의 활동은? [68회]
① 진도에서 용장성을 쌓고 몽골에 대항하였다.
② 신기군, 신보군, 항마군으로 편성되었다.

(4) 다음 중 먼저 일어난 전투는? [60회]
① 진포 대첩
② 충주산성 전투

정답 | 1. (1) 광군 (2) 강동 6주 (3) 귀주 대첩 (4) 별무반 (5) 동북 9성 (6) 저고여 (7) 진포 대첩

2. (1) ① (②은 일본에 대한 대응)
   (2) ② (①은 거란에 대한 대응)
   (3) ① (②은 별무반)
   (4) ② (①은 고려 말 전투)

필수 기출로 개념 적용하기 — 기출주제 13 고려의 대외 관계

01 [74회 기출]

(가), (나) 사이의 시기에 있었던 사실로 옳은 것은? [2점]

> (가) 거란에서 사신을 파견하며 낙타 50필을 보냈다. 왕은 거란이 일찍이 발해와 지속적으로 화목하다가 갑자기 의심을 일으켜 맹약을 어기고 멸망시켰으니, 이는 매우 무도하여 친선 관계를 맺을 이웃으로 삼을 수는 없다고 생각하였다. 드디어 교빙을 끊고 사신 30인을 섬으로 유배 보냈으며, 낙타는 만부교 아래에 매어두니 모두 굶어 죽었다.
>
> (나) 왕이 나주로 들어갔는데, 밤에 척후병이 잘못 보고하기를, "거란 군사들이 이르렀습니다."라고 하였다. 왕이 크게 놀라서 밖으로 달려 나오자 지채문이 아뢰어 이르기를, "주상께서 밤중에 행차하시면 백성들이 놀라 혼란하게 되니, 바라옵건대 행궁으로 돌아가십시오. 제가 염탐하여 알아보고 나서, 그 후에 움직이셔도 됩니다."라고 하였다.

① 묘청이 칭제 건원을 주장하였다.
② 강감찬이 흥화진 전투에서 승리하였다.
③ 서희의 활약으로 강동 6주를 획득하였다.
④ 최우가 강화도로 도읍을 옮겨 항전하였다.
⑤ 윤관이 별무반을 이끌고 동북 9성을 개척하였다.

02 [69회 기출]

(가)에 대한 고려의 대응으로 옳은 것은? [2점]

> 변방의 장수가 보고하기를, " (가) 이/가 매우 사나워 변방의 성을 침입하고 있습니다."라고 하였다. …… 드디어 출병하기로 의논을 정하여 윤관을 원수로 삼고 지추밀원사 오연총을 부원수로 삼았다. 윤관이 아뢰기를, "신이 일찍이 선왕의 밀지를 받들었고 지금 또 엄명을 받았으니, 어찌 감히 삼군을 통솔하여   (가) 의 보루를 깨뜨리고 우리의 강토를 개척하여 나라의 수치를 씻지 않겠습니까."라고 하였다.

① 광군을 창설하여 침입에 대비하였다.
② 박위를 파견하여 근거지를 토벌하였다.
③ 강화도로 도읍을 옮겨 장기 항전을 준비하였다.
④ 선물 받은 낙타를 만부교에서 굶어 죽게 하였다.
⑤ 동북 9성을 설치하고 경계를 알리는 비석을 세웠다.

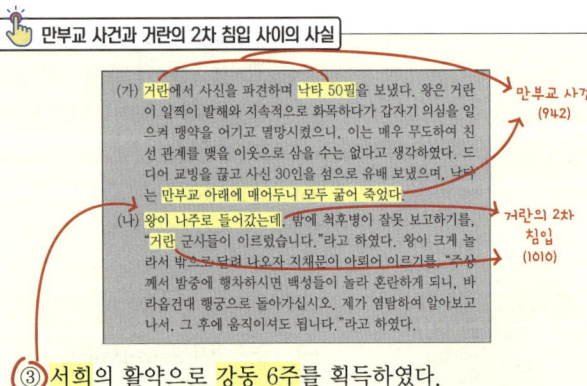

만부교 사건과 거란의 2차 침입 사이의 사실

③ **서희**의 활약으로 **강동 6주**를 획득하였다.

고려 태조 왕건은 발해를 멸망시킨 **거란에 대한 강경책**을 펼쳐 거란이 파견한 사신을 유배 보내고, 선물로 보낸 **낙타 50마리를 굶어 죽게 하였다**(만부교 사건, 942). 이후 성종 때 거란이 송과의 친선 관계를 끊을 것 등을 요구하며 고려에 **1차 침입**하였으나, 서희가 **외교 담판**(993)을 통해 이를 막고 **강동 6주를 획득**하였다. 그러나 거란은 **강조의 정변**을 구실로 현종 때 **2차 침입**(1010)하였고, 이에 현종은 나주까지 피난하였다.

오답 클리어
① 묘청이 칭제 건원을 주장하였다. → 1132년, (나) 이후
② 강감찬이 흥화진 전투에서 승리하였다. → 1018년, (나) 이후
④ 최우가 강화도로 도읍을 옮겨 항전하였다. → 1232년, (나) 이후
⑤ 윤관이 별무반을 이끌고 동북 9성을 개척하였다.
  → 1107년, (나) 이후

여진에 대한 고려의 대응

⑤ **동북 9성을 설치**하고 경계를 알리는 비석을 세웠다.

고려는 기병(말을 탄 군사) 중심인 변방의 여진에게 패하자, **숙종** 때 여진 정벌을 위해 **신기군, 신보군, 항마군** 등으로 구성된 특수 부대인 **별무반**을 조직하였다. 이후 예종 때에는 윤관이 별무반을 이끌고 여진을 정벌하여 **동북 9성을 설치**하고, 경계를 알리는 비석을 세웠다.

오답 클리어
① 광군을 창설하여 침입에 대비하였다.
  → 거란에 대한 고려의 대응
② 박위를 파견하여 근거지를 토벌하였다.
  → 왜구에 대한 고려의 대응
③ 강화도로 도읍을 옮겨 장기 항전을 준비하였다.
  → 몽골에 대한 고려의 대응
④ 선물 받은 낙타를 만부교에서 굶어 죽게 하였다.
  → 거란에 대한 고려의 대응

03 [71회 기출]

(가)에 대한 고려의 대응으로 옳은 것은? [2점]

> ○ 박서는 김중온의 군사로 성의 동서쪽을, 김경손의 군사로는 성의 남쪽을, 별초 250여 인은 나누어 3면을 지키게 하였다. (가) 의 군사들이 성을 여러 겹으로 포위하고 공격하자 성안의 군사들이 갑자기 나가 싸워 그들을 패주시켰다.
>
> ○ 송문주는 귀주에서 종군하였던 사람인데 그 공으로 낭장(郎將)으로 초수(超授)되었다. 이후 죽주 방호별감이 되었을 때, (가) 이/가 죽주성에 이르러 보름 동안이나 다방면으로 공격하였으나 성을 빼앗지 못하고 물러갔다.

① 강화도로 도읍을 옮겨 항전하였다.
② 광군을 창설하여 침입에 대비하였다.
③ 화통도감을 설치하여 군사력을 증강하였다.
④ 철령위 설치에 반발하여 요동 정벌을 추진하였다.
⑤ 신기군, 신보군, 항마군으로 구성된 별무반을 창설하였다.

04 [60회 기출]

(가)~(다)를 일어난 순서대로 옳게 나열한 것은? [2점]

> (가) 백관을 소집하여 금을 섬기는 문제에 대한 가부를 의논하게 하니 모두 불가하다고 하였다. 이자겸, 척준경만이 "사신을 보내 먼저 예를 갖추어 찾아가는 것이 옳습니다."라고 하니 왕이 이 말을 따랐다.
>
> (나) 나세·심덕부·최무선 등이 왜구를 진포에서 공격해 승리를 거두고 포로 334명을 구출하였으며, 김사혁은 패잔병을 임천까지 추격해 46명을 죽였다.
>
> (다) 몽골군이 쳐들어와 충주성을 70여 일간 포위하니 비축한 군량이 거의 바닥났다. 김윤후가 괴로워하는 군사들을 북돋우며, "만약 힘을 다해 싸운다면 귀천을 가리지 않고 모두 관작을 제수할 것이니 불신하지 말라."라고 하였다.

① (가) - (나) - (다)
② (가) - (다) - (나)
③ (나) - (가) - (다)
④ (나) - (다) - (가)
⑤ (다) - (가) - (나)

기출주제 14 원 간섭기와 공민왕의 개혁 정치

빈출 태그 | #정동행성 #충렬왕 #만권당 #정치도감 #변발, 호복 #공민왕의 반원 정책 #쌍성총관부 #정방 #전민변정도감

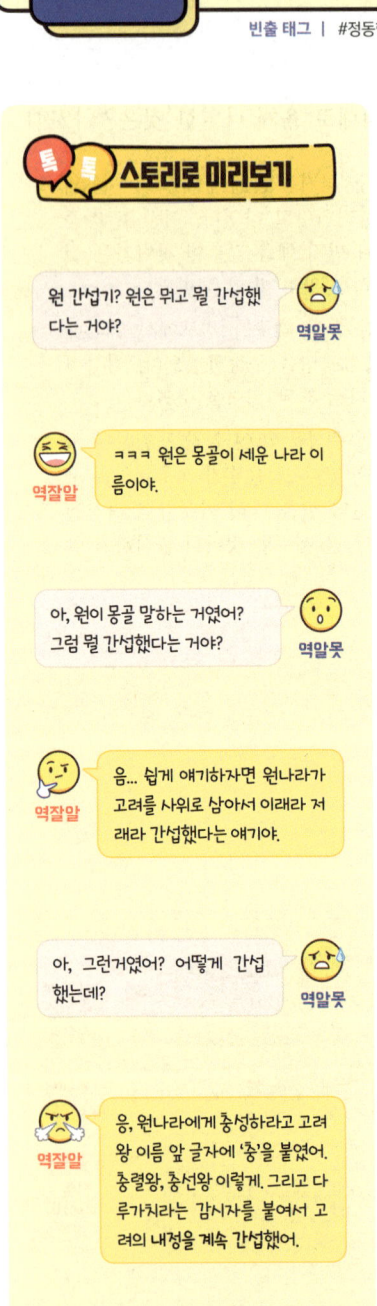

1 원 간섭기
└ 고종 때 태자(이후 원종)를 몽골에 보내 쿠빌라이를 배알(높은 사람을 찾아가 뵘)하고 강화를 맺으면서 시작됨

(1) 원의 내정 간섭

	└ 충렬왕이 제국 대장 공주와, 공민왕이 노국 대장 공주와 결혼
부마국 체제 성립	: 고려 왕이 원의 공주와 결혼해 고려가 원의 부마(사위)국이 되면서 원의 명령에 의해 국왕이 자주 바뀌게 됨
★관제와 왕실 호칭 격하	─ 중앙 관제 격하: 2성을 첨의부로, 6부를 4사로, 중추원을 밀직사로 바꿈 └ 충렬왕 때부터 관계가 격하됨 / 중서문하성과 상서성 └ 왕실 호칭 격하: 왕의 시호 앞에 '충성할 충(忠)'자를 사용하게 하고, 폐하를 전하로, 태자를 세자로, 선지를 왕지로, 짐을 고로 바꿈
★정동행성 설치	: 충렬왕 때 일본 원정을 위한 정동행성이 원에 의해 설치되었고, 일본 원정이 끝난 이후에도 존속되어 고려의 내정을 간섭함 └ 동쪽(일본)을 정벌하기 위한 관청이라는 뜻 └ 왕명
다루가치 파견	: 원이 내정 간섭을 위해 감찰관으로 다루가치를 파견함
영토 상실	: 원이 우리 영토에 쌍성총관부(화주), 동녕부(평양), 탐라총관부(제주도)라는 통치 기관을 설치하고 이 지역을 직접 다스림
인적·물적 수탈	─ 공녀 징발: 결혼도감을 통해 고려의 처녀들이 원의 공녀로 징발됨 └ 응방 설치: 매를 징발하기 위한 관청을 설치함 └ 국가의 중대사를 관장하기 위해 수시로 설립한 임시 관서 / 공물로 바치는 여자라는 뜻

(2) 원 간섭기의 개혁 정치

충렬왕	─ 전민변정도감 설치: 토지와 노비 문제를 해결하기 위한 임시 기구를 설치함 └ 영토 회복: 빼앗긴 동녕부와 탐라총관부를 반환 받음
충선왕	─ 사림원 설치: 왕명의 출납을 담당하는 관청을 설치함 └ 만권당 설립: 원의 수도인 연경(베이징)에 학문 연구소를 설립하였고, 이곳에서 이제현 등의 고려 유학자들이 원의 유학자들과 교류함 └ 아들인 충숙왕에게 양위한 후 설립
충목왕	: 권문세족의 불법 토지 점령 등 폐단을 개혁하기 위한 기구인 정치도감을 설치함

(3) 원 간섭기의 사회 모습

사회 혼란	: 친원 세력인 권문세족이 고위 관직을 독점하고 농장을 확대하여 사회 혼란이 심화됨 └ 기존의 문벌 귀족, 몽골어를 익힌 역관 등이 포함됨
풍속 변화	─ 몽골풍 유행: 변발, 족두리, 호복 등의 몽골 풍습이 고려에서 유행함 └ 조혼 성행: 원에 공녀로 끌려가기 전 일찍 결혼하는 풍속이 성행함
문화 발전	: 원을 통해 성리학, 수시력(역법), 화약 제조법 등이 도입됨

2 공민왕의 개혁 정치

└ 원나라의 공주인 노국 대장 공주와 혼인함

- **배경**
  - 대외적: 원나라에서 명나라로 중국의 지배 세력이 교체(원·명 교체기)되면서 원의 간섭이 약화됨
  - 대내적: 신진 사대부가 성장하면서 왕권 강화의 기반이 마련됨

★★ **반원 자주 정책**
- 친원 세력 숙청: 고려의 권문세족인 기철을 비롯한 친원 세력을 숙청함
- 기구 혁파: 정동행성 이문소를 폐지함
  └ 정동행성의 부속 관서
- 관제 복구: 원의 연호 사용을 중지하고, 격하된 관제를 복구함
- 영토 회복: 무신 유인우, 이자춘 등이 쌍성총관부를 공격하여 철령 이북의 땅을 수복함
- 몽골풍 폐지: 변발을 금지하고, 오랑캐의 복장(호복)을 폐지함

▲ 쌍성총관부

★★ **왕권 강화 정책**
- 정방 폐지: 인사권을 장악하기 위해 인사 행정을 담당하던 정방을 폐지함
- 성균관 정비: 성균관을 순수 유학 교육 기관으로 개편함
- 전민변정도감 설치
  - 권문세족의 경제적 기반을 약화시키기 위해 승려 신돈을 등용하고 전민변정도감을 둠
  - 불법적으로 빼앗긴 토지를 원래의 주인에게 돌려주거나, 억울하게 노비가 된 자들을 본래 신분으로 되돌려줌

▲ 천산대렵도
└ 공민왕 작품으로 추정됨

백발백중 기출 사료 | 📍공민왕의 영토 회복 [66회]

왕이 이자춘에게 이르기를, "경은 마땅히 돌아가서 우리 민을 진정시키고, 만일 변란이 일어나면 마땅히 내 명령대로 하라."라고 하였다. …… 이자춘이 명령을 듣고 곧 행군하여 유인우와 합세한 후 쌍성총관부를 공격하여 격파하였다.

➡ **사료 해석**: 공민왕은 원의 세력이 약화되자 이자춘 등에 명하여 쌍성총관부를 공격하고 철령 이북의 땅을 되찾는 등 반원 자주 정책을 전개하였다.

3 고려 말의 정치 상황

- **신진 사대부의 성장**
  - 성장: 과거를 통해 중앙 관리로 진출한 새로운 정치 세력으로, 공민왕의 개혁 과정에서 크게 성장함
  - 활동: 성리학을 개혁 사상으로 삼아 권문세족의 횡포를 비판함
    └ 유학의 한 갈래로, 인간의 심성을 우주의 원리와 연결하여 이해함
  - 분화: 고려의 개혁 방향을 두고 분화됨
    - 온건파 사대부(포은 정몽주, 이색 등): 점진적 개혁을 추구하고 고려 왕조 유지를 주장함(역성 혁명 반대)
    - 혁명파 사대부(삼봉 정도전, 조준 등): 급진적 개혁을 추구하고 새로운 왕조 개창을 주장함(조선 건국 주도)

- **신흥 무인 세력의 성장**: 홍건적과 왜구의 침입을 격퇴하는 과정에서 최영, 이성계 등이 신흥 무인 세력으로 성장함
  └ 홍산 전투 ┘ └ 황산 전투

- **최영의 집권과 왕권 회복**: 우왕 때 최영이 이성계와 사대부 세력의 지원을 받아 이인임 등의 권문세족을 축출하여 왕권을 회복하고 권력을 잡음
  └ 군사 작전에 필요한 것들을 보급 및 지원하는 군영

- **요동 정벌**: 우왕 때 명이 철령 이북에 철령위를 설치할 것임을 통보하자 최영이 요동 정벌을 주장하였고, 이성계는 4불가론을 들며 반대함
  └ 요동 정벌을 반대하는 4가지 이유

- **위화도 회군**: 우왕과 최영이 요동 정벌을 명령하자 이성계가 위화도에서 회군을 단행함

✅ 기출 선택지로 개념 다지기

1. 빈칸의 답을 채워보세요.

(1) 원의 일본 원정을 위해 설치된 기구: ☐ [70·67회]

(2) 충선왕이 설치한 학문 연구소: ☐ [72·71회]

(3) 공민왕이 수복한 지역: ☐ [69·64회]

(4) 공민왕이 폐지한 인사 기구: ☐ [67회]

(5) 토지를 원래 주인에게 돌려주기 위해 설치한 기구: ☐ [73·71·68·67회]

2. 질문에 맞는 답을 고르세요.

(1) 원 간섭기의 모습은? [68회]
① 지배층을 중심으로 변발과 호복이 유행하였다.
② 가혹한 수탈에 저항하여 망이·망소이가 봉기하였다.

(2) 충렬왕 재위 이후의 사실은? [42회]
① 최충이 유학을 교육하는 9재 학당을 설립하였다.
② 이제현이 만권당에서 유학자들과 교류하였다.

(3) 공민왕 때의 사실은? [54회]
① 유인우, 이자춘 등이 쌍성총관부를 수복하였다.
② 명의 철령위 설치에 반발하여 요동 정벌이 추진되었다.

(4) 공민왕의 정책은? [49회]
① 중서문하성과 상서성을 복구하였다.
② 조준 등의 건의로 과전법을 제정하였다.

(5) 최영의 활동은? [69회]
① 홍산 전투에서 왜구를 물리쳤다.
② 의종 복위를 도모하여 군사를 일으켰다.

정답 | 1. (1) 정동행성 (2) 만권당
(3) 쌍성총관부 (4) 정방
(5) 전민변정도감

2. (1) ① (②은 무신 집권기)
(2) ② (①은 문종 때, 충렬왕 재위 이전)
(3) ① (②은 우왕 때)
(4) ① (②은 공양왕)
(5) ① (②은 김보당)

필수 기출로 개념 적용하기 기출주제 14 원 간섭기와 공민왕의 개혁 정치

01 [72회 기출]

밑줄 그은 '시기'의 사실로 옳은 것은? [2점]

① 권문세족이 도평의사사를 장악하였다.
② 왕조 교체를 예언하는 『정감록』이 유포되었다.
③ 강조가 정변을 일으켜 김치양을 제거하였다.
④ 김보당이 의종 복위를 주장하며 난을 일으켰다.
⑤ 국정을 총괄하는 기구로 교정도감이 설치되었다.

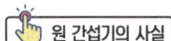

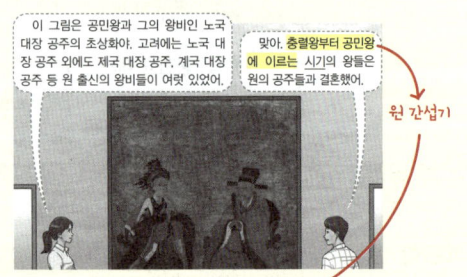

① 권문세족이 도평의사사를 장악하였다.

고려는 **원 간섭기**에 충렬왕이 원의 제국 대장 공주와 혼인하면서부터 공민왕이 개혁 정책을 펼치기 전까지 원의 **부마(사위)국**이 되었으며, 이에 원 국가의 행정 조직인 관제도 부마국에 맞게 격하되었다. 또한 친원 세력이 **권문세족으로 성장**하여 **도평의사사를 장악**하고 고위 관직을 독점하였다.

🔹 오답 클리어
② 왕조 교체를 예언하는 『정감록』이 유포되었다. → 조선 후기
③ 강조가 정변을 일으켜 김치양을 제거하였다. → 고려 전기
④ 김보당이 의종 복위를 주장하며 난을 일으켰다. → 무신 집권기
⑤ 국정을 총괄하는 기구로 교정도감이 설치되었다. → 무신 집권기

02 [70회 기출]

다음 자료에 나타난 시기의 사회 모습으로 적절한 것은? [1점]

○ 당시 응방·겁령구 및 내수(內竪) 등의 천한 자들이 모두 사전(賜田)을 받았는데, 많은 경우는 수백 결에 이르렀다. 일반 백성을 유인하여 전호로 삼고, 가까운 곳에 있는 민전에서는 모두 수조하였으므로 주와 현에서는 부세가 들어올 바가 없게 되었다.

○ 공주가 장차 입조(入朝)할 예정이었으므로, 인후와 염승익에게 명하여 양가의 자녀로서 나이가 14~15세인 자들을 선발하였고, 순군(巡軍)과 홀적(忽赤) 등으로 하여금 인가를 수색하게 하였다. 혹 밤중에 침실에 돌입하거나 노비를 포박하여 심문하기도 하였으니, 비록 자녀가 없는 자라 할지라도 깜짝 놀라 동요하게 되었다. 원망하며 우는 소리가 온 거리에 가득하였다.

① 최충이 9재 학당을 설립하였다.
② 만적이 개경에서 반란을 모의하였다.
③ 지배층을 중심으로 변발과 호복이 유행하였다.
④ 국난 극복을 기원하며 초조대장경이 조판되었다.
⑤ 기근에 대비하기 위하여 『구황촬요』가 간행되었다.

③ 지배층을 중심으로 변발과 호복이 유행하였다.

원 간섭기에 고려는 **충렬왕**이 원의 제국 대장 공주와 혼인하면서 **원의 부마(사위)국**이 되었다. 이에 따라 원나라의 공주를 따라온 시종인 **겁령구**가 고려에 머무르며 사치스러운 생활을 일삼았고, 친원 세력이 **권문세족으로 성장**하였다. 한편 이 시기에는 원의 풍습이 많이 유입되어 지배층을 중심으로 **변발과 호복** 등의 몽골풍이 유행하였다.

🔹 오답 클리어
① 최충이 9재 학당을 설립하였다. → 고려 문벌 귀족 집권기
② 만적이 개경에서 반란을 모의하였다. → 고려 무신 집권기
④ 국난 극복을 기원하며 초조대장경이 조판되었다. → 고려 초기
⑤ 기근에 대비하기 위하여 『구황촬요』가 간행되었다. → 조선 전기

03

[73회 기출]

(가) 왕의 재위 시기에 있었던 사실로 옳은 것은? [2점]

① 대각국사 의천이 천태종을 개창하였다.
② 신돈을 중심으로 전민변정 사업이 추진되었다.
③ 만적이 개경에서 노비를 모아 반란을 모의하였다.
④ 최충이 문헌공도를 설립하여 유학 교육에 힘썼다.
⑤ 이규보가 고구려 계승 의식을 강조한 『동명왕편』을 지었다.

 공민왕

② 신돈을 중심으로 전민변정 사업이 추진되었다.

공민왕은 즉위 후 원이 정치적 혼란에 빠진 틈을 타 원의 간섭에서 벗어나기 위한 반원 자주 정책을 실시하였다. 우선 기철을 비롯한 친원 세력을 숙청하고, 유인우, 이자춘 등에게 쌍성총관부를 공격하게 하여 철령 이북의 땅을 수복하였다. 또한 신돈을 중심으로 권문세족이 불법적으로 차지한 토지나 노비를 되찾아 바로잡도록 하는 전민변정 사업을 추진하였다.

오답 클리어
① 대각국사 의천이 천태종을 개창하였다. → 숙종
③ 만적이 개경에서 노비를 모아 반란을 모의하였다. → 신종
④ 최충이 문헌공도를 설립하여 유학 교육에 힘썼다. → 문종
⑤ 이규보가 고구려 계승 의식을 강조한 『동명왕편』을 지었다. → 명종

04

[69회 기출]

(가) 인물의 활동으로 옳은 것은? [2점]

① 홍산 전투에서 왜구를 물리쳤다.
② 화통도감의 설치를 건의하였다.
③ 정변을 일으켜 목종을 폐위하였다.
④ 의종 복위를 도모하여 군사를 일으켰다.
⑤ 교정별감이 되어 국정 전반을 장악하였다.

 최영

① 홍산 전투에서 왜구를 물리쳤다.

최영은 고려 말의 장군으로, 고려 말 왜구와 홍건적 침입을 격퇴하는 데 큰 공을 세웠으며 우왕 때 홍산에서 왜구의 침입을 격퇴하였다. 이후 최영은 요동 정벌을 추진하다가 요동 정벌에 파견된 이성계가 위화도에서 회군하여 정권을 장악하면서 죽임을 당하였다.

오답 클리어
② 화통도감의 설치를 건의하였다. → 최무선
③ 정변을 일으켜 목종을 폐위하였다. → 강조
④ 의종 복위를 도모하여 군사를 일으켰다. → 김보당
⑤ 교정별감이 되어 국정 전반을 장악하였다. → 최충헌

이건 꼭! 암기 최영
#홍산 전투 #요동 정벌 추진

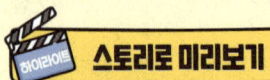

기출주제 15 고려의 경제와 사회

빈출 태그 | #시정 전시과 #과전법 #경시서 #해동통보 #은병 #벽란도 #상평창 #제위보

스토리로 미리보기

S#1 전시과라는 새로운 토지 제도가 시행되다!

우리는 고려의 공무원! 내일부터 일을 한 대가로 땅을 준다는데, 전시과라나 뭐라나? 내 땅이 되는 건 아니고 대신 그 땅에서 곡식이랑 땔감을 거둬서 쓰라는데 야무지게 걷어야겠어.

S#2 무역 활동이 활발하게 이루어지다!

내래 벽란도에서 장사하는 상인입네다. 글쎄 어제는 아라비아라는 저 먼 곳에서 상인들이 와 가지고 수은이랑 향료를 팔겠다고 아니 하겠소? 그리고 말을 잘 못하는지 우리나라를 '고려'인데 '코리아'라고 하지 뭡니까?

S#3 굶주리는 백성에게 곡식을 빌려주다!

아이고, 이를 어쩌나. 올해 농사가 망해서 당장 아이들 먹일 곡식이 없어 큰일이네. 그래도 나라에서 곡식을 빌려준다니 그거라도 받아야겠어. 의창으로 같이 가봅시다!

1 고려의 경제

(1) 토지 제도의 변천

- **역분전(태조)**: 공신들에게 인품과 공로에 따라 토지를 지급함
  ↓
- ★★ **시정 전시과(경종)**
  - 의미: 전·현직 관리에게 **인품과 공복**을 기준으로 **전지와 시지**를 차등 지급한 제도 [직관과 산관] [농사를 짓는 땅 / 땔감을 얻을 수 있는 땅]
  - 특징: 소유권이 아닌 조세를 받을 수 있는 권리인 수조권만 지급하였으며, 세습이 불가능함
  ↓
- **개정 전시과(목종)**: 지급 기준에서 인품을 배제하고 관등만 고려하여 토지를 지급함
  ↓
- **경정 전시과(문종)**: 현직 관리를 중심으로 토지를 지급하고 무관에 대한 대우를 개선시킴
  ↓
- **전시과 제도 붕괴**: 무신 정변 이후 귀족들이 토지를 독점하고 세습하자, 관리들에게 지급할 토지가 부족해지면서 붕괴됨
  ↓
- **녹과전 지급(원종)**: 무신 집권기에 전시과 체제의 붕괴로 관리들에게 토지와 녹봉을 지급할 수 없게 되자 관리들의 생계 유지를 위해 현직 관리 위주로 경기에 한정하여 녹과전을 지급함
  ↓
- **과전법(공양왕)**
  - 목적: 국가 재정을 확보하고 신진 사대부의 경제적 기반을 마련하기 위함
  - 특징: 정도전, 조준 등의 주도로 시행되었으며, **경기 지역에 한정**하여 수조권이 설정된 토지(과전)를 지급함

> **백발백중 기출 사료 | 개정 전시과** [71회]
> 12월에 문무 양반 및 군인들의 전시과를 개정하였다. 제1과는 전지 100결, 시지 70결을 지급한다. …… 제18과는 전지 20결을 지급한다. 이 한(限)에 들지 못한 자에게는 모두 전지 17결을 주기로 하고 이것을 통상의 법식으로 한다.
> ➡ **사료 해석**: 목종 때 관등만을 기준으로 18과로 나누어 전지와 시지를 지급한 개정 전시과가 시행되었으며, 이때 무관에 대한 대우가 개선되었다.

(2) 농업·수공업의 발달

- **농업 기술 발달**
  - 농법 발달: 시비법, 윤작법, 이앙법(모내기법) 등의 농법이 실시됨 [논밭에 거름을 주는 방법 / 한 경작지에 여러 다른 농작물을 돌려가며 재배하는 경작법]
  - 목화 재배: 문익점이 원나라에서 목화씨를 가져와 재배에 성공하여 보급됨
  - 농서 보급: 고려 말 문신 이암이 농서인 『농상집요』를 원나라로부터 소개하고 보급함
- **수공업의 발달**
  - 고려 전기: 국가에서 관리하는 관청 수공업과 소의 주민들이 관청에 공물로 납부할 옷감 등을 생산하는 소 수공업이 발달함 [특수 행정 구역]
  - 고려 후기: 농촌의 가내 수공업과 승려들이 만드는 사원 수공업이 발달함

(3) 상업의 발달

도시 상업 발달
- **시전 설치**: 개경·서경에 시전(시가지에 있는 큰 상점)이 설치됨
- **관영 상점 설치**: 개경, 서경 등 대도시에 나라에서 운영하는 상점이 설치됨
  - 서적점, 약점, 다점(차를 판매함) 등이 운영됨
- **경시서 설치**: 시전의 상행위를 감독하는 관청이 설치됨

⭐⭐ 화폐 주조
- **건원중보**: 성종 때 주조된 우리나라 최초의 화폐
- **삼한통보·해동통보**: 숙종 때 설치된 주전도감에서 주조된 화폐
- **은병(활구)**: 숙종 때 우리나라의 지형을 본떠서 제작한 화폐

무역 활동
- **특징**: 예성강 하구의 벽란도가 국제 무역항으로 발전하면서 발달함
- **송과의 무역**: 종이, 인삼 등을 수출하고 비단과 약재 등을 수입함
- **거란·여진과의 무역**: 농기구나 식량 등을 수출하고 모피와 말 등을 수입함
- **아라비아와의 무역**: 아라비아 상인들에게 수은과 향료 등을 수입함

2 고려의 사회

(1) 고려의 신분 제도

귀족
- **구성**: 왕족·공신과 5품 이상의 고위 관리로 구성됨
- **특권**: 음서와 공음전(5품 이상의 관리에게 지급된 토지)의 혜택을 받음
- **변천**: 호족 → 문벌 귀족 → 무신 → 권문세족 → 신진 사대부

중간 계층
- **특징**: 직역을 세습하고 그 대가로 국가로부터 토지인 외역전을 지급받음
- **향리**
  - **성장**: 지방 호족 세력을 재편하는 과정에서 등장해 무신 집권 이후 중앙으로 진출함
  - **역할**: 지방 행정의 실무를 담당함 ─ 향리직의 우두머리
  - **구성**: 지방의 실질적인 지배층인 호장·부호장과 하층 향리로 구성됨
  - **특징**: 기인제와 사심관제에 의한 통제를 받음

양민
- **백정**: 주로 농업에 종사하는 농민층으로, 과거 응시가 가능하였음
- **특수 집단민**: 향·부곡·소에 거주하며 일반 양민보다 세금을 많이 냄

천민
- 대다수가 노비로, 매매·상속·증여의 대상이 됨

(2) 고려의 사회 모습

농민 공동 조직 향도
- 불교 신앙 단체로 조직되었으나 점차 마을 공동 의식을 주도함
- 향나무를 바닷가에 묻는 매향 활동을 통해 미륵에게 구원 받고자 함

⭐⭐ 사회 제도
- **제위보**: 광종 때 설치된 기구로, 기금을 만들어 이자로 빈민을 구제함
- **의창**: 성종 때 설치된 구제 기구로, 곡식을 빌려줌
- **상평창**: 성종 때 설치된 물가 조절 기구
- **구제도감**: 병자의 치료를 위해 설치한 구호 시설
- **혜민국**: 예종 때 설치된 기구로, 병자에게 의약품을 지급함
- **동·서 대비원**: 환자의 치료와 빈민 구제를 담당하는 기구

여성의 지위
- **상속과 제사**: 남녀 차별 없이 균등하게 상속되었으며, 딸도 제사를 지냄
- **혼인**: 여성의 이혼과 재가가 가능했으며 재가한 여성의 자식도 차별 받지 않음
- **음서의 혜택**: 사위와 외손자에게까지 음서의 혜택이 있었음

✓ 기출 선택지로 개념 다지기

1. 빈칸의 답을 채워보세요.

(1) 경종 때 처음 실시된 고려의 토지 제도: ☐ 제도 [72·69·67회]

(2) 이암이 수입한 농서: 『☐』 [74회]

(3) 고려 시대에 상행위를 감독한 관청: ☐ [70·66·64회]

(4) 우리나라 최초의 화폐: ☐ [72·63·62회]

(5) 고려의 국제 무역항: ☐ [75·74·73·71회]

(6) 고려의 중간 계층: ☐ [31회]

(7) 광종 때 설치된 빈민 구제 기구: ☐ [73·70회]

(8) 성종 때 설치된 물가 조절 기구: ☐ [72회]

2. 질문에 맞는 답을 고르세요.

(1) 전시과 제도에 대한 설명은? [60회]
① 관등과 인품을 기준으로 수조권을 주었다.
② 지급 대상 토지를 원칙적으로 경기 지역에 한정하였다.

(2) 고려의 경제 모습은? [73회]
① 시장을 감독하는 관청인 동시전이 설치되었다.
② 벽란도가 국제 무역항으로 번성하였다.

(3) 향리에 대한 설명은? [34회]
① 직역이 대대로 세습되었다.
② 공음전을 받아 경제적 혜택을 누렸다.

(4) 고려 시대의 사회 모습은? [74회]
① 병자에게 약을 지급하는 혜민국이 설치되었다.
② 국산 약재와 치료 방법을 정리한 『향약집성방』이 간행되었다.

정답 | 1. (1) 전시과 (2) 농상집요 (3) 경시서
(4) 건원중보 (5) 벽란도 (6) 향리
(7) 제위보 (8) 상평창
2. (1) ① (②은 과전법)
(2) ② (①은 신라)
(3) ① (②은 문벌 귀족)
(4) ① (②은 조선 시대)

필수 기출로 개념 적용하기 기출주제 15 고려의 경제와 사회

01 [60회 기출]

(가), (나)에 해당하는 토지 제도에 대한 설명으로 옳은 것은? [3점]

> (가) 문종 30년 양반 전시과를 다시 개정하였다. 제1과는 전지 100결, 시지 50결(중서령·상서령·문하시중) …… 제18과는 전지 17결(한인·잡류)로 한다.
>
> (나) 공양왕 3년 도평의사사에서 글을 올려 과전의 지급에 관한 법 제정을 건의하니 왕이 허락하였다. …… 1품부터 9품의 산직까지 나누어 18과로 하였다.

① (가) - 조준 등의 건의로 제정되었다.
② (가) - 관등과 인품을 기준으로 수조권을 주었다.
③ (나) - 개국 공신에게 역분전을 지급하였다.
④ (나) - 지급 대상 토지를 원칙적으로 경기 지역에 한정하였다.
⑤ (가), (나) - 수조권 외에 노동력을 징발할 수 있는 권한을 주었다.

02 [75회 기출]

다음 상황이 나타난 국가의 경제 모습으로 옳은 것은? [2점]

> ○ 동소(銅所)·철소(鐵所)·자기소(瓷器所)·지소(紙所)·묵소(墨所) 등 여러 소에서 별공으로 바치는 물건들을 너무 과중하게 징수하여 장인들이 고통스러워 도망하고 있다.
>
> ○ 왕이 명령하기를, "이제 처음으로 화폐를 주조하는 법을 제정하였으니, 주조한 돈 1만 5천 관(貫)을 여러 관리와 군인들에게 나누어 주어 이를 통용의 시초로 삼고 전문(錢文)은 해동통보라 하여라."라고 하였다.

① 청해진을 설치하여 해상 무역을 전개하였다.
② 재정 문제를 해결하기 위한 당백전이 발행되었다.
③ 계해약조가 체결되어 세견선의 입항이 허가되었다.
④ 육의전을 제외한 시전 상인의 금난전권이 폐지되었다.
⑤ 예성강 하구의 벽란도가 국제 무역항으로 번성하였다.

경정 전시과와 과전법

④ (나) - 지급 대상 토지를 원칙적으로 경기 지역에 한정하였다.

(가) **경정 전시과**: 문종 때 **현직 관리**를 중심으로 토지를 지급하고, **무관에 대한 대우를 개선**한 토지 제도이다.
(나) **과전법**: 공양왕 때 관리에게 수조권이 설정된 토지(과전)를 주되, 지급 대상 토지를 **경기 지역에 한정**한 토지 제도이다.

오답 클리어
① 조준 등의 건의로 제정되었다. → 과전법
② 관등과 인품을 기준으로 수조권을 주었다. → 시정 전시과
③ 개국 공신에게 역분전을 지급하였다. → X
⑤ 수조권 외에 노동력을 징발할 수 있는 권한을 주었다. → 녹읍, 식읍

고려의 경제 모습

⑤ 예성강 하구의 벽란도가 국제 무역항으로 번성하였다.

고려는 특수 행정 구역인 **향·부곡·소**가 있었으며, 국가의 재정을 확보하고 경제 활동을 활성화시키기 위해 화폐를 주조하기 시작하였다. 특히 **숙종** 때에는 의천의 건의로 **주전도감**을 설치하고 고액 화폐인 **은병(활구)**과 동전인 **해동통보, 삼한통보** 등을 주조하였다. 한편 고려 시대에는 **예성강 하구의 벽란도가 국제 무역항으로 번성**하여 송, 일본, 아라비아 상인들과 왕래하는 등 대외 교류가 활발하게 전개되었다.

오답 클리어
① 청해진을 설치하여 해상 무역을 전개하였다. → 통일 신라
② 재정 문제를 해결하기 위한 당백전이 발행되었다. → 조선
③ 계해약조가 체결되어 세견선의 입항이 허가되었다. → 조선
④ 육의전을 제외한 시전 상인의 금난전권이 폐지되었다. → 조선

이건 꼭! 암기 고려의 경제 상황
#벽란도 #해동통보 #소 수공업 발달

03

[19회 기출]

밑줄 그은 '이들'에 대한 설명으로 옳지 <u>않은</u> 것은? [2점]

> 이들의 첫 벼슬은 후단사이며, 두 번째 오르면 병사·창사가 되고, 세 번째 오르면 주·부·군·현의 사가 되며, 네 번째 오르면 부병정·부창정이 되며, 다섯 번째 오르면 부호정이 되고, 여섯 번째 오르면 호정이 되며, 일곱 번째 오르면 병정·창정이 되고, 여덟 번째 오르면 부호장이 되고, 아홉 번째 오르면 호장이 된다. - 『고려사』

① 지방 행정의 실무를 담당하였다.
② 공음전을 지급받아 부를 세습하였다.
③ 기인제와 사심관제에 의해 통제를 받았다.
④ 무신 집권 이후 중앙 정계 진출이 많아졌다.
⑤ 지방 호족 세력을 재편하는 과정에서 나타났다.

04

[58회 기출]

다음 상황이 나타난 시기의 사회 시책으로 옳은 것은? [2점]

> ○ 왕이 명하였다. "도성 안의 백성들이 역질에 걸렸으니 구제도감을 설치하여 치료하고, 시신과 유골은 거두어 비바람에 드러나지 않게 매장하라."
> ○ 중서성에서 아뢰었다. "지난해 관내 서도의 주현에 흉년이 들어 백성이 굶주리고 있습니다. 사창과 공해(公廨)의 곡식을 내어 경작을 원조하고, 가난하여 스스로 살아갈 수 없는 자는 의창을 열어 진휼하십시오."

① 유랑민을 구휼하는 활인서를 두었다.
② 백성들에게 곡식을 빌려주는 진대법을 실시하였다.
③ 국산 약재와 치료법을 소개한 『향약집성방』을 편찬하였다.
④ 기근에 대비하기 위해 『구황촬요』를 간행하여 보급하였다.
⑤ 기금을 모아 그 이자로 빈민을 구제하는 제위보를 운영하였다.

고려의 향리

> 이들의 첫 벼슬은 후단사이며, 두 번째 오르면 병사·창사가 되며, 세 번째 오르면 주·부·군·현의 사가 되며, 네 번째 오르면 부병정·부창정이 되며, 다섯 번째 오르면 부호정이 되고, 여섯 번째 오르면 호정이 되며, 일곱 번째 오르면 병정·창정이 되고, 여덟 번째 오르면 부호장이 되고, 아홉 번째 오르면 호장이 된다. - 『고려사』

② <u>공음전</u>을 지급받아 부를 세습하였다. → 고려의 문벌 귀족

고려 시대의 **문벌 귀족**은 5품 이상의 관리에게 지급된 토지인 **공음전**을 받아 세습하여 부를 축적하였다. 한편 **고려의 향리**는 지방 행정의 실무를 담당하였는데, 이들 중 상층 향리를 **호장·부호장**이라고 불렀다.

오답 클리어
① 고려의 향리는 지방 행정의 실무를 담당하였다.
③ 고려의 향리는 기인제와 사심관제에 의해 통제를 받았다.
④ 고려의 향리는 무신 집권 이후 중앙 정계 진출이 많아졌다.
⑤ 고려의 향리는 지방 호족 세력을 재편하는 과정에서 나타났다.

이건 꼭! 암기 고려의 향리
#호장 #부호장 #지방 행정 담당

고려 시대의 사회 시책

> ○ 왕이 명하였다. "도성 안의 백성들이 역질에 걸렸으니 <u>구제도감</u>을 설치하여 치료하고, 시신과 유골은 거두어 비바람에 드러나지 않게 매장하라."
> ○ 중서성에서 아뢰었다. "지난해 관내 서도의 주현에 흉년이 들어 백성이 굶주리고 있습니다. 사창과 공해(公廨)의 곡식을 내어 경작을 원조하고, 가난하여 스스로 살아갈 수 없는 자는 <u>의창</u>을 열어 진휼하십시오."

→ 고려 시대

⑤ 기금을 모아 그 이자로 빈민을 구제하는 <mark>제위보</mark>를 운영하였다.

고려 시대에는 민생을 안정시키기 위한 여러 사회 정책을 시행하였다. 우선 광종은 일정 기금을 모아 그 이자로 빈민을 구제하는 **제위보**를 설치하였고, 성종은 태조 왕건 때 설치된 빈민 구휼 기관인 흑창을 **의창**으로 확대·개편하였다. 이후 예종은 **구제도감**을 설치하여 전염병 퇴치, 병자 치료 등을 담당하게 하였다.

오답 클리어
① 유랑민을 구휼하는 활인서를 두었다. → 조선 시대
② 백성들에게 곡식을 빌려주는 진대법을 실시하였다. → 고구려
③ 국산 약재와 치료법을 소개한 『향약집성방』을 편찬하였다. → 조선 전기
④ 기근에 대비하기 위해 『구황촬요』를 간행하여 보급하였다. → 조선 전기

이건 꼭! 암기 고려 시대의 사회 시책
#제위보 #흑창 → 의창 #구제도감

III 고려 시대 기출주제 15

기출주제 16 고려의 문화

빈출 태그 | #9재 학당 #7재 #양현고 #『삼국사기』 #『삼국유사』 #의천 #지눌 #안동 봉정사 극락전 #논산 관촉사 석조 미륵보살 입상 #『직지심체요절』

스토리로 미리보기

음, 점점 헷갈리는 것들이 많아지는데 정리 좀 해줄래? — 역알못

어떤 부분이 헷갈리는데~? — 역잘알

관학이랑 사학이랑 뭐가 다른 거야? — 역알못

오늘 날로 비유하자면 관학이 국립 학교이고, 사학이 사립 학교야. — 역잘알

오, 이제 잘 알겠어. 그럼 『삼국사기』랑 『삼국유사』는 뭐가 다른거야? 이름부터 완전 비슷해서 헷갈려ㅠㅠ — 역알못

음, 두 가지만 기억해. 『삼국사기』는 임금의 명령으로 쓴 역사서고, 『삼국유사』는 스님이 직접 쓴 역사서야. 그래서 『삼국유사』에는 단군 신화와 같은 재미있는 이야기들이 함께 실려 있지. — 역잘알

오, 마지막으로 하나만 더 물어볼게~ 스님은 대체 어떻게 구분해야 되는 거야? 이름도 다 두 글자라 정말 헷갈려. — 역알못

고려 시대의 승려는 딱 두 사람만 기억하면 돼, 의천과 지눌! 의천이 사실은 왕의 아들이었다는 점이 힌트로 나오니까 그걸로 구분하면 돼~ — 역잘알

1 고려의 유학

(1) 유학의 발달 과정

고려 초기
- **특징**: 자주적·주체적 성격의 유교를 정치 이념으로 정립함
- **대표 학자**: 최승로(유교 사상을 통치의 근본으로 삼은 시무 28조 작성)

고려 중기
- **특징**: 문벌 귀족 사회의 발달로 유교 사상이 점차 보수적 성향으로 기욺
- **대표 학자**
  - **최충**: 해동공자로 불림, 사립 교육 기관인 **9재 학당**을 건립함
  - 김부식: 유교 사관에 입각하여 『삼국사기』를 저술함

고려 후기
- **성리학의 전래**: 충렬왕 때 안향이 성리학을 소개함
- **성리학의 전파**: 이제현이 원의 연경에 설치된 **만권당에서 원의 성리학자들과 교류**한 뒤 귀국하여 이색 등에게 성리학을 전파함
- **성리학의 확산**: 공민왕 때 이색이 정몽주, 정도전 등에게 성리학을 가르침

(2) 유학 교육 기관

관학(관립 학교) — [고려 후기에 성균관으로 개칭됨]
- 중앙: **국자감(국학)**에서 유학(국자학·태학·사문학)과 기술학(율학·서학·산학) 교육을 실시함
- 지방: 향교를 설치하여 지방 관리와 서민 자제들을 교육함

사학(사립 학교): 최충의 문헌공도(9재 학당)를 포함한 12개의 사학(사학 12도)이 발달함
→ 사학에서 공부한 학생들이 과거에 많이 합격하면서 사학이 융성하자 관학이 위축되고, 국왕들이 관학을 진흥시키기 위해 여러 정책을 실시함

 관학 진흥책
- **숙종**: 국자감에 출판을 담당하는 서적포를 두어 서적 간행을 활성화함
- **예종**
  - 국자감(국학)에 전문 강좌인 **7재**를 설치함
  - 일종의 장학 재단인 **양현고**를 설치하여 장학 기금을 마련함
  - 왕실 도서관 겸 학문 연구소인 **청연각·보문각**을 설치함
- **인종**: 국학의 교육 과정을 경사 6학으로 정비하고, 지방 교육을 강화함

(3) 주요 역사서

『삼국사기』(김부식)
- 현존하는 우리나라 최고(最古)의 역사서
- 유교적 합리주의 사관에 기초하여 본기·열전 등 **기전체**로 편찬함 — [역사를 여러 항목으로 나누어 편찬하는 역사 서술 방식]

『동명왕편』(이규보)
- 고구려 건국 시조인 동명왕(주몽)의 일대기를 서사시 형태로 서술함
  → 고구려 계승 의식이 반영됨
- 이규보의 문집인 『동국이상국집』에 수록되어 있음 — [시, 가전체 소설 등 다양한 작품이 실려 있음]

> **백발백중 기출 사료** | 『삼국사기』 [66회]
> 우리 해동(海東) 삼국도 역사가 길고 오래되어 마땅히 그 사실이 책으로 기록되어야 하므로 폐하께서 이 늙은 신하에게 명하시어 편집하도록 하셨습니다.
> ➔ **사료 해석**: 김부식은 인종의 명으로 현존하는 우리나라 최고(最古)의 역사서인 『삼국사기』를 편찬하였다.

┌ 군위 인각사에서 저술
『삼국유사』(일연) ─ 불교사를 중심으로 고대의 민간 설화, 삼국의 건국 신화 등을 수록함
             └ 우리나라의 문화와 전통을 중시하였으며, 단군의 건국 이야기를 수록함

백발백중 기출 사료 | 『삼국유사』 [61회]
이로 보건대 삼국의 시조가 모두 신비로운 데에서 탄생하였다고 하여 이상할 것이 없다. 이 책머리에 「기이(紀異)」편을 싣는 까닭도 바로 여기에 있는 것이다.

➜ **사료 해석:** 일연은 단군의 건국 이야기, 삼국의 건국 신화 등을 『삼국유사』의 「기이」편에 수록하였다.

       ┌ 건국 이야기 포함
『제왕운기』(이승휴) ─ 단군 조선부터 고려 충렬왕 때까지의 역사를 서사시로 정리함
  └ 발해사를 우리   └ 상권은 중국사, 하권은 우리나라 역사에 관한 내용을 서술함
    역사에 포함시킴

2 고려의 불교 사상

(1) 불교 정책
                        ┌ 고려의 종교 행사이자 국가 행사
태조	: 훈요 10조에서 연등회·팔관회의 성대한 개최를 당부함
광종	: 승과 제도, 국사·왕사(임금의 스승이 되었던 승려) 제도를 실시함
성종	: 최승로의 시무 28조를 수용하여 연등회·팔관회를 일시 폐지함

(2) 승려의 활동
| 균여 | : 광종 때 활동한 승려로, 향가인 「보현십원가」를 지어 불교 교리를 전파함 |
| 각훈 | : 왕명에 의해 승려(고승)들의 전기를 정리하여 『해동고승전』을 편찬함 |

┌ 문종의 아들이자 숙종의 동생

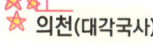
의천(대각국사)
- 교선 통합: 불교 교단의 통합을 위해 국청사를 중심으로 해동 천태종을 창시하고 교종을 중심으로 선종 통합을 시도함
- 주장: 이론의 연마와 실천을 함께 강조하는 교관겸수를 주장함
  └ 교리와 실천 수행법인 지관을 함께 닦아야 한다는 사상
- 활동 ┬ 화폐 유통의 필요성을 주장하며 숙종에게 주전도감의 설치를 건의함
       └ 교장(속장경) 편찬을 위해 『신편제종교장총록』을 편찬함
                                    └ 송·요·일본의 불교 서적을 수집하여 그 목록을 정리한 책

지눌(불일보조국사)   ┌ 정혜결사가 개칭됨
- 수선사 결사 운동: 불교계 개혁을 위해 순천 송광사(수선사)를 중심으로 독경과 선을 수행하자는 수선사 결사 운동을 전개함
  └ 내가 부처임을 깨닫고 꾸준한 수행으로 이를 확인해야 함
- 선교 일치 달성: 결사 운동의 수행 방향으로 돈오점수와 정혜쌍수를 강조함 → 선종을 중심으로 교종을 통합함
                                                              └ 선정과 지혜를 함께 닦아 수행해야 함
- 저술: 『권수정혜결사문』을 작성하고 『수심결』을 저술함

혜심	: 『선문염송집』을 편찬하고 유·불 일치설을 주장하여 심성의 도야를 강조함
	└ 유교와 불교의 뜻이 일치한다는 이론
요세	: 법화 신앙을 중심으로 강진 만덕사에서 백련 결사를 주도함
	└ 자신의 행동에 대한 진정한 참회를 강조
보우	: 공민왕 때의 왕사로, 선종의 통합을 주장하고 원나라로부터 불교 종파인 임제종을 들여옴

✓ 기출 선택지로 개념 다지기

1. 빈칸의 답을 채워보세요.
(1) 만권당에서 원의 학자들과 교류한 인물: ☐ [75·72·71·68회]

(2) 고려의 중앙 교육 기관: ☐ [68회]

(3) 예종이 설치한 장학 재단: ☐ [72·69회]

(4) 현존하는 우리나라 최고(最古)의 역사서: 『☐』 [58회]

(5) 요세의 불교 개혁 운동: ☐ 운동 [74·70회]

2. 질문에 맞는 답을 고르세요.
(1) 고려의 관학 진흥책은? [71회]
① 국자감에 전문 강좌인 7재를 개설하였어.
② 초계문신제를 시행하여 문신을 재교육하였어.

(2) 『삼국유사』에 대한 설명은? [61회]
① 기전체 형식으로 서술되었다.
② 불교사를 중심으로 민간 설화 등을 수록하였다.

(3) 『제왕운기』에 대한 설명은? [73회]
① 단군의 고조선 건국 이야기가 수록되었다.
② 왕명에 의해 고승들의 전기가 기록되었다.

(4) 의천의 활동은? [70회]
① 이론 연마와 수행을 함께 강조하는 교관겸수를 제시하였다.
② 심성의 도야를 강조한 유·불 일치설을 주장하였다.

(5) 지눌에 대한 설명은? [74회]
① 법화 신앙에 중점을 둔 백련 결사를 이끌었다.
② 돈오점수를 바탕으로 꾸준한 수행을 강조하였다.

정답 | 1. (1) 이제현 (2) 국자감 (3) 양현고
          (4) 삼국사기 (5) 백련 결사
       2. (1) ① (②은 조선)
          (2) ② (①은 『삼국사기』)
          (3) ① (②은 『해동고승전』)
          (4) ① (②은 혜심)
          (5) ② (①은 요세)

기출주제 16 고려의 문화

스토리로 미리보기

 역알못
고려에 자랑할 만한 문화유산이나 꼭 알아둬야 할 문화유산이 있어? 시험에도 자주 나오는 거면 더 좋고!ㅋㅋ

역잘알
음.. 너무 많아서 짚어주기가 조금 어려운데..?ㅋㅋ

 역알못
그럼 딱 세 개만 알려주라~

역잘알
 첫 번째는 개성 경천사지 십층 석탑이야~ 국립 중앙박물관에 가면 실제로도 볼 수 있어!

 역알못
오, 한 번 가봐야겠다. 그리고 또 알려줘!

역잘알
두 번째는 논산 관촉사 석조 미륵보살 입상이야. 개성 넘치는 양식으로 만들어졌는데, 은진면에 위치해서 별명이 '은진 미륵'이야ㅋㅋㅋ

마지막으로 『직지심체요절』이야. 이름이 길지만 '직지' 두 글자만 알아둬도 돼. 이건 금속 활자로 인쇄된 현존하는 책들 중 세계에서 가장 오래된 것이라 세계에도 자랑할 만한 고려의 문화유산이야! 그래서 유네스코 세계 기록유산에도 등재되었다구~!

 역알못
우와! 고려에는 정말 멋진 문화유산들이 참 많네! 다른 문화유산들에 대해서도 관심을 갖고 공부해봐야겠어~!

3 고려의 문화유산

(1) 사원

★★ 안동 봉정사 극락전	영주 부석사 무량수전	예산 수덕사 대웅전	황해도 사리원 성불사 응진전

주심포 양식의 건물로, 현존하는 최고(最古)의 목조 건물	주심포 양식의 건물로, 배흘림 기둥이 특징	주심포 양식의 건물로, 맞배 지붕이 특징	고려 후기에 건립된 다포 양식의 건물

- 의상이 창건한 사찰
- 항아리와 같은 기둥 형태
- 측면 벽이 삼각형으로 된 지붕
- 지붕의 무게를 받치기 위한 공포가 기둥 위에만 있는 건축 양식  공포
- 기둥 위와 기둥 사이에 모두 공포가 있는 건축 양식  공포

(2) 탑

📍 평창 월정사 팔각 구층 석탑	★★ 개성 경천사지 십층 석탑

· 송의 영향을 받은 다각 다층탑 · 고려 전기의 대표적인 석탑	· 원의 영향을 받은 석탑으로, 대리석으로 만들어짐 · 조선의 원각사지 십층 석탑에 영향을 줌

백발백중 기출 자료 | 📍 평창 월정사 팔각 구층 석탑 [66회]

- 소재지: 강원도 평창군
- 소개: 고려 시대 다각 다층 석탑을 대표하는 작품이다. …… 2000년대 들어 실시된 조사 결과 석탑의 조성 연대가 고려 전기로 밝혀졌다.

➡ **자료 해석**: 평창 월정사 팔각 구층 석탑은 송의 영향을 받은 다각 다층의 탑으로, 고려 전기에 건립되었다.

(3) 불상

하남 하사창동 철조 석가여래 좌상	★ 논산 관촉사 석조 미륵보살 입상	영주 부석사 소조 여래 좌상
		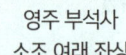
고려 초기의 대형 철불	· 고려 시대 최대 규모의 석불 · 은진 미륵이라고 불림	· 통일 신라의 전통 양식을 계승한 불상 · 무량수전 내에 봉안되어 있음

안동 이천동 마애여래 입상	하남 교산동 마애 약사여래 좌상	파주 용미리 마애이불 입상

암벽에 몸을 새기고 머리는 따로 제작하여 올린 불상	질병에서 중생을 구제하는 약사불을 절벽에 새긴 불상	거대한 암벽에 두 개의 몸체를 만들고 머리는 따로 제작하여 올림

(4) 대장경

- **초조대장경**
  - 목적: 부처의 힘을 빌려 거란의 침입을 물리치고자 초조대장경을 간행함
  - 소실: 몽골의 2차 침입 때 소실됨
- **교장(속장경)**
  - 목적: 의천 등이 초조대장경을 보완하기 위해 간행함
  - 제작 과정: 『신편제종교장총록』 작성 → 교장도감 설치 → 교장(속장경) 간행
  - 소실: 몽골의 침입 때 소실됨
- ★★ **팔만대장경(재조대장경)**
  - 목적: 최씨 무신 집권기 때 몽골의 침입으로 소실된 초조대장경을 대신해 부처의 힘을 빌려 몽골의 침입을 극복하고자 간행함
  - 특징: 현재 경남 합천 해인사에 있으며, 유네스코 세계 기록유산에 등재됨

(5) 청자

청자 참외모양 병	청자 상감 운학문 매병	청동 은입사 포류수금문 정병
별다른 장식이 없는 맑고 투명한 비취색의 자기	· 상감법을 통해 제작됨 (표면을 음각해 다른 물질을 삽입하는 기법) · 강진, 부안에서 생산됨	청동에 은입사 기법으로 표현한 정병 (금속 그릇에 은실을 이용해 문양을 넣는 기법)

4 과학 기술의 발달

- **활판 인쇄술**
  - 『상정고금예문』: 인종 때 고금의 예의를 수집하여 엮은 의례서로, 강화도 피난 중 금속 활자로 인쇄되었다는 기록이 남아 있음
  - 『직지심체요절』
    - 고려 말 우왕 때 청주 흥덕사에서 간행된 현존하는 가장 오래된 금속 활자본으로, 현재 프랑스 국립 도서관에 보관되어 있음
    - 2001년에 유네스코 세계 기록유산으로 등재됨

▲ 『직지심체요절』

- **의술**: 『향약구급방』(고려 고종 때 간행된 현존하는 우리나라 최고의 의서)
- **무기 제조술**
  - 고려 말의 무신 최무선이 원으로부터 화약 제조 기술을 습득하여 화약 및 화포 개발에 성공함
  - 최무선의 건의로 화통도감이 설치되어 이곳에서 화약과 화포를 제작함
- **천문학**
  - 담당 관청: 담당 관청으로 사천대(원 간섭기 이후 서운관)가 설치되었고, 첨성대에서 관측을 함
  - 역법 연구: 초기에는 당의 선명력을 사용하다 충선왕 때는 원의 역법인 수시력을 채택함

✓ 기출 선택지로 개념 다지기

1. 빈칸의 답을 채워보세요.

(1) 현존하는 최고(最古)의 목조 건물: 안동 [70회]

(2) 원의 영향을 받은 대리석 석탑: 십층 석탑 [68회]

(3) 고려 초기의 대형 석불: 미륵보살 입상 [67회]

(4) 유네스코 세계 기록유산으로 등재된 대장경: [74·73·60회]

(5) 현존하는 최고(最古)의 금속 활자본: 『   』 [73·71회]

2. 질문에 맞는 답을 고르세요.

(1) 고려의 사원은? [65회]

①    ②

(2) 고려의 석탑은? [72회]

①    ②

(3) 고려의 불상은? [50회]

①    ②

(4) 고려 시대 과학 기술에 대한 설명은? [44회]

① 화통도감을 설치하여 화약과 화포를 제작했어요.

② 농업 기술 혁신 방안을 제시한 『임원경제지』가 저술됐어요.

정답 | 1. (1) 봉정사 극락전 (2) 개성 경천사지 (3) 논산 관촉사 석조 (4) 팔만대장경 (5) 직지심체요절

2. (1) ② (①은 조선 후기, 구례 화엄사 각황전)
   (2) ① (②은 백제, 익산 미륵사지 석탑)
   (3) ① (②은 통일 신라, 경주 석굴암 본존불)
   (4) ① (②은 조선 후기)

01 [71회 기출]

(가)에 들어갈 내용으로 가장 적절한 것은? [2점]

① 국자감에 전문 강좌인 7재를 개설하였어.
② 사액 서원에 서적과 노비 등을 지급하였어.
③ 독서삼품과를 실시하여 인재를 등용하였어.
④ 초계문신제를 시행하여 문신을 재교육하였어.
⑤ 흥왕사에 교장도감을 두고 속장경을 편찬하였어.

02 [54회 기출]

밑줄 그은 '역사서'에 대한 설명으로 옳은 것은? [1점]

① 남북국이라는 용어를 처음 사용하였다.
② 「사초」, 『시정기』 등을 바탕으로 편찬되었다.
③ 단군의 고조선 건국 이야기를 수록하였다.
④ 본기, 열전 등 기전체 형식으로 서술되었다.
⑤ 고구려 건국 시조의 일대기를 서사시로 표현하였다.

고려의 관학 진흥책

① 국자감에 전문 강좌인 **7재를 개설**하였어.

고려 중기에 최충의 문헌공도 등 사학 12도가 크게 융성하며 관학이 위축되자, 정부는 **관학 진흥책**을 시행하였다. 숙종 때 국자감에 서적포를 두어 서적 간행을 활성화하였고, 예종 때 국자감에 전문 강좌인 **7재를 개설**하였으며, 장학 재단인 **양현고**를 두어 장학 기금을 마련하기도 하였다.

오답 클리어
② 사액 서원에 서적과 노비 등을 지급하였어. → 조선
③ 독서삼품과를 실시하여 인재를 등용하였어. → 통일 신라
④ 초계문신제를 시행하여 문신을 재교육하였어. → 조선(정조)
⑤ 흥왕사에 교장도감을 두고 속장경을 편찬하였어. → X

『삼국사기』

④ **본기, 열전 등 기전체 형식**으로 서술되었다.

『삼국사기』는 고려 인종 때 **김부식**이 왕명을 받들어 편찬한 역사서로, **유교 사관**에 입각하여 삼국의 역사를 기록하였다. 또한 『삼국사기』는 역사를 **본기, 열전** 등 여러 항목으로 나누어 서술하는 **기전체** 형식으로 서술되었다.

오답 클리어
① 남북국이라는 용어를 처음 사용하였다. → 『발해고』
② 「사초」, 『시정기』 등을 바탕으로 편찬되었다. → 『조선왕조실록』
③ 단군의 고조선 건국 이야기를 수록하였다.
  → 『삼국유사』, 『제왕운기』 등
⑤ 고구려 건국 시조의 일대기를 서사시로 표현하였다.
  → 『동명왕편』

03

[65회 기출]

(가)에 들어갈 내용으로 옳은 것은? [2점]

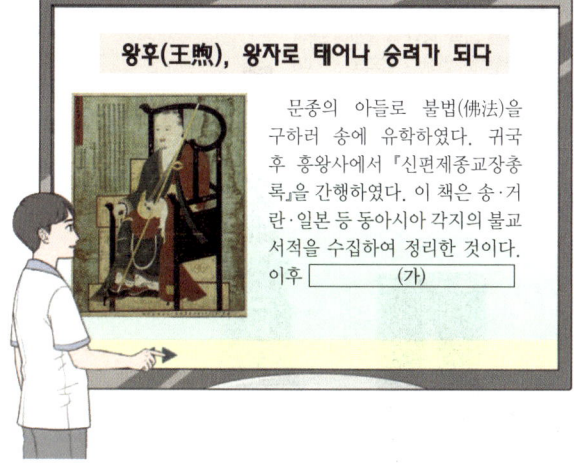

왕후(王煦), 왕자로 태어나 승려가 되다

문종의 아들로 불법(佛法)을 구하러 송에 유학하였다. 귀국 후 흥왕사에서 『신편제종교장총록』을 간행하였다. 이 책은 송·거란·일본 등 동아시아 각지의 불교 서적을 수집하여 정리한 것이다. 이후 (가)

① 국청사의 주지가 되어 해동 천태종을 개창하였다.
② 불교 개혁을 주장하며 수선사 결사를 조직하였다.
③ 『선문염송집』을 편찬하고 유·불 일치설을 주장하였다.
④ 불교 관련 자료를 중심으로 『삼국유사』를 집필하였다.
⑤ 인도와 중앙아시아를 순례하고 『왕오천축국전』을 남겼다.

의천

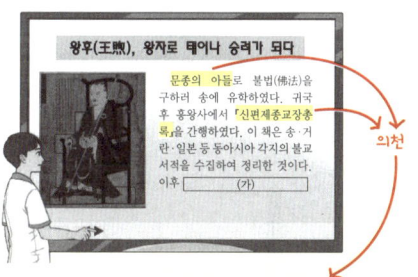

① 국청사의 주지가 되어 해동 천태종을 개창하였다.

대각 국사 의천은 문종의 넷째 아들로, 국청사의 주지가 되어 해동 천태종을 개창하고 교종을 중심으로 선종을 통합하려 하였다. 그는 이론의 연마와 실천을 함께 강조하는 **교관겸수**를 주장하였으며, 흥왕사에서 고려·송·요 등의 불교 주석서를 모은 목록인 『**신편제종교장총록**』을 간행하였다.

⊘ 오답 클리어
② 불교 개혁을 주장하며 **수선사 결사**를 조직하였다. → 지눌
③ 『**선문염송집**』을 편찬하고 **유·불 일치설**을 주장하였다. → 혜심
④ 불교 관련 자료를 중심으로 『**삼국유사**』를 집필하였다. → 일연
⑤ 인도와 중앙아시아를 순례하고 『**왕오천축국전**』을 남겼다.
→ 혜초(신라)

📒 이건 꼭! 암기 **의천**
#문종의 아들 #국청사 #천태종 #교관겸수

04

[74회 기출]

(가) 인물에 대한 설명으로 옳은 것은? [2점]

이것은 '불일보조국사'라는 시호를 받은 (가) 의 행적을 담고 있는 송광사 보조국사비입니다. 비문에는 그가 정혜결사를 조직하고, 『권수정혜결사문』을 지었다는 내용이 들어있습니다. 또한 당시 국왕이 그의 뜻을 흠모하여 그가 머물렀던 송광산 길상사(吉祥寺)를 조계산 수선사(修禪寺)로 이름을 바꿔주며 직접 글씨를 써서 보냈다는 등의 내용이 기록되어 있습니다.

① 법화 신앙에 중점을 둔 백련 결사를 이끌었다.
② 돈오점수를 바탕으로 꾸준한 수행을 강조하였다.
③ 승려들의 전기를 기록한 『해동고승전』을 저술하였다.
④ 『선문염송집』을 편찬하고 유·불 일치설을 주장하였다.
⑤ 성상융회를 제창하여 교종 내 대립을 해소하고자 하였다.

지눌

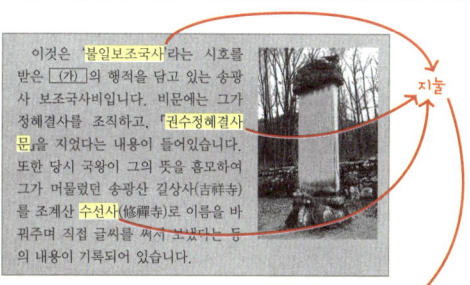

② **돈오점수**를 바탕으로 꾸준한 수행을 강조하였다.

불일보조국사 지눌은 고려 무신 집권기에 활동한 승려로, 불교 개혁을 위해 **정혜결사**를 조직하였다. 또한 『**권수정혜결사문**』을 지어 선정과 지혜를 함께 닦아야 한다는 **정혜쌍수**를 주장하고, 내가 곧 부처임을 깨닫고 이를 계속 확인해야 한다는 **돈오점수**를 바탕으로 꾸준한 수행을 강조하였다. 이후 지눌은 순천 송광사로 근거지를 옮기고 정혜결사의 명칭을 **수선사 결사**로 바꾸었다.

⊘ 오답 클리어
① 법화 신앙에 중점을 **둔 백련 결사**를 이끌었다. → 요세
③ 승려들의 전기를 기록한 『**해동고승전**』을 저술하였다. → 각훈
④ 『**선문염송집**』을 편찬하고 **유·불 일치설**을 주장하였다. → 혜심
⑤ **성상융회**를 제창하여 교종 내 대립을 해소하고자 하였다.
→ 균여

필수 기출로 개념 적용하기 기출주제 16 고려의 문화

05 [65회 기출]

(가)에 해당하는 문화유산으로 옳은 것은? [2점]

①  수덕사 대웅전
②  화엄사 각황전
③  부석사 무량수전
④  봉정사 극락전
⑤  법주사 팔상전

06 [72회 기출]

(가) 국가의 탑으로 옳은 것은? [1점]

이 탑은 원래 개성에 있었는데 지금은 국립 중앙 박물관에 옮겨져 새로운 영상 기법으로 전시되고 있습니다. (가) 시대에 만들어진 이 탑은 이후 원각사지 십층 석탑에 영향을 주기도 하였습니다.

①
②
③
④
⑤

👆 **예산 수덕사 대웅전**

예산 수덕사 대웅전은 대표적인 **고려 시대의 목조 건축물**로, 건물 보수 중 발견된 묵서명(붓글씨로 쓴 상량대의 글귀)에 의해 1308년이라는 정확한 건립 연도를 알게 되었다. 이 건물은 지붕의 무게를 받치는 공포가 기둥 위에만 있는 **주심포 양식**으로 지어졌으며, 지붕 측면 벽의 형태가 삼각형으로 된 **맞배 지붕**인 것이 특징이다.

오답 클리어
② 구례 화엄사 각황전 → 조선 후기의 건축물
③ 영주 부석사 무량수전 → 고려 시대의 건축물
④ 안동 봉정사 극락전 → 고려 시대의 건축물
⑤ 보은 법주사 팔상전 → 조선 후기의 건축물

👆 **고려의 탑**

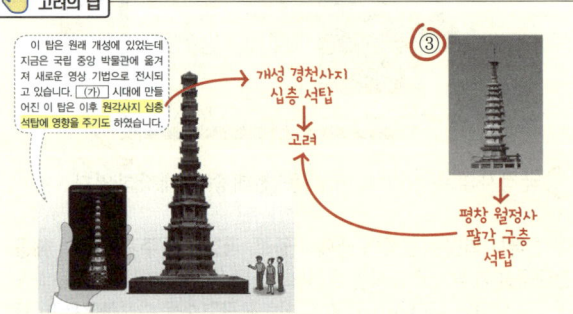

개성 경천사지 십층 석탑은 원의 영향을 받은 탑으로, 고려 후기에 건립되었다. 이 석탑은 기존의 석탑과는 달리 대리석으로 제작되었으며, 조선 세조 때 건립된 **원각사지 십층 석탑**에 영향을 주기도 하였다. 또한 **평창 월정사 팔각 구층 석탑**은 송의 영향을 받은 다각 다층 탑으로, 고려 전기에 건립되었다.

오답 클리어
① 경주 불국사 삼층 석탑 → 통일 신라의 석탑
② 부여 정림사지 오층 석탑 → 백제의 석탑
④ 구례 화엄사 사사자 삼층 석탑 → 통일 신라의 석탑
⑤ 익산 미륵사지 석탑 → 백제의 석탑

07

[50회 기출]

다음 사진전에 전시될 사진으로 적절하지 <u>않은</u> 것은? [2점]

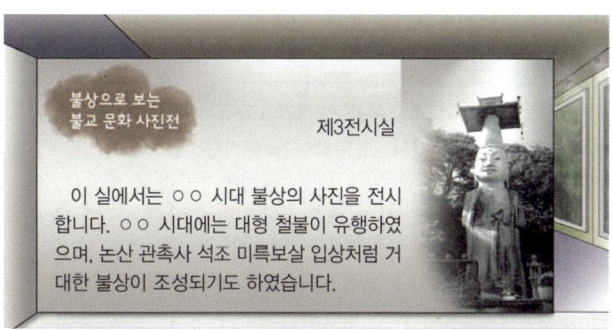

①  ②

④  ⑤

08

[68회 기출]

(가) 문화유산에 대한 설명으로 옳은 것은? [2점]

① 신미양요 때 미군이 탈취하였다.
② 현존하는 최고(最古)의 금속 활자본이다.
③ 거란의 침입을 물리치기 위해 제작하였다.
④ 장영실, 이천 등이 제작한 활자로 인쇄하였다.
⑤ 불국사 삼층 석탑을 보수하는 과정에서 발견되었다.

고려 시대의 불상

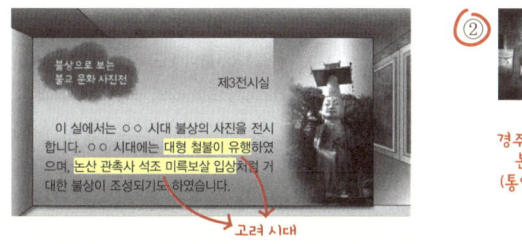 

경주 석굴암 본존불은 통일 신라 경덕왕 때 제작된 것으로, 신라 예술의 뛰어난 균형미를 보여 준다.

오답 클리어
① 하남 하사창동 철조 석가여래 좌상 → 고려 초기의 대형 철불
③ 안동 이천동 마애 여래 입상 → 고려 시대의 불상
④ 영주 부석사 소조 여래 좌상 → 고려 시대, 통일 신라의 양식 계승
⑤ 하남 교산동 마애 약사여래 좌상 → 절벽에 새긴 고려 시대의 불상

『직지심체요절』

② 현존하는 최고(最古)의 금속 활자본이다.

『직지심체요절』은 고려 우왕 때 청주 흥덕사에서 금속 활자로 간행된 현존하는 세계 최고(最古)의 금속 활자본이다. 개항 이후 프랑스로 반출되었던 것을 박병선 박사가 프랑스 국립 도서관에서 발견하였으며, 이후 2001년에 유네스코 세계 기록유산으로 등재되었다.

오답 클리어
① 신미양요 때 미군이 탈취하였다. → 어재연 장군 수자기 등
③ 거란의 침입을 물리치기 위해 제작하였다. → 초조대장경
④ 장영실, 이천 등이 제작한 활자로 인쇄하였다. → 『동국정운』 등
⑤ 불국사 삼층 석탑을 보수하는 과정에서 발견되었다.
→ 『무구정광대다라니경』

고려 시대
기출 테스트

01 (가)~(라)를 일어난 순서대로 옳게 나열한 것은? [3점] `59회 기출`

> (가) 처음으로 직관(職官)과 산관(散官) 각 품의 전시과를 제정하였다. …… 과등(科等)에 미치지 못한 자는 모두 전지 15결을 지급하였다.
> (나) 역분전을 제정하였는데, 통일할 때의 조신(朝臣)이나 군사들은 관계(官階)를 따지지 않고 그 사람의 성품과 행동의 선악과 공로의 크고 작음을 보고 차등 있게 지급하였다.
> (다) 쌍기가 의견을 올리니 처음으로 과거를 시행하였다. 시(詩)·부(賦)·송(頌) 및 시무책으로 시험하여 진사를 뽑았으며, 겸하여 명경업·의업·복업 등도 뽑았다.
> (라) 왕이 말하기를, "비록 내 몸은 궁궐에 있지만 마음은 언제나 백성에게 치우쳐 있다. …… 이에 지방 수령들의 공(功)에 의지해 백성들의 소망에 부합하고자 12목 제도를 시행한다."라고 하였다.

① (가) - (나) - (다) - (라)
② (가) - (나) - (라) - (다)
③ (나) - (가) - (라) - (다)
④ (나) - (다) - (가) - (라)
⑤ (다) - (라) - (나) - (가)

02 (가) 왕에 대한 설명으로 옳은 것은? [2점] `70회 기출`

> 이것은 조카 헌종을 몰아내고 즉위한 (가) 의 넷째 딸인 복령 궁주 왕씨 묘지명입니다. 여기에서는 복령 궁주를 '천자의 딸'이라고 표현하여 국왕의 권위를 드러내고자 하였습니다. (가) 은/는 개경 세력을 견제하고자 남경에 궁궐을 짓고, 재정을 확보하기 위해 주전도감을 설치하여 해동통보를 발행하는 등 왕권 강화를 꾀하였습니다.

① 여진 정벌을 위해 별무반을 창설하였다.
② 전국에 12목을 설치하고 관리를 파견하였다.
③ 광덕, 준풍 등의 독자적인 연호를 사용하였다.
④ 거란의 침입에 대비하여 개경에 나성을 축조하였다.
⑤ 『정계』와 『계백료서』를 지어 관리의 규범을 제시하였다.

03 다음 자료에 나타난 상황 이후의 사실로 옳은 것은? [2점] `66회 기출`

> 경대승이 정중부를 죽이자, 조정 신하들이 대궐에 나아가 축하하였다. 경대승이 말하기를 "임금을 죽인 사람이 아직 살아 있는데, 무슨 축하인가?"라고 하였다. 이의민은 이 말을 듣고 매우 두려워하여 날랜 사람들을 모아서 대비하였다. 또한 경대승의 도방(都房)에서 자기들이 싫어하는 사람을 죽일 것을 모의한다는 말을 들었다. 이의민이 더욱 두려워하여 마을에 큰 문을 세워 밤마다 경계하였다.

① 묘청 등이 서경 천도를 주장하였다.
② 최충헌이 왕에게 봉사 10조를 올렸다.
③ 강조가 정변을 일으켜 왕을 폐위하였다.
④ 이자겸과 척준경이 반란을 일으켜 궁궐을 불태웠다.
⑤ 김보당이 폐위된 왕의 복위를 주장하며 군사를 일으켰다.

04 (가)~(다)를 일어난 순서대로 옳게 나열한 것은? [3점] `65회 기출`

> (가) 왕이 보현원 문에 들어서자 …… 이고 등이 왕을 모시던 문관 및 대소 신료, 환관들을 모두 살해하였다. …… 정중부 등이 왕을 모시고 환궁하였다.
> (나) 이자겸과 척준경이 왕을 위협하여 남궁(南宮)으로 거처를 옮기게 하고 안보린, 최탁 등 17인을 죽였다. 이 외에도 죽인 군사가 헤아릴 수 없을 정도였다.
> (다) 묘청이 서경을 근거지로 삼고 반란을 일으켰다. …… 국호를 대위, 연호를 천개, 그 군대를 천견충의군이라 불렀다.

① (가) - (나) - (다)
② (가) - (다) - (나)
③ (나) - (가) - (다)
④ (나) - (다) - (가)
⑤ (다) - (가) - (나)

05 (가)에 들어갈 내용으로 가장 적절한 것은? [2점]

이 초상화 속 인물은 고려의 학자인 문헌공 최충으로, 해동공자라고 불리기도 하였습니다. 거란의 침입으로 개경이 함락되어 서적들이 소실되자 역사서 편찬을 위한 수찬관에 임명되었습니다. 유학을 보급하고 인재 양성에 힘쓴 그는 (가)

① 『불씨잡변』을 지어 불교를 비판하였습니다.
② 만권당에서 원의 학자들과 교유하였습니다.
③ 지공거 출신으로 9재 학당을 설립하였습니다.
④ 『입학도설』을 저술하여 성리학의 기본 원리를 해설하였습니다.
⑤ 성균관의 대사성이 되어 정몽주 등을 학관으로 천거하였습니다.

정답 및 해설

01 고려 초기 주요 왕의 업적 정답 ④

정답 치트키
(가) 처음 + 전시과를 제정 → 경종
(나) 역분전을 제정 → 태조 왕건
(다) 쌍기 + 과거를 시행 → 광종
(라) 12목 제도를 시행 → 성종

④ 순서대로 나열하면 (나) 태조 왕건 - (다) 광종 - (가) 경종 - (라) 성종이다.
(나) 고려를 건국한 태조 왕건은 후삼국 통일 이후 개국 공신에게 인품과 공로를 기준으로 역분전을 차등 지급하였다.
(다) 고려의 제4대 왕인 광종은 중국 후주 출신 쌍기의 건의를 받아들여 시험을 통해 관리를 선발하는 과거제를 도입하였다.
(가) 고려의 제5대 왕 경종은 처음으로 전시과 제도를 제정하여 전·현직 관리에게 경작지인 전지와 땔감을 거두는 토지인 시지의 수조권(조세를 거둘 수 있는 권리)을 지급하였다.
(라) 고려의 제6대 왕인 성종은 최승로의 시무 28조를 수용하여 지방의 주요 지역에 12목을 설치하고 지방관을 파견하였다.

02 고려 숙종 정답 ①

정답 치트키
주전도감을 설치하여 해동통보를 발행함 → 고려 숙종

① 고려 숙종은 윤관의 건의에 따라 여진을 정벌하기 위해 신보군, 신기군, 항마군으로 구성된 별무반을 창설하였다.

오답 클리어
② 전국에 12목을 설치하고 관리를 파견하였다. → 성종
③ 광덕, 준풍 등의 독자적인 연호를 사용하였다. → 광종
④ 거란의 침입에 대비하여 개경에 나성을 축조하였다. → 현종
⑤ 『정계』와 『계백료서』를 지어 관리의 규범을 제시하였다. → 태조 왕건

03 경대승 집권 이후의 사실 정답 ②

정답 치트키
경대승이 정중부를 죽임 → 경대승 집권(1179)

② 경대승 집권(1179) 이후인 1196년에 당시 집권자였던 이의민을 제거하고 권력을 잡은 최충헌은 명종에게 봉사 10조를 올려 시정 개혁을 건의하였다.

오답 클리어
모두 경대승 집권(1179) 이전의 사실이다.
① 묘청 등이 서경 천도를 주장하였다. → 인종
③ 강조가 정변을 일으켜 왕을 폐위하였다. → 목종
④ 이자겸과 척준경이 반란을 일으켜 궁궐을 불태웠다. → 인종
⑤ 김보당이 폐위된 왕의 복위를 주장하며 군사를 일으켰다. → 명종

04 고려 시대 반란의 전개 과정 정답 ④

정답 치트키
(가) 보현원 + 정중부 → 무신 정변(1170)
(나) 이자겸과 척준경이 왕을 위협 → 이자겸의 난(1126)
(다) 묘청 + 서경을 근거지로 삼고 반란을 일으킴 → 묘청의 난(1135)

④ 순서대로 나열하면 (나) 이자겸의 난(1126) - (다) 묘청의 난(1135) - (가) 무신 정변(1170)이다.

05 최충 정답 ③

정답 치트키
최충

③ 최충은 고려 시대의 과거 시험관인 지공거 출신으로 최초의 사학인 9재 학당을 설립하였다.

오답 클리어
① 『불씨잡변』을 지어 불교를 비판하였습니다. → 정도전
② 만권당에서 원의 학자들과 교유하였습니다. → 이제현 등
④ 『입학도설』을 저술하여 성리학의 기본 원리를 해설하였습니다. → 권근
⑤ 성균관의 대사성이 되어 정몽주 등을 학관으로 천거하였습니다.
  → 이색

고려 시대 기출 테스트

73회 기출

06 (가) 군사 조직에 대한 설명으로 옳은 것은? [2점]

① 거란의 침입에 대비하여 설치되었다.
② 최씨 무신 정권의 군사적 기반이었다.
③ 원의 요청으로 일본 원정에 참여하였다.
④ 신기군, 신보군, 항마군으로 편성되었다.
⑤ 최영의 지휘 아래 홍산에서 왜구를 격퇴하였다.

73회 기출

07 다음 상황이 나타난 국가의 경제 모습으로 옳은 것은? [2점]

> 무릇 장마·가뭄·병충해·서리 피해로 작황이 부실한 경작지를 촌전(村典)*이 수령에게 보고하면 수령이 직접 검사하여 호부에 신고하고, 호부에서는 다시 삼사에 보낸다. 삼사에서는 넘겨받은 문서를 조사한 뒤에 다시 그 지역 안찰사로 하여금 따로 사람을 보내 자세히 살펴 조사하게 하여 재해로 피해를 입었다면 조세를 감면한다.
> *촌전: 촌의 대표

① 벽란도가 국제 무역항으로 번성하였다.
② 고추, 담배 등이 상품 작물로 재배되었다.
③ 시장을 감독하는 관청인 동시전이 설치되었다.
④ 광산을 전문적으로 경영하는 덕대가 활동하였다.
⑤ 삼남 지방의 농법을 소개한 『농사직설』이 보급되었다.

74회 기출

08 밑줄 그은 '이 시기'에 볼 수 있는 모습으로 적절한 것은? [2점]

① 『농상집요』를 소개하는 관리
② 흑창에서 곡식을 빌리는 농민
③ 사섬서에서 저화를 발행하는 장인
④ 선혜청에서 공가(貢價)를 받는 상인
⑤ 상평통보로 물건을 거래하는 보부상

70회 기출

09 (가)~(마)에 들어갈 내용으로 적절한 것은? [3점]

> 〈한국사 학술 강좌〉
> **인물로 보는 고려 불교사**
> 우리 학회에서는 고려 승려들의 활동을 통해 불교사의 흐름을 파악하는 자리를 마련하였습니다. 관심 있는 분들의 많은 참여를 바랍니다.
>
> ■ 강좌 주제 ■
> 제1강 균여, (가)
> 제2강 의천, (나)
> 제3강 지눌, (다)
> 제4강 요세, (라)
> 제5강 혜심, (마)
>
> • 일시: 2024년 ○○월 ○○일 09:00~17:00
> • 장소: □□ 박물관 대강당
> • 주최: △△ 학회

① (가) - 법화 신앙에 중점을 둔 백련 결사를 제창하다
② (나) - 심성의 도야를 강조한 유·불 일치설을 주장하다
③ (다) - 『권수정혜결사문』을 작성하여 정혜쌍수를 강조하다
④ (라) - 이론과 수행을 함께 강조하는 교관겸수를 제시하다
⑤ (마) - 「보현십원가」를 지어 불교 교리를 대중에게 전파하다

[73회 기출]

10 다음 검색창에 들어갈 역사서에 대한 설명으로 옳은 것은? [3점]

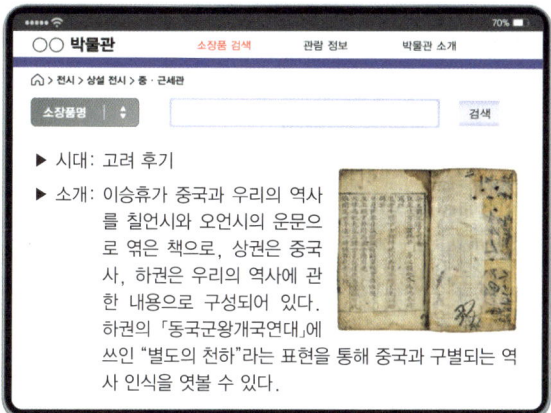

① 남북국이라는 용어가 처음 사용되었다.
② 불교사를 중심으로 민간 설화를 담았다.
③ 단군의 고조선 건국 이야기가 수록되었다.
④ 왕명에 의해 고승들의 전기가 기록되었다.
⑤ 본기, 열전 등으로 구성된 기전체 형식으로 서술되었다.

정답 및 해설

06 삼별초 정답 ②

정답 치트키
개경 환도에 반발하여 강화도에서 봉기 + 진도 + 제주도 → **삼별초**

② 삼별초는 최씨 무신 정권의 군사적 기반이 되었으며, 군대, 경찰 등의 역할을 수행하였다.

오답 클리어
① 거란의 침입에 대비하여 설치되었다. → 광군
③ 원의 요청으로 일본 원정에 참여하였다. → X
④ 신기군, 신보군, 항마군으로 편성되었다. → 별무반
⑤ 최영의 지휘 아래 홍산에서 왜구를 격퇴하였다. → X

07 고려의 경제 모습 정답 ①

정답 치트키
호부 + 안찰사 → **고려**

① 고려는 예성강 하구의 벽란도가 국제 무역항으로 번성하여 송, 일본, 아라비아 상인들까지 왕래하는 등 대외 교류가 활발하였다.

오답 클리어
② 고추, 담배 등이 상품 작물로 재배되었다. → 조선
③ 시장을 감독하는 관청인 동시전이 설치되었다. → 신라
④ 광산을 전문적으로 경영하는 덕대가 활동하였다. → 조선
⑤ 삼남 지방의 농법을 소개한 『농사직설』이 보급되었다. → 조선

08 원 간섭기의 모습 정답 ①

정답 치트키
권문세족 + 공녀 + 변발과 호복이 유행함 → **원 간섭기**

① 원 간섭기에는 고려 문신인 이암이 원의 농서인 『농상집요』를 수입하여 소개하였다.

오답 클리어
② 흑창에서 곡식을 빌리는 농민 → 고려 전기
③ 사섬서에서 저화를 발행하는 장인 → 조선 전기
④ 선혜청에서 공가(貢價)를 받는 상인 → 조선 후기
⑤ 상평통보로 물건을 거래하는 보부상 → 조선 후기

09 고려 승려들의 활동 정답 ③

정답 치트키
고려 승려들의 활동

③ 지눌은 『권수정혜결사문』을 작성하여 선정과 지혜를 함께 닦아 수행해야 한다는 정혜쌍수를 강조하였다.

오답 클리어
① 법화 신앙에 중점을 둔 백련 결사를 제창하다 → 요세
② 심성의 도야를 강조한 유·불 일치설을 주장하다 → 혜심
④ 이론과 수행을 함께 강조하는 교관겸수를 제시하다 → 의천
⑤ 「보현십원가」를 지어 불교 교리를 대중에게 전파하다 → 균여

10 『제왕운기』 정답 ③

정답 치트키
고려 후기 + 이승휴 → **『제왕운기』**

③ 『제왕운기』는 단군의 고조선 건국 이야기를 포함하여 단군 조선부터 고려 충렬왕 때까지의 역사를 기록한 역사서이다.

오답 클리어
① 남북국이라는 용어가 처음 사용되었다. → 『발해고』
② 불교사를 중심으로 민간 설화를 담았다. → 『삼국유사』
④ 왕명에 의해 고승들의 전기가 기록되었다. → 『해동고승전』
⑤ 본기, 열전 등으로 구성된 기전체 형식으로 서술되었다. → 『삼국사기』

해커스 한국사능력검정시험
심화 2주 합격

IV 조선 시대

최근 3개년 기출 트렌드
*최근 3개년 회차인 심화 75~60회 기준입니다.

기출주제	출제 문항 수	
17 조선 전기의 정치	40문항	1위
18 조선의 통치 체제	9문항	
19 조선 전기의 문화	5문항	
20 조선의 대외 관계	22문항	3위
21 조선 후기의 붕당 정치와 탕평 정치	23문항	2위
22 조선 후기의 세도 정치	7문항	
23 조선의 토지·수취 제도	6문항	
24 조선 후기의 경제 발달	8문항	
25 조선의 사회 모습	2문항	
26 조선의 교육 기관과 성리학	3문항	
27 실학의 등장과 국학의 연구 확대	9문항	
28 조선 후기 문화의 새 경향	13문항	

조선 시대 최근 3개년 출제 비중 **19%** 9~10문항

빈출 키워드 TOP3

세종, 성종, 을사사화

사헌부, 홍문관, 승정원

경복궁, 『농사직설』, 원각사지 십층 석탑

평양성 탈환, 행주 대첩, 병자호란

기사환국, 영조, 정조

홍경래의 난, 임술 농민 봉기, 신유박해

대동법, 균역법, 직전법

상품 작물, 이앙법(모내기법), 상평통보

중인, 『구황촬요』, 통청 운동

성균관, 이황, 이이

정약용, 박지원, 박제가

김홍도, 판소리, 보은 법주사 팔상전

학습 포인트

- **조선 전기의 정치**는 조선 시대의 최빈출 주제예요. 조선 초기 국왕의 업적을 구분해서 알아두고, 특히 세종과 성종의 업적은 꼼꼼히 학습하세요!

- **조선 후기의 붕당 정치와 탕평 정치**에서는 영조와 정조를 구분하는 문제가 빈출 포인트예요. 영조와 정조의 업적을 꼼꼼히 학습해 두세요!

- **조선의 대외 관계**에서는 임진왜란과 병자호란이 가장 자주 출제됩니다. 임진왜란과 병자호란의 전개 과정과 당시에 활약한 주요 인물들을 구분해 두세요!

조선 시대 흐름 잡기

주요 흐름

체제 정비 시기

건국과 체제·문물 정비에 집중한 초기 왕들

태조 이성계의 조선 건국 이후, 초기 왕들은 **조선의 기틀**을 다지는 데 집중하였습니다. **태종**은 왕권을 강화하고, **세종**은 한글을 창제하며 문화를 발전시켰습니다. 이후 **성종** 때 법전인 『경국대전』이 반포되어 나라의 기틀이 완성되었습니다.

사림의 등장과 사화

조선의 정치를 주도하는 사림의 등장

성종 때 성리학을 바탕으로 하는 **사림** 세력이 정계에 등장하였습니다. 이들은 개혁 정치를 펼치며 기존의 **훈구 세력**과 대립하기도 하였는데, 이 과정에서 연산군 때부터 명종 때까지 총 **4번의 사화**를 겪으며 막대한 피해를 입었습니다.

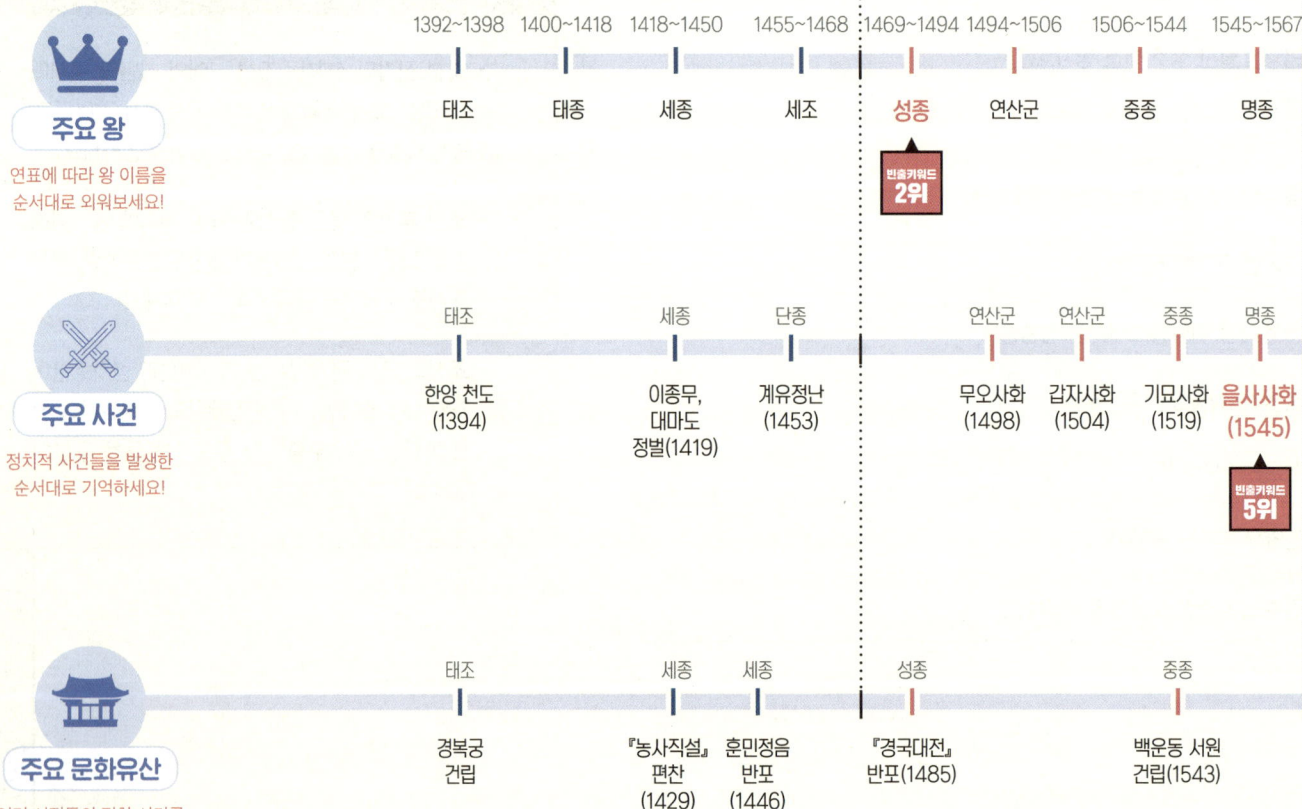

붕당 정치와 양란

전쟁과 함께 고조되는 붕당의 갈등

선조 때부터 사림이 **붕당 정치**를 전개하는 도중, 일본의 침입으로 **임진왜란**이 일어났습니다. 전란의 피해는 광해군 때 수습되었으나 인조반정 이후 서인이 후금을 배척하자 청이 조선을 침략하는 **호란**이 일어났습니다. 호란 이후 현종 때에는 두 차례의 **예송**으로 **붕당의 갈등**이 심화되었습니다.

탕평 정치 시기

개혁 군주들의 심폐 소생술

예송으로 붕당의 갈등이 심화되자 **숙종**은 **탕평 정치**의 일환으로 **환국**을 시도하였으나 일당 전제화의 현상만 심화시켰습니다. 이후 **영조**는 온건한 **완론 탕평**을, **정조**는 급진적인 **준론 탕평**을 표방하며 강력한 왕권을 바탕으로 **다양한 개혁 정책**을 실시하였습니다.

세도 정치 시기

세도가의 손아귀에 갇힌 조선

강력한 왕권을 행사하던 정조가 갑자기 사망하고 나이 어린 **순조가 즉위**하자, 왕실의 외척인 **세도 가문**이 정권을 장악하면서 **세도 정치**가 시작되었습니다. 세도 가문은 이익만 중시할 뿐 국가를 제대로 운영하지 않았기 때문에 **사회 혼란**이 더욱 심화되었습니다.

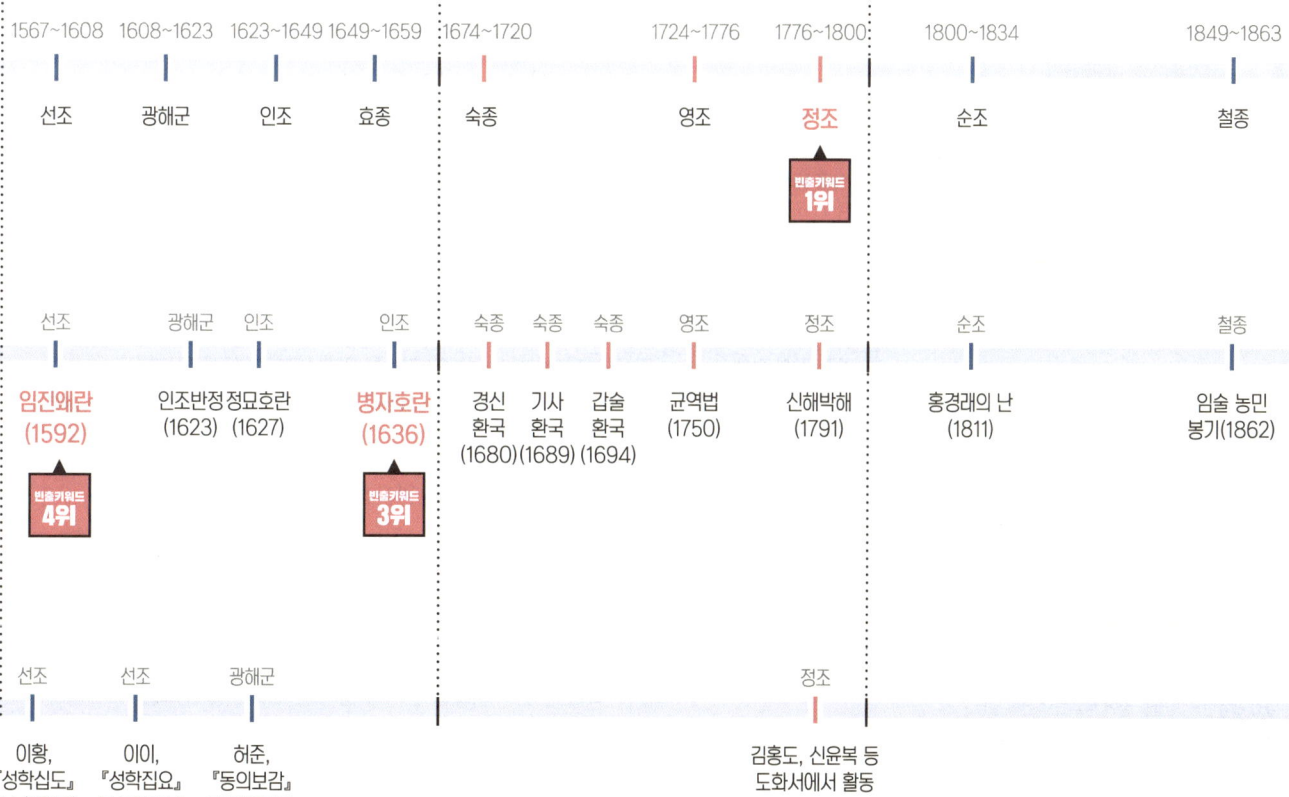

기출주제 17 조선 전기의 정치

빈출 태그 | #정도전 #6조 직계제 #4군 6진 #『경국대전』 #무오사화 #갑자사화 #기묘사화 #을사사화

S#1 이성계가 위화도에서 회군하다!

나 **이성계**, 이번 **요동 정벌**은 정말 반대했다. 하지만 우왕과 최영 장군의 명으로 어쩔 수 없이 정벌에 나서 압록강에 있는 **위화도**에 도착을 했다. 그런데 장마가 시작되어 물이 불어나 있는 것이 아니겠는가? 이건 하늘의 뜻이다. 군대를 돌려야겠다.

S#2 태종이 6조 직계제를 실시하다!

나 **이방원**, 내 손에 수많은 피를 묻혀가며 결국 왕위에 올랐으니, 이제는 아무도 나를 무시할 수 없게 왕권을 강하게 키울 것이다. 그러려면 저 거슬리는 의정부와 재상들의 힘을 먼저 눌러야겠다.

S#3 세종이 훈민정음을 반포하다!

나는 훌륭한 백성들을 굽어 살피는 조선의 임금 **세종**이오. 상왕인 태종께서 다져 놓으신 기틀 위에 즉위하였으니, 과인은 백성들을 굽어 살피겠소. 백성들이 글자를 몰라 억울해 하는 일이 많아 보이니 새로운 글자를 만들어야겠소.

1 조선의 건국과 기틀 마련

(1) 조선의 건국 과정

위화도 회군(1388)	과전법 제정(1391)	조선 건국(1392)
이성계가 우왕을 내쫓고 최영을 제거함 → 정치·군사적 실권을 장악함	정도전, 조준 등 혁명파 사대부의 건의로 실시됨 → 경제적 실권을 장악함	혁명파 사대부가 정몽주 등 온건파 사대부를 제거함 → 이성계가 즉위하고 조선을 건국함

(2) 태조(이성계, 1392~1398)

- **도읍의 기틀 마련**: 개경에서 한양으로 천도하고, 경복궁 등의 궁궐과 종묘·사직 등을 건설함
- **정도전 등용**  ▲ 정도전
  - 조선의 기틀 마련: 경복궁과 근정전 등 주요 전각의 이름을 지음 ― 항상 정사를 부지런히 돌보시는 전각이라는 뜻
  - 저술
    - 『조선경국전』, 『경제문감』: 재상 중심의 정치를 주장한 법전
    - 『불씨잡변』: 불교의 폐단을 비판함
    - 『진도』: 요동 정벌을 위해 편찬한 진법서
- **제1차 왕자의 난**: 세자 책봉에 불만을 품은 이방원이 세자인 이복동생 이방석을 죽이고, 개국 공신인 정도전과 남은 등을 제거함

> **백발백중 기출 사료 | 정도전의 『조선경국전』** [73회]
> 임금의 자질에는 어리석은 자질도 있고 현명한 자질도 있으며 강한 자질도 있고 유약한 자질도 있어서 한결같지 않으니, 재상은 임금의 아름다운 점은 순종하고 나쁜 점은 바로잡으며, 옳은 일은 받들고 옳지 않은 것은 막아서, 임금으로 하여금 가장 올바른 경지에 들게 해야 한다.
> ➔ **사료 해석**: 정도전은 이성계를 도와 조선 건국을 주도한 인물로, 재상 중심의 정치를 주장한 『조선경국전』을 저술하여 조선 왕조 통치 제도 정비에 기여하였다.

(3) 태종(이방원, 1400~1418)
― 제2차 왕자의 난(친형 이방간을 제거)을 통해 즉위함

- **왕권 강화 정책** ― 국정을 운영할 때 6조의 판서(장관)가 왕에게 직접 보고하고 재가를 받도록 한 제도
  - **6조 직계제 실시**: 의정부의 기능을 약화시키고 왕권을 강화함
  - **사병 혁파**: 공신과 왕족들이 소유한 사병을 혁파하여 군사권을 장악함
  - **사간원 독립**: 언론 기능을 담당하던 문하부 낭사를 분리하여 사간원으로 독립시켜 대신과 왕실 외척 세력을 견제함
- **경제 정책**: 양전 사업과 호패법(16세 이상 신분증, 조세·군역 부과에 활용)을 실시함
  ― 양안(토지 대장) 작성에 활용된 토지 측량 제도
- **사회·문화 정책**
  - 세계 지도인 혼일강리역대국도지도가 제작됨
  - 신문고를 처음 설치하여 백성들의 억울함을 풀어주고자 함
  - 활자 주조 관청인 주자소를 설치하고, 계미자(활자)를 주조함

2 세종~성종 대의 유교 정치 실현

(1) 세종(1418~1450)

유교 정치 실현
- 의정부 서사제 실시: 왕권과 신권의 조화를 추구함
  └ 6조에서 올라오는 모든 일을 의정부에서 논의한 뒤 국왕에게 올라가게 한 제도
- 집현전 확대·개편: 유학 연구 기관인 집현전을 확대하고, 경연을 관장함

수취 체제 정비: 연분 9등법과 전분 6등법의 공법을 실시하여 조세를 차등 부과함
- 풍흉 기준
- 토지의 비옥도 기준

대외 정책
- 여진
  - 강경책: 4군(최윤덕) 6진(김종서)을 설치하여 북방 영토를 개척함
    └ 사민 정책과 토관(토착민을 관리로 임명) 제도를 시행함
      └ 남부 지방의 주민들을 북방 지역으로 이주시킴
  - 회유책: 한양에 여진 사절이 머무를 수 있는 북평관을 설치함
- 일본
  - 강경책: 왜구의 소굴인 대마도를 정벌(이종무 파견)함
  - 회유책: 부산포·제포(진해)·염포(울산)의 3포를 개항함
    → 계해약조를 체결함(제한된 범위의 무역 허용)

★★문화 정책
- 훈민정음(한글)을 창제하고, 「용비어천가」 등의 한글 서적을 간행함
- 측우기(강우량 측정), 앙부일구(해시계), 자격루(물시계), 혼천의(천체 관측) 등의 과학 기구를 제작함
- 『칠정산』「내·외편」(역법), 『농사직설』(농업), 『삼강행실도』(윤리), 『향약집성방』(의학) 등의 서적을 편찬함
  - 정초 등이 우리 풍토에 맞는 농법을 정리한 책
  - 열녀와 효자에 대해 다룬 책
- 갑인자(활자)를 주조함

(2) 세조(수양 대군, 1455~1468)

권력 장악: 계유정난을 통해 정권을 장악한 후 조카 단종을 몰아내고 즉위함
- 폐위된 후 노산군으로 강등됨
- 계유년(1453)에 수양 대군이 한명회, 권람 등과 함께 일으켜 김종서 등을 제거한 사건

왕권 강화 정책
- 6조 직계제 실시: 강력한 왕권 행사를 위해 재실시함
- 집현전·경연 폐지: 집현전 학사(성삼문·박팽년)들이 상왕인 단종의 복위 운동을 벌이자 집현전과 경연을 폐지함
- 유향소 폐지: 함경도 토착 세력인 이시애가 일으킨 난을 진압하고, 이시애의 난을 후원하였다는 이유로 유향소를 폐지함

직전법 실시: 관리에게 지급할 토지가 부족해짐 → 직전법을 실시함 → 현직 관리에게만 토지의 수조권을 지급함

(3) 성종(1469~1494)

★★통치 체제 확립
- 『경국대전』 완성·반포: 조선의 기본 법전으로 국가의 통치 규범을 마련함
  └ 세조 때부터 편찬을 시작함, 이·호·예·병·형·공전의 6전으로 구성
- 홍문관을 설치(집현전 계승)하고, 경연을 활성화함

사림 등용: 훈구 세력을 견제하기 위해 김종직 등의 사림을 등용함
└ 세조가 왕위에 오르는 데 공을 세운 세력

관수 관급제 실시: 소재지의 관청에서 직접 진세를 거둔 뒤 관리들에게 나눠 지급함

편찬 사업: 『동문선』(문학), 『동국여지승람』(지리), 『악학궤범』(음악), 『국조오례의』(의례) 등을 편찬함
└ 국가와 왕실의 각종 행사를 유교의 예법에 맞게 정리하여 완성한 의례서

기출 선택지로 개념 다지기

1. 빈칸의 답을 채워보세요.

(1) 정도전이 편찬한 법전: 『　　　』 [74·69회]

(2) 태종 때 주조된 활자: 　　　 [74·72회]

(3) 세종 때 편찬된 농서: 『　　　』 [73·69회]

(4) 세조 때 실시한 토지 제도: 　　　 [73·72회]

(5) 성종이 완성한 법전: 『　　　』 [72·71회]

2. 질문에 맞는 답을 고르세요.

(1) 태조 이성계 재위 시기의 사실은? [71회]
① 왕위 계승을 둘러싸고 왕자의 난이 발생하였다.
② 성삼문 등이 상왕의 복위를 꾀하다가 처형되었다.

(2) 태종의 업적은? [70회]
① 길주를 근거지로 일어난 이시애의 난을 진압하였다.
② 문하부를 폐지하고 낭사를 사간원으로 독립시켰다.

(3) 세종 재위 시기의 사실을 모두 고르면? [73·62회]
① 한양을 기준으로 한 역법서인 『칠정산』을 간행하였다.
② 궁중 음악을 집대성한 『악학궤범』을 편찬하였다.
③ 유교 윤리의 보급을 위해 『삼강행실도』를 편찬하였다.

(4) 성종에 대한 설명을 모두 고르면? [70·64회]
① 국왕의 친위 부대인 장용영이 설치되었다.
② 국가의 의례를 정비한 『국조오례의』를 편찬하였다.
③ 『경국대전』을 완성하여 통치 체제를 정비하였다.

정답 | 1. (1) 조선경국전 (2) 계미자
(3) 농사직설 (4) 직전법 (5) 경국대전
2. (1) ① (②은 세조 때)
(2) ② (①은 세조)
(3) ①, ③ (②은 성종 때)
(4) ②, ③ (①은 정조)

기출주제 17 조선 전기의 정치

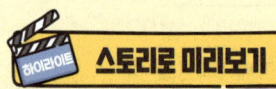

스토리로 미리보기

S#1 연산군이 김종직과 그 제자들을 처벌하다!

나는 세조의 손자 연산군, 사림파 김일손이라는 자가 할아버지(세조)를 비판한 스승의 글을 후대까지 전해질 기록으로 남겼다고 하는군. 안 그래도 쓴 소리만 하는 것이 눈엣가시였는데, 이번 일로 스승(김종직)부터 제자까지 그 일당을 모두 처벌해야겠어.

S#2 조광조가 공신들의 위훈 삭제를 건의하다!

저는 옳다고 생각하는 건 무조건 해야 하는 조광조입니다. 관직에 올라보니 신하들이 너무나도 부패하였길래 열심히 개혁을 추진하였습니다. 그런데 왕께서 즉위하는 데 도움이 되지 않은 자도 거짓 공훈(위훈)으로 공신이 되어 있더군요. 두고 볼 수만은 없습니다.

S#3 명종 때 도적 임꺽정이 활약하다!

나 명종은 어린 나이에 즉위하여, 클 때까지 어머니 문정 왕후께서 대신 정치를 해주셨다네. 그런데 외삼촌 윤원형이 어머니를 믿고 온갖 비리를 저지른 데다 흉년까지 겹쳐, 결국 여기저기서 도적 떼가 출몰하게 되었다네. 그중 특히 임꺽정 그 자가 가장 두렵구만.

3 사림의 대두와 사화의 전개

(1) 훈구와 사림

구분	훈구	사림
형성	세조의 즉위에 공을 세우며 세력을 확장함	성종 때부터 등용되다가 선조 때부터 집권함
특징	• 막대한 토지를 소유한 대지주 출신 • 중앙 집권, 부국강병을 추구함	• 향촌의 중소 지주 출신 • 향촌 자치와 왕도 정치를 추구함
대립	성종이 훈구를 견제하기 위해 김종직 등의 사림 세력을 언론 기관인 삼사에 등용함 → 사림이 훈구의 부정부패를 비판하면서 두 세력의 대립이 심화됨	

(2) 사화의 전개 과정

사림이 화를 입은 사건

⭐⭐무오사화(연산군)
- 원인: 사림인 김일손이 스승 김종직의 「조의제문」을 「사초」에 기록하자, 훈구가 이를 문제 삼음 *(초나라 의제의 죽음을 단종에 빗대어 세조를 비판한 글)*
- 전개: 연산군이 김일손을 처형하고, 다수의 사림들을 유배 보냄

↓

갑자사화(연산군)
- 원인: 연산군의 측근 세력이 권력을 독점하기 위해 연산군에게 폐비 윤씨 사사 사건을 고발함 *(연산군의 생모인 폐비 윤씨가 사약을 받아 죽은 사건)*
- 전개: 사건을 주도한 훈구와 이에 연루된 김굉필 등의 사림이 제거됨

↓

중종반정: 두 차례의 사화와 연산군의 폭정으로 연산군이 폐위되고 중종이 즉위함 → 이 과정에서 공을 세운 훈구 세력이 권력을 장악함 *(진성 대군)*

↓

⭐조광조의 개혁 정치(중종)
- 중종이 반정 공신인 훈구를 견제하기 위해 조광조를 비롯한 사림을 등용함
- 조광조가 현량과(일종의 천거제) 실시, 위훈 삭제(중종반정 공신의 거짓 공훈을 삭제할 것), 소격서 폐지 등 급진적인 개혁 정치를 추진함 *(도교의 초제를 담당하였던 기관)*

↓

기묘사화(중종)
- 원인: 조광조의 개혁 정치와 위훈 삭제에 대한 훈구의 반발이 심화됨
- 전개: 조광조를 포함한 사림 세력이 제거됨

↓

을사사화(명종)
- 원인: 인종이 일찍 죽고 명종이 즉위하면서 윤임 등 인종의 외척(대윤)과 윤원형 등 명종의 외척(소윤) 사이에 권력 다툼이 발생함
- 전개: 소윤 세력이 대윤 세력을 역적으로 몰아 숙청하였고, 연관된 사림까지 피해를 입음
- 결과: 윤원형 등 권세가들의 부패가 심해져 임꺽정과 같은 도적이 나타남

정미사화(명종): 양재역 벽서 사건을 구실로 윤원형 세력이 이언적 등 반대파를 숙청함 *(윤원형 일파와 문정 왕후를 비판하는 익명의 벽서가 붙은 사건)*

백발백중 기출 사료 | 📍현량과 실시 [70회]

신광한이 아뢰기를, "지난번에 **조광조**가 아뢰었던 **천거**로 인재를 뽑는 일은 여럿이 의논한 일입니다. …… **현량과**와 효렴과를 따르는 것이 가합니다. ……"라고 하였다.

➡ **사료 해석**: 조광조는 일종의 천거제(추천제)인 현량과를 실시할 것을 주장하는 등 급진적인 개혁을 추진하였다.

4 붕당의 형성

사림의 정국 주도: 서원과 향약을 통해 세력을 확대한 사림이 선조 때 다시 중앙 정계에 진출하여 정국을 주도함
- (향촌 질서를 유지하기 위한 향촌 사회의 자치 규약)

사림의 분화
- 사림 → 동인 / 서인
- **원인**: 사림 내부에서 이조 전랑 임명 문제(이조 전랑 임명을 둘러싸고 김효원과 심의겸이 갈등함)와 척신 정치 청산 문제를 두고 대립함
  - 삼사의 관리에 대한 인사권과 후임자 추천권을 가짐
  - 신진 사림 / 기성 사림
  - 명종 때 외척에 의해 주도된 정치
- **결과**: 사림이 정치적·학문적 입장에 따라 동인(신진 사림)과 서인(기성 사림)으로 분화하여 붕당이 형성됨

백발백중 기출 사료 | 사림의 분화 [63회]

처음에 심의겸이 외척으로 권세를 부리니 당시 명망 있는 사람들이 섬겨 따랐다. 그런데 김효원이 전랑(銓郞)이 되어 그들을 배척하자 심의겸의 무리가 그를 미워하니, 점차 사림이 나뉘어 동인과 서인이라는 말이 나오게 되었다.

→ **사료 해석**: 삼사에 대한 인사권을 가진 이조 전랑의 임명 문제로 신진 사림인 김효원과 기성 사림인 심의겸이 대립하면서 사림이 동인과 서인으로 분화되었고, 붕당 정치가 전개되었다.

동인과 서인
- **동인**
  - 이황·조식·서경덕의 문인 계열로, 김효원 등 신진 사림이 중심이 됨
  - 척신 정치 청산에 적극적인 태도를 취함
- **서인**
  - 이이·성혼의 문인 계열로, 심의겸 등 기성 사림이 중심이 됨
  - 척신 정치 청산에 소극적인 태도를 취함

동인의 분화
- 동인 → 북인 / 남인
- **원인**: 정여립 모반 사건(정여립의 역모 사건을 정철이 확대함)으로 동인이 피해를 입었고(기축옥사), 건저의 사건(정철이 광해군을 왕세자로 책봉할 것을 건의함)으로 동인이 정철을 공격함
  - 동인 / 서인 / 이발 등이 제거됨 / 선조가 반발함
- **결과**: 동인이 서인에 대한 처리를 두고 북인과 남인으로 분화됨

백발백중 기출 사료 | 정여립 모반 사건 [55회]

선전관 이용준 등이 정여립을 토벌하기 위하여 급히 전주에 내려갔다. 무리들과 함께 진안 죽도에 숨어 있던 정여립은 군관들이 체포하려 하자 자결하였다.

→ **사료 해석**: 정여립 모반 사건은 선조 때 동인이었던 정여립이 반란을 계획했다는 사실이 발각되어 동인이 정계에서 대거 축출된 사건이다.

북인과 남인
- **북인**
  - 서인 처리에 강경한 입장으로, 광해군 시기에 국정을 이끎
  - 서경덕과 조식의 제자들이 주류를 이룸
- **남인**
  - 서인 처리에 온건한 입장을 취함
  - 이언적과 이황의 제자들이 주류를 이룸

✓ 기출 선택지로 개념 다지기

1. 빈칸의 답을 채워보세요.

(1) 무오사화의 원인이 된 글: 「_____」 [71회]

(2) 폐비 윤씨 사사 사건이 원인이 되어 발생한 사화: _____ [73·71회]

(3) 조광조의 개혁 정치: _____ 삭제 [73·71회]

(4) 외척 사이의 권력 다툼으로 발생한 사화: _____ [72·71·62회]

(5) 명종 때 활동한 도적: _____ [56회]

(6) 사림이 동인과 서인으로 분화된 원인: _____ 임명 문제 [72·60회]

(7) 심의겸을 지지한 붕당: _____ [33회]

2. 질문에 맞는 답을 고르세요.

(1) 무오사화에 대한 설명은? [57회]
① 「조의제문」이 발단이 되어 일어났다.
② 동인이 남인과 북인으로 나뉘는 계기가 되었다.

(2) 조광조에 대한 설명은? [69회]
① 『소학』의 보급과 현량과 실시를 주장하였어요.
② 재상 중심의 정치를 강조한 『조선경국전』을 저술하였어요.

(3) 을사사화에 대한 설명은? [71회]
① 왕실 외척 간의 권력 다툼으로 일어났다.
② 진성 대군이 왕으로 즉위하는 결과를 가져왔다.

(4) 서인에 대한 설명을 모두 고르면? [44·33회]
① 이언적과 이황의 제자들이 주류를 이루었다.
② 선조 때 왕세자 책봉 문제로 입지가 약화되었다.
③ 정여립 모반 사건을 내세워 기축옥사를 주도하였다.

정답 | 1. (1) 조의제문 (2) 갑자사화 (3) 위훈
(4) 을사사화 (5) 임꺽정
(6) 이조 전랑 (7) 서인
2. (1) ① (②은 건저의 사건)
(2) ① (②은 정도전)
(3) ① (②은 중종반정)
(4) ②, ③ (①은 남인)

필수 기출로 개념 적용하기 기출주제 17 조선 전기의 정치

01 [71회 기출]

밑줄 그은 '임금'의 재위 시기에 있었던 사실로 옳은 것은? [2점]

> 임금이 무악에 이르러서 도읍을 정할 땅을 물색하였다. 좌시중 조준, 우시중 김사형에게 말하였다. "고려 말에 서운관에서 송도의 지덕이 이미 쇠했다는 이유로 여러 번 글을 올려 한양으로 도읍을 옮기자고 하였다. 근래에는 계룡이 도읍할 만한 곳이라 하기에 백성을 공사에 동원하여 힘들게 하였다. 이제 또 여기가 도읍할 만한 곳이라 하여 와서 보니, 유한우 등이 도리어 무악보다는 송도가 더 명당이라고 고집한다. 그대들은 도읍할 만한 곳을 서운관 관리에게 다시 보고받도록 하라."

① 독창적 문자인 훈민정음이 반포되었다.
② 수도 방어를 위하여 금위영이 창설되었다.
③ 조선의 기본 법전인 『경국대전』이 완성되었다.
④ 왕위 계승을 둘러싸고 왕자의 난이 발생하였다.
⑤ 성삼문 등이 상왕의 복위를 꾀하다가 처형되었다.

02 [70회 기출]

(가) 왕에 대한 설명으로 옳은 것은? [2점]

① 『경국대전』을 완성하여 통치 체제를 정비하였다.
② 초계문신제를 시행하여 문신들을 재교육하였다.
③ 길주를 근거지로 일어난 이시애의 난을 진압하였다.
④ 문하부를 폐지하고 낭사를 사간원으로 독립시켰다.
⑤ 붕당의 폐해를 경계하기 위한 탕평비를 건립하였다.

👆 태조 이성계

> 임금이 무악에 이르러서 도읍을 정할 땅을 물색하였다. 좌시중 조준, 우시중 김사형에게 말하였다. "고려 말에 서운관에서 송도의 지덕이 이미 쇠했다는 이유로 여러 번 글을 올려 **한양으로 도읍을 옮기자**고 하였다. 근래에는 계룡이 도읍할 만한 곳이라 하기에 백성을 공사에 동원하여 힘들게 하였다. 이제 또 여기가 도읍할 만한 곳이라 하여 와서 보니, 유한우 등이 도리어 무악보다는 송도가 더 명당이라고 고집한다. 그대들은 도읍할 만한 곳을 서운관 관리에게 다시 보고받도록 하라." → 태조 이성계

④ 왕위 계승을 둘러싸고 **왕자의 난이 발생**하였다.

태조 이성계는 고려 말에 **위화도 회군**을 통해 권력을 장악하고 정도전 등과 함께 **조선을 건국**하였다. 그는 **개경에서 한양으로 천도**하고 조선 왕조의 기틀을 마련하였다. 한편 태조 때 막내아들인 이방석이 세자로 책봉되자, 이에 불만을 품은 이방원이 **왕자의 난**을 일으켜 세자 이방석과 정도전, 남은 등을 제거하고 권력을 장악하였다(제1차 왕자의 난).

❌ 오답 클리어
① 독창적 문자인 **훈민정음**이 반포되었다. → 세종
② 수도 방어를 위하여 **금위영**이 창설되었다. → 숙종
③ 조선의 기본 법전인 **『경국대전』**이 완성되었다. → 성종
⑤ 성삼문 등이 **상왕의 복위**를 꾀하다가 처형되었다. → 세조

👆 태종

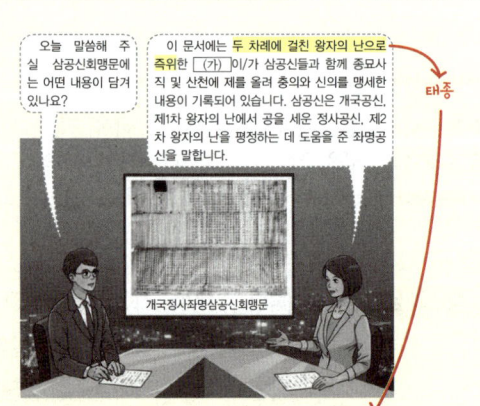

④ **문하부를 폐지하고 낭사를 사간원으로 독립**시켰다.

태종은 제1·2차 왕자의 난을 진압하고 조선의 제3대 왕으로 즉위하였다. 이후 그는 왕권을 강화하기 위해 정책 집행 기관인 6조에서 의정부의 심의를 거치지 않고 국왕에게 직접 보고하는 **6조 직계제**를 실시하였다. 또한 언론 기능을 담당하던 **문하부 낭사를 사간원으로 독립**시켜 대신을 견제하였다.

❌ 오답 클리어
① **『경국대전』**을 완성하여 통치 체제를 정비하였다. → 성종
② **초계문신제**를 시행하여 문신들을 재교육하였다. → 정조
③ 길주를 근거지로 일어난 **이시애의 난**을 진압하였다. → 세조
⑤ 붕당의 폐해를 경계하기 위한 **탕평비**를 건립하였다. → 영조

03

[73회 기출]

(가) 왕의 업적으로 옳은 것은? [2점]

① 수도 방어를 위해 금위영을 설치하였다.
② 음악 이론 등을 집대성한 『악학궤범』을 완성하였다.
③ 한양을 기준으로 한 역법서인 『칠정산』을 간행하였다.
④ 역대 문물 제도를 정리한 『동국문헌비고』를 편찬하였다.
⑤ 현직 관리에게만 수조지를 지급하는 직전법을 실시하였다.

👆 세종

③ 한양을 기준으로 한 역법서인 『칠정산』을 간행하였다.

세종은 민생 안정에 도움을 주기 위한 여러 정책을 실시하였다. 우선 **훈민정음(한글)**을 창제하고, 신하인 정초, 변효문 등에게 우리 풍토에 맞는 농법을 정리한 농서인 『**농사직설**』을 편찬하게 하였다. 이 밖에도 한양을 기준으로 한 역법서인 『**칠정산**』「내·외편」, 의학서인 『**향약집성방**』, 윤리 의례서인 『**삼강행실도**』 등 다양한 서적을 편찬하였다.

🔍 오답 클리어
① 수도 방어를 위해 **금위영**을 설치하였다. → 숙종
② 음악 이론 등을 집대성한 『**악학궤범**』을 완성하였다. → 성종
④ 역대 문물 제도를 정리한 『**동국문헌비고**』를 편찬하였다. → 영조
⑤ 현직 관리에게만 수조지를 지급하는 **직전법**을 실시하였다.
　→ 세조

04

[70회 기출]

밑줄 그은 '전하'의 재위 시기에 있었던 사실로 옳은 것은? [2점]

① 국왕의 친위 부대인 장용영이 설치되었다.
② 백운동 서원이 사액을 받아 소수 서원이 되었다.
③ 국가의 의례를 정비한 『국조오례의』가 완성되었다.
④ 통치 체제를 정비하기 위해 『속대전』이 편찬되었다.
⑤ 수조권이 세습되던 수신전과 휼양전이 폐지되었다.

👆 성종

③ 국가의 의례를 정비한 『국조오례의』가 완성되었다.

성종은 조선의 통치 체제를 확립한 왕으로, 국가와 왕실의 각종 행사를 유교의 예법에 맞게 정리한 의례서인 『**국조오례의**』를 편찬하였다. 또한 이 밖에도 **홍문관**을 정비하여 집현전의 기능을 계승하도록 하여 국왕의 자문 기구이자 경연을 주관하도록 하였다.

🔍 오답 클리어
① 국왕의 친위 부대인 **장용영**이 설치되었다. → 정조
② 백운동 서원이 사액을 받아 **소수 서원**이 되었다. → 명종
④ 통치 체제를 정비하기 위해 『**속대전**』이 편찬되었다. → 영조
⑤ 수조권이 세습되던 **수신전과 휼양전**이 폐지되었다. → 세조

이건 꼭! 암기 성종
#『국조오례의』를 완성　#홍문관_경연 주관

필수 기출로 개념 적용하기 기출주제 17 조선 전기의 정치

05 [66회 기출]

(가), (나) 사이의 시기에 있었던 사실로 옳은 것은? [2점]

> (가) 정문형, 한치례 등이 아뢰기를, "지금 김종직의 「조의제문」을 보니, 입으로만 읽지 못할 뿐 아니라 차마 눈으로도 볼 수 없습니다. …… 마땅히 대역의 죄로 논단하고 부관참시해서 그 죄를 분명히 밝혀 신하와 백성의 분을 씻는 것이 사리에 맞는 일입니다."라고 하였다. …… 왕이 정문형 등의 의견을 따랐다.
>
> (나) 의금부에 전지하기를, "조광조, 김정 등은 서로 사귀어 무리를 이루고 자기 편은 천거하고 자기 편이 아닌 자는 배척하면서, 위세를 높여 서로 의지하며 권세가 있는 요직을 차지하였다. …… 이 모든 일들을 조사하여 밝혀라."라고 하였다.

① 정여립 모반 사건으로 기축옥사가 일어났다.
② 외척 간의 권력 다툼으로 윤임이 제거되었다.
③ 자의 대비의 복상 문제로 예송이 전개되었다.
④ 희빈 장씨 소생의 원자 책봉 문제로 환국이 발생하였다.
⑤ 폐비 윤씨 사사 사건을 빌미로 김굉필 등이 처형되었다.

06 [69회 기출]

(가)에 들어갈 내용으로 가장 적절한 것은? [2점]

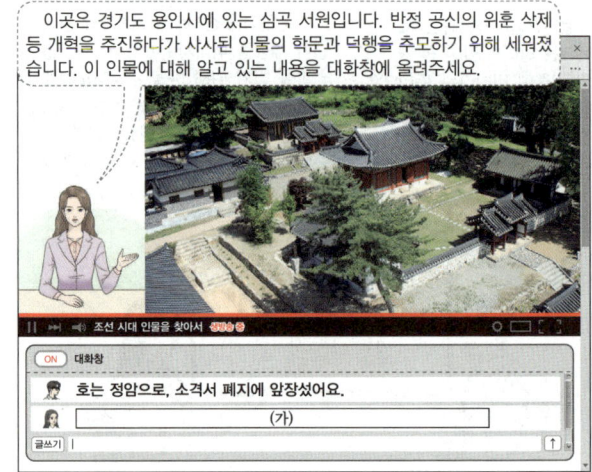

이곳은 경기도 용인시에 있는 심곡 서원입니다. 반정 공신의 위훈 삭제 등 개혁을 추진하다가 사사된 인물의 학문과 덕행을 추모하기 위해 세워졌습니다. 이 인물에 대해 알고 있는 내용을 대화창에 올려주세요.

대화창
호는 정암으로, 소격서 폐지에 앞장섰어요.
(가)

① 『성학집요』를 지어서 임금에게 바쳤어요.
② 김종직의 「조의제문」을 「사초」에 포함시켰어요.
③ 최초의 서원인 백운동 서원을 건립하였어요.
④ 『소학』의 보급과 현량과 실시를 주장하였어요.
⑤ 재상 중심의 정치를 강조한 『조선경국전』을 저술하였어요.

🖐️ **무오사화와 기묘사화 사이의 사실**

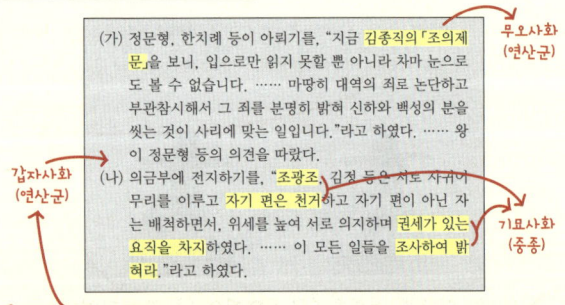

⑤ 폐비 윤씨 사사 사건을 빌미로 김굉필 등이 처형되었다.

연산군 때 김종직의 「조의제문」을 김일손이 「사초」에 실은 것이 문제가 되어 **무오사화**가 일어났다(1498). 뒤이어 연산군의 생모 **폐비 윤씨 사사 사건**을 빌미로 **김굉필** 등의 사림 세력이 처형되는 **갑자사화**가 발생하였다(1504). 이후 중종반정으로 연산군에 이어 즉위한 **중종** 때 **조광조**가 급진적인 개혁을 추진하였고, 이에 반발한 훈구에 의해 제거되었다(**기묘사화**, 1519).

❌ 오답 클리어
① 정여립 모반 사건으로 기축옥사가 일어났다. → 선조, (나) 이후
② 외척 간의 권력 다툼으로 윤임이 제거되었다. → 명종, (나) 이후
③ 자의 대비의 복상 문제로 예송이 전개되었다. → 현종, (나) 이후
④ 희빈 장씨 소생의 원자 책봉 문제로 환국이 발생하였다. → 숙종, (나) 이후

🖐️ **조광조**

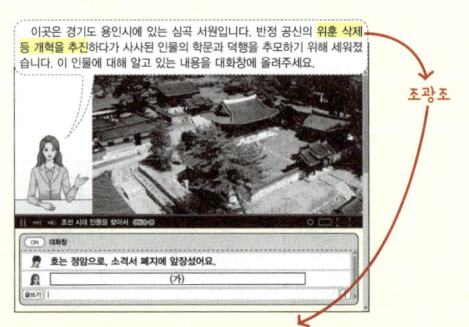

④ 『소학』의 보급과 현량과 실시를 주장하였어요.

정암 조광조는 중종 때 여러 가지 개혁 정책을 추진하였는데, 일종의 추천제인 **현량과 실시**와 **『소학』의 보급**을 주장하였다. 또한 도교 의식을 치르는 **소격서의 폐지**를 주장하였으며, 중종반정 공신들의 **위훈(거짓 공훈) 삭제**를 건의하였다. 이러한 조광조의 급진적인 개혁은 훈구의 반발을 불러일으켰고, 결국 훈구 세력에 의해 제거되었다(**기묘사화**, 1519).

❌ 오답 클리어
① 『성학집요』를 지어서 임금에게 바쳤어요. → 이이
② 김종직의 「조의제문」을 「사초」에 포함시켰어요. → 김일손
③ 최초의 서원인 백운동 서원을 건립하였어요. → 주세붕
⑤ 재상 중심의 정치를 강조한 『조선경국전』을 저술하였어요.
→ 정도전

07 [71회 기출]

밑줄 그은 '이 사건'에 대한 설명으로 옳은 것은? [2점]

> 이곳은 이언적의 위패를 모신 경주 옥산 서원입니다. 이언적은 이른바 대윤과 소윤이라는 정치 세력 간의 갈등으로 윤임 등 대윤 세력이 탄압받은 이 사건 당시 관련자들의 처리를 두고 갈등이 생기자 스스로 관직에서 물러났습니다. 이후 양재역 벽서 사건에 연루되어 유배되었습니다.

① 김종직의 「조의제문」이 발단이 되었다.
② 폐비 윤씨 사사 사건이 원인이 되었다.
③ 왕실 외척 간의 권력 다툼으로 일어났다.
④ 진성 대군이 왕으로 즉위하는 결과를 가져왔다.
⑤ 조광조 등이 반정 공신의 위훈 삭제를 주장하였다.

08 [55회 기출]

다음 상황 이후에 전개된 사실로 옳은 것은? [3점]

> 선전관 이용준 등이 정여립을 토벌하기 위하여 급히 전주에 내려갔다. 무리들과 함께 진안 죽도에 숨어 있던 정여립은 군관들이 체포하려 하자 자결하였다.

① 이시애가 길주를 근거지로 난을 일으켰다.
② 기축옥사로 이발 등 동인 세력이 제거되었다.
③ 양재역 벽서 사건으로 이언적 등이 화를 입었다.
④ 수양 대군이 김종서 등을 살해하고 권력을 장악하였다.
⑤ 이조 전랑 임명을 둘러싸고 사림이 동인과 서인으로 나뉘었다.

을사사화

③ 왕실 외척 간의 권력 다툼으로 일어났다.

을사사화는 명종 때 왕의 외척들 간의 권력 다툼이 원인이 되어 이에 연루된 사림 세력이 화를 입은 사건이다. 조선 중종의 뒤를 이어 즉위한 인종이 일찍 죽고 어린 동생인 명종이 즉위하자, 명종의 외척인 소윤 세력(윤원형 일파)이 인종의 외척인 대윤 세력(윤임 일파)을 역적으로 몰아 숙청하였으며, 이에 연루된 사림 세력까지 피해를 보게 되었다.

오답 클리어
① 김종직의 「조의제문」이 발단이 되었다. → 무오사화
② 폐비 윤씨 사사 사건이 원인이 되었다. → 갑자사화
④ 진성 대군이 왕으로 즉위하는 결과를 가져왔다. → 중종반정
⑤ 조광조 등이 반정 공신의 위훈 삭제를 주장하였다.
  → 조광조의 위훈 삭제 주장

정여립 모반 사건 이후의 사실

② 기축옥사로 이발 등 동인 세력이 제거되었다. → 기축옥사

정여립 모반 사건은 선조 때 동인 정여립이 모반을 계획했다는 사실이 발각되어 동인이 정계에서 대거 축출된 사건이다. 정여립은 대동계라는 비밀 결사를 조직하여 반란을 도모하였으나, 이 사실이 사전에 발각되어 자결하였다. 이후 이 사건을 서인이었던 정철이 맡아 조사·처리하는 과정에서 사건이 확대되어, 이발 등 많은 수의 동인 세력이 제거되는 기축옥사가 일어나게 되었다.

오답 클리어
① 이시애가 길주를 근거지로 난을 일으켰다. → 이시애의 난(세조)
③ 양재역 벽서 사건으로 이언적 등이 화를 입었다.
  → 양재역 벽서 사건(명종)
④ 수양 대군이 김종서 등을 살해하고 권력을 장악하였다.
  → 계유정난(단종)
⑤ 이조 전랑 임명을 둘러싸고 사림이 동인과 서인으로 나뉘었다.
  → 사림의 동·서 분당(선조)

이건 꼭! 암기 정여립 모반 사건
#정여립_동인 #기축옥사 #정철_서인

기출주제 18 조선의 통치 체제

빈출 태그 | #승정원 #사헌부 #사간원 #홍문관 #수령 #유향소

스토리로 미리보기

 조선 시대 공부 중이지? 잘 하고 있니?

 응, 지금 딱 통치 체제 공부하려던 참이야. 펼쳤는데 고려랑 비슷한 것 같기도 하고 다른 것 같기도 해서 좀 헷갈려.

 그래? 간단하게 고려의 2성 6부 제가 조선에서는 의정부와 6조 체제로 바뀐 것이라고 이해하면 돼.

2성 대신 의정부에 있는 정승들이 정책을 심의했고, 6부는 이름이 6조로 바뀌었어!

 아하, 그렇구나. 근데 사극에서 왕한테 "통촉하여 주시옵소서." 라고 말하는 사람들은 어디에 속한 관리들이었어?

 ㅋㅋㅋ 그 사람들은 사헌부와 사간원에 속한 관리들로 '대간'이라고 불렸어. 보통 왕한테 쓴소리를 하는 역할을 했지.

 그러면 왕이 자주 부르던 '도승지는 들라~' 할 때 도승지는?

 도승지는 왕의 비서 기구인 승정원의 우두머리였어! 왕의 비서 기구였으니 왕이 자주 불렀던 거고~!

 오호, 앞으로 사극 볼 때 더 잘 알아들을 수 있겠다. 드라마 보는 재미가 커지겠어~!

1 중앙 정치 조직

왕
- **의정부**: 재상(영의정·좌의정·우의정)의 합의를 통해 국정을 총괄한 최고 권력 기관
  - **6조**: 정책을 집행한 행정 기관, 이조·호조·예조·병조·형조·공조로 구성됨
- ★ **승정원**: 왕명의 출납을 담당한 국왕의 비서 기관, 은대라고도 불림 (수장: 도승지)
- **의금부**: 반역죄, 강상죄 등 국가의 대역 죄인을 심판한 국왕 직속의 사법 기관 (수장: 판사) — 유교 윤리를 어긴 죄
- ★ **사헌부**: 관리의 비리를 감찰함 (수장: 대사헌)
- **사간원**: 정책에 대한 간언·간쟁을 담당함 (수장: 대사간)
  - **양사**: 서경권을 행사함 — 양사의 관리를 대간이라 부름 / 5품 이하 관리의 임명에 대한 동의권
- ★ **홍문관**: 집현전을 계승한 국왕의 자문 기구, 경연을 주관하였으며, 옥당·옥서라고 불림 (수장: 대제학) — 왕에게 『대학』 등의 유학 경서를 강론하는 제도로, 세조와 연산군 때 일시 중단됨
  - **삼사**: 언론을 담당한 청요직 — 청빈함을 요구하는 직책이라는 뜻
- **한성부**: 수도의 행정과 치안을 담당한 기관
- **춘추관**: 『실록』을 보관하고 관리하는 업무를 관장한 기관
- **성균관**: 유학을 가르친 최고 교육 기관, 생원·진사에게 입학 자격이 부여됨 — 소과(생원시·진사시)의 합격자

백발백중 기출 자료 | 📍 사헌부의 역할 [75회]

이 그림은 사헌부의 감찰인 김종한 등 23인의 계회를 기념하여 그린 이십삼상대회도입니다. '상대'는 백관에 대한 규찰과 탄핵 등을 관장하던 사헌부의 별칭입니다.

➡ **자료 해석**: 사헌부는 백관에 대한 규찰과 탄핵 등을 관장하였다.

2 지방 행정 조직

(1) 지방 행정 구역

- **8도**: 지방의 최고 행정 구역으로, 전국을 8도로 나눔
- **부·목·군·현**: 8도 아래의 행정 구역으로 인구 수, 토지 면적을 기준으로 나눠 수령을 파견함

(2) 지방 행정 조직의 운영

- **관찰사**: 8도에 파견된 종2품 이상의 지방관으로, 관할 군현의 수령을 감독·평가함 — 감사, 방백, 도백으로 불림
- **수령**: 부·목·군·현에 파견된 지방관으로, 지방의 행정·사법·군사권을 행사함 / 농업 발전, 교육 진흥, 공정한 부세 수취 등 7가지 업무를 수행함(수령 7사) — 현감, 현령으로 불림
- **지방관 파견 원칙**
  - **상피제**: 친인척은 같은 행정 조직에서 근무할 수 없음
  - **임기제**: 관찰사는 1년, 수령은 5년으로 임기를 제한함
  - (수장: 호장, 단안(명부)에 등재됨)
- **향리**: 이방·호방 등 6방의 조직을 갖추어 수령의 행정 실무를 보좌하였으며, 직역을 세습하여 중인층을 형성함 — 고려에 비해 지위가 낮아짐

(3) 향촌 사회 통제 기구

- ★**유향소** : 좌수와 별감이라는 임원을 선출하여, 수령을 보좌하고 향리를 감찰함
  - └ 향촌 자치 기구 └ 향회에서 선출됨
- **경재소** : 지방의 유향소를 통제하기 위해 중앙에 설치된 기구로, 정부의 고위 관리가 자신의 출신 지역 경재소를 관장함
  - └ 관할 유향소 임원의 임명권을 행사하였음

3 관리 등용 제도

└ 법제상 양인 이상이면 응시가 가능하였고, 제1차 갑오개혁 때 폐지됨

(1) 과거 제도

- **문과**
  - 탐관오리의 자제·서얼·재가한 여자의 자손은 응시가 불가함
  - **소과(생진과)** ─ 생원시(유교 경전 시험)와 진사시(문예 시험)로 구성되어 합격 시 백패를 지급함
    - 소과 급제자는 성균관 입학 및 대과에 응시할 수 있었음
  - **대과(문과)**: 초시, 복시, 전시 순서대로 진행되며, 급제 시 홍패를 지급함
- **무과** : 무신 선발을 위한 시험으로, 급제 시 홍패를 지급함
- **잡과** : 역과, 의과 등 기술관 선발을 위한 시험으로 주로 중인이 응시함
  - └ 해당 관청에서 시행 └ 통역
- **실시 시기**
  - **식년시**: 3년에 한 번씩 정기적으로 실시됨
  - **증광시**: 국가에 큰 경사가 있을 때 부정기적으로 실시됨
  - **알성시**: 국왕의 성균관 문묘 제례 시 성균관에서 부정기적으로 실시됨
    - └ 유학의 대가들에게 드리는 제사

(2) 기타 관리 등용 제도

┌ 2품 이상의 고위 관리
- **음서** : 고관 자제가 시험을 치르지 않고도 관직에 등용될 수 있었던 제도였으나, 문과에 합격하지 않으면 고관으로 승진하는 것이 불가하였음
  - └ 조선이 능력 위주의 사회였음을 보여줌
- **취재** : 간단한 시험을 거쳐 서리나 하급 관리를 뽑는 제도
- **천거** : 과거를 치르지 않고 고관의 추천을 받아 관직에 등용한 제도
  - └ 기존의 관리를 대상으로 실시됨

4 군사 제도

┌ 의흥위, 용양위, 호분위, 충좌위, 충무위
- **중앙군** : 5위로 구성되어, 궁궐과 수도의 방어를 담당함
- **지방군**
  - **영진군 체제**: 국방상 요지인 영이나 진에 소속되어 복무한 체제
  - **진관 체제**: 지역 단위의 방어 체제로, 각 도의 요충지에 성을 쌓아 방어함
- **잡색군** : 서리, 잡학인, 전직 관리, 신량역천인, 노비 등으로 구성되어 평상시에는 생업에 종사하고 유사시에 향토 방위에 동원된 일종의 예비군

5 교통·통신 제도

┌ 지방의 조창에 임시 보관함
- **교통 제도**
  - **조운 제도**: 지방의 조세를 한양의 창고(경창)으로 운반하는 제도
  - **역원 제도**: 관리들에게 말과 숙소를 제공한 제도로, 마패를 소지한 공무 여행자에게 역마(말)를 제공함
    - └ 말을 빌릴 때 사용된 증표
- **통신 제도**
  - └ 밤에는 횃불, 낮에는 연기로 알림
  - **봉수 제도**: 군사적으로 위급한 상황을 수도까지 전달하기 위해 마련된 제도
  - **파발 제도**: 공문서를 신속하게 전달하기 위해 설치된 통신 제도

✅ 기출 선택지로 개념 다지기

1. 빈칸의 답을 채워보세요.

(1) 조선 시대 삼사 중 옥당으로 불린 기관: ☐ [64회]

(2) 수도의 행정과 치안을 담당한 기관: ☐ [75·71·69·68회]

(3) 수령을 보좌하며 지방 행정 실무를 담당한 하급 관리: ☐ [68회]

(4) 유향소의 임원: ☐, 별감 [67회]

(5) 유사시 향토 방위를 맡는 예비군: ☐ [62회]

2. 질문에 맞는 답을 고르세요.

(1) 승정원에 대한 설명은? [68회]
① 반역죄, 강상죄를 범한 중죄인을 다스렸다.
② 왕의 비서 기관으로 왕명의 출납을 담당하였다.

(2) 사헌부에 대한 설명은? [75·69회]
① 고려의 삼사와 같은 기능을 수행하였다.
② 대사헌을 수장으로 집의, 장령 등의 관직을 두었다.

(3) 홍문관에 대한 설명은? [54회]
① 사헌부, 사간원과 함께 3사로 불렸다.
② 을묘왜변을 계기로 상설 기구화되었다.

(4) 조선의 과거 제도에 대한 설명은? [74회]
① 식년시, 알성시, 증광시 등으로 운영되었다.
② 쌍기의 건의를 수용하여 실시하였다.

(5) 관찰사에 대한 설명은? [50회]
① 관내 군현의 수령을 감독하고 근무 성적을 평가하였다.
② 출신지의 경재소를 관장하고 유향소 품관을 감독하였다.

정답 | 1. (1) 홍문관 (2) 한성부 (3) 향리 (4) 좌수 (5) 잡색군
2. (1) ② (①은 의금부)
   (2) ② (①은 호조)
   (3) ① (②은 비변사)
   (4) ① (②은 고려의 과거 제도)
   (5) ① (②은 정부의 고위 관리)

필수 기출로 개념 적용하기   기출주제 18 조선의 통치 체제

01   [68회 기출]

(가) 관서에 대한 설명으로 옳은 것은?   [2점]

> **체험 활동 소감문**
> 2023년 12월 2일 ○○○
>
> 지난 토요일에 '승경도' 놀이를 체험했다. 승경도는 조선 시대 관직 이름을 적은 놀이판이다. 윷을 던져 말을 옮기는데, 승진을 할 수도 있지만 자칫하면 파직이 되거나 사약까지 받을 수 있어 흥미진진했다.
>
> 놀이 규칙에 은대법이 있는데, (가) 을/를 총괄하는 도승지 자리에 도착한 사람은 당하관 자리에 있는 사람들이 던진 윷의 결괏값을 이용할 수 있는 규칙이다. 은대가 무엇인지 몰랐는데, (가) 을/를 뜻함을 알게 되었다.

① 수도의 행정과 치안을 맡아보았다.
② 재상들이 합의하여 국정을 총괄하였다.
③ 반역죄, 강상죄를 범한 중죄인을 다스렸다.
④ 왕의 비서 기관으로 왕명의 출납을 담당하였다.
⑤ 외적의 침입에 대비하기 위한 임시 기구로 설치되었다.

02   [75회 기출]

(가) 기구에 대한 설명으로 옳은 것은?   [2점]

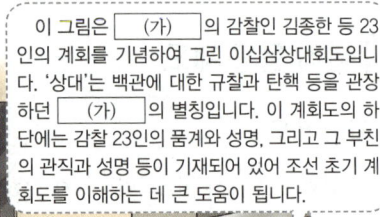

> 이 그림은 (가) 의 감찰인 김종한 등 23인의 계회를 기념하여 그린 이십삼상대회도입니다. '상대'는 백관에 대한 규찰과 탄핵 등을 관장하던 (가) 의 별칭입니다. 이 계회도의 하단에는 감찰 23인의 품계와 성명, 그리고 그 부친의 관직과 성명 등이 기재되어 있어 조선 초기 계회도를 이해하는 데 큰 도움이 됩니다.

① 수도의 행정과 치안을 담당하였다.
② 을묘왜변을 계기로 상설 기구화되었다.
③ 서얼 출신 학자들이 검서관에 등용되었다.
④ 역사서를 편찬하고 사고에 보관하는 일을 맡았다.
⑤ 대사헌을 수장으로 집의, 장령 등의 관직을 두었다.

🖐 승정원

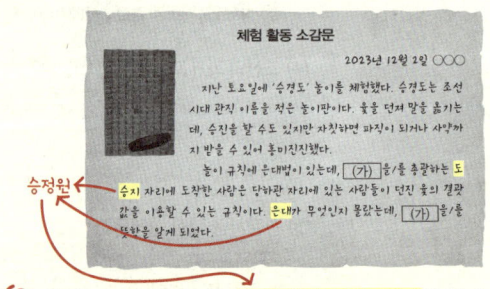

④ 왕의 비서 기관으로 **왕명의 출납을 담당**하였다.

승정원은 은대라고도 불린 조선 시대의 중앙 정치 기구로, **왕명의 출납을 담당**한 왕의 비서 기관이다. 승정원은 수장인 **도승지**를 중심으로, 6명의 승지가 6조를 각각 분담하여 왕을 보필하였다.

🔍 오답 클리어
① 수도의 행정과 치안을 맡아보았다. → 한성부
② 재상들이 합의하여 국정을 총괄하였다. → 의정부
③ 반역죄, 강상죄를 범한 중죄인을 다스렸다. → 의금부
⑤ 외적의 침입에 대비하기 위한 임시 기구로 설치되었다.
    → 비변사

📝 **이건 꼭! 암기** 승정원
#은대   #왕의 비서 기관   #왕명 출납

🖐 사헌부

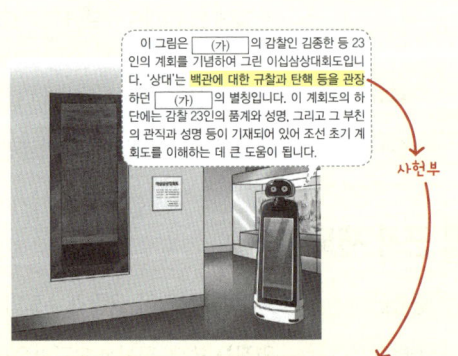

⑤ 대사헌을 수장으로 집의, 장령 등의 관직을 두었다.

사헌부는 언론 활동, 풍속 교정, **관리에 대한 규찰과 탄핵** 등을 관장하던 조선 시대의 중앙 정치 기구로, 수장인 종2품 **대사헌**을 비롯하여 **집의, 장령**, 지평, 감찰로 구성되었다. 사헌부는 정책에 대해 국왕에게 간언·간쟁하는 **사간원과 함께 양사(대간)**라 불렸으며, 이들은 5품 이하 관리의 임명에 대한 동의권인 **서경권**을 행사하였다.

🔍 오답 클리어
① 수도의 행정과 치안을 담당하였다. → 한성부
② 을묘왜변을 계기로 상설 기구화되었다. → 비변사
③ 서얼 출신 학자들이 검서관에 등용되었다. → 규장각
④ 역사서를 편찬하고 사고에 보관하는 일을 맡았다. → 춘추관

03 [73회 기출]

(가) 기구에 대한 설명으로 옳은 것은? [3점]

> ○ 지방 고을에는 그곳의 유력한 집안이 있습니다. 그 가운데 서울에 살면서 벼슬하는 자들의 모임을 (가) (이)라고 합니다. …… 간사한 향리의 범법 행위를 살펴서 지방의 풍속을 유지했는데, 그 유래가 오래되었습니다. - 『성종실록』
>
> ○ 평소에 각 고을을 담당하는 (가) (이)라고 부르는 곳도 원래는 지방의 풍속이 법에 어긋나는지 살피기 위하여 설치한 것입니다. 그런데 지금은 향리를 침학하여 사람들이 대부분 괴롭게 여기고 있습니다. - 『선조실록』

① 사헌부, 사간원과 함께 3사로 불렸다.
② 소속 관원을 은대 학사라고도 칭하였다.
③ 서얼 출신 학자들이 검서관에 등용되었다.
④ 관할 유향소 임원의 임명권을 행사하였다.
⑤ 대사성 이하 좨주, 직강 등의 관직을 두었다.

04 [25회 기출]

지도를 통해 알 수 있는 제도에 대한 설명으로 옳은 것은? [2점]

① 현물로 거둔 조세를 운반하기 위한 목적이었다.
② 공문서를 신속하게 전달하기 위하여 설치하였다.
③ 군사적으로 위급한 상황을 알리기 위해 마련되었다.
④ 마패를 소지한 공무 여행자에게 역마를 제공하였다.
⑤ 춘궁기에 곡식을 빌려주고 추수 후에 갚도록 하였다.

경재소

④ 관할 유향소 임원의 임명권을 행사하였다.

경재소는 조선 시대 지방의 **유향소를 통제**하기 위해 중앙에 설치된 기구로 그 지역의 **유향소 임원의 임명권을 행사**하였으며, 정부의 고위 관리가 자신의 출신 지역의 경재소를 관장하였다. 경재소는 임진왜란 이후 수령권의 강화로 유향소의 지위가 격하되면서 **선조 때 폐지**되었다.

오답 클리어
① 사헌부, 사간원과 함께 3사로 불렸다. → 홍문관
② 소속 관원을 은대 학사라고도 칭하였다. → 승정원
③ 서얼 출신 학자들이 검서관에 등용되었다. → 규장각
⑤ 대사성 이하 좨주, 직강 등의 관직을 두었다. → 성균관

이건 꼭! 암기 경재소
#유향소 임원 임명권 행사 #정부 고위 관리_출신 지역의 경재소 관장

조선의 조운 제도

① 현물로 거둔 **조세를 운반하기 위한 목적**이었다.

조운 제도는 지방에서 현물로 거둔 조세를 한양의 창고인 **경창으로 운반**하기 위해 시행된 제도이다. 조선 시대에는 지방의 조세를 강가나 바닷가에 있는 **조창에 임시 보관**하였다가, 조운로를 통해 한양의 **경창으로 운송**하였다.

오답 클리어
② 공문서를 신속하게 전달하기 위하여 설치하였다. → 파발 제도
③ 군사적으로 위급한 상황을 알리기 위해 마련되었다. → 봉수 제도
④ 마패를 소지한 공무 여행자에게 **역마를 제공**하였다. → 역원 제도
⑤ 춘궁기에 곡식을 빌려주고 **추수 후에 갚도록** 하였다. → 환곡 제도

이건 꼭! 암기 조선의 조운 제도
#지방에서_경창으로 #현물로 거둔 조세 운반 #조창에 임시 보관

기출주제 19 조선 전기의 문화

빈출 태그 | #『조선왕조실록』 #『칠정산』 #갑인자 #『농사직설』 #『향약집성방』 #원각사지 십층 석탑

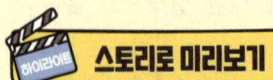

스토리로 미리보기

S#1 유네스코 세계 기록유산, 『조선왕조실록』

저는 춘추관의 관원입니다. 며칠 전, 전하께서 승하하셔서 실록을 편찬하기 위해 임시로 설치된 실록청에서 일하는 중입니다. 전하가 살아계시는 동안 기록된 「사초」, 『시정기』, 『승정원일기』를 정리하여 편찬하려니 양이 엄청나게 많습니다. 당분간은 야근을 해야 할 것 같네요.

S#2 농민들의 경험을 담은 농사 지침서, 『농사직설』

저는 조선의 젊은 농부입니다. 얼마 전 동네 어르신께서 노하우라며 농사법을 알려주셨는데, 중국 책에 있는 농사법보다 농사가 훨씬 더 잘 되지 뭡니까? 아무래도 중국의 농사법은 우리 상황에 맞지 않나 봅니다. 우리나라의 농사법이 정리된 책이 있다면 얼마나 좋을까요?

S#3 충신·효자·열녀의 사례를 모아, 『삼강행실도』

여보게 자네, 얼마 전 아들이 아비를 죽였다는 얘기 들었는가? 세종께서 다시는 이런 일이 생기지 않아야 된다 하시면서 백성들의 교육을 위해 여러 윤리 사례를 모은 책을 만들라 하셨네. 글자를 모르는 백성들도 이해할 수 있도록 그림을 많이 쓰라는 가이드도 주셨어.

1 편찬 사업

(1) 역사서

『조선왕조실록』
└ 유네스코 세계 기록유산에 등재됨
- 태조에서 철종까지의 역사를 **편년체** 형식으로 서술한 역사서 ─ 역사 기록을 연월 순으로 정리하는 역사 편찬 체제
- **춘추관**의 실록청에서 「사초」, 『시정기』, 『승정원일기』 등을 근거로 편찬함
- 임진왜란 이전에는 4대 사고(춘추관, 성주, 충주, 전주)에서 보관되다가 임진왜란 때 전주 사고본을 제외하고 모두 소실됨
  → 조선 후기에는 5대 사고(춘추관, 오대산, 태백산, 마니산, 묘향산)에서 보관됨

『고려사』
- 세종 때 편찬을 시작하여 문종 때 완성하였으며, 조선 건국의 정통성을 강조함
- 세가, 열전, 지, 연표 등의 기전체 형식으로 서술됨

『동국통감』 : 성종 때 서거정 등이 고조선부터 고려까지의 역사를 편년체 형식으로 편찬함

(2) 지도·지리서

혼일강리역대국도지도 : 태종 때 제작된 우리나라 최초의 세계 지도

동국지도 : 세조 때 양성지가 제작한 지도

『동국여지승람』
└ 중종 때 증보되어 『신증동국여지승람』으로 편찬됨
- 성종 때 편찬된 지리서로, 각 도의 지리와 풍속, 단군 신화 등이 수록됨
- 노사신, 양성지 등이 『팔도지리지』를 참고하여 완성함

(3) 윤리·의례서

『삼강행실도』 : 세종 때 모범이 될 충신·효자·열녀 등의 행적을 글·그림으로 설명한 윤리서

『국조오례의』 : 성종 때 신숙주·정척 등이 국가의 여러 행사에 필요한 의례를 정비한 의례서
└ 일본에 다녀와서 『해동제국기』를 편찬함

『가례집람』 : 선조 때 김장생이 『가례』의 내용을 조선의 현실에 맞게 정리한 책

(4) 문학 작품

『동문선』 : 성종 때 서거정 등이 삼국 시대부터의 시와 산문을 수록하여 편찬한 책

2 과학 기술

(1) 천문학·역법

천문학 : 천상열차분야지도(태조), 혼천의·간의(천체 관측, 세종), 자격루·앙부일구(시간 측정, 세종), 측우기(강우량 측정, 세종)
└ 고구려의 천문도를 바탕으로 별자리의 모습을 돌에 새긴 천문도
└ 장영실이 제작함

 역법 : 세종 때 이순지, 김담 등이 우리나라 최초로 한양을 기준으로 천체 운동을 정확하게 계산한 역법서인 『**칠정산**』「내·외편」을 편찬함

(2) 활자 인쇄술·무기

- **활자 인쇄술**
  - 태종: 주자소를 설치하고 계미자를 주조함 ← 활자의 주조를 담당하는 관청
  - 세종: 갑인자를 주조하고, 밀랍 대신 식자판을 조립하는 방법을 창안함
- **무기**: 신기전(로켓형 화살, 세종), 비격진천뢰(포탄, 선조) 등이 제작됨

백발백중 기출 사료 | 갑인자 [66회]

이전에 주조한 활자가 크고 고르지 않았다. 이에 왕께서 경자년에 다시 주조하셨다. …… 이를 **경자자**라고 하였다. 갑인년에 다시 『위선음즐(爲善陰騭)』의 글자 모양을 본떠 **갑인자**를 주조하니, 경자자에 비하여 조금 크고 활자 모양이 매우 좋았다.

→ **사료 해석**: 세종 때 계미자의 단점을 보완하여 경자자를 주조하였으며, 이후 경자자보다 큰 갑인자를 주조하였다.

(3) 농업·의학

- **『농사직설』**: 세종 때 농민들의 경험을 토대로 우리 풍토에 맞는 농법을 정리한 농서
- **『금양잡록』**: 성종 때 강희맹이 직접 농사를 지은 경험을 바탕으로 농사법을 정리한 농서
- **『향약집성방』**: 세종 때 편찬된 의학서로 국산 약재를 소개하고, 치료 예방법을 제시함

3 건축과 예술

(1) 건축

- **경복궁** ← 태조 때 한양으로 천도하면서 창건됨
  - 임금이 정무를 보고 생활한 조선의 정궁으로, 북궐이라고도 불림 ← 북쪽에 위치함
  - 주요 건물: 근정전(조회 실시), 경회루(외국 사신 접대)
- **창덕궁**
  - 태종 때 한양 재천도를 위해 지은 궁궐로, 유네스코 세계 문화유산에 등재됨
  - 주요 건물: 인정전(조회 실시), 주합루(정조 때 건립한 누각, 1층에 규장각 위치)
- **종묘**: 역대 조선의 왕과 왕비를 모신 사당으로, 유네스코 세계 문화유산에 등재됨
- **합천 해인사 장경판전**: 팔만대장경을 보관하기 위한 건물로, 유네스코 세계 문화유산에 등재됨
- **원각사지 십층 석탑**: 세조 때 원나라 탑 양식과 고려 경천사지 십층 석탑의 영향을 받아 건립된 석탑으로, 화려한 조각과 대리석으로 제작된 것이 특징임

▶ 원각사지 십층 석탑

(2) 예술

- **그림**: 몽유도원도(안견), 고사관수도(강희안), 송하보월도(이상좌), 초충도(신사임당)
- **공예**
  - 분청사기(15세기): 청자에 분을 칠하여 만든 회청색의 도자기
  - 백자(16세기): 깨끗하고 담백한 분위기가 선비와 어울려 널리 사용된 자기

▶ 분청사기 박지태극문 편병

- **음악**: 성종 때 음악 이론서인 『악학궤범』이 편찬됨

백발백중 기출 자료 | 조선 전기의 그림 [73·72회]

▲ 몽유도원도
안견이 안평대군의 꿈 이야기를 듣고 그린 작품

▲ 고사관수도
바위에 기대어 물을 바라보는 선비를 그린 작품

✓ 기출 선택지로 개념 다지기

1. 빈칸의 답을 채워보세요.

(1) 『조선왕조실록』의 역사 편찬 체계: □체 [62회]

(2) 성종 때 편찬된 역사서: 『   』 [67·61회]

(3) 태종 때 만들어진 세계 지도: □□□□□□ 지도 [74·69회]

(4) 성종 때 편찬된 의례서: 『   』 [74·70회]

(5) 한양을 기준으로 한 역법서: 『   』 [73·72·63회]

(6) 태조 때 한양으로 천도하면서 창건된 궁궐: □□□ [70회]

(7) 세조 때 건립된 석탑: □□□□ 십층 석탑 [57회]

2. 질문에 맞는 답을 고르세요.

(1) 『조선왕조실록』에 대한 설명은? [44회]
  ① 국왕의 비서 기관에서 발행한 관보이다.
  ② 춘추관 관원들이 편찬 업무에 참여하였다.

(2) 세종 재위 시기의 사실은? [73회]
  ① 한양을 기준으로 한 역법서인 『칠정산』을 만들었다.
  ② 음악 이론 등을 집대성한 『악학궤범』을 완성하였다.

(3) 성종 재위 시기의 사실은? [61회]
  ① 주자소가 설치되어 계미자가 주조되었다.
  ② 전국의 지리, 풍속 등이 수록된 『동국여지승람』이 편찬되었다.

(4) 조선 전기의 석탑은? [57회]
  ①    ②

정답 | 1. (1) 편년 (2) 동국통감
  (3) 혼일강리역대국도
  (4) 국조오례의 (5) 칠정산
  (6) 경복궁 (7) 원각사지

2. (1) ② (①은 「조보」)
  (2) ① (②은 성종 때)
  (3) ② (①은 태종 때)
  (4) ① (②은 백제의 익산 미륵사지 석탑)

필수 기출로 개념 적용하기 — 기출주제 19 조선 전기의 문화

01 [67회 기출]

밑줄 그은 '이 역사서'에 대한 설명으로 옳은 것은? [3점]

> 대개 이미 지나간 나라의 흥망은 장래의 교훈이 되기 때문에 이 역사서를 편찬하여 올리는 바입니다. …… 범례는 사마천의 『사기』를 따르고, 대의(大義)는 모두 왕께 아뢰어 재가를 얻었습니다. 본기(本紀)라는 이름을 피하고 세가(世家)라고 한 것은 명분의 중요성을 나타내기 위함이며, 가짜 왕인 신씨들[신우, 신창]을 세가에 넣지 않고 열전으로 내린 것은 그들이 왕위를 도둑질한 사실을 엄히 논죄하려는 것입니다.

① 발해사를 우리 역사로 체계화하였다.
② 고구려 시조의 일대기를 서사시로 표현하였다.
③ 불교사를 중심으로 고대의 민간 설화를 수록하였다.
④ 고조선부터 고려 말까지의 역사를 연대순으로 기록하였다.
⑤ 조선 건국을 정당화하는 입장에서 고려의 역사를 정리하였다.

02 [53회 기출]

(가)에 들어갈 내용으로 옳지 않은 것은? [2점]

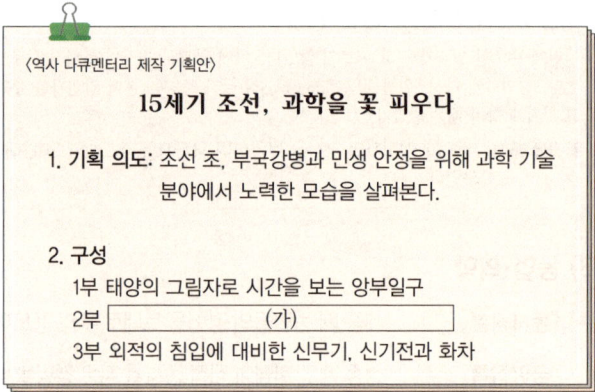

〈역사 다큐멘터리 제작 기획안〉
15세기 조선, 과학을 꽃 피우다
1. 기획 의도: 조선 초, 부국강병과 민생 안정을 위해 과학 기술 분야에서 노력한 모습을 살펴본다.
2. 구성
   1부 태양의 그림자로 시간을 보는 앙부일구
   2부 (가)
   3부 외적의 침입에 대비한 신무기, 신기전과 화차

① 『기기도설』을 참고하여 설계한 거중기
② 국산 약재와 치료법을 소개한 『향약집성방』
③ 한양을 기준으로 한 역법서인 『칠정산』「내편」
④ 활판 인쇄술의 발달을 가져온 계미자와 갑인자
⑤ 우리나라 실정에 맞는 농법을 소개한 『농사직설』

👆 『고려사』

⑤ **조선 건국을 정당화하는 입장에서 고려의 역사를 정리**하였다.

『고려사』는 조선 전기의 문신 정인지, 김종서 등이 고려 시대의 역사를 편찬한 역사서로, **세종 때 편찬을 시작하여 문종 때 완성**하였다. 『고려사』는 조선 건국을 정당화하는 입장에서 태조부터 공양왕까지의 역사를 정리하였으며, 세가, 열전, 지, 연표 등의 **기전체 형식**으로 서술되었다.

오답 클리어
① 발해사를 우리 역사로 체계화하였다. → 『발해고』
② 고구려 시조의 일대기를 서사시로 표현하였다. → 『동명왕편』
③ 불교사를 중심으로 고대의 민간 설화를 수록하였다. → 『삼국유사』
④ 고조선부터 고려 말까지의 역사를 연대순으로 기록하였다. → 『동국통감』

👆 조선 전기의 과학 기술

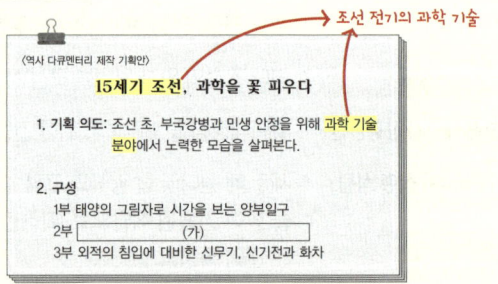

① 『기기도설』을 참고하여 설계한 **거중기** → 조선 후기

조선 후기 정조 때 **정약용**이 『기기도설』을 참고하여 무거운 물건을 들어올리는 데 사용하는 기계인 **거중기**를 설계하였으며, 이를 이용하여 수원 화성을 건설하였다.

오답 클리어
② 조선 전기에 국산 약재와 치료법을 소개한 『**향약집성방**』이 편찬되었다.
③ 조선 전기에 한양을 기준으로 한 역법서인 『**칠정산**』「**내편**」이 편찬되었다.
④ 조선 전기에 활판 인쇄술의 발달을 가져온 **계미자와 갑인자**가 주조되었다.
⑤ 조선 전기에 우리나라 실정에 맞는 농법을 소개한 『**농사직설**』이 편찬되었다.

03
[49회 기출]

밑줄 그은 '이 왕'의 재위 시기에 있었던 사실로 옳은 것은? [3점]

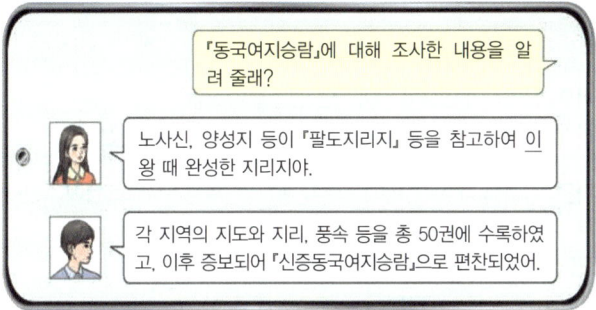

① 전통 한의학을 정리한 『동의보감』이 완성되었다.
② 역대 문물을 정리한 『동국문헌비고』가 편찬되었다.
③ 음악 이론 등을 집대성한 『악학궤범』이 간행되었다.
④ 세계 지도인 혼일강리역대국도지도가 만들어졌다.
⑤ 한양을 기준으로 한 역법서인 『칠정산』「내편」이 제작되었다.

성종 재위 시기의 문화

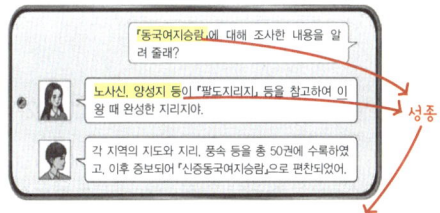

③ 음악 이론 등을 집대성한 『악학궤범』이 간행되었다.

조선 성종 때 노사신, 양성지 등이 『팔도지리지』 등을 참고하여 만든 지리지인 『동국여지승람』이 편찬되었다. 또한 성현 등이 음악 이론 등을 집대성한 음악서인 『악학궤범』이 간행되었다.

오답 클리어
① 전통 한의학을 정리한 『동의보감』이 완성되었다. → 광해군 때
② 역대 문물을 정리한 『동국문헌비고』가 편찬되었다. → 영조 때
④ 세계 지도인 혼일강리역대국도지도가 만들어졌다. → 태종 때
⑤ 한양을 기준으로 한 역법서인 『칠정산』「내편」이 제작되었다. → 세종 때

이건 꼭! 암기 성종 재위 시기의 문화
#『동국여지승람』 #『악학궤범』

04
[57회 기출]

(가)에 해당하는 문화유산으로 옳은 것은? [2점]

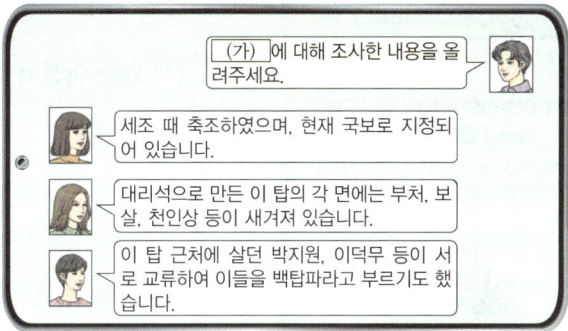

① ② ③

④ ⑤

원각사지 십층 석탑

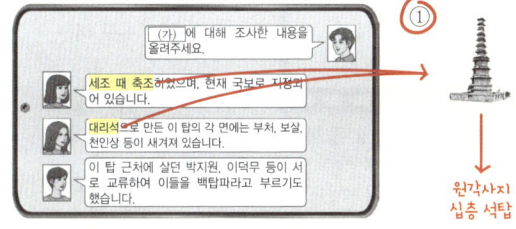

원각사지 십층 석탑은 세조 때 축조된 석탑으로, 현재 탑골 공원에 위치해 있다. 대리석으로 제작된 것이 특징이며, 탑의 각 면에 부처, 보살 등이 새겨져 있다. 한편 원각사지 십층 석탑은 고려 경천사지 십층 석탑의 영향을 받아, 전체적인 형태나 구조 등이 경천사지 십층 석탑과 매우 비슷하다.

오답 클리어
② 익산 미륵사지 석탑 → 백제, 목탑 양식의 석탑
③ 경주 불국사 다보탑 → 통일 신라, 독특한 양식으로 제작됨
④ 부여 정림사지 오층 석탑 → 백제, 평제탑이라고도 불림
⑤ 영광탑 → 발해의 전탑

이건 꼭! 암기 원각사지 십층 석탑
#세조 때 축조 #대리석으로 제작 #고려 경천사지 십층 석탑의 영향

기출주제 20. 조선의 대외 관계

빈출 태그 | #임진왜란 #충주 탄금대 전투 #한산도 대첩 #행주 대첩 #정묘호란 #병자호란 #나선 정벌 #백두산 정계비 건립 #훈련도감

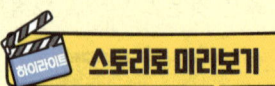

스토리로 미리보기

S#1 이순신의 수군이 한산도에서 왜군을 물리치다!

왜군의 함선은 70여 척, 주변도 좁고 조류도 역류여서 이전처럼 항구에 정박한 왜군을 포위하려 했다간 오히려 우리 함선끼리 부딪히겠어. 그래, 왜군을 유인해서 **한산도 앞바다**로 들어서면, 우리 수군 3개 부대로 **학익진**을 펼치고 포위하는 거야. 왜군을 완전히 섬멸하고야 말겠어.

S#2 권율이 행주산성에서 왜군을 물리치다!

3만의 왜군이 이곳 **행주산성**까지 공격을 해오다니! 이럴 줄 알고, 성벽도 정비하고 목책도 쌓아 놓고, 준비를 철저히 해 온 나 **권율** 아닌가. 기필코 왜군을 막아내고 말겠어! 성 안에 있는 모든 백성들의 힘을 모을 것이다.

S#3 강홍립이 싸우지 않고 후금에 항복하다!

어느 날, 임금(광해군)께서 나 **강홍립**을 조용히 부르셨다. 명나라가 후금과의 전투를 위해 군사를 요청했으니 다녀오라 하신다. 그런데, 후금과는 적당히 싸우다가 때를 보아 항복하라는 특별한 지시를 함께 내리셨다. 상황 판단을 잘 해야겠어.

---

1 왜란 - 임진왜란과 정유재란

ㄴ 임진년에 일어난 왜구의 난과 정유년에 다시 일어난 왜란

(1) 왜란 이전의 대외 관계

- **명과의 관계**
  - 건국 직후: 정도전이 중심이 되어 요동 정벌을 추진함
  - 친선 관계: 기본적으로 사대 관계였으나 자주적 실리 외교를 전개함
  - 사신 파견: 정기적(하정사, 성절사, 천추사, 동지사)·부정기적으로 명에 조천사 (사신)를 파견함
    - 하정사: 정월 초 인사
    - 성절사: 황태자의 생일
    - 천추사: 황제·황후의 생일
    - 동지사: 12월에 방문

- **여진과의 관계**
  - 4군 6진 설치: 세종 때 4군 6진을 설치함
  - 북평관 설치: 여진족의 사절이 머무를 수 있도록 한성에 북평관을 설치함
  - 국경 무역 허용: 경성과 경원에 무역소를 두고 무역을 허용함

- **일본과의 관계**
  - 3포 왜란: 중종 때 3포에 살던 왜인들이 무역 통제에 반발하여 일어남
  - 을묘왜변: 명종 때 조선의 무역 통제 강화에 반발한 왜인들이 침입함

(2) 왜란의 전개 과정

- **임진왜란 발발**: 왜군이 침입하자, 부산진의 첨사 정발과 동래부의 부사 송상현이 왜군에 맞서 싸웠으나 패배함(1592)
- ☆☆**충주 탄금대 전투**: **충주 탄금대**에서 **신립**이 배수의 진을 치고 항전하였으나 왜군에 대패함(1592)
- **선조의 의주 피난**: 왜군이 북상하자 **선조는 의주로 피난**하고, 명나라에 원군을 요청함(1592)
- **옥포 해전**: 거제 앞바다에서 이순신이 26척의 적선을 격파함(1592)
- **사천 해전**: 이순신이 왜군을 전멸시켰으며, 거북선을 처음 투입함(1592)
- ☆☆**한산도 대첩**: 이순신의 수군이 한산도에서 **학익진 전법**으로 왜군에 승리함(1592) ㄴ 학이 날개를 펼친 모습의 전법
- **의병의 항쟁**: 곽재우, 고경명, 정문부 등 자발적으로 조직된 의병들이 활약함
- **진주 대첩**: 진주성에서 진주 목사 김시민이 왜군을 상대로 큰 승리를 거둠(1592)
- ☆**평양성 탈환**: **조·명 연합군**이 평양성 전투에서 왜군에 승리하여 평양성을 탈환함(1593)
- ☆**행주 대첩**: **권율**이 **행주산성**에서 왜군을 상대로 크게 승리함(1593)
- **휴전 협상**: 명이 조선의 반대를 무릅쓰고 일본과 휴전 협상을 진행함(1593)
- **정유재란**: 3년여에 걸친 휴전 협상이 결렬되면서 왜군이 다시 침입함(1597)
- ☆**명량 해전**: **이순신**이 **명량**에서 소수의 병력으로 왜의 수군을 크게 무찌름(1597)
- **노량 해전**: 왜군과의 마지막 해전으로, 이 전투에서 이순신이 전사하고 전쟁이 끝남(1598)

백발백중 기출 사료 | 📍 행주 대첩 [62회]

권율이 정병 4천 명을 뽑아 행주산 위에 진을 치고는 책(柵)을 설치하여 방비하였다. …… 호남의 씩씩한 군사들은 모두 활쏘기를 잘하여 쏘는 대로 적중시켰다. …… 적이 결국 패해 후퇴하였다.
— 『선조수정실록』

➡ **사료 해석**: 권율이 관군과 백성을 이끌고 행주산성에서 왜군에 크게 승리하였다.

(3) 왜란 이후 일본과의 관계

┌ 쇼군을 중심으로 한 일본의 무사 정권

| 일본의 수교 요청 | : 왜란 이후 에도 막부가 선진 문물을 받아들이기 위해 조선에 수교를 요청하자, 선조가 유정(사명 대사)을 파견하여 전쟁 때 잡혀간 포로들을 데려옴(회답겸쇄환사) |

| 기유약조 체결 | : 광해군 때 일본과 기유약조를 체결하여 국교를 재개하고, 제한된 범위 내에서의 교섭을 허용함 |

⭐⭐ 📍조선 통신사 파견
- 일본 에도 막부가 쇼군이 바뀔 때마다 권위를 인정받기 위해 통신사 파견을 요청함
- 19세기 초까지 조선의 **선진 문물**(시문, 서화 등)을 **일본에 전파**하는 **문화 사절단의 역할**을 함
- 조선 통신사 관련 기록물이 2017년에 유네스코 세계 기록유산으로 등재됨

백발백중 기출 자료 | 📍 조선 통신사 [72회]

- 일본 에도 막부의 요청으로 조선이 파견한 사절단
- 조선 통신사 관련 기록물이 유네스코 세계 기록유산으로 등재됨(2017)

➡ **자료 해석**: 조선 통신사는 일본 에도 막부의 요청으로 조선에서 파견한 사절단으로, 조선의 선진 문물을 일본에 전파하는 문화 사절단의 역할을 하였다.

2 광해군의 전란 수습책

| 민생 안정책 | ─ **대동법 실시**: 기존의 토산물 대신 소유한 토지 결 수에 따라 쌀, 동전 등으로 공납을 납부하는 대동법을 경기도에 한해서 실시함 |
| | └ 『**동의보감**』 **완성**: 허준이 선조의 명으로 집필하기 시작하여 전통 한의학을 정리한 『동의보감』을 완성함 |

📍**중립 외교 정책**
- **배경**: 명의 국력이 쇠퇴하고 후금이 새롭게 성장하고 있는 상황에서 명이 조선에 원군을 요청함
┌ 사르후 전투에 참여함
- **전개**: **강홍립**을 도원수로 삼아 명을 지원하도록 하였으나 전투 상황에 따라 대처하도록 명령함
- **결과**: **명과 후금(여진) 사이**에서 신중한 중립 외교 정책을 전개하여 국가를 안정시켰으나 인조반정의 빌미가 됨

백발백중 기출 사료 | 📍 광해군의 중립 외교 정책 [66회]

4월 누르하치의 군대가 무순을 함락하고, 7월에는 청하를 함락하였다. **명에서 정벌을 결정하고 우리 나라에 군사 징발을 요구하였다.** …… 7월 조정에서 **강홍립을 도원수로**, 김경서를 부원수로 삼았다.

➡ **사료 해석**: 후금의 군대가 명의 지역을 함락하자 명에서 조선에 원군을 요청하였다. 이에 광해군은 강홍립을 도원수로 삼아 사르후 전투에 파병하였다.

✅ 기출 선택지로 개념 다지기

1. 빈칸의 답을 채워보세요.

(1) 중종 때 왜인들이 일으킨 난: [   ] [56회]

(2) 신립이 배수의 진을 치고 항전한 전투: [   ] 전투 [72·70·67회]

(3) 학익진 전법으로 왜군에 승리한 전투: [   ] 대첩 [67회]

(4) 권율이 왜군을 물리친 전투: [   ] 대첩 [73·67회]

(5) 광해군 때 완성된 의서: 『[   ]』 [73·69회]

2. 질문에 맞는 답을 고르세요.

(1) 명에 대한 조선의 정책은? [73회]
① 하정사, 천추사 등 사절단을 보내었다.
② 한성에 동평관을 두어 무역을 허용하였다.

(2) 여진에 대한 조선의 대응은? [75회]
① 사신 접대를 위해 한성에 동평관을 두었다.
② 두만강 일대를 개척하여 6진을 설치하였다.

(3) 임진왜란 중에 있었던 사실은? [60회]
① 김상용이 강화도에서 순절하였다.
② 곽재우가 의병장이 되어 의령 등에서 활약하였다.

(4) 조·명 연합군의 평양성 탈환 이후의 사실은? [67회]
① 신립이 탄금대에서 배수의 진을 치고 싸웠다.
② 권율이 행주 산성에서 적군을 격퇴하였다.

(5) 조선 통신사에 대한 설명은? [72회]
① 암행어사의 형태로 비밀리에 파견되었다.
② 관련 기록물이 세계 기록유산에 등재되었다.

정답 | 1. (1) 3포 왜란 (2) 충주 탄금대
(3) 한산도 (4) 행주 (5) 동의보감

2. (1) ① (②은 일본에 대한 조선의 정책)
(2) ② (①은 일본에 대한 대응)
(3) ② (①은 병자호란)
(4) ② (①은 조·명 연합군의 평양성 탈환 이전)
(5) ② (①은 조사 시찰단)

조선의 대외 관계

기출주제 20

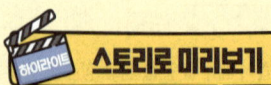

스토리로 미리보기

S#1 인조가 남한산성으로 피난하다!

속보입니다! 병자년 12월, 청나라가 침략하여 우리 조선의 한성이 함락될 위기에 처했다는 소식입니다. 인조께서는 일부 신하들과 함께 남한산성으로 급히 피신하셨고, 청에 대한 저항을 이어 간다고 합니다.

S#2 효종이 북벌을 추진하다!

나 효종은, 병자호란으로 형님이신 소현 세자와 함께 청에 인질로 끌려 갔었다. 그런데 먼저 돌아오신 형님이 갑자기 세상을 떠나셔서, 급히 조선으로 돌아왔고 결국 둘째 아들인 내가 왕이 되었다. 북벌을 추진해서 병자호란과 볼모 생활의 치욕을 반드시 설욕하리라!

S#3 삼수병으로 편성된 훈련도감이 설치되다!

오늘 군사 모집 공고를 보고 왔다. 왜군에 맞서 싸우는 군대라는데, 들어보니 군대에 지원하면 급료도 준다고 한다. 무예 하나는 자신 있으니 지원 자격은 충분하고, 조총 쏘는 포수로 지원을 해봐야겠다.

3 호란 - 정묘호란과 병자호란
└─ 오랑캐의 난

(1) 호란의 전개

인조반정(1623)
└─ 광해군이 계모인 인목 대비를 내치고, 이복동생인 영창 대군을 죽인 사건
- **원인**: 서인들이 광해군의 중립 외교 정책과 폐모살제에 반발함
- **결과**: 광해군이 폐위되고 인조가 즉위하며 서인이 정권을 장악함

↓

이괄의 난(1624): 인조반정의 공신이었던 이괄이 공신 책봉에 불만을 품고 난을 일으켜 도성을 점령하자, 인조가 도성을 떠나 공산성(공주)으로 피란함

↓

정묘호란(1627)
└─ 명과는 친하게 지내고 후금(여진)은 배척하자는 것
- **원인**: 서인 정권이 친명 배금 정책을 실시하여 후금을 자극함
- **전개**
  - 후금이 광해군을 위해 보복한다는 명분으로 조선에 침입함
    └─ 이괄의 난 잔당들이 후금으로 도망쳐 인조반정 등 조선의 정세를 전달함
  - 인조가 강화도로 피란하고, **정봉수**와 이립이 의병을 이끌고 항전함
    └─ 용골산성 / 의주
- **결과**: 후금과 정묘약조를 체결하여 형제 관계를 맺음

↓

청의 군신 관계 요구(1636): 후금이 청으로 국호를 고친 후 조선에 **군신 관계를 요구**함
- 청의 요구에 대해 **주화론(최명길)**과 주전론(윤집)으로 국론이 분열됨
  └─ 전쟁을 피하고 화해하거나 평화롭게 지내자는 의견
  └─ 전쟁하기를 주장하는 의견

↓

⭐⭐ **병자호란(1636)**
- **원인**: 조선 내에서 주전론이 우세해지자 청이 조선을 침략함
- **전개**
  - 임경업이 백마산성에서 항전하고 **김상용이 강화도에서 순절**하였으며, **김준룡이 광교산(용인)에서 항전**함
  - 인조는 **남한산성으로 피난**하여 청군에 저항함

↓

조선의 항복(1637)
- 인조가 청에 항복하면서 조선은 청과 군신 관계를 체결함(삼전도의 굴욕)
  └─ 인조가 삼전도에서 청에 치욕적인 항복을 한 사건으로 이후 청의 요구에 따라 삼전도비를 건립함
- 소현 세자, 봉림 대군과 척화론자(김상헌) 등이 청에 볼모(인질)로 끌려감
  └─ 이후 효종으로 즉위

(2) 호란 이후 청과의 관계

- **북벌 운동 추진**: 효종이 송시열 등을 중심으로 청에 대한 치욕을 갚자는 북벌 운동을 추진함
  └─ 효종에게 기축봉사라는 상소문을 올려 명에 대한 의리를 강조함
- ⭐⭐ **나선 정벌**: 효종 때 **나선 정벌**을 위해 두 차례에 걸쳐 조총 부대를 파병함
  └─ 러시아가 청을 자극하자 청이 조선에 원병을 요청함
- ⭐⭐ **백두산 정계비 건립**: 간도 지역을 두고 청과 국경 분쟁이 발생하자, **숙종 때** 양국 대표가 백두산 일대를 답사한 뒤 국경을 확정하고 **백두산 정계비를 건립**함
- **북학론 대두**: 청의 발전된 문물을 배우고 적극 수용하자는 북학론이 대두함

백발백중 기출 자료 | 📍 백두산 정계비 건립 [71회]

이 비석은 국경을 분명히 하기 위해 청에서 파견한 오라총관 목극등과 이 왕이 보낸 조선의 관리들이 현지를 답사하고 세웠습니다. 비석에는 서쪽은 압록강, 동쪽은 토문강을 경계로 한다는 내용이 새겨져 있습니다.

➡ **자료 해석**: 숙종 때 조선의 관리들과 청의 대표인 목극등이 백두산 일대를 답사한 후 백두산 정계비를 세워 서쪽은 압록강, 동쪽은 토문강을 경계로 하는 국경선을 확정하였다.

4 양 난 이후 통치 체제의 변화
└ 왜란과 호란

(1) 비변사의 기능 강화
└ '변방의 일을 대비하는 기구'라는 뜻, 비국이라고도 불림

설치(임시 기구)	: 중종 때 발생한 3포 왜란을 계기로 여진족과 왜구에 대비하기 위한 임시 회의 기구로 설치됨
상설 기구화	: 을묘왜변을 계기로 비변사가 독립된 정식 관청이 되면서 상설 기구화됨
최고 기구화	┌ 임진왜란 이후 비변사의 조직과 기능이 확대되어 모든 정무를 총괄하는 국정 최고 기구로 자리 잡음 └ 세도 정치(19세기) 시기에는 외척의 세력 기반이 되어 폐단을 일삼음

백발백중 기출 사료 | 비변사 [63회]

오늘에 와서는 큰일이건 작은 일이건 중요한 것으로 취급되지 않는 것이 없어, 의정부는 한갓 헛이름만 지니고 6조는 모두 그 직임을 상실하였습니다. 명칭은 '변방의 방비를 담당하는 것'이라고 하면서 과거 시험에 대한 판하(判下)나 비빈 간택 등의 일까지도 모두 비변사를 경유하여 나옵니다.

➜ **사료 해석:** 비변사는 중종 때 외적에 대비하기 위해 설치된 임시 회의 기구였으나 임진왜란 이후 그 조직과 기능이 확대되어 의정부와 6조의 체제가 유명무실해졌다.

(2) 중앙군 개편 - 5군영 체제

군영	설치	방어 지역	특징
훈련도감 └ 네덜란드에서 귀화한 벨테브레이가 총포의 제조 및 조작법을 가르침	선조	수도	• 임진왜란 중 중앙군인 5위를 대신할 새로운 군대의 필요성이 떠오르자, 유성룡의 건의로 설치됨 • 포수(조총)·사수(활)·살수(창·칼)의 삼수병으로 편제됨 • 장기간 근무를 하고 일정한 급료를 받는 일종의 상비군
어영청	인조	수도	• 후금의 침입을 대비하여 설치됨 • 효종 때 수도 방어와 북벌 담당으로 강화됨
총융청	인조	경기, 북한산성	이괄의 난을 계기로 설치됨, 속오군에 배치됨
수어청	인조	경기 광주	정묘호란 후 남한산성의 수비를 담당함, 속오군에 배치됨
금위영	숙종	수도(왕실)	• 금위영의 설치로 5군영 체제가 완성됨 • 기병과 번상병(보병) 등으로 구성됨

백발백중 기출 사료 | 훈련도감 [67회]

주상께서 도감을 설치하여 군사를 훈련시키라고 명하시고 나를 도제조로 삼으시므로, …… 얼마 안 되어 수천 명을 얻어 조총 쏘는 법과 창칼 쓰는 기술을 가르치고 …… 또 당번을 정하여 궁중을 숙직하게 하고, 국왕의 행차가 있을 때 이들로써 호위하게 하니 민심이 점차 안정되었다. - 『서애집』
└ 유성룡의 시문집
└ 자문을 하는 고위 관직

➜ **사료 해석:** 훈련도감은 임진왜란 중 유성룡의 건의에 따라 설치된 군사 조직으로, 포수(조총)·사수(활)·살수(창·칼)의 삼수병으로 편성되었다.

(3) 지방군 개편

방어 체제 개편	: 임진왜란 발발 이후 제승방략 체제(16세기)에서 진관 체제로 복구됨 └ 유사시 중앙에서 파견된 장수가 지휘하는 체제
속오군 편성 └ 임진왜란 도중 유성룡의 건의로 조직됨	┌ 양반에서 노비까지 전 계층으로 구성된 지방군으로, 평상시에는 생업에 종사하다가 유사시에 전투에 동원됨 └ 양반들이 군역을 회피하여 상민과 노비들의 부담이 커짐

✓ 기출 선택지로 개념 다지기

1. 빈칸의 답을 채워보세요.

(1) 서인이 반정을 일으켜 정권을 장악한 사건: _____ [74회]

(2) 병자호란 때 인조가 피난한 곳: _____ [73·70회]

(3) 청과의 국경을 정하기 위해 숙종 때 세운 비석: _____ [73·72·70회]

(4) 임진왜란 이후 국정 최고 기구로 성장한 기구: _____ [61회]

(5) 포수, 사수, 살수의 삼수병으로 편제된 군사 조직: _____ [71·70·67회]

2. 질문에 맞는 답을 고르세요.

(1) (가)에 들어갈 사건은? [58회]

> 이괄의 난 → (가) → 병자호란

① 정봉수가 용골산성에서 항전하였다.
② 서인 세력이 폐모살제를 이유로 반정을 일으켰다.

(2) 병자호란에 대한 설명을 모두 고르면? [75·65·53회]

① 소현 세자와 봉림 대군 등이 청에 인질로 끌려갔다.
② 곽재우, 김천일 등이 의병장으로 활약하였다.
③ 김준룡이 광교산 전투에서 승리하였다.

(3) 효종의 업적은? [66회]

① 어영청의 개편과 북벌 추진
② 백두산 정계비 건립과 청과의 국경 획정

(4) 비변사에 대한 설명은? [71·40회]

① 임진왜란 이후 조직과 기능이 확대되었다.
② 도승지를 수장으로 좌승지, 우승지 등의 관직을 두었다.

(5) 훈련도감에 대한 설명은? [58회]

① 용호군과 함께 2군으로 불렸다.
② 포수, 살수, 사수의 삼수병으로 편제되었다.

정답 | 1. (1) 인조반정 (2) 남한산성
(3) 백두산 정계비 (4) 비변사
(5) 훈련도감

2. (1) ① (②은 인조반정)
(2) ①, ③ (②은 임진왜란)
(3) ① (②은 숙종)
(4) ① (②은 승정원)
(5) ② (①은 응양군)

필수 기출로 개념 적용하기 기출주제 20 조선의 대외 관계

01 [66회 기출]

(가) 전쟁 중에 있었던 사실로 옳은 것은? [2점]

① 김상용이 강화도에서 순절하였다.
② 이괄이 이끈 반란군이 도성을 장악하였다.
③ 정봉수와 이립이 용골산성에서 항전하였다.
④ 김시민이 진주성에서 적군을 크게 물리쳤다.
⑤ 이종무가 적의 근거지인 쓰시마 섬을 정벌하였다.

임진왜란

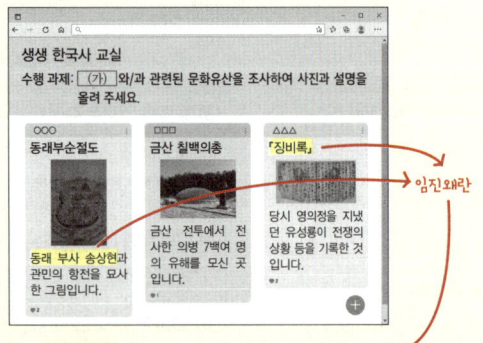

④ **김시민**이 **진주성**에서 적군을 크게 물리쳤다.

선조 때 **임진왜란**이 발발하였다. **부산 동래성 전투**에서 **송상현**이 항전하였으나 부산이 함락되었다. 북상하는 왜군을 피해 의주로 피난하던 선조는 명에 원군을 요청하는 등 불리한 전세가 계속되었다. 이러한 상황에서 **진주 목사 김시민**이 **진주성**에서 왜군을 상대로 크게 승리하였다(진주 대첩). 한편, 당시 영의정이었던 **유성룡**은 전쟁이 끝난 뒤, 임진왜란의 원인, 전황 등을 기록한 『**징비록**』을 저술하였다.

오답 클리어
① 김상용이 강화도에서 순절하였다. → 병자호란(인조)
② 이괄이 이끈 반란군이 도성을 장악하였다. → 이괄의 난(인조)
③ 정봉수와 이립이 용골산성에서 항전하였다. → 정묘호란(인조)
⑤ 이종무가 적의 근거지인 쓰시마 섬을 정벌하였다.
→ 쓰시마 섬 정벌(세종)

02 [67회 기출]

다음 기사에 보도된 전투 이후의 사실로 옳은 것은? [2점]

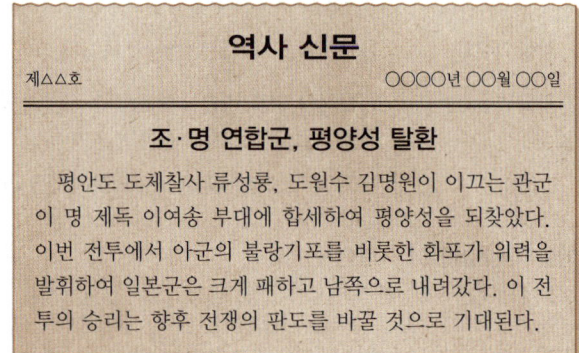

① 송상현이 동래성에서 항전하였다.
② 권율이 행주산성에서 적군을 격퇴하였다.
③ 이순신이 한산도 앞바다에서 대승을 거두었다.
④ 신립이 탄금대 앞에서 배수의 진을 치고 싸웠다.
⑤ 최윤덕이 올라산성에서 이만주 부대를 정벌하였다.

조·명 연합군의 평양성 탈환 이후의 사실

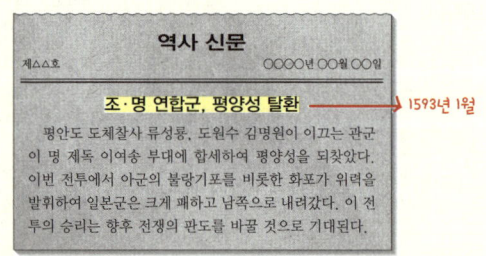
→ 1593년 1월

② **권율**이 **행주산성**에서 적군을 격퇴하였다. → 1593년 2월

선조 때 **임진왜란**이 발발하여 왜군이 수도인 한양으로 북상하자, 선조는 의주로 피난하고 **명에 원군을 요청**하였다. 이듬해 조선은 명의 원군과 **조·명 연합군**을 결성하여 **1593년 1월**에 왜군으로부터 **평양성을 탈환**하였다. 이후 1593년 2월에 **권율** 장군이 **행주산성**에서 왜군을 격퇴하였다(행주 대첩).

오답 클리어
① 송상현이 동래성에서 항전하였다. → 1592년 4월
③ 이순신이 한산도 앞바다에서 대승을 거두었다. → 1592년 7월
④ 신립이 탄금대 앞에서 배수의 진을 치고 싸웠다. → 1592년 4월
⑤ 최윤덕이 올라산성에서 이만주 부대를 정벌하였다. → 세종

03
72회 기출

(가) 사절단에 대한 설명으로 옳은 것은? [2점]

『사로승구도』는 1748년 에도 막부의 요청으로 조선이 일본에 파견한 (가) 이/가 부산에서 에도에 이르는 여정을 담은 작품입니다. 일본의 명승지나 사행 중 겪은 인상적인 광경을 30장면으로 표현하였는데, 위 그림은 사절단이 에도로 들어갈 때 보았던 모습을 그린 것입니다.

① 연행사라는 이름으로 보내졌다.
② 암행어사의 형태로 비밀리에 파견되었다.
③ 민영익, 홍영식, 서광범 등이 참여하였다.
④ 사행을 다녀온 여정을 『조천록』으로 남겼다.
⑤ 관련 기록물이 세계 기록유산에 등재되었다.

조선 통신사

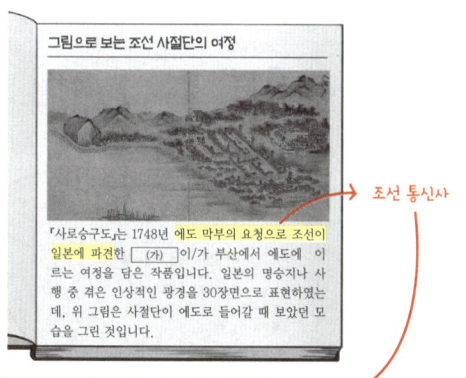

조선 통신사는 임진왜란 이후 조선이 **에도 막부의 요청으로 일본에 파견한 사절단**으로, 조선의 선진 문물을 일본에 전파하는 역할을 하였다. 한편, 조선 통신사와 관련된 기록물은 그 가치를 인정 받아 2017년에 유네스코 세계 기록유산에 등재되었다.

오답 클리어
① 연행사라는 이름으로 보내졌다. → X
② 암행어사의 형태로 비밀리에 파견되었다. → 조사 시찰단
③ 민영익, 홍영식, 서광범 등이 참여하였다. → 보빙사
④ 사행을 다녀온 여정을 『조천록』으로 남겼다. → X

04
69회 기출

밑줄 그은 '이 왕'이 추진한 정책으로 옳은 것은? [2점]

① 6조 직계제를 처음으로 실시하였다.
② 학문 연구 기관으로 집현전을 두었다.
③ 전란의 피해를 복구하고 『동의보감』을 간행하였다.
④ 역대 문물 제도를 정리한 『동국문헌비고』를 편찬하였다.
⑤ 시전 상인의 특권을 축소하는 신해통공을 단행하였다.

광해군

③ 전란의 피해를 복구하고 『동의보감』을 간행하였다.

광해군은 전란의 피해를 복구하기 위해 주력하였으며, 대외적으로 중립 외교를 추진하였다. 또한 광해군은 허준이 저술한 의학서인 『동의보감』을 간행하였다. 한편 광해군은 왕권을 강화하기 위해 이복동생인 영창 대군을 죽이고, 그의 어머니인 인목 대비를 폐위하였다.

오답 클리어
① 6조 직계제를 처음으로 실시하였다. → 태종
② 학문 연구 기관으로 집현전을 두었다. → 세종
④ 역대 문물 제도를 정리한 『동국문헌비고』를 편찬하였다. → 영조
⑤ 시전 상인의 특권을 축소하는 신해통공을 단행하였다. → 정조

이건 꼭! 암기 광해군의 업적
#허준_『동의보감』 편찬   #명과 후금 사이에서 중립 외교

필수 기출로 개념 적용하기 기출주제 20 조선의 대외 관계

05 [58회 기출]

(가), (나) 사이의 시기에 있었던 사실로 옳은 것은? [3점]

> (가) 왕에게 이괄 부자가 역적의 우두머리라고 고해바친 자가 있었다. 하지만 왕은 "반역은 아닐 것이다."라고 하면서도, 이괄의 아들인 이전을 잡아오라고 명하였다. 이에 이괄은 군영에 있던 장수들을 위협하여 난을 일으켰다.
>
> (나) 최명길을 보내 오랑캐에게 강화를 청하면서 그들의 진격을 늦추도록 하였다. 왕이 수구문(水溝門)을 통해 남한산성으로 향했다. 변란이 창졸 간에 일어났기에 도보로 따르는 신하도 있었고 성안 백성의 통곡 소리가 하늘을 뒤흔들었다. 초경을 지나 왕의 가마가 남한산성에 도착하였다.

① 정봉수가 용골산성에서 항전하였다.
② 이순신이 명량에서 대승을 거두었다.
③ 권율이 행주산성에서 적군을 격퇴하였다.
④ 서인 세력이 폐모살제를 이유로 반정을 일으켰다.
⑤ 정여립 모반 사건을 계기로 기축옥사가 발생하였다.

06 [66회 기출]

(가)에 들어갈 내용으로 가장 적절한 것은? [2점]

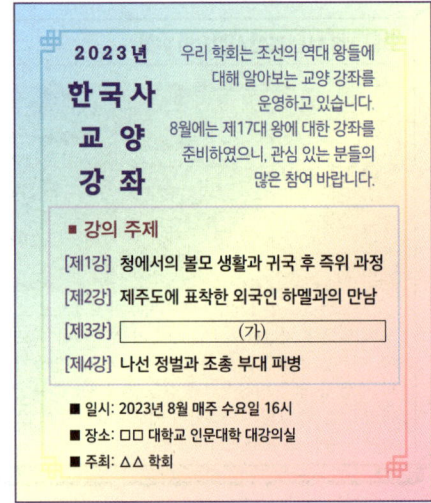

① 어영청의 개편과 북벌 추진
② 위화도 회군과 과전법의 시행
③ 문신 재교육을 위한 초계문신제의 운영
④ 백두산 정계비 건립과 청과의 국경 획정
⑤ 기유약조 체결을 통한 일본과의 무역 재개

👆 이괄의 난과 병자호란 사이의 사실

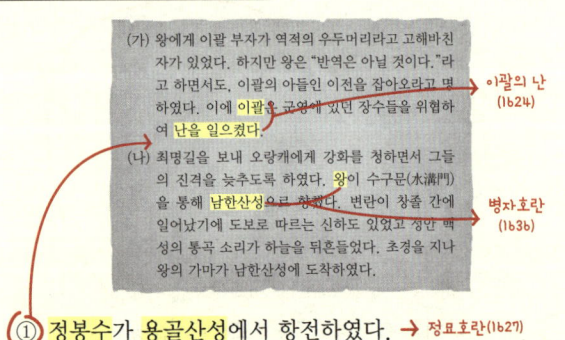

이괄의 난(1624) 이후 후금이 조선을 침략하자(정묘호란) 정봉수가 용골산성에서 항전하였으나(1627), 결국 형제 관계를 맺고 강화하였다. 이후 후금은 국호를 청으로 바꾸고 조선을 침략(**병자호란**, 1636)하였고, **인조는 남한산성으로 피난**하였다.

🔍 오답 클리어
② 이순신이 **명량**에서 대승을 거두었다.
→ 정유재란(선조), (가) 이전
③ 권율이 **행주산성**에서 적군을 격퇴하였다.
→ 임진왜란(선조), (가) 이전
④ 서인 세력이 폐모살제를 이유로 **반정**을 일으켰다.
→ 인조반정, (가) 이전
⑤ 정여립 모반 사건을 계기로 **기축옥사**가 발생하였다.
→ 기축옥사(선조), (가) 이전

👆 효종

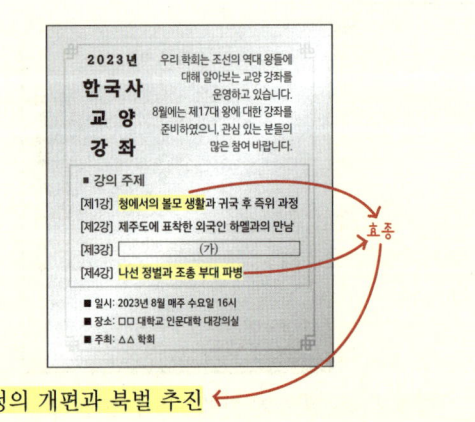

효종은 병자호란 때 왕자의 신분으로 **청에 볼모**(인질)로 잡혀갔다 돌아와 즉위하였다. 이후 효종은 명에 대한 의리를 강조한 **송시열**을 중심으로 **북벌** 운동을 추진하여 오랑캐(청)에게 당한 치욕을 씻고자 하였으며, 중앙군인 **어영청을 확대**하여 군사력을 강화하고 청의 침입에 대비하였다. 한편 효종은 청의 요청에 따라 **나선(러시아) 정벌**에 두 차례에 걸쳐 **조총 부대를 파견**하였다.

🔍 오답 클리어
② 위화도 회군과 과전법의 시행 → 고려 말 우왕~공양왕
③ 문신 재교육을 위한 초계문신제의 운영 → 정조
④ 백두산 정계비 건립과 청과의 국경 획정 → 숙종
⑤ 기유약조 체결을 통한 일본과의 무역 재개 → 광해군

07

[40회 기출]

(가)에 대한 설명으로 옳은 것을 〈보기〉에서 고른 것은? [2점]

> 변방의 일은 병조가 주관하는 것입니다. …… 그런데 근래 변방 일을 위해 (가) 을/를 설치했고, 변방에 관계되는 모든 일을 실제로 다 장악하고 있습니다. …… 혹 병조판서가 참여하는 경우가 있기는 하지만 도리어 지엽적인 입장이 되어버렸고, 참판 이하의 당상관은 전혀 일의 내용을 모르고 있습니다. …… 청컨대 혁파하소서.

〈보기〉
ㄱ. 왕명 출납을 맡은 왕의 비서 기관이었다.
ㄴ. 임진왜란 이후 조직과 기능이 확대되었다.
ㄷ. 조광조를 비롯한 사림의 건의로 혁파되었다.
ㄹ. 세도 정치 시기에 외척의 세력 기반이 되었다.

① ㄱ, ㄴ ② ㄱ, ㄷ ③ ㄴ, ㄷ
④ ㄴ, ㄹ ⑤ ㄷ, ㄹ

08

[67회 기출]

(가)~(다)를 일어난 순서대로 옳게 나열한 것은? [2점]

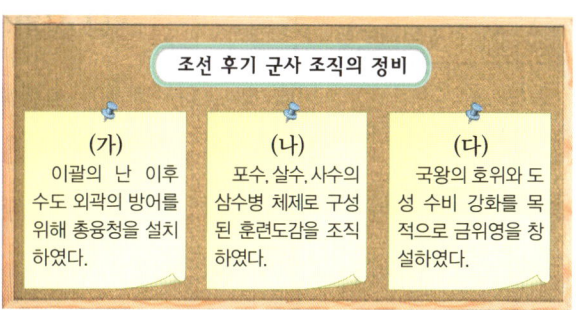

① (가) - (나) - (다)
② (가) - (다) - (나)
③ (나) - (가) - (다)
④ (나) - (다) - (가)
⑤ (다) - (나) - (가)

비변사

정답 ④

ㄴ. 임진왜란 이후 조직과 기능이 확대되었다.
ㄹ. 세도 정치 시기에 외척의 세력 기반이 되었다.

비변사는 '변방의 일을 대비하는 기구'라는 뜻의 회의 기구로, 중종 때 일어난 3포 왜란이 계기가 되어 외적에 대비하기 위해 임시로 설치되었다. 이후 비변사는 명종 때 발생한 을묘왜변을 계기로 상설 기구화되었으며, **임진왜란 이후**에는 그 조직과 기능이 확대되어 변방의 일뿐만 아니라 거의 **모든 정무를 총괄**하게 되었다. 특히 세도 정치 시기에는 비변사가 중심 기구 역할을 하면서 **외척의 세력 기반**이 되었다.

오답 클리어
ㄱ. 왕명 출납을 맡은 왕의 비서 기관이었다. → 승정원
ㄷ. 조광조를 비롯한 사림의 건의로 혁파되었다. → 소격서

이건 꼭! 암기 비변사
#3포 왜란_임시로 설치 #을묘왜변_상설 기구화
#임진왜란 이후_국정 총괄 #세도 정치 시기_외척 세력 기반

조선 후기 군사 조직의 정비

정답 ③

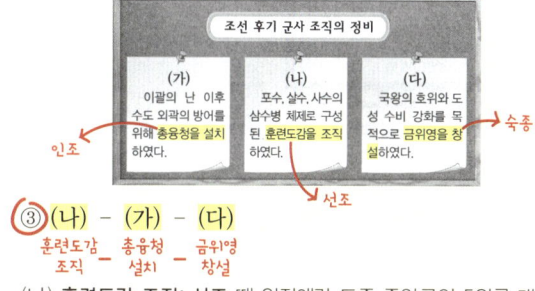

(나) **훈련도감 조직**: 선조 때 임진왜란 도중 중앙군인 5위를 대신할 새로운 군대의 필요성이 떠오르자, **유성룡의 건의**로 조직되었다. 훈련도감은 조총을 다루는 **포수**와 활을 다루는 **사수**, 창과 칼을 다루는 살수의 **삼수병 체제**로 편제되었다.

(가) **총융청 설치**: 인조 때 **이괄의 난**을 진압한 후 도성 수비의 중요성을 인지하고 각각 북한산성과 남한산성을 중심으로 하는 **총융청과 수어청**을 설치하였다.

(다) **금위영 창설**: 숙종 때 **국왕 호위와 수도 방어**의 역할을 담당하는 금위영을 설치하였다. 금위영이 설치되면서 조선 후기의 5군영 체제가 완성되었다.

이건 꼭! 암기 조선 후기 5군영 체제
#훈련도감_포수·사수·살수의 삼수병 #총융청_이괄의 난을 계기로 설치
#금위영_숙종 때 설치, 5군영 체제 완성

기출주제 21 조선 후기의 붕당 정치와 탕평 정치

빈출 태그 | #1차 예송(기해예송) #기사환국 #영조 #균역법 #『속대전』 #정조 #초계문신제 #장용영 #수원 화성

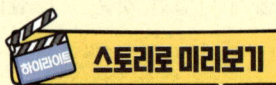

S#1 서인과 남인이 예송 논쟁을 벌이다!

내 참, 서인을 만나고 왔는데, 돌아가신 선왕 효종이 둘째 아들이니 자의 대비께서는 1년 동안 상복을 입어야 한다는 그런 억지 주장만 펼치고 있으니, 이거 원 도통 말이 통하질 않아 한숨만 나올 뿐. 왕과 사대부의 예를 같은 것으로 보다니. 왕권을 지켜야지. 다시 따지러 가야겠어.

S#2 서인이 몰락하고 희빈 장씨가 왕비가 되다!!

나 송시열, 서인의 대표로서 숙종 전하가 희빈 장씨의 아들을 원자로 정하신 것에 대해, 너무 성급한 결정이라고 상소를 올렸다. 그런데, 왕께서 그렇게까지 분노하시다니. 남인들도 합세하여 나를 몰아세우고. 아, 이제 나와 서인은 끝났군.

S#3 남인이 몰락하고 중전 장씨가 희빈으로 강등되다.

올해 갑술년도 정국이 완전 안 좋아. 서인들이 폐위됐던 인현 왕후를 다시 복위시키려고 하는데, 남인들이 엄청 격하게 반대하고 있어. 안 그래도 숙종 전하가 중전 장씨를 탐탁치 않아 하시는데, 남인들 저러다 왕의 눈 밖에 나는 건 시간 문제일 듯.

1 붕당 정치의 전개

(1) 광해군~효종 시기의 붕당 정치

광해군	─ **북인의 집권**: 왜란 때 다수의 의병장을 배출한 북인이 집권하여 서인과 남인을 배제하고 정국을 주도함 ┌ 곽재우(홍의 장군) 등 ─ **북인의 몰락**: 서인 세력이 광해군과 북인 정권의 중립 외교(명·후금)와 폐모 살제에 반발하여 일으킨 인조반정으로 북인이 몰락함
인조	: 인조반정으로 정권을 장악한 서인의 주도 하에 남인의 일부 세력이 정치에 참여함 → 상호 비판과 공존 체제를 형성함
효종	: 호란 이후 추진된 북벌 운동에 대해 서인(북벌 운동 지지)과 남인(북벌 운동 반대)의 대립이 발생함 ┐ 병자호란의 패배에 대한 책임을 피하기 위함

(2) 예송 논쟁(현종) ┌ 성리학에서 중시하는 예법을 둘러싼 논쟁

논점	: 효종과 효종 비의 사망 후 효종(인조의 둘째 아들)의 왕위 계승에 대한 정통성과 관련하여 **자의 대비의 상복 착용 기간**을 두고, **남인과 서인 간에 전례 문제**가 발생함 ┌ 인조의 계비
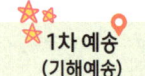 1차 예송 (기해예송)	─ 효종의 사망 후에 발생하였으며, 1차 예송의 결과 **서인이 승리**함 ─ **서인**: 송시열 등이 『주자가례』에 따라 왕과 사대부는 같은 예법을 따라야 한다는 신권 강화론을 바탕으로 **1년설(기년설)을** 주장함 ┌ 서인의 영수 ─ **남인**: 허목 등이 왕과 사대부는 다른 예법을 따라야 한다는 왕권 강화론을 바탕으로 **3년설을 주장**함

> **백발백중 기출 사료 | 1차 예송(기해예송)** [68회]
> ○ 송준길이 아뢰었다. "적처(嫡妻) 소생이라도 둘째부터는 서자입니다. …… 둘째 아들은 비록 왕통을 계승하였더라도 (그를 위해서는) 3년복을 입어서는 안 됩니다."
> ○ 허목이 상소하였다. "장자를 위해 3년복을 입는다는 것은 위로 쳐서 정체(正體)이기 때문입니다. …… 첫째 아들이 죽어서 적처 소생의 둘째를 세우는 것도 역시 장자라고 부릅니다."
> ➡ **사료 해석**: 현종 때 효종의 사망 이후 인조의 계비인 자의 대비의 상복 착용 기간을 두고 남인과 서인 간에 기해 예송이 전개되었다. 서인(송준길)은 효종이 적장자가 아니라는 이유로 기년복(1년복)을, 남인(허목)은 효종이 왕위를 계승한 것이 장자에 해당하기 때문에 사대부가 아닌 왕가의 예를 적용해야 한다는 이유로 삼년복을 주장하였다.

2차 예송 (갑인예송)	─ 효종 비의 사망 후에 발생하였으며, 2차 예송의 결과 **남인이 승리**함 ─ **서인**: 신권 강화론을 바탕으로 9개월설(대공설)을 주장함 ─ **남인**: 왕권 강화론을 바탕으로 1년설(기년설)을 주장함
결과	: 2차 예송 때 승리한 **남인**이 정국을 주도하게 됨

2 붕당 정치의 변질 - 환국

집권 붕당과 이를 견제하는 붕당이 서로 교체되어 정국이 급격히 전환되는 상황

(1) 환국의 전개(숙종)

원인 : 숙종 때 왕권 강화를 위해 실시한 편당적인 인사 조치로 환국이 발생함

↓

경신환국
- 원인: 남인 허적이 왕의 허락 없이 왕실의 천막을 무단으로 사용하여 왕의 불신을 샀고, 때마침 서인이 허견의 역모 사건을 고발함 (허적의 서자)
- 결과: 허적과 윤휴 등 남인들이 대거 축출되고 서인이 권력을 장악함

↓

★기사환국
- 원인: 숙종이 희빈 장씨의 아들을 세자로 책봉하고자 명호를 원자로 정함 (이후 경종 / 지위를 표시하는 명칭 / 아직 세자에 책봉되지 않은 왕의 첫 번째 아들)
- 결과
  - 송시열이 원자의 명호를 정한 것이 이르다고 주장하자, 서인이 처형·축출되고 남인이 권력을 장악함
  - 인현 왕후가 폐위되고 희빈 장씨가 왕비로 책봉됨 (서인 계열 / 남인 계열)

↓

갑술환국
- 원인: 남인이 인현 왕후 복위 운동을 빌미로 서인을 제거하려다 실패함
- 결과
  - 남인이 몰락하고 인현 왕후가 복위되었으며 죽은 송시열의 지위가 복구됨
  - 서인이 재집권한 후 소론과 노론이 정국을 주도함

백발백중 기출 사료 | 기사환국과 갑술환국 [61회]

- 임금이 말하기를, "송시열은 산림의 영수로서 나라의 형세가 험난한 때에 감히 원자(元子)의 명호를 정한 것이 너무 이르다고 하였으니, 삭탈 관작하고 성문 밖으로 내쳐라. ……"라고 하였다.
  → 기사환국
- 비망기를 내려, "국운이 안정되어 왕비가 복위하였으니, 백성에게 두 임금이 없는 것은 고금을 통한 의리이다. 장씨의 왕후 지위를 거두고 옛 작호인 희빈을 내려 주되, 세자가 조석으로 문안하는 예는 폐하지 않도록 하라."라고 하였다. → 갑술환국
- **사료 해석:** 기사환국은 송시열이 희빈 장씨의 아들을 원자로 정한 것이 이르다고 주장하여 삭탈 관작되면서 서인도 함께 몰락한 사건이다. 이후 남인이 인현 왕후 복위 운동을 빌미로 서인을 제거하려다 실패하자 갑술환국이 일어나, 인현 왕후를 복위시키고 왕후였던 장씨를 다시 희빈으로 강등하였다.

---

(2) 환국의 결과

붕당 정치의 변질	경신환국을 통해 서인이 집권한 뒤 특정 붕당이 권력을 독점하는 추세가 나타나면서 상호 인정이라는 붕당 정치의 원칙이 변질됨
외척·종실의 비중 증가	왕이 환국을 주도하면서 왕실 외척이나 종실 등 왕과 직결된 집단의 정치적 비중이 증가함
서인의 분화	경신환국 이후 서인이 남인 처벌 문제를 두고 노론(강경파)과 소론(온건파)으로 분열됨

(3) 노론과 소론의 대립

노론과 소론의 대립 격화	- 갑술환국 이후 정계에서 남인이 축출되면서 소론과 노론의 쟁론이 시작됨 - 경종 즉위 후 세제 책봉과 세제 대리 청정 문제를 둘러싸고 대립이 격화됨 (다음 왕위에 오르게 되는 왕의 동생)
신임사화 (1721~1722)	연잉군(이후 영조)의 세제 책봉 문제와 대리청정 문제가 대두한 상황에서 소론이 노론을 제거하고 실권을 장악함 (경종 지지 / 연잉군(이후 영조) 지지)

✓ 기출 선택지로 개념 다지기

1. 빈칸의 답을 채워보세요.

(1) 광해군 시기에 국정을 이끌었던 붕당: ☐ [74·65·63회]

(2) 1차 예송 때 기년설을 주장한 서인의 영수: ☐ [72회]

(3) 허견의 역모 사건이 원인이 되어 발생한 환국: ☐ [57회]

(4) 희빈 장씨 소생의 원자 책봉 문제로 발생한 환국: ☐ [69·61회]

2. 질문에 맞는 답을 고르세요.

(1) 북인에 대한 설명은? [44회]
① 광해군 시기에 국정을 이끌었다.
② 경신환국으로 정권을 장악하였다.

(2) 기해예송에 대한 설명은? [43회]
① 동인이 남인과 북인으로 분열되는 결과를 가져왔다.
② 서인과 남인 사이에 발생한 전례 문제이다.

(3) (가) 시기에 있었던 사실은? [69회]

　　기사환국 → (가) → 갑술환국

① 자의 대비의 복상 문제로 예송이 일어났다.
② 송시열이 유배된 후 사사되었다.

(4) 갑술환국 이후의 사실은? [39회]
① 북인이 서인과 남인을 배제하고 권력을 장악하였다.
② 소론과 노론이 정국을 주도하였다.

(5) 신임사화 이전의 사실은? [74회]
① 인현왕후가 폐위되고 남인이 권력을 차지하였다.
② 붕당의 폐해를 막기 위해 탕평비가 세워졌다.

정답 | 1. (1) 북인 (2) 송시열 (3) 경신환국 (4) 기사환국

2. (1) ① (②은 서인)
(2) ② (①은 정여립 모반 사건, 정철의 건저의 사건)
(3) ② (①은 현종 때, 기사환국 이전)
(4) ② (①은 광해군 때, 갑술환국 이전)
(5) ① (②은 영조 때, 신임사화 이후)

기출주제 21 조선 후기의 붕당 정치와 탕평 정치

S#1 영조가 균역법을 시행하다!

나, 영조. 백성들이 군포 때문에 어려움을 많이 겪는다는 이야기를 들었다. 백성들의 생활이 조금 더 나아질 만한 방도가 있으려나... 그래, 국가의 재정이 좀 줄더라도 **군포를 절반으로 줄이**는 것이 좋겠다!

S#2 정조가 규장각을 설치하다!

나, 정조. 왕권을 뒷받침할 수 있는 기반을 마련하고자 한다. 개혁 정책을 연구하고 신하들을 교육시킬 만한 곳이 필요한데... 왕실 도서관으로 규장각을 설치하자!

S#3 정조가 서얼 박제가를 규장각에 등용하다!

서얼 출신이라 높은 관직에 오르는 것은 꿈도 꾸지 못했던 나, 박제가! 정조 전하께서 이런 나를 규장각 검서관이라는 중요한 역할로 캐스팅하셨다. 규장각은 전하가 이끄는 핵심 기구인 만큼 열심히 해서 전하의 기대에 꼭 부응해야지♡♡

③ 탕평 정치의 전개(영조와 정조)

(1) 영조 즉위 직후의 상황

탕평 교서 발표	: 영조는 즉위 직후 탕평 교서를 발표하여 탕평에 대한 강력한 의지를 드러냄 └ 붕당 간의 세력 균형을 꾀한 정책으로, 숙종 때 처음 제기됨
이인좌의 난 진압 └ 무신난이라고도 불림	┌ 원인: 이인좌 등 남인 일부와 소론 일부가 경종의 죽음에 영조와 노론이 관계되었다고 주장하면서 난을 일으킴 └ 결과: 영조는 난을 진압한 후 각 붕당의 인재를 고루 등용하겠다고 선언함 (완론 탕평)

(2) 영조의 탕평 정치 - 완론 탕평

탕평파 등용	: 온건하고 타협적인 탕평파를 등용하여 왕권을 뒷받침하도록 함
⭐탕평비 건립	: 붕당의 폐해를 경계하기 위해 **성균관 입구에 탕평비를 건립함**
이조 전랑의 권한 약화	: 붕당 간의 대립 완화를 위해 이조 전랑이 갖고 있던 후임자 추천권과 삼사의 관리를 선발하던 관행(통청권) 등을 폐지함
한계	┌ 영조의 강력한 왕권으로 붕당 간의 다툼을 일시적으로 억누른 것에 불과하여 근본적 해결에는 실패함 ├ 당파의 분열: 사도 세자의 죽음을 계기로 당파가 벽파와 시파로 분열됨 │ └ 영조의 아들이자 정조의 아버지 ├ 시파: 사도 세자의 죽음을 애도하는 입장으로, 노론 일부와 남인·소론 계통으로 구성됨 └ 벽파: 사도 세자의 죽음을 당연시하는 입장으로, 영조를 지지한 노론 강경파로 구성됨

(3) 영조의 개혁 정책

⭐균역법 실시	┌ 백성들의 군역 부담을 줄여주기 위해 **군포를 1년에 2필에서 1필로 줄여줌** │ └ 군역을 대신해 내는 옷감 └ 부족한 재정은 결작과 선무군관포 등을 징수하여 보충함
신문고 부활	: 백성들의 억울함을 풀어주기 위해 신문고를 다시 설치함
청계천 준설	: 한양 도성 내의 홍수에 대비하기 위해 **준천사**라는 관청을 설치하고 청계천 준설 사업을 시행함
편찬 사업	┌ 『경국대전』 이후의 법령을 모아 정리한 법전 ├ **『속대전』**: 통치 체제를 정비함 └ 『동국문헌비고』: 우리나라의 제도와 역대 문물을 정리함

> **백발백중 기출 사료 | 📍균역법 실시** [52회]
> 왕은 늘 양역의 폐단을 염려하여 **군포 한 필을 감하고 균역청을 설치하여** 각 도의 어염·은결의 세를 걷어 보충하니, 그 은택을 입은 백성들은 서로 기뻐하였다.
> ➡ **사료 해석**: 영조는 군포를 2필에서 1필로 감하는 균역법을 실시하였으며, 부족한 재원은 어염·은결의 세로 보충하여 관청에 지급하는 균역청을 설치하였다.

(4) 정조의 탕평 정치 - 준론 탕평

- **배경**: 정조는 왕세손 시절부터 시파와 벽파의 갈등을 경험함
  → 즉위 후 각 붕당의 주장이 옳은지 그른지를 명백히 가리고자 하는 **강력한 탕평책**을 추진하고자 함(준론 탕평)

- **새로운 인사 등용**
  - **척신·환관 제거**: 영조 때 세력이 커진 척신(벽파)과 환관(내시) 등을 제거함
  - **시파 등용**: 그동안 권력에서 배제되었던 소론과 남인 계열의 시파를 등용함

- **능력 중시**
  - 각 붕당의 입장을 떠나 능력 있는 사람을 등용하여 왕권을 강화함
  - 국정 운영에 필요한 경우 부친인 사도 세자의 추숭을 반대한 노론 벽파와도 교류함
  - *왕위에 오르지 못하고 죽은 이에게 임금의 칭호를 주던 일*

(5) 정조의 개혁 정책

- ⭐**초계문신제 실시**: 유능한 인재를 양성하기 위해 젊고 유능한 문신을 **초계문신**으로 선발하여 재교육하고 학문 연구에 힘쓰도록 함

- ⭐**장용영 설치**
  - 왕권 강화를 위해 **국왕의 친위 부대인 장용영을 설치함**
  - 서울에 내영, 수원 화성에 외영을 둠

> **백발백중 기출 자료 | 장용영 설치** [74회]
> 장용영은 정조가 조직한 친위 부대로 서울에 내영, 수원 화성에 외영을 두어 규장각과 함께 왕권 강화를 목적으로 운영되었습니다.
> ➡ **자료 해석**: 정조는 국왕의 친위 부대인 장용영을 설치하였으며, 서울에 내영, 수원에 외영을 두었다.

- **규장각 설치**
  - 왕실 도서관으로 설치하여 학문 연구 기관이자 정책 연구를 담당하는 핵심 기구로 발전시킴 *(창덕궁 후원의 주합루에 위치함)*
  - **규장각 검서관에 박제가**, 유득공 등 능력 있는 **서얼 출신들을 등용**함

- **신해통공 발표**: 시전 상인의 특권을 축소하기 위해 육의전을 제외한 **시전 상인의 금난전권을 폐지**하는 조치를 발표함
  - *한양 종로에 있던 6개의 시전*
  - *허가 받지 않은 상인(난전)의 활동을 금지할 수 있었던 권리*

- **수원 화성 건립**: 수원에 화성을 건립하고 정치적 이상을 실현하는 상징적인 도시로 육성함

- **편찬 사업**
  - 『**대전통편**』: 『경국대전』과 『속대전』 및 여러 법령을 통합해 왕조의 통치 규범을 재정비한 법전을 편찬함
  - 『**동문휘고**』: 조선 후기의 대외 관계를 정리한 문서집을 편찬함
  - 『**무예도보통지**』: 이덕무·박제가 등이 왕명에 따라 무예 훈련 교범을 편찬함 *(유네스코 세계 기록유산에 등재됨)*
  - 『**일성록**』: 정조가 세손 시절에 쓴 일기에서 유래하여, 임금의 동정과 국정 운영 상황을 기록하기 시작함

> **백발백중 기출 사료 | 『대전통편』** [64회]
> 『대전통편』이 완성되었는데, 나라의 제도 및 법식에 관한 책이다. …… 왕(정조)이 말하기를, "속전(續典)은 갑자년에 이루어졌는데, 신왕의 명령으로서 갑자년 이후에 이루어진 것도 많으니 어찌 감히 지금과 가까운 것만을 내세우고 먼 것은 소홀히 할 수 있겠는가?"라고 하였다. 이에 김치인 등에게 명하여 **원전(原典)**과 속전 및 지금까지의 왕명을 모아 한 책으로 편찬한 것이었다.
>
> ➡ **사료 해석**: 『대전통편』은 정조 때 『경국대전』과 『속대전』 및 여러 법령을 통합해 편찬된 법전이다. 규장각 검서관인 박제가, 유득공 등이 서적을 간행하고 인쇄하는 과정을 관리·감독하는 업무에 참여하기도 하였다.

✅ 기출 선택지로 개념 다지기

1. 빈칸의 답을 채워보세요.

(1) 영조가 성균관 입구에 설립한 비: ☐☐☐ [74·72·70회]

(2) 영조가 실시한 군역 제도: ☐☐☐ [68회]

(3) 영조 때 역대 문물을 정리하여 편찬한 책: 『☐☐☐☐』 [73·69·66회]

(4) 정조가 실시한 관리 교육 제도: ☐☐☐☐☐ [74·72·71회]

(5) 정조가 설치한 친위 부대: ☐☐☐ [73·71회]

(6) 정조가 금난전권을 폐지한 조치: ☐☐☐☐ [73·71·69회]

2. 질문에 맞는 답을 고르세요.

(1) 영조의 업적은? [68회]
 ① 어영청을 중심으로 국방력을 강화하고 북벌을 추진하였다.
 ② 균역법을 시행하여 백성들의 군역 부담을 줄여주고자 하였다.

(2) 영조에 대한 설명은? [75회]
 ① 수도 방어를 위하여 금위영을 창설하였다.
 ② 탕평 교서를 반포하고 탕평비를 건립하였다.

(3) 정조 때의 사실은? [70회]
 ① 거중기 등을 활용하여 수원 화성이 축조되었다.
 ② 삼정의 문란을 시정하기 위한 삼정이정청이 설치되었다.

(4) 정조의 업적을 모두 고르면? [74·59회]
 ① 친위 부대로 장용영을 설치하였다.
 ② 나선 정벌에 조총 부대를 파견하였다.
 ③ 초계문신제를 실시하여 젊은 문신들을 재교육하였다.

정답 1. (1) 탕평비 (2) 균역법
 (3) 동국문헌비고 (4) 초계문신제
 (5) 장용영 (6) 신해통공
2. (1) ② (①은 효종)
 (2) ② (①은 숙종 때)
 (3) ① (②은 철종 때)
 (4) ①, ③ (②은 효종)

필수 기출로 개념 적용하기 기출주제 21 조선 후기의 붕당 정치와 탕평 정치

01 [68회 기출]

다음 상황이 나타난 시기를 연표에서 옳게 고른 것은? [3점]

○ 송준길이 아뢰었다. "적처(嫡妻) 소생이라도 둘째부터는 서자입니다. …… 둘째 아들은 비록 왕통을 계승하였더라도 (그를 위해서는) 3년복을 입어서는 안 됩니다."
○ 허목이 상소하였다. "장자를 위해 3년복을 입는다는 것은 위로 쳐서 정체(正體)이기 때문입니다. …… 첫째 아들이 죽어서 적처 소생의 둘째를 세우는 것도 역시 장자라고 부릅니다."

(가)	(나)	(다)	(라)	(마)
계유정난	중종반정	을사사화	인조반정	경신환국	이인좌의 난

① (가) ② (나) ③ (다) ④ (라) ⑤ (마)

 기해예송(1차 예송)

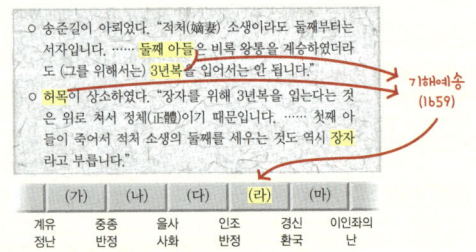

④ (라)

인조반정(1623)으로 즉위한 인조에 이어 그의 둘째 아들인 효종이 즉위하였고, 효종이 죽자 현종이 즉위하였다. 현종 때 효종의 사망에 따른 자의 대비의 상복 착용 기간을 두고 **기해예송**(1차 예송, 1659)이 발생하였다. 서인은 **신권 강화의 입장**에서 효종이 적장자가 아닌 둘째 아들이라는 이유로 **기년설(1년설)**을 주장하였고, 남인은 왕권 강화의 입장에서 왕가와 사대부의 예는 다르다고 강조하며 **3년설**을 주장하였으나, 결국 서인의 주장이 받아들여졌다. 이후 현종의 아들인 숙종이 즉위하였는데, 이때 허적의 서자인 허견의 역모 사건을 계기로 남인들이 대거 숙청당하고, 서인들이 권력을 장악하는 **경신환국**(1680)이 일어났다.

02 [71회 기출]

밑줄 그은 '이 왕'의 재위 시기에 있었던 사실로 옳은 것은? [2점]

① 최제우가 혹세무민의 죄로 처형되었다.
② 변급, 신류 등이 나선 정벌에 참여하였다.
③ 국왕의 친위 부대인 장용영이 창설되었다.
④ 경신환국 등 여러 차례 환국이 발생하였다.
⑤ 정여립 모반 사건을 빌미로 기축옥사가 일어났다.

 숙종

④ 경신환국 등 여러 차례 환국이 발생하였다.

조선 숙종은 왕권 강화를 위해 한 붕당에 권력을 집중시키는 편당적인 인사를 단행하였고, 이로 인해 **경신환국 등 여러 차례 환국이 발생**하였다. 또한 숙종은 청과 국경 분쟁이 발생하자 양국 대표가 백두산 일대를 답사한 뒤 **백두산 정계비**를 세워 국경을 확정하게 하였다.

오답 클리어
① 최제우가 혹세무민의 죄로 처형되었다. → 고종
② 변급, 신류 등이 나선 정벌에 참여하였다. → 효종
③ 국왕의 친위 부대인 장용영이 창설되었다. → 정조
⑤ 정여립 모반 사건을 빌미로 기축옥사가 일어났다. → 선조

이건 꼭! 암기 숙종
#경신환국 #백두산 정계비

03

(가) 시기에 있었던 사실로 옳은 것은? [3점] 69회 기출

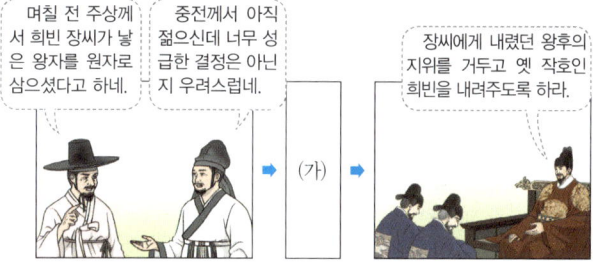

① 무신 이징옥이 반란을 일으켰다.
② 송시열이 유배된 후 사사되었다.
③ 자의 대비의 복상 문제로 예송이 일어났다.
④ 정여립 모반 사건을 빌미로 기축옥사가 발생하였다.
⑤ 붕당 정치의 폐해를 막기 위해 탕평비가 건립되었다.

04

(가) 시기에 있었던 사실로 옳은 것은? [3점] 74회 기출

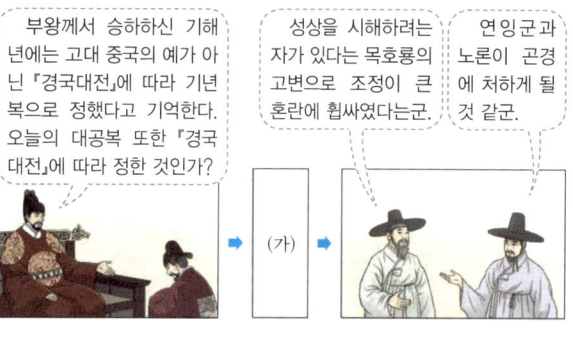

① 인조반정으로 북인 세력이 몰락하였다.
② 기축옥사로 이발 등 동인 세력이 축출되었다.
③ 양재역 벽서 사건으로 이언적 등이 화를 입었다.
④ 인현 왕후가 폐위되고 남인이 권력을 차지하였다.
⑤ 붕당의 폐해를 경계하기 위해 탕평비가 건립되었다.

기사환국과 갑술환국 사이의 사실

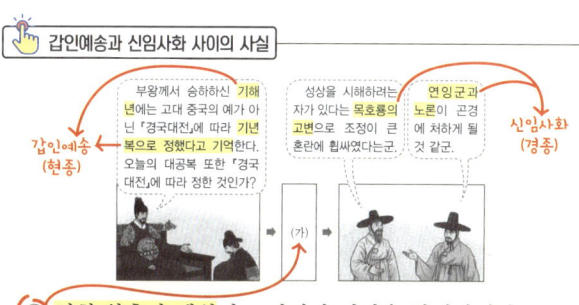

② **송시열이 유배된 후 사사되었다.**

숙종은 희빈 장씨의 아들을 세자로 책봉하고 명호를 원자(왕의 적장자)로 정하였으나, 서인 송시열이 이를 반대하였다. 그 결과 서인이 정계에서 축출되었으며, **송시열은 유배된 후 사사되었다(기사환국).** 기사환국으로 권력을 장악한 남인은 인현 왕후 복위 운동을 빌미로 서인을 제거하려다 실패하며 몰락하였고, 이후 **인현 왕후가 복위**되고 왕비로 책봉되었던 희빈 장씨는 희빈으로 강등되었다(갑술환국).

오답 클리어
① 무신 **이징옥이 반란**을 일으켰다. → 단종
③ 자의 대비의 **복상 문제로 예송**이 일어났다. → 현종
④ 정여립 모반 사건을 빌미로 **기축옥사**가 발생하였다. → 선조
⑤ 붕당 정치의 폐해를 막기 위해 **탕평비**가 건립되었다. → 영조

이건 꼭! 암기 기사환국
#세자 책봉 문제 #송시열 유배 #서인 몰락_인현 왕후 폐위
#남인 집권

갑인예송과 신임사화 사이의 사실

④ **인현 왕후가 폐위되고 남인이 권력을 차지하였다.**

갑인예송에서 남인의 기년설(1년설) 주장이 받아들여지며 서인이 축출되고 남인이 집권하였다(2차 예송). 숙종 때 경신환국으로 서인이 재집권했지만, **기사환국으로 인현 왕후가 폐위되고 남인 계열인 희빈 장씨가 왕비로 책봉되며 남인이 다시 권력을 차지하였다.** 이후 갑술환국으로 서인이 정권을 되찾고, 이들은 **노론과 소론**으로 분화되었다. 경종 즉위 후, 노론은 그가 병약하다는 이유로 이복동생 연잉군(영조)의 왕세제 책봉과 **세제의 대리 청정을 요구**하였고, 소론은 이를 역모로 몰아 노론의 일부 세력을 축출하였다. 이듬해 **목호룡이** 소론 측에 가담해 노론 세력이 경종을 죽이려 했다고 **고변**하자 결국 노론 4대신이 처형되었다(신임사화).

오답 클리어
① **인조반정**으로 북인 세력이 몰락하였다. → 광해군
② **기축옥사**로 이발 등 동인 세력이 축출되었다. → 선조
③ **양재역 벽서** 사건으로 이언적 등이 화를 입었다. → 명종
⑤ 붕당의 폐해를 경계하기 위해 **탕평비**가 건립되었다. → 영조

필수 기출로 개념 적용하기　기출주제 21 조선 후기의 붕당 정치와 탕평 정치

05　[75회 기출]

(가) 왕에 대한 설명으로 옳은 것은? [2점]

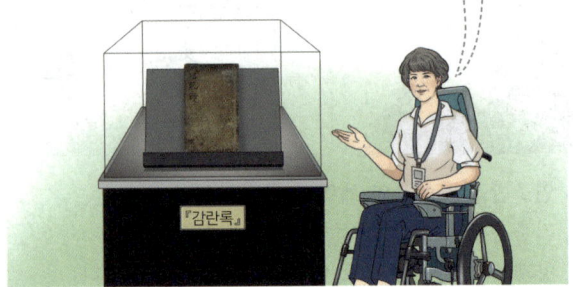

이 책은 이인좌의 난을 평정한 직후 (가) 의 명으로 송인명 등이 난의 진행과정과 원인에 대해 여러 자료를 참고해서 편찬한 것입니다. 어제(御製) 서문에는 이인좌의 난이 일어난 원인을 붕당에서 찾고 있으며, 이와 같은 변란의 재발을 막기 위하여 이 책을 편찬한다고 명시되어 있습니다.

『감란록』

① 경기도에 한하여 대동법을 시행하였다.
② 수도 방어를 위하여 금위영을 창설하였다.
③ 탕평 교서를 반포하고 탕평비를 건립하였다.
④ 문신을 재교육하기 위한 초계문신제를 실시하였다.
⑤ 통치 체제를 정비하기 위해 『대전회통』을 편찬하였다.

06　[66회 기출]

(가) 왕에 대한 설명으로 옳은 것은? [1점]

특별 전시회
탕평 군주 (가) 을/를 만나다
■ 기간: 2023년 ○○월 ○○일~○○월 ○○일
■ 장소: △△박물관 특별 전시실

전시 유물 소개
「수문상친림관역도」
한성의 홍수 예방을 위해 실시한 청계천 준설 공사 현장을 (가) 이/가 지켜보는 모습을 담은 그림

「균역사실」
균역법의 제정 배경 및 과정, 균역청의 운영 등을 담은 책

① 학문 연구 기관으로 집현전을 두었다.
② 삼수병으로 구성된 훈련도감을 설치하였다.
③ 『속대전』을 편찬하여 통치 체제를 정비하였다.
④ 궁중 음악을 집대성한 『악학궤범』을 편찬하였다.
⑤ 시전 상인의 특권을 축소하는 신해통공을 단행하였다.

07
56회 기출

(가) 왕이 재위한 시기의 경제 모습으로 옳은 것은? [2점]

이곳은 수원 화성 성역과 연계하여 축조된 축만제입니다. (가) 은/는 축만제 등의 수리 시설 축조와 둔전 경영을 통해 수원 화성의 수리, 장용영의 유지, 백성의 진휼을 위한 재원을 마련하였습니다.

① 금속 화폐인 건원중보가 주조되었다.
② 시장을 감독하는 동시전이 설치되었다.
③ 울산항, 당항성이 무역항으로 번성하였다.
④ 군역의 부담을 줄이기 위해 균역법이 제정되었다.
⑤ 육의전을 제외한 시전 상인의 금난전권이 폐지되었다.

08
74회 기출

(가) 왕이 추진한 정책으로 옳은 것은? [1점]

고문헌으로 보는 한국사

[해설] 이것은 장용영 내영에서 수원외사 번암 채제공에게 보낸 전령(傳令)입니다. 새롭게 마련된 장용영 절목의 문제점을 중앙에 아뢰어 고치도록 권한 내용을 담고 있습니다. 장용영은 (가) 이/가 조직한 친위 부대로 서울에 내영, 수원 화성에 외영을 두어 규장각과 함께 왕권 강화를 목적으로 운영되었습니다.

① 나선 정벌에 조총 부대를 파견하였다.
② 호포제를 시행하여 양반에게도 군포를 징수하였다.
③ 문신을 재교육하기 위한 초계문신제를 실시하였다.
④ 삼정의 문란을 시정하고자 삼정이정청을 설치하였다.
⑤ 각 궁방과 중앙 관서의 공노비 6만여 명을 해방하였다.

정조 재위 시기의 경제 모습

이곳은 **수원 화성** 성역과 연계하여 축조된 축만제입니다. (가) 은/는 축만제 등의 수리 시설 축조와 둔전 경영을 통해 수원 화성의 수리, **장용영**의 유지, 백성의 진휼을 위한 재원을 마련하였습니다. → 정조

⑤ **육의전을 제외한 시전 상인의 금난전권이 폐지되었다.**

정조는 수원에 화성을 건립하여 정치적 이상을 실현하는 상징적인 도시로 육성하였다. 또한 국왕의 친위 부대인 **장용영**을 설치하였다. 이 외에도 정조는 상업 발전을 위해 **육의전을 제외한 시전 상인의 금난전권**(난전을 단속하는 권리)을 폐지하는 **신해통공**을 실시하였다.

오답 클리어
① 금속 화폐인 **건원중보가 주조**되었다. → 고려 성종
② 시장을 감독하는 **동시전이 설치**되었다. → 신라 지증왕
③ 울산항, 당항성이 무역항으로 번성하였다. → 통일 신라
④ 군역의 부담을 줄이기 위해 **균역법이 제정**되었다. → 조선 영조

이건 꼭! 암기 정조
#수원 화성 건립 #장용영 설치 #금난전권 폐지

정조

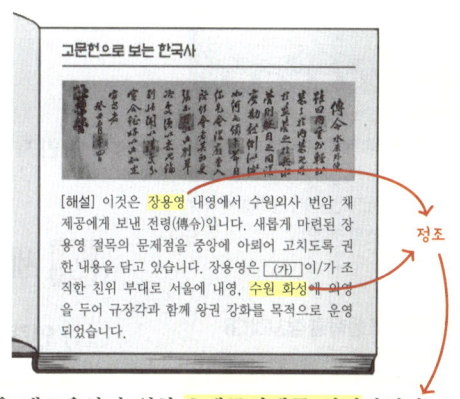

[해설] 이것은 **장용영** 내영에서 수원외사 번암 채제공에게 보낸 전령(傳令)입니다. 새롭게 마련된 장용영 절목의 문제점을 중앙에 아뢰어 고치도록 권한 내용을 담고 있습니다. 장용영은 (가) 이/가 조직한 친위 부대로 서울에 내영, **수원 화성**에 외영을 두어 규장각과 함께 왕권 강화를 목적으로 운영되었습니다. → 정조

③ 문신을 재교육하기 위한 **초계문신제를 실시**하였다.

정조는 수원에 화성을 건립하여 자신의 정치적 이상을 실현하는 상징적인 도시로 육성하였으며, 국왕의 친위 부대로 **장용영을 설치**하여 서울에 내영, 수원 화성에 외영을 두었다. 또한 정조는 젊고 유능한 문신을 재교육하기 위한 **초계문신제를 실시**하였다.

오답 클리어
① 나선 정벌에 조총 부대를 파견하였다. → 효종
② **호포제를 시행**하여 양반에게도 군포를 징수하였다.
   → 고종(흥선 대원군)
④ 삼정의 문란을 시정하고자 **삼정이정청을 설치**하였다. → 철종
⑤ 각 궁방과 중앙 관서의 **공노비 6만여 명을 해방**하였다. → 순조

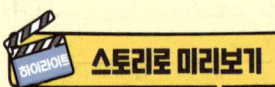

조선 후기의 세도 정치

빈출 태그 | #세도 정치 #비변사 강화 #삼정의 문란 #홍경래의 난 #임술 농민 봉기 #서학 #신유박해 #동학

스토리로 미리보기

S#1 어린 아이에게도 군포를 걷는 등 삼정이 문란해지다!

아이고, 우리 아들이 태어난 지 갓 한 달도 되지 않았는데 군포를 걷어가다니... 너무 하는 거 아닙니까! 얼마 전 돌아가신 옆집 최씨네 아버지에게도 군포를 걷더니 이거 정말 너무 합니다.

S#2 진주에서 수탈을 견디지 못한 농민들이 봉기하다!

옆 동네 진주가 시끌벅적 하다는 소리를 들었어. 아니 글쎄, 탐관오리 백낙신이 불법 수탈과 부정 축재를 하도 일삼아서 농민들이 들고 일어났단다. 우리 수령도 만만치 않은데, 빨리 동네 사람들을 모아서 쳐들어 가야겠어.

S#3 최제우가 동학을 창시하다!

에휴, 조상님께 제사도 못 지내게 하는 서학이 다 들어오고, 세상이 어떻게 되려고 그러는지 흉흉하구먼. 그나저나 얼마 전 최제우라는 양반이 모든 사람은 평등하다면서 우리 것을 지키자고 얘기하던 게 참 마음에 들긴 했는데...

1 세도 정치의 전개와 폐해

┌─ 특정 가문이 권력을 독점하는 정치 형태

(1) 세도 정치의 전개

| 배경 | : 정조 이후의 국왕들이 강력한 왕권을 펼치지 못하자 외척 가문이 득세함 |

전개 ─┬─ 순조 ─┬─ 정조 사후에 정순 왕후의 수렴청정으로 노론 벽파가 권력을 장악함
│ │ → 국정 상태가 정조의 개혁 이전으로 되돌아감
│ │   └─ 규장각 출신 인물 제거, 장용영 혁파 등
│ └─ 순조의 장인인 김조순을 중심으로 안동 김씨 가문이 권력을 장악하면서 세도 정치가 시작됨
├─ 헌종: 헌종이 어린 나이로 즉위하자 외척인 풍양 조씨 가문이 득세함
└─ 철종: 철종이 즉위하면서 안동 김씨 가문이 다시 권력을 장악함

(2) 세도 정치의 폐해

| ★비변사의 강화 | : 비변사가 **국정 총괄 기구**로 자리 잡고 소수의 외척 가문이 비변사의 요직을 독점하여 권력을 장악함 |
| 부정부패 발생 | : 과거제의 운영에 각종 부정 행위가 발생하였고, 매관매직이 성행함 |

★삼정의 문란 ─┬─ **전정의 폐단**: 토지에 부과하는 전세(전정)에 잡세를 포함시킴
│   └─ 전정(토지의 세금), 군정(군역을 대신해 내는 포), 환곡
│   ┌─ 15세 이하 어린아이에게 군포를 징수
├─ **군정의 폐단**: 백골징포, 황구첨정, 인징 등의 폐단이 발생함
│   └─ 죽은 사람에게 군포를 부과 └─ 도망자의 군포 체납분을 이웃에게 징수
└─ **환곡의 폐단**: 지방 관청의 재정을 마련하기 위해 부당하게 비싼 이자를 받는 고리대로 변질됨
         └─ 춘궁기에 곡식을 빌리고 추수기에 갚는 제도

| 농민 저항의 확산 | : 삼정의 문란, 자연재해 등으로 농민들이 봉기를 일으킴 |

2 세도 정치 시기 사회 변혁의 움직임

(1) 민중 봉기의 확산

┌─ 평안도 지역 사람   ┌─ 중앙 진출 제한, 상공업 활동 억압
★**홍경래의 난** ─┬─ 원인: 세도 정치기의 수탈과 **서북인에 대한 차별 대우**가 원인이 됨
        ├─ 전개 ─┬─ **순조** 때 몰락 양반인 **홍경래**와 **우군칙**을 중심으로 영세 농민·중소 상인·광산 노동자 등이 합세함
        │   └─ 가산을 시작으로 **청천강 이북 지역을 거의 장악**하였으나 정주성에서 관군에게 진압됨

백발백중 기출 사료 | ◉ 홍경래의 난 [59회]

평안 감사가 "이달 19일에 관군이 **정주성**을 수복하고 두목 **홍경래** 등을 죽이거나 사로잡았습니다." 라고 임금께 보고하였다.

➜ **사료 해석**: 홍경래 등은 정주성을 점령하고 청천강 이북 지역을 장악하였으나, 관군에 의해 진압되었다.

임술 농민 봉기
- 원인: 경상 우병사 백낙신의 수탈이 원인이 됨
- 전개
  - 철종 때 몰락 양반인 유계춘을 중심으로 진주에서 봉기함 → 전국으로 확산됨
  - 사건의 수습을 위해 박규수가 안핵사로 파견되었고, 정부는 삼정이정청을 설치하여 삼정의 문란을 시정할 것을 약속함 (사건의 처리를 위해 파견한 임시 관직)
- 한계: 삼정이정청이 4개월 만에 폐지되면서 근본적인 해결책 마련에 실패함

백발백중 기출 사료 | 임술 농민 봉기 [61회]

진주 안핵사 박규수에게 하교하기를, "얼마 전에 있었던 진주의 일은 전에 없던 변괴였다. …… 신중을 기하여 혹시 한 사람이라도 억울하게 처벌받는 일이 없게 하라. 그리고 포리(逋吏)*를 법에 따라 처벌할 경우 죄인을 심리하여 처단할 방법을 상세히 구별하라."라고 하였다.

*포리(逋吏): 관아의 물건을 사사로이 써버린 아전

➡ **사료 해석**: 경상 우병사 백낙신의 수탈에 반발하여 임술 농민 봉기가 발발하자, 박규수를 안핵사로 파견하였다.

(2) 새로운 사상의 등장

예언 사상: 조선 후기의 사회 혼란으로 왕조의 교체를 예언한 『정감록』과 미륵 신앙 등 예언 사상이 등장하여 유행함

서학(천주교)
- 도입: 17세기에 청에 다녀온 사신들에 의해 서학으로 소개됨 (서쪽에서 온 학문)
- 확대: 18세기 후반 남인 시파들(정약전 등)이 신앙 활동을 전개하였고, 평등 사상 등의 교리가 백성들의 호응을 얻어 신자들이 점차 증가함 (흑산도로 유배되어 유배지에서 『자산어보』를 저술함)
- 탄압: 조상에 대한 제사와 신주를 모시는 문제로 정부의 탄압을 받음
- 신해박해(정조): 진산 사건(조상에 대한 제사와 신주를 모시는 것을 거부하고 천주교식 장례를 치름)을 일으킨 윤지충, 권상연을 처형함
- 신유박해(순조)
  - 순조 즉위 후 정순 왕후의 수렴청정으로 집권하게 된 노론 벽파가 남인 시파를 탄압하기 위해 남인 시파가 믿는 천주교를 박해함
  - 이승훈이 처형되었고 정약용 등이 연루되어 유배됨
  - 황사영 백서 사건으로 탄압이 심화되었고 정약용이 강진으로, 정약전이 흑산도로 유배됨 (황사영이 신유박해의 전말을 베이징 주재 주교에게 보고하려다 발각됨)
- 기해박해(헌종): 정하상 등 많은 신도와 신부가 처형됨
- 병오박해(헌종): 한국인 최초의 신부인 김대건이 체포되면서 시작되었으며, 김대건 신부가 처형됨
- 병인박해(고종): 흥선 대원군이 프랑스 선교사와 남종삼 등 수천 명의 신도를 처형함 → 병인양요의 원인이 됨

동학
- 배경: 이양선의 출몰과 천주교의 확산으로 위기 의식이 고조됨
- 창시: 철종 때 최제우(최복술)가 서학에 반대한다는 의미로 동학을 창시함 (경주 지역의 몰락 양반)
- 주요 사상: 마음 속에 한울님을 모시는 시천주와 인내천 사상 등 평등 사상을 강조하고, 유·불·선을 바탕으로 민간 신앙의 요소도 포함됨
- 탄압: 혹세무민의 죄목으로 교조(1대 교주) 최제우가 처형됨 (세상을 어지럽히고 백성을 현혹함)
- 정비: 2대 교주 최시형이 교세를 더욱 확대하고, 동학의 경전인 『동경대전』·『용담유사』를 편찬함

▲ 최제우

기출 선택지로 개념 다지기

1. 빈칸의 답을 채워보세요.

(1) 세도 정치 시기에 외척 세력의 권력 기반이 된 기구: ☐ [36회]

(2) 서북인에 대한 차별에 반발하여 일어난 봉기: ☐ [71·61·60회]

(3) 임술 농민 봉기의 수습을 위해 설치된 기구: ☐ [74·71·70회]

(4) 제사와 신주를 모시는 문제로 정부의 탄압을 받은 종교: ☐ [58회]

(5) 최제우가 창시한 종교: ☐ [66회]

2. 질문에 맞는 답을 고르세요.

(1) 세도 정치 시기의 모습은? [69회]
 ① 원종과 애노가 사벌주에서 봉기하였다.
 ② 안동 김씨 등의 세도 정치로 매관매직이 성행하였다.

(2) 순조 재위 시기의 사실은? [75회]
 ① 이시애가 길주를 근거지로 난을 일으켰다.
 ② 홍경래 등이 봉기하여 정주성을 점령하였다.

(3) 임술 농민 봉기에 대한 설명은? [64회]
 ① 백낙신의 탐학이 발단이 되어 진주에서 일어났다.
 ② 황사영이 외국 군대의 출병을 요청하는 백서를 작성하였다.

(4) 천주교에 대한 설명은? [58회]
 ① 청을 다녀온 사신들에 의하여 서학으로 소개되었다.
 ② 『동경대전』과 『용담유사』를 경전으로 삼았다.

(5) 동학과 관련된 설명은? [48회]
 ① 황사영이 외국 군대의 출병을 요청하는 백서를 작성하였다.
 ② 마음속에 한울님을 모시는 시천주를 강조하였다.

정답 | 1. (1) 비변사 (2) 홍경래의 난
  (3) 삼정이정청 (4) 천주교 (5) 동학
2. (1) ② (①은 신라 하대)
  (2) ② (①은 세조 재위 시기)
  (3) ① (②은 황사영 백서 사건)
  (4) ① (②은 동학)
  (5) ② (①은 천주교)

필수 기출로 개념 적용하기 기출주제 22 조선 후기의 세도 정치

01 [59회 기출]

다음 대화에 나타난 사건에 대한 설명으로 옳은 것은? [1점]

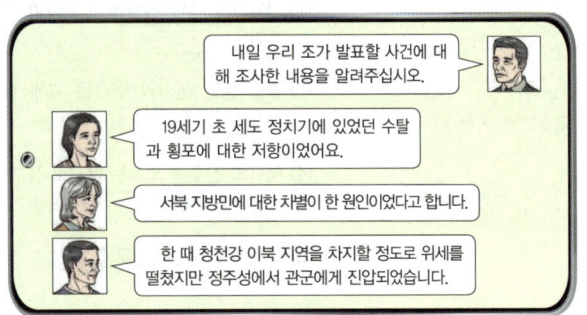

① 홍경래, 우군칙 등이 주도하였다.
② 청군이 파병되는 결과를 가져왔다.
③ 제물포 조약이 체결되는 배경이 되었다.
④ 보국안민, 제폭구민을 기치로 내걸었다.
⑤ 박규수가 안핵사로 파견되는 계기가 되었다.

02 [64회 기출]

다음 상황이 전개된 배경으로 옳은 것은? [2점]

① 이만손 등이 영남 만인소를 올렸다.
② 운요호가 강화도와 영종도를 공격하였다.
③ 동학교도가 교조 신원을 주장하며 삼례 집회를 개최하였다.
④ 황사영이 외국 군대의 출병을 요청하는 백서를 작성하였다.
⑤ 백낙신의 탐학이 발단이 되어 진주에서 농민들이 봉기하였다.

 홍경래의 난

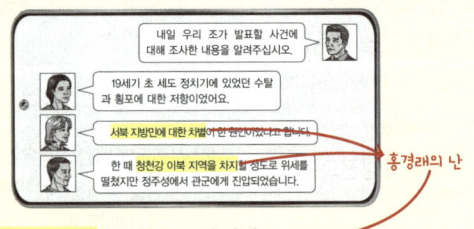

① **홍경래, 우군칙** 등이 주도하였다.

홍경래의 난은 순조 때 세도 정치 시기의 수탈과 **서북(평안도) 지역**에 대한 차별에 반발하여 일어난 반란이다. 몰락 양반인 홍경래는 우군칙 등과 함께 평안북도 가산을 시작으로 봉기를 일으켜 한때 **청천강 이북 지역**을 대부분 장악하며 위세를 떨쳤으나, 정주성에서 관군에 진압되었다.

😊 오답 클리어
② 청군이 파병되는 결과를 가져왔다.
　→ 임오군란, 동학 농민 운동 등
③ 제물포 조약이 체결되는 배경이 되었다. → 임오군란
④ 보국안민, 제폭구민을 기치로 내걸었다. → 동학 농민 운동
⑤ 박규수가 안핵사로 파견되는 계기가 되었다. → 임술 농민 봉기

임술 농민 봉기

⑤ **백낙신의 탐학**이 발단이 되어 진주에서 농민들이 봉기하였다.

임술 농민 봉기는 철종 때 **경상 우병사 백낙신의 수탈**에 반발하여 진주의 백성들이 일으킨 농민 봉기이다. 조선 정부는 사건을 수습하기 위해 **박규수를 안핵사로 파견**하였다. 이후 박규수의 건의에 따라 삼정의 문란을 시정하기 위한 기구로 **삼정이정청**이 설치되었으나, 4개월 만에 폐지되면서 근본적인 해결책 마련에는 실패하였다.

😊 오답 클리어
① 이만손 등이 **영남 만인소**를 올렸다. → 개화 정책 반대
② **운요호**가 강화도와 영종도를 공격하였다. → X
③ 동학교도가 교조 신원을 주장하며 **삼례 집회**를 개최하였다. → X
④ 황사영이 외국 군대의 출병을 요청하는 **백서**를 작성하였다.
　→ 천주교 탄압

03

(가) 사건에 대한 설명으로 옳은 것은? [3점]

① 한성 조약이 체결되는 결과를 가져왔다.
② 정부의 요청으로 출병한 청군이 진압하였다.
③ 사태의 수습을 위해 박규수가 안핵사로 파견되었다.
④ 이필제가 영해 지역에서 난을 일으키는 계기가 되었다.
⑤ 전개 과정에서 이승훈, 정약용 등이 연루되어 처벌되었다.

 신유박해

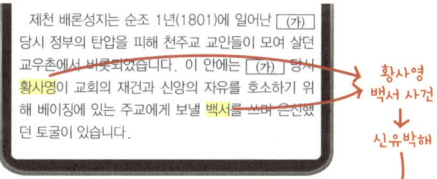

⑤ 전개 과정에서 이승훈, 정약용 등이 연루되어 처벌되었다.

신유박해는 순조 때 벽파가 시파를 탄압하고자 천주교를 박해한 사건으로, 전개 과정에서 이승훈, 정약용 등이 연루되어 처벌되었다. 황사영은 신유박해의 전말을 기록하고 외국 군대의 출병을 요청한 백서를 작성하였으나 이는 곧 발각되었고, 이에 천주교 탄압이 더욱 심화되었다.

오답 클리어
① 한성 조약이 체결되는 결과를 가져왔다. → 갑신정변
② 정부의 요청으로 출병한 청군이 진압하였다.
　→ 임오군란, 갑신정변
③ 사태의 수습을 위해 박규수가 안핵사로 파견되었다.
　→ 임술 농민 봉기
④ 이필제가 영해 지역에서 난을 일으키는 계기가 되었다. → X

04

(가) 종교에 대한 설명으로 옳은 것은? [1점]

① 『동경대전』을 경전으로 삼았다.
② 항일 무장 단체인 중광단을 결성하였다.
③ 박중빈을 중심으로 새 생활 운동을 펼쳤다.
④ 배재 학당을 세워 신학문 보급에 앞장섰다.
⑤ 프랑스와의 조약을 통해 포교가 허용되었다.

 동학

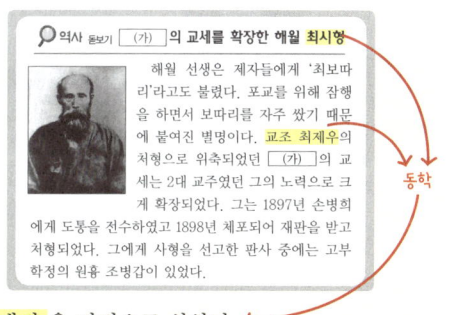

① 『동경대전』을 경전으로 삼았다.

동학은 철종 때 경주의 몰락 양반인 최제우가 창시한 종교로, 인간의 평등을 주장하며 신분 질서를 부정하였기 때문에, 민중들의 지지를 얻었다. 그러나 이로 인해 정부의 탄압을 받게 되었는데, 교조 최제우는 세상을 어지럽히고 백성을 현혹한다는 혹세무민의 죄목으로 처형되었다. 이후 2대 교주였던 최시형이 교세를 더욱 확대하고, 최제우가 지은 동학의 경전인 『동경대전』, 포교 가사집인 『용담유사』를 간행하였다.

오답 클리어
② 항일 무장 단체인 중광단을 결성하였다. → 대종교
③ 박중빈을 중심으로 새 생활 운동을 펼쳤다. → 원불교
④ 배재 학당을 세워 신학문 보급에 앞장섰다. → 개신교
⑤ 프랑스와의 조약을 통해 포교가 허용되었다. → 천주교

기출주제 23 조선의 토지·수취 제도

빈출 태그 | #과전법 #직전법 #직전법 폐지 #영정법 #대동법 #균역법 #결작 #선무군관포

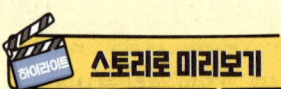

스토리로 미리보기

S#1 인조가 영정법을 실시하다!

아이고, 전쟁을 겪고 나니 땅이 다 망가져서 농사를 지을 수가 없네 그려. 이번 토지세는 또 어떻게 내야 하나... 토지세는 계산하기도 복잡한데, 걱정이 이만 저만이 아닐세. 얼른 나라에서 토지세 내는 방식을 좀 바꿔주었으면 좋겠어!

S#2 광해군이 대동법을 실시하다!

나 광해군, 듣자 하니 토산물 세금을 대신 내주고 비싼 이자를 챙겨가는 사람들이 있다던데, 백성들 부담이 아주 크겠어. 토산물 대신 구하기 쉬운 쌀을 세금으로 내게 하면 백성들의 근심이 줄어들 수 있겠어.

S#3 영조 때 군포가 1필로 줄다!

야호! 매년 2필이나 내던 군포를 이제 1필만 내도 된다 왕(영조)께서 나 같은 백성을 위해 군포를 무려 절반으로 줄여주셨어. 줄어드는 국가 재정을 보충하는 방안도 있다 하니, 걱정할게 없구먼~♪

1 조선의 토지 제도와 변화

과전법 실시 (고려 공양왕)
- 목적: 신진 사대부의 경제적 기반을 마련하고 국가 재정을 확충하기 위함
- 내용: 전·현직 관리에게 **경기 지역에 한정하여** 토지(과전)에 대한 **수조권**을 지급함
  - *해당 토지를 경작하는 농민들로부터 세금을 수취할 수 있는 권리*
  - 원칙적으로 세습이 불가하였지만 관리의 사망시 유가족에게 지급되는 **수신전**과 **휼양전** 등의 토지를 통해 세습이 허용됨
    - *죽은 관료의 어린 자식에게 지급된 토지*
    - *죽은 관료의 아내(재혼하지 않아야 함)에게 지급된 토지*

↓

직전법 실시 (세조)
- 배경: 과전법 체제에서 토지가 세습되자 관리에게 지급할 토지가 부족해짐
- 내용: **현직 관리에게만** 토지에 대한 수조권을 지급함(퇴직하면 반납)
  - 수신전·휼양전 등의 명목으로 세습되는 토지를 폐지함
- 결과: 퇴직 이후를 염려하는 관리들이 농민들에게서 세금을 과도하게 걷는 등 수조권을 남용하고, 농장을 확대하고자 함

↓

관수 관급제 실시 (성종)
- 배경: 관리들이 퇴직에 대비하여 농민들로부터 세금을 과다하게 걷음
- 내용: 지방 관청이 관리를 대신하여 세금을 거두고 관리에게 지급하게 함
- 결과: 국가의 토지 지배력이 강화되었으나, 관리들의 토지 소유 욕구가 커져 농장이 더욱 확대되고 소작농이 증가함

↓

직전법 폐지 (명종)
- 배경: 국가 재정이 부족해지고, 관리들은 농장을 확대하여 경제 기반으로 삼음
- 내용: 직전법을 폐지하고 녹봉(물질적인 급여)만 지급하여 수조권이 소멸됨

> **백발백중 기출 사료 | 📍과전법** [72회]
> 도평의사사에서 글을 올려 과전을 지급하는 법을 정할 것을 청하니, 그 의견을 따랐다. **경기**는 사방의 근본이므로 마땅히 **과전**을 설치하여 사대부를 우대하여야 한다. 무릇 수도에 거주하며 왕실을 지키는 자는 **현직, 산직(散職)**을 불문하고 각각 과(科)에 따라 받게 한다.
> ➡ **사료 해석**: 과전법은 전·현직 관리에게 수조권이 설정된 토지(과전)를 지급하되, 지급 대상 토지를 경기 지역에 한정한 토지 제도이다. 한편 과전법 체제 하에서는 수신전과 휼양전의 명목으로 토지가 세습되면서 관리에게 지급할 토지가 부족해지자, 세조 때 직전법을 실시하였다.

2 조선의 수취 제도와 변화

(1) 전세(토지에 부과되는 세금)

공법(세종)
- 내용: 세종 때 전분 6등법, 연분 9등법의 공법을 마련하여 전세를 1결당 최고 20두~최저 4두까지 차등 징수함
  - *토지 비옥도에 따라 토지를 6등급으로 구분*
  - *풍흉에 따라 9등급으로 구분*
- 한계: 공법의 적용이 복잡하였고 양 난 이후 조세 납부가 어려워짐

↓

영정법(인조)
- 내용: 인조 때 전세를 **풍흉에 관계없이** 토지 1결당 4~6두로 고정함
- 결과: 전세 납부액이 줄었지만, 수수료나 운송비 등의 추가 세금이 붙어 농민들의 부담이 커짐

(2) 공납(집집마다 부과되는 각 지역의 토산물)

- **공납 제도**
  - 내용: 가호(집)를 기준으로 토산물을 징수하였으며, 상공(정기적), 별공(부정기적), 진상(지방관이 지방의 특산물을 바침)으로 구분됨
    → 이이·유성룡 등이 수미법을 주장함
  - 폐단: 토산물을 대신 납부해주고 농민들에게 그 대가를 받는 **방납이 성행**하였는데, 대가를 비싸게 받는 등 폐단이 크게 발생함

- ★★ **대동법(광해군)**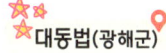
  - 시행
    - 광해군 때 이원익의 건의에 따라 **경기도에서** 선혜법이라는 이름으로 **처음 시행**됨
    - 인조 때 전국으로 확산시키기 위해 재생청이 설치됨
    - 효종 때 **김육** 등이 시행 규칙을 수정·보완하여 확대함
    - 숙종 때 대동법을 전국으로 확대 실시함
  - 내용
    - 공납의 부과 기준을 가호(집)에서 **토지의 결수**(면적)로 바꿈(공납의 전세화)
    - 토산물(현물)로 납부하던 공납을 **쌀, 베, 동전** 등으로 납부함(조세의 금납화) — 1결 당 12두
  - 운영: 담당 관청인 **선혜청**에서 거두어들인 세금을 공인에게 주고, 공인은 필요한 물품을 조달하여 국가에 납부하는 방식으로 운영됨
  - 결과
    - 관청에 필요한 물품을 납부하는 상인인 **공인이 등장하는 배경**이 됨
    - 공인이 시장에서 물품을 구매하여 상품 수요가 증가하자 각 지방에 장시가 발달함
    - 농민들도 세금 납부를 위해 토산물을 팔아 쌀, 무명, 동전 등을 마련함
  - 한계: 대동법이 상공에만 적용되어 별공과 진상은 남아 있었음

> **백발백중 기출 사료 | 대동법의 시행** [65회]
> 광해군 때 이원익이 방납의 폐단을 혁파하고자 **선혜청**을 두고 **대동법**을 실시할 것을 청하였다. …… 맨 먼저 경기도 내에 시범적으로 실시하니 백성들은 대부분 편리하게 여겼다. 다만 권세가와 부호들은 방납의 이익을 잃기 때문에 온갖 방법으로 반대하였다. – 『국조보감』
> ➡ **사료 해석**: 대동법은 광해군 때 이원익의 건의에 따라 방납의 폐단을 혁파하기 위해 경기 지방에 한해 시행되었으며, 이를 관리 하기 위한 관청으로 선혜청이 설치되었다.

(3) 역(16세 이상 양인 남성을 대상으로 한 노동력 징발)

- **군역과 요역**
  - 군역: 군사 훈련과 전쟁에 동원되거나, 군대에 소요되는 비용을 부담함
  - 요역: 성, 왕릉, 저수지 등의 공사에 동원됨
    - 방군수포: 관청이나 군대에서 포를 받고 군역을 면제해줌
    - 대립: 사람을 사서 역을 대신하게 함
  - 폐단: 백성들이 요역과 군역을 기피하면서 방군수포와 대립이 성행하였고, 군포를 걷는 기관이 일정하지 않아 이중으로 징수함

- ★★ **균역법(영조)**
  - 내용: 영조 때 1년에 2필씩 내던 **군포를 절반인 1필로 줄임**
  - 재정 보충책 실시
    - 목적: 균역법 실시로 인한 재정 부족 문제를 해결하기 위함
    - **결작**: 지주(토지 소유자)에게 1결당 미곡 2두를 부과함
    - **선무군관포**: 일부 상류층에게 선무군관이라는 명예직을 주고 1년에 군포 1필을 징수함
    - 잡세: 어장세·염세 등의 잡세를 국가 재정으로 귀속시킴
  - 결과: 일시적으로 지주의 부담이 증가하고 농민의 부담이 줄어들었으나, 결작이 소작농에게 전가되면서 농민의 부담이 다시 증가함

✅ 기출 선택지로 개념 다지기

1. 빈칸의 답을 채워보세요.

(1) 수신전·휼양전이 세습되던 토지 제도: ☐ [72·71회]

(2) 현직 관리에게만 수조권을 지급한 토지 제도: ☐ [73·72·68회]

(3) 풍흉에 관계없이 전세를 고정한 수취 제도: ☐ [66회]

(4) 대동법의 시행으로 등장한 상인: ☐ [72·71·70회]

(5) 균역법으로 인해 지주를 대상으로 시행한 재정 보충책: ☐ [72·71·70회]

2. 질문에 맞는 답을 고르세요.

(1) 과전법에 대한 설명은? [60·40회]
 ① 지급 대상 토지를 원칙적으로 경기 지역에 한정하였다.
 ② 전지와 시지를 지급하여 수취의 권리를 행사하게 하였다.

(2) 직전법에 대한 설명은? [53회]
 ① 관리에게 녹봉을 지급하고 수조권을 폐지하였다.
 ② 현직 관리에게만 토지의 수조권을 지급하였다.

(3) 영정법에 대한 설명은? [33회]
 ① 풍흉에 관계없이 대부분 농지에서 1결당 4~6두의 전세를 거두었다.
 ② 양반에게도 군포를 부과하였다.

(4) 대동법에 대한 설명은? [72회]
 ① 전세를 풍흉에 따라 9등급으로 차등 과세하였다.
 ② 관청에 물품을 조달하는 공인이 등장하는 배경이 되었다.

(5) 균역법에 대한 설명은? [47회]
 ① 토지 1결당 미곡 12두를 부과하였다.
 ② 어장세, 염세 등을 국가 재정으로 귀속하였다.

정답 | 1. (1) 과전법 (2) 직전법 (3) 영정법
 (4) 공인 (5) 결작
 2. (1) ① (②은 전시과)
 (2) ② (①은 녹봉제)
 (3) ① (②은 호포제)
 (4) ② (①은 연분 9등법)
 (5) ② (①은 대동법)

필수 기출로 개념 적용하기 기출주제 23 조선의 토지·수취 제도

01 [53회 기출]

밑줄 그은 '이 제도'에 대한 설명으로 옳은 것은? [2점]

> #3. 궁궐 안
>
> 성종이 경연에서 신하들과 토지 제도 개혁을 논의하고 있다.
>
> 성종: 그대들의 의견을 말해 보도록 하라.
> 김유: 우리나라의 수신전, 휼양전 등은 진실로 아름다운 것이지만 오히려 일이 없는 자가 앉아서 그 이익을 누린다고 하여 세조께서 과전을 없애고 이 제도를 만드셨습니다.

① 전지와 시지를 등급에 따라 지급하였다.
② 풍흉에 관계없이 전세 부담액을 고정하였다.
③ 현직 관리에게만 토지의 수조권을 지급하였다.
④ 관리에게 녹봉을 지급하고 수조권을 폐지하였다.
⑤ 개국 공신에게 인성, 공로를 기준으로 토지를 지급하였다.

02 [33회 기출]

(가)에 대한 설명으로 옳은 것은? [2점]

> [(가)]의 실시
> ○ 배경
> - 재정 수입 감소, 농민 생활 피폐
> - 전분 6등, 연분 9등의 복잡한 징수 절차로 인한 수조의 어려움
> ○ 결과
> - 안정적인 국가 재정의 확보
> - 부가세 증가로 인해 농민의 실질적 부담 감소 효과는 미흡

① 과전 지급 대상을 현직 관리로 제한하였다.
② 선혜법이라는 이름으로 경기도에서 처음 실시하였다.
③ 부족한 재정을 충당하기 위해 선무군관포를 수취하였다.
④ 공인을 통해 각 관청에 필요한 물품을 공급하도록 하였다.
⑤ 풍흉에 관계없이 대부분 농지에서 1결당 4~6두의 전세를 거두었다.

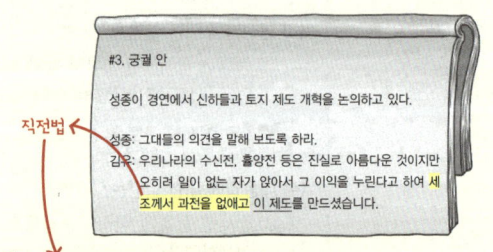

직전법

③ 현직 관리에게만 토지의 수조권을 지급하였다.

직전법은 세조 때 시행된 토지 제도로, **현직 관리에게만 토지의 수조권**(조세를 거둘 수 있는 권리)을 지급한 것이다. 이전에 시행되던 과전법은 원칙적으로 토지의 세습이 금지되었으나, **수신전**(죽은 관료의 아내에게 지급된 토지)과 **휼양전**(죽은 관료의 어린 자식에게 지급된 토지)의 명목으로 토지가 세습되었다. 이로 인해 새로 관직에 임명된 관리에게 줄 **토지가 부족해지자, 직전법**을 실시하게 되었다.

오답 클리어
① 전지와 시지를 등급에 따라 지급하였다. → 전시과(고려)
② 풍흉에 관계없이 전세 부담액을 고정하였다. → 영정법(조선)
④ 관리에게 녹봉을 지급하고 수조권을 폐지하였다.
 → 녹봉제(조선)
⑤ 개국 공신에게 인성, 공로를 기준으로 토지를 지급하였다.
 → 역분전(고려)

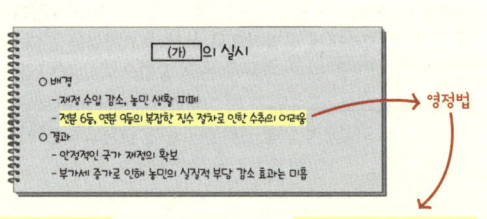

영정법

⑤ 풍흉에 관계없이 대부분 농지에서 **1결당 4~6두의 전세를 거두었다.**

조선 시대에는 세종 때부터 전분 6등법, 연분 9등법의 **공법이 시행**되었으나, 절차상의 번거로움으로 제대로 지켜지지 않는 경우가 많았다. 또한 임진왜란 이후 **토지가 황폐**해져 조세 납부가 어려워지자 **국가의 재정 수입도 감소**하였다. 이에 인조 때 **안정적인 재정 확보**를 위해 **영정법**을 실시하여 **전세를 풍흉에 관계없이 토지 1결당 미곡 4~6두로 고정**하였다. 그 결과, 전세 납부액은 줄어들었지만 **수수료나 운송비 등의 세금이 증가**하여 농민의 부담은 더욱 커지게 되었다.

오답 클리어
① 과전 지급 대상을 현직 관리로 제한하였다. → 직전법
② **선혜법**이라는 이름으로 **경기도에서 처음 실시**하였다. → 대동법
③ 부족한 재정을 충당하기 위해 **선무군관포를 수취**하였다.
 → 균역법
④ **공인**을 통해 각 관청에 필요한 물품을 공급하도록 하였다.
 → 대동법

03 [70회 기출]

밑줄 그은 '제도'에 대한 설명으로 옳은 것을 〈보기〉에서 고른 것은? [2점]

〈보기〉
ㄱ. 선혜청에서 관련 업무를 담당하였다.
ㄴ. 재정을 보충하기 위해 지주에게 결작을 부과하였다.
ㄷ. 관청에 물품을 조달하는 공인이 등장하는 배경이 되었다.
ㄹ. 어장세, 선박세 등이 국가 재정으로 귀속되는 결과를 가져왔다.

① ㄱ, ㄴ ② ㄱ, ㄷ ③ ㄴ, ㄷ ④ ㄴ, ㄹ ⑤ ㄷ, ㄹ

 대동법

② ㄱ. 선혜청에서 관련 업무를 담당하였다.
ㄷ. 관청에 물품을 조달하는 공인이 등장하는 배경이 되었다.

대동법은 광해군 때 이원익의 건의로 경기도에서 시범적으로 시행되었고, 이를 관리하는 관청으로 선혜청이 설치되었다. 그에 따라 농민들은 집집마다 현물을 내는 대신 토지 결 수를 기준으로 쌀, 베 등을 공물로 납부하게 되었다. 그 결과 농민들의 세금 부담이 줄어들었고 관청에서 필요한 물품을 대신 구입해 조달하는 상인인 공인이 등장하였다.

◎ 오답 클리어
ㄴ. 재정을 보충하기 위해 지주에게 결작을 부과하였다. → 균역법
ㄹ. 어장세, 선박세 등이 국가 재정으로 귀속되는 결과를 가져왔다. → 균역법

04 [69회 기출]

밑줄 그은 '대책'에 대한 탐구 활동으로 가장 적절한 것은? [2점]

> 양역(良役)의 편중됨이 실로 양민의 뼈를 깎아 지탱하지 못하는 폐단이 됩니다. 전하께서 이를 불쌍하게 여겨 2필의 역을 특별히 1필로 감하였으니, 이는 천지와 같은 큰 은덕이요 죽은 사람을 살려 주는 은혜입니다. …… 그러나 이미 포를 감하였으니 마땅히 그 대신할 것을 보충해야 하나 나라의 재원은 한정이 있습니다. …… 이에 신들은 감히 눈앞의 한때 일을 다행으로 여기지 않고 좋은 대책을 찾아 반드시 오래도록 이어지게 하겠습니다.

① 공인이 등장하게 된 배경을 살펴본다.
② 당백전 발행이 끼친 영향을 파악한다.
③ 선무군관포를 징수한 목적을 찾아본다.
④ 토산물을 쌀, 동전 등으로 납부하게 한 원인을 조사한다.
⑤ 전세를 풍흉에 따라 9등급으로 차등 부과한 이유를 알아본다.

 균역법

③ 선무군관포를 징수한 목적을 찾아본다.

균역법은 양역의 폐단을 개선하기 위해 영조 때 군포를 1년에 2필에서 1필로 줄인 제도이다. 균역법의 시행으로 부족해진 재정은 일부 부유한 양민에게 선무군관이라는 명예직을 수여한 후 1년에 군필 1필을 징수(선무군관포)함으로써 보충하였다.

◎ 오답 클리어
① 공인이 등장하게 된 배경을 살펴본다. → 대동법
② 당백전 발행이 끼친 영향을 파악한다. → 물가 상승
④ 토산물을 쌀, 동전 등으로 납부하게 한 원인을 조사한다.
→ 대동법
⑤ 전세를 풍흉에 따라 9등급으로 차등 부과한 이유를 알아본다.
→ 연분 9등법

📖 이건 꼭! 암기 **균역법**
#영조 #1년에 1필 #선무군관포 징수

기출주제 24 조선 후기의 경제 발달

빈출 태그 | #모내기법(이앙법) #상품 작물 #덕대 #송상 #경강 상인 #보부상 #상평통보

스토리로 미리보기

S#1 모내기법이 전국으로 확대되다!

아아~ 모내기법으로 진작 농사 지을걸. 김매기(잡초뽑기)가 이렇게 쉽다니! 서넛이 하던 걸 나 혼자 해도 전부 커버가 가능해. 게다가 겨울에는 보리도 심을 수 있게 되었어. 나, 이러다 부자 되는 거 아닌가 몰라, 허허허!

S#2 보부상이 전국의 장시를 연결하다!

저는 전국의 장시를 돌아다니며 물건을 파는 보부상입니다. 상업이 활발한 지역에서 물건을 사다가 전국 방방곡곡 어디든 5일장을 찾아 다니며 팔고 있죠. 나름 여러 농촌의 장시를 연결하는 유통 전문가예요.

S#3 상평통보가 전국의 장시에서 사용되다!

오늘은 며칠 전에 고구마를 팔아서 번 돈으로 예쁜 비단을 한 필 사려고 장시에 나왔다. 예전에는 직접 농사 지은 작물을 무겁게 들고 나와야 했는데, 이제는 상평통보 몇 냥만 들고 나와도 되니 장보기가 너무 편한걸~!

1 농업의 발달

모내기법(이앙법) 확대	— 모내기법이 확대되면서 벼와 보리의 이모작이 가능해짐 (같은 땅에 1년에 두 번 작물을 재배하는 농법) — 모내기법으로 논의 잡초를 제거하는 노동력이 줄어들면서 적은 노동력으로 많은 땅을 농사지을 수 있게 됨 — 광작이 가능해지면서 부농(부자 농민)이 등장함 (넓은 토지를 경작하려던 현상)
상품 작물 재배	— 소득이 높은 담배와 면화, 인삼, 고추 등이 **상품 작물**로 재배·판매됨 — 도시의 성장으로 쌀의 수요가 증가하여 밭을 논으로 바꾸는 현상이 발생함
구황 작물 전래	: 고구마, 감자 등의 구황 작물이 전래되어 재배됨 (기후의 영향을 크게 받지 않아 흉년이 들 때 큰 도움이 되는 작물)
지대 납부 방식 변화	: 지대 납부 방식이 타조법에서 도조법으로 점차 변화함 (수확량의 일정 비율을 지대로 내는 방식) (지대로 일정 액수를 정해서 내는 방식)

백발백중 기출 사료 | 조선 후기 농업의 발달 [75회]

비가 내리자 왕이 특별히 화성부에 이르기를, "흉년이 들었을 때 기근을 구제하는 데 서쪽 지방의 토란이나 남쪽 지방의 고구마보다 월등히 나은 것은 메밀이다. 내가 이 때문에 모내기의 시기를 놓치게 되면 반드시 메밀을 대신 파종하도록 권장하는 것이다."라고 하였다.

➔ **사료 해석**: 조선 후기에는 이앙법(모내기법)이 널리 보급되면서 농업 생산력이 크게 증가하였고, 농민들은 고구마, 토란 등의 구황 작물을 재배하였다.

2 수공업의 발달

선대제 수공업	: 17세기에는 민간 수공업자들이 상인·공인으로부터 물품 주문, 자금, 원료를 미리 받아 제품을 생산하는 선대제 수공업이 유행함
독립 수공업	: 18세기 후반부터 독자적으로 제품을 생산하고 이를 직접 판매하는 독립 수공업자가 등장함

3 광업의 발달

민영 광산 증가	: 민간인에게 광물 채굴을 허용하는 대신 관청에 세금을 납부하게 하여(설점수세제) 민간의 광산 개발이 허용되었고, 이후 자유로운 채굴이 가능해짐
잠채 성행	: 정부의 허가 없이 몰래 광물을 채굴하는 잠채가 성행함
덕대 등장	: 광산 경영 전문가인 **덕대**가 광산을 전문적으로 경영함

백발백중 기출 사료 | 조선 후기 광업의 발달 [64회]

채은관(採銀官)에게 명해 광산을 개발한 이후 백성을 모집하여 [채굴할 것을] 허락하고 그로 하여금 세를 거두도록 하되 그 세금의 많고 적음은 [채은관이] 적당히 헤아려 정하게 한다면 관에서 힘을 들이지 않아도 세입이 저절로 많아질 것입니다.

➔ **사료 해석**: 조선 후기인 17세기 중반부터 개인에게 광산 개발을 허용하고 세금을 받는 설점수세제가 시행되자 광산 개발이 더욱 활발해졌다.

4 상업의 발달

조선 후기 각 지방의 장시를 연결하면서 물품을 교역하고, 각지에 거점을 두어 상권을 장악한 상인

(1) 사상의 성장

배경	: 정조 때 신해통공의 반포로 육의전을 제외한 시전 상인의 금난전권(난전을 단속할 수 있는 권리)이 폐지되면서 사상의 자유로운 상업 활동이 보장됨
활동	─ 이현(동대문)·칠패(남대문)를 비롯하여 개성·평양 등 지방에서도 활동함 └ 사상 중 일부는 독점적 도매 상인인 도고로 성장하여 매점매석(사재기)을 통해 부를 축적함
★대표 사상	─ 송상(개성) ─┬ 전국 각지에 송방이라는 지점을 설치하고 인삼을 판매함 　　　　　　　└ 사개치부법이라는 독자적인 회계법을 사용함 ─ 경강 상인(한강) ─┬ 정부가 거둔 세곡의 운송을 주도함 　　　　　　　　　└ 운송업 외에도 선박 건조업 등 생산 분야에도 진출함 ─ 기타: 동래의 내상(초량 왜관에서 대일 무역 전개), 의주의 만상(압록강 너머 책문에서 조선과 청나라 사이에 이뤄진 사무역 - 책문 후시를 통해 대청 무역 주도), 평양의 유상(대청 무역 전개)

백발백중 기출 사료 | 📍도고의 성장 [72회]

비변사의 계사에, "현재 시전의 병폐로 서울과 지방의 백성이 원망하는 바는 오로지 도고에 있습니다. 시중 시세를 조종하여 홀로 이익을 취하니 그 폐단은 한이 없습니다. …… 매우 심하게 폐단을 빚는 3강(한강·용산강·서강)의 시목전·염해전과 같은 무리는 그 주모자를 색출하여 형조로 송치해서 엄한 형벌로 다스려 후일을 징계하도록 분부하는 것이 어떻겠습니까?" 하니 윤허한다고 답하였다.

➡ **사료 해석**: 조선 후기에는 사상 중 일부가 도고로 성장하여 매점매석(사재기)으로 시중 시세를 조종하는 방식을 통해 부를 축적하였다.

(2) 장시·포구 상업의 발달

장시	─ 성장: 상업의 발달에 따라 지방의 장시가 증가함 (공인의 등장으로 상품 수요가 증가함 / 5일장 같은 정기 시장) └ 특징: 장시들을 연결하고 생산자와 소비자를 이어주는 보부상(봇짐이나 등짐을 지고 돌아다니며 물건을 파는 상인)이 활발한 활동을 전개하면서 여러 장시가 하나의 유통망으로 연계됨
포구	─ 성장: 수로 교통의 발달로 포구가 상업의 중심지로 성장함(강경포 등) └ 객주·여각: 포구에서 중개·금융·숙박업 등에 주력함

(3) 대외 무역의 발달

대청 무역	─ 의주의 만상과 개성의 송상이 대청 무역을 주도함 └ 공식적인 개시 무역은 물론 사적인 후시 무역도 발달함
대일 무역	: 동래의 내상이 주도하여 주로 부산의 초량 왜관에서 개시 무역과 후시 무역을 전개함

(4) 화폐의 발달

★상평통보 주조	─ 주조: 상공업이 발달함에 따라 인조 때 상평청에서 상평통보(엽전이라고도 불림)를 처음 주조함 └ 유통: 숙종 때 상평통보를 법화로 채택하여 전국적으로 유통함

◀ 상평통보

전황 발생	: 화폐를 고리대나 재산 축적에 이용하여 화폐 부족 현상인 전황이 발생함 (은의 부족으로 동전이 화폐로 사용됨)
신용 화폐 등장	: 상품 거래가 증가하자 무거운 동전 대신 환, 어음 등의 신용 화폐가 사용됨

✓ 기출 선택지로 개념 다지기

1. 빈칸의 답을 채워보세요.

(1) 벼와 보리의 이모작을 가능하게 한 농사법: ☐ [72·60회]

(2) 광산 경영 전문가: ☐ [75·73·72·70회]

(3) 전국에 송방이라는 지점을 설치한 사상: ☐ [72·71회]

(4) 장시를 돌아다니며 상업 활동을 한 상인: ☐ [74·73회]

(5) 조선 후기에 전국적으로 유통된 화폐: ☐ [75·74·73·70회]

2. 질문에 맞는 답을 고르세요.

(1) 조선 후기의 경제 모습은? [59회]
① 금속 화폐인 건원중보가 주조되었다.
② 담배, 고추 등 상품 작물이 재배되었다.

(2) 조선 후기에 볼 수 있는 모습은? [71·53회]
① 염포의 왜관에서 교역하는 상인
② 물주의 자금으로 광산을 경영하는 덕대

(3) 송상에 대한 설명은? [44회]
① 책문 후시를 통해 청과의 무역을 주도하였다.
② 전국 각지에 송방을 설치하였다.

(4) 객주, 여각에 대한 설명은? [38회]
① 포구에서 중개·금융·숙박업 등에 주력하였다.
② 금난전권이라는 특권을 부여받았다.

(5) 조선 후기의 모습은? [70회]
① 담배, 인삼 등 상품 작물을 재배하는 농민
② 벽란도에서 교역하는 송의 상인

정답 | 1. (1) 모내기법(이앙법) (2) 덕대
　　　(3) 송상 (4) 보부상 (5) 상평통보
　　2. (1) ② (①은 고려 시대)
　　　(2) ② (①은 조선 전기)
　　　(3) ② (①은 만상)
　　　(4) ① (②은 시전 상인)
　　　(5) ① (②은 고려 시대)

필수 기출로 개념 적용하기 기출주제 24 조선 후기의 경제 발달

01 [64회 기출]

다음 자료에 나타난 시기에 볼 수 있는 모습으로 적절한 것은? [2점]

> 비변사에게 아뢰기를 "…… 우리나라는 물력(物力)이 부족하여 요역이 매우 무겁습니다. 매번 나라의 힘으로 채굴한다면, 노동과 비용이 많이 들어갑니다. 채은관(採銀官)에게 명해 광산을 개발한 이후 백성을 모집하여 [채굴할 것을] 허락하고 그로 하여금 세를 거두도록 하되 그 세금의 많고 적음은 [채은관이] 적당히 헤아려 정하게 한다면 관에서 힘을 들이지 않아도 세입이 저절로 많아질 것입니다. ……"라고 하니, 왕이 아뢴 대로 하라고 답하였다.

① 주자감에서 공부하는 학생
② 초조대장경 조판을 지켜보는 승려
③ 빈공과를 준비하는 6두품 출신 유학생
④ 과전법에 따라 수조권을 지급받는 관리
⑤ 고추, 담배 등을 상품 작물로 재배하는 농민

02 [44회 기출]

(가), (나)에 대한 설명으로 가장 적절한 것은? [2점]

① (가) - 혜상공국을 통해 정부의 보호를 받았다.
② (가) - 전국 각지에 송방이라는 지점을 설치하였다.
③ (나) - 책문 후시를 통해 청과의 무역을 주도하였다.
④ (나) - 금난전권을 행사해 사상의 활동을 억압하였다.
⑤ (가), (나) - 근대적 상회사인 대동 상회를 설립하였다.

조선 후기의 모습

> 비변사에게 아뢰기를 "…… 우리나라는 물력(物力)이 부족하여 요역이 매우 무겁습니다. 매번 나라의 힘으로 채굴한다면, 노동과 비용이 많이 들어갑니다. 채은관(採銀官)에게 명해 **광산을 개발한 이후 백성을 모집하여** [채굴할 것을] 허락하고 그로 하여금 세를 거두도록 하되 그 세금의 많고 적음은 [채은관이] 적당히 헤아려 정하게 한다면 관에서 힘을 들이지 않아도 세입이 저절로 많아질 것입니다. ……"라고 하니, 왕이 아뢴 대로 하라고 답하였다. → 조선 후기

⑤ **고추, 담배 등을 상품 작물로 재배하는 농민**

조선 후기에 소득이 높은 **고추, 담배, 인삼** 등이 **상품 작물**로 재배되었으며, 고구마와 감자 등의 구황 작물이 재배되었다. 또한 광업이 발달함에 따라 정부가 **민간인에게 광물 채굴을 허용**하는 대신 관청에 **세금을 납부**하게 하는 **설점수세제**를 시행하였으며, 광산 경영 전문가인 **덕대**가 등장하였다.

오답 클리어
① 주자감에서 공부하는 학생 → 발해
② 초조대장경 조판을 지켜보는 승려 → 고려 시대
③ 빈공과를 준비하는 6두품 출신 유학생 → 신라 하대
④ 과전법에 따라 수조권을 지급받는 관리 → 고려 말~조선 전기

이건 꼭! 암기 조선 후기의 모습
#설점수세제 시행   #상품 작물_고추, 담배

송상과 경강 상인

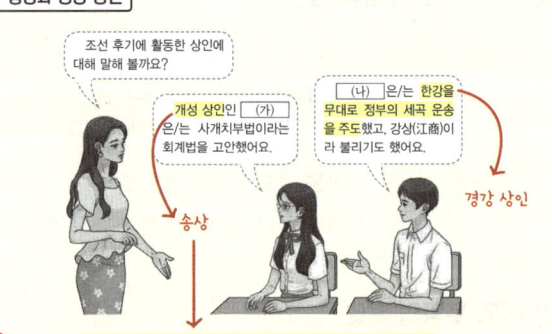

② (가) - **전국 각지에 송방이라는 지점을 설치하였다.**

(가) **송상**은 개성을 근거지로 활동한 조선 후기의 상인으로, **송방**이라는 지점을 전국 각지에 설치하여 활동하였다.
(나) **경강 상인**은 한강을 근거지로 활동한 조선 후기의 상인으로, **정부의 세곡 운송**을 주도하기도 하였다.

오답 클리어
① 혜상공국을 통해 정부의 보호를 받았다. → 보부상
③ 책문 후시를 통해 청과의 무역을 주도하였다. → 만상
④ 금난전권을 행사해 사상의 활동을 억압하였다. → 시전 상인
⑤ 근대적 상회사인 **대동 상회**를 설립하였다. → 평안도 상인

이건 꼭! 암기 조선 후기의 사상
#송상_개성   #경강 상인_한강   #내상_동래(부산)   #만상_의주

03 [75회 기출]

다음 상황이 나타난 시기의 경제 모습으로 옳지 않은 것은? [2점]

> 비가 내리자 왕이 특별히 화성부에 이르기를, "흉년이 들었을 때 기근을 구제하는 데 서쪽 지방의 토란이나 남쪽 지방의 고구마보다 월등히 나은 것은 메밀이다. 내가 이 때문에 모내기의 시기를 놓치게 되면 반드시 메밀을 대신 파종하도록 권장하는 것이다."라고 하였다.

① 염포의 왜관을 통해 일본과 교역하였다.
② 상평통보를 발행하여 화폐로 사용하였다.
③ 관청에 물품을 조달하는 공인이 활동하였다.
④ 송상, 만상이 대청 무역으로 부를 축적하였다.
⑤ 덕대가 물주에게 자금을 받아 광산을 경영하였다.

조선 후기의 경제 모습

① **염포의 왜관**을 통해 일본과 교역하였다. → 조선 전기

조선 전기 세종 때 일본과 부산포·제포(진해)·염포(울산)의 3포가 개항되었으며, 염포(울산)의 왜관을 통해 일본과 교역하였다. 그러나 중종 때 3포 왜란으로 폐쇄되었다.

⊘ 오답 클리어
② 조선 후기에는 **상평통보**를 발행하여 화폐로 사용하였다.
③ 조선 후기에는 관청에 물품을 조달하는 **공인**이 활동하였다.
④ 조선 후기에는 **송상, 만상**이 대청 무역으로 부를 축적하였다.
⑤ 조선 후기에는 덕대가 물주에게 자금을 받아 **광산을 경영**하였다.

이건 꼭! 암기 조선 후기의 경제 모습
#화폐_상평통보 #공인 #송상, 만상 #덕대_광산 경영
#농업_모내기, 구황 작물

---

04 [61회 기출]

다음 기사에 나타난 시기의 경제 상황으로 옳은 것은? [2점]

> **역사 신문**
> 제△△호　　　　　　　　　　○○○○년 ○○월 ○○일
>
> **거상(巨商) 임상옥, 북경에서 인삼 무역으로 큰 수익**
>
> 연행사의 수행원으로 북경에 간 만상(灣商) 임상옥이 인삼 무역으로 큰 수익을 거두었다. 북경 상인들이 불매 동맹을 통해 인삼을 헐값에 사려 하자, 가져간 인삼 보따리를 태우는 기지를 발휘해 북경 상인에게 인삼을 높은 가격에 매각하여 막대한 이익을 얻은 것이다.

① 삼한통보, 해동통보가 발행되었다.
② 솔빈부의 말이 특산물로 수출되었다.
③ 초량 왜관을 통해 일본과 교역하였다.
④ 당항성, 영암이 국제 무역항으로 번성하였다.
⑤ 경시서의 관리들이 수도의 시전을 감독하였다.

조선 후기의 경제 상황

③ **초량 왜관**을 통해 **일본과 교역**하였다.

조선 후기에는 사상과 대외 무역이 발달하였다. 의주의 **만상**과 개성의 **송상** 등은 공식적인 **개시 무역**과 사적인 **후시 무역**을 전개하여 대청 무역을 주도하였다. 또한 이 시기에는 대일 무역도 발달하여 동래 **내상**의 주도로 부산의 **초량 왜관**에서 개시 무역과 후시 무역을 전개하였다.

⊘ 오답 클리어
① 삼한통보, 해동통보가 발행되었다. → 고려
② 솔빈부의 말이 특산물로 수출되었다. → 발해
④ 당항성, 영암이 국제 무역항으로 번성하였다. → 통일 신라
⑤ 경시서의 관리들이 수도의 시전을 감독하였다.
　→ 고려~조선 전기

기출주제 25 | 조선의 사회 모습

빈출 태그 | #중인 #공노비 해방 #서얼의 통청 운동 #향약

아이고, 양반 다리로 오래 앉아 있었더니 다리가 저려.
역알못

역잘알
양반 다리로 공부한거야?ㅋㅋ 그런데 양반 다리의 뜻이 뭔지 알아?

이 양반아, 내가 그것도 모를까? ㅋㅋㅋ 뭔데?
역알못

역잘알
ㅎㅎ 양반은 조선 시대에 관직에 나간 사람과 그 집안까지를 일컬었어. 관리가 된 후에는 나라로부터 땅이나 곡식을 받아 넉넉한 생활을 했지.

이 사람들이 과거 시험을 준비할 때 주로 책상에 앉아서 공부하던 자세에서 양반 다리라는 말이 생겨났어ㅎㅎ

아하, 양반이 그런 사람들이었구나. 그럼 양반 말고 다른 사람들은 뭐라고 불렀어?
역알못

역잘알
양반 아래에는 중인과 상민, 천민이 있었어. 중인에는 기술을 익힌 기술관들과 첩의 자식인 서얼이 속해 있었어. 아버지를 아버지라 부르지 못하는 홍길동 알지? 홍길동이 바로 서얼 출신이었어~

그럼 홍길동처럼 다른 서얼들도 많은 차별을 받았겠구나ㅠㅠ
역알못

1 조선 전기의 사회

└ 양반, 중인, 상민은 법적으로 자유민인 양인이었음

(1) 신분 제도

- **양반** : 관료(문반 + 무반)를 뜻하였으나 추후 그 가문까지 칭하는 신분으로 정착됨
- **중인**
  - **서얼**: 양반 첩의 자식(서자)으로 문과 응시가 금지됨
  - **중인**: 향리와 역관·기술관·의관·천문관 등의 기술직 중인으로 구성됨 └ 좁은 의미의 중인
- **상민** : 농민(조세·공납·역 납부)·수공업자·상인 등이 속하며, 신량역천도 포함됨
  └ 화척, 양수척이라고도 불림 / 신분은 양인이나 천역을 담당한 계층으로, 조례, 수군 등에 종사함
- **천민**
  - **구성**: 노비, 백정, 무당, 광대 등으로 구성됨 └ 법적으로 천인
  - **노비**
    - 재산으로 취급되어 매매·상속·증여의 대상이 됨
    - 장례원이라는 관청을 통해 국가의 관리를 받음
    - 관청에 소속되어 신공을 납부하는 공노비와 개인에게 소속된 사노비가 있었음 └ 노비가 주인에게 제공하는 물품

(2) 사회 제도

- **구휼 제도**
  - 상평창과 환곡 제도 등의 구휼 제도를 시행함 └ 점차 고리대로 변질되어 농민 부담이 늘면서 명종 때 임꺽정 등의 도적이 등장함
  - 명종 때 흉년에 대비하는 방법을 적은 『구황촬요』를 간행함
- **의료 제도** : 동·서 활인서(환자 치료) 등을 운영함

2 조선 후기 사회 구조의 변동

(1) 신분제의 동요

- **양반 증가**
  - **납속책과 공명첩**: 임진왜란 이후 모자란 국가 재정을 확충하기 위해 일부 상민들에게 돈을 받고 관직을 주면서 양반이 증가함
  └ 일정 금액을 국가에 납부하면 노비 신분을 면해주는 정책과 재물을 받고 형식상의 관직을 부여하는 일종의 백지 임명장
  - **족보 위조**: 세금과 역을 면제 받기 위해 족보를 위조하여 양반이 증가함
- **양반층 분화** : 권력을 잡은 일부 양반들을 제외한 다수의 양반이 몰락하여 향반(향촌 안에서 겨우 행세할 수 있을 정도의 양반)과 잔반(몰락한 양반)으로 분화함
- **상민 감소** : 상민이 양반으로 신분 상승을 하자, 그 수가 줄어들어 국가 재정이 감소함
- **농민층 분화**
  - **부농층**: 부를 축적한 농민이 성장하여 부농층이 등장함
  - **임노동자**: 농민들 다수가 소작농으로 전락하게 되면서 농촌을 이탈하여 도시나 광산의 임노동자가 됨
- **천민(노비) 감소** : 세금을 내는 상민층을 늘리기 위해 노비종모법과 공노비 해방을 실시함
  └ 아버지가 노비이더라도 어머니가 양인일 경우 어머니의 신분을 따르도록 규정한 법

백발백중 기출 사료 | 📍순조의 공노비 해방 [67회]

내노비(內奴婢) 36,974명과 시노비(寺奴婢) 29,093명을 모두 양민으로 삼도록 허락하고 승정원에 명을 내려 노비 문서를 모아 돈화문 밖에서 불태우도록 하라.

➡ **사료 해석**: 순조 때 세금을 납부하는 상민층을 늘리기 위해 노비 문서를 불태우고 공노비를 양민으로 삼는 공노비 해방이 이루어졌다.

(2) 중인들의 신분 상승(소청) 운동

서얼
- 임진왜란 이후 납속책·공명첩 등을 통해 관직에 진출함
- 정조 때 이덕무·유득공·박제가 등 서얼들이 규장각 검서관 등으로 등용됨
- 통청 운동을 통해 서얼들이 문과에 응시할 수 있는 권리(허통)와 청요직에 진출할 수 있는 권리(통청)를 획득함
  - 홍문관, 사간원, 사헌부 등의 관직

기술직 중인
- 철종 때 신분 상승을 추구하였으나 실패함
- 외교 업무에 종사한 역관들은 외래 문화 수용에 선구적인 역할을 함
- 문예 모임인 시사를 조직하여 위항 문학 활동을 함
  - 조선 후기 서울을 중심으로 중인 이하 계층이 주도한 한문학

향리: 향리에 대한 처우 개선을 요구하는 상소를 올림
- 조선 후기에 간행된 『연조귀감』에 상소들이 수록되어 있음

(3) 가족 제도의 변화

조선 전기	조선 후기
• 부계와 모계가 함께 영향을 끼치는 형태 • 균등 상속, 제사는 돌아가면서 지냄 • 아들이 없을 경우 딸이 제사를 지내기도 함	• 부계 위주의 가족 형태(성리학적 가부장 제도) • 적장자가 제사와 상속을 독점함 • 아들이 없으면 양자를 들여 제사를 지내게 함

3 향촌 사회의 모습과 변화

(1) 향약 – 향촌 내 사람들 간의 약속(규약)

기원: 중종 때 조광조가 시작하고 이황과 이이에 의해 전국적으로 확산됨 (예안 향약 / 해주 향약)

구성
- 간부: 약정·도약정(향약의 회장), 부약정(향약의 부회장), 직월(총무) 등의 직임(직책)으로 구성되었고, 지방 사족이 주요 직임을 맡음
- 구성원: 양반에서 천민까지 전체 향촌민을 포함함

역할: 향촌 자치를 실현하고 사회의 풍속을 교화함

폐단: 지방 양반이 주민을 수탈하는 수단으로 악용됨

> **백발백중 기출 사료 | 향약의 규약문(이이의 해주 향약)** [60회]
> 처음 향약을 정할 때 약문(約文)을 동지에게 두루 보이고 그 마음을 바로잡고, 몸가짐을 단속하고, 착하게 살고, 허물을 고치기 위해 약계(約契)에 참례하기를 원하는 자 몇 사람을 가려 서원에 모아 놓고 약법(約法)을 의논하여 정한 다음 도약정(都約正), 부약정 및 직월(直月)·사화(司貨)를 선출한다. ……
> ➡ **사료 해석**: 율곡 이이가 주도하였던 해주 향약의 규약으로, 규약문을 통해 도약정, 부약정, 직월 등의 직임(직책)을 누가 맡을지를 정하였다.

(2) 조선 후기 향촌 질서의 변화

양반 지배력 약화: 양반이 경제력을 상실하면서 양반의 권위가 약화됨

부농층의 도전: 부농층이 수령과 결탁하여 향안에 이름을 올리고 향회를 장악하려고 함
- 지방 사족의 명단 / 향안에 오른 사족들의 총회

향전의 발생
- 배경: 향촌 운영을 둘러싸고 구향(기존 양반)과 신향(부농층을 비롯한 새로운 세력)의 대립이 격화되면서 향전이 발생함
- 결과: 수령과 향리들의 세력이 강해지며 농민 수탈이 강화되었고 향회가 수령의 부세 자문 기구로 점차 변화함

✓ 기출 선택지로 개념 다지기

1. 빈칸의 답을 채워보세요.

(1) 조례·수군의 천역에 종사한 계층: ☐ [68회]

(2) 노비를 관리한 관청: ☐ [45·42회]

(3) 정조 때 서얼들이 진출한 관직: ☐ 검서관 [73·72·69·66회]

(4) 상민들의 신분 상승 수단: 납속책과 ☐ [68회]

(5) 향촌 내 사람들 간의 약속: ☐ [64회]

2. 질문에 맞는 답을 고르세요.

(1) 기술직 중인에 대한 설명은? [45회]
 ① 매매, 증여, 상속의 대상이 되었다.
 ② 조선 후기 시사(詩社)를 조직해 위항 문학 활동을 하였다.

(2) 서얼에 대한 설명은? [35회]
 ① 조선 전기에 법적으로 문과에 응시할 수 있었다.
 ② 규장각 검서관에 등용되기도 하였다.

(3) 향약에 대한 설명은? [64회]
 ① 풍속 교화와 향촌 자치 등의 역할을 하였다.
 ② 매향(埋香) 활동 등 각종 불교 행사를 주관하였다.

(4) 조선 후기 가족 제도에 대한 설명은? [18회]
 ① 자녀들이 돌아가면서 부모의 제사를 지내게 되었다.
 ② 아들이 없는 집안에서 양자를 들이는 것이 일반화되었다.

(5) 조선 후기의 사회 모습은? [19회]
 ① 정부는 경재소를 설치하여 유향소를 통제하였다.
 ② 향회가 수령의 부세 자문 기구로 점차 변화하였다.

정답 | 1. (1) 신량역천 (2) 장례원 (3) 규장각 (4) 공명첩 (5) 향약
2. (1) ② (①은 노비)
(2) ② (①은 조선 전기에 서얼은 문과 응시 불가)
(3) ① (②은 향도)
(4) ② (①은 조선 전기)
(5) ② (①은 조선 전기)

필수 기출로 개념 적용하기 기출주제 25 조선의 사회 모습

01 [21회 기출]

다음 시기 (가), (나) 신분에 대한 설명으로 옳은 것을 〈보기〉에서 고른 것은? [1점]

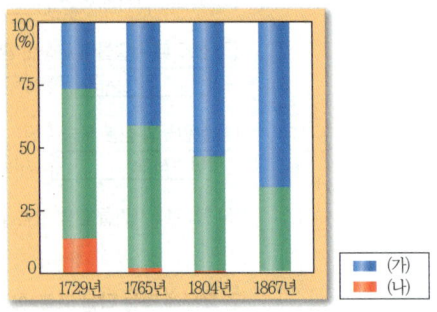

〈울산 지역 신분별 인구 변동〉
- 정석종, 「조선 후기 사회 변동 연구」, 1983

〈보기〉
ㄱ. (가) - 수군, 조례 등 천역에 종사하였다.
ㄴ. (가) - 공명첩, 족보 위조 등으로 그 수가 증가하였다.
ㄷ. (나) - 매매, 상속, 증여의 대상이었다.
ㄹ. (나) - 법적으로 과거에 응시할 수 있었다.

① ㄱ, ㄴ ② ㄱ, ㄷ ③ ㄴ, ㄷ
④ ㄴ, ㄹ ⑤ ㄷ, ㄹ

02 [35회 기출]

(가)에 대한 설명으로 옳은 것을 〈보기〉에서 고른 것은? [1점]

> 지난 을축년 영중추부사 이원익이 정승으로 있을 때에, …… (가) 의 관직 진출을 허용하도록 정하였습니다. 양첩 소생은 손자 대에 가서 허용하고, 천첩 소생은 증손 대에 가서 허용하며, 과거에 급제한 뒤에는 요직은 허용하되 청직은 허용하지 않는 것으로 임금님의 재가를 받았습니다. …… 지금부터는 전교하신 대로 재능에 따라 의망(擬望)*하는 것이 어떻겠습니까?
>
> *의망: 관직 후보자를 추천하는 것

〈보기〉
ㄱ. 화척, 양수척 등으로 불렸다.
ㄴ. 수차례 통청 운동을 전개하였다.
ㄷ. 규장각 검서관에 등용되기도 하였다.
ㄹ. 차별 철폐를 위해 조선 형평사를 조직하였다.

① ㄱ, ㄴ ② ㄱ, ㄷ ③ ㄴ, ㄷ
④ ㄴ, ㄹ ⑤ ㄷ, ㄹ

💡 **양반과 천민(노비)**

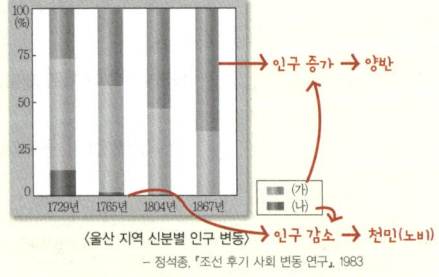

③ ㄴ. (가) - 공명첩, 족보 위조 등으로 그 수가 증가하였다.
  ㄷ. (나) - 매매, 상속, 증여의 대상이었다.

조선 후기에는 부를 축적한 농민들이 **공명첩, 족보 위조** 등을 통해 **양반으로의 신분 상승**을 도모하였고, 그 결과 **양반층이 크게 증가**하였다. 또한 조선 후기에는 노비종모법, 공노비 해방 등의 실시로 **천민(노비)층이 감소**하였는데, 조선 시대에 천민의 대다수로 구성된 **노비는 재산의 일종으로 매매, 상속, 증여의 대상**이었다.

✅ **오답 클리어**
ㄱ. 수군, 조례 등 천역에 종사하였다. → 신량역천인(상민)
ㄹ. 법적으로 과거에 응시할 수 있었다. → 양인

📖 **이건 꼭! 암기** 양반과 천민
#공명첩_족보 위조_양반 수 증가 #천민(노비)_매매, 상속, 증여의 대상

💡 **서얼**

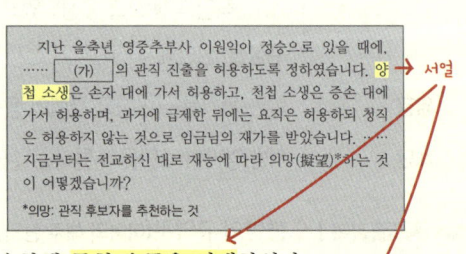

③ ㄴ. 수차례 **통청 운동**을 전개하였다.
  ㄷ. **규장각 검서관**에 등용되기도 하였다.

서얼은 양반 첩의 자식으로, 문과에 응시하는 것이 금지되었고 무반직에 급제하여도 승진이 제한되었으며 그 자손도 차별받았다. 이에 서얼들은 조선 후기에 수 차례에 걸쳐 **집단적으로 상소**하며, 허통(문과에 응시할 수 있는 권리)과 통청(청요직에 진출할 수 있는 권리)을 요구하는 **신분 상승 운동**을 지속적으로 전개하였다. 그 결과 정조 때 박제가, 유득공, 이덕무 등 서얼 출신들이 **규장각 검서관에 등용**되었다.

✅ **오답 클리어**
ㄱ. 화척, 양수척 등으로 불렸다. → 조선 시대의 백정
ㄹ. 차별 철폐를 위해 조선 형평사를 조직하였다. → 백정

📖 **이건 꼭! 암기** 서얼
#양반 첩의 자식 #신분 상승 운동 #정조_규장각 검서관에 등용

03

45회 기출

(가) 신분에 대한 설명으로 옳은 것은? [1점]

① 소속 관청에 신공(身貢)을 바쳤다.
② 매매, 상속, 증여의 대상이 되었다.
③ 원칙적으로 과거에 응시할 수 없었다.
④ 장례원(掌隸院)을 통해 국가의 관리를 받았다.
⑤ 조선 후기 시사(詩社)를 조직해 위항 문학 활동을 하였다.

기술직 중인

⑤ 조선 후기 시사(詩社)를 조직해 위항 문학 활동을 하였다.

기술직 중인은 조선 시대 중인의 좁은 의미로, **역관, 의관, 천문관, 율관** 등이 포함되었다. 한편 조선 후기에는 중인과 평민들 사이에서 한 문학인 **위항 문학**이 유행하였으며, 중인들은 문예 모임인 **시사**를 조직하는 등 활발한 문예 활동을 전개하였다.

오답 클리어

① 소속 관청에 신공(身貢)을 바쳤다. → 공노비(납공 노비)
② 매매, 상속, 증여의 대상이 되었다. → 노비
③ 원칙적으로 과거에 응시할 수 없었다. → 천민
④ 장례원(掌隸院)을 통해 국가의 관리를 받았다. → 노비

이건 꼭! 암기 기술직 중인
#역관_외래 문화 수용 #위항 문학 #시사 조직

04

64회 기출

(가)에 대한 설명으로 옳은 것은? [2점]

> 1. 처음 (가) 을/를 정할 때 약문(約文)을 동지에게 두루 보이고 그 마음을 바로잡고, 몸가짐을 단속하고, 착하게 살고, 허물을 고치기 위해 약계(約契)에 참례하기를 원하는 자 몇 사람을 가려 서원에 모아 놓고 약법(約法)을 의논하여 정한 다음 도약정(都約正), 부약정 및 직월(直月)·사화(司貨)를 선출한다. ……
> 1. 물건으로 부조할 때는 약원이 사망하였다면 초상 치를 때 사화가 약정에게 고하여 삼베 세 필을 보내고, 같은 약원들은 각각 쌀 다섯되와 빈 거적때기 세 닢씩 내어서 상을 치르는 것을 돕는다.
> — 『율곡전서』

① 7재라는 전문 강좌를 두었다.
② 옥당이라고 불리며 경연을 담당하였다.
③ 중앙에서 파견된 교수나 훈도가 지도하였다.
④ 풍속 교화와 향촌 자치 등의 역할을 하였다.
⑤ 매향(埋香) 활동 등 각종 불교 행사를 주관하였다.

향약

④ 풍속 교화와 향촌 자치 등의 역할을 하였다.

향약은 중종 때 조광조에 의해 처음 시행된 일종의 **향촌 규약**으로, 규약문을 통해 **약정·도약정**(회장), **부약정**(부회장) 등의 직책과 지켜야 할 사항을 정하였다. 향약은 전통적인 공동 조직과 미풍양속을 계승하고 유교 윤리를 통해 향촌 질서를 수립하고자 하였으며, **풍속 교화와 향촌 자치의 역할**을 하였다.

오답 클리어

① 7재라는 전문 강좌를 두었다. → 국자감
② 옥당이라고 불리며 경연을 담당하였다. → 홍문관
③ 중앙에서 파견된 교수나 훈도가 지도하였다. → 향교
⑤ 매향(埋香) 활동 등 각종 불교 행사를 주관하였다. → 향도

이건 꼭! 암기 향약
#조광조_처음 시행 #풍속 교화 #향촌 자치

기출주제 26 조선의 교육 기관과 성리학

빈출 태그 | #성균관 #향교 #서원 #이황 #『성학십도』 #이이 #『성학집요』 #양명학 #정제두

스토리로 미리보기

역알못: 이번엔 성리학이라는 학문이 등장했어! 성리학이 뭐야? 유학과는 어떻게 달라?

역잘알: 성리학은 유학의 한 갈래야. 주희(주자)라는 사람이 만든 학문인데 우주의 이치를 중요하게 생각했어.

조선 시대에는 유학 중에서 성리학이 발달했다는 것으로 기억해 둬.

역알못: 음, 그렇구나. 어쨌든 성리학도 유학 안에 들어 간다는 거구나?

역잘알: 응 맞아. 아 참, 지금 지갑에서 천원이랑 오천원짜리 지폐 꺼내볼래?

역알못: 뭐야, 성리학 알려주다 말고 갑자기 지폐를 꺼내라고 해?

역잘알: 이 두 지폐에 조선의 위대한 성리학자 두 분이 계시거든! 천원 지폐에는 **퇴계 이황**, 오천원 지폐에는 율곡 이이!

두 분 모두 조선의 성리학에 큰 영향을 주셨으니까 이름은 꼭 알아두도록 하자!

1 조선의 교육 기관

(1) 관립 교육 기관

성균관

▲ 대성전
- 정의: 한양에 설치된 조선 최고의 학부이자 고등 교육 기관
- 입학 대상: 15세 이상의 소과 합격자(생원·진사)
- 대표 건물: 대성전(문묘의 정전, 공자 사당이자 성현에게 제사를 지내는 곳), 동무·서무(선현의 위패를 모시는 곳), 명륜당(강의실), 동재·서재(기숙사), 존경각(도서관) 등

4학(4부 학당)
- 정의: 한양에 설치된 중등 교육 기관(중학·동학·서학·남학)
- 특징: 기숙사가 존재하였으며, 문묘(공자 사당)가 없음

 향교
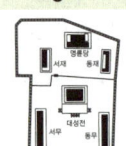
▲ 향교의 구조
- 정의: 지방의 부·목·군·현에 각각 하나씩 설립된 중등 교육 기관
- 구조: 대성전과 동·서무, 명륜당, 동·서재 등
- 역할: 성현에 대한 제사와 지방민 교화를 담당함
- 특징: 중앙에서 교관인 교수와 훈도를 파견함

(2) 사립 교육 기관

 서원
- 정의: 지방 사림이 선현 제사와 성리학 연구를 위해 설립한 교육 기관
- 시초: 풍기 군수 주세붕이 세운 백운동 서원을 시작으로 서원이 설립됨
- 발전: 국왕으로부터 편액(간판)과 함께 서적 등을 받는 사액 서원이 등장함
- 폐단: 붕당의 근거지가 되고 백성을 수탈하여 흥선 대원군 때 대부분 철폐됨
  └ 47개의 서원만 남김

▲ 서원 배치도(안동 병산 서원)

서당: 지방에 설치된 초등 교육 기관으로, 선비와 평민의 자제를 가르침

2 성리학의 발전과 양명학

(1) 성리학 연구의 선구자

화담 서경덕	기가 스스로 작용하여 우주 만물을 존재하게 한다는 주기론을 주장함
남명 조식	학문의 실천성(경과 의)을 강조하여 임진왜란 때 의병장으로 활약한 정인홍·곽재우 등의 제자를 배출함
회재 이언적	이를 순수한 것으로 보는 주리론을 주장함

(2) 성리학의 발전 – 조선의 대표 성리학자

퇴계 이황

- 활동
  - 주세붕이 세운 백운동 서원을 사액 서원으로 공인할 것을 건의함 ─ 최초의 사액 서원이 되었으며, 소수 서원으로 명칭이 바뀜
  - 경상도 안동 지역에서 **예안 향약**을 실시함
  - 기대승과 **사단** ─ 인간의 본성 **칠정**(四端七情) ─ 인간의 감정 에 대한 논쟁을 전개하여 성리학에 대한 이해를 심화시킴
- 저술: 군주의 도를 도식으로 설명하여 선조에게 바친 『**성학십도**』와 주자의 저술에서 중요한 것을 뽑은 『**주자서절요**』가 있음

> **백발백중 기출 자료 | 이황** [60회]
> [생몰] 1501년~1570년 [호] 퇴계(退溪), 퇴도(退陶) 등
> [생애]
> • 단양 군수, 풍기 군수, 성균관 대사성 등을 역임함
> • 백운동 서원의 사액을 조정에 건의함
> • 기대승과 사단칠정 논쟁을 전개함, 예안 향약을 시행함
> • 도산 서당 설립 및 제자 양성함
> ▲ 이황
> ➜ 자료 해석: 퇴계 이황은 백운동 서원을 사액 서원으로 공인할 것을 건의하였으며, 기대승과 사단칠정 논쟁을 전개하였다. 또한 관직에서 물러난 이후 도산 서당을 설립하여 제자를 양성하였다.

▲ 이이

율곡 이이
- 활동
  - 공납의 문제점을 시정하기 위해 선조에게 수미법을 제안함 ─ 공납을 쌀로 바치는 납부 방법
  - 황해도 해주 지역에서 **해주 향약**을 실시함
- 저술: 군주가 수양해야 할 덕목을 제시하여 선조에게 바친 『**성학집요**』와 개혁 방안을 담은 『**동호문답**』, 성리학 입문서인 『**격몽요결**』이 있음

(3) 성리학의 변화

성리학의 절대화	: 송시열 등의 서인 정권이 성리학을 정권의 학문적 기반으로 강화함
성리학의 상대화 (성리학 비판)	**윤휴**: 남인으로, 유교 경전의 재해석을 시도하여 **사문난적**으로 몰림 ─ 유교적 질서를 어지럽히는 사람이라는 뜻 **박세당**: 『**사변록**』에서 유교 경전의 독자적 해석을 시도하여 사문난적으로 몰림

─ 대표 저술로 농서인 『색경』이 있음

(4) 호락 논쟁

전개	: 숙종 때 노론 내부에서 호론과 낙론으로 나뉘어 인성(인간의 본성)과 물성(물건의 본성)에 대해 논쟁함
내용	: 인간과 사물의 본성이 다르다는 호론과 둘의 본성은 같다는 낙론이 논쟁함

(5) 양명학의 수용

양명학 이론	: 심즉리(인간의 마음이 곧 이치라는 뜻), 치양지설(사람은 누구나 마음속에 양지를 지니고 있으므로 평등함), **지행합일**(앎과 실천은 함께 해야 함)
수용	**비판**: 중종 때 양명학이 들어왔으나 이황의 비판을 받음 **수용**: 17세기 후반부터 소론과 불우한 왕실 종친들이 본격적으로 수용함
★대표 학자: 하곡 정제두	**주장**: **지행합일**을 강조하고 주자학을 비판함 **저술**: 『하곡집』(문집), 「존언」(주자학을 비판한 글) **활동**: 강화도에서 양명학을 연구하며 **강화 학파를 형성**함

✓ 기출 선택지로 개념 다지기

1. 빈칸의 답을 채워보세요.

(1) 성균관 내에서 성현에게 제사를 지낸 곳:
□ [68·67회]

(2) 부·목·군·현에 설립된 중등 교육 기관:
□ [67·60회]

(3) 주세붕이 처음 세운 사립 교육 기관:
□ [74·73회]

(4) 기대승과 사단칠정 논쟁을 전개한 인물:
□ [71회]

(5) 이이가 저술한 성리학 입문서:
『 』 [63회]

(6) 강화 학파를 형성한 양명학자: □
[72·71회]

2. 질문에 맞는 답을 고르세요.

(1) 성균관에 대한 설명을 모두 고르면? [50회]
① 최고의 관립 교육 기관으로 성현의 제사도 지냈다.
② 좌수와 별감을 선발하여 운영하였다.
③ 생원시나 진사시의 합격자에게 입학 자격이 부여되었다.

(2) 서원에 대한 설명은? [56회]
① 전국의 모든 군현에 하나씩 설립되었다.
② 선현의 제사와 유학 교육을 담당하였다.

(3) 이황에 대한 설명을 모두 고르면? [74·43회]
① 다양한 개혁 방안을 제시한 『동호문답』을 저술하였다.
② 군주의 도를 도식으로 설명한 『성학십도』를 지었다.
③ 예안 향약을 시행하여 향촌 교화를 위해 노력하였다.

(4) 정제두에 대한 설명은? [52·37회]
① 양명학을 연구하여 강화 학파를 형성하였다.
② 유학 경전을 주자와 달리 해석한 『사변록』을 저술하였다.

정답 | 1. (1) 대성전 (2) 향교 (3) 서원
 (4) 이황 (5) 격몽요결 (6) 정제두
 2. (1) ①, ③ (②은 유향소)
  (2) ② (①은 향교)
  (3) ②, ③ (①은 이이)
  (4) ① (②은 박세당)

필수 기출로 개념 적용하기 기출주제 26 조선의 교육 기관과 성리학

01 [54회 기출]

(가) 교육 기관에 대한 설명으로 옳은 것은? [2점]

> 이곳은 경기도 수원시에 위치한 조선 시대 지방 교육 기관인 (가) 입니다. 대부분 지방 관아 가까운 곳에 위치하였으며 제향 공간인 대성전, 강학 공간인 명륜당, 기숙사인 동재와 서재 등으로 이루어져 있습니다.

① 전문 강좌인 7재를 운영하였다.
② 풍기 군수 주세붕이 처음 세웠다.
③ 생원과 진사에게 입학 자격을 부여하였다.
④ 중앙에서 교수나 훈도를 파견하기도 하였다.
⑤ 유학을 비롯하여 율학, 서학, 산학을 교육하였다.

02 [56회 기출]

(가) 교육 기관에 대한 설명으로 옳은 것은? [1점]

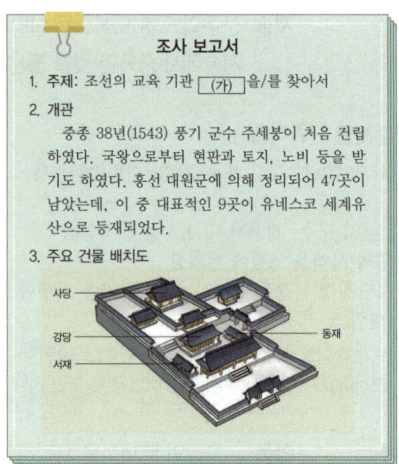

> 조사 보고서
> 1. 주제: 조선의 교육 기관 (가) 을/를 찾아서
> 2. 개관
>   중종 38년(1543) 풍기 군수 주세붕이 처음 건립하였다. 국왕으로부터 현판과 토지, 노비 등을 받기도 하였다. 흥선 대원군에 의해 정리되어 47곳이 남았는데, 이 중 대표적인 9곳이 유네스코 세계유산으로 등재되었다.
> 3. 주요 건물 배치도

① 전국의 모든 군현에 하나씩 설치되었다.
② 선현의 제사와 유학 교육을 담당하였다.
③ 전문 강좌인 7재가 설치되어 운영되었다.
④ 중앙에서 교수나 훈도를 교관으로 파견하였다.
⑤ 소과에 합격한 생원, 진사에게 입학 자격이 부여되었다.

👆 **향교**

④ 중앙에서 교수나 훈도를 파견하기도 하였다.

향교는 지방에 설치된 **조선 시대의 중등 교육 기관**으로, 제사 공간인 **대성전**과 강의 공간인 **명륜당** 등으로 이루어졌다. 또한 **중앙에서 교육을 위해 교수와 훈도를 파견**하기도 하였으며, 향교의 입학 정원은 고을의 위상과 크기에 따라 차이가 있었다.

✅ 오답 클리어
① 전문 강좌인 7재를 운영하였다. → 국자감(고려)
② 풍기 군수 주세붕이 처음 세웠다. → 서원(조선)
③ 생원과 진사에게 입학 자격을 부여하였다. → 성균관(조선)
⑤ 유학을 비롯하여 율학, 서학, 산학을 교육하였다.
  → 국자감(고려)

📋 **이건 꼭! 암기** 향교
#지방의 중등 교육 기관 #대성전, 명륜당 #중앙에서 교수나 훈도 파견

👆 **서원**

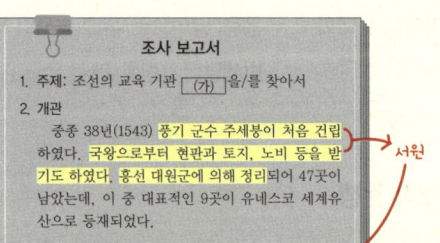

② 선현의 제사와 유학 교육을 담당하였다.

서원은 조선 시대의 사립 교육 기관으로, 지방에서 **선현의 제사와 유학 교육을 담당**하였다. 중종 때 **풍기 군수 주세붕**이 세운 **백운동 서원**이 시초이며, 서원들 중 권위를 인정받은 서원은 **사액 서원**이라 하여 국왕으로부터 현판(간판)과 토지, 노비 등을 받기도 하였다. 한편 서원이 붕당의 근거지가 되고 백성을 수탈하는 등의 폐단을 일삼자, **흥선 대원군**은 대부분의 서원을 정리하고 47곳만 남겼다.

✅ 오답 클리어
① 전국의 모든 군현에 하나씩 설치되었다. → 향교(조선)
③ 전문 강좌인 7재가 설치되어 운영되었다. → 국자감(고려)
④ 중앙에서 교수나 훈도를 교관으로 파견하였다. → 향교(조선)
⑤ 소과에 합격한 생원, 진사에게 입학 자격이 부여되었다.
  → 성균관(조선)

03
74회 기출

(가) 인물에 대한 설명으로 옳은 것은? [2점]

이 그림은 강세황이 그린 도산 서원도입니다. 여기에는 서원의 배치와 건물 크기, 방향 등이 실제와 부합하게 묘사되어 있으며 건물 이름도 표기되어 있어 당시의 모습을 잘 보여줍니다. 도산 서원은 「성학십도」를 지어 군주의 수양을 강조하고, 기대승과 사단칠정 논쟁을 전개한 (가) 의 학문과 덕을 기리는 곳입니다.

① 최초의 서원인 백운동 서원을 건립하였다.
② 명에 대한 의리를 내세운 기축봉사를 올렸다.
③ 『동호문답』을 통해 다양한 개혁 방안을 제시하였다.
④ 예안 향약을 시행하여 향촌의 교화를 위해 노력하였다.
⑤ 예학을 조선의 현실에 맞게 정리한 『가례집람』을 저술하였다.

이황

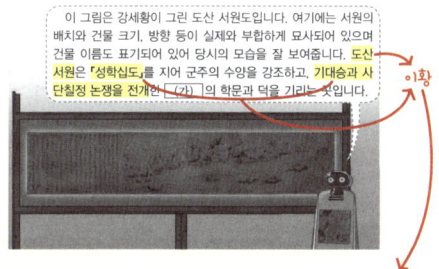

④ **예안 향약을 시행하여 향촌의 교화를 위해 노력하였다.**

이황은 조선의 성리학자로, 군주의 도를 쉽게 이해할 수 있도록 그림과 함께 설명한 **『성학십도』**를 지어 선조에게 올렸다. 또한 이황은 **기대승과의 사단칠정에 대한 논쟁**을 통해 성리학의 이해를 심화하였으며, **예안 향약**을 시행하여 향촌의 교화를 위해 노력하였다.

오답 클리어
① 최초의 서원인 **백운동 서원을 건립하였다.** → 주세붕
② 명에 대한 의리를 내세운 **기축봉사를 올렸다.** → 송시열
③ 『**동호문답**』을 통해 다양한 개혁 방안을 제시하였다. → 이이
⑤ 예학을 조선의 현실에 맞게 정리한 『**가례집람**』을 저술하였다.
   → 김장생

이건 꼭! 암기 이황
#서적_『성학십도』, 『주자서절요』 #기대승과의 사단칠정 논쟁 #예안 향약

04
37회 기출

(가) 인물에 대한 설명으로 옳은 것은? [2점]

이 책은 (가) 의 글을 모아 펴낸 문집이다. 그는 「학변(學辨)」, 「존언(存言)」 등의 글에서 심(心)과 이(理)를 구별하는 주자의 견해를 비판하였다. 또한 지(知)와 행(行)을 둘로 구분하는 것은 물욕에 가려진 것이라고 하면서 양지(良知)의 본체에서 보면 지와 행은 하나라고 주장하였다. 그의 학문은 스승인 박세채, 윤증과의 교류를 통해 심화되었다.

「하곡집」 중 「존언」 부분

① 계유정난을 계기로 정계에서 축출되었다.
② 일본에 다녀와서 『해동제국기』를 편찬하였다.
③ 서얼 출신으로 규장각 검서관에 임용되었다.
④ 양명학을 연구하여 강화 학파 형성의 기초를 마련하였다.
⑤ 『성학집요』를 저술하여 군주가 수양해야 할 덕목을 제시하였다.

정제두

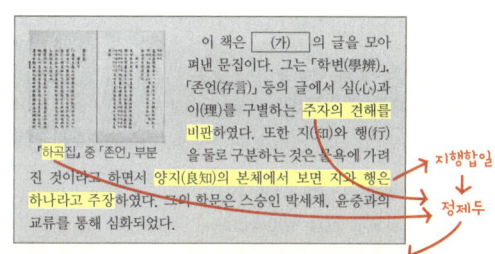

④ **양명학을 연구하여 강화 학파 형성의 기초를 마련하였다.**

하곡 정제두는 주자의 견해를 비판한 조선 후기의 **양명학자**로, 아는 것과 행동하는 것이 일치해야 한다는 양명학의 **지행합일**을 중요시하였다. 이후 정제두는 **강화도**에서 양명학 연구에 몰두하여 **강화 학파**를 형성하는 데 기초를 마련하였다.

오답 클리어
① 계유정난을 계기로 정계에서 축출되었다. → 김종서 등
② 일본에 다녀와서 『해동제국기』를 편찬하였다. → 신숙주
③ 서얼 출신으로 규장각 검서관에 임용되었다. → 박제가, 이덕무 등
⑤ 『성학집요』를 저술하여 군주가 수양해야 할 덕목을 제시하였다.
   → 이이

이건 꼭! 암기 정제두
#양명학 #지행합일 #강화 학파

기출주제 27 실학의 등장과 국학의 연구 확대

빈출 태그 | #유형원 #정약용 #홍대용 #박지원 #박제가 #『발해고』 #김정희

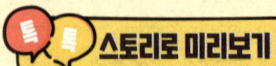

스토리로 미리보기

 역알못: 실학은 처음 들어보는데 뭐야?

 역잘알: 실학은 실생활에 도움이 되는 실용적인 학문이야.

 역알못: 실생활에 도움이 되는 학문인데 조선 후기에서야 나타나다니!

 역잘알: 그러게. 조선 후기에는 부자 농민이 많아진 만큼 가난한 농민들도 많아졌고, 탐관오리의 수탈도 심해졌어.

그런데 조선의 중심 학문이었던 성리학은 의리와 명분만 강조해서 현실 문제를 해결해주지 못했지. 그래서 실학이 나오게 된 거야.

 역알못: 아하, 그럼 실학에서는 현실 문제를 어떻게 해결하려고 했어?

 역잘알: 음, 백성들의 생활 안정을 위해 중요하게 생각하는 방법에 따라 실학도 두 갈래로 나뉘었어. 유형원, 정약용 같은 학자들은 백성이 잘 살려면 농업이 중요하다고 강조했어.

반면에 박지원, 박제가 등의 학자들은 상공업이 발달해야 잘 살 수 있다고 주장했지.

 역알못: 오, 같은 실학이지만 중요하게 생각하는 것이 달랐구나~

 역잘알: 맞아ㅋㅋ 실학자 중 정약용의 활동은 시험에 잘 나오니 꼭 잘 알아둬~

1 실학

(1) 실학의 등장(17~18세기)

배경	양반 사회의 모순을 개혁하기 위해 성리학을 비판하는 실학이 등장함
성격	**중농학파**: 경기 남인 출신들로, 자영농의 육성을 강조하며 농업 중심의 개혁론을 제시함 **중상학파**: 서울 노론 출신들로, 상공업의 활성화를 추구하며 상업 중심의 개혁론을 제시함

(2) 중농학파 실학자

반계 유형원	**균전론 주장**: 자영농 육성을 위해 신분에 따른 토지의 차등 분배를 주장함 **주요 저술**: 『반계수록』
성호 이익	**한전론 주장**: 『곽우록』에서 자영농의 몰락을 막기 위해 **영업전** 설정 및 토지 매매의 제한(토지 소유의 하한선 설정)을 주장함 _{한 가정이 생활을 유지하는 데 필요한 일정한 토지} **6좀 지적**: 나라를 좀먹는 여섯 가지의 폐단으로 노비 제도, 과거 제도, 양반 문벌 제도, 미신, 승려, 게으름을 지적함 **주요 저술**: 『성호사설』, 『곽우록』 등

> **백발백중 기출 자료** | 📍 **이익의 6좀 지적** [65회]
> 요즈음 과거를 준비하는 유생들은 부모 형제와 생업도 팽개치고 종일토록 글공부만 하고 있으니, 이는 인간의 본성을 망치는 재주일 뿐입니다. 다행히 급제라도 하면 교만하고 사치스러워져, 끝없이 백성의 것을 빼앗아 그 욕심을 채웁니다. 때문에 나라를 **좀먹는** 존재로 **표현**했습니다.
> ➡ **자료 해석**: 성호 이익은 나라를 좀먹는 여섯 가지의 폐단(6좀)으로 노비 제도, 과거 제도, 양반 문벌 제도, 미신, 승려, 게으름을 지적하였다.

▲ 정약용

★★ 다산 정약용	**여전론 주장**: 마을 단위의 토지 분배와 공동 경작, 노동량에 따른 수확물의 차등 분배를 주장함 → 이후 타협안으로 정전론을 주장함 _{토지를 정(井)자로 나눈 후 경작하여 노동력에 따라 토지를 차등 지급함} **거중기 제작**: 『기기도설』을 참고하여 거중기를 제작함 → 수원 화성 축조 시 이용함 **기예론 주장**: 기술이 중요하다는 기예론을 주장하며 배다리 등을 제작함 **종두법 연구**: 종두법(홍역)에 대해 연구하고 실험하여 『마과회통』을 저술함 **주요 저술**: 『목민심서』(지방 행정의 개혁안), 『경세유표』(국가 제도의 개혁 방향을 제시), 『흠흠신서』 등

(3) 중상학파 실학자

농암 유수원 : 『우서』에서 사농공상의 직업적 평등과 전문화를 주장함
└ 상공업의 진흥을 주장함

담헌 홍대용
- 『의산문답』에서 지전설, 무한 우주론을 주장하여 중국 중심의 세계관을 비판함
  └ 지구가 우주의 중심이 아니라 무수한 별 중 하나라는 주장
- 혼천의 제작: 천체의 운행과 위치를 측정하는 기구인 혼천의를 제작함
- 주요 저술: 『의산문답』, 『임하경륜』, 『담헌서』

▲ 혼천의

└ 박규수(박지원의 손자), 오경석 등의 통상 개화론에 영향을 줌

연암 박지원
- 청의 문물 수용을 주장함, 수레와 선박의 이용을 강조함
- 한전론 주장: 토지 소유의 상한선을 설정한 후 그 이상의 소유를 금지하자고 주장함
  └ 청나라의 수도 연경(베이징)에 간 사신
- 주요 저술: 『열하일기』(연행사를 따라 청에 다녀온 후 집필한 일기), 「양반전」 (양반의 위선을 풍자한 소설), 「허생전」(경제 상황을 비판한 소설)

▲ 박지원

초정 박제가
- 생산과 소비의 관계를 우물에 비유하여 **절약보다 소비를 강조**함
- 『북학의』에서 청의 문물 수용을 강조하고 **수레와 선박의 이용을 권장**함
- 서얼 출신으로 정조 때 규장각 검서관에 등용됨
- 주요 저술: 『북학의』

▲ 박제가

> **백발백중 기출 사료** | ◉ **박지원의 「허생전」** [62회]
> 허생이 말하기를, "우리 조선은 배가 외국과 통하지 못하고, 수레가 국내에 두루 다니지 못하는 까닭에 온갖 물건이 나라 안에서 생산되어 소비되곤 하지 않네. …… 어떤 물건 하나를 슬그머니 독점한다면, 그 물건은 한 곳에 갇혀서 유통되지 못하니 이는 백성을 못살게 하는 방법이야."라고 하였다.
> ➜ **사료 해석**: 박지원은 한문 소설 「허생전」을 저술하여 조선의 경제 상황을 비판하였다.

2 국학

(1) 지리 연구

『동국지리지』	한백겸이 광해군 때 지은 역사 지리지로, 삼한의 위치를 고증함
『아방강역고』	정약용이 우리나라의 역사 지리를 정리한 지리지
『택리지』	이중환이 각 지방의 자연 환경, 경제, 풍속 인물 등을 수록한 지리지
동국지도	정상기가 영조 때 최초로 100리 척(尺)을 사용하여 제작한 지도
대동여지도	김정호가 10리마다 눈금으로 거리를 표시하여 산맥·하천·도로망을 정밀하게 표현한 지도

(2) 역사 연구

『동사강목』	안정복이 고조선부터 고려까지의 역사를 정리한 역사서
『연려실기술』	이긍익이 기사본말체로 조선 왕조의 역사를 객관적으로 서술한 역사서
『발해고』	유득공이 통일 신라와 발해를 합쳐서 **남북국**이라는 용어를 처음 사용함
『금석과안록』	김정희가 북한산비와 황초령비가 신라 진흥왕 순수비임을 처음 고증함

└ 제주도에 유배 당시 세한도를 그림

✓ 기출 선택지로 개념 다지기

1. 빈칸의 답을 채워보세요.

(1) 유형원의 저서: 『　　　』 [65회]

(2) 이익이 『곽우록』에서 주장한 토지 개혁론: 　　　론 [67·65회]

(3) 정약용이 『기기도설』을 참고해 만든 기구: 　　　 [69·68·64회]

(4) 무한 우주론을 주장한 홍대용의 저서: 『　　　』 [72·69·68회]

(5) 수레와 배의 이용을 권장한 박제가의 저서: 『　　　』 [68·67·66회]

(6) 김정희가 저술한 역사 연구서: 『　　　』 [69·65·60회]

2. 질문에 맞는 답을 고르세요.

(1) 이익의 활동은? [56회]
① 『열하일기』에서 수레와 선박의 필요성을 강조하다
② 『성호사설』에서 사회 폐단을 여섯 가지 좀으로 규정하다

(2) 정약용의 활동을 모두 고르면? [60·49회]
① 『경세유표』를 저술하여 국가 제도의 개혁 방향을 제시하였다.
② 『마과회통』에서 홍역에 대한 의학 지식을 정리하였다.
③ 『우서』에서 사농공상의 직업적 평등을 주장하였다.

(3) 홍대용에 대한 설명은? [66·52회]
① 『의산문답』에서 무한 우주론을 주장하였다.
② 자동 시보 장치를 갖춘 자격루를 제작하였다.

(4) 김정희에 대한 설명은? [71회]
① 청으로부터 시헌력을 도입하자고 건의하였다.
② 북한산비가 진흥왕 순수비임을 처음으로 밝혀냈다.

정답 | 1. (1) 반계수록　(2) 한전　(3) 거중기
　　　　　(4) 의산문답　(5) 북학의　(6) 금석과안록
　　　　2. (1) ② (①은 박지원)
　　　　　(2) ①, ② (③은 유수원)
　　　　　(3) ① (②은 조선 전기 장영실)
　　　　　(4) ② (①은 김육)

필수 기출로 개념 적용하기 기출주제 27 실학의 등장과 국학의 연구 확대

01 [60회 기출]

다음 검색창에 들어갈 인물의 활동으로 옳은 것은? [2점]

① 『지봉유설』에서 『천주실의』를 조선에 소개하였다.
② 『의산문답』에서 중국 중심의 세계관을 비판하였다.
③ 「양반전」을 지어 양반의 허례와 무능을 풍자하였다.
④ 『경세유표』를 집필하여 국가 제도의 개혁 방향을 제시하였다.
⑤ 『금석과안록』에서 북한산비가 진흥왕 순수비임을 고증하였다.

👆 정약용

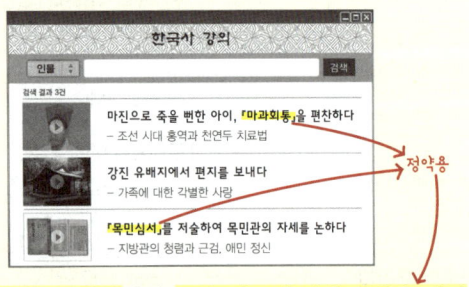

④ 『경세유표』를 집필하여 국가 제도의 개혁 방향을 제시하였다.

정약용은 조선 후기의 실학자로, **종두법(홍역 치료법)**에 대해 연구하고 실험하여 『**마과회통**』을 저술하였다. 또한 지방 행정의 개혁안을 담은 『**목민심서**』를 저술하고, 『**경세유표**』를 저술하여 **국가 제도의 개혁 방향**을 제시하였다.

🅾 오답 클리어
① 『지봉유설』에서 『천주실의』를 조선에 소개하였다. → 이수광
② 『의산문답』에서 중국 중심의 세계관을 비판하였다. → 홍대용
③ 「양반전」을 지어 양반의 허례와 무능을 풍자하였다. → 박지원
⑤ 『금석과안록』에서 북한산비가 진흥왕 순수비임을 고증하였다. → 김정희

📋 이건 꼭! 암기 **정약용**
#『마과회통』 #『목민심서』 #『경세유표』

02 [66회 기출]

다음 인물에 대한 설명으로 옳은 것은? [3점]

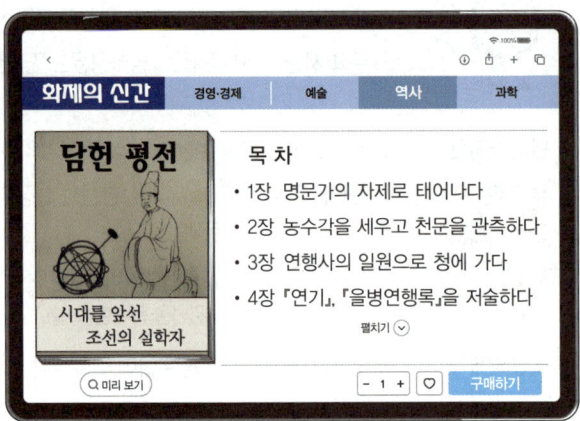

① 『지봉유설』에서 『천주실의』를 소개하였다.
② 『의산문답』에서 무한 우주론을 주장하였다.
③ 「양반전」을 지어 양반의 허례와 무능을 풍자하였다.
④ 『북학의』를 저술하여 청의 문물 수용을 강조하였다.
⑤ 『동의수세보원』을 편찬하여 사상 의학을 정립하였다.

👆 홍대용

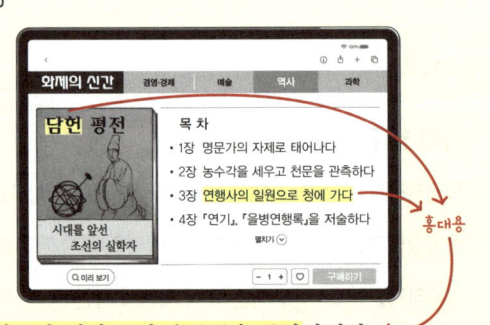

② 『의산문답』에서 무한 우주론을 주장하였다.

담헌 홍대용은 조선 후기의 중상학파 실학자로, 『**의산문답**』에서 지구가 자전한다는 **지전설**과, 지구가 우주의 중심이 아니라는 **무한 우주론**을 주장하며 중국 중심의 세계관을 비판하였다. 또한 과학 연구에도 힘써 천체의 운행과 위치를 측정하는 기구인 **혼천의**를 개량하였다.

🅾 오답 클리어
① 『지봉유설』에서 『천주실의』를 소개하였다. → 이수광
③ 「양반전」을 지어 양반의 허례와 무능을 풍자하였다. → 박지원
④ 『북학의』를 저술하여 청의 문물 수용을 강조하였다. → 박제가
⑤ 『동의수세보원』을 편찬하여 사상 의학을 정립하였다. → 이제마

📋 이건 꼭! 암기 **홍대용**
#『의산문답』_지전설, 무한 우주론 #호_담헌 #연행사의 일원

03

[69회 기출]

(가) 인물에 대한 설명으로 옳은 것은? [2점]

> 이것은 청의 화가 나빙이 그린 (가) 의 초상으로, 이별의 아쉬움을 표현한 시가 함께 있습니다. (가) 은/는 연행사의 일원으로 여러 차례 청에 가서 그곳의 문인들과 폭넓게 교유하였습니다. 이 과정에서 『북학의』를 저술하여 청의 문물을 적극적으로 수용할 것을 주장하였습니다.

① 세계 지리서인 『지구전요』를 저술하였다.
② 『의산문답』에서 무한 우주론을 주장하였다.
③ 『기기도설』을 참고하여 거중기를 설계하였다.
④ 서얼 출신으로 규장각 검서관에 기용되었다.
⑤ 「양반전」을 지어 양반의 허례와 무능을 풍자하였다.

04

[71회 기출]

밑줄 그은 '이 인물'에 대한 설명으로 옳은 것은? [2점]

> 이것은 이 인물이 제주도 유배지에서 부인에게 보낸 한글 편지입니다. 편지에는 유배 생활의 곤궁함과 함께 위독한 부인에 대한 걱정과 그리움이 담겨 있습니다. 독창적인 서체로 유명한 이 인물은 유배지에서 세한도를 그리기도 하였습니다.

① 기대승과 사단칠정 논쟁을 전개하였다.
② 북한산비가 진흥왕 순수비임을 고증하였다.
③ 양명학을 연구하여 강화 학파를 형성하였다.
④ 청으로부터 시헌력을 도입하자고 건의하였다.
⑤ 『열하일기』에서 수레와 선박의 사용을 강조하였다.

👆 박제가

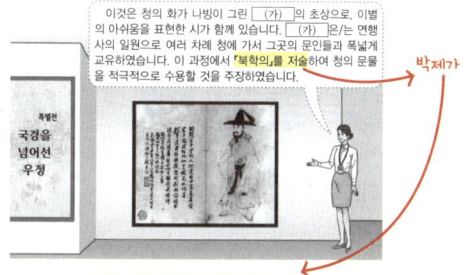

④ 서얼 출신으로 **규장각 검서관에 기용**되었다.

초정 박제가는 조선 후기의 중상학파 실학자이다. 그는 연행사의 일원으로 여러 차례 청에 다녀온 후 **『북학의』를 저술**하여 청의 문물 수용을 강조하고 **수레와 배의 이용을 권장**하였다. 한편 박제가는 서얼 출신임에도 능력을 인정받아 정조 때 **규장각 검서관에 발탁**되었다.

❌ 오답 클리어
① 세계 지리서인 『지구전요』를 저술하였다. → 최한기
② 『의산문답』에서 무한 우주론을 주장하였다. → 홍대용
③ 『기기도설』을 참고하여 거중기를 설계하였다. → 정약용
⑤ 「양반전」을 지어 양반의 허례와 무능을 풍자하였다. → 박지원

📋 **이건 꼭! 암기** 박제가
#서얼 출신 #규장각 검서관 #『북학의』 #소비 강조
#수레와 배 이용 권장

👆 김정희

② 북한산비가 진흥왕 순수비임을 고증하였다.

추사 김정희는 조선 후기의 학자이자 예술가로, 북한산비가 신라 **진흥왕의 순수비임을 처음으로 고증**한 『금석과안록』을 저술하였다. 또한 수준 높은 문인화를 많이 남겼는데, 그중 걸작으로 꼽히는 **세한도**는 김정희가 제주도에서 유배 생활을 하던 중 그린 것이다.

❌ 오답 클리어
① 기대승과 사단칠정 논쟁을 전개하였다. → 이황
③ 양명학을 연구하여 강화 학파를 형성하였다. → 정제두
④ 청으로부터 시헌력을 도입하자고 건의하였다. → 김육
⑤ 『열하일기』에서 수레와 선박의 사용을 강조하였다. → 박지원

📋 **이건 꼭! 암기** 김정희
#제주도 유배 #세한도 #『금석과안록』

기출주제 28. 조선 후기 문화의 새 경향

빈출 태그 | #한글 소설 #시사 #『동의보감』 #겸재 정선 #단원 김홍도 #혜원 신윤복 #보은 법주사 팔상전

스토리로 미리보기

역알못: 조선 후기의 문화는 조선 전기의 문화랑 어떤 점이 달라? 같은 나라니까 비슷할 것 같은데.

역잘알: ㅎㅎ 같은 조선의 문화이지만 조선 후기에는 서민 문화가 엄청나게 발전했어.

역알못: 서민 문화? 서민들이 즐기는 문화가 있었던 거야?

역잘알: 오~ 똑똑한걸? 조선 후기에 경제가 발전하면서 일반 백성들도 삶에 여유가 생겼어.

그래서 그림을 감상하거나 공연을 즐기는 일들이 많아지게 된 거야. 특히 장시에서는 양반들을 풍자하는 내용의 탈놀이도 공연되었어.

역알못: 우와, 이제서야 서민들도 문화를 즐기기 시작했구나! 이때 서민들이 생활했던 모습은 어땠을지 정말 궁금하다~

역잘알: 자, 이 그림 봐~ 서당에서 혼나고 우는 아이의 모습ㅋㅋㅋ 조선 후기 사람들이 생활한 모습은 풍속화를 통해 알 수 있어.

이런 풍속화를 그린 대표적인 화가에는 김홍도, 신윤복, 김득신 등이 있어~ 이 <서당>이란 그림도 김홍도가 그린 거야.

1 서민 문화의 발달

(1) 공연의 성행

- **판소리**
  - 특징: 감정 표현이 직접적이고 솔직하여 서민 문화의 중심으로 성장함
  - 대표 작품: 「춘향가」·「심청가」·「흥보가」·「적벽가」·「수궁가」 등
- **탈춤**: 마을 굿의 일부로 공연되었으며 사회적 모순에 대해 폭로하고 풍자함
- **산대놀이**: 가면극이 오락으로 정착한 것으로, 상인과 중간층의 지원을 받아 성행함

(2) 문학에서의 새로운 경향

- **한글 소설**: 『홍길동전』, 『춘향전』 등의 한글 소설이 유행하였으며, 여성들을 중심으로 돈을 주고 소설을 대여하는 방식인 세책이 성행함
  - (민간에서 떠도는 이야기를 주제로 한 소설을 패설이라고 함)
- **사설시조**: 남녀 간의 사랑이나 현실에 대한 비판 등 서민의 감정을 솔직하게 표현함
- ★**시사**: 중인 이하의 계층이 문예 모임인 시사를 조직하여 활동함
- **위항 문학**
  - 서울을 중심으로 중인 이하 서민 계층에 의해 문학 활동이 활발하게 전개됨
  - 대표 서적: 『이향견문록』(중인층 이하 인물 행적기), 『연조귀감』(향리 역사서) 등
  - ('좁고 지저분한 거리'라는 뜻으로, 서민들의 거처를 뜻함)
- **전기수**: 소설을 읽어 주고 일정한 보수를 받는 전기수가 등장함

2 과학 기술의 발달

- **서양 문물의 전래**: 이광정이 세계 지도인 곤여만국전도를 들여오고, 정두원이 화포, 천리경, 자명종 등을 가져옴

▲ 곤여만국전도

- **천문학**
  - 김석문: 우리나라 최초로 지전설을 주장함(『역학도해』)
  - 홍대용: 혼천의를 제작함, 지전설·우주 무한론 등을 주장함(『의산문답』)
- **역법**: 김육 등의 노력으로 아담 샬이 만든 시헌력을 도입함
- **의학**
  - 『동의보감』(허준): 우리나라의 전통 한의학을 집대성함(백과사전식 의서)
  - 『동의수세보원』(이제마): 사람의 체질을 구분하는 사상 의학을 확립함
  - 『침구경험방』(허임): 침구학의 기초 이론과 침구술을 집대성함
- ★**농서**
  - 『농가집성』(신속): 벼농사 중심의 농법을 소개하고, 이앙법(모내기법)의 보급에 공헌함
  - 『색경』(박세당): 인삼이나 고추와 같은 상품 작물 재배법을 소개함
  - 『임원경제지』(서유구): 농촌 생활의 백과사전으로 농업 기술 혁신 방안을 제시함
  - 『산림경제』(홍만선): 농업과 일상생활에 관한 광범위한 사항을 기술함

3 예술에서의 새로운 경향

(1) 그림

진경 산수화	: 겸재 정선을 중심으로 자연을 사실적으로 표현한 진경 산수화가 유행함

인왕제색도(겸재 정선)	금강전도(겸재 정선)

풍속화
- 단원 김홍도 — 서민 생활을 소탈하고 익살스럽게 묘사한 풍속화가
  - 대표작: 씨름, 무동, 서당
- 혜원 신윤복 — 양반과 부녀자의 생활과 유흥, 남녀 사이의 애정을 감각적·해학적으로 묘사한 풍속화가
  - 대표작: 단오풍정, 월하정인, 미인도
- 김득신: 김홍도와 화풍이 비슷함, 파적도를 그림

기타	영통동구도(강세황)	세한도(김정희)

백발백중 기출 자료 | 조선 후기의 풍속화 [72·70·61회]

▲ 씨름(김홍도)	▲ 무동(김홍도)	▲ 월하정인(신윤복)	▲ 파적도(김득신)

(2) 문학·공예

한문학	┌ 양반층을 중심으로 부조리한 현실을 예리하게 비판하는 내용이 유행함 └ 대표작: 박지원의 「양반전」, 「허생전」
청화 백자	: 백자 위에 청색(코발트) 안료로 무늬를 넣는 청화 백자가 유행함

백자 청화죽문 각병 ▶

(3) 건축

사원 건축: 김제 금산사 미륵전, 구례 화엄사 각황전, 보은 법주사 팔상전(현존하는 유일의 조선 시대 오층 목탑), 공주 마곡사 대웅보전 등이 건축됨

▲ 김제 금산사 미륵전	▲ 구례 화엄사 각황전	▲ 보은 법주사 팔상전

수원 화성	: 정조 때 정약용의 거중기를 이용하여 만든 성곽 시설

수원 화성 ▶

기출 선택지로 개념 다지기

1. 빈칸의 답을 채워보세요.

(1) 중인층이 조직한 문예 모임: ☐ [74·73회]

(2) 전통 한의학을 정리한 책: 『 ☐ 』 [73·68회]

(3) 씨름을 그린 조선 후기 풍속 화가: 단원 ☐ [70회]

(4) 김정희가 그린 문인화: ☐ [65회]

(5) 조선 후기의 건물: 구례 ☐ [65회]

2. 질문에 맞는 답을 고르세요.

(1) 조선 후기의 문화에 대한 설명은? [64회]
① 새로운 역법으로 수시력이 도입되었다.
② 「춘향가」, 「흥보가」 등의 판소리가 유행하였다.

(2) 조선 후기의 모습은? [71회]
① 송파장에서 산대놀이 공연을 벌이는 광대
② 염포의 왜관에서 교역하는 상인

(3) 신윤복의 작품은? [51회]
①  ②

(4) 조선 후기의 작품은? [47회]
① 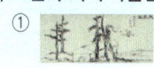 ②

(5) 청화 백자는? [49회]
①  ②

(6) 조선 후기의 건축물은? [65·55회]
①  ②
안동 봉정사 극락전 / 보은 법주사 팔상전

정답 | 1. (1) 시사 (2) 동의보감 (3) 김홍도
(4) 세한도 (5) 화엄사 각황전
2. (1) ② (①은 고려 시대)
(2) ① (②은 조선 전기)
(3) ② (①은 김홍도의 씨름)
(4) ① (②은 조선 전기, 신사임당의 초충도)
(5) ② (①은 고려 청자)
(6) ② (①은 고려 시대)

필수 기출로 개념 적용하기 기출주제 28 조선 후기 문화의 새 경향

01 [64회 기출]

밑줄 그은 '시기'의 문화에 대한 설명으로 옳지 <u>않은</u> 것은? [1점]

이 그림은 조영석과 김홍도의 풍속화입니다. 인부들이 말발굽에 징을 박는 모습과 기와를 이어나가는 모습을 묘사하고 있습니다. 이를 통해 이 그림이 그려진 <u>시기</u> 서민들의 일상생활을 생생하게 살펴볼 수 있습니다.

① 금강전도 등 진경 산수화가 그려졌다.
② 새로운 역법으로 수시력이 도입되었다.
③ 양반 사회를 풍자한 탈춤이 성행하였다.
④ 「춘향가」, 「흥보가」 등의 판소리가 유행하였다.
⑤ 「홍길동전」, 「박씨전」 등의 한글 소설이 널리 읽혔다.

02 [47회 기출]

(가)의 작품으로 옳은 것은? [1점]

이 그림은 겸재 (가) 이/가 한양 근교의 경치를 그린 경교명승첩 중 한 작품이야.

그는 우리나라의 산천을 사실적으로 표현한 진경 산수화의 대표적인 화가로 금강전도를 비롯한 뛰어난 작품을 남겼지.

① 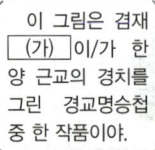 ② 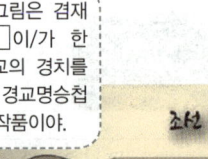 ③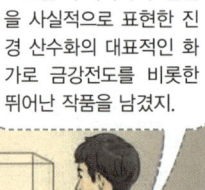

④  ⑤

조선 후기의 문화

② 새로운 역법으로 **수시력이 도입**되었다. → 고려 시대

고려 충선왕 때 당시의 이슬람 역법까지 수용한 새로운 역법으로 원의 **수시력**이 도입되었다.

오답 클리어
① 조선 후기에는 금강전도 등 **진경 산수화**가 그려졌다.
③ 조선 후기에는 양반 사회를 풍자한 **탈춤**이 성행하였다.
④ 조선 후기에는 「춘향가」, 「흥보가」 등의 **판소리**가 유행하였다.
⑤ 조선 후기에는 「홍길동전」, 「박씨전」 등의 **한글 소설**이 널리 읽혔다.

이건 꼭! 암기 조선 후기의 문화
#진경 산수화 #탈춤 #판소리 #한글 소설 #풍속화

겸재 정선의 인왕제색도

겸재 정선 → 인왕제색도

겸재 정선은 조선 후기의 대표적인 화가로, 금강전도 등 조선 후기에 유행하였던 우리나라 산천을 소재로 한 **진경 산수화**를 그렸다. **인왕제색도**는 정선의 대표작으로, 서울 인왕산의 모습을 묘사하였다.

오답 클리어
① 총석정도 → 김홍도(조선 후기)
③ 영통동구도 → 강세황(조선 후기)
④ 세한도 → 김정희(조선 후기)
⑤ 몽유도원도 → 안견(조선 전기)

이건 꼭! 암기 겸재 정선
#진경 산수화 #인왕제색도 #금강전도

03

[70회 기출]

(가) 인물의 작품으로 옳은 것은? [1점]

> 이 작품은 조선 후기 대표적 풍속 화가인 단원 ⓐ (가) 이/가 나귀를 타고 유람하는 나그네의 시점으로 그린 행려풍속도병입니다. 8폭 병풍에는 계절에 따라 변해가는 산수와 대장간, 나루터 등 다양한 세상살이의 모습이 생동감 있게 표현되어 있습니다. 각 폭의 그림 위쪽에는 그의 스승인 강세황의 그림평이 적혀 있습니다.

① 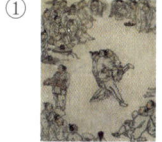 ②  ③

④  ⑤

👆 **단원 김홍도의 씨름**

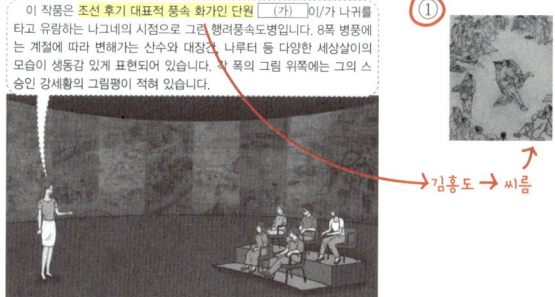

단원 김홍도는 조선 후기의 대표적인 화가로, **도화서 화원 출신**으로 **풍속화**, 산수화, 인물화 등 다양한 분야에서 뛰어난 작품을 남겼다. 대표작으로는 벼를 타작하는 장면을 그린 '**벼타작**', 씨름하는 사람들의 모습을 그린 '**씨름**' 등이 있다.

💡 **오답 클리어**
② 금강전도 → 정선
③ 파적도 → 김득신
④ 월하정인 → 신윤복
⑤ 영통동구도 → 강세황

📌 **이건 꼭! 암기** 단원 김홍도
#씨름 #벼타작

04

[55회 기출]

(가)에 해당하는 문화유산으로 옳은 것은? [1점]

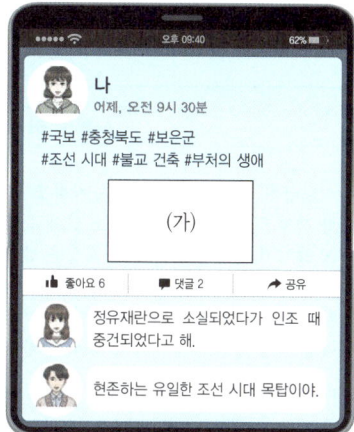

①  ②  ③
법주사 팔상전 화엄사 각황전 금산사 미륵전

④ ⑤
무량사 극락전 마곡사 대웅보전

👆 **보은 법주사 팔상전**

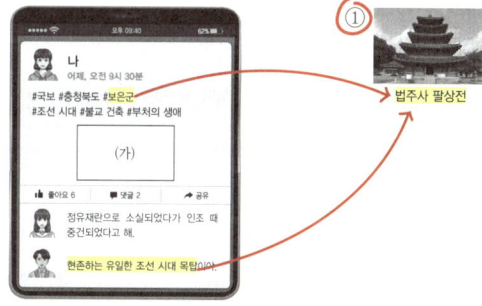

법주사 팔상전은 **충청북도 보은군**에 위치한 우리나라에 현존하는 **유일의 조선 시대 목탑**이다. 지금의 건물은 조선 선조 때 일어난 **정유재란**으로 불타 없어진 이후 **인조 때 다시 중건**된 것이다. 벽면에 부처의 일생을 8장면으로 구분하여 표현한 **팔상도**가 그려져 있어 팔상전이라 이름 붙여졌다.

💡 **오답 클리어**
② 화엄사 각황전 → 전라남도 구례군에 위치한 건축물
③ 금산사 미륵전 → 전라북도 김제시에 위치한 건축물
④ 무량사 극락전 → 충청남도 부여군에 위치한 건축물
⑤ 마곡사 대웅보전 → 충청남도 공주시에 위치한 건축물

조선 시대
기출 테스트

01 (가) 인물에 대한 설명으로 옳은 것은? [2점] 〈73회 기출〉

> 사료로 보는 한국사
>
> 임금의 자질에는 어리석은 자질도 있고 현명한 자질도 있으며 강한 자질도 있고 유약한 자질도 있어서 한결같지 않으니, 재상은 임금의 아름다운 점은 순종하고 나쁜 점은 바로잡으며, 옳은 일은 받들고 옳지 않은 것은 막아서, 임금으로 하여금 가장 올바른 경지에 들게 해야 한다.
>
> [해설] 이 글은 이성계를 도와 조선 건국을 주도한 (가) 이/가 저술한 『조선경국전』의 일부입니다. 그는 국가 운영을 위한 종합적인 통치 규범을 제시하고, 재상의 역할을 강조하였습니다.

① 『불씨잡변』을 지어 불교를 비판하였다.
② 계유정난을 계기로 정계에서 축출되었다.
③ 최초의 서원인 백운동 서원을 건립하였다.
④ 일본에 다녀와서 『해동제국기』를 편찬하였다.
⑤ 성리학의 개념을 도식으로 설명한 『성학십도』를 지었다.

02 (가) 기구에 대한 설명으로 옳은 것은? [2점] 〈61회 기출〉

> 역사 용어 해설
>
> (가)
>
> 1. 개요
> 조선 시대에 언론 활동, 풍속 교정, 백관에 대한 규찰과 탄핵 등을 관장하던 기구이다. 대사헌, 집의, 장령, 감찰 등의 직제로 구성되어 있다.
>
> 2. 관련 사료
> 건국 초기에 고려의 제도에 따라 설치하였다. ……『경국대전』에는 "정사를 논평하고, 백관을 규찰하고, 풍속을 바로잡고, 억울함을 풀어주고, 허위를 금지하는 등의 일을 관장한다."라고 하였다.
> - 『순암집』

① 업무 일지인 『내각일력』을 작성하였다.
② 고려의 삼사와 같은 기능을 수행하였다.
③ 은대(銀臺), 후원(喉院)이라고도 불리었다.
④ 임진왜란을 거치면서 국정 전반을 총괄하였다.
⑤ 5품 이하의 관리 임명에 대한 서경권을 행사하였다.

03 (가) 왕의 재위 시기에 있었던 사실로 옳은 것은? [2점] 〈74회 기출〉

이 그림은 무관 오자치를 그린 것으로, 현존하는 무관 초상화 중에서 가장 이른 시기의 작품입니다. 오자치는 (가) 이/가 호패법을 재실시하는 등 지방 세력 통제를 강화하자, 이에 반발하며 함길도에서 이시애가 일으킨 난을 평정한 공으로 적개공신에 책봉되었습니다.

① 간경도감이 설치되었다.
② 『조선경국전』이 편찬되었다.
③ 『국조오례의』가 완성되었다.
④ 부민고소금지법이 제정되었다.
⑤ 혼일강리역대국도지도가 제작되었다.

04 (가)에 들어갈 내용으로 가장 적절한 것은? [2점] 〈73회 기출〉

> [역사 다큐멘터리 기획안]
>
> ## 폭정으로 흔들리는 조선
>
> ■ 기획 의도
> 국왕이 대신, 삼사 등과 함께 국정을 운영한 선왕 대의 정치 구조를 깨고 폭정을 일삼다가 폐위된 ○○○. 그의 재위 시기에 일어난 정치적 혼란을 살펴본다.
>
> ■ 구성내용
> 1부. 선왕 대에 성장한 삼사와 대립하다
> 2부. 「조의제문」을 구실로 사림을 탄압하다
> 3부. (가)
> 4부. 반복된 폭정으로 반정이 일어나 폐위되다

① 이괄의 난이 일어나 공주로 피란하다
② 단종의 복위를 꾀한 성삼문 등을 처형하다
③ 영창 대군을 죽이고 인목 대비를 유폐하다
④ 위훈 삭제를 주장한 조광조 일파를 제거하다
⑤ 폐비 윤씨 사사 사건을 빌미로 신하들을 숙청하다

05 (가)에 들어갈 작품으로 옳은 것은? [1점]

정답 및 해설

01 정도전 — 정답 ①
정답 치트키
이성계를 도와 조선 건국을 주도 + 『조선경국전』 → 정도전

① 정도전은 『불씨잡변』을 지어 성리학의 입장에서 불교의 사회적 폐단을 비판하였다.

오답 클리어
② 계유정난을 계기로 정계에서 축출되었다. → 황보인, 김종서 등
③ 최초의 서원인 백운동 서원을 건립하였다. → 주세붕
④ 일본에 다녀와서 『해동제국기』를 편찬하였다. → 신숙주
⑤ 성리학의 개념을 도식으로 설명한 『성학십도』를 지었다. → 이황

02 사헌부 — 정답 ⑤
정답 치트키
언론 활동, 풍속 교정, 백관에 대한 규찰 + 대사헌 → 사헌부

⑤ 사헌부는 사간원과 함께 양사로 불리며 5품 이하 관리의 임명 과정에서 동의권인 서경권을 행사하였다.

오답 클리어
① 업무 일지인 『내각일력』을 작성하였다. → 규장각
② 고려의 삼사와 같은 기능을 수행하였다. → 호조
③ 은대(銀臺), 후원(喉院)이라고도 불리었다. → 승정원
④ 임진왜란을 거치면서 국정 전반을 총괄하였다. → 비변사

03 세조 — 정답 ①
정답 치트키
이시애가 일으킨 난을 평정함 → 세조

① 조선 세조 때 간경도감이 설치되어 불경을 한글로 번역하여 간행하였다.

오답 클리어
② 『조선경국전』이 편찬되었다. → 태조
③ 『국조오례의』가 완성되었다. → 성종
④ 부민고소금지법이 제정되었다. → 세종
⑤ 혼일강리역대국도지도가 제작되었다. → 태종

04 연산군 — 정답 ⑤
정답 치트키
「조의제문」을 구실로 사림을 탄압 + 반정이 일어나 폐위 → 연산군

⑤ 연산군 때 연산군의 생모인 폐비 윤씨 사사 사건을 빌미로 이에 연루된 사람들이 숙청되었다.

오답 클리어
① 이괄의 난이 일어나 공주로 피란하다 → 인조
② 단종의 복위를 꾀한 성삼문 등을 처형하다 → 세조
③ 영창 대군을 죽이고 인목 대비를 유폐하다 → 광해군
④ 위훈 삭제를 주장한 조광조 일파를 제거하다 → 중종

05 고사관수도 — 정답 ④
정답 치트키
조선 전기 + 강희안의 대표작 → 고사관수도

④ 고사관수도는 조선 전기의 화가인 강희안의 대표작으로, 간결하고 과감한 필치로 인물의 내면 세계를 표현한 것이 특징이다.

오답 클리어
① 매화초옥도 → 조선 후기의 화가인 전기의 작품
② 월하정인 → 조선 후기의 화가인 신윤복의 작품
③ 송석원시사야연도 → 조선 후기의 화가인 김홍도의 작품
⑤ 금강전도 → 조선 후기의 화가인 정선의 작품

조선 시대 기출 테스트

06 (가) 국가에 대한 조선의 정책으로 옳은 것은? [2점]

그림 속 장소는 창덕궁에 있었던 대보단으로, 임진왜란 때 조선에 원군을 보낸 (가) 의 황제를 기리고자 숙종 대에 건립한 제단입니다. 조선은 이곳에서 제사를 지내 이미 멸망한 (가) 에 대한 의리를 지키고자 하였습니다.

① 나선 정벌에 조총 부대를 파견하였다.
② 하정사, 천추사 등 사절단을 보내었다.
③ 백두산 정계비를 세워 국경을 확정하였다.
④ 한성에 동평관을 두어 무역을 허용하였다.
⑤ 공녀를 보내기 위해 결혼도감을 설치하였다.

07 (가) 전쟁 중에 있었던 사실로 옳은 것은? [2점]

조헌은 금산에서 7백여 명의 의병을 이끌고 왜군과 전투를 벌이다가 전사하였습니다.

(가) 당시 활약한 의병장
김천일, 정문부, 조헌, 사명 대사(유정)

① 이종무가 대마도를 정벌하였다.
② 송상현이 동래성에서 항전하였다.
③ 김상용이 강화도에서 순절하였다.
④ 최영이 홍산 전투에서 크게 승리하였다.
⑤ 강홍립 부대가 사르후 전투에 참전하였다.

08 (가)의 활동으로 옳은 것은? [3점]

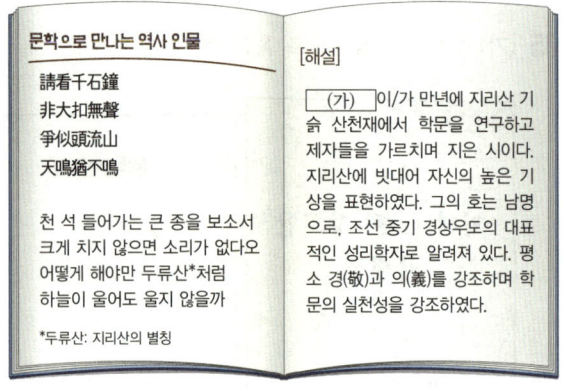

문학으로 만나는 역사 인물

請看千石鐘
非大扣無聲
爭似頭流山
天鳴猶不鳴

천 석 들어가는 큰 종을 보소서
크게 치지 않으면 소리가 없다오
어떻게 해야만 두류산*처럼
하늘이 울어도 울지 않을까

*두류산: 지리산의 별칭

[해설] (가) 이/가 만년에 지리산 기슭 산천재에서 학문을 연구하고 제자들을 가르치며 지은 시이다. 지리산에 빗대어 자신의 높은 기상을 표현하였다. 그의 호는 남명으로, 조선 중기 경상우도의 대표적인 성리학자로 알려져 있다. 평소 경(敬)과 의(義)를 강조하며 학문의 실천성을 강조하였다.

① 곽재우, 정인홍 등의 제자를 배출하였다.
② 『기기도설』을 참고하여 거중기를 설계하였다.
③ 위훈 삭제를 주장하여 훈구 세력의 반발을 샀다.
④ 『북학의』를 저술하여 수레와 배의 이용을 권장하였다.
⑤ 양명학을 체계적으로 연구하여 강화 학파를 형성하였다.

09 다음 상황이 나타난 시기를 연표에서 옳게 고른 것은? [3점]

사학(邪學) 죄인 황사영은 사족으로서 사술(邪術)에 미혹됨이 가장 심한 자였다. [그는] 의금부에서 체포하려는 것을 미리 알고 피신하였는데, 상복을 입고 성명을 바꾸거나 토굴에 숨어서 종적을 감춘 지 반년이 지났다. 포청에서 은밀히 염탐하여 지금에야 제천 땅에서 붙잡았다. 그의 문서를 수색하던 중 백서를 찾았는데, 장차 북경의 천주당에 전하려고 한 것이었다.

(가)	(나)	(다)	(라)	(마)
1728 이인좌의 난	1746 『속대전』 편찬	1791 신해박해	1811 홍경래의 난	1834 헌종 즉위	1862 임술 농민 봉기

① (가) ② (나) ③ (다)
④ (라) ⑤ (마)

10 밑줄 그은 '전란' 중에 있었던 사실로 옳은 것은? [2점]

① 이종무가 대마도를 정벌하였다.
② 강홍립이 사르후 전투에 참전하였다.
③ 김준룡이 광교산 전투에서 승리하였다.
④ 조헌이 금산에서 의병을 이끌고 활약하였다.
⑤ 신립이 탄금대에서 배수의 진을 치고 전투를 벌였다.

정답 및 해설

06 명에 대한 조선의 정책   정답 ②

정답 치트키
대보단 + 숙종 → 명에 대한 조선의 정책

② 조선은 명에 정기적으로 정월 초 축하 인사를 하는 하정사와 황제와 황태자의 생일을 축하하는 천추사 등의 사절단을 파견하였다.

오답 클리어
① 나선 정벌에 조총 부대를 파견하였다. → 청에 대한 조선의 정책
③ 백두산 정계비를 세워 국경을 확정하였다. → 청에 대한 조선의 정책
④ 한성에 동평관을 두어 무역을 허용하였다. → 일본에 대한 조선의 정책
⑤ 공녀를 보내기 위해 결혼도감을 설치하였다. → 몽골에 대한 고려의 정책

07 임진왜란   정답 ②

정답 치트키
조헌 + 의병 + 왜군과 전투 → 임진왜란(선조)

② 임진왜란 때 동래부의 부사 송상현이 왜군에 맞서 동래성에서 항전하였으나 패배하였다.

오답 클리어
① 이종무가 대마도를 정벌하였다. → 세종(조선)
③ 김상용이 강화도에서 순절하였다. → 인조(조선), 병자호란
④ 최영이 홍산 전투에서 크게 승리하였다. → 우왕(고려)
⑤ 강홍립 부대가 사르후 전투에 참전하였다. → 광해군(조선)

08 남명 조식   정답 ①

정답 치트키
호는 남명 + 성리학자 + 경(敬)과 의(義)를 강조 → 남명 조식

① 조식은 임진왜란 때 의병장으로 활약한 곽재우, 정인홍 등의 제자를 배출하였다.

오답 클리어
② 『기기도설』을 참고하여 거중기를 설계하였다. → 정약용
③ 위훈 삭제를 주장하여 훈구 세력의 반발을 샀다. → 조광조
④ 『북학의』를 저술하여 수레와 배의 이용을 권장하였다. → 박제가
⑤ 양명학을 체계적으로 연구하여 강화 학파를 형성하였다. → 정제두

09 황사영 백서 사건   정답 ③

정답 치트키
황사영 + 백서 + 북경의 천주당에 전하려고 한 것
→ 황사영 백서 사건(1801, 순조)

③ 황사영 백서 사건은 신해박해 이후 1801년에 신유박해가 일어나자 황사영이 프랑스 군대를 동원하여 신앙의 자유를 확보해 달라는 밀서를 흰 비단에 써서 베이징(북경) 주재 프랑스 주교에게 전달하려다 발각된 사건이다. 이 사건으로 인해 박해는 더욱 심화되었다.

10 병자호란   정답 ③

정답 치트키
삼전도에서의 굴욕적인 항복으로 끝남 → 병자호란

③ 병자호란 때 김준룡이 남한산성으로 진군하던 중, 용인의 광교산에서 청의 군대를 상대로 승리하였다(광교산 전투).

오답 클리어
① 이종무가 대마도를 정벌하였다. → X
② 강홍립이 사르후 전투에 참전하였다. → X
④ 조헌이 금산에서 의병을 이끌고 활약하였다. → 임진왜란
⑤ 신립이 탄금대에서 배수의 진을 치고 전투를 벌였다. → 임진왜란

조선 시대 기출 테스트

11 다음 왕에 대한 설명으로 옳은 것은? [2점]

초상과 어진으로 만나는 조선의 왕

왼편은 연잉군 시절인 20대의 초상이며 오른편은 50대의 어진이다. 그는 즉위 후 탕평 교서를 반포하고 탕평비를 건립하였다. 준천사를 신설하여 홍수에 대비하였으며, 신문고를 다시 설치하여 백성들의 억울함을 듣고자 하였다.

① 통치 체제를 정비하기 위해 『대전회통』을 편찬하였다.
② 왕권 강화를 위해 친위 부대인 장용영을 설치하였다.
③ 각 궁방과 중앙 관서의 공노비 6만여 명을 해방하였다.
④ 어영청을 중심으로 국방력을 강화하고 북벌을 추진하였다.
⑤ 균역법을 시행하여 백성들의 군역 부담을 줄여주고자 하였다.

12 밑줄 그은 '이 시기'에 있었던 사실로 옳은 것은? [2점]

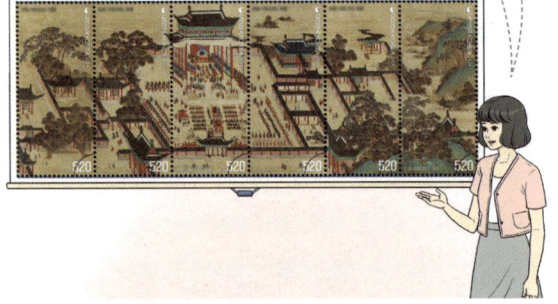

이 우표 속 그림은 국왕의 혼인을 축하하기 위해 거행된 진하례 모습을 그린 궁중 행사도입니다. 그림에 보이는 왕실 행사의 화려함과 달리 안동 김씨 등 외척 세력이 세 왕에 걸쳐 60여 년 동안 권력을 잡은 이 시기에는 국왕의 실권이 많이 위축되었습니다.

① 어영청을 중심으로 북벌이 추진되었다.
② 윤지충 등이 처형된 신해박해가 일어났다.
③ 이필제가 영해 지역을 중심으로 난을 일으켰다.
④ 경복궁 중건 비용 마련을 위해 당백전이 발행되었다.
⑤ 삼정의 문란을 해결하기 위해 삼정이정청이 설치되었다.

13 (가) 기구에 대한 설명으로 옳은 것은? [2점]

우부승지 김종직이 아뢰기를, "고려 태조는 여러 고을에 영을 내려 공변되고 청렴한 선비를 뽑아서 향리들의 불법을 규찰하게 하였으므로 간악한 향리가 저절로 없어져 5백 년간 풍화를 유지할 수 있었습니다. 우리 조정에서는 이시애의 난 이후 (가) 이/가 혁파되자 간악한 향리들이 불의를 자행하여서 건국한 지 1백 년도 못 되어 풍속이 쇠퇴해졌습니다. …… 청컨대 (가) 을/를 다시 설립하여 향풍(鄕風)을 규찰하게 하소서."라고 하였다.
— 『성종실록』

① 조광조 일파의 건의로 폐지되었다.
② 좌수와 별감을 중심으로 운영되었다.
③ 풍기 군수 주세붕이 처음 설립하였다.
④ 대사성 이하 좨주, 직강 등의 관직을 두었다.
⑤ 매향(埋香) 활동 등 각종 불교 행사를 주관하였다.

14 (가), (나) 인물에 대한 설명으로 옳은 것은? [2점]

① (가) - 100리 척을 사용하여 동국지도를 제작하였다.
② (가) - 『곽우록』에서 토지 매매를 제한하는 한전론을 제시하였다.
③ (나) - 『의산문답』에서 중국 중심의 세계관을 비판하였다.
④ (나) - 여전론을 통해 마을 단위의 공동 경작을 주장하였다.
⑤ (가), (나) - 양명학을 연구하여 강화 학파를 형성하였다.

72회 기출

15 다음 자료에 나타난 시기의 경제 상황으로 옳지 않은 것은? [1점]

> 비변사의 계사에, "현재 시전의 병폐로 서울과 지방의 백성이 원망하는 바는 오로지 도고(都庫)에 있습니다. 시중 시세를 조종하여 홀로 이익을 취하니 그 폐단은 한이 없습니다. 한성부에서 엄히 금하도록 하되 그 가운데 매우 심하게 폐단을 빚는 3강(한강·용산강·서강)의 시목전(柴木廛)·염해전(鹽醢廛)과 같은 무리는 그 주모자를 색출하여 형조로 송치해서 엄한 형벌로 다스려 후일을 징계하도록 분부하는 것이 어떻겠습니까?" 하니 윤허한다고 답하였다.

① 금속 화폐인 건원중보가 주조되었다.
② 담배와 면화 등의 상품 작물이 재배되었다.
③ 보부상이 장시를 돌아다니며 상업 활동을 하였다.
④ 모내기법의 확대로 벼와 보리의 이모작이 성행하였다.
⑤ 설점수세제의 시행으로 민간의 광산 개발이 허용되었다.

정답 및 해설

11 영조 정답 ⑤

정답 치트키
탕평비를 건립함 + 준천사를 신설함 → 영조

⑤ 영조는 군포를 1년에 2필에서 1필로 줄이는 균역법을 시행하여 군역의 폐단으로 고통받는 백성들의 부담을 줄여주고자 하였다.

오답 클리어
① 통치 체제를 정비하기 위해 『대전회통』을 편찬하였다.
　→ 고종(흥선 대원군 집권기)
② 왕권 강화를 위해 친위 부대인 장용영을 설치하였다. → 정조
③ 각 궁방과 중앙 관서의 공노비 6만여 명을 해방하였다. → 순조
④ 어영청을 중심으로 국방력을 강화하고 북벌을 추진하였다. → 효종

12 세도 정치 시기의 사실 정답 ⑤

정답 치트키
안동 김씨 등 외척 세력이 세 왕에 걸쳐 60여 년 동안 권력을 잡음
→ 세도 정치 시기

⑤ 세도 정치 시기인 철종 때 임술 농민 봉기를 계기로 삼정의 문란을 해결하기 위해 삼정이정청이 설치되었다.

오답 클리어
① 어영청을 중심으로 북벌이 추진되었다. → 효종
② 윤지충 등이 처형된 신해박해가 일어났다. → 정조
③ 이필제가 영해 지역을 중심으로 난을 일으켰다. → 고종
④ 경복궁 중건 비용 마련을 위해 당백전이 발행되었다. → 고종

13 유향소 정답 ②

정답 치트키
이시애의 난 이후 혁파 + 다시 설립하여 향풍(鄕風)을 규찰하게 함 → 유향소

② 유향소는 조선 시대의 향촌 자치 기구로, 임원인 좌수와 별감을 중심으로 운영되었다.

오답 클리어
① 조광조 일파의 건의로 폐지되었다. → 소격서
③ 풍기 군수 주세붕이 처음 설립하였다. → 서원
④ 대사성 이하 좨주, 직강 등의 관직을 두었다. → 성균관
⑤ 매향(埋香) 활동 등 각종 불교 행사를 주관하였다. → 향도

14 박제가와 정약용 정답 ④

정답 치트키
(가) 『북학의』를 저술함 → 박제가
(나) 『경세유표』를 저술함 → 정약용

④ 정약용은 토지 제도 개혁론으로 여전론을 제시하여 한 마을을 단위로 토지의 공동 소유와 공동 경작을 주장하였다.

오답 클리어
① 100리 척을 사용하여 동국지도를 제작하였다. → 정상기
② 『곽우록』에서 토지 매매를 제한하는 한전론을 제시하였다. → 이익
③ 『의산문답』에서 중국 중심의 세계관을 비판하였다. → 홍대용
⑤ 양명학을 연구하여 강화 학파를 형성하였다. → 정제두

15 조선 후기의 경제 상황 정답 ①

정답 치트키
비변사 + 도고 → 조선 후기

① 금속 화폐인 건원중보는 우리나라 최초의 화폐로, 고려 성종 때 주조되었다.

오답 클리어
② 조선 후기에는 담배와 면화 등의 상품 작물이 재배되었다.
③ 조선 후기에는 보부상이 각 지방의 장시를 돌아다니며 상업 활동을 하였다.
④ 조선 후기에는 모내기법의 확대로 벼와 보리의 이모작이 성행하였다.
⑤ 조선 후기 효종 때 설점수세제의 시행으로 민간의 광산 개발이 허용되었다.

해커스 한국사능력검정시험
심화 2주 합격

V 근대

최근 3개년 기출 트렌드
*최근 3개년 회차인 심화 75~60회 기준입니다.

기출주제	출제 문항 수	
29 흥선 대원군 집권 시기와 개항	21문항	1위
30 개화 정책과 위정척사 운동	5문항	
31 임오군란과 갑신정변	10문항	
32 동학 농민 운동과 갑오·을미개혁	14문항	3위
33 독립 협회와 대한 제국	13문항	
34 국권 피탈과 저항	20문항	2위
35 열강의 경제 침탈과 경제적 구국 운동	9문항	
36 근대 문화의 형성	13문항	

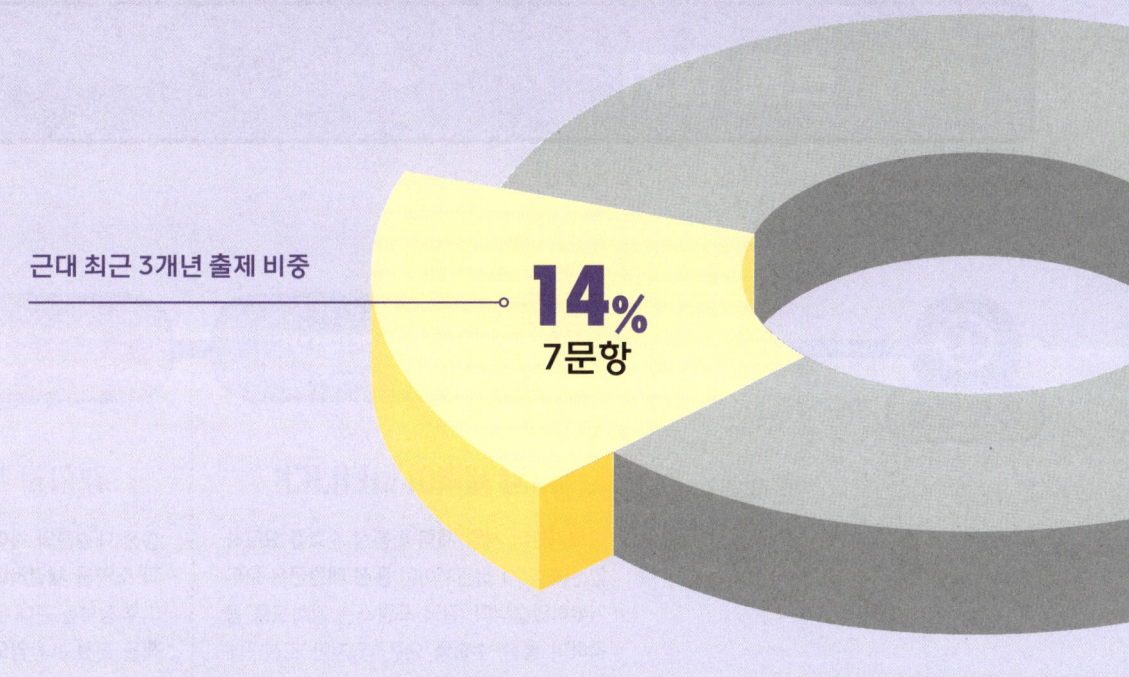

근대 최근 3개년 출제 비중 **14%** 7문항

빈출 키워드 TOP3

병인양요, 신미양요, 조·미 수호 통상 조약

통리기무아문, 최익현, 보빙사

임오군란, 한성 조약, 갑신정변

고부 민란, 군국기무처, 건양

독립 협회, 헌의 6조, 광무개혁

대한 제국 군대 해산, 정미의병, 신민회

화폐 정리 사업, 보안회, 국채 보상 운동

전차 개통, 대한매일신보, 육영 공원

학습 포인트

- **흥선 대원군 집권 시기와 개항**은 근대의 빈출 주제예요. 흥선 대원군의 개혁 내용과 병인양요 등 외세의 침입 순서, 개항기에 체결된 조약의 내용을 반드시 알아두세요!

- **국권 피탈과 저항**은 일제의 국권 피탈 과정을 묻는 문제로 자주 출제되니, 주요 사건의 흐름과 조약의 내용을 꼼꼼히 학습하세요! 또한 애국 계몽 운동을 펼친 주요 단체의 활동을 구분해서 암기하세요!

- **동학 농민 운동과 갑오·을미개혁**은 동학 농민 운동의 사건 순서와 각 개혁의 내용에 대해 묻는 문제가 많이 출제되니, 주요 사건과 내용을 꼭 파악하세요!

근대 흐름 잡기

주요 흐름

흥선 대원군 집권기

서양 세력이 나타나다!

19세기부터 **서양 세력**이 통상 수교를 요구하였는데, 당시 집권자이던 **흥선 대원군**은 모두 거부하였습니다. 결국 **프랑스**는 강화도를 공격하며 통상 수교를 요구하였지만 조선군에게 격퇴되었고(**병인양요**), 이후 **미국**도 강화도에 침입하였으나 조선 수비대의 저항으로 결국 퇴각하였습니다(**신미양요**).

개항기

개항과 개혁의 격변기

흥선 대원군의 하야 이후 조선은 **일본**, **미국과 조약을 체결**하며 **문호를 개방**하였습니다. 이후 정부는 근대 문물을 받아들이며 **개화 정책**을 펼쳤으나 **임오군란, 갑신정변, 동학 농민 운동**이 전개되면서 격변기를 맞게 됩니다.

빈출 키워드 연표

주요 사건
외세의 통상 요구부터 국권 피탈까지의 사건들을 순서대로 외워보세요!

- 고종 즉위, 흥선 대원군 집권(1863)
- 제너럴 셔먼호 사건 · 병인양요 (1866)
- 오페르트 도굴 사건 (1868)
- **신미양요 (1871)** — 빈출키워드 4위
- 임오군란 (1882)
- **갑신정변 (1884)** — 빈출키워드 1위
- **동학 농민 운동** · 갑오개혁 (1894) — 빈출키워드 2위
- 을미사변 · 을미개혁 (1895)

주요 조약
어떤 사건 이후에 체결된 조약인지를 꼭 알아두세요!

- 강화도 조약 (1876)
- **조·미 수호 통상 조약** · 조·청 상민 수륙 무역 장정 (1882) — 빈출키워드 5위
- 한성 조약 (1884) · 톈진 조약 (1885)
- 시모노세키 조약 (1895)

주요 근대 문물
개항 이후 어떤 근대 문물들이 들어왔는지 알아두세요!

- 전환국, 박문국 설치
- 한성순보 발행
- 원산학사 설립(1883)
- 육영 공원 설립 (1886)

한국사능력검정시험 전문 선생님의
무료 특강과 함께 시대 흐름 잡기

대한 제국 성립기

고종의 마지막 승부수, 대한 제국

열강들의 이권 침탈이 심해지고 **아관 파천**으로 인해 나라의 위신이 떨어지자, **고종**은 러시아 공사관에서 덕수궁으로 환궁한 뒤 조선이 자주 독립 국가임을 내세우며 **대한 제국을 선포**하였습니다. 또한 구본신참의 원칙에 따라 **광무개혁을 실시**하였습니다.

국권 피탈기

국권이 피탈되다.

청과 러시아를 물리치고 조선 내의 주도권을 장악한 **일본**은 대한 제국을 식민지로 만들기 위한 준비를 시작하였습니다. 일본은 **을사늑약**을 체결하여 외교권을 빼앗고, **고종 황제를 강제로 퇴위**시켰으며, **대한 제국의 군대도 강제로 해산**하였습니다. 결국 1910년, 대한 제국은 일본과 강제로 **병합 조약을 체결**하여 일본의 식민지가 되었습니다(경술국치).

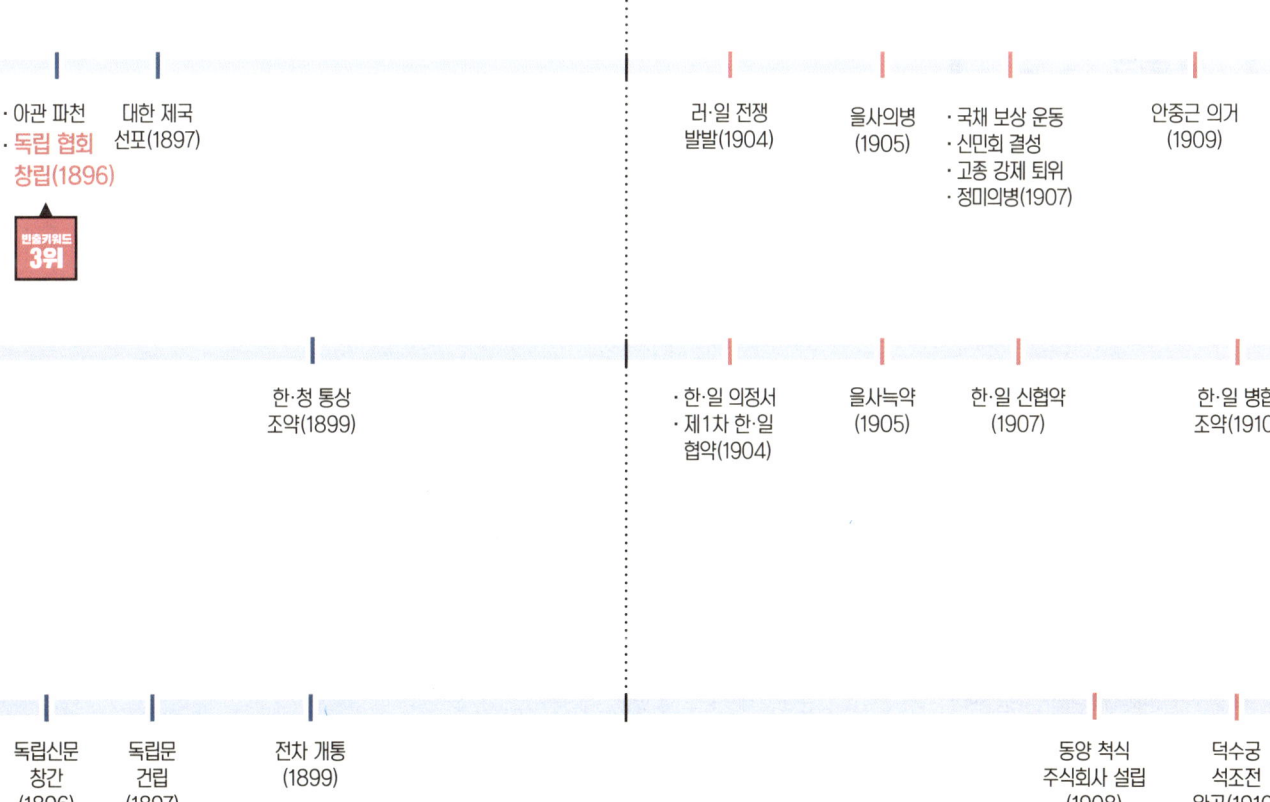

기출주제 29 흥선 대원군 집권 시기와 개항

빈출 태그 | #서원 철폐 #병인양요 #신미양요 #척화비 건립 #운요호 사건 #강화도 조약 #『조선책략』 #조·미 수호 통상 조약

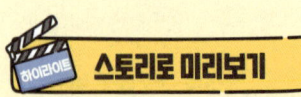

S#1 흥선 대원군이 경복궁을 중건하다!

휴, 쌀 가격이 엄청나게 올라버렸지 뭐야. 나라에서 **경복궁을 다시 짓느라** 모자란 돈을 채운다고 **당백전**이라는 고액 화폐를 잔뜩 찍어내다가 화폐 양이 너무 많아져서 그렇다는데. 안 그래도 궁궐 공사에 나갔다 와서 힘든데, 밥도 제대로 못 먹게 생겼잖아!

S#2 프랑스의 침입으로 병인양요가 일어나다!

자기네 나라 천주교 선교사를 죽였다며 프랑스라는 나라의 군대가 강화도에 쳐들어 온 지도 한참이 지났다. 나 양헌수는 조선의 무관으로서, **정족산성**에서 반드시 프랑스군을 막아내고 말 것이다!

S#3 흥선 대원군이 척화비를 건립하다!

종로를 지나는데 비석이 하나 있지 뭐야? 지나가는 사람에게 물었더니 **흥선 대원군이 세운 척화비**라며, 서양 오랑캐들하고는 절대 친하게 지내지 않겠다는 내용이 적혀 있다는군. 미국 오랑캐를 몰아내고 전국 각지에 세웠다는데, 앞으로 조선에서 서양 오랑캐를 보기는 어렵겠군.

1 흥선 대원군의 개혁 정치

└ 고종이 12세에 왕위에 오르자 고종의 아버지인 흥선 대원군이 섭정하여 나라를 다스리게 됨

세도 가문 축출	: 세도 정치의 중심 세력인 안동 김씨 일족을 몰아냄
비변사 폐지	: **비변사를 축소·폐지**하여 의정부(정치)의 기능을 회복하고 **삼군부**(군사)를 부활시킴
	└ 조선 초기 군무를 관장하던 관청
법전 편찬	: 통치 체제를 정비하기 위해 **『대전회통』**, 『육전조례』 등의 법전을 편찬함
	└ 조선 시대의 마지막 통일 법전

▲ 흥선 대원군

경복궁 중건

▲ 당백전

- 목적: 임진왜란 중 소실된 경복궁을 중건하여 왕실의 권위를 회복하기 위함
- 내용: 궁궐의 공사비 마련을 위해 **당백전**을 발행하고 기부금인 원납전을 강제로 징수함
  └ 고액 화폐로, 대량 발행하여 물가가 급등함
- 결과: 양반과 백성 모두의 원성이 증가함

★★ **서원 철폐**
- 목적: 지방 양반들의 거점이자 백성을 수탈하던 **서원을 철폐**하여 국가의 지방 통제력을 강화하고자 함
  └ 명나라 신종(임진왜란 때 조선을 도와줌)과 의종(마지막 황제)의 제사를 지내던 곳
- 내용: 전국의 서원을 47개소만 남기고 만동묘를 철폐함
- 결과
  - 서원에 딸린 토지와 노비를 몰수하여 국가 재정을 확충함
  - 양반 유생들의 반발을 불러 일으켰으며, 최익현은 흥선 대원군의 서원 철폐를 비판하고 고종의 친정을 요구하는 **계유상소(1873)**를 올림
    └ 직접 정치함 └ 이 상소가 원인이 되어 흥선 대원군이 물러남

> **백발백중 기출 사료 | 흥선 대원군의 서원 철폐** [54회]
>
> 왕이 말하였다. "요즘에 서원마다 사무를 자손들이 주관하고 붕당을 각기 주장하니, 이로 인한 폐해가 백성들에게 미치는 경우가 많다고 한다. 흥선 대원군의 분부대로 서원을 철폐하고 신주를 땅에 묻어 버리는 등의 절차를 거행하도록 전국에 알려라."
>
> ➡ **사료 해석**: 흥선 대원군은 유생들의 반발에도 불구하고 면세의 특권을 누리며 국가 재정을 악화시키고 백성을 수탈해 온 서원을 전국 600여 개 중 47개만 남겨두고 모두 철폐하였다.

삼정의 개혁
- 목적: 민생 안정과 국가 재정을 확충하기 위함
- 양전 사업: 양전 사업으로 은결을 색출하고 불법적인 토지 겸병을 금지함
  └ 세금을 피하기 위해 신고하지 않은 토지
- **호포제**: 군정의 문란을 해결하기 위해 신분의 구별 없이 집집마다 군포를 징수하여 **양반에게도 군포를 부과함**
- **사창제**: 환곡의 폐단을 바로잡고자 환곡 대신 향촌민들이 자치적으로 운영하는 사창제를 실시하여 농민의 부담을 줄임

> **백발백중 기출 사료 | 군정의 문란** [61회]
>
> 시아버지 삼년상 벌써 지났고
> 갓난아인 배냇물도 안 말랐는데
> 이 집 삼대 이름 군적에 모두 실렸네
> — 애절양
>
> ➡ **사료 해석**: 애절양은 사망한 자와 어린아이에게 군포를 징수하는 등 군정의 문란으로 고통받던 백성의 삶을 표현한 시이다.

2 통상 수교 거부 정책과 외세의 침입(양요)

(1) 흥선 대원군의 통상 수교 거부 정책

- 배경: 이양선의 출몰과 천주교의 확산으로 조선 내의 불안감이 고조된 상황에서 서양 열강이 통상을 요구함
  - (외국과의 무역과 외교)
  - (서양 사람들의 침입으로 일어난 소요)
  - (조선 후기 우리나라 연해에 나타난 서양의 상선이나 군함으로, '모양이 다른 배'라는 뜻)
- 내용: 외세의 침투를 막기 위해 열강의 통상 요구를 거부하고 국방력을 강화함

(2) 외세의 침입과 격퇴 과정

병인박해(1866. 1.): 흥선 대원군이 프랑스 주교와 선교사를 비롯한 수천 명의 천주교도를 처형함

↓

제너럴셔먼호 사건 (1866. 7.)
- 전개: 미국 상선 제너럴셔먼호가 조선에 통상을 요구했다가 거부당하자 조선의 관리를 살해하고 민가를 약탈함
- 결과: 평안도 관찰사 박규수와 평양 관민들이 제너럴셔먼호를 불태워 침몰시킴

↓

병인양요(1866. 9.)
- 배경: 프랑스가 병인박해를 구실로 삼아 조선과의 통상 수교를 시도함
- 전개: 프랑스 로즈 제독의 함대가 강화도를 점령하고 한성으로 진격하려 하였으나 한성근(문수산성), 양헌수(정족산성) 부대가 프랑스군을 격퇴함
- 결과: 프랑스군이 퇴각하는 과정에서 『의궤』를 포함한 외규장각의 도서 등 각종 문화재를 약탈함
  - (강화도에 설치된 규장각의 부속 도서관)

▲ 병인양요 격전지

> **백발백중 기출 사료 | 📍병인양요** [70회]
> 순무영에서 정족산성 수성장 양헌수가 보낸 보고에 의하면, "…… 우리 군사가 잠입한 사실을 적들이 알지 못하였습니다. 오늘 저들은 우리가 지키고 있는 성을 점령할 계책으로 그 우두머리가 말을 타고 나귀를 끌고 짐바리와 술과 음식을 가지고 동문과 남문으로 나누어 들어왔습니다. ……"라고 하였습니다.
> ➡ **사료 해석**: 병인양요 때 프랑스 군대가 강화도에 침입하자, 정족산성의 양헌수 부대가 이를 격퇴하였다.

↓

오페르트 도굴 사건 (1868)
- 배경: 독일 상인 오페르트가 조선과의 통상을 시도하였으나 실패함
- 전개: 오페르트가 흥선 대원군 아버지(남연군)의 유해를 미끼로 통상을 요구하기 위해 남연군 묘의 도굴을 시도하였으나 실패함
  - (충청도 덕산군(현 예산군)에 위치함)
- 결과: 흥선 대원군의 통상 수교 거부 정책이 더욱 강화됨

↓

신미양요(1871)
- 배경: 미국이 제너럴셔먼호 사건을 구실로 조선과 통상 수교를 시도함
- 전개: 미군이 강화도로 침입하여 초지진과 덕진진을 점령하고 광성보를 공격하였으나, 어재연이 이끄는 조선 수비대가 결사적으로 저항함
- 결과
  - 미군이 퇴각하면서 어재연 장군 수자기 등 수많은 전리품을 약탈함
  - 흥선 대원군은 외세에 대한 척화 의지를 표명하기 위해 전국 각지에 척화비를 건립함

▲ 어재연 장군 수자기

> **백발백중 기출 사료 | 📍척화비 건립** [65회]
> 종로에 비석을 세웠다. 그 비에서 이르기를, '서양 오랑캐가 침범하는데 싸우지 않으면 즉 화친하는 것이요, 화친을 주장함은 나라를 팔아먹는 것이다.'고 하였다.
> ➡ **사료 해석**: 흥선 대원군은 서울 종로 거리를 포함한 전국 각지에 척화비를 건립하여 서양 열강의 침범에 대한 척화 의지를 표명하였다.

▲ 척화비

✅ 기출 선택지로 개념 다지기

1. 빈칸의 답을 채워보세요.

(1) 흥선 대원군 집권기에 편찬된 법전: 『　　』 [75·70·68회]

(2) 양반에게도 군포를 부과한 제도: 　　제 [74·72·70·65회]

(3) 병인양요 때 정족산성에서 활약한 인물: 　　 [60회]

(4) 신미양요 때 어재연이 미군에 저항한 지역: 　　 [72·67회]

(5) 신미양요 이후 전국 각지에 세워진 비석: 　　 [71·69·61회]

2. 질문에 맞는 답을 고르세요.

(1) 흥선 대원군 집권 시기의 사실은? [58회]
① 제너럴 셔먼호 사건을 구실로 미군이 침입하였다.
② 인재를 양성하기 위한 초계문신제가 시행되었다.

(2) 병인박해에 대한 설명은? [53회]
① 오페르트가 남연군 묘 도굴을 시도하였다.
② 로즈 제독 함대가 강화도를 침입하는 빌미가 되었다.

(3) 병인양요에 대한 설명은? [60회]
① 양헌수 부대가 정족산성에서 승리하였다.
② 사태 수습을 위해 박규수가 안핵사로 파견되었다.

(4) 제너럴셔먼호 사건의 영향은? [66회]
① 로저스 제독이 이끄는 미군이 강화도에 침입하였다.
② 황사영이 외국 군대의 출병을 요청하는 백서를 작성하였다.

(5) 신미양요에 대한 설명은? [67회]
① 외규장각 도서가 약탈되었다.
② 어재연 부대가 광성보에서 항전하였다.

정답 | 1. (1) 대전회통　(2) 호포
　　　　(3) 양헌수　(4) 광성보　(5) 척화비
　　2. (1) ①(②은 정조 때)
　　　　(2) ②(①은 오페르트 도굴 사건)
　　　　(3) ①(②은 임술 농민 봉기)
　　　　(4) ①(②은 신유박해)
　　　　(5) ②(①은 병인양요)

기출주제 29 흥선 대원군 집권 시기와 개항

톡톡 스토리로 미리보기

역잘알: 드디어 근대까지 왔구나~! 축하해!

역알못: 응, 그런데 조약이 엄~청 많네? 이름도 엄청 길고 말이야.

역잘알: 음, 조약에는 조약을 맺은 두 나라의 이름이 붙으니, 우선 그것부터 기억하는 게 좋아! 조(선)·미(국)~조약, 조(선)·청 ~ 조약 이렇게!

역알못: 오 그러네! 근데 강화도 조약이라는 것도 있는데?

역잘알: 응응 강화도 조약의 정식 이름은 조·일 수호 조규야! 여기서 조규는 두 나라가 높고 낮은 관계일 때 쓰는 단어야.

역알못: 그럼 우리가 더 높은 위치였던 거야?

역잘알: 아니, 일본은 서양 문물을 받아들여서 빠르게 성장했어. 힘을 키운 일본이 먼저 시비를 걸어와서 빌미를 잡고 조약을 맺자고 강요해.

그래서 결국 강화도에서 일본과 조약을 맺었고, 이로써 조선이 개항을 하게 돼.

역알못: 후 그랬구나. 개항을 하긴 했는데 뭔가 강제로 한 것 같아서 기분이 찜찜하다ㅠㅠ

3 일본과의 통상 조약 체결

(1) 강화도 조약(조·일 수호 조규)의 체결(1876)
└ 1876년이 병자년이라 병자 수호 조규라고도 불림

배경	- **고종의 친정**: 통상 수교 거부 정책을 전개하던 흥선 대원군이 물러나고 고종의 친정이 시작됨 - **통상 개화론자의 등장**: 박규수, 오경석 등의 통상 개화론자들이 문호 개방의 필요성을 주장하며 성장함 - **정한론의 대두**: 일본 내에서 조선을 정벌하자는 정한론이 대두됨 - **운요호 사건(1875)**: 일본 군함 운요호가 강화도 초지진에 접근하여 무력 시위를 벌이자 조선군이 경고 사격을 하였고, 이후 일본군은 **영종도**(영종진)**에 상륙**하여 약탈을 저지름 - 일본은 이를 구실로 조선 정부에 개항을 요구함
체결	조선 대표 신헌과 일본 대표 구로다가 강화도 연무당에서 조약을 체결함
주요 내용	조선에 대한 청의 종주권을 부인함(조선은 자주국), **부산·원산·인천**에 개항장을 설치함, 해안 측량권을 허용함, <u>치외 법권</u>을 인정함 └ 외국인이 체류하는 국가의 법 대신 본국 법에 따라 재판 받을 권리
성격	최초의 근대적 조약이자 불평등 조약

▲ 강화도 조약 체결

백발백중 기출 사료 | 📍강화도 조약의 주요 내용 [61·59회]

- 제1조 조선국은 **자주국**이며 일본국과 평등한 권리를 가진다. → 청의 종주권 부인
- 제4조 조선 정부는 부산과 두 항구를 개방하고 일본인이 자유롭게 왕래하면서 통상할 수 있게 한다. → 부산 외 2곳(원산, 인천) 항구 개항
- 제7조 조선국 연해의 섬과 암초는 극히 위험하므로 **일본국의 항해자가 해안을 자유롭게 측량**하도록 허가한다. → 해안 측량권 허용(불평등)
- 제10조 일본국 인민이 조선국에서 지정한 각 항구에 머무르는 동안에 **죄를 범한 것**이 조선국 인민과 관계 되더라도 모두 **일본국 관원이 심의하여 처리**한다. → 치외 법권 인정(불평등)

➡ **사료 해석**: 강화도 조약에는 청의 종주권을 부인하는 조항 외에도 부산 외 2곳의 항구 개항, 해안 측량권과 치외 법권 인정 등의 조항이 있었다.

(2) 강화도 조약의 부속 조약

특징	강화도 조약(조·일 수호 조규)의 후속 조치로 체결됨
조·일 수호 조규 부록(1876)	개항장에서 **일본 화폐의 유통 허용**, 일본 외교관의 여행 허용, 일본 상인의 활동 범위를 10리로 제한함 등의 규정을 담음 └ 조계(외국인의 주거와 통상이 허용된 지역)가 설정됨
조·일 무역 규칙 (조·일 통상 장정, 1876)	- **양곡**(쌀·잡곡)**의 무제한 유출**(수출·수입)을 허용함 - 일본 수출입 상품에 대한 관세를 설정하지 않음(무관세)
조·일 통상 장정 개정(1883)	- 일본 상품에 대한 관세를 설정하고 **최혜국 대우**(불평등)를 규정함 └ 어느 한 나라에 혜택을 부여했을 때 최혜국 대우를 맺은 국가에 가장 유리한 혜택을 부여하는 것 - **방곡령 규정**: 곡물의 수출을 금지하는 방곡령을 선포할 수 있는 조항을 명시함(방곡령 시행 1개월 전 지방관이 일본 영사관에 통고해야 함)

4 서양 열강과의 통상 조약 체결

(1) 조·미 수호 통상 조약의 체결(1882)

배경
- 『조선책략』의 유포: 2차 수신사로 파견되었던 김홍집이 일본에서 『조선책략』이라는 책을 국내에 들여옴
  - └ 청나라 사람인 황쭌셴(황준헌)이 작성한 책
  - → 조선이 러시아를 막기 위해서는 미국과 외교 관계를 맺어야 한다는 내용이 들어있어, 조선에서 미국의 역할에 대한 기대감이 상승함
- 청의 알선: 청이 조선에 대한 종주권을 확인하고 러시아와 일본을 견제하기 위해 미국과의 조약 체결을 알선함

백발백중 기출 자료 | 『조선책략』 [47회]
김홍집: 현재 조선에 가장 시급한 외교 사안이 무엇이라고 생각하십니까?
황준헌: 러시아를 막는 것입니다. 이를 위해서는 중국을 가까이 하고, 일본과 관계를 공고히 하며, 미국과 연계하여 자강을 도모해야 합니다.
➔ 자료 해석: 황쭌셴(황준헌)이 저술한 『조선책략』에는 러시아의 남하를 막기 위해 조선이 중국과 친하고 일본과 맺어지고 미국과 이어져야 한다는 내용이 담겨 있다.

주요 내용
- 거중조정: 양국 중 한 나라가 위협을 받으면 서로 도울 것을 규정함
- 불평등 조항: 외국에 대한 **최혜국 대우를 처음으로 규정**하였으며 치외법권을 허용함
- 관세 부과: 미국 수출입 상품에 대해 낮은 비율의 관세를 부과함(최초로 관세권 인정)

성격: 조선이 서양 국가와 맺은 최초의 근대적 조약이자 불평등 조약

결과
- 조약 체결 이후 조선은 미국 공사의 파견에 대한 답례로 전권대신 민영익 등을 보빙사라는 사절단으로 미국에 파견함
- 영국, 러시아, 프랑스 등 다른 서구 열강과도 조약을 체결하게 됨

백발백중 기출 사료 | 조·미 수호 통상 조약의 주요 내용 [61회]
제1조 앞으로 대조선국 군주와 대미국 대통령과 아울러 그 인민은 각각 모두 영원히 화평하고 우호를 다진다. 만약 타국이 어떤 불공평하게 하고 경시하는 일이 있으면 통지를 거쳐 반드시 서로 도와주며 중간에 잘 조정해 두터운 우의와 관심을 보여준다. → 거중조정
제5조 무역을 목적으로 조선국에 오는 미국 상인 및 상선은 모든 수출입 상품에 대하여 관세를 지불해야 한다. → 관세 부과
➔ 사료 해석: 조·미 수호 통상 조약에는 거중조정 조항과 미국 수출입 상품에 대해 관세를 부과한다는 내용의 조항이 있었다.

(2) 조·프 수호 통상 조약의 체결(1886)

배경: 천주교 포교 인정 문제로 다른 나라에 비해 조약 체결이 지연됨

주요 내용
- '자기 종교의 전례 의식을 거행하도록 들어준다'는 내용이 있어 프랑스가 **천주교 포교의 자유**를 인정받는 계기가 됨
- 최혜국 대우 조항이 포함됨

✔ 기출 선택지로 개념 다지기

1. 빈칸의 답을 채워보세요.

(1) 강화도 조약의 배경이 된 사건:
[　　　사건　　　] [74·69회]

(2) 강화도 조약으로 개항한 지역:
[　　　　　　　] [70·62회]

(3) 2차 수신사 김홍집이 들여온 책:
[『　　　　　　』] [68·67·62회]

(4) 최혜국 대우가 처음으로 규정된 조약:
[　　　　조약　　] [73·70회]

2. 질문에 맞는 답을 고르세요.

(1) 강화도 조약에 대한 설명은? [68회]
① 일본 측의 해안 측량권이 인정되었다.
② 통신사가 처음 파견되는 계기가 되었다.

(2) 조·미 수호 통상 조약에 대한 설명은? [70회]
① 최혜국 대우를 최초로 규정하였다.
② 방곡령 시행에 대한 규정을 명시하였다.

(3) 조·미 수호 통상 조약의 영향은? [62회]
① 김홍집이 국내에 『조선책략』을 소개하였다.
② 민영익을 대표로 한 보빙사가 파견되었다.

(4) 조·프 수호 통상 조약에 대한 설명은? [73회]
① 천주교 포교의 허용 근거가 되었다.
② 거중조정에 대한 내용을 포함하였다.

정답 | 1. (1) 운요호 (2) 부산, 원산, 인천
　　　　(3) 조선책략
　　　　(4) 조·미 수호 통상
　　 2. (1) ① (②은 일본 에도 막부의 요청)
　　　　(2) ① (②은 조·일 통상 장정 개정)
　　　　(3) ② (①은 제2차 수신사 파견의 결과)
　　　　(4) ① (②은 조·미 수호 통상 조약)

필수 기출로 개념 적용하기 기출주제 29 흥선 대원군 집권 시기와 개항

01 [54회 기출]

(가) 인물에 대한 설명으로 옳은 것은? [2점]

> ○ 왕이 말하였다. "요즘에 서원마다 사무를 자손들이 주관하고 붕당을 각기 주장하니, 이로 인한 폐해가 백성들에게 미치는 경우가 많다고 한다. (가) 의 분부대로 서원을 철폐하고 신주를 땅에 묻어 버리는 등의 절차를 거행하도록 전국에 알려라."
> ○ (가) 에게 군국사무를 처리하라는 명이 내려지자 그는 궐내에서 거처하며 5군영의 군사 제도를 복구하고 군량을 지급하게 하였다. 그리고 난병(亂兵)들을 물러가게 하고 대사면령을 내렸다.

① 친위 부대인 장용영을 설치하였다.
② 나선 정벌을 위해 조총 부대를 파견하였다.
③ 『속대전』을 편찬하여 통치 체제를 정비하였다.
④ 종로를 비롯한 전국 각지에 척화비를 세웠다.
⑤ 영은문이 있던 자리 부근에 독립문을 건립하였다.

02 [55회 기출]

밑줄 그은 ⊙이 원인이 되어 발생한 사건에 대한 설명으로 옳은 것은? [2점]

> 해군 제독 로즈 귀하
> 당신이 지휘하는 해군 병력에 주저없이 호소합니다. ⊙프랑스인 주교 2명과 선교사 9명을 희생시킨 사건이 조선에서 벌어졌습니다. 이에 대한 확실한 복수가 필요합니다. 당신의 지휘로 가능한 모든 수단을 사용하여 조선에 대한 공격을 최대한 빨리 개시하도록 간곡히 요청합니다.
> 7월 13일 베이징에서
> 벨로네

① 운요호가 강화도와 영종도를 공격하였다.
② 양헌수 부대가 정족산성에서 승리하였다.
③ 정부가 청군의 출병을 요청하는 계기가 되었다.
④ 사태 수습을 위해 박규수가 안핵사로 파견되었다.
⑤ 흥선 대원군이 톈진으로 압송되는 결과를 가져왔다.

👆 **흥선 대원군**

→ 흥선 대원군

④ 종로를 비롯한 전국 각지에 **척화비**를 세웠다.

흥선 대원군은 아들인 고종이 어린 나이에 즉위하자 실권을 장악한 후, 지방 양반들의 거점으로 변질되어 백성들을 수탈하였던 **서원**을 47개만 남기고 모두 **철폐**하였다. 또한 서양 세력에 대한 척화 의지를 담아 전국 각지에 **척화비**를 세웠다. 한편, 흥선 대원군은 서원 철폐 등에 반발한 최익현이 올린 상소를 계기로 정권에서 물러났다가, **임오군란**이 발생하자 사태 수습을 위해 **재집권**하였다.

오답 클리어
① 친위 부대인 **장용영**을 설치하였다. → 정조
② 나선 정벌을 위해 **조총 부대**를 파견하였다. → 효종
③ 『속대전』을 편찬하여 통치 체제를 정비하였다. → 영조
⑤ 영은문이 있던 자리 부근에 **독립문**을 건립하였다. → 독립 협회

📝 **이건 꼭! 암기** 흥선 대원군
#서원 철폐 #척화비 건립

👆 **병인양요**

→ 병인박해 → 병인양요

② 양헌수 부대가 정족산성에서 승리하였다.

병인양요는 흥선 대원군이 프랑스 주교와 선교사들을 처형한 천주교 박해(**병인박해**)가 원인이 되어 발생한 사건이다. 프랑스 함대가 **병인박해**를 구실로 통상을 요구하며 강화도를 공격하고 한성까지 진격하려 하였으나 **한성근 부대**가 문수산성에서, **양헌수 부대**가 **정족산성**에서 승리하였다.

오답 클리어
① 운요호가 강화도와 영종도를 공격하였다. → 운요호 사건
③ 정부가 청군의 출병을 요청하는 계기가 되었다.
→ 임오군란, 1차 동학 농민 운동 등
④ 사태 수습을 위해 박규수가 안핵사로 파견되었다.
→ 임술 농민 봉기
⑤ 흥선 대원군이 톈진으로 압송되는 결과를 가져왔다. → 임오군란

📝 **이건 꼭! 암기** 병인양요
#배경_병인박해 #양헌수 부대_정족산성 승리

03
[38회 기출]

다음 사건이 일어난 시기를 연표에서 옳게 고른 것은? [2점]

> 방금 남연군방(南延君房)의 차지중사(次知中使)가 아뢴 바를 들으니, 덕산의 묘지에 서양놈들이 침입하여 무덤을 훼손한 변고가 있었다고 하니 아주 놀랍고 황송한 일이다. …… 조정에서 임기응변의 계책을 세웠다가 도신(道臣)의 장계가 올라오기를 기다려 논의하도록 하라.

1862	1866	1871	1876	1884	1894
(가)	(나)	(다)	(라)	(마)	
임술 농민 봉기	병인 양요	신미 양요	강화도 조약	갑신 정변	갑오 개혁

① (가) ② (나) ③ (다) ④ (라) ⑤ (마)

04
[71회 기출]

(가) 사건 이후에 일어난 사실로 옳은 것은? [1점]

- 3년 전 우리나라에서 전시한 어재연 장군의 수자기를 찍은 사진이야. 어재연 장군은 미군이 강화도를 침략한 (가) 당시 광성보에서 항전하였어.
- 맞아. 이 수자기는 그때 빼앗겼다가 많은 노력 끝에 대여 형식으로 들어와 실물을 볼 수 있었지. 안타깝게도 지금은 미국으로 다시 돌아가 언제 돌아올 수 있을지 모른다고 해.

① 『의궤』를 비롯한 외규장각 도서가 약탈당하였다.
② 홍경래 등이 난을 일으켜 정주성을 점령하였다.
③ 종로를 비롯한 전국 각지에 척화비가 건립되었다.
④ 제너럴셔먼호가 대동강 유역에서 통상을 요구하였다.
⑤ 황사영이 외국 군대의 출병을 요청하는 백서를 작성하였다.

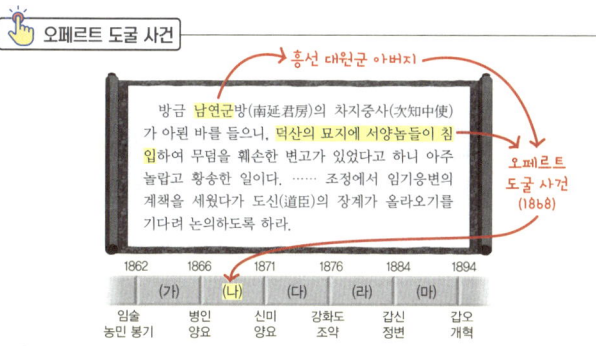

오페르트 도굴 사건

② (나)

흥선 대원군 집권기에는 서양 열강의 침입이 빈번하게 일어났다. 조선 정부가 프랑스 신부를 처형한 사건(병인박해)을 구실로 프랑스가 강화도를 침략하였고(**병인양요**, 1866), 이때 양헌수 부대가 정족산성에서 프랑스군을 물리쳤다. 이후 독일 상인 **오페르트**는 조선에 통상을 요구하였으나 거부당하자, 충청도 덕산군(현 예산군)에 있는 흥선 대원군의 아버지인 **남연군의 묘**를 도굴하여 유해를 미끼로 조선에 통상을 요구하려 했지만 실패하였다(**오페르트 도굴 사건**, 1868). 이 사건으로 크게 분노한 흥선 대원군은 **통상 수교 거부 정책**을 더욱 강화하였다. 한편 미국은 제너럴셔먼호 사건을 구실로 통상 수교를 요구하며 강화도를 공격하였다(**신미양요**, 1871).

📋 **이건 꼭! 암기** **오페르트 도굴 사건**
#독일 상인 오페르트 #남연군 묘 도굴 시도

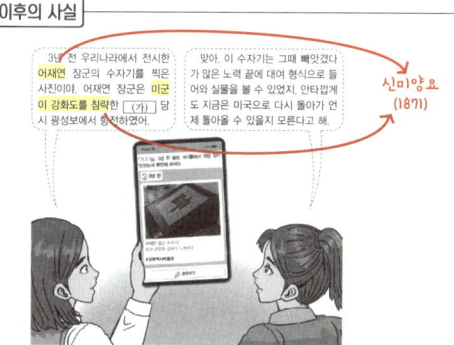

신미양요 이후의 사실

③ 종로를 비롯한 **전국 각지에 척화비가 건립**되었다. → 신미양요 이후

신미양요는 1871년에 미군이 **제너럴셔먼호 사건**에 대한 책임 추궁과 통상 수교를 목적으로 **강화도를 침입**한 사건이다. 이때 **어재연** 부대가 **광성보**에서 미군에 맞서 결사적으로 항전하였으나 패배하였다. 이후 흥선 대원군은 서양 세력에 대한 척화 의지를 담아 전국 각지에 **척화비**를 건립하였다.

❌ **오답 클리어**
① 『의궤』를 비롯한 외규장각 도서가 약탈당하였다. → 1866년
② 홍경래 등이 난을 일으켜 정주성을 점령하였다. → 1811년
④ 제너럴셔먼호가 대동강 유역에서 통상을 요구하였다. → 1866년
⑤ 황사영이 외국 군대의 출병을 요청하는 백서를 작성하였다. → 1801년

필수 기출로 개념 적용하기 기출주제 29 흥선 대원군 집권 시기와 개항

05 [68회 기출]

다음 대화가 오갔던 회담 결과 체결된 조약에 대한 설명으로 옳은 것은? [2점]

① 천주교 포교가 허용되었다.
② 갑신정변의 영향으로 체결되었다.
③ 일본 측의 해안 측량권이 인정되었다.
④ 통신사가 처음 파견되는 계기가 되었다.
⑤ 외국 상인의 내지 통상권을 최초로 규정하였다.

06 [45회 기출]

(가), (나) 조약에 대한 설명으로 옳은 것은? [2점]

> (가) 제7관 일본국 인민은 본국의 현행 여러 화폐로 조선국 인민이 소유한 물품과 교환할 수 있으며, 조선국 인민은 그 교환한 일본국의 여러 화폐로 일본국에서 생산한 여러가지 상품을 살 수 있다.
> (나) 제6칙 조선국 항구에 거주하는 일본 인민은 양미와 잡곡을 수출, 수입할 수 있다.

① (가) - 임오군란을 계기로 체결되었다.
② (가) - 최혜국 대우를 처음으로 규정하였다.
③ (나) - 『조선책략』의 영향으로 체결되었다.
④ (나) - 거중조정에 대한 내용을 포함하였다.
⑤ (가), (나) - 조·일 수호 조규의 후속 조치로 체결되었다.

👆 강화도 조약

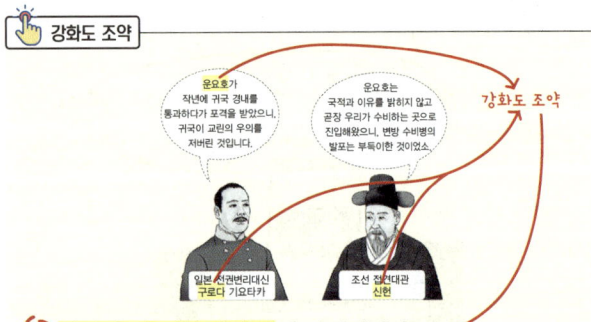

③ 일본 측의 해안 측량권이 인정되었다.

강화도 조약(조·일 수호 조규)은 조선과 일본 사이에 체결된 조약으로, 1875년에 일어난 **운요호 사건**이 빌미가 되어 체결되었다. 이에 이듬해인 1876년 강화도 연무당에서 조선 대표 **신헌**과 일본 대표 **구로다**가 만나 강화도 조약을 체결하였다. 이 조약의 결과 조선 연해에서 **일본 측의 해안 측량권**이 인정되었다.

⊙ 오답 클리어
① 천주교 포교가 허용되었다. → 조·프 수호 통상 조약
② 갑신정변의 영향으로 체결되었다. → 한성 조약·톈진 조약
④ 통신사가 처음 파견되는 계기가 되었다. → X
⑤ 외국 상인의 내지 통상권을 최초로 규정하였다.
  → 조·청 상민 수륙 무역 장정

📋 **이건 꼭! 암기** 강화도 조약
#운요호 사건의 영향으로 체결 #일본 측의 해안 측량권 인정

👆 조·일 수호 조규 부록과 조·일 무역 규칙

⑤ (가), (나) - 조·일 수호 조규의 후속 조치로 체결되었다.

(가) 조·일 수호 조규 부록은 조·일 수호 조규(강화도 조약)의 후속 조약으로, 개항장에서 **일본 화폐의 유통**을 허용하였다.
(나) 조·일 무역 규칙(조·일 통상 장정)은 조·일 수호 조규의 후속 조약으로, 이 조약을 통해 일본은 **양곡(쌀과 잡곡)을 무제한**으로 수출·수입할 수 있게 되었다.

⊙ 오답 클리어
① 임오군란을 계기로 체결되었다.
  → 제물포 조약(조-일), 조·청 상민 수륙 무역 장정(조-청)
② 최혜국 대우를 처음으로 규정하였다. → 조·미 수호 통상 조약
③ 『조선책략』의 영향으로 체결되었다. → 조·미 수호 통상 조약
④ 거중조정에 대한 내용을 포함하였다. → 조·미 수호 통상 조약

📋 **이건 꼭! 암기** 조·일 수호 조규(강화도 조약)의 부속 조약
#조·일 수호 조규 부록_일본 화폐 유통 허용 #조·일 무역 규칙(조·일 통상 장정)_양곡 유출 허용 #조·일 통상 장정 개정_방곡령 규정

07 [51회 기출]

(가), (나) 조약에 대한 설명으로 옳은 것을 <보기>에서 고른 것은? [3점]

(가) **제5관** 미국 상인과 상선이 조선에 와서 무역을 할 때 입출항하는 화물은 모두 세금을 바쳐야 하며, 세금을 거두는 권한은 조선이 자주적으로 행사한다.

(나) **제37관** 조선국에서 가뭄과 홍수, 전쟁 등의 일로 국내에 양식이 부족할 것을 우려하여 일시 쌀 수출을 금지하려고 할 때에는 1개월 전에 지방관이 일본 영사관에 통지하고, 미리 그 기간을 항구에 있는 일본 상인들에게 전달하여 일률적으로 준수하는 데 편리하게 한다.

─〈보기〉─
ㄱ. (가) - 최혜국 대우 내용을 포함하였다.
ㄴ. (가) - 갑신정변의 영향으로 체결되었다.
ㄷ. (나) - 방곡령 시행에 대한 규정을 명시하였다.
ㄹ. (나) - 재정 고문을 두도록 하는 조항을 담고 있다.

① ㄱ, ㄴ   ② ㄱ, ㄷ   ③ ㄴ, ㄷ
④ ㄴ, ㄹ   ⑤ ㄷ, ㄹ

08 [57회 기출]

교사의 질문에 대한 학생의 답변으로 옳은 것은? [2점]

제14관
…… 미국과 그 상인이 종래 누리지 않았거나 이 조약에 없는 것 또한 미국 관민이 일체 균점하는 것을 승인한다.

(자료는 이 조약 중 최혜국 대우를 규정한 조항의 일부입니다. 조선이 서양 국가와 최초로 체결한 이 조약에 대해 말해 볼까요?)

① 병인양요 발생의 배경이 되었어요.
② 갑신정변의 영향으로 체결되었어요.
③ 통감부가 설치되는 결과를 가져왔어요.
④ 거중 조정에 대한 내용이 포함되었어요.
⑤ 메가타가 재정 고문으로 부임하는 계기가 되었어요.

🖐 **조·미 수호 통상 조약과 조·일 통상 장정 개정**

(가) 제5관 미국 상인과 상선이 조선에 와서 무역을 할 때 입출항하는 화물은 모두 세금을 바쳐야 하며, 세금을 거두는 권한은 조선이 자주적으로 행사한다. → **조·미 수호 통상 조약**

(나) 제37관 조선국에서 가뭄과 홍수, 전쟁 등의 일로 국내에 양식이 부족할 것을 우려하여 일시 쌀 수출을 **금지하려고 할 때에는 1개월 전에 지방관이 일본 영사관에 통지**하고, 미리 그 기간을 항구에 있는 일본 상인들에게 전달하여 일률적으로 준수하는 데 편리하게 한다. → **방곡령** → **조·일 통상 장정 개정**

② ㄱ. (가) - **최혜국 대우 내용을 포함**하였다.
　 ㄷ. (나) - **방곡령 시행에 대한 규정을 명시**하였다.

(가) **조·미 수호 통상 조약**에는 수출입 상품에 관세를 부과한다는 조항과, 양국 중 한 나라가 제3국의 위협을 받으면 서로 돕기로 하는 **거중조정**의 조항이 포함되었다. 하지만 한 나라가 제3국에 부여하고 있는 가장 유리한 조건을 상대국에도 자동으로 부여하는 **최혜국 대우 내용을 포함**한 불평등 조약이었다.

(나) **조·일 통상 장정 개정**은 방곡령 시행에 대한 규정을 명시한 조약으로, 쌀 수출을 금지하고자 할 때 1개월 전에 지방관이 일본 영사관에 통지해야 한다는 내용이 담겨 있다.

◎ 오답 클리어
ㄴ. 갑신정변의 영향으로 체결되었다. → 한성 조약, 톈진 조약
ㄹ. 재정 고문을 두도록 하는 조항을 담고 있다. → 제1차 한·일 협약

🖐 **조·미 수호 통상 조약**

④ **거중조정에 대한 내용이 포함**되었어요.

조·미 수호 통상 조약은 청의 알선으로 서양 국가와 체결한 최초의 조약으로, **최혜국 대우를 최초로 규정**하였다. 또한 양국 중 한 나라가 제3국의 위협을 받으면 서로 도울 것을 규정한 **거중조정** 내용을 포함하고 있다.

◎ 오답 클리어
① 병인양요 발생의 배경이 되었어요. → 병인박해
② 갑신정변의 영향으로 체결되었어요. → 한성 조약, 톈진 조약
③ 통감부가 설치되는 결과를 가져왔어요. → 을사늑약
⑤ 메가타가 재정 고문으로 부임하는 계기가 되었어요. → 제1차 한·일 협약

📑 **이건 꼭! 암기** **조·미 수호 통상 조약**
#최혜국 대우 규정   #서양 국가와 체결한 최초의 조약   #거중조정

기출주제 30. 개화 정책과 위정척사 운동

빈출 태그 #통리기무아문 #영선사 #보빙사 #최익현 #영남 만인소

스토리로 미리보기

S#1 급진 개화파가 형성되다!

나는 조선의 빠른 발전을 꿈꾸는 **급진 개화파**, 요즘 걱정이 많아 잠도 잘 못 잘 지경이다. 민씨 세력의 요청으로 임오군란을 진압해 준 **청나라가 심하게 간섭**하는 바람에 개화 정책이 제대로 시행되지 못하고 있다. 민씨 세력은 대체 무슨 생각인 건지!

S#2 청나라에 영선사가 파견되다!

나 김윤식은 조선의 성리학 정신을 지키기 위해 우수한 서양의 무기와 기술을 배워야 한다고 생각하는 사람이다. 고종 전하께서 젊은 유학생들을 모아 **영선사**라는 사절단을 구성하여 **청나라**로 가 **무기 제조 기술을 배워오라** 명하셨다.

S#3 최익현이 개항에 반대하다!

나 **최익현**은 내 나라 조선을 위해서라면 무엇이든 한다. 조선이 일본과 조약을 맺으려고 한다는데, 분명 **일본은 서양과 똑같은 오랑캐라 우리 고유의 풍습을 해칠 것이다**! 이대로 있을 수는 없다, 목숨을 내놓아서라도 조약 체결을 막아야겠다.

1 개화 세력의 형성과 분화

(1) 개화 세력의 형성

초기 개화파 형성	북학파의 실학 사상을 바탕으로 개화 사상이 형성되어 19세기 후반에는 초기 개화파가 형성됨
	오경석: 중인 역관 출신으로 청에서 『해국도지』, 『영환지략』 등을 들여옴
	박규수: 양반 관료로 통상 개화론을 통해 문호 개방의 필요성을 주장함 └ 할아버지인 박지원의 실학 사상을 계승함
개화 세력 형성	박규수 등 초기 개화파의 지도를 받은 김옥균, 박영효, 서광범, 유길준 등이 개화파로 성장하며 1880년대에 정계로 진출함

◀ 박규수

(2) 개화 세력의 분화

배경	임오군란 이후 청에 대한 외교 정책과 개화의 방법·속도를 둘러싸고 개화 세력이 온건 개화파와 급진 개화파로 분화함
온건 개화파	**주요 인물**: 김홍집, 어윤중, 김윤식, 곽기락 등
	특징: 동도서기론에 기반을 둔 점진적 개혁을 주장함, 민씨 정권과 협력 관계로 친청 사대 정책을 펼침
급진 개화파	**주요 인물**: 김옥균, 박영효, 홍영식 등
	특징: 문명 개화론에 기반을 둔 급진적 개혁을 주장함, 청의 간섭과 사대 정책을 비판하여 이후 갑신정변을 주도함

2 개화 정책의 추진

(1) 초기 개화 정책

★★ 통리기무아문 설치 (1880)	**역할**: 개화 정책을 총괄하는 핵심 기구로 **통리기무아문**을 설치하여 군국 기밀과 일반 정치를 총괄하도록 함 └ 청의 제도를 모방한 기구
	소속 부서: 사대사·교린사(외교), 군무사(군사), 통상사(통상) 등의 **12사**를 두어 개화 관련 업무를 분담시킴
5군영 축소	기존의 5군영을 **무위영**(궁궐 방위), **장어영**(수도 방위)의 **2영으로 축소**함
별기군 창설	**신식 군대**인 별기군을 창설하여 근대적인 군사 훈련을 실시함 └ 일본인 교관을 둠
근대 시설 설치	기기창(근대 무기 제조 공장, 1883), 박문국(인쇄 담당, 1883), 전환국(화폐 발행), 광혜원(병원, 알렌의 건의로 만들어짐)

▲ 별기군

(2) 사절단 파견

수신사(일본)
- 1차(1876): 김기수가 파견되어 일본의 신식 기관과 근대 시설을 시찰함
- 2차(1880): 김홍집이 파견되어 귀국 후 『조선책략』을 국내에 들여옴
- 3차(1882): 임오군란의 결과 박영효, 김옥균 등이 파견됨

조사 시찰단(일본): 개화 반대 여론으로 인해 박정양, 어윤중, 홍영식 등이 암행어사의 형태로 비밀리에 파견됨(1881)

⭐⭐영선사(청) (임오군란의 발발로 1년 만에 조기 귀국함)
- 전기, 화학 등 청의 근대 기술을 도입하기 위해 파견된 사절단(1881)
- 김윤식을 단장으로 하여 청의 기기국에서 무기 제조 기술을 습득함
- 귀국 후 근대 무기 제조 공장인 기기창을 설립하는 데 기여함

⭐⭐보빙사(미국)
- 조·미 수호 통상 조약 체결로 조선 주재 미국 공사가 파견된 것에 대한 답례와 양국 친선을 위해 파견된 우리나라 최초의 구미 사절단
- 전권대신 민영익 및 홍영식, 서광범, 박정양 등으로 구성됨 (초대 주미 공사)
- 미국 대통령 아서를 접견하고, 여러 문물 등을 시찰함

▲ 보빙사

위정: 정도(성리학)를 지킴
척사: 사학(서양 문화와 천주교)을 배척함

3 위정척사 운동의 전개

통상 반대 운동 (1860년대)
- 계기: 프랑스가 병인양요를 일으키며 통상을 요구함
- 전개: 이항로, 기정진 등이 척화 주전론을 주장하며 서양과의 통상 반대 운동을 전개함 (서양과 화의하지 않고 싸우자는 주장)
- 흥선 대원군의 통상 수교 거부 정책을 지지함

↓

개항 반대 운동 (1870년대)
- 계기: 일본이 운요호 사건을 일으키며 개항을 요구함
- 전개: 최익현, 유인석 등이 왜양 일체론과 개항 불가론을 주장하며 강화도 조약 체결에 반대하는 등 개항 반대 운동을 전개함 (왜(일본)와 양(서양)의 실체가 같다는 주장)

↓

백발백중 기출 자료 | 📍최익현 [64·57회]

- 흥선 대원군 탄핵 상소(계유상소)를 올려 흥선 대원군을 실각시킴
- 지부복궐척화의소를 올려 왜양 일체론을 주장함
- 을사늑약 체결 이후 의병 활동을 전개함(을사의병)
- 체포된 뒤 쓰시마 섬(대마도)에서 순국함

⭐⭐개화 반대 운동 (1880년대)
- 계기: 정부의 개화 정책 추진과 『(사의)조선책략』의 유포
- 전개: 이만손과 영남 지역의 유생들이 영남 만인소를 올리는 등 개화 정책 및 미국과의 수교를 반대함 (모르던 나라(미국), 형의 없는 나라(러시아), 섬겨온 나라(청), 우리에게 매여 있던 나라(일본))

백발백중 기출 사료 | 📍이만손의 영남 만인소 [50회]
지금 조정에서는 어찌 백해무익한 일을 하여 러시아가 없는 마음을 먹게 하고, 미국이 의도하지 않았던 일을 만들어 오랑캐를 끌어들이려 하십니까? 저 황준헌이라는 자는 스스로 중국에서 태어났다고 하면서도, 일본을 위해 말하고 예수를 좋은 신이라 하며, 난적의 앞잡이가 되어 스스로 짐승과 같은 무리가 되었습니다.

➡ **사료 해석**: 2차 수신사 김홍집에 의해 미국과의 외교를 주장하는 황준헌(황쭌셴)의 『조선책략』이 유포되자, 영남 지역의 유생들은 이만손을 중심으로 만인소를 올려 미국과의 통상 수교에 반대하였다.

항일 의병 운동 (1890년대)
- 계기: 명성 황후 시해 사건(을미사변)과 단발령 시행(을미개혁)
- 전개: 유인석, 이소응 등이 항일 의병 운동(을미의병)을 전개함

✓ 기출 선택지로 개념 다지기

1. 빈칸의 답을 채워보세요.

(1) 초기 개화 정책을 총괄한 기구: ☐ [74·73·69회]

(2) 개화 정책으로 창설된 신식 군대: ☐ [72·71·69회]

(3) 청나라에서 무기 제조 기술을 익히고 돌아온 사절단: ☐ [68·66회]

(4) 『조선책략』 유포에 반발하여 이만손 등이 올린 상소: ☐ [74·65회]

2. 질문에 맞는 답을 고르세요.

(1) 통리기무아문에 대한 설명은? [71회]
① 별기군을 창설하였다.
② 임진왜란을 거치면서 국정 최고 기구로 자리 잡았다.

(2) (가)에 들어갈 사건은? [54회]

| 제1차 수신사 파견 | → | (가) | → | 조사 시찰단 파견 |

① 통리기무아문과 12사가 설치되었다.
② 프랑스와 조약을 체결하여 천주교 포교가 허용되었다.

(3) 영선사에 대한 설명은? [52회]
① 암행어사 형태로 비밀리에 파견되었다.
② 기기국에서 무기 제조 기술을 습득하고 돌아왔다.
③ 막부의 요청으로 파견되어 문물을 전하였다.

(4) 보빙사에 대한 설명은? [68회]
① 『조선책략』을 들여와 국내에 소개하였다.
② 전권대신 민영익 및 홍영식, 서광범 등으로 구성되었다.

(5) 『조선책략』 유포 이후의 사실은? [47회]
① 이만손 등이 영남 만인소를 올렸다.
② 전국에 척화비가 건립되었다.

정답 | 1. (1) 통리기무아문 (2) 별기군
(3) 영선사 (4) 영남 만인소
2. (1) ① (②은 비변사)
(2) ① (②은 1886년, 조사 시찰단 파견 이후)
(3) ② (①은 조사 시찰단, ③은 조선 통신사)
(4) ② (①은 2차 수신사)
(5) ① (②은 흥선 대원군 때, 『조선책략』 유포 이전)

필수 기출로 개념 적용하기 기출주제 30 개화 정책과 위정척사 운동

01 [71회 기출]

(가) 기구를 통해 추진된 정책으로 옳은 것은? [2점]

이곳은 기기창 건물 중 하나인 번사창입니다. 강화도 조약 체결 이후 정부는 국내외 정세에 대응하고 개화 정책을 총괄하기 위한 기구로 (가) 을/를 설치하였습니다. 이 기구의 건의로 청에 파견한 영선사 일행에 유학생을 포함시켜 근대 문물을 배워 오도록 하였습니다. 이러한 노력의 영향으로 설치된 근대적 무기 공장이 바로 기기창이었습니다.

① 별기군을 창설하였다.
② 원수부를 설치하였다.
③ 『대전통편』을 편찬하였다.
④ 신문지법을 공포하였다.
⑤ 서당 규칙을 제정하였다.

02 [54회 기출]

(가), (나) 사이의 시기에 있었던 사실로 옳은 것은? [3점]

(가) 수신사 김기수가 나와 엎드리니 왕이 말하였다. "전선, 화륜과 농기계에 관하여 들은 것은 없는가? 저 나라에서 이 세 가지 일을 제일 급하게 힘쓰고 있다고 하는데, 그러하던가?" 김기수가 "과연 그러하였습니다."라고 아뢰었다.

(나) 어윤중이 동래부 암행어사로 임명되어 왕에게서 받은 봉해진 서신을 열어보니, "일본 조정의 논의와 정국의 형세, 풍속·인물·교빙·통상 등의 대략을 염탐하는 것이 좋겠다. 그러니 너는 일본으로 건너가 크고 작은 일들을 보고 듣되 시간에 구애받지 말고 낱낱이 탐지해서 별도의 문서로 조용히 보고하라."라는 내용이었다.

① 미국에 보빙사가 파견되었다.
② 통리기무아문과 12사가 설치되었다.
③ 운요호가 강화도와 영종도를 무단 침입하였다.
④ 교원 양성을 위해 한성 사범 학교가 설립되었다.
⑤ 프랑스와 조약을 체결하여 천주교 포교가 허용되었다.

🔍 통리기무아문

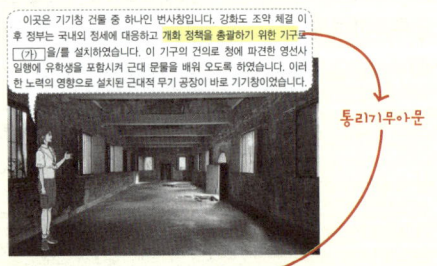

→ 통리기무아문

① **별기군을 창설하였다.**

통리기무아문은 개항 이후 조선 정부가 **개화 정책**을 추진하기 위해 설치(1880)한 기구이다. 통리기무아문은 하부 조직으로 **12사**를 두어 외교, 통상, 군사 등 개화 관련 업무를 분담시켰다. 또한 조선 정부는 통리기무아문을 통해 기존의 5군영을 **2영으로 축소**시키고 신식 군대인 **별기군을 창설**하여 근대적인 군사 훈련을 실시하였다.

오답 클리어
② 원수부를 설치하였다. → 광무개혁
③ 『대전통편』을 편찬하였다. → 정조의 정책
④ 신문지법을 공포하였다. → 일제가 제정한 법령
⑤ 서당 규칙을 제정하였다. → 일제가 제정한 법령

🔍 제1차 수신사 파견과 조사 시찰단 파견 사이의 사실

→ 수신사 김기수 → 제1차 수신사 파견 (1876)
→ 일본으로 건너가 → 조사 시찰단 파견 (1881)

② **통리기무아문과 12사가 설치되었다.** → 1880년

조선은 1876년 일본과 강화도 조약을 체결한 직후에 **김기수**를 **제1차 수신사**로 **일본에 파견**하여 각종 신식 제도와 문물을 시찰하게 하였다. 이후 본격적으로 개화 정책을 추진하여 1880년에 개화 정책을 담당하는 기구로 **통리기무아문**과 그 아래에 **12사**를 설치하였다. 그러나 조선 내에서 개화 정책을 반대하는 세력이 많아지자, 이듬해에는 **어윤중** 등을 암행어사 형태의 **조사 시찰단**으로 비밀리에 **일본에 파견**하여 개화 정책에 대한 정보를 얻고자 하였다(1881).

오답 클리어
① 미국에 보빙사가 파견되었다. → 1883년
③ 운요호가 강화도와 영종도를 무단 침입하였다. → 1875년
④ 교원 양성을 위해 한성 사범 학교가 설립되었다. → 1895년
⑤ 프랑스와 조약을 체결하여 천주교 포교가 허용되었다. → 1886년

03
[43회 기출]

(가), (나) 사절단에 대한 설명으로 옳은 것은? [2점]

 나는 (가) (으)로서 학생과 기술자를 인솔하여 청으로 가서 전기, 화학 등 선진 과학 기술을 배우게 하고, 우리나라와 미국과의 조약 체결에 관한 일을 이홍장과 협의하였습니다.

 나는 미국 공사의 부임에 대한 답례와 양국의 친선을 위해 파견된 (나) 의 전권대신으로 홍영식, 서광범 등과 미국 대통령 아서를 접견하고 국서와 신임장을 제출하였습니다.

① (가) - 귀국할 때 『조선책략』을 가지고 들어왔다.
② (가) - 무기 제조 공장인 기기창 설립의 계기를 마련하였다.
③ (나) - 보고 들은 내용을 『해동제국기』로 남겼다.
④ (나) - 『해국도지』, 『영환지략』을 들여와 국내에 소개하였다.
⑤ (가), (나) - 암행어사 형태로 비밀리에 파견되었다.

영선사와 보빙사

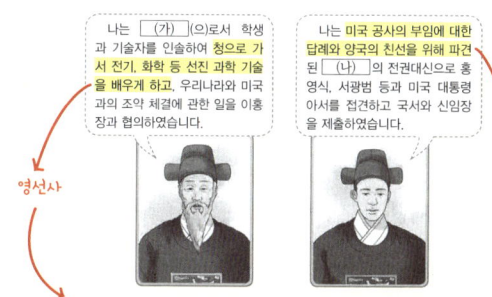

② (가) - 무기 제조 공장인 **기기창 설립의 계기**를 마련하였다.

(가) **영선사**는 청의 선진 문물을 배우기 위해 파견된 청의 사절단으로, 근대식 무기 제조 공장인 **기기창의 설립**을 주도하였다.
(나) **보빙사**는 **조·미 수호 통상 조약** 체결 이후 **미국의 공사 파견**에 대한 답례와 양국 친선을 위해 미국에 파견된 사절단이다.

오답 클리어
① 귀국할 때 『조선책략』을 가지고 들어왔다. → 2차 수신사 김홍집
③ 보고 들은 내용을 『해동제국기』로 남겼다. → 신숙주
④ 『해국도지』, 『영환지략』을 들여와 국내에 소개하였다. → 오경석
⑤ 암행어사 형태로 비밀리에 파견되었다. → 조사 시찰단

이건 꼭! 암기 영선사
#청나라에 파견 #김윤식 #기기창 설치

04
[31회 기출]

(가)~(다) 주장에 대한 설명으로 옳지 않은 것은? [3점]

(가) 지금 국론이 두 가지 주장으로 맞서 있습니다. 서양의 적을 공격하는 것이 옳다고 말하는 것은 우리나라 쪽 사람의 주장이고, 서양의 적과 화친하는 것이 옳다고 말하는 것은 적국 쪽 사람의 주장입니다. 전자를 따르면 나라 안의 전통이 보전되고, 후자를 따르면 인류가 금수의 지경에 빠질 것입니다.

(나) 저들이 비록 왜인이라고 하지만 본질적으로 서양 오랑캐와 다를 것이 없습니다. 강화가 이루어지면 사악한 서적과 천주교가 다시 들어와 사악한 기운이 온 나라를 덮게 될 것입니다.

(다) 미국으로 말하면 우리가 원래 잘 모르던 나라입니다. …… 만일 그들이 우리나라의 허점을 알고서 우리가 힘이 약한 것을 업신 여겨 따르기 어려운 요구를 강요하고 비용을 떠맡긴다면 장차 어떻게 응대하겠습니까?

① (가) - 이항로와 기정진 등이 대표적인 인물이다.
② (가) - 흥선 대원군의 통상 수교 거부 정책을 뒷받침하였다.
③ (나) - 강화도 조약의 체결에 반대하였다.
④ (나) - 단발령과 을미사변을 계기로 제기되었다.
⑤ (다) - 『조선책략』의 유포로 인해 일어났다.

위정척사 운동

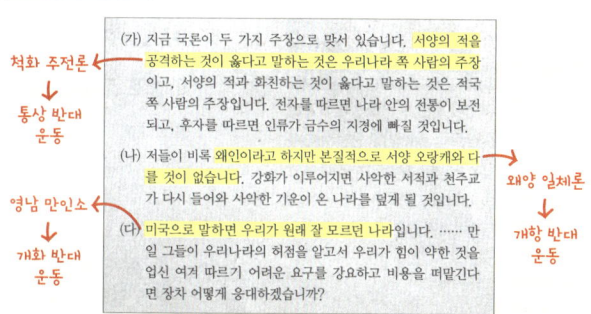

④ (나) - **단발령과 을미사변**을 계기로 제기되었다.
→ 을미의병

을미의병(항일 의병 운동)은 단발령과 을미사변이 계기가 되어 발생하였다.

오답 클리어
① 척화 주전론(통상 반대 운동)을 주장한 인물로는 **이항로와 기정진** 등이 대표적이다.
② 척화 주전론(통상 반대 운동)은 흥선 대원군의 **통상 수교 거부 정책**을 뒷받침하였다.
③ 왜양 일체론(개항 반대 운동)을 주장한 최익현, 유인석 등은 **강화도 조약의 체결에 반대**하였다.
⑤ 영남 만인소(개화 반대 운동)는 『조선책략』의 유포로 인해 일어났다.

기출주제 31 임오군란과 갑신정변

빈출 태그 | #임오군란 #제물포 조약 #조·청 상민 수륙 무역 장정 #갑신정변 #거문도 사건

스토리로 미리보기

S#1 구식 군인들이 난을 일으키다!

저는 급료를 오랫동안 받지 못한 **구식 군인**입니다. 새로 생긴 **별기군**한테는 좋은 군복과 무기를 주면서, 우리는 완전 찬밥 신세입니다. 그런데 오늘 월급을 준대서 봤더니 쌀에 모래와 곡식 껍질이 섞여있는 거 아니겠습니까? 이제 더 이상은 못참겠습니다!

S#2 개화당이 갑신정변을 일으키다!

우리 조선이 자주적인 독립과 근대화를 이루려면 청의 간섭에서 벗어나야 한다. 급진 개화파로서 우리 개화당은 개혁에 방해되는 민씨 세력과 온건 개화파를 제거하고 정권을 잡을 것이다! 하지만 정변을 일으키려면 일본의 도움이 좀 필요할 것 같다.

S#3 유길준이 중립론을 주장하다!

저는 조선의 제1호 미국 유학생 유길준입니다. 개화당이 정변에 실패한 이후 세계의 정세를 살펴보니 우리 조선은 국제 분쟁에 휩싸일 위험이 높습니다. 그러니 한반도를 스위스처럼 국제 분쟁의 대상에서 제외하는 **중립** 지역으로 만들어야 합니다.

1 임오군란(1882)
└ 임오년(1882)에 일어난 군인들의 반란

(1) 배경

구식 군대에 대한 차별	: **구식 군인들**이 신식 군대인 별기군과 **차별 대우**를 받아 불만이 쌓임 └ 2영(무위영·장어영)에 소속된 군인
일본의 경제 침투	─ 강화도 조약 체결 이후 일본은 조선에 대한 경제적 침탈을 강화함 └ 일본의 쌀 유출로 인해 쌀값이 폭등하자 하층민들의 반일 감정이 커짐

(2) 전개

구식 군인들의 급료 지급을 담당한 관청 ┐

구식 군인들의 반란 (임오군란)	: 급료로 지급된 쌀에 겨와 모래가 섞이자, 구식 군인들이 **선혜청과 일본 공사관을 습격**하고 별기군의 일본인 교관을 살해함

↓

민씨 정권 축출	: 구식 군인들이 민씨 정권의 고관들을 살해하고 도시 하층민이 합세하여 궁궐까지 습격하자, 명성 황후는 충주로 피신함

↓

흥선 대원군의 재집권	─ 군란을 진정시키기 위해 재집권하게 된 흥선 대원군이 2영을 폐지하고 5군영을 부활시킴 └ 통리기무아문과 별기군을 폐지하는 등 정부의 개화 정책을 중단함

↓

청의 군란 진압	: 민씨 정권의 출병 요청을 받은 청의 군대가 흥선 대원군을 청나라로 압송하고 군란을 진압함

(3) 결과

제물포 조약(조-일)	─ 조선 정부는 일본 정부에 배상금을 지불하고 **일본 공사관에 일본 경비병이 주둔하는 것을 인정**함 ─ 사죄의 뜻으로 일본에 3차 수신사를 파견함 ─ **조·일 수호 조규 속약 체결**: 일본 상인의 내륙 진출을 허용함
★★ 조·청 상민 수륙 무역 장정(조-청)	─ 조선을 '속방(종속국)'으로 규정하고 청의 종주권을 확인함, 청나라 상인의 **내지 통상**이 확대되는 계기가 됨, 치외 법권을 인정함 └ 개항장 근처가 아닌 내지까지 통상할 수 있는 권리 ─ 결과: 개항장 객주의 활동이 위축되었으며, 청·일본 상인의 상권 경쟁이 심해지자 시전 상인들이 철시(가게 영업을 하지 않음)로써 항거함
청의 내정 간섭 본격화	─ 정치적: 마젠창(내정 고문)과 독일인 묄렌도르프(외교 고문)를 고문 자격으로 조선에 파견함 └ 군사적: 청나라 장군 위안스카이가 지휘하는 군대를 조선에 상주시킴

백발백중 기출사료 | ♀ 조·청 상민 수륙 무역 장정 [67회]

제4조 …… 조선 상인이 북경에서 규정에 따라 교역하고, 중국 상인이 조선의 양화진과 서울에 들어가 영업소를 개설한 경우를 제외하고 각종 화물을 내지로 운반하여 상점을 차리고 파는 것을 허가하지 않는다.

➤ **사료 해석**: 조·청 상민 수륙 무역 장정 체결에 따라 청나라 상인의 내지 통상이 확대되는 계기가 되었다.

2. 갑신정변(1884)

└ 갑신년(1884)에 일어난 급진 개화파(개화당)의 정변

(1) 배경

국내 정세	┌ 청의 내정 간섭과 민씨 정권의 견제로 개화 정책이 지연됨
	└ 급진 개화파가 추진한 정책의 실패로 입지가 축소됨
국외 정세	┌ 청·프 전쟁으로 조선에 주둔하던 청의 군대 일부가 베트남으로 이동함
	└ 일본 공사가 급진 개화파에게 정변 지원을 약속함

(2) 전개

 ◀ 개화당

| 갑신정변 발발 | : 개화당(김옥균, 박영효, 홍영식 등의 급진 개화파)이 우정총국 개국 축하연을 기회로 정변을 일으킨 후 고종과 왕후의 거처를 경우궁으로 옮김 |

└ 정부가 근대적인 우편 업무를 실시하기 위해 세운 관청

↓

| 개화당 정부 수립 | : 민씨 정권의 주요 인물들을 살해한 후 개화당 정부를 수립함 |

↓

14개조 혁신 정강 발표	┌ 근대적 개화 정책을 추진하기 위해 14개조 혁신 정강을 발표함
	├ 정치 ┬ 청에 대한 조공과 허례를 폐지함(청에 대한 사대 관계 폐지)
	│ ├ 인민 평등을 바탕으로 능력에 따라 관리를 등용함
	│ └ 대신과 참찬(의정부의 관직)은 의정부에 모여 의결함(입헌 군주제 실시)
	└ 경제 ┬ 혜상공국을 혁파하여 특권적인 상업을 폐지함
	└ 국가의 모든 재정을 호조에서 관할할 것

└ 개항 이후 상업 활동에 어려움을 겪던 보부상을 보호하기 위해 설치된 기관

└ 주요 인물들이 일본으로 망명함

| 정변 실패 | : 일본의 배신과 청의 군사 개입으로 정변이 3일만에 종결됨 |

백발백중 기출 사료 | 갑신정변의 발발 [75회]

김옥균 등은 청이 우리 자주권을 침해하는 데 분노하여 일본 공사와 갑신정변을 일으켜 '일본당'으로 지목되었다. 갑신정변이 실패하자 온 나라가 그를 역적이라 하였다.…… 그러나 김옥균과 나의 마음은 그 뜻이 다른 데 있는 것이 아니라 나라를 사랑하는 데서 나온 것이었다.

➔ **사료 해석**: 개화당은 우정총국 개국 축하연에서 정변을 단행하였으며, 이때 일본 공사의 지원을 받았다.

(3) 결과

| 한성 조약(조-일) | : 조선은 일본에 배상금을 지불하고, 일본 공사관 신축 비용을 부담함 |
| 톈진 조약(청-일) | : 조선에서 청·일 군대가 모두 철수하고, 조선 파병 시 상대국에 미리 알림 |

(4) 갑신정변 이후 국내외 정세

청·일 대립 격화	: 조선을 둘러싼 청과 일본의 정치적·경제적 대립이 심화됨
거문도 사건	: 조선이 청을 견제하기 위해 러시아와 교섭을 시도하자, 영국군이 러시아의 남하 견제를 구실로 거문도를 불법으로 점령함(1885~1887)
한반도 중립화론	: 한반도를 둘러싼 열강의 경쟁이 심화되자 유길준과 독일 부영사 부들러가 한반도 중립화론을 주장함

└ 스위스와 같은 영세중립국을 주장함

백발백중 기출 자료 | 거문도 사건 [55회]

인물 1: 나으리, 지난달부터 영국군이 이 섬에 들어와 병영을 짓고 머무르는데 그 이유가 무엇입니까?
인물 2: 영국이 러시아의 남진을 막는다는 구실로 조정의 허락도 없이 점령했다고 들었네.

➔ **자료 해석**: 영국이 러시아의 남진을 막는다는 구실로 조선 조정의 허락 없이 거문도를 불법 점령하였다.

✅ 기출 선택지로 개념 다지기

1. 빈칸의 답을 채워보세요.

(1) 구식 군인에 대한 차별 대우가 발단이 된 사건: _____ [73·70·63회]

(2) 임오군란의 결과 일본과 체결된 조약: _____ 조약 [67회]

(3) 조선에 대한 청의 종주권을 확인한 조약: _____ 장정 [73·71회]

(4) 한성 조약이 체결되는 계기가 된 사건: _____ [74·70·68회]

2. 질문에 맞는 답을 고르세요.

(1) 임오군란에 대한 설명은? [69회]
① 우정총국 개국 축하연을 이용하여 일어났다.
② 일본 공사관에 경비병이 주둔하는 계기가 되었다.

(2) 조·청 상민 수륙 무역 장정이 체결된 배경은? [53회]
① 운요호가 강화도에 접근하여 무력 시위를 벌였다.
② 구식 군인들이 임오군란을 일으켰다.

(3) 갑신정변에 대한 설명은? [75회]
① 통리기무아문이 신설되는 배경이 되었다.
② 청·일 간에 톈진 조약이 체결되는 계기가 되었다.

(4) 갑신정변 이후에 전개된 사실은? [66회]
① 한성 조약이 체결되었다.
② 신식 군대인 별기군이 창설되었다.

정답 | 1. (1) 임오군란 (2) 제물포
(3) 조·청 상민 수륙 무역 (4) 갑신정변

2. (1) ② (①은 갑신정변)
(2) ② (①은 강화도 조약의 배경)
(3) ② (①은 정부의 초기 개화 정책)
(4) ① (②은 1881년, 갑신정변 이전의 사실)

필수 기출로 개념 적용하기 기출주제 31 임오군란과 갑신정변

01 [65회 기출]
(가)에 대한 설명으로 옳은 것은? [2점]

① 입헌 군주제 수립을 목표로 하였다.
② 조선 총독부의 방해와 탄압으로 실패하였다.
③ 우정총국 개국 축하연을 이용하여 일어났다.
④ 홍범 14조를 기본 개혁 방향으로 제시하였다.
⑤ 일본 공사관에 경비병이 주둔하는 계기가 되었다.

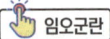 임오군란

⑤ 일본 공사관에 경비병이 주둔하는 계기가 되었다.

임오군란은 신식 군대(별기군)와의 차별 대우에 대한 구식 군인들의 불만이 폭발하면서 일어난 사건이다. 명성 황후가 궁궐을 빠져 나와 피란할 만큼 난이 거셌으나, 민씨 정권의 출병 요청을 받은 청의 개입으로 진압되었다. 그 결과 조선은 일본과 제물포 조약을 체결하여 일본 공사관에 경비병이 주둔하는 것을 허용하게 되었다.

오답 클리어
① 입헌 군주제 수립을 목표로 하였다. → 갑신정변
② 조선 총독부의 방해와 탄압으로 실패하였다.
  → 민립 대학 설립 운동
③ 우정총국 개국 축하연을 이용하여 일어났다. → 갑신정변
④ 홍범 14조를 기본 개혁 방향으로 제시하였다. → 제2차 갑오개혁

02 [44회 기출]
다음 조약이 맺어진 배경으로 가장 적절한 것은? [2점]

제1조 중국 상무위원은 개항한 조선의 항구에 주재하면서 본국의 상인을 돌본다. …… 중대한 사건을 맞아 조선 관원과 임의로 결정하기가 어려울 경우 북양 대신에게 청하여 조선 국왕에게 공문서를 보내 처리하게 한다.
제2조 중국 상인이 조선 항구에서 개별적으로 고소를 제기할 일이 있을 경우 중국 상무위원에게 넘겨 심의 판결한다. 이밖에 재산 문제에 관한 범죄 사건에 조선 인민이 원고가 되고 중국 인민이 피고일 때에도 중국 상무위원이 체포하여 심의 판결한다.

① 영국이 거문도를 불법 점령하였다.
② 청·일 전쟁에서 일본이 승리하였다.
③ 구식 군인들이 임오군란을 일으켰다.
④ 시전 상인들이 철시 투쟁을 전개하였다.
⑤ 운요호가 강화도에 접근하여 무력 시위를 벌였다.

조·청 상민 수륙 무역 장정

③ 구식 군인들이 임오군란을 일으켰다.
→ 조·청 상민 수륙 무역 장정의 배경

조·청 상민 수륙 무역 장정은 청이 구식 군인들이 일으킨 임오군란을 진압한 이후 체결된 조약이다. 조약에는 치외 법권 규정이 포함되었으며, 이 조약을 계기로 청나라 상인의 내지 통상이 확대되었다.

오답 클리어
① 영국이 거문도를 불법 점령하였다. → 거문도 사건의 배경
② 청·일 전쟁에서 일본이 승리하였다. → 시모노세키 조약의 배경
④ 시전 상인들이 철시 투쟁을 전개하였다.
  → 조·청 상민 수륙 무역 장정 이후의 사실
⑤ 운요호가 강화도에 접근하여 무력 시위를 벌였다.
  → 강화도 조약의 배경

📋 이건 꼭! 암기 조·청 상민 수륙 무역 장정
#임오군란의 결과 체결 #치외 법권 #내지 통상권 보장

03
[73회 기출]

다음 자료에 나타난 사건에 대한 설명으로 옳은 것은?
[2점]

> 아, 고금 천하에 김옥균, 홍영식 등의 역적들처럼 극악하고 무도한 자들이 있었겠습니까? …… 처음에는 연회를 베풀어 사람들을 찔러 죽이고 끝에는 변고가 일어났다고 선언하고는 전하를 강박하여 처소를 옮기게 하였습니다. 일본 사람들을 끼고 병기를 휘둘러 재상들을 모두 죽여 궁궐에 피를 뿌리고 장상(將相)의 중직을 잠깐 동안에 차지하여 종묘사직을 위태롭게 하였습니다.

① 청군의 개입으로 3일 만에 실패하였다.
② 전개 과정에서 홍범 14조가 반포되었다.
③ 통리기무아문이 설치되는 계기가 되었다.
④ 조·일 통상 장정이 체결되는 결과를 초래하였다.
⑤ 구식 군인에 대한 차별 대우가 발단이 되어 일어났다.

04
[55회 기출]

다음 가상 대화의 상황이 나타난 시기를 연표에서 옳게 고른 것은?
[2점]

1871	1876	1884	1895	1904	1909
(가)	(나)	(다)	(라)	(마)	
신미양요	조·일 수호 조규	갑신정변	삼국 간섭	한·일 의정서	기유각서

① (가) ② (나) ③ (다) ④ (라) ⑤ (마)

기출주제 32 동학 농민 운동과 갑오·을미개혁

빈출 태그 | #동학 농민 운동 #전주 화약 #우금치 전투 #군국기무처 #홍범 14조 #을미개혁

하이라이트 스토리로 미리보기

S#1 동학 농민군이 백산에서 봉기하다!

얼마 전, 고부 군수 **조병갑**이 횡포를 부리길래 우리 농민들이 봉기를 일으켰지요. 그런데 사건을 조사하러 온 안핵사가 되려 더 탄압하는 것 아니겠습니까? 도저히 못살겠습니다. **전봉준** 선생을 따라 **백산**으로 가 농민의 힘을 보여줘야겠습니다!

S#2 동학 농민군이 전주성을 점령하다!

와아아! **황토현**과 **황룡촌**에서 관군에 승리한 우리 동학 농민군이 기세를 몰아 **전주성**까지 점령했어요. 이제 조선 정부에 우리의 요구 사항을 전달하자!

S#3 동학 농민군이 우금치 전투에서 패배하다!

경복궁을 점령하고 청·일 전쟁에서 승리한 일본이 우리 나랏일에 엄청난 간섭을 하고 있단다. 그래서 우리 동학 농민군이 다시 뭉쳤다. 삼례에서 집결하여, 지금은 여기 **공주 우금치**에서 일본과 싸우고 있다. 그런데, 일본군의 기관총이 너무 세서 당해낼 수 없을 것 같다.

---

1 동학의 교세 확대와 교조 신원 운동

- **동학의 교세 확대**: 2대 교주 최시형의 포교 활동과 포접제의 활용으로 동학의 교세가 삼남 지방을 중심으로 확대됨
  - (교주를 중심으로 그 아래 조직(포와 접)을 이루는 제도)

- **교조 신원 운동**
  - **목적**: 교조 최제우의 명예 회복과 포교의 자유를 획득하기 위함
  - **삼례 집회**: 삼례에서 교조 신원과 동학 탄압 중지를 요구하는 집회를 개최함
  - (나라를 돕고 백성을 편안케 한다는 뜻) (일본과 서양 세력을 배척하여 의병을 일으킨다는 뜻)
  - **보은 집회**: 보은에서 보국안민, 척왜양창의를 주장하는 집회를 개최함
    → 동학의 활동이 점차 정치 운동으로 전환됨

> **백발백중 기출사료 | 보은 집회** [65회]
> 복합 상소 이후에도 "물러나면 원하는 바를 시행할 것이다."라던 국왕의 약속과 달리 관리들의 침학이 날로 심해졌다. …… 최시형은 도탄에 빠진 교도들을 구하고 최제우의 억울함을 씻기 위해 보은 집회를 개최하였다.
>
> ➡ **사료 해석**: 동학은 복합 상소를 올려 최제우의 교조 신원을 요구하였으나 정부에서 이를 무시하자 보은 집회를 개최하였다.

2 동학 농민 운동

(1) 1차 동학 농민 운동의 전개(1894)

- **⭐⭐고부 민란**
  - 고부 군수 **조병갑**이 불필요한 **만석보**(저수지)를 쌓게 하는 등 횡포를 부림
  - **전봉준**은 사발통문을 돌려 농민들을 이끌고 **고부 관아**를 습격한 후 만석보를 파괴함
  - (주동자를 모르게 하기 위해 통문에 사발을 엎어놓고 둘러 서명함)

  ▲ 사발통문

- **백산 봉기 (1차 봉기)**
  - 사태 수습을 위해 파견된 안핵사 **이용태**가 농민들을 탄압함
  - 전봉준 등이 백산에서 **보국안민**과 **제폭구민**을 기치로 내걸고 격문과 4대 강령을 발표하며 봉기함
  - (폭정을 제거하고 백성을 구한다는 뜻)

  ▲ 전봉준

- **황토현·황룡촌 전투**
  - **황토현 전투**: 동학 농민군이 관군에게 승리를 거둠
  - **황룡촌 전투**: 동학 농민군이 중앙에서 파견한 정부군을 격파함

- **전주성 점령**: 황룡촌 전투 이후 동학 농민군은 북상하여 전주성을 점령함

- **청·일의 군사 파견**: 동학 농민군을 진압하지 못한 정부는 청에 군사 지원을 요청하였고, 청군이 아산만에 상륙하자 일본군도 톈진 조약을 구실로 제물포에 상륙함

- **⭐⭐전주 화약 체결**: 동학 농민군은 외국 군대의 철수와 사회 문제 해결을 위한 폐정 개혁을 조건으로 조선 정부와 **전주 화약**을 체결함

- **집강소 설치**
  - 동학 농민군은 집강소를 설치하여 폐정 개혁안을 실천함
  - **폐정 개혁안 12개조**: 토지를 균등 분배함, 탐관오리를 징계하여 쫓아냄, 신분제를 철폐함, 과부의 재가를 허용함 등

| 교정청 설치 | : 정부는 개혁안을 수용하고 자주적 개혁을 추진하기 위해 교정청을 설치함 |

백발백중 기출 사료 | 📍 1차 동학 농민 운동 [73회]

- **고부 민란**: 통문으로 장터에 모이라는 기별이 왔다. 저녁 먹은 후 여러 마을에서 징 소리며 나팔 소리, 고함 소리가 천지에 뒤끓더니 수천 명 군중들이 우리 마을 앞길로 몰려와 **군수 조병갑**을 죽인다며 소요를 일으켰다. 군중이 사방으로 포위하고 몰아갈 때 조병갑은 서울로 도망갔다.
  - ➡ **사료 해석**: 고부 군수 조병갑이 만석보를 쌓는 등 횡포를 부리자, 전봉준과 농민들이 고부 관아를 습격하였다. 이후 사태 수습을 위해 파견된 안핵사 이용태가 민란에 가담한 농민들을 탄압하자, 이를 계기로 1차 동학 농민 운동이 일어났다.

- **전주성 점령**: 우두머리는 선화당을 점거하고 다른 **동학 도당**들은 나누어 사대문을 막으니 성 안의 백성과 아전, 군교 등이 미처 나오지 못하고 화염 속에 빠진 자가 많아 그 수를 알지 못하였습니다. 전주성이 삽시간에 함락된 것은 감영이나 전주부의 관속 무리 중 내응하는 자가 많았기 때문입니다.
  - ➡ **사료 해석**: 1차 동학 농민 운동 때 동학 농민군은 전주성에서 관군을 격파하였다.

(2) 2차 동학 농민 운동의 전개(1894)

일본의 경복궁 점령	: **일본이 무력을 동원하여 경복궁을 점령**하고 조선 정부에 내정 개혁을 강요함
청·일 전쟁 발발	— 전개: 일본군이 청군을 먼저 공격하면서 청·일 전쟁이 발발함 — 결과: 일본이 승리함, 청과 일본 사이에 시모노세키 조약이 체결됨 └ '일본이 조선에 대한 지배권을 확립한다, 청으로부터 요동 반도를 할양 받는다' 등을 조약 내용으로 하였음
삼례 집결 (2차 봉기)	: 일본의 내정 간섭이 심해지자 전봉준이 동학 농민군의 삼례 집결을 주도하여 동학 농민군이 재봉기함
남·북접 논산 집결	: **전봉준의 남접과 손병희의 북접**이 논산에서 연합하여 조직적으로 전개함 └ 전라도 지역의 조직 └ 충청도 지역의 조직
⭐⭐ 우금치 전투	: 동학 농민군은 보국안민을 내세우며 **공주 우금치**에서 신식 무기로 무장한 일본군과 관군에 맞서 싸웠으나 패배함
동학군의 패배	— 우금치 전투의 패배 이후 동학 농민군은 각지에서 치러진 전투에서도 패배함 — 전봉준이 전라도 순창에서 체포되고 다른 동학 지도자들도 체포·처형되면서 동학 농민 운동은 실패함

(3) 동학 농민 운동의 영향

청·일 전쟁	: 동학 농민 운동은 청·일 전쟁의 도화선이 되었고, 전쟁에서 일본이 승리하면서 조선의 내정에 간섭하는 계기가 됨
제1차 갑오개혁	: 폐정 개혁안 12개조의 내용 중 신분제 폐지, 과부 재가 허용 등이 제1차 갑오개혁에 반영됨
항일 투쟁	: 동학 농민 운동이 진압된 이후에도 잔여 세력이 활빈당 등을 조직하여 항일 투쟁을 계속함 └ 부호의 재물을 빼앗아 빈민에게 나누어 주는 활동을 전개함

✅ 기출 선택지로 개념 다지기

1. 빈칸의 답을 채워보세요.

(1) 1차 동학 농민 운동의 시작이 된 사건: ☐민란☐ [72·69·66회]

(2) 정부와 동학 농민군 사이에 체결된 조약: ☐화약☐ [72·64·61회]

(3) 동학 농민군이 폐정 개혁안을 실천하기 위해 설치한 자치 기구: ☐☐☐ [70회]

(4) 2차 동학 농민 운동 때의 주요 전투: ☐전투☐ [65회]

2. 질문에 맞는 답을 고르세요.

(1) 동학에 대한 설명은? [75회]
  ① 포접제를 활용하여 교세를 확장하였다.
  ② 배재 학당을 세워 신학문 보급에 앞장섰다.

(2) (가)에 들어갈 사건은? [73회]

  고부 민란 → (가) → 전주성 점령

  ① 일본이 군대를 동원하여 경복궁을 점령하였다.
  ② 농민군이 황룡촌 전투에서 관군에 승리하였다.

(3) 전주 화약 체결 이후의 사실은? [67회]
  ① 남접과 북접이 논산에서 연합하였다.
  ② 교조 신원을 요구하는 보은 집회가 개최되었다.

(4) 우금치 전투 이후의 사실은? [72회]
  ① 홍계훈의 관군을 상대로 농민군이 승리하였다.
  ② 피신해 있던 농민군의 지도자 전봉준이 체포되었다.

정답 | 1. (1) 고부 (2) 전주 (3) 집강소
       (4) 우금치
   2. (1) ① (②은 개신교)
      (2) ② (①은 전주성 점령 이후)
      (3) ① (②은 전주 화약 체결 이전)
      (4) ② (①은 1차 동학 농민 운동, 우금치 전투 이전의 사실)

기출주제 32 동학 농민 운동과 갑오·을미개혁

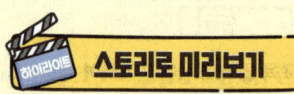

S#1 제1차 갑오개혁으로 신분제가 폐지되다!

오늘 개혁을 실시한다는 내용의 벽보가 동네에 붙었어요. 신분제를 폐지한다고 하네요. 저는 여태 차별 당하며 살아 온 천민인데요, 그럼 이제부터는 다른 양인들처럼 차별 없는 세상에서 살 수 있는 건가요?

S#2 정부가 교육 입국 조서를 반포하다!

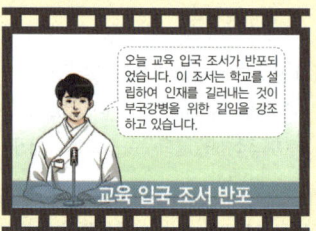

고종께서 교육 입국 조서라는 것을 반포하셨다. 교육이 국가 중흥의 기본이므로, 앞으로 학교도 많이 세우고, 선생님도 많이 양성한다고 한다. 그래, 우리 아이들을 학교에 보내서 나라를 위한 인재로 키워야겠다.

S#3 을미개혁 때 강제로 단발령을 실시하다!

흑흑.. 어찌 부모님께 받은 소중한 머리를 강제로 자른단 말인가! 고종께서도 일본의 강요에 못 이겨 자르셨다는데, 얼마 전엔 감히 명성 황후가지 시해한 일본군! 부들부들! 이대로 가만히 있을 순 없다. 맞서 싸워야 한다.

3 제1차 갑오개혁(1894)

(1) 배경

| 정부의 교정청 설치 | 조선 정부가 교정청을 설치하고 자주적인 개혁을 추진하고자 함 |
| 일본의 경복궁 점령 | 일본이 무력으로 경복궁을 점령하여 내정 개혁을 강요함 |

(2) 개혁 추진

- 국왕 대신 나라를 다스리는 일 또는 사람

| 제1차 김홍집 내각 | 일본이 흥선 대원군을 섭정으로 하는 제1차 김홍집 내각을 수립함 |
| ★군국기무처 주도 | 교정청이 폐지되고 개혁을 추진하는 **최고 결정 기구**로 **군국기무처**가 설치되었으며, 영의정 김홍집이 총재를 겸임함 |

(3) 개혁 내용

- 조선이 건국된 해를 기준으로 연도를 셈

독자적 연호 사용	청의 연호를 폐지하고 개국 기원(개국기년)을 사용함
행정 기구 개편	의정부에 권력을 집중시키고, 행정 기구를 6조에서 8아문으로 개편함
과거제 폐지	**과거제를 폐지**하고 신분의 구별이 없는 새로운 관리 임용 제도를 실시함
재정의 일원화	탁지아문이 재정에 관한 모든 사무를 관할하도록 함
경제 제도 정비	**은 본위제를 채택**하고 조세의 금납화를 시행함
사회 개혁	**공·사 노비법을 혁파**함, **과부의 재가를 허용**함, 연좌제·조혼과 같은 봉건적 악습을 철폐함

- 범죄를 저지른 사람과 가족 관계인 사람에게 연대 책임을 지게 하고 처벌하는 제도

백발백중 기출 사료 | 제1차 갑오개혁의 내용 [67회]
1. 문벌, 양반과 상인들의 등급을 없애고 귀천에 관계없이 인재를 선발하여 등용한다.
1. 과부가 재가하는 것은 귀천을 막론하고 자신의 의사대로 하게 한다.
1. 공노비와 사노비에 관한 법을 일체 혁파하고 사람을 사고파는 일을 금지한다.

➡ **사료 해석:** 제1차 갑오개혁 때 과거제 폐지, 공·사 노비법 혁파, 과부의 재가 등의 개혁이 이루어졌다.

4 제2차 갑오개혁(1894~1895)

(1) 배경

| 일본의 내정 간섭 | 일본이 청·일 전쟁에서 승기를 잡자 조선의 내정을 간섭함 |
| 군국기무처 폐지 | 반일적인 흥선 대원군을 몰아내고 군국기무처를 폐지함 |

(2) 개혁 추진

| 김홍집·박영효 연립 내각 | 박영효가 일본에서 귀국한 후 김홍집과 박영효의 연립 내각이 구성됨 |
| ★홍범 14조 반포 | 고종이 종묘에 나가 독립 서고문을 바치고 **홍범 14조**를 반포하여 개혁의 기본 방향을 제시함 |

- 갑신정변의 실패로 일본에 망명하였음
- 청과의 관계를 끊고 자주 독립하겠다는 내용의 글

(3) 개혁 내용

중앙 조직 개편	: 의정부를 내각으로 개편하고 80아문을 7부로 개편함
지방 행정 개편	: 지방 행정 구역을 8도에서 23부로 개편함
군제 개혁	: 훈련대·시위대를 설치하여 군제의 개혁을 시도함
근대 교육 제도 마련	┌ 교육 입국 조서를 반포하고 한성 사범 학교 관제, 외국어 학교 관제 등을 마련함 ─ 근대적 교육의 중요성을 강조하는 내용을 담은 고종의 조서 └ 교원 양성을 위해 한성 사범 학교를 설립함
재판소 설치	: 고등·지방 재판소를 설치하여 사법권을 독립시킴

5 을미개혁(1895~1896)과 아관 파천(1896)

삼국 간섭 (러시아, 독일, 프랑스)
- 배경: 일본이 청·일 전쟁에서 승리하여 시모노세키 조약을 통해 청의 요동 반도(랴오둥 반도) 등을 획득하고 대륙으로 세력을 확대함
- 전개: 러시아가 독일, 프랑스와 함께 일본에 압력을 넣어 요동 반도를 포기하게 하면서 일본의 국제적 위상이 추락함
- 영향: 조선 정부는 러시아를 이용하여 일본의 압력에서 벗어나고자 함

↓

친러 내각 수립: 고종과 명성 황후가 러시아 세력과 손을 잡고 친러 내각을 수립하여 조선 내부의 일본 세력을 견제하고자 함

↓

을미사변: 친러 정책에 위기를 느낀 일본이 경복궁을 습격하여 명성 황후를 시해함

↓

 **을미개혁**
- 배경: 을미사변으로 조선 내의 영향력을 회복한 일본이 친일 내각을 수립하고 개혁 추진을 강요함
- 정치: '건양' 연호를 제정하고, 군대로 친위대(중앙)·진위대(지방)를 설치함 ('양력으로 세운다'는 뜻으로, 태양력 채택에 맞춰 제정함)
- 사회: 단발령을 시행함, 태양력을 채택함, 소학교를 설립함

을미의병: 을미사변과 단발령 등의 강제적인 개혁안에 반발하여 봉기함

아관 파천 (러시아 공사관을 의미함)
- 배경: 을미사변 이후 고종은 신변의 위협을 느꼈고, 러시아는 조선에서의 영향력을 강화하고자 함
- 전개: 고종에 대한 일본의 압력이 강해지자 친러파가 러시아 공사 베베르와 함께 고종의 거처를 러시아 공사관으로 옮기는 아관 파천을 단행함
- 결과: 친러 내각이 성립되고 러시아의 내정 간섭과 열강의 이권 침탈이 본격화됨

을미개혁 중단: 을미사변과 단발령에 반발하여 각지에서 의병(을미의병)이 봉기한 상황에서 아관 파천으로 친일 내각이 붕괴되면서 을미개혁이 중단됨

백발백중 기출 자료 | 을미개혁 [71회]

인물 1: 어제 발행된 관보를 보았는가? 지난 8월 국모 시해 사건 이후 김홍집 내각에서 추진한 개혁의 일환으로 **태양력을 시행**한다더니, 그에 맞추어 연호를 새로 정하라는 조칙이 내려졌군.

인물 2: 그래서 내일부터 양력 1월 1일이 시작되고, 새로운 연호는 **건양**으로 정해졌다고 하네.

▶ **자료 해석**: 을미사변 이후 일본은 김홍집 등을 중심으로 친일 내각을 수립하고 을미개혁을 단행하였다. 이때 음력 대신 태양력을 공식 채택하였으며, 양력을 세운다는 뜻의 '건양'이라는 연호가 도입되었다.

✓ 기출 선택지로 개념 다지기

1. 빈칸의 답을 채워보세요.

(1) 제1차 갑오개혁을 추진한 기구: ☐ [71·66회]

(2) 교육 입국 조서에 근거하여 세워진 교육 기관: ☐ 학교 [67회]

(3) 러시아가 독일, 프랑스와 함께 일본이 요동 반도를 포기하게 압력한 사건: ☐ [74·71회]

(4) 을미개혁 때의 연호: ☐ [74·69회]

(5) 제2차 갑오개혁 때 반포된 개혁 강령: ☐ [75회]

2. 질문에 맞는 답을 고르세요.

(1) 제1차 갑오개혁에 대한 내용은? [69회]
① 공·사 노비법을 혁파하였다.
② 통리기무아문을 설치하였다.

(2) 제2차 갑오개혁에 대한 내용은? [72회]
① 교육 입국 조서가 반포되었다.
② 건양이라는 연호를 제정하였다.

(3) 을미개혁에 대한 내용은? [66회]
① 군제를 개편하여 친위대와 진위대를 설치하였다.
② 군제를 개편하여 5군영을 2영으로 통합하였다.

(4) 아관 파천의 배경은? [66회]
① 을미사변이 일어났다.
② 을사늑약이 체결되었다.

정답 | 1. (1) 군국기무처 (2) 한성 사범 (3) 삼국 간섭 (4) 건양 (5) 홍범 14조
2. (1) ① (②은 정부의 초기 개화 정책)
(2) ① (②은 을미개혁)
(3) ① (②은 정부의 초기 개화 정책)
(4) ① (②은 통감부 설치의 배경)

필수 기출로 개념 적용하기 기출주제 32 동학 농민 운동과 갑오·을미개혁

01 [65회 기출]

(가), (나) 사이의 시기에 있었던 사실로 옳은 것은? [2점]

> (가) 복합 상소 이후에도 "물러나면 원하는 바를 시행할 것이다."라던 국왕의 약속과 달리 관리들의 침학이 날로 심해졌다. …… 최시형은 도탄에 빠진 교도들을 구하고 최제우의 억울함을 씻기 위해 보은 집회를 개최하였다.
>
> (나) 동학 농민군은 거짓으로 패한 것처럼 꾸며 황토현에 진을 쳤다. 관군은 밀고 들어가 그 아래에 진을 쳤다. …… 농민군이 삼면을 포위한 채 한쪽 모퉁이만 빼고 크게 함성을 지르며 압박하자 관군은 일시에 무너졌다.

① 논산으로 남접과 북접이 집결하였다.
② 개혁을 추진하기 위해 교정청이 설치되었다.
③ 일본이 군대를 동원하여 경복궁을 점령하였다.
④ 고부 농민들이 조병갑의 탐학에 맞서 만석보를 파괴하였다.
⑤ 공주 우금치에서 농민군이 관군과 일본군에게 패배하였다.

02 [31회 기출]

밑줄 그은 '개혁안'의 내용으로 옳은 것은? [1점]

① 탐관오리를 징계하여 쫓아낼 것
② 국가의 모든 재정을 호조에서 관할할 것
③ 의정부와 각 아문의 직무 권한을 명확히 할 것
④ 죄인 외의 친족에게 연좌율을 일체 적용하지 말 것
⑤ 외국에 의존하지 말고 관민이 협력하여 전제 황권을 공고히 할 것

보은 집회와 황토현 전투 사이의 사실

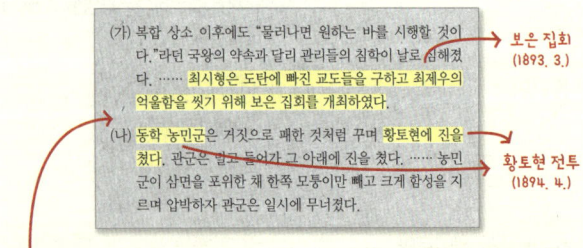

④ 고부 농민들이 조병갑의 탐학에 맞서 만석보를 파괴하였다. → 1894년 1월

보은 집회(1893. 3.) 이후 고부 군수 조병갑의 횡포에 맞서 전봉준과 농민들이 고부 관아를 습격한 후 만석보를 파괴하였다. 이후 안핵사 이용태가 농민들을 탄압하자 농민들을 이끌고 봉기하였고(백산 봉기), 황토현 전투에서 관군을 격파하고 전주성을 점령하였다.

오답 클리어
① 논산으로 남접과 북접이 집결하였다.
  → 1894년 10월, (나) 이후
② 개혁을 추진하기 위해 교정청이 설치되었다.
  → 1894년 6월, (나) 이후
③ 일본이 군대를 동원하여 경복궁을 점령하였다.
  → 1894년 6월, (나) 이후
⑤ 공주 우금치에서 농민군이 관군과 일본군에게 패배하였다.
  → 1894년 11월, (나) 이후

폐정 개혁안 12개조

① 탐관오리를 징계하여 쫓아낼 것

전주성을 점령한 동학 농민군은 정부에 사회 문제 해결을 위한 폐정 개혁안 12개조를 제시하였다. 폐정 개혁안 12개조에는 탐관오리를 징계하여 쫓아낼 것과 신분제를 폐지하자는 내용이 담겨 있다.

오답 클리어
② 국가의 모든 재정을 호조에서 관할할 것
  → 14개조 혁신 정강(갑신정변)
③ 의정부와 각 아문의 직무 권한을 명확히 할 것
  → 홍범 14조(제2차 갑오개혁)
④ 죄인 외의 친족에게 연좌율을 일체 적용하지 말 것
  → 제1차 갑오개혁
⑤ 외국에 의존하지 말고 관민이 협력하여 전제 황권을 공고히 할 것
  → 헌의 6조(독립 협회)

03

[67회 기출]

다음 가상 뉴스에서 보도하는 사건 이후에 전개된 사실로 옳은 것은? [1점]

① 남접과 북접이 논산에서 연합하였다.
② 농민군이 황룡촌 전투에서 관군에 승리하였다.
③ 교조 신원을 요구하는 보은 집회가 개최되었다.
④ 사태 수습을 위해 안핵사 이용태가 파견되었다.
⑤ 전봉준이 농민을 이끌고 고부 관아를 습격하였다.

04

[49회 기출]

(가) 인물에 대한 설명으로 옳은 것은? [1점]

> 선 고 서
> 고부 군수 조병갑이 부임하여 학정을 행하니 (가) 은/는 그 무리를 이끌고 고부 관아의 창고를 털어 곡식을 농민에게 나누어 주었다. …… 무장에서 일어나 장성에 이르러 관군을 격파하고, 밤낮없이 행군하여 전주성에 들어가니 전라 감사는 이미 도망하였다. …… 위에 기록한 사실은 피고와 공모자 손화중 등이 자백한 공초, 압수한 증거에 근거한 것이니 이에 피고 (가) 을/를 사형에 처한다.

① 단발령 시행에 반발하여 의병을 일으켰다.
② 우금치에서 일본군 및 관군에 맞서 싸웠다.
③ 동학의 2대 교주로 교조 신원 운동을 주도하였다.
④ 명동 성당 앞에서 이완용을 습격하여 중상을 입혔다.
⑤ 13도 창의군을 지휘하여 서울 진공 작전을 전개하였다.

전주 화약 체결 이후의 사실

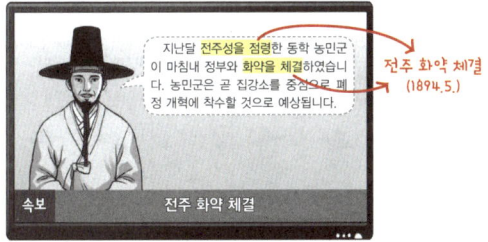

① **남접과 북접이 논산에서 연합하였다.** → 1894년 10월

동학 농민군은 전주성 점령 이후 외국 군대의 철수와 폐정 개혁을 조건으로 조선 정부와 **전주 화약을 체결**(1894. 5.)하였으나, 일본군이 조선 정부의 요구를 무시하고 경복궁을 기습 점령하자 2차로 봉기하였다. 이때 **전봉준의 남접과 손병희의 북접이 연합**(1894. 10.)하여 공주로 진격하였으나, **우금치 전투**에서 일본군과 관군에게 패배하였다.

오답 클리어
② 농민군이 **황룡촌 전투**에서 관군에 승리하였다. → 1894년 4월
③ 교조 신원을 요구하는 **보은 집회**가 개최되었다. → 1893년 3월
④ 사태 수습을 위해 **안핵사 이용태**가 파견되었다. → 1894년 2월
⑤ 전봉준이 농민을 이끌고 **고부 관아**를 습격하였다. → 1894년 1월

전봉준

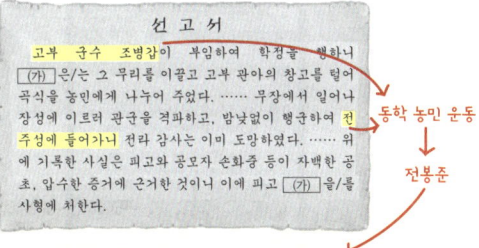

② **우금치에서 일본군 및 관군에 맞서 싸웠다.**

전봉준은 동학의 접주(동학 접의 우두머리)로, **고부 군수 조병갑의 횡포에 맞서 농민들을 이끌고 봉기하였다**(고부 민란). 이후 안핵사 이용태가 농민들을 탄압하자 농민들을 이끌고 봉기하였고(백산 봉기), 황토현·황룡촌 전투에서 승리하였으며, 전주성까지 점령하였다. 전주 화약 체결 이후, 전봉준은 일본이 경복궁을 점령하고 내정을 간섭하자 남접을 이끌고 다시 봉기하였는데, 이때 **공주 우금치에서 일본군 및 관군에 맞서 싸웠으나 패배**하고 결국 체포되었다.

오답 클리어
① 단발령 시행에 반발하여 의병을 일으켰다. → 유인석 등
③ 동학의 2대 교주로 교조 신원 운동을 주도하였다. → 최시형
④ 명동 성당 앞에서 **이완용을 습격**하여 중상을 입혔다. → 이재명
⑤ **13도 창의군**을 지휘하여 **서울 진공 작전**을 전개하였다. → 이인영, 허위

필수 기출로 개념 적용하기 기출주제 32 동학 농민 운동과 갑오·을미개혁

05 [69회 기출]

(가)에 들어갈 내용으로 적절한 것은? [2점]

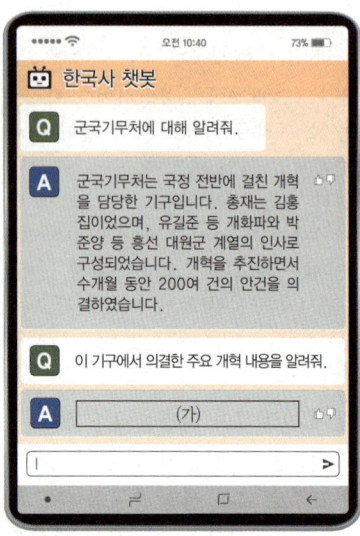

① 공·사 노비법을 혁파하였습니다.
② 5군영을 2영으로 통합하였습니다.
③ 건양이라는 연호를 제정하였습니다.
④ 한성 사범 학교 관제를 반포하였습니다.
⑤ 지계아문을 설치하여 지계를 발급하였습니다.

 제1차 갑오개혁

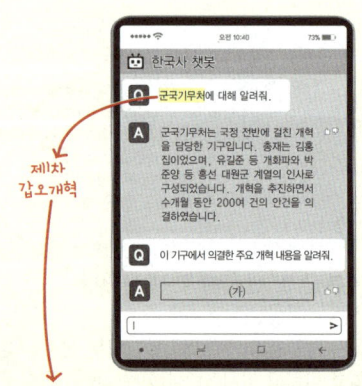

① 공·사 노비법을 혁파하였습니다.

제1차 갑오개혁은 일본이 경복궁을 강제로 점령하고 제1차 김홍집 내각을 수립하면서 추진되었다. 개혁 추진을 위한 기구로 **군국기무처**가 설치되었고, 김홍집이 총재를 겸임하였다. 제1차 갑오개혁에서는 **과거제를 폐지**하고 **공·사 노비법을 혁파**하였다.

🚫 오답 클리어
② 5군영을 2영으로 통합하였습니다. → 초기 개화 정책
③ 건양이라는 연호를 제정하였습니다. → 을미개혁
④ 한성 사범 학교 관제를 반포하였습니다. → 제2차 갑오개혁
⑤ 지계아문을 설치하여 지계를 발급하였습니다. → 광무개혁

06 [72회 기출]

(가) 시기에 있었던 사실로 옳은 것은? [3점]

① 과거제가 폐지되었다.
② 호포제가 실시되었다.
③ 교정청이 설치되었다.
④ 5군영이 2영으로 통합되었다.
⑤ 교육 입국 조서가 반포되었다.

김홍집·박영효 연립 내각 성립과 을미개혁 사이의 사실

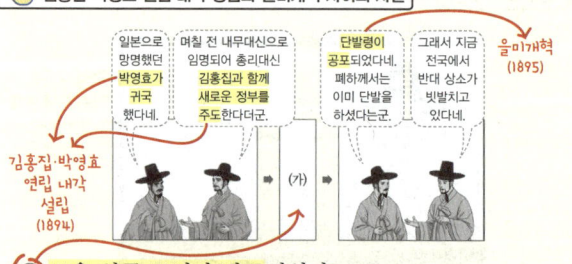

⑤ 교육 입국 조서가 반포되었다.

청·일 전쟁에서 승기를 잡은 일본에 의해 **제2차 갑오개혁**이 실시되었다. 일본은 **김홍집·박영효 연립 내각**을 구성(1894. 12.)하게 하였고, 이들은 고종이 반포한 **홍범 14조**를 개혁의 기본 방향으로 삼아 본격적으로 개혁을 시행하였다. 이에 따라 교육의 기본 방향을 제시한 **교육 입국 조서가 반포**(1895)되어, 한성 사범 학교, 한성 외국어 학교 등의 근대식 학교가 설립되었다. 이후 일본은 을미사변을 일으키고 **을미개혁**(1895)을 추진하였는데, 이때 상투를 없애고 머리카락을 짧게 자르는 **단발령이 시행**되었다.

🚫 오답 클리어
① 과거제가 폐지되었다. → 1894년 7월
② 호포제가 실시되었다. → 1871년
③ 교정청이 설치되었다. → 1894년 6월
④ 5군영이 2영으로 통합되었다. → 1881년

07
[71회 기출]

밑줄 그은 '개혁'의 내용으로 옳은 것은? [2점]

어제 발행된 관보를 보았는가? 지난 8월 국모 시해 사건 이후 김홍집 내각에서 추진한 개혁의 일환으로 태양력을 시행한다더니, 그에 맞추어 연호를 새로 정하라는 조칙이 내려졌군.

그래서 내일부터 양력 1월 1일이 시작되고, 새로운 연호는 건양으로 정해졌다고 하네.

① 양전 사업을 실시하여 지계를 발급하였다.
② 지방 행정 구역을 8도에서 23부로 개편하였다.
③ 군제를 개편하여 친위대와 진위대를 설치하였다.
④ 공·사 노비법을 혁파하고 과부의 재가를 허용하였다.
⑤ 교육의 기본 방향을 제시한 교육 입국 조서를 반포하였다.

08
[47회 기출]

(가)~(다)를 일어난 순서대로 옳게 나열한 것은? [3점]

(가) 왕이 경복궁을 나오니 이범진, 이윤용 등이 러시아 공사관으로 옮기게 하였다. 김홍집 등이 군중에게 잡혀 살해되자 유길준, 장박 등은 도주하였다.

(나) 오늘 대군주 폐하께서 내리신 조칙에서 "짐이 신민(臣民)에 앞서 머리카락을 자르니, 너희들은 짐의 뜻을 잘 본받아 만국과 나란히 서는 대업(大業)을 이루라."라고 하셨다.

(다) 광화문을 통해 들어온 일본 병사들은 건청궁으로 침입하였다. …… 일본 장교는 흉악한 일본 자객들이 왕후를 수색하는 것을 도왔다. 자객들은 여러 방을 샅샅이 뒤졌고 마침내 왕후를 찾아내어 시해하였다.

① (가) - (나) - (다)
② (가) - (다) - (나)
③ (나) - (가) - (다)
④ (나) - (다) - (가)
⑤ (다) - (나) - (가)

기출주제 33 독립 협회와 대한 제국

빈출 태그 | #독립 협회 #만민 공동회 #관민 공동회 #헌의 6조 #의회 설립 운동 #대한 제국 #광무개혁 #대한국 국제 #지계 발급 #원수부

스토리로 미리보기

역알못: 우와, 단체 이름이 독립 협회라니, 누구한테서 독립한다는 뜻이야? 아직 나라가 넘어가지 않았잖아.

역잘알: 맞아, 아직 조선이 망한 건 아니었어. 하지만 고종이 러시아 공사관으로 피신을 간 이후 러시아를 비롯한 열강들의 이권 침탈이 심해졌거든.

독립 협회의 '독립'은 열강들의 다툼에서 벗어나 자주 독립을 이루자는 뜻인거지.

역알못: 오, 그런 뜻이었구나. 그럼 대한 제국은? 대한민국이랑 한 글자만 다른데.

역잘알: 대한 제국은 고종이 러시아 공사관에서 돌아온 후 새 출발을 하는 의미에서 바꾼 국호야! 왕을 황제라고 칭해서 나라 이름에 임금 '제(帝)' 자가 들어가게 되고.

역알못: 오, '황제'라고 하니 왕보다 더 높아 보인다! 이름만 바꿨는데 새로운 나라가 된 것처럼 보여~

역잘알: 그리고 독자적으로 연호도 '광무'라고 고치고, 황제의 권력이 집중되어 있다는 점을 강조한 대한국 국제라는 법도 반포했어.

1 독립 협회(1896~1898)

(1) 독립 협회의 창립

창립 배경	
	열강에 대한 반감 확산: 아관 파천 이후 러시아를 비롯한 열강의 이권 침탈이 심화되어 열강에 대한 반감이 확산됨
	독립신문 창간(*우리나라 최초의 민간 신문*): 갑신정변 실패 후 미국으로 망명한 서재필이 귀국하여 정부의 지원을 받아 독립신문을 창간함

 ◀ 서재필

창립(1896): 서재필, 남궁억 등이 자주 독립 국가 건설을 목표로 독립 협회를 창립함

(2) 독립 협회의 활동

- ★★ **만민 공동회 개최**: 근대적인 민중 집회인 만민 공동회를 열어 민권 신장을 추구함
- **이권 수호 운동**: 러시아의 절영도 조차 요구를 저지함, 한·러 은행의 폐쇄와 러시아 재정 고문과 군사 교관 철수 등을 요구함 *(저탄소(석탄 창고) 기지 건설을 위해 부산 절영도의 땅을 빌려줄 것을 요구함)*
- ★★ **관민 공동회 개최**: 관민 공동회를 개최(1898)하여 헌의 6조를 결의하고 고종의 재가를 받음 *(주요 내용: 탁지부에서 국가 재정 전담, 외국에 의존하지 말고 관민이 협력하여 전제 황권을 공고히 할 것)*
- **자주 민권 운동**: 국민의 기본권과 참정권을 보장할 것을 주장함
- **민중 계몽 운동**: 독립 의식을 고취하기 위해 독립문과 독립관을 건립함 / 토론회·강연회를 개최하여 민중에게 새로운 지식과 교양을 보급함

백발백중 기출 자료 | 독립 협회의 독립문 건립 [71회]

"독립 협회가 처음에 시작할 때 단지 회원이 네다섯 명이더니 오늘날 회원은 수천 명이다. 조선 인민들이 나라가 독립되는 것을 좋아하기에 심지어 궁벽한 시골에 사는 인민 중에서 독립문 세우는 데 돈을 보조하는 사람들이 있으며, 외국 사람 중에서도 돈 낸 사람들이 많이 있었다." 라고 하였다.

➡ **자료 해석**: 독립 협회는 청의 사신을 맞이하던 문인 영은문이 있던 자리 부근에 독립문을 건립하였다.

 ▲ 독립문

(3) 독립 협회의 의회 설립 운동과 해산 과정

박정양 내각 수립	중추원 관제 반포 *(국왕의 자문 기구)*	익명서 사건	독립 협회 해산
독립 협회의 활동을 제한하는 보수적인 내각을 대신하여 진보적인 박정양 내각이 수립됨	박정양 내각과 협상하여 중추원 관제를 반포하고 중추원 개편을 통한 의회 설립 운동을 추진함	보수 세력이 꾸민 익명서 사건으로 독립 협회 해산령이 내려지고 박정양 내각이 와해됨	고종이 황국 협회와 군대를 동원하여 만민 공동회를 해산시켜 독립 협회가 해산됨 *(정부가 보부상과 연합하여 만든 단체)*

백발백중 기출 사료 | 중추원 관제 [51회]

제1조 중추원은 아래에 열거한 사항을 심사하고 의정(議定)하는 곳으로 할 것이다.
1. 법률, 칙령의 제정과 폐지 혹은 개정하는 것에 관한 사항
2. 의정부에서 토의를 거쳐 임금에게 상주(上奏)하는 일체 사항

➡ **사료 해석**: 독립 협회는 중추원 관제를 반포하여 중추원 개편을 통한 의회 설립을 추진하였다.

2 대한 제국(1897~1910)과 광무개혁

(1) 대한 제국의 성립(1897)

배경	─ 국민들의 열망에 따라 고종이 아관 파천을 단행한 지 약 1년 만에 러시아 공사관에서 경운궁(덕수궁)으로 환궁함 ─ 러시아와 일본 간의 세력 균형이 이루어짐
⭐⭐ 대한 제국 성립 (1897)	: 고종은 연호를 '광무'로 고친 후 환구단에서 황제 즉위식을 거행하고 국호를 '대한 제국'으로 선포함 └ 황제가 하늘에 제사를 지내던 제단

> **백발백중 기출 자료 | 📍대한 제국 성립** [60회]
>
> 고종은 이곳 환구단에서 황제 즉위식을 거행하고, 경운궁에서 국호를 대한 제국으로 선포했습니다. 환구단은 일제에 의해 헐려버렸고 지금은 황궁우가 외로이 남아 있습니다.
>
> ➡ **자료 해석**: 고종은 환구단에서 황제 즉위식을 거행한 후 국호를 '대한 제국'으로 선포하였다.

▲ 환구단

(2) 광무개혁의 내용

┌ 옛 제도를 근본으로 삼고 새로운 제도를 참고함

성격	: 구본신참의 원칙 아래 복고적인 성향을 띤 점진적인 개혁을 추진함
대한국 국제 반포	: 대한국 국제를 반포(1899)하여 대한 제국이 전제 정치 국가이며, 황제권은 무한함을 강조함
⭐⭐ 양전 사업과 지계 발급	─ 양지아문을 설치하여 근대적인 토지 소유권 제도를 확립하기 위한 양전 사업을 실시함 ─ 지계아문을 설치(1901)하여 토지 소유자에게 지계를 발급함 → 1904년에 발발한 러·일 전쟁으로 지계 발급이 중단됨 └ 근대적 토지 소유 증명서
원수부 설치	: 황제의 군사권을 강화하기 위해 황제 직속 군사 기관인 원수부를 설치(1899)하고, 군사의 수를 대폭으로 증강함
교육 기관 설립	: 관립 실업 학교인 상공 학교(1899)와 기술 교육 기관을 설립함
간도 관리사 임명	: 북간도 지역으로 이주한 교민들을 보호하기 위해 간도 관리사로 이범윤을 임명함
대한 제국 칙령 제41호 반포	: 울릉도를 울도군으로 승격시키고 독도가 울도군의 관할 영토임을 명시함

> **백발백중 기출 사료 | 📍지계 발급** [44회]
>
>
>
> 하나, 대한 제국 인민으로 전답을 가진 자는 이 관계(官契)*를 반드시 소유하되, 구계(舊契)는 무효로 하여 본 아문에 수납할 것
> └ 지계아문   └ 지계
>
> * 관계(官契): 관청에서 증명한 문서
>
> 하나, 대한 제국 인민 외에는 전답 소유주가 될 권리가 없으니, 외국인에게 명의를 빌려주거나 사사로이 매매·저당·양도하는 자는 모두 최고형에 처하고 해당 전답은 원주인의 소유를 인정하여 일체 몰수할 것
>
> ➡ **사료 해석**: 대한 제국은 광무개혁 때 지계아문을 설치하고 근대적 토지 소유 증명서인 지계를 발급하였다.

✅ 기출 선택지로 개념 다지기

1. 빈칸의 답을 채워보세요.

(1) 독립 협회가 개최한 민중 집회: [　　　　] 회 [75·66회]

(2) 독립 협회의 이권 수호 운동: 러시아의 [　　　　] 조차 요구 저지 [72회]

(3) 광무개혁 때 발급된 근대적 토지 소유 증명서: [　　　] [75·74·72·71회]

(4) 황제의 군사권 강화를 위해 설치한 기관: [　　　] [71·67·65회]

(5) 간도 관리사로 임명된 인물: [　　　] [60회]

2. 질문에 맞는 답을 고르세요.

(1) 독립 협회의 활동은? [71회]
① 고종 강제 퇴위 반대 운동을 주도하였다.
② 중추원 개편을 통해 의회 설립을 추진하였다.

(2) 독립 협회에 대한 탐구 활동은? [63회]
① 105인 사건의 영향을 알아본다.
② 관민 공동회에서 결의한 헌의 6조 내용을 분석한다.

(3) 대한 제국 시기의 사실은? [60회]
① 지계아문을 설립하여 지계를 발급하였다.
② 전환국이 설치되었다.

(4) 광무개혁에 대한 내용은? [68회]
① 관립 상공 학교를 설립하여 실업 교육을 실시하였다.
② 과거제를 폐지하였다.

(5) 대한 제국 시기에 볼 수 있는 모습은? [55회]
① 간도 관리사로 임명되는 관료
② 제너럴셔먼호를 불태우는 평양 관민

정답 | 1. (1) 만민 공동 (2) 절영도 (3) 지계
　　　　　(4) 원수부 (5) 이범윤

2. (1) ② (①은 대한 자강회)
　(2) ② (①은 신민회)
　(3) ① (②은 대한 제국 선포 이전)
　(4) ① (②은 제1차 갑오개혁)
　(5) ① (②은 흥선 대원군 집권기)

필수 기출로 개념 적용하기 | 기출주제 33 독립 협회와 대한 제국

01
[71회 기출]

(가) 단체의 활동으로 옳은 것은? [2점]

> 독립문 주춧돌 놓는 예식을 독립 공원 부지에서 열었다. …… 회장 안경수 씨가 연설하기를, "(가)이/가 처음에 시작할 때 단지 회원이 네다섯 명이더니 오늘날 회원은 수천 명이다. 조선 인민들이 나라가 독립되는 것을 좋아하기에 심지어 궁벽한 시골에 사는 인민 중에서 독립문 세우는 데 돈을 보조하는 사람들이 있으며, 외국 사람 중에서도 돈 낸 사람이 많이 있었다. 이것을 보면 조선 사람들도 오늘부터 조선에서 모든 일을 (가) 하듯이 시작하여 모두 합심하기를 바란다."라고 하였다.

① 고종 강제 퇴위 반대 운동을 전개하였다.
② 일제의 황무지 개간권 요구를 저지시켰다.
③ 중추원 개편을 통한 의회 설립을 추진하였다.
④ 대성 학교를 설립하여 민족 교육을 실시하였다.
⑤ 독립운동 자금 마련을 위해 독립 공채를 발행하였다.

독립 협회

③ **중추원 개편을 통한 의회 설립을 추진하였다.**

독립 협회는 근대의 애국 계몽 운동 단체로 독립 의식 고취를 위해 청사신을 맞이하던 문인 영은문을 헐고 그 부근에 **독립문을 건립**하였으며, 근대적 민중 집회인 만민 공동회를 열어 러시아의 절영도 조차 요구를 저지하는 등 이권 수호 운동을 전개하였다. 또한 정부 관료까지 참석한 집회인 관민 공동회를 열어 **헌의 6조**를 결의하고 **중추원 개편을 통한 의회 설립**을 추진하였다.

오답 클리어
① 고종 강제 퇴위 반대 운동을 전개하였다. → 대한 자강회
② 일제의 황무지 개간권 요구를 저지시켰다. → 보안회
④ 대성 학교를 설립하여 민족 교육을 실시하였다. → 신민회
⑤ 독립운동 자금 마련을 위해 독립 공채를 발행하였다.
  → 대한민국 임시 정부

02
[45회 기출]

(가), (나) 사이의 시기에 볼 수 있는 모습으로 가장 적절한 것은? [3점]

> (가) 천지에 고하는 제사를 지냈다. 왕태자가 배참하였다. 예를 마친 뒤 의정부 의정 심순택이 백관을 거느린 채 무릎을 꿇고 아뢰기를, "제례를 마쳤으므로 황제의 자리에 오르소서."라고 하였다. …… 임금이 두 번 세 번 사양하다가 옥새를 받고 황제의 자리에 올랐다.
> ―「고종실록」

> (나) 이제 본소(本所)에서 대한국 국제(國制)를 잘 상의하고 확정하여 보고하라는 조칙을 받들어서, 감히 여러 사람들의 의견을 수집하고 공법(公法)을 참조하여 국제 1편을 정함으로써, 본국의 정치는 어떤 정치이고 본국의 군권은 어떤 군권인가를 밝히려 합니다.
> ―「고종실록」

① 영화 아리랑을 관람하는 교사
② 관민 공동회에서 연설하는 백정
③ 육영 공원에서 영어를 배우는 학생
④ 경부선 기차를 타고 부산으로 가는 기자
⑤ 근우회가 주최한 강연회에 참석하는 노동자

고종 황제 즉위와 대한국 국제 반포 사이의 사실

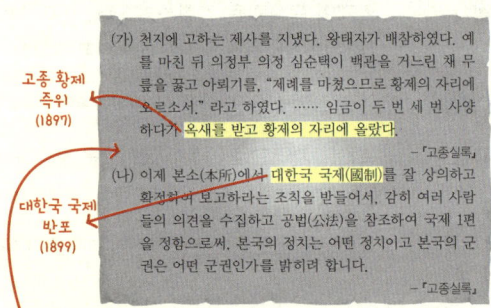

② **관민 공동회에서 연설하는 백정** → 1898년

고종이 환구단에서 황제 즉위식을 거행함으로써 **대한 제국이 성립**되었다(1897). 한편 독립 협회는 관료들과 시민들이 참석한 **관민 공동회를 개최**(1898)하여 국정 개혁안인 헌의 6조를 결의하였으나, 보수 세력의 반발로 해산되었다. 이후 고종은 **대한국 국제를 반포**(1899)하여 대한 제국은 전제 정치 국가이며 황제권이 무한함을 강조하였다.

오답 클리어
① 영화 아리랑을 관람하는 교사 → (나) 이후, 1926년
③ 육영 공원에서 영어를 배우는 학생 → (가) 이전, 1886~1894년
④ 경부선 기차를 타고 부산으로 가는 기자 → (나) 이후, 1905년
⑤ 근우회가 주최한 강연회에 참석하는 노동자
  → (나) 이후, 1927~1931년

03 [74회 기출]

밑줄 그은 '개혁'의 내용으로 옳은 것은? [2점]

이 자료는 파리 만국 박람회 당시 한국관의 모습을 담은 채색 광고 엽서이다. 고종은 황제 즉위 후 구본신참을 내세운 개혁을 추진하면서, 박람회를 서구 문물을 받아들이고 우리나라를 세계에 소개하는 기회로 활용하고자 했다. 이후 1902년 고종은 박람회 관련 업무를 담당할 정부 기관으로 농상공부 산하에 임시 박람회 사무소를 개설하였다.

① 지계아문을 설치하여 지계를 발급하였다.
② 건양이라는 독자적인 연호를 채택하였다.
③ 박문국을 설치하고 한성순보를 발행하였다.
④ 근대식 무기 제조 공장인 기기창을 설립하였다.
⑤ 개혁의 방향을 제시한 홍범 14조를 반포하였다.

04 [66회 기출]

다음 관제가 반포된 이후의 사실로 옳은 것은? [2점]

〈원수부 관제〉

대황제 폐하는 대원수로서 군기(軍機)를 총람하고 육해군을 통령하며, 황태자 전하는 원수로서 육해군을 일률적으로 통솔한다. 이에 원수부를 설치한다.

제1조
원수부는 국방과 용병(用兵)과 군사에 관한 각 항의 명령을 관장하며 특별히 세운 권한을 가지고 군부와 경외(京外)의 각 부대를 지휘 감독한다.

① 지계아문이 설치되었다.
② 군국기무처가 창설되었다.
③ 5군영이 2영으로 통합되었다.
④ 한성 사범 학교가 설립되었다.
⑤ 건양이라는 연호가 제정되었다.

기출주제 34 국권 피탈과 저항

빈출 태그 | #을사늑약 #헤이그 특사 파견 #한·일 신협약 #13도 창의군 #안중근 #보안회 #신민회

1 한반도를 둘러싼 러·일의 대립 과정

제1차 영·일 동맹 (1902): 일본이 러시아를 견제하기 위한 목적으로 영국과 영·일 동맹을 체결함

↓

용암포 사건 (1903)
- 전개: 러시아가 용암포 및 압록강 하구 일대를 불법으로 점령하고 조차지로 인정할 것을 요구함
- 결과: 러시아와 일본의 대립을 격화시켜 러·일 전쟁의 계기가 됨

↓

대한 제국의 국외 중립 선언(1904. 1.): 고종은 러시아와 일본 간의 전쟁에 말려들지 않기 위해 국외 중립을 선언함

↓

러·일 전쟁 발발 (1904. 2.): 일본이 제물포(인천)에서 러시아를 선제 공격하면서 한반도와 만주의 지배권을 둘러싸고 러·일 간에 전쟁이 발발함

2 일제의 국권 피탈 과정

한·일 의정서 체결 (1904. 2.)
- 체결: 일본이 대한 제국의 국외 중립 선언을 무시하고 강제로 체결함
- 내용
  - 일본이 군사상 필요한 대한 제국의 **군사적 요지와 시설을 사용할 수 있음**
  - 조선이 일본과의 상의 없이 제3국과 조약을 체결할 수 없게 제한함

> **백발백중 기출 사료 | 📍한·일 의정서** [42회]
> 제4조 제3국의 침해나 혹은 내란으로 인하여 대한 제국 황실의 안녕과 영토 보전에 위험이 있을 경우에 대일본 제국 정부는 …… 군사 전략상 필요한 지점을 정황에 따라 차지하여 이용할 수 있다.
> ➡ 사료 해석: 일본은 대한 제국과 한·일 의정서를 체결하여 대한 제국의 군사적 요지와 시설을 점령하였다.

↓

제1차 한·일 협약 체결 (한·일 협정서, 1904. 8.)
- 체결: 러·일 전쟁 중 전세가 유리해진 일본이 제1차 한·일 협약을 체결함
- 내용: 외교에 **스티븐스**, 재정에 **메가타**를 고문으로 파견하여 **고문 정치**를 실시함, 해외에 주재하는 한국 공사를 철수시킴

> **백발백중 기출 자료 | 📍제1차 한·일 협약** [67회]
> 인물 1: 두 달 전 체결된 협약에 따라 메가타가 탁지부의 재정 고문으로 온다는군. (어떤 분야에 전문적인 지식과 경험을 가지고 자문에 응하며 조언을 하는 직책)
> 인물 2: 일본이 우리 정부의 재정권을 침해하려는 의도인 것 같네.
> ➡ 자료 해석: 제1차 한·일 협약으로 외교 고문 스티븐스, 재정 고문 메가타가 대한 제국에 파견되었다.

↓

러·일 전쟁 중 열강의 일본 침략 묵인
- 러·일 전쟁에서 승기를 잡자 일본은 미국과 가쓰라·태프트 밀약을 체결(1905. 7.)하고, 영국과 제2차 영·일 동맹(1905. 8.)을 맺는 등 열강들로부터 한국의 지배를 묵인 받음
  - (미국의 필리핀 지배, 일본의 한반도 지배를 상호 인정함)
  - (영국의 인도 지배, 일본의 한반도 지배를 상호 인정함)
- 일본은 러·일 전쟁 중 불법적으로 **독도를 시마네 현에 편입**함

| 포츠머스 조약 체결 (1905. 9.) | : 러·일 전쟁에서 승리한 일본이 러시아와 포츠머스 조약을 체결하여 대한 제국에 대한 이권을 인정받음 |

↓

을사늑약 체결 (제2차 한·일 협약, 1905. 11.)
- 체결: 일본이 덕수궁 중명전에서 고종의 비준 없이 을사늑약(제2차 한·일 협약)을 강제로 체결함
- 내용
  - 초대 통감으로 이토 히로부미가 부임함
  - 통감부를 설치하여 보호 정치(통감 정치)를 실시함
  - 대한 제국의 외교권을 박탈함
- 을사늑약에 대한 저항

항일 순국	민영환, 조병세 등이 자결로써 항거함
5적 암살 시도	나철과 오기호 등은 자신회를 조직하여 을사늑약에 찬성한 5적의 처단을 시도함
항일 언론	을사늑약을 규탄한 장지연의 '시일야방성대곡'이 황성신문에 게재됨
상소 운동	이상설 등이 을사늑약에 서명한 대신들의 처벌과 조약의 폐기를 요구하는 상소 운동을 전개함
외교적 노력	• 헐버트 파견: 고종은 헐버트를 미국에 파견하여 을사늑약의 무효함을 전달함 • 헤이그 특사 파견(1907): 고종이 이상설, 이준, 이위종을 네덜란드 헤이그에서 열리는 만국 평화 회의에 파견하여 을사늑약의 무효와 일제의 침략적 행위를 알리게 함

백발백중 기출 자료 | 헤이그 특사 [65회]

네덜란드에 파견된 전권대사 쓰즈키가 보낸 전보 내용임. 한국인 3명이 이곳에 머물면서 평화 회의의 위원 대우를 받고자 진력하고 있다고 함. …… 이들은 일본이 한국에 시행한 정책에 대해 항의서를 인쇄하여 각국 수석 위원(단, 영국 위원은 제외한 것으로 보임)에게도 보냈다고 함.

➡ 자료 해석: 고종은 을사늑약의 부당성을 세계에 알리기 위해 이상설, 이위종, 이준을 네덜란드 헤이그에서 열린 만국 평화 회의에 특사로 파견하였다. 그러나 일본의 방해로 큰 성과를 거두지는 못하였다.

▲ 헤이그 특사

한·일 신협약 체결 (정미 7조약, 1907)
- 체결: 일본은 고종의 헤이그 특사 파견을 구실로 고종을 강제 퇴위시키고, 뒤이어 즉위한 순종의 동의 없이 한·일 신협약을 강제로 체결함
- 내용
  - 통감의 권한이 강화됨
  - 부속 밀약을 통해 대한 제국 각 부서에 일본인 차관을 파견하여 차관 정치를 실시하고, 대한 제국의 군대를 강제로 해산함

백발백중 기출 사료 | 한·일 신협약 [53회]

제2조 한국 정부의 법령 제정 및 중요한 행정상 처분은 미리 통감의 승인을 거칠 것.
제5조 한국 정부는 통감이 추천하는 일본인을 한국 관리에 임명할 것.

➡ 사료 해석: 일본은 한·일 신협약의 체결을 통해 대한 제국 내에 통감의 권한을 강화하였다.

| 기유각서 체결 (1909) | : 대한 제국의 사법권과 감옥 사무 처리권을 박탈함
→ 이후 경찰권까지 박탈함(1910. 6.) |

한·일 병합 조약 체결 (경술국치, 1910)
- 체결: 통감인 데라우치와 총리 대신 이완용이 체결함
- 내용: 일본이 대한 제국의 국권을 피탈함
- 결과: 일본의 식민 통치가 시작되어 일본은 통치 기관으로 조선 총독부를 설치하고, 데라우치를 초대 총독으로 임명함

✓ 기출 선택지로 개념 다지기

1. 빈칸의 답을 채워보세요.

(1) 러·일 전쟁의 계기가 된 사건: ☐ 사건 [72·66회]

(2) 제1차 한·일 협약의 결과 재정 고문으로 부임한 인물: ☐ [64회]

(3) 을사늑약 체결에 반발하여 나철, 오기호 등이 조직한 단체: ☐ 회 [59회]

(4) 을사늑약의 부당함을 알리기 위해 파견된 특사: ☐ 특사 [74·70회]

(5) 사법권을 박탈당한 조약: ☐ [69·67회]

2. 질문에 맞는 답을 고르세요.

(1) 러·일 전쟁 중의 사실은? [75회]
① 고종이 아관 파천을 단행하였다.
② 일본이 독도를 불법 편입하였다.

(2) 제1차 한·일 협약의 결과는? [74·73회]
① 스티븐스가 외교 고문으로 임명되었다.
② 통리기무아문이 설치되었다.

(3) 을사늑약의 결과는? [73회]
① 외교권이 박탈되고 통감부가 설치되었다.
② 제물포에서 러시아 함대가 일본 해군에게 격침되었다.

(4) 헤이그 특사 파견의 배경은? [57회]
① 집강소가 설치되었다.
② 을사늑약이 체결되었다.

(5) 고종의 강제 퇴위 이후의 사실은? [69회]
① 초대 통감으로 이토 히로부미가 부임하였다.
② 기유각서가 체결되어 사법권을 박탈당하였다.

정답 | 1. (1) 용암포 (2) 메가타 (3) 자신
(4) 헤이그 (5) 기유각서
2. (1) ② (①은 러·일 전쟁 이전의 사실)
(2) ① (②은 초기 개화 정책)
(3) ① (②은 러·일 전쟁의 발발)
(4) ② (①은 동학 농민군의 폐정 개혁 추진)
(5) ② (①은 고종의 강제 퇴위 이전의 사실)

기출주제 34 국권 피탈과 저항

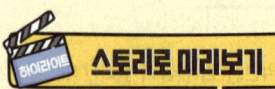

스토리로 미리보기

S#1 해산된 대한 제국의 군인들이 정미의병에 합류하다!

일제가 고종 황제를 강제로 퇴위시킨 것도 모자라, 갑자기 군대를 소집하더니 멋대로 해산식을 해버렸다. 하지만 우리 군인들이 의병에 합류하면 의병의 군사력이 더 강해질 거야. 다함께 서울에 있는 일본군을 몰아내자!

S#2 안중근이 이토 히로부미를 저격하다!

나는 **안중근**입니다. 2월 14일, 오늘, 저는 사형 선고를 받았습니다. 작년에 하얼빈에서 **이토 히로부미를 살해**했다는 죄목입니다. 나에게 죄가 있다면 어질고 약한 대한 제국의 백성인 것이 죄입니다. 나는 죽음이 두렵지 않습니다.

S#3 비밀결사인 신민회가 창립되다!

나 **안창호**, 나라의 독립을 위해서는 민족의 힘을 길러야 한다고 믿는다! 요즘 여러 단체들에 대한 일본의 감시가 점점 심해지고 있으니, 비밀 단체를 조직해야겠다. 학교도 세우고, 회사도 세워서 우리 민족의 실력을 크게 키워야겠다.

3 항일 의병 운동의 전개

을미의병(1895)
- 원인: 을미사변과 단발령(을미개혁) 시행 등에 대한 반발로 일어남
- 주도 세력: 위정척사 사상을 가진 유생 출신 유인석, 이소응 등이 주도하고 일반 농민들도 참여함
- 활동
  - 유인석이 이끄는 의병이 충주성을 점령함
  - 지방 관아를 습격하고 단발을 강요하는 친일 수령을 처단함
- 해산
  - 아관 파천으로 친일 정권이 무너지면서 단발령이 철회됨
  - 고종의 해산 권고 조칙에 따라 해산함

을사의병(1905)
- 원인: 일본의 강요로 을사늑약이 체결되어 대한 제국의 외교권이 박탈되고 통감부가 설치되자, 조약 폐기 및 친일 내각 타도를 요구하며 일어남
- 주도 세력: 유생 의병장 최익현, 민종식 등이 중심이 되었지만 평민 의병장(신돌석)이 등장할 만큼 농민들의 참여도 증가함
- 활동: 태인에서 거병한 최익현이 순창으로 진격하였으며, 민종식이 이끄는 의병이 홍주성을 점령함

★★**정미의병(1907)**

▲ 정미의병

- 원인
  - 헤이그 특사 파견을 구실로 고종 황제가 강제 퇴위됨
  - 한·일 신협약의 부속 밀약에 따라 대한 제국의 군대가 해산됨
- 특징
  - 해산된 군인이 의병에 합류하면서 군사력이 강화됨
  - 규모와 성격 면에서 의병 전쟁으로 발전함
- 📍13도 창의군
  - 총대장 이인영, 군사장 허위를 중심으로 전국 의병 연합 부대를 결성함
  - 각국 영사관에 의병을 국제법상 교전 단체로 승인해 줄 것을 요청함 ┌ 전국의 의병들이 서울에 주둔한 일본군을 몰아내고자 했던 작전(1908)
  - 양주에 집결하여 서울 진공 작전을 전개함 → 동대문 일대까지 진격하였으나 일본군의 강한 반격으로 후퇴함
- 쇠퇴
  - 서울 진공 작전 실패 이후 13도 창의군이 해산되었으나 전국적으로 소규모 부대에 의한 유격전이 전개됨 ┌ 일본이 국내의 의병 세력을 진압하기 위해 실시한 군사 작전
  - 일본의 남한 대토벌 작전과 국권 피탈로 많은 의병들이 국외로 이동하여 독립군으로 활동함

> **백발백중 기출 사료 | 📍13도 창의군** [65회]
> 이인영을 총대장으로 추대하고, 허위를 군사장으로 삼아 …… 각 도에 격문을 전하니 전국에서 불철주야 달려온 지원자들이 만여 명이더라. 이에 서울로 진군하여 국권을 회복하고자 …… 먼저 이인영은 심복을 보내 각국 영사에게 진군의 이유를 상세히 알리며 도움을 요청하고, 각 도의 의병으로 하여금 일제히 진군하게 하였다.
>
> ➡ **사료 해석**: 정미의병 때 이인영을 총대장, 허위를 군사장으로 하는 의병 연합 부대인 13도 창의군이 결성되어 각국 영사관에 의병을 국제법상 교전 단체로 승인해 줄 것을 요청하였다.

4 의거 활동

- **전명운·장인환**: 미국 샌프란시스코에서 친일 외교 고문인 스티븐스를 사살함(1908)
- **안중근**
  - 만주 하얼빈 역에서 초대 통감인 이토 히로부미를 사살함(1909)
  - 뤼순 감옥에 수감되어 『동양평화론』을 저술하던 중 순국함
- **이재명**: 명동 성당 앞에서 이완용을 습격하여 중상을 입힘(1909)

백발백중 기출 자료 | 📍 안중근 [71회]

안중근은 뤼순 감옥에서 사형 집행을 눈앞에 두고 온 힘을 다해 『동양평화론』을 집필하였다. 안타깝게도 그는 원고를 완성하지 못하고 형장의 이슬로 사라졌지만, 국가 간의 평등과 상호 협력으로 평화를 이룩하자는 그의 주장은 오늘날에도 시사점을 준다.

➔ **자료 해석**: 안중근은 뤼순 감옥에서 한·중·일 삼국의 협력과 평화를 구상한 『동양평화론』을 저술하던 중 순국하였다.

5 애국 계몽 운동

(1) 성격

- **주도 세력**: 진보적 지식인과 관료, 개혁적 유학자 등이 애국 계몽 운동을 주도함
  - (약한 민족은 도태되고 강한 민족만이 살아 남는다는 논리)
- **사상**: 사회 진화론의 영향을 받아 당시의 국제 관계를 적자생존의 원리로 인식함
- **목표**: 실력 양성 운동을 통한 국권 회복을 목표로 활동함

(2) 주요 단체

- **보안회**: 일본의 황무지 개간권 요구를 저지하기 위한 운동을 펼쳐 이를 철회시킴
- **대한 자강회**
  - 활동: 교육 진흥과 산업 개발, 강연회 개최, 월보 간행 등을 통해 국권 회복 운동을 전개함
  - 해산: 고종의 강제 퇴위 반대 운동을 전개하다가 보안법 위반으로 해산됨
    (집회·결사·언론의 자유를 탄압하는 법률(1907))
- **서북 학회**: 안창호, 이갑 등을 중심으로 서우학회와 한북학회를 통합하여 한성(서울)에서 조직되었던 단체로, 월보를 간행하는 등 교육 운동을 전개함

백발백중 기출 자료 | 📍 보안회의 활동 [66회]

지금 일본 공사가 우리 외부(外部)에 공문을 보내어 산림, 천택(川澤), 들판, 황무지에 대한 권리를 청구하였습니다. 그런데 만일 이를 외국인에게 주어버린다면 전국의 강토를 모두 빼앗기게 되며 수많은 사람이 참혹한 빈곤에 빠져 구제할 수 없게 될 것입니다. 일본인들의 침략을 막고 우리 강토를 보전하도록 힘써 주십시오.

➔ **자료 해석**: 보안회는 일본이 황무지 개간권을 요구하자, 반대 운동을 전개하여 일본의 요구를 철회시켰다.

- **신민회**
  - 조직: 안창호, 양기탁 등을 지도부로 하여 조직된 비밀 결사 단체(1907)
  - 목표: 실력 양성을 통한 국권 회복, 공화 정치 체제의 근대 국가 수립
  - 활동
    - 안창호는 대성 학교(평양), 이승훈은 오산 학교(정주)를 설립함
    - 평양에 자기 회사를 설립하여 민족 산업을 육성함
    - 태극 서관을 개설하여 계몽 서적을 출판·보급함
    - 국권 피탈 이후 서간도 삼원보에 독립운동 기지를 건설하고, 독립군 양성 기관으로 신흥 강습소를 설립하여 독립군을 양성함
  - 해산: 일제가 조작한 105인 사건으로 와해됨(1911)
    (조선 총독부가 신민회를 비롯한 민족 운동 지도자들을 탄압하기 위하여 조작한 사건)

✓ 기출 선택지로 개념 다지기

1. 빈칸의 답을 채워보세요.

(1) 단발령에 반발하여 봉기한 의병: ☐ 의병 [50회]

(2) 최익현, 민종식 등이 주도한 의병: ☐ 의병 [52회]

(3) 13도 창의군을 결성한 의병: ☐ 의병 [72·68·62회]

(4) 이토 히로부미를 사살한 인물: ☐ [71회]

(5) 일본의 황무지 개간권 요구를 저지한 단체: ☐ [74·71·69회]

(6) 오산 학교·대성 학교를 설립한 단체: ☐ [73·71회]

2. 질문에 맞는 답을 고르세요.

(1) 을미의병에 대한 설명은? [43회]
   ① 국제법상 교전 단체로 승인해 줄 것을 요구하였다.
   ② 단발령의 시행에 반발하여 봉기하였다.

(2) 정미의병에 대한 설명은? [70회]
   ① 민종식이 이끈 부대가 홍주성을 점령하였다.
   ② 의병 부대가 연합하여 서울 진공 작전을 전개하였다.

(3) 보안회에 대한 설명은? [57회]
   ① 고종의 강제 퇴위에 반대하는 운동을 주도하였다.
   ② 일본의 황무지 개간권 요구를 저지하였다.

(4) 신민회에 대한 설명을 모두 고르면? [68·62회]
   ① 중추원 개편을 통해 의회 설립을 추진하였다.
   ② 일제가 조작한 105인 사건으로 해체되었다.
   ③ 안창호, 양기탁 등이 비밀 결사로 조직하였다.

정답 | 1. (1) 을미 (2) 을사 (3) 정미
(4) 안중근 (5) 보안회 (6) 신민회

2. (1) ② (①은 정미의병)
(2) ② (①은 을사의병)
(3) ② (①은 대한 자강회)
(4) ②, ③ (①은 독립 협회)

필수 기출로 개념 적용하기 기출주제 34 국권 피탈과 저항

01 [74회 기출]

다음 상황이 나타난 시기를 연표에서 옳게 고른 것은? [3점]

○ 어제 러시아 공사 파블로프씨가 용천군 용암포 삼림회사의 편의를 위하여 전화와 전선을 추가로 가설할 뜻으로 외부(外部)에 조회하였으니, 외부에서 답 조회하기를 "해당 사안은 결코 인준하기 어려우니 귀 공사도 해당 회사에 훈칙하여 전신주 가설 사항은 절대 마음먹지 못하게 하라" 하였다더라.
— 황성신문

○ 일본, 영국, 미국의 각 공사가 우리 정부에 의주의 개방을 권고하더니, 영국 공사가 다시 조회하기를 "의주는 육지로 연결되어 화물을 운반하기가 매우 어렵고, …… 용암포는 크고 작은 선박들이 지장 없이 왕래할 수 있으니 용암포를 개항하라"고 하였고, 일본 공사가 또 조회하기를 "용암포 개항이 합당하니 속히 타결하라" 하였다더라.
— 황성신문

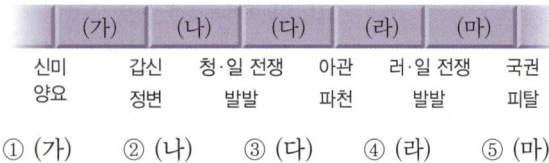

① (가) ② (나) ③ (다) ④ (라) ⑤ (마)

02 [64회 기출]

밑줄 그은 '전쟁' 중에 있었던 사실로 옳지 않은 것은? [3점]

① 일본이 독도를 불법적으로 편입하였다.
② 일본과 미국이 가쓰라·태프트 밀약을 맺었다.
③ 일본인 메가타가 대한 제국의 재정 고문으로 초빙되었다.
④ 대한 제국이 기유각서를 통해 일제에 사법권을 박탈당하였다.
⑤ 군사 전략상 필요한 지역을 일본에 제공하는 한·일 의정서가 강요되었다.

용암포 사건

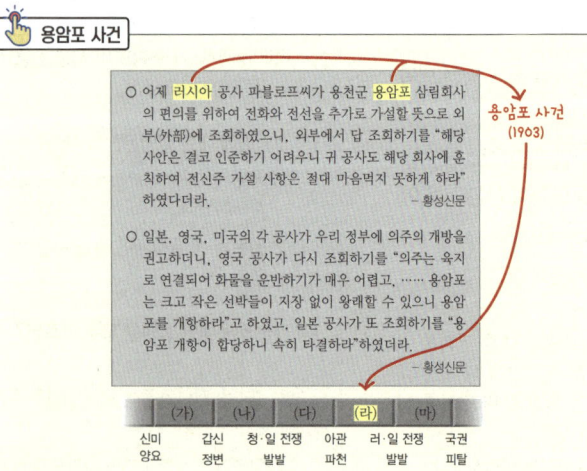

④ (라)

고종이 러시아 공사관으로 거처를 옮긴 **아관 파천**(1896) 이후, **러시아**는 대한 제국 내에서 영향력을 확대하였다. 1903년에 러시아는 용암포 및 압록강 하구 일대를 불법 점령하고 대한 제국에 **용암포의 조차**를 요구하였는데, 이는 일본과 영국, 미국 등이 즉각 반발하여 저지되었다. 이로 인해 러시아와 일본의 대립이 격화하였으며, 이듬해 **러·일 전쟁이 발발**하게 되었다(1904).

📌 이건 꼭! 암기 **용암포 사건**
#러·일 전쟁의 계기

러·일 전쟁 중의 사실

④ 대한 제국이 **기유각서**를 통해 일제에 사법권을 박탈당하였다. → 1909년, 러·일 전쟁 이후

러·일 전쟁 이후인 **1909년**에 대한 제국이 **기유각서**를 통해 일제에 **사법권을 박탈**당하였다. 한편, 러·일 전쟁(1904. 2.~1905. 9.)은 한반도를 둘러싸고 일본과 러시아의 갈등이 깊어진 상황에서 일본의 기습 공격으로 발발하였다.

⊘ 오답 클리어
① 러·일 전쟁 중인 1905년 2월에 **일본이 독도를 불법적으로 편입**하였다.
② 러·일 전쟁 중인 1905년 7월에 일본과 미국이 **가쓰라·태프트 밀약**을 맺었다.
③ 러·일 전쟁 중인 1904년 8월에 일본인 **메가타**가 대한 제국의 **재정 고문**으로 초빙되었다.
⑤ 러·일 전쟁 중인 1904년 2월에 군사 전략상 필요한 지역을 일본에 제공하는 **한·일 의정서**가 강요되었다.

03

[73회 기출]

(가) 조약에 대한 설명으로 옳은 것은? [1점]

> 저는 지금 워싱턴에 있는 옛 주미대한제국 공사관 건물 앞에 나와 있습니다. 이곳은 1889년부터 외교 공관으로 사용되었으나, (가) 으로 외교권을 박탈당하여 그 기능을 상실하였습니다. 현재 이 건물을 대한민국 정부가 매입하여 전시관으로 활용하고 있습니다.

① 러·일 전쟁 중에 체결되었다.
② 최혜국 대우를 최초로 규정하였다.
③ 천주교 포교 허용의 근거가 되었다.
④ 통감부가 설치되는 결과를 초래하였다.
⑤ 스티븐스가 외교 고문으로 파견되는 배경이 되었다.

을사늑약

④ 통감부가 설치되는 결과를 초래하였다.

을사늑약(제2차 한·일 협약)은 1905년에 이토 히로부미가 고종의 동의 없이 덕수궁 중명전에서 강제적으로 체결한 조약이다. 을사늑약의 체결 결과 대한 제국의 외교권이 박탈되었으며, 통감부가 설치되고 이토 히로부미가 초대 통감의 자리에 올랐다.

오답 클리어
① 러·일 전쟁 중에 체결되었다. → 한·일 의정서, 제1차 한·일 협약
② 최혜국 대우를 최초로 규정하였다. → 조·미 수호 통상 조약
③ 천주교 포교 허용의 근거가 되었다. → 조·프 수호 통상 조약
⑤ 스티븐스가 외교 고문으로 파견되는 배경이 되었다.
→ 제1차 한·일 협약

04

[67회 기출]

(가), (나) 사이의 시기에 있었던 사실로 옳은 것은? [2점]

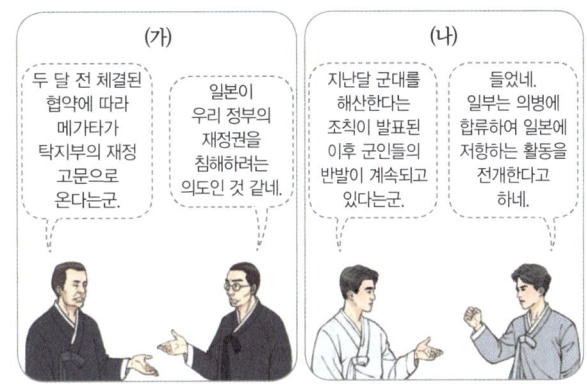

① 데라우치가 초대 총독으로 부임하였다.
② 13도 창의군이 서울 진공 작전을 전개하였다.
③ 기유각서를 통해 일제에 사법권을 박탈당하였다.
④ 상권 수호를 위해 황국 중앙 총상회가 조직되었다.
⑤ 헤이그에서 열린 만국 평화 회의에 특사가 파견되었다.

제1차 한·일 협약과 한·일 신협약 체결 사이의 사실

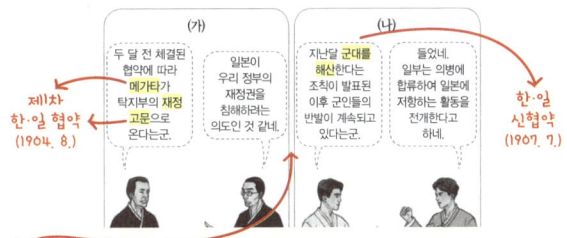

⑤ 헤이그에서 열린 만국 평화 회의에 특사가 파견되었다.
→ 1907년 6월

제1차 한·일 협약(1904. 8.)의 체결로 외교 고문으로 스티븐스, 재정 고문으로 메가타가 파견되었다. 이후 을사늑약(제2차 한·일 협약)이 체결되자, 고종은 을사늑약의 부당함을 알리기 위해 헤이그 만국 평화 회의에 특사를 파견하였다. 일본은 이를 구실로 고종을 강제 퇴위시키고, 강제로 한·일 신협약(1907)을 체결하였다.

오답 클리어
① 데라우치가 초대 총독으로 부임하였다. → 1910년, (나) 이후
② 13도 창의군이 서울 진공 작전을 전개하였다.
→ 1908년, (나) 이후
③ 기유각서를 통해 일제에 사법권을 박탈당하였다.
→ 1909년, (나) 이후
④ 상권 수호를 위해 황국 중앙 총상회가 조직되었다.
→ 1898년, (가) 이전

필수 기출로 개념 적용하기 기출주제 34 국권 피탈과 저항

05 [55회 기출]

(가)~(다) 학생이 발표한 내용을 일어난 순서대로 옳게 나열한 것은? [2점]

① (가) - (나) - (다)
② (가) - (다) - (나)
③ (나) - (가) - (다)
④ (나) - (다) - (가)
⑤ (다) - (나) - (가)

항일 의병 운동의 전개

③ (나) - (가) - (다)
을미의병 - 을사의병 - 정미의병

(나) **을미의병**: 일본이 명성 황후를 시해한 **을미사변**과 을미개혁 때 내려진 **단발령**에 반발하여 을미의병이 일어났다(1895). 위정척사 사상을 가진 유생 출신 **유인석, 이소응** 등이 주도하였으나, 단발령 철회와 고종의 해산 권고 조칙으로 자진 해산하였다.

(가) **을사의병**: 일본의 강요로 **을사늑약**이 체결되자, 이에 반발하여 을사의병이 일어났다(1905). 유생 의병장 **최익현** 등이 중심이 되었지만, **신돌석**과 같은 평민 의병장도 활약하였다.

(다) **정미의병**: 고종 황제의 강제 퇴위와 대한 제국의 군대 해산에 반발하여 정미의병이 일어났다(1907). 이때 **이인영과 허위**를 중심으로 연합 부대인 **13도 창의군**이 결성되어 **서울 진공 작전**(1908)을 전개하였으나 실패하였다.

06 [65회 기출]

다음 의병 부대에 대한 설명으로 옳은 것은? [2점]

> 이인영을 총대장으로 추대하고, 허위를 군사장으로 삼아 …… 각 도에 격문을 전하니 전국에서 불철주야 달려온 지원자들이 만여 명이더라. 이에 서울로 진군하여 국권을 회복하고자 …… 먼저 이인영은 심복을 보내 각국 영사에게 진군의 이유를 상세히 알리며 도움을 요청하고, 각 도의 의병으로 하여금 일제히 진군하게 하였다.

① 「조선혁명선언」을 지침으로 삼았다.
② 이만손이 주도하여 영남 만인소를 올렸다.
③ 상덕태상회를 통하여 군자금을 모집하였다.
④ 일본에 국권 반환 요구서를 제출하고자 하였다.
⑤ 고종의 강제 퇴위와 군대 해산에 반발하여 결성되었다.

13도 창의군

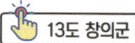

⑤ **고종의 강제 퇴위와 군대 해산에 반발**하여 결성되었다.

일본은 **한·일 신협약**을 강제로 체결하고 부속 밀약을 통해 **대한 제국의 군대**를 해산시켰다. 이를 계기로 일어난 **정미의병**(1907)은 해산된 군인들이 가담하면서 군사력이 강화되었다. 이들은 총대장 **이인영**, 군사장 **허위**를 중심으로 **13도 창의군**을 결성하고 **서울 진공 작전**(1908)을 전개하였으나 실패하였다.

오답 클리어
① 「조선혁명선언」을 지침으로 삼았다. → 의열단
② 이만손이 주도하여 **영남 만인소**를 올렸다. → 개화 반대 운동
③ **상덕태상회**를 통하여 군자금을 모집하였다. → 대한 광복회
④ 일본에 **국권 반환 요구서**를 제출하고자 하였다. → 독립 의군부

이건 꼭! 암기 13도 창의군
#고종 강제 퇴위와 군대 해산에 반발 #총대장_이인영
#군사장_허위 #서울 진공 작전

07 [75회 기출]

다음 자료를 작성한 인물에 대한 설명으로 옳은 것은? [1점]

> '동양 평화'와 '한국 독립'에 대한 문제는 이미 세계 모든 나라 사람들이 다 아는 사실이며 당연한 일로 굳게 믿었고, 한국과 청국 사람들의 마음에 깊게 새겨졌다. …… 만일 일본이 지금의 정책을 바꾸지 않고 이웃 나라들을 나날이 억누른다면, 차라리 다른 인종에게 망할지언정 같은 인종에게 욕을 당하지는 않겠다는 생각이 한국과 청국 사람들의 마음에서 용솟음칠 것이다. …… 동양 평화를 위한 의로운 싸움을 하얼빈에서 시작하고, 옳고 그름을 가리는 자리는 뤼순으로 정하였다.

① 샌프란시스코에서 흥사단을 창립하였다.
② 황준헌이 쓴 『조선책략』을 국내에 들여왔다.
③ 초대 통감이었던 이토 히로부미를 사살하였다.
④ 유만수 등과 함께 부민관 폭파 의거를 일으켰다.
⑤ 국권 피탈 과정을 정리한 『한국통사』를 저술하였다.

08 [68회 기출]

(가) 단체에 대한 설명으로 옳은 것은? [2점]

① 복벽주의를 표방하였다.
② 13도 창의군을 결성하였다.
③ 일제의 황무지 개간권 요구를 저지하였다.
④ 근대 교육을 위해 배재 학당을 설립하였다.
⑤ 일제가 조작한 105인 사건으로 해체되었다.

👆 안중근

③ 초대 통감이었던 **이토 히로부미**를 사살하였다.

안중근은 대한 제국 말에 활동한 독립운동가로, 1909년 만주 하얼빈역에서 초대 통감이었던 **이토 히로부미**를 사살하였다. 안중근은 이토 히로부미를 처단한 직후 체포되어 중국 **뤼순(여순)** 감옥에 수감되었으며, 감옥에서 한·중·일 삼국의 협력과 평화를 구상한 『**동양평화론**』을 저술하던 중 순국하였다.

◎ 오답 클리어
① 샌프란시스코에서 **흥사단**을 창립하였다. → 안창호
② 황준헌이 쓴 『조선책략』을 국내에 들여왔다. → 김홍집
④ 유만수 등과 함께 **부민관 폭파 의거**를 일으켰다. → 조문기 등
⑤ 국권 피탈 과정을 정리한 『한국통사』를 저술하였다. → 박은식

📋 **이건 꼭! 암기** 안중근
#이토 히로부미 사살 #『동양평화론』 저술 #뤼순 감옥에서 순국

👆 신민회

⑤ **일제가 조작한 105인 사건으로 해체**되었다.

신민회는 안창호, 양기탁 등을 중심으로 한 **비밀 결사**로, 실력 양성을 통한 국권 회복과 공화 정치 체제의 국민 국가 건설을 목표로 삼았다. 이들은 신지식 보급과 민족 의식 고취를 위해 서점인 **태극 서관**을 설립하고, 평양에 **대성 학교**, 정주에 **오산 학교**를 세워 민족 교육을 추진하였다. 그러나 신민회는 1911년에 일제가 조작한 **105인 사건**으로 해체되었다.

◎ 오답 클리어
① 복벽주의를 표방하였다. → 독립 의군부
② 13도 창의군을 결성하였다. → 정미의병
③ 일제의 황무지 개간권 요구를 저지하였다.
  → 대한민국 임시 정부
④ 근대 교육을 위해 배재 학당을 설립하였다. → 개신교

기출주제 35 열강의 경제 침탈과 경제적 구국 운동

빈출 태그 | #화폐 정리 사업 #방곡령 #보안회 #황국 중앙 총상회 #국채 보상 운동

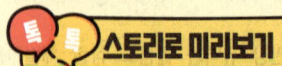

일본에 맞선 우리 민족이 참 대단하지 않아?
역잘알

맞아 국권을 빼앗기기까지 끊임없이 맞서 싸운 게 정말 대단한 것 같아.
역알못

이러한 민족 운동이 경제 분야에서도 여러 번 일어난 거 알아?
역잘알

우와, 경제까지?
역알못

응, 일본이 우리나라의 재정을 빼앗으려고 화폐 정리 사업이라는 걸 실시했는데, 사업에 들어가는 돈을 모두 일본한테서 빌리게 했지.
역잘알

헐 그럼 나라에 빚이 생긴 거네?
역알못

응. 그래서 국민들이 나라의 빚을 갚아 경제적 주권을 회복하자는 **국채 보상 운동**이 일어나.
역잘알

우와, 국민들이 나라 빚을 갚는다고? 금모으기 운동이랑 비슷한 건가?
역알못

맞아. 비슷한 느낌이지! 국민들은 담배도 끊고 술도 끊어가면서 나라 빚을 갚으려고 많이 노력했어.
역잘알

아쉽게도 일제가 방해해서 실패하기 했지만 그래도 우리 민족의 단결력을 엿볼 수 있었지.
역잘알

1 열강의 경제적 침탈

(1) 개항 이후의 무역 상황

- **개항 초기**: 일본은 조선에서 거류지 무역, 중계 무역 위주로 무역 활동을 전개하면서 조선의 상권을 독점함 ← 개항장의 외국인 거류지를 중심으로 이루어진 무역

- **임오군란 이후**
  - **청** ─ 조·청 상민 수륙 무역 장정의 체결로 **내지 통상**이 확대되었으며, 이에 따라 양화진에 점포를 개설할 권리를 획득하는 등 조선에서의 상권을 확대함
    ─ 한성과 의주를 연결하는 전신 가설권을 획득함
  - **일본** ─ 조·일 통상 장정 개정(1883)의 최혜국 대우 조항에 따라 청과 동일하게 내지 통상권을 얻게 됨
    ─ 내륙에 진출하여 청과의 상권 침탈 경쟁이 가속화됨
  - **조선**: 청과 일본 등 외국 상인의 활동 범위가 확대됨에 따라 객주, 보부상 등이 타격을 입음

- **청·일 전쟁 이후**: 청·일 전쟁에서 일본이 승리하면서 일본 상인이 조선 시장을 독점함

(2) 일본의 경제 침탈

- **토지 약탈** ─ 군용지와 철도 부지 확보를 위해 국유지와 황실 소유의 땅 등을 약탈함
  ─ **동양 척식 주식회사**(1908)를 설립하여 토지를 수탈하고자 함

- **이권 침탈**: 경인선, 경의선, 경부선 등 철도 부설권을 독점함 ← 철도를 건설할 수 있는 권리

- **화폐 정리 사업**
   ▲ 백동화
   ▲ 제일은행권
  - **목적**: 대한 제국의 경제를 일본에 예속시켜 대한 제국의 재정을 장악하고자 함
  - **주도**: 일본 제일은행과 재정 고문 **메가타가 주도**함
  - **전개** ─ 일본 제일은행권을 본위 화폐(기준이 되는 화폐)로 지정함 ← 일본 제일은행에서 발행한 화폐
    ─ 조선 화폐인 구 백동화를 등급에 따라 제일은행권으로 교환하도록 강요함 ← 개항 이후 설치된 전환국에서 주조된 화폐
  - **결과** ─ 조선인 소유 화폐의 등급이 대부분 낮게 평가되어 제대로 된 보상을 받지 못함
    ─ 국내 상공업자들이 큰 타격을 입었고 금융 기관이 위축됨
    ─ 일본의 경제적 영향력이 강화됨

> **백발백중 기출 자료 | 화폐 정리 사업** [71회]
>
> **백동화**(白銅貨)는 전환국에서 발행한 액면가 2전 5푼의 동전이다. 당시 재정 궁핍으로 본위 화폐인 은화는 거의 주조되지 않았고, 보조 화폐인 백동화가 주로 제조되어 사용되었다. 러·일 전쟁 중에 재정 고문으로 임명된 **메가타 다네타로**의 주도하에 **전환국을 폐지**하고 백동화와 엽전을 일본 제일은행권으로 교환하는 사업을 추진하면서, 백동화의 발행이 중단되었다.
>
> ➡ **자료 해석**: 일본은 백동화를 품질에 따라 갑, 을, 병의 3등급으로 구분하여 교환하였고, 한국인 소유의 화폐는 대부분 낮은 등급을 받아 제대로 된 보상을 받지 못했다.

(3) 열강의 이권 침탈

러시아	: 경원·종성 광산 채굴권, 두만강 유역과 울릉도 삼림 채벌권 등을 침탈함
미국	: 경인선 철도 부설권(이후 일본에 부설권 양도), 운산 금광 채굴권 등을 침탈함
프랑스	: 경의선 철도 부설권(이후 일본이 부설권 획득) 등을 침탈함
독일	: 강원도의 당현 금광 채굴권 등을 침탈함

2 경제적 구국 운동

방곡령 시행
- 배경: 일본으로의 곡물 유출로 조선 내 식량이 부족해지고 곡물 가격이 폭등함
- 전개: 함경도(조병식)와 황해도의 지방관이 방곡령을 선포함
- 결과: 일본은 방곡령 시행 1개월 전에 통고해야 한다는 조·일 통상 장정 개정(1883)을 구실로 방곡령 철회와 거액의 배상금을 요구함
  → 절차상의 문제로 방곡령이 실패함

백발백중 기출 사료 | 방곡령 시행 [57회]
도내의 쌀과 콩 등의 곡물에 대해서는 내년 가을까지 잠정적으로 유출을 금지하여 백성들의 식량 사정을 넉넉하게 하는 것이 마땅할까 합니다. 시행 1개월 전까지 일본 공사에게 알리시어, 일본 상인들이 준수하게 해 주십시오.

➡ 사료 해석: 함경도와 황해도에서 지방관의 직권으로 곡물 유출을 금지하는 방곡령이 선포되었다.

독립 협회의 이권 수호 운동: 아관 파천 이후 열강의 경제 침탈이 본격화되자 독립 협회가 이권 수호 운동을 전개하여 러시아의 절영도 조차 요구 저지, 한러은행 폐쇄 등을 달성함

황무지 개간권 요구 철회 운동
- 일본이 황무지 개간권을 요구하자, 보안회가 집회를 열고 반대 운동을 전개하여 일본의 요구를 철회시킴
- 민간 실업인과 관리들이 일본의 토지 약탈을 막고자 농광 회사를 설립함

상권 수호 운동
- 외국 상인의 상권 침탈이 심화되자 서울 상인의 철시 투쟁이 이루어짐 (문을 닫고 영업을 하지 않음)
- 시전 상인들이 황국 중앙 총상회를 조직하고 상권 수호 운동을 전개함 (시전 상인들이 자신들의 이익 수호를 위해 조직한 단체)
- 민족 자본을 토대로 근대적 상회사인 대동 상회, 장통 상회 등을 설립함

국채 보상 운동
- 배경: 일본이 화폐 정리 사업, 개화 정책 실시를 이유로 차관(빌린 자금)을 강요하여 외채가 증가함(총 1,300만 원)
- 목적: 국민의 성금을 모아 국채를 갚고 경제적 주권을 회복하고자 함
- 시작: 대구에서 서상돈, 김광제 등의 발의로 시작됨
- 확대: 서울에서 국채 보상 기성회가 조직되어 전국적으로 확대됨
- 전개 ─ 금주·금연 운동 전개 및 모금을 통해 국채 갚기 운동이 전개됨
        └ 대한매일신보의 후원으로 전국적으로 확산됨
- 결과: 통감부는 국채 보상 운동을 주도한 양기탁에게 횡령 혐의를 씌워 구속함, 일진회와 통감부의 방해와 탄압으로 실패함

백발백중 기출 사료 | 국채 보상 운동 [69회]
거액의 외채 1,300만 원을 해마다 미루다가 갚지 못할 지경에 이른다면 나라를 보존하기 어려울 것이니, …… 근래에 신문을 접하니, 영남에서 시작하여 서울에 이르기까지 담배를 끊어 나라의 빚을 갚자는 논의가 시작되었고, 발기한 지 며칠이 되지 않아 의연금을 내는 자들이 날마다 이른다 하니, 우리 백성들이 임금에게 충성하고 나라를 사랑하는 마음을 통쾌하게 볼 수 있습니다.

➡ 사료 해석: 지식인들은 국채 보상 운동을 통해 차관 문제를 해결하여 경제적 자주권을 회복하고자 하였다.

✓ 기출 선택지로 개념 다지기

1. 빈칸의 답을 채워보세요.

(1) 재정 고문 메가타의 주도 아래 실시된 정책: _____ 사업 [75·68회]

(2) 두만강 유역과 울릉도 삼림 채벌권을 침탈한 나라: _____ [52회]

(3) 곡물 유출을 막기 위해 선포된 법령: _____ [60회]

(4) 상권 수호를 위해 시전 상인이 설립한 단체: _____ [73·71회]

(5) 김광제의 발의로 시작된 운동: _____ 운동 [63회]

2. 질문에 맞는 답을 고르세요.

(1) 화폐 정리 사업에 대한 설명은? [60회]
① 은본위제가 본격적으로 시작되는 배경이 되었다.
② 재정 고문 메가타의 주도로 시행되었다.

(2) 독립 협회의 이권 수호 운동은? [64회]
① 일제의 황무지 개간권 요구를 저지하였다.
② 러시아의 절영도 조차 요구를 저지하였다.

(3) 보안회가 주도한 운동은? [57회]
① 급진 개화파의 정치 개혁 운동
② 일본의 황무지 개간권 요구에 대한 반대 운동

(4) 국채 보상 운동에 대한 설명은? [73회]
① 황국 중앙 총상회의 주도로 시행되었다.
② 대한매일신보의 지원을 받아 확산되었다.

정답 | 1. (1) 화폐 정리 (2) 러시아 (3) 방곡령 (4) 황국 중앙 총상회 (5) 국채 보상
2. (1) ② (①은 제1차 갑오개혁)
 (2) ② (①은 보안회)
 (3) ② (①은 갑신정변)
 (4) ② (①은 상권 수호 운동)

필수 기출로 개념 적용하기 기출주제 35 열강의 경제 침탈과 경제적 구국 운동

01 [71회 기출]

밑줄 그은 '사업'에 대한 탐구 활동으로 가장 적절한 것은? [2점]

화폐로 보는 한국사

백동화(白銅貨)는 전환국에서 발행한 액면가 2전 5푼의 동전이다. 당시 재정 궁핍으로 본위 화폐인 은화는 거의 주조되지 않았고, 보조 화폐인 백동화가 주로 제조되어 사용되었다. 러·일 전쟁 중에 재정 고문으로 임명된 메가타 다네타로의 주도하에 전환국을 폐지하고 백동화와 엽전을 일본 제일은행권으로 교환하는 사업을 추진하면서, 백동화의 발행이 중단되었다.

① 군국기무처의 활동을 조사한다.
② 당오전이 발행된 배경을 파악한다.
③ 삼국 간섭이 발생한 원인을 분석한다.
④ 대한 광복회가 결성된 목적을 살펴본다.
⑤ 제1차 한·일 협약 체결의 영향을 알아본다.

02 [52회 기출]

(가)~(마)에 들어갈 내용으로 옳지 않은 것은? [3점]

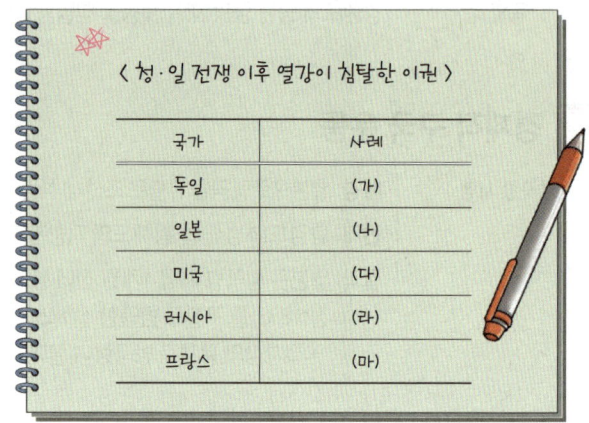

① (가) - 당현 금광 채굴권
② (나) - 경부선 철도 부설권
③ (다) - 운산 금광 채굴권
④ (라) - 울릉도 삼림 채벌권
⑤ (마) - 경인선 철도 부설권

🖐 **화폐 정리 사업**

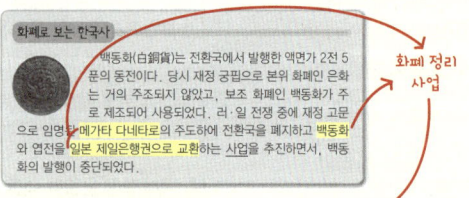

⑤ 제1차 한·일 협약 체결의 영향을 알아본다.

화폐 정리 사업은 제1차 한·일 협약으로 대한 제국의 재정 고문에 취임한 메가타의 주도로 시행되었다. 메가타는 대한 제국의 화폐 발행권을 빼앗고, 일본 제일은행권을 대한 제국의 본위 화폐로 지정하였다. 또한 기존에 대한 제국에서 통용되던 백동화와 상평통보의 사용을 금지하고, 백동화는 상태에 따라 갑, 을, 병의 3등급으로 구분해 일본 제일은행권 화폐로 바꿔 주었다.

오답 클리어
① 군국기무처의 활동을 조사한다. → 제1차 갑오개혁
② 당오전이 발행된 배경을 파악한다. → 조선 정부의 재정난 해결
③ 삼국 간섭이 발생한 원인을 분석한다. → 시모노세키 조약 체결
④ 대한 광복회가 결성된 목적을 살펴본다.
   → 공화 정체의 국민 국가 수립

📋 **이건 꼭! 암기** 화폐 정리 사업
#제1차 한·일 협약의 영향 #메가타의 주도로 시행

🖐 **열강의 이권 침탈**

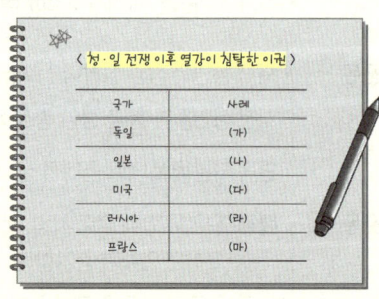

⑤ (마) - 경인선 철도 부설권 → 미국, 일본

아관 파천 이후 열강의 침탈이 본격화되었는데, 그 중 경인선 철도 부설권은 처음에 미국이 획득하였으나, 이후 일본에 양도하게 되었다.

오답 클리어
① (가) - 당현 금광 채굴권 → 독일
② (나) - 경부선 철도 부설권 → 일본
③ (다) - 운산 금광 채굴권 → 미국
④ (라) - 울릉도 삼림 채벌권 → 러시아

📋 **이건 꼭! 암기** 열강의 이권 침탈
#독일_당현 금광 채굴권 #일본_경부선·경인선 철도 부설권 #미국_운산 금광 채굴권 #러시아_압록강, 두만강, 울릉도 삼림 채벌권

03
[66회 기출]

다음 자료를 활용한 탐구 활동으로 가장 적절한 것은? [2점]

> **각국 공관에 보내는 호소문**
>
> 지금 일본 공사가 우리 외부(外部)에 공문을 보내어 산림, 천택(川澤), 들판, 황무지에 대한 권리를 청구하였습니다. 우리나라 사람들은 이를 이용해 2~3년 걸러 윤작을 해야만 먹고 살 수 있습니다. 그런데 만일 이를 외국인에게 주어버린다면 전국의 강토를 모두 빼앗기게 되며 수많은 사람이 참혹한 빈곤에 빠져 구제할 수 없게 될 것입니다. 일본인들의 침략을 막고 우리 강토를 보전하도록 힘써 주십시오.
>
> 1904년 ○○월 ○○일

① 독립문의 건립 과정을 알아본다.
② 보안회의 활동 내용을 파악한다.
③ 조·일 통상 장정의 조항을 검토한다.
④ 화폐 정리 사업이 끼친 영향을 살펴본다.
⑤ 황국 중앙 총상회가 조직된 목적을 분석한다.

04
[73회 기출]

(가) 운동에 대한 설명으로 옳은 것은? [2점]

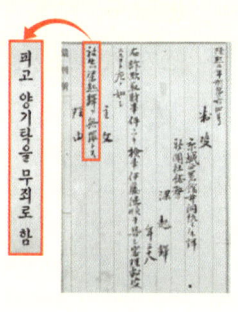

이 자료는 (가) 에 참여한 양기탁에 대한 판결문의 일부이다. 양기탁은 일본에서 들여온 차관을 갚기 위해 일어난 (가) 의 의연금을 횡령하였다는 이유로 기소되었다. 판결문에는 피고인 양기탁이 증거 불충분으로 무죄를 선고받은 내용이 담겨 있다.

① 대한매일신보의 지원을 받아 확산되었다.
② 조선 총독부의 탄압과 방해로 실패하였다.
③ 백정에 대한 사회적 차별 철폐를 요구하였다.
④ 조선 민립 대학 기성회에서 모금 활동을 주도하였다.
⑤ 일본, 프랑스 등의 노동 단체로부터 격려 전문을 받았다.

기출주제 36 근대 문화의 형성

빈출 태그 | #전차 개통 #독립문 #한성순보 #독립신문 #대한매일신보 #육영 공원 #한성 사범 학교 #국문 연구소

하이라이트 스토리로 미리보기

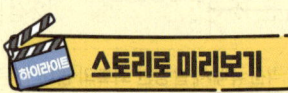

S#1 경복궁에 전등이 켜지다!

이것이 바로 서양에서 들여온 전등이로구만. 밤이면 경복궁이 무척 깜깜했는데, 이제는 밤도 낮처럼 훤해져 신기하구. 앞으로 퇴근하는 밤길에 넘어질 걱정은 없겠어 허허!

S#2 박문국에서 한성순보를 발행하다!

박문국이라는 관청에서 열흘에 한 번 한성순보라는 신문을 발행하고 있다. 신문이란 게 궁금해서 구독한 지 어느덧 한 달, 순 한문밖에 없어 천천히 읽어야 한다. 기사의 절반 이상이 외국 소식이라 세상 돌아가는 형세를 알 수 있어 좋긴 하다.

S#3 육영 공원이 설립되다!

정부가 세운 근대식 학교가 있다는 이야기를 들었다 육영 공원이라고 영재를 기르는 공립 학교라는 뜻이란다. 외국인 선생님이 영어와 수학을 가르친다는데, 높은 집 자녀들만 다닌단다. 우리 아이도 보내고 싶은데...

1 근대의 주요 시설과 건축물

전기·교통·통신시설
- **전기**: 경복궁에 전등을 설치함(1887), 대한 제국 황실과 미국인 콜브란이 합작하여 **한성 전기 회사를 설립함**(1898)
- **전신**: 서울~인천 간에 전신을 가설함(1885)
- **전차**: 한성 전기 회사가 서대문~청량리에 전차를 가설함(1899)
- **철도**: **경인선**(1899, 최초), 경부선(1905), 경의선(1906) 등
  └ 서울과 인천을 연결함
- **우편**: **우정총국**(1884, 갑신정변으로 폐지됨)·우체사(1895)를 설치함, 만국 우편 연합에 가입함(1900)

의료 시설
- 미국인 **알렌**의 건의로 최초의 근대식 병원인 **광혜원**(1885)이 세워짐
- 광혜원은 이후 제중원(1885), 세브란스 병원(1904)으로 계승됨

정부 기구
- **전환국**: 화폐 주조를 담당하는 관청(1883)
- **기기창**: 신식 무기를 제조하는 관청(1883)
- **박문국**: 출판을 담당하는 기구로, 한성순보를 발행함(1883)

근대 건축물: **독립문**(독립 협회가 주도하여 세운 건축물, 1897), 명동 성당(중세 고딕 양식의 건물, 1898), 덕수궁 석조전(르네상스식 건물, 1910), 덕수궁 중명전(을사늑약이 체결된 건물, 1901)

백발백중 기출 자료 | 근대의 주요 시설과 건축물 [71회]

▲ 독립문   ▲ 명동 성당   ▲ 덕수궁 석조전   ▲ 광혜원

2 근대의 신문

한성순보 (1883~1884)
- 박문국에서 발행한 우리나라 최초의 근대 신문
- 순 한문 신문으로 10일에 한 번씩 간행함
- 정부 정책을 알리는 일종의 관보 역할을 담당하였으며 외국 신문도 번역함

한성주보 (1886~1888)
- 박문국에서 일주일에 한 번씩 발행한 신문
- 국·한문 혼용체를 사용하였으며 **최초로 상업 광고가 게재됨**

독립신문 (1896~1899)
- 서재필 등이 **정부의 지원**을 받아 발행한 우리나라 최초의 민간 신문
- 한글판과 영문판을 함께 발행하여 외국인도 읽을 수 있도록 함

제국신문 (1898~1910)
- 순 한글로 발행되어 부녀자 및 일반 서민들에게 인기가 있었던 신문

황성신문 (1898~1910)
- 유생층을 대상으로 한 민족주의적 성격의 국·한문 혼용 신문
- 을사늑약 체결 직후 장지연의 '시일야방성대곡'을 게재함

대한매일신보 (1904~1910)
- 양기탁과 영국인 베델이 창간하였으며 가장 많은 독자층을 보유함
  - 외국인이 발행하는 신문이어서 일본의 사전 검열을 받지 않음
- 의병 운동을 호의적으로 보도하였고 국채 보상 운동의 확산에 기여함
- 을사늑약이 무효임을 주장하는 고종의 친서를 게재하고, 체결 과정의 부당성을 주장함

3 근대의 교육

원산 학사 : 우리나라 최초의 근대식 사립 학교(1883)로 덕원 부사 정현석과 덕원·원산 주민들이 합심하여 설립함, 근대 학문과 무술 교육을 실시함

동문학 : 묄렌도르프가 정부의 지원을 받아 설립한 통역관 양성소

육영 공원 ('영재를 기른다'는 뜻)
- 정부가 설립한 최초의 근대식 관립 학교로, 상류층(양반) 자제를 대상으로 외국어와 근대 학문을 교육함
- 미국인 헐버트, 길모어 등을 외국인 교사로 초빙함
  - 을사늑약 체결 이후 고종 황제의 밀서를 가지고 미국에 파견됨, 『사민필지』 저술

◀ 헐버트

> **백발백중 기출 사료 | 📍육영 공원** [60회]
> 좌원과 우원을 두었는데, 좌원에는 젊은 현직 관리를, 우원에는 관직에 나아가지 않은 명문가 자제들을 입학시켰다. 외국인 3명을 교사로 초빙하였으며, 학생들은 졸업할 때까지 공원(公院)에서 학습에 전념하도록 하였다.
> ➡ **사료 해석**: 육영 공원은 최초의 근대식 관립학교로, 좌원과 우원으로 나누고 미국인 헐버트, 길모어 등을 교사로 초빙하였다.

한성 사범 학교 : 교육 입국 조서 반포를 계기로 설립된 관립 학교로, 교원 양성을 목적으로 함

기타 : 개신교 선교사들이 선교를 목적으로 배재 학당(아펜젤러, 1885), 이화 학당(스크랜튼, 1886) 등의 사립 학교를 설립함
- 최초로 설립된 여성 교육 기관

4 국학 연구와 문예 활동

(1) 국학 연구

국어 : 국문 연구소에서 주시경(한힌샘)·지석영 등이 한글 연구를 체계화함
- 대한 제국 학부의 내부 기구로 설립된 국어 연구 기관
- 『국어문법』, 『말의 소리』 저술

국사
- 『이순신전』·『을지문덕전』(신채호), 『연개소문전』(박은식) 등 위인 전기문을 보급하여 민족 의식을 고취시킴
- 『미국독립사』, 『월남망국사』 등의 외국 역사서를 번역하여 소개함
- 조선 광문회에서는 실학자의 저서나 민족 고전을 정리하고 간행함

(2) 문예 활동

문학
- 신소설: 이인직의 「혈의 누」(1906), 안국선의 「금수회의록」(1908)
- 신체시: 잡지『소년』에 게재된 최남선의 '해에게서 소년에게'(1908)
  - 전통시에서 근대시로 넘어가는 장르

연극 : 최초의 서양식 극장인 원각사(1908)에서 은세계, 치악산 등이 공연됨

◀ 원각사

✅ 기출 선택지로 개념 다지기

1. 빈칸의 답을 채워보세요.

(1) 화폐 주조를 담당한 관청: ☐ [67회]

(2) 박문국에서 발행한 최초의 근대 신문: ☐ [74·72회]

(3) 국채 보상 운동의 확산에 기여한 신문: ☐ [67회]

(4) 우리나라 최초의 근대식 사립 학교: ☐ [64회]

(5) 미국인 헐버트, 길모어 등을 교사로 초빙한 학교: ☐ [67·64회]

(6) 주시경, 지석영 등이 중심이 되어 활동한 기구: ☐ [72·67·64회]

(7) 최초의 서양식 극장: ☐ [74회]

2. 질문에 맞는 답을 고르세요.

(1) 근대의 주요 건물에 대한 옳은 설명은? [65회]
① 박문국 - 백동화가 주조되었다.
② 중명전 - 을사늑약이 체결되었다.

(2) 한성순보에 대한 설명은? [67회]
① 순 한문 신문으로 열흘마다 발행하는 것이 원칙이었다.
② 외국인이 읽을 수 있도록 영문으로도 발행되었다.

(3) 육영 공원에 대한 설명은? [67회]
① 교육 입국 조서에 근거하여 세워졌다.
② 헐버트, 길모어 등이 교사로 초빙되었다.

(4) 전차 개통 이후의 모습은? [73회]
① 경부선 철도 개통식을 취재하는 신문 기자
② 보빙사의 일원으로 미국에 파견되는 역관

정답 | 1. (1) 전환국 (2) 한성순보
(3) 대한매일신보 (4) 원산 학사
(5) 육영 공원 (6) 국문 연구소
(7) 원각사

2. (1) ② (①은 전환국)
(2) ① (②은 독립신문)
(3) ② (①은 한성 사범 학교)
(4) ① (②은 1883년, 전차 개통 이전)

필수 기출로 개념 적용하기 기출주제 36 근대 문화의 형성

01 [73회 기출]

다음 가상 대화가 이루어진 시기 이후에 볼 수 있는 모습으로 가장 적절한 것은? [2점]

- 자네 들었는가? 며칠 전 한성 전기 회사에서 개통한 전차에 어린아이가 깔려 죽었다고 하네.
- 나도 들었네. 사고를 보고 격분한 사람들이 전차를 전복시키고 불태웠다더군.

① 척화비를 세우기 위해 돌을 다듬는 석공
② 거문도를 불법 점령하고 있는 영국 군인
③ 연무당에서 일본과 조약을 체결하는 관리
④ 보빙사의 일원으로 미국에 파견되는 역관
⑤ 경부선 철도 개통식을 취재하는 신문 기자

02 [71회 기출]

(가) 신문에 대한 설명으로 옳은 것은? [1점]

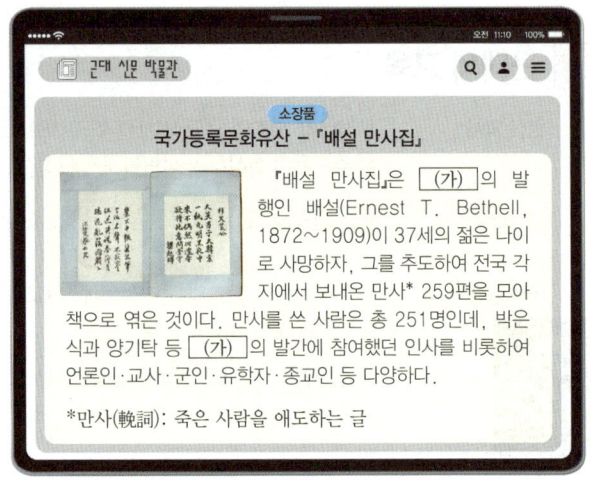

① 박문국에서 발행하였다.
② 브나로드 운동을 주도하였다.
③ 여권통문을 처음 게재하였다.
④ 국채 보상 운동을 지원하였다.
⑤ 순 한글판으로 발행된 최초의 신문이었다.

전차 개통 이후의 사실

전차 개통 (1899)

⑤ 경부선 철도 개통식을 취재하는 신문 기자 → 1905년

대한 제국 시기에는 교통·통신·전기 등 새로운 근대 문물이 도입되었다. 황실의 투자로 설립된 **한성 전기 회사**는 1899년에 서대문과 청량리를 잇는 **전차를 최초로 개통**하였고, 같은 해에 일본은 서울과 인천을 잇는 한국 최초의 철도인 경인선을 개통하였다. 이후 러·일 전쟁 중인 **1905년**에는 군사적 목적으로 서울과 부산을 연결하는 **경부선**이 개통되었다.

✅ 오답 클리어
① 척화비를 세우기 위해 돌을 다듬는 석공 → 1871년
② 거문도를 불법 점령하고 있는 영국 군인 → 1885~1887년
③ 연무당에서 일본과 조약을 체결하는 관리 → 1876년
④ 보빙사의 일원으로 미국에 파견되는 역관 → 1883년

📋 **이건 꼭! 암기** 근대 문물의 도입
#전차 개통(한성 전기 회사) #철도 개통(일본)_경인선(1899), 경부선(1905), 경의선(1906)

대한매일신보

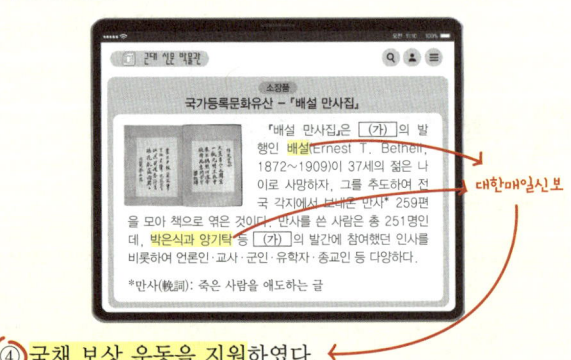

④ 국채 보상 운동을 지원하였다.

대한매일신보는 양기탁과 영국인 기자 베델(배설)이 함께 창간한 신문이다. 당시 외국인이 발행하는 신문의 경우 일본의 검열 대상이 아니었기 때문에 대한매일신보는 적극적인 항일 논조를 띨 수 있었다. 또한 일본에 진 국채(국가의 빚)를 갚자는 **국채 보상 운동**을 후원하여 운동이 전국적으로 확산되는 데 기여하였다.

✅ 오답 클리어
① 박문국에서 발행하였다. → 한성순보, 한성주보
② 브나로드 운동을 주도하였다. → 동아일보
③ 여권통문을 처음 게재하였다. → 황성신문, 독립신문
⑤ 순 한글판으로 발행된 최초의 신문이었다. → 독립신문

03 [67회 기출]

다음 대화에 해당하는 교육 기관에 대한 설명으로 옳은 것은? [2점]

① 7재라는 전문 강좌가 개설되었다.
② 조선 총독부의 탄압으로 폐교되었다.
③ 교육 입국 조서에 근거하여 세워졌다.
④ 주요 건물로 대성전과 명륜당을 두었다.
⑤ 헐버트, 길모어 등이 교사로 초빙되었다.

🖐 육영 공원

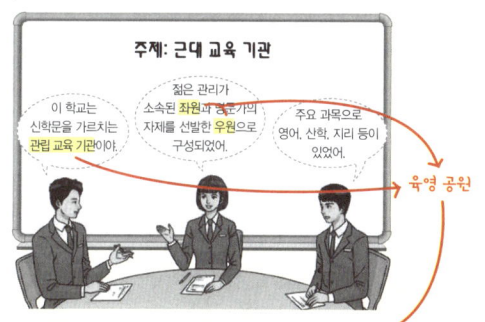

육영 공원은 정부 주도로 설립된 **근대식 관립 학교**로, 젊고 유능한 관리들을 선발한 **좌원**과 양반 자제를 선발한 **우원**으로 구성되었다. 주요 과목으로는 영어, 산학, 지리 등이 있었고, **헐버트, 길모어**, 벙커 등 외국인이 교사로 초빙되었다.

🚫 오답 클리어
① 7재라는 전문 강좌가 개설되었다. → 국자감(국학)
② 조선 총독부의 탄압으로 폐교되었다. → X
③ 교육 입국 조서에 근거하여 세워졌다. → 한성 사범 학교 등
④ 주요 건물로 대성전과 명륜당을 두었다. → 성균관, 향교

📝 **이건 꼭! 암기** 육영 공원
#근대식 관립 교육 기관 #좌원, 우원 #외국인 교사 초빙_헐버트, 길모어

04 [61회 기출]

(가) 인물에 대한 설명으로 옳은 것은? [2점]

① 국문 연구소의 연구 위원으로 활동하였다.
② 조선어 학회 사건으로 구속되어 옥고를 치렀다.
③ 국권 피탈 과정을 정리한 『한국통사』를 집필하였다.
④ 세계 지리 교과서인 『사민필지』를 한글로 저술하였다.
⑤ 『여유당전서』를 간행하고 조선학 운동을 전개하였다.

🖐 주시경

주시경은 국어 학자로, 한글 보급을 위해 순우리말인 **한힌샘**이라는 호를 사용하였다. 대한 제국 시기인 1907년에 대한 제국의 학부 아래에 설립된 **국문 연구소에서 연구 위원**으로 활동하며 지석영 등과 함께 한글 연구를 체계화하였다. 그의 대표적인 저술로는 국어 문법서인 『국어문법』, 『말의 소리』 등이 있다.

🚫 오답 클리어
② 조선어 학회 사건으로 구속되어 옥고를 치렀다.
  → 이윤재, 최현배 등
③ 국권 피탈 과정을 정리한 『한국통사』를 집필하였다. → 박은식
④ 세계 지리 교과서인 『사민필지』를 한글로 저술하였다. → 헐버트
⑤ 『여유당전서』를 간행하고 조선학 운동을 전개하였다.
  → 정인보, 안재홍 등

근대
기출 테스트

01 밑줄 그은 '시기'에 있었던 사실로 옳은 것은? [2점] 〔58회 기출〕

> 창녕의 관산 서원 터에서 매주(埋主) 시설이 발견되었습니다. 이 시설은 서원에 모셔져 있던 신주를 옹기에 넣고 기와로 둘러싼 뒤 묻은 것입니다. 이번 발굴로 만동묘 철거 이후 서원을 철폐하던 시기에 신주를 어떻게 처리했는지 알 수 있게 되었습니다.

서원 철폐 관련 매주 시설 첫 발견

① 나선 정벌에 조총 부대가 동원되었다.
② 박규수의 건의로 삼정이정청이 설치되었다.
③ 지역 차별에 반발하여 홍경래가 봉기하였다.
④ 제너럴셔먼호 사건을 구실로 미군이 침입하였다.
⑤ 시전 상인의 특권을 축소하는 신해통공이 단행되었다.

02 (가), (나) 조약에 대한 설명으로 옳은 것은? [3점] 〔67회 기출〕

> (가) 제4조 …… 조선 상인이 북경에서 규정에 따라 교역하고, 중국 상인이 조선의 양화진과 서울에 들어가 영업소를 개설한 경우를 제외하고 각종 화물을 내지로 운반하여 상점을 차리고 파는 것을 허가하지 않는다. ……
>
> (나) 제37관 조선국에서 가뭄과 홍수, 전쟁 등의 일로 국내에 양식이 부족할 것을 우려하여 일시 쌀 수출을 금지하려고 할 때에는 1개월 전에 지방관이 일본 영사관에 통지하고, 미리 그 기간을 항구에 있는 일본 상인들에게 전달하여 일률적으로 준수하는 데 편리하게 한다.

① (가) - 통감부가 설치되는 계기가 되었다.
② (가) - 조선의 관세 자주권을 최초로 인정하였다.
③ (나) - 최혜국 대우를 규정한 조항을 담고 있다.
④ (나) - 일본 공사관의 경비병 주둔을 명시하였다.
⑤ (가), (나) - 갑신정변의 영향으로 체결되었다.

03 (가) 인물에 대한 설명으로 옳은 것은? [3점] 〔75회 기출〕

상소문으로 보는 역사 이야기 – 지부복궐척화의소

자료는 위정척사 운동의 대표적 인물인 (가) 이/가 강화도 조약 체결에 반대하며 올린 지부복궐척화의소의 일부로, 『면암집』에 실려있습니다. 표시된 부분은 '기자(箕子)'의 옛 땅이며 대명(大明)의 동쪽 울타리'인 조선이 조약을 체결하게 되면 '하루아침에 서양 오랑캐로 전락'할 수 있다는 내용으로, 화이론적 세계관에 바탕을 둔 그의 왜양일체론이 잘 드러나 있습니다.

① 고종의 밀지를 받아 독립 의군부를 조직하였다.
② 도쿄에서 일왕이 탄 마차를 향해 폭탄을 던졌다.
③ 을사늑약이 체결되자 태인에서 의병을 일으켰다.
④ 명동 성당 앞에서 이완용을 습격하여 중상을 입혔다.
⑤ 13도 창의군을 지휘하여 서울 진공 작전을 전개하였다.

04 (가)에 대한 설명으로 옳은 것은? [2점] 〔70회 기출〕

1/3 우정총국 개국 축하연에서 일부 급진 개화파가 (가) 을/를 일으켰습니다.
2/3 권력을 장악한 그들은 청과의 사대 관계 청산 등을 담은 개혁 정강을 발표하였습니다.
3/3 청군의 개입으로 3일 만에 실패하여 김옥균 등 주요 인물은 일본으로 망명하였습니다.

① 전개 과정에서 집강소가 설치되었다.
② 수신사가 파견되는 데 영향을 주었다.
③ 한성 조약이 체결되는 결과를 가져왔다.
④ 사태 수습을 위해 박규수가 안핵사로 파견되었다.
⑤ 구식 군인에 대한 차별 대우가 발단이 되어 일어났다.

[51회 기출]

05 (가)~(다)를 발표된 순서대로 옳게 나열한 것은? [3점]

> (가) 1. 문벌, 양반과 상인들의 등급을 없애고 귀천에 관계없이 인재를 선발하여 등용한다.
> 1. 공노비와 사노비에 관한 법을 일체 혁파하고 사람을 사고파는 일을 금지한다.
>
> (나) 1. 청나라에 의존하는 생각을 끊어 버리고 자주 독립의 기초를 튼튼히 세운다.
> 1. 왕실 사무와 국정 사무는 반드시 분리시켜 서로 뒤섞지 않는다.
>
> (다) 대군주 폐하께서 내리신 조칙에서 "짐이 신민(臣民)에 앞서 머리카락을 자르니, 너희들은 짐의 뜻을 잘 본받아 만국과 나란히 서는 대업을 이루라."라고 하셨다.

① (가) - (나) - (다) ② (가) - (다) - (나)
③ (나) - (가) - (다) ④ (나) - (다) - (가)
⑤ (다) - (나) - (가)

정답 및 해설

01 흥선 대원군 집권기의 사실   정답 ④

정답 치트키
만동묘 철거 + 서원을 철폐 → 흥선 대원군 집권기

④ 흥선 대원군 집권기에 미군이 제너럴셔먼호 사건을 구실로 강화도를 침입한 신미양요가 일어났다.

오답 클리어
① 나선 정벌에 조총 부대가 동원되었다. → 효종
② 박규수의 건의로 삼정이정청이 설치되었다. → 철종
③ 지역 차별에 반발하여 홍경래가 봉기하였다. → 순조
⑤ 시전 상인의 특권을 축소하는 신해통공이 단행되었다. → 정조

02 조·청 상민 수륙 무역 장정과 조·일 통상 장정 개정 정답 ③

정답 치트키
(가) 중국 상인이 조선의 양화진과 서울에 들어가 영업소를 개설
→ 조·청 상민 수륙 무역 장정(1882)
(나) 쌀 수출을 금지 + 1개월 전에 지방관이 일본 영사관에 통지함
→ 방곡령 규정 → 조·일 통상 장정 개정(1883)

③ 조·일 통상 장정 개정(1883)은 최혜국 대우를 규정한 조항을 담고 있어, 이 조항을 바탕으로 일본 상인들이 내륙까지 상권을 확대할 수 있게 되었다.

오답 클리어
① 통감부가 설치되는 계기가 되었다. → 을사늑약
② 조선의 관세 자주권을 최초로 인정하였다. → 조·미 수호 통상 조약

④ 일본 공사관의 경비병 주둔을 명시하였다. → 제물포 조약
⑤ 갑신정변의 영향으로 체결되었다. → 한성 조약, 톈진 조약

03 최익현   정답 ③

정답 치트키
지부복궐척화의소 + 『면암집』 + 왜양일체론 → 최익현

③ 최익현은 을사늑약의 체결에 반대하여 태인에서 의병을 일으켰다.

오답 클리어
① 고종의 밀지를 받아 독립 의군부를 조직하였다. → 임병찬
② 도쿄에서 일왕이 탄 마차를 향해 폭탄을 던졌다. → 이봉창
④ 명동 성당 앞에서 이완용을 습격하여 중상을 입혔다. → 이재명
⑤ 13도 창의군을 지휘하여 서울 진공 작전을 전개하였다. → 이인영 등

04 갑신정변   정답 ③

정답 치트키
우정총국 개국 축하연 + 급진 개화파 + 김옥균 → 갑신정변

③ 갑신정변의 결과 조선과 일본 사이에 한성 조약이 체결되어, 조선은 일본에 배상금을 지불하고 일본 공사관 신축 비용을 부담하였다.

오답 클리어
① 전개 과정에서 집강소가 설치되었다. → 동학 농민 운동
② 수신사가 파견되는 데 영향을 주었다. → 초기 개화 정책
④ 사태 수습을 위해 박규수가 안핵사로 파견되었다. → 임술 농민 봉기
⑤ 구식 군인에 대한 차별 대우가 발단이 되어 일어났다. → 임오군란

05 갑오개혁과 을미개혁   정답 ①

정답 치트키
(가) 문벌, 양반과 상인들의 등급을 없앰 + 공노비와 사노비에 관한 법을 일체 혁파 → 제1차 갑오개혁
(나) 청나라에 의존하는 생각을 끊어 버림 + 왕실 사무와 국정 사무는 반드시 분리시킴 → 홍범 14조 → 제2차 갑오개혁
(다) 머리카락을 자름 → 단발령 → 을미개혁

① 순서대로 나열하면 (가) 제1차 갑오개혁 - (나) 제2차 갑오개혁 - (다) 을미개혁이다.
(가) 제1차 갑오개혁: 근대적 개혁 추진 기구로 군국기무처를 설치하고 과거제와 공·사 노비법 등을 폐지하였다.
(나) 제2차 갑오개혁: 고종이 홍범 14조를 반포하면서 본격적인 개혁 정책이 시행되었다. 홍범 14조에는 청의 종주권 부인, 왕실 사무와 국정 사무의 분리, 재정 일원화 등의 조항이 포함되었다.
(다) 을미개혁: 을미사변 이후 일본은 친일 내각을 수립하고 을미개혁을 추진하였다. 이때 머리카락을 짧게 자르는 단발령을 시행하였다.

근대 기출 테스트

64회 기출

06 (가) 단체에 대한 설명으로 옳은 것은? [2점]

> (가) 은/는 독립관에서 경축 모임을 열었다. 회장은 모임을 여는 큰 뜻을 설명하였다. "오늘은 황제 폐하께서 대황제라는 존귀한 칭호를 갖게 되신 계천(繼天) 경축일이니, 대한의 신민은 이를 크게 경축드립니다. 우리는 관민 공동회에서 황실을 공고히 하고 인민을 문명 개화시키며 영토를 보존하고자 여섯 개 조항의 의견안을 바쳤습니다."라고 말하였다. …… 이어 회원들은 조직 5조와 헌의 6조 10만 장을 인쇄하여 온 나라에 널리 배포하고 학생들에게 그것을 배우고 익히도록 하였다. 경축연을 마친 회원들은 울긋불긋한 종이꽃을 머리에 꽂은 채 국기와 (가) 의 깃발을 세우고 경축가를 부르며 인화문 앞으로 가서 만세를 외치고 종로의 만민 공동회로 갔다.

① 일제의 황무지 개간권 요구를 저지시켰다.
② 러시아의 절영도 조차 요구에 반대하였다.
③ 태극 서관을 설립하여 계몽 서적을 보급하였다.
④ 민립 대학 설립을 위한 모금 운동을 전개하였다.
⑤ 조소앙의 삼균주의를 기초로 건국 강령을 발표하였다.

69회 기출

07 다음 대화에 나타난 사건 이후의 사실로 옳은 것은? [3점]

① 신식 군대인 별기군이 창설되었다.
② 묄렌도르프가 외교 고문으로 파견되었다.
③ 초대 통감으로 이토 히로부미가 부임하였다.
④ 기유각서가 체결되어 사법권을 박탈당하였다.
⑤ 관민 공동회가 개최되어 헌의 6조를 결의하였다.

70회 기출

08 ㉠ 시기에 볼 수 있는 모습으로 가장 적절한 것은? [2점]

이것은 경인선 철도의 노선 계획도입니다. 경인선은 미국인 모스로부터 부설권을 사들인 일본에 의해 서울에서 인천을 잇는 철도로 개통되었습니다. 완공 후 ㉠서대문 정거장에서 철도 개통식이 열렸습니다. 이후 경부선, 경의선 철도가 차례로 개통되었습니다. 그 과정에서 많은 토지가 철도 부지로 수용되고 농민들이 공사에 강제로 동원되면서 많은 저항이 있었습니다.

① 학도 지원병을 독려하는 지식인
② 금난전권 폐지에 반대하는 시전 상인
③ 근우회가 주최하는 강연에 참여하는 여성
④ 두모포에서 무력시위를 벌이는 일본 군인
⑤ 근대 학문을 가르치는 한성 사범 학교 교사

65회 기출

09 (가)~(마)에 대한 설명으로 옳은 것은? [3점]

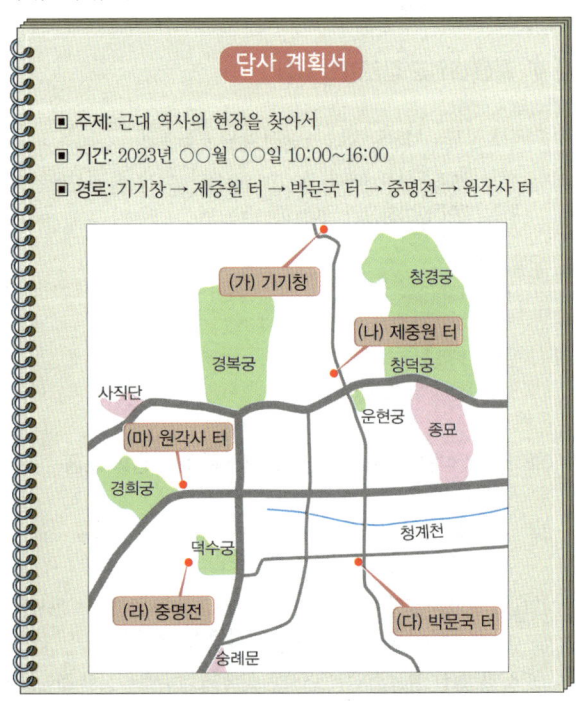

① (가) - 우리나라 최초의 근대 신문이 간행되었다.
② (나) - 고종의 황제 즉위식이 거행된 장소이다.
③ (다) - 백동화가 주조되었다.
④ (라) - 을사늑약이 체결되었다.
⑤ (마) - 나운규의 아리랑이 처음 상영된 곳이다.

10 (가)~(다)를 일어난 순서대로 옳게 나열한 것은? [3점]

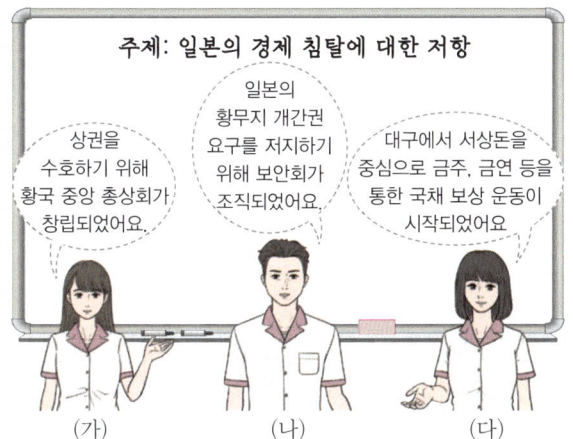

① (가) - (나) - (다)
② (가) - (다) - (나)
③ (나) - (가) - (다)
④ (나) - (다) - (가)
⑤ (다) - (가) - (나)

정답 및 해설

06 독립 협회   정답 ②

정답 치트키
관민 공동회 + 헌의 6조 → 독립 협회

② 독립 협회는 이권 수호 운동을 전개하여 러시아의 절영도 조차 요구를 저지하였다.

오답 클리어
① 일제의 황무지 개간권 요구를 저지시켰다. → 보안회
③ 태극 서관을 설립하여 계몽 서적을 보급하였다. → 신민회
④ 민립 대학 설립을 위한 모금 운동을 전개하였다. → 조선 민립 대학 기성회
⑤ 조소앙의 삼균주의를 기초로 건국 강령을 발표하였다.
   → 대한민국 임시 정부

07 고종의 강제 퇴위 이후의 사실   정답 ④

정답 치트키
양위식이 거행 + 황제께서 퇴위당하신 셈 → 고종의 강제 퇴위(1907)

④ 고종의 강제 퇴위(1907) 이후인 1909년에 기유각서가 체결되어 대한 제국은 일제에 의해 사법권을 박탈당하였다.

오답 클리어
① 신식 군대인 별기군이 창설되었다. → 1881년
② 묄렌도르프가 외교 고문으로 파견되었다. → 1882년
③ 초대 통감으로 이토 히로부미가 부임하였다. → 1906년
⑤ 관민 공동회가 개최되어 헌의 6조를 결의하였다. → 1898년

08 경인선 철도 개통식 시기의 모습   정답 ⑤

정답 치트키
경인선 + 철도 개통식 → 경인선 철도 개통식(1900)

⑤ 한성 사범 학교는 교원 양성을 위해 1895년에 설립되어 1911년까지 운영된 학교로, 경인선 철도 개통식 시기에 볼 수 있는 모습이다.

오답 클리어
① 학도 지원병을 독려하는 지식인 → 1943년
② 금난전권 폐지에 반대하는 시전 상인 → 1791년
③ 근우회가 주최하는 강연에 참여하는 여성 → 1927년
④ 두모포에서 무력시위를 벌이는 일본 군인 → 1878년

09 근대의 주요 건물   정답 ④

정답 치트키
기기창 + 제중원 터 + 박문국 터 + 중명전 + 원각사 터
→ 근대의 주요 건물

④ 고종의 비준 없이 일본에 의해 덕수궁 중명전에서 을사늑약(제2차 한·일 협약)이 체결되었다.

오답 클리어
① 우리나라 최초의 근대 신문이 간행되었다. → 박문국
② 고종의 황제 즉위식이 거행된 장소이다. → 환구단
③ 백동화가 주조되었다. → 전환국
⑤ 나운규의 아리랑이 처음 상영된 곳이다. → 단성사

10 일제의 경제 침탈에 대한 저항   정답 ①

정답 치트키
(가) 황국 중앙 총상회가 창립됨 → 1898년
(나) 보안회가 조직됨 → 1904년
(다) 대구 + 서상돈 + 국채 보상 운동이 시작됨 → 1907년

① 순서대로 나열하면 (가) 황국 중앙 총상회 창립(1898) - (나) 보안회 조직(1904) - (다) 국채 보상 운동(1907)이 된다.
(가) 황국 중앙 총상회는 서울의 시전 상인들이 상권 수호를 위해 1898년에 창립한 단체이다.
(나) 보안회는 송수만 등이 1904년에 조직한 단체로, 일본의 황무지 개간권 요구를 철회시켰다.
(다) 국채 보상 운동은 1907년에 대구에서 서상돈을 중심으로 시작된 운동으로, 금주·금연 등을 통해 모금을 전개하였으나, 통감부의 탄압으로 실패하였다.

해커스 한국사능력검정시험
심화 2주 합격

VI 일제 강점기

최근 3개년 기출 트렌드
*최근 3개년 회차인 심화 75~60회 기준입니다.

기출주제		출제 문항 수	
37	일제의 식민 통치와 경제 수탈	25문항	1위
38	1910년대의 독립운동	14문항	
39	3·1 운동과 대한민국 임시 정부	15문항	
40	의열 투쟁과 1920년대의 독립운동	13문항	
41	실력 양성 운동과 사회적 민족 운동	12문항	
42	1930년대 이후의 무장 투쟁	16문항	3위
43	민족 문화 수호 운동과 문화 활동	20문항	2위

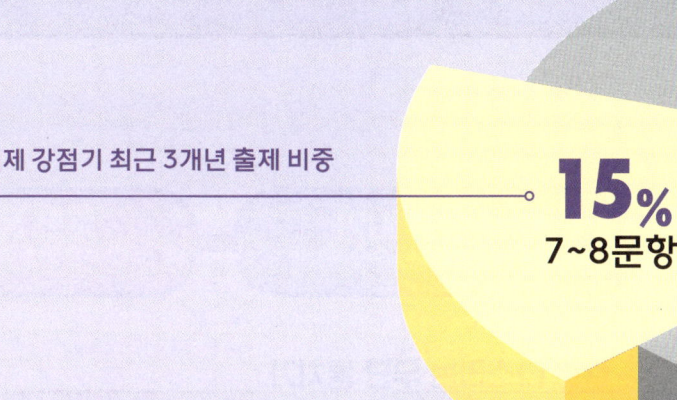

일제 강점기 최근 3개년 출제 비중
15%
7~8문항

빈출 키워드 TOP3

조선 태형령, 국가 총동원법, 황국 신민 서사 암송 강요

대한 광복회, 2·8 독립 선언서, 권업회

3·1 운동, 대한민국 임시 정부, 국민 대표 회의

의열단, 봉오동 전투, 광주 학생 항일 운동

물산 장려 운동, 민립 대학 설립 운동, 형평 운동

한국 독립군, 한국광복군, 조선 의용대

백남운, 신채호, 조선어 학회

학습 포인트

- **일제의 식민 통치와 경제 수탈**에서는 일제의 시기별 통치 방식에 대해 묻는 문제가 많이 출제되니, 통치 시기별 내용을 구분하여 공부하세요!

- **민족 문화 수호 운동과 문화 활동**에서는 일제 강점기에 새롭게 형성된 대중 문화에 관련된 문제가 많이 출제되고 있으니, 일제 강점기의 문화 양상을 파악해두세요! 또한 민족 문화 수호 운동을 펼친 주요 인물의 활동에 대해 반드시 알아두세요!

- **1930년 이후의 무장 투쟁**에서는 독립운동 단체에 대해 묻는 문제가 많이 출제되니, 각 단체의 지도자와 활동에 대해 구분하는 연습이 필요합니다!

일제 강점기 흐름 잡기

주요 흐름

무단 통치 시기 (1910년대)

칼로 다스리는 무단 통치가 시작되다.

조선을 식민지로 삼은 일제는 총칼을 이용한 **무단 통치**를 자행하였습니다. 일제의 **헌병 경찰**은 즉결 처분권과 **조선 태형령**을 통해 한국인을 억압하였고, **공포 분위기**를 조성하였으며, **기본권도 박탈**하였습니다.

문화 통치 시기 (1920년대)

눈 가리고 아웅, 문화 통치

3·1 운동 이후, 강압적인 방법만으로 조선을 다스릴 수 없음을 깨달은 일제는 온화한 **문화 통치**를 실시하였습니다. 그러나 문화 통치는 **우리 민족을 이간**시키기 위한 기만적인 정책이었고, 결국 이로 인해 일제에 타협하는 민족주의자들이 등장하였습니다.

빈출 키워드 연표

식민 지배 정책
시기별 일제의 식민 지배 정책을 구분하여 알아두세요!

- 토지 조사 사업 시작 (1910)
- 조선 태형령 제정 (1912)
- 산미 증식 계획 시작 (1920)
- 치안 유지법 제정 (1925) — 빈출키워드 5위

주요 사건
독립운동 과정에서 발생한 여러 사건들을 순서대로 알아두세요!

- 105인 사건 (1911)
- 3·1 운동 (1919) — 빈출키워드 2위
- 봉오동·청산리 전투 / 간도 참변 (1920) — 빈출키워드 3위
- 자유시 참변 (1921)
- 6·10 만세 운동 (1926)
- · 원산 노동자 총파업 / · 광주 학생 항일 운동 (1929)

주요 단체
독립운동 단체들의 활동 시기를 꼭 알아두세요!

- 독립 의군부 조직 (1912)
- 대한 광복회 조직 (1915)
- · 대한민국 임시 정부 수립 / · 의열단 조직 (1919) — 빈출키워드 1위
- 조선 형평사 창립 (1923)
- 신간회 결성 (1927)

한국사능력검정시험 전문 선생님의
무료 특강과 함께 시대 흐름 잡기

민족 말살 통치 시기
(1930년대)

중·일 전쟁의 시작, 병참 기지화가 되어가는 조선

세계적인 경제 불황에서 벗어나기 위해 일제는 만주 사변을 일으키며 중국을 침략하였습니다. 이와 함께 조선을 **전쟁 수행에 필요한 군수 물자**를 제공해야 하는 **병참 기지**로 만들고자 하였습니다. 일제는 **국가 총동원법을 제정**해 우리나라에서 수탈할 수 있는 모든 자원을 빼앗았고, 성과 이름을 일본식으로 바꾸도록 하는 등 우리 민족의 **민족성을 말살시키기 위한 정책도 실시**하였습니다.

민족 말살 통치 시기
(1940년대)

쌀도 사람도 모조리 뺏어가네, 민족 말살 통치

일제는 중국을 침략하는 것에 그치지 않고 미국의 진주만을 공격하면서 태평양 전쟁까지 일으킵니다. 침략 전쟁을 수행하기 위해 필요한 병력을 채우기 위해 **학도 지원병제**를 실시하여 학생들도 전쟁에 동원하였고, **징병제**를 실시하여 한국 청년들을 전쟁터로 끌고 갔습니다. 게다가 일할 사람이 부족해지자, **여자 정신 근로령**을 공포하여 젊은 여성들까지 공장에서 일하게 하였습니다.

- 농촌 진흥 운동(1932)
- 조선 사상범 보호 관찰령 제정(1936)
- 국가 총동원법 제정(1938)
- 국민 징용령 공포
- 창씨개명 공포(1939)
- 학도 지원병제 실시(1943)
- 징병제 시행
- 여자 정신 근로령 공포(1944)

- 브나로드 운동(1931)
- 한인 애국단 의거(1932)
- 중·일 전쟁 발발(1937)
- 태평양 전쟁 발발(1941)
- 조선어 학회 사건(1942)

- 한인 애국단 조직(1931)
- 조선 의용대 조직(1938)
- 임시 정부, 충칭 정착
- 한국광복군 창설 (1940)
- 조선 의용군 창설(1942)
- 조선 건국 동맹 결성 (1944)

VI 일제 강점기 흐름 잡기

기출주제 37 일제의 식민 통치와 경제 수탈

빈출 태그 | #헌병 경찰제 #조선 태형령 #토지 조사 사업 #회사령 #치안 유지법 #산미 증식 계획 #황국 신민 서사 #조선 사상범 예방 구금령

스토리로 미리보기

 일제가 우리 민족을 어떻게 강제로 지배했는지 알아볼 차례야.

음.. 근데 우리나라 사람들이 일제의 지배를 순순히 받아들이지 않았을 것 같아!

 맞아. 그래서 일제는 칼과 총을 사용해서 무력으로 다스리는 **무단 통치**를 실시해.

조선을 통치하기 위해 파견된 '총독'이라는 자도 군인 출신으로 뽑았고, 군인인 **헌병**이 경찰 역할을 하며 백성들을 억압했어.

경찰이 군인이라니.. 말만 들어도 무서워ㅠㅠ

 심지어 재판과 법 없이도 경찰이 마음대로 한국인에게 벌을 줄 수 있었어. 재판도 안하고 곤장으로 볼기를 맞는 벌을 받는 사람들이 많았지.

너무하네 정말! 그럼 광복할 때까지 무단 통치 방식이 이어진 거야?

 아니, 우리 민족의 저항이 점점 거세져서 일제는 통치 방식을 바꾸게 돼.

1 일제의 무단 통치(1910년대)

(1) 일제의 통치 기구

조선 총독부
- 일제가 설치한 식민 통치의 중심 기관
  └ 일제는 경복궁 내에 조선 총독부 청사를 세움
- 조선 총독은 일본 군인(무관) 중에서 임명되었고, 독립운동을 철저히 탄압함

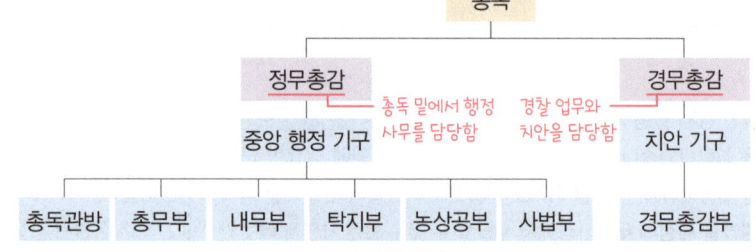

▲ 조선 총독부 조직도

중추원
- 한국인의 정치 참여를 선전하며 친일파를 회유하기 위해 설치한 기관
- 조선 총독부의 자문 기관이었으나, 형식적으로만 유지됨

(2) 무단 통치의 내용

헌병 경찰제 실시
- 강압적 통치를 목적으로 **헌병 경찰제**를 실시함
- 군인인 헌병이 경찰 역할을 하며 일반 경찰의 업무까지 담당함
- 헌병 경찰은 범죄 즉결례를 통해 **즉결 처분권**을 행사하여 독립운동가를 색출·처단함
  └ 재판 없이 한국인에게 구류, 태형, 벌금을 부과할 수 있었던 권리

조선 태형령 시행
: **한국인에 한하여** 재판 없이 태형을 가할 수 있는 법령을 제정하여 독립운동가를 탄압함
  └ 작은 곤장으로 볼기를 치는 형벌

기본권 박탈 : 한국인의 언론·출판·집회·결사의 자유를 박탈하고, 정치 참여를 제한함

공포 분위기 조성 : 일반 관리는 물론 **교사에게도 제복을 입고 칼을 착용하도록** 강요하여 공포 분위기를 조성함

제1차 조선 교육령 제정
- 식민지 교육 방침을 규정하기 위해 실시함
- **보통학교의 수업 연한**을 일본(6년)보다 짧은 **4년**으로 함
- 실업 교육 위주로 한정하여 한국인에게 하급 기술을 가르치는 데 목적을 둠

서당 규칙 제정 : 서당 설립을 신고제에서 허가제로 바꾸어 반일적인 서당의 설립과 서당의 교육 활동을 억압함

백발백중 기출 사료 | 조선 태형령 [75회]

제1조 3개월 이하의 징역 또는 구류에 처해야 하는 자는 그 상황에 따라 **태형**에 처할 수 있다.
제13조 본령은 **조선인에 한해 적용**한다.

➡ **사료 해석**: 일제는 한국인에 한하여 재판 없이 태형을 가할 수 있는 법령인 조선 태형령을 제정하여, 독립운동을 탄압하였다.

2 1910년대 일제의 경제 수탈

★★(1) 토지 조사 사업

- **목적**
  - **명분**: 공평한 지세 부담, 토지 소유권 보호를 위한 근대적 토지 소유권 확립
  - **실상**: 안정적으로 지세를 확보하여 식민지 통치의 재정 기반을 확대하고, 조선의 토지를 약탈하기 위함

- **방법**
  - **토지 조사령 공포**: 일제는 토지 조사령을 공포(1912)하여 본격적으로 토지 조사 사업을 시행함
  - **기한부 신고제**: 정해진 기한 내에 서류를 갖추어 신고해야 소유권이 인정됨 → 신고 기간이 짧고 절차가 복잡해 미신고 토지가 많았음

- **결과**
  - **토지 약탈**: 왕실의 토지를 포함한 미신고 토지, 소유주가 불분명한 공유지를 약탈하여 총독부에 귀속시킴 → 동양 척식 주식회사의 보유 토지가 확대됨
    - ※ 1908년에 일본이 대한 제국의 토지와 자원을 수탈하기 위해 설치한 기관
  - **토지 불하**: 일본 이주민에게 토지를 싼 값에 팔아 넘겨 일본에서 한국으로의 농업 이민이 증가함
  - **지주 권한 강화**: 지주의 소유권을 법적으로 보장하여 지주층을 식민지 체제 내로 끌어들임
  - **농민 몰락**: 농민들은 토지에 대한 소유권뿐만 아니라 관습상 인정되던 경작권까지 부정당하면서 기한부 계약의 소작농으로 전락함
  - **이주 농민 증가**: 만주와 연해주로 이주하는 농민들이 늘어남
  - **조선 총독부 재정 수입 증대**: 지세의 부과 대상이 되는 토지의 양이 증가하여 조선 총독부의 재정 상태가 좋아짐

> **백발백중 기출 사료 | 토지 조사령** [64회]
>
> 임시 토지 조사국 조사 규정
>
> 제3장 분쟁지와 소유권에 부의(付疑)*있는 토지 및 신고하지 않은 토지에 대한 재조사 등급 조사
>
> *부의(付疑): 이의를 제기함
>
> ➜ **사료 해석**: 일제는 임시 토지 조사국을 설치하여 토지 조사 사업을 실시하였으며, 신고하지 않은 토지를 조선 총독부에 모두 귀속시켜 재정을 확보하였다.

(2) 산업 침탈

- ★★★ **회사령 제정**
  - **목적**: 민족 자본의 성장을 억제하기 위해 회사령을 공포함
  - **내용**: 회사의 설립을 총독의 허가제로 하고, 회사의 해산도 총독이 명할 수 있게 규정함
- **조선 광업령 제정**: 광업권에 대한 허가제를 실시하여 조선의 지하 자원을 약탈하고 경제성 있는 광산을 독점함
- **조선 어업령 제정**: 일본인이 어장을 독점하게 하고 어업권에 대한 허가제를 실시함
- **삼림령 제정**: 임야를 약탈하기 위해 식민지 산림 정책을 시행함
  - ※ 산림 및 들판을 이루고 있는 숲, 늪지, 황무지 등의 토지

> **백발백중 기출 자료 | 회사령** [66회]
>
> 회사를 설립할 때 조선 총독의 허가를 받도록 하는 법령이 제정되었다. 이후 한인의 회사는 큰 영향을 받아 손해가 적지 않기에 실업계의 원성이 자자하다.
>
> ➜ **자료 해석**: 일제는 무단 통치 시기에 회사령을 제정하여 회사 설립 시 조선 총독의 허가를 받도록 하였다.

✓ 기출 선택지로 개념 다지기

1. 빈칸의 답을 채워보세요.

(1) 무단 통치 시기 일제가 실시한 제도: 　헌병　 경찰제 [70·67회]

(2) 한국인에 한하여 시행한 형벌 법령: 　조선 태형령　 [74·70회]

(3) 보통학교의 수업 연한을 4년으로 규정한 교육 법령: 제1차 　조선 교육령　 [75회]

(4) 일제가 근대적 토지 소유권 확립을 명분으로 시행한 사업: 　토지 조사　 사업 [73·68회]

(5) 민족 자본의 성장을 억압하기 위해 제정한 법령: 　회사령　 [73·70회]

2. 질문에 맞는 답을 고르세요.

(1) 무단 통치 시기의 사실은? [70회]
① 조선 태형령을 시행하였다.
② 산미 증식 계획을 실시하였다.

(2) 무단 통치 시기 일제의 정책은? [75회]
① 회사 설립 시 총독의 허가를 받도록 하는 회사령이 시행되었다.
② 조선 사상범 예방 구금령이 제정되었다.

(3) 토지 조사 사업의 결과는? [36회]
① 지계아문이 설치되어 지계가 발급되었다.
② 조선 총독부의 재정 수입이 증대되었다.

(4) 무단 통치 시기에 볼 수 있는 모습은? [63회]
① 조선인에게 태형을 집행하는 헌병 경찰
② 황국 신민 서사를 암송하는 학생

정답 | 1. (1) 헌병 (2) 조선 태형령 (3) 조선 교육령 (4) 토지 조사 (5) 회사령
2. (1) ① (②은 문화 통치 시기)
(2) ① (②은 민족 말살 통치 시기)
(3) ② (①은 광무개혁)
(4) ① (②은 민족 말살 통치 시기)

기출주제 37 일제의 식민 통치와 경제 수탈

 스토리로 미리보기

 일제가 통치 방식을 바꾼다더니 그게 문화 통치야?

 응, 맞아. 일제는 3·1 운동이 일어난 것을 보고 무력만으로는 우리 민족을 지배하기 힘들다는 걸 깨달아.

그래서 이름만 그럴듯한 문화 통치를 실시하는 걸로 통치 방식을 바꾸게 돼.

 이름만 들었을 땐 뭔가 일제가 잘해줄 것 같은 통치 방식인데?

 겉으로만 잘해주는 척 한 거지. 총독으로 무관이 아닌 문관을 뽑겠다고 하고, 헌병 경찰을 일반 경찰로 바꾸기도 했어.

하지만 실상은 그 뒤로도 총독은 쭉 무관이었고, 일반 경찰의 수를 몇 배씩 늘려서 우리 민족을 감시했어.

 와, 이렇게 앞뒤가 다를 수 있다니!

 이게 다가 아니야. 지방 자치를 내세워 한국인이 참여할 수 있는 자문 기구를 설치했지만 의결권이 없었고, 친일파와 일본인만 지방 행정에 참여할 수 있게 했어. 그리고 경성 제국 대학을 설립해서 우리의 대학 설립 운동을 무마시켜버렸어.

3 일제의 문화 통치(1920년대)

(1) 실시 배경과 목적

| 실시 배경 | : 3·1 운동으로 식민 통치에 대한 한국인의 반발이 표출되고 일제에 대한 국제 여론이 악화되자, 총독 사이토 마코토가 문화 통치를 실시함 |
| 목적 | : 친일파를 양성하여 우리 민족을 분열시키기 위함 → 일제의 문화 통치에 동조하여 자치론과 타협론을 주장하는 지식인들이 등장함 |

└ 일제가 허용하는 범위 내에서 자치를 이루자는 주장

백발백중 기출 사료 | 문화 통치 [42회]

1. 친일 단체 조직의 필요 …… 암암리에 조선인 중 …… 친일 인물을 물색케 하고, 그 인물로 하여금 …… 각기 계급 및 사정에 따라 각종의 친일적 단체를 만들게 한 후, 그에게 상당한 편의와 원조를 제공하여 충분히 활동토록 할 것. …
— 「사이토 마코토 문서」

➡ **사료 해석**: 3대 총독으로 부임한 사이토 마코토는 기존의 무단 통치로는 한국인들을 억압할 수 없다고 판단하였다. 이에 친일파를 양성하여 우리 민족을 이간시키는 문화 통치 방식으로 변경하였다.

(2) 문화 통치의 내용과 실상

구분	내용	실상
총독 임명	무관뿐 아니라 문관도 총독에 임명될 수 있도록 법령을 개정함	해방 때까지 문관 총독은 단 한 명도 임명되지 않음

경찰 제도	헌병 경찰제를 폐지하고 보통 경찰제를 실시함	· 경찰 인원과 장비가 크게 증가함
		· 치안 유지법 제정(1925)
		  – 사회주의 운동이나 식민 체제를 부인하는 반정부·반체제 운동을 탄압하기 위한 법
		  – 조선에서도 실시되어 민족 해방 운동과 사회주의자들을 탄압하는 데 적용됨

언론 정책	한국인의 신문 발행을 허용함	신문 검열, 삭제, 정간을 통해 언론 탄압을 강화함
지방 행정책	지방 자치를 내세워 도 평의회, 부·면 협의회 등의 자문 기구를 설치하여 지방 행정에 한국인이 참여할 수 있도록 함	의결권이 없는 자문 기구에 불과하였으며, 친일파와 일본인만 지방 행정에 참여할 수 있었음
교육 정책	제2차 조선 교육령 시행(1922) – 보통학교의 수업 연한을 6년으로 함 – 조선어를 필수 과목화함 – 사범 학교와 대학 설치를 허용함	· 초등·실업 교육 위주로 진행함 · 경성 제국 대학 설립: 조선 내의 민립 대학 설립 운동을 무마시키고, 조선에 거주하는 일본인들의 고등 교육을 진행함

└ 우리의 손으로 대학을 설립하고자 일어난 운동

백발백중 기출 사료 | 제2차 조선 교육령 [65회]

제5조 보통 학교의 수업 연한은 6년으로 한다. …… 보통 학교에 입학할 수 있는 자는 연령 6세 이상으로 한다.

➡ **사료 해석**: 제2차 조선 교육령에서는 '일본과 동일한 학제'를 도입한다는 취지로 보통학교의 연한을 6년으로 늘렸다.

4 1920년대 일제의 경제 수탈

(1) 산미 증식 계획(1920~1934)

- **배경**: 일본의 공업화로 인해 일본 내 식량 부족 현상과 쌀값 상승 현상이 발생함
- **목적**: 조선의 쌀 생산량을 늘려 수탈하여 일본의 식량 부족을 해결하고 쌀값을 안정화하고자 함
- **방법**
  - **토지 개량**: 개간과 간척, 화학 비료 사용을 통해 쌀 생산량을 늘리고자 함
    - └ 물을 이용하기 위해 필요한 시설로, 쌀을 재배하기 위해서는 많은 양의 물이 필요했음
  - **수리 시설 개선**: 저수지와 제방 등 수리 시설을 늘린다는 명목으로 농민들을 수리 조합에 강제로 가입시켜 돈을 납부하게 함
    → 농민들이 <u>수리 조합 반대 운동</u>을 전개함
- **실상**: 일제는 쌀 생산량이 목표량에 미달하였음에도 불구하고 목표량만큼 쌀을 일본으로 반출함
- **결과**
  - **국내 식량 부족**: 일본으로의 쌀 반출량이 많아져 국내의 식량 부족이 심화됨
  - **잡곡 수입의 증가**: 국내의 부족한 식량을 보충하기 위해 <u>만주로부터 잡곡을 수입</u>함
  - **농민의 몰락**: 수리 조합비, 비료 대금 등이 소작농에게 전가되면서 농민의 생활이 궁핍해지고, 만주나 일본으로 이주하는 경우가 많아짐
  - **지주제 강화**: 자작농이 토지를 팔고 소작농으로 전락하면서 일본인 지주나 한국인 대지주의 영향력이 커져 지주제가 강화됨
  - **쌀 중심의 농업 구조 형성**: 쌀(미곡) 중심의 단작형 농업 구조가 형성되어 다양한 종류의 작물이 재배되지 못함
    - └ 한 종류의 작물을 대량으로 재배
- **중단**
  - 1920년대 말부터 전 세계 산업 지역에서 광범위하게 지속된 경기 침체
  - 경제 대공황으로 일본 지주들이 쌀 수입을 반대하여 산미 증식 계획이 일시적으로 중단(1934)됨
  - 중·일 전쟁(1937) 발발 이후 군량미 확보가 시급해지자, 일제는 산미 증식 계획을 재개함

백발백중 기출 자료 | 산미 증식 계획 [68회]

인물 1: 이 계획 실시로 인하여 수리 조합비 부담이 커졌어. …… 이래서 살겠나.
인물 2: 우리 마을 박서방은 소작농으로 전락하였다지. 우리 집은 쌀이 없어 만주에서 들여온 잡곡만 먹고 있다네.

➡ **자료 해석**: 산미 증식 계획의 결과로 수리 조합비 부담이 농민에게 전가되어 소작농으로 전락하는 등 농민의 생활이 궁핍해졌으며, 국내에 곡식이 부족해져 만주로부터 잡곡을 수입하였다.

(2) 산업 침탈

- **회사령 폐지(1920)**
  - **내용**: 회사 설립을 기존의 허가제에서 신고제로 변경함
  - **결과**: 일본 기업이 대규모로 조선에 유입됨
- **관세 철폐(1923)**
  - **내용**: 일본 상품에 대해서 관세를 철폐함
  - **결과**: 일본 상품의 수입이 증가하여 국내 기업이 타격을 입음
    → <u>물산 장려 운동</u>이 확산되는 데 영향을 줌
    - └ 국산품을 사용하여 우리 경제의 자립을 이루자는 운동

✅ 기출 선택지로 개념 다지기

1. 빈칸의 답을 채워보세요.

(1) 일제가 문화 통치를 실시한 배경: ☐ [73·70회]

(2) 사회주의 운동을 탄압하기 위해 마련한 법: ☐ 법 [70·68회]

(3) 일제가 민립 대학 설립 운동을 무마하기 위해 세운 대학: ☐ 대학 [74·73회]

(4) 일제가 조선의 쌀 생산량을 증대시키기 위해 실시한 정책: ☐ 계획 [73·70회]

(5) 허가제에서 신고제로 변경하며 폐지된 법: ☐ [69회]

2. 질문에 맞는 답을 고르세요.

(1) 문화 통치 시기 일제의 정책은? [44회]
① 회사 설립 시 총독의 허가를 받도록 하는 회사령을 적용하였다.
② 도 평의회, 부·면 협의회 등의 자문 기구를 설치하였다.

(2) 문화 통치 시기의 모습은? [52회]
① 조선어 학회 사건으로 탄압받는 한글 학자
② 경성 제국 대학 설립 업무를 수행하는 조선 총독부 관리

(3) 산미 증식 계획의 결과는? [20회]
① 미곡 중심의 단작형 농업 구조가 심화되었다.
② 농민들이 가지고 있던 관습적 경작권이 부정되었다.

(4) 문화 통치 시기의 경제 모습은? [38회]
① 토지 조사 사업이 실시되었다.
② 회사령이 철폐되었다.

정답 | 1. (1) 3·1 운동 (2) 치안 유지
 (3) 경성 제국 (4) 산미 증식
 (5) 회사령
2. (1) ② (①은 무단 통치 시기)
 (2) ② (①은 민족 말살 통치 시기)
 (3) ① (②은 토지 조사 사업)
 (4) ② (①은 무단 통치 시기)

기출주제 37 일제의 식민 통치와 경제 수탈

스토리로 미리보기

 역알못
민족 말살이라니, 이 시기에는 일제가 우리 민족을 다 없애려고 한 거야?

역잘알
음, 민족을 없애기 보다는 우리 민족의 정신을 없애려고 민족 말살 통치를 실시했다고 볼 수 있어.

 역알못
잘해주는 척 하더니 갑자기 왜 민족의 정신을 없애려고 한 걸까?

역잘알
1930년대에는 전세계적으로 경제 불황이었어. 일제는 이 위기를 전쟁으로 해결하려고 했지.

전쟁을 하려면 많은 인력과 물자가 필요했겠지? 일제는 우리 민족의 정신을 없애버려야 한국인들이 불만 없이 전쟁에 참여할거라 생각했던거야.

 역알못
그런 의도가 있었구나. 그럼 어떻게 민족 정신을 없애려고 했어? 세뇌라도 시킨걸까?

 역잘알
맞아, 그래서 일제는 일본과 조선이 하나이고, 조상도 같다는 내용의 구호를 계속 강조했어.

그리고 이름도 일본식 이름으로 바꾸게 했고, 학교에서는 한국 말을 쓰지도 못하게 막았어.

 역알못
와.. 민족의 뿌리를 없애려고 엄청 애썼구나. 소름 돋는다 정말.

5 일제의 민족 말살 통치(1930~40년대)

(1) 배경과 목적

- **배경**: 일제가 경제 공황의 상황을 해결하기 위해 만주 사변(1931), 중·일 전쟁(1937), 태평양 전쟁(1941) 등 침략 전쟁을 일으킴
  - (일제가 만주를 중국 침략의 병참 기지로 만들기 위해 벌인 침략 전쟁)
- **목적**
  - 조선을 병참 기지로 만들어 침략 전쟁에 필요한 군수 물자를 생산하게 함
  - 한국인의 민족 의식을 말살하여 침략 전쟁에 원활하게 동원하기 위함

(2) 통치 내용

- **황국 신민화 정책**
  - **특징**: 한국인을 일본 천황에 충성하는 백성으로 만들고자 함
  - **내선일체**: 내지(일본)와 조선이 하나라고 주장함
  - **일선동조론**: 일본인과 조선인(한국인)의 조상이 같다고 주장함
- **황국 신민 서사 암송**: 천황에게 충성을 맹세하는 내용의 **황국 신민 서사**를 강제로 외우게 함

- **신사 참배**: 전국에 일본의 신을 모신 신사를 세우고 **강제로 참배**하게 함
- **창씨개명**: 한국인의 성과 이름을 일본식으로 바꾸는 창씨개명을 강요함(1939)
- **교육 통제**
  - 제3차 조선 교육령(1938): 조선어를 선택(수의) 과목으로 바꿈
  - 국민학교령(1941): 소학교의 명칭을 '황국 신민의 학교'라는 뜻의 국민학교로 변경함
  - 제4차 조선 교육령(1943): 조선어와 조선사 과목을 폐지함
- ★**독립운동 탄압**
  - **조선 사상범 보호 관찰령**(1936): 독립운동가들을 감시하고 탄압함
  - **조선 사상범 예방 구금령**(1941): 독립운동가들을 재판 없이 구금할 수 있음
    - (구치소나 교도소에 가두어 신체의 자유를 구속하는 처분)
- **신문 폐간**: 조선일보와 동아일보 등 우리말 신문을 폐간하여 언론을 탄압함
- **애국반(1938)**: 10호 단위로 조직하여 한국인의 생활을 감시하고 통제함

> **백발백중 기출 사료 | 조선 사상범 보호 관찰령** [54회]
>
> 제1조 치안 유지법의 죄를 범한 자에 대해 형의 집행 유예 언도가 있었을 경우 또는 소추를 필요로 하지 않기 때문에 공소를 제기하지 않은 경우에는 보호 관찰 심사회의 결의에 따라 본인을 보호 관찰에 부칠 수 있다. 본인이 형의 집행을 마치거나 또는 가출옥을 허락 받았을 경우도 역시 같다.
>
> ➔ **사료 해석**: 일제는 독립운동을 탄압하기 위해 조선 사상범 보호 관찰령을 제정하여 치안 유지법 위반자 가운데 전향하지 않은 사람 및 독립운동가를 감시하였다.

6 1930~40년대 일제의 경제 수탈

(1) 1930년대 이후 경제 수탈

남면북양 정책 : 남부 지방에는 면화 재배를, 북부 지방에는 양 사육을 강요하여 부족한 공업 원료를 한국에서 확보하고자 함

농촌 진흥 운동
- 배경: 경제 공황으로 농촌 경제가 어려워지자 소작 쟁의가 빈번하게 일어남
- 내용: 조선 농지령(1934) 등을 제정하여 농민의 불만을 무마하고자 함
  └ 농민의 소작권 확립을 위해 마름(지주 대신 소작권을 관리하는 사람)을 단속한 법령
- 한계: 농민들의 반발을 무마하고 통제를 강화하기 위한 회유책이었음

> **백발백중 기출 자료 | 남면북양 정책** [73회]
> 면양 장려 사업은 일본 기업 등에 공업 원료를 공급하기 위한 목적으로 실시되었습니다. 이 사업은 한반도 남부 지방에 면화 재배를 확대하는 면작 증식 계획과 함께 **남면북양 정책**으로 불렸습니다.
> → **자료 해석**: 일제는 일본 기업 등에 공업 원료를 공급하기 위해 남면북양 정책을 실시하여 남부 지방에서 면화 재배를 확대하고, 북부 지방에서는 양 사육을 추진하였다.

병참 기지화 정책
- 목적: 한반도를 전쟁 물자를 생산하는 병참 기지로 삼고자 함
- 내용: 석탄, 철 등 지하 자원이 풍부한 한반도 북부 지방을 중심으로 군수 산업을 육성함
  └ 군사상 필요한 것

(2) 중·일 전쟁 발발(1937) 이후 전시 동원 체제 강화

★**배경** : 중·일 전쟁 발발(1937) 이후 태평양 전쟁을 도발하는 등 일본의 침략 전쟁이 본격화됨

국가 총동원법 제정 : 일제가 조선의 인력과 물자 수탈을 강화하기 위해 제정함(1938)

물적 수탈
- 산미 증식 계획 재개: 중단되었던 산미 증식 계획을 재개하여 군량을 확보함
  ┌ 국가의 필요에 따라 물자나 식량을 의무적으로 납부하게 하는 것
- **공출** 제도 실시: 군량을 마련하기 위하여 미곡 공출제를 시행함
- 금속류 회수령: 전쟁 물자가 부족해지자 놋그릇 등 금속 제품까지 공출함 (1941)
- 식량 통제: 식량 소비를 규제하기 위하여 식량 배급제를 실시함

★**인적 수탈**
- 징병: 육군 특별 지원병제(1938), 학도 지원병제(1943), 징병제(1944)를 실시함
  └ 일명 '학도병'이라고 함
- 징용: 국민 징용령(1939)을 제정하여 공사, 광산 등에 노동력을 동원함
- 여성: 여자 정신 근로령(1944)을 제정하여 여성들을 군수 공장에 강제로 동원함
- 젊은 여성을 일본군 '위안부'로 전쟁터에 강제 동원함

> **백발백중 기출 사료 | 국가 총동원법** [49회]
> 제4조 정부는 전시에 국가 총동원상 필요할 때에는 칙령이 정하는 바에 따라 **제국 신민을 징용**하여 **총동원 업무에 종사**하게 할 수 있다.
> 제8조 물자의 생산·수리·배급·양도 기타의 처분, 사용·소비·소지 및 이동에 관하여 필요한 명령을 내릴 수 있다.
> → **사료 해석**: 일제는 중·일 전쟁 발발 이후 국가 총동원법(1938)을 제정하여 전쟁에 필요한 인적·물적 자원의 수탈을 강화하였다.

✓ 기출 선택지로 개념 다지기

1. 빈칸의 답을 채워보세요.

(1) 독립 운동을 탄압하기 위해 제정한 법:
조선 사상범 [___]령,
조선 사상범 [___]령 [73·70·54회]

(2) 농민의 반발을 무마하기 위해 일제가 시행한 정책: [___] 운동 [73회]

(3) 중·일 전쟁 이후 인력과 물자를 수탈하기 위해 제정한 법:
[___]법 [73·71회]

(4) 여성 인력 동원을 위해 제정한 법:
여자 [___]령 [73·66회]

2. 질문에 맞는 답을 고르세요.

(1) 민족 말살 통치 시기의 모습은? [72회]
① 몸뻬 착용을 권장하는 애국반 반장
② 원산 총파업에 연대 지원금을 보내는 외국 노동자

(2) 민족 말살 통치 시기 일제의 정책은? [73회]
① 조선 사상범 예방 구금령을 제정하였다.
② 토지 조사 사업을 실시하였다.

(3) 민족 말살 통치 시기의 경제 모습은? [31회]
① 함경도에서 방곡령이 선포되었다.
② 조선 농지령이 공포되었다.

(4) 민족 말살 통치에 있었던 사실은? [65회]
① 미쓰야 협정이 체결되었다.
② 국가 총동원법이 시행되었다.

(5) 민족 말살 통치 시기의 사실을 모두 고르면? [48회]
① 기한 내에 소유지를 신고하게 하는 토지 조사령을 제정하였다.
② 육군 특별 지원병제를 실시하였다.
③ 식량 배급 및 미곡 공출 제도를 시행하였다.

정답 | 1. (1) 보호 관찰, 예방 구금 (2) 농촌 진흥 (3) 국가 총동원 (4) 정신 근로
2. (1) ① (②은 문화 통치 시기)
(2) ① (②은 무단 통치 시기)
(3) ② (①은 국권 피탈 이전)
(4) ② (①은 문화 통치 시기)
(5) ②, ③ (①은 무단 통치 시기)

필수 기출로 개념 적용하기 기출주제 37 일제의 식민 통치와 경제 수탈

01 [75회 기출]

밑줄 그은 '시기'에 있었던 사실로 옳은 것은? [2점]

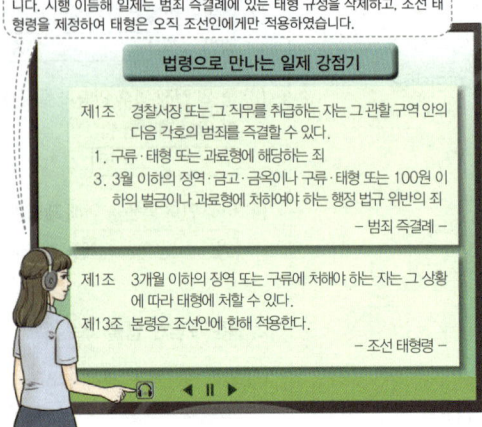

① 미쓰야 협정이 체결되었다.
② 조선 사상범 예방 구금령이 제정되었다.
③ 박문국이 설치되어 한성순보를 발행하였다.
④ 황국 중앙 총상회가 상권 수호 운동을 주도하였다.
⑤ 회사 설립 시 총독의 허가를 받도록 하는 회사령이 시행되었다.

 무단 통치 시기

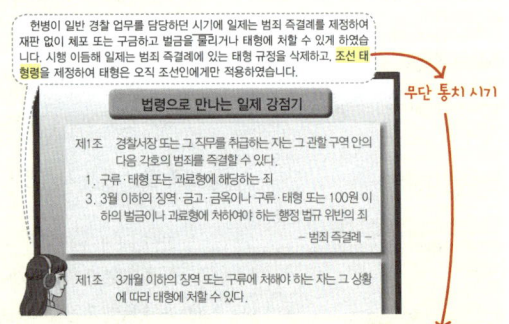

⑤ 회사 설립 시 총독의 허가를 받도록 하는 **회사령이 시행**되었다.

무단 통치 시기(1910년대)에 일제는 군인인 헌병이 경찰 역할을 하는 **헌병 경찰제**를 실시하였는데, 이때 헌병 경찰은 **범죄 즉결례**에 따라 정식 재판 없이 한국인을 즉시 처벌할 수 있었고, **조선 태형령을 제정**하여 한국인에 한하여 재판 없이 태형을 가할 수 있게 하였다. 또한 민족 기업의 성장을 억압하고자 회사 설립 시 총독의 허가를 받도록 하는 **회사령을 제정**하였다.

🔍 오답 클리어
① 미쓰야 협정이 체결되었다. → 문화 통치 시기
② 조선 사상범 예방 구금령이 제정되었다. → 민족 말살 통치 시기
③ 박문국이 설치되어 한성순보를 발행하였다. → 개항 초기
④ 황국 중앙 총상회가 상권 수호 운동을 주도하였다. → 대한 제국 시기

02 [73회 기출]

밑줄 그은 '시기'에 시행된 일제의 정책으로 옳은 것은? [1점]

① 국가 총동원법을 공포하였다.
② 산미 증식 계획을 시행하였다.
③ 토지 조사 사업을 실시하였다.
④ 황국 신민 서사의 암송을 강요하였다.
⑤ 조선 사상범 예방 구금령을 제정하였다.

 무단 통치 시기

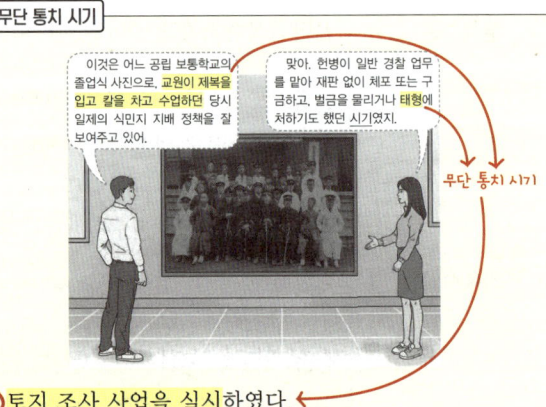

③ **토지 조사 사업**을 실시하였다.

무단 통치 시기에 일제는 **헌병 경찰제**를 실시하여 군인인 헌병이 일반 경찰의 업무를 맡게 하였으며, 한국인에 한하여 재판 없이 태형을 가할 수 있는 **조선 태형령**을 제정하였다. 또한 관리는 물론 교원에게까지 제복을 입히고 칼을 차게 하여 공포 분위기를 조성하였다. 이밖에도 식민 통치에 필요한 재정을 확보하고 조선의 토지를 약탈하기 위해 **토지 조사 사업**을 실시하였다.

🔍 오답 클리어
① 국가 총동원법을 공포하였다. → 민족 말살 통치 시기
② 산미 증식 계획을 시행하였다. → 문화 통치 시기
④ 황국 신민 서사의 암송을 강요하였다. → 민족 말살 통치 시기
⑤ 조선 사상범 예방 구금령을 제정하였다. → 민족 말살 통치 시기

03
[27회 기출]

(가) 사업에 대한 설명으로 옳은 것은? [2점]

> (가) 은/는 지세의 부담을 공평히 하고 지적을 명확히 하여 그 소유권을 보호하고, 그 매매·양도를 간편·확실하게 함으로써 토지의 개량 및 이용을 자유롭게 하고 또 그 생산력을 증진시키려는 것으로서 조선의 긴요한 시책이라는 것은 말할 필요도 없다.
> — 조선 총독부 시정 연보

① 농촌 진흥 운동의 일환으로 실시되었다.
② 농민들의 관습적인 경작권을 보장해 주었다.
③ 지주들을 산업 자본가로 전환시키고자 하였다.
④ 일제가 식민지 통치의 재정 기반을 확대하려고 시행하였다.
⑤ 세계적 대공황으로 인해 일제의 정책이 바뀌면서 중단되었다.

04
[36회 기출]

다음 법령의 시행 결과로 옳지 않은 것은? [2점]

> 제1조 토지의 조사 및 측량은 이 영(令)에 의한다.
> ⋮
> 제4조 토지의 소유자는 조선 총독이 정하는 기간 내에 그 주소, 성명 또는 명칭 및 소유지의 소재, 지목, 자번호, 사표, 등급, 지적, 결수를 임시 토지 조사 국장에게 신고하여야 한다. 다만, 국유지는 보관 관청에서 임시 토지 조사 국장에게 통지하여야 한다.
> 제5조 토지의 소유자 또는 임차인, 기타 관리인은 조선 총독이 정하는 기간 내에 그 토지의 사방 경계에 표지판을 세우되, 민유지에는 지목 및 자번호와 소유자의 성명 또는 명칭을, 국유지에는 지목 및 자번호와 보관 관청명을 기재하여야 한다.

① 조선 총독부의 재정 수입이 증대되었다.
② 지계아문이 설치되어 지계가 발급되었다.
③ 일본에서 한국으로의 농업 이민이 증가하였다.
④ 만주와 연해주로 이주하는 농민들이 늘어났다.
⑤ 동양 척식 주식회사의 보유 토지가 확대되었다.

🖱️ 토지 조사 사업

④ 일제가 **식민지 통치의 재정 기반을 확대**하려고 시행하였다.

토지 조사 사업은 무단 통치 시기에 일제가 **지세의 부담을 공평히** 하고, **토지의 소유권을 보호**한다는 명목으로 실시한 사업이다. 그러나 토지 조사 사업은 일제가 안정적인 지세를 확보함으로써 **식민지 통치의 재정 기반을 확대**하기 위해 시행된 것이었다.

◉ 오답 클리어
① 농촌 진흥 운동의 일환으로 실시되었다. → 토지 조사 사업 이후
② 농민들의 관습적인 경작권을 보장해 주었다.
　→ 토지 조사 사업은 관습적인 경작권을 부정함
③ 지주들을 산업 자본가로 전환시키고자 하였다.
　→ 이승만 정부의 농지 개혁
⑤ 세계적 **대공황**으로 인해 일제의 정책이 바뀌면서 **중단**되었다.
　→ 산미 증식 계획

📝 **이건 꼭! 암기** 토지 조사 사업
#목적_식민지 통치의 재정 기반 확대 #토지 약탈 #농민의 경작권 부정

🖱️ 토지 조사 사업의 결과

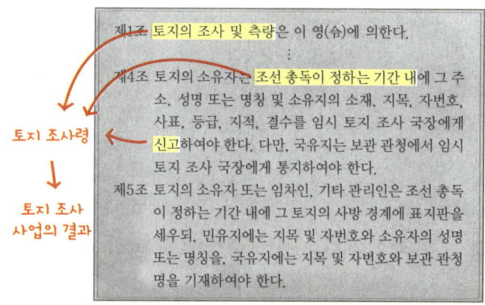

② 지계아문이 설치되어 **지계가 발급**되었다. → 광무개혁

대한 제국이 실시한 **광무개혁** 때 **지계아문**이 설치되어 근대적 토지 소유권 증명서인 **지계**가 발급되었다.

◉ 오답 클리어
① 토지 조사 사업으로 조선 총독부의 재정 수입이 증대되었다.
③ 토지 조사 사업으로 일본에서 한국으로 **농업 이민**이 증가하였다.
④ 토지 조사 사업으로 만주와 연해주로 이주하는 농민들이 늘어났다.
⑤ 토지 조사 사업으로 동양 척식 주식회사의 보유 토지가 확대되었다.

📝 **이건 꼭! 암기** 토지 조사 사업의 결과
#조선 총독부_재정 수입 증가　#만주·연해주_농민 이주

필수 기출로 개념 적용하기   기출주제 37   일제의 식민 통치와 경제 수탈

05   [45회 기출]

다음 문서가 작성된 당시에 실시된 일제의 정책으로 옳은 것은?   [2점]

> 안으로는 세계적 불안의 여파를 받아서 우리 조선 내부의 민심도 안정되지 못하였다. …… 다른 한편으로는 지방 자치를 실시하여 민의 창달의 길을 강구하고, 교육 제도를 개정하여 교화 보급의 신기원을 이루었고, 게다가 위생적 시설의 개선을 촉진하였다. …… 일본인과 조선인 사이의 차별 대우를 철폐하고 동시에 조선인 소장층 중 유력자를 발탁하는 방법을 강구하여, 군수·학교장 등에 발탁된 자가 적지 않다.
> – 사이토 마코토, 「조선 통치에 대하여」

① 노동력 동원을 위해 국민 징용령을 시행하였다.
② 한국인에 한해 적용되는 조선 태형령을 공포하였다.
③ 쌀 수탈을 목적으로 하는 산미 증식 계획을 실시하였다.
④ 독립운동 탄압을 위한 조선 사상범 보호 관찰령을 공포하였다.
⑤ 회사 설립 시 총독의 허가를 받도록 하는 회사령을 제정하였다.

🖱 문화 통치

③ 쌀 수탈을 목적으로 하는 **산미 증식 계획**을 실시하였다.

문화 통치 시기에 일제는 **지방 자치**를 내세워 한국인이 지방 행정에 참여할 수 있도록 하였으며, 교육 제도를 개정한 **제2차 조선 교육령**을 시행하였다. 또한 경제적으로는 **산미 증식 계획**을 실시하여 쌀 수탈을 일삼았다.

🔴 오답 클리어
① 노동력 동원을 위해 **국민 징용령**을 시행하였다. ➔ **민족 말살 통치**
② 한국인에 한해 적용되는 **조선 태형령**을 공포하였다. ➔ **무단 통치**
④ 독립운동 탄압을 위한 **조선 사상범 보호 관찰령**을 공포하였다.
   ➔ **민족 말살 통치**
⑤ 회사 설립 시 총독의 허가를 받도록 하는 **회사령**을 제정하였다.
   ➔ **무단 통치**

📋 **이건 꼭! 암기** 문화 통치
#지방 자치_도·평의회, 부·면 협의회   #교육 제도 개정_제2차 조선 교육령   #산미 증식 계획

06   [42회 기출]

다음 대책이 발표된 이후 일제가 시행한 정책으로 옳은 것은?   [1점]

> 1. 친일 단체 조직의 필요
> …… 암암리에 조선인 중 …… 친일 인물을 물색케 하고, 그 인물로 하여금 …… 각기 계급 및 사정에 따라 각종의 친일적 단체를 만들게 한 후, 그에게 상당한 편의와 원조를 제공하여 충분히 활동토록 할 것.
> ⋮
> 1. 농촌 지도
> …… 조선 내 각 면에 ○재회 등을 조직하고 면장을 그 회장에 추대하고 여기에 간사 및 평의원 등을 두어 유지(有志)가 단체의 주도권을 잡고, 그 단체에는 국유 임야의 일부를 불하하거나 입회를 허가하는 등 당국의 양해 하에 각종 편의를 제공할 것.
> – 「사이토 마코토 문서」

① 한국인에 한해 적용되는 조선 태형령이 공포되었다.
② 사회주의 운동을 탄압하기 위한 치안 유지법이 마련되었다.
③ 기한 내에 토지를 신고하게 하는 토지 조사령이 제정되었다.
④ 헌병대 사령관이 치안을 총괄하는 경무총감부가 신설되었다.
⑤ 회사 설립 시 총독의 허가를 얻도록 하는 회사령이 발표되었다.

🖱 문화 통치

② 사회주의 운동을 탄압하기 위한 **치안 유지법이 마련**되었다.

3·1 운동 이후 조선 총독으로 취임한 **사이토 마코토**는 **친일파를 양성**하여 우리 민족을 분열시키고자 **문화 통치**를 실시하였다. 또한 문화 통치 시기에는 **사회주의 운동**을 탄압하기 위해 제정된 **치안 유지법**이 독립운동가를 탄압하는 데에도 활용되었다.

🔴 오답 클리어
① 한국인에 한해 적용되는 **조선 태형령**이 공포되었다. ➔ **무단 통치**
③ 기한 내에 토지를 신고하게 하는 **토지 조사령**이 제정되었다.
   ➔ **무단 통치**
④ 헌병대 사령관이 치안을 총괄하는 **경무총감부**가 신설되었다.
   ➔ **무단 통치**
⑤ 회사 설립 시 총독의 허가를 얻도록 하는 **회사령**이 발표되었다.
   ➔ **무단 통치**

07 [55회 기출]

다음 자료를 활용한 탐구 활동으로 가장 적절한 것은? [2점]

○ 내지(內地)는 심각한 식량 부족을 보여 매년 300만 석에서 500만 석의 외국 쌀을 수입하였다. …… 내지에서는 쌀의 증산에 많은 기대를 걸 수 없었다. 반면 조선은 관개 설비가 잘 갖춰지지 않아서 대부분의 논이 빗물에 의존하는 상태였기에, 토지 개량 사업을 시작한다면 천혜의 쌀 생산지가 될 수 있었다.

○ 대개 조선인들이 생산한 쌀을 내지로 반출할 때, 결코 자신들이 충분히 소비하고 남은 것을 수출하는 것이 아니다. 생계가 곤란하여 먹을 것을 먹지 못하고 파는 것이다. …… 만주산 잡곡의 수입이 증가하는 사실은 조선인의 생활난이 점점 심각해지고 있음을 실증하는 것이다.

① 산미 증식 계획의 실상을 파악한다.
② 화폐 정리 사업의 결과를 분석한다.
③ 보안회의 경제적 구국 운동을 조사한다.
④ 방곡령이 선포된 지역의 분포를 알아본다.
⑤ 동양 척식 주식회사의 설립 과정을 살펴본다.

08 [68회 기출]

밑줄 그은 '이 계획'에 대한 설명으로 옳은 것은? [1점]

① 독립 협회 결성의 계기가 되었다.
② 국채 보상 운동의 배경이 되었다.
③ 재정 고문 메가타의 주도로 시행되었다.
④ 토지 조사 사업이 시행되는 배경이 되었다.
⑤ 일본의 쌀 부족 현상을 해결하기 위해 시행되었다.

산미 증식 계획

① 산미 증식 계획의 실상을 파악한다.

산미 증식 계획은 일제가 일본 내의 공업화로 발생한 **자국의 식량 부족 문제를 해결하기 위해, 한국의 쌀 생산량을 늘리고자** 실시한 정책이다. **토지 개량, 수리 시설 개선** 등의 방법을 통해 쌀 생산이 증가하였으나, 일제는 생산 증가량이 목표량에 미달하였음에도 불구하고 **목표량만큼 쌀을 일본으로 반출**하였다. 이로 인해 한국에서는 **만주에서 잡곡을 수입**해야 할 만큼 식량난이 심해졌다.

오답 클리어
② 화폐 정리 사업의 결과를 분석한다. → 화폐 정리 사업
③ 보안회의 경제적 구국 운동을 조사한다.
　→ 황무지 개간권 요구 반대 운동
④ 방곡령이 선포된 지역의 분포를 알아본다. → 방곡령
⑤ 동양 척식 주식회사의 설립 과정을 살펴본다.
　→ 동양 척식 주식회사

산미 증식 계획

⑤ 일본의 쌀 부족 현상을 해결하기 위해 시행되었다.

산미 증식 계획은 일본의 쌀 부족 현상을 해결하기 위해 시행된 정책이다. 한편 산미 증식 계획의 결과 국내에서는 오히려 식량 부족 문제가 심해져 만주에서 잡곡을 수입해야 했으며, 수리 시설 개선을 위한 수리 조합비와 비료 대금 등이 소작농에게 전가되면서 농민의 생활이 점차 궁핍해졌다.

오답 클리어
① 독립 협회 결성의 계기가 되었다. → 자주 독립 국가의 건설
② 국채 보상 운동의 배경이 되었다. → 일본의 차관 도입
③ 재정 고문 메가타의 주도로 시행되었다. → 화폐 정리 사업
④ 토지 조사 사업이 시행되는 배경이 되었다.
　→ 근대적 토지 소유권 확립

필수 기출로 개념 적용하기 기출주제 37 일제의 식민 통치와 경제 수탈

09 [70회 기출]

밑줄 그은 '이 시기'에 시행된 일제의 정책으로 옳은 것은? [1점]

이 사진은 어느 국민학교의 수업 장면입니다. 중·일 전쟁 이후 일제가 침략 전쟁을 확대하던 이 시기에는 학생들도 '대동아 전쟁'이라는 주제로 일제의 침략 행위를 정당화하는 교육을 받아야 했습니다.

① 회사령을 공포하였다.
② 치안 유지법을 제정하였다.
③ 헌병 경찰제를 실시하였다.
④ 경성 제국 대학을 설립하였다.
⑤ 조선 사상범 예방 구금령을 시행하였다.

민족 말살 통치 시기

⑤ 조선 사상범 예방 구금령을 시행하였다.

민족 말살 통치 시기에 일제는 경제 공황으로 인한 경제난을 극복하기 위해 **중·일 전쟁**(1937)을 일으키며 침략 전쟁을 확대하였다. 이때 독립운동을 탄압하기 위해 **조선 사상범 예방 구금령**을 제정(1941)하여 독립운동가의 활동을 사전에 차단하였다.

오답 클리어
① 회사령을 공포하였다. → 무단 통치 시기
② 치안 유지법을 제정하였다. → 문화 통치 시기
③ 헌병 경찰제를 실시하였다. → 무단 통치 시기
④ 경성 제국 대학을 설립하였다. → 문화 통치 시기

이건 꼭! 암기 민족 말살 통치 시기
#중·일 전쟁 #조선 사상범 예방 구금령 #국민학교

10 [74회 기출]

밑줄 그은 '시기'에 있었던 사실로 옳은 것은? [1점]

이 자료는 조선어 학회가 추진하던 조선말 사전 편찬에 보탬이 되고자 함경도의 독자가 보내온 글로 '배우리(병아리)', '고얘양(고양이)' 등 50여 개의 방언이 적혀 있습니다. 국가 총동원법이 시행되던 시기에 일제는 한글 연구를 민족 운동으로 간주하여 조선어 학회 회원들을 치안 유지법 위반 혐의로 대거 투옥하고 원고를 압수하였습니다.

① 조선 태형령이 반포되었다.
② 조선 노농 총동맹이 결성되었다.
③ 임시 토지 조사국이 설립되었다.
④ 황국 신민 서사 암송이 강요되었다.
⑤ 조선 민립 대학 기성회가 창립되었다.

민족 말살 통치 시기

④ 황국 신민 서사 암송이 강요되었다.

민족 말살 통치 시기에 일제는 중·일 전쟁을 일으켜 침략 전쟁을 확대하였으며, **국가 총동원법을 제정**(1938)하여 전쟁 수행을 위한 물적·인적 수탈을 강화하였다. 또한 일제는 한국인의 민족 정체성을 말살하고 일본에 충성하는 백성으로 만들기 위해 **황국 신민 서사 암송**을 강요하였다.

오답 클리어
① 조선 태형령이 반포되었다. → 무단 통치 시기
② 조선 노농 총동맹이 결성되었다. → 문화 통치 시기
③ 임시 토지 조사국이 설립되었다. → 무단 통치 시기
⑤ 조선 민립 대학 기성회가 창립되었다. → 문화 통치 시기

11

[72회 기출]

밑줄 그은 '시기'에 볼 수 있는 사회 모습으로 가장 적절한 것은? [2점]

이것은 한 제과업체의 캐러멜 광고로 탱크와 전투기 그림을 활용하여 "캐러멜도 싸우고 있다!"라는 문구를 담고 있습니다. 중·일 전쟁 이후 일제가 국가 총동원법을 시행한 <u>시기</u>에 제작된 이 광고는 당시 군국주의 문화가 일상에까지 스며들어 있었음을 잘 보여 줍니다.

① 몸뻬 착용을 권장하는 애국반 반장
② 경성 제국 대학 설립을 추진하는 관리
③ 헌병 경찰에게 끌려가 태형을 당하는 농민
④ 원산 총파업에 연대 지원금을 보내는 외국 노동자
⑤ 안창남의 고국 방문 비행을 환영하기 위해 상경하는 청년

12

[66회 기출]

교사의 질문에 대한 학생의 답변으로 가장 적절한 것은? [1점]

조선 민사령 중 개정의 건
(제령 제19호)

조선인 호주는 본령 시행 후 6개월 이내에 새로 씨(氏)를 정하고 이를 부윤 또는 읍면장에게 신고해야 한다. …… 신고를 하지 않을 때는 본령 시행 당시 호주의 성을 씨로 삼는다.

일제는 조선 민사령을 개정하여 일본식 씨명을 사용하도록 강요하였습니다. 이렇게 개정한 이후에 일제가 추진한 정책에 대해 말해 볼까요?

① 통감부를 설치하였습니다.
② 조선 태형령을 시행하였습니다.
③ 헌병 경찰제를 실시하였습니다.
④ 여자 정신 근로령을 공포하였습니다.
⑤ 동양 척식 주식회사를 설립하였습니다.

기출주제 38 — 1910년대의 독립운동

빈출 태그 #독립 의군부 #대한 광복회 #서간도_신흥 강습소 #북간도_중광단 #연해주_권업회 #미주_대조선 국민 군단 #일본 도쿄_조선 청년 독립단

스토리로 미리보기

 일제가 무력으로 통치하는 상황에서 어떻게 독립운동을 할 수 있었던 거야?

 국내에서는 비밀 결사를 만들어서 독립운동을 펼쳤어. 그 중 대한 광복회는 중요하니까 꼭 알아둬.

 비밀 결사면 몰래 활동해야 하니까 활발하진 못했을 것 같은데ㅠㅠ

 응, 아무래도 한계가 있었지. 그래서 우리 민족은 국외로 나가 독립운동 기지를 건설했어.

 지도에 표시된 서간도, 북간도, 연해주가 우리 민족이 독립운동 기지를 세운 대표 지역이야~

 우와 대단하다! 독립운동 기지까지 만들 생각을 했었다니.

대단하지? 특히 이회영이라는 분은 오늘 날의 600억 정도나 되는 전 재산을 형제들과 서간도에 독립운동 기지를 세우는 데 쓰셨어. 당시 우리 민족의 노블레스 오블리주였지.

1 국내의 독립운동 - 비밀 결사

(1) 배경과 특징

- 배경
  - 일제가 안악 사건, 105인 사건 등을 통해 민족 인사들을 탄압함 ─ 안중근의 사촌동생 안명근 등이 서간도에 무관 학교 설립을 위한 자금을 모금하다 체포된 사건
  - 일제가 의병에 대한 색출과 공세를 강화하여 의병 세력이 약화됨
- 특징: 국내에서 일제의 감시를 피하기 위해 비밀 결사 형태로 독립운동을 전개함

(2) 주요 단체

- **독립 의군부**
  - 조직: 임병찬이 고종의 밀지를 받아 유생들과 함께 비밀 단체를 결성함
  - 특징: 복벽주의를 내세우며 전국적인 의병 전쟁을 준비함 ─ 대한 제국(군주정)으로의 회복을 목표로 한 독립운동 이념
  - 활동: 조선 총독부에 국권 반환 요구서를 제출하려 함
- **대한 광복회**
  - 조직: 박상진(총사령) 등이 대구에서 의병 계열(풍기 광복단)과 애국 계몽 운동 계열(조선 국권 회복단)을 통합하여 조직함
  - 특징: 공화 정체의 국민 국가 수립을 목표로 삼음
  - 활동: 독립군 양성을 위한 군자금을 모금(상덕태상회)하고, 친일파를 처단함

2 국외의 독립운동 - 독립운동 기지 건설

(1) 배경과 특징

- 배경: 남한 대토벌 작전 등 일제의 탄압으로 국내에서 독립운동이 어려워짐 ─ 1909년부터 일본이 국내의 의병 세력을 진압하기 위해 펼친 작전
- 특징
  - 간도와 연해주 등에 형성된 한민족 집단 거주 지역에 항일 독립운동 기지를 건설함
  - 근대적인 민족 교육과 군사 훈련을 실시함

(2) 지역별 주요 단체

- **서간도(남만주)**
  - 삼원보: 국권 피탈 이후 신민회 계열이 중심이 되어 세운 독립운동 기지
  - 경학사
    - 조직: 이회영, 이동녕 등이 삼원보에 설립한 한인 자치 기구
    - 개편: 경학사 해체 이후 부민단 → 한족회 → 서로 군정서로 개편됨
  - 신흥 강습소: 독립군을 양성하기 위해 설립된 교육 기관으로, 이후 신흥 무관 학교로 개편됨 ─ 군사 훈련을 실시하고, 독립군 간부를 양성하는 데 큰 역할을 함

▲ 국외 독립운동 기지

북간도
- **중광단** — 우리나라와 청의 경계 지대로, 대한 제국 시기에 이범윤이 서찰관으로 파견됨
  - 조직: 대종교 신자들이 중심이 되어 조직한 항일 무장 단체
  - 개편: 김좌진 중심의 **북로 군정서**로 확대·개편됨
- **간민회**: 북간도에 설립된 한인 자치 단체
- **민족 교육 실시**: 서전서숙(이상설), 명동 학교(김약연) 등의 학교가 건립됨
  └ 용정촌에 설립됨

북만주
이상설 등이 밀산부에 독립운동 기지인 한흥동을 건설함

연해주
- **신한촌**: 블라디보스토크의 한인 집단 거주 지역이자 독립운동 기지
- **한민회**: 을사늑약 체결 이후 조직되었고, 해조신문을 발행함
- **권업회**: 의병 계열과 애국 계몽 운동 계열이 합작하여 신한촌에 조직한 자치 기관으로, **권업신문**을 발행함
- **대한 광복군 정부**
  - 조직: 권업회가 블라디보스토크에 수립한 임시 정부
  - 구성: 이상설과 이동휘를 정·부통령으로 선임함
  - 활동: **무장 독립 투쟁을 준비함**
  - 의의: 대한민국 임시 정부 탄생의 계기를 마련함

백발백중 기출 자료 | 연해주의 독립운동 단체 [72회]
연해주에는 신한촌 등 한인 집단 거주지가 있었습니다. 그러나 이곳에 살던 한인들은 1937년에 중앙아시아로 강제 이주를 당하였습니다. 세월이 흘러 현재는 신한촌의 역사를 기억하기 위한 조형물이 세워져 있습니다.
➡ **자료 해석**: 연해주에 민족 운동가들이 망명하여 신한촌 등의 한인 집단촌을 형성하였고, 권업회와 대한 광복군 정부 등의 독립운동 단체가 조직되어 독립운동을 전개하였다.

중국 상하이
- **신한청년당** — 여운형을 중심으로 상하이에서 조직된 항일 독립운동 단체
  └ 파리 강화 회의에 김규식을 파견함
  └ 제1차 세계 대전이 종결된 이후 평화 정착을 위해 개최된 회의
- **대동 단결 선언**: 신규식, 박은식 등이 중심이 되었으며, 국민 주권과 공화주의를 토대로 하는 임시 정부의 수립을 제창함(1917)
- **동제사**: 신규식, 박은식 등이 상하이에서 조직한 비밀 결사로, 한·중 교류를 통해 독립운동에 중국인의 지지를 받고자 함

미주
- **한인 사회 형성**: 1900년대 초부터 하와이로 이민을 떠난 한인들이 사탕수수 농장에서 노동을 하며 한인 사회가 형성되기 시작함
- **대한인 국민회**: 미국에서 결성된 독립운동 단체로 샌프란시스코에 중앙 총회를 두었으며, **외교 활동을 전개함**
- **흥사단**: 안창호가 재미 한인을 중심으로 샌프란시스코에서 조직한 단체
  └ 국내 지부로 수양 동우회가 설립됨
- **대조선 국민 군단**: 박용만이 하와이에서 조직한 단체로, 군사 훈련을 하면서 파인애플·사탕수수 농사를 병행함
- **숭무 학교**: 멕시코에 설립된 학교로, 독립군을 양성함
  └ 한국인들이 에네켄 농장에서 열악하게 일함

일본 도쿄
도쿄의 유학생들을 중심으로 결성된 **조선 청년 독립단**이 **2·8 독립 선언서**를 발표함 → 3·1 운동에 영향을 줌

백발백중 기출 사료 | 2·8 독립 선언서 [51회]
조선 청년 독립단은 우리 2천만 민족을 대표하여 정의와 자유를 쟁취한 세계 모든 나라 앞에 **독립**을 성취할 것을 선언한다. …… 일본이 만일 우리 민족의 정당한 요구에 불응한다면 우리는 **일본**에 대하여 영원의 혈전을 선포하노라.
➡ **사료 해석**: 일본 도쿄(동경)에서 유학생들을 중심으로 결성된 조선 청년 독립단이 2·8 독립 선언서를 발표하였고(1919. 2.), 이는 3·1 운동에 영향을 주었다.

✔ 기출 선택지로 개념 다지기

1. 빈칸의 답을 채워보세요.
(1) 고종의 밀지를 받아 조직된 단체: ☐ [73·63회]
(2) 박상진의 주도로 조직된 단체: ☐ [71·66회]
(3) 독립군 양성을 위해 서간도에 세워진 교육 기관: ☐ [74·65회]
(4) 북간도에서 결성된 항일 무장 단체: ☐ [75·72·70회]
(5) 이상설과 이동휘를 정·부통령으로 선임한 단체: ☐ 정부 [73·67회]

2. 질문에 맞는 답을 고르세요.
(1) 독립 의군부에 대한 설명은? [74회]
 ① 서간도에 신흥 강습소를 세워 독립군을 양성하였다.
 ② 국권 반환 요구서를 조선 총독에게 제출할 것을 계획하였다.

(2) 대한 광복회에 대한 설명은? [75회]
 ① 군대식 조직을 갖춘 비밀 결사였다.
 ② 정우회 선언의 영향으로 결성되었다.

(3) 연해주 지역의 독립운동은? [71회]
 ① 유학생을 중심으로 2·8 독립 선언서를 발표하였다.
 ② 권업회를 조직하고 신문을 발행하였다.

(4) 미주 지역의 독립운동은? [46회]
 ① 민족 교육을 위해 서전서숙을 설립하였다.
 ② 대한인 국민회를 중심으로 외교 활동을 펼쳤다.

정답 | 1. (1) 독립 의군부 (2) 대한 광복회
     (3) 신흥 강습소 (4) 중광단
     (5) 대한 광복군
   2. (1) ② (①은 신민회)
     (2) ① (②은 신간회)
     (3) ② (①은 일본 도쿄)
     (4) ② (①은 북간도)

필수 기출로 개념 적용하기 기출주제 38 1910년대의 독립운동

01 [59회 기출]

(가) 단체에 대한 설명으로 옳은 것은? [2점]

① 일본 도쿄에서 독립 선언서를 발표하였다.
② 일제가 제정한 치안 유지법으로 탄압받았다.
③ 서간도에 신흥 강습소를 세워 독립군을 양성하였다.
④ 독립운동 자금을 모으기 위해 독립 공채를 발행하였다.
⑤ 조선 총독에게 제출하기 위해 국권 반환 요구서를 작성하였다.

02 [75회 기출]

(가) 단체에 대한 설명으로 옳은 것은? [2점]

【우리 고장의 독립운동가】

일우(一宇) 김한종 (1883~1921)

충청남도 예산군 광시면 출생이다. 1915년 대구에서 박상진 등이 국권 회복을 위해 조직한 (가) 의 충청도 지부장으로, 군자금 모금과 친일 관리 처단을 주도하였다. 이후 일제에 체포되어 총사령 박상진과 함께 사형을 선고받고 대구 형무소에서 생을 마감하였다. 1963년에 건국훈장 독립장이 추서되었다.

① 군대식 조직을 갖춘 비밀 결사였다.
② 정우회 선언의 영향으로 결성되었다.
③ 「조선혁명선언」을 활동 지침으로 삼았다.
④ 중국군과 함께 영릉가 전투에서 큰 전과를 올렸다.
⑤ 만민 공동회를 열어 열강의 이권 침탈을 비판하였다.

독립 의군부

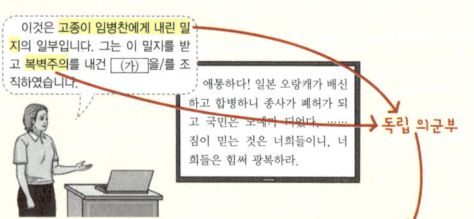

→ 독립 의군부

⑤ 조선 총독에게 제출하기 위해 **국권 반환 요구서를 작성**하였다.

독립 의군부는 1912년에 **고종의 밀지**를 받은 **임병찬**이 의병과 유생을 모아 조직한 국내 독립운동 단체이다. 고종을 복위시켜 대한 제국을 회복해야 한다는 **복벽주의**를 내세웠으며, 조선 총독인 데라우치에게 제출하기 위해 **국권 반환 요구서를 작성**하였다.

오답 클리어
① 일본 도쿄에서 독립 선언서를 발표하였다. → 조선 청년 독립단
② 일제가 제정한 치안 유지법으로 탄압받았다. → 조선어 학회
③ 서간도에 신흥 강습소를 세워 독립군을 양성하였다. → 신민회
④ 독립운동 자금을 모으기 위해 독립 공채를 발행하였다.
　→ 대한민국 임시 정부

대한 광복회

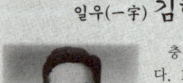

→ 대한 광복회

① **군대식 조직을 갖춘 비밀 결사였다.**

대한 광복회는 총사령관 **박상진**이 의병 계열과 애국 계몽 운동 계열을 통합하여 결성한 비밀 결사 단체로, **군대식**으로 조직을 편제하였다. 이들은 **공화 정체**의 국민 국가 수립을 목표로 하여 **군자금 모금과 친일 관리 처단** 등의 활동을 전개하였다.

오답 클리어
② 정우회 선언의 영향으로 결성되었다. → 신간회
③ 「조선혁명선언」을 활동 지침으로 삼았다. → 의열단
④ 중국군과 함께 **영릉가** 전투에서 큰 전과를 올렸다.
　→ 조선 혁명군
⑤ 만민 공동회를 열어 열강의 이권 침탈을 비판하였다.
　→ 독립 협회

03 [73회 기출]

(가) 지역에서 있었던 민족 운동에 대한 설명으로 옳은 것은? [2점]

이것은 (가) 에 세워진 신흥 강습소의 구성원이 만든 신흥 교우단의 기관지입니다. 이 기관지에는 군사, 교육, 역사 등 다양한 분야의 글이 게재되어 동포들의 민족의식을 고취하였습니다. 특히, 신흥 무관 학교의 전신인 신흥 강습소의 조직과 활동을 알려주는 내용이 많아 (가) 에서 전개된 독립운동을 연구하는 데 가치가 있습니다.

① 한인 자치 기구인 경학사를 조직하였다.
② 유학생을 중심으로 2·8 독립 선언서를 발표하였다.
③ 대조선 국민 군단을 조직하여 군사 훈련을 실시하였다.
④ 대한 광복군 정부를 수립하여 무장 투쟁을 준비하였다.
⑤ 독립군 비행사 양성을 위해 한인 비행 학교를 설립하였다.

서간도 지역의 민족 운동

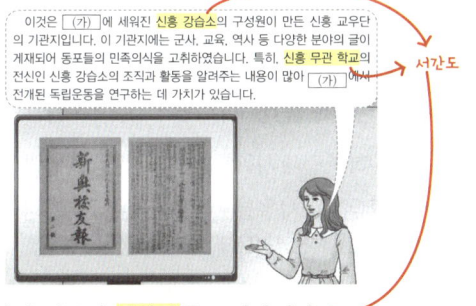

① 한인 자치 기구인 **경학사**를 조직하였다. ←

서간도(남만주)는 신민회의 주요 인사인 이회영, 이상룡 등이 **삼원보**를 개척하여 독립운동 기지로 삼고, 자치 단체인 **경학사**를 조직한 지역이다. 이후 신민회가 독립군 양성을 위해 **신흥 강습소**를 설립하였고, 신흥 강습소는 이후 **신흥 무관 학교**로 확대·개편되어 독립군 간부를 양성하는 데 큰 역할을 하였다.

오답 클리어
② 유학생을 중심으로 2·8 독립 선언서를 발표하였다. → 일본 도쿄
③ 대조선 국민군단을 조직하여 군사 훈련을 실시하였다. → 하와이
④ 대한 광복군 정부를 수립하여 무장 투쟁을 준비하였다. → 연해주
⑤ 독립군 비행사 양성을 위해 **한인 비행 학교**를 설립하였다. → 미주

04 [74회 기출]

밑줄 그은 '이곳'에서 있었던 민족 운동으로 옳은 것은? [2점]

첫 공식 이민. 백여 명의 이민자들이 대한제국이 발행한 여행권을 가슴에 품고 낯선 땅에 1903년 도착했다. 두려움과 희망이 함께했다.

그들을 기다린 건 사탕수수 농장의 고된 노동이었다. 열악한 환경에서도 1905년까지 노동 이민으로 약 7,000명이 이곳에 이주해 묵묵히 뿌리를 내렸다.

1910년, 일제의 국권 침탈로 그들은 돌아갈 곳도 보호받을 나라도 잃었다. 고된 환경 속에서도 그들은 한인 사회를 중심으로 스스로의 길을 만들어 갔다.

① 한인 자치 기구인 경학사를 설립하였다.
② 권업신문을 발간하여 민족 의식을 고취하였다.
③ 유학생을 중심으로 2·8 독립 선언을 발표하였다.
④ 신한청년당이 파리 강화 회의에 대표를 파견하였다.
⑤ 대조선 국민 군단을 결성하고 군사 훈련을 실시하였다.

하와이 지역의 민족 운동

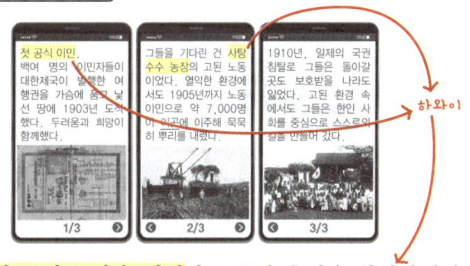

⑤ **대조선 국민 군단**을 결성하고 군사 훈련을 실시하였다.

하와이 지역의 이민자들은 대한 제국 시기인 1902년에 공식적으로 이주를 시작하여 주로 **사탕수수 농장** 등에서 종사하였다. 국권 피탈 이후에는 활발한 독립운동을 전개하였는데, 대표적으로 **박용만**은 하와이에서 **대조선 국민 군단**을 결성하고 군사 훈련을 실시하여 무장 투쟁을 준비하였다.

오답 클리어
① 한인 자치 기구인 **경학사**를 설립하였다. → 서간도
② 권업신문을 발간하여 민족 의식을 고취하였다. → 연해주
③ 유학생을 중심으로 2·8 독립 선언을 발표하였다. → 일본 도쿄
④ 신한청년당이 파리 강화 회의에 대표를 파견하였다.
   → 중국 상하이

이건 꼭! 암기 하와이 지역의 민족 운동
#박용만 #대조선 국민 군단

기출주제 39 · 3·1 운동과 대한민국 임시 정부

빈출 태그 | #2·8 독립 선언서 #3·1 운동 #제암리 학살 #대한민국 임시 정부 #연통제 #독립 공채 #국민 대표 회의 #삼균주의

하이라이트 스토리로 미리보기

S#1 탑골 공원에서 독립 선언문을 발표하다!

3월 1일, 오늘은 만세 시위를 하기로 한 날이다. 민족 대표들은 태화관에서 독립 선언서를 낭독한 후 스스로 경찰서에 연락해서 잡혀갔다고 한다. 우리 학생, 시민도 이곳 탑골 공원에서 독립 선언서를 낭독하고 행진하자!

S#2 3·1 운동으로 일제의 통치 방식이 변화하다!

대한 독립 만세! 대한 독립 만세! 우리의 3·1 운동으로 일제는 무단 통치를 끝내고 문화 통치를 시작했다. 우리 민족을 무력과 강압으로 지배할 수 없음을 깨닫게 된 거지.

S#3 대한민국 임시 정부가 수립되다!

3·1 운동을 이끌 지도부만 있었어도 실패하진 않았을 텐데! 독립운동을 하려면 분산된 힘을 하나로 모아야 해. 그래서인지 연해주, 상하이, 서울에 있던 임시 정부들이 상하이에서 하나로 통합하려는 움직임을 보인다고 한다.

1. 3·1 운동 (1919)

(1) 배경

국외 정세
- 러시아 혁명 후 레닌이 세계의 민족 해방 운동을 지원할 것을 선언함 (소련의 지도자)
- 미국 대통령 윌슨이 파리 강화 회의에서 **민족 자결주의**를 제창함 (모든 민족에게는 정치적 운명을 스스로 결정할 권리가 있으며 다른 민족의 간섭을 받을 수 없다고 주장함)
- 신한청년당이 파리 강화 회의에 김규식을 대표로 파견함
- 도쿄 유학생들이 조선 청년 독립단을 결성하여 **2·8 독립 선언서**를 발표함

국내 정세
- 일제의 무단 통치에 대한 반발이 고조됨
- 고종이 갑작스럽게 서거하자, 일제가 독살했다는 고종 독살설이 퍼짐

(2) 준비 및 전개 과정

독립운동 계획 : 천도교·기독교·불교 단체 대표와 학생 세력이 연합하여 **고종의 인산일**(장례일)에 맞춰 독립운동을 계획함

독립 선언서 작성 : 최남선이 본문을 작성하고, 한용운이 공약 3장을 덧붙임

독립 선언서 발표
- 3월 1일에 민족 대표 33인 중 29인이 태화관에서 독립 선언서를 발표함
- 학생·시민들이 **탑골 공원**에서 독립 선언서를 낭독한 후 만세 시위를 전개함

만세 시위의 확산
- 학생들의 주도로 지방 도시를 중심으로 비폭력 만세 시위가 확산됨
- 농민들의 참여로 시위가 농촌으로 확산되며 무력 저항 운동으로 바뀜
- 만주와 연해주, 미국, 일본 등 해외까지 만세 시위가 확산됨

일제의 탄압
- 일제가 군대를 동원하여 만세 시위를 전개하는 군중을 탄압함
- **수원**(현재 화성시) **제암리**에서 일본군이 주민들을 교회에 감금한 후 무차별 학살을 자행함 → 선교사 스코필드에 의해 세계에 알려짐
- 유관순 열사가 3·1 운동에 참여하였다가 체포된 후 옥중에서 순국함

> **백발백중 기출 사료 | 3·1 운동** [68회]
> 일본 당국은 **고종의 장례식**을 계기로 문제가 발생할 것으로 예상하고 많은 헌병을 서울로 집결시켰다. …… 전국의 모든 도시와 마을에서 **독립을 위한 행진과 시위**가 일어났다. 일본 측은 당황했지만 곧 재정비하여 강력하고 신속한 진압에 나섰다.
> ▶ **사료 해석**: 3·1 운동은 고종의 인산일(장례일)에 맞춰 계획한 운동으로, 시민들은 비폭력 만세 시위를 전개하였으나 일제가 곧바로 군대를 동원하여 이를 탄압하였다.

(3) 의의와 영향

의의 : 3·1 운동은 각계각층의 전 국민이 동참한 만세 운동이었음

영향
- 일제가 무단 통치에서 이른바 **문화 통치를 실시하는 배경**이 됨
- 상하이에 **대한민국 임시 정부가 수립**되는 계기가 됨
- **중국의 5·4 운동** 등 해외의 반제국주의 민족 운동에 영향을 줌

2 대한민국 임시 정부

(1) 대한민국 임시 정부의 수립과 초기 활동(1919~1923)

대한민국 임시 정부 수립	─ 배경: 3·1 운동 직후 대한 국민 의회(연해주), 상하이 임시 정부, 한성 정부(서울)가 수립되었고, 독립운동을 조직적으로 추진하고자 하는 필요성이 대두됨 ─ 수립: 상하이에서 3권 분립에 입각한 통합 임시 정부가 수립됨(1919. 9.) ─ 지도부: 대통령에 이승만, 국무총리에 이동휘가 선임됨 (한성 정부의 법통을 계승함) ─ 구성: 입법 기관인 임시 의정원, 사법 기관인 법원, 행정 기관인 국무원 등을 설치함 (임시 정부 수립 전에 구성됨(1919. 4.))
☆비밀 연락망 조직	─ 연통제: 국내 비밀 행정 조직으로, 독립운동 자금을 모음 ─ 교통국: 이륭양행에 설치된 통신 기관으로, 국내와의 연락을 취함 (영국인이 설립한 무역 선박회사)
군자금 모금	: 해외의 동포들에게 **독립 공채를 발행**하여 독립운동 자금을 마련함
외교 활동	: 파리 위원부(프랑스)와 구미 위원부(미국)를 설치하여 외교 활동을 추진함 (이승만을 중심으로 활동함)
문화 활동	─ 독립 의식을 고취하기 위해 독립신문을 발행함(기관지 역할) ─ 임시 사료 편찬회를 두어 『**한·일관계사료집**』을 편찬함 (국제 연맹에 한국 독립의 당위성을 호소하기 위해 편찬함) ─ 독립군 비행사 육성을 위해 미국에 **한인 비행 학교**를 세움

(2) 국민 대표 회의와 임시 정부의 재정비

☆국민 대표 회의 (1923)	─ 배경 ─ 일제의 탄압으로 비밀 연락망인 연통제와 교통국이 발각됨 └ 이승만이 미국 정부에 국제 연맹이 대한민국을 위임 통치해 줄 것을 건의한 위임 통치 청원서를 보낸 것이 논란이 됨 ─ 개최: **독립운동이 나아갈 방향을 논의**하기 위해 개최됨 ─ 전개: 창조파(신채호 중심)와 개조파(안창호 중심)가 대립함 ─ 결과: 회의가 성과 없이 결렬되고, 많은 독립운동가들이 임시 정부에서 이탈하여 임시 정부가 침체됨
이승만 탄핵(1925)	: 이승만이 탄핵되고 박은식이 제2대 대통령으로 취임함
제2·3차 개헌 (1925·1927)	─ 제2차 개헌(1925): 내각 책임제와 국무령제를 채택함 ─ 제3차 개헌(1927): 국무 위원 중심의 집단 지도 체제로 개편함
한인 애국단 조직 (1931)	: 임시 정부의 침체를 극복하기 위해 **김구**의 주도로 **상하이에서 조직**됨 → **의열 투쟁**으로 일제의 공격을 받게 되자 상하이를 떠나 이동하게 됨
한국 독립당 재창당 (1940)	: 한국 국민당, 조선 혁명당, 한국 독립당이 각각 자기 당을 해소한 후, 임시 정부를 이끌어 갈 **한국 독립당을 재창당**함
충칭 정착(1940)	: 중국 국민당 성부가 있는 중국 충칭에 정착함
한국광복군 창설 (1940)	: 지청천(총사령관)과 김구 등이 충칭에서 중국 국민당 정부의 지원을 받아 창설함
제4차 개헌(1940)	: 주석 중심의 단일 지도 체제로 개편하여 김구가 주석에 취임함
건국 강령 발표 (1941)	: **조소앙의 삼균주의**에 기초한 건국 강령을 발표함 (정치, 경제, 교육 각 분야의 균등을 통해 개인과 민족, 국가의 균등을 이루자는 새로운 국가 건설의 이념)
제5차 개헌(1944)	: 주석·부주석 체제로 개편하고 김구를 주석, 김규식을 부주석으로 선출함

✓ 기출 선택지로 개념 다지기

1. 빈칸의 답을 채워보세요.

(1) 도쿄 유학생이 중심이 되어 발표한 선언: [   ] 선언 [74·73회]

(2) 대한민국 임시 정부 수립의 계기가 된 사건: [   ] [72·69회]

(3) 대한민국 임시 정부의 비밀 행정 조직: [   ] [66회]

(4) 임시 사료 편찬회에서 편찬한 사료집: 『   사료집』 [62회]

(5) 임시 정부의 독립운동 방향을 논의한 회의: [   ] 회의 [73회]

(6) 임시 정부의 건국 강령에 바탕이 된 사상: [   ]주의 [69·68회]

2. 질문에 맞는 답을 고르세요.

(1) 3·1 운동의 배경은? [35회]
① 대한 제국의 황제였던 순종이 사망하였다.
② 도쿄에서 유학생들이 2·8 독립 선언을 발표하였다.

(2) 3·1 운동에 대한 설명은? [68회]
① 중국의 5·4 운동에 영향을 주었다.
② 신간회에서 진상 조사단을 파견하여 지원하였다.

(3) 대한민국 임시 정부의 활동은? [74회]
① 독립운동 자금 마련을 위해 독립 공채를 발행하였다.
② 조선 총독부에 국권 반환 요구서를 제출하려 하였다.

(4) 국민 대표 회의에 대한 설명은? [68회]
① 창조파와 개조파가 대립하였다.
② 조소앙의 삼균주의를 기초로 건국 강령을 발표하였다.

정답 | 1. (1) 2·8 독립 (2) 3·1 운동 (3) 연통제 (4) 한·일관계 (5) 국민 대표 (6) 삼균
2. (1) ① (②은 6·10 만세 운동)
   (2) ① (②은 광주 학생 항일 운동)
   (3) ① (②은 독립 의군부)
   (4) ① (②은 충칭 정착 이후)

필수 기출로 개념 적용하기 기출주제 39 3·1 운동과 대한민국 임시 정부

01 [74회 기출]

(가) 운동에 대한 설명으로 옳은 것은? [2점]

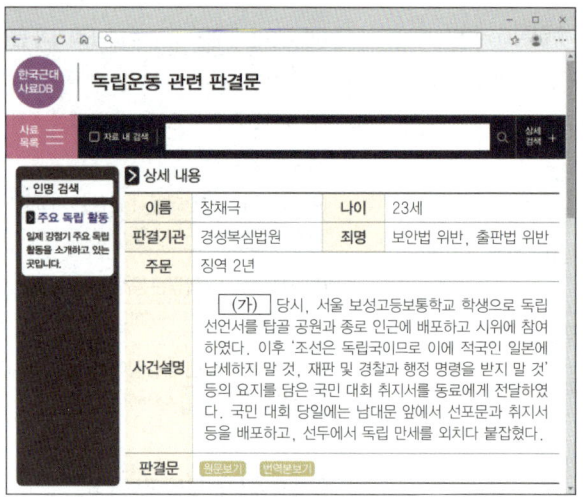

① 정우회 선언의 영향을 받았다.
② 통감부의 탄압과 방해로 중단되었다.
③ 순종의 인산일을 기회로 삼아 추진되었다.
④ 전개 과정에서 일제가 제암리 학살 등을 자행하였다.
⑤ 성진회와 각 학교 독서회에 의해 전국적으로 확산되었다.

02 [70회 기출]

밑줄 그은 '운동'에 대한 설명으로 옳은 것은? [1점]

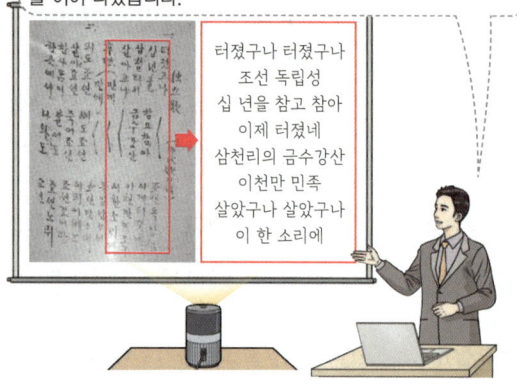

① 통감부의 방해와 탄압으로 중단되었다.
② 천도교 소년회가 창립된 후 본격화되었다.
③ 일제가 이른바 문화 통치를 실시하는 배경이 되었다.
④ 성진회와 각 학교 독서회에 의해 전국으로 확산되었다.
⑤ 시위를 준비하는 과정에서 사회주의자들이 대거 검거되었다.

🖱️ 3·1 운동

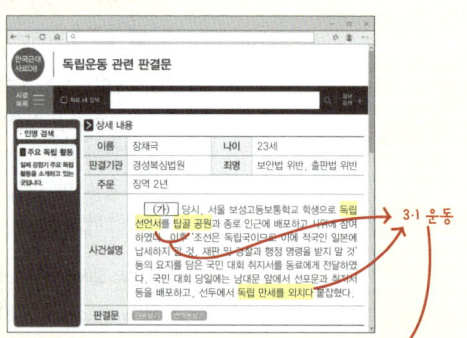

④ 전개 과정에서 **일제가 제암리 학살 등을 자행**하였다.

3·1 운동은 고종의 인산일(장례일)을 계기로 시작된 만세 운동으로, 탑골 공원에 모여 있던 학생과 시민들이 **독립 선언서를 배포**하고 **만세 시위**를 전개하면서 전국으로 확산되었다. 이때 일제는 수원군(현재 화성시) 제암리 주민들을 예배당에 모아놓고 불을 질러 학살한 제암리 학살 등을 자행하였다.

오답 클리어
① 정우회 선언의 영향을 받았다. → X
② 통감부의 탄압과 방해로 중단되었다. → 국채 보상 운동
③ 순종의 인산일을 기회로 삼아 추진되었다. → 6·10 만세 운동
⑤ 성진회와 각 학교 독서회에 의해 전국적으로 확산되었다.
  → 광주 학생 항일 운동

🖱️ 3·1 운동

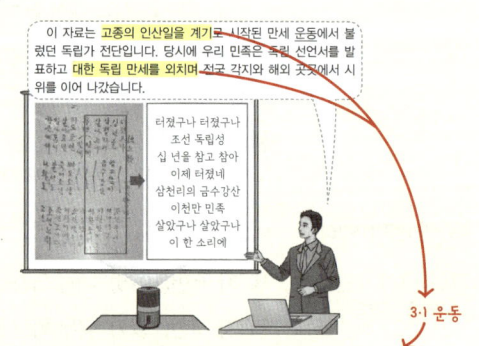

③ 일제가 이른바 **문화 통치를 실시하는 배경**이 되었다.

3·1 운동은 고종의 인산일(장례일)을 계기로 시작된 만세 운동이다. 탑골 공원에서는 학생과 시민들이 모여 독립 선언서를 낭독한 후 '대한 독립 만세'를 외치며 만세 운동을 전개하였고, 이는 전국적으로 확산되었다. 한편 3·1 운동은 일제가 **문화 통치**를 실시하는 계기가 되었다.

오답 클리어
① 통감부의 방해와 탄압으로 중단되었다. → 국채 보상 운동
② 천도교 소년회가 창립된 후 본격화되었다. → 소년 운동
④ 성진회와 각 학교 독서회에 의해 전국으로 확산되었다.
  → 광주 학생 항일 운동
⑤ 시위를 준비하는 과정에서 사회주의자들이 대거 검거되었다.
  → 6·10 만세 운동

03 [65회 기출]

(가) 정부의 활동에 대한 설명으로 옳은 것은? [2점]

> 도내 관공서의 조선인 관리·기타 조선인 부호 등에게 빈번하게 불온 문서를 배부하는 자가 있어서 수사한 결과 이○○의 소행으로 판명되어 그의 체포에 노력하고 있다. …… 그는 (가) 의 교통부 차장과 재무부 총장 등으로부터 여러 가지 명령을 받았다. 조선에 돌아가서 인쇄물을 뿌리는 등 인심을 교란하는 동시에 (가) 이/가 발행한 독립 공채를 판매하는 한편, 조선 내부와의 연락 및 기타 기관을 충분히 갖추게 하는 것 등이었다.
> ─ 「고등 경찰 요사」

① 무장 투쟁을 위해 중광단을 결성하였다.
② 민족 교육을 위해 서전서숙을 설립하였다.
③ 독립군 양성을 위해 신흥 강습소를 세웠다.
④ 외교 활동을 위해 구미 위원부를 설치하였다.
⑤ 농촌 계몽을 위해 브나로드 운동을 전개하였다.

04 [54회 기출]

밑줄 그은 '회의'가 개최된 시기를 연표에서 옳게 고른 것은? [2점]

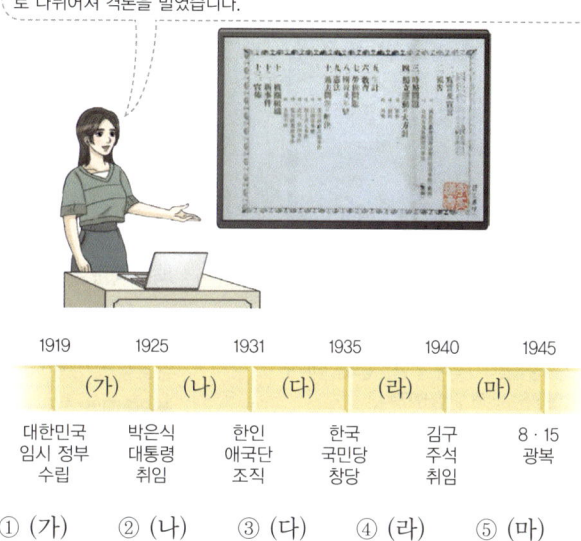

이 자료는 대한민국 임시 정부가 침체에 빠지자 독립운동의 새로운 활로와 방향을 모색하기 위해 상하이에서 개최된 회의의 의사일정입니다. 국내외 각지에서 온 대표들은 대한민국 임시 정부에 대한 처리를 둘러싸고 창조파와 개조파 등으로 나뉘어져 격론을 벌였습니다.

1919	1925	1931	1935	1940	1945
	(가)	(나)	(다)	(라)	(마)
대한민국 임시 정부 수립	박은식 대통령 취임	한인 애국단 조직	한국 국민당 창당	김구 주석 취임	8·15 광복

① (가) ② (나) ③ (다) ④ (라) ⑤ (마)

의열 투쟁과 1920년대의 독립운동

기출주제 **40**

빈출 태그 | #의열단 #「조선혁명선언」 #봉오동 전투 #청산리 전투 #6·10 만세 운동 #정우회 선언 #신간회 #광주 학생 항일 운동

하이라이트 스토리로 미리보기

S#1 봉오동 전투에서 일본군을 무찌르다!

나, 홍범도. 정미의병 때 의병으로 활약하면서 무장 투쟁의 길로 들어섰다. 일제의 탄압을 피해 연해주에 있었는데, 3·1 운동을 보며 본격적인 무장 투쟁을 결심했다. 지리를 잘 아는 봉오동 골짜기로 일본군을 유인해 무찔러야겠다.

S#2 독립군 연합 부대가 청산리에서 일본군에 대승을 거두다!

봉오동 전투에서 패한 일본군이 우리 독립군 부대를 대대적으로 공격할 준비를 하고 있는 것 같다. 우리에게는 김좌진 장군이 이끄는 북로 군정서와 홍범도 장군이 이끄는 대한 독립군이 있다고! 병력은 적어도 일본군을 이기는 것은 문제 없다!

S#3 일본군에 의해 간도 참변이 일어나다!

봉오동 전투와 청산리 전투에서 일본군에게 본때를 보여줘서 한 숨 돌렸는데, 글쎄 청산리 전투에서 대패한 일제가 간도에 사는 무고한 우리 한국인들을 무차별로 학살하고 있다고 한다. 죄 없는 민간인들을 상대로 분풀이하다니!

1 의열 투쟁

★★(1) 의열단(1919)

배경	: 3·1 운동 이후 무장 투쟁의 필요성이 대두됨
조직	: **김원봉**, 윤세주 등을 중심으로 만주 길림(지린)에서 조직됨
목표	: 일제의 식민 통치 기관 파괴와 주요 요인 사살(5파괴 7가살) 〔조선 총독부, 동양 척식 주식회사, 매일신보사, 경찰서, 일제 중요 기관〕 〔총독 및 고관, 일본 군부 수뇌, 대만 총독, 매국노, 친일파, 밀정, 친일 지주〕
활동 지침	: 민중의 **직접 혁명**을 주장하는 신채호의 「**조선혁명선언**」을 지침서로 삼음

백발백중 기출 사료 | 「조선혁명선언」 [36회]

강도(强盜) 일본을 쫓아내려면 오직 혁명으로만 가능하며, 혁명이 아니고는 강도 일본을 쫓아낼 방법이 없는 바이다. …… 우리는 민중 속에 가서 민중과 손을 잡아 끊임없는 폭력, 암살, 파괴, 폭동으로써 강도 일본의 통치를 타도하고 …… 이상적 조선을 건설할지니라.

➡ **사료 해석**: 「조선혁명선언」은 민족주의 사학자 신채호가 의열단장 김원봉의 부탁으로 작성한 선언서로, 「조선혁명선언」에서는 일본을 쫓아내기 위해 민중에 의한 직접 혁명을 강조하였다.

의거 활동	: 부산 경찰서(박재혁, 1920), 조선 총독부(김익상, 1921), **종로 경찰서(김상옥,** 1923), 일본 도쿄 궁성 정문 앞 이중교(김지섭, 1924), 동양 척식 주식회사와 조선 식산 은행(나석주, 1926)에 폭탄 투척함
활동 방향 전환	─ 배경: 개별적인 의거 활동으로는 민족의 독립을 달성하기 어렵다고 느껴 조직적인 항일 무장 투쟁으로 활동 방향을 바꿈 〔중국의 쑨원이 군 지휘관을 양성하기 위해 세운 육군 군관 학교〕 ─ **황푸 군관 학교 입학**: 단원 일부가 황푸 군관 학교에 입학(1926)하여 군사 훈련을 받음 ─ **조선 혁명 간부 학교 설립**: 중국 국민당 정부의 지원을 받아 조선 혁명 간부 학교를 설립하여 군사 훈련에 힘씀(1932) ─ **민족 혁명당 결성**: 중국 내의 독립운동 세력을 하나로 통합하기 위한 노력의 결과, 의열단을 중심으로 민족 혁명당이 결성됨(1935)

백발백중 기출 자료 | 의열단의 의거 활동 [66회]

금년 1월 5일 오후 7시에 동경 궁성 이중교 앞에서 일어난 폭탄 투척 사건은 전 일본을 경악하게 만든 대사건이었다. …… 김지섭은 조선 독립을 위해 의열단의 단장 김원봉과 함께 과격한 방법을 강구하였고, 이를 일본에서 실행하기로 하였다고 한다.

➡ **자료 해석**: 의열단원인 김지섭은, 일본 도쿄 궁성 정문 앞의 이중교에서 궁성을 향해 폭탄을 투척하였다.

(2) 개별 의거 활동

강우규 의거	: 노인 동맹단원 강우규가 총독 사이토 마코토에게 폭탄을 투척함(1919)

2 1920년대의 무장 투쟁

(1) 주요 국외 독립군 부대

대한 독립군	: 홍범도(평민 의병장 출신)가 사령관으로 활약하였으며, 봉오동 전투에서 일본군을 격파함
북로 군정서	: 김좌진의 지휘 아래 활동하였으며, 청산리 전투에서 일본군을 격파함

(2) 1920년대 무장 투쟁의 전개

★★봉오동 전투 (1920. 6.)
- 배경: 국외 독립군 부대들이 활발한 국내 진입 작전을 감행함
- 참가 부대: 홍범도의 대한 독립군을 중심으로 대한 국민회군 등이 연합함
- 전개: 독립군 연합 부대가 봉오동을 급습한 일본군에 승리를 거둠

↓

★★청산리 전투 (1920. 10.)
- 배경: 일본군이 봉오동 전투에 대한 보복을 위해 만주에 진입하려 하였으나 중국이 거부하자, 훈춘 사건을 조작하여 일본군을 만주에 투입함
  (일본이 중국인들을 매수해 중국 훈춘의 일본 영사관을 습격함)
- 참가 부대: 북로 군정서(김좌진, 이범석)를 비롯한 대한 독립군(홍범도), 대한 국민회군 등이 연합함
- 전개: 백운평, 완루구, 어랑촌 등 청산리 일대에서 일본군을 격퇴함

↓

간도 참변 (1920. 10.) (경신 참변이라고도 불림)
- 배경: 일본군이 봉오동 전투 등에서 패배한 후 보복하고자 함
- 전개: 일제는 독립군 근거지를 소탕한다는 명분으로 간도(연길)의 한인 촌락을 습격하여 한국인들을 학살하고 가옥·학교·교회 등에 방화함
- 결과: 간도의 한인 사회가 초토화되고, 독립군들은 간도를 탈출함

↓

대한 독립 군단 결성 (1920. 12.)
- 배경: 간도에서 탈출한 독립군들이 밀산부(러시아·중국의 국경 지대)에 집결함
- 전개: 서일을 총재로 대한 독립 군단을 결성하고, 자유시로 이동함(1921)
  (러시아의 영토(스보보드니라고 불림))

↓

자유시 참변 (1921)
- : 러시아 자유시에서 독립군 부대의 내부 분쟁이 일어나자, 무장 해제를 요구하는 러시아 적색군에 의해 독립군들이 희생되고, 대한 독립 군단의 세력이 약화됨

백발백중 기출 자료 | 📍북로 군정서 [72회]

노은(蘆隱) 김규식
대한 제국 군인 출신으로 의병 활동에 참여하다가 일본군에게 체포되어 복역하였다. 1920년 청산리 전투에서 김좌진, 이범석 등이 이끈 북로 군정서의 지도부로 활약하였다. 이후 러시아, 만주 일대에서 독립 운동을 계속하다가 1931년 순국하였다. 1963년 건국훈장 독립장이 추서되었다.

➡ **자료 해석**: 북로 군정서는 총사령관 김좌진을 중심으로 김규식, 이범석 등이 이끌며 활동한 조직으로, 청산리 일대에서 일본군을 격퇴하였다.

(3) 3부의 성립과 통합 운동

3부의 성립 (1923~1925)
- 배경: 자유시 참변 이후 만주로 돌아온 독립군이 통합 운동을 추진함
- 성립: 육군 주만 참의부(1923), 정의부(1924), 신민부(1925)가 성립됨
  (임시 정부의 직할 부대) (남만주 일대 관할) (북만주 일대 관할)

↓

미쓰야 협정 (1925)
- : 일제가 독립군의 활동을 위축시키고자 중국(만주)의 군벌 장작림(장쭤린)과 미쓰야 협정을 체결함(중국 관리가 독립운동가를 잡아 일본에 넘긴다는 내용)

↓

3부 통합 운동 (1928~1929)
- 배경: 민족 독립운동 전선의 통일을 위해 3부 통합 운동이 추진됨
- 결과: 혁신 의회(북만주, 한국 독립당)와 국민부(남만주, 조선 혁명당)로 통합됨
- 한계: 3부가 두 세력으로 나뉘어 완전한 통합은 이루지 못함

✓ 기출 선택지로 개념 다지기

1. 빈칸의 답을 채워보세요.

(1) 신채호가 작성한 의열단의 활동 지침:
「　　　」 [72회]

(2) 종로 경찰서에 폭탄을 투척한 의열단원:
[　　] [74·51회]

(3) 대한 독립군을 중심으로 일본군을 격퇴한 전투: [　　] 전투 [74·71회]

(4) 일본군의 공세를 피해 대한 독립 군단이 이동한 지역: [　　] [73·70회]

(5) 일제가 중국 군벌과 체결한 협정: [　　] 협정 [73·70회]

2. 질문에 맞는 답을 고르세요.

(1) 의열단의 활동은? [62회]
① 단원인 나석주가 동양 척식 주식회사에 폭탄을 던졌다.
② 일제가 조작한 105인 사건으로 큰 타격을 입었다.

(2) 북로 군정서에 대한 설명은? [72회]
① 영릉가에서 일본군에 승리를 거두었다.
② 중광단을 중심으로 조직되어 항일 독립 전쟁에 참여하였다.

(3) 청산리 전투 이후의 사실은? [46회]
① 일제가 이른바 남한 대토벌 작전을 전개하였다.
② 독립군이 전열을 정비하기 위해 자유시로 이동하였다.

(4) 대한 독립 군단에 대한 설명은? [44회]
① 자유시 참변으로 큰 타격을 입었다.
② 김좌진의 지휘 아래 활동하였다.

(5) (가)에 들어갈 사건은? [52회]

| 봉오동 전투 | → | (가) | → | 영릉가 전투 |

① 자유시 참변 이후 3부가 조직되었다.
② 스탈린에 의해 많은 한인이 중앙아시아로 강제 이주되었다.

정답 | 1. (1) 조선혁명선언 (2) 김상옥
(3) 봉오동 (4) 자유시 (5) 미쓰야
2. (1) ① (②은 신민회)
(2) ② (①은 조선 혁명군)
(3) ② (①은 청산리 전투 이전)
(4) ① (②은 북로 군정서)
(5) ① (②은 영릉가 전투 이후)

기출주제 40 의열 투쟁과 1920년대의 독립운동

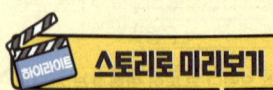

S#1 순종의 장례일에 6·10 만세 운동이 일어나다!

대한 제국의 마지막 황제이신 순종 황제가 세상을 떠나셨다. 고종 황제가 떠나신 후 3·1 운동이 일어났던 것처럼 이번에도 인산일(장례일)에 맞춰 학생들과 여러 단체가 만세 시위를 준비 중인 것 같다. 일제에게 우리 민족의 정신을 또 한 번 보여줄 수 있을 것 같다!

S#2 신간회가 창립되다!

이제 우리는 독립운동을 위해서 서로 다른 사상을 가졌더라도 힘을 합쳐야 합니다! 이에 새로운 단체의 창립을 선포하고, 단체의 이름을 '민족 운동의 새로운 줄기가 될 조직'이라는 뜻에서 신간회라 칭하겠습니다. 우리의 3대 강령은 반드시 기억합시다!

S#3 광주 학생 항일 운동이 일어나다!

뭐야, 일본인 학생이 잘못한 건데 왜 한국 학생만 처벌한 거야? 이건 차별이야! 절대 그냥 못 넘어가! 광주의 학생들에게 함께 모여 항의하자고 해야겠어!

3 6·10 만세 운동(1926)

배경
- 일제의 수탈과 식민지 차별 교육 정책에 대한 반발이 심화됨
- 대한 제국의 마지막 황제였던 **순종이 서거**함

계획: **사회주의 세력**과 천도교 일부 세력(민족주의 계열), **학생 단체**들이 연합하여 **순종의 인산일**(6월 10일)을 기회로 삼아 대규모 시위를 계획함

전개: 사회주의 세력과 천도교 연합의 계획이 사전에 발각됨 → 학생 단체의 시위는 예정대로 진행되어 서울에서 만세 시위가 전개됨 → 일제의 탄압으로 전국적인 대규모 만세 시위로 확산되지는 못함

▲ 6·10 만세 운동

의의: 만세 시위를 계획하는 과정에서 사회주의 계열과 민족주의 계열이 연합함으로써 **국내에서 민족 유일당 운동이 전개되는 계기가 됨**
  └ 이념과 사상을 뛰어넘어 민족 운동의 힘을 하나로 모으자는 운동

백발백중 기출 사료 | 6·10 만세 운동 [69회]
우리들 민중의 통곡과 복상이 결코 이척[순종]의 죽음에 있지 않다는 것을 민중 각자의 마음속에 그것을 명백히 말해주고 있다. 우리들의 비애와 통렬한 애도는 경술년 8월 29일 이래 쌓이고 쌓인 슬픔이다. …… 금일의 통곡·복상의 충성과 의분을 돌려 우리들의 해방 투쟁에 바치자!
➜ **사료 해석**: 6·10 만세 운동은 순종 황제의 인산일에 학생 단체들을 중심으로 전개되었다.

4 민족 유일당 운동과 신간회(1927)

(1) 국내 민족 유일당 운동의 배경

국외 정세
- 중국 관내의 독립운동 단체들이 민족 유일당 운동을 추진한 결과 북경에 한국 독립 유일당 북경 촉성회가 창립됨
- 만주에서는 3부로 나뉘어 있던 독립운동 세력이 통합 운동을 추진함

국내 정세
- **민족주의 계열 분열**: 민족주의 계열 중 일부가 자치론을 주장하자, 민족주의 계열이 **타협적 민족주의**와 **비타협적 민족주의**로 분열됨 ┌ 이광수, 최린
- **사회주의 계열 약화**: **치안 유지법**으로 탄압받던 **사회주의 계열**이 민족주의 계열과의 연합을 고려함

(2) 국내 민족 유일당 운동의 전개

6·10 만세 운동(1926. 6.)	정우회 선언(1926. 11.)	신간회 창립(1927)
	└ 사회주의 단체	└ 초대 회장으로 이상재가 선출됨
사회주의 계열과 민족주의 계열의 연대 가능성을 발견함	정우회가 **사회주의 세력의 활동 방향**을 밝힘 → 비타협적 민족주의 계열과의 연대를 주장함	비타협적 민족주의 계열과 사회주의 계열이 연합하여 합법적인 단체인 **신간회**를 창립함

백발백중 기출 사료 | 📍정우회 선언 [62회]

조선 사회 운동 단체인 정우회는 며칠 전 선언서를 발표하였다. 선언서에서 민족주의적 세력과 과도기적 동맹자적 관계를 구축해야 한다고 밝히고 타협과 항쟁을 분리시켜 사회 운동 본래의 사명을 잊지 말자는 것을 말하였다.

➡ **사료 해석**: 사회주의 단체인 정우회는 정우회 선언을 통해 비타협적 민족주의 세력과 제휴하여 사상 단체의 통일, 경제 투쟁에서 정치 투쟁으로의 전환 등을 주장하였다.

(3) 신간회의 활동과 해소(1927~1931)

📍**3대 강령**	: 민족의 정치적·경제적 각성, 민족 대단결, 기회주의 배격 └ 타협적 민족주의 계열(자치론자)을 뜻함
⭐**활동**	┌ 광주 학생 항일 운동에 진상 조사단을 파견하고 민중 대회를 준비함 └ 전국에 140여 개의 지회를 설치하고, 원산 노동자 총파업을 지원함
자매 단체 : 근우회	┌ 여성 단체들의 민족 유일당 운동의 결과 신간회의 자매 단체로 창립됨 └ 기관지로 『근우』를 발행하고, 여성 계몽과 차별, 구습 타파를 주장함
해소	: 코민테른이 민족주의 계열과의 연합을 중단하는 노선으로 바꾸자, 사회주의 계열이 이탈하면서 신간회가 해소됨 └ 국제 사회주의 운동 조직

※ 조직의 문제점을 인지하고 해결 방안을 찾기 위해 없어지는 것

백발백중 기출 사료 | 📍신간회의 3대 강령 [69회]

1. 우리는 정치적·경제적 각성을 촉진함
1. 우리는 단결을 공고히 함
1. 우리는 기회주의를 일체 부인함

➡ **사료 해석**: 신간회는 정치적·경제적 각성, 민족 대단결, 기회주의자 부인을 강령으로 삼았다.

5 📍광주 학생 항일 운동(1929)

배경	: 6·10 만세 운동 이후 학교에 크고 작은 항일 결사가 조직됨
발단	: 광주에서 나주로 가는 통학 열차 안에서 일본 남학생이 한국 여학생을 희롱하여 한·일 학생 간의 충돌이 발생함 → 일본 경찰이 편파적으로 수사하여 한국 학생들의 불만이 고조됨
⭐전개	┌ 광주에서 검거자 탈환, 식민지 차별 교육 철폐, 한국인 본위의 교육 제도 확립 등을 요구하며 일어난 학생 시위가 전국적인 항일 투쟁으로 확산됨 └ 신간회가 진상 조사단을 파견하고 민중 대회를 개최할 것을 계획하였으나 일제에 의해 실패함
의의	┌ 3·1 운동 이후에 일어난 최대 규모의 민족 운동 └ 전국 각지에서 동맹 휴학이 일어나게 되는 도화선이 됨

백발백중 기출 사료 | 📍광주 학생 항일 운동 [69·66회]

조국을 사랑하는 광주 학생 남녀 수십 명이 빈사(瀕死)의 중상을 입었다. 고뇌하는 청년 학생 2백 명이 불법으로 철창 속에 갇혀 있다. …… 우리들은 광주 학생의 석방을 요구하는 동시에 참을 수 없는 피눈물로 시위 대열에 나가는 것이다.
- 감금된 학생을 탈환하자
- 교육에 경찰 간섭 반대

➡ **사료 해석**: 한·일 학생 간의 충돌 사건을 일본 경찰이 편파적으로 수사하자, 광주의 학생들이 검거자 탈환, 식민지 차별 교육 철폐 등을 요구하며 시위를 전개하였다.

✅ 기출 선택지로 개념 다지기

1. 빈칸의 답을 채워보세요.

(1) 순종의 인산일을 기회로 추진된 운동:
□□□□ 운동 [74·73회]

(2) 민족 유일당 운동의 일환으로 창립된 단체: □□□ [64회]

(3) 여성 계몽과 구습 타파를 주장한 단체:
□□□ [73·70회]

(4) 한국인 학생과 일본인 학생 간의 충돌이 발단이 된 운동:
□□ □□ □□ 운동 [73·72회]

2. 질문에 맞는 답을 고르세요.

(1) 6·10 만세 운동에 대한 설명은? [49회]
① 대한민국 임시 정부 수립에 영향을 주었다.
② 민족주의 진영과 사회주의 진영이 함께 준비하였다.

(2) (가)에 들어갈 사건은? [62회]

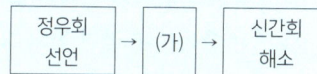

① 광주 학생 항일 운동이 일어났다.
② 임병찬이 독립 의군부를 조직하였다.

(3) 신간회에 대한 설명은? [64회]
① 민족 협동 전선으로 결성되었다.
② 「조선혁명선언」을 활동 지침으로 하였다.

(4) 근우회에 대한 설명은? [56회]
① 『어린이』 등의 잡지를 발간하여 소년 운동을 주도하였다.
② 조선 여성의 단결과 지위 향상을 목표로 하였다.

(5) 광주 학생 항일 운동에 대한 설명을 모두 고르면? [67회]
① 신간회로부터 진상 조사단이 파견되었다.
② 대한매일신보의 후원 속에 전국으로 확산하였다.
③ 조선인 본위의 교육 제도 확립 등을 요구하였다.

정답 | 1. (1) 6·10 만세 (2) 신간회 (3) 근우회
(4) 광주 학생 항일
2. (1) ② (①은 3·1 운동)
(2) ① (②은 정우회 선언 이전)
(3) ① (②은 의열단)
(4) ② (①은 천도교 소년회)
(5) ①, ③ (②은 국채 보상 운동)

필수 기출로 개념 적용하기 기출주제 40 의열 투쟁과 1920년대의 독립운동

01 69회 기출

(가) 단체에 대한 설명으로 옳은 것은? [2점]

이달의 독립운동가

황상규

경상남도 밀양 출생이다. 1918년 만주로 망명하였으며 김동삼, 김좌진, 안창호 등과 대한 독립 선언서를 발표하였다. 1919년 11월 김원봉 등과 (가) 을/를 조직하여 일제 기관의 파괴와 조선 총독 이하의 관리 및 매국노의 암살 등을 꾀하였다. 1920년에 국내로 폭탄을 들여와 의거를 준비하던 중 발각되어 7년의 징역형을 선고받았다. 1963년 건국훈장 독립장이 추서되었다.

① 「조선혁명선언」을 활동 지침으로 삼았다.
② 삼균주의를 기초로 한 건국 강령을 발표하였다.
③ 잡지 『개벽』 등을 발행하여 민족 의식을 고취하였다.
④ 훙커우 공원에서 일어난 윤봉길 의거를 계획하였다.
⑤ 조선 총독부에 국권 반환 요구서를 제출하려 하였다.

👆 의열단

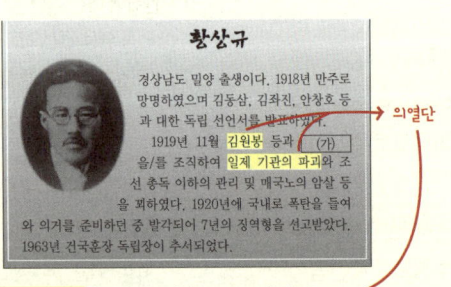

① 「조선혁명선언」을 활동 지침으로 삼았다.

의열단은 일제 강점기에 중국 지린성에서 **김원봉**, 황상규 등이 조직한 의열 단체로, **식민 통치 기관 파괴**와 일제의 주요 요인 암살을 목표로 하였다. 한편 의열단은 **신채호가 민중의 직접 혁명을 강조**하는 등 의열단의 목표와 활동 방향을 제시한 「**조선혁명선언**」을 활동 지침으로 삼았다.

🔴 오답 클리어
② 삼균주의를 기초로 한 **건국 강령**을 발표하였다.
  → 대한민국 임시 정부
③ 잡지 『개벽』 등을 발행하여 민족 의식을 고취하였다. → 천도교
④ 훙커우 공원에서 일어난 윤봉길 의거를 계획하였다.
  → 한인 애국단
⑤ 조선 총독부에 국권 반환 요구서를 제출하려 하였다.
  → 독립 의군부

02 67회 기출

(가) 단체에 대한 설명으로 옳은 것은? [2점]

판결문

피고: 오복영 외 1인
주문: 피고 두 명을 각 징역 7년에 처한다.
이유
제1. 피고 오복영은 이전부터 조선 독립을 희망하고 있었다.
1. 대정 11년(1922) 11월 중 김상옥, 안홍 등이 조선 독립 자금 강탈을 목적으로 권총, 불온문서 등을 가지고 조선에 오는 것을 알고 천진에서 여비 40원을 조달함으로써 동인 등으로 하여금 조선으로 들어오게 하고
2. 대정 12년(1923) 8월 초순 (가) 단원으로 활약할 목적으로 피고 이영주의 권유에 의해 동 단에 가입하고
3. 이어서 피고 이영주와 함께 (가) 단장 김원봉 및 단원 유우근의 지휘 하에 피고 두 명은 조선 내 관리를 암살하고 주요 관아, 공서를 폭파함으로 민심의 동요를 초래하고 ……

① 일제의 황무지 개간권 요구를 저지하였다.
② 일제가 조작한 105인 사건으로 큰 타격을 입었다.
③ 단원인 나석주가 동양 척식 주식회사에 폭탄을 던졌다.
④ 조선 총독부에 국권 반환 요구서를 제출하고자 하였다.
⑤ 이륭양행에 교통국을 설치하여 국내와 연락을 취하였다.

👆 의열단

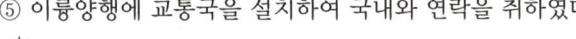

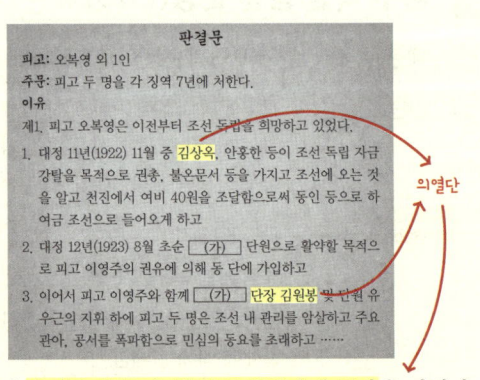

③ 단원인 **나석주가 동양 척식 주식회사에 폭탄**을 던졌다.

의열단은 김원봉을 중심으로 일제의 주요 요인 사살과 식민 통치 기관 파괴를 목표로 활동하였다. 대표적으로 의열단원 **김상옥**은 종로 경찰서에 폭탄을 투척하였으며, **나석주**는 동양 척식 주식회사와 조선 식산 은행에 폭탄을 투척하였다.

🔴 오답 클리어
① 일제의 황무지 개간권 요구를 저지하였다. → 보안회
② 일제가 조작한 **105인 사건**으로 큰 타격을 입었다. → 신민회
④ 조선 총독부에 **국권 반환 요구서**를 제출하고자 하였다.
  → 독립 의군부
⑤ 이륭양행에 교통국을 설치하여 국내와 연락을 취하였다.
  → 대한민국 임시 정부

03
[56회 기출]

(가)~(다) 학생이 발표한 내용을 일어난 순서대로 옳게 나열한 것은? [3점]

① (가) - (나) - (다)
② (가) - (다) - (나)
③ (나) - (가) - (다)
④ (나) - (다) - (가)
⑤ (다) - (나) - (가)

04
[59회 기출]

다음 상황이 나타나게 된 배경으로 가장 적절한 것은? [2점]

> 경신년 시월에 일본 토벌대들이 전 만주를 휩쓸어 애국 지사들은 물론이고 농민들도 무조건 잡아다 학살하였다. …… 독립군의 성과가 컸기 때문에 그에 대한 보복으로 일본군이 대학살을 감행한 것이었다. 이것이 이른바 경신참변이다. 그래서 애국지사들은 가족들을 두고 단신으로 길림성 오상현, 흑룡강성 영안현 등으로 흩어졌다.
> - 『아직도 내 귀엔 서간도 바람소리가』

① 조선 의용대가 호가장 전투에서 활약하였다.
② 대한 독립군 등이 봉오동에서 일본군을 격파하였다.
③ 조선 혁명군이 영릉가에서 일본군에 승리를 거두었다.
④ 한국 독립군이 대전자령 전투에서 일본군을 격퇴하였다.
⑤ 대한민국 임시 정부가 직할 부대로 참의부를 결성하였다.

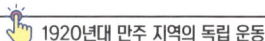
1920년대 만주 지역의 독립 운동

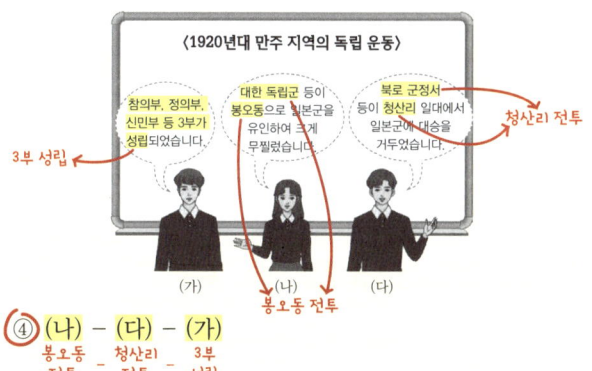

④ (나) - (다) - (가)
  봉오동 전투 - 청산리 전투 - 3부 성립

(나) **봉오동 전투**: 홍범도가 이끄는 **대한 독립군**을 중심으로 대한 국민회군 등이 연합하여 **봉오동**을 급습한 일본군을 상대로 승리를 거두었다(1920. 6.).

(다) **청산리 전투**: 봉오동에서 패배한 일본군이 만주에 대규모 군대를 투입하자, 김좌진의 **북로 군정서**와 홍범도의 **대한 독립군** 등이 연합하여 **청산리** 일대에서 일본군을 격퇴하였다(1920. 10.).

(가) **3부 성립**: 일제가 봉오동 등에서 패배한 이후 **간도 참변**을 일으키자, 독립군은 러시아 자유시로 이동하였다. 그러나 **자유시 참변**을 겪고 다시 만주로 돌아왔고, 조직을 재정비하여 **참의부(1923)·정의부(1924)·신민부(1925)**의 3부가 성립되었다.

간도 참변

②대한 독립군 등이 봉오동에서 일본군을 격파하였다.

홍범도가 이끄는 **대한 독립군** 등이 봉오동 전투에서 일본군을 격파하자, 일제는 이에 대한 보복으로 1920년 10월 간도(만주)의 조선인들을 대대적으로 학살하는 **간도 참변**을 일으켰다. 일제의 탄압을 피해 간도를 떠난 독립군들은 밀산부에 집결하여 **대한 독립 군단**을 조직하고, 러시아의 자유시로 이동하였다.

오답 클리어
① 조선 의용대가 호가장 전투에서 활약하였다.
→ 호가장 전투(1941)
③ 조선 혁명군이 영릉가에서 일본군에 승리를 거두었다.
→ 영릉가 전투(1932)
④ 한국 독립군이 대전자령 전투에서 일본군을 격퇴하였다.
→ 대전자령 전투(1933)
⑤ 대한민국 임시 정부가 직할 부대로 참의부를 결성하였다.
→ 참의부 결성(1923)

필수 기출로 개념 적용하기 기출주제 40 의열 투쟁과 1920년대의 독립운동

05 [49회 기출]

(가) 민족 운동에 대한 설명으로 옳은 것은? [2점]

- 대한 독립운동가여 단결하라!
- 일체 납세를 거부하자!
- 일본 물자를 배척하자!
- 언론·출판·집회의 자유를!
- 보통 교육은 의무 교육으로!
- 교육 용어는 조선어로!

(말풍선) 이것은 순종의 인산일에 일어난 (가) 당시 장례 행렬에 모인 사람들에게 뿌려진 격문의 일부입니다.

① 대구에서 시작되어 전국으로 확산되었다.
② 대한민국 임시 정부 수립에 영향을 주었다.
③ 민족주의 진영과 사회주의 진영이 함께 준비하였다.
④ 일제가 이른바 문화 통치를 실시하는 배경이 되었다.
⑤ 신간회 중앙 본부가 진상 조사단을 파견하여 지원하였다.

06 [64회 기출]

(가) 단체에 대한 설명으로 옳은 것은? [2점]

역사 신문
제△△호 ○○○○년 ○○월 ○○일

민중 대회 개최 모의로 지도부 대거 체포

허헌, 홍명희 등 (가) 의 지도부는 광주 학생 항일 운동을 전국적 시위 운동으로 확산시키기 위한 민중 대회 개최를 추진하다가 경찰에 체포되었다. 이 단체는 사건 진상 조사 보고를 위한 유인물 배포 및 연설회 개최를 계획하고, 각 지회에 행동 지침을 내리는 등 시위 확산을 도모하였다.

① 암태도 소작 쟁의를 지원하였다.
② 민족 협동 전선으로 결성되었다.
③ 부민관 폭파 사건을 주도하였다.
④ 「조선혁명선언」을 활동 지침으로 하였다.
⑤ 어린이날을 제정하고 잡지 『어린이』를 간행하였다.

👆 6·10 만세 운동

③ **민족주의 진영과 사회주의 진영이 함께 준비하였다.**

6·10 만세 운동은 순종의 인산일(장례일)을 기회로 삼아 민족주의(천도교) 계열과 사회주의 계열이 함께 준비한 운동이다. 6·10 만세 운동을 통해 민족주의 계열과 사회주의 계열의 연대 가능성을 확인하였고, 이는 국내에서 민족 유일당 운동이 전개되는 계기가 되었다.

오답 클리어
① 대구에서 시작되어 전국으로 확산되었다. → 국채 보상 운동
② 대한민국 임시 정부 수립에 영향을 주었다. → 3·1 운동
④ 일제가 이른바 문화 통치를 실시하는 배경이 되었다. → 3·1 운동
⑤ 신간회 중앙 본부가 진상 조사단을 파견하여 지원하였다. → 광주 학생 항일 운동

👆 신간회

역사 신문
제△△호 ○○○○년 ○○월 ○○일

민중 대회 개최 모의로 지도부 대거 체포

허헌, 홍명희 등 (가) 의 지도부는 <mark>광주 학생 항일 운동을 전국적 시위 운동으로 확산시키기 위한 민중 대회 개최를 추진하다가</mark> 경찰에 체포되었다. 이 단체는 사건 진상 조사 보고를 위한 유인물 배포 및 연설회 개최를 계획하고, 각 지회에 행동 지침을 내리는 등 시위 확산을 도모하였다. → 신간회

② **민족 협동 전선으로 결성되었다.**

신간회는 6·10 만세 운동 이후 전개된 민족 유일당 운동의 일환으로 결성된 단체이다. 신간회는 정치적·경제적·사회적 각성, 민족 대단결, 기회주의자 부인을 강령으로 삼아 활동하였다. 대표적인 활동으로는 광주 학생 항일 운동 당시 진상 조사단을 파견하고 민중 대회를 준비한 것과, 원산 노동자 총파업을 지원한 것이 있다.

오답 클리어
① 암태도 소작 쟁의를 지원하였다. → X
③ 부민관 폭파 사건을 주도하였다. → 대한 애국 청년당
④ 「조선혁명선언」을 활동 지침으로 하였다. → 의열단
⑤ 어린이날을 제정하고 잡지 『어린이』를 간행하였다. → 천도교 소년회

📌 이건 꼭! 암기 **신간회**
#민족 유일당 운동 #광주 학생 항일 운동_진상 조사단, 민중 대회 준비

07 [52회 기출]

다음 강령을 발표한 단체에 대한 설명으로 옳은 것은? [2점]

행동 강령

1. 여성에 대한 사회적·법률적 일체 차별 철폐
2. 일체 봉건적 인습과 미신 타파
3. 조혼 폐지 및 결혼의 자유
4. 인신매매 및 공창 폐지
5. 농민 부인의 경제적 이익 옹호
6. 부인 노동의 임금 차별 철폐 및 산전 산후 임금 지불
7. 부인 및 소년공의 위험 노동 및 야업 폐지

① 3·1 운동에 주도적으로 참여하였다.
② 상하이에서 대동 단결 선언을 발표하였다.
③ 여성 교육을 위해 이화 학당을 설립하였다.
④ 최초의 여성 권리 선언문인 여권통문을 공표하였다.
⑤ 민족주의 계열과 사회주의 계열의 여성들이 연합하였다.

08 [67회 기출]

밑줄 그은 '이 운동'에 대한 설명으로 옳은 것을 〈보기〉에서 고른 것은? [1점]

이것은 1929년 11월 한·일 학생 간의 충돌을 계기로 시작된 이 운동을 기념하는 탑입니다. 당시 민족 차별에 분노한 광주 지역 학생들이 대규모 시위를 전개하였고, 전국의 많은 학교가 동맹 휴학으로 동참하였습니다. 이 기념탑은 학생들의 단결된 의지를 타오르는 횃불로 형상화한 것입니다.

〈보기〉

ㄱ. 조선인 본위의 교육 제도 확립 등을 요구하였다.
ㄴ. 대한매일신보의 후원 속에 전국으로 확산하였다.
ㄷ. 신간회에서 진상 조사단을 파견하여 지원하였다.
ㄹ. 일제가 이른바 문화 통치를 실시하는 배경이 되었다.

① ㄱ, ㄴ ② ㄱ, ㄷ ③ ㄴ, ㄷ ④ ㄴ, ㄹ ⑤ ㄷ, ㄹ

기출주제 41. 실력 양성 운동과 사회적 민족 운동

빈출 태그 | #물산 장려 운동 #민립 대학 설립 운동 #신안 암태도 소작 쟁의 #원산 노동자 총파업 #소년 운동 #형평 운동

스토리로 미리보기

S#1 조만식이 물산 장려 운동을 이끌다!

[44회 기출]
토산품 애용을 통해 우리 민족의 산업을 발전시킵시다!
조만식

나, 조만식은 토산품(국산품)을 애용하는 것이 우리 민족의 경제를 지켜내는 길이라 생각한다. 외국 물건 대신 토산품을 사서 쓰면 우리 민족의 기업이 더욱 발전할 것이다. 이곳 평양에서 사람들을 모아 단체를 만들고 운동을 펼쳐 나갈 것이다!

S#2 방정환이 소년 운동을 펼치다!

[39회 기출]
어린 사람을 헛말로 속이지 말아 주십시오.

나 방정환, 마냥 뛰어 놀아도 모자랄 아이들이 공장에 나가 일하는 모습을 보니 마음이 아프다. 아이들은 마땅히 존중 받아야 하는 존재이거늘! 아이들을 존중하라는 뜻에서 '어린이'라고 부르도록 널리 알려야겠다.

S#3 백정들이 형평 운동을 펼치다!

[44회 기출] 조선 형평사 창립대회
백정이라는 모욕적인 말을 폐지하라!
차별 대우를 철폐하라!

갑오개혁 때 신분 제도가 폐지되었는데 백정 출신이라는 이유로 왜 아직도 차별을 받아야 합니까! 우리는 반드시 저울처럼 평등(형평)한 세상을 만들 것입니다. 백정이라는 모욕적인 말을 폐지하고, 차별 대우를 철폐해주십시오.

1 실력 양성 운동

(1) 물산 장려 운동

배경	일제의 회사령 폐지와 관세령 폐지 등 관세 철폐 움직임으로 조선 기업가들의 위기 의식이 심화됨
목적	토산품(국산품) 애용을 통한 민족 산업의 경제적 실력 양성을 추구함
구호	'**조선 사람 조선 것**', '내 살림 내 것으로' 등의 구호를 내세움
전개	┌ **평양**에서 **조만식**의 주도로 조선 물산 장려회가 조직(1920)되면서 시작됨 │ → 이후 서울에서도 조선 물산 장려회가 발족(1923)되며 전국적으로 확산됨 └ **자작회와 토산 애용 부인회** 등 다양한 단체가 참여함
한계	┌ 사회주의자들이 '**유산 계급**인 자본가(부르주아)와 상인의 이익만 도모하는 운동'이라고 비판함 ─ 재산이나 토지 등을 많이 소유하여 이득을 생산해 내는 계급 └ 증가된 국산품 수요를 생산이 뒷받침하지 못하여 상품 가격이 상승함

백발백중 기출 자료 | 물산 장려 운동 [69회]
조선인 기업이 만든 상품의 사용을 장려하고자 전개된 물산 장려 운동 당시의 상황을 반영하여 '조선 사람의 자본과 기술로 된 광목'이라는 문구가 광고에 사용되었다.
➡ **자료 해석**: 물산 장려 운동은 국산품 애용을 통해 민족 산업의 경제적 실력을 양성하고자 하였다.

(2) 민립 대학 설립 운동

배경	┌ 제2차 조선 교육령이 공포되어 대학 설립이 가능해짐 └ 일제의 식민지 차별 교육에 대항하기 위해 고등 교육의 필요성이 나타남
활동	┌ 조만식, **이상재** 등이 **조선 민립 대학 기성회**를 조직(1922)하며 시작됨 └ '한민족 1천만이 한 사람이 1원씩'이라는 구호로 **모금 운동을 전개**함
결과	┌ 일제의 방해와 가뭄·수해 등으로 모금 운동이 실패함 └ 일제는 한국인의 고등 교육 열기를 무마하기 위해 회유책으로 **경성 제국 대학**을 설립함(1924)

(3) 문맹 퇴치 운동

┌ 어리석은 백성으로 만듦

배경	일제의 우민화 교육으로 한국인의 문맹률이 증가한 상황에서 농촌 계몽에 대한 관심이 증가함
문자 보급 운동 (1929~1934)	┌ 조선일보의 주도로 '아는 것이 힘, 배워야 산다!'라는 표어 아래 전개됨 └ 한글 교재인 『한글원본』을 간행·보급함
브나로드 운동 (1931~1934)	┌ "민중 속으로"라는 뜻의 러시아어 ┌ '배우자! 가르치자! 다 함께! 브나로드!'라는 표어 아래 전개됨 └ **동아일보**의 주도로 문맹 타파, 근검절약, 미신 타파 등의 계몽 운동을 전개함

2 사회적 민족 운동

(1) 농민·노동 운동

구분	농민 운동	노동 운동
주장	소작료 인하와 소작권 이전 반대를 요구함	임금 인상과 노동 조건 개선을 요구함
대표 단체	조선 농민 총동맹(1927)	조선 노동 총동맹(1927)
주요 사건	신안 암태도 소작 쟁의(1923): 신안군 암태도의 소작인들이 고율의 소작료를 징수한 지주 문재철의 횡포에 맞서 소작 쟁의를 전개함 → 소작료 인하에 성공함	· 원산 노동자 총파업(1929): 원산에 위치한 석유 회사의 일본인 감독이 한국인 노동자를 구타한 사건을 계기로 발생함 → 일본, 프랑스 등지의 노동 단체로부터 격려 전문을 받음 · 강주룡의 고공 농성(1931): 평양의 평원 고무 공장 노동자 강주룡이 임금 삭감에 반대하여 을밀대 지붕에서 고공 농성을 벌임
변화 (1930년대 이후)	· 생존권 투쟁에서 반제국주의 항일 운동으로 변화함 · 사회주의와 연계하여 비합법적이고 혁명적인 농민·노동 조합 중심으로 전개됨	

백발백중 기출 자료 | 신안 암태도 소작 쟁의 [75회]

이 자료는 전라남도 신안군(당시 무안군)의 한 섬에서 발생한 사건의 결과로, 소작인회 대표와 지주 문재철 사이에 맺어진 화해 조건입니다. 소작인들은 고율의 소작료를 징수하는 지주에게 1년여에 걸쳐 저항하여 소작료를 낮추는 성과를 거두었습니다.

➡ **자료 해석**: 신안군 암태도의 소작인들은 지주 문재철에게 저항하여 소작 쟁의를 전개하였으며, 소작료를 낮추는 데 성공하였다.

(2) 소년·여성 운동

- **소년 운동**
  - 천도교 소년회의 방정환, 김기전 등이 주도함
  - 어린이날을 제정하고 잡지 『어린이』를 간행함
  - '잘살려면 어린이를 위하라'라는 표어를 내세움
- **여성 운동** (민족 유일당 운동으로 조직됨)
  - 근우회(1927)를 중심으로 진행됨
  - 여성의 계몽과 차별 철폐, 구습 타파를 주장하였고, 강연회를 개최함

▲ 잡지 『어린이』

(3) 형평 운동
(백정들이 사용하던 저울처럼 평등한 사회를 만들겠다는 의미)

배경	(갑오개혁 때 폐지됨) 신분제가 폐지된 이후에도 백정에 대한 사회적 편견과 차별이 존재함
목적	백정에 대한 사회적 차별 철폐와 모욕적 칭호 폐지, 교육 장려 등을 목표로 함
전개	진주에서 결성된 조선 형평사(이학찬)를 중심으로 전국으로 확산됨 1920년대 중반 이후 사회주의와 연계하여 민족 해방 운동으로 발전함

백발백중 기출 자료 | 형평 운동 [68회]

우리 백정들은 신분제가 폐지되었음에도 끊임없이 차별받았다. 다 같은 조선 민족인데 왜 우리를 핍박하는 걸까? 우리는 저울처럼 평등한 세상을 만들기 위해 몇 해 전부터 형평 운동을 벌이고 있지만 사람들의 인식을 바꾸기는 쉽지 않은 것 같다.

➡ **자료 해석**: 백정들은 신분제가 폐지된 갑오개혁 이후에도 사회적인 편견과 차별이 지속되자, 진주에서 조선 형평사를 결성하고 형평 운동을 전개하였다. 백정들은 계급 타파와 모욕적 칭호 폐지 등을 주장하였다.

✅ 기출 선택지로 개념 다지기

1. 빈칸의 답을 채워보세요.

(1) '조선 사람 조선 것'이라는 구호를 내세운 운동: ☐☐☐☐ 운동 [73회]

(2) 한국인의 고등 교육을 위해 시작된 운동: ☐☐☐☐☐☐ 운동 [73·71회]

(3) 동아일보의 주도로 전개된 운동: ☐☐☐ 운동 [71·66회]

(4) 지주 문재철의 횡포에 맞서 발생한 소작 쟁의: ☐☐☐ 소작 쟁의 [71·63회]

(5) 임금 삭감에 반대하여 을밀대 지붕에서 고공 농성을 벌인 인물: ☐☐☐ [71회]

2. 질문에 맞는 답을 고르세요.

(1) 물산 장려 운동에 대한 설명은? [64회]
① 통감부의 탄압과 방해로 중단되었다.
② 조선 관세령 폐지를 계기로 확산되었다.

(2) 민립 대학 설립 운동에 대한 설명은? [54회]
① 이상재 등이 모금 활동을 주도하였다.
② 여성 교육의 중요성을 강조한 여권통문을 발표하였다.

(3) 노동 운동에 대한 설명은? [40회]
① 조선 노동 총동맹의 주도로 추진되었다.
② '조선 사람 조선 것'이라는 구호를 내세웠다.

(4) 천도교 소년회의 활동은? [73회]
① 오산 학교를 설립하여 인재를 양성하였다.
② 김기전, 방정환 등이 주축이 되어 활동하였다.

(5) 형평 운동에 대한 설명을 모두 고르면? [68·63·51회]
① 조선 형평사를 조직하여 사회적 차별에 맞섰다.
② 백정에 대한 차별 철폐를 목표로 하였다.
③ 라이징 선 석유 회사의 조선인 구타 사건을 계기로 시작되었다.

정답 | 1. (1) 물산 장려 (2) 민립 대학 설립 (3) 브나로드 (4) 암태도 (5) 강주룡
2. (1) ② (①은 국채 보상 운동)
(2) ① (②은 여성 운동)
(3) ① ② 은 물산 장려 운동)
(4) ② (①은 신민회)
(5) ①, ② (③은 원산 노동자 총파업)

필수 기출로 개념 적용하기 기출주제 41 실력 양성 운동과 사회적 민족 운동

01 [73회 기출]

밑줄 그은 '운동'에 대한 설명으로 옳은 것은? [2점]

선생님께서 참여하신 운동은 '조선 사람 조선 것'이라는 구호를 내세웠다는 점에서 사실상 독립 운동이 아니냐고 일제 경찰이 심문할 때 어떻게 대응하셨나요?

조선 물산의 생산과 소비를 장려하는 운동에 조선인이 참여하는 것은 당연한 일이 아닌가. 오사카 사람이 오사카의 물산을 장려하는 것도 문제 삼을 것이냐고 반문하니 주의만 주고 가더군요.

① 조선 노동 총동맹을 중심으로 전개되었다.
② 보국안민, 제폭구민 등이 구호로 사용되었다.
③ 조선 관세령 폐지 등을 배경으로 확산하였다.
④ 황국 중앙 총상회가 설립되는 결과를 가져왔다.
⑤ 일본 제일은행권 화폐가 유통되는 계기가 되었다.

02 [71회 기출]

다음 자료가 발표된 시기를 연표에서 옳게 고른 것은? [2점]

대학을 세운다는 일은 극히 거창하여 여간 몇 사람의 힘으로는 도저히 성취할 바가 아니므로 금일까지 실지의 운동이 일어나지 못하였던 것이라. 그러나 일이 거창하고 어렵다고 시작을 아니하면 언제까지든지 조선 사람의 대학이라는 것은 생겨볼 수가 없다. 그러므로 이번에 조선 전도의 다수한 유지를 망라하여 민중적 운동으로 될 수 있는 대로 많은 사람의 힘을 합하여 민립 대학 한 곳을 세워 보고자 이상재, 이승훈 등의 주창으로 수일 전에 민립 대학 기성 준비회를 조직하고 집행위원을 선정하였는데, 장차 각 부·군에서 다수한 발기인의 참가를 구하여 경성에서 발기회를 열고 실행 방법을 결정할 터이다.

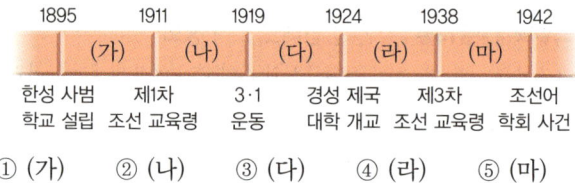

1895	1911	1919	1924	1938	1942
(가)	(나)	(다)	(라)	(마)
한성 사범 학교 설립	제1차 조선 교육령	3·1 운동	경성 제국 대학 개교	제3차 조선 교육령	조선어 학회 사건

① (가) ② (나) ③ (다) ④ (라) ⑤ (마)

🖐 물산 장려 운동

③ 조선 관세령 폐지 등을 배경으로 확산하였다.

물산 장려 운동은 조선 관세령이 폐지되어 일본 상품에 대한 관세 철폐 움직임이 나타나자 평양에서 조만식을 중심으로 시작된 운동이다. 조선인 기업이 만든 상품의 사용을 장려함으로써 민족 기업을 육성하여 민족 경제의 자립을 이루는 것을 목표로 전개되었고, '내 살림 내 것으로', '조선 사람 조선 것' 등의 구호를 내세웠다.

◎ 오답 클리어
① 조선 노동 총동맹을 중심으로 전개되었다. → 노동 운동
② 보국안민, 제폭구민 등이 구호로 사용되었다. → 동학 농민 운동
④ 황국 중앙 총상회가 설립되는 결과를 가져왔다.
   → 상권 수호 운동
⑤ 일본 제일은행권 화폐가 유통되는 계기가 되었다.
   → 화폐 정리 사업

🖐 민립 대학 설립 운동

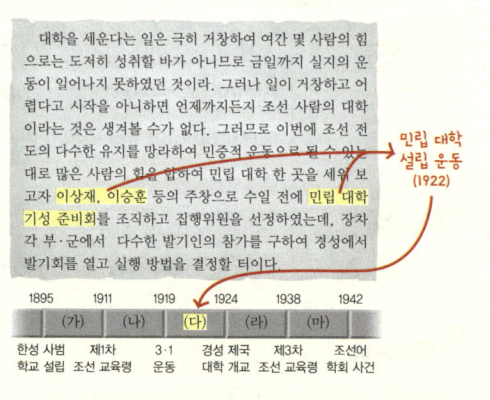

③ (다)

3·1 운동 이후 1922년에 일제가 **제2차 조선 교육령을 제정**하여 식민 교육 방침을 수정하였다. 이로 인해 한국인이 다니는 보통학교의 수업 연한이 일본과 동일하게 6년이 되었으며, 고등 교육을 허용해 **대학 설립이 가능**해지게 되었다. 이상재, 이승훈 등의 주도로 1922년에 조선 민립 대학 기성 준비회를 조직하고 **민립 대학 설립 운동**을 전개하였다. 이에 일제는 민립 대학 설립 운동을 저지하고, 여론을 무마하기 위해 1924년에 **경성 제국 대학을 설립**하였다.

03   [37회 기출]

(가), (나) 사건에 대한 설명으로 옳은 것은? [2점]

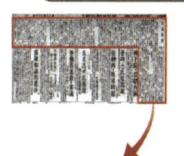

① (가) - 중국의 5·4 운동에 영향을 주었다.
② (가) - 혁명적 농민 조합을 중심으로 펼쳐졌다.
③ (나) - 대한민국 임시 정부 수립의 계기가 되었다.
④ (나) - 일본, 프랑스 등지의 노동 단체들로부터 격려 전문을 받았다.
⑤ (가), (나) - 일제가 이른바 문화 통치를 실시하는 배경이 되었다.

👆 암태도 소작 쟁의와 원산 노동자 총파업

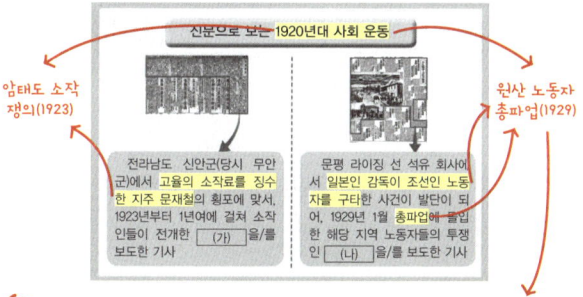

④ (나) - 일본, 프랑스 등지의 **노동 단체들로부터 격려 전문**을 받았다.

(가) **암태도 소작 쟁의**(1923)는 지주 문재철의 과도한 **소작료 징수**에 맞서 소작인들이 전개한 농민 운동이다.
(나) **원산 노동자 총파업**(1929)은 원산의 석유 회사에서 일본인 감독이 한국인 노동자를 구타한 사건을 계기로 발생하였다. 이때 **일본과 프랑스 등의 노동 단체들에게 지지**를 받았다.

오답 클리어
① 중국의 5·4 운동에 영향을 주었다. → 3·1 운동
② 혁명적 농민 조합을 중심으로 펼쳐졌다.
　→ 1930년대 이후 농민 운동
③ 대한민국 임시 정부 수립의 계기가 되었다. → 3·1 운동
⑤ 일제가 이른바 문화 통치를 실시하는 배경이 되었다. → 3·1 운동

04   [68회 기출]

다음 가상 일기의 밑줄 그은 '운동'에 대한 설명으로 옳은 것은? [1점]

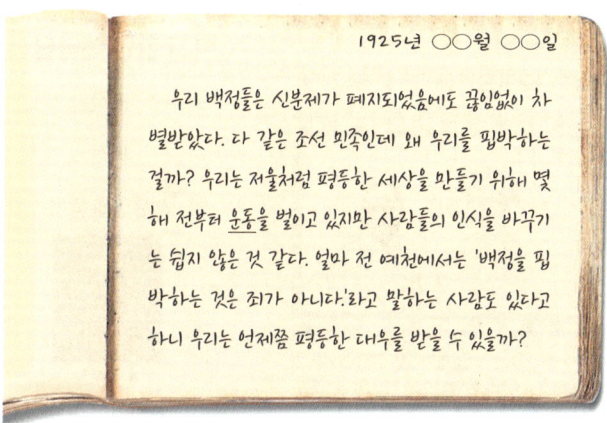

① 조선 형평사의 주도로 전개되었다.
② 대한매일신보의 지원을 받아 확대되었다.
③ 평양에서 시작하여 전국적으로 확산되었다.
④ 순종의 인산일을 기한 대규모 시위를 계획하였다.
⑤ 라이징 선 석유 회사의 한국인 구타 사건을 계기로 시작되었다.

👆 형평 운동

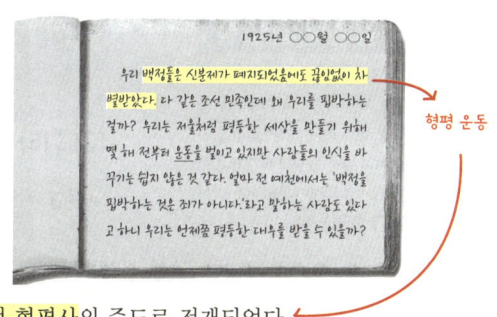

① **조선 형평사**의 주도로 전개되었다.

형평 운동은 일제 강점기에 저울처럼 **공평한 사회**를 만들겠다는 의미로 전개된 운동으로, **백정에 대한 사회적 차별 철폐** 등을 목표로 하였다. 백정은 제1차 갑오개혁 때 신분제가 폐지되었음에도 여전히 사회적인 차별을 받았다. 이에 **진주에서 조선 형평사**를 창립하고, **'공평은 사회의 근본이요, 애정은 인류의 본량'**이라는 취지 아래 형평 운동을 전개하였다.

오답 클리어
② 대한매일신보의 지원을 받아 확대되었다. → 국채 보상 운동
③ 평양에서 시작하여 전국적으로 확산되었다. → 물산 장려 운동
④ 순종의 인산일을 기한 대규모 시위를 계획하였다.
　→ 6·10 만세 운동
⑤ 라이징 선 석유 회사의 한국인 구타 사건을 계기로 시작되었다.
　→ 원산 노동자 총파업

기출주제 42 1930년대 이후의 무장 투쟁

빈출 태그 | #한인 애국단 #윤봉길 #한국 독립군_지청천, 쌍성보 전투 #조선 혁명군_양세봉, 영릉가 전투 #조선 의용대 #한국광복군

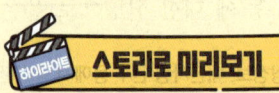

S#1 김구가 한인 애국단을 조직하다!

[31회 기출]
"침체된 임시 정부에 활기를 불어넣기 위해 한인 애국단을 조직하겠다!" — 김구

함께 하던 많은 독립운동가들이 의견 차이로 임시 정부를 떠났다. 침체된 임시 정부에 활기를 불어 넣을 방도가 필요하다!

S#2 윤봉길이 홍커우 공원에서 폭탄을 던지다!

[45회 기출]
김구 / 윤봉길

나는 윤봉길입니다. 조국의 독립을 위해 한인 애국단에 가입했습니다. 오늘 나는 상하이 홍커우 공원에서 열리는 일왕 생일 축하식에서 폭탄을 던지려 합니다. 그나저나 김구 선생의 시계가 많이 낡아 보이네요. 내 시계를 드려야겠습니다. 내 시계는 한 시간 밖에 쓸 수 없을 테니.

S#3 한국광복군이 창설되다!

[31회 기출]
한국광복군

우리는 대한민국 임시 정부 산하의 한국광복군 소속 군인입니다. 총사령관은 만주에서 활약하신 지청천 장군이십니다. 곧 있으면 김원봉 선생이 이끄는 조선 의용대도 한국광복군에 합류한다고 하니, 우리의 군사력이 더욱 강해질 것 같습니다.

1 항일 의거 활동

(1) 한인 애국단

조직	김구의 주도로 상하이에서 조직됨(1931)
목적	국민 대표 회의가 결렬된 이후 침체된 임시 정부에 활기를 불어넣기 위함

이봉창의 의거
▲ 이봉창
- 의거: 이봉창이 일본 도쿄에서 일왕 히로히토의 마차에 폭탄을 투척하였으나 실패함(1932)
- 영향: 이봉창의 의거에 대해 당시 중국 신문이 '안타깝게도 일본 국왕이 죽지 않았다'라는 식으로 표현하자, 일제가 이에 대한 보복으로 상하이를 공격하여 점령함(상하이 사변)

윤봉길의 의거
▲ 윤봉길
- 의거: 윤봉길이 상하이 홍커우 공원에서 열린 일왕 탄생 축하 겸 상하이 점령 축하식에서 단상에 폭탄을 던져 일본군 장군과 고위 관리를 처단함(1932)
- 영향:
  - 윤봉길의 의거로 일본의 탄압이 강화되어 대한민국 임시 정부가 상하이를 떠나게 됨
  - 중국 국민당 정부가 대한민국 임시 정부의 활동을 지원하는 계기가 됨

> **백발백중 기출 자료 | 이봉창의 의거** [69회]
> 1931년 김구가 조직한 한인 애국단에 가입하고, 1932년 1월 도쿄에서 일왕이 탄 마차를 향해 폭탄을 던졌다. 같은 해 사형을 선고받아 순국하였으며, 광복 후 서울 효창 공원에 안장되었다.
> ➡ **자료 해석:** 한인 애국단 소속의 이봉창은 일본 도쿄에서 일왕이 탄 마차에 폭탄을 투척하였으나, 실패하였다.

(2) 기타 의거

경성 부민관 의거	대한 애국 청년당이 경성 부민관에 폭탄을 설치하여 친일파 제거를 시도함

2 1930년대의 무장 투쟁

(1) 한·중 연합 전선 - 만주 지역

배경	일제가 만주 사변을 일으키자, 만주의 독립군과 중국군이 연합 전선을 형성함

한국 독립군
▲ 지청천
- 총사령관 지청천을 중심으로 한 한국 독립당의 군사 조직
- 북만주 일대에서 중국 호로군과 연합 작전을 수행함
- 쌍성보·대전자령 전투 등에서 일본군을 격퇴함
- 이후 세력이 약화되자 지청천 등은 임시 정부에 합류함

한국 독립군(지청천·신숙) 쌍성보 전투(1932. 9.)
한국 독립군(지청천·신숙) 대전자령 전투(1933. 7.)
조선 혁명군(양세봉) 영릉가 전투(1932. 3.) 흥경성 전투(1933. 6.)

⭐⭐ 조선 혁명군
- 총사령관 **양세봉**을 중심으로 한 조선 혁명당의 군사 조직
- **남만주** 일대에서 중국 의용군과 연합함
- **영릉가·흥경성 전투**에서 일본군을 격파함

백발백중 기출 사료 | 📍한국 독립군 [66회]
한국대독립당을 조직하고 **지청천**을 총사령, 남대관을 부사령으로 하는 한국 독립군을 편성하였다. …… 한국 독립군은 딩차오(丁超)의 군으로부터 무기를 지급받고 대원을 모집하여 일본 측 기관의 파괴, 일본 요인의 암살 등을 기도하였다.
→ **사료 해석**: 한국 독립군은 한국 독립당 산하의 군사 조직으로 총사령관 지청천을 중심으로 중국 호로군 등과 연합 작전을 수행하였다.

(2) 중국 관내의 항일 투쟁

민족 혁명당
- 목표: 중국 관내에서 활동하는 독립운동 단체의 민족 유일당 건설
- 결성: 김원봉의 의열단을 중심으로 한국 독립당, 조선 혁명당 등을 비롯한 여러 단체의 인사들이 참여하여 결성됨(1935)

⭐⭐ **조선 의용대** (중·일 전쟁이 발발한 직후 민족 혁명당이 다른 정당과 연합하여 결성)
- 창설: **김원봉**이 중국 한구(우한)에서 중국 국민당의 지원을 받아 **조선 민족 전선 연맹의 산하 부대**로 창설함(1938)
- 특징: **중국 관내(關內)에서 결성된 최초의 한인 무장 부대**
- 활동: 일본군에 대한 심리전이나 후방 공작 활동을 펼침
- 개편
  - 적극적인 항일 투쟁을 위해 일부가 중국 화북 지역으로 이동하여 **조선 의용대 화북 지대**를 결성함 (호가장 전투 등에서 활약함)
  - 김원봉과 남은 세력은 **한국광복군에 합류**함(1942)

3 1940년대의 무장 투쟁

⭐⭐ **한국광복군**

▲ 한국광복군

- 창설: 대한민국 임시 정부가 지청천과 김구 등을 중심으로 하여 충칭에서 창설함(1940) (대표 인물: 장준하)
- 📍통합: 일본군에서 탈출한 학도병과 김원봉이 이끄는 조선 의용대 일부를 흡수(1942)하여 전력을 보강함
- 대일 선전 포고: 태평양 전쟁이 일어나자 대한민국 임시 정부가 **대일 선전 성명서**를 발표함(1941)
- **인도·미얀마 전선 투입**
  - 영국군의 요청에 따라 연합군의 일원으로 투입됨
  - 전선에서 포로 심문, 암호문 번역 등을 담당함
- 국내 진공 작전 추진: 미국과 연계하여 **국내 진공 작전(1945)을 추진**하였으나, 일본의 무조건 항복으로 실현하지 못함

조선 의용군 (김두봉을 중심으로 조직된 단체 / 해방 이후 북한 인민군에 편입됨)
- 조선 독립 동맹 산하의 군사 조직
- 조선 의용대 화북 지대가 개편되어 김두봉을 중심으로 옌안에서 조직됨
- 중국 팔로군과 연합하여 대일 항전을 전개함

백발백중 기출 사료 | 📍한국광복군의 통합 [69회]
한국 독립운동을 촉진하고 한국 혁명 역량을 집중하기 위해 이번 달 15일 중국 국민당 군사 위원회는 **조선 의용대를 개편하여 한국광복군에 편입할 것을 특별히 명령하였다**. 제1지대는 총사령관에게 직속되어 이(지)청천 장군이 통할한다. …… 한국광복군의 총사령부는 **충칭**에 설치하기로 결정하였다.
→ **사료 해석**: 한국광복군은 지청천을 총사령관으로 충칭에서 창설되었으며, 이후 조선 의용대 일부를 한국광복군에 편입하여 군사력을 강화하였다.

✅ 기출 선택지로 개념 다지기

1. 빈칸의 답을 채워보세요.
(1) 이봉창이 활동한 단체: _____ [60회]

(2) 쌍성보, 대전자령 전투 등에서 승리한 독립군 부대: _____ [75·73·68회]

(3) 총사령 양세봉의 지휘 아래 활동한 부대: _____ [63·60회]

(4) 중국 관내에서 결성된 최초의 한인 무장 부대: _____ [67·66회]

(5) 인도·미얀마 전선에 투입되어 활동한 부대: _____ [75·68·67회]

2. 질문에 맞는 답을 고르세요.
(1) 한인 애국단에 대한 설명은? [73회]
① 신채호의 「조선혁명선언」을 활동 지침으로 하였다.
② 단원인 윤봉길이 훙커우 공원 의거를 실행하였다.

(2) 한국 독립군에 대한 설명은? [74회]
① 중국 의용군과 연합하여 영릉가 전투에서 승리하였다.
② 한국 독립당의 군사 조직으로 북만주 지역에서 활약하였다.

(3) 조선 혁명군에 대한 설명은? [51회]
① 흥경성에서 일본군을 격퇴하였다.
② 호가장 전투에서 크게 활약하였다.

(4) 조선 의용대에 대한 설명은? [61회]
① 김원봉, 윤세주 등이 중국 관내(關內)에서 창설하였다.
② 대전자령 전투에서 일본군을 격퇴하였다.

(5) 한국광복군에 대한 설명은? [75회]
① 청산리에서 일본군에 맞서 승리를 거두었다.
② 미국과 연계하여 국내 진공 작전을 준비하였다.

정답 | 1. (1) 한인 애국단 (2) 한국 독립군
(3) 조선 혁명군 (4) 조선 의용대
(5) 한국광복군

2. (1) ② (①은 의열단)
(2) ② (①은 조선 혁명군)
(3) ① (②은 조선 의용대 화북 지대)
(4) ① (②은 한국 독립군)
(5) ② (①은 북로 군정서 등)

필수 기출로 개념 적용하기 기출주제 42 1930년대 이후의 무장 투쟁

01 [73회 기출]

(가) 단체의 활동으로 옳은 것은? [2점]

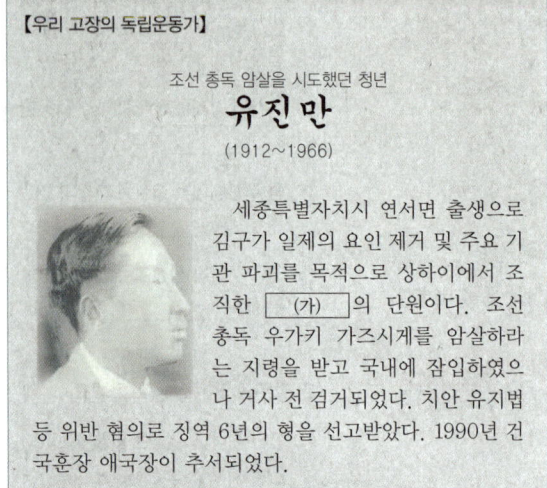

① 일제가 조작한 105인 사건으로 와해되었다.
② 파리 강화 회의에 독립 청원서를 제출하였다.
③ 단원인 윤봉길이 훙커우 공원 의거를 실행하였다.
④ 신채호가 작성한 「조선혁명선언」을 지침으로 삼았다.
⑤ 군사 훈련을 위해 조선 혁명 간부 학교를 설립하였다.

02 [62회 기출]

(가), (나) 인물에 대한 설명으로 옳은 것은? [3점]

① (가) – 조선 혁명 간부 학교를 설립하였다.
② (가) – 대한 광복회를 조직하여 친일파를 처단하였다.
③ (나) – 대전자령 전투에서 일본군에 대승을 거두었다.
④ (나) – 중광단을 중심으로 북로 군정서를 조직하였다.
⑤ (가), (나) – 황푸 군관 학교에 입학하여 군사 훈련을 받았다.

03 [73회 기출]

(가) 부대에 대한 설명으로 옳은 것은? [3점]

> 우리들은 군사 통일에 대한 구체적 의견으로 (가) 와/과 한국광복군을 합병하여 조선 민족 혁명군으로 편성하자는 방안을 제출하였다. …… 그러나 대한민국 임시 정부와 한국광복군 측에서는 우리들의 주장을 종래 찬성하지 아니하였고, 결국 본대는 한국 광복군 제1지대로 개편하게 되었다. …… (가) 은/는 1938년 10월 10일 우한(武漢)에서 성립된 이래로 김원봉 대장의 정확한 영도 하에서 가장 우수한 수백 청년 간부의 희생적 분투와 노력에 의하여 모든 험로와 난관을 충파하면서 전진하여 왔으며 또 이런 과정을 통하여 과거 43개월간 광영한 역사를 창조하였다. …… 본대 전체 동지는 한국광복군을 확대 발전시키기 위해 노력할 것을 언명한다.

① 동북 항일 연군으로 개편되어 유격전을 전개하였다.
② 간도 참변 이후 조직을 정비하고 자유시로 이동하였다.
③ 쌍성보, 대전자령 전투 등에서 일본군을 크게 물리쳤다.
④ 조선 민족 전선 연맹 산하의 군사 조직으로 결성되었다.
⑤ 홍범도 부대와 연합하여 청산리에서 일본군과 교전하였다.

조선 의용대

④ 조선 민족 전선 연맹 산하의 군사 조직으로 결성되었다.

조선 의용대는 김원봉이 중국 우한에서 중국 국민당의 지원을 받아 결성한 조선 민족 전선 연맹 산하의 군사 조직으로 중국 관내에서 결성된 최초의 한인 무장 조직이었다. 이후 김원봉을 비롯한 대원 일부는 한국광복군에 합류하였다.

오답 클리어
① 동북 항일 연군으로 개편되어 유격전을 전개하였다.
→ 동북 인민 혁명군
② 간도 참변 이후 조직을 정비하고 자유시로 이동하였다.
→ 대한 독립 군단
③ 쌍성보, 대전자령 전투 등에서 일본군을 크게 물리쳤다.
→ 한국 독립군
⑤ 홍범도 부대와 연합하여 청산리에서 일본군과 교전하였다.
→ 북로 군정서

04 [75회 기출]

(가) 부대에 대한 설명으로 옳은 것은? [2점]

> **사료로 만나는 여성 독립운동사**
>
> 이중 삼중의 억압에 눌려 신음하던 자매들이여! 어서 빨리 일어나 이 민족 해방 운동의 뜨거운 용광로로 뛰어오라. …… 어둠 속에서 비추는 새벽빛 같은 (가) 의 자유를 쟁취하려는 봉화는 붉고 맑게 빛난다. 이미 모인 혁명 동지들은 뜨거운 손길을 내밀고 열정에 넘쳐 속히 달려옴을 기다리고 있다. 오라!
>
> [해설] 이 사료는 『광복』에 실린 지복영의 글 중 일부이다. 그녀는 1940년 9월, 충칭에서 자신의 아버지 지청천을 총사령으로 하는 (가) 이/가 창설될 때 오광심, 김정숙, 조순옥 등과 함께 참여하였다. 그녀는 대원 모집, 선전 활동 등을 이어오다 광복을 맞이하였다.

① 청산리에서 일본군에 맞서 승리를 거두었다.
② 미국과 연계하여 국내 진공 작전을 준비하였다.
③ 동북 항일 연군으로 개편되어 유격전을 전개하였다.
④ 쌍성보, 대전자령 전투 등에서 일본군에 승리하였다.
⑤ 중국 관내(關內)에서 결성된 최초의 한인 무장 부대였다.

한국광복군

② 미국과 연계하여 **국내 진공 작전을 준비**하였다.

한국광복군은 지청천을 총사령관으로 하여 충칭에서 창설된 대한민국 임시 정부 산하의 군대로, 태평양 전쟁(1941)이 일어나자 연합군의 일원으로 참전하였다. 또한 미국 전략 정보국(OSS)과 연계하여 국내 정진군을 편성하고 국내 진공 작전을 준비하였으나, 일본의 무조건 항복으로 실행에 옮기지는 못하였다.

오답 클리어
① 청산리에서 일본군에 맞서 승리를 거두었다.
→ 북로군정서, 대한 독립군 등
③ 동북 항일 연군으로 개편되어 유격전을 전개하였다.
→ 동북 인민 혁명군
④ 쌍성보, 대전자령 전투 등에서 일본군에 승리하였다.
→ 한국 독립군
⑤ 중국 관내(關內)에서 결성된 최초의 한인 무장 부대였다.
→ 조선 의용대

이건 꼭! 암기 한국광복군
#충칭에 설치 #총사령관 지청천 #조선 의용대 대원 일부 합류
#국내 진공 작전 준비

기출주제 43 민족 문화 수호 운동과 문화 활동

빈출 태그 | #박은식_『한국통사』 #신채호_『조선상고사』 #조선어 학회_한글 맞춤법 통일안 #천도교_소년 운동 #대종교_중광단 #나운규의 아리랑

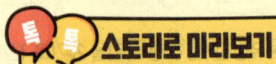

 한국사를 쭉 공부해보니까 역사를 잊지 않고 기억하는 게 정말 중요한 것 같아.

 맞아! 그래서 일제 강점기에도 우리의 역사와 말을 지키려고 여러 민족 학자들이 부단히 애썼어.

 오, 어떤 분들이 계셨는데?

 우선 신채호, 박은식 선생은 역사 연구를 하나의 민족 운동이라 생각했고, 민족 정신을 강조하셨어.

그리고 백남운 선생은 우리 역사가 어떻게 발전해왔는지를 사회주의 관점으로 연구해서, 일제의 식민 사관인 정체성론을 비판하기도 했어.

 와 역사 연구도 하나의 독립운동처럼 이뤄졌구나!

 맞아, 그런데 혹시 너 영화 '말모이' 봤니?

 아니, 그 영화가 무슨 관련이 있어?

 말모이는 조선의 말을 모아 국어 사전을 만드는 비밀 작전이었는데, 이 작전을 주도한 단체가 **조선어 학회**였어. 이 말모이 작전을 바탕으로 광복 이후 국어 사전인 『**큰 사전**』이 탄생했어.

1 한국사 연구

(1) 일제의 한국사 왜곡

목적 : 일제는 식민 통치를 합리화하고 한국사의 자율성을 부정하기 위해 식민 사관을 연구하여 우리 민족에게 주입시킴

식민 사관
- **타율성론**: 한국사는 중국, 일본 등 주변국의 간섭을 받아 타율적으로 전개됨
- **정체성론**: 한국 사회는 세계사적 발전 과정과 관련 없이 고대 사회 단계에 정체되어 있음
- **당파성론**: 한국인은 오랜 당파 싸움으로 단결이 불가능한 민족이 됨

조선사 편수회 : 한국사 왜곡을 위해 조직되어 식민 사관을 토대로 『조선사』를 편찬함
  └ 우리나라의 역사를 왜곡한 역사서로, 이병도가 참여함

(2) 민족주의 사학

특징 : 우리 문화의 우수성과 한국사의 주체적 발전을 강조함

 박은식
└ 대한민국 임시 정부의 제2대 대통령
- **국혼 강조**: '혼'이 담겨 있는 민족 역사의 중요성을 강조함
- 「**유교구신론**」: 개량과 혁신을 통한 실천적 유교 정신을 강조함
- 『**한국통사**』: 일제의 침략 과정을 서술한 역사서로, **나라는 '형체(껍데기)'이고 역사는 '정신(민족 혼)'**임을 강조함
- 『**한국독립운동지혈사**』: 우리 민족의 독립 투쟁 과정을 정리하여 서술함
  └ 갑신정변부터 3·1 운동까지의 역사를 기록함

> **백발백중 기출 사료 | 박은식** [41회]
> 저들이 일찍이 우리를 스승으로 섬겨 왔는데, 이제는 우리를 노예로 삼았구나. …… 옛사람이 이르기를 나라는 멸할 수 있으나 역사는 멸할 수 없다고 하였다. 나라는 형체이고 역사는 정신(혼)이다. 이제 한국의 형체는 허물어졌으나 정신만을 홀로 보존하는 것이 어찌 불가능하겠는가.
> – 태백광노(太白狂奴) 지음
> ➤ **사료 해석**: 박은식은 『한국통사』를 저술하여 일제의 침략 과정을 정리하고 우리 민족의 혼을 강조하였다.

 신채호
└ 의열단의 활동 지침인 「조선혁명선언」을 저술함
- **고대사 연구**: 고대사에 관심을 가졌으며, 우리 민족의 전통과 정신을 강조함
- 「**독사신론**」: 민족을 역사 서술의 중심에 두어 민족주의 사관의 기초를 마련함 (대한매일신보에 연재됨)
- 『**조선상고사**』: 역사를 '아(나)와 비아(나 밖의 모든 것)의 투쟁'으로 정의함
- 『**조선사연구초**』: 묘청의 난을 '조선 역사상 일천년래 제일 대사건'이라고 평가함

> **백발백중 기출 사료 | 신채호의 『조선상고사』** [66회]
> 역사란 무엇이뇨? 인류 사회의 아(我)와 비아(非我)의 투쟁이 시간부터 발전하며 공간부터 확대하는 심적 활동 상태의 기록이니, 세계사라 하면 세계 인류의 그리되어 온 상태의 기록이며, 조선사라 하면 조선 민족의 그리되어 온 상태의 기록이니라.
> – 『조선상고사』
> ➤ **사료 해석**: 신채호는 『조선상고사』에서 역사를 '아(我)와 비아(非我)의 투쟁'으로 정의하였다. 이 책에서 조선을 '아', 영국·미국·프랑스·러시아 등을 '비아'라 할 수 있으며, 신채호는 이러한 '아'와 '비아'의 투쟁이 역사로 기록되는 것이라 설명하였다.

조선학 운동	─ 계기: 정인보, 문일평, 안재홍 등 민족주의 사학자들이 다산 정약용 서거 99주기를 맞아 진행한 『여유당전서』 간행 사업이 계기가 됨 (신민족주의와 신민주주의를 제창함 / 조선 후기의 실학자 다산 정약용의 저술을 정리한 문집)
	─ 특징: 한국 역사와 문화의 독자성과 주체성을 탐구함
정인보	: 『양명학연론』·『조선사연구』를 저술하였으며 민족 정신으로 '얼'을 강조함
문일평	: 『대미관계50년사』를 저술하였으며 민족 정신으로 '조선심'을 강조함

(3) 사회 경제 사학

특징	: 사회주의의 영향을 받아 유물 사관의 입장에서 한국사를 연구하고자 함 (역사 발전의 힘을 정신이 아닌 물질적인 생산력과 생산 관계의 변화로 보는 사관)
백남운	: 『조선사회경제사』, 『조선봉건사회경제사』를 저술하여 한국사가 세계사적인 역사 법칙에 따라 다른 민족과 거의 같은 궤도로 발전해왔음을 주장함 → 일제의 식민 사관인 정체성론을 반박함

백발백중 기출 자료 | 백남운 [69회]

저는 우리 역사의 전개 과정을 세계사의 보편적인 발전 법칙에 따라 네 단계로 나누어 파악하였습니다. 이 책에서는 그 중 원시 씨족 사회와 삼국 정립기의 노예제 사회에 대해 서술하였습니다.

➡ **자료 해석**: 백남운은 『조선사회경제사』에서 한국사가 세계사의 보편적인 발전 법칙에 따라 발전해왔음을 주장하였으며, 고대의 원시 씨족 사회와 삼국 정립기의 노예제 사회에 대해 서술하였다.

(4) 실증주의 사학

특징	: 역사적 사실을 실증적·객관적 사실에 근거하여 연구함
진단 학회	: 이병도, 손진태 등이 조직한 단체로, 『진단학보』를 발행함 (조선사 편수회에 들어가 『조선사』 편찬에 참여함)

2 국어 연구

조선어 연구회	─ 조직: 국문 연구소의 전통을 계승하여 창립됨 (대한 제국 시기에 주시경, 지석영 등이 활동한 한글 연구 기관)
	─ 활동 ─ 한글 기념일인 '가갸날'을 제정하고, 잡지 『한글』을 간행함
	└ 강습회·강연회 등을 통하여 한글 보급 운동을 전개함
★조선어 학회 (조선어 연구회를 개편하여 조직됨)	─ 주요 회원: 이극로, 최현배, 이윤재 등이 주요 회원으로 활동함
	─ 활동 ─ 한글 교재를 편찬하고 강연회를 개최하여 한글을 보급하는 등 어문 (말과 글) 운동을 펼침
	│ ─ 한글 맞춤법 통일안과 표준어를 제정함
	└ 각 지역에서 쓰이는 어휘를 비교·분석하여 조선 말을 정리하는 말모이 작전을 통해 『조선말 큰사전(우리말 큰사전)』의 편찬을 시도함 (광복 이후 편찬됨)
	└ 탄압: 일제가 조선어 학회를 독립운동 단체로 간주하여 회원들을 체포·투옥한 조선어 학회 사건(1942)으로 인해 해산됨

백발백중 기출 자료 | 조선어 학회 사건(1942) [74회]

조선어 학회가 추진하던 조선말 사전 편찬에 보탬이 되고자 함경도의 독자가 보내온 글로 '배우리(병아리)', '고얘앙(고양이)' 등 50여 개의 방언이 적혀 있습니다. 국가 총동원법이 시행되던 시기에 일제는 한글 연구를 민족 운동으로 간주하여 조선어 학회 회원들을 **치안 유지법 위반 혐의로 대거 투옥**하고 원고를 압수하였습니다.

➡ **자료 해석**: 조선어 학회 사건은 일제가 조선어 학회를 독립운동 단체로 간주하여 치안 유지법 위반을 명목으로 조선어 학회 회원들을 체포한 사건이다.

✓ 기출 선택지로 개념 다지기

1. 빈칸의 답을 채워보세요.

(1) 『한국통사』를 저술한 인물: ☐ [75·66·65회]

(2) 『여유당전서』 간행 사업을 계기로 전개된 운동: ☐ 운동 [69·66회]

(3) 『조선사회경제사』를 저술한 인물: ☐ [74·69회]

(4) 한글 맞춤법 통일안을 제정한 단체: ☐ [73·63·62회]

2. 질문에 맞는 답을 고르세요.

(1) 박은식의 활동은? [55회]
① 진단 학회를 창립하고 『진단학보』를 발행하였다.
② 실천적인 유교 정신을 강조하는 「유교 구신론」을 저술하였다.

(2) 신채호의 활동은? [60회]
① 『여유당전서』를 간행하고 조선학 운동을 주도하였다.
② 민중의 직접 혁명을 주장한 「조선혁명선언」을 작성하였다.

(3) 백남운에 대한 설명은? [74회]
① 식민 사학의 정체성론을 반박하였다.
② 민족을 역사 서술의 중심에 둔 「독사신론」을 집필하였다.

(4) 진단 학회에 대한 설명은? [73회]
① 기관지로 『진단학보』를 발행하였다.
② 주시경, 지석영 등이 중심이 되어 활동하였다.

(5) 조선어 학회에 대한 설명은? [75회]
① 태극 서관을 설립하여 서적을 보급하였다.
② 『조선말(우리말) 큰 사전』 편찬을 추진하였다.

정답 | 1. (1) 박은식 (2) 조선학 (3) 백남운 (4) 조선어 학회

2. (1) ② (①은 이병도 등)
(2) ② (①은 정인보, 문일평 등)
(3) ① (②은 신채호)
(4) ① (②은 국문 연구소)
(5) ① (①은 신민회)

민족 문화 수호 운동과 문화 활동

기출주제 43

 어제 영화 '동주' 봤는데, 시로 저항하던 윤동주 시인의 모습이 대단하고 슬프더라. — 역알못

참 슬프지. 일제 강점기에는 우리 민족이 여러 문화 활동으로 일제에 저항했어. — 역잘알

 그랬구나. 어떤 활동들이 있었는데?

너 우리나라 최초의 마라톤 금메달리스트가 누구인지 알아? — 역잘알

 음.. 누군데? — 역알못

손기정이라는 분인데, 일제 강점기에 치러진 베를린 올림픽에서 마라톤 금메달을 따셨어. 안타깝게도 일본 국적으로 출전한 것이라 유니폼엔 일본 국기가 달렸지. — 역잘알

그런데, 여러 신문에서 우승 사실을 보도하면서 손기정 선수 유니폼에 있던 일장기를 일부러 삭제하고 올린 거야.

 우와, 일장기를 삭제하다니. 그 사진 올린 신문들은 피해 입은 거 아니야? — 역알못

맞아. 신문 발행이 중단되기도 했지. 아, 그리고 우리 민족의 슬픔을 영화로 표현한 분도 있었어! 나운규 감독이 '아리랑'이라는 영화를 만드셨거든. 나중에 기회가 되면 한번 찾아봐! — 역잘알

3 종교 단체의 활동

★★ 천도교
- 동학의 제3대 교주였던 손병희가 동학을 바탕으로 발전시킨 종교로, 3·1 운동을 주도함
- 방정환 중심의 천도교 소년회가 매년 5월 1일을 **어린이날로 제정**하고 잡지 『**어린이**』를 발간(1923)하는 등 **소년 운동**을 전개함
- 기관지로 만세보를 발행, 『**개벽**』과 『**신여성**』 등의 잡지를 간행하여 민족 의식을 높임 — 국권 피탈 이전인 1906~1907년에 발행함

 ▲『개벽』    ▲『신여성』

★★ 대종교 — 나철, 서일, 김교헌(삼종사)
- **나철**이 단군 신앙을 기반으로 창시한 종교(1909)
- 국권 피탈 후 북간도로 교단을 옮겨 항일 무장 단체인 **중광단**을 결성함
- 이후 중광단은 북로 군정서로 개편되어 청산리 전투에 참여함

불교 — 일제가 한국 불교를 억압하고 민족 정신을 말살하기 위해 제정한 법령
- **한용운**의 주도로 조선 불교 유신회를 조직하여 **사찰령 폐지 운동**을 전개함
- 「님의 침묵」 등의 문학 작품을 발표하였으며, 월간지 『유심』을 발간하여 불교 개혁 운동에 힘씀

개신교
- 배재 학당, 이화 학당 등 사립 학교를 설립하여 신학문 보급에 기여함
- 신사 참배 강요를 금지해 달라는 청원 운동을 벌임

천주교 — 1906년에 창간되어 1910년에 폐간됨
- 기관지로 **경향신문**을 발행하여 민중 계몽에 기여함
- 만주에서 항일 무장 단체인 의민단을 조직하여 무장 투쟁을 전개함

원불교
- **박중빈**을 중심으로 간척 사업을 추진하고 **새 생활 운동**을 전개함 — 저축 운동, 허례허식 폐지, 금주·단연 등

백발백중 기출 자료 | 어린이날 제정 [73회]

천도교 소년회는 어린이를 위한 부모의 도움이 두터워지기를 바라는 마음에서 5월 1일 오늘을 기회로 삼아 '어린이의 날'이라고 이름하고, 소년 회원이 거리마다 늘어서서 "항상 10년 후의 조선을 생각하십시오."라고 쓴 인쇄물을 배포하며 취지를 선전했다.

➡ **자료 해석**: 방정환이 이끄는 천도교 소년회는 5월 1일을 어린이날로 제정하고, 잡지 『어린이』를 발간하였다.

4 언론 활동

1910년대 : 총독부의 기관지인 매일신보를 제외한 대부분의 신문이 폐간됨

1920년대
- 신문과 잡지의 발행이 허용되었으나, 검열·삭제·정간 등 통제가 강화됨
- 동아일보의 주최로 안창남의 고국 방문 비행이 성사됨

1930년대 : **일장기 삭제 사건(1936)**으로 동아일보와 조선중앙일보가 무기한 정간됨

1940년대 : 조선·동아일보를 강제로 폐간함

백발백중 기출 자료 | 일장기 삭제 사건 [42회]

- 동아일보와 조선중앙일보가 베를린 올림픽(1936)에서 우승한 손기정 선수의 가슴에 있던 일장기를 삭제한 사건
- 이 사건으로 해당 신문들은 무기 정간을 당하거나 자진 휴간함

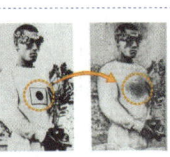

5 문학과 예술 활동

(1) 문학 활동

1910년대: 계몽적 성격의 문학 활동을 전개하였으며 이광수, 최남선 등이 활약함

1920년대 초반
- 『창조』, 『백조』 등의 동인지가 간행됨 ― 공통된 사상·목적을 가진 사람들끼리 모여 편집·발행하는 잡지
- 종합 잡지인 『개벽』을 통해 한국 문학사를 빛낸 여러 문학 작품이 발표됨

1920년대 중반
- 사회주의 영향으로 문학의 사회적 실천을 강조한 신경향파 문학이 등장함
- 신경향파 작가들이 문예 운동 단체인 카프(KAPF)를 결성(1925)하여 식민지 현실을 고발함
- 대표 작가: 이기영(『고향』)

1930년대 이후
- 순수 문학: 일제의 탄압을 피해 예술성과 작품성을 강조하는 순수 문학이 등장함
- 저항 문학: 이육사(「광야」, 「절정」), 윤동주(「서시」, 「별 헤는 밤」, 「참회록」), 심훈(『상록수』, 「그날이 오면」) 등이 작품을 통해 민족 의식과 독립 사상을 고취시키고자 함 ― 브나로드 운동이 배경임
- 친일 문학: 이광수, 최남선, 노천명, 서정주 등 일부 문인들이 일제의 침략 전쟁을 찬양하는 친일 문학 활동을 전개함

▲ 윤동주　　▲ 심훈

백발백중 기출 자료 | 📍이육사 [51회]
- 일제 강점기의 저항 시인으로, 본명은 이원록이며 경북 안동에서 태어남
- 의열단에 가입
- 조선은행 대구지점 폭파 사건에 연루되어 옥고를 치름
- 조선 혁명 군사 정치 간부 학교에 입교함
- 대표작: 「청포도」, 「광야」, 「절정」 등

➡ **자료 해석**: 이육사는 일제 강점기의 대표적인 저항 시인으로, 「절정」, 「광야」 등의 저항시를 발표하였다.

(2) 예술 활동

영화: 나운규가 📍영화 아리랑(1926)을 제작하여 식민 지배를 받던 한국인의 고통스러운 삶을 표현함

연극: 연극 모임인 토월회가 발족되면서 신극 운동이 일어남

미술: 이중섭과 나혜석 등의 서양 화가가 활약함

▲ 이중섭의 소

백발백중 기출 자료 | 📍영화 아리랑 [43회]
- 나운규가 감독·주연을 맡아 제작한 영화로 **단성사에서 개봉**됨
- 식민 지배를 받던 한국인의 고통스런 삶을 표현한 작품
- 주요 대사: 지금 영진은 죽음의 길을 가는 것이 아니라 갱생의 길을 가는 것이오니, 여러분은 눈물을 거두어 주십시오.

➡ **자료 해석**: 우리 민족의 비애를 표현한 나운규의 영화 아리랑은 단성사에서 1926년에 처음 개봉되었다.

✓ 기출 선택지로 개념 다지기

1. 빈칸의 답을 채워보세요.

(1) 천도교가 간행한 잡지: 『　　』, 『　　』 [70회]

(2) 대종교가 조직한 무장 투쟁 단체: 　　　 [70·66회]

(3) 신경향파 작가들이 결성한 단체: 　　　 [70회]

(4) 저항시 「광야」, 「절정」 등을 쓴 시인: 　　　 [66회]

(5) 나운규가 제작한 영화: 　　　 [71·70회]

2. 질문에 맞는 답을 고르세요.

(1) 천도교의 활동은? [61회]
① 어린이날을 제정하고 소년 운동을 추진하다
② 의민단을 조직하여 무장 투쟁을 전개하다

(2) 천도교 소년회의 활동은? [73회]
① 한글 맞춤법 통일안을 제정하였다.
② 김기전, 방정환 등이 주축이 되어 활동하였다.

(3) 대종교의 활동은? [70회]
① 박중빈을 중심으로 새 생활 운동을 추진하였다.
② 중광단을 결성하여 무장 투쟁을 전개하였다.

(4) 한용운에 대한 설명은? [56회]
① 유교 개혁을 주장하는 유교 구신론을 제창하였다.
② 월간지 『유심』을 발간하여 불교 개혁 운동에 힘썼다.

(5) 잡지 『어린이』 발간 시기의 사실은? [40회]
① 나운규가 제작한 영화 아리랑이 처음 개봉되었다.
② 국내 최초의 서양식 극장인 원각사가 건립되었다.

정답 | 1. (1) 개벽, 신여성　(2) 중광단　(3) 카프　(4) 이육사　(5) 아리랑
2. (1) ①　(②은 천주교)
(2) ②　(①은 조선어 학회)
(3) ②　(①은 원불교)
(4) ②　(①은 박은식)
(5) ①　(②은 1908년)

필수 기출로 개념 적용하기 기출주제 43 민족 문화 수호 운동과 문화 활동

01 [55회 기출]

다음 인물에 대한 설명으로 옳은 것은? [2점]

이달의 역사 인물
혼이 보존되면 국가는 부활할 것이다
○○○(1859~1925)

국혼을 강조하며 민족 의식을 고취한 역사학자이자 독립운동가이다. 일찍부터 민족 교육의 중요성을 인식하여 서우학회에서 애국 계몽 운동을 펼쳤으며, 국권 피탈 과정을 정리한 『한국통사』를 저술하였다. 1925년에는 대한민국 임시 정부 제2대 대통령에 취임하였다. 정부에서는 그의 공훈을 기리어 건국훈장 대통령장을 추서하였다.

① 진단 학회를 창립하고 『진단학보』를 발행하였다.
② 『여유당전서』를 간행하고 조선학 운동을 전개하였다.
③ 헤이그에서 열린 만국 평화 회의에 특사로 파견되었다.
④ 평양에서 조선 물산 장려회 발기인 대회를 개최하였다.
⑤ 실천적인 유교 정신을 강조하는 「유교구신론」을 저술하였다.

02 [40회 기출]

(가)에 대한 설명으로 옳은 것은? [3점]

※ 학술 대회 안내 ※
우리 학회는 일제의 식민 지배 이데올로기에 대항하여 한국 역사와 문화의 독자성·주체성을 탐구한 민족 운동인 (가) 의 역사적 의의를 조명하는 학술 대회를 개최합니다.

◆ 발표 주제 ◆
• 정인보의 조선 양명학 연구와 얼 사상
• 안재홍의 조선학과 신민족주의론
• 문일평의 조선학론과 역사 대중화

■ 일시: 2018년 ○○월 ○○일 13:00~17:00
■ 장소: □□대학교 대강당
■ 주최: △△학회

① 신경향파 문학이 등장하는 배경이 되었다.
② 『여유당전서』 간행 사업을 계기로 전개되었다.
③ 조선사 편수회를 설치하여 『조선사』를 편찬하였다.
④ 모금 활동을 통한 민립 대학 설립을 목표로 하였다.
⑤ 오산 학교와 대성 학교를 설립하여 민족 교육을 실시하였다.

👆 박은식

⑤ 실천적인 유교 정신을 강조하는 「유교구신론」을 저술하였다.

박은식은 **국혼을 강조하며 민족 의식을 고취한 역사학자이자 독립운동가**이다. 그는 『**한국통사**』를 저술하여 나라는 '형체', 역사는 '정신'이라고 표현하며 민족주의 사학의 기초를 닦았고, 실천적인 유교 정신을 강조한 논문인 「**유교구신론**」을 저술하였다.

🔴 오답 클리어
① 진단 학회를 창립하고 『진단학보』를 발행하였다.
  → 이병도, 손진태 등
② 『여유당전서』를 간행하고 조선학 운동을 전개하였다.
  → 정인보, 안재홍 등
③ 헤이그에서 열린 만국 평화 회의에 특사로 파견되었다.
  → 이상설, 이준, 이위종
④ 평양에서 조선 물산 장려회 발기인 대회를 개최하였다. → 조만식

👆 조선학 운동

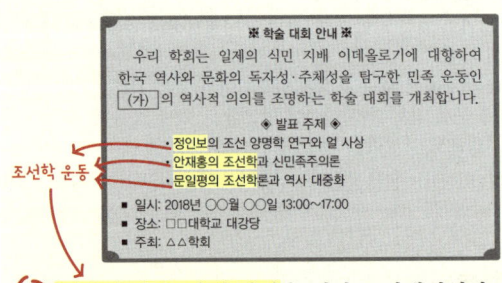

② 『**여유당전서**』 간행 사업을 계기로 전개되었다.

조선학 운동은 정인보, 문일평, 안재홍 등이 중심이 되어 전개된 운동으로 다산 정약용 서거 99주기를 맞이하여 진행된 『**여유당전서**』 간행 사업이 계기가 되어 전개되었다.

🔴 오답 클리어
① 신경향파 문학이 등장하는 배경이 되었다. → 사회주의의 영향
③ 조선사 편수회를 설치하여 『조선사』를 편찬하였다.
  → 일제의 역사 왜곡
④ 모금 활동을 통한 민립 대학 설립을 목표로 하였다.
  → 민립 대학 설립 운동
⑤ 오산 학교와 대성 학교를 설립하여 민족 교육을 실시하였다.
  → 신민회의 활동

이건 꼭! 암기 조선학 운동
#정인보·문일평·안재홍 #『여유당전서』 간행 사업

03
[74회 기출]

(가) 인물에 대한 설명으로 옳은 것은? [2점]

> **사료로 보는 한국사**
>
> 조선사 연구는 과거 역사적, 사회적 발전의 변동 과정을 구체적이고 현실적으로 구명함과 동시에 실천적 동향을 이론화하는 것을 임무로 삼아야 한다. 그것을 위해서는 인류 사회의 일반적 운동 법칙인 사적 변증법으로 그 민족 생활의 계급적 제관계와 더불어 사회 체제의 역사적 변동을 구체적으로 분석하고 다시 그 법칙성을 일반적으로 추상화하는 것에 의해서만 가능하다.
>
> [해설] 이 사료는 (가) 이/가 저술한 『조선사회경제사』의 일부입니다. 그는 이 책에서 한국사가 세계사의 보편적인 발전 법칙에 따라 발전하였다는 주장을 펼치며 한국 고대 경제사를 원시 씨족 사회, 원시 부족 국가의 제형태, 노예 국가 시대로 체계화하여 서술하였습니다.

① 조선불교유신론을 주장하였다.
② 식민 사학의 정체성론을 반박하였다.
③ 조선사 편수회에 들어가 『조선사』 편찬에 참여하였다.
④ 진단 학회를 설립하여 실증주의 사학을 발전시켰다.
⑤ 민족을 역사 서술의 중심에 둔 『독사신론』을 집필하였다.

04
[75회 기출]

(가) 단체에 대한 설명으로 옳은 것은? [3점]

자네 (가) 에서 발행한 잡지 『한글』 이번 호 보았는가? 한글 맞춤법 통일안 개정 신판이 발매되었다는 소식이 실렸더군.

읽었네. 최근 『훈민정음』 해례본의 발견으로 한글 창제일이 명확해 졌다는군. 이제 (가) 에서는 한글날을 창제일에 맞춰 10월 9일로 시정한다고 하네.

① 최초로 한글에 띄어쓰기를 도입하였다.
② 국어 문법서인 『대한문전』을 편찬하였다.
③ 태극 서관을 설립하여 서적을 보급하였다.
④ 『조선말(우리말) 큰사전 편찬』을 추진하였다.
⑤ 국문 연구소를 두어 한글을 체계적으로 연구하였다.

 **백남운**

② **식민 사학의 정체성론을 반박**하였다.

백남운은 일제 강점기의 역사학자로, 사회주의 사상에 기초한 역사관인 유물 사관에 입각하여 『조선사회경제사』와 『조선봉건사회경제사』를 저술하였다. 특히 백남운은 그의 저서를 통해 **한국사가 세계사적인 일원론적 역사 법칙에 따라 발전**해 왔음을 입증하였으며, 한국 사회는 봉건적 단계를 거치지 못하고 고대 단계에 정체되어 있다는 식민 사학의 정체성론을 반박하였다.

오답 클리어
① 조선불교유신론을 주장하였다. → 한용운
③ 조선사 편수회에 들어가 『조선사』 편찬에 참여하였다.
→ 이병도
④ 진단 학회를 설립하여 실증주의 사학을 발전시켰다.
→ 이병도, 손진태 등
⑤ 민족을 역사 서술의 중심에 둔 『독사신론』을 집필하였다.
→ 신채호

조선어 학회

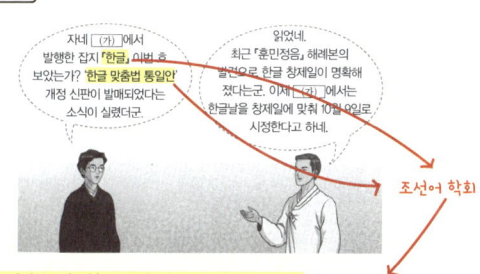

④ 『**조선말(우리말) 큰사전**』 **편찬을 추진**하였다.

조선어 학회는 이윤재, 이극로 등이 주도한 국어 연구 단체로, 한글 맞춤법 통일안과 표준어 사정안을 제정하였고 『조선말(우리말) 큰사전』 편찬을 준비하였다. 그러나 일제가 조선어 학회를 독립운동 단체로 간주하고 치안 유지법을 적용하여 회원들을 체포한 **조선어 학회 사건(1942)**으로 강제 해산되었고, 사전은 광복 이후 편찬되었다.

오답 클리어
① 최초로 한글에 띄어쓰기를 도입하였다. → 독립 협회(독립신문)
② 국어 문법서인 『대한문전』을 편찬하였다. → 안악면학회
③ 태극 서관을 설립하여 서적을 보급하였다. → 신민회
⑤ 국문 연구소를 두어 한글을 체계적으로 연구하였다.
→ 대한 제국의 학부

이건 꼭! 암기 조선어 학회
#잡지 『한글』 #한글 맞춤법 통일안 제정 #『조선말 큰사전』 편찬

필수 기출로 개념 적용하기　기출주제 43 민족 문화 수호 운동과 문화 활동

05　[67회 기출]

(가) 종교에 대한 설명으로 옳은 것은?　[2점]

> **기획 전시**
> **방정환이 꿈꾼 어린이를 위한 나라**
> 우리 박물관에서는 『어린이』 창간 100주년을 기념하는 특별전을 준비하였습니다. 동학을 계승한 종교인 (가) 계열의 방정환 등이 어린이들에게 다양한 읽을거리를 제공하기 위해 발간한 잡지 『어린이』의 전시와 함께 여러 체험 행사를 준비하였으니 많은 관심 바랍니다.
> • 기간: 2023. ○○. ○○.~ ○○. ○○.
> • 장소: △△ 박물관 특별 전시실
> • 전시 자료 소개

▲ 『어린이』 제7권 제3호　　▲ 『어린이』 제9권 제1호

① 한용운 등이 사찰령 폐지를 주장하였다.
② 만세보를 발행하여 민중 계몽에 앞장섰다.
③ 박중빈을 중심으로 새 생활 운동을 펼쳤다.
④ 배재 학당을 세워 신학문을 보급하고자 힘썼다.
⑤ 의민단을 조직하여 항일 무장 투쟁을 전개하였다.

👆 천도교

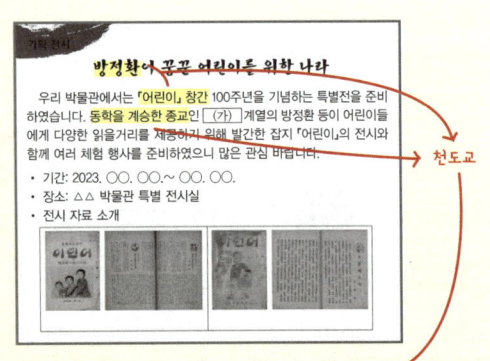

② **만세보를 발행**하여 민중 계몽에 앞장섰다.

천도교는 동학의 제3대 교주 **손병희**가 동학을 바탕으로 발전시킨 종교로, 기관지로 **만세보**라는 신문을 발행하여 민중 계몽에 힘썼다. 또한 1920년대에는 천도교 소속의 **방정환**, 김기전 등이 **천도교 소년회**를 조직해 **어린이날**을 제정하고, 잡지 『**어린이**』를 간행하는 등 활발한 **소년 운동**을 전개하였다.

🔴 오답 클리어
① 한용운 등이 **사찰령 폐지**를 주장하였다. → 불교
③ **박중빈**을 중심으로 **새 생활 운동**을 펼쳤다. → 원불교
④ **배재 학당**을 세워 신학문을 보급하고자 힘썼다. → 개신교
⑤ **의민단**을 조직하여 항일 무장 투쟁을 전개하였다. → 천주교

06　[70회 기출]

(가) 종교에 대한 설명으로 옳은 것은?　[2점]

> 지난 개천절을 기회로 하여 독립운동을 계획했다는 이유로 (가) 간부 7명이 동대문 경찰서에 체포되었다는 기사가 실렸구나.
>
> (가) 은/는 나철이 만주에서 단군 신앙을 기반으로 창시한 종교인데, 민족의식을 고취할 뿐만 아니라 독립운동도 전개하고 있네요.

① 『개벽』, 『신여성』 등의 잡지를 발간하였다.
② 한용운 등이 사찰령 폐지를 주장하였다.
③ 박중빈을 중심으로 새 생활 운동을 펼쳤다.
④ 김창숙의 주도로 파리 장서 운동을 전개하였다.
⑤ 무장 투쟁을 전개하기 위해 중광단을 조직하였다.

👆 대종교

⑤ 무장 투쟁을 전개하기 위해 **중광단을 조직**하였다.

대종교는 나철이 단군 신앙을 기반으로 1909년에 창시한 종교이다. 대종교는 국권 피탈 이후 **북간도**로 교단을 옮겨 항일 무장 단체인 **중광단**을 결성하였으며, 중광단은 북로 군정서로 개편되어 청산리 전투 등에 참여하였다.

🔴 오답 클리어
① 『개벽』, 『신여성』 등의 잡지를 발간하였다. → 천도교
② 한용운 등이 사찰령 폐지를 주장하였다. → 불교
③ 박중빈을 중심으로 새 생활 운동을 펼쳤다. → 원불교
④ 김창숙의 주도로 파리 장서 운동을 전개하였다. → 유교

📖 **이건 꼭! 암기** 대종교
#나철이 창시　#북간도　#중광단_무장 투쟁

07 [66회 기출]

(가) 인물에 대한 설명으로 옳은 것은? [3점]

> **문학으로 보는 한국사**
>
> 내 고장 칠월은
> 청포도가 익어가는 시절
>
> 이 마을 전설이 주저리주저리 열리고
> 먼 데 하늘이 꿈꾸며 알알이 들어와 박혀
>
> 하늘 밑 푸른 바다가 가슴을 열고
> 흰 돛단배가 곱게 밀려서 오면
>
> 내가 바라는 손님은 고달픈 몸으로
> 청포(靑袍)를 입고 찾아온다고 했으니
>
> 내 그를 맞아 이 포도를 따 먹으면
> 두 손은 함뿍 적셔도 좋으련
>
> 아이야, 우리 식탁엔 은쟁반에
> 하이얀 모시 수건을 마련해 두렴
>
> [해설]
> 이 시는 독립 운동가이자 문학가인 (가) 의 「청포도」이다. 그는 이 시를 비롯한 다양한 작품에서 식민지 현실에 맞서 꺼지지 않는 민족 의식을 표현하였다.
> 그의 본명은 이원록으로 안동에서 태어났고, 1927년 장진홍의 조선은행 대구 지점 폭탄 의거에 연루되어 투옥되었다. 이후에도 그는 중국을 오가며 독립운동에 힘쓰다가 1943년 체포되어 이듬해 베이징의 일본 감옥에서 생을 마감하였다.

① 소설 『상록수』를 신문에 연재하였다.
② 「광야」, 「절정」 등의 저항시를 발표하였다.
③ 타이완에서 일본 육군 대장을 저격하였다.
④ 삼균주의를 바탕으로 한 건국 강령을 만들었다.
⑤ 『여유당전서』를 간행하고 조선학 운동을 전개하였다.

이육사

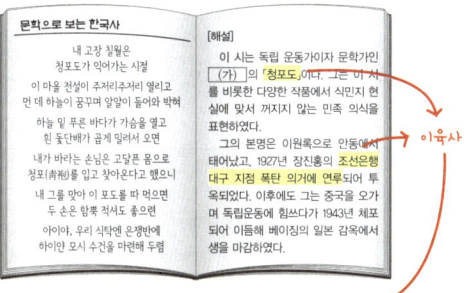

② 「광야」, 「절정」 등의 저항시를 발표하였다.

이육사는 일제 강점기의 대표적인 저항 시인이다. 그는 1925년에 의열단에 가입하였고, 1927년에 장진홍의 **조선은행 대구 지점 폭파 의거**에 연루되어 3년 형을 받고 대구 형무소에 투옥되었다. 수감 당시 그의 수인 번호가 264번이어서, 호를 '**육사**'로 지었다고 전해진다. 이육사의 작품으로는 「**청포도**」, 「**절정**」, 「**광야**」 등이 있다.

◎ 오답 클리어
① 소설 『상록수』를 신문에 연재하였다. → 심훈
③ 타이완에서 일본 육군 대장을 저격하였다. → 조명하
④ 삼균주의를 바탕으로 한 건국 강령을 만들었다. → 조소앙
⑤ 『여유당전서』를 간행하고 조선학 운동을 전개하였다.
 → 정인보·안재홍 등

08 [70회 기출]

밑줄 그은 '시기'에 볼 수 있는 모습으로 가장 적절한 것은? [3점]

① 관민 공동회에서 연설하는 백정
② 교육 입국 조서를 발표하는 관리
③ 원각사에서 은세계 공연을 보는 관객
④ 전차 개통식에 참여하는 한성 전기 회사 직원
⑤ 카프(KAPF)를 형성하여 활동하는 신경향파 작가

영화 아리랑 발표 시기의 모습

⑤ 카프(KAPF)를 형성하여 활동하는 **신경향파 작가**

일제 강점기인 1926년에 **나운규의 영화 아리랑**이 서울의 단성사에서 처음 개봉되었다. 또한 1920년대 중반 사회주의의 영향으로 문학의 사회적 기능을 강조하는 신경향파 문학이 등장하였는데, 신경향파 문예 운동 단체인 **카프(KAPF)를 결성**하여 활동하였다.

◎ 오답 클리어
① 관민 공동회에서 연설하는 백정 → 1898년
② 교육 입국 조서를 발표하는 관리 → 1895년
③ 원각사에서 은세계 공연을 보는 관객 → 1908~1909년
④ 전차 개통식에 참여하는 한성 전기 회사 직원 → 1899년

📒 **이건 꼭! 암기** **1920년대 중반의 문학·예술 활동**
#영화 아리랑 개봉 #신경향파 문학 등장 #카프(KAPF) 결성

일제 강점기
기출 테스트

01 (가) 지역에서 일어난 민족 운동에 대한 설명으로 옳은 것은? [3점]

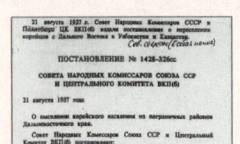

이 문서는 일제에 협력하는 것을 방지한다는 명분으로 (가) 의 한인들을 중앙아시아로 강제 이주시키라는 명령서이다.

1937년에 소련 공산당 서기장 스탈린이 승인한 이 명령의 시행으로 블라디보스토크를 포함한 (가) 의 한인 10만 명 이상이 우즈베키스탄, 카자흐스탄 등지로 강제 이주당하였다.

① 권업회를 조직하고 신문을 발행하였다.
② 한인 자치 기구인 경학사를 설립하였다.
③ 유학생을 중심으로 2·8 독립 선언서를 발표하였다.
④ 독립군 양성을 위해 대조선 국민 군단을 결성하였다.
⑤ 서전서숙과 명동 학교를 설립하여 민족 교육을 실시하였다.

02 밑줄 그은 '시기'의 사회 모습으로 가장 적절한 것은? [2점]

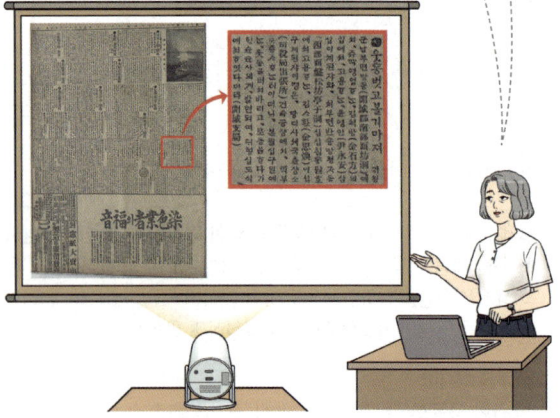

개성에서 청년 두 명이 웃통을 벗고 일하다가 순사에게 발견되어 태형에 처해졌다는 신문 기사입니다. 일제가 조선 태형령을 시행한 시기에는 기사의 내용처럼 사소한 사안에도 태형이라는 가혹한 형벌이 집행되었습니다.

① 육영 공원에서 외국인 교사를 초빙하였다.
② 애국반이 편성되어 일상생활이 통제되었다.
③ 조선 형평사가 창립되어 형평 운동을 전개하였다.
④ 나운규가 제작한 아리랑이 단성사에서 개봉되었다.
⑤ 경복궁에서 조선 물산 공진회가 최초로 개최되었다.

03 밑줄 그은 '회의'에 대한 설명으로 옳은 것은? [3점]

본 회의는 2천만 민중의 공의(公意)를 지키는 국민적 대회합으로서, 최고의 권위에 의해 국민의 완전한 통일을 견고하게 하며 광복 대업의 근본 방침을 수립하고, 이로써 우리 민족의 자유를 만회하고 독립을 완성하기를 기도하며 이에 선언하노라. 삼일 운동으로써 우리 민족의 정신적 통일은 이미 표명되었다. …… 본 대표들은 국민이 위탁한 사명을 받아 국민적 대단결을 힘써 도모하며, 독립 전도의 대방책을 확립하여 통일적 기관 하에서 대업을 기성(期成)하려 한다.

① 창조파와 개조파가 대립하였다.
② 대일 선전 성명서를 공표하였다.
③ 삼균주의를 기초로 하는 건국 강령을 발표하였다.
④ 파리 강화 회의에 김규식을 파견할 것을 결정하였다.
⑤ 지청천을 사령관으로 하는 한국광복군을 조직하였다.

04 (가)~(마)에 들어갈 내용으로 적절하지 않은 것은? [2점]

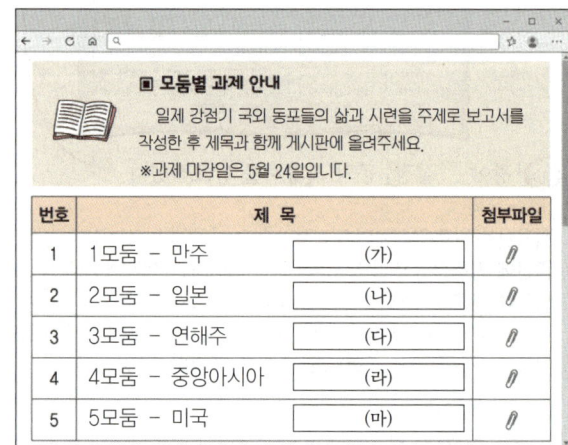

① (가) - 일본군의 보복으로 간도 참변이 일어나다
② (나) - 관동 대지진 당시 자경단에게 학살당하다
③ (다) - 에네켄 농장에서 고된 노동에 시달리다
④ (라) - 소련 당국에 의해 강제로 이주되어 오다
⑤ (마) - 교민들을 중심으로 흥사단이 창립되다

05 (가)에 대한 설명으로 옳은 것은? [1점]

> 저희 모둠에서는 이번 체험 학습 답사지로 백산 상회 설립자 안희제를 기념하는 백산 기념관을 선정하였습니다. 백산 상회는 백산 무역 주식회사로 개편된 이후 (가) 의 연통제 조직을 통해 독립운동 자금을 조달하였으며, 독립신문 보급 등의 역할도 담당하였습니다.

① 고종 강제 퇴위 반대 운동을 전개하였다.
② 일제의 황무지 개간권 요구를 저지하였다.
③ 영은문이 있던 자리 부근에 독립문을 건립하였다.
④ 독립운동 자금 마련을 위해 독립 공채를 발행하였다.
⑤ 조선 총독부에 국권 반환 요구서를 제출하려 하였다.

정답 및 해설

01 연해주 지역의 민족 운동 정답 ①
정답 치트키
한인들을 중앙아시아로 강제 이주시킴 + 스탈린 → 연해주

① 연해주 지역에서는 의병 계열과 애국 계몽 운동 계열이 합작하여 자치 기관인 권업회를 조직하고 권업신문을 발행하였다.

오답 클리어
② 한인 자치 기구인 경학사를 설립하였다. → 서간도
③ 유학생을 중심으로 2·8 독립 선언서를 발표하였다. → 일본 도쿄
④ 독립군 양성을 위해 대조선 국민 군단을 결성하였다. → 하와이
⑤ 서전서숙과 명동 학교를 설립하여 민족 교육을 실시하였다. → 북간도

02 무단 통치 시기 정답 ⑤
정답 치트키
조선 태형령을 시행함 → 무단 통치 시기

⑤ 무단 통치 시기인 1915년에 일제는 식민 통치를 미화하고 그 실적을 선전하기 위해 경복궁에서 조선 물산 공진회를 최초로 개최하였다.

오답 클리어
① 육영 공원에서 외국인 교사를 초빙하였다. → 근대 개항기(1886~1894)
② 애국반이 편성되어 일상생활이 통제되었다. → 민족 말살 통치 시기
③ 조선 형평사가 창립되어 형평 운동을 전개하였다. → 문화 통치 시기
④ 나운규가 제작한 아리랑이 단성사에서 개봉되었다. → 문화 통치 시기

03 국민 대표 회의 정답 ①
정답 치트키
국민적 대화합 + 삼일 운동 + 통일적 기관 하에서 대업을 기성하려 함 → 국민 대표 회의(1923)

① 국민 대표 회의는 임시 정부의 방향을 두고 임시 정부를 해산하고 새 정부를 만들자는 창조파와 임시 정부를 그대로 두고 개편하자는 개조파의 대립으로 결렬되었다.

오답 클리어
② 대일 선전 성명서를 공표하였다. → 1941년
③ 삼균주의를 기초로 하는 건국 강령을 발표하였다. → 1941년
④ 파리 강화 회의에 김규식을 파견할 것을 결정하였다. → 1919년
⑤ 지청천을 사령관으로 하는 한국광복군을 조직하였다. → 1940년

04 일제 강점기 국외 동포의 시련 정답 ③
정답 치트키
일제 강점기 국외 동포들의 삶과 시련

③ 에네켄 농장에서 강제 노동을 한 지역은 멕시코로, 계약 노동이라는 조건 하에 19세기부터 이주가 이루어졌다.

오답 클리어
① 만주는 독립군이 봉오동 전투, 청산리 전투 등에서 일본군을 격파하자, 일본군이 보복으로 간도의 한인들을 학살(간도 참변)한 지역이다.
② 일본은 관동 대지진 당시 일본인들이 자경단을 조직하여 한인들을 학살(관동 대학살)한 지역이다.
④ 중앙아시아는 소련이 연해주 지역에서 거주하고 있던 한인들을 강제로 이주시킨 지역이다.
⑤ 미국은 안창호가 교민들을 중심으로 흥사단을 창립한 지역이다.

05 대한민국 임시 정부 정답 ④
정답 치트키
연통제 + 백산 상회 → 대한민국 임시 정부

④ 대한민국 임시 정부는 독립운동 자금 마련을 위해 중국과 미국 등의 국외 거주 동포에게 독립 공채를 발행하였다.

오답 클리어
① 고종 강제 퇴위 반대 운동을 전개하였다. → 대한 자강회
② 일제의 황무지 개간권 요구를 저지하였다. → 보안회
③ 영은문이 있던 자리 부근에 독립문을 건립하였다. → 독립 협회
⑤ 조선 총독부에 국권 반환 요구서를 제출하려 하였다. → 독립 의군부

일제 강점기 기출 테스트

06 (가) 단체에 대한 설명으로 옳은 것은? [2점] `73회 기출`

> 한 나라 한 사회나 한 집안의 장래를 맡은 사람은 누구인가. 곧 그 집안이나 그 사회나 그 나라의 아들과 손자일 것이다. …… (가) 은/는 어린이를 위한 부모의 도움이 두터워지기를 바라는 마음에서 5월 1일 오늘을 기회로 삼아 '어린이의 날'이라고 이름하고, 소년 회원이 거리마다 늘어서서 "항상 10년 후의 조선을 생각하십시오."라고 쓴 인쇄물을 배포하며 취지를 선전했다. 이러한 일은 조선 소년 운동의 처음이며, 다른 사회에서도 많이 응원하여 노력하기를 바란다.

① 한글 맞춤법 통일안을 제정하였다.
② 기관지로 『진단학보』를 발행하였다.
③ 오산 학교를 설립하여 인재를 양성하였다.
④ 김기전, 방정환 등이 주축이 되어 활동하였다.
⑤ 여성 교육의 중요성을 강조한 여권통문을 발표하였다.

07 교사의 질문에 대한 학생의 답변으로 가장 적절한 것은? [3점] `75회 기출`

> 이 자료는 전라남도 신안군(당시 무안군)의 한 섬에서 발생한 사건의 결과로, 소작인회 대표와 지주 문재철 사이에 맺어진 화해 조건입니다. 소작인들은 고율의 소작료를 징수하는 지주에게 1년여에 걸쳐 저항하여 소작료를 낮추는 성과를 거두었습니다. 이 사건 이후의 사실에 대해 말해 볼까요?
>
> 1. 소작료를 4할로 하고, 1할은 농업 장려금으로 할 것
> 2. 농업 장려금은 소작인회에서 관리할 것
> 3. 소작인회에 지주도 참여할 것
> 4. 미납한 소작료는 3개년을 기한으로 분납할 것
> 5. 파괴하여 철거한 문태현의 비석을 복구할 것
> 6. 현재 조사 중인 형사 피고 사건은 양방에서 취하할 것
> 7. 지주가 소작인회에 기본금 2천 원을 기증할 것

① 양전 사업이 실시되어 지계가 발급되었어요.
② 함경도와 황해도에서 방곡령이 선포되었어요.
③ 전국 단위 조직인 조선 농민 총동맹이 결성되었어요.
④ 일본의 토지 침탈에 맞서 농광 회사가 설립되었어요.
⑤ 기한 내에 소유지를 신고하게 하는 토지 조사령을 제정하였어요.

08 밑줄 그은 '나'의 활동으로 옳은 것은? [2점] `60회 기출`

> 나는 일제 침략에 맞서 민족 의식을 고취하기 위해 국난을 극복한 영웅의 전기인 『이순신전』과 『을지문덕전』을 집필하였습니다. 또 『조선상고사』에서는 역사를 아(我)와 비아(非我)의 투쟁으로 정의하였습니다.

① 『여유당전서』를 간행하고 조선학 운동을 주도하였다.
② 유교의 개혁을 주장하는 「유교구신론」을 제창하였다.
③ 조선사 편수회에 들어가 『조선사』 편찬에 참여하였다.
④ 『조선사회경제사』에서 식민 사학의 정체성론을 반박하였다.
⑤ 민중의 직접 혁명을 주장한 「조선혁명선언」을 작성하였다.

09 (가), (나) 인물에 대한 설명으로 옳은 것을 〈보기〉에서 고른 것은? [3점] `48회 기출`

한국의 독립을 도운 외국인

(가)
• 미국인
• 세계지리 교과서인 『사민필지』를 한글로 저술함
• 을사늑약 직후 고종의 친서를 미국 정부에 전달함
• 1950년 건국훈장 독립장 추서

(나)
• 아일랜드계 영국인
• 김구 등이 상하이로 갈 수 있도록 도움
• 독립운동을 지원하다가 일제에 의해 내란죄로 체포됨
• 1963년 건국훈장 독립장 추서

〈보기〉
ㄱ. (가) - 육영 공원에서 학생들에게 영어를 가르쳤다.
ㄴ. (가) - 최초의 서양식 병원인 광혜원 설립을 주관하였다.
ㄷ. (나) - 중국 안동에서 무역 회사인 이륭양행을 운영하였다.
ㄹ. (나) - 이화 학당을 설립하여 근대적 여성 교육에 기여하였다.

① ㄱ, ㄴ ② ㄱ, ㄷ ③ ㄴ, ㄷ ④ ㄴ, ㄹ ⑤ ㄷ, ㄹ

72회 기출

10 (가)에 들어갈 내용으로 적절한 것은? [2점]

자료로 보는 한국 영화

이 자료는 일제 강점기에 발행된 극장 홍보지로, 심훈이 감독한 무성 영화 먼동이 틀 때를 소개한 것이다. 이 영화는 나운규의 아리랑에 이어 한국 영화 초기 명작으로 평가받기도 한다. 이외에도 심훈은 다수의 시나리오와 영화 평론을 집필하였으며, (가)

① 「별 헤는 밤」, 「참회록」 등의 시를 남겼다.
② 국문 연구소의 연구위원으로 활동하였다.
③ 근대극 형식을 도입한 토월회를 조직하였다.
④ 실천적인 유교 정신을 강조하는 「유교구신론」을 저술하였다.
⑤ 브나로드 운동을 소재로 한 소설 『상록수』를 신문에 연재하였다.

정답 및 해설

06 천도교 소년회 정답 ④

정답 치트키
어린이의 날 + 소년 운동 → 천도교 소년회

④ 천도교 소년회는 김기전, 방정환 등이 주축이 되어 활동하여, 어린이날을 제정하고 잡지 『어린이』를 발간하는 등 소년 운동을 주도하였다.

오답 클리어
① 한글 맞춤법 통일안을 제정하였다. → 조선어 학회
② 기관지로 『진단학보』를 발행하였다. → 진단 학회
③ 오산 학교를 설립하여 인재를 양성하였다. → 신민회
⑤ 여성 교육의 중요성을 강조한 여권통문을 발표하였다.
→ 서울 북촌의 양반 부인들

07 암태도 소작 쟁의 이후의 사실 정답 ③

정답 치트키
신안군 + 지주 문재철 → 암태도 소작 쟁의(1923)

③ 암태도 소작 쟁의(1923) 이후인 1927년에 전국 단위 조직인 조선 농민 총동맹이 결성되었다.

오답 클리어
① 양전 사업이 실시되어 지계가 발급되었어요. → 대한 제국 시기
② 함경도와 황해도에서 방곡령이 선포되었어요. → 근대 개항기
④ 일본의 토지 침탈에 맞서 농광 회사가 설립되었어요. → 국권 피탈 이전
⑤ 기한 내에 소유지를 신고하게 하는 토지 조사령을 제정하였어요.
→ 무단 통치 시기

08 신채호 정답 ⑤

정답 치트키
『이순신전』과 『을지문덕전』 + 『조선상고사』 → 신채호

⑤ 신채호는 의열단장 김원봉의 부탁을 받고, 의열단의 활동 지침인 「조선혁명선언」을 작성하여 민중의 직접 혁명을 주장하였다.

오답 클리어
① 『여유당전서』를 간행하고 조선학 운동을 주도하였다.
→ 정인보, 안재홍 등
② 유교의 개혁을 주장하는 「유교구신론」을 제창하였다. → 박은식
③ 조선사 편수회에 들어가 『조선사』 편찬에 참여하였다. → 이병도
④ 『조선사회경제사』에서 식민 사학의 정체성론을 반박하였다. → 백남운

09 헐버트와 조지 루이스 쇼 정답 ②

정답 치트키
(가) 을사늑약 직후 고종의 친서를 미국 정부에 전달 → 헐버트
(나) 김구 등이 상하이로 갈 수 있도록 도움 + 독립운동을 지원함
→ 조지 루이스 쇼

② ㄱ. 헐버트는 정부가 설립한 최초의 관립 학교인 육영 공원에서 학생들에게 영어를 가르쳤다.
ㄷ. 조지 루이스 쇼는 중국 안동(단둥)에서 무역 회사인 이륭양행을 운영하며 독립운동을 지원하였다.

오답 클리어
ㄴ. 최초의 서양식 병원인 광혜원 설립을 주관하였다. → 알렌
ㄹ. 이화 학당을 설립하여 근대적 여성 교육에 기여하였다. → 스크랜튼

10 심훈의 활동 정답 ⑤

정답 치트키
먼동이 틀 때 + 심훈 → 심훈의 활동

⑤ 심훈은 일제 강점기에 활동한 저항 문학가로, 동아일보에 브나로드 운동을 소재로 한 소설인 『상록수』를 연재하였다.

오답 클리어
① 「별 헤는 밤」, 「참회록」 등의 시를 남겼다. → 윤동주
② 국문 연구소의 연구위원으로 활동하였다. → 주시경 등
③ 근대극 형식을 도입한 토월회를 조직하였다. → 박승희, 김기진 등
④ 실천적인 유교 정신을 강조하는 「유교구신론」을 저술하였다.
→ 박은식

해커스 한국사능력검정시험
심화 **2주 합격**

VII 현대

최근 3개년 기출 트렌드 *최근 3개년 회차인 심화 75~60회 기준입니다.

기출주제	출제 문항 수	
44 대한민국 정부 수립 과정	16문항	
45 이승만 정부	25문항	
46 박정희 정부 ~ 이명박 정부	42문항	1위
47 남북의 통일 논의	13문항	

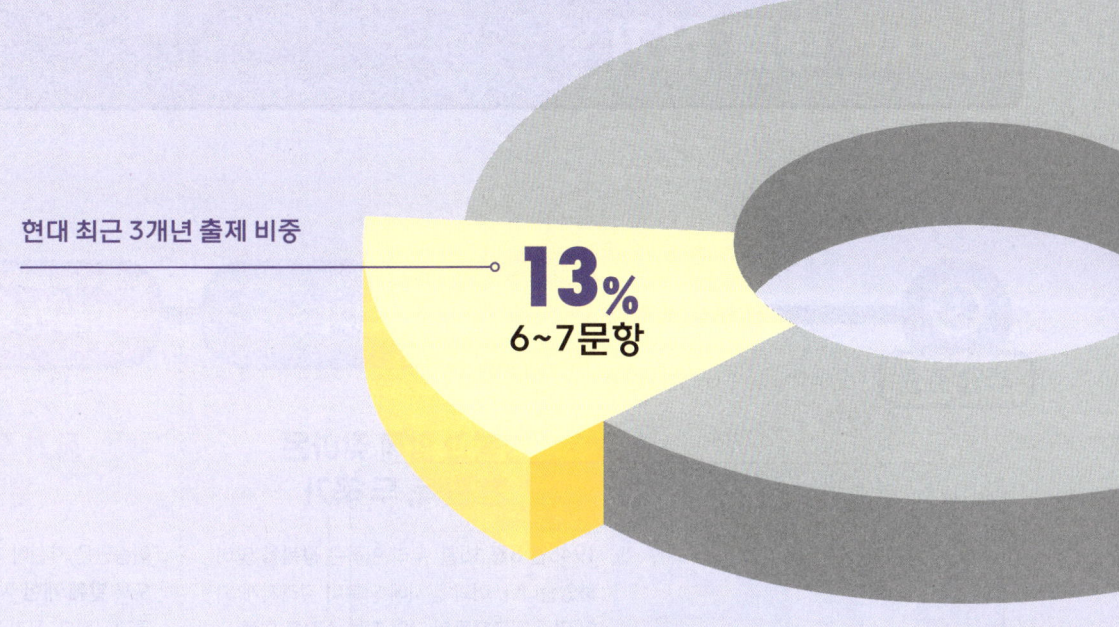

현대 최근 3개년 출제 비중
13%
6~7문항

빈출 키워드 TOP3

모스크바 삼국 외상 회의, 좌·우 합작 위원회, 5·10 총선거

6·25 전쟁, 발췌 개헌, 4·19 혁명

유신 헌법, 6월 민주 항쟁, 금융 실명제

7·4 남북 공동 성명, 남북 기본 합의서, 6·15 남북 공동 선언

학습 포인트

박정희 정부 ~ 이명박 정부는 각 정부의 정책과 정부 시기에 일어난 민주화 운동에 대해 묻는 문제가 많이 출제되니, 각 정부 시기의 사실을 구분하여 공부하세요!

현대 흐름 잡기

주요 흐름

정부 수립기

광복과 함께 찾아온 한 민족, 두 국가

1945년 8월 15일, 우리 민족은 **광복**을 맞이하였습니다. 이와 동시에 남북이 갈라지게 되어 민족 지도자들이 단일 정부 수립을 위해 노력하였습니다. 그러나 결국 **남한**에서의 **단독 총선거**가 실시되었고, **이승만**이 **대통령**에 선출되면서 대한민국 정부가 수립되었습니다.

이승만 정부~장면 내각

장기 집권과 민주화 운동의 시작

이승만은 자신이 계속 대통령에 당선될 수 있도록 **발췌 개헌**, **사사오입 개헌**을 변칙적으로 통과시켰고, 장기 집권을 위해 **3·15 부정 선거**를 자행하였습니다. 이에 **4·19 혁명**이 일어났고, 결국 이승만은 하야하여 하와이로 망명하였습니다.

빈출 키워드 연표

정부
정부별로 시행한 대표 정책들을 외워두세요!

- 이승만 정부 | 농지 개혁법 제정(1949)

주요 사건
각 정부 시기에 발생한 민주화 운동의 순서를 기억하세요!

- 광복 (1945. 8.)
- 모스크바 삼국 외상 회의 (1945. 12.)
- 좌·우 합작 운동 (1946) **[빈출키워드 3위]**
- 제주 4·3 사건 (1948)
- 5·10 총선거 (1948)
- 이승만 정부 | 발췌 개헌 (1952)
- 이승만 정부 | 사사오입 개헌 (1954)
- 이승만 정부 | ·3·15 부정 선거 ·4·19 혁명 (1960) **[빈출키워드 1위]**

남북 관계
정부별 통일 정책의 결과를 알아두세요!

- 남북 협상 (1948)
- 이승만 정부 | 6·25 전쟁 발발 (1950) **[빈출키워드 2위]**
- 이승만 정부 | 정전 협정 체결 (1953)

한국사능력검정시험 전문 선생님의
무료 특강과 함께 시대 흐름 잡기

박정희 정부

경제 성장과 유신 체제의 성립

5·16 군사 정변으로 권력을 장악하고 대통령에 당선된 박정희는 정권의 정당성을 확보하기 위해 경제 개발에 주력하였습니다. 장기 집권을 꾀하였던 박정희는 1972년 유신 체제를 성립하였으나 10·26 사태로 시해되면서 유신 체제가 붕괴되었습니다.

신군부~전두환 정부

민주화 운동의 목표, 직선제 개헌

10·26 사태 이후, 전두환·노태우 등의 신군부 세력이 권력을 장악하자 5·18 민주화 운동이 일어났지만 진압되었습니다. 전두환 정부의 장기 집권 이후에도 간선제를 유지하려고 하자 독재 타도를 주장하며 6월 민주 항쟁이 일어났습니다. 결국 직선제 개헌이 이뤄졌습니다.

노태우 정부~이명박 정부

대한민국, 새로운 미래를 향하여

노태우 정부의 뒤를 이은 김영삼 정부는 군사 정변 이후 32년만에 세워진 민간 정부였습니다. 김영삼 정부는 금융 실명제 등의 성과를 보였지만 임기 말 외환 위기를 초래하였습니다. 이후 대통령에 당선된 김대중과 노무현은 남북 정상 회담을 가지는 성과를 이루어 냈습니다.

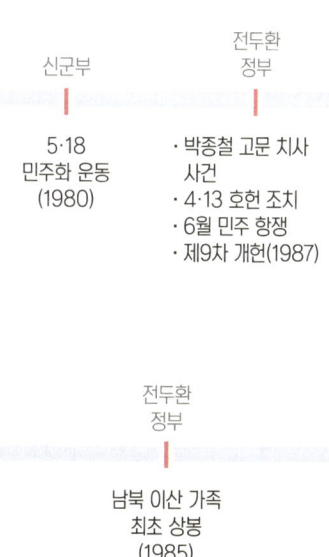

대한민국 정부 수립 과정

빈출 태그 | #조선 건국 준비 위원회 #좌·우 합작 위원회 #유엔 소총회의 결의 #남북 협상 #5·10 총선거

1 8·15 광복(1945) 전후의 상황

(1) 광복 직전의 상황

- **건국 준비 활동**
  - 대한민국 임시 정부: 충칭에서 건국 강령을 발표하며 독립 국가 건국을 준비함
  - 조선 건국 동맹: **여운형이 일제의 패망과 광복에 대비**하여 조직함
- **국제 회담**
  - 카이로 회담: 미국·영국·중국의 정상이 적당한 시기의 한국 독립을 약속함
  - 포츠담 회담: 미국·영국·중국(이후 소련도 참가함)의 정상이 일본의 무조건 항복을 요구하고, 한국의 독립을 재확인함

(2) 광복 직후의 상황

- **미·소 군정 실시**: 한반도에 설정된 38도선의 남쪽은 미군이, 북쪽은 소련군이 통치함
- **미 군정의 정책**: 6·3·3 학제를 도입하고 **신한공사**를 설립함
  - 통치 기관으로 미 군정청을 설치함
  - 일제의 귀속 재산 처리를 위해 설립됨

- **조선 건국 준비 위원회 결성(1945. 8.)**
  - 조직: **여운형**과 안재홍이 중심이 되어 **조선 건국 동맹을 바탕**으로 조직함
  - 활동: 치안대를 조직하여 일시적 과도기의 국내 질서를 유지하고자 함
    - **조선 인민 공화국을 수립**하고 전국 각 지역에 인민 위원회를 조직함
    - 미 군정은 이를 부인함
  - 강령: 완전한 독립 국가의 건설, 민주주의 정권의 수립, 국내 질서의 자주적 유지를 통한 대중 생활의 확보 등을 강령으로 삼음

2 대한민국 정부 수립 과정

(1) 모스크바 삼국 외상 회의와 좌·우 대립

- **모스크바 삼국 외상 회의 개최(1945. 12.)**
  - 3국(미국, 영국, 소련)의 외상(외무 장관)이 한반도 문제에 대해 협의한 회의
  - 내용: 임시 민주 정부의 수립 지원 약속, **4개국(미국, 영국, 중국, 소련)이 한국을 최고 5년 동안 신탁 통치** 실시함, 미·소 공동 위원회 설치 등
    - 유엔의 감독 하에 자격을 갖춘 국가가 일정한 지역을 통치하는 제도
    - 민족주의 정당을 중심으로 독립 촉성 중앙 협의회를 결성함
  - 영향: 신탁 통치 결정 사항을 두고 우익(김구, 이승만)은 반탁 운동을 전개하고, 좌익(박헌영)은 찬탁 운동을 전개하여 좌·우 대립이 심화됨
    - 처음에는 신탁 통치에 반대하였으나, 소련의 지령을 받고 입장을 바꿈

↓

- **제1차 미·소 공동 위원회 개최(1946. 3.)**
  - 임시 민주 정부 수립을 위한 협의에 참여할 단체 범위를 두고 논쟁함
  - **미국이 우익을 포함하여 협의할 것을 주장하자, 소련이 이에 반대하며 무기한 휴회에 돌입함**(미국: 찬·반탁 세력 모두 포함 ↔ 소련: 찬탁 세력만 포함)

↓

- **정읍 발언(1946. 6.)**: **이승만이 정읍에서 남한만의 단독 정부 수립을 주장함**

↓

- **좌·우 합작 위원회 조직(1946. 7.)**
  - 중도 좌파 ─ 중도 우파
  - 조직: **여운형과 김규식이 미 군정의 후원을 받아 조직함**
  - 활동: 임시 민주 정부의 수립, 신탁 통치 문제 해결, 토지 개혁 등을 주요 내용으로 한 **좌·우 합작 7원칙을 발표**(1946. 10.)함

백발백중 기출 사료 | 좌·우 합작 위원회 조직 [73회]

미·소 공동 위원회를 속개시킴으로써 국제적으로 약속된 조선 민주주의 임시 정부 수립을 촉진하려는 좌·우 합작 운동은 김규식의 입원과 여운형의 피습사건으로 말미암아 합작의 앞날이 우려되는 상황이었다. 김규식, 여운형 두 사람을 비롯한 좌·우 대표가 참석한 가운데 정식으로 예비 회담이 개최되었다.

➡ **사료 해석**: 김규식, 여운형 등이 정례 회의를 위한 두 차례 예비 회담을 거친 뒤, 좌·우 합작 위원회를 조직하였다.

(2) 대한민국 정부의 수립

> 미국 대통령 트루먼이 선언한 미국 대외 정책의 원칙으로, 반공 정책을 취하는 국가에 미국이 군사·경제적 원조를 제공하겠다는 내용으로 냉전을 가속화함

한반도 문제의 유엔 상정 (1947. 9.)	트루먼 독트린으로 제2차 미·소 공동 위원회(1947. 5.)가 완전히 결렬되자, 미국의 제안으로 한반도 문제가 유엔(국제 연합)에 이관됨
유엔 총회의 결의 (1947. 11.)	유엔 총회가 인구 비례에 따른 남북한 총선거 실시를 결의하고, 유엔 한국 임시 위원단을 파견하였으나 소련이 임시 위원단의 입북을 거부함
김구의 단독 정부 수립 반대 (1948. 2.)	'삼천만 동포에게 읍고함'을 발표하여 남한만의 단독 정부 수립에 반대함

백발백중 기출 사료 | '삼천만 동포에게 읍고함' [75회]

나는 통일된 조국을 건설하려다가 38선을 베고 쓰러질지언정 일신에 구차한 안일을 취하여 단독 정부를 세우는 데는 협력하지 아니하겠다.

➡ **사료 해석**: 김구는 남북 분단의 조짐이 보이자 '삼천만 동포에게 읍고함'을 발표하여 이에 반대하였다.

 유엔 소총회의 결의 (1948. 2.) : 유엔 한국 임시 위원단이 접근 가능한 남한에서만의 단독 선거 실시를 결의함

제주 4·3 사건 (1948. 4. 3.)
- 전개: 좌익 세력이 **남한만의 단독 정부 수립을 반대**하며 봉기하자, 미 군정이 무력 진압하는 과정에서 무고한 제주도민들까지 희생됨
- 결과
  - 5·10 총선거 때 제주도의 일부 지역에서 선거가 무효 처리됨
  - 2000년에 희생자들의 **명예 회복을 위한 특별법**이 제정됨

 남북 협상 (1948. 4.)
- 제의: 남북 분단을 우려한 **김구, 김규식** 등이 북측에 남북 협상을 제의함
- 과정: 평양에서 **남북 지도자 회의**를 개최하여 남한의 단독 선거와 단독 정부 수립 반대, 미·소 군대의 철수 등을 담은 **남북 조선 제 정당 및 사회 단체 공동 성명서**를 발표함
- 결과: 미·소 간의 냉전 체제가 강화되어 특별한 성과로 이어지지 않음

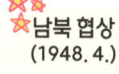 5·10 총선거 실시 (1948. 5. 10.)
- 실시: 우리나라 **최초로 민주적인 보통 선거**에 의한 남한만의 총선거가 실시되어 **2년 임기의 제헌 국회의원**을 선출함(전체 의석 수 200석)
- 한계: 38도선 이남 지역에서만 실시되었고, 제주도 일부 지역에서 선거가 무효 처리됨

제헌 헌법 공포 (1948. 7.) : 4년 임기의 대통령 중심제, 국회의 간접 선거에 의한 대통령 선출을 주요 내용으로 하는 제헌 헌법을 공포함

대한민국 정부 수립 (1948. 8. 15.) : 제헌 국회에서 이승만을 대통령으로 선출하여 대한민국 정부 수립을 선포함 → 유엔 총회에서 대한민국을 한반도 유일의 합법 정부로 승인함

여수·순천 10·19 사건 (1948. 10. 19.) : 제주 4·3 사건 진압을 위해 파견 예정이었던 여수 주둔 국군 부대가 출동 명령을 거부하고 봉기함 → 진압 과정에서 여수, 순천의 민간인들이 희생됨

✓ 기출 선택지로 개념 다지기

1. 빈칸의 답을 채워보세요.

(1) 신탁 통치를 결정한 회의:
☐☐☐☐☐☐☐ 회의 [60회]

(2) 정읍에서 남한만의 단독 정부 수립을 주장한 인물: ☐☐☐ [54회]

(3) 여운형과 김규식이 주도하여 조직한 단체: ☐☐☐☐☐☐ [73·69·68회]

(4) 남북 협상에 참여한 인물:
☐☐, 김규식 [71·69회]

(5) 우리나라 최초의 보통 선거:
☐☐☐☐☐ [75·64회]

2. 질문에 맞는 답을 고르세요.

(1) 신탁 통치 결정의 배경은? [60회]
① 모스크바 삼국 외상 회의가 개최되었다.
② 좌·우 합작 7원칙을 발표하였다.

(2) (가) 시기의 사실로 옳은 것은? [64회]

| 이승만의 정읍 발언 | → | (가) | → | 제2차 미·소 공동 위원회 |

① 유엔 한국 임시 위원단이 서울에 도착하였다.
② 여운형 등의 주도로 좌·우 합작 위원회가 발족되었다.

(3) 제주 4·3 사건에 대한 설명은? [74회]
① 대통령이 하야하는 결과를 이끌어냈다.
② 희생자들의 명예 회복을 위한 특별법이 제정되었다.

(4) 5·10 총선거에 대한 설명은? [71회]
① 제헌 국회의원을 선출하기 위해 시행되었다.
② 민의원, 참의원으로 구성된 양원제 국회가 탄생하였다.

정답 |
1. (1) 모스크바 삼국 외상 (2) 이승만
   (3) 좌·우 합작 위원회 (4) 김구
   (5) 5·10 총선거

2. (1) ① (②은 신탁 통치 결정 이후)
   (2) ② (①은 1948년 1월, 제2차 미·소 공동 위원회 이후)
   (3) ② (①은 4·19 혁명)
   (4) ① (②은 제3차 개헌)

필수 기출로 개념 적용하기 기출주제 44 대한민국 정부 수립 과정

01 [61회 기출]

밑줄 그은 '군정청'이 있었던 시기의 사실로 옳은 것은? [2점]

① 한·미 상호 방위 조약이 체결되었다.
② 제1차 경제 개발 5개년 계획이 추진되었다.
③ 반민족 행위 특별 조사 위원회가 설치되었다.
④ 신한공사가 설립되어 귀속 재산을 관리하였다.
⑤ 국가 보안법 개정안을 통과시킨 보안법 파동이 일어났다.

02 [64회 기출]

(가) 시기에 있었던 사실로 옳은 것은? [2점]

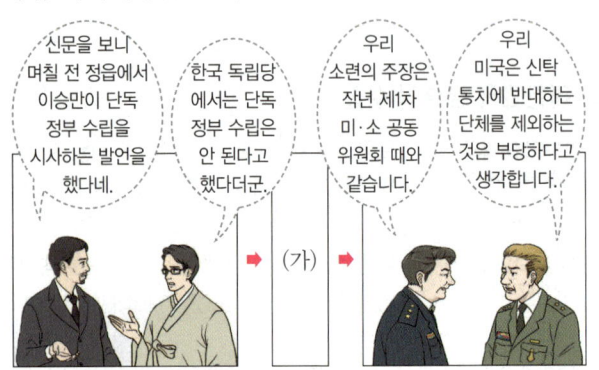

① 여수·순천 10·19 사건이 발생하였다.
② 유엔 한국 임시 위원단이 서울에 도착하였다.
③ 송진우, 김성수 등이 한국 민주당을 창당하였다.
④ 여운형 등의 주도로 좌·우 합작 위원회가 발족되었다.
⑤ 조선 건국 준비 위원회에서 조선 인민 공화국을 선포하였다.

 미 군정기의 사실

④ **신한공사가 설립**되어 귀속 재산을 관리하였다.
→ 광복 직후 미 군정 시기

광복 직후 **여운형**과 **안재홍** 등의 정부 수립 노력에도 불구하고, 38도선 남쪽에서는 미군이 통치하는 **미 군정**이 실시되었다. 이때 미군은 통치 기관으로 **미 군정청**을 설치하였으며, **신한공사**를 설립하여 일제가 남기고 간 귀속 재산을 관리하였다.

오답 클리어
① 한·미 상호 방위 조약이 체결되었다. → 이승만 정부
② 제1차 경제 개발 5개년 계획이 추진되었다. → 박정희 정부
③ 반민족 행위 특별 조사 위원회가 설치되었다. → 이승만 정부
⑤ 국가 보안법 개정안을 통과시킨 보안법 파동이 일어났다.
→ 이승만 정부

📘 이건 꼭! 암기 **미 군정기**
#신한공사 설립_귀속 재산 관리

정읍 발언과 제2차 미·소 공동 위원회 사이의 사실

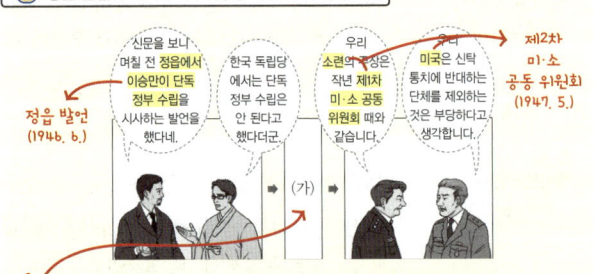

④ 여운형 등의 주도로 **좌·우 합작 위원회**가 발족되었다.
→ 1946년 7월

제1차 미·소 공동 위원회 결렬 이후, **이승만**이 정읍에서 **남한만의 단독 정부 수립**을 주장하였다(정읍 발언, 1946. 6.). 이에 남북 분단을 우려한 **여운형**과 **김규식** 등이 주도하여 **좌·우 합작 위원회**를 조직하였다. 그러나 좌·우 합작 운동은 실패하였고, 이후 **제2차 미·소 공동 위원회**가 재개(1947. 5.)되었으나, 결국 결렬되었다.

오답 클리어
① 여수·순천 10·19 사건이 발생하였다. → 1948년 10월
② 유엔 한국 임시 위원단이 서울에 도착하였다. → 1948년 1월
③ 송진우, 김성수 등이 한국 민주당을 창당하였다. → 1945년 9월
⑤ 조선 건국 준비 위원회에서 조선 인민 공화국을 선포하였다.
→ 1945년 9월

03

[74회 기출]

(가) 사건에 대한 설명으로 가장 적절한 것은? [2점]

> (가) 사건에 대한 기록물이 마침내 유네스코 세계 기록유산으로 등재되었습니다. 이 사건은 당시 남한만의 단독 선거에 반대하는 무장대와 이를 진압하는 토벌대 간의 무력 충돌, 그 뒤 토벌대의 진압 과정에서 수많은 제주도민이 희생된 비극이었습니다. 기록물에는 수형인 명부와 희생자 유족 증언 등이 포함되어 있는데, 이번 등재로 국가 폭력에 맞서 진실을 밝히려는 노력과 함께 화해와 상생, 평화와 인권의 가치가 세계의 기억으로 인정받게 되었습니다.

14,673건의 (가) 기록물, 세계 기록유산 등재

① 대통령이 하야하는 결과를 이끌어냈다.
② 호헌 철폐와 독재 타도 등의 구호를 내세웠다.
③ 통일 주체 국민 회의가 구성되는 배경이 되었다.
④ 6·3 시위의 전개와 비상 계엄이 선포되는 계기가 되었다.
⑤ 진상 규명 및 희생자 명예 회복에 관한 특별법이 제정되었다.

04

[71회 기출]

밑줄 그은 '총선거'에 대한 설명으로 옳은 것은? [1점]

공보물로 본 우리나라 선거의 역사

[해설] 이것은 유엔 한국 임시 위원단의 감시 하에 우리나라 최초로 실시된 총선거에 출마한 장면 후보자의 선거 공보이다. 후보자의 사진, 약력, 선거 구호 등이 보이고, 특히 자세한 투표 안내가 눈에 띈다.

① 5·16 군사 정변 이후에 실시되었다.
② 제헌 국회의원을 선출하기 위해 시행되었다.
③ 통일 주체 국민 회의 대의원이 투표에 참여하였다.
④ 민의원, 참의원으로 구성된 양원제 국회가 탄생하였다.
⑤ 신한 민주당이 창당 한 달 만에 제1야당이 되는 결과를 가져왔다.

기출주제 45 이승만 정부

빈출 태그 | #반민족 행위 처벌법 #농지 개혁법 #6·25 전쟁 #인천 상륙 작전 #발췌 개헌 #사사오입 개헌 #3·15 부정 선거 #4·19 혁명 #장면 내각

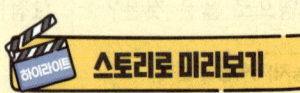

스토리로 미리보기

S#1 친일파 청산을 위한 법이 제정되다!

드디어 친일파에게 벌을 주는 반민족 행위 처벌법이 제헌 국회를 통과했다고 한다. 일본이 물러간 후에도 처벌은 커녕 떵떵거리며 살더니, 이제 법이 통과되었으니 응당한 대가를 치르겠지.

S#2 농지 개혁이 실시되다!

이승만 정부가 농지 개혁을 실시한다며 내 땅을 3정보만 남기고 모두 사갔다. 땅값으로 돈 대신 지가 증권이라는 것을 받았는데, 현금으로 바꾸기가 어려워서 어찌해야 할지 걱정이네.

S#3 북한군의 남침으로 6·25 전쟁이 발발하다!

평화롭게 지내던 어느 날, 갑자기 라디오에서 북한군이 새벽에 38도선을 넘어 전면 남침했다는 속보가 들려 왔다. 라디오에서는 안심하라는 대통령 각하의 목소리가 흘러나오지만 모두들 남쪽으로 피난을 가야 한다고 한다. 우리도 짐을 싸야겠어.

1 제헌 국회의 활동(1948~1950)

└ 5·10 총선거를 통해 구성된 2년 임기의 국회로, 이승만을 대통령으로 선출함(이승만 정부)

(1) 반민족 행위 처벌법 제정 – 친일파 청산

내용	: 한·일 병합에 협력한 자, 한국의 주권을 침해하는 데 도움을 준 자, 일본 치하 독립운동자나 그 가족을 살상·박해한 자 등을 처벌함
★시행	┌ 반민족 행위 처벌법(반민법) 제정: 일제의 잔재를 청산하기 위함(1948) └ 반민족 행위 특별 조사 위원회 설치: 반민족 행위자를 조사·구속함 └ 반민특위라고 함
한계	┌ 친일파 청산보다 반공을 내세운 이승만 정부가 비협조적인 태도를 보임 ├ 국회 프락치 사건: 일부 국회의원들이 외국군 철수와 평화 통일을 주장하자, 이승만 대통령은 반민특위 소속 국회의원들을 공산당과 내통했다는 구실로 구속함(1949) ├ 반민특위 습격 사건: 일본 경찰 출신 간부들이 반민특위를 습격함(1949) └ 반민법 공소 시효 단축: 반민법의 공소시효가 단축되어 친일파 처벌 기한이 줄어듦
결과	: 반민특위가 해체되자 관련자 대부분이 석방되어 친일파 청산이 좌절됨

(2) 농지 개혁법 제정

┌ 약 3만m²(9,000평)

★내용	┌ 한 가구 당 3정보 이상의 토지 소유를 금지하였으며, 유상 매수·유상 분배의 원칙을 정함 └ 초과분은 지가 증권을 발급하여 매입함 └ 연평균 수확량의 30%를 5년간 상환하면 소유권이 인정됨
시행 과정	: 1949년 농지 개혁법이 제정됨 → 1950년 농지 개혁이 시행됨 → 6·25 전쟁으로 개혁이 잠시 중단되었다가 휴전 이후 농지 개혁이 재개됨
결과	: 소작농이 감소하고 자영농이 증가하면서 경자유전의 원칙을 실현하게 됨 └ 농사짓는 사람이 밭(땅)을 소유함

백발백중 기출 사료 | 농지 개혁법 [69회]

제12조 농지의 분배는 농지의 종목, 등급 및 농가의 능력 등에 기준한 점수제에 의거하되 1가당 총 경영 면적 3정보를 초과하지 못한다.
제13조 분배받은 농지에 대한 상환액 및 상환 방법은 다음에 의한다.
　1. 상환액은 해당 농지의 주 생산물 생산량의 12할 5푼을 5년간 납입케 한다.

➜ 사료 해석: 제헌 국회에서는 농민에게 농지를 적절히 분배하여 농가 경제의 자립, 농업 생산력의 증진 등을 도모하기 위해 유상 매수·유상 분배를 원칙으로 하는 농지 개혁법을 제정하였다.

(3) 귀속 재산 처리법 제정

┌ 미 군정에 몰수된 일제 강점기 때 일본인 소유의 농지, 주택, 기업 등의 재산을 이르는 말

내용	: 일제가 남긴 재산 처리를 위한 귀속 재산 처리법이 처음 제정되어 일본인 소유의 공장과 주택 등이 민간인에게 저렴한 가격으로 불하됨
결과	: 귀속 재산 불하 과정에서 특혜 문제가 발생하여 재벌이 탄생하는 계기가 됨

2 6·25 전쟁(1950~1953)

(1) 전쟁 전의 한반도 정세

북한의 상황	: 북한이 소련과 군사 비밀 협정을 체결하여 무기 지원을 약속 받음
남한의 상황	┌ 주한 미군이 한반도에서 철수하였으며, 애치슨 선언이 발표됨 └ 한·미 상호 방위 원조 협정을 체결하여 군사적 원조를 약속 받음

※ 미국의 국무장관 애치슨이 미국의 극동 방위선에서 한반도와 대만(타이완)을 제외한다는 내용(1950. 1.)

(2) 전쟁의 전개 과정

북한군 남침(1950. 6. 25.): 북한군의 기습 남침으로 전쟁이 발발하여 3일 만에 서울이 함락되고, 정부는 부산으로 피난하여 낙동강 방어선을 구축함
└ 이후 방어선 일대인 다부동에서 북한군의 공세를 방어함(1950. 8.)

↓

유엔군 참전(1950. 7.): 유엔 안전 보장 이사회가 참전을 결정하고 대한민국에 유엔군을 파견함
┌ 북한군의 계속된 남하로 대전이 함락되고 대부분의 지역을 점령당하면서 낙동강에 방어선을 구축함

↓

⭐인천 상륙 작전 및 서울 수복(1950. 9.): 국군과 유엔군이 맥아더 장군의 지휘 하에 인천 상륙 작전을 감행한 후 10여 일 만에 서울을 수복하고, 평양·압록강까지 진격함

↓

중국군 개입(1950. 10.): 유엔군과 국군의 북상에 위기를 느낀 중국군이 대규모 군대를 파견하여 북한군을 지원함

↓

흥남 철수(1950. 12.): 중국군의 개입으로 전세가 역전되자, 국군과 유엔군은 흥남 철수 작전을 전개하여 후퇴함

↓

1·4 후퇴(1951. 1.): 국군과 유엔군의 후퇴로 다시 서울을 북한에게 빼앗기게 됨

↓

서울 재탈환(1951. 3.): 국군과 유엔군이 총공세를 단행하여 서울을 재탈환하고, 38도선 부근까지 진격하였으나 전쟁이 교착 상태에 빠짐

↓

정전 회담 시작(1951. 7.): 전쟁 확대를 우려한 소련의 제의로 정전 회담이 시작되었으나, 군사 분계선의 설정과 포로 송환 문제를 두고 회담이 지체됨

↓

반공 포로 석방(1953. 6.): 정전 협정에 반대한 이승만 대통령이 회담의 쟁점인 반공 포로를 석방함
└ 공산주의에 반대한 포로

↓

정전 협정 체결(1953. 7.): ┌ 체결: 판문점에서 유엔군 총사령관과 조선 인민군 최고 사령관(북한 측), 중국 인민 지원군 사령원 사이에서 정전(휴전) 협정이 체결됨
└ 내용: 군사 분계선을 확정하고 비무장 지대를 설정함
└ 군사 분계선 남북 각각 2km 지역

▲ 6·25 전쟁의 전개 과정

(3) 전쟁 이후의 상황

한·미 상호 방위 조약 체결(1953. 10.)	: 대한민국과 미국이 서로의 군사적 안전을 보장하는 내용의 조약을 체결함 └ 한·미 원조 협정으로 미국은 1950년대 후반까지 한국에 대량의 물자를 무상으로 원조함
삼백 산업 발달	: 미국의 경제 원조로 원조 물자(밀가루·설탕·면화)를 가공하는 삼백(제분·제당·면방직) 산업 중심의 소비재 산업이 발달함

✓ 기출 선택지로 개념 다지기

1. 빈칸의 답을 채워보세요.

(1) 제헌 국회가 친일파 청산을 위해 제정한 법: _____ [63·62회]

(2) 농지 개혁법의 원칙: 유상 매수, _____ [72·71·70회]

(3) 일제가 남긴 재산 처리를 위해 제정된 법: _____ [63회]

(4) 맥아더 장군이 지휘한 작전: _____ [68·66·62회]

(5) 6·25 전쟁 결과 미국과 체결한 조약: _____ 조약 [75·74·72회]

2. 질문에 맞는 답을 고르세요.

(1) 제헌 국회의 활동은? [42회]
① 유상 매수·유상 분배 원칙의 농지 개혁법을 제정하였다.
② 초대 대통령에 한해 중임 제한을 철폐하였다.

(2) 제헌 국회에 대한 설명은? [63회]
① 일부 지역의 국회의원이 선출되지 못한 채 출범하였다.
② 민의원, 참의원의 양원으로 구성되었다.

(3) 6·25 전쟁 중에 있었던 사실은? [74회]
① 발췌 개헌안이 통과되었다.
② 한·미 상호 방위 조약이 체결되었다.

(4) (가)에 들어갈 사건은? [51회]

다부동 전투(낙동강 방어선 구축) → (가) → 정전 회담

① 애치슨 선언이 발표되었다.
② 흥남 철수 작전이 전개되었다.

정답 | 1. (1) 반민족 행위 처벌법 (2) 유상 분배
(3) 귀속 재산 처리법 (4) 인천 상륙 작전
(5) 한·미 상호 방위

2. (1) ① (②은 제3대 국회)
(2) ① (②은 제5대 국회)
(3) ① (②은 1953년 10월, 6·25 전쟁 이후)
(4) ② (①은 1950년 1월, 다부동 전투 이전)

기출주제 45 이승만 정부

스토리로 미리보기

와, 그런데 전쟁도 끝나고 시간이 한참 지난 것 같은데 여전히 대통령은 이승만이네. 이때는 대통령 임기가 많이 길었어?

음, 처음 정해진 임기는 4년이었는데 이승만 정부가 헌법을 바꿔 여러 번 오래 하게 됐어.

헉, 그랬구나. 어떻게 바뀌었는지 간단하게 설명해줄 수 있어?

이승만 정부 때 총 2번 개헌을 했는데, 첫 번째 개헌은 무려 6·25 전쟁 중에 했어. 이때 정부와 국회의 의견을 절충하여 개헌안을 통과시켰다고 해서 발췌 개헌이라고도 불러.

음, 그랬구나. 두 번째 개헌은?

두 번째 개헌은 이승만 정부가 반올림의 논리로 법을 강제로 통과시켜서 사사오입(반올림) 개헌이라고 불러. 이 개헌으로 이승만에 한해서 영구 집권이 가능해졌어.

와, 헌법을 바꿔가면서 계속 대통령을 하려고 했다니. 근데 어쩌다 대통령에서 물러나게 된 거야?

이 당시에 대통령 밑에는 부통령이 있었는데, 이승만은 부통령 자리까지 자기 사람을 당선시키려고 부정 선거를 실시했어.

이 부정 선거를 들키게 되면서 4·19 혁명이 일어났고, 결국 이승만 대통령이 스스로 하야했어.

와, 국민의 힘으로 이승만의 장기 집권을 끝냈네.

---

3 이승만 정부(1948~1960)의 장기 집권 추진

(1) 장기 집권의 추진

★★ 제1차 개헌 (발췌 개헌, 1952)
- 배경: 이승만은 간선제로는 재선이 어렵다고 느껴 자유당을 창당하고(여당이 됨), 직선제 개헌을 시도하였으나 통과되지 못함 (국민들이 직접 선출하는 선거 제도)
- 과정: 6·25 전쟁 중 임시 수도였던 **부산에서 계엄령을 선포함**
  → 개헌에 반대하고 내각 책임제를 추진하던 야당 의원들을 체포하고, 국제 공산당의 자금을 받았다는 혐의로 구속함(**부산 정치 파동**)
  → 대통령 직선제를 중심으로 하는 여당 측의 개헌안과 내각 책임제를 중심으로 하는 야당 측의 개헌안을 발췌하여 절충한 뒤 통과시킴
- 내용: **정·부통령 직선제**, 내각 책임제 등
- 결과: 제2대 대통령 선거(1952)에서 이승만이 재선에 성공함

백발백중 기출 사료 | 발췌 개헌 [50회]

제31조 입법권은 국회가 행한다. 국회는 민의원과 참의원으로써 구성한다. (양원제 규정이 있으나, 시행되지는 않음)
제53조 대통령과 부통령은 국민의 보통, 평등, 직접, 비밀 투표에 의하여 각각 선거한다.
부 칙 이 헌법은 공포한 날로부터 시행한다. 단, 참의원에 관한 규정과 참의원의 존재를 전제로 한 규정은 참의원이 구성된 날로부터 시행한다. - 헌법 제2호

➔ **사료 해석**: 이승만 정부는 양원제와 대통령 직선제를 내용으로 하는 개헌안을 강압적으로 통과시켰다.

★★ 제2차 개헌 (사사오입 개헌, 1954)
- 배경: 6·25 전쟁 이후 자유당이 이승만의 장기 집권을 추진함 (국회 재적 의원의 3분의 2 이상의 찬성표)
- 과정: 개헌 의석 수를 1표 차이로 넘기지 못해 개헌안이 통과되지 않음
  → 여당인 자유당이 **사사오입(반올림)**의 논리로 야당 의원들이 퇴장한 가운데 개헌안을 통과시킴 → 개헌에 반대하여 범야당 연합 모임인 호헌동지회가 결성됨
- 내용: **개헌 당시의 대통령(이승만)에 한하여 중임 제한이 철폐됨**

백발백중 기출 사료 | 사사오입 개헌 [50회]

제55조 대통령과 부통령의 임기는 4년으로 한다. 단, 재선에 의하여 1차 중임할 수 있다. 대통령이 궐위된 때에는 부통령이 대통령이 되고 잔임 기간 중 재임한다.
부 칙 이 헌법 공포 당시의 대통령에 대하여는 제55조 제1항 단서의 제한을 적용하지 아니한다. (이승만) - 헌법 제3호

➔ **사료 해석**: 이승만 정부는 사사오입의 논리를 적용하여 헌법 공포(개헌) 당시의 대통령인 이승만에 한하여 중임 제한을 철폐한다는 내용의 개헌안을 통과시켰다.

제3대 대통령 선거 (1956)
- 후보
  - 대통령: 이승만(자유당) vs 신익희(민주당) vs 조봉암(무소속)
  - 부통령: 이기붕(자유당) vs 장면(민주당)
- 결과
  - 대통령: 신익희의 급사로 이승만이 당선됨
  - 부통령: 장면이 자유당의 이기붕을 누르고 당선됨

▲ 제3대 대통령 선거 벽보

(2) 독재 체제 강화

진보당 사건 (1958. 1.)	**배경**: 제3대 대통령 선거에서 조봉암이 유효표의 30%를 득표하여 선전함 (평화 통일론을 주장하며 진보당을 창당함) **전개**: 조봉암과 진보당 간부들을 북한의 간첩과 내통하고 북한의 통일 방안(평화 통일론)을 주장했다는 혐의로 구속한 후, 조봉암을 처형함
보안법 파동 (1958. 12.)	국가 보안법(1948)을 개정하여 반공 태세 강화, 언론 통제를 내용으로 하는 신국가 보안법을 여당인 자유당 단독으로 통과시킴

4 4·19 혁명 (1960. 4.)

2·28 민주 운동	자유당이 민주당 장면 후보의 선거 유세장에 가지 못하도록 한 것에 반발하여 대구의 학생들이 시위를 전개함
↓	
☆3·15 부정 선거	자유당이 부통령에 이기붕을 당선시키기 위해 1960년 3월 15일에 실시된 정·부통령 선거에서 사전 투표, 투표함 바꿔치기 등의 부정 선거를 자행함
↓	
마산 시위	마산에서 3·15 부정 선거에 대한 항의 시위가 전개되었고, 정부의 무력 진압으로 인해 많은 사상자가 발생함 이후 시위에 참가했던 김주열의 시신이 발견되면서 시위가 확산됨
↓	
☆4·19 혁명	고려대 학생들이 시위를 전개하였고, 이후 학생들과 시민들을 중심으로 대규모 시위가 발생함 이승만 정부가 계엄령을 선포하고 시민들을 향해 무차별 총격을 가함 대학 교수단이 이승만의 퇴진을 요구하는 시국 선언문을 발표하고 시위 행진을 전개함
↓	
이승만 하야	이승만 대통령이 하야 성명을 발표함
↓	
허정 과도 정부 수립	외무 장관 허정을 수반으로 하는 과도 정부가 수립됨 (완전한 정부를 수립할 때까지 일시적으로 성립하는 정부)
↓	
제3차 개헌 (1960. 6.)	허정 과도 정부는 제3차 개헌에서 내각 책임제와 양원제(참의원·민의원) 국회로 헌법을 개정함 (대통령은 형식적 권한을 가지고, 국회의원이 내각을 구성해 실질적인 행정을 담당함)

백발백중 기출 자료 | 4·19 혁명 [66회]

학생 대표의 연설이 끝나자 우리는 단단하게 스크럼을 짜고 교문 밖으로 행진했다. 3·15 부정 선거에 대한 분노와 얼마 전 마산에서 일어난 규탄 대회에서 김주열 군이 최루탄에 눈 부분을 맞고 마산 앞바다에 죽은 채 떠올랐다는 소문이 파다하게 퍼져있던 터였다. …… 시위대의 물결이 경무대로 향했다. 그때 귀청을 뚫을 듯한 총소리가 연발로 들렸다.

➡ **자료 해석**: 4·19 혁명은 마산에서 열린 3·15 부정 선거 규탄 시위 도중 실종된 김주열 군의 시신이 바다에서 발견되면서 시위가 전국적으로 확산되었다.

---

5 장면 내각 (1960~1961)

수립 과정	제3차 개헌에 따라 실시한 제5대 총선거(1960. 7.)에서 민주당이 압승함 내각 책임제에 따라 국회에서 윤보선이 대통령으로 선출되고, 장면이 국무총리가 되어 장면 내각이 수립됨
활동	**정치**: 3·15 부정 선거자를 처벌하고자 제4차 개헌(1960. 11.)을 단행함 지방 자치제를 실시함(전면 실시는 아님) **경제**: 경제 개발 5개년 계획을 수립함(추진되지는 못함)

✓ 기출 선택지로 개념 다지기

1. 빈칸의 답을 채워보세요.

(1) 1차 개헌(발췌 개헌)의 내용: 정·부통령 [52회]

(2) 2차 개헌(사사오입 개헌)의 내용: ☐ [73·67회]

(3) 조봉암이 창당한 당: ☐ [74·72회]

(4) 4·19 혁명의 배경: ☐ [61회]

(5) 민의원, 참의원으로 운영된 국회 형태: ☐ 국회 [71·63·62회]

2. 질문에 맞는 답을 고르세요.

(1) 발췌 개헌에 대한 설명은? [50회]
① 계엄령 아래 국회에서 기립 표결로 통과되었다.
② 대통령 선거인단에 의한 간접 선거제를 규정하였다.

(2) 사사오입 개헌 이후의 사실은? [69회]
① 진보당의 당수였던 조봉암이 처형되었다.
② 반민족 행위 특별 조사 위원회가 설치되었다.

(3) 4·19 혁명에 대한 설명을 모두 고르면? [74·50회]
① 5년 단임의 대통령 직선제 개헌이 이루어지는 계기가 되었다.
② 대학 교수단이 대통령 퇴진을 요구하며 시위 행진을 벌였다.
③ 허정을 수반으로 하는 과도 정부가 수립되었다.

(4) 장면 내각 시기에 볼 수 있는 모습은? [69회]
① 서울 올림픽 대회에 참가하는 선수
② 민의원에서 통과된 법안을 심의하는 참의원 의원

정답 | 1. (1) 직선제 (2) 중임 제한 철폐 (3) 진보당 (4) 3·15 부정 선거 (5) 양원제
2. (1) ① (②은 제8차 개헌) (2) ① (②은 사사오입 개헌 이전) (3) ②, ③ (①은 6월 민주 항쟁) (4) ② (①은 노태우 정부 시기)

필수 기출로 개념 적용하기 기출주제 45 이승만 정부

01 [73회 기출]

(가)에 들어갈 주제로 가장 적절한 것은? [2점]

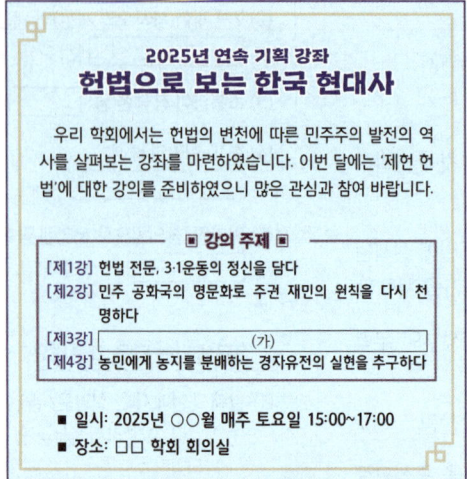

① 양원제 국회와 내각 책임제 정부를 구성하다
② 반민족 행위자를 처벌할 수 있는 근거를 마련하다
③ 국민의 직접 선거로 5년 단임제 대통령을 선출하다
④ 초대 대통령의 중임 제한 철폐, 장기 집권 체제를 강화하다
⑤ 긴급 조치, 대통령이 국민의 기본권을 제한할 수 있게 하다

 제헌 헌법

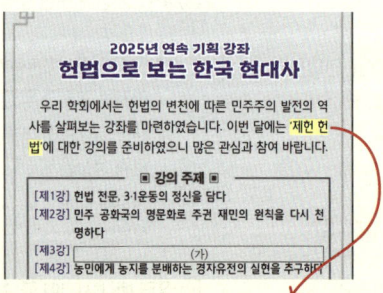

② **반민족 행위자를 처벌할 수 있는 근거를 마련하다**

제헌 헌법은 제헌 국회에서 공포한 **대한민국 최초의 헌법**으로, 헌법 전문에서 3·1 운동의 정신을 담고 있다. 제헌 헌법에서 **농지는 농민에게 분배**하며 그 분배의 방법, 소유의 한도 등을 법률로 정하는 점과 **반민족 행위를 처벌하는 특별법**을 제정할 수 있다는 점 등을 규정하였다.

오답 클리어
① 양원제 국회와 내각 책임제 정부를 구성하다 → 제3차 개헌안
③ 국민의 직접 선거로 5년 단임제 대통령을 선출하다
　→ 제9차 개헌안(현행 헌법)
④ 초대 대통령의 중임 제한 철폐, 장기 집권 체제를 강화하다
　→ 제2차 개헌안(사사오입 개헌)
⑤ 긴급 조치, 대통령이 국민의 기본권을 제한할 수 있게 하다
　→ 제7차 개헌안(유신 헌법)

02 [51회 기출]

(가), (나) 사이의 시기에 있었던 사실로 옳은 것은? [2점]

(가) 북한군의 공격에 밀려 낙동강 방어선으로 후퇴한 제1사단은 다부동 일대에서 북한군 제2군단의 공세에 맞서 8월 3일부터 9월 2일까지 치열한 전투를 벌였다. 이 전투에서 제1사단 12연대는 특공대를 편성, 적 전차 4대를 파괴하는 등 중요한 역할을 수행하며 전투를 승리로 이끌었다.

(나) 개성에서 열린 첫 정전 회담에서 UN군 대표단은 어떠한 정치적 또는 경제적 문제의 논의를 단호히 거부하는 동시에 침략 재발의 방지를 보장하는 화평만이 전쟁을 종식시킬 수 있다고 공산군 대표단에게 경고하였다.

① 애치슨 선언이 발표되었다.
② 흥남 철수 작전이 전개되었다.
③ 여수·순천 10·19 사건이 일어났다.
④ 한·미 상호 방위 조약이 체결되었다.
⑤ 부산에서 발췌 개헌안이 통과되었다.

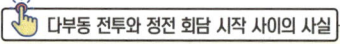 다부동 전투와 정전 회담 시작 사이의 사실

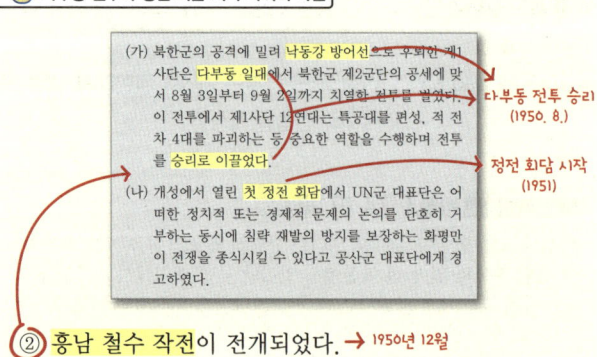

② **흥남 철수 작전이 전개되었다.** → 1950년 12월

6·25 전쟁이 시작된 후 3일 만에 **서울이 함락**되자, 국군은 낙동강 방어선을 구축하고 다부동 일대에서 북한군을 격퇴하였다(1950. 8.). 그 뒤 **국군과 유엔군**은 **인천 상륙 작전**에 성공하여 압록강까지 진격하였으나, **중국군의 참전**으로 전세가 역전되자 **흥남 철수 작전**을 통해 후퇴하였다(1950. 12.). 이후 소련의 제의로 **정전 회담**이 시작(1951)되었다.

오답 클리어
① 애치슨 선언이 발표되었다. → 1950년 1월, (가) 이전
③ 여수·순천 10·19 사건이 일어났다. → 1948년 10월, (가) 이전
④ 한·미 상호 방위 조약이 체결되었다. → 1953년 10월, (나) 이후
⑤ 부산에서 발췌 개헌안이 통과되었다. → 1952년 7월, (나) 이후

03 [68회 기출]

교사의 질문에 대한 학생의 답변으로 적절하지 <u>않은</u> 것은? [2점]

① 반공 포로가 석방되었어요.
② 한·미 상호 방위 조약이 체결되었어요.
③ 흥남에서 대규모 철수가 이루어졌어요.
④ 유엔군이 인천 상륙 작전을 전개하였어요.
⑤ 비상 계엄이 선포된 가운데 발췌 개헌안이 통과되었어요.

서울 수복 이후의 사실

④ 유엔군이 인천 상륙 작전을 전개하였어요. → 1950년 9월

1950년에 6·25 전쟁이 발발한 후 3일만에 서울이 함락되었으나, 국군과 유엔군은 맥아더 장군의 지휘 아래 **인천 상륙 작전을 성공**시켜 서울을 되찾고(1950. 9.) 압록강까지 진격하였다.

오답 클리어
① 1953년 6월에 정전 회담에 반대한 이승만 정부에 의해 **반공 포로가 석방**되었다.
② 1953년 10월에 대한민국과 미국이 서로의 군사적 안전을 보장하는 내용의 **한·미 상호 방위 조약이 체결**되었다.
③ 1950년 12월에 중국군의 참전으로 전세가 불리해지자 **흥남에서 대규모 철수**가 이루어졌다.
⑤ 1952년에 비상 계엄이 선포된 가운데 **발췌 개헌안이 통과**되었다.

04 [42회 기출]

다음 조약에 대한 설명으로 옳은 것을 〈보기〉에서 고른 것은? [2점]

> 국제 연합군 총사령관을 한쪽 편으로 하고 조선 인민군 최고 사령관 및 중국 인민 지원군 사령원을 다른 쪽으로 하는 아래의 서명자들은 쌍방에 막대한 고통과 유혈을 초래한 한국에서의 충돌을 정지시키기 위하여, 최후적인 평화적 해결이 달성될 때까지 한국에서의 적대 행위와 일체 무장 행동의 완전한 정지를 보장하는 정전을 확립할 목적으로, 아래의 조항에 기재된 정전 조건과 규정을 접수하며 또 그 제약과 통제를 받는 데 각자 공동 상호 동의한다. 이 조건과 규정들의 의도는 순전히 군사적 성질에 속하는 것이며 이는 오직 한국에서의 교전 쌍방에만 적용한다.

〈보기〉
ㄱ. 포로 송환 문제로 인해 체결이 지연되었다.
ㄴ. 미국과 소련의 군정이 종식되는 계기가 되었다.
ㄷ. 군사 분계선을 확정하고 비무장 지대를 설정하였다.
ㄹ. 미국의 극동 방위선을 조정한 애치슨 선언에 영향을 주었다.

① ㄱ, ㄴ ② ㄱ, ㄷ ③ ㄴ, ㄷ ④ ㄴ, ㄹ ⑤ ㄷ, ㄹ

정전 협정

② ㄱ. 포로 송환 문제로 인해 체결이 지연되었다.
  ㄷ. 군사 분계선을 확정하고 비무장 지대를 설정하였다.

정전 협정은 소련이 정전 회담을 제의하면서 시작되었으나 **군사 분계선의 설정, 전쟁 포로의 송환 문제** 등으로 지체되었다. 결국 정전 협정이 체결되면서, 한반도에는 38선을 기준으로 **군사 분계선**이 확정되었고, 군사 분계선 남북으로 **비무장 지대**가 설정되었다.

오답 클리어
ㄴ. 미국과 소련의 군정이 종식되는 계기가 되었다.
 → 정전 협정 이전
ㄹ. 미국의 극동 방위선을 조정한 애치슨 선언에 영향을 주었다.
 → 정전 협정 이전

이건 꼭! 암기 정전 협정
#소련의 제의로 시작 #군사 분계선 확정 #비무장 지대 설정

필수 기출로 개념 적용하기 기출주제 45 이승만 정부

05 44회 기출

다음 상황 이후에 전개된 사실로 옳은 것은? [2점]

> 5월 26일, 부산에서 국회의원 통근 버스가 헌병대로 강제 연행되어 탑승한 야당 의원 50여 명이 구금당하는 사태가 벌어졌다. 내각 책임제를 추진하던 주동 의원들이 체포되었으며, 국제 공산당 사건 혐의로 10여 명의 국회의원이 구속되었다.

① 북한의 전면적인 남침으로 6·25 전쟁이 발발하였다.
② 경찰이 반민족 행위 특별 조사 위원회를 습격하였다.
③ 정·부통령 직접 선거를 주 내용으로 하는 개헌이 이루어졌다.
④ 전조선 정당 사회 단체 지도자 협의회가 성명서를 발표하였다.
⑤ 일제가 남긴 재산 처리를 위한 귀속 재산 처리법이 처음 제정되었다.

06 67회 기출

밑줄 그은 '개헌안'의 시행 결과로 옳은 것은? [2점]

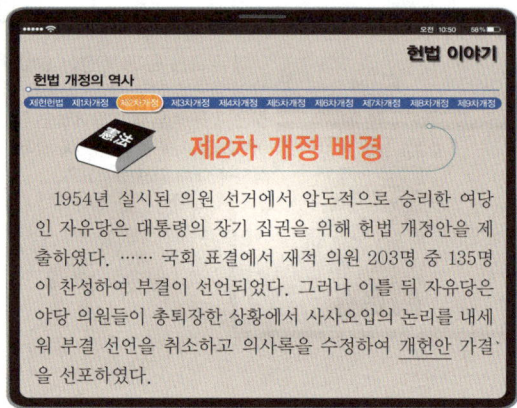

① 통일 주체 국민 회의에서 대통령이 선출되었다.
② 5년 단임의 대통령이 직선제에 의해 선출되었다.
③ 대통령이 국회의원의 3분의 1을 추천하게 되었다.
④ 국회에서 간접 선거 방식으로 대통령이 선출되었다.
⑤ 개헌 당시의 대통령에 한하여 중임 제한이 철폐되었다.

부산 정치 파동 이후의 사실

③ 정·부통령 직접 선거를 주 내용으로 하는 개헌이 이루어졌다. → 발췌 개헌

이승만 정부는 6·25 전쟁 중 임시 수도였던 **부산**에서 계엄령을 선포하고, 내각 책임제를 추진하던 야당 의원들을 국제 공산당의 자금을 받았다는 혐의로 구속하였다(**부산 정치 파동**). 이후 이승만 정부는 정·부통령 직접 선거와 야당이 추진한 내각 책임제 일부를 절충한 내용의 **발췌 개헌**을 강압적으로 통과시켰다.

오답 클리어
① 북한의 전면적인 남침으로 **6·25 전쟁**이 발발하였다.
→ 부산 정치 파동 이전
② 경찰이 **반민족 행위 특별 조사 위원회**를 습격하였다.
→ 부산 정치 파동 이전
④ 전조선 정당 사회 단체 지도자 협의회가 성명서를 발표하였다.
→ 남북 협상, 부산 정치 파동 이전
⑤ 일제가 남긴 재산 처리를 위한 **귀속 재산 처리법**이 처음 제정되었다. → 부산 정치 파동 이전

사사오입 개헌안

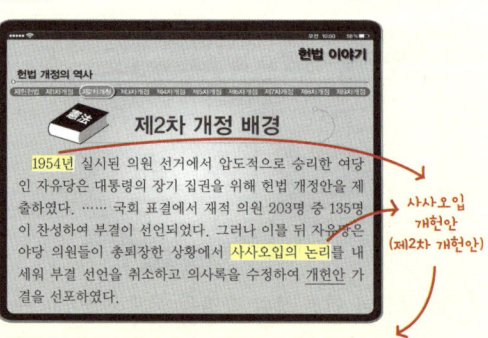

⑤ 개헌 당시의 대통령에 한하여 중임 제한이 철폐되었다.

사사오입 개헌안은 국회 재적 의원 3분의 2 이상의 찬성표를 얻지 못해 부결되었으나, 자유당이 **사사오입(반올림)**의 논리를 적용시켜 개헌안을 통과시킨 것이다. 그 결과 개헌 당시의 대통령(이승만)에 한해 중임 제한이 철폐되었다.

오답 클리어
① 통일 주체 국민 회의에서 대통령이 선출되었다.
→ 제7차 개헌안(유신 헌법)
② 5년 단임의 대통령이 직선제에 의해 선출되었다.
→ 제9차 개헌안(현행 헌법)
③ 대통령이 국회의원의 3분의 1을 추천하게 되었다.
→ 제7차 개헌안(유신 헌법)
④ 국회에서 간접 선거 방식으로 대통령이 선출되었다. → 제헌 헌법

07
[59회 기출]

밑줄 그은 '이 사건'이 일어난 시기를 연표에서 옳게 고른 것은? [3점]

> 1. 이 사건은 검찰이 아무런 증거도 없이 공소 사실도 특정하지 못한 채 조봉암 등 진보당 간부들에 대해 국가 변란 혐의로 기소를 하였고 ……
>
> ⋮
>
> 5. 이 사건은 정권에 위협이 되는 야당 정치인을 제거하려는 의도에서 표적 수사에 나서 극형인 사형에 처한 것으로 민주 국가에서 있어서는 안 될 비인도적, 반인권적 인권 유린이자 정치 탄압 사건이다.
>
> 6. 국가는 …… 피해자와 유가족에게 총체적으로 사과하고 화해를 이루는 등 적절한 조치를 취하여야 하며, 명예를 회복시키기 위해 형사소송법이 정한 바에 따라 재심 등 상응한 조치를 취하는 것이 필요하다.
>
> – 「진실·화해를 위한 과거사 정리 위원회 조사보고서」

1948	1954	1960	1965	1969	1974
	(가)	(나)	(다)	(라)	(마)
대한민국 정부 수립	사사오입 개헌	4·19 혁명	한·일 기본 조약	3선 개헌	인민 혁명당 재건위 사건

① (가) ② (나) ③ (다) ④ (라) ⑤ (마)

 진보당 사건

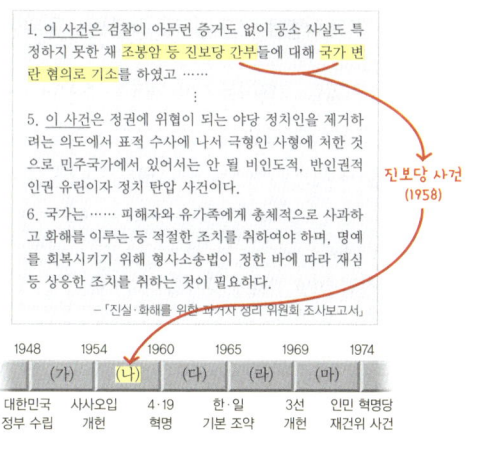

② (나)

이승만 정부는 사사오입 개헌(1954) 이후 실시된 **제3대 정·부통령 선거**에서 민주당의 장면이 부통령에 당선되고, 무소속으로 대통령 후보에 출마한 **조봉암이 선전**한 것에 위기감을 느꼈다. 이후 **조봉암이 진보당을 창당**하자, 이승만 정부는 **조봉암과 진보당 간부들을 북한의 간첩과 내통하고 북한의 통일 방안을 주장하였다는 국가 변란 혐의로 기소**한 뒤, 이들을 제거하였다(**진보당 사건**, 1958).

08
[74회 기출]

(가)에 들어갈 민주화 운동에 대한 설명으로 옳은 것은? [2점]

> 이것은 2·28 민주 운동을 기념하는 탑입니다. 이 운동은 이승만 독재 정권이 선거를 앞두고 야당 부통령 후보 연설에 참석하는 것을 막기 위해 일요일 등교 조치를 내리자, 이에 반발한 대구 지역의 고등학생들이 시위에 나서며 시작되었습니다. 2·28 민주 운동은 이후 대전의 3·8 민주 의거, 마산의 3·15 의거와 함께 (가) 의 도화선이 되었습니다.

① 시위 도중 대학생 이한열이 희생되었다.
② 시민군이 조직되어 계엄군에 저항하였다.
③ 허정 과도 정부가 출범하는 계기가 되었다.
④ 5년 단임의 대통령 직선제 개헌을 이끌어냈다.
⑤ 야당 총재의 국회의원직 제명으로 촉발되었다.

 4·19 혁명

③ 허정 과도 정부가 출범하는 계기가 되었다.

4·19 혁명은 이승만 정부의 **3·15 부정 선거**에 항거해 일어난 민주화 운동이다. 선거를 앞두고 정부가 야당 후보 연설 참석을 막기 위해 일요일 등교 조치를 내리자, 이에 반발하여 대구 지역의 학생들이 시위를 전개하였다(**대구 2·28 민주 운동**). 이어 마산에서 3·15 부정 선거를 규탄하는 시위가 전개되었고, 시위 도중 실종되었던 김주열의 시신이 발견되면서 시위가 전국적으로 확산되었다(**4·19 혁명**). 그 결과 이승만이 하야하고 **허정 과도 정부가 출범**하였다.

😵 오답 클리어

① 시위 도중 대학생 **이한열**이 희생되었다. → **6월 민주 항쟁**
② **시민군**이 조직되어 계엄군에 저항하였다. → **5·18 민주화 운동**
④ **5년 단임의 대통령 직선제 개헌**을 이끌어냈다. → **6월 민주 항쟁**
⑤ **야당 총재의 국회의원직 제명**으로 촉발되었다.
→ **부·마 민주 항쟁**

기출주제 46. 박정희 정부 ~ 이명박 정부

빈출 태그 | #한·일 국교 정상화 #유신 헌법 #3·1 민주 구국 선언 #YH 무역 사건 #경제 개발 5개년 계획 #5·18 민주화 운동 #6월 민주 항쟁
#박종철 고문 치사 사건 #4·13 호헌 조치 #금융 실명제 실시 #금 모으기 운동 #FTA 체결

스토리로 미리보기

- (역알못) 이승만이 물러났으니 나라가 조금 안정되겠네. 그렇지?
- (역잘알) 음, 글쎄. 새로운 정부가 들어섰지만 사회가 계속 혼란스럽자 군인이었던 박정희가 권력을 잡았어.
- (역잘알) 그러다 대통령 선거에 나와 당선된 후 무려 17년간 대통령 자리에 있었지.
- (역알못) 17년 동안 대통령이었다니! 그럼 엄청 다양한 정책들을 실시했겠네.
- (역잘알) 응, 박정희 정부는 경제 발전을 가장 중요하게 생각했어. 그래서 경제 개발 계획을 실시했고, 경제 개발을 위한 자금을 외국으로부터 들여왔어.
- (역알못) 외국한테 돈을 빌린거야? 어떻게 자금을 마련한거지?
- (역잘알) 독일에 광부나 간호사를 보내 외화를 벌어들였고, 베트남 전쟁에 군대를 보내는 대가로 미국으로부터 지원 받았어. 그리고 일본과는 국교를 정상화해서 경제 개발을 위한 자금을 지원 받았어.
- (역알못) 앗, 그 내용 영화 국제시장에서 본 것 같아! 그런데 오랫동안 집권할 수 있었던 이유는 뭐야?
- (역잘알) 그건 이승만 정부처럼 헌법을 여러 번 바꿨기 때문이야. 특히 유신 헌법이라고 대통령에게 많은 권한을 주는 법을 통과시키기도 했어.

1 박정희 정부와 유신 체제

(1) 박정희 정부의 수립 과정

5·16 군사 정변: 박정희 중심의 군부 세력이 군사 정변을 일으켜 장면 내각을 붕괴시킴
→ 군사 혁명 위원회가 반공을 국시로 내건 혁명 공약을 발표함

↓

군정 실시(1961): 국가 재건 최고 회의와 중앙정보부를 창설하여 군정을 실시함
  └ 5·16 군사 정변 당시의 군사 혁명 위원회가 재편된 것으로, 최고 통치 기구의 역할을 수행함

↓

제5차 개헌(1962): 대통령 직선제와 단원제를 골자로 개헌하여 박정희가 대통령으로 당선됨

(2) 제3공화국(1963~1972)

☆☆ 한·일 국교 정상화
└ 경제 개발을 위한 외화 자금이 필요하였고, 미국이 일본과의 국교 정상화를 권고함

- **한·일 회담 (1962)**: 국교 정상화 이전 중앙정보부장 김종필과 일본 외상 오히라가 한·일 회담에서 무상 원조와 차관의 대략적인 금액을 비밀 메모 형태로 합의함(김종필·오히라 비밀 메모)

↓

- **6·3 시위 (1964)**: ─ 국민들이 굴욕적인 한·일 국교 정상화에 반대하는 시위를 전개함
  ─ 정부가 비상 계엄령을 선포하여 시위를 무력으로 진압함

↓

- **한·일 협정 (1965)**: 일본이 독립 축하금이라는 명목으로 무상 3억 달러·유상 2억 달러·민간 차관 1억 달러 제공에 합의하면서 국교가 정상화됨

베트남 파병
- **파병**: 미국의 요청에 따라 베트남전(월남전)에 군대를 파병함
- **브라운 각서 체결**: 추가 파병에 대한 대가로 경제 발전을 위한 원조를 받음
  └ 미국 정부가 보상 조치 내용을 한국 정부에 보낸 각서

📍3선 개헌 (제6차 개헌, 1969)
- **내용**: 대통령의 3선 연임을 허용하는 헌법 개정을 추진함
- **결과**: 야당과 학생 등이 반대 투쟁을 전개하였으나, 정부가 편법으로 개헌안을 통과시킴 → 제7대 대선에서 박정희가 김대중을 누르고 당선됨

> **백발백중 기출 사료 | 📍3선 개헌** [63회]
>
> 제64조 ① 대통령은 국민의 보통·평등·직접·비밀 선거에 의하여 선출한다.
> 제69조 ① 대통령의 임기는 4년으로 한다.
> ③ 대통령의 계속 재임은 3기에 한한다.

(3) 유신 체제(제4공화국)의 성립
└ 미국 대통령 닉슨이 발표한 아시아에 대한 외교 정책으로, 내란이나 침략이 있을 경우 아시아 각국이 스스로 대처해야 한다는 것이 주요 내용

10월 유신 선포 (1972. 10. 17.)
- **배경**: ─ **국외**: 닉슨 독트린 발표로 인해 냉전 체제가 완화됨
  ─ **국내**: 김대중의 선거 선전으로 인한 정부의 불안감이 고조됨
- **선포**: 10월 유신을 단행하고 전국에 비상 계엄령을 선포함

☆☆유신 헌법 (제7차 개헌, 1972)
- 통일 주체 국민회의에서 간접 선거로 대통령(임기 6년)을 선출하고, 국회의원 정원의 1/3을 선출함
- 대통령에게 국회 해산권과 헌법상 국민의 자유·권리를 잠정적으로 정지할 수 있는 긴급 조치권을 부여함
  └ 대중 가요를 금지곡으로 선정하기도 함

▲ 유신 헌법 공포

(4) 유신 체제에 대한 저항과 탄압

개헌 청원 100만인 서명 운동	: 장준하 등이 긴급 조치로 구속된 민주 인사와 학생들의 석방 등을 요구함 (1973)
⭐3·1 민주 구국 선언	: 재야 인사와 야당 지도자들이 긴급 조치 철폐, 박정희 대통령의 퇴진 등을 요구하는 3·1 민주 구국 선언을 발표함(1976)
탄압	: 정부는 인민혁명당이 국가 전복을 계획하였다는 내용의 인민혁명당 재건위 사건을 발표하고, 긴급 조치에 따라 영장 없이 관련자들을 체포함

(5) 유신 체제의 붕괴 과정

YH 무역 사건	: YH 무역 노조가 부당한 폐업 조치에 항의하며 농성하던 중 여성 노동자가 사망하였고, 이후 노동 운동과 민주화 운동이 결합됨(1979)
↓	
부·마 민주 항쟁	: YH 무역 사건을 비판한 신민당 총재 김영삼이 국회에서 제명되자(당시 야당), 부산·마산에서 유신 체제 반대 시위를 전개함(1979)
↓	
붕괴	: 부·마 민주 항쟁의 진압을 둘러싸고 박정희 정부 내에서 갈등이 발생함 → 김재규(중앙정보부장)가 박정희를 살해한 10·26 사태로 유신 체제가 붕괴됨

2 박정희 정부의 경제·사회 정책

⭐제1·2차 경제 개발 5개년 계획 (1962~1971)	특징	경공업 육성, 자립 경제 구축, 소비재 수출 산업 육성을 내세움
	내용	경부 고속도로(1970)를 완성하고, 저임금·저곡가 정책을 추진함
	한계	낮은 임금과 열악한 노동 환경으로 전태일이 근로 기준법 준수를 주장하며 분신함(1970)
		급속한 산업화로 도시 빈민층이 증가함(광주 대단지 사건 - 서울 도시화 과정에서 제반 시설을 갖추지 않은 채 10만여 명의 주민들을 경기도 광주로 강제 이주시킴)
제3·4차 경제 개발 5개년 계획 (1972~1981)	특징	수출 주도형 중화학 공업 육성을 내세움
	내용	포항 제철 등 경상도 해안 지역에 대규모 중화학 공업 단지를 육성함
		제1차 석유 파동(1973)(국제 석유가격의 상승으로 발생한 세계적인 혼란)에 따른 경제 불황을 극복하기 위해 중동에 건설 사업을 확대함
		수출 100억 달러 달성: 중화학 공업의 성장으로 달성함(1977)
	한계	농촌과 도시의 발전에 격차가 발생하여 농촌 사회의 불만이 커짐
		제2차 석유 파동(1978)으로 경제 불황이 심화됨
새마을 운동		1970년대부터 농촌 근대화를 목적으로 새마을 운동이 전개됨
한·독 근로자 채용 협정 체결		서독(통일 이전의 서쪽 독일)에 광부와 간호사를 파견하여 경제 개발에 필요한 외화를 획득함
사회 정책	경범죄처벌법 개정: 장발, 미니스커트 착용을 단속할 수 있도록 함
	가정 의례 준칙 제정: 허례허식을 없애기 위해 가정 의례 절차를 줄임
	혼·분식 장려 운동: 1960년대부터 쌀의 소비를 줄이기 위해 혼식과 분식을 강제하는 운동이 전개됨
교육 정책	국민 교육 헌장을 선포하여 새로운 민족 문화 창조를 강조함(1968)
	중학교 무시험 추첨제(1969)와 고교 평준화 정책(1974)를 실시함

✅ 기출 선택지로 개념 다지기

1. 빈칸의 답을 채워보세요.

(1) 6·3 시위의 배경이 된 박정희 정부의 정책: _____ 정상화 [72회]

(2) 유신 헌법에 의해 설치된 기구: _____ [74회]

(3) 경공업을 육성한 박정희 정부의 경제 정책: _____ [66회]

(4) 농촌 근대화를 표방하며 전개된 운동: _____ [74·71회]

2. 질문에 맞는 답을 고르세요.

(1) 박정희 정부 시기의 사실을 모두 고르면? [67·63회]
① 굴욕적인 대일 외교에 반대하는 6·3 시위가 일어났다.
② 긴급 조치 철폐를 요구하는 3·1 민주 구국 선언이 발표되었다.
③ 평화 통일론을 주장한 진보당의 조봉암과 간부들이 구속되었다.
④ 함평 고구마 피해 보상 운동이 전개되었다.

(2) 부·마 민주 항쟁에 대한 설명은? [71회]
① 허정 과도 정부가 출범하는 계기가 되었다.
② 유신 체제가 붕괴되는 배경이 되었다.

(3) 박정희 정부의 경제 상황을 모두 고르면? [69·68회]
① 처음으로 수출액 100억 달러를 달성하였다.
② 금융 실명제가 실시되었다.
③ 제3차 경제 개발 5개년 계획을 추진하였다.
④ 한·미 자유 무역 협정(FTA)이 체결되었다.

정답 | 1. (1) 한·일 국교 (2) 통일 주체 국민회의 (3) 제1·2차 경제 개발 5개년 계획 (4) 새마을 운동
2. (1) ①, ②, ④ (③은 이승만 정부 시기)
(2) ② (①은 4·19 혁명)
(3) ①, ③ (②은 김영삼 정부, ④은 노무현 정부)

기출주제 46 박정희 정부 ~ 이명박 정부

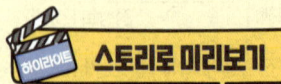

스토리로 미리보기

S#1 6월 민주 항쟁이 일어나다!

오늘은 이한열 기념관에 다녀왔다. 거기서 이한열 열사의 운동화를 봤다. 세월의 풍화로 운동화 바닥이 부서져 버려서 복원한 것이란다. 뜨거웠던 6월 민주 항쟁의 열기를 간접적으로나마 느낄 수 있었다.

S#2 직선제 개헌을 약속한 6·29 선언이 발표되다!

와, 6월 내내 거리에서 '호헌 철폐, 독재 타도'를 외친 보람이 있군. 여당의 노태우가 직선제 개헌을 약속했으니 대통령을 우리 손으로 뽑을 수 있겠어! 이제 진정한 민주주의가 시작되는 건가?

S#3 김영삼 정부가 금융 실명제를 실시하다!

TV에서 김영삼 대통령의 금융 실명제 발표 뉴스가 나오고 있다. 쉽게 말하면, 통장 만들 때 딴 사람 이름은 안 되고, 본인 이름만 써야 한다는 것이다. 신분증도 꼭 필요하고. 동생 이름으로 만들어 놓은 비상금 통장을 앞으로 어떻게 해야 할지, 고민이네.

---

3 전두환 정부(1980~1988)와 민주화 운동

— 위르겐 힌츠페터라는 독일 기자가 취재한 기록에 의해 전 세계에 알려짐

(1) 5·18 민주화 운동의 전개 과정(1980)

신군부의 등장	: 전두환과 노태우를 중심으로 한 **신군부 세력이 쿠데타**를 일으킴(12·12 사태)
↓	
비상 계엄 전국 확대	: 권력을 장악한 신군부 세력은 **비상 계엄**을 전국으로 확대하여 김대중 등 주요 정치 인사와 학생 운동 지도부를 체포함
↓	
5·18 민주화 운동	: **광주** 지역 학생과 시민들이 계엄령 철폐 등을 요구하며 민주화 운동을 전개하고 **시민군을 조직**하였으나, 신군부 세력에 무력으로 진압됨
↓	
국가 보위 비상 대책 위원회 구성	: 국가 보위 비상 대책 위원회를 구성하여 3권을 장악함 (입법·사법·행정) 사회 정화 명목으로 삼청 교육대를 운영하고, 과외 전면 금지, 대학 졸업 정원제 등을 주요 내용으로 하는 조치를 발표함
↓	
전두환 정부 수립	: 통일 주체 국민회의에서 전두환을 제11대 대통령으로 선출함

> **백발백중 기출 자료 | 5·18 민주화 운동** [73회]
> 계엄 당국은 공수 부대를 대량으로 투입하여 시내 곳곳에서 학생, 젊은이들에게 무차별 살상을 자행하였으니 …… 20일 밤부터 계엄 당국은 발포 명령을 내려 무차별 발포를 시작했다는 것입니다.

(2) 전두환 정부(제5공화국, 1981~1988)

제8차 개헌(1980)	: 선거인단에 의한 대통령 간선제와 7년 단임제를 내용으로 한 개헌을 통해 제12대 대통령에도 전두환이 당선됨(1981)
독재 정치	: 언론 통폐합, 언론 기본법 제정, 보도 지침 마련 등의 독재 정치를 전개함
유화 정책	: **프로 야구단·축구단** 창단, 중학교 의무 교육 등의 유화 정책을 전개함
경제 발전	: 3저 호황(저달러·저유가·저금리)으로 경제가 성장함

(3) 6월 민주 항쟁의 전개 과정(1987)

박종철 고문 치사 사건	: 직선제 개헌 요구 운동 과정에서 서울대학교 학생인 **박종철이 경찰의 고문으로 사망하는 사건**이 발생함 → 정부가 사건을 축소·은폐하려다 발각됨
↓	
4·13 호헌 조치	: 전두환 정부가 **현행 헌법을 유지하겠다**는 4·13 호헌 조치를 발표함 └ 8차 개헌(대통령 간선제, 7년 단임제)
↓	
이한열 피격 사건	: 시위 도중 연세대 학생 이한열이 최루탄에 맞아 쓰러지는 사건이 발생함
↓	
6·10 국민 대회	: 전국의 시민과 학생들이 **호헌 철폐·독재 타도**를 구호로 시위를 전개함
↓	
6·29 선언	: 노태우가 **5년 단임의 대통령 직선제** 개헌 등을 내용으로 하는 선언을 발표함 └ 당시 여당의 대통령 후보
↓	
제9차 개헌	: 여야의 합의로 **5년 단임의 대통령 직선제 개헌**이 이뤄짐

4 노태우 정부(1988~1993)

3당 합당	: 여소야대의 정국을 극복하기 위해 3당 합당을 통해 민주 자유당을 창립함
서울 올림픽 개최	: 서울 올림픽의 개최로 국민의 일체감을 증대시키고 국제적 지위를 향상시킴
북방 외교	: 북방 외교를 추진하여 중국, 소련 등 공산권 국가들과 외교 관계를 수립함

※ 민주 정의당의 노태우, 민주당의 김영삼, 신민주 공화당의 김종필

5 김영삼 정부(1993~1998)

역사 바로 세우기 운동	─ 조선 총독부 건물을 철거하고, 전직 대통령인 전두환과 노태우를 구속함 ─ 5·18 민주화 운동 등에 관한 특별법을 제정함 ─ 국민학교를 초등학교로 개칭함
★금융 실명제 실시	: 대통령 긴급 명령으로 금융 실명제를 전격 실시함
OECD 가입	: 경제 협력 개발 기구(OECD)에 가입해 시장 개방 정책을 추진함
민주노총 창립	: 전국 노동 조합의 연합 단체인 전국 민주 노동 조합 총연맹이 창립됨
외환 위기	: 국제 경제의 악화와 외환 부족으로 경제 위기를 맞이하여 국제 통화 기금(IMF)에 지원을 요청함

※ 모든 금융 거래 시 실제 명의를 사용하는 제도

6 김대중 정부(1998~2003)

국민 기초 생활 보장법 제정	: 생활이 어려운 국민의 최저 생활을 보장하고자 국민 기초 생활 보장법을 제정함
★외환 위기 극복	─ 대통령 직속 자문 기구인 노사정 위원회를 구성하여 경제·사회 개혁에 힘씀 ─ 금 모으기 운동을 전개하여 국제 통화 기금(IMF)의 지원 자금을 조기 상환함
국제 스포츠 대회 개최	: 2002 한·일 월드컵, 2002 부산 아시안 게임을 개최함
국가 인권 위원회 출범	: 인간으로서의 존엄과 가치를 구현하고 민주적 기본 질서 확립을 위한 인권 전담 독립 국가 기관인 국가 인권 위원회가 출범함

7 노무현 정부(2003~2008)

호주제 폐지	: 양성 평등의 실현을 위해 호주제를 폐지함
★FTA 체결	: 칠레, 미국 등과 자유 무역 협정(FTA)을 체결함
국민 보건 증진	: 질병 관리 본부를 설치함
과거사 정리	: 현대의 반민주적, 반인권적 사건 등에 대한 진실을 밝혀내기 위해 진실·화해를 위한 과거사 정리 위원회를 구성함
노인 장기 요양 보험법 제정	: 일상 생활을 혼자 하기 어려운 노인들에게 신체 활동, 가사 활동 지원 등의 장기 요양 급여를 제공하는 노인 장기 요양 보험 제도를 규정함

※ 호주를 중심으로 가족 구성원들의 출생·혼인·사망 등의 신분 변동을 기록하는 제도

8 이명박 정부(2008~2013)

G20 정상 회의 개최	: 2010년에 서울에서 국제 경제 협의 기구인 G20 정상 회의가 개최됨

✓ 기출 선택지로 개념 다지기

1. 빈칸의 답을 채워보세요.

(1) 5·18 민주화 운동의 배경: ☐ 확대 [62·60회]

(2) 6월 민주 항쟁 때 내세운 구호: ☐, 독재 타도 [74·69회]

(3) 김영삼 정부 때 대통령 긴급 명령으로 시행된 제도: ☐ [75·73회]

(4) 노무현 정부 때 양성 평등을 위해 폐지된 법: ☐ [72·68회]

2. 질문에 맞는 답을 고르세요.

(1) 5·18 민주화 운동에 대한 설명은? [69회]
① 박종철과 이한열의 희생으로 확산되었다.
② 관련 기록물이 유네스코 세계 기록유산으로 등재되었다.

(2) 전두환 정부 시기의 사실은? [68회]
① 보도 지침으로 언론이 통제되었다.
② 삼풍 백화점 붕괴 사고가 발생하였다.

(3) 6월 민주 항쟁에 대한 설명은? [72회]
① 5년 단임의 대통령 직선제 개헌이 이루어지는 계기가 되었다.
② 대학 교수단이 대통령 퇴진을 요구하며 시위 행진을 벌였다.

(4) 김영삼 정부 시기의 사실은? [69회]
① 역사 바로 세우기를 내세우며 옛 조선 총독부 건물을 철거하였다.
② 미국과 자유 무역 협정(FTA)을 체결하였다.

(5) 노무현 정부 시기의 사실은? [70회]
① 헝가리와 상주 대표부 설치 협정을 체결하였다.
② 진실·화해를 위한 과거사 정리 기본법이 제정되었다.

정답 | 1. (1) 비상 계엄 (2) 호헌 철폐
(3) 금융 실명제 (4) 호주제
2. (1) ② (①은 6월 민주 항쟁)
(2) ① (②은 김영삼 정부 시기)
(3) ① (②은 4·19 혁명)
(4) ① (②은 노무현 정부 시기)
(5) ② (①은 노태우 정부 시기)

필수 기출로 개념 적용하기 기출주제 46 박정희 정부~이명박 정부

01 [62회 기출]

다음 정부 시기에 볼 수 있는 모습으로 가장 적절한 것은? [2점]

① 최저 임금법 제정으로 최저 임금을 심의하는 위원
② 금융 실명제에 따라 신분증 제시를 요구하는 은행원
③ 한·칠레 자유 무역 협정(FTA)의 비준을 보도하는 기자
④ 전국 민주 노동 조합 총연맹 창립 대회에 참가하는 노동자
⑤ 정부의 도시 정책에 반발해 시위를 하는 광주 대단지 이주민

02 [59회 기출]

밑줄 그은 '이 정권' 시기에 있었던 사실로 옳지 않은 것은? [2점]

양심 선언문

들으라! 우리는 유신 헌법의 잔인한 폭력성을, 합법을 가장한 유신 헌법의 모든 부조리와 악을 고발한다. 우리는 유신 헌법의 비민주적 허위성을 고발한다. …… 우리 대한 학도는 민족과 역사 앞에 분연히 선언한다. 이 정권이 끝날 때까지 후퇴치 못하고 이 민족을 끝까지 못살게 군다면 자유와 평등과 정의를 뜨겁게 외치는 이 땅의 모든 시민의 준엄한 피의 심판을 면치 못하리라.

① 신민당사에서 YH 무역 노동자들이 농성을 하였다.
② 민주 회복을 위한 개헌 청원 백만인 서명 운동이 전개되었다.
③ 호헌 철폐, 독재 타도를 내세운 6·10 국민 대회가 개최되었다.
④ 야당 총재의 국회의원직 제명을 계기로 민주 항쟁이 일어났다.
⑤ 긴급 조치 철폐를 요구하는 3·1 민주 구국 선언이 발표되었다.

👆 **박정희 정부 시기의 모습**

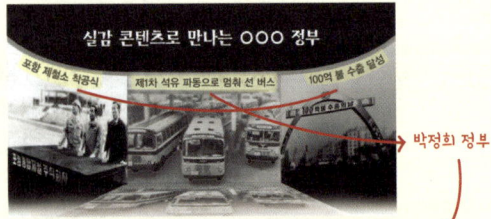
→ 박정희 정부

⑤ 정부의 도시 정책에 반발해 시위를 하는 **광주 대단지 이주민**

박정희 정부 시기에 **경제 개발 5개년 계획**으로 포항 제철 등 대규모 중화학 공업 단지가 육성되었다. 그리고 이를 발판으로 **100억 불 수출**을 달성하였다. 한편, 이 시기에는 정부가 서울 도시화를 위해 10만여 명의 주민들을 경기도 광주로 이주시키는 과정에서, 처음의 이주 조건과 달리 상하수도나 교통 시설이 갖추어지지 않자 주민들이 반발한 **광주 대단지 사건**이 일어나기도 하였다.

🚫 **오답 클리어**
① 최저 임금법 제정으로 최저 임금을 심의하는 위원 → 전두환 정부
② 금융 실명제에 따라 신분증 제시를 요구하는 은행원 → 김영삼 정부
③ 한·칠레 자유 무역 협정(FTA)의 비준을 보도하는 기자
  → 노무현 정부
④ 전국 민주 노동 조합 총연맹 창립 대회에 참가하는 노동자
  → 김영삼 정부

👆 **박정희 정부 시기의 사실**

양심 선언문
들으라! 우리는 유신 헌법의 잔인한 폭력성을, 합법을 가장한 유신 헌법의 모든 부조리와 악을 고발한다. 우리는 유신 헌법의 비민주적 허위성을 고발한다. …… 우리 대한 학도는 민족과 역사 앞에 분연히 선언한다. 이 정권이 끝날 때까지 후퇴치 못하고 이 민족을 끝까지 못살게 군다면 자유와 평등과 정의를 뜨겁게 외치는 이 땅의 모든 시민의 준엄한 피의 심판을 면치 못하리라.
→ 박정희 정부

③ 호헌 철폐, 독재 타도를 내세운 **6·10 국민 대회**가 개최되었다. → 전두환 정부

전두환 정부 시기에 국민들이 정부의 **4·13 호헌 조치**에 반발하여 **호헌 철폐, 독재 타도** 등의 구호를 내세우며 **6·10 국민 대회**를 전개하였다.

🚫 **오답 클리어**
① 박정희 정부 시기에 **신민당사**에서 YH 무역 노동자들이 부당한 폐업 조치에 반발하여 **농성**을 하였다.
② 박정희 정부 시기에 장준하 등에 의해 민주 회복을 위한 **개헌 청원 백만인 서명 운동**이 전개되었다.
④ 박정희 정부 시기에 야당 총재의 국회의원직 제명을 계기로 부산·마산에서 유신 체제에 반대하는 **민주 항쟁**이 일어났다.
⑤ 박정희 정부 시기에 긴급 조치 철폐를 요구하는 **3·1 민주 구국 선언**이 발표되었다.

03 [52회 기출]

다음 사건 이후의 사실로 옳은 것은? [3점]

이 만화는 민생고 해결을 외치는 여성 노동자들이 경찰에게 과잉 진압되는 모습을 풍자하고 있다. 가발 생산 공장의 여성 노동자 180여 명이 업주의 폐업 조치에 맞서 신민당사에서 농성을 하자, 1천여 명의 무장 경찰이 폭력적으로 진압하였다. 이후 이 사건은 'YH 무역 사건'으로 역사에 기록되었다.

① 부·마 민주 항쟁이 일어났다.
② 3·1 민주 구국 선언이 발표되었다.
③ 민의원과 참의원의 양원제 국회가 출범하였다.
④ 6·3 시위가 전개되고 비상 계엄령이 선포되었다.
⑤ 전태일이 근로 기준법 준수를 외치며 분신하였다.

YH 무역 사건 이후의 사실

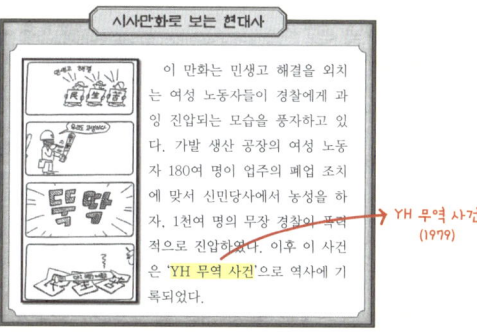

YH 무역 사건 (1979)

① 부·마 민주 항쟁이 일어났다. → 1979년

박정희 정부 때 YH 무역의 여성 노동자들이 부당한 폐업 조치에 맞서 농성을 벌이다 여성 노동자가 사망한 YH 무역 사건(1979)이 발생하였다. 이를 당시 야당이었던 신민당 총재 김영삼이 비판하자, 정부는 김영삼을 국회의원직에서 제명하였다. 이것을 계기로 부산과 마산에서 유신 체제 반대 시위가 전개되었다(부·마 민주 항쟁, 1979).

오답 클리어

② 3·1 민주 구국 선언이 발표되었다. → 1976년
③ 민의원과 참의원의 양원제 국회가 출범하였다.
　→ 1960년(제3차 개헌)
④ 6·3 시위가 전개되고 비상 계엄령이 선포되었다. → 1964년
⑤ 전태일이 근로 기준법 준수를 외치며 분신하였다. → 1970년

04 [72회 기출]

다음 뉴스가 보도된 정부 시기의 사실로 옳은 것은? [2점]

문교부가 중고등학생의 교복과 두발을 자율화하겠다고 발표한 데 이어, 오늘부터 야간 통행 금지 해제가 본격 적용되었습니다. 시민들은 새벽 거리를 활보하며 37년 만에 되찾은 24시간의 자유를 만끽하게 되었습니다.

① 서울 올림픽 대회가 개최되었다.
② 보도 지침으로 언론이 통제되었다.
③ 삼풍 백화점 붕괴 사고가 일어났다.
④ 양성 평등의 실현을 위해 호주제가 폐지되었다.
⑤ 사회 통합을 위한 다문화 가족 지원법이 시행되었다.

전두환 정부 시기의 사회 모습

전두환 정부
야간 통행 금지 해제

② 보도 지침으로 언론이 통제되었다.

전두환 정부 시기에 독재 체제를 강화하기 위해 언론 통제 **보도 지침**을 언론사에 보내 신문과 방송 기사를 통제하였다. 또한 국민의 정치적 관심을 다른 곳으로 돌리기 위한 유화 정책이 실시되어 중고등학생의 교복과 두발 자율화가 실시되었고, **야간 통행 금지가 해제**되었다.

오답 클리어

① 서울 올림픽 대회가 개최되었다. → 노태우 정부
③ 삼풍 백화점 붕괴 사고가 일어났다. → 김영삼 정부
④ 양성 평등의 실현을 위해 호주제가 폐지되었다. → 노무현 정부
⑤ 사회 통합을 위한 다문화 가족 지원법이 시행되었다.
　→ 이명박 정부

필수 기출로 개념 적용하기 기출주제 46 박정희 정부~이명박 정부

05 [73회 기출]

다음 자료에 나타난 민주화 운동에 대한 설명으로 옳은 것은? [1점]

> 우리는 왜 총을 들 수밖에 없었는가? 그 대답은 너무나 간단합니다. 너무나 무자비한 만행을 더 이상 보고 있을 수만 없어서 너도나도 총을 들고 나섰던 것입니다. …… 계엄 당국은 공수 부대를 대량으로 투입하여 시내 곳곳에서 학생, 젊은이들에게 무차별 살상을 자행하였으니 …… 너무나 경악스러운 또 하나의 사실은 20일 밤부터 계엄 당국은 발포 명령을 내려 무차별 발포를 시작했다는 것입니다. 이 고장을 지키고자 이 자리에 모이신 민주 시민 여러분! 그런 상황에 우리가 할 수 있는 일은 무엇이겠습니까?

① 4·13 호헌 조치 철폐를 요구하였다.
② 시민군을 조직하여 계엄군에 대항하였다.
③ 시위 도중 김주열이 최루탄을 맞고 사망하였다.
④ 직선제 개헌을 약속한 6·29 민주화 선언을 이끌어냈다.
⑤ 국민의 요구에 굴복하여 대통령이 하야하는 결과를 가져왔다.

06 [72회 기출]

(가) 민주화 운동에 대한 설명으로 적절한 것은? [2점]

① 굴욕적인 한·일 국교 정상화에 반대하였다.
② 5년 단임의 대통령 직선제 개헌을 이끌어냈다.
③ 시위 과정에서 시민군이 자발적으로 조직되었다.
④ 3선 개헌 반대 범국민 투쟁 위원회를 결성하였다.
⑤ 대통령 중심제에서 의원 내각제로 바뀌는 계기가 되었다.

5·18 민주화 운동

정답: ② 시민군을 조직하여 계엄군에 대항하였다.

5·18 민주화 운동은 전두환 등의 **신군부** 세력이 쿠데타를 일으켜 권력을 장악한 후 **비상 계엄**을 확대하자 이에 반발한 광주 지역 학생과 시민들이 계엄령 철폐 등을 요구한 운동이다. 신군부는 **공수 부대**를 투입하여 시위에 참여한 학생과 시민을 무차별 공격하였고, 이에 일부 시민들은 자발적으로 **시민군을 조직**하여 대항하였으나 결국 무력으로 진압당하였다. 한편 5·18 민주화 운동의 관련 기록물은 2011년에 유네스코 세계 기록유산으로 등재되었다.

오답 클리어
① 4·13 호헌 조치 철폐를 요구하였다. → 6월 민주 항쟁
③ 시위 도중 김주열이 최루탄을 맞고 사망하였다. → 4·19 혁명
④ 직선제 개헌을 약속한 6·29 민주화 선언을 이끌어냈다. → 6월 민주 항쟁
⑤ 국민의 요구에 굴복하여 대통령이 하야하는 결과를 가져왔다. → 4·19 혁명

6월 민주 항쟁

정답: ② 5년 단임의 대통령 직선제 개헌을 이끌어냈다.

6월 민주 항쟁은 국민들의 직선제 개헌 요구를 묵살하고 대통령 간선제를 유지하겠다는 전두환 정부의 **4·13 호헌 조치**에 반발하여 일어났다. 시민들은 **호헌 철폐와 독재 타도** 등의 구호를 내세우며 시위를 전개하였고, 그 결과 6·29 민주화 선언을 통해 **대통령 직선제 개헌**이 이루어졌다.

오답 클리어
① 굴욕적인 한·일 국교 정상화에 반대하였다. → 6·3 시위
③ 시위 과정에서 시민군이 자발적으로 조직되었다. → 5·18 민주 운동
④ 3선 개헌 반대 범국민 투쟁 위원회를 결성하였다. → 3선 개헌 반대 운동
⑤ 대통령 중심제에서 의원 내각제로 바뀌는 계기가 되었다. → 4·19 혁명

07

[66회 기출]

다음 발표가 있었던 시기를 연표에서 옳게 고른 것은?
[2점]

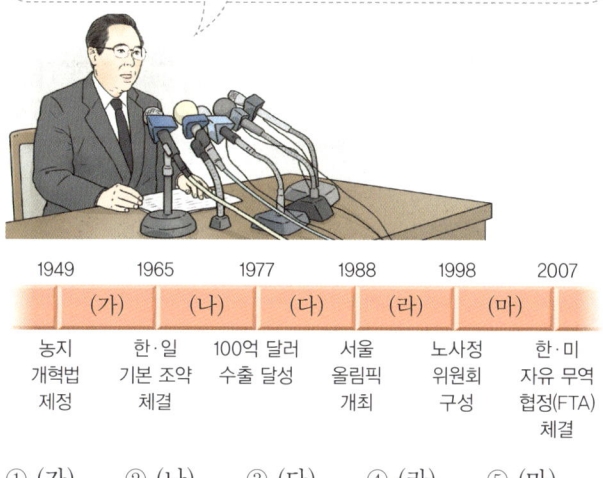

① (가) ② (나) ③ (다) ④ (라) ⑤ (마)

국제 통화 기금(IMF) 지원 요청 시기

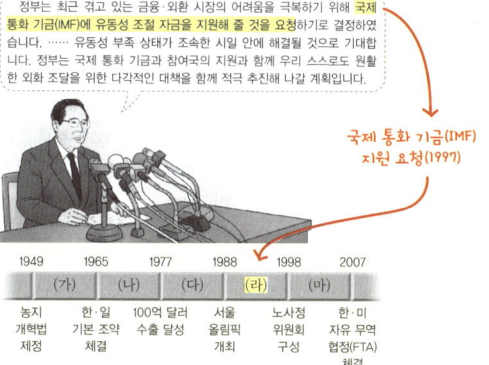

④ (라)

김영삼 정부는 서울 올림픽 개최 이후 집권한 정부로, **금융 실명제**, **경제 협력 개발 기구(OECD)** 에 가입하는 등 시장 개방 정책을 추진하였다. 그러나 급격한 시장 개방 정책과, 무분별한 외화 도입과 대기업의 문어발식 확장 등으로 임기 말에 **외환 위기**를 맞게 되었고, **국제 통화 기금(IMF)에 유동성 조절 자금 지원을 요청**(1997)하였다. 이러한 상황에서 출범한 김대중 정부는 경제 위기와 국제 통화 기금(IMF) 관리 체제를 극복하기 위해 대통령 직속 자문 기구인 **노사정 위원회**(1998)를 구성하였고, 국민들은 **금 모으기 운동**을 전개하여 국제 통화 기금(IMF)의 지원 자금을 조기 상환하였다.

08

[70회 기출]

다음 기사가 보도된 정부 시기의 사실로 옳은 것은?
[2점]

① 중앙정보부가 창설되었다.
② 국가 인권 위원회가 출범하였다.
③ 세계 무역 기구(WTO)에 가입하였다.
④ G20 정상 회의를 서울에서 개최하였다.
⑤ 37년 만에 야간 통행 금지가 해제되었다.

김대중 정부

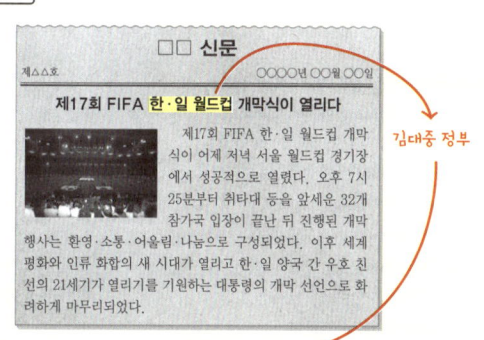

② 국가 인권 위원회가 출범하였다.

김대중 정부는 인권을 보호하기 위해 독립 국가기관으로 **국가 인권 위원회**를 설치하였다. 한편 김대중 정부 시기에는 최초로 남북 정상 회담이 개최되어 **6·15 남북 공동 선언**에 합의하였으며, 2002년에는 한·일 월드컵이 개최되었다.

오답 클리어
① 중앙정보부가 창설되었다. → 박정희 정부
③ 세계 무역 기구(WTO)에 가입하였다. → 김영삼 정부
④ G20 정상 회의를 서울에서 개최하였다. → 이명박 정부
⑤ 37년 만에 야간 통행 금지가 해제되었다. → 전두환 정부

이건 꼭! 암기 김대중 정부
#세계 스포츠 대회_한·일 월드컵 #국가 인권 위원회 출범

기출주제 47 남북의 통일 논의

빈출 태그 | #7·4 남북 공동 성명 #남북 이산가족 고향 방문 #남북 유엔 동시 가입 #남북 기본 합의서 #6·15 남북 공동 선언
#한반도의 평화와 번영, 통일을 위한 판문점 선언

1 6·25 전쟁 이후 남북한의 대치

- **이승만 정부**: 반공을 강조하여 북진 통일론을 주장하였고, 평화 통일을 주장한 진보당을 탄압함
  - 공산주의에 반대함
  - 무력을 사용하여 북한 지역의 국토를 되찾고 통일을 이룬다는 주장

- **장면 내각**
  - **민간 통일 논의**
    - 학생들은 '가자 북으로, 오라 남으로!'라는 구호 아래 통일을 위한 모임을 조직함
    - 남북 학생 회담을 요구하는 집회를 개최(1961)하여 통일 논의가 활성화됨
  - **통일 정책**: 유엔 감시 아래 남북 총선거를 통한 통일을 주장하였으나 남북 대화에 소극적인 태도를 보임

2 남북 대화의 출발

(1) 박정희 정부

- **남북 적십자 회담 제안**: 남한의 대한 적십자사가 이산가족 찾기를 위한 남북 적십자 회담을 제안하였고, 북한이 수용하면서 분단 이후 최초로 남북 대화가 시작됨(1971)

- **7·4 남북 공동 성명 발표**
  - **내용**
    - 한반도의 통일은 자주·평화·민족 대단결의 원칙에 입각하여 이루어져야 함을 천명함(1972)
    - 상설 직통 전화 개설과 남북 조절 위원회 설치에 합의함
      - 7·4 남북 공동 성명의 합의 사항을 추진하고 통일 문제를 해결할 목적으로 설치된 공식 협의 기구
  - **의의**: 통일에 관해 최초로 남북이 합의한 내용을 공동 성명 형식으로 동시 발표함
  - **한계**
    - 남북이 공동 성명을 독재 체제 강화에 이용함
    - **남한**: 10월 유신을 단행함(유신 체제)
    - **북한**: 사회주의 헌법을 제정함(국가 주석제, 김일성)

- **6·23 평화 통일 외교 정책 선언**: 남북 유엔 동시 가입을 제안하고 남한이 모든 국가에 대해 문호를 개방할 것을 선언함(1973)
  - → 북한이 7·4 남북 공동 성명에 위배된다며 남북 대화 중단을 선언함

> **백발백중 기출 사료** | 📍**남북 조절 위원회 설치** [66회]
> 남북 간의 제반 문제를 개선, 해결하며 나라의 통일 문제를 다루는 남북 조절 위원회가 정식으로 발족하였다. 남북 조절 위원회는 판문점에 공동 사무국을 두기로 하였으며, 회의는 서울과 평양에서 번갈아 진행하기로 하였다.
> ➤ **사료 해석**: 박정희 정부는 7·4 남북 공동 성명에 따라 통일 문제 협의 기구로 남북 조절 위원회를 구성하였다.

(2) 전두환 정부

- **남북한 이산가족 최초 상봉**: 최초의 남북 이산가족 고향 방문과 남북 예술 공연단 교환이 이루어짐(1985)

3 남북 관계의 진전

(1) 노태우 정부

7·7 선언: 통일 외교 정책의 기본 방향을 담은 대통령 특별 선언을 발표함

남북 유엔 동시 가입: 노태우 정부가 적극적으로 북방 외교 정책을 추진한 결과, 남북한이 유엔에 동시 가입(1991)
— 중국·소련·동유럽 국가·기타 사회주의 국가 및 북한을 대상으로 하는 외교 정책

남북 기본 합의서 채택
- 내용: 남북 고위급 회담에서 상호 체제를 인정하고, 상호 불가침, 교류·협력 확대 등에 대해 합의서를 채택함(1991)
- 의의: 남북한 정부 간에 이루어진 최초의 공식 합의서

한반도 비핵화 공동 선언 채택: 남북 양측은 한반도를 비핵화하여 핵 전쟁의 위험을 제거하고, 평화 통일의 기반을 다지기 위해 한반도 비핵화 공동 선언을 채택함(1991)

(2) 김영삼 정부

통일 방안 제안: 화해·협력, 남북 연합, 통일 국가의 3단계 통일 방안과 자주·평화·민주의 3대 원칙을 제시한 민족 공동체 통일 방안을 제안함(1994)

(3) 김대중 정부

햇볕 정책
— 나그네의 외투를 벗게 만드는 것은 햇볕이라는 우화에서 인용
- 김대중 정부는 대북 화해 협력 정책인 햇볕 정책을 추진함
- 금강산 해로 관광 사업을 시작함(1998)
- 정주영 현대건설 명예 회장이 두 차례에 걸쳐 소 떼를 이끌고 판문점을 통해 북한을 방문함(1998)

제1차 남북 정상 회담
- 내용: 6·15 남북 공동 선언을 발표하고 남북한 통일 방안의 유사성 인정, 통일 문제의 자주적 해결, 남북 교류 확대, 경제 협력 활성화 등에 대해 합의함(2000)
- 결과: 개성 공업 지구(개성 공단) 조성에 합의함, 경의선(서울과 신의주) 복원 공사, 이산가족 상봉 등을 진행함

백발백중 기출 사료 | 6·15 남북 공동 선언 [62회]

남과 북은 나라의 통일을 위한 남측의 연합제 안과 북측의 낮은 단계의 연방제 안이 서로 공통성이 있다고 인정하고 앞으로 이 방향에서 통일을 지향시켜 나가기로 하였다.

➔ **사료 해석**: 김대중 정부는 6·15 남북 공동 선언에서 통일 문제의 자주적 해결, 남북한 통일 방안의 유사성 인정 등에 대해 합의하였다.

(4) 노무현 정부

개성 공단 건설: 남북 간 경제 교류 활성화를 위한 개성 공단이 건설됨

제2차 남북 정상 회담
- 내용: 10·4 남북 공동(정상) 선언에서 6·15 남북 공동 선언이 적극 구현, 한반도의 평화 및 핵 문제 해결, 남북 경제 협력 사업의 활성화 등을 합의함(2007)
- 의의: 평화 정착, 공동 번영, 화해·통일에 관한 현안에 대해 협의함

(5) 문재인 정부

제3차 남북 정상 회담: 핵 없는 한반도 실현, 연내 종전 선언 등을 포함한 한반도의 평화와 번영, 통일을 위한 판문점 선언을 발표함(2018)

✓ 기출 선택지로 개념 다지기

1. 빈칸의 답을 채워보세요.

(1) 7·4 남북 공동 성명을 발표한 정부: [ ] 정부 [75·73·71회]

(2) 남북 기본 합의서를 채택한 정부: [ ] 정부 [72·71·68회]

(3) 금강산 관광 사업을 시작한 정부: [ ] 정부 [68회]

(4) 10·4 남북 공동 선언을 발표한 정부: [ ] 정부 [57회]

(5) 판문점에서 남북 정상 회담을 개최한 정부: [ ] 정부 [74·70회]

2. 질문에 맞는 답을 고르세요.

(1) 박정희 정부의 통일 노력은? [50회]
① 남북한이 한반도 비핵화 공동 선언에 서명하였다.
② 남북 조절 위원회를 설치하여 통일 방안을 논의하였다.

(2) 전두환 정부 시기의 모습은? [52회]
① 금강호를 타고 금강산 관광을 떠나는 단체 여행객
② 최초의 이산가족 상봉 행사에 참여하는 남북 고향 방문단

(3) 노태우 정부 시기의 사실은? [70회]
① 6·15 남북 공동 선언을 채택하였다.
② 민족 자존과 통일 번영을 위한 7·7 선언을 발표하였다.

(4) 김대중 정부의 통일 노력은? [64회]
① 남북 조절 위원회를 구성하였다.
② 개성 공업 지구 건설에 합의하였다.

(5) 노무현 정부에 대한 설명은? [74회]
① 남북 간 경제 교류 활성화를 위한 개성 공단 착공식을 열었다.
② 남북한이 유엔에 동시 가입하였다.

정답 | 1. (1) 박정희 (2) 노태우 (3) 김대중
 (4) 노무현 (5) 문재인
2. (1) ② (①은 노태우 정부)
 (2) ② (①은 김대중 정부)
 (3) ② (①은 김대중 정부)
 (4) ② (①은 박정희 정부)
 (5) ① (②은 노태우 정부)

필수 기출로 개념 적용하기 기출주제 47 남북의 통일 논의

01 [39회 기출]

다음 자료를 발표한 정부의 통일 정책으로 옳은 것을 〈보기〉에서 고른 것은? [2점]

> 국민 여러분! 나는 오늘 다시 이 자리를 빌어 북괴에 대해 지금이라도 늦지 않았으니 우리의 평화 통일 제의를 하루 속히 수락하고, 무력과 폭력을 포기할 것을 거듭 촉구하면서 평화 통일만이 우리가 추구하는 통일의 길임을 다시 한 번 천명하는 바입니다. …… 특히 이번에 우리 대한 적십자사가 제의한 인도적 남북 회담은 1천만 흩어진 가족을 위해서 뿐만 아니라, 5천만 동포들의 오랜 갈증을 풀어 주는 복음의 제의로서 나는 이를 여러분과 함께 환영하며 그 성공을 빌어 마지 않습니다.
> — 제26주년 광복절 경축사 중에서

〈보기〉
ㄱ. 남북 조절 위원회를 구성하였다.
ㄴ. 남북 기본 합의서를 채택하였다.
ㄷ. 7·4 남북 공동 성명을 발표하였다.
ㄹ. 한반도 비핵화 공동 선언에 합의하였다.

① ㄱ, ㄴ   ② ㄱ, ㄷ   ③ ㄴ, ㄷ
④ ㄴ, ㄹ   ⑤ ㄷ, ㄹ

박정희 정부의 통일 정책

정답: ②

박정희 정부 때 남한의 대한 적십자사가 **남북 적십자 회담**을 제안하였고, 북한이 이를 수용하면서 분단 이후 최초로 남북 대화를 시작하게 되었다. 이후 박정희 정부는 자주·평화·민족적 대단결의 통일 3대 원칙을 명시한 **7·4 남북 공동 성명**을 발표하였으며, 통일 문제를 협의하기 위한 기구인 **남북 조절 위원회**를 구성하였다.

오답 클리어
ㄴ. 남북 기본 합의서를 채택하였다. → 노태우 정부
ㄹ. 한반도 비핵화 공동 선언에 합의하였다. → 노태우 정부

이건 꼭! 암기 박정희 정부의 통일 정책
#남북 적십자 회담 #7·4 남북 공동 성명 #남북 조절 위원회

02 [70회 기출]

다음 연설문을 발표한 정부의 통일 노력으로 옳은 것은? [2점]

> 제5차 남북 고위급 회담에서 서명된 합의서는 남과 북이 오랜 단절과 대립을 청산하여 상호 신뢰를 바탕으로 이 땅에, 평화의 질서를 구축하고 교류 협력을 통해 민족의 화해와 공동 번영을 이루어가기 위해 필요한 조치들을 망라하고 있습니다. …… 석 달 전 남북한의 유엔 동시 가입과 이에 이은 이번 합의서의 서명은 한반도 문제 해결과 민족 통일을 향한 여정에 획기적인 이정표를 세운 것입니다. …… 나는 올해 안에 한반도의 비핵화를 실현하는 합의를 이루고 밝아오는 새해와 함께 남과 북이 평화와 협력, 평화와 공동 번영의 새로운 시대를 힘차게 열게 되기를 바랍니다.

① 판문점에서 남북 정상 회담을 개최하였다.
② 남북 이산가족의 고향 방문을 최초로 성사시켰다.
③ 민족 자존과 통일 번영을 위한 7·7 선언을 발표하였다.
④ 7·4 남북 공동 성명을 실천하기 위해 남북 조절 위원회를 구성하였다.
⑤ 남북 관계 발전과 평화 번영을 위한 10·4 남북 정상 선언에 서명하였다.

노태우 정부의 통일 노력

정답: ③

노태우 정부는 민족 자존과 통일 번영을 위해 통일 외교 정책의 기본 방향을 담은 대통령 특별 선언인 **7·7 선언**을 발표하였다. 이에 따라 북한과 적극적인 대화를 시도하여 **남북 고위급 회담을 개최**하였고, 그 결과 **남북한이 동시에 유엔에 가입**하였다. 나아가 평화 통일의 기반을 다지기 위해 **한반도 비핵화 공동 선언**에 서명하였다.

오답 클리어
① 판문점에서 남북 정상 회담을 개최하였다. → 문재인 정부
② 남북 이산가족의 고향 방문을 최초로 성사시켰다. → 전두환 정부
④ 7·4 남북 공동 성명을 실천하기 위해 남북 조절 위원회를 구성하였다. → 박정희 정부
⑤ 남북 관계 발전과 평화 번영을 위한 10·4 남북 정상 선언에 서명하였다. → 노무현 정부

03
[71회 기출]

다음 연설이 있었던 정부의 통일 노력으로 옳은 것은? [2점]

> 노벨 위원회가 긍정적으로 평가해 준 최근의 남북 관계에 대해 몇 말씀드리겠습니다. 저는 지난 6월에 북한의 김정일 국방위원장과 역사적인 남북 정상 회담을 가졌습니다. …… 우리의 일관되고 성의 있는 자세와 노르웨이를 비롯한 전 세계 모든 나라의 햇볕 정책에 대한 지지는 북한의 태도를 바꾸게 만들었습니다.

① 남북 기본 합의서를 교환하였다.
② 7·4 남북 공동 성명을 발표하였다.
③ 6·15 남북 공동 선언을 채택하였다.
④ 한반도 비핵화 공동 선언에 합의하였다.
⑤ 남북 이산가족 고향 방문단의 교환을 최초로 실현하였다.

04
[54회 기출]

(가)~(다) 학생이 발표한 내용을 일어난 순서대로 옳게 나열한 것은? [2점]

① (가) - (나) - (다)
② (가) - (다) - (나)
③ (나) - (가) - (다)
④ (나) - (다) - (가)
⑤ (다) - (가) - (나)

김대중 정부의 통일 노력

③ 6·15 남북 공동 선언을 채택하였다.

김대중 정부는 대북 화해 협력 정책인 **햇볕 정책**을 추진하여 남북 관계를 개선하고자 하였다. 햇볕 정책의 결과 김대중 대통령이 2000년 6월 13일 평양을 방문하며, 최초로 **제1차 남북 정상 회담**이 개최되었다. 또한 이 회담에서 남북한 정상은 남북한 통일 방안의 유사성을 인정하고 남북 교류와 경제 협력 활성화 등에 합의하는 **6·15 남북 공동 선언을 채택**하였다. 이 선언에 따라 남북은 교류 협력을 위한 개성 공업 지구 조성에도 합의하였다.

오답 클리어
① 남북 기본 합의서를 교환하였다. → 노태우 정부
② 7·4 남북 공동 성명을 발표하였다. → 박정희 정부
④ 한반도 비핵화 공동 선언에 합의하였다. → 노태우 정부
⑤ 남북 이산가족 고향 방문단의 교환을 최초로 실현하였다. → 전두환 정부

통일을 위한 노력

③ (나) - (가) - (다)
전두환 정부 - 노태우 정부 - 김대중 정부

(나) **전두환 정부**는 최초로 남북 이산가족 고향 방문을 성사시켜 이산가족 상봉이 실현되었다.
(가) **노태우 정부**는 통일 외교 정책의 기본 방향을 담은 대통령 특별 선언인 **7·7 선언**을 발표하였다. 이에 따라 대북 정책을 펼쳐 남북한이 유엔에 동시 가입하였으며, **남북 기본 합의서**를 채택하여 상호 불가침, 교류·협력 확대 등에 합의하는 성과를 냈다.
(다) **김대중 정부**는 대북 화해와 협력을 위한 정책들을 펼쳤으며, 남북한 경제 협력 사업의 일환으로 **개성 공단 조성**에 합의하였다.

📋 **이건 꼭! 암기** 우리나라의 통일 정책
#전두환 정부_남북 이산가족 상봉 행사 처음 개최
#노태우 정부_7·7 선언 발표
#김대중 정부_개성 공단 조성에 합의

현대
기출 테스트

01 (가), (나) 사이의 시기에 있었던 사실로 옳은 것은? [2점]

(가) 하지 중장, 특별 성명 발표
오늘 오전 조선 주둔 미군 최고사령관 하지 중장은 미·소 공동 위원회 무기 휴회에 관한 중대 성명서를 발표하였다. 이는 덕수궁 석조전에서의 역사적인 개막 이후 49일 만의 일이다.

(나) 제2차 미·소 공동 위원회 개막
미·소 공동 위원회는 제1차 회의가 무기 휴회 된 지 1년 16일 만인 오늘 오후 2시 정각에 시내 덕수궁 석조전에서 고대하던 제2차 회의의 역사적 막을 열었다.

① 여수·순천 10·19 사건이 일어났다.
② 모스크바 삼국 외상 회의가 개최되었다.
③ 반민족 행위 특별 조사 위원회가 출범하였다.
④ 좌·우 합작 위원회가 좌·우 합작 7원칙을 발표하였다.
⑤ 유엔 총회에서 인구 비례에 의한 남북 총선거가 의결되었다.

02 밑줄 그은 '이 전쟁' 중에 있었던 사실로 옳은 것은? [2점]

사진은 이 전쟁 당시 부산의 천막 교실 중 하나입니다. 임시 수도였던 부산에는 서울을 비롯한 각지의 학교가 피란해 와 천막 교실에서 수업이 진행되었습니다. 힘든 생활 중에서도 배움이 멈추지 않았다는 사실을 기억해 주세요.

① 발췌 개헌안이 통과되었다.
② 삼청 교육대가 설치되었다.
③ 한·미 상호 방위 조약이 체결되었다.
④ 여수·순천 10·19 사건이 일어났다.
⑤ 국가 보위 비상 대책 위원회가 구성되었다.

03 밑줄 그은 '개헌' 이후에 있었던 사실로 옳은 것은? [2점]

대한 변호사 협회장의 성명

이번 개헌 안건의 의결에 있어서 찬성표 수가 135이고 재적의원 수가 203인 것은 변하지 않는 수이다. 그러면 재적인 수의 3분의 2는 135.333이니 이 선에 도달하려면 동일한 표수가 있어야 될 것이다. …… 찬성표가 재적인 수에 도달하거나 또는 정족수 이상 되어야 하거늘 0.333에 도달하지 못하니 그것을 사사오입이라는 구실로 떼어버리고 정족수인 3분의 2와 동일한 수라고 하는 것은 헌법 위반이 되는 것이므로 법조인으로서 이를 이해하기 곤란하다.

① 여수·순천 10·19 사건이 일어났다.
② 진보당의 당수였던 조봉암이 처형되었다.
③ 반민족 행위 특별 조사 위원회가 설치되었다.
④ 국회 프락치 사건으로 일부 국회의원이 체포되었다.
⑤ 여운형 등의 주도로 좌·우 합작 위원회가 구성되었다.

04 다음 기념사를 발표한 정부 시기에 있었던 사실로 옳은 것은? [2점]

오늘 국민 교육 헌장 선포 1주년에 즈음하여, 나는 온 국민과 더불어 뜻깊은 이날을 경축하면서 헌장 이념의 구현을 위한 우리들의 결의를 새로이 하게 된 것을 매우 기쁘게 생각하는 바입니다. 국민 교육 헌장은 우리 민족이 지녀야 할 시대적 사명감과 윤리관을 정립한 역사적 장전이며, 조국 근대화의 물량적 성장을 보완, 촉진시켜 나갈 정신적 지표이며, 국가의 백년대계를 기약하는 국민 교육의 실천 지침인 것입니다.

① 국민학교라는 명칭을 초등학교로 변경하였다.
② 과외 전면 금지와 대학 졸업 정원제를 시행하였다.
③ 문맹국민 완전퇴치 5개년 계획을 수립하여 추진하였다.
④ 미국에서 시행되고 있던 6-3-3 학제를 처음 도입하였다.
⑤ 중학교 입시 제도를 폐지하고 무시험 추첨제를 실시하였다.

69회 기출

05 (가) 민주화 운동에 대한 설명으로 옳은 것은? [1점]

이곳은 옛 전남도청 본관으로 [(가)] 당시 시민군이 계엄군에 항쟁한 장소입니다. 정부는 본관을 포함한 옛 전남도청을 복원하여 [(가)] 의 의미를 기억하고 추모하는 공간으로 되살리겠다고 하였습니다. 건물 내부에는 당시 상황을 알 수 있는 실물 또는 가상 콘텐츠 공간 등이 조성될 예정입니다.

① 3·1 민주 구국 선언을 발표하였다.
② 시위 도중 대학생 이한열이 희생되었다.
③ 호헌 철폐, 독재 타도 등의 구호를 외쳤다.
④ 허정 과도 정부가 출범하는 계기가 되었다.
⑤ 관련 기록물이 유네스코 세계 기록유산으로 등재되었다.

정답 및 해설

01 제1차 미·소 공위와 제2차 미·소 공위 사이의 사실   정답 ④

정답 치트키
(가) 미·소 공동 위원회 무기 휴회 → 1946년 5월
(나) 제2차 미·소 공동 위원회 개막 → 1947년 5월

④ 제1차 미·소 공동 위원회 휴회(1946. 5.) 이후, 여운형과 김규식이 좌·우 합작 위원회를 조직하고, 임시 민주 정부 수립, 토지 개혁 등을 주요 내용으로 한 좌·우 합작 7원칙을 발표하였다(1946. 10.).

오답 클리어
① 여수·순천 10·19 사건이 일어났다. → 1948년 10월, (나) 이후
② 모스크바 삼국 외상 회의가 개최되었다. → 1945년 12월, (가) 이전
③ 반민족 행위 특별 조사 위원회가 출범하였다. → 1948년 10월, (나) 이후
⑤ 유엔 총회에서 인구 비례에 의한 남북 총선거가 의결되었다.
  → 1947년 11월, (나) 이후

02 6·25 전쟁   정답 ①

정답 치트키
임시 수도 + 부산 → 6·25 전쟁(1950. 6.~1953. 7.)

① 6·25 전쟁 중인 1952년 이승만 정부는 임시 수도 부산에서 비상 계엄을 선포하고 발췌 개헌안(제1차 개헌안)을 통과시켰다.

오답 클리어
② 삼청 교육대가 설치되었다. → 1980년
③ 한·미 상호 방위 조약이 체결되었다. → 1953년 10월
④ 여수·순천 10·19 사건이 일어났다. → 1948년
⑤ 국가 보위 비상 대책 위원회가 구성되었다. → 1980년

03 사사오입 개헌 이후의 사실   정답 ②

정답 치트키
사사오입 → 사사오입 개헌(제2차 개헌안, 1954)

② 사사오입 개헌(1954) 이후 이승만 정부는 평화 통일을 주장한 진보당의 당수였던 조봉암이 간첩과 내통했다는 혐의로 구속된 뒤 처형(1959)되었다.

오답 클리어
① 여수·순천 10·19 사건이 일어났다. → 1948년
③ 반민족 행위 특별 조사 위원회가 설치되었다. → 1948년
④ 국회 프락치 사건으로 일부 국회의원이 체포되었다.
  → 1949년 5월~1949년 8월
⑤ 여운형 등의 주도로 좌·우 합작 위원회가 구성되었다. → 1946년

04 박정희 정부 시기의 사실   정답 ⑤

정답 치트키
국민 교육 헌장 선포(1968) 1주년 → 박정희 정부

⑤ 박정희 정부 때 중학교 입시 제도를 폐지하고 무시험 추첨제를 실시하였다.

오답 클리어
① 국민학교라는 명칭을 초등학교로 변경하였다. → 김영삼 정부
② 과외 전면 금지와 대학 졸업 정원제를 시행하였다.
  → 신군부 집권기~전두환 정부
③ 문맹국민 완전퇴치 5개년 계획을 수립하여 추진하였다.
  → 이승만 정부
④ 미국에서 시행되고 있던 6-3-3 학제를 처음 도입하였다. → 미 군정기

05 5·18 민주화 운동   정답 ⑤

정답 치트키
시민군 + 계엄군 → 5·18 민주화 운동

⑤ 5·18 민주화 운동의 관련 기록물은 2011년에 유네스코 세계 기록유산으로 등재되었다.

오답 클리어
① 3·1 민주 구국 선언을 발표하였다. → 유신 체제 반대 운동
② 시위 도중 대학생 이한열이 희생되었다. → 6월 민주 항쟁
③ 호헌 철폐, 독재 타도 등의 구호를 외쳤다. → 6월 민주 항쟁
④ 허정 과도 정부가 출범하는 계기가 되었다. → 4·19 혁명

현대 기출 테스트

06 [52회 기출] (가) 정부 시기에 볼 수 있는 모습으로 적절한 것은? [2점]

사진으로 보는 (가) 정부
- 프로 야구 6개 구단 창단
- 언론 통제 보도 지침
- 호헌 철폐 국민 대회

① 7·4 남북 공동 성명 발표를 취재하는 기자
② 개성 공단 착공식에 참석하고 있는 정부 관료
③ 금강호를 타고 금강산 관광을 떠나는 단체 여행객
④ 한반도 비핵화 공동 선언문을 발표하는 외교부 당국자
⑤ 최초의 이산가족 상봉 행사에 참여하는 남북 고향 방문단

07 [68회 기출] (가)에 들어갈 내용으로 옳은 것은? [2점]

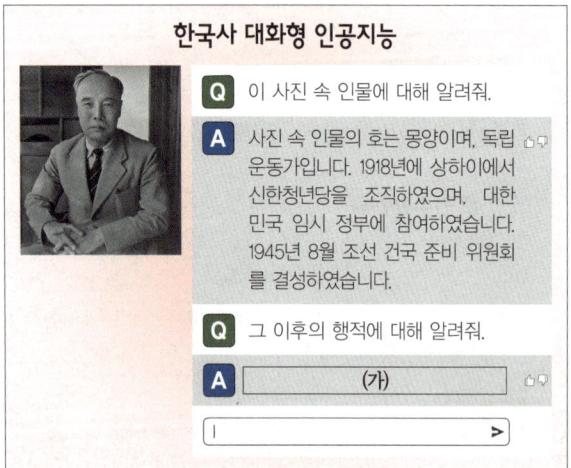

한국사 대화형 인공지능
Q: 이 사진 속 인물에 대해 알려줘.
A: 사진 속 인물의 호는 몽양이며, 독립운동가입니다. 1918년에 상하이에서 신한청년당을 조직하였으며, 대한민국 임시 정부에 참여하였습니다. 1945년 8월 조선 건국 준비 위원회를 결성하였습니다.
Q: 그 이후의 행적에 대해 알려줘.
A: (가)

① 한국 민주당을 창당하였습니다.
② 5·10 총선거에 출마하였습니다.
③ 단독 정부 수립을 주장하였습니다.
④ 「조선혁명선언」을 작성하였습니다.
⑤ 좌·우 합작 위원회를 조직하였습니다.

08 [40회 기출] (가)~(라)의 헌법을 공포된 순서대로 옳게 나열한 것은? [3점]

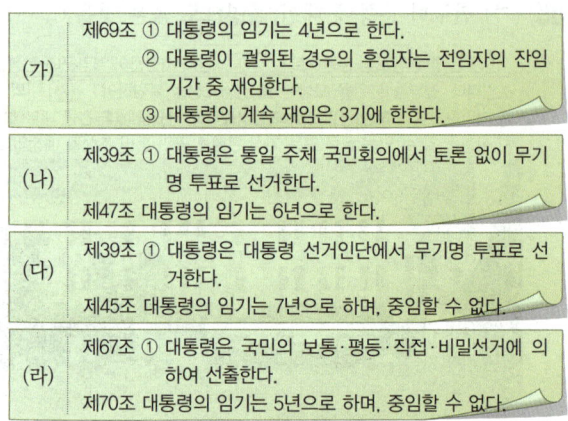

(가) 제69조 ① 대통령의 임기는 4년으로 한다.
② 대통령이 궐위된 경우의 후임자는 전임자의 잔임 기간 중 재임한다.
③ 대통령의 계속 재임은 3기에 한한다.

(나) 제39조 ① 대통령은 통일 주체 국민회의에서 토론 없이 무기명 투표로 선거한다.
제47조 대통령의 임기는 6년으로 한다.

(다) 제39조 ① 대통령은 대통령 선거인단에서 무기명 투표로 선거한다.
제45조 대통령의 임기는 7년으로 하며, 중임할 수 없다.

(라) 제67조 대통령은 국민의 보통·평등·직접·비밀선거에 의하여 선출한다.
제70조 대통령의 임기는 5년으로 하며, 중임할 수 없다.

① (가) - (나) - (다) - (라)
② (가) - (다) - (라) - (나)
③ (나) - (가) - (라) - (다)
④ (나) - (라) - (가) - (다)
⑤ (다) - (라) - (나) - (가)

09 [74회 기출] 다음 연설문을 발표한 정부 시기의 통일 노력으로 옳은 것은? [2점]

6·15 공동 선언은 한반도의 운명을 바꾸어 놓은 역사적 전환점이었습니다. …… 남북 당국 간 회담이 100여 차례 이상 열리고, 인적·물적 교류도 크게 늘어났습니다. …… 참여 정부는 햇볕 정책과 6.15 정신을 계승, 발전시킨 '평화 번영 정책'을 추진해 나가고 있습니다. 이대로 가면 한반도에 화해와 협력의 질서가 구축되고, 평화와 번영의 새로운 동북아 시대가 열리게 될 것입니다. 무엇보다 중요한 것은 남북 간 신뢰 구축입니다. 각 분야의 교류와 협력을 활성화시키고, 북핵 문제를 평화적으로 해결해 나가야 합니다.

① 판문점에서 남북 정상 회담을 개최하였다.
② 남북한이 국제 연합(UN)에 동시 가입하였다.
③ 남북 이산가족의 고향 방문을 최초로 성사시켰다.
④ 평화 통일 외교 정책에 관한 6.23 특별 성명을 발표하였다.
⑤ 남북 간 경제 교류 활성화를 위한 개성 공단 착공식을 열었다.

75회 기출

10 다음 기사 내용이 보도된 정부 시기에 있었던 사실로 옳은 것은? [3점]

> □□신문
> 제△△호   ○○○○년 ○○월 ○○일
>
> **군대 내 사조직 '하나회' 청산 매듭**
>
> 어제 단행된 군 장성 정기 인사를 통해 하나회 회원으로 알려진 중장급 이상 장성 전원이 보직 해임되었다. 이번 인사는 문민 정부 출범 직후인 지난해 3월 8일 육군 참모총장과 기무사령관을 전격적으로 예편 조치함으로써 시작된 군대 내 사조직 청산 작업을 마무리한 것이다. 군 내부에서도 이번 하나회 완전 제거가 군이 정치적 중립을 확보하고 안정과 결속을 다지는 계기가 될 것으로 기대하고 있다.

① 칠레와의 자유 무역 협정(FTA)이 체결되었다.
② 처음으로 연간 수출액 100억 달러가 달성되었다.
③ 서울과 평양에서 7·4 남북 공동 성명이 발표되었다.
④ 북방 외교를 추진하여 사회주의 국가인 소련과 수교하였다.
⑤ 거창 사건 등 관련자의 명예 회복에 관한 특별 조치법이 제정되었다.

정답 및 해설

06 전두환 정부   정답 ⑤

정답 치트키
프로 야구 6개 구단 창단 + 언론 통제 보도 지침 + 호헌 철폐 국민 대회 → 전두환 정부

⑤ 전두환 정부는 최초로 남북 이산가족 고향 방문을 성사시켜, 이산가족 상봉이 이루어졌다.

오답 클리어
① 7·4 남북 공동 성명 발표를 취재하는 기자 → 박정희 정부
② 개성 공단 착공식에 참석하고 있는 정부 관료 → 노무현 정부
③ 금강호를 타고 금강산 관광을 떠나는 단체 여행객 → 김대중 정부
④ 한반도 비핵화 공동 선언문을 발표하는 외교부 당국자 → 노태우 정부

07 여운형   정답 ⑤

정답 치트키
몽양 + 조선 건국 준비 위원회를 조직함 → 여운형

⑤ 여운형은 김규식과 함께 좌·우 합작 위원회를 조직하고, 좌·우 합작 7원칙을 발표하였다.

오답 클리어
① 한국 민주당을 창당하였습니다. → 송진우, 김성수
② 5·10 총선거에 출마하였습니다. → 이승만
③ 단독 정부 수립을 주장하였습니다. → 이승만
④ 「조선혁명선언」을 작성하였습니다. → 신채호

08 대한민국 헌법 개정   정답 ①

정답 치트키
(가) 대통령의 계속 재임은 3기에 한함
   → 3선 개헌안(제6차 개헌안, 1969)
(나) 통일 주체 국민회의 + 대통령의 임기 6년
   → 유신 헌법(제7차 개헌안, 1972)
(다) 대통령 선거인단 + 대통령의 임기 7년 → 제8차 개헌안(1980)
(라) 국민의 보통·평등·직접·비밀 선거 + 대통령의 임기 5년 + 중임할 수 없음 → 직선제 개헌안(제9차 개헌안, 1987)

① 순서대로 나열하면 (가) 3선 개헌안(제6차 개헌안, 1969) - (나) 유신 헌법(제7차 개헌안, 1972) - (다) 제8차 개헌안(1980) - (라) 직선제 개헌안(제9차 개헌안, 1987)이 된다.

09 노무현 정부의 통일 노력   정답 ⑤

정답 치트키
햇볕 정책과 6·15 공동 정신을 계승 → 노무현 정부

⑤ 노무현 정부는 김대중 정부의 햇볕 정책을 계승하여 남북 간 경제 교류 활성화를 위해 개성 공단을 착공하였다.

오답 클리어
① 판문점에서 남북 정상 회담을 개최하였다. → 문재인 정부
② 남북한이 국제 연합(UN)에 동시 가입하였다. → 노태우 정부
③ 남북 이산가족의 고향 방문을 최초로 성사시켰다. → 전두환 정부
④ 평화 통일 외교 정책에 관한 6·23 특별 성명을 발표하였다.
   → 박정희 정부

10 김영삼 정부   정답 ⑤

정답 치트키
군대 내 사조직 '하나회' 청산 → 김영삼 정부

⑤ 김영삼 정부 때 거창 사건 등 관련자의 명예 회복에 관한 특별 조치법이 제정되었다.

오답 클리어
① 칠레와의 자유 무역 협정(FTA)이 체결되었다. → 노무현 정부
② 처음으로 연간 수출액 100억 달러가 달성되었다. → 박정희 정부
③ 서울과 평양에서 7·4 남북 공동 성명이 발표되었다. → 박정희 정부
④ 북방 외교를 추진하여 사회주의 국가인 소련과 수교하였다.
   → 노태우 정부

해커스 한국사능력검정시험
심화 **2주 합격**

VIII 통합 주제

최근 3개년 기출 트렌드 *최근 3개년 회차인 심화 75~60회 기준입니다.

기출주제	출제 문항 수
48 지역사	15문항 **1위**
49 유네스코에 등재된 우리 문화재	8문항
50 세시 풍속과 민속놀이	1문항

통합 최근 3개년 출제 비중

3%
1~2문항

빈출 키워드 TOP3

개성, 전주, 부산

창덕궁, 종묘, 『의궤』

삼짇날, 단오, 칠석

학습 포인트

지역사는 개성, 전주, 부산이 자주 출제되니, 해당 지역의 역사는 꼭 기억해두세요!

기출주제 48 지역사

빈출 태그 | #평양 #개성 #충주 #전주 #대구 #부산 #진주 #강화도 #제주도 #거문도

스토리로 미리보기

S#1 이사부가 우산국(울릉도)을 정벌하다!

나는 신라 장군 이사부, 지증왕의 명을 받아 우산국(울릉도)을 정벌하러 왔는데, 이 나라 사람들이 어리석고 사나워 항복받기 어려울 것 같다. 그래서 나무로 사자를 만들어 겁을 줬는데, 작전이 성공했는지 바로 항복했다!

S#2 어부 안용복이 울릉도와 독도가 조선 땅임을 밝히다!

저는 조선의 어부 안용복입니다. 울릉도와 독도 근처에서 일본 어부들이 제멋대로 고기 잡이를 하길래, 이대로는 안되겠다 싶어 일본에 건너 갔습니다. 거기서 "울릉도와 독도는 조선 땅이다!" 라고 확실하게 못을 박고 왔죠!

S#3 대한 제국이 칙령 제41호를 내려 독도를 관리하게 하다!

독도 인근에 일본인의 출몰이 잦다는 이야기를 듣고, 대한 제국의 황제로서 나 고종은 칙령 제41호를 내렸다. 울릉도를 울도로 승격시켜 울도 군수가 울릉도와 독도를 직접 관리하도록 한 것이다. 황제가 칙령을 발표하였으니 독도가 대한 제국의 영토임을 일본도 제대로 알았겠지.

1 만주와 한반도

만주 (간도)	선사 시대	• 선사 시대 우리 민족의 생활권으로 비파형동검·미송리식 토기 등이 출토됨 • 고조선과 부여의 영역
	고대	• 고구려: 광개토 대왕이 확보한 지역, 광개토 대왕릉비, 장군총이 위치해 있음 • 발해: 발해의 중심 영역
	일제 강점기	• 봉오동·청산리 전투가 전개된 지역 • 서간도: 경학사, 부민단, 신흥 무관 학교 등이 설립됨 • 북간도: 중광단, 명동 학교, 서전서숙 등이 설립됨
의주	조선 시대	임진왜란 때 선조가 피난을 감, 조선 후기의 사상인 만상의 근거지
☆☆평양 (서경)	고대	고구려 멸망 이후 당에 의해 안동 도호부가 설치됨
	고려 시대	인종 때 묘청이 서경(평양) 길지설을 내세우며 서경 천도 운동을 전개함
	조선 시대	임진왜란 때 조·명 연합군이 평양성을 탈환함, 유상의 활동 거점
	근대	신미양요의 발단이 된 제너럴셔먼호 사건이 발생함, 대성 학교가 설립됨
	일제 강점기	조만식의 주도로 조선 물산 장려회가 발족되어 물산 장려 운동이 전개됨
	현대	남북 협상(남북 지도자 회의)을 실시함, 제1, 2차 남북 정상 회담이 개최됨
원산	근대	강화도 조약을 통해 개항됨, 원산 학사가 설립됨
	일제 강점기	원산 노동자 총파업이 전개됨
☆☆개성 (개경)	고대	궁예가 후고구려를 건국함(송악)
	고려 시대	• 고려의 수도 • 만적의 난이 발생함, 정몽주가 개성 선죽교에서 이방원에 의해 피살됨
	조선 시대	송상의 근거지
	현대	6·25 전쟁의 정전 협정이 시작됨, 개성 공단이 건설됨, 개성 역사 유적 지구가 2013년 유네스코 세계 문화유산에 등재됨
서울	고대	고구려 장수왕에 의해 백제의 수도 한성이 함락됨
	조선 시대	• 태조 이성계가 천도한 후 조선의 수도 • 선농단(국왕이 신농, 후직에게 제사지내는 곳), 사직단(토지신과 곡물신에게 제사지내는 곳), 동관왕묘(중국 촉의 장수인 관우의 제사를 지내는 곳) 등의 문화유산이 있음
	근대	시전 상인들이 황국 중앙 총상회를 조직함
	일제 강점기	의열단원 나석주가 조선 식산 은행에, 김익상이 조선 총독부에 폭탄을 투척함
공주	선사 시대	공주 석장리 유적
	고대	• 백제: 문주왕 때 천도한 백제의 두 번째 수도(웅진), 송산리 고분군 • 통일 신라: 김헌창(웅천주 도독)의 난이 발생함
	고려 시대	공주 명학소에서 망이·망소이가 난을 일으킴
	근대	제2차 동학 농민 운동 때 우금치 전투가 전개됨
충주	고대	충주 고구려비, 통일 신라의 탑평리 칠층 석탑이 위치해 있음
	조선 시대	• 조창 중 하나인 가흥창이 설치된 곳 • 탄금대에서 신립이 배수의 진을 치고 왜군에 항전함

청주	고대	신라 촌락문서(민정문서)의 소재지임(통일 신라의 서원경)
	고려 시대	국보 41호인 용두사지 철당간이 있음, 흥덕사에서 『직지심체요절』이 간행됨
안동 (고창)	고려 시대	• 고창 전투(후백제 vs 고려), 공민왕의 피난처(복주) • 이천동 마애 여래 입상과 봉정사 극락전이 있음
	조선 시대	도산 서원, 병산 서원이 위치해 있음
대구	고대	통일 신라 신문왕이 천도를 시도함(달구벌), 공산 전투(후백제 vs 고려)
	근대	서상돈, 김광제의 주도로 국채 보상 운동이 시작됨
	현대	이승만 정부 때 2·28 민주 운동이 일어남
★★부산	조선 시대	임진왜란 때 부사 송상현과 첨사 정발이 순절함
	일제 강점기	의열단원 박재혁이 부산 경찰서에 폭탄을 투척함
진주	조선 시대	임진왜란 때 진주 대첩(김시민)이 전개됨, 임술 농민 봉기가 일어남
	일제 강점기	형평 운동을 주도한 조선 형평사가 조직됨
★★전주	고대	견훤이 후백제를 건국함(완산주)
	조선 시대	• 태조 이성계의 어진(왕의 초상화)을 모신 경기전이 설치됨 • 『조선왕조실록』 등을 보관하던 사고가 설치됨
	근대	동학 농민 운동 당시에 동학 농민군과 정부군이 전주 화약을 맺음
강진	고려 시대	요세가 만덕사에서 백련 결사를 전개, 고려 상감 청자의 주요 생산 지역
	조선 시대	정약용의 유배지로, 『경세유표』가 저술됨(다산 초당)

2 섬

★★강화도	선사 시대	고인돌 유적지
	고려 시대	• 몽골 침입기의 임시 수도, 삼별초의 항쟁이 전개됨 • 팔만대장경이 조판됨
	조선 시대	『조선왕조실록』을 보관하는 사고(史庫)가 설치됨, 강화 학파가 형성됨
	근대	병인·신미양요, 운요호 사건이 일어남, 강화도 조약이 체결됨
울릉도·독도	고대	신라 지증왕 때 이사부가 우산국(울릉도)과 부속 섬(독도)을 복속시킴
	조선 시대	• 『세종실록』 「지리지」에 우리나라 영토로 기재됨 • 숙종 때 안용복이 일본으로 건너가 우리나라 영토임을 확인 받고 돌아옴
	근대	• 대한 제국 칙령 제41호를 통해 울릉도를 울도군으로 승격시키고, 울도군수가 독도를 관할하도록 함 • 일본이 러·일 전쟁 중 불법으로 독도를 자국 영토에 편입함
제주도	선사 시대	제주 한경 고산리 유적
	고려 시대	삼별초의 마지막 근거지, 원 간섭기에 탐라총관부가 설치됨
	조선 시대	김만덕이 빈민 구제 활동을 전개함, 하멜 일행이 표류하다 도착함
	현대	제주 4·3 사건이 발생하여 많은 주민이 희생됨
기타	절영도	근대에 러시아가 조차를 요구한 곳
	진도	고려 시대에 삼별초가 용장성을 쌓고 대몽 항쟁을 전개한 곳
	거문도	근대에 영국이 러시아의 남하를 구실로 불법으로 점령함(거문도 사건)
	완도	통일 신라 때 장보고가 해군 무역 기지인 청해진을 설치함
	거제도	6·25 전쟁 때 포로 수용소가 설치됨
	흑산도	조선 후기 정약전의 유배지로, 『자산어보』를 저술함

✓ 기출 선택지로 개념 다지기

1. 빈칸의 답을 채워보세요.

(1) 만적의 난이 발생한 지역: ☐ [63회]

(2) 동학 농민군이 정부와 화약을 맺은 지역: ☐ [65회]

(3) 어재연이 항전했던 광성보가 있는 섬: ☐ [66회]

(4) 삼별초가 활동한 항파두리 항몽 유적이 있는 섬: ☐ [66회]

(5) 왕건이 고창 전투에서 견훤에게 승리한 곳: ☐ [71회]

2. 질문에 맞는 답을 고르세요.

(1) 개성에 대한 설명은? [68회]
  ① 조선 후기 송상이 근거지로 삼아 전국적으로 활동하였다.
  ② 일제 강점기 강주룡이 을밀대 지붕 위에서 고공농성을 하였다.

(2) 부산에 대한 설명은? [63회]
  ① 내상이 무역 활동을 전개하였다.
  ② 정몽주가 이방원 세력에 의해 피살되었다.

(3) 대구에 대한 설명은? [70회]
  ① 정약용이 유배 중에 『경세유표』를 저술하였다.
  ② 김광제 등의 발의로 국채 보상 운동이 일어났다.

(4) 독도에 대한 설명은? [58회]
  ① 대한 제국이 칙령을 통해 울릉 군수가 관할하도록 하였다.
  ② 하멜 일행이 표류하다 도착한 곳이다.

(5) 충주에 대한 설명은? [69회]
  ① 금속 활자본인 『직지심체요절』이 간행되었다.
  ② 고구려비가 남한 지역에서 유일하게 발견되었다.

정답 | 1. (1) 개성 (2) 전주 (3) 강화도
   (4) 제주도 (5) 안동
2. (1) ① (②은 평양)
   (2) ① (②은 개성)
   (3) ② (①은 강진)
   (4) ① (②은 제주도)
   (5) ② (①은 청주)

필수 기출로 개념 적용하기 　기출주제 48 　지역사

01　[69회 기출]

(가) 지역에서 있었던 사실로 옳은 것은? [2점]

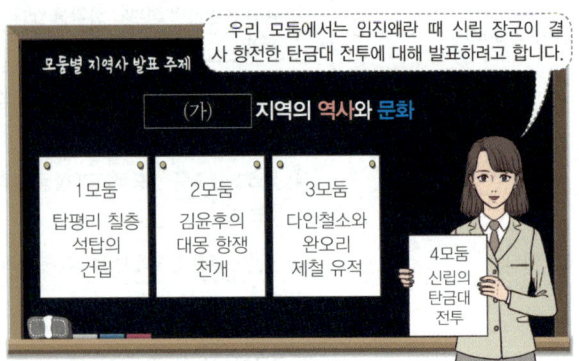

① 제1차 미·소 공동 위원회가 개최되었다.
② 명 신종을 기리는 만동묘가 건립되었다.
③ 강주룡이 을밀대 지붕에서 고공농성을 벌였다.
④ 고구려비가 남한 지역에서 유일하게 발견되었다.
⑤ 박재혁이 경찰서에서 폭탄을 터뜨리는 의거를 일으켰다.

02　[75회 기출]

(가) 지역에 대한 탐구 활동으로 가장 적절한 것은? [2점]

① 원종과 애노가 봉기한 곳을 검색한다.
② 외규장각 도서의 약탈 과정을 조사한다.
③ 강주룡이 고공시위를 전개한 장소를 알아본다.
④ 김만덕이 흉년에 굶주린 백성을 구제한 기록을 살펴본다.
⑤ 러시아의 남하를 견제한다는 구실로 영국군이 점령한 지역을 찾아본다.

👆 충주

④ 고구려비가 남한 지역에서 유일하게 발견되었다.

충주는 삼국 시대부터 교통의 요지였던 지역으로, 삼국 시대에 고구려가 한강 유역까지 진출하였음을 보여주는 **충주 고구려비**와 통일 신라 석탑 중 규모가 가장 크고 높은 **충주 탑평리 칠층 석탑**이 위치해 있다. 또한 고려 시대에는 김윤후가 충주성에서 관노들과 함께 몽골군의 침입에 항전하기도 하였다. 한편 충주에는 조선 시대에 발발한 **임진왜란** 때 **신립**이 배수의 진을 치고 왜군에 항전한 **탄금대**가 위치해 있다.

🔍 오답 클리어
① 제1차 미·소 공동 위원회가 개최되었다. ➡ 서울
② 명 신종을 기리는 만동묘가 건립되었다. ➡ 괴산
③ 강주룡이 을밀대 지붕에서 고공농성을 벌였다. ➡ 평양
⑤ 박재혁이 경찰서에서 폭탄을 터뜨리는 의거를 일으켰다. ➡ 부산

이건 꼭! 암기 충주
#충주 고구려비　#김윤후의 대몽 항쟁 전개　#신립의 탄금대 전투

👆 제주도

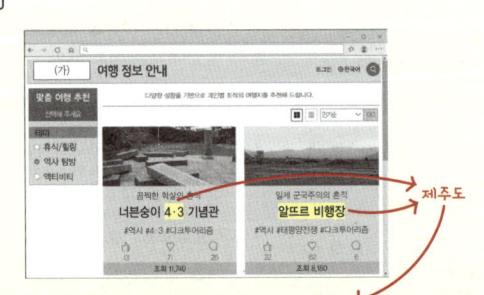

④ 김만덕이 흉년에 굶주린 백성을 구제한 기록을 살펴본다.

제주도는 조선 후기의 거상이자 자선가인 **김만덕**이 자신의 재산을 기부하여 **흉년에 굶주린 백성을 구제**한 곳이다. 또한 제주도에는 일제가 주민들을 강제 동원하여 건설한 군사 시설의 흔적도 있는데, 대표적으로 **알뜨르 비행장**이 있다. 한편 광복 이후 제주도에서는 남한만의 단독 선거에 반대하는 봉기가 일어났는데, 이를 무력 진압하는 과정에서 무고한 제주도민들이 많이 희생되었다(**제주 4·3 사건**).

🔍 오답 클리어
① 원종과 애노가 봉기한 곳을 검색한다. ➡ 상주(사벌주)
② 외규장각 도서의 약탈 과정을 조사한다. ➡ 강화도
③ 강주룡이 고공시위를 전개한 장소를 알아본다. ➡ 평양
⑤ 러시아의 남하를 견제한다는 구실로 영국군이 점령한 지역을 찾아본다. ➡ 거문도

03 | 65회 기출

다음 지역에 대한 탐구 활동으로 적절한 것은? [1점]

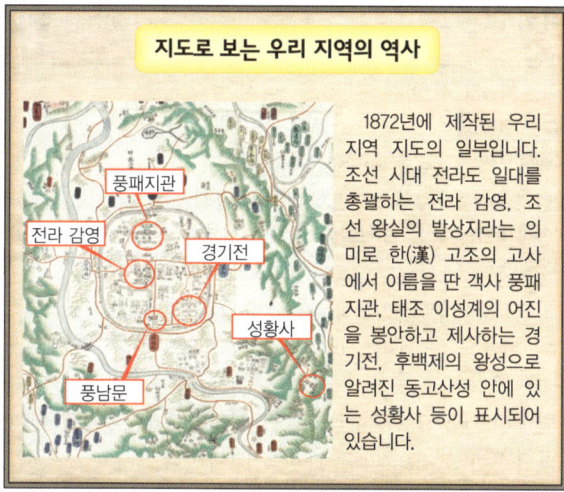

① 유형원이 『반계수록』을 저술한 장소를 답사한다.
② 견훤이 아들 신검에 의해 유폐된 장소를 알아본다.
③ 동학 농민군이 정부와 화약을 맺은 장소를 조사한다.
④ 기묘사화로 유배된 조광조가 사사된 장소를 검색한다.
⑤ 임병찬이 의병을 일으킨 무성 서원이 있는 장소를 찾아본다.

전주

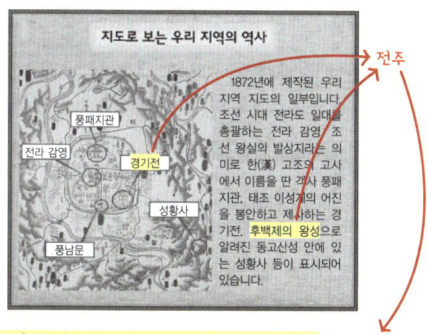 → 전주

③ 동학 농민군이 정부와 화약을 맺은 장소를 조사한다.

전주는 **견훤이 후백제를 건국한** 지역으로, 동고산성에서는 후백제와 관련된 유물이 출토되었다. 이후 조선 시대에는 **태조 이성계의 어진을 모신 경기전**이 세워졌고, 『실록』 등을 보관하는 사고가 설치되었다. 또한 전주는 동학 농민 운동 당시 **동학 농민군이 정부와 화약을 맺은 장소**이기도 하다.

오답 클리어
① 유형원이 『반계수록』을 저술한 장소를 답사한다. → 부안
② 견훤이 아들 신검에 의해 유폐된 장소를 알아본다. → 김제
④ 기묘사화로 유배된 조광조가 사사된 장소를 검색한다. → 화순(능주)
⑤ 임병찬이 의병을 일으킨 무성 서원이 있는 장소를 찾아본다. → 정읍(태인)

04 | 53회 기출

(가)~(마) 지역에 있었던 역사적 사실로 옳지 않은 것은? [2점]

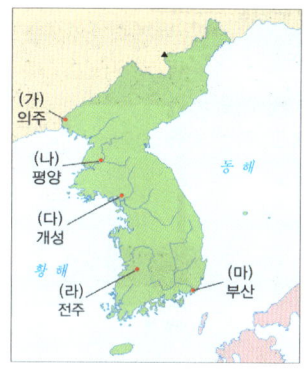

① (가) – 만상이 근거지로 삼아 청과의 무역을 전개하였다.
② (나) – 나석주가 조선 식산 은행에 폭탄을 투척하였다.
③ (다) – 만적을 비롯한 노비들이 신분 해방을 도모하였다.
④ (라) – 동학 농민군이 정부와 화해하는 약조를 맺었다.
⑤ (마) – 임진왜란 중 부사 송상현과 첨사 정발이 순절하였다.

여러 지역의 역사적 사실

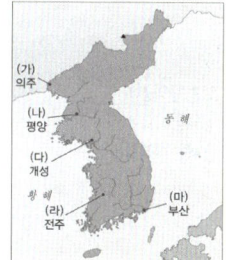

② (나) – 나석주가 **조선 식산 은행**에 **폭탄**을 투척하였다. → 서울

서울은 일제 강점기에 의열단원 나석주가 조선 식산 은행과 동양 척식 주식회사에 폭탄을 투척한 지역이다.

오답 클리어
① 의주에서 **만상이 근거지로 삼아 청과의 무역**을 전개하였다.
③ 개성에서 **만적을 비롯한 노비들이 신분 해방**을 도모하였다.
④ 전주에서 **동학 농민군이 정부와 화해하는 약조**를 맺었다.
⑤ 부산에서 **임진왜란 중 부사 송상현과 첨사 정발**이 순절하였다.

기출주제 49 유네스코에 등재된 우리 문화재

빈출 태그 | #종묘 #창덕궁 #수원 화성 #백제 역사 유적 지구 #『조선왕조실록』 #『직지심체요절』 #팔만대장경

톡톡 스토리로 미리보기

 역잘알: 반구천의 암각화가 얼마 전에 유네스코 세계 문화유산에 등재된 거 알아?

 역알못: 응, 뉴스에서 보긴 했는데, 그게 그렇게 대단한 거였어?

 역잘알: 유네스코는 세계적으로 중요한 유산들을 보호하기 위해 만들어진 국제 기구야. 유네스코 세계 유산에 등재된다는 건 그 문화재의 가치가 전세계적으로 엄청 높다는 뜻이지.

 역알못: 오 그렇구나. 엄청 대단한 거였잖아?

 역잘알: 우리 저번에 한복 입고 **창덕궁**에 갔던 것 기억나? 창덕궁도 유네스코 세계 유산에 등재된 대표적인 문화유산이야.

 역알못: 오, 어쩐지 엄청 아름답더라. 생각보다 유네스코 세계 유산이 가까이에 있었네.

 역잘알: 맞아. 전국 곳곳에 유네스코 세계 유산이 많이 있으니, 여행 갔을 때 일부러 찾아가보는 것도 좋을 것 같아. 나는 그래서 다음 주에 공주랑 부여로 여행가서 **백제 역사 유적 지구**를 둘러볼거야. 너도 같이 갈래?

1. 유네스코 세계 문화유산

*2025년 8월 기준

합천 해인사 장경판전(1995)	• 팔만대장경 목판을 보관하기 위해 지은 조선 시대의 건축물 • 과학적으로 자연 통풍이 잘 되고 적절한 온도·습도가 유지되어 대장경을 보관하기에 용이함
⭐⭐ 종묘(1995)	• **조선의 왕과 왕비의 신주**를 모시고 제사를 지내던 사당 • 태조 이성계가 왕실의 정통성 확립을 위해 한양으로 천도하면서 짓기 시작함 • 건축물과 함께 제사, 음악, 무용 등이 무형유산으로 함께 보존됨
석굴암·불국사 (1995)	• 통일 신라 경덕왕 때 김대성이 불국토를 실현하기 위해 건립함 • 신라인들의 예술 감각과 뛰어난 기술이 주변 환경과 잘 어우러져 고대 불교 예술의 정수를 보여줌
⭐⭐ 창덕궁(1997)	• 태종 때 경복궁의 이궁으로 지은 궁궐로, 임진왜란 때 불에 탄 것을 광해군 때 중건하여 이후 정궁 역할을 함 • 자연과 건축물이 조화롭게 배치된 후원이 특징임 • 주요 건물: 인정전, 돈화문, 주합루 등
수원 화성(1997)	• 정조가 건설하려 한 이상 도시로, 군사적·행정적·상업적 기능을 보유함 • **정약용**이 **거중기**를 이용하여 시공 기간을 단축함 • 축조 과정을 정리한 『화성성역의궤』를 편찬함
고창·화순·강화 고인돌 유적(2000)	한 지역에 수백 기 이상의 고인돌이 집중 분포되어 있어 한국 청동기 시대의 사회 구조, 고인돌의 변천 등을 파악할 수 있는 유적지
경주 역사 유적 지구 (2000)	• 경주에 흩어져 있는 신라의 유적 지구로 남산 지구, 월성 지구, 대릉원 지구, 황룡사 지구, 산성 지구의 5지구로 구성됨 • 대표 유적지: 황룡사(지), 계림, 안압지(동궁과 월지)와 첨성대 등
제주 화산섬과 용암 동굴(2007)	• 제주도에 위치한 한국 최초의 세계 자연유산 지구 • 거문오름 용암 동굴계, 성산 일출봉 응회구, 한라산의 3구역으로 구성됨
조선 왕릉(2009)	조선의 왕, 왕비 및 추존된 왕, 왕비의 무덤과 부속 시설
한국의 역사 마을 : 하회와 양동(2010)	• 조선 초기의 유교적 양반 문화를 반영한 역사적인 씨족 마을 • 안동의 하회 마을과 경주의 양동 마을로 구성됨
남한산성(2014)	• 조선 시대에 유사시에 대비하여 임시 수도 기능을 하도록 건설된 산성 • **병자호란** 때 인조가 이곳으로 피난함
백제 역사 유적 지구(2015)	• 백제의 옛 수도였던 **공주시**, **부여군**과 천도를 시도했다고 알려진 **익산시의 역사 유적** (웅진 시기 궁궐터 / 무령왕릉이 위치함) • 대표 유적지: 공주 공산성, 공주 송산리 고분군, 부여 사비성, 부여 정림사지, **미륵사지**, 익산 왕궁리 유적 등 (석탑의 해체 과정에서 금제 사리봉영기가 발견됨)
산사, 한국의 산지 승원(2018)	한국 불교의 깊은 역사성을 보여주는 양산 통도사, 영주 부석사, 안동 봉정사, 보은 법주사, 공주 마곡사, 순천 선암사, 해남 대흥사 등 7곳의 산지 승원
한국의 서원(2019)	• 16세기 중반 ~ 17세기 중반 향촌 지식인인 사림에 의해 건립된 조선 시대의 성리학 교육 시설 • 영주 소수서원, 함양 남계서원, 경주 옥산서원, 안동 도산서원(이황을 모심), 장성 필암서원, 대구 도동서원, 안동 병산서원, 정읍 무성서원, **논산 돈암서원** 등 9곳의 서원으로 구성됨
한국의 갯벌 (2021)	서천갯벌(충남 서천), 고창갯벌(전북 고창), 신안갯벌(전남 신안), 보성-순천갯벌(전남 보성·순천) 등 총 4개로 구성된 자연유산

가야 고분군 (2023)	고대 가야 문명의 정체성을 보여주는 김해 대성동 고분군, 함안 말이산 고분군, 합천 옥전 고분군, 고령 지산동 고분군, 고성 송학동 고분군, 창녕 교동과 송현동 고분군, 남원 유곡리와 두락리 고분군 등 7개의 가야 고분군

반구천의 암각화 (2025)	• 울주 대곡리 반구대 암각화, 울주 천전리 명문과 암각화를 포함하는 단일 유산
	• 울주 대곡리 반구대 암각화
	  – 돌로 그린 동물, 인물, 도구 그림으로 고래 및 고래 사냥이 사실적·입체적으로 표현됨
	• 울주 천전리 명문과 암각화
	  – 돌과 금속으로 그린 그림, 인물, 도구, 추상 그림, 문자로, 동물 그림과 추상 그림으로 생활 모습과 관념을 알 수 있음
	  – 신라 때의 명문이 함께 새겨져 있음

백발백중 기출 자료 | 📍 유네스코 세계 문화유산

 ▲ 해인사 장경판전
 ▲ 종묘
 ▲ 불국사

 ▲ 창덕궁
 ▲ 수원 화성
 ▲ 경주 역사 유적 지구(첨성대)

 ▲ 고창·화순·강화 고인돌 유적 (북방식 고인돌)
 ▲ 백제 역사 유적 지구 (부여 능산리 고분군)
 ▲ 조선 왕릉(영릉)

 ▲ 산사, 한국의 산지 승원 (안동 봉정사 극락전)
 ▲ 한국의 서원 (안동 도산 서원)
 ▲ 반구천의 암각화 (울주 대곡리 반구대 암각화)

➡ **자료 해석:** 2025년 8월 기준 우리나라의 유네스코 세계 문화유산은 총 17건이며, 그중 2025년에 새로 등재된 문화유산인 '반구천의 암각화'에는 울주 대곡리 반구대 암각화와 울주 천전리 명문 및 암각화가 포함되어 있다.

✓ 기출 선택지로 개념 다지기

1. 빈칸의 답을 채워보세요.

(1) 조선의 역대 왕과 왕비의 신주를 모신 곳: ☐ [68회]

(2) 거중기를 이용해 건설한 건축물: ☐ [70·62회]

(3) 병자호란 때 인조가 피난한 곳: ☐ [73회]

(4) 팔만대장경판을 보관하고 있는 곳: ☐ [70회]

2. 질문에 맞는 답을 고르세요.

(1) 유네스코 세계 문화유산에 등재된 사찰에 대한 설명은? [70회]
 ① 순천 선암사 – 『무구정광대다라니경』이 발견된 삼층 석탑이 있다.
 ② 영주 부석사 – 배흘림 기둥에 주심포 양식으로 축조된 무량수전이 있다.

(2) 수원 화성에 대한 설명은? [62회]
 ① 정약용이 고안한 거중기 등을 이용하여 축조되었다.
 ② 당백전을 발행하여 건설 비용에 충당하였다.

(3) 창덕궁에 대한 설명은? [64회]
 ① 정도전이 궁궐과 주요 전각의 명칭을 정하였다.
 ② 태종이 도읍을 한양으로 다시 옮기며 건립하였다.

(4) 백제 역사 지구에 대한 설명은? [68회]
 ① 부소산성 – 성왕이 전사한 곳이다.
 ② 무령왕릉 – 중국 남조의 영향을 받았다.

정답 | 1. (1) 종묘 (2) 수원 화성
 (3) 남한산성
 (4) 해인사 장경판전
2. (1) ② (①은 경주 불국사)
 (2) ① (②은 경복궁)
 (3) ② (①은 경복궁)
 (4) ② (①은 관산성)

기출주제 49 유네스코에 등재된 우리 문화재

스토리로 미리보기

역알못: 유네스코 기록유산은 뭐야? 그냥 오래된 문서 아니야?

역잘알: 유네스코 기록유산은 단순히 오래되었다고 지정되는 게 아니야. 인류 역사적으로 중요한 가치가 있는 기록물을 보존하고 활용하기 위해 지정하는 거야.

역알못: 아~ 그럼 우리나라는 뭐가 있는데? 훈민정음 그런거?

역잘알: 맞아! 1997년에 『훈민정음』 해례본이 유네스코 세계 기록유산에 등재되었어. 그 외에도 『직지심체요절』, 『승정원일기』 등이 있지.

역알못: 단순히 오래된 것보다는 역사적, 문화적으로 중요한 가치를 지닌 기록물을 보존하는 거구나?

역잘알: 정확해! 얼마 전에 제주 4·3 사건 기록물과 산림녹화기록물이 우리나라 유네스코 기록유산으로 등재됐어! 또 다음엔 어떤 기록물이 등재될 지 궁금해진다!

2 유네스코 세계 기록유산

『조선왕조실록』(1997)	태조~철종까지의 통치 내용을 「사초」, 『시정기』 등을 바탕으로 기록한 편년체 역사서
『훈민정음』 해례본 (1997)	『훈민정음』에 대해 설명한 일종의 한문 해설서
『승정원일기』(2001)	조선 시대 승정원에서 왕과 신하 간에 오고 간 문서와 국왕의 일상 업무 내용을 일지 형식으로 작성한 것
☆☆ 『직지심체요절』(하권) (2001)	• 1377년 청주 흥덕사에서 금속 활자로 간행된 **현존하는 가장 오래된 금속 활자본** • 현재 프랑스 국립 도서관에서 보관 중
☆ **고려대장경판 및 제경판**(2007) └ 초조대장경이 소실된 이후 다시 간행됨	• 고려 시대에 최씨 무신 정권의 후원을 받아 부처의 힘으로 몽골의 침입을 극복하기 위해 제작함 • **팔만대장경**이라고도 불리며, 불교 문헌을 집대성하여 간행한 대장경
『의궤』(2007) └ 병인양요 때 프랑스군에게 약탈당함	• 조선 왕실의 중요 행사(결혼, 장례, 연회 등)를 글과 그림으로 기록한 의례서 • 왕이 열람하는 **어람용** 1권과 보관 목적의 분상용을 10권 이내로 제작함
『동의보감』(2009)	허준이 편찬한 의학 지식과 치료법에 관한 백과사전식 의서
5·18 민주화 운동 기록물(2011)	5·18 민주화 운동의 발발과 진압, 이후의 진상 규명 및 보상 등과 관련된 문서·사진·영상
『일성록』(2011)	• 조선 국왕(정조~순종)들의 동정과 국정을 기록한 일기로, **정조가 세손 시절부터 쓴 일기에서 유래됨** • 정조 즉위 후 자신의 통치에 대해 성찰하고 국정 운영에 참고할 목적으로 씀
새마을 운동 기록물 (2013)	새마을 운동 당시의 행정 문서와 성공 사례 원고, 편지, 교재, 관련 사진과 영상 등의 자료
『난중일기』(2013)	이순신이 임진왜란 때 쓴 친필 일기
한국의 유교 책판(2015)	조선 시대에 718종의 유교 서책을 간행하기 위해 판각한 책판
'이산가족을 찾습니다' 기록물(2015)	남한 내에서 흩어진 이산가족을 찾기 위해 1983년 KBS에서 방영된 특별 생방송의 녹화 원본, 업무 수첩, 신청서 등의 기록물
조선 왕실 어보와 어책 (2017)	조선 왕실에서 책봉하거나 존호를 수여할 때 제작된 의례용 도장인 어보와 그 교서인 어책
조선 통신사 기록물 (2017)	1607년부터 1811년까지 일본 에도 막부의 초청으로 총 12회 파견되었던 조선 통신사에 관한 기록물
국채 보상 운동 기록물 (2017)	1907년부터 1910년까지 전개된 국채 보상 운동의 전 과정을 보여주는 기록물
4·19 혁명 기록물 (2023)	2·28 대구 학생 시위부터 4·19 혁명까지의 전후 과정과 관련된 일체의 기록물

동학 농민 혁명 기록물 (2023)	1894년~1895년 조선에서 발발한 동학 농민 혁명과 관련된 기록물
산림녹화기록물 (2025)	황폐한 산림을 녹화하기 위해 대한민국에서 추진된 산림녹화사업에 관한 기록물
제주 4·3 사건 기록물 (2025)	제주 4·3 사건에 대한 희생자와 유족의 피해신고서와 구술 증언, 민간과 정부 기관의 진상 규명 과정 기록 등을 모두 포함한 기록물

백발백중 기출 자료 | 📍 유네스코 세계 기록유산

▲ 『조선왕조실록』

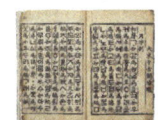
▲ 『훈민정음』 해례본

▲ 『승정원일기』

▲ 『직지심체요절』

▲ 고려 대장경판 및 제경판

▲ 『의궤』

▲ 『동의보감』

▲ 5·18 민주화 운동 기록물

▲ 『일성록』

▲ 『난중일기』

▲ 새마을운동 기록물

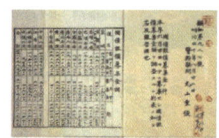
▲ 국채 보상 운동 기록물

➡ **자료 해석**: 우리나라의 유네스코 세계 기록유산은 2025년 8월 기준 총 20건이 등재되었으며, 2025년에 새로 등재된 기록유산에는 산림녹화기록물과 제주 4·3사건 기록물이 있다.

✓ 기출 선택지로 개념 다지기

1. 빈칸의 답을 채워보세요.

(1) 현존하는 최고(最古)의 금속 활자본: 『　　　』[68회]

(2) 허준이 편찬한 의학 서적: 『　　　』[73회]

(3) 병인양요 때 프랑스군에 약탈당한 서적: 『　　　』[73회]

(4) 정조가 세손 시절부터 쓴 일기에서 유래한 서적: 『　　　』[51회]

2. 질문에 맞는 답을 고르세요.

(1) 『조선왕조실록』에 대한 설명은? [73·66회]
① 현존하는 우리나라 최고(最古)의 역사서이다.
② 「사초」, 『시정기』 등을 바탕으로 편찬되었다.

(2) 『승정원일기』에 대한 설명은? [51회]
① 신미양요 때 약탈된 문화유산이다.
② 국왕의 비서 기관에서 작성하였다.

(3) 『의궤』에 대한 설명은? [62회]
① 연대순으로 기록하는 편년체로 구성되었다.
② 왕의 열람을 위한 어람용이 따로 제작되었다.

정답 | 1. (1) 직지심체요절 (2) 동의보감 (3) 의궤 (4) 일성록
2. (1) ② (①은 『삼국사기』)
(2) ② (①은 어재연 수자기)
(3) ② (①은 『조선왕조실록』)

필수 기출로 개념 적용하기 기출주제 49 유네스코에 등재된 우리 문화재

01 [74회 기출]

(가)에 해당하는 문화유산으로 옳은 것은? [2점]

□□신문
제△△호 2025년 ○○월 ○○일

조선 왕실의 신위 제자리로, 155년 만에 재현된 환안제

(가) 의 보수 공사가 완료됨에 따라, 창덕궁 옛 선원전에 임시 봉안되었던 조선 왕과 왕비, 대한 제국 황제와 황후의 신위 49위를 (가) (으)로 다시 모셔오는 환안제가 155년 만에 재현되었다. 이번 의례에는 내외국인으로 구성된 시민 행렬단도 함께 참여하여 그 의미를 더했다. 환안제와 더불어 앞으로 전시와 체험 프로그램을 비롯해 다채로운 행사가 이어질 예정이다.

① ② ③
④ ⑤

🖐 종묘

종묘는 조선의 **역대 국왕과 왕비의 신주**를 모시고 제사를 지내는 조선 왕조의 사당이다. 종묘는 왕과 왕비의 신위를 모신 **정전**과 영녕전, 제사를 준비하는 전사청 등으로 이루어져 있으며, **1995년에 유네스코 세계 문화유산으로 등재**되었다.

🔍 오답 클리어
② 경복궁 향원정 → 경복궁 내에 지어진 정자
③ 덕수궁 정관헌 → 궁궐 내에 지어진 최초의 서양식 건물
④ 창덕궁 주합루 → 창덕궁 후원에 지어진 건물
⑤ 환구단 황궁우 → 환구단의 부속 건물

📝 **이건 꼭! 암기** 종묘
#왕과 왕비의 신위를 모심 #제사를 지내던 사당

02 [64회 기출]

(가) 궁궐에 대한 설명으로 옳은 것은? [3점]

① 일제에 의해 동물원 등이 설치되었다.
② 도성 내 서쪽에 있어 서궐이라고 불렸다.
③ 인목 대비가 광해군에 의해 유폐된 장소이다.
④ 정도전이 궁궐과 주요 전각의 명칭을 정하였다.
⑤ 태종이 도읍을 한양으로 다시 옮기며 건립하였다.

🖐 창덕궁

⑤ **태종이 도읍을 한양으로 다시 옮기며 건립하였다.**

창덕궁은 조선의 역대 왕들이 가장 많이 머무른 궁궐로, 조선 **태종** 때 도읍을 한양으로 다시 옮기며 **건립**되었다. 이후 임진왜란 때 불탄 것을 광해군 때 중건하여 이후 정궁의 역할을 하였다. 한편, 창덕궁은 **1997년**에 **유네스코 세계 문화유산**으로 등재되었다.

🔍 오답 클리어
① 일제에 의해 동물원 등이 설치되었다. → 창경궁
② 도성 내 서쪽에 있어 **서궐**이라고 불렸다. → 경희궁
③ **인목 대비**가 광해군에 의해 **유폐**된 장소이다. → 덕수궁
④ 정도전이 궁궐과 주요 전각의 **명칭**을 정하였다. → 경복궁

03

[68회 기출]

(가)~(마) 문화유산에 대한 설명으로 적절하지 <u>않은</u> 것은? [2점]

① (가) – 웅진성이라 불리기도 하였다.
② (나) – 중국 남조의 영향을 받았다.
③ (다) – 성왕이 전사한 곳이다.
④ (라) – 사신도 벽화가 남아 있는 무덤이 발견되었다.
⑤ (마) – 수부(首府)라는 글자가 새겨진 기와가 출토되었다.

백제 역사 유적 지구

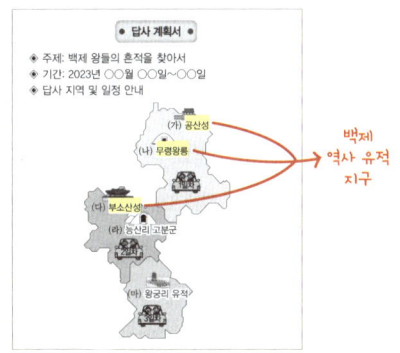

③ (다) – 성왕이 전사한 곳이다. → 관산성

백제 성왕이 전사한 곳은 **관산성**으로, **충청북도 옥천군**에 위치해 있다. 한편 백제 역사 유적 지구는 백제의 옛 수도였던 **공주시, 부여군**과 천도를 시도했다고 알려진 **익산시**의 역사 유적으로 구성되어 있다.

오답 클리어

① 공주 공산성은 웅진성이라 불리기도 하였다.
② 무령왕릉은 공주 송산리 고분군 내에 위치한 무덤으로 중국 남조의 영향을 받았다.
④ 부여 능산리 고분군은 사신도 벽화가 남아 있는 무덤이 발견되었다.
⑤ 익산 왕궁리 유적은 수부(首府)라는 글자가 새겨진 기와가 출토되었다.

04

[73회 기출]

(가)~(마)에 대한 설명으로 옳지 <u>않은</u> 것은? [3점]

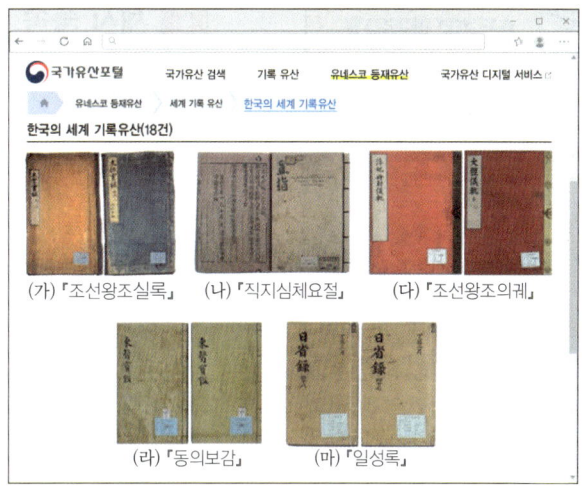

① (가) – 「사초」와 『시정기』 등을 종합하여 편찬하였다.
② (나) – 청주 흥덕사에서 금속 활자본으로 간행되었다.
③ (다) – 병인양요 당시 일부가 프랑스군에게 약탈되었다.
④ (라) – 허준이 우리나라와 중국의 의서를 망라하여 집대성하였다.
⑤ (마) – 국왕의 비서 기관에서 발행한 관보이다.

한국의 세계 기록유산

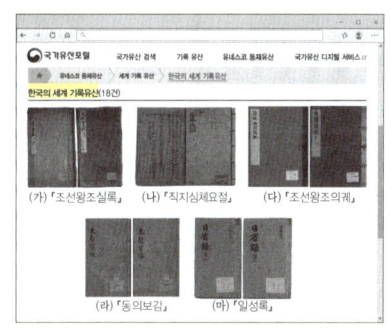

⑤ (마) – 국왕의 비서 기관에서 발행한 관보이다. → 「조보」

「조보」는 조선 시대에 **국왕의 비서 기관인 승정원에서 발행한 관보**로, 일종의 신문 역할을 맡았다.

오답 클리어

① 『조선왕조실록』은 「사초」와 『시정기』 등을 종합하여 편찬하였다.
② 『직지심체요절』은 청주 흥덕사에서 금속 활자본으로 간행되었다.
③ 『의궤』는 병인양요 당시 일부가 프랑스군에게 약탈되었다.
④ 『동의보감』은 허준이 우리나라와 중국의 의서를 망라하여 집대성하였다.

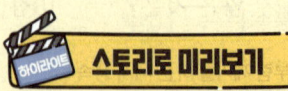

기출주제 50 세시 풍속과 민속놀이

빈출 태그 | #삼짇날 #한식 #단오 #추석 #동지

스토리로 미리보기

S#1 까치까치 설날엔 세배를 드려요!

오늘은 새해 첫 날! 일어나자마자 새 옷을 입고 할머니, 할아버지께 세배를 드렸다! 그리고 나서 떡국을 두 그릇이나 먹었다. 그럼 난 2살 더 먹은 건가?

S#2 오늘은 창포물에 머리 감는 단옷날!

오늘은 음력 5월 5일, 양기가 가장 왕성한 단옷날이다! 친구들과 함께 창포물에 머리도 감고, 신나게 그네뛰기도 했다. 하지만 단옷날의 꽃은 씨름 구경이지!

S#3 견우와 직녀가 만나는 오늘은 칠석!

오늘은 음력 7월 7일, 칠석! 하늘의 견우와 직녀가 1년에 한 번 오작교를 건너 만나는 날이라고 한다. 옷장 속 옷가지와 책장의 책들을 꺼내 햇빛에 말리고, 직녀처럼 바느질을 잘 하게 해달라고 소원도 빌었다.

1 세시 풍속

설날 (음력 1월 1일)
- 한 해의 시작인 음력 정월 초하루
- '근신하여 경거망동을 삼간다.'는 뜻으로 신일이라고도 불림
- 어른에게 세배하고 떡국을 먹으며, 윷놀이·널뛰기 등을 즐김

정월 대보름 (음력 1월 15일)
- 1년 중 첫 보름달이 뜨는 날
- 부스럼 예방을 위한 부럼 깨기, 해충 피해 방지를 위한 쥐불놀이, 액운을 물리치고 복을 기원하는 달집 태우기, 차전놀이 등을 함
- 귀밝이술·오곡밥·묵은 나물·부럼 등을 먹음

입춘 (양력 2월 4일경)
- 24절기 중 첫째 절기로, 입춘축(立春祝), 또는 입춘대길(立春大吉)을 대문이나 문설주에 붙임

삼짇날 (음력 3월 3일)
- 강남 갔던 제비 오는 날이라고도 하며, **답청절** 등으로 불림
- 진달래꽃으로 화전을 부쳐먹고, 각시놀음, 활쏘기 대회 등을 함

> **백발백중 기출 자료 | 삼짇날 [58회]**
> 강남 갔던 제비가 돌아온다는 중삼일(重三日)은 본격적인 봄의 시작을 알리는 날이다. 이날에는 들에 나가 푸른 새잎을 밟는 풍습이 있어 **답청절**이라고 부른다.
> → **자료 해석**: 삼짇날은 음력 3월 3일로 강남 갔던 제비가 돌아온다는 날이라고도 하며, 중삼일·답청절 등으로 불리기도 한다.

경칩 (양력 3월 5일경)
- 만물이 겨울잠에서 깨어나는 시기
- 관련 속담: 우수 경칩에 대동강 물이 풀린다

한식 (양력 4월 5·6일경)
- 동지부터 105일째 되는 날로, **불을 피우지 않고 찬 음식을 먹는 풍습**이 있음
- 차례를 지내고 성묘를 하며, 묘가 헐었으면 떼를 다시 입히기도 함

단오 (음력 5월 5일)
- 1년 중 양기가 가장 왕성한 날로 여겨지며 **수릿날**, 중오절, 천중절 등으로 불림
- 여자들은 창포 삶은 물로 머리를 감고, 창포 뿌리를 깎아 비녀를 만듦
- **씨름·널뛰기·그네뛰기·석전** 등을 즐김
- **수레바퀴 모양의 수리취떡이나 앵두로 화채 등을 만들어 먹음**
- 임금은 신하들에게 무더위를 잘 견디라는 의미로 부채(단오선)를 선물함
- 강릉 단오제가 유네스코 인류 무형 문화유산에 등재됨

유두 (음력 6월 15일)
- 일가 친지들이 맑은 시내에 가서 몸을 닦은 후 가지고 간 음식을 먹으면서 서늘하게 하루를 보냄
- 조상과 농신(農神)에게 정갈한 음식물로 제를 지내 안녕과 풍년을 기원함

칠석 (음력 7월 7일) ─ 견우와 직녀가 만나는 날
- 옷과 책을 햇볕에 말리며 직녀성에 바느질 솜씨가 좋아지기를 빎
- 의복과 서적 말리기·시짓기·칠석제 등을 지내고 밀전병·호박전 등을 만들어 먹음

백중 (음력 7월 15일)	┬ 호미 씻는 날, **머슴날** 등으로 불림 ├ 동네 머슴들을 하루 쉬게 하고 돈을 주어 즐기게 함 └ 농사가 가장 잘 된 집의 머슴을 뽑아 소에 태워 마을 돌며 위로함
추석 (음력 8월 15일)	┬ 중추절, 가배, 한가위라고도 불리는 대표적인 명절 ├ 새로 수확한 곡식(햇곡식)과 과일로 차례를 지내고, **송편**을 만들어 먹음 ├ **줄다리기·씨름·강강술래** 등을 즐김 └ 관련 속담: 옷은 시집올 때처럼 음식은 한가위처럼
입동 (양력 11월 7·8일경)	┬ 24절기 중 열아홉 번째 절기로, 겨울이 시작된다는 의미를 갖고 있음 └ 겨울을 나기 위한 김장 담그기와 어르신의 보양을 위한 치계미 만들기를 함
★☆ 동지 (양력 12월 22일경)	┬ **1년 중 가장 밤이 길고 낮이 가장 짧은 날**로 작은 설이라고도 불림 └ 귀신을 쫓기 위해 **새알심이 들어간 팥죽**을 먹고, 집 안 곳곳에 팥죽을 뿌림
섣달 그믐 (음력 12월 31일)	┬ 음력으로 한 해의 마지막 날 └ 일가 친척을 방문해 묵은 세배를 함

2 민속놀이

쥐불놀이	: 논밭 두렁에 쥐불을 놓으며 노는 정월 대보름의 민속놀이
달집 태우기	┬ 정월 대보름날 밤 생솔가지나 나뭇더미를 쌓아 달집을 짓고, 달이 떠오르면 불을 질러 태우는 민속놀이 └ 액운을 물리치고 건강을 기원하였음
차전놀이	: 태조 왕건이 안동(고창) 사람들의 지원을 받아 후백제 견훤에게 크게 승리한 것을 기념하여 시작된 놀이
그네뛰기	┬ 중국에서 들어온 놀이로 고려 시대에 궁중이나 상류층에서 즐겼으나 이후 조선 시대에는 민중 사이에서 크게 유행함 └ 단오에 부녀자들이 그네를 뛰면서 즐기는 놀이
석전	: 많은 사람들이 두 편으로 나뉘어 서로 돌팔매질을 하며 승부를 겨루는 놀이 └ 주로 정월 대보름날 밤 행해짐
강강술래	┬ 임진왜란 당시 이순신이 아군의 수가 적은 것을 드러내지 않기 위해 부녀자들에게 춤을 추며 원을 돌도록 한 전술에서 유래되었다고 전해짐 └ 2009년 유네스코 인류 무형 문화유산으로 지정됨
승경도놀이	: 윤목(나무 막대)을 굴려 종이 말판 위에서 누가 먼저 높은 관직에 오르는지를 겨루는 놀이
놋다리밟기	┬ 경북 안동 등지에서 정월 대보름날 밤에 부녀자들이 하는 민속놀이 └ 고려 공민왕이 노국 공주와 함께 안동 지방에 피난가던 중 개울을 건널 때 마을의 소녀들이 나와 등을 굽히고 그 위로 공주를 건너게 한 데에서 시작됨

▲ 놋다리밟기

✓ 기출 선택지로 개념 다지기

1. 빈칸의 답을 채워보세요.

(1) 답청절로 부르는 음력 3월 3일의 세시 풍속: ☐ [58회]

(2) 부럼 깨기를 하는 세시 풍속: ☐ [35회]

(3) 새알심을 넣은 팥죽을 먹는 세시 풍속: ☐ [35·26회]

(4) 송편을 먹는 세시 풍속: ☐ [30회]

2. 질문에 맞는 답을 고르세요.

(1) 정월 대보름에 행해지던 풍습은? [30회]
  ① 어른에게 세배하고 떡국 먹기
  ② 부스럼 예방을 위해 부럼 깨물기

(2) 삼짇날의 세시 풍속은? [58회]
  ① 진달래꽃으로 화전 부치기
  ② 창포 물에 머리 감기

(3) 한식의 세시 풍속은? [35회]
  ① 불을 사용하지 않고 찬 음식 먹기
  ② 새알심을 넣어 팥죽 만들기

(4) 단오의 세시 풍속은? [33회]
  ① 창포를 삶은 물로 머리를 감았다.
  ② 들판에 쥐불을 놓으며 풍년을 기원했다.

(5) 칠석의 세시 풍속은? [20회]
  ① 별을 보며 바느질 솜씨를 좋게 해달라고 빌었다.
  ② 햇곡식으로 음식을 만들어 조상에 차례를 지냈다.

정답 | 1. (1) 삼짇날 (2) 정월 대보름
       (3) 동지 (4) 추석
    2. (1) ② (①은 설날)
       (2) ① (②은 단오)
       (3) ① (②은 동지)
       (4) ① (②은 정월 대보름)
       (5) ① (②은 추석)

필수 기출로 개념 적용하기 기출주제 50 세시 풍속과 민속놀이

01 [56회 기출]

(가)에 들어갈 세시 풍속으로 옳은 것은? [1점]

① 한식
② 백중
③ 추석
④ 단오
⑤ 정월 대보름

02 [58회 기출]

다음 세시 풍속에 대한 탐구 활동으로 가장 적절한 것은? [2점]

① 칠석날의 전설을 검색한다.
② 한식날의 의미를 파악한다.
③ 삼짇날의 유래를 알아본다.
④ 동짓날에 먹는 음식을 조사한다.
⑤ 단오날에 즐기는 민속놀이를 찾아본다.

👆 단오

④ 단오

단오는 음력 5월 5일로, 수릿날·중오절·천중절 등으로도 불렸으며, 1년 중 양기가 가장 왕성한 날로 여겨졌다. 단오에는 수레바퀴 모양의 **수리취떡**이나 앵두로 화채 등을 만들어 먹었고, **씨름, 그네 뛰기** 등을 즐겼으며, 여자들은 **창포 삶은 물로 머리를 감는 풍습**이 있었다.

🚫 오답 클리어
① 한식 → 양력 4월 5·6일경
② 백중 → 음력 7월 15일
③ 추석 → 음력 8월 15일
⑤ 정월 대보름 → 음력 1월 15일

📘 이건 꼭! 암기 단오
#음력 5월 5일 #수릿날 #씨름, 그네뛰기 #수리취떡

👆 삼짇날

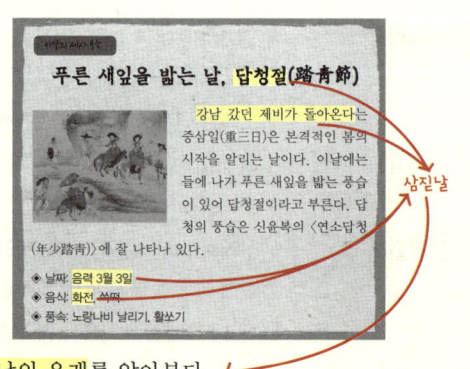

③ 삼짇날의 유래를 알아본다.

삼짇날은 음력 3월 3일로 강남 갔던 제비가 돌아오는 날이라고 하며, **답청절**로 불리기도 한다. 삼짇날에는 진달래꽃으로 화전을 만들어 먹거나, **각시놀음** 등 봄을 즐기는 놀이를 하였다. 한편 삼짇날에 흰나비를 보면 그 해에 상복을 입게 된다고 여겼으며, 호랑나비나 노랑나비를 보면 그 해 운수가 좋다고 믿기도 하였다.

🚫 오답 클리어
① 칠석날의 전설을 검색한다. → 칠석, 음력 7월 7일
② 한식날의 의미를 파악한다. → 한식, 양력 4월 5·6일경
④ 동짓날에 먹는 음식을 조사한다. → 동지, 양력 12월 22일경
⑤ 단오날에 즐기는 민속놀이를 찾아본다. → 단오, 음력 5월 5일

03 [60회 기출]

밑줄 그은 '이날'에 해당하는 세시 풍속으로 옳은 것은? [1점]

> 이곳은 남원 광한루원의 오작교입니다. 조선 시대 남원 부사 장의국이 헤어져 있던 견우와 직녀가 오작교에서 만난다는 전설을 형상화하여 만들었습니다. 음력 7월 7일인 이날에는 여인들이 별을 보며 바느질 솜씨가 좋아지기를 비는 풍속이 있었습니다.

① 단오 ② 칠석 ③ 백중 ④ 동지 ⑤ 한식

👆 칠석

칠석은 음력 7월 7일로, 헤어져 있던 **견우와 직녀**가 1년에 한 번 까마귀와 까치들이 만들어준 **오작교**에서 만나는 날이기도 하다. 이날에는 옷과 책을 햇볕에 말리고 **직녀성에 바느질 솜씨가 좋아지기를 비는** 풍속이 있었다. 또한 칠석 음식으로 밀전병을 만들어 먹고, 칠석 놀이라 하여 술과 안주를 갖추어 가무로 밤이 깊도록 놀기도 하였다.

🔍 오답 클리어
① 단오 → 음력 5월 5일
③ 백중 → 음력 7월 15일
④ 동지 → 양력 12월 22·23일경
⑤ 한식 → 양력 4월 5·6일경

📌 **이건 꼭! 암기** 칠석
#음력 7월 7일   #견우와 직녀가 오작교에서 만나는 날

04 [34회 기출]

(가)와 관련된 세시 음식으로 가장 적절한 것은? [1점]

> **우리나라의 세시 풍속**
> 일 년 중 밤이 가장 긴 날, (가)
> 1. 개관
>   이날은 태양의 부활이라는 의미를 지니고 있어서 민간에서 '작은설' 혹은 '아세(亞歲)'라고 불렀다. 또 이날은 날씨가 춥고 밤이 길어 호랑이가 교미한다고 하여 '호랑이 장가가는 날'이라고도 하였다.
> 2. 문헌 자료
>   관상감에서는 임금에게 (새해) 달력을 올린다. 그러면 임금은 백관에게 황색 표지 달력과 백색 표지 달력에 '동문지보(同文之寶)'를 찍어 하사하였다. - 『동국세시기』

①  송편 ② 팥죽 ③  화전
④ 오곡밥 ⑤  수리취떡

👆 동지

 팥죽

동지는 양력 12월 22일~23일 무렵으로, 1년 중 **밤이 가장 길고 낮이 가장 짧은 날**이다. 동짓날에는 귀신을 쫓기 위해 새알심을 넣은 **팥죽**을 끓여 먹었다.

🔍 오답 클리어
① 송편 → 추석(음력 8월 15일)
③ 화전 → 삼짇날(음력 3월 3일)
④ 오곡밥 → 정월 대보름(음력 1월 15일)
⑤ 수리취떡 → 단오(음력 5월 5일)

📌 **이건 꼭! 암기** 동지
#양력 12월 22일경   #1년 중 밤이 가장 길고 낮이 짧은 날   #팥죽

2026년 한국사 최신 이슈 리스트

시험 후기를 보니까, 그 해의 기념할 만한 사건이나 인물이 문제로 출제되는 것 같던데, 어떻게 해야 돼?

맞아! 그래서 **2026년에 기념할 만한 사건이나 인물**을 미리 알아두면 시험에 대비할 수 있을거야.

그럼 2026년에 기념할 만한 사건이나 인물에는 어떤 것이 있어?

내가 너한테만 특별히 알려줄게! 지금 알려주는 3가지는, 시험에 나올 가능성이 매우 높으니 꼭 알아둬!

6·10 만세 운동이 일어난 지 100년이 되어서 나올 가능성이 높아. 원래도 자주 나오던 포인트이니 잘 기억해둬!

그리고 일어난 지 50년 된 **3·1 민주 구국 선언**과 순국 100주기를 맞이한 **나석주**의 활동도 잘 기억해둬!

알았어! 6·10 만세 운동과 3·1 민주 구국 선언, 나석주! 시험에 꼭 나오면 좋겠다~!

1 2026년이면 발생 100년 또는 50년이 되는 사건

(1) 2026년이면 발생한 지 100년이 되는 사건 – 1926년 발생

📍6·10 만세 운동
- 배경 ┬ 일제의 수탈과 식민지 차별 교육 정책에 대한 반발이 심화됨
       └ 대한 제국의 마지막 황제였던 **순종이 서거**함
- 계획: **사회주의 세력**과 천도교 일부 세력(민족주의 계열), **학생 단체**들이 연합하여 **순종의 인산일**(6월 10일)을 기회로 삼아 대규모 시위를 계획함
- 전개: 사회주의 세력과 천도교 연합의 계획이 사전에 발각됨 → 학생 단체의 시위는 예정대로 진행되어 서울에서 만세 시위가 전개됨 → 일제의 탄압으로 전국적인 대규모 만세 시위로 확산되지는 못함
- 의의: 만세 시위를 계획하는 과정에서 사회주의 계열과 민족주의 계열이 연합함으로써 **국내에서 민족 유일당 운동이 전개되는 계기**가 되었다.
  └ 이념과 사상을 뛰어넘어 민족 운동의 힘을 하나로 모으자는 운동

> **백발백중 기출 사료 | 📍6·10 만세 운동** [57회]
> 피고인들은 **이왕(李王) 전하 국장** 의식을 거행할 즈음, 이를 봉송하기 위하여 지방에서 다수 조선인이 경성부로 모이는 기회를 이용하여 조선 독립운동을 선동하는 불온 문서를 비밀리에 인쇄하여 국장 당일 군중 가운데 살포하여 **조선 독립 만세를 소리 높여 외쳐 조선 독립의 희망을 달성**하고자 기도하였다.
> ➡ **사료 해석**: 6·10 만세 운동은 순종(이왕)의 인산일(장례일)을 기회로 삼아 전개된 민족 운동으로, 일제의 탄압으로 전국적인 시위로 확산하지는 못하였다.

영화 아리랑 개봉 ┬ **나운규**가 감독·주연을 맡은 영화 아리랑이 **단성사**에서 처음 개봉됨
                   └ 식민 지배를 받던 한국인의 고통스러운 삶을 표현함

한글날 제정: 조선어 연구회가 훈민정음 반포 480주년이 된 해를 맞이해 기념식을 갖고 '**가갸날**'로 정함 → 1928년부터 한글날로 고쳐 부름

📍정우회 선언 ┬ 6·10 만세 운동 이후 사회주의 단체인 정우회가 비타협적 민족주의 세력과의 연대를 주장함
              └ **신간회 설립의 계기**가 마련됨

> **백발백중 기출 자료 | 📍정우회 선언** [62회]
> 조선 사회 운동 단체인 **정우회**는 며칠 전 **선언서**를 발표하였다. 선언서에서 **민족주의적 세력과 과도기적 동맹자적 관계**를 구축해야 한다고 밝히고 타협과 항쟁을 분리시켜 사회 운동 본래의 사명을 잊지 말자는 것을 말하였다.
> ➡ **자료 해석**: 사회주의 계열 단체인 정우회는 정우회 선언을 통해 비타협적 민족주의 세력과의 연대를 주장하였다.

(2) 2026년이면 발생한 지 50년이 되는 사건 – 1976년 발생

| 3·1 민주 구국 선언 | : 야당 지도자, 재야 인사들이 중심이 되어 **긴급 조치 철폐**, 박정희 대통령의 퇴진 등을 요구하는 3·1 민주 구국 선언을 발표함 |

백발백중 기출 자료 | 3·1 민주 구국 선언 [74회]

민주 구국 선언

1. 이 나라는 민주주의 기반 위에 서야 한다.

첫째로 우리는 국민의 자유를 억압하는 **긴급 조치**를 곧 **철폐**하고 민주주의를 요구하다가 투옥된 민주 인사들과 학생들을 석방하라고 요구한다. 국민의 의사가 자유로이 표명될 수 있도록 언론, 집회, 출판의 자유를 국민에게 돌리라고 요구한다.

둘째로 우리는 **유신 헌법**으로 허울만 남은 의회 정치가 회복되어야 한다고 주장한다. 자유로이 표현되는 민의를 국회는 입법에 반영해야 하고 정부는 이를 행정에 반영시켜야 한다. 이것을 꺼리고 막는 정권은 국민을 위한다면서 실은 국민을 위하려는 뜻이 없는 정권이다.

➡ **자료 해석**: 3·1 민주 구국 선언은 야당 지도자, 재야 인사들이 중심이 되어 발표한 선언문으로, 긴급 조치의 철폐와 민주주의 회복 등을 요구하였다.

| 판문점 도끼 만행 사건 | : 박정희 정부 시기에 북한군이 판문점 공동 경비 구역 내에서 미루나무 가지 치기 작업을 하던 유엔군을 도끼 및 흉기로 구타, 살해함 |

2 2026년에 순국 100주기를 맞이하는 인물

나석주 (1892~1926)
- 1924년에 **의열단에 가입**함
- 1924년 6월에 대한민국 임시 정부의 경무국 경호원에 임명
- 1926년에 **동양 척식 주식회사와 조선 식산 은행에 폭탄을 투척**하였음

▲ 나석주

3 2025년에 유네스코 문화유산으로 지정된 우리 문화재

(1) 유네스코 세계 문화유산

| 반구천의 암각화 (2025) | **울주 대곡리 반구대 암각화**: 돌로 그린 동물, 인물, 도구 그림으로 고래 및 고래 사냥이 사실적·입체적으로 표현됨 |
| | **울주 천전리 명문과 암각화**: 돌과 금속으로 그린 그림, 당시 생활 모습과 관념을 알 수 있으며, 신라 때의 명문이 함께 새겨져 있음 |

(2) 유네스코 세계 기록유산

| 산림녹화기록물 (2025) | : 황폐한 산림을 녹화하기 위해 대한민국에서 추진된 산림녹화사업에 관한 기록물 |
| 제주 4·3 사건 기록물 (2025) | : 제주 4·3 사건에 대한 희생자와 유족의 피해신고서와 구술 증언, 민간과 정부 기관의 진상 규명 과정 기록 등을 모두 포함한 기록물 |

✓ 기출 선택지로 개념 다지기

1. 빈칸의 답을 채워보세요.

(1) 순종의 인산일을 기회로 삼아 일어난 운동: _____ [74·73회]

(2) 신간회 설립의 계기가 마련된 선언: _____ [74·65회]

(3) 동양 척식 주식회사에 폭탄을 던진 인물: _____ [67회]

(4) 고래 및 고래 사냥 그림이 그려진 곳: _____ 암각화 [68회]

2. 질문에 맞는 답을 고르세요.

(1) 나운규가 감독·주연을 맡은 영화는? [71회]
① 아리랑
② 먼동이 틀 때

(2) '가갸날'을 정한 단체는? [39회]
① 진단학회
② 조선어 연구회

(3) 판문점 도끼 만행 사건이 발생한 정부 시기의 사실은? [67회]
① 4·13 호헌 조치
② 3·1 민주 구국 선언 발표

정답 | 1. (1) 6·10 만세 운동
(2) 정우회 선언
(3) 나석주
(4) 울주 대곡리 반구대

2. (1) ① (②은 심훈)
(2) ② (①은 역사 연구 단체)
(3) ② (①은 전두환 정부)

출제예상문제로 개념 적용하기 출제 예감 2026년 한국사 최신 이슈 리스트

01

다음 대화에 나타난 민족 운동에 대한 설명으로 옳은 것은? [2점]

① 미쓰야 협정이 체결되는 배경이 되었다.
② 국민 대표 회의가 개최되는 계기가 되었다.
③ 한·일 학생 간 충돌이 발단이 되어 일어났다.
④ 대한매일신보의 후원으로 전국적으로 확산되었다.
⑤ 국내에서 민족 유일당 운동이 전개되는 계기가 되었다.

02

다음 영화가 개봉되었던 당시에 볼 수 있는 모습으로 가장 적절한 것은? [3점]

① 관민 공동회에서 연설하는 백정
② 육영 공원에서 영어를 가르치는 미국인
③ 카프(KAPF)에서 활동하는 신경향파 작가
④ 원각사에서 은세계 공연을 관람하는 학생
⑤ 두모포에서 무력시위를 벌이는 일본 군인

⑤ 국내에서 민족 유일당 운동이 전개되는 계기가 되었다.

6·10 만세 운동은 융희 황제(순종)의 인산일을 기회로 삼아 **민족주의(천도교) 계열, 학생 단체, 사회주의 계열**이 함께 준비한 운동이다. 6·10 만세 운동은 일제의 탄압으로 전국적으로 확산되지 못하였으나, 전개 과정에서 **민족주의 계열과 사회주의 계열의 연대 가능성**이 제기되었다. 이를 계기로 **국내에서 민족 유일당 운동이 전개되**었으며, 민족 협동 전선인 **신간회가 결성**되었다.

오답 클리어
① 미쓰야 협정이 체결되는 배경이 되었다. → X
② 국민 대표 회의가 개최되는 계기가 되었다.
　→ 이승만의 위임 통치 청원서 제출
③ 한·일 학생 간 충돌이 발단이 되어 일어났다.
　→ 광주 학생 항일 운동
④ 대한매일신보의 후원으로 전국적으로 확산되었다.
　→ 국채 보상 운동

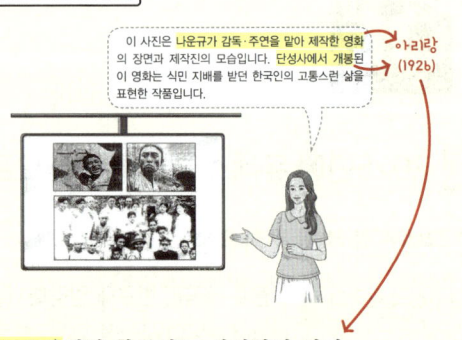

③ 카프(KAPF)에서 활동하는 신경향파 작가

일제 강점기인 1926년에 우리 민족의 비애를 표현한 **나운규의 영화 아리랑**이 서울의 **단성사**에서 처음 개봉되었다. 비슷한 시기인 1920년대 중반 문학계에서는 문학의 사회적 기능을 강조하는 **신경향파 문학**이 등장하였으며, 식민지 현실 고발과 계급 의식 고취를 강조하는 문예 단체인 **카프(KAPF)가 결성**되었다(1925~1935).

오답 클리어
① 관민 공동회에서 연설하는 백정 → 1898년
② 육영 공원에서 영어를 가르치는 미국인 → 1886~1894년
④ 원각사에서 은세계 공연을 관람하는 학생 → 1908~1909년
⑤ 두모포에서 무력시위를 벌이는 일본 군인 → 1878년

03
다음 뉴스가 보도된 정부 시기의 경제 상황으로 옳은 것은? [2점]

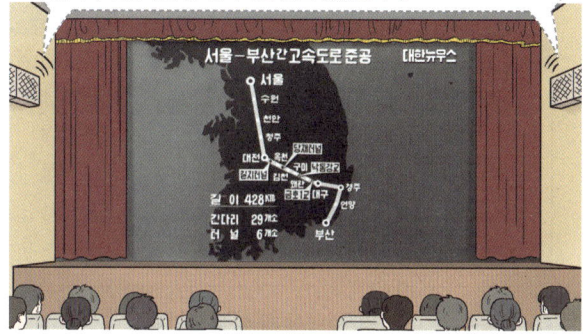

① 정부에 비판적인 경향신문이 폐간되었다.
② 국민의 요구에 굴복하여 대통령이 하야하였다.
③ 민주화 시위 도중 대학생 강경대가 희생되었다.
④ 양성 평등의 실현을 위해 호주제를 폐지하였다.
⑤ 장기 독재에 저항한 3·1 민주 구국 선언이 발표되었다.

박정희 정부

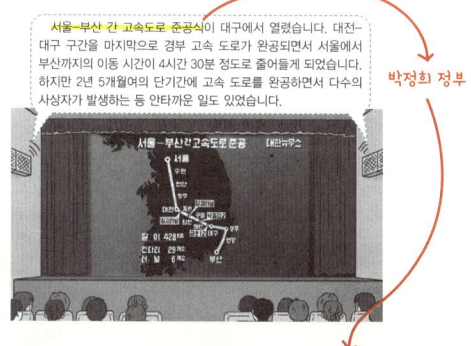

⑤ 장기 독재에 저항한 3·1 민주 구국 선언이 발표되었다.

박정희 정부는 1972년 10월 유신을 단행하고, 대통령에게 국회 해산권과 헌법상 국민의 자유와 권리를 잠정적으로 정지할 수 있는 긴급 조치권을 부여한 유신 헌법을 선포하였다. 이후 재야 인사와 야당 지도자들은 긴급 조치 철폐, 박정희의 정권 퇴진 등을 요구하는 3·1 민주 구국 선언을 발표하였다(1976). 한편 박정희 정부 시기에 경부 고속도로 등 사회 간접 자본이 확충되었다.

오답 클리어
① 정부에 비판적인 경향신문이 폐간되었다. → 이승만 정부
② 국민의 요구에 굴복하여 대통령이 하야하였다. → 이승만 정부
③ 민주화 시위 도중 대학생 강경대가 희생되었다. → 노태우 정부
④ 양성 평등의 실현을 위해 호주제를 폐지하였다. → 노무현 정부

04
(가)에 들어갈 내용으로 옳은 것은? [2점]

① 고래 사냥 모습이 새겨져 있어.
② 신라 때의 명문이 함께 새겨져 있어.
③ 백제의 귀족이 도교에 관심을 가졌음을 보여주고 있어.
④ 농경 사회에서 보이는 태양 숭배의 흔적을 엿볼 수 있어.
⑤ 고구려가 신라의 요청으로 왜를 격퇴한 사실이 나타나 있어.

울주 대곡리 반구대 암각화

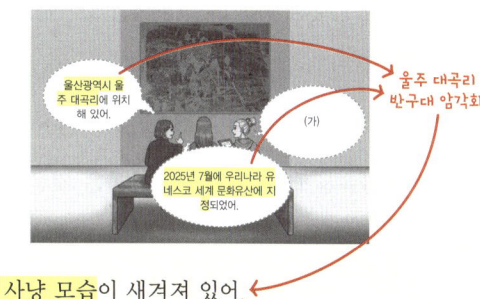

① 고래 사냥 모습이 새겨져 있어.

울주 대곡리 반구대 암각화는 울산광역시 울주군 언양읍 대곡리에 위치한 신석기 시대의 고래 사냥 관련 모습이 그려진 문화유산으로, 2025년에 유네스코 세계 문화유산에 지정되었다. 다양한 고래와 고래 잡이의 주요 단계와 어로 활동을 담고 있어 당시 사람들의 생활 모습을 보여주는 중요한 유적이다.

오답 클리어
② 신라 때의 명문이 함께 새겨져 있어.
  → 울주 천전리 명문과 암각화
③ 백제의 귀족이 도교에 관심을 가졌음을 보여주고 있어.
  → 사택지적비
④ 농경 사회에서 보이는 태양 숭배의 흔적을 엿볼 수 있어.
  → 고령 양전동 알터 바위
⑤ 고구려가 신라의 요청으로 왜를 격퇴한 사실이 나타나 있어.
  → 광개토 대왕릉비

통합 주제
기출 테스트

01 [71회 기출] (가) 지역에서 있었던 사실로 옳은 것은? [3점]

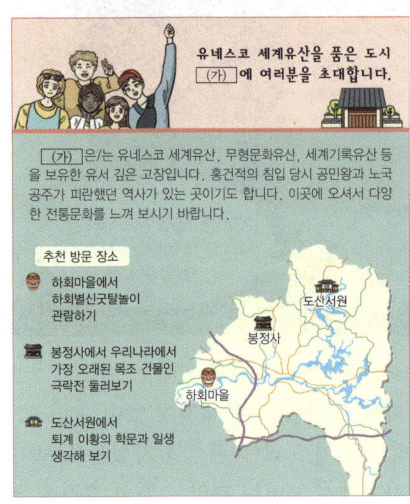

① 왕건이 고창 전투에서 견훤에게 승리하였다.
② 묘청이 반란을 일으키고 국호를 대위라 하였다.
③ 흥덕사에서 금속 활자본인 『직지심체요절』이 간행되었다.
④ 정중부를 비롯한 무신들이 보현원에서 정변을 일으켰다.
⑤ 이성계를 중심으로 한 고려군이 황산에서 왜구를 격퇴하였다.

02 [62회 기출] (가) 문화유산에 대한 설명으로 옳은 것을 〈보기〉에서 고른 것은? [2점]

〈보기〉
ㄱ. 고종이 아관 파천 이후 환궁한 곳이다.
ㄴ. 포루, 공심돈 등 방어 시설을 갖추었다.
ㄷ. 당백전을 발행하여 건설 비용에 충당하였다.
ㄹ. 정약용이 고안한 거중기 등을 이용하여 축조되었다.

① ㄱ, ㄴ ② ㄱ, ㄷ ③ ㄴ, ㄷ ④ ㄴ, ㄹ ⑤ ㄷ, ㄹ

03 [69회 기출] 다음 검색창에 들어갈 지역에서 있었던 사실로 옳은 것은? [3점]

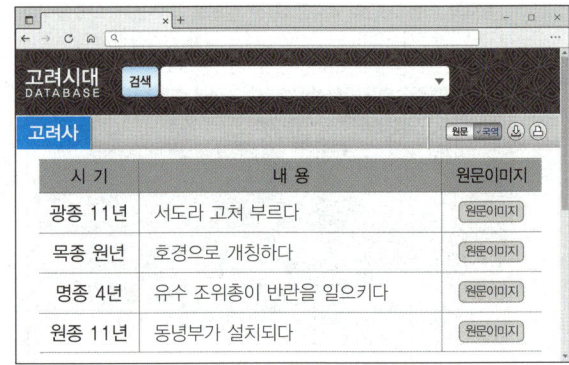

① 정몽주가 이방원 세력에게 피살되었다.
② 묘청이 반란을 일으키고 국호를 대위라 하였다.
③ 몽골의 침략으로 황룡사 구층 목탑이 소실되었다.
④ 흥덕사에서 금속 활자로 『직지심체요절』이 간행되었다.
⑤ 정서가 유배 중에 정과정이라는 고려 가요를 지었다.

04 [70회 기출] (가)~(마)에 대한 설명으로 적절하지 않은 것은? [3점]

① (가) - 오층 목조탑 내부에 부처의 일생을 그린 팔상도가 있다.
② (나) - 배흘림 기둥에 주심포 양식으로 축조된 무량수전이 있다.
③ (다) - 현존하는 우리나라 최고(最古)의 목조 건물인 극락전이 있다.
④ (라) - 팔만대장경판을 보관하고 있는 장경판전이 있다.
⑤ (마) - 『무구정광대다라니경』이 발견된 삼층 석탑이 있다.

05 (가) 문화유산에 대한 설명으로 옳은 것은? [1점]

이 건물은 (가) 의 정전입니다. (가) 은/는 태조 이성계가 개경에 처음 세웠는데, 도읍을 한양으로 옮긴 후 지금의 위치에 건립하였습니다. 사직과 더불어 왕조 국가를 표현하는 상징이었습니다.

① 경내에 조선 총독부 청사가 세워졌다.
② 역대 국왕과 왕비의 신주가 모셔져 있다.
③ 대성전과 명륜당을 중심으로 구성되어 있다.
④ 일제 강점기에 창경원으로 격하되기도 하였다.
⑤ 토지와 곡식의 신에게 제사를 지내는 공간이다.

정답 및 해설

01 안동 정답 ①
정답 치트키
홍건적의 침입 당시 공민왕과 노국 공주가 피란 + 봉정사 → 안동

① 안동은 고려 태조 왕건이 고창 전투에서 견훤에게 승리한 지역이다.

오답 클리어
② 묘청이 반란을 일으키고 국호를 대위라 하였다. → 평양
③ 흥덕사에서 금속 활자본인 『직지심체요절』이 간행되었다. → 청주
④ 정중부를 비롯한 무신들이 보현원에서 정변을 일으켰다. → 경기도 장단
⑤ 이성계를 중심으로 한 고려군이 황산에서 왜구를 격퇴하였다. → 남원 인근

02 수원 화성 정답 ④
정답 치트키
정조가 정치적 이상을 담아 축조함 + 장용영 → 수원 화성

④ ㄴ. 수원 화성은 포루, 공심돈, 누조 등의 방어 시설을 갖추었다.
ㄹ. 수원 화성은 정약용이 서양 선교사가 펴낸 『기기도설』을 참고하여 제작한 거중기를 이용하여 축조되었다.

오답 클리어
ㄱ. 고종이 아관 파천 이후 환궁한 곳이다. → 덕수궁
ㄷ. 당백전을 발행하여 건설 비용에 충당하였다. → 경복궁

03 평양 정답 ②
정답 치트키
서도 + 조위총이 반란을 일으킴 + 동녕부 → 평양

② 평양은 고려 시대에 묘청이 국호를 대위, 연호를 천개라고 하며 난을 일으킨 지역이다.

오답 클리어
① 정몽주가 이방원 세력에게 피살되었다. → 개성
③ 몽골의 침략으로 황룡사 구층 목탑이 소실되었다. → 경주
④ 흥덕사에서 금속 활자로 『직지심체요절』이 간행되었다. → 청주
⑤ 정서가 유배 중에 정과정이라는 고려 가요를 지었다. → 부산

04 유네스코가 주목한 사찰 정답 ⑤
정답 치트키
유네스코가 주목한 사찰

⑤ 세계 최고(最古)의 목판 인쇄물인 『무구정광대다라니경』은 경주 불국사 안에 있는 불국사 삼층 석탑(석가탑)에서 발견되었다.

오답 클리어
① 보은 법주사에는 오층 목조탑 내부에 부처의 일생을 그린 팔상도가 있다.
② 영주 부석사에는 배흘림 기둥에 주심포 양식으로 축조된 무량수전이 있다.
③ 안동 봉정사에는 현존하는 우리나라 최고(最古)의 목조 건물인 극락전이 있다.
④ 합천 해인사에는 팔만대장경판을 보관하고 있는 건축물인 장경판전이 있다.

05 종묘 정답 ②
정답 치트키
태조 이성계 + 한양 + 사직과 더불어 왕조 국가를 표현하는 상징 → 종묘

② 종묘의 정전에는 조선 역대 국왕과 왕비의 신주가 모셔져 있다.

오답 클리어
① 경내에 조선 총독부 청사가 세워졌다. → 경복궁
③ 대성전과 명륜당을 중심으로 구성되어 있다. → 성균관, 향교
④ 일제 강점기에 창경원으로 격하되기도 하였다. → 창경궁
⑤ 토지와 곡식의 신에게 제사를 지내는 공간이다. → 사직단

한국사 단기합격의 모든 것, 해커스한국사
history.Hackers.com

해커스 한국사능력검정시험 심화 2주 합격

실력 점검 기출 모의고사

* 시험 전 준비물: 필기도구, 시계

한국사능력검정시험 심화
실력 점검 기출 모의고사

01 밑줄 그은 '이 시대'의 생활 모습으로 옳은 것은? [1점]

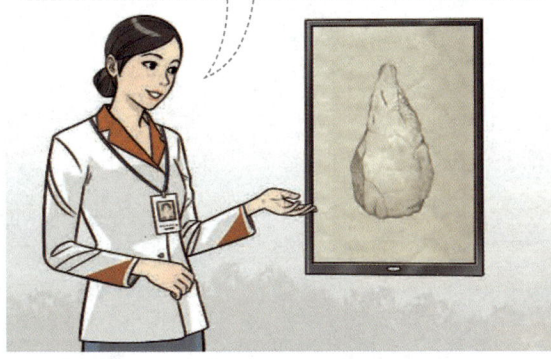

이 그림은 한 미군 병사가 경기도 연천군 전곡리에서 이 시대의 대표적인 유물인 주먹도끼 등을 발견하고 그린 것입니다. 그가 발견한 아슐리안형 주먹도끼는 이 시대 동아시아에는 찍개 문화만 존재하고 주먹도끼 문화는 없었다는 모비우스(H. Movius)의 학설을 뒤집는 증거가 되었습니다.

① 소를 이용하여 깊이갈이를 하였다.
② 빗살무늬 토기에 식량을 저장하였다.
③ 지배층의 무덤으로 고인돌을 만들었다.
④ 거푸집을 사용하여 세형동검을 제작하였다.
⑤ 주로 동굴이나 강가의 막집에서 거주하였다.

02 다음 자료에 해당하는 나라에 대한 설명으로 옳은 것은? [2점]

○ 산릉과 넓은 못[澤]이 많아서 동이 지역에서는 가장 넓고 평탄한 곳이다. …… 사람들은 체격이 크고 성품은 굳세고 용감하며, 근엄·후덕하여 다른 나라를 쳐들어가거나 노략질하지 않는다.
○ 은력(殷曆) 정월에 지내는 제천 행사는 국중 대회로 날마다 마시고 먹고 노래하고 춤추는데, 그 이름을 영고라 했다. — 『삼국지』 위서 동이전

① 신성 지역인 소도가 존재하였다.
② 혼인 풍습으로 민며느리제가 있었다.
③ 여러 가(加)들이 각각 사출도를 주관하였다.
④ 특산물로 단궁, 과하마, 반어피가 유명하였다.
⑤ 왕 아래 상가, 대로, 패자 등의 관직이 있었다.

03 (가) 국가에서 볼 수 있는 모습으로 가장 적절한 것은? [2점]

이번에 촉각 전시물로 새롭게 제작된 장군총은 (가) 의 대표적인 무덤입니다. 반듯하게 다듬은 돌을 계단처럼 쌓아 만든 이 무덤의 높이는 약 13미터이고, 한 변의 최대 길이는 약 31미터에 달합니다. 거대한 크기를 고려할 때 왕의 무덤일 가능성이 높습니다. 이 무덤의 주인이 누구였을지 상상하며 만져보면 어떨까요?

① 녹과전을 지급받는 관리
② 경당에서 수련하는 청년
③ 팔만대장경판을 만드는 장인
④ 지방의 22담로에 파견되는 왕족
⑤ 황룡사 구층 목탑의 축조를 건의하는 승려

04 밑줄 그은 '이 왕'에 대한 설명으로 옳은 것은? [2점]

무령왕의 뒤를 이어 즉위한 이 왕은 국호를 고치고 중앙 관청을 22부로 정비하였어.

신라와 연합하여 한강 유역을 되찾았지만, 신라에 다시 빼앗겼어.

결국 신라와 전쟁을 벌이다가 관산성 전투에서 전사하였어.

① 금마저에 미륵사를 창건하였다.
② 수도를 웅진에서 사비로 옮겼다.
③ 윤충을 보내 대야성을 함락하였다.
④ 고흥으로 하여금 『서기』를 편찬하게 하였다.
⑤ 북위에 사신을 보내 고구려 공격을 요청하였다.

05 (가), (나) 사이의 시기에 있었던 사실로 옳은 것은? [3점]

> (가) 연개소문은 왕의 조카인 장을 왕으로 세우고 스스로 막리지가 되었다. 그 관직은 당의 병부상서 겸 중서령의 직임과 같다.
>
> (나) 검모잠은 남은 백성을 모아 궁모성에서 패강 남쪽으로 내려와 당나라 관인 및 승려 법안 등을 죽이고 신라로 향하였다. 사야도에 이르러 고구려 대신 연정토의 아들 안승을 알현하고, 한성으로 모셔와 임금으로 받들었다.

① 을지문덕이 살수에서 대승을 거두었다.
② 사찬 시득이 기벌포에서 당군을 격파하였다.
③ 관구검이 이끄는 군대가 환도성을 함락하였다.
④ 김춘추가 당으로 건너가 군사 동맹을 체결하였다.
⑤ 장문휴가 자사 위준이 관할하는 당의 등주를 공격하였다.

06 (가) 왕의 업적으로 옳은 것은? [2점]

대왕암이 내려다보이는 이곳은 경주 이견대입니다. 선왕을 기리며 감은사를 완공한 (가) 은/는 이곳에서 용을 만나는 신묘한 일을 겪었고, 이를 통해 검은 옥대와 만파식적의 재료가 된 대나무를 얻었다고 합니다.

① 향가 모음집인 『삼대목』을 편찬하였다.
② 관료전을 지급하고 녹읍을 폐지하였다.
③ 인사를 담당하는 위화부를 창설하였다.
④ 건원이라는 독자적인 연호를 사용하였다.
⑤ 시장을 감독하기 위해 동시전을 설치하였다.

07 (가) 국가에 대한 설명으로 옳은 것은? [2점]

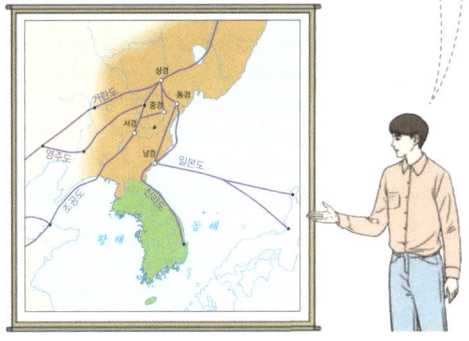

이 지도는 (가) 이/가 주변 국가들과 교역하는 데 이용한 교통로를 나타낸 것입니다. 이 국가는 교통로를 통해 담비·호랑이·표범·곰 등의 가죽과 인삼·우황 등의 약재를 주요 품목으로 주변 국가들과 교역하였습니다. 또한 소그드 은화, 청동 낙타상 등 출토 유물을 통해 서역과의 교류 사실도 확인할 수 있습니다.

① 왜에 칠지도를 만들어 보냈다.
② 9서당 10정의 군사 조직을 운영하였다.
③ 정사암에 모여 국가 중대사를 논의하였다.
④ 지방의 여러 성에 욕살, 처려근지 등을 두었다.
⑤ 서적 관리, 주요 문서 작성 등을 위해 문적원을 두었다.

08 다음 상황 이후에 전개된 사실로 옳은 것은? [2점]

> 이찬 김지정이 반역하여 무리를 모아 궁궐을 에워싸고 침범하였다. 여름 4월에 상대등 김양상이 이찬 경신과 함께 군사를 일으켜 김지정 등을 죽였으나, 왕과 왕비는 반란군에게 살해되었다. 양상 등이 왕의 시호를 혜공왕이라 하였다.
> – 『삼국사기』

① 김흠돌이 반란을 도모하였다.
② 이사부가 우산국을 복속하였다.
③ 김대성이 불국사 조성을 주도하였다.
④ 장보고가 왕위 쟁탈전에 가담하였다.
⑤ 거칠부가 왕명에 의해 『국사』를 편찬하였다.

09 (가)에 해당하는 국가유산으로 옳은 것은? [2점]

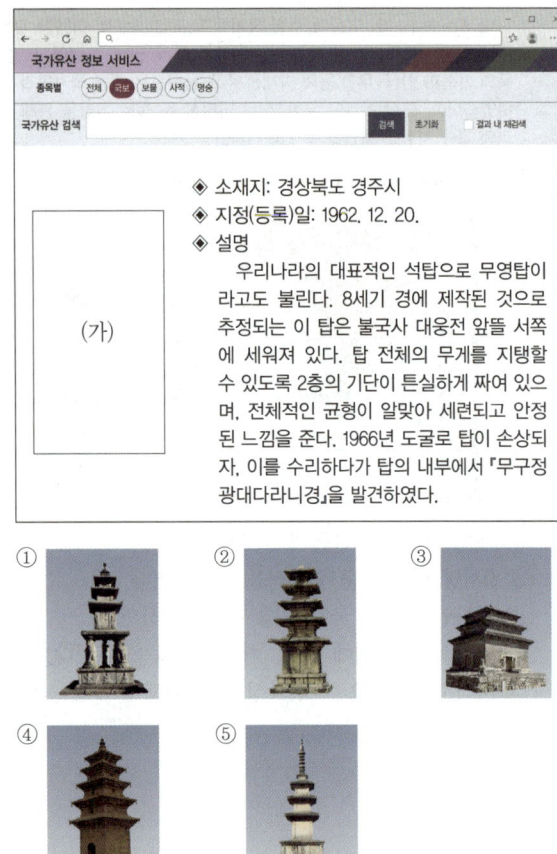

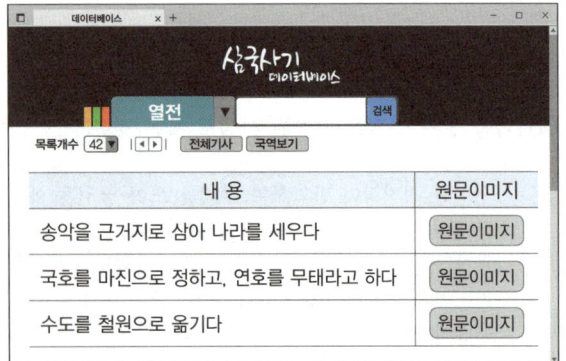

10 다음 검색창에 들어갈 인물에 대한 설명으로 옳은 것은? [2점]

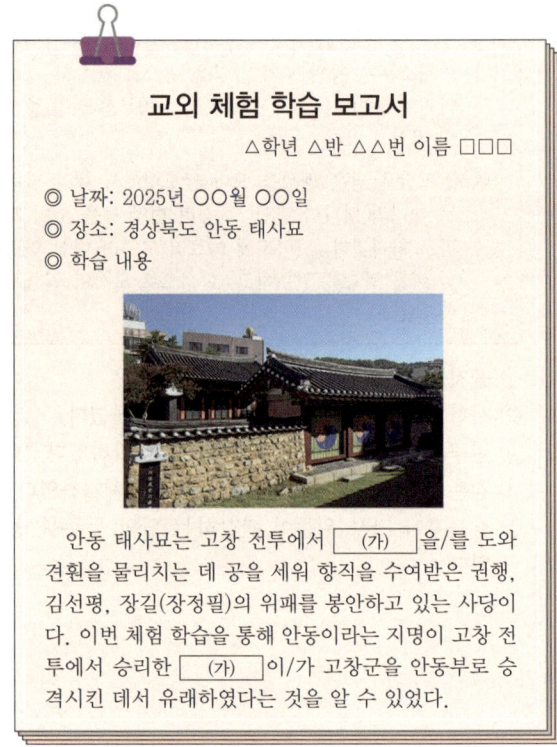

① 후당, 오월에 사신을 파견하였다.
② 경주의 사심관으로 임명되었다.
③ 폐정 개혁을 목표로 정치도감을 설치하였다.
④ 광평성을 비롯한 각종 정치 기구를 마련하였다.
⑤ 지방관을 감찰하고자 외사정을 파견하였다.

11 (가) 왕에 대한 설명으로 옳은 것은? [2점]

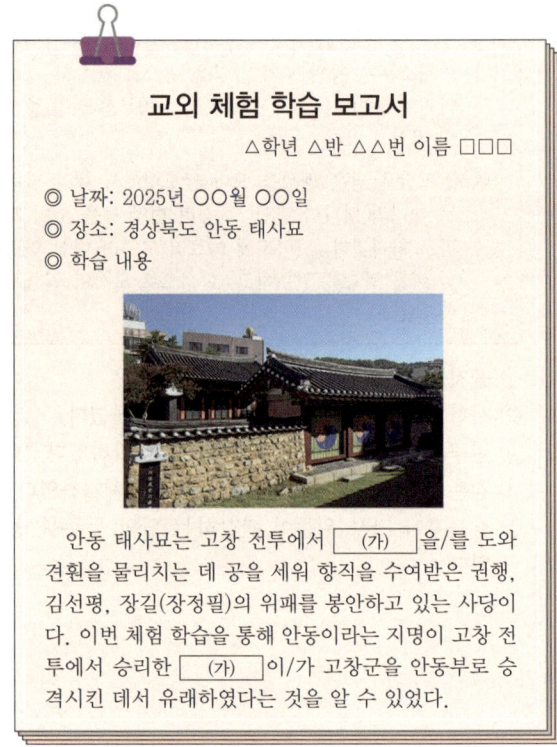

① 한양을 남경으로 승격시켰다.
② 주전도감을 설치하여 해동통보를 발행하였다.
③ 광덕, 준풍 등의 연호를 사용하였다.
④ 청연각과 보문각을 두어 학문 연구를 장려하였다.
⑤ 『정계』와 『계백료서』를 지어 관리의 규범을 제시하였다.

12 (가) 국가의 경제 상황으로 옳은 것은? [2점]

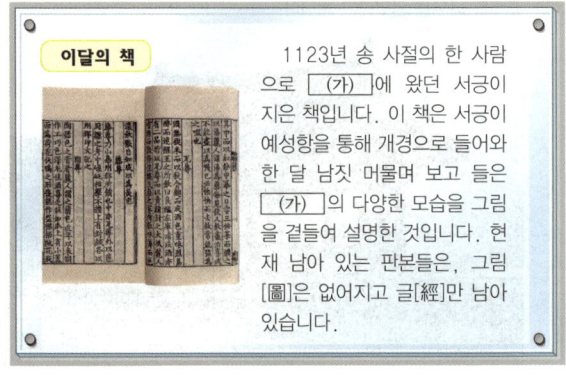

① 솔빈부의 말이 특산품으로 유명하였다.
② 송상이 전국 각지에 송방을 설치하였다.
③ 서적점, 다점 등의 관영 상점을 운영하였다.
④ 집집마다 부경이라고 불리는 창고가 있었다.
⑤ 광산을 전문적으로 경영하는 덕대가 나타났다.

13 (가) 국가에 대한 고려의 대응으로 옳은 것은? [2점]

이곳은 전라남도 나주시에 있는 심향사입니다. (가) 의 침입으로 나주로 피난한 고려 현종이 나라의 평안을 위해 이곳에서 기도를 올렸다고 전해집니다. 이 왕 때 부처의 힘으로 국난을 극복하고자 초조대장경의 조성이 시작되었습니다.

① 박위를 보내 근거지를 토벌하였다.
② 조총 부대를 나선 정벌에 파견하였다.
③ 개경을 방어하기 위해 나성을 축조하였다.
④ 압록강 상류 지역을 개척하여 4군을 설치하였다.
⑤ 화통도감을 설치하여 화포를 제작하였다.

14 (가)~(다)를 일어난 순서대로 옳게 나열한 것은? [3점]

(가) 왕이 먼저 나라 안의 신하들을 권유하여 개경으로 환도하게 하였다. 여러 신하들이 말하기를 "임금의 명령인데, 감히 따르지 않을 수 있겠는가?"라고 하였으므로, 임유무가 화가 나서 어떻게 해야 할지를 알지 못하였다.

(나) 조위총이 군사를 일으키자, 이의방이 이의민을 정동대장군 지병마사로 임명하였다. 이의민이 군사를 거느리고 전투에 나섰다가 날아오는 화살에 눈을 맞았으나, 철령으로 진군하여 사방에서 북을 치고 고함을 지르면서 급습하여 크게 격파하였다.

(다) 백관이 최우의 집에 나아가 정년도목(政年都目)을 올렸다. 최우가 청사에 앉아 그것을 받았다. 6품 이하는 당하(堂下)에서 두 번 절하고 땅에 엎드려 감히 고개를 들고 보지 못하였다. 이때부터 최우는 정방을 그의 집에 두고 백관의 인사 행정을 처리하였다.

① (가) - (나) - (다)
② (가) - (다) - (나)
③ (나) - (가) - (다)
④ (나) - (다) - (가)
⑤ (다) - (나) - (가)

15 (가) 국가의 문화유산으로 적절하지 않은 것은? [3점]

16 (가) 군사 조직에 대한 설명으로 옳은 것은? [2점]

이것은 태안 마도 3호선에서 발굴된 죽찰입니다. 적외선 촬영 기법을 통해 상어를 담은 상자를 우□□별초도령낭 집에 보낸다는 문장이 확인되었습니다. 우□□별초는 우별초로 해석되는데, 우별초는 최씨 무신 정권이 조직한 (가) 의 하나로 시랑은 장군 격인 정 4품이었습니다.

① 후금의 침입에 대비하고자 창설되었다.
② 원의 요청으로 일본 원정에 참여하였다.
③ 신기군, 신보군, 항마군으로 편성되었다.
④ 진도에서 용장성을 쌓고 몽골에 대항하였다.
⑤ 응양군과 용호군으로 구성된 국왕의 친위 부대였다.

17 밑줄 그은 '왕'의 재위 기간에 볼 수 있는 모습으로 가장 적절한 것은? [1점]

> 이자춘이 쌍성 등지의 천호들을 거느리고 내조하니 왕이 맞이하며 말하기를, "어리석은 민(民)을 보살펴 편안하게 하느라 얼마나 노고가 많았는가?"라고 하였다. 그 때 어떤 사람이 '기철이 쌍성의 반민(叛民)들과 몰래 내통하여 한패로 삼아 역모를 도모하려 한다'고 밀고하였다. 왕이 이자춘에게 이르기를, "경은 마땅히 돌아가서 우리 민을 진정시키고, 만일 변란이 일어나면 마땅히 내 명령대로 하라."라고 하였다. …… 이자춘이 명령을 듣고 곧 행군하여 유인우와 합세한 후 쌍성총관부를 공격하여 격파하였다.

① 사섬서에서 저화를 발행하는 장인
② 내의원에서 『동의보감』을 읽는 의원
③ 주자감에서 유학을 공부하는 학생
④ 전민변정도감에 억울함을 호소하는 농민
⑤ 빈공과 응시를 준비하는 6두품 유학생

18 밑줄 그은 '이 왕'의 재위 시기에 있었던 사실로 옳은 것은? [2점]

> 『경국대전』에 대해 조사한 내용을 알려 줄래?
> - 이·호·예·병·형·공전의 육전 체제로 구성되었어.
> - 『경제육전』과 수교, 조례 등에서 영구히 준수해야 할 것들을 정리하여 엮었대.
> - 세조 때 편찬이 시작되어 이 왕 때 완성하여 반포했지.

① 독립된 간쟁 기관으로 사간원이 설치되었다.
② 함길도 토착 세력인 이시애가 난을 일으켰다.
③ 직제가 개편된 홍문관에서 경연을 주관하였다.
④ 집현전 관리를 대상으로 사가 독서제가 시행되었다.
⑤ 붕당의 폐해를 경계하기 위한 탕평비가 건립되었다.

19 밑줄 그은 '이 사건'이 일어난 시기를 연표에서 옳게 고른 것은? [2점]

> 이곳은 최근에 개방된 효릉입니다. 조선 국왕 인종과 그의 왕비 인성왕후가 모셔져 있습니다. 인종은 즉위한 지 1년도 되지 않아 사망하였습니다. 인종의 죽음은 윤원형, 윤임 등 외척 간의 권력 다툼으로 사림이 피해를 입은 이 사건의 계기가 되었습니다.

(가)	(나)	(다)	(라)	(마)
이시애의 난	연산군 즉위	중종 반정	기묘 사화	선조 즉위	이괄의 난

① (가) ② (나) ③ (다)
④ (라) ⑤ (마)

20 (가)~(마)에서 있었던 사실로 옳은 것은? [1점]

답사 계획서
- 주제: 우리나라 성곽의 역사를 찾아서(서울·경기·인천 편)
- 기간: 2025년 ○○월 ○○일~○○월 ○○일(4박 5일)
- 경로: 강화산성 → 북한산성 → 서울 한양도성 → 남한산성 → 수원 화성

(가) 강화산성 (나) 북한산성 (다) 서울 한양 도성
(마) 수원 화성 (라) 남한산성

① (가) - 정봉수가 후금의 침입에 맞서 싸웠다.
② (나) - 김준룡이 근왕병을 이끌고 적장을 사살하였다.
③ (다) - 신립이 배수의 진을 치고 전투를 벌였다.
④ (라) - 병자호란 때 인조가 피란하여 항전하였다.
⑤ (마) - 임진왜란 때 권율이 일본군을 크게 물리쳤다.

21 밑줄 그은 '이 기구'에 대한 설명으로 옳은 것은? [2점]

이 책은 1870년에 편찬된 『은대조례』입니다. 서문에서 흥선 대원군은 은대라고 불린 이 기구의 업무 처리 규정을 일목요연하게 정리하였으니 앞으로 승지들의 사무에 나침반이 될 것이라고 밝혔습니다.

① 왕명의 출납을 관장하였다.
② 사간원, 사헌부와 함께 3사로 불렸다.
③ 천문 연구, 기상 관측 등의 일을 맡았다.
④ 『실록』을 보관하고 관리하는 업무를 담당하였다.
⑤ 국왕 직속 사법 기구로 강상죄, 반역죄 등을 처결하였다.

22 밑줄 그은 '이 전쟁'의 영향으로 가장 적절한 것은? [2점]

사료로 만나는 한국사

신풍부원군 장유가 예조에 단자를 올리기를 "외아들이 있는데 강도(江都)의 변 때 그의 처가 잡혀갔다가 속환되어 지금은 친정 부모 집에 가 있습니다. 그대로 배필로 삼아 함께 조상의 제사를 받들 수 없으니, 새로 장가들도록 허락해 주십시오."라고 하였다.

위 사료는 이 전쟁 중 강화도가 함락되면서 적국으로 끌려갔다 돌아온 며느리를 아들과 이혼하게 해달라는 내용의 글이다. 국왕이 삼전도에서 항복하며 종결된 이 전쟁으로 많은 사람들이 포로로 끌려갔다. 여성들은 살아 돌아오더라도 절개를 잃었다는 이유로 억울하게 이혼을 당하기도 하였다.

① 이완 등을 중심으로 북벌이 추진되었다.
② 김종서가 두만강 일대에 6진을 개척하였다.
③ 이종무가 적의 근거지인 쓰시마 섬을 정벌하였다.
④ 강홍립이 이끄는 부대가 사르후 전투에 참전하였다.
⑤ 국방 문제를 논의하기 위해 비변사가 처음으로 설치되었다.

23 (가) 왕에 대한 설명으로 옳은 것은? [2점]

가상 현실 버스에 오신 여러분 환영합니다. 지금 창문 스크린으로 보고 계신 것은 『무예도보통지』에 실린 무예 동작입니다. (가) 의 명으로 이덕무, 박제가, 백동수 등이 편찬한 『무예도보통지』에는 기존의 『무예신보』에 마상 무예가 추가되어 총 24개의 무예가 실려있습니다. 이 책은 장용영의 훈련 교재로 사용되었습니다.

① 백두산 정계비를 세워 청과의 국경을 정하였다.
② 삼군부를 부활시켜 군사 업무를 담당하게 하였다.
③ 통치 체제를 정비하기 위해 『속대전』을 편찬하였다.
④ 규장각에 검서관을 두어 서얼 출신 학자들을 기용하였다.
⑤ 한양을 기준으로 역법을 정리한 『칠정산』「내편」을 제작하였다.

24 다음 가상 대화가 이루어진 시기의 사회 모습으로 가장 적절한 것은? [1점]

자네 소식 들었나? 지난달 진주에서 백성들이 난을 일으켜 관아를 습격하고 아전의 집을 불태웠다더군.

나도 들었네. 경상 우병사 백낙신의 탐학과 향리들의 횡포에 맞서 유계춘이 주도하였다고 하더군.

① 빈민 구제를 위해 흑창이 설치되었다.
② 원종과 애노가 사벌주에서 봉기하였다.
③ 홍건적의 침입으로 개경이 함락되었다.
④ 지배층을 중심으로 변발과 호복이 유행하였다.
⑤ 안동 김씨 등의 세도 정치로 매관매직이 성행하였다.

25 밑줄 그은 '이 시기'의 경제 상황으로 옳은 것은? [2점]

이것은 한양의 모습을 그린 수선총도입니다. 지도에서 시전의 위치를 확인할 수 있습니다. 이를 통해 알 수 있는 내용에 대해 더 설명해 주시겠어요?

지도에는 종로에 위치한 시전 외에도 도성 내 이현, 남대문 밖의 칠패와 같은 난전이 표기되어 있습니다. 이를 통해 시장이 도성 밖으로 확대되고 있던 이 시기의 모습을 확인할 수 있습니다. 당시에는 서로의 취급 물품을 두고 난전과 시전 사이의 갈등, 시전들 간의 다툼이 일어나기도 하였습니다.

① 백성에게 정전이 지급되었다.
② 초량 왜관을 통해 일본과 교역하였다.
③ 고액 화폐인 활구가 주조되었다.
④ 당항성, 영암이 국제 무역항으로 번성하였다.
⑤ 경시서의 관리들이 시전의 상행위를 감독하였다.

26 (가) 인물에 대한 설명으로 옳은 것은? [2점]

이 작품은 (가) 의 세한도로, 완당이라는 그의 호가 도인(圖印)으로 찍혀 있습니다. 그는 제주도에서 유배 생활을 할 때 청에서 귀한 책을 구해다 준 제자 이상적에게 고마움의 표시로 이 그림을 그려 주었습니다.

① 남북국이라는 용어를 처음 사용하였다.
② 『기기도설』을 참고하여 거중기를 설계하였다.
③ 북한산비가 진흥왕 순수비임을 고증하였다.
④ 양명학을 연구하여 강화 학파를 형성하였다.
⑤ 안평 대군의 꿈을 소재로 몽유도원도를 그렸다.

27 다음 자료에 대한 탐구 활동으로 가장 적절한 것은? [2점]

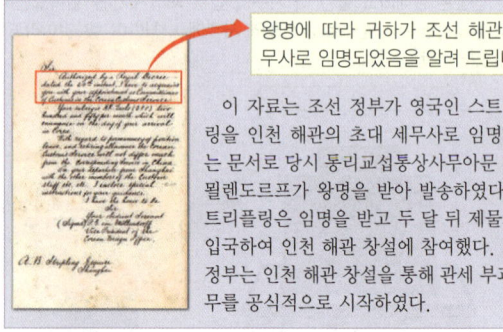

왕명에 따라 귀하가 조선 해관의 세무사로 임명되었음을 알려 드립니다.

이 자료는 조선 정부가 영국인 스트리플링을 인천 해관의 초대 세무사로 임명한다는 문서로 당시 통리교섭통상사무아문 협판 묄렌도르프가 왕명을 받아 발송하였다. 스트리플링은 임명을 받고 두 달 뒤 제물포로 입국하여 인천 해관 창설에 참여했다. 조선 정부는 인천 해관 창설을 통해 관세 부과 업무를 공식적으로 시작하였다.

① 한·일 의정서의 체결 과정을 파악한다.
② 미쓰야 협정이 끼친 영향을 조사한다.
③ 강화도 조약이 체결된 계기를 알아본다.
④ 조·미 수호 통상 조약의 내용을 분석한다.
⑤ 헤이그 특사가 파견되는 원인을 살펴본다.

28 밑줄 그은 '사건' 이후에 전개된 사실로 옳은 것은? [2점]

> 조선왕 전하께
> …… 9월 말에 평양의 대동강에서 좌초한 미국 상선에 승선한 사람들이 살해당했고 배가 불살라졌다는 고통스럽고 놀랄 만한 사건이 있었다고 들었습니다. 본 총병은 본국 수사제독의 위임으로 파견되어 상세히 조사하라는 명을 받았습니다. 과연 이러한 일이 있었는지, 사실인지 아닌지, 생존자가 몇 사람인지 등을 귀국에서 신속히 조사해 분명히 답해주시길 부탁드립니다.
> - 미국 군함 와추세트(Wachusett) 수사총병 슈펠트(Shufeldt)

① 홍경래가 난을 일으켰다.
② 임술 농민 봉기가 일어났다.
③ 황사영 백서 사건이 발생하였다.
④ 어재연이 광성보 전투에서 전사하였다.
⑤ 청의 요청으로 나선 정벌에 조총 부대를 파견하였다.

29 밑줄 그은 '이 시기'의 의병 활동에 대한 설명으로 옳은 것은? [2점]

이곳 지리산 연곡사에는 의병장 고광순의 순절비가 있습니다. 그는 지리산을 중심으로 장기 항전을 계획하다가 일본군의 토벌 작전으로 순국하였습니다. 고종의 강제 퇴위와 군대의 강제 해산으로 의병 활동이 고조된 이 시기에는 고광순을 비롯하여 각계각층의 사람들이 국권 회복을 위해 활동했습니다.

① 13도 창의군을 결성하였다.
② 한·중 연합 전선을 형성하였다.
③ 최익현이 태인에서 궐기하였다.
④ 고경명 등이 의병장으로 활약하였다.
⑤ 봉오동 전투에서 일본군을 격퇴하였다.

30 다음 기사가 보도된 시기에 볼 수 있는 모습으로 가장 적절한 것은? [3점]

□□신문
제△△호 ○○○○년 ○○월 ○○일

정기 연락선 부산 입항, 경부선과 이어지다

시모노세키를 출발한 연락선 '잇키마루'가 어제 부산항에 도착하며 정기 운항을 시작했다. 승객 317명, 화물 300톤을 실을 수 있는 이 배를 통해 일본에서 들어온 여객과 물자는 곧바로 경부선을 이용해 내륙으로 향하게 된다. 올해 1월 경부선이 개통된 이후 8개월 만에 해로까지 연결되면서, 한성-부산-도쿄로 연결되는 교통망이 구축되었다. 두 달 뒤 '쓰시마마루'도 추가 투입될 예정이라, 머지않아 이 노선은 매일 운행될 것이다.

① 대한매일신보를 읽고 있는 청년
② 경성 제국 대학에 입학하는 학생
③ 원각사에서 은세계 공연을 보는 여성
④ 영선사 일행으로 청에 가는 생도
⑤ 어린이날 기념 행사에 참여하는 천도교 소년회 회원

31 (가), (나) 사이의 시기에 있었던 사실로 옳은 것은? [2점]

(가) 통문으로 장터에 모이라는 기별이 왔다. 저녁 먹은 후 여러 마을에서 징 소리며 나팔 소리, 고함 소리가 천지에 뒤끓더니 수천 명 군중들이 우리 마을 앞길로 몰려와 군수 조병갑을 죽인다며 소요를 일으켰다. 군중이 사방으로 포위하고 몰아갈 때 조병갑은 서울로 도망갔다.

(나) 우두머리는 선화당을 점거하고 다른 동학 도당들은 나누어 사대문을 막으니 성 안의 백성과 아전, 군교 등이 미처 나오지 못하고 화염 속에 빠진 자가 많아 그 수를 알지 못하였습니다. 전주성이 삽시간에 함락된 것은 감영이나 전주부의 관속 무리 중 내응하는 자가 많았기 때문입니다.

① 남접과 북접이 논산에서 연합하였다.
② 최제우가 혹세무민의 죄로 처형되었다.
③ 일본이 군대를 동원하여 경복궁을 점령하였다.
④ 농민군이 황룡촌 전투에서 관군에 승리하였다.
⑤ 우금치에서 농민군이 관군과 일본군에 맞서 싸웠다.

32 (가) 사건에 대한 설명으로 옳은 것은? [2점]

김옥균 등이 청이 우리 자주권을 침해하는 데 분노하여 일본 공사와 (가) 을/를 일으켜 '일본당'으로 지목되었다. (가) 이/가 실패하자 온 나라가 그를 역적이라 하였다. 나는 조정에 몸을 담고 있어 그를 토벌하여 죽여야 한다는 것 외에 다른 목소리를 낼 수 없었다. 그러나 김옥균과 나의 마음은 그 뜻이 다른 데 있는 것이 아니라 나라를 사랑하는 데서 나온 것이었다.
- 『속음청사』

① 개혁 추진 기구로 교정청이 설치되었다.
② 전개 과정에서 홍범 14조가 반포되었다.
③ 통리기무아문이 신설되는 배경이 되었다.
④ 김기수가 수신사로 파견되는 결과를 가져왔다.
⑤ 청·일 간에 톈진 조약이 체결되는 계기가 되었다.

33 교사의 질문에 대한 학생의 답변으로 옳은 것은? [2점]

이것은 대한매일신보에 태극 서관이 게재한 서적 할인 광고입니다. 태극 서관은 신지식 보급과 민족 의식 고취를 위해 이 단체가 운영한 기관입니다. 인재 양성을 위해 대성 학교도 설립한 이 단체에 대해 말해 볼까요?

① 민립 대학 설립 운동을 전개하였어요.
② 러시아의 절영도 조차 요구를 저지하였어요.
③ 파리 강화 회의에 독립 청원서를 제출하였어요.
④ 안창호, 양기탁 등이 비밀 결사로 조직하였어요.
⑤ 국문 연구소를 세워 한글의 문자 체계를 정리하였어요.

34 밑줄 그은 '개혁'의 내용으로 옳은 것은? [2점]

덕수궁 내에 있는 정관헌은 전통 건축 양식에 근대적 요소를 결합한 것으로 평가받고 있습니다. 고종이 황제로 즉위한 후 구본신참을 바탕으로 개혁을 추진할 때 건립되었습니다.

① 재판소를 설치하였다.
② 공·사 노비법을 혁파하였다.
③ 신식 군대인 별기군을 창설하였다.
④ 근대 교육 기관인 육영 공원을 설립하였다.
⑤ 지계아문을 설치하여 토지 소유자에게 지계를 발급하였다.

35 밑줄 그은 '시기'에 시행된 일제의 정책으로 옳은 것은? [1점]

오늘 소개해 주실 자료는 무엇인가요?

이 자료는 토지 조사 사업이 실시되던 시기에 조선 총독부 임시 토지 조사국이 작성한 문서입니다. 여기에는 경상북도 상주, 칠곡, 울릉도 등 총 6개 지역에서 토지 소유자와 그 경계를 조사하여 확정하였다고 기록되어 있습니다.

① 애국반을 조직하였다.
② 신문지법을 제정하였다.
③ 조선 태형령을 시행하였다.
④ 산미 증식 계획을 실시하였다.
⑤ 황국 신민 서사의 암송을 강요하였다.

36 밑줄 그은 '이 운동'에 대한 설명으로 옳은 것을 〈보기〉에서 고른 것은? [2점]

광고로 보는 역사

[해설] 이것은 경성 방직 주식회사의 광목 광고이다. 조선인 기업이 만든 상품의 사용을 장려하고자 전개된 이 운동 당시의 상황을 반영하여 '조선 사람의 자본과 기술로 된 광목'이라는 문구가 광고에 사용되었다.

〈보기〉
ㄱ. 회사령 폐지 등이 배경이 되었다.
ㄴ. 황국 중앙 총상회의 주도하에 전개되었다.
ㄷ. 평양에서 시작되어 전국적으로 확산되었다.
ㄹ. 대동 상회 등 근대적 상회사가 설립되는 계기가 되었다.

① ㄱ, ㄴ ② ㄱ, ㄷ ③ ㄴ, ㄷ
④ ㄴ, ㄹ ⑤ ㄷ, ㄹ

37 밑줄 그은 '이 지역'에서 있었던 민족 운동으로 옳은 것은? [2점]

이것은 1923년 이 지역에서 발생한 지진 당시 희생된 조선인을 위로하기 위해 세운 추도비입니다. 지진이 일어나자 "조선인이 불을 질렀다.", "조선인이 공격해 온다" 등의 유언비어가 퍼졌고, 이에 현혹된 사람들이 조직한 자경단 등에 의해 수많은 조선인이 학살되었습니다.

① 한인 자치 기구인 경학사를 설립하였다.
② 민족 교육을 위해 서전서숙을 건립하였다.
③ 유학생을 중심으로 2·8 독립 선언서를 발표하였다.
④ 대조선 국민 군단을 결성하여 군사 훈련을 실시하였다.
⑤ 대한 광복군 정부를 세워 무장 독립 투쟁을 준비하였다.

38 (가)에 대한 설명으로 옳은 것을 〈보기〉에서 고른 것은? [2점]

저는 이동녕으로 이곳 충남 천안에서 태어났습니다. 저는 임시 의정원 초대 의장으로 삼권 분립에 기초한 (가) 의 헌법 제정에 기여하였습니다. 또한 국무총리와 주석 등을 역임하였고, (가) 이/가 상하이를 떠나 이동하는 과정을 함께하며 독립운동에 전념하였습니다.

〈보기〉
ㄱ. 만세보를 발행하여 민중 계몽에 힘썼다.
ㄴ. 신흥 강습소를 세워 독립군을 양성하였다.
ㄷ. 구미 위원부를 조직하여 외교 활동을 전개하였다.
ㄹ. 이륭양행에 교통국을 설치하여 국내와 연락을 취하였다.

① ㄱ, ㄴ ② ㄱ, ㄷ ③ ㄴ, ㄷ
④ ㄴ, ㄹ ⑤ ㄷ, ㄹ

39 밑줄 그은 '시기'에 볼 수 있는 모습으로 적절하지 않은 것은? [1점]

송탄유(松炭油) 자재 공출 명령서
일제가 태평양 전쟁으로 물자 부족에 시달리던 시기에 송탄유와 목탄의 할당량 공출을 명령한 문서

① 국민학교에서 공부하는 학생
② 징병제를 찬양하는 친일 지식인
③ 국민 징용령에 의해 끌려가는 청년
④ 암태도 소작 쟁의에 참여하는 농민
⑤ 조선어 학회 사건으로 탄압받는 한글 학자

40 다음 자료에 나타난 민족 운동에 대한 설명으로 옳은 것은? [2점]

2천만 피압박 민중 제군이여!

우리 2천만 생령(生靈)을 사랑하고 조국을 사랑하는 광주 학생 남녀 수십 명이 빈사(瀕死)의 중상을 입었다. 고뇌하는 청년 학생 2백 명이 불법으로 철창 속에 갇혀 있다. 그들은 정의를 위하여 거리로 나가 시위를 했다. 그러나 지배 계급의 미친개의 이빨에 물리고 말았다. 우리들은 광주 학생의 석방을 요구하는 동시에 참을 수 없는 피눈물로 시위 대열에 나가는 것이다.

- 감금된 학생을 탈환하자
- 총독 폭압 정치 절대 반대
- 교육에 경찰 간섭 반대
- 치안 유지법을 철폐하라

① 순종의 장례일을 맞아 가두 시위를 벌였다.
② 대한민국 임시 정부 수립에 영향을 주었다.
③ 국내에서 민족 유일당 운동이 시작되는 계기가 되었다.
④ 신간회의 지원을 받으며 전국적으로 확산되었다.
⑤ 일본, 프랑스 등의 노동 단체로부터 격려 전문을 받았다.

41 (가) 부대에 대한 설명으로 옳은 것은? [2점]

> 대전자령은 태평령이라고도 하는데, 일본군이 서남부의 왕칭현 쪽으로 가려면 반드시 지나가야 하는 지점이었다. 대전자령의 양쪽은 험준한 절벽과 울창한 산림 지대로 되어 있어 적을 공격하기에 알맞은 곳이었다. 이 전투에 (가) 의 주력 부대 500여 명, 차이시잉(柴世榮)이 거느리는 중국 의용군인 길림구국군 2,000여 명이 참가하였다. …… 한·중 연합군은 계곡 양편 산기슭에 구축되어 있는 참호 속에 미리 매복·대기하여 일본군 습격 준비를 마쳤다.
> — 『청천 장군의 혁명 투쟁사』

① 영국군의 요청으로 인도·미얀마 전선에 투입되었다.
② 간도 참변 이후 조직을 정비하고 자유시로 이동하였다.
③ 중국 관내(關內)에서 결성된 최초의 한인 무장 부대였다.
④ 홍범도 부대와 연합하여 청산리에서 일본군과 교전하였다.
⑤ 한국 독립당의 군사 조직으로 북만주 지역에서 활약하였다.

43 (가) 사건에 대한 설명으로 가장 적절한 것은? [3점]

> 이것은 냉전과 분단의 상징물인 독일 베를린 장벽의 일부로, (가) 을/를 기념하는 이 공원에 기증되었습니다. 이곳 제주도에서 일어난 (가) 은/는 남한만의 단독 선거에 반대하는 무장대와 이를 진압하는 토벌대 간의 무력 충돌, 그 뒤 토벌대의 진압 과정에서 수많은 제주도민이 희생된 사건으로, 6·25 전쟁이 끝나고 나서야 종결되었습니다.

① 허정 과도 정부가 구성되는 결과를 가져왔다.
② 국가 보위 비상 대책 위원회가 설치되는 배경이 되었다.
③ 장기 독재를 비판하는 3·1 민주 구국 선언을 발표하였다.
④ 4·13 호헌 철폐와 독재 타도 등의 구호를 내세웠다.
⑤ 정부 차원에서 진상 조사 보고서를 발간하고 공식 사과하였다.

42 (가)에 들어갈 내용으로 적절하지 않은 것은? [1점]

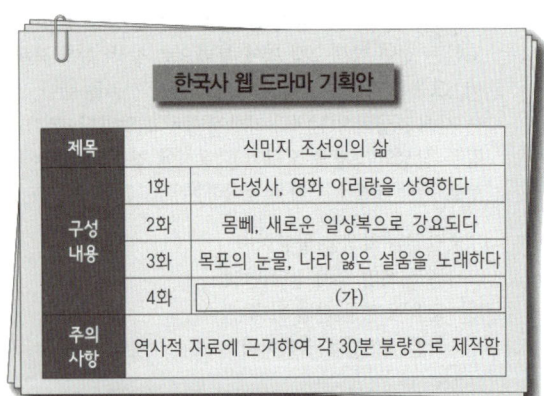

제목	식민지 조선인의 삶	
구성 내용	1화	단성사, 영화 아리랑을 상영하다
	2화	몸뻬, 새로운 일상복으로 강요되다
	3화	목포의 눈물, 나라 잃은 설움을 노래하다
	4화	(가)
주의 사항	역사적 자료에 근거하여 각 30분 분량으로 제작함	

한국사 웹 드라마 기획안

① 잡지 『신여성』, 여권 신장을 주장하다
② 조선 형평사, 사회적 차별 철폐를 외치다
③ 소설 『상록수』, 브나로드 운동을 널리 알리다
④ 경성 방직 주식회사, 광목 태극성을 광고하다
⑤ 새마을 운동, 근면·자조·협동을 기치로 내세우다

44 (가) 전쟁 중에 있었던 사실로 옳은 것은? [2점]

> 저는 지금 부산의 재한 유엔 기념 공원 내에 있는 유엔군 전몰장병 추모명비 앞에 와 있습니다. (가) 에서 전사하거나 실종된 4만여 명의 이름을 새겨 넣어 추도와 기억의 공간으로 만든 이곳에서 평화의 가치를 생각해 보았으면 합니다.

① 애치슨 라인이 발표되었다.
② 한·일 기본 조약이 체결되었다.
③ 푸에블로호 나포 사건이 발생하였다.
④ 김구, 김규식 등이 남북 협상에 참여하였다.
⑤ 비상 계엄이 선포된 가운데 발췌 개헌안이 통과되었다.

45 (가) 민주화 운동에 대한 설명으로 옳은 것은? [2점]

① 긴급 조치 철폐를 요구하였다.
② 장면 내각이 출범하는 배경이 되었다.
③ 전남 도청에서 시민군이 계엄군에 맞서 싸웠다.
④ 민주화를 위한 개헌 청원 100만인 서명 운동이 전개되었다.
⑤ 5년 단임의 대통령 직선제 개헌이 이루어지는 계기가 되었다.

46 밑줄 그은 '당시 헌법'이 시행된 시기에 볼 수 있는 모습으로 가장 적절한 것은? [3점]

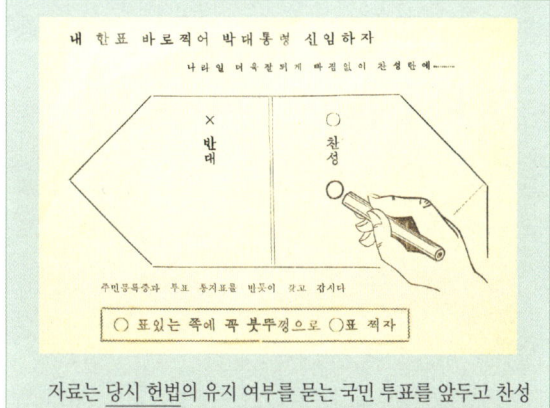

① 국민 방위군에 소집되는 청년
② 개성 공단 착공식에 참석하는 기업인
③ 미·소 공동 위원회의 재개를 요구하는 시민
④ 남북 기본 합의서 채택 소식을 보도하는 기자
⑤ 통일 주체 국민 회의 대의원 명단을 점검하는 공무원

47 밑줄 그은 '이 정부' 시기에 있었던 사실로 옳지 않은 것은? [2점]

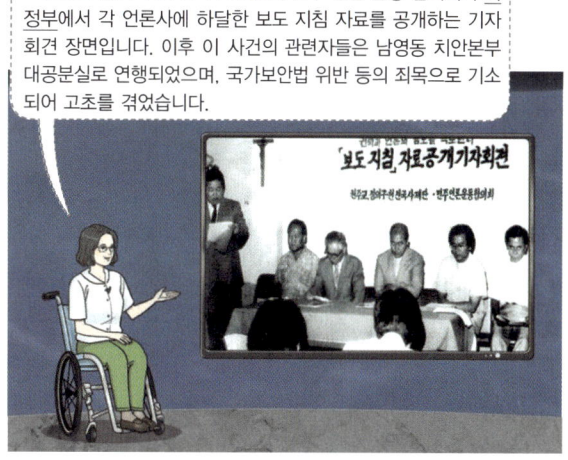

① 서울 올림픽이 개최되었다.
② 야간 통행 금지가 해제되었다.
③ 박종철 고문 치사 사건이 발생하였다.
④ 프로 야구가 6개 구단으로 출범하였다.
⑤ 남북 이산가족 고향 방문이 최초로 이루어졌다.

48 다음 특별전에서 볼 수 있는 도시의 역사에 대한 설명으로 적절하지 않은 것은? [3점]

① 고려 태조 왕건이 도읍으로 삼았다.
② 원의 영향을 받은 경천사지 십층 석탑이 축조되었다.
③ 조선 후기 송상이 근거지로 삼아 전국적으로 활동하였다.
④ 일제 강점기 강주룡이 을밀대 지붕 위에서 고공농성을 하였다.
⑤ 북위 38도선 분할 이후 남한에 속했다가 정전 협정으로 북한 지역이 되었다.

49 (가) 정부의 통일 정책에 대한 설명으로 옳은 것은? [1점]

① 남북한이 유엔에 동시 가입하였다.
② 7·4 남북 공동 성명을 발표하였다.
③ 6·15 남북 공동 선언을 채택하였다.
④ 한반도 비핵화 공동 선언에 합의하였다.
⑤ 민족 자존과 통일 번영을 위한 7·7 선언을 발표하였다.

50 ㉠~㉤에 대한 설명으로 적절하지 <u>않은</u> 것은? [3점]

한국사 톺아보기 역사 속 관리 선발 방식

신라는 국학 학생 등을 대상으로 유교 경전에 대한 이해 정도를 평가하여 관리로 선발하는 ㉠<u>독서삼품과</u>를 마련하였다. 하지만 골품제 때문에 관료제 운영에 큰 기능을 발휘하지 못하였다.

고려 시대에는 시험을 통해 인재를 등용하는 ㉡<u>과거</u>가 도입되어 운영되면서 제술과, 명경과, 잡과가 승과와 함께 시행되었다. 그러나 반드시 과거로만 관직에 진출하는 것이 아니라, 음서 등으로 관직에 진출하기도 하였다.

조선 시대의 관리는 과거, 취재, 음서, 천거 등을 통해 선발되었다. 과거는 ㉢<u>문과</u>, 무과, 잡과로 구성되었는데 문과와 무과를 중심으로 하여 양반 관료 체제가 갖추어졌다. 한편 조선 중기에는 ㉣<u>현량과</u>를 통해서 조정에 진출한 신진 세력들이 훈구 세력의 부정과 비리를 비판하기도 하였다.

개항기에는 군국기무처의 주도로 과거를 폐지하고 별도의 ㉤<u>선거조례</u>를 제정하여 과거 시험에서 평가하였던 유교 경전에 대한 지식이나 문장력보다는 실무에 적합한 재능과 능력을 갖춘 인재를 관리로 등용하고자 하였다.

① ㉠ - 원성왕 재위 시기에 시행되었다.
② ㉡ - 쌍기의 건의를 수용하여 실시하였다.
③ ㉢ - 식년시, 알성시, 증광시 등으로 운영되었다.
④ ㉣ - 중종 때 조광조를 비롯한 사림들이 실시를 주장하였다.
⑤ ㉤ - 대한 제국 수립 이후 개혁의 일환으로 처음 단행되었다.

실력 점검 기출 모의고사
약점 보완 해설

정답 체크 & 약점 보완 학습표

· 문제 풀이 후 문번에 O, △, X로 구분하여 채점해주세요.
  O : 정확하게 맞음   △ : 맞았지만 헷갈림   X : 틀림
· △와 X 표시한 문제는 〈한 번 더 학습〉에 표시된 기출주제 페이지로 이동하여 한 번 더 학습을 진행합니다.

문번	정답	출제 포인트	한 번 더 학습
01	⑤	구석기 시대	☐ 기출주제 01(14쪽)
02	③	부여	☐ 기출주제 02(24쪽)
03	②	고구려	☐ 기출주제 09(73쪽)
04	②	백제 성왕	☐ 기출주제 03(39쪽)
05	④	연개소문의 정변과 고구려 부흥 운동 전개 사이의 사실	☐ 기출주제 05(52쪽)
06	②	신문왕	☐ 기출주제 06(56쪽)
07	⑤	발해	☐ 기출주제 06, 08 (59, 69쪽)
08	④	혜공왕 피살 이후(신라 하대)의 사실	☐ 기출주제 07(64쪽)
09	⑤	경주 불국사 삼층 석탑(석가탑)	☐ 기출주제 09(76쪽)
10	④	궁예	☐ 기출주제 07(65쪽)
11	⑤	태조 왕건	☐ 기출주제 10(92쪽)
12	③	고려의 경제 상황	☐ 기출주제 15(113쪽)
13	③	거란에 대한 고려의 대응	☐ 기출주제 13(104쪽)
14	④	무신 집권기의 주요 사건	☐ 기출주제 12, 13 (101, 105쪽)
15	①	고려의 문화유산	☐ 기출주제 16 (118, 119쪽)
16	④	삼별초	☐ 기출주제 13(105쪽)
17	④	공민왕	☐ 기출주제 14(109쪽)
18	③	성종	☐ 기출주제 17(133쪽)
19	④	을사사화	☐ 기출주제 17(134쪽)
20	④	우리나라의 성곽	☐ 기출주제 20 (148, 150쪽)
21	①	승정원	☐ 기출주제 18(140쪽)
22	①	병자호란	☐ 기출주제 20(150쪽)
23	④	정조	☐ 기출주제 21(159쪽)
24	⑤	세도 정치 시기의 모습	☐ 기출주제 22(164쪽)
25	②	조선 후기의 경제 상황	☐ 기출주제 24(173쪽)
26	③	김정희	☐ 기출주제 27(185쪽)
27	④	조·미 수호 통상 조약	☐ 기출주제 29(205쪽)
28	④	제너럴셔먼호 사건 이후의 사실	☐ 기출주제 29(203쪽)
29	①	정미의병	☐ 기출주제 34(232쪽)
30	①	경부선 개통 이후의 모습	☐ 기출주제 36(242쪽)
31	④	고부 민란과 전주성 점령 사이의 사실	☐ 기출주제 32 (218, 219쪽)
32	⑤	갑신정변	☐ 기출주제 31(215쪽)
33	④	신민회	☐ 기출주제 34(233쪽)
34	⑤	광무개혁	☐ 기출주제 33(227쪽)
35	③	무단 통치 시기	☐ 기출주제 37(254쪽)
36	②	물산 장려 운동	☐ 기출주제 41(282쪽)
37	③	일본 지역의 민족 운동	☐ 기출주제 38(267쪽)
38	⑤	대한민국 임시 정부	☐ 기출주제 39(271쪽)
39	④	민족 말살 통치 시기	☐ 기출주제 37 (258, 259쪽)
40	④	광주 학생 항일 운동	☐ 기출주제 40(277쪽)
41	⑤	한국 독립군	☐ 기출주제 42(286쪽)
42	⑤	일제 강점기의 모습	☐ 기출주제 41, 43 (283, 292, 293쪽)
43	⑤	제주 4·3 사건	☐ 기출주제 44(307쪽)
44	⑤	6·25 전쟁	☐ 기출주제 45(311쪽)
45	②	4·19 혁명	☐ 기출주제 45(313쪽)
46	⑤	유신 헌법 시행 시기의 사실	☐ 기출주제 46(318쪽)
47	①	전두환 정부	☐ 기출주제 46(320쪽)
48	④	개성	☐ 기출주제 48(336쪽)
49	③	김대중 정부의 통일 정책	☐ 기출주제 47(327쪽)
50	⑤	시대별 관리 선발 방식	☐ 기출주제 06, 11, 18, 32(57, 97, 141, 220쪽)

01 [선사 시대] 구석기 시대   정답 ⑤

👆 **정답 치트키**   경기도 연천군 전곡리 + 주먹도끼 → **구석기 시대**

⑤ 구석기 시대에는 주로 동굴이나 강가의 막집에서 살면서 주먹도끼, 찍개 등을 사용하여 사냥과 채집을 하였다.

✅ **오답 클리어**

① **철기 시대**: 소를 이용하여 밭을 가는 깊이갈이(우경)는 철기 시대에 시작된 것으로 추측된다.
② **신석기 시대**: 빗살무늬 토기를 만들어 식량을 저장하고 조리하는 데 사용하였다.
③ **청동기 시대**: 계급이 발생하면서 지배자인 군장이 등장하였고, 많은 인력을 동원하여 지배층의 무덤으로 고인돌을 만들었다.
④ **철기 시대**: 청동 제품을 제작하는 일종의 틀인 거푸집을 이용하여 세형동검을 제작하였다.

02 [선사 시대] 부여   정답 ③

👆 **정답 치트키**   제천 행사 + 영고 → **부여**

③ 부여에서는 왕 아래에 마가·우가·저가·구가의 여러 가(加)들이 별도로 행정 구역인 사출도를 주관하였다.

✅ **오답 클리어**

① **삼한**: 제사장인 천군과 천군이 다스리는 신성 지역인 소도가 존재하였다.
② **옥저**: 혼인 풍습으로 여자가 어렸을 때 남자 집에 가서 살다가 성장한 후에 남자가 여자 집에 예물을 치르고 혼인하는 민며느리제가 있었다.
④ **동예**: 특산물로 단궁(활), 과하마(작은 말), 반어피(바다표범 가죽)가 유명하였다.
⑤ **고구려**: 왕 아래 상가, 대로, 패자 등의 관직이 있었으며, 이들은 각기 사자, 조의, 선인 등의 관리를 거느렸다.

03 [고대] 고구려   정답 ②

👆 **정답 치트키**   장군총 → **고구려**

② 고구려는 지방에 교육 기관인 경당을 설치하여 청년에게 글과 활쏘기를 가르쳤다.

✅ **오답 클리어**

① **고려**: 무신 집권기를 거치면서 전시과 체제가 붕괴되어 관리들에게 토지와 녹봉을 지급할 수 없게 되자, 관리들의 생계 유지를 위해 녹과전을 지급하였다.
③ **고려**: 부처의 힘을 빌려 몽골의 침입을 극복하고자 대장도감에서 팔만대장경을 만들었다.
④ **백제**: 무령왕 때 지방에 행정 구역인 22담로를 두고 왕족을 파견하여 지방에 대한 통제를 강화하였다.
⑤ **신라**: 선덕 여왕 때 승려 자장이 황룡사 구층 목탑의 축조를 건의하였다.

04 [고대] 백제 성왕   정답 ②

👆 **정답 치트키**   중앙 관청을 22부로 정비함 + 관산성 전투에서 전사함 → **백제 성왕**

② 백제 성왕은 수도를 웅진(공주)에서 대외 진출이 용이한 사비(부여)로 옮겼다.

✅ **오답 클리어**

① **무왕**: 금마저(익산)에 미륵사를 창건하고 천도를 시도하였다.
③ **의자왕**: 장군 윤충을 보내 신라의 대야성을 공격하여 함락하였다.
④ **근초고왕**: 박사 고흥으로 하여금 역사서인 『서기』를 편찬하게 하였다.
⑤ **개로왕**: 고구려 장수왕이 남진 정책을 추진하자, 이를 견제하기 위해 북위에 사신을 보내 고구려 공격을 요청하였다.

05 [고대] 연개소문의 정변과 고구려 부흥 운동 전개 사이의 사실   정답 ④

👆 **정답 치트키**   (가) 연개소문 + 스스로 막리지가 됨 → **연개소문의 정변(642)**
(나) 검모잠 + 안승 → **고구려 부흥 운동(670)**

④ 연개소문의 정변(642) 이후 신라 진덕 여왕 때 김춘추가 당으로 건너가 당 태종과 나·당 동맹을 체결하였다(648).

✅ **오답 클리어**

① **(가) 이전**: 612년에 수의 양제가 대군을 이끌고 고구려에 침입하자, 고구려 을지문덕이 살수에서 수의 군대를 크게 격파하였다.
② **(나) 이후**: 신라 문무왕 때인 676년에 사찬 시득이 이끄는 신라군이 기벌포에서 설인귀가 이끄는 당군에 승리하였다.
③ **(가) 이전**: 246년에 유주자사 관구검이 이끄는 군대의 공격으로 고구려의 환도성이 함락되었다.
⑤ **(나) 이후**: 발해 무왕 때인 732년에 장문휴가 당의 등주를 공격하였다.

06 [고대] 신문왕   정답 ②

👆 **정답 치트키**   감은사를 완공 + 만파식적 → **신문왕**

② 신문왕은 관료들에게 봉급의 개념으로 관료전을 지급하고, 귀족들의 경제적 기반이었던 녹읍을 폐지하였다.

✅ **오답 클리어**

① **진성 여왕**: 대구화상(승려), 위홍(관료)이 향가(우리나라 고유 형식의 시) 모음집인 『삼대목』을 편찬하였다.
③ **진평왕**: 중앙 관서로서 인사를 담당하는 위화부를 창설하였다.
④ **법흥왕**: 건원이라는 독자적인 연호를 사용하여 자주성을 드러내었다.
⑤ **지증왕**: 시장을 감독하는 관청인 동시전을 설치하였다.

07 [고대] 발해 　　　　　　　　　　　　　정답 ⑤

👆 **정답 치트키**　거란도 + 영주도 + 일본도 → **발해**

⑤ 발해는 서적 관리, 주요 문서 작성 등을 위한 기구로 문적원을 두었다.

✅ **오답 클리어**
① 백제: 근초고왕 때 왜에 철제 칼인 칠지도를 만들어 보낸 것으로 추정된다.
② 통일 신라: 신문왕 때 중앙군과 지방군으로 각각 9서당과 10정의 군사 조직을 운영하였다.
③ 백제: 귀족들이 정사암이라는 바위에 모여 재상을 선출하고 국가의 중대사를 논의하였다.
④ 고구려: 지방의 여러 성에 파견된 장관으로 욕살, 처려근지 등이 있었다.

08 [고대] 혜공왕 피살 이후(신라 하대)의 사실 　　정답 ④

👆 **정답 치트키**　김지정이 반역 + 왕과 왕비는 반란군에게 살해됨 + 혜공왕 → **혜공왕 피살 이후(신라 하대)의 사실**

④ 신라 하대에 청해진을 근거지로 해상 무역을 전개하며 세력을 키운 장보고가 왕위 쟁탈전에 가담하였다.

✅ **오답 클리어**
① 신라 중대: 신문왕 때 왕의 장인인 김흠돌이 반란을 일으켰으나, 이를 진압하고 진골 귀족 세력을 숙청하였다.
② 신라 상대: 지증왕 때 장군 이사부를 보내 우산국(울릉도)을 복속하였다.
③ 신라 중대: 경덕왕 때 김대성의 발원으로 불국사가 조성되었다.
⑤ 신라 상대: 진흥왕 때 거칠부가 왕명을 받아 역사서인 『국사』를 편찬하였다.

09 [고대] 경주 불국사 삼층 석탑(석가탑) 　　정답 ⑤

👆 **정답 치트키**　무영탑 + 불국사 + 『무구정광대다라니경』 → **경주 불국사 삼층 석탑(석가탑)**

⑤ 경주 불국사 삼층 석탑은 통일 신라의 석탑으로, 목판 인쇄물인 『무구정광대다라니경』이 발견되었다.

✅ **오답 클리어**
① 구례 화엄사 사사자 삼층 석탑: 통일 신라의 석탑으로, 기단에 암수 두 쌍의 사자를 기둥 삼아 세워 놓은 것이 특징이다.
② 부여 정림사지 오층 석탑: 백제의 대표적인 석탑으로, 당나라 장수 소정방이 백제를 평정한 자신의 공적을 새겨 놓아 평제탑으로 불리기도 하였다.
③ 경주 분황사 모전 석탑: 돌을 벽돌 모양으로 다듬어 쌓은 신라의 석탑으로, 현재 남아 있는 신라 탑 중 가장 오래되었다.
④ 영광탑: 발해의 전탑(벽돌 탑)으로, 중국(당)의 영향을 받아 만들어졌다.

10 [고대] 궁예 　　　　　　　　　　　　　정답 ④

👆 **정답 치트키**　송악을 근거지로 삼아 나라(후고구려)를 세움 + 국호를 마진으로 정함 → **궁예**

④ 궁예는 국정 총괄 기관인 광평성을 비롯한 각종 정치 기구를 마련하였다.

✅ **오답 클리어**
① 견훤: 중국의 후당, 오월에 사신을 파견하여 적극적으로 교류하였다.
② 경순왕(김부): 고려에 항복한 이후 태조 왕건에 의해 경주의 사심관으로 임명되었다.
③ 충목왕: 원 간섭기의 사회 모순과 폐정 개혁을 목표로 일종의 개혁 기관인 정치도감을 설치하였다.
⑤ 문무왕: 통치 체제 정비를 위해 지방관을 감찰하고자 외사정을 파견하였다.

11 [고려 시대] 태조 왕건 　　　　　　　　정답 ⑤

👆 **정답 치트키**　고창 전투 → **태조 왕건**

⑤ 태조 왕건은 『정계』와 『계백료서』를 지어 관리가 지켜야 할 규범을 제시하였다.

✅ **오답 클리어**
① 문종: 처음으로 한양을 남경으로 승격시켰다.
② 숙종: 주전도감을 설치하여 해동통보와 은병(활구) 등 화폐를 발행하였다.
③ 광종: 스스로를 황제로 칭하고 광덕, 준풍 등의 독자적인 연호를 사용하였다.
④ 예종: 도서관 겸 학문 연구소인 청연각과 보문각을 두어 학문 연구를 장려하였다.

12 [고려 시대] 고려의 경제 상황 　　　　정답 ③

👆 **정답 치트키**　송 + 예성항을 통해 개경으로 들어옴 → **고려**

③ 고려에서는 개경, 서경 등 대도시에 서적점, 다점 등의 관영 상점을 운영하였다.

✅ **오답 클리어**
① 발해: 목축이 발달하여 특산품으로 솔빈부의 말이 유명하였다.
② 조선: 조선 후기에 개성을 중심으로 활동한 상인인 송상이 전국 각지에 송방이라는 지점을 설치하였다.
④ 고구려: 집집마다 약탈해 온 곡식 등을 보관하는 부경이라고 불리는 창고가 있었다.
⑤ 조선: 조선 후기에 광산 경영 전문가인 덕대가 나타나 물주로부터 자금을 조달받아 광산을 운영하였다.

13 [고려 시대] 거란에 대한 고려의 대응   정답 ③

👆 **정답 치트키** 고려 현종 + 나주로 피난함 + 초조대장경의 조성이 시작됨 → 거란에 대한 고려의 대응

③ 고려는 현종 때 거란의 침입에 대비하여 나성을 축조해 수도 개경을 방어하였다.

✅ **오답 클리어**
① 일본: 고려 창왕 때 박위를 보내 일본의 근거지였던 대마도(쓰시마 섬)를 토벌하였다.
② 러시아: 조선 효종 때 청의 요청으로 조총 부대를 나선(러시아) 정벌에 파견하였다.
④ 여진: 조선 세종 때 최윤덕이 압록강 상류 지역을 개척하여 4군을 설치하였다.
⑤ 일본: 고려 우왕 때 최무선의 건의로 화통도감을 설치하고 화포를 제작하였으며, 이를 이용해 진포 대첩에서 일본을 물리쳤다.

14 [고려 시대] 무신 집권기의 주요 사건   정답 ④

👆 **정답 치트키**
(가) 개경으로 환도하게 함 → 개경 환도(1270)
(나) 조위총이 군사를 일으킴 → 조위총의 난(1174)
(다) 최우 + 정방을 그의 집에 둠 → 정방 설치(1225)

④ 순서대로 나열하면 (나) 조위총의 난(1174) - (다) 정방 설치(1225) - (가) 개경 환도(1270)이다.
(나) 무신 정변을 일으킨 정중부·이의방 등을 타도하기 서경 유수 조위총이 서경에서 난을 일으켰다(조위총의 난, 1174). 반란은 한때 북쪽 지방을 모두 점령하는 등 크게 확산되었으나, 1176년 정부군에 의해 진압되었다.
(다) 최충헌의 뒤를 이어 집권한 최우는 자신의 집에 인사 행정 담당 기구인 정방을 설치(1225)하여 권력을 강화하고 인사권을 장악하였다. 한편 최우 집권기에 고려는 몽골의 침입을 받게 되었고, 몽골과의 장기 항쟁을 위해 최우는 강화도로 천도(1232)하였다.
(가) 강화도로 도읍을 옮겨 대몽 항쟁을 전개하던 고려 정부는 몽골과 강화를 맺은 뒤 대몽 항쟁을 주장하던 무신 정권이 붕괴되자 옛 수도였던 개경으로 환도하였다(1270).

15 [고려 시대] 고려의 문화유산   정답 ①

👆 **정답 치트키** 청자 상감 운학문 매병 + 영주 부석사 소조 여래 좌상 → 고려

① 도기 기마인물형 명기는 신라의 문화유산으로, 말을 타고 있는 사람의 모습을 표현한 토우이다.

✅ **오답 클리어**
② 청자 투각칠보문 뚜껑 향로는 고려의 문화유산으로, 투각·상감 등 각종 기법을 통해 제작되었다.
③ 청동 은입사 포류수금문 정병은 고려의 문화유산으로, 청동에 은입사 기법으로 물가의 버드나무와 물새 등을 표현하였다.
④ 나전 국화 넝쿨무늬 합은 고려의 문화유산으로, 고려 나전 칠기의 격조 높은 아름다움이 고스란히 반영되었다.
⑤ 평창 월정사 팔각 구층 석탑은 고려의 문화유산으로, 송의 영향을 받은 다각 다층탑이다.

16 [고려 시대] 삼별초   정답 ④

👆 **정답 치트키** 우별초 + 최씨 무신 정권 → 삼별초

④ 삼별초는 고려 정부의 개경 환도 결정에 반발하여 진도에서 용장성을 쌓고 몽골에 대항하였다.

✅ **오답 클리어**
① 어영청: 조선 후기의 5군영 중 하나로, 인조 때 후금의 침입에 대비하고자 창설되었다.
② 삼별초는 일본 원정이 시작(1274)되기 전인 1273년에 고려·몽골 연합군에 의해 진압되었다.
③ 별무반: 고려 숙종 때 창설된 군대로, 신기군, 신보군, 항마군으로 편성되었다.
⑤ 2군: 고려의 중앙군으로, 응양군과 용호군으로 구성된 국왕의 친위 부대였다.

17 [고려 시대] 공민왕   정답 ④

👆 **정답 치트키** 쌍성총관부를 공격하여 격파함 → 공민왕

④ 공민왕 재위 시기에 권문세족을 견제하기 위해 전민변정도감을 운영하여 권문세족이 불법적으로 차지한 토지나 노비를 되찾아 바로잡도록 하였다.

✅ **오답 클리어**
① 조선 태종: 사섬서를 설치하여 저화(지폐)를 발행하였다.
② 조선 광해군: 허준이 전통 한의학을 집대성한 『동의보감』을 완성하였다.
③ 발해는 유학 교육 기관으로 주자감을 설치하여 인재를 양성하였다.
⑤ 신라 하대에는 골품제로 승진이 제한된 6두품 출신들은 당으로 유학을 가, 외국인이 응시할 수 있는 시험인 빈공과를 준비하였다.

18 [조선 전기] 성종   정답 ③

👆 **정답 치트키** 『경국대전』 + 세조 때 편찬이 시작되어 완성하여 반포함 → 성종

③ 성종 때 직제가 개편된 홍문관에서 유학의 경서와 사서를 강론하는 경연을 주관하였다.

✅ **오답 클리어**
① 태종: 문하부를 폐지하고 언론 기능을 담당하는 독립된 간쟁 기관으로 사간원이 설치되었다.
② 세조: 함길도 토착 세력인 이시애가 길주에서 난을 일으켰으나 진압되었다.

④ 세종: 젊은 집현전 관리를 대상으로 휴가를 주어 독서에 전념할 수 있도록 하는 사가 독서제가 시행되었다.
⑤ 영조: 붕당의 폐해를 경계하기 위해 성균관 입구 앞에 탕평비가 건립되었다.

19 [조선 전기] 을사사화 정답 ④

정답 치트키 윤원형, 윤임 등의 외척 간의 권력 다툼 → 을사사화(1545)

④ 기묘사화(1519) 이후 중종의 아들인 명종이 이복 형인 인종의 뒤를 이어 즉위하자, 명종의 외척인 윤원형 등의 소윤은 인종의 외척인 윤임 등의 대윤을 숙청하였고, 이 과정에서 연관된 사림들까지 제거되었다(을사사화, 1545).

20 [시대 통합] 우리나라의 성곽 정답 ④

정답 치트키 우리나라의 성곽

④ 남한산성은 병자호란 때 강화도로 가지 못한 인조가 피란하여 항전한 곳이다.

오답 클리어
① 용골산성: 정묘호란 때 정봉수가 후금의 침입에 맞서 싸웠던 곳이다.
② 광교산: 병자호란 때 김준룡이 남한산성으로 진군하던 중 근왕병을 이끌고 적장을 사살한 곳이다.
③ 탄금대: 임진왜란 때 신립이 배수의 진을 치고 왜와 전투를 벌였던 곳이다.
⑤ 행주 산성: 임진왜란 때 권율이 왜군을 격퇴한 행주 대첩이 일어난 곳이다.

21 [조선 전기] 승정원 정답 ①

정답 치트키 은대 + 승지 → 승정원

① 승정원은 왕명의 출납을 관장한 왕의 비서 기구였다.

오답 클리어
② 홍문관: 조선 시대에 국왕의 자문을 담당한 기구로, 사헌부·사간원과 함께 3사로 불리며 언론 기능을 수행하였다.
③ 관상감: 조선 시대에 천문, 지리, 기후, 역수(책력) 등의 사무를 담당한 기구이다.
④ 춘추관: 조선 시대에 『실록』을 보관하고 관리하는 업무를 맡았던 기구이다.
⑤ 의금부: 조선 시대 국왕 직속의 사법 기구로, 반역죄와 강상죄 등 국가의 대역 죄인을 처결하였다.

22 [조선 후기] 병자호란 정답 ①

정답 치트키 국왕이 삼전도에서 항복 → 병자호란

① 병자호란 이후 효종 때 청에 당한 치욕을 갚기 위해 이완 등을 중심으로 북벌이 추진되었다.

오답 클리어
② 조선 세종 때 김종서가 여진족을 몰아내고 두만강 일대에 6진을 개척하여 영토를 확장하였다.
③ 조선 세종 때 이종무가 왜구의 근거지인 쓰시마 섬(대마도)을 정벌하였다.
④ 후금의 공격을 받은 명이 조선에 원군을 요청하자, 당시 중립 외교를 펼치던 광해군의 명으로 강홍립이 이끄는 부대가 파견되어 사르후 전투에 참전하였다.
⑤ 3포 왜란: 국방 문제를 논의하기 위해 임시 회의 기구로 비변사가 처음으로 설치되었다.

23 [조선 후기] 정조 정답 ④

정답 치트키 『무예도보통지』 + 장용영 → 정조

④ 정조는 규장각에 검서관을 두어 박제가, 이덕무 등 서얼 출신 학자들을 기용하였다.

오답 클리어
① 숙종: 청과 국경 분쟁이 발생하자, 양국 대표가 백두산 일대를 답사한 뒤 백두산 정계비를 세워 국경을 확정하였다.
② 고종 때 흥선 대원군은 비변사를 폐지하고 삼군부를 부활시켜 군사 업무를 담당하게 하였다.
③ 영조: 『경국대전』 이후의 법령을 모아 정리한 법전인 『속대전』을 편찬하여 통치 체제를 정비하였다.
⑤ 세종: 한양을 기준으로 천체 운동을 계산한 역법서인 『칠정산』 「내편」을 제작하였다.

24 [조선 후기] 세도 정치 시기의 모습 정답 ⑤

정답 치트키 진주 + 경남 우병사 백낙신의 탐학 + 유계춘 → 임술 농민 봉기 → 세도 정치 시기

⑤ 세도 정치 시기에 안동 김씨, 풍양 조씨 등의 특정 가문이 권력을 독점하는 정치 형태인 세도 정치로 매관매직이 성행하였다.

오답 클리어
① 고려 태조 왕건 때 빈민 구제를 위해 흑창을 처음으로 설치하여 춘궁기에 백성에게 곡식을 빌려주었다가 추수기에 갚도록 하였다.
② 신라 하대: 진성 여왕 때 원종과 애노가 가혹한 수탈에 반발하여 사벌주(상주)에서 봉기하였다.
③ 공민왕 때 홍건적의 2차 침입으로 수도 개경이 함락되면서 왕이 복주(안동)로 피난을 가게 되었다.
④ 원 간섭기: 지배층을 중심으로 몽골 풍습인 변발과 호복이 유행하였다.

25 [조선 후기] 조선 후기의 경제 상황   정답 ②

> 정답 치트키   칠패, 종루 시전, 이현 + 시장이 도성 밖으로 확대됨
> → 조선 후기

② 조선 후기에는 동래의 내상 등이 초량 왜관을 통해 일본과 교역하였다.

오답 클리어
① 통일 신라: 성덕왕 때 백성에게 정전이 지급되었다.
③ 고려 시대: 숙종 때 주전도감에서 우리나라의 지형을 본떠 만든 고액 화폐인 활구(은병)가 주조되었다.
④ 통일 신라 때에는 한강 유역의 당항성과 영암의 상대포 등이 국제 무역항으로 번성하였다.
⑤ 고려 시대~조선 전기: 수도의 시전을 감독하기 위한 관청인 경시서가 있었으며, 경시서의 관리들이 상행위를 감독하였다.

26 [조선 후기] 김정희   정답 ③

> 정답 치트키   세한도 + 제주도에서 유배 생활 → 김정희

③ 김정희는 『금석과안록』에서 북한산비가 진흥왕 순수비임을 최초로 고증하였다.

오답 클리어
① 유득공: 본인이 저술한 역사서인 『발해고』에서 남북국이라는 용어를 처음으로 사용하였다.
② 정약용: 서양 선교사가 펴낸 『기기도설』을 참고하여 거중기를 설계하였다.
④ 정제두: 양명학을 체계적으로 연구하여 강화도를 중심으로 강화 학파를 형성하였다.
⑤ 안견: 안평 대군의 꿈을 소재로 현실 세계와 이상 세계를 표현한 몽유도원도를 그렸다.

27 [근대] 조·미 수호 통상 조약   정답 ④

> 정답 치트키   인천 해관 + 관세 부과 업무를 공식적으로 시작하였음 → 조·미 수호 통상 조약

④ 조·미 수호 통상 조약은 조선과 미국 사이에 체결된 조약으로, 모든 수출입상품에 대하여 관세를 부과해야 한다는 내용이 포함되어 있다.

오답 클리어
① 한·일 의정서는 러·일 전쟁 도중 일제가 강제로 체결한 조약으로, 조·미 수호 통상 조약과는 관련이 없다.
② 미쓰야 협정은 일제가 만주의 독립군 활동을 위축시키고자 만주의 군벌과 체결한 조약으로, 조·미 수호 통상 조약과는 관련이 없다.
③ 운요호 사건: 일본 군함 운요호가 강화도 초지진과 영종도를 공격한 사건으로, 일본은 조선군이 경고 사격을 한 것을 구실로 조선과 강화도 조약을 체결하였다.
⑤ 을사늑약: 일본이 대한 제국의 외교권을 박탈하기 위해 강제로 체결한 조약으로, 고종은 을사늑약의 부당성을 알리고자 네덜란드 헤이그에서 열린 만국 평화 회의에 특사를 파견하였다.

28 [근대] 제너럴셔먼호 사건 이후의 사실   정답 ④

> 정답 치트키   평양의 대동강 + 좌초한 미국 상선 + 배가 불살라짐
> → 제너럴셔먼호 사건(1866)

④ 제너럴셔먼호 사건(1866) 이후인 1871년 신미양요 때 어재연이 광성보 전투에서 미군에 항전하였으나 전사하였다.

오답 클리어
모두 제너럴셔먼호 사건(1866) 이전의 사실이다.
① 조선 순조 때인 1811년에 홍경래 등이 평안도 지역에 대한 부당한 차별 대우와 세도 정권의 수탈에 반발하여 난을 일으켰다.
② 조선 철종 때인 1862년에 경상 우병사 백낙신의 수탈에 반발하여 임술 농민 봉기가 일어났다.
③ 조선 순조 때인 1801년에 신유박해가 일어나자 천주교 신자 황사영이 북경 주재 주교에게 외국 군대의 출병을 요청하는 백서를 작성하다가 발각된 황사영 백서 사건이 일어났다.
⑤ 조선 효종 때 러시아의 남하를 계기로 청이 원병을 요청하자, 1654년과 1658년 두 차례에 걸쳐 조총 부대를 파견해 나선(러시아) 정벌에 참여하였다.

29 [근대] 정미의병   정답 ①

> 정답 치트키   고종의 강제 퇴위와 군대의 강제 해산 → 정미의병

① 정미의병 때 이인영을 중심으로 의병 연합 부대인 13도 창의군이 결성되었다.

오답 클리어
② 1930년대 초반에는 중국 만주에서 한·중 연합 전선이 형성되었다. 당시 일제가 만주 사변을 일으키고 만주국을 수립하자 중국 내에서 반일 감정이 고조되었다. 이에 만주 지역의 독립군과 중국 항일군 사이에 연합 전선이 형성되었다.
③ 을사의병: 최익현은 1905년에 일본이 강제로 을사늑약을 체결하여 대한 제국의 외교권을 박탈하자, 이듬해인 1906년에는 을사의병에 가담하여 태인에서 임병찬 등과 함께 궐기하였다.
④ 임진왜란: 고경명은 임진왜란이 일어나자 담양에서 의병을 모아 봉기하였으며, 금산에서 활약하였다.
⑤ 1920년에 홍범도를 중심으로 한 대한 독립군 등이 봉오동 전투(1920. 6.)에서 일본군을 격퇴하였다.

30 [근대] 경부선 개통 시기의 모습   정답 ①

> 정답 치트키   올해 1월 경부선이 개통됨 → 경부선 개통(1905)

① 대한매일신보는 1904년 양기탁과 영국인 기자 베델이 함께 창간한 신문으로, 국권 피탈(1910) 이후 총독부 기관지로 바뀌기 전까지 적극적인 항일 논조를 드러냈다.

오답 클리어
② 1924년에 일제는 한국인의 고등 교육 열기를 무마하기 위해 경성 제국 대학을 설립하였다.

③ 1908년에 이인직 등에 의해 우리나라 최초의 서양식 극장인 원각사가 설립되었으며, 은세계, 치악산 등의 신극이 공연되었다.
④ 1881년에 근대 기술을 도입하기 위해 청에 영선사가 파견되어, 서양의 근대식 무기 제작 기술을 배우고 돌아왔다.
⑤ 1923년에 방정환, 김기전 등이 주도한 천도교 소년회는 어린이날을 제정하고 어린이날 기념 행사를 개최하였으며, 잡지 『어린이』를 발간하는 등 소년 운동을 전개하였다.

② 독립 협회: 근대적 민중 집회인 만민 공동회를 열어 러시아의 절영도 조차 요구에 반대하였다.
③ 대한민국 임시 정부: 제1차 세계 대전이 종결된 이후 열린 파리 강화 회의에 독립 청원서를 제출하였다.
⑤ 대한 제국의 학부: 국문 연구소를 세워 한글의 문자 체계를 정리하였다.

31 [근대] 고부 민란과 전주성 점령 사이의 사실 정답 ④

 정답 치트키 (가) 군수 조병갑을 죽인다며 소요를 일으킴
→ 고부 민란(1894. 1.)
(나) 전주성이 삽시간에 함락
→ 전주성 점령(1894. 4.)

④ 1894년 4월에 동학 농민군이 황룡촌 전투에서 관군에 승리하였다.

◎ 오답 클리어
① (나) 이후: 1894년 10월에 전봉준의 남접과 손병희의 북접이 논산에서 연합하였다.
② (가) 이전: 1864년에 최제우가 혹세무민의 죄로 처형되었다.
③ (나) 이후: 1894년 6월에 일본이 철수하지 않고 군대를 동원하여 경복궁을 기습 점령하였다.
⑤ (나) 이후: 1894년 11월에 공주 우금치에서 동학 농민군이 신식 무기로 무장한 관군과 일본군에게 패배하였다.

32 [근대] 갑신정변 정답 ⑤

정답 치트키 김옥균 + 일본 공사 → 갑신정변

⑤ 갑신정변의 결과 청과 일본 사이에 양국 군대가 동시에 철수하고, 파병할 때 서로에게 통보한다는 내용을 담은 톈진 조약이 체결되었다.

◎ 오답 클리어
① 동학 농민 운동: 전주 화약 체결 이후, 정부의 개혁 추진 기구로 교정청이 설치되었다.
② 제2차 갑오개혁: 전개 과정에서 고종이 개혁의 기본 방향을 제시한 홍범 14조가 반포되었다.
③ 초기 개화 정책의 일환으로 개화 정책을 총괄하는 기구인 통리기무아문이 신설되었다.
④ 초기 개화 정책: 1876년에 김기수가 제1차 수신사로 파견되어 일본의 신식 기관과 근대 시설을 시찰하였다.

33 [근대] 신민회 정답 ④

정답 치트키 태극 서관 + 대성 학교 → 신민회

④ 신민회는 안창호, 양기탁 등이 비밀 결사로 조직한 단체이다.

◎ 오답 클리어
① 조선 민립 대학 기성회: 일제 강점기에 민립 대학 설립 운동을 전개하였다.

34 [근대] 광무개혁 정답 ⑤

정답 치트키 고종이 황제로 즉위 + 구본신참 → 광무개혁

⑤ 광무개혁 때 지계아문을 설치하여 토지 소유자에게 근대적 토지 소유 증명서인 지계를 발급하였다.

◎ 오답 클리어
① 제2차 갑오개혁: 재판소를 설치하여 사법권을 독립시켰다.
② 제1차 갑오개혁: 공·사 노비법을 혁파하여 신분제를 폐지하였다.
③ 초기 개화 정책: 신식 군대인 별기군을 창설하여 근대적인 군사 훈련을 실시하였다.
④ 초기 개화 정책: 최초의 근대식 관립 학교인 육영 공원을 설립하여 상류층(양반) 자제에게 외국어와 근대 학문을 가르쳤다.

35 [일제 강점기] 무단 통치 시기 정답 ③

정답 치트키 토지 조사 사업이 실시됨 → 무단 통치 시기

③ 무단 통치 시기에 일제는 한국인에 한하여 재판 없이 태형을 가할 수 있는 조선 태형령을 시행하였다.

◎ 오답 클리어
① 민족 말살 통치 시기: 일제는 애국반을 조직하여 한국인의 생활을 감시하고 통제하였다.
② 국권 피탈 이전: 일제는 우리나라의 언론을 탄압·통제하기 위해 신문지법을 제정하였다(1907).
④ 문화 통치 시기: 일본은 조선의 쌀 생산량을 늘려 일본의 쌀 부족 현상을 해결하기 위해 산미 증식 계획을 실시하였다.
⑤ 민족 말살 통치 시기: 일제는 한국인을 일본에 충성하는 백성으로 만들기 위해 황국 신민 서사의 암송을 강요하였다.

36 [일제 강점기] 물산 장려 운동 정답 ②

정답 치트키 조선인 기업이 만든 상품의 사용을 장려
→ 물산 장려 운동

② 옳은 것을 모두 고르면 ㄱ, ㄷ이다.
ㄱ. 물산 장려 운동은 회사령 폐지와 관세 철폐 움직임 등이 배경이 되어 시작되었다.
ㄷ. 물산 장려 운동은 조만식 등의 주도로 평양에서 시작되어 전국적으로 확산되었다.

✓ 오답 클리어
ㄴ. **상권 수호 운동**: 1898년 시전 상인들이 황국 중앙 총상회를 조직하고 외국 상인들의 상업 활동 중단을 요구하였다.
ㄹ. 개항 이후 외국 상인들의 개항장 침투가 가속화됨에 따라 조선인 상인들은 대동 상회, 장통 상회 등 근대적 상회사를 설립하여 외국 상인의 상권 침탈에 맞섰다.

37 [일제 강점기] 일본 지역의 민족 운동   정답 ③

> 👆 **정답 치트키**   1923년 + 지진 당시 희생된 조선인 → 관동 대학살
> → **일본**

③ 일본 도쿄에서 유학생을 중심으로 조직된 조선 청년 독립단이 2·8 독립 선언서를 발표하였다.

✓ 오답 클리어
① **서간도**: 한인 자치 기구인 경학사를 설립하였다.
② **북간도**: 민족 교육을 위해 서전서숙을 건립하였다.
④ **하와이**: 박용만의 주도로 대조선 국민 군단을 결성하여 군사 훈련을 실시하였다.
⑤ **연해주**: 대한 광복군 정부를 세워 무장 독립 투쟁을 준비하였다.

38 [일제 강점기] 대한민국 임시 정부   정답 ⑤

> 👆 **정답 치트키**   임시 의정원 + 삼권 분립에 기초한 (가)의 헌법
> → **대한민국 임시 정부**

⑤ 옳은 것을 모두 고르면 ㄷ, ㄹ이다.
ㄷ. 대한민국 임시 정부는 미국 워싱턴에 구미 위원부를 설치하여 외교를 통한 독립 활동을 전개하였다.
ㄹ. 대한민국 임시 정부는 만주의 무역 회사인 이륭양행 내에 교통국을 설치하여 국내와의 연락을 취하였다.

✓ 오답 클리어
ㄱ. **천도교**: 기관지로 만세보를 발행하여 민중 계몽에 힘썼다.
ㄴ. **신민회**: 주요 인사들이 서간도에 신흥 강습소를 설립하여 독립군을 양성하였으며, 신흥 강습소는 이후 신흥 무관 학교로 개편되었다.

39 [일제 강점기] 민족 말살 통치 시기   정답 ④

> 👆 **정답 치트키**   일제가 태평양 전쟁으로 물자 부족에 시달리던 시기
> → **민족 말살 통치 시기**

④ 문화 통치 시기에 신안군 암태도에서 고율의 소작료를 징수한 지주 문재철의 횡포에 맞서, 농민들이 소작 쟁의에 참여하였다(1923).

✓ 오답 클리어
① 민족 말살 통치 시기에 소학교의 명칭을 '황국 신민의 학교'라는 뜻의 국민학교로 고쳤다.
② 민족 말살 통치 시기에 징병제를 실시하였으며, 친일 지식인은 이를 찬양하였다.
③ 민족 말살 통치 시기에 전쟁에 필요한 인력 동원을 위해 국민 징용령을 실시하였다.
⑤ 민족 말살 통치 시기에 일제는 조선어 학회를 독립운동 단체로 간주하는 조선어 학회 사건을 일으켜 한글 학자들을 탄압하였다.

40 [일제 강점기] 광주 학생 항일 운동   정답 ④

> 👆 **정답 치트키**   광주 학생 + 감금된 학생을 탈환하자
> → **광주 학생 항일 운동**

④ 광주 학생 항일 운동은 신간회의 지원을 받으며 전국적으로 확산되었는데, 당시 신간회는 광주에 진상 조사단을 파견하고, 대대적인 민중 대회를 계획하였다.

✓ 오답 클리어
① **6·10 만세 운동**: 순종의 장례일을 맞아 가두 시위를 벌였으나, 일제에 의해 사전에 발각되어 전국적으로 확산되지 못하였다.
② **3·1 운동**: 운동 과정에서 조직적인 독립운동을 추진해야 할 필요성이 대두되어, 대한민국 임시 정부 수립에 영향을 주었다.
③ **6·10 만세 운동**: 천도교 계열의 민족주의 진영과 사회주의 진영이 함께 준비함으로써 국내에서 민족 유일당 운동이 시작되는 계기가 되었다.
⑤ **원산 총파업**: 원산에 위치한 석유 회사의 일본인 감독이 한국인 노동자를 폭행한 사건을 계기로 발생하였으며, 일본과 프랑스 등의 노동 단체로부터 격려 전문을 받았다.

41 [일제 강점기] 한국 독립군   정답 ⑤

> 👆 **정답 치트키**   대전자령 + 한·중 연합군 → **한국 독립군**

⑤ 한국 독립군은 북만주 지역에서 활동한 한국 독립당의 산하 부대였다.

✓ 오답 클리어
① **한국광복군**: 영국군의 요청으로 연합군의 일원이 되어 인도·미얀마 전선에 투입되었다.
② **대한 독립 군단**: 간도 참변 이후 일본군의 공세를 피해 밀산부에 집결하여 조직을 정비하고 자유시로 이동하였다.
③ **조선 의용대**: 중국 관내(關內)에서 결성된 최초의 한인 무장 부대로, 중국군과 연합하여 정보 수집과 후방 교란 등의 대일 항전을 전개하였다.
④ **북로 군정서**: 홍범도가 이끄는 대한 독립군 등과 연합하여 청산리에서 일본군을 크게 격파하였다.

42 [일제 강점기] 일제 강점기의 모습   정답 ⑤

> 👆 **정답 치트키**   식민지 조선인의 삶 → **일제 강점기 모습**

⑤ 박정희 정부 시기인 1970년대에 농촌 근대화를 표방한 새마을 운동이 추진되었다.

✓ 오답 클리어
① 일제 강점기에 여성의 사회 진출과 여권 신장을 다룬 잡지인 『신여성』이 발간되었다.
② 일제 강점기에 조선 형평사를 중심으로 백정에 대한 사회적 차별 철폐를 주장한 형평 운동이 전개되었다.

③ 일제 강점기에 심훈이 브나로드 운동을 소재로 한 장편 소설 『상록수』를 동아일보에 연재하였다.
④ 일제 강점기에 경성 방직 주식회사가 물산 장려 운동에 참여하였으며, 조선인이 직접 만든 상품인 광목 태극성을 광고하였다.

43 [현대] 제주 4·3 사건 정답 ⑤

정답 치트키 남한만의 단독 선거 반대 + 제주도민이 희생
→ 제주 4·3 사건

⑤ 제주 4·3 사건은 노무현 정부 때인 2003년에 정부 차원에서 진상 조사 보고서를 발간하고 유족들에게 공식 사과하였다.

오답 클리어
① 4·19 혁명: 이승만 대통령이 하야하고, 허정 과도 정부가 구성되는 결과를 가져왔다.
② 5·18 민주화 운동을 무력으로 진압한 신군부 세력이 국가 보위 비상 대책 위원회를 설치하였다.
③ 유신 체제 반대 운동: 유신 체제와 장기 독재에 반대하여 윤보선, 김대중 등 재야 인사들이 서울 명동 성당에서 3·1 민주 구국 선언을 발표하였다.
④ 6월 민주 항쟁: 시민과 학생들이 4·13 호헌 철폐와 독재 타도 등의 구호를 내세우며 시위를 전개하였다.

44 [현대] 6·25 전쟁 정답 ⑤

정답 치트키 부산 + 유엔군 → 6·25 전쟁(1950. 6.~1953. 7.)

⑤ 6·25 전쟁 중인 1952년에 이승만 정부는 임시 수도 부산에서 비상 계엄을 선포하고 발췌 개헌안(제1차 개헌안)을 통과시켰다.

오답 클리어
① 6·25 전쟁 이전인 1950년 1월에 미국의 극동 방위선에서 한반도와 대만을 제외한다는 내용의 애치슨 라인이 발표되었다.
② 6·25 전쟁 이후인 1965년에 일본이 독립 축하금이라는 명목으로 무상 3억 달러 등을 제공하고 한·일 양국 간의 국교를 정상화하는 한·일 기본 조약이 체결되었다.
③ 6·25 전쟁 이후인 1968년에 미국의 푸에블로호가 동해 원산 앞바다에서 북한으로 나포(납치)되었다.
④ 6·25 전쟁 이전인 1948년에 분단을 막기 위해 김구, 김규식 등이 평양으로 건너가 남북 협상에 참여하였다.

45 [현대] 4·19 혁명 정답 ②

정답 치트키 3·15 부정 선거에 항거하며 일이남 → 4·19 혁명

② 4·19 혁명은 이승만 정부의 3·15 부정 선거를 규탄한 민주화 운동으로, 이승만이 대통령직에서 하야하고 장면 내각이 출범하는 계기가 되었다.

오답 클리어
① 유신 체제 반대 운동: 윤보선, 김대중 등 재야 인사들이 3·1 민주 구국 선언을 통해 긴급 조치 철폐 등을 요구하며 박정희 정부의 독재에 저항하였다.

③ 5·18 민주화 운동: 일부 시민들이 자발적으로 시민군을 조직하고 전남 도청에서 계엄군에 맞서 싸웠다.
④ 유신 체제 반대 운동: 장준하 등을 중심으로 민주화를 위한 개헌 청원 100만인 서명 운동이 전개되었다.
⑤ 6월 민주 항쟁: 5년 단임의 대통령 직선제 개헌(제9차 개헌)이 이루어지는 계기가 되었다.

46 [현대] 유신 헌법 시행 시기의 사실 정답 ⑤

정답 치트키 긴급 조치 제9호가 선포
→ 유신 헌법 시행 시기(1972~1980)

⑤ 박정희 정부는 유신 헌법(1972)에 따라 통일 주체 국민 회의를 설치하였으며, 이곳에서 대통령을 선출하였다.

오답 클리어
① 이승만 정부: 6·25 전쟁 중에 국민 방위군이 설치되어, 만 17세에서 40세 미만의 남성이 소집되었다.
② 노무현 정부: 김대중 정부 때 합의된 개성 공단을 착공하였다.
③ 대한민국 정부 수립 이전에 1차의 미·소 공동 위원회가 결렬되어 남북 분단의 우려가 높아지자 미·소 공동 위원회의 재개를 요구하는 의견이 많아졌다.
④ 노태우 정부: 남북 기본 합의서를 채택하여 상호 체제 인정, 상호 불가침, 교류·협력 확대 등에 합의하였다.

47 [현대] 전두환 정부 정답 ①

정답 치트키 언론사에 하달한 보도 지침 → 전두환 정부

① 노태우 정부 시기에는 서울 올림픽이 개최되어 국민의 일체감을 증대시키고 국제적 지위를 향상시켰다.

오답 클리어
② 전두환 정부 때 국민의 정치적 관심을 다른 곳으로 돌리기 위해 유화 정책을 실시하여 야간 통행 금지가 해제되었다.
③ 전두환 정부 때 직선제 개헌 운동 요구 과정에서 서울대학교 학생인 박종철이 경찰의 고문으로 사망하는 사건이 발생하였다.
④ 전두환 정부 때 유화 정책을 실시하여 프로 야구가 6개 구단으로 창단되었다.
⑤ 전두환 정부 때 분단 이후 최초로 남북한 이산가족 상봉과 예술 공연단의 교환 방문이 이루어졌다.

48 [시대 통합] 개성 정답 ④

정답 치트키 송악 → 개성

④ 평양은 일제 강점기 때 여성 노동자 강주룡이 임금 삭감에 저항하여 을밀대 지붕에서 고공농성을 전개한 지역이다.

오답 클리어
① 개성은 고려 태조 왕건이 도읍으로 삼았던 지역이다.
② 개성에는 고려 후기에 원의 영향을 받은 개성 경천사지 십층 석탑이 축

조되었다.
③ 개성은 조선 후기에 사상 중 하나인 송상이 근거를 두고 활동한 지역으로, 이들은 전국 각지에 송방이라는 지점을 설치하고 청나라에 인삼을 판매하였다.
⑤ 개성은 광복 때 북위 38도선 분할로 남한에 속한 지역이었으나, 6·25 전쟁의 정전 협정으로 북한 지역이 되었다.

49 [현대] 김대중 정부의 통일 정책   정답 ③

정답 치트키   최초의 남북 정상 회담 성사 + 노벨 평화상 수상 + 2002 한·일 월드컵 → **김대중 정부**

③ 김대중 정부는 통일 문제의 자주적 해결 등에 합의한 6·15 남북 공동 선언을 채택하였다.

오답 클리어
① 노태우 정부: 북한과 적극적으로 대화를 시도하여 관계의 진전을 이루었고, 그 결과 남북한이 유엔에 동시 가입하였다.
② 박정희 정부: 자주·평화·민족 대단결의 원칙에 합의한 7·4 남북 공동 성명을 발표하였다.
④ 노태우 정부: 평화 통일의 기반을 다지기 위해 한반도 비핵화 공동 선언에 합의하였다.
⑤ 노태우 정부: 민족 자존과 통일 번영을 위해 외교 정책의 기본 방향을 담은 7·7 선언을 발표하였다.

50 [시대 통합] 시대별 관리 선발 방식   정답 ⑤

정답 치트키   역사 속 관리 선발 방식 → **시대별 관리 선발**

⑤ 대한 제국 수립 이후에 구본신참의 원칙에 따라 개혁이 단행되었으나 선거 조례와는 관련이 없다. 한편 제1차 갑오개혁 때 과거가 폐지된 이후 선거 조례가 제정되어, 신분의 구별이 없이 능력을 갖춘 인재를 관리로 등용하고자 하였다.

오답 클리어
① 통일 신라 원성왕 때 독서삼품과를 마련하여 유교 경전의 이해 수준을 평가하고, 이를 바탕으로 관리를 선발하였다.
② 고려 광종 때 후주 출신 쌍기의 건의로 과거가 도입되어 시험을 통해 인재를 등용하였으며, 제술과·명경과·잡과·승과 등이 시행되었다.
③ 조선 시대의 과거는 문과·무과·잡과로 구성되었는데, 그중 문과는 3년마다 정기적으로 시행되는 식년시와 국가 행사가 있을 때 시행되었던 알성시·증광시 등으로 운영되었다.
④ 중종 때 조광조를 비롯한 사림의 건의로 일종의 추천 제도인 현량과가 실시되었으며, 이를 통해 신진 사림이 조정에 진출하였다.

개정 9판 2쇄 발행 2026년 2월 2일
개정 9판 1쇄 발행 2025년 9월 15일

지은이	해커스 한국사연구소
펴낸곳	㈜챔프스터디
펴낸이	챔프스터디 출판팀
주소	서울특별시 서초구 강남대로61길 23 ㈜챔프스터디
고객센터	02-537-5000
교재 관련 문의	publishing@hackers.com
	해커스한국사 사이트(history.Hackers.com) 교재 Q&A 게시판
동영상강의	history.Hackers.com
ISBN	978-89-6965-661-2 (13910)
Serial Number	09-02-01

저작권자 ⓒ 2025, 챔프스터디

이 책의 모든 내용, 이미지, 디자인, 편집 형태에 대한 저작권은 저자에게 있습니다.
서면에 의한 저자와 출판사의 허락 없이 내용의 일부 혹은 전부를 인용, 발췌하거나 복제, 배포할 수 없습니다.

한국사능력검정시험 1위,
해커스한국사
history.Hackers.com

해커스한국사

· 한국사능력검정시험 전문 스타강사의 **본 교재 인강**(교재 내 할인쿠폰 수록)
· 시대별 핵심 키워드 내용을 점검하는 **데일리 셀프 쪽지 시험**(PDF)
· 이동 중에도 편리하게 학습하는 **폰 안에 쏙! 빈출 문화재 퀴즈**(PDF)
· 연표와 스토리로 정리하는 **시대흐름잡기 무료 특강**

주간동아 선정 2022 올해의 교육 브랜드 파워 온·오프라인 한국사능력검정시험 부문 1위

해커스잡 · 해커스공기업 누적 수강건수 700만 선택

취업교육 1위 해커스

합격생들이 소개하는 **단기합격 비법**

삼성 그룹
최종 합격!

오*은 합격생

정말 큰 도움 받았습니다!
삼성 취업 3단계 중 많은 취준생이 좌절하는 GSAT에서
해커스 덕분에 합격할 수 있었다고 생각합니다.

국민건강보험공단
최종 합격!

신*규 합격생

모든 과정에서 선생님들이 최고라고 느꼈습니다!
취업 준비를 하면서 모르는 것이 생겨 답답할 때마다, 강의를 찾아보며 그 부분을
해결할 수 있어 너무 든든했기 때문에 모든 선생님께 감사드리고 싶습니다.

해커스 대기업/공기업 대표 교재

GSAT 베스트셀러
279주 1위

7년간 베스트셀러
1위 326회

[279주 베스트셀러 1위] YES24 수험서 자격증 베스트셀러 삼성 GSAT 분야 1위(2014년 4월 3주부터, 1판부터 20판까지 주별 베스트 1위 통산)
[326회] YES24/알라딘/반디앤루니스 취업/상식/적성 분야, 공사 공단 NCS 분야, 공사 공단 수험서 분야, 대기업/공기업/면접 분야 베스트셀러 1위 횟수 합계
(2016.02.~2023.10/1~14판 통산 주별 베스트/주간 베스트/주간집계 기준)
[취업교육 1위] 주간동아 2024 한국고객만족도 교육(온·오프라인 취업) 1위
[700만] 해커스 온/오프라인 취업강의(특강) 누적신청건수(중복수강/무료 강의 포함/2015.06~2024.11.28)

| 대기업 | 공기업 |

최종합격자가
수강한 강의는?
지금 확인하기!

해커스잡 **ejob.Hackers.com**

해커스
한국사
능력검정시험
심화 (1·2·3급)
2주 합격

해커스한국사

시험 직전, 점수 끌어올려주는 알짜 개념만 모았다!

빈출주제 TOP5로 끝내는
합격직행
노트

시험 직전, 점수 끌어올려주는 알짜 개념만 모았다!

빈출주제 TOP5로 끝내는 합격직행 노트

해커스

이 책의 차례

빈출주제 1위 — 사건

01 삼국의 항쟁과 고구려의 대외 항쟁 · 6
02 신라의 삼국 통일 과정 · 8
03 후삼국 시대와 고려의 통일 과정 · 10
04 고려 사회의 동요 · 11
05 고려의 대외 관계 · 12
06 고려의 멸망과 조선의 건국 과정 · 14
07 사화 · 15
08 왜란과 호란 · 16
09 붕당 정치 · 18
10 흥선 대원군 집권기 외세의 침입 · 19
11 개항 이후의 주요 사건 · 20
12 일제의 국권 피탈 과정 · 22
13 일제 강점기의 민족 운동 · 24
14 대한민국 정부 수립 과정 · 26
15 민주주의의 시련과 발전 · 28
16 남북 관계의 변화 · 30

빈출주제 2위 — 문화유산

01 선사 시대의 문화유산 · 32
02 고대의 문화유산 · 34
03 고려 시대의 문화유산 · 38
04 조선 시대의 문화유산 · 40
05 불상 · 44
06 탑 · 46
07 건축물 · 50
08 서울의 문화유산 · 51
09 근대의 문물 · 52
10 유네스코에 등재된 우리 문화재 · 53

빈출주제 TOP5로 끝내는
합격직행노트

빈출주제 3위 **왕**

- 01 고구려의 왕 58
- 02 백제의 왕 59
- 03 신라(통일 이전)의 왕 60
- 04 신라(통일 이후)와 발해의 왕 61
- 05 고려의 왕 62
- 06 조선의 왕 64
- 07 조선의 왕(근대) 66

빈출주제 4위 **인물**

- 01 승려 68
- 02 학자 70
- 03 관리 및 정치인 74
- 04 독립운동가 78
- 05 여성 82
- 06 외국인 84

빈출주제 5위 **제도**

- 01 통치 체제 86
- 02 토지·수취 제도 88
- 03 교육 제도 90

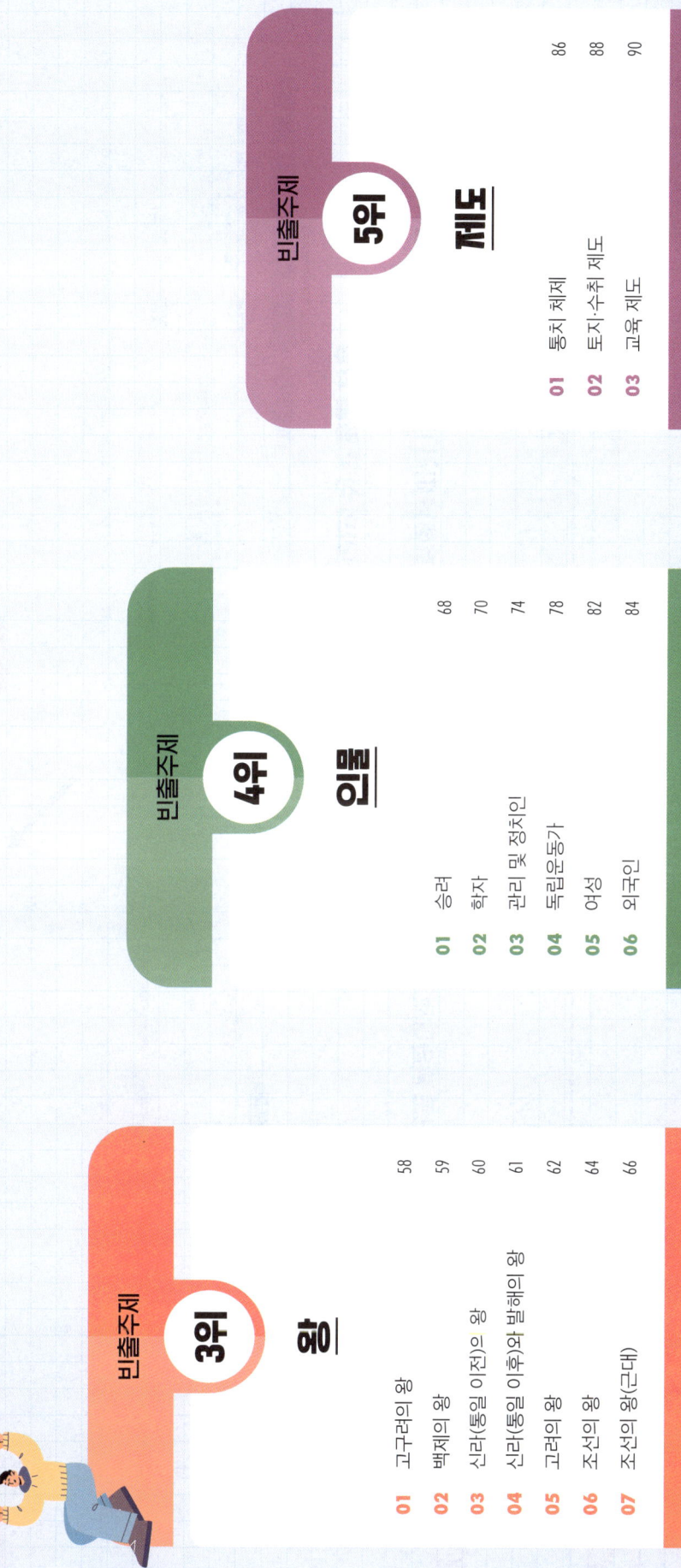

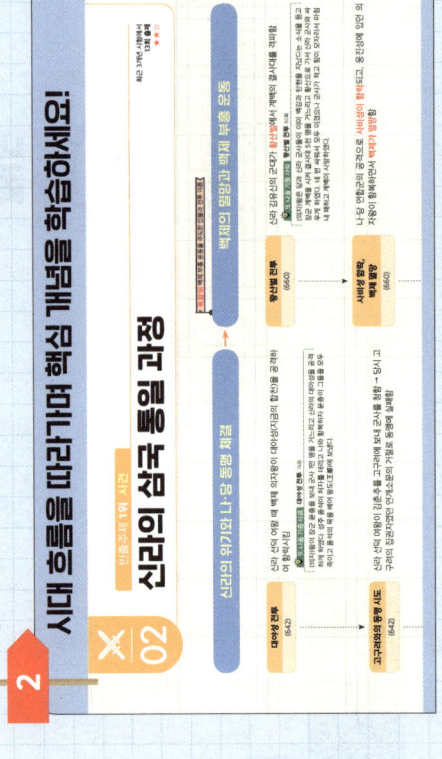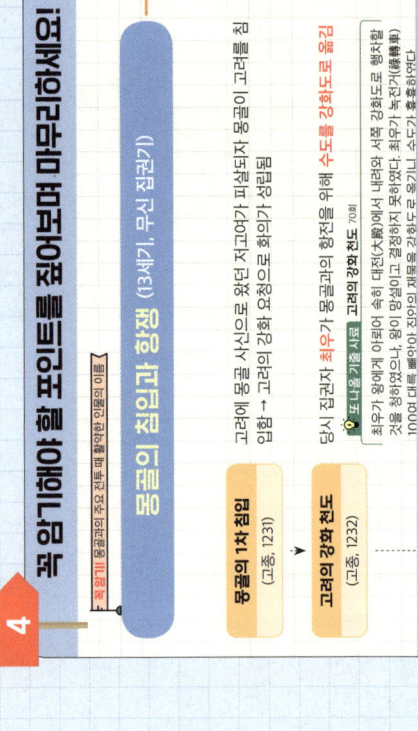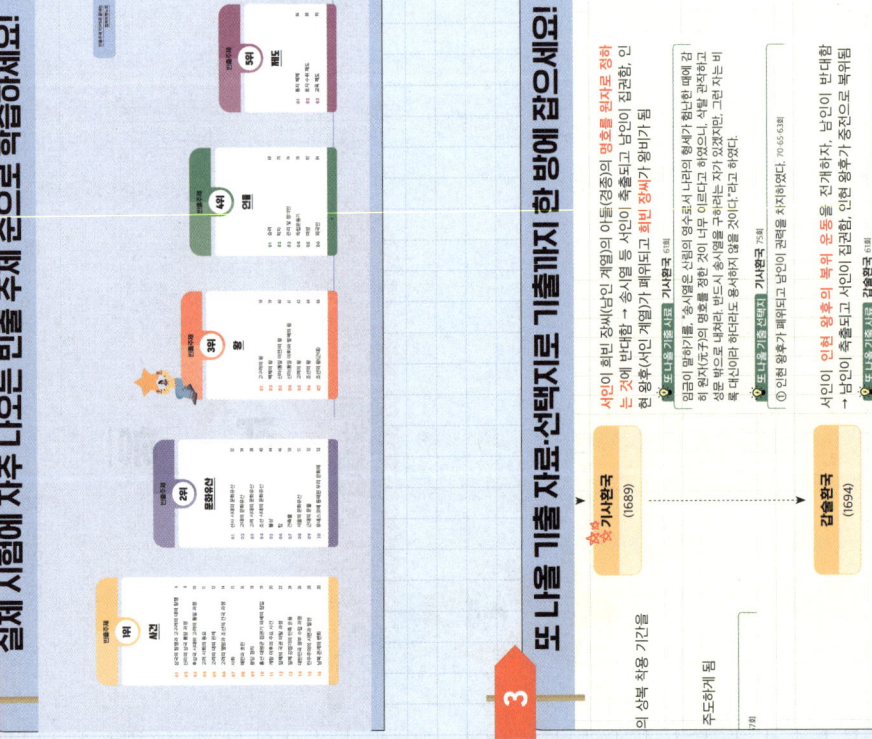

빈출주제 1위 — 사건

학습 꿀팁

시험 전날까지는 사건 이름과 함께 추가 설명을 연결 지어서 사건의 순서를 꼼꼼하게 외우세요.
시험장에서 빠르게 마무리할 때는 사건 이름만 빠르게 외우세요.

01 삼국의 항쟁과 고구려의 대외 항쟁
02 신라의 삼국 통일 과정
03 후삼국 시대와 고려의 통일 과정
04 고려 사회의 동요
05 고려의 대외 관계
06 고려의 멸망과 조선의 건국 과정
07 사화
08 왜란과 호란
09 붕당 정치
10 흥선 대원군 집권기 외세의 침입
11 개항 이후의 주요 사건
12 일제의 국권 피탈 과정
13 일제 강점기의 민족 운동
14 대한민국 정부 수립 과정
15 민주주의의 시련과 발전
16 남북 관계의 변화

01 삼국의 항쟁과 고구려의 대외 항쟁

빈출주제 1위 사건
최근 3개년 시험에서 13회 출제 ★★☆

백제 전성기 (4세기)

백제 근초고왕의 평양성 공격 (371)
- 백제 근초고왕이 고구려를 공격함
- **도나을 기출 사료 근초고왕의 평양성 공격 65회**
  왕이 태자와 함께 정예군 3만 명을 거느리고 고구려를 침범하여 평양성을 공격하였다. 고구려왕 사유(斯由)가 필사적으로 항전하다가 날아오는 화살에 맞아 죽었다. 왕이 병사를 이끌고 물러났다. - 『삼국사기』

고구려 고국원왕 전사 (371)
- 고구려 고국원왕이 백제 근초고왕의 공격을 받아다가 평양성에서 전사함
- **도나을 기출 선택지 고구려 고국원왕 전사**
  ① 고국원왕이 근초고왕의 공격을 받아 전사하였다. 70회
  ② 고국원왕이 백제의 평양성 공격으로 전사하였다. 54·50회

고구려 소수림왕 즉위 (371)
- 아버지인 고국원왕이 전사한 국가적 위기 상황에서 소수림왕이 즉위함

↓

고구려 전성기 (4세기 말~5세기)

폭하기 장수왕이 남진 정책과 관련된 사건 순서

고구려 광개토 대왕의 백제 공격 (396)
- 고구려 광개토 대왕이 백제를 공격하여 백제 아신왕이 항복을 받아내고 한강 이북 지역을 점령함
- **도나을 기출 사료 광개토 대왕의 백제 공격 40회**
  영락 6년 병신에 왕이 친히 군사를 이끌고 백제를 토벌하였다. 백제가 의(義)에 복종치 않고 감히 나와 싸우니 왕이 크게 노하여 아리수를 건너 정병을 보내 그 도성에 육박하였다. 이에 백제왕(아신왕)이 이제부터 영구히 고구려왕의 노객이 되겠다고 맹세하였다.

광개토 대왕의 신라 구원 (400)
- 신라 내물 마립간의 요청으로 5만의 군사를 보내 신라에 침입한 왜를 격퇴하고 금관가야를 공격함 → 한반도 남부까지 영향력을 확대함

고구려 장수왕의 평양 천도 (427)
- 도읍을 국내성에서 평양으로 옮겨 남진 정책을 본격화함
- 장수왕의 평양 천도에 위협을 느낀 백제 비유왕과 신라 눌지 마립간이 나·제 동맹을 체결함

나·제 동맹 체결 (433)

고구려 장수왕의 한성 함락 (475)
- 백제의 수도인 한성을 공격하여 백제의 개로왕을 전사시킴
- **도나을 기출 사료 장수왕의 한성 함락 4회**
  가을 7월에 고구려 왕 거련(장수왕)이 몸소 군사를 거느리고 백제를 공격하였다. 백제 왕 경(개로왕)이 아들 문주(文周)를 (신라에) 보내 구원을 요청하였다. 왕이 군사를 내어 구해주려 했으나 미처 도착하기도 전에 백제가 이미 (고구려에) 함락되었고, 경 역시 피살되었다.

빈출주제 TOP5로 끝내는 합격직행노트

01 삼국의 항쟁과 고구려의 대외 항쟁

신라 전성기 (6세기)

신라 법흥왕의 금관가야 정복 (532)

신라 법흥왕이 김해 지역의 **금관가야를 공격하여 멸망**시킴

🔍 도움을 기출사료 **금관가야의 멸망** 44회
김해하구 아내와 세 아들 즉 큰 아들 노종, 둘째 아들 무덕, 셋째 아들 무력과 함께 나라의 창고에 있던 보물을 가지고 와서 항복하였다. [법흥왕이 예로써 그들을 우대하여 높은 관등을 주고 본국을 식읍으로 삼도록 하였다.]

↓

신라 진흥왕과 백제 성왕의 연합 (551~553)

신라 진흥왕과 백제 성왕이 연합하여 고구려의 영토였던 한강 유역을 나눠 차지함 → 신라 진흥왕이 배신하여 백제가 차지했던 한강 하류 지역까지 차지함

↓

관산성 전투 (554)

백제 성왕이 신라의 **관산성을 공격**(관산성 전투)하였으나, 이 전투에서 성왕이 전사함

🔍 도움을 기출사료 **관산성 전투** 74회
백제 왕 명농이 가야와 함께 관산성을 공격해 왔다. 관산성을 공격했다. [신라의] 군주(軍主)인 각간 우덕과 이찬 탐지 등이 맞서 싸웠으나 ...... 고간 도도가 급히 쳐서 백제왕을 죽였다.

↓

신라 진흥왕의 대가야 정복 (562)

고령 지역의 **대가야를 공격하여 멸망**시키고 영토를 확장함

🔍 도움을 기출사료 **대가야의 멸망** 41회
고령군은 본래 대가야로 시조 이진아시왕에서 도설지왕까지 모두 16대에 걸쳐 520년간 이어졌던 곳이다. 진흥왕이 공격하여 멸망시키고 그 땅을 군 (郡)으로 삼았다. 경덕왕이 이름을 고쳐 지금고령에 이르고 있다.

고구려의 대외 항쟁 (7세기)

⭐ **꼭 함께!** 고구려와 수·당 간의 주요 전투 이름과 순서

↓

고구려의 수 선제 공격 (598)

고구려 영양왕이 중국 수의 요서 지방을 선제 공격 → 수 문제가 30만 대군을 이끌고 고구려 침입 → 성과 없이 퇴각함

↓

수의 침입과 살수 대첩 (612) ⭐⭐

수 양제가 100만 대군을 이끌고 고구려에 침입함 → 고구려 을지문덕이 **살수에서 수의 군대를 크게 격파함**(살수 대첩)

↓

수 멸망, 당 건국 (618)

수나라가 거듭된 전쟁으로 인한 국력 소모와 당 태종의 평양 정책을 추진함
→ 당나라가 건국된 후 당 태종이 평양 정책을 추진함

↓

고구려 천리장성 축조 시작 (631)

고구려 영류왕은 당의 침입에 대비하여 천리장성 축조를 시작
→ 연개소문이 천리장성 축조를 감독하며 세력을 기움

🔍 도움을 기출사료 **천리장성 축조** 75회
당(唐)이 ...... 수(隋) 병사의 해골을 묻은 곳에 와서 제사를 지내고, 당시에 [고구려가] 세운 경관(京觀)*을 허물었다. 봄 2월에 왕이 많은 사람을 동원하여 ...... 천리 남짓에 걸쳐 장성을 쌓았다. —『삼국사기』
*경관: 승전을 기념하기 위해 적이 유해를 한곳에 모아 만든 무덤

↓

연개소문의 정변 (642)

고구려 연개소문이 정변을 일으켜 **보장왕을 옹립**하고, 막리지가 되어 정권 장악 → 대당 강경책 실시

↓

당의 침입과 안시성 전투 (645) ⭐⭐

당 태종의 침입 → **안시성에서** 성주와 백성들이 협력하여 당의 군대 격파(안시성 전투)

빈출주제 TOP5로 끝내는 합격직행노트

1위 사건

02 빈출주제 1위 사건
신라의 삼국 통일 과정

최근 3개년 시험에서 13회 출제 ★★☆

신라의 위기와 나·당 동맹 체결

대야성 전투 (642)
신라 선덕 여왕 때 백제 의자왕이 대야성(지금의 합천)을 공격하여 함락시킴

🔍 또 나올 기출 사료 **대야성 전투** 74회
(의자)왕이 장군 윤충을 보내 군사 1만 명을 거느리고 신라의 대야성을 공격하게 하였다. 성주 품석이 처자를 데리고 나와 항복하자 윤충이 그들을 모두 죽이고 품석의 목을 베어 왕도(王都)에 보냈다.

↓

고구려와의 동맹 시도 (642)
신라 선덕 여왕이 김춘추를 고구려에 보내 군사를 청함 → 당시 고구려의 집권자였던 연개소문이 거절로 동맹에 실패함

↓

나·당 동맹 결성 (648)
신라 진덕 여왕이 김춘추를 당에 보내 당 태종에게 동맹을 제의함 → **나·당 동맹** 결성

🔍 또 나올 기출 사료 **나·당 동맹 결성** 68회
김춘추가 무릎을 꿇고 아뢰기를, "······ 당이 군사를 빌려주어 흉악한 무리를 잘라 없애지 않는다면 저희 백성은 모두 포로가 될 것이며, 산 넘고 바다 건너 행하는 조회도 다시는 바랄 수 없을 것입니다."라고 하였다. (당) 태종이 매우 옳다고 여겨서 군사의 출동을 허락하였다.
- 「삼국사기」

↓

김춘추(무열왕)의 즉위 (654)
진골 출신인 김춘추가 신하들의 추대를 받아 태종 무열왕으로 즉위함

백제의 멸망과 백제 부흥 운동

함께 백제 부흥 운동을 주도한 인물과 전투 이름

황산벌 전투 (660)
신라 김유신의 군대가 황산벌에서 계백의 결사대를 격파함

🔍 또 나올 기출 사료 **황산벌 전투** 62회
(의자)왕은 당과 신라 군사들이 이미 백강과 탄현을 지났다는 소식을 듣고 장군 계백을 시켜 결사대 5천 명을 거느리고 황산으로 가서 신라 군사와 싸우게 하였다. 네 번 싸워서 모두 이겼으나 군사가 적고 힘이 모자라서 마침내 패배하고 계백이 사망하였다.

↓

사비성 함락, 백제 멸망 (660)
나·당 연합군의 공격으로 사비성이 함락되고, 웅진성에 있던 의자왕이 항복하면서 백제가 멸망함

↓

백제 부흥 운동 (660~663)
백제 멸망 후 복신과 도침이 주류성에서 부여풍을 왕으로 추대하고, 흑치상지는 임존성에서 부흥 운동을 전개함

🔍 또 나올 기출 사료 **백제 부흥 운동** 59회
복신은 일찍이 군사를 거느렸는데, 이때 승려 도침과 함께 주류성에 근거하여 반란을 일으키고, 왜국에 있던 왕자 부여풍을 맞이하여 왕으로 세웠다.

↓

백강 전투 (663)
왜의 수군이 백제 부흥군을 돕기 위해 **백강** 근처까지 왔으나 나·당 연합군에 패배함 → 백제 부흥 운동 실패

🔍 또 나올 기출 사료 **백강 전투** 65회
유인원과 신라왕 김법민은 육군을 거느려 나아가고, 유인궤와 부여융은 수군과 군량선을 거느리고 ······ 백강으로 가서 육군과 합세하여 주류성으로 갔다. 백강 어귀에서 왜军을 만나 ······ 그들의 배 4백 척을 불살랐다.

사건 8

02 신라의 삼국 통일 과정

고구려의 멸망과 고구려 부흥 운동

고구려 지배층의 내분 (665)
수·당과의 전쟁으로 고구려의 국력이 약해진 상황에서, 연개소문의 사망 후 지배층 내분이 분열됨

↓

고구려의 멸망 (668)
나·당 연합군의 공격으로 평양성이 함락되고 보장왕이 항복하면서 고구려가 멸망함

> 또 나올 기출 사료 **고구려의 멸망** 63회
>
> [신라군이 당군과 함께 평양을 포위하였다. 고구려 왕은 먼저 연남산 등을 보내 영공(英公)에게 항복을 요청하였다. 이에 영공은 보장왕과 왕자 복남·덕남, 대신 등 20여만 명을 이끌고 당으로 돌아갔다. - 『삼국사기』

↓

고구려 부흥 운동 (669~673)
고구려의 장군인 검모잠이 보장왕의 외손자(혹은 서자) 안승을 왕으로 추대하고 부흥 운동을 전개함 → 내분이 발생하여 안승이 검모잠을 죽이고 신라에 망명함

> 또 나올 기출 선택지 **고구려의 부흥 운동**
> ① 검모잠이 안승을 왕으로 추대하고 부흥 운동을 전개하였다. 65회

↓

신라의 고구려 부흥 운동 지원 (674)
신라 문무왕이 당을 견제하기 위해 안승에게 금마저(익산)에 보덕국을 세우게 하고 보덕국의 왕으로 지원함

> 또 나올 기출 선택지 **신라의 고구려 부흥 운동 지원**
> ① 안승이 보덕국왕으로 임명되었다. 74기회
> ② 문무왕이 안승을 보덕국왕으로 임명하였다. 68회

족집게 나·당 전쟁 때 벌어진 두 전투의 이름

나·당 전쟁

당의 한반도 지배 야욕 (660~)
당이 백제와 고구려를 멸망시킨 후 각각 웅진 도독부(660)와 안동 도호부(668)를 설치하여 한반도에 대한 지배 야욕을 드러냄

↓

매소성 전투 (675)
신라군이 당의 20만 대군을 매소성에서 격파함

> 또 나올 기출 사료 **매소성 전투** 65회
>
> 이근행이 군사 20만 명을 이끌고 매소성에 주둔하였다. 신라 군사가 공격하여 달아나게 하고 말 3만여 필을 얻었는데, 남겨 놓은 병장기가 수도 그 정도 되었다.

↓

기벌포 전투 (676)
신라군이 설인귀가 이끄는 당의 수군을 기벌포에서 섬멸함
→ 안동 도호부를 요동으로 축출함

> 또 나올 기출 사료 **기벌포 전투** 69회
>
> 사찬 시득이 수군을 거느리고 소부리주 기벌포에서 설인귀와 싸웠는데, 연이어 패배하였다. 그러나 이후 크고 작은 22번의 싸움에서 승리하여 4천여 명을 죽였다.

↓

신라의 삼국 통일 (676, 신라 문무왕)
신라가 대동강에서 원산만에 이르는 영토를 차지하며 삼국 통일을 달성함

03 후삼국 시대와 고려의 통일 과정

빈출주제 1위 사건

최근 3개년 시험에서 5회 출제 ★☆☆

후삼국 시대의 성립과 고려 건국

후백제 건국 (900)
견훤이 완산주(전주)에서 후백제를 건국함

🔖 **도나을 기출사료** **견훤의 후백제 건국** 50회
견훤은 상주 가은현 사람이다. ...... [원의] 총애를 받던 측근들이 정권을 마음대로 휘둘러 기강이 문란해졌다. 기근까지 겹쳐 백성들이 떠돌아다니고, 여러 도적들이 봉기하였다. 이에 견훤이 몰래 [왕위를] 넘겨다보는 마음을 갖고 ...... 드디어 무진주를 습격하여 스스로 왕이 되었으나, 아직 감히 공공연하게 왕을 칭하지는 못하였다. ...... 서쪽으로 순행하여 완산주에 이르니 그 백성들이 환영하였다. - 『삼국사기』

후고구려 건국 (901)
신라 왕족 출신인 궁예가 양길의 휘하에서 힘을 기른 후 송악(개성)에서 후고구려를 건국함

🔖 **도나을 기출사료** **궁예의 후고구려 건국** 52회
궁예가 스스로 왕이라 칭하며 말하기를, "지난날 신라가 당에 군사를 청하여 고구려를 격파하였다. 그래서 평양 옛 도읍은 잡초만 무성하게 되었으니, 내가 반드시 그 원수를 갚겠다."라고 하였다. - 『삼국사기』

고려 건국 (918)
왕건이 후고구려의 궁예를 축출하고 고려를 건국하고 송악(개성)으로 수도를 옮김

🔖 **도나을 기출사료** **태조 왕건의 고려 건국** 41회
(태조가) 포정전에서 즉위하여 국호를 고려라 하고 연호를 고쳐 천수(天授)라 하였다. - 『고려사』

고려의 후삼국 통일 과정

※ 함께 고려와 후백제 사이에 전개된 주요 전투의 순서
공산 전투 → 고창 전투 → 일리천 전투

공산 전투 (927) ★★☆
견훤의 신라 공격(경애왕 사망) → 신라를 구원하러 간 고려의 군대가 공산(대구)에서 후백제 군대에 패배함(신숭겸 전사)

🔖 **도나을 기출사료** **공산 전투** 48회
태조는 정예 기병 5천을 거느리고 공산(公山) 아래에서 견훤을 맞이서 크게 싸웠다. 태조의 장수 김락과 신숭겸은 죽고 모든 군사가 패배했으며, 태조는 겨우 죽음을 면하였다. - 『삼국유사』

고창 전투 (930)
고려 왕건의 군대가 고창에서 후백제 견훤의 군대에 승리함 → 고려가 주도권을 장악함

🔖 **도나을 기출사료** **고창 전투** 75회
견훤이 고창군을 포위하자 유금필이 왕에게 아뢰기를, "싸워 보지도 않고 먼저 패배를 걱정하는 것은 아째서입니까? 신은 군대를 진격해 서둘러 공격하기를 바랍니다."라고 하니 왕이 허락하였다.

견훤의 고려 투항 (935)
견훤이 아들 신검에 의해 금산사에 유폐됨 → 금산사에서 탈출한 견훤이 고려에 투항함

신라의 항복 (935)
신라의 경순왕(김부)이 고려에 항복함 → 고려가 신라를 병합함 (김부는 경주의 사심관이 됨)

일리천 전투 (936) ★★☆
후백제의 신검이 이끄는 군대가 일리천에서 고려 왕건이 이끄는 군대에 패함 → 후백제가 멸망하고 고려가 후삼국을 통일함

빈출주제 1위 사건
04 고려 사회의 동요

최근 3개년 시험에서 11회 출제
★★☆

문벌 귀족 집권기 (12세기 초~12세기 중반)

이자겸의 난 (1126, 인종)

문벌 귀족인 이자겸 세력의 권력 독점 → 인종과 측근이 이자겸 제거 시도(실패) → 이자겸이 난 발발 → 인종이 이자겸의 측근인 척준경을 회유, 이자겸 제거

📎 또 나올 기출 사료 **이자겸의 난** 65회
이자겸과 척준경이 왕을 위협하여 남궁(南宮)으로 거처를 옮기게 하고 안보린, 최탁 등 17인을 죽였다. 이 외에도 죽인 군사가 헤아릴 수 없을 정도였다.

↓

묘청의 난 (1135, 인종)

인종의 개혁 과정에서 개경파(김부식)와 서경파(묘청)가 대립함 → 묘청 등 서경파가 서경 천도 주장(서경 운동) → 개경파의 반대로 중단 → 묘청이 난 발발 → 김부식이 이끄는 관군에 진압됨

📎 또 나올 기출 사료 **묘청의 난** 75회
서경 반란군이 검교첨사 최경을 개경으로 보내 표문을 올려 이르기를, "폐하께서 음양이 지극한 마음 믿으시고 도참에 비설을 고찰하시어 대화궁을 창건하시니 천제(天帝)의 도움을 본떠 만드신 것입니다. ……"라고 하였다.

↓

무신 정변 (1170, 의종)

무신 차별하는 분위기 심화 → 정중부, 이의방, 이고 등 무신 세력이 무신 살해 후 정권 장악 → 의종 폐위 후 명종 옹립

📎 또 나올 기출 사료 **무신 정변** 59회
이의방과 이고가 정중부를 따라가 몰래 말하기를, "오늘날 문신들은 득의양양하여 술을 취하도록 마시고 음식을 배불리 먹는데, 무신들은 모두 굶주리고 고달프니 이것을 어찌 참을 수 있습니까?"라고 하였다.

↓

무신 집권기 (12세기 후반)

※ 독(똑)깡이! 무신 집권기에 일어난 주요 반란의 순서

김보당의 난 (1173, 정중부 집권기)

동북면 병마사 김보당이 무신 정권 타도와 의종 복위를 주장하며 난을 일으킴

↓

조위총의 난 (1174, 정중부 집권기)

서경 유수 조위총이 정중부를 제거하기 위해 난을 일으킴

↓

망이·망소이의 난 (1176, 정중부 집권기)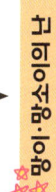

공주 명학소에서 망이·망소이가 가혹한 수탈에 저항하여 무리를 모아 봉기함

📎 또 나올 기출 사료 **망이·망소이의 난** 53회
명학소의 백성 망이·망소이 등이 무리를 모아서 산행병마사라고 자칭하고는 공주를 공격하여 함락하였다.

↓

김사미·효심의 난 (1193, 이의민 집권기)

운문(김사미) 지역과 초전(효심) 지역 중심으로 봉기함

↓

만적의 난 (1198, 최충헌 집권기)

최충헌의 노비 만적을 중심으로 개경에서 신분 해방을 주장하며 봉기함

📎 또 나올 기출 사료 **만적의 난** 67회
만적 등 6명이 북산에서 땔나무를 하다가, 공사(公私)의 노복들을 불러 모의하며 말하기를, "국가에서 경인년과 계사년 이래로 높은 관직도 천예(賤隸)에서 많이 나왔으니, 장상(將相)에 어찌 씨가 있겠는가? 때가 되면 (누구나) 차지할 수 있는 것이다. 우리들이라고 어찌 뼈빠지게 일만 하면서 채찍 아래에서 고통만 당하겠는가?"라고 하였다.

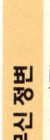

05 고려의 대외 관계

빈출주제 1위 사건

최근 3개년 시험에서 24회 출제 ★★★

꼭 알게! 거란의 1~3차 침입 때 활약한 인물의 이름

거란의 침입 (10~11세기, 성종~현종)

거란의 1차 침입 (성종, 993)

거란의 장수 소손녕의 군대가 고려를 공격 → **서희의 외교 담판** (송과 외교 단절 및 거란과 수교 약속) → 강동 6주 획득

🐸 **또 나올 기출사료** 거란의 1차 침입 56회
앞서 서경에서 안북부까지 나아가 머물렀는데, 거란의 소손녕이 봉산군을 공격하여 파괴하였다는 소식을 더 가지 못하고 돌아왔다. 서희를 보내 화의를 요청하니 침공을 중지하였다.

거란의 2차 침입 (현종, 1010)

거란의 강조의 정변을 구실로 침입 → 개경 함락(현종이 나주 피난) → **양규의 흥화진 전투** → 거란이 현종의 입조를 조건으로 철수

🐸 **또 나올 기출사료** 거란의 2차 침입 53회
거란의 강조의 편지를 위조하여 흥화진에 보내어 항복하라고 설득하였다. 양규가 말하기를, "나는 왕명을 받고 온 것이지 강조의 명령을 받은 것이 아니다."라고 하면서 항복하지 않았다.

거란의 3차 침입 (현종, 1018)

거란의 장수 소배압이 10만 대군을 이끌고 강동 6주의 반환을 요구하며 침입 → **강감찬이 강감찬이 귀주에서 거란군 격퇴(귀주 대첩, 1019)**

🐸 **또 나올 기출사료** 강감찬의 귀주 대첩 63회
거란의 병사들이 귀주를 지나갈 때 강감찬 등이 동쪽 교외에서 전투를 벌였다. ······ 적병이 북쪽으로 달아나자 아군이 그 뒤를 쫓아가서 공격하였는데, 석천을 건너 반령에 이르기까지 시신이 들에 가득하였다.

↓

여진 정벌 (12세기, 숙종~예종)

별무반 조직 (숙종, 1104)

세력을 통합한 여진이 고려 국경까지 내려와 충돌 → 고려가 여진과 대결에서 패배 → **숙종 때 윤관의 건의로 특수 부대인 별무반을 조직함**

여진 정벌 및 동북 9성 축조 (예종, 1107)

윤관이 별무반을 이끌고 여진을 정벌한 후 **동북 9성을 축조함**

🐸 **또 나올 기출사료** 동북 9성 축조 68회
윤관 등이 여러 군사들에게 내성(內城)의 목재와 기와를 옮겨 와 살게 하고, 변경 남쪽의 백성을 옮겨 와 살게 하였다.

동북 9성 반환 (예종, 1109)

2년 뒤 관리가 어려워 여진에게 동북 9성을 반환함

🐸 **또 나올 기출사료** 동북 9성 반환 57회
행영병마별감 손석 최홍정과 함마서 이부서가 문천이 여진 추장 거위이 등에게 타일러, "너희가 9성의 반환을 요청했으니 마땅히 이전에 했던 약속처럼 하늘에 대해 맹세하라"라고 하였다. ····· 최홍정 등은 감주부터 시작하여 차례로 9성의 전투 장비와 군량을 내지(內地)로 들어왔다.
— 고려사 —

금의 사대 요구 수용 (인종, 1126)

여진이 세력을 키워 금을 건국한 후 고려에 사대를 요구함 → 당시 집권자 이자겸이 무력 충돌을 피하기 위해 금의 사대 요구를 수용함

합격직행노트 200% 활용법

1 실제 시험에 자주 나오는 빈출 주제 순서로 학습하세요!

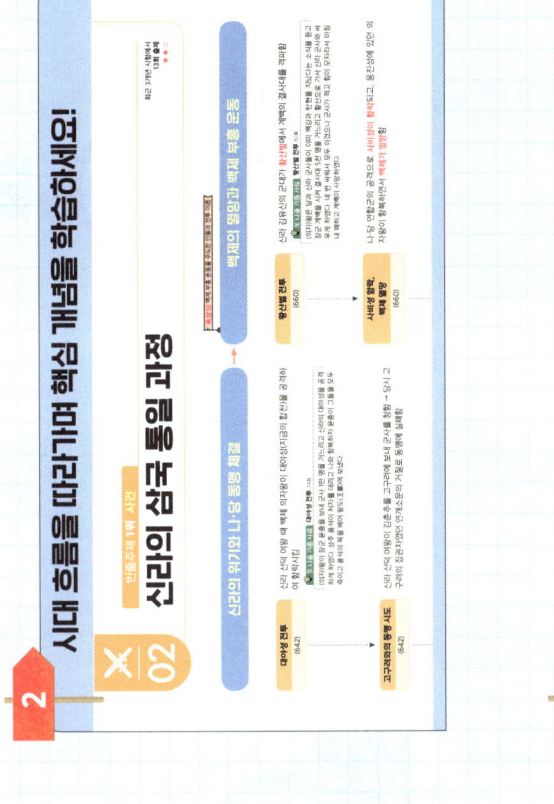

2 시대 흐름을 따라가며 핵심 개념을 학습하세요!

3 또 나올 기출 지문·선택지로 기출까지 한 방에 잡으세요!

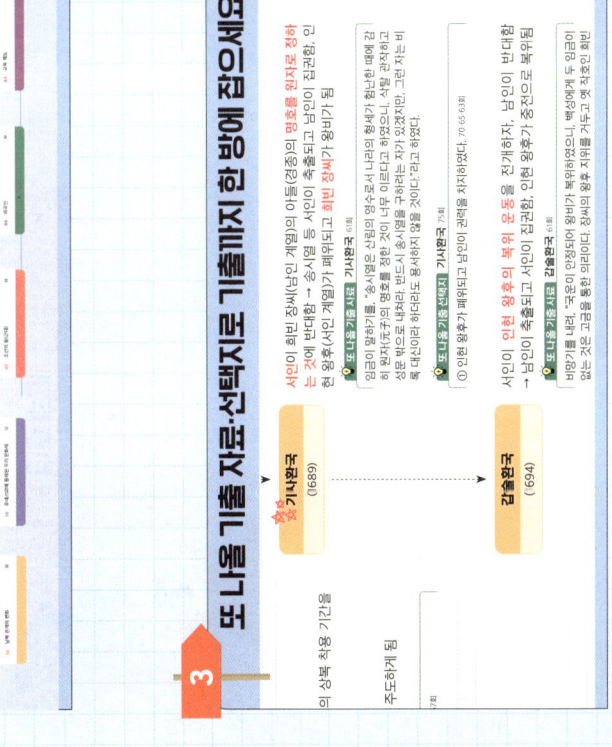

4 꼭 암기해야 할 포인트를 짚어보며 마무리하세요!

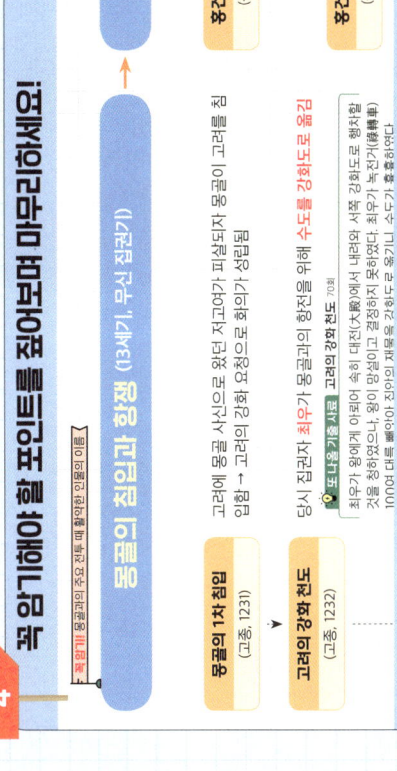

빈출주제 TOP5로 끝내는
합격직행노트

빈출주제 3위 — 왕

- 01 고구려의 왕 — 58
- 02 백제의 왕 — 59
- 03 신라(통일 이전)의 왕 — 60
- 04 신라(통일 이후와 발해)의 왕 — 61
- 05 고려의 왕 — 62
- 06 조선의 왕 — 64
- 07 조선의 왕(근대) — 66

빈출주제 4위 — 인물

- 01 승려 — 68
- 02 학자 — 70
- 03 관리 및 정치인 — 74
- 04 독립운동가 — 78
- 05 여성 — 82
- 06 외국인 — 84

빈출주제 5위 — 제도

- 01 통치 체제 — 86
- 02 토지·수취 제도 — 88
- 03 교육 제도 — 90

05 고려의 대외 관계

꼭 암기! 몽골과의 주요 전투 때 활약한 인물의 이름

몽골의 침입과 항쟁 (13세기, 무신 집권기)

몽골의 1차 침입 (고종, 1231)
고려에 몽골 사신으로 왔던 저고여가 피살되자 몽골이 고려를 침입함 → 고려의 강화 요청으로 화의가 성립됨

고려의 강화 천도 (고종, 1232)
당시 집권자 최우가 몽골과의 항전을 위해 수도를 강화도로 옮김

📜 **토 나올 기출 사료** 고려의 강화 천도 70회
최우가 왕에게 아뢰어 속히 대전(大殿)에서 서쪽 강화도로 행차함을 청하였으나, 왕이 망설이고 결정하지 못하였다. 최우가 녹전거(祿轉車) 100여 대를 빼앗아 집안의 재물을 강화도로 옮기니, 수도가 흉흉하였다. – 『고려사절요』

몽골의 2차 침입 (고종, 1232)
몽골이 강화 천도를 구실로 2차 침입함 → 승려 김윤후가 처인성에서 몽골 장수 살리타를 사살함(처인성 전투)

📜 **토 나올 기출 선택지** 몽골의 2차 침입
① 김윤후가 처인성에서 살리타를 사살하였다. 70·64회

몽골의 5차 침입 (고종, 1253)
김윤후가 충주에서 몽골군을 격퇴함

고려의 개경 환도 (원종, 1270)
고려 정부가 몽골과 강화를 체결하고, 무신 정권이 완전히 붕괴되자 수도를 개경으로 돌아옴

삼별초의 항쟁 (원종, 1270~1273)
개경 환도에 반발한 삼별초가 강화도에서 배중손의 지휘 아래 대몽 항쟁 → 배중손의 지휘 아래 진도(용장성)로 이동하여 항쟁 → 김통정의 지휘 아래 제주도로 이동하여 항쟁 → 고려·원 연합군에 진압됨

홍건적과 왜구의 침입 (14세기, 고려 말)

홍건적의 1차 침입 (공민왕, 1359)
서경이 함락되고 이승경과 이방실 등이 활약함

홍건적의 2차 침입 (공민왕, 1361)
개경이 함락되고 공민왕이 복주(안동)까지 피난, 정세운과 이방실, 이성계 등이 활약함

왜구의 침입 - 홍산 대첩 (우왕, 1376)
최영이 홍산에서 왜구를 격퇴함

왜구의 침입 - 진포 대첩 (우왕, 1380)
최무선 등이 진포에서 화포를 이용하여 왜구를 격퇴함

📜 **토 나올 기출 사료** 진포 대첩 65회
왜구가 배 5백 척을 이끌고 진포 입구에 들어와서는 큰 밧줄로 배를 서로 잡아매고 병사를 나누어 지키다가, 해안에 상륙하여 여러 고을로 흩어져 들어가 불을 지르고 노략질을 자행하였다. …… 나세, 심덕부, 최무선 등이 진포에 이르러, 최무선이 만든 화포를 처음으로 사용하여 그 배를 불태웠다.

왜구의 침입 - 황산 대첩 (우왕, 1380)
이성계가 남해안 일대까지 왜구를 황산에서 물리침

06 고려의 멸망과 조선의 건국 과정

빈출주제 1위 사건

최근 3개년 시험에서 4회 출제 ★☆☆

목차: 위화도 회군 ~ 조선 건국까지의 주요 사건 순서

고려 우왕 ~ 창왕 (1374~1389)

우왕 즉위 (1374)
- 공민왕 사후 권문세족 이인임의 주도로 우왕이 즉위함

🔍 **또 나올 기출 사료** 고려 우왕 즉위 54회
왕이 시해당하자 태후가 종실에서 [후사를] 골라 세우고자 하나, 시중 이인임이 백관을 거느리고 우왕을 세웠다. - 『고려사』

이인임 일파 축출 (1388, 우왕)
- 최영이 이인임 일파를 축출하고 왕권을 회복함

명의 철령위 설치 통고 (1388)
- 중국을 차지한 명이 철령위 설치를 일방적으로 통보함 → 요동 정벌(최영) vs 4불가론(이성계) → 최영이 이성계를 시켜 요동 정벌 단행

위화도 회군 (1388)
- 요동 정벌에 반대했던 **이성계가 위화도에서 회군** → 최영을 제거하고 우왕을 폐위시킴 → 창왕 옹립

🔍 **또 나올 기출 사료** 위화도 회군 63회
대군이 압록강을 건너서 위화도에 머물렀다. …… 태조가 여러 장수들에게 말하기를 "내가 글을 올려 …… 군사를 돌이킬 것을 청했으나, 왕도 살피지 아니하고, 최영도 늙고 정신이 혼몽하여 듣지 않았다." …… 태조가 회군한다는 소식을 듣고 다투어 모여서 뒤좇는 사람들이 1천여 인이었다. - 『태조실록』

고려 공양왕 (1389~1392)

공양왕 옹립 (1389)
- 이성계가 창왕을 폐위시키고 공양왕을 옹립함

과전법 실시 (1391, 공양왕)
- 조준, 정도전 등 급진파 신진 사대부가 주도로 토지 개혁을 단행함 → 신진 사대부의 경제적 기반 확보

🔍 **또 나올 기출 사료** 과전법 실시 72회
도평의사에서 글을 올려 과전을 지급하는 법을 정할 것을 청하니, 그 의견을 따랐다. 경기는 사방의 근본이므로 마땅히 과전을 설치하여 사대부를 우대하여야 한다. 무릇 수도에 거주하며 왕실을 지키는 자는 현직, 산직(散職)을 불문하고 각자 과(科)에 따라 받게 한다.

정몽주 등 제거 (1392)
- 새로운 왕조 건설에 반대한 정몽주 등 온건파 신진 사대부를 제거함

조선 건국 (1392)
- 이성계가 국왕으로 추대되어 **조선이 건국**됨

🔍 **또 나올 기출 사료** 조선 건국 45회
[대소 신료들이] 왕위에 오를 것을 서로 굳이 간청하는 권하여, 태조가 마지못해 수창궁으로 행차하였다. 백관들이 서쪽 골목에서 줄을 지어 맞이하니, 태조는 말에서 내려 걸어서 대전에 들어가 어좌에 올랐는데, 어좌(御座)를 피하고 기둥 안에 서서 여러 신하들의 하례를 받았다. - 『태조실록』

07 사화

빈출주제 1위 사건
최근 3개년 시험에서 **9회 출제** ★★☆

> 꼭 함께! 네 사화의 순서와 발생 원인

연산군 → 중종 → 명종

무오사화 (1498)

사림인 김일손이 스승 김종직의 「조의제문」을 「사초」에 기록하자, 훈구가 이를 문제 삼음 → 연산군이 김일손을 지원하고, 다수의 사림들을 유배 보냄

또 나올 기출 사료 무오사화 66회

유자광이 김종직의 「조의제문」을 구절마다 풀이해서 아뢰기를, "조의제문은 감히 이와 같은 부도한 말을 했으니, 청컨대 법에 의하여 죄를 다스리시옵소서. 이 문집 및 판본을 다 불태워버리고 간행한 사람까지 아울러 다스리시기를 청하옵니다."라고 하였다.

갑자사화 (1504)

연산군의 죽은 생모가 권력을 독점하기 위하여 연산군에게 폐비 윤씨 사사 사건을 고발함 → 사건을 주도한 훈구와 이에 연루된 김굉필 등의 사림이 제거됨

또 나올 기출 사료 갑자사화 61회

윤필상, 유순 등이 폐비(廢妃) 윤씨의 시호를 의논하며, "시호와 휘호를 함께 하는 것이 어떻습니까?"라고 아뢰니, "시호만 정하는 것이 합당하겠다."라고 하였다. ..... 승정원에 전교하기를 "폐비할 때 의논에 참여한 재상, 궁궐에서 나갈 때 시위한 재상, 사약을 내릴 때 나가 참여한 재상 등을 정원일기에서 조사하여 아뢰라."라고 하였다.

중종반정 (1506)

두 차례의 사화와 연산군의 폭정으로 연산군이 폐위되고 중종이 즉위함 → 이 과정에서 공을 세운 훈구 세력이 권력을 장악함

또 나올 기출 사료 중종반정 59회

박원종 등이 궐문 밖에 진군하여 대비(大妃)에게 아뢰기를, "지금 임금이 도리를 잃어 정치가 혼란하고, 민생은 도탄에 빠지고, 종사는 위태롭습니다. 전성 대군으로 대소 신민의 촉망을 받은 지 이미 오래이므로, 이제 추대하고자 하오니 감히 대비의 분부를 여쭙니다."라고 하였다.

기묘사화 (1519)

중종이 훈구를 견제하기 위해 조광조를 비롯한 사림을 등용함 → 조광조가 위훈 삭제 등 급진적인 개혁 정치를 전개함 → 훈구의 반발로 조광조를 포함한 사림 세력이 제거됨

또 나올 기출 사료 기묘사화 61회

의정부에 하교하기를 "조광조 붙는 자들이 서로 결탁하여, 자신들에게 붙는 자는 천거하고 자신들과 뜻이 다른 자는 배척해서 ..... 후진을 유인하여 궤격(詭激)이 버릇 되게 하고, 일을 의논할 때에도 조금만 이의를 세우면 반드시 극심한 말로 배척하여 꺾어서 따르게 하였다. ..... 조광조·김정 등을 그 죄에 안치하라."라고 하였다.

을사사화 (1545)

인종의 외척(대윤, 윤임)과 명종이 외척(소윤, 윤원형) 간의 대립으로 발생함 → 명종이 즉위한 후 윤원형을 중심으로 외척 정치가 시작되고 사림이 숙청됨 → 사림들은 사화에 참여한 훈구를 바탕으로 지방에서 세력을 확대함

또 나올 기출 사료 을사사화 54회

이덕응이 진술하였다. "윤임과는 항상 대윤, 소윤이라는 말 때문에 혐의가 미심하여 아주 서로 경계하였을 뿐이오, 모략에 대해서는 모르겠습니다. ..... 윤임이 신에게 '주상이 전혀 소생할 기미가 없으니, 만약 대윤이 왕위를 계승하여 윤원로가 뜻을 얻게 되면 우리 집안은 멸족당할 것이 다.'라고 하였습니다."

정미사화 (1547)

양재역 벽서 사건을 구실로 윤원형 세력이 이언적 등 반대파를 숙청함

빈출주제 TOP5로 끝내는 합격직행노트

08 | 빈출주제 1위 사건
왜란과 호란

최근 3개년 시험에서
16회 출제 ★★☆

목차 임진왜란과 정유재란 때의 주요 전투 이름

임진왜란 (선조)

임진왜란 발발 (1592)
왜군이 침입하자, 부산진의 첨사 정발과 동래부사 송상현이 왜군에 맞서 싸웠으나 패배함

충주 탄금대 전투 (1592)
충주 탄금대에서 신립이 배수의 진을 치고 항전하였으나 왜군에 대패함 → 왜군이 북상하자 선조는 의주로 피난

🔖 또 나올 기출자료 **충주 탄금대 전투** 55회
삼도 순변사 신립이 이끄는 관군이 탄금대에서 적군에게 패배, 충주 방어에 실패하였다. 신립은 탄금대 배수진을 쳤으나, 그나마 유키나가가 이끄는 적군에게 돌파되어 위태로운 상황에 놓였다. 신립은 종사관 김여물과 최후의 돌격을 감행하였으나 실패하자 전장에서 순절하였다.

한산도 대첩 (1592)
이순신이 수군이 한산도에서 학익진 전법으로 왜군에 승리함

진주 대첩 (1592)
진주성에서 전주 목사 김시민이 왜군을 상대로 큰 승리를 거둠

평양성 탈환 (1593)
조·명 연합군이 평양성에서 왜군에 승리하여 평양성을 탈환함

행주 대첩 (1593) ★★
권율이 행주산성에서 왜군을 상대로 크게 승리함

휴전 협상 (1593)
명이 조선의 반대를 무릅쓰고 일본과 휴전 협상을 진행함

정유재란 (선조)

훈련도감 설치 (1593)
유성룡의 건의로 훈련도감이 설치됨

🔖 또 나올 기출 사료 **훈련도감 설치** 38회
[영이] 비망기로 일렀다. "적의 난리를 겪는 2년 동안 군사 한 명을 훈련시키거나 무기 하나를 수리한 것이 없이, 명이 군대만을 바라보며 적이 제 발로 물러가기만을 기다렸으니 불가하지 않겠는가. 과인의 생각에는 따로 훈련도감을 설치하여 합당한 인원을 차출해서 장정을 뽑아 남마다 무예를 익히고 도 조총을 쏘기도 하여 모든 무예를 훈련시키도록 하고 싶으니, 이 논하여 처리하라." 라고 하였다.

정유재란 발발 (1597)
3년여에 걸친 휴전 협상이 결렬되면서 왜군이 다시 침입함

명량 해전 (1597) ★★
이순신이 명량에서 소수의 병력으로 왜의 수군을 크게 무찌름

🔖 또 나올 기출 선택지 **명량 해전** 41회
① 이순신이 명량에서 대승을 거두었다. 58회
② 이순신이 명량에서 왜의 수군을 대파하였다.

노량 해전 (1598)
왜군과의 마지막 해전으로, 이 전투에서 승리하였으나 이순신이 전사함

🔖 또 나올 기출 사료 **노량 해전** 37회
(이순신이) 노량에 도착하니 많은 왜적이 이르렀다. 불의에 진격하여 한참 혈전을 하던 중 이순신이 몸소 왜적에게 활을 쏘다가 왜적의 탄환에 가슴을 맞아 배 위에 쓰러지며 말하기를 "싸움이 한창 급하니 ...... 내가 죽었다는 말을 하지 말라." 고 하였다. 이순신에 산 왜적을 물리쳤다는 것을 모두 - 「선조실록」

08 왜란과 호란

정묘호란 (인조) → **병자호란 (인조)**

꼭 암기! 병자호란 때 청에 항전한 주요 인물과 인조가 피난한 지역

인조반정 (1623)

광해군의 중립 외교와 폐모살제에 반발한 서인이 반정을 일으킴 → 광해군이 폐위되고 인조가 즉위함 → 정권을 장악한 서인이 친명 배금 정책을 실시하며 후금을 배척함

📚 **또 나올 기출 사료** 인조반정 52회
광은 군사를 일으켜 왕대비를 받들어 복위시킨 뒤 경운궁에서 즉위하였다. 광해군을 폐위시켜 강화로 이이첨 등을 처형한 다음 전국에 대사령을 내렸다.

이괄의 난 (1624)

인조반정의 공신이었던 이괄이 공신 책봉에 불만을 품고 난을 일으킴 → 이괄의 반란군이 한양으로 도주함

📚 **또 나올 기출 사료** 이괄의 난 71회
임금이 여러 도(道)에 명을 내렸다. "나라의 운세가 매우 좋지 않아 역적 이괄이 군사를 일으켰는데, 여러 장수들이 좌시하여 수도가 함락되고 말았다. …… 이처럼 극도로 흉악한 역적은 없었다. 종사와 자전을 염려하여 남쪽으로 파천하기로 결정하였다."

정묘호란 발발 (1627)

후금이 광해군을 위해 보복한다는 명분을 내세워 조선을 침범함 → 인조가 강화도로 피난하고, 정봉수(용골산성) 등이 의병이 활약함

📚 **또 나올 기출 사료** 정묘호란 52회
앞은 김상용에게 도성의 일을 맡기고 종묘사직의 신주를 받들어 강화로 나게 들어갔다. 이에 김류, 이귀, 최명길, 김자점 등이 신하들이 모두 따라갔다.

정묘약조 체결 (1627)

후금과 정묘약조를 체결하고 형제 관계를 맺음

청의 군신 관계 요구 (1636)

후금이 청으로 국호를 고친 후 조선에 군신 관계를 요구함 → 청의 요구에 대해 주전론이 우세해짐

병자호란 발발 (1636)

청 태종이 군신 관계를 요구하며 조선을 침략함

✯✯ 조선의 항전 (1636)

- **임경업**(백마산성)과 **김준룡**(광교산)이 항전하고, **김상용**이 강화도에서 순절함
- 인조는 **남한산성으로 피난**하여 청군에 저항함

📚 **또 나올 기출 선택지** 병자호란
① 임경업이 백마산성에서 적의 침입에 대비하였다. 61회
② 김상용이 강화도에서 순절하였다. 66회
③ 김준룡이 광교산 전투에서 승리하였다. 72회

삼전도의 굴욕 (1637)

인조가 청에 항복하면서 조선과 청이 군신 관계를 체결함(삼전도의 굴욕) → 소현 세자와 봉림 대군(효종), 척화론자(김상헌) 등이 청에 볼모(인질)로 끌려감

📚 **또 나올 기출 사료** 삼전도의 굴욕 52회
용골대 등이 왕을 인도하여 들어가 단 아래에 북쪽을 향해 자리를 마련하고 왕에게 자리를 나아가기를 청하였다. 왕이 세 번 절하고 아홉 번 머리를 조아리는 예를 행하였다.

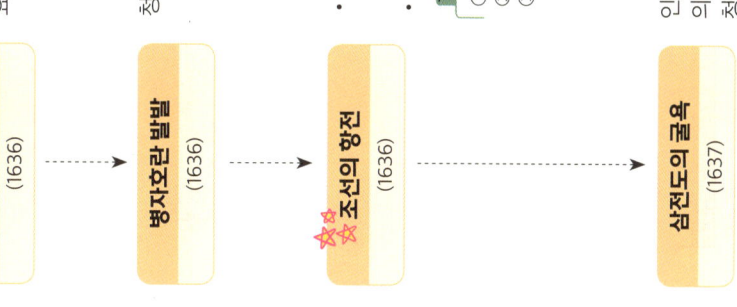

09 빈출주제 1위 사건
붕당 정치

최근 3개년 시험에서 **5회 출제** ★★☆

빈출주제 TOP5로 끝내는 합격직행노트

예송 (현종)

기해예송 (1659)
- 효종(인조의 차남)의 사망 후 인조의 계비인 자의 대비의 상복 착용 기간을 둘러싸고 논쟁이 발생함
  → 서인은 1년설, 남인은 3년설을 제기함
  → 서인의 주장이 받아들여짐

갑인예송 (1674)
- 효종 비의 사망 후 인조의 계비인 자의 대비의 상복 착용 기간을 둘러싸고 논쟁이 발생함
  → 서인은 9개월설, 남인은 1년설을 제기함
  → 남인의 주장이 받아들여져 남인이 정국을 주도하게 됨

💡 **또 나올을 기출 선택지** 예송
① 자의 대비 복상 문제로 예송이 전개되었다. 75·69·67회

환국 (숙종)

🏷 환국의 순서와 각 환국의 발생배경

경신환국 (1680)
- 남인인 허적이 허락 없이 왕실의 천막을 사용함 + 허견(허적의 서자)이 역모를 꾀함 → 남인이 축출되고 서인이 집권함, 서인이 남인에 대한 처벌을 두고 노론(강경파)과 소론(온건파)으로 나뉨

💡 **또 나올을 기출 사료** 경신환국 61회
임금이 굉내에 있던 기름 먹인 장막을 허적이 벌써 가져다가 들고 노하여 이르기를, "궐내에서 쓰는 것을 마음대로 가져가는 것은 한명회도 못하던 짓이다." ...... 임금이 허적의 당파가 많이 기세가 당당하다는 말을 듣고 그들을 제거하고자 결심하였다.

기사환국 (1689)
- 서인이 희빈 장씨(남인 계열)의 아들(경종)의 원자 정호를 반대함 → 송시열 등 서인이 축출되고 남인이 집권함, 인현 왕후(서인 계열)가 폐위되고 희빈 장씨가 왕비가 됨

💡 **또 나올을 기출 사료** 기사환국 61회
임금이 말하기를, "송시열은 산림의 영수로서 나라의 형세가 험난한 때에 감히 원자(元子)의 명호를 정한 것이 너무 이르다고 하였으니, 사람을 관작하고 성문 밖으로 내쳐라. 반드시 송시열을 구해주려는 자가 있겠지만, 그런 자는 비록 대신이라 하더라도 용서하지 않을 것이다."라고 하였다.

💡 **또 나올을 기출 선택지** 기사환국
① 인현 왕후가 폐위되고 남인이 권력을 차지하였다. 70·65·63회

갑술환국 (1694)
- 서인이 인현 왕후의 복위 운동을 전개하자, 남인이 반대함
  → 남인이 축출되고 서인이 집권함, 인현 왕후가 중전으로 복위됨

💡 **또 나올을 기출 사료** 갑술환국 61회
비망기를 내려, "국운이 안정되어 왕비가 복위하였으니, 백성에게 두 임금이 없는 것은 고금을 통한 의리이다. 장씨의 왕후 지위를 거두고 옛 작호인 희빈을 내려 주되, 세자가 조석으로 문안하는 예는 폐하지 않도록 하라."라고 하였다.

01 흥선 대원군 집권 시기의 침입

빈출주제 1위 사건
최근 3개년 시험에서 13회 출제
★★☆

주목 병인박해, 병인양요, 신미양요 꼭 알아둘 인물의 이름

1866년

병인박해 (1866. 1.)

흥선 대원군이 프랑스를 이용하여 러시아를 견제하고자 하였으나 실패 → 9명의 **프랑스** 신부 및 천주교 신자 등을 처형함

도나올 기출 사료 병인박해 59회

> 북경 주재 프랑스 공사가 청에 보내온 문서에 의하면, "조선에서 프랑스 주교 2명 및 선교사 9명과 조선의 많은 천주교 신자가 처형되었다. 이에 제독에게 요청하여 며칠 안으로 군대를 일으키도록 할 것이다."라고 되어 있습니다.

제너럴셔먼호 사건 (1866. 7.)

미국 상선 제너럴셔먼호가 조선에 통상을 요구했다가 거부당하자 조선의 관리를 살해하고 민가를 약탈함 → 평안도 관찰사 박규수와 평양 관민이 제너럴셔먼호를 불태워 침몰시킴

☆☆ 병인양요 (1866. 9.)

프랑스가 **병인박해**를 구실로 삼아 조선에 통상 수교를 시도함 → 프랑스 로즈 제독이 함대가 강화도를 점령하고 한성으로 진격 시도 → **한성근**(문수산성), **양헌수**(정족산성) 부대가 프랑스군을 격퇴함 → 프랑스군이 퇴각하는 과정에서 『의궤』를 포함한 **외규장각 도서** 등 각종 문화재를 약탈함

도나올 기출 사료 병인양요 70회

> 순무영에서 정족산성 수성장 양헌수가 보내온 보고에 의하면, "……우리 군사가 잠입한 사실을 적들이 알지 못하였습니다. …… 서양 오랑캐가 침범하는 것이니, 우리 군사들이 나무 뒤에 매복하였다가 일제히 총단을 퍼부었습니다. ……"라고 하였습니다.

1868 ~ 1871년

오페르트 도굴 사건 (1868)

독일 상인 오페르트가 조선과의 통상을 시도하였으나 실패함 → 오페르트가 흥선 대원군 아버지(남연군)의 유해를 미끼로 통상을 요구하기 위해 **남연군 묘의 도굴을 시도**하였으나 실패함

도나올 기출 사료 오페르트 도굴 사건 38회

> 남은 남연군방의 차지중사가 아뢰어 바를 듣고니, 덕산의 묘소에 서양놈들이 침범하여 무덤을 훼손한 변고가 있었다고 하니 아주 놀랍고 황송한 일입니다. 조정에서 임기응변의 계책을 세웠다가 도성의 경계가 올라오기를 기다려 논의하도록 하라.

☆☆ 신미양요 (1871)

미국이 **제너럴셔먼호** 사건을 구실로 조선과 통상 수교를 시도함 → 미군이 강화도로 침입하여 초지진과 덕진진을 점령하고 **광성보를 공격함** → **어재연**이 이끄는 조선 수비대가 결사적으로 저항함 → 미군 퇴각, 어재연 장군 수자기 등 전리품을 약탈함

도나올 기출 사료 신미양요 70회

> 강화 전투서 정기원의 치계에, "미국 배가 다시 항구로 들어와서 광성진을 습격하여 함락하였는데, 중군 어재연이 힘껏 싸우다가 목숨을 바쳤고, 사상한 군사가 매우 많이 냈습니다. 작병은 초지로 부근에 주둔하였습니다. 장수 이 아몸을 이용하여 습격해서야 그들을 퇴각시켰습니다."라고 하였습니다.

척화비 건립 (1871)

흥선 대원군은 외세에 대한 척화 의지를 표명하기 위해 전국 각지에 **척화비를 건립**함

도나올 기출 사료 척화비 건립 65회

> 이때에 이르러서는 돌을 깎아 종로에 비석을 세웠다. 그 비면에 글을 써서 이르기를, "서양 오랑캐가 침범하는데 싸우지 않으면 곧 화친하는 것이요, 화친을 주장함은 나라를 파는 것이다."라고 하였다.
> — 『대한계년사』

11 개항 이후의 주요 사건

빈출주제 1위 사건

최근 3개년 시험에서 **23회 출제** ★★★

1870년대

흥선 대원군의 하야 (1873)

최익현의 탄핵 상소를 계기로 흥선 대원군이 하야함 → 고종이 친정이 시작됨(민씨 세력이 정권 장악)

도 나을 기출 사료 흥선 대원군의 하야 47회

최익현이 상소를 올려 대원군의 정책을 탄핵하기를, "만약 그 자리가 아니면서 국정에 관여하는 자는 단지 그 지위와 자리의 녹봉과 중요성 때문입니다."고 하였다. 왕이 너그러운 비답을 내려 특별히 그를 호조 참판에 발탁하고 총애하였다. …… 대원군이 분노하여 양주 직곡으로 물러나자 권력은 모두 민씨에 손아귀에 들어갔다.

운요호 사건 (1875)

일본 군함 **운요호**가 강화도 초지진에 접근하여 무력 시위를 벌임 → 조선군의 경고 사격 → 일본군이 영종도(영종진)에 상륙하여 약탈을 자행함 → 일본이 이를 구실로 조선 정부에 개항을 요구함

도 나을 기출 사료 운요호 사건

① 일본 군함 운요호가 영종도를 공격하였다. 72·70회
② 운요호가 강화도에 접근하여 무력 시위를 벌였다. 44회

강화도 조약 (1876)

조선 대표 신헌과 일본 대표 구로다가 연무당에서 조약을 체결함 → 조선에 대한 청의 종주권 부인, **부산·원산·인천**에 개항장 설치, 해안 측량권 허용, **치외 법권** 인정(불평등 조약)

도 나을 기출 사료 강화도 조약 61회

제관 조선국은 자주 국가로서 일본국과 평등한 권리를 보유한다. …… 제10관 일본국 인민이 조선국 지정의 각 항구에 머무르는 동안 죄를 범한 것이 조선국 인민에게 관계되는 사건은 모두 일본국 관원이 심리하여 판결한다. ……

1880년대

꼭 함께!! 임오군란과 갑신정변의 발생 원인과 사건 이후 체결된 조약의 이름

임오군란 (1882)

구식 군인에 대한 차별 대우 + 일본 월급에 겨와 모래를 섞어 지급 → 구식 군인들이 봉기함 → **선혜청**과 민씨 정부의 고관, **일본 공사관**을 습격함 → 흥선 대원군이 일시적으로 재집권함 → 민씨 세력의 요청으로 청군이 파병되어 군란 진압 → **조·청 상민 수륙 무역 장정**(조선-청)과 **제물포 조약**(조선-일본)이 체결됨

도 나을 기출 사료 임오군란 69회

이때 세금을 부과하는 직책의 신하들이 재물을 거두어들이기에 혈안이 되어 길가에 떠도는 자들이 대부분 굶주림에 시달리고 있었다. 그리하여 훈국(訓局)에 소속된 군인들은 봉급을 몇 달 동안 받지 못하였다. 영남의 세곡이 올라오자 군인들에게 그 가운데 1개월분을 내어주었다. 이를 맡은 관리가 쌀에 겨를 섞어 넣고 두량(斗量)까지 속였으므로 많은 군인이 크게 소란을 일으켰다. 민겸호가 주동자를 잡아 포도청에 가두고 그 가운데 2명을 죽이려 하였다. ……

갑신정변 (1884)

임오군란 이후 청의 내정 간섭 심화 + 개화 정책 후퇴 → **김옥균** 등 급진 개화파가 **우정총국 개국 축하연**에서 정변을 일으킴 → 개화당 정부를 수립하고 **14개조 혁신 정강을 발표**함 → 청군의 개입으로 3일 만에 실패로 끝남 → 한성 조약(조선-일본)과 **톈진 조약**(청-일본)이 체결됨

도 나을 기출 사료 갑신정변 75회

김옥균 등은 청이 우리 자주권을 침해하는 데 분노하여 일본 공사와 감신정변을 일으켜 일본당으로 자독되었다. …… 나는 조정에 몸을 담고 있어 그들 토벌하여 죽여야 한다는 것 외에 다른 논의를 낼 수 없었다.

거문도 사건 (1885~1887)

조선이 청을 견제하기 위해 러시아와 교섭을 시도하자, **영국군이 러시아의 남하 견제를 구실로 거문도를 불법으로 점령함**

도 나을 기출 사료 거문도 사건 43회

김운식이 영국 총영사 아스톤에게 거문도를 점거한 지 3개월이 경과하였음에도 아직 일본국 인민이 우리나라 조야의 여론이 비등하고 있으므로 속히 섬을 점거하고 있는 군대를 철수시킬 것을 요청하였다.

11 개항 이후의 주요 사건

꼭 암기! 1·2차 동학 농민 운동의 주요 전투 이름

1890년대

1차 동학 농민 운동 (1894. 3. ~ 1894. 5.)

고부 민란(1894. 1.)을 조사하러 온 안핵사 이용태가 농민들을 탄압함 → 전봉준 등이 백산에서 4대 강령을 발표하며 봉기함 → 농민군이 황토현·황룡촌 전투에서 관군에 승리함 → 농민군이 전주성을 점령함 → 정부와 전주 화약을 체결함 → 동학 농민군은 집강소를 설치하여 폐정 개혁안을 실천함, 정부는 교정청을 설치함

도 나올을 기출 선택지 1차 동학 농민 운동
① 전주 화약이 체결되는 계기가 되었다. 61회
② 집강소가 설치되었다. 70회
③ 개혁 추진 기구로 교정청을 설치하였다. 72·65회

2차 동학 농민 운동 (1894. 9. ~ 1894. 12.)

일본이 경복궁을 점령함 → 전봉준이 삼례 집결을 주도하여 동학 농민군이 재봉기함 → 남접(전봉준)과 북접(손병희)이 논산에 집결 → 공주 우금치 전투에서 패배함 → 전봉준이 체포됨

도 나올을 기출 선택지 2차 동학 농민 운동
① 남접과 북접이 논산에서 연합하였다. 73·67회
② 우금치에서 일본군과 관군에 맞서 싸웠다. 73회

을미사변 (1895)

민성 황후의 친러 정책에 위기를 느낀 일본이 경복궁을 습격하여 민성 황후를 시해함

도 나올을 기출 사료 을미사변
광화문을 통해 들어온 일본 병사들은 건청궁으로 침입하였다. …… 일본 장교 등 흉악한 놈들은 자객들의 앞뒤를 수색하는 것을 도왔다. 자객들은 여러 방을 샅샅이 뒤졌고 마침내 왕후를 찾아내어 시해하였다.

아관 파천 (1896. 2.)

을미사변 이후 신변의 위협을 느낀 고종이 거처를 러시아 공사관으로 옮김

도 나올을 기출 사료 아관 파천 53회
지난 11일 새벽, 대군주는 급히 외국 공사관에 피신해야 한다는 거짓 말고를 받았음. 대군주는 몹시 두려워하여 마침내 왕태자와 함께 궁녀들이 타는 가마를 타고 경계의 허술함을 틈타 밖으로 나와 러시아 공사관으로 이어하셨으니, 조금도 이를 저지하는 사람이 없었음.

독립 협회 창립 (1896. 7.)

갑신정변 실패 후 미국으로 망명한 서재필이 귀국하여 정부의 지원을 받아 독립신문을 창간함(1896. 4.) → 서재필, 윤치호 등 개화 지식인들이 독립 협회를 창립함

도 나올을 기출 사료 대한 제국 선포 47회
고종이 이관 파천을 단행한 지 약 1년 만에 경운궁(덕수궁)으로 환궁함 → 연호를 '광무'로 고친 후 환구단에서 황제 즉위식을 거행하고 국호를 '대한 제국'으로 선포함

대한 제국 선포 (1897. 10.)

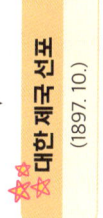

도 나올을 기출 사료 대한 제국 선포 47회
여러 신하들과 백성이 수십 차례나 글을 올려 한 목소리로 반드시 황제의 청호를 높이라고 간청하였다. 나는 여러 번 사양하였지만 끝내 거절할 수 없어 …… 백악산 남쪽에서 하늘과 땅에 제사를 지내고 황제의 자리에 올랐다. 나라 이름을 '대한'이라고 정하고 이 해를 광무 원년으로 삼는다.

빈출주제 TOP5로 끝내는 합격직행노트

1위 사건

12 빈출주제 1위 사건
일제의 국권 피탈 과정

최근 37개년 시험에서 4회 출제 ★★☆

1904년

러·일 전쟁 발발 (1904. 2.)
일본이 제물포(인천)에서 러시아를 선제 공격하면서 한반도와 만주의 지배권을 둘러싸고 러·일 간에 전쟁이 발발함

한·일 의정서 체결 (1904. 2.)
일본이 군사상 필요한 대한 제국의 군사적 요지와 시설을 사용할 수 있음을 규정함

📌 또 나올 기출 사료 **한·일 의정서** 42회
제4조 …… 대한 제국 정부는 대일본 제국 정부의 행동이 용이하도록 충분한 편의를 제공한다. 대일본 제국 정부는 …… 군사 전략상 필요한 지점을 수시로 사용할 수 있다.

제1차 한·일 협약 체결 (1904. 8.)
러·일 전쟁 중 전세가 유리해지자 일본이 제1차 한·일 협약을 체결함
→ 외교에 스티븐스, 재정에 메가타를 고문으로 파견하여 고문 정치를 실시함, 해외에 주재하는 한국 공사를 철수시킴

📌 또 나올 기출 사료 **제1차 한·일 협약** 34회
· 대한 정부는 대일본 정부가 추천한 외국인 1명을 외교 고문으로 삼아 외부(外部)에 용빙하여 외교에 관한 주요 사무는 일체 그의 의견을 물어서 시행해야 한다.
· 대한 정부는 외국과의 조약을 체결하거나 기타 중요한 외교 안건 즉 외국인에 대한 특권 허여와 계약 등의 문제 처리에 관해서는 미리 대일본 정부와 상의해야 한다.

1905년

포츠머스 조약 체결 (1905. 9.)
러·일 전쟁에서 승리한 일본이 러시아와 포츠머스 조약을 체결하여 대한 제국에 대한 이권을 인정받음

📌 또 나올 기출 사료 **포츠머스 조약 체결** 59회
오늘 신문에 강화(講和) 조약 전문이 공개되었다. 러시아는 일본이 조선에서 갖고 있는 막대한 정치적·군사적·경제적 이익을 인정하고, 일본이 조선에서 내정을 지도·보호 및 감리(監理)하는 데 필요하다고 여기는 어떠한 조치도 방해하거나 간섭하지 않을 것을 약속한다. …… 러시아는 전쟁으로 교훈을 얻었으나, 일본은 전쟁으로 영예를 얻었다. 조선은 전쟁으로 최악의 것을 얻었다.
— 윤치호 일기

을사늑약 체결 (1905. 11.)
일본이 덕수궁 중명전에서 고종의 비준 없이 을사늑약(제2차 한·일 협약)을 강제로 체결함 → 통감부를 설치하고, 대한 제국의 외교권을 박탈함

📌 또 나올 기출 사료 **을사늑약** 55회
일본이 러시아에 선전 포고한 이후 우리의 독립과 영토를 보전한다고 몇 번이나 말하였지만, 그것은 우리나라의 이익을 빼앗아 차지하려는 것이었습니다. …… 지금 저들이 황실을 보전하겠다는 말을 폐하께서는 과연 믿으십니까? 저들이 군주가 지위가 아직 바뀌지 않았고 백성도 아직 죽지 않았으며 각국 공사도 아직 돌아가지 않았으니, 그리고 조약서가 다행히 폐하의 인준과 참정의 인가를 받은 것이 아니니, 저들이 가지고 있는 것은 역적들이 억지로 만든 헛된 조약에 불과합니다.

을사의병 (1905)
을사늑약 체결에 반발하여 일어남 → 유생 의병장 최익현(태인), 민종식(홍주) 등과 평민 의병장 신돌석이 활약함

📌 또 나올 기출 선택지 **을사의병**
① 을사늑약에 반발하여 봉기하였다. 45회
② 최익현이 태인에서 의병을 일으켰다. 74회
③ 민종식이 이끄는 의병 부대가 홍주성을 점령하였다. 70회

12 일제의 국권 피탈 과정

국권피탈 헤이그 특사 파견 ~ 정미의병까지의 주요 사건 순서

1907년

헤이그 특사 파견 (1907)

고종이 이상설, 이준, 이위종을 네덜란드 헤이그에서 열리는 만국 평화 회의에 파견하여 을사늑약의 무효와 일제의 침략적 행위를 알리게 함

⭐ 또 나올 기출자료 | 헤이그 특사 파견 57회

헤이그에서 발행된 평화회의보는 한국 전 부총리대신 이상설 외 2명이 평화 회의에 특사로 파견되었다고 보도함. 기사에는 우선 그 한국인이 평화회의 위원으로 한국 황제가 파견하였으며, 그 결과 기재되었고, 이어서 일본이 한국 황제의 뜻을 배반하고, 병력으로 한국을 보호 관례를 유린하고 동시에 한국의 외교권을 탈취한 점, 그 결과 자신들이 본국 황제가 파견하였음에도 불구하고 평화회의에 참여할 수 없음이 유감이라는 점 등이 실렸음.

한·일 신협약 체결 (정미 7조약, 1907)

일본은 고종이 헤이그 특사 파견을 구실로 고종을 강제 퇴위시키고, 뒤이어 순종의 순종과 한·일 신협약을 강제로 체결함 → 부속 밀약에 따라 대한 제국의 군대가 해산됨

⭐ 또 나올 기출자료 | 한·일 신협약 53회

제2조 한국 정부의 법령 제정 및 중요한 행정상의 처분은 미리 통감의 승인을 거칠 것.
제4조 한국 고등 관리의 임명과 해임시키는 것은 통감의 동의에 의하여 집행한다.
제5조 한국 정부는 통감이 추천한 일본인을 한국 관리로 임명한다.

정미의병 (1907~1908)

고종의 강제 퇴위와 대한 제국 군대 해산에 반발하여 일어남 → 해산 군인이 이병에 합류 → **13도 창의군**(총대장 이인영, 군사장 허위)을 결성함 → **서울 진공 작전**(1908)을 전개하였으나 실패함

⭐ 또 나올 기출선지 | 정미의병
① 해산 군인이 합류로 군사력이 강화되었다. 32회
② 13도 창의군이 서울 진공 작전을 전개하였다. 74회
③ 의병 부대가 연합하여 서울 진공 작전을 전개하였다. 70회

1908 ~ 1910년

전명운·장인환의 의거 (1908)

전명운과 장인환이 미국 샌프란시스코에서 친일 외교 고문인 스티븐스를 사살함

기유각서 체결 (1909)

대한 제국의 사법권과 감옥 사무 처리권을 박탈함 → 이후 경찰권까지 박탈함(1910. 6.)

안중근 의거 (1909. 10.)

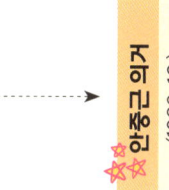

안중근이 만주 하얼빈 역에서 초대 통감인 **이토 히로부미를 사살**함 → 뤼순 감옥에 수감되어 『동양평화론』을 저술하던 중 순국함

⭐ 또 나올 기출자료 | 『동양평화론』 75회

동양 평화와 한국 독립에 대한 문제는 이미 세계 각국 사람들이 다 아는 사실이며 당연한 일로 준계 믿었고, 한국과 청국 사람들이 마음이 같게 세겨졌다. …… 동양 평화를 위한 의로운 싸움을 하얼빈에서 시작하고, 좋고 그름을 가리는 자리는 뤼순으로 정하였다.

한·일 병합 조약 체결 (경술국치, 1910)

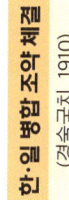

통감인 데라우치와 총리 대신 이완용이 체결함 → 일본이 **대한 제국의 국권을 피탈**함

13 일제 강점기의 민족 운동

빈출주제 1위 사건

최근 3개년 시험에서 45회 출제 ★★★

꼭 알기! 3·1 운동 이후 수립된 대한민국 임시 정부의 여명의 활동

1910년대 (무단 통치 시기)

3·1 운동 (1919)

종교 단체와 학생들이 고종의 인산일(장례일)에 맞춰 계획 → 민족 대표 33인 이름의 독립 선언서 낭독 → 학생·시민들이 탑골 공원에서 독립 선언서 낭독, 만세 시위 전개 → 지방과 해외로 만세 시위 확산 → 일제의 화성 제암리 학살 등이 일어남

🔍 **또 나올 기출 사료** 3·1 운동 70회

이 지문도 고종의 인산일을 계기로 시작된 만세 운동에서 불붙은 독립가 전 단이다. 당시에 우리 민족은 독립 선언서를 발표하고 대한 독립 만세를 외치며 전국 각지와 해외 곳곳에서 시위를 이어 나갔습니다.

대한민국 임시 정부 수립 (1919)

3·1 운동 직후 독립운동을 조직적으로 추진하고자 하는 필요성이 대두됨 → 상하이에서 3권 분립에 입각한 통합 임시 정부가 수립됨(대통령 이승만, 국무총리 이동휘) → 연통제 교통국 운영, 독립 공채 발행, 구미 위원부 설치 등이 활동 전개

🔍 **또 나올 기출 선택지** 대한민국 임시 정부
① 구미 위원부를 조직하여 외교 활동을 전개하였다. 65·61회
② 이륭양행에 교통국을 설치하여 국내와 연락을 취하였다. 72·67회
③ 독립운동 자금을 모으기 위해 독립 공채를 발행하였다. 74·71회
④ 비밀 행정 조직으로 연통제를 실시하였다. 66회

의열단 조직 (1919)

3·1 운동 이후 무장 투쟁의 필요성이 대두됨 → 김원봉, 윤세주 등을 중심으로 만주 길림(지린)에서 의열단을 조직함 → 부산 경찰서(박재혁, 1920), 조선 총독부(김익상, 1921), 종로 경찰서(김상옥, 1923), 동양 척식 주식회사와 조선 식산 은행(나석주, 1926)에 폭탄을 투척하는 의거 활동을 전개함

↓

1920년대 (문화 통치 시기)

봉오동·청산리 전투 (1920. 6. ~ 1920. 10.)

홍범도의 대한 독립군을 중심으로 한 독립군 연합 부대가 봉오동으로 급습한 일본군에 승리를 거둠(봉오동 전투) → 김좌진의 북로 군정서와 대한 독립군(홍범도) 등 독립군 연합 부대가 백운평, 완루구, 어랑촌 등 청산리 일대에서 일본군을 격퇴함

🔍 **또 나올 기출 사료** 봉오동 전투 52회

북간도에 주둔한 아군 7백 명은 북로 사령부 소재지인 봉오동을 향해 행군하다가 적군 3백 명을 발견하였다. 이군을 지휘하는 홍범도, 최진동 두 장군은 즉시 작전을 계획하여 그들을 구역히 도주하는 적군을 추격하였다. - 독립신문

물산 장려 운동 (1920~1923)

평양에서 조만식의 주도로 조선 물산 장려회가 조직(1920)되면서 시작됨 → 이후 서울에서도 조선 물산 장려회가 발족(1923)되며 전국적으로 확산됨

민립 대학 설립 운동 (1922~1924)

조만식, 이상재 등이 조선 민립 대학 기성회를 조직(1922)하며 시 작됨 → 한민족 1천만이 한 사람이 1원씩이라는 구호로 모금 운 동을 전개함

🔍 **또 나올 기출 사료** 민립 대학 설립 운동 71회

대학을 세우려는 일은 극히 거창하여 어간 몇 사람의 힘으로는 도저히 성취할 바가 아니므로 금일까지 실지의 운동이 일어나지 못하였던 것이라. …… 조선 전도의 다수한 유지를 망라하여 민족적 운동으로 일을 것은 내로 많은 사람의 힘을 합하여 민립 대학 한 곳을 세워 보고자 이상재, 이승훈 등이 주창으로 수일 전에 민립 대학 기성 준비회를 조직하고 집행위원을 선정하였는데, 경성에서 발기회를 열고 실행 방법을 결정할 터이다.

13 일제 강점기의 민족 운동

꼭 암기! 6·10 만세 운동과 광주 학생 항일 운동 사이의 주요 사건 순서

1920년대 (문화 통치 시기)

6·10 만세 운동 (1926)

사회주의 세력과 천도교 일부 세력(민주주의 계열), 학생 단체들이 **순종의 인산일**(6월 10일)에 시위를 계획함 → 사회주의 세력과 천도교 연합의 시위 계획이 발각됨 → 학생 단체에 시위는 예정대로 진행됨 → 만세 시위를 계획하는 과정에서 사회주의 계열과 민족주의 연대의 가능성이 발견됨

또 나올돌 기출사료 6·10 만세 운동 69회

왕조의 마지막 군주였던 창덕궁 주인이 53세의 나이로 지난 4월 25일에서 거하였다. …… 지금 우리 민족의 통곡과 복상은 군주의 죽음 때문이 아니라 경술년 8월 29일 이래 사무친 슬픔 때문이다. …… 슬퍼하는 민중들이여! 하나가 되어 혁명 단체 깃발 밑으로 모이자! 금일의 통곡복상의 충성과 의분을 모아 우리들의 해방 투쟁에 바치자!

신간회 창립 (1927)

사회주의 계열이 정우회가 **비타협적 민족주의 계열과의 연대를** 주장함(정우회 선언, 1926) → **민족 유일당 운동**으로 비타협적 민족주의 계열과 사회주의 계열이 연합하여 신간회를 창립함

또 나올돌 기출선택지 신간회
① 정우회 선언의 영향으로 결성되었다. 65·61회
② 광주 학생 항일 운동에 진상 조사단을 파견하였다. 72회

광주 학생 항일 운동 (1929)

광주에서 나주로 가는 통학 열차 안에서 **한·일 학생 간의 충돌**이 발생함 → 일본 경찰의 편파적인 수사로 인해 광주에서 학생 시위 시작됨 → **신간회가 진상 조사단을 파견**하고 민중 대회를 개최함 → 겨울 계획함 → 전국적인 항일 투쟁으로 확산됨, 동맹 휴학이 도화선이 됨

또 나올돌 기출선택지 광주 학생 항일 운동
① 한국인 학생과 일본인 학생 간의 충돌에서 비롯되었다. 61회
② 성진회와 각 학교 독서회에 의해 전국적으로 확산되었다. 74·72회
③ 신간회를 중심으로 조사단을 파견하여 지원하였다. 68회
④ 전국적인 시위와 동맹 휴학으로 확산되었다. 73회

1930 ~ 1940년대 (민족 말살 통치 시기)

한·중 연합 작전 전개 (1931~1933)

만주의 독립군과 중국군이 연합 전선을 형성함 → 북만주의 한국 독립군(**지청천**)이 **쌍성보**(1932)·**대전자령**(1933) 전투, 남만주의 조선 혁명군(**양세봉**)이 **영릉가**(1932)·**흥경성**(1933) 전투에서 활약함

이봉창·윤봉길의 의거 (1932)

한인 애국단원 이봉창(일왕 히로히토의 마차에 폭탄 투척)과 윤봉길(상하이 훙커우 공원에서 폭탄 투척)이 의거함

조선 의용대 창설 (1938)

김원봉이 중국 한구(우한)에서 조선 민족 전선 연맹의 산하 부대로 창설함 → **중국 관내(關內)에서 결성된 최초의 한인 무장 부대**

또 나올돌 기출사료 조선 의용대 73회

조선 의용대는 1938년 10월 10일 우한(武漢)에서 조선 민족 전선 연맹의 창설 정화된 영도 하에서 가장 우수한 수백 청년 간부의 희생적 이래로 김원봉 동지에 의하여 모든 힘든와 난관을 종파하면서 전진하여 왔으며 도 이런 과정을 통하여 과거 43개월간 광영한 역사를 창조하였다. …… 본대 전체 동지는 한국혁명을 활대 발전시키기 위해 노력할 것을 언명한다.

한국광복군 창설 (1940)

대한민국 임시 정부가 산하 부대로 창설함 → 대일 선전 포고문을 발표(1941)하고 연합군의 일원으로 태평양 전쟁에 참전함, 미국과 연계하여 **국내 진공 작전**(1945)을 추진함

빈출주제 TOP5로 끝내는 합격직행노트

1회 한국사

빈출주제 1위 사건
14 대한민국 정부 수립 과정

최근 3개년 시험에서
11회 출제 ★★★

1945년

미·소 군정 실시 (1945. 9.)
광복 후 한반도에 설정된 38도선의 남쪽은 미군이, 북쪽은 소련 군이 통치함

모스크바 3국 외상 회의 (1945. 12.)
미국, 영국, 소련 3국의 외무 장관이 한반도 문제에 대해 협의 → 민주주의적 임시 정부 수립, 최고 5년간 4개국의 신탁 통치 실시, **미·소 공동 위원회 설치**가 결정됨

🔖 **나올 기출 사료** 모스크바 3국 외상 회의 51회
군정청 장관 아놀드 소장은 12월 29일 오전 10시 30분 군정청 제1회의실에서 신문 기자단과 회견하고 신탁 통치에 관한 질문에 대하여 다음과 같은 견해를 표명하고 일문일답을 하였다. "······ 신탁 통치는 조선이 임시 민주 정부를 수립 코자 함이 목적일 것이다. 우선 조선인이 당면한 경제 산업에 있어 우의하여 신탁 관리 문제로 모든 기관이 중지 상태로 들어가기를 요망한다. 현 단계에 이르러 진실한 냉정이 필요할 것이다. 4개국을 믿고 있는 중에 직무에 충실하여야 한다."

반탁과 찬탁의 대립 (1945. 12. ~)
신탁 통치 결정 사항을 두고 우익(김구, 이승만)은 반탁 운동, 좌익(박헌영)은 찬탁 운동을 전개하여 좌·우의 대립이 심화됨

1946년

제1차 미·소 공동 위원회 (1946. 3.)
미국과 소련이 임시 정부 수립을 위해 논의 → 임시 정부 수립을 위한 협의에 참여할 단체 범위를 두고 논쟁(미국: 찬·반탁 세력 모두 포함 ↔ 소련: 찬탁 세력만 포함) → 입장 차이로 결렬

🔖 **나올 기출 사료** 제1차 미·소 공동 위원회 47회
모스크바 삼상 회의에서 결정한 조선에 관한 제3조 제3항에 의거하여 구성되(제3차) 미·소 공동 위원회가 3천만의 큰 희망 속에 20일 드디어 덕수궁 석조전에서 출범하였다. 조선의 진로를 좌우하는 중대한 관건을 쥐고 있는 만큼 그 추이는 자못 3천만 민중의 주목을 받고 있다.

이승만의 정읍 발언 (1946. 6.)
이승만이 정읍에서 남한만의 단독 정부 수립을 주장함

🔖 **나올 기출 사료** 정읍 발언 43회
이제 우리는 무기 휴회된 공위가 재개될 기색도 보이지 않으며 통일 정부를 고대하나 여의치 않게 되었으니, 우리는 남방만이라도 임시 정부 혹은 위원회 같은 것을 조직하여 38도선 이북에서 소련이 철퇴하도록 세계 공론에 호소하여야 될 것이다.

좌·우 합작 운동 (1946. 7. ~ 1946. 10.)
여운형과 김규식이 미 군정의 후원을 받아 조직 → **좌·우 합작 7원칙** 발표(임시 민주 정부의 수립, 신탁 통치 문제 해결, 토지 개혁 등)

🔖 **나올 기출 사료** 좌·우 합작 7원칙 48회
1. 조선의 민주 독립을 보장한 3상 회의 결정에 의하여 남북을 통한 좌·우 합작으로 민주주의 임시 정부를 수립할 것.
3. 토지 개혁에 있어 몰수, 유조건 몰수, 체감 매상 등으로 농민에게 무상으로 나누어 주며 시가지의 기지와 큰 건물을 적정 처리하며 중요 산업을 국유화하며 ······ 민주주의 건국 과업 완수에 매진할 것.

14 대한민국 정부 수립 과정

1947년

제2차 미·소 공동 위원회 (1947. 5.)
- 냉전이 심화되어 제2차 미·소 공동 위원회도 결렬됨

한반도 문제의 유엔 상정 (1947. 9.)
- 미국의 제안으로 한반도 문제가 유엔(국제 연합)에 이관됨

  또 나올을 기출사료 한반도 문제의 유엔 상정 48회
  > 조선인이 다 아는 것과 같이 (제2차) 미·소 공동 위원회가 난관에 봉착함으로 인하여 미국 측은 조선의 독립과 통일 문제를 유엔 총회에 제출하였다. 그리고 대다수의 세계 각국은 41대 6으로 이 문제를 유엔 총회에 상정 시기로 가결하였다. …… 조선인에게 권고하고 싶은 것은 이 중요한 시간에 유엔 총회가 조선 문제를 해결할 수 있다는 믿음을 가지고 평화를 위하여 총회는 세계의 모든 국가가 모인 유엔 총회의 결정을 전적으로 지지하여야 할 것이다.

유엔 총회의 결의 (1947. 11.)
- 유엔 총회가 인구 비례에 따른 남북한 총선거 실시를 결의함

  또 나올을 기출사료 유엔 총회의 남북한 총선거 결의문 46회
  > 총회가 당면하고 있는 한국 문제는 근본적으로 한국민 자체의 문제이며 그 자유와 독립에 관련된 문제이므로 …… 총회는 한국 대표가 한국 주재 군정 당국에 의하여 지명된 자가 아니라 한국민에 의하여 실제로 정당히 선출된 자라는 것을 감시하기 위하여, 조속히 유엔 한국 임시 위원단을 설치하여 한국에 주재케 하고, 이 위원단에게 한국 전체를 여행 감시·협의할 수 있는 권한을 부여할 것을 결의한다.

1948년

북한까지 정부 수립까지의 주요 사건 순서

유엔 한국 임시 위원단 파견 (1948. 1.)
- 유엔이 총선거를 관리 감독할 유엔 한국 임시 위원단을 파견함
→ 소련이 입북을 거부함

김구의 단독 정부 수립 반대 (1948. 2.)
- 김구가 '삼천만 동포에게 읍고함'을 발표하여 남한만의 단독 정부 수립에 반대함

유엔 소총회의 결의 (1948. 2.)
- 유엔 소총회에서 임시 위원단이 접근 가능한 지역(남한)에서 단독 선거 실시를 결의함

남북 협상 (1948. 4.)
- 남북 분단을 우려한 김구, 김규식 등이 북측에 남북 협상을 제의함 → 평양에서 남북 지도자 회의를 개최함 → 남북 조선 제 정당 및 사회 단체 공동 성명서를 발표함

5·10 총선거 실시 (1948. 5. 10.)
- 우리나라 최초의 민주적인 보통 선거에 의한 남한만의 총선거가 실시되어 2년 임기의 제헌 국회의원을 선출함

제헌 헌법 공포 (1948. 7.)
- 4년 임기의 대통령 중심제, 국회의 간접 선거에 의한 대통령 선출을 주요 내용으로 하는 제헌 헌법을 공포함

대한민국 정부 수립 (1948. 8. 15.)
- 제헌 국회에서 이승만을 대통령으로 선출하여 대한민국 정부 수립을 선포함

15 민주주의 시련과 발전

빈출주제 1위 사건

최근 3개년 시험에서 24회 출제 ★★☆

4·19 혁명 (이승만 정부)

꼭 알기! 4·19 혁명이 일어나게 된 배경과 결과

3·15 부정 선거 (1960. 3. 15.)
자유당이 부통령에 이기붕을 당선시키기 위해 정·부통령 선거에서 사전 투표, 투표함 바꿔치기 등의 부정 선거를 자행함

마산 의거 (1960. 3. 15.)
마산에서 3·15 부정 선거에 대한 항의 시위 전개 → 정부의 무력 진압 → 시위에 참가했던 김주열의 시신이 시신이 발견되면서 시위 확산

4·19 혁명 (1960. 4. 19.)
고려대 학생들의 시위 전개(4. 18.) → 학생들과 시민들이 대규모 시위 전개, 경무대까지 진격 → 이승만 정부가 계엄령을 선포하고 시민들을 향해 무차별 총격을 가함 → 서울 시내 대학 교수단의 시국 선언문 발표(4. 25.) → 이승만 퇴진 요구

이승만 하야 (1960. 4. 26.)
이승만 대통령 하야 → 허정(당시 외무 장관) 과도 정부 수립

또 나올 기출 선택지 4·19 혁명
① 3·15 부정 선거에 항의하며 시위가 시작되었다. 61회
② 3·15 부정 선거에 항의하며 시위대가 경무대로 행진하였다. 75·74회
③ 대통령이 하야하는 결과를 이끌어냈다. 58회
④ 허정 과도 정부가 출범하는 계기가 되었다. 75·74회
⑤ 장면 내각이 출범하는 배경이 되었다. 68회

제3차 개헌 (1960. 6.)
제3차 개헌에서 내각 책임제와 양원제(참의원·민의원) 국회로 헌법을 개정함 → 장면 내각 수립(1960. 8.)

유신 체제 반대 운동 (박정희 정부)

박정희 정부가 10월 유신을 단행하고 전국에 비상 계엄령 선포
→ 유신 헌법(제7차 개헌)을 제정하여 대통령 권한 강화

유신 체제 성립 (1972)

또 나올 기출 사료 유신 헌법 70회
제39조 대통령은 통일 주체 국민 회의에서 토론 없이 무기명 투표로 선거한다.
제40조 통일 주체 국민회의는 국회의원 정수의 3분의 1에 해당하는 수의 국회의원을 선거한다.
제59조 대통령은 국회를 해산할 수 있다.

개헌 청원 100만인 서명 운동 (1973)
장준하 등이 재야 인사 중심으로 개헌 청원 운동 전개

또 나올 기출 사료 개헌 청원 100만인 서명 운동 37회
1. 파괴된 민주 헌정의 회복을 위해 대통령 자신이 개헌을 받아들여 민족 통일의 기초가 될 수 있는 완전한 민주 헌법으로 하여 이 헌법에 의해 자신의 거취를 자체롭고 영예롭게 앞에서 스스로 택함은 물론 앞으로 오고 올 모든 이 나라 전진자들이 규범으로 삼게 할 것
2. 긴급 조치로 구속된 민주 인사와 학생 전원을 무조건 즉각 석방할 것

개헌 청원 백만인 서명 운동 본부 장준하

3·1 민주 구국 선언 (1976)
김대중 등이 명동 성당에서 3·1 민주 구국 선언 발표(긴급 조치 철폐, 박정희 정권 퇴진, 민족 통일 추구)

부·마 민주 항쟁 (1979)
YH 무역 사건 → 유신 체제에 비판적이었던 김영삼 신민당 총재가 국회의원에서 제명됨 → 부산·마산에서 유신 체제 반대 시위 확산 → 10·26 사태로 박정희가 살해되면서 유신 체제 붕괴

또 나올 기출 선택지 부·마 민주 항쟁
① 야당 총재의 국회의원직 제명으로 촉발되었다. 74회
② 유신 체제가 붕괴되는 결과를 가져왔다. 75·71회

15 민주주의 시련과 발전

빈출주제 TOP5로 끝내는 합격직행노트

북합기 6월 민주 항쟁 전후에 일어난 사건의 순서

5·18 민주화 운동 (신군부 집권기)

12·12 사태 (1979. 12. 12.)
전두환, 노태우를 중심으로 한 신군부가 쿠데타를 일으킴

서울의 봄 (1980. 5. 15. ~ 5. 17.)
학생과 시민들이 신군부 퇴진을 요구하는 평화 행진 전개 → 신군부가 **비상 계엄**을 전국으로 확대, 김대중 등 주요 정치 인사를 구속함

5·18 민주화 운동 (1980. 5. 18.)
광주 지역 학생·시민들이 계엄령 철폐와 김대중 석방을 요구하며 민주화 운동 전개 → 신군부가 공수 부대를 동원하여 무력 진압 → 시민들이 **시민군을 조직**하여 저항하였으나 진압됨 → 이후 관련 기록물이 유네스코 세계 기록 유산에 등재됨

🍯 나올을 기출 사료 | 5·18 민주화 운동 73회
우리는 왜 총을 들 수밖에 없었는가? 그 대답은 너무나 간단합니다. …… 계엄 당국이 공수 부대를 대동하여 …… 너무나 경악스러운 또 하나의 사실은 20일 밤부터 계엄 당국이 발포 명령을 내려 무차별 발포를 시작했다는 것입니다.

🍯 나올을 기출 선택지 | 5·18 민주화 운동
① 신군부의 비상계엄 확대가 원인이 되어 일어났다. 58회
② 시민군이 조직되어 계엄군에 저항하였다. 74·73회
③ 관련 기록물이 유네스코 세계 기록 유산으로 등재되었다. 69회

전두환 정부 수립 (1980. 8.)
통일 주체 국민회의에서 전두환을 제11대 대통령으로 선출함

6월 민주 항쟁 (전두환 정부)

박종철 고문치사 사건 (1987. 1.)
직선제 개헌 요구 운동 과정에서 서울대 학생 **박종철**이 경찰의 **고문으로 사망** → 정부가 이 사건을 축소·은폐하려다 발각됨

4·13 호헌 조치 (1987. 4. 13.)
전두환 정부가 현행 헌법(7년 단임의 대통령 간선제)을 유지하겠다는 조치를 발표함

호헌 조치 반대 시위 도중 연세대 학생 이한열이 최루탄에 맞아 중태에 빠짐

이한열 최루탄 피격 사건 (1987. 6. 9.)

전국의 시민과 학생들이 6월 10일 **호헌 철폐와 독재 타도**를 외치며 대대적인 시위를 전개함

6·10 국민 대회 (1987. 6. 10.)

🍯 나올을 기출 사료 | 6월 민주 항쟁 45회
국가의 미래와 소망인 꽃다운 젊은이를 야만적인 고문으로 죽여 놓고 그것도 모자라 뻔뻔스럽게 국민을 속이려 했던 현 정권에게 국민의 분노가 무엇인지를 분명히 보여 주고, 국민적 여망인 개헌을 일방적으로 파기한 4·13 폭거를 철회시키기 위한 민주 장정을 시작한다.

🍯 나올을 기출 선택지 | 6월 민주 항쟁
① 호헌 철폐, 독재 타도 등의 구호를 외쳤다. 74회
② 4·13 호헌 조치에 반발하며 호헌 철폐 등의 구호를 내세웠다. 62회
③ 박종철 고문 치사 사건의 진상 규명을 요구하였다. 62회
④ 5년 단임의 대통령 직선제 개헌을 이끌어냈다. 75·74·72회

6·29 민주화 선언 (1987. 6. 29.)
당시 여당의 대통령 후보인 노태우가 **대통령 직선제 개헌을 약속**하는 선언을 발표함 → 제9차 개헌(5년 단임의 대통령 직선제)

빈출주제 TOP5로 끝내는 합격직행노트

1위 사건

빈출주제 1위 사건
16 남북 관계의 변화

최근 37개년 시험에서 16회 출제 ★★☆

꼭 암기! 각 정부가 채택·발표한 문서 혹은 선언의 이름

이승만 정부 ~ 전두환 정부

북진 통일론 주장 (이승만 정부)
- 반공을 강조하여 북진 통일론을 주장하였으며, 평화 통일을 주장한 진보당을 탄압함

↓

남북 학생 회담 요구 집회 (장면 내각)
- 대학생들이 '가자 북으로, 오라 남으로, 판문점으로!' 등을 외치며 남북 학생 회담을 열 것을 주장함

> **도 나올 기출 자료** 남북 학생 회담 요구 집회 58회
> 이 사진은 남북 학생 회담을 요구하는 집회 장면입니다. 당시 대학생들은 판문점에서 만나자는 구호를 외치며 협상을 통한 자주적인 통일을 주장하였으나, 정부는 남북 총선거에 의한 평화 통일 정책을 제시하였습니다.

↓

7·4 남북 공동 성명 발표 (박정희 정부)
- 한반도의 통일은 자주·평화·민족 대단결의 원칙에 입각하여 이루어져야 함을 천명하고, 남북 조절 위원회 설치에 합의함

> **박정희 정부의 통일 노력**
> ① 남북 조절 위원회를 구성하였다. 69회
> ② 7·4 남북 공동 성명을 실천하기 위한 남북 조절 위원회를 구성하였다. 70회
> ③ 평화 통일 외교 정책에 관한 6·23 특별 성명을 발표하였다. 74회

↓

남북한 이산가족 최초 상봉 (전두환 정부)
- 최초의 남북 이산가족 고향 방문과 남북 예술 공연단 교환이 이루어짐

노태우 정부 ~ 문재인 정부

남북 기본 합의서 채택 (노태우 정부)
- 남북 고위급 회담에서 남북 사이의 화해와 불가침 및 교류·협력에 관한 합의서(남북 기본 합의서)를 교환함

↓

한반도 비핵화 공동 선언 채택 (노태우 정부)
- 남북 양측은 한반도를 비핵화하여 핵 전쟁의 위험을 제거하고, 평화 통일의 기반을 다지기 위해 한반도 비핵화 공동 선언을 채택함

> **노태우 정부의 통일 노력**
> ① 남북한이 유엔에 동시 가입하였다. 74·68회
> ② 한반도 비핵화 공동 선언을 발표하였다. 71회
> ③ 남북 사이의 화해와 불가침 및 교류·협력에 관한 합의서를 교환하였다. 64회

↓

제1차 남북 정상 회담 (김대중 정부)
- 남북 정상 회담을 처음으로 개최 → 6·15 남북 공동 선언 발표 → 개성 공업 지구(개성 공단) 건설에 합의함, 경의선(서울과 신의주) 복원 공사, 이산가족 상봉 등을 진행함

> **도 나올 기출 선택지 김대중 정부의 통일 노력**
> ① 6·15 남북 공동 선언을 채택하였다. 71회
> ② 남북한의 교류 협력을 위한 개성 공업 지구 건설에 합의하였다. 64회
> ③ 남북 정상 회담을 개최하고 6·15 남북 공동 선언을 채택하였다. 58회

↓

제2차 남북 정상 회담 (노무현 정부)
- 제2차 남북 정상 회담을 개최하고 10·4 남북 공동 선언을 발표함

> **도 나올 기출 선택지 노무현 정부의 통일 노력**
> ① 제2차 남북 정상 회담이 개최되었다. 60회
> ② 10·4 남북 공동 선언을 발표하였다. 57회

↓

제3차 남북 정상 회담 (문재인 정부)
- 한반도의 평화와 번영, 통일을 위한 판문점 선언을 발표함

빈출주제 2위

문화유산

학습 꿀팁

시험 전날까지는 문화유산의 이름과 제시된 이미지, 추가 설명을 연결 지어서 꼼꼼하게 외우세요.
시험장에서 빠르게 마무리할 때는 문화유산의 이름과 사진만 빠르게 확인하며 외우세요.

01 선사 시대의 문화유산
02 고대의 문화유산
03 고려 시대의 문화유산
04 조선 시대의 문화유산
05 불상
06 탑
07 건축물
08 서울의 문화유산
09 유네스코에 등재된 우리 문화재
10 근대의 문물

빈출주제 TOP5로 끝내는 합격직행노트

빈출주제 2위 문화유산

01 선사 시대의 문화유산

최근 3개년 시험에서 **12회 출제** ★★☆

구석기 시대

주먹도끼(뗀석기)
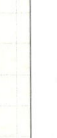
짐승을 사냥하거나 짐승의 가죽을 벗기는 데 사용함

🐝 또 나올 기출 지문
주먹도끼, 찍개 등 구석기 시대의 대표적 유물이 한반도 남부에서 최초로 출토된 곳이다. 55회

슴베찌르개

자루에 연결하여 창끝이나 화살촉 등으로 사용함

🐝 또 나올 기출 지문
단양 수양개 유적에서 출토된 이 슴베찌르개는 주먹도끼와 함께 구석기 시대의 대표적인 유물 중 하나입니다. 47회

신석기 시대 → 농경과 목축 시작

신석기 시대

가락바퀴

뼈바늘과 함께 **옷이나 그물을 제작**하는 데 이용됨

🐝 또 나올 기출 선택지
가락바퀴를 이용하여 실을 뽑았다. 75회

움집

원형 또는 사각형의 반지하형 가옥, 중앙에 화덕 설치

🐝 또 나올 기출 선택지
정착 생활을 하게 되면서 움집이 처음 만들어졌습니다. 39회

⭐ **빗살무늬 토기**
음식의 저장과 조리를 위해 제작함

🐝 또 나올 기출 선택지
빗살무늬 토기를 만들어 식량을 저장하였다. 71회

⭐ **갈돌과 갈판**

나무 열매나 곡물 껍질을 벗기는 데 사용함

🐝 또 나올 기출 선택지
부산 동삼동 유적에서는 곡물 등을 가공하는 데 사용한 갈돌과 갈판도 출토되었습니다. 58회

01 선사 시대의 문화유산

꼭 함께! 청동기 시대의 대표 유물과 유적의 생김새

청동기 시대

비파형동검

청동기 시대의 동검

또 나올 기출 지료
검명(劍身) 아랫부분의 폭이 넓고 둥근 비파 모양을 이루며, 중앙보다 약간 위에 두 렷한 좌우 돌기가 있는 것이 특징임. 73회

반달 돌칼

곡식의 이삭을 추수하는 데 사용함

또 나올 기출 선택지
반달 돌칼을 사용하여 벼를 수확하였다. 73회

미송리식 토기

청동기 시대 유적지인 미송리 유적에서 발견된 민무늬 토기

고인돌

청동기 시대 지배자였던 군장의 무덤

또 나올 기출 자료
이 고인돌은 그 규모와 출토 유물을 통해서 사유 재산과 계급이 발생한 청동기 시대의 모습을 살펴볼 수 있는 중요한 유적으로 평가되고 있습니다. 57회

↑

철기 시대

세형동검

비파형동검보다 가늘어진 철기 시대의 동검

또 나올 기출 선택지
거푸집을 이용하여 세형 동검을 만들었다. 74회

명도전

중국의 동전으로, 철기 시대 유물과 함께 발견됨

또 나올 기출 선택지
명도전을 이용하여 중국과 교역하였다. 61회

창원 다호리 붓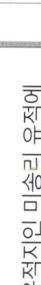

한반도에서 한자를 사용하고 있었음을 보여 줌

독무덤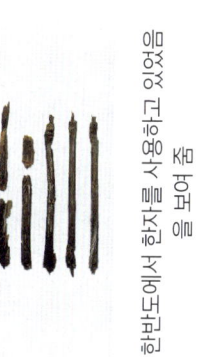

크고 작은 항아리나 독 두 개를 맞붙여서 관으로 사용함

빈출주제 TOP5로 끝내는 합격직행노트

2위 문화
분야

빈출주제 2위 문화유산

02 고대의 문화유산

최근 37개년 시험에서
4회 출제
★☆☆

백제

칠지도

- 4세기 근초고왕 때 일본에 하사한 것으로 추정
- 현재 일본 이소노카미 신궁에서 보관

🔍 또 나올 기출 선택지
백제 - 왜에 칠지도를 만들어 보냈다. 74회

무령왕릉 지석

- 무령왕릉에서 발견된 지석으로 죽은 사람의 인적 사항을 기록함

🔍 또 나올 기출 선택지
무덤의 주인을 알 수 있는 묘지석이 출토되었다. 35회

고구려

🔖 꼭 알기!! 고구려 고분 벽화의 이미지

무용총 수렵도

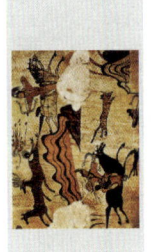

- 사냥하는 모습을 담은 고분 벽화

강서 대묘 사신도

- 도교의 사방신 중 북쪽의 현무를 그린 고분 벽화

무용총 접객도

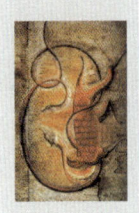

- 고구려인의 생활상을 담은 고분 벽화

🔍 또 나올 기출 자료
이번 특별전에서는 북한의 예술가들이 모사한 강서대묘 사신도, 무용총 수렵도 등의 고분 벽화 수십 점이 전시된다. 43회

각저총 씨름도

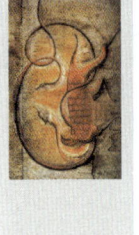

- 고구려에서 씨름(각자)이 행해졌음을 알 수 있는 고분 벽화

광개토 대왕릉비

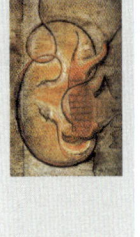

- 만주에 위치
- 장수왕이 광개토 대왕을 기리기 위해 건립

충주 고구려비

- 충주에 위치
- 한반도에서 발견된 유일한 고구려비

02 고대의 문화유산

가야

꼭 암기! 금관가야와 대가야의 대표 유물

금관가야 철제 갑옷

김해 양동리 고분군에서 출토

★ 금관가야 철제 갑옷

김해 대성동 고분군에서 출토

대가야 금동관

고령 지산동 고분군에서 출토

📖 도 나올 기출 자료
이 유물은 고령 지산동 32호분에서 출토된 것입니다. 이러한 유물을 만든 나라에 대해서 발표해 보세요. 30회

대가야 판갑옷과 투구

고령 지산동 고분군에서 출토

백제

★★ 백제 금동대향로

- 신선이 살고 있는 이상 세계를 표현함(도교와 관련)
- 부여 능산리 절터에서 출토됨

📖 도 나올 기출 자료
- 종목: 국보
- 지정일: 1996년 5월 30일
- 소개: 부여 능산리 절터에서 출토되었다. 백제의 공예 기술 수준을 보여주는 문화유산으로 불교와 도교 사상 등을 복합적으로 반영하고 있다. 64회

산수무늬 벽돌

자연과 함께 살고자 하는 백제인의 예술 세계를 보여 줌(도교와 관련)

무령왕릉 석수(진묘수)

악귀를 쫓기 위해 무령왕릉 안에 둔 석상

📖 도 나올 기출 자료
동상 앞 석상은 중국 남조의 영향을 받아 벽돌로 축조한 무령왕의 무덤에서 출토된 진묘수 모형입니다. 57회

02 고대의 문화유산

신라

임신서기석

- 화랑으로 추정되는 두 젊은이가 유교 경전을 습득하기로 했다는 내용이 기록되어 있음

도기 기마인물형 명기

- 신라 남성의 마구장식 등 신라인의 기마 문화가 표현되어 있음

서울 북한산 신라 진흥왕 순수비

- 진흥왕이 한강 하류 지역 정복 후 순수한 것을 기념하기 위해 건립

도 나올 기출 자료
국보 제3호인 이 비석은 진흥왕 대의 영토 확장을 보여준다. 35회

꼭 알기! 진흥왕이 세운 비석의 이름과 건립 목적

천마총 금제 관식

- 경주 천마총에서 출토된 금제 관식

단양 적성비

- 진흥왕이 단양의 적성을 점령한 뒤 공을 세운 자에게 포상한다는 내용을 적어 건립

도 나올 기출 사료
적성(赤城) 야이차에게 교(敎)하시기를 ...... 좋은 일을 하는 데 힘을 쓰다가 죽게 되었으므로 ...... 이(利)를 허락하였다. 37회

황남대총 북분 금관

- 황남대총에서 출토된 금관으로, 신라 금관을 대표함

호우명 그릇

- 경주 호우총에서 출토됨
- 광개토 대왕의 이름이 새겨져 있어 당시 신라와 고구려의 관계를 보여 줌

천마총 천마도
- 천마총에서 출토된 말의 안장 장식에 그려진 그림

도 나올 기출 선택지
내부에서 천마도가 수습되었다. 48회

02 고대의 문화유산

발해

치미

발해의 수도였던 상경 용천부에서 출토된 대형 치미는 고구려와의 문화적 연관성을 확인할 수 있는 중요한 유물입니다. 44회

또 나올 기출자료

발해 석등

발해 석조 미술의 대표적인 작품

연화문 와당
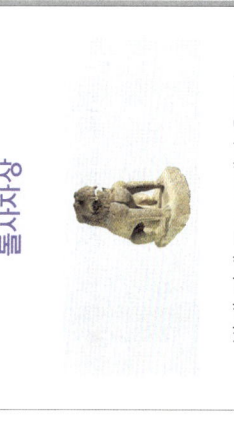
고구려의 영향을 받은 연꽃무늬 기와

또 나올 기출자료

러시아 연해주의 크라스키노 성 유적에 대해 한·러 공동 발굴을 실시한 결과 고구려의 영향을 받은 연화문 와당 등이 출토되었고, 온돌이 확인되었다. 31회

복습필수 고구려의 영향을 받은 발해의 대표 문화유산

돌사자상

발해 정혜 공주 묘에서 출토됨

신라

성덕 대왕 신종
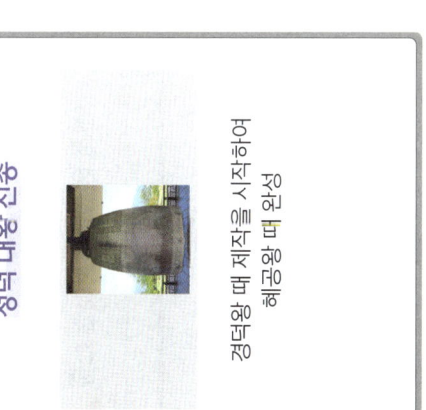
경덕왕 때 제작을 시작하여 혜공왕 때 완성

보은 법주사 쌍사자 석등

보은 법주사의 석등으로, 통일 신라 시기에 조성됨

빈출주제 2위 문화유산

03 고려 시대의 문화유산

최근 3개년 시험에서 9회 출제

꿀팁TIP 고려 시대 청자의 이름과 생김새

고려 시대

청동 은입사 포류수금문 정병

청동기 표면에 은으로 무늬를 장식하는 은입사 기술로 제작된 물병

청자 인물형 주전자

고려 시대의 청자 주전자, 머리에 모자(관)를 쓰고 도포를 입은 사람이 복숭아를 얹은 그릇을 들고 있는 모습을 표현함

청자 상감 운학문 매병
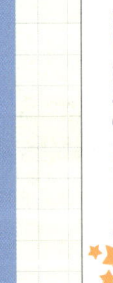
13세기에 제작된 상감 청자로, 구름과 학의 무늬를 새김

청자 상감 모란문 표주박 모양 주전자
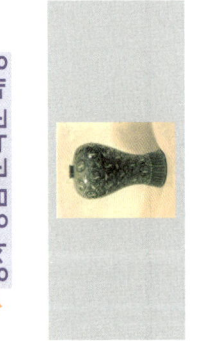
고려 시대의 청자 주전자, 상감 기법으로 구름과 학, 모란 등을 나타냄

청자 참외모양 병

참외 모양을 닮은 고려 청자

청자 투각칠보문뚜껑 향로

청자로 만든 향로

03 고려 시대의 문화유산

고려 시대

수월관음도

관음보살을 그린 그림

양류관음도

고려 시대 승려인 혜허가 그린 관음보살 그림

나전 국화 넝쿨무늬 화형함

옻칠한 바탕에 자개를 붙여 무늬를 나타내는 나전칠기 방식으로 만든 보관함

나전 국화 넝쿨무늬 자함

옻칠한 바탕에 자개를 붙여 무늬를 나타내는 나전칠기 방식으로 만든 보관함

04 조선 시대의 문화유산

빈출주제 2위 문화유산

최근 3개년 시험에서 5회 출제 ★★☆

조선 전기

꼭 알기! 조선 전기의 회화의 대표 작품

몽유도원도 — 안견

안평대군의 꿈을 그린 그림
현실과 이상 세계의 조화를 표현

도나를 기출 자료
이 그림은 안견이 안평대군의 꿈 이야기를 듣고 그린 것입니다. 현실 세계와 이상 세계가 대비를 이루면서도 전체적으로 통일된 분위기를 자아내고 있습니다. 65회

고사관수도 — 강희안

간결하고 과감한 필치로 인물의 내면 세계를 표현

도나를 기출 자료
조선 전기 사군자 그림·글씨에 모두 뛰어난 것으로 유명했던 강희안의 대표작으로 간결하고 과감한 필치가 돋보인다. 72회

초충도 — 신사임당

풀과 벌레를 소재로 하여 그린 그림

초충도 — 신사임당

풀과 벌레를 소재로 하여 그린 그림

분청사기 박지태극문 편병

태극 무늬가 새겨진 것이 특징

분청사기 음각어문 편병

두 마리의 물고기가 새겨짐

04 조선 시대의 문화유산

조선 후기

백자 청화죽문 각병

대나무를 그려 선비의 당당함과 기개 표현

> **자료 기출자료**
> 국보 제258호인 이 자기는 회화청 또는 토청 등의 코발트 안료를 사용하여 만들어진 것입니다. 이러한 종류의 자기는 조선 전기부터 생산되었고, 후기에 널리 보급되었습니다. 49회

씨름도
김홍도

김홍도가 그린 풍속화

백자 달항아리

사대부의 취향을 반영하여 순백의 고상함 표현

호작도

조선 후기 서민 문화의 발달로 그려진 민화

쏙암기! 조선 후기에 만들어진 자기의 특징

백자 철화 포도원숭이문 항아리

포도 넝쿨을 생생하게 표현

매화초옥도
전기

한겨울 깊은 산속의 초옥에 홀로 살고 있는 벗을 찾아가는 내용을 담은 작품

04 조선 시대의 문화유산

조선 후기

꼭 알기! 조선 후기 화가들의 대표 작품의 이름과 특징

금강전도
정선

금강산의 경치를 그린 진경 산수화

> 또 나올 기출 자료
> 그는 우리나라의 산천을 사실적으로 표현한 진경 산수화의 대표적인 화가로 금강전도를 비롯한 뛰어난 작품을 남겼지. 47회

총석정도
김홍도

김홍도가 그린 산수화

인왕제색도
정선

인왕산의 경치를 그린 진경 산수화

자리짜기
김홍도

실을 뽑고 자리를 짜는 모습을 그린 풍속화

영통동구도
강세황

서양화의 기법을 사용하여 그린 작품

무동
김홍도

춤추는 아이와 악사들의 모습을 그린 풍속화

04 조선 시대의 문화유산

돌발키 신윤복과 김정희의 대표 그림

조선 후기

세한도와 추사체
김정희

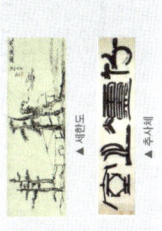
▲ 세한도 ▲ 추사체

김정희가 그린 문인화와 독창적인 글씨체

또 나올 기출 자료
이 작품은 김정희가 제주도 유배 중일 때 사제의 의리를 변함없이 지킨 제자 이상적에게 그려준 것으로, 시서화(詩書畵)의 일치를 추구하였던 조선 시대 문인화의 진수를 보여준다. 56회

불이선란도
김정희

부작란도라고도 불림

월하정인
신윤복

달빛 속에서 두 연인이 만나는 모습을 그린 풍속화

파적도
김득신

병아리를 물고 도망가는 고양이의 모습을 그린 풍속화

또 나올 기출 자료
이 그림은 김득신이 그린 풍속화로 병아리를 물고 도망가는 고양이와 이에 놀란 닭, 긴 담뱃대로 이를 제지하려는 남성의 모습 등이 묘사되어 있다. 조용한 여염집에서 벌어진 소동을 그렸기 때문에 파적도라 불리기도 한다. 38회

⭐ 단오풍정
신윤복

단오를 즐기는 여성들의 모습을 그린 풍속화

노상알현도
김득신

평민 남녀가 양반에게 머리를 조아리는 모습을 그린 풍속화

빈출주제 TOP5로 끝내는 합격직행노트

빈출주제 2위 문화유산

05 불상

최근 3개년 시험에서 **5회 출제** ★★☆

삼국 시대

※ 꼭 나올 포인트 삼국의 대표 불상들의 이름과 특징

고구려
금동 연가 7년명 여래 입상
광배 뒷면에 '연가 7년'이라는 연대가 새겨져 있음

🐸 **또 나올 기출 자료**
고구려 때 평양 동사의 승려들이 만든 천 불(千佛) 중 하나이다. 광배 뒷면에 연가(延嘉) 7년이라는 연대가 새겨져 있다. 69회

백제
서산 용현리 마애 여래 삼존상
절벽에 조각(마애)된 불상, '백제의 미소'라 불림

🐸 **또 나올 기출 자료**
국보로 지정된 이 마애불은 둥근 얼굴 안에 자비로운 인상을 지녀 '백제의 미소' 라고 불립니다. 53회

백제
부여 익산 금동 보살 입상
관음보살을 형상화한 금동 보살 입상

금동 미륵보살 반가 사유상 (국보 78호)
화려한 관을 쓰고 있는 반가 사유상

금동 미륵보살 반가 사유상 (국보 83호) ⭐
일본 고류사 목조 미륵보살상에 영향을 주었으며, 삼 면이 각각 둥근 산 모양을 이루는 관을 쓰고 있음

남북국 시대

신라
경주 석굴암 본존불
- 인공 석굴인 석굴암 안에 있는 불상
- 통일 신라의 비례미와 조화미를 엿볼 수 있음

신라
경주 배동 석조 여래 삼존 입상
푸근한 자태와 부드럽고 온화한 미소가 특징

발해
이불 병좌상
두 부처가 나란히 앉아 있는 모습으로, **고구려의 영향**을 받음(광배)

05 불상

고려 시대

⭐ 논산 관촉사 석조 미륵보살 입상

고려 초기의 불상으로, 호족들이 지원을 받아 지방색이 드러남

서울 보타사 마애보살 좌상
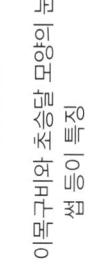
뚜렷한 이목구비와 꽃송이 모양의 눈썹 등이 특징

⭐ 영주 부석사 소조 여래 좌상

이성이 지은 부석사에 위치한 불상, 신라의 전통 양식을 계승하여 제작

⭐ 파주 용미리 마애이불 입상

두 불상을 절벽에 조각(마애)하여 마애이불이란 이름이 붙여짐

하남 하사창동 철조 석가 여래 좌상

고려 초기의 대형 철불로, 지방 호족과 연관되어 있음

안동 이천동 마애여래 입상

바위에 옷주름과 손을 조각하고 부처 머리만 따로 올려 제작한 불상

06 탑

빈출주제 2위 문화유산

최근 3개년 시험에서 9회 출제 ★☆☆

> 꼭 암기! 삼국의 대표적인 탑의 이름과 특징

삼국 시대

백제 - 익산 미륵사지 석탑

- **현존하는 최고(最古)의 석탑**
- 목탑의 양식을 본떠 만든 석탑
- 석탑 내부에서 사리 장엄구와 금제 사리 봉안기가 출토됨

💡 **또 나올 기출 자료**
- 종목: 국보 제11호
- 소재지: 전라북도 익산시
- 소개: 현존하는 삼국 시대 석탑 중 가장 규모가 크며 목탑 양식을 반영하여 건립되었다. 탑의 중심부에는 여러 개의 사각형 돌을 수직으로 쌓아 올린 기둥이 1층 삼주석(심주)이 4층까지 연속된다. 1층 삼주석에서 발견된 사리봉영기의 기록을 통해 석탑의 건립 연도가 639년으로 명확하게 밝혀졌다. 51회

백제 - 부여 정림사지 오층 석탑

- 목탑에서 석탑으로 넘어가는 과도기적 형태의 탑
- 백제 예술의 정수
- **평제탑**이라고 불리기도 하였음

💡 **또 나올 기출 자료**
- 종목: 국보 제9호
- 소재지: 충청남도 부여군
- 소개: 이 탑은 목탑의 구조를 석재로 표현하고 있는 석탑이다. 세부 수법에 있어서는 목조 양식을 그대로 재현하는 데에서 탈피하여 세련되고 창의적인 조형을 보이고 있다. 1층 탑신에는 백제 멸망 후 당의 장수 소정방이 쓴 글이 새겨져 있다. 31회

신라 - 경주 분황사 모전 석탑

- 돌을 벽돌 모양으로 만들어 쌓은 탑
- 현존하는 **신라 석탑 중 제일 오래됨**

💡 **또 나올 기출 자료**
국보 제30호로 현재 남아있는 신라 석탑 중에 가장 오래된 것이다. 돌을 벽돌 모양으로 다듬어 쌓았다는 점이 특징이며, 선덕여왕 3년에 건립된 것으로 추정된다. 67회

남북국 시대 탑

경주 감은사지 삼층 석탑 (신라)

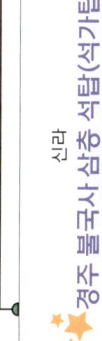

- 신라 중대의 석탑
- 2층 기단 위에 3층으로 탑신부를 올리통일 신라의 전형적인 석탑 양식으로 만들어짐

🔍 **또 나올을 기출 자료**

이 탑은 신문왕 2년에 세워진 것으로, 국보 제112호로 지정된 쌍탑 중 동탑이다. 이 탑은 삼국 통일 이후 조성된 석탑 양식의 전형을 보여주는 것으로 여러 개의 석재로 조립되었다는 점이 특징이다. 이 탑이 있는 절은 삼국을 통일한 문무왕이 왜군을 막아 아들인 신문왕이 무왕하였다. 43회

경주 불국사 다보탑 (신라)

- 신라 중대의 석탑
- 불국사의 동쪽 탑
- 기존 석탑과는 다른 독특한 양식으로 건립

★꼭 알기! 경주 불국사의 대표적인 탑의 이름과 특징

경주 불국사 삼층 석탑(석가탑) (신라)

- 불국사의 서쪽에 위치한 탑
- 탑신부에서 『무구정광대다라니경』 이 출토됨

🔍 **또 나올을 기출 자료**

우리나라의 대표적인 석탑으로 무영탑이라고도 불린다. 8세기 경에 제작된 것으로 추정되는 이 탑은 불국사 대웅전 앞뜰 서쪽에 세워져 있다. 탑 전체의 무게를 지탱할 수 있도록 탑신 2층이 기단이 튼실하게 짜여 있으며, 전체적인 균형이 알맞아 세련되고 안정된 느낌을 준다. 1966년 도굴로 탑이 손상되자, 이를 수리하다가 탑의 내부에서 『무구정광대다라니경』을 발견하였다. 71회

발해 영광탑

중국의 영향을 받아 벽돌로 만든 전탑 (벽돌탑)

06 탑

남북국 시대

> **쪽집게!** 신라 하대에 만들어진 탑의 특징

신라 화순 쌍봉사 철감선사 승탑 ★

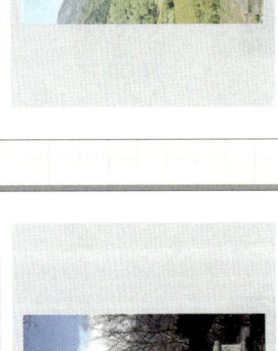

- 신라 하대 선종의 유행으로
- 승려의 사리를 모시기 위해 만든 승탑

> **도 나올 기출 자료**
> - 종목: 국보 제57호
> - 장소: 전라남도 화순군 쌍봉사
> - 소개: 철감선사 도윤의 사리를 모신 팔각 원당형 승탑으로 뛰어난 조형미를 갖추고 있다. 신라 하대 선종의 유행과 깊은 관련이 있는 문화유산이다. 36회

신라 양양 진전사지 삼층 석탑

- 신라 하대의 석탑
- 기단부와 1층 탑신부에 불상 조각

신라 화엄사 사사자 삼층 석탑

- 통일 신라 전성기 때 만들어진 것으로 추측

신라 안동 법흥사지 칠층 전탑

- 현형이 보존된 한국 최고(最古)의 전탑(벽돌탑)

06 탑

꼭함께 고려 시대 대표적인 다각 다층탑의 이름과 특징

고려 시대

평창 월정사 팔각 구층 석탑

송의 영향을 받은 다각 다층탑

도나옴 기출자료
- 소재지: 강원도 평창군
- 소개: 고려 시대 다각 다층 석탑을 대표하는 작품이다. 탑의 꼭대기 머리 장식이 완벽하게 남아 있고 지붕돌의 귀퉁이마다 풍경을 달아 화려한 아름다움을 더한다. 2000년대 들어 실시된 조사 결과 석탑의 조성 연대가 고려 전기로 밝혀졌다. 67회

충주 정토사지 홍법국사탑

탑의 몸돌을 공모양으로 제작하는 새로운 기법을 보여준 고려 전기의 탑

조선 시대

개성 경천사지 십층 석탑

- **원의 영향**을 받음
- 일본으로 반출되었다가 되돌려 받아 경복궁으로 옮겨짐. 이후 국립 중앙박물관으로 이전됨

도나옴 기출자료
- 원의 영향을 받아 대리석으로 만든 석탑
- 원각사지 십층 석탑에 영향을 주었음 56회

원각사지 십층 석탑

고려 경천사지 십층 석탑의 영향을 받아 세조 때 건립
- 상륜부가 없는 것이 경천사지 십층 석탑과 다른 점
- 종로 탑골 공원에 위치

도나옴 기출자료
세조 때 축조하였으며, 현재 국보로 지정되어 있습니다. 대리석으로 만든 이 탑이 각 면에는 부처, 보살, 천인상 등이 새겨져 있습니다. 57회

07 건축물

빈출주제 2위 문화유산

최근 3개년 시험에서 **2회 출제** ★☆☆

꼭 함께! 고려 시대 목조 건축물의 이름과 특징

고려 시대

안동 봉정사 극락전

- 주심포 양식 건물
- **현존하는 가장 오래된 목조 건물**
- 공민왕 때 지붕을 크게 수리했다는 상량문의 기록을 통해 건축 연대를 추정할 수 있음

🔍 **도나을 기출 자료**
- 종목: 국보 제15호
- 소재지: 경상북도 안동시
- 소개: 단층 맞배 지붕의 주심포계 건물로 조선 위에는 배흘림 기둥을 세웠다. 이 건물은 우리 나라에 남아 있는 목조 건축물 중 가장 오래된 것으로 인정받고 있어 그 가치가 높다. 56회

영주 부석사 무량수전

- 주심포 양식 건물
- **배흘림 기둥이 특징**

예산 수덕사 대웅전

- 주심포 양식 건물
- **맞배 지붕이 특징**

조선 후기

보은 법주사 팔상전

- **현존하는 우리나라 유일의 목조 5층탑**
- 국보 제55호인 보은 법주사 팔상전은 현존하는 유일의 조선 시대 목탑으로 임진왜란 때 불타 없어졌는데, 인조 때 다시 조성된 것입니다. 45회

🔍 **도나을 기출 자료**

김제 금산사 미륵전

정유재란 때 소실되어 인조 때 다시 지은 목조 건물

구례 화엄사 각황전

임진왜란 때 소실되어 숙종 때 중건됨

🔍 **도나을 기출 자료**
현존하는 중층의 불전 중에서 가장 큰 규모로 내부 공간은 층의 구분 없이 통층으로 구성되어 웅장한 느낌을 준다. 임진왜란 때 소실되었으나 1702년(숙종 28)에 중건되어 현재에 이르고 있다. 31회

공주 마곡사 대웅보전

조선 후기의 팔작 지붕 건축물

08 서울의 문화유산

빈출주제 2위 문화유산 | 최근 3개년 시험에서 1회 출제 ★☆☆

경복궁 근정전	• 경복궁의 정전 • 신하들이 조회를 하거나 공식적인 의식을 치르던 곳
경복궁 경회루	• 연못 안에 만들어진 누각 - 사신 접대 및 연회 장소 • 태종 때 지어짐
덕수궁 중명전	• 황실 도서관으로 지어진 근대 건축물 • 을사늑약이 체결된 곳
덕수궁 석조전	• 대한 제국 시기에 건립된 서양식 석조 건물 • 1946년에 제1차 미·소 공동 위원회가 열린 장소
사직단	• 조선 시대에 토지를 관장하는 사신과 곡식을 주관하는 직신에게 제사를 지내던 제단
선농단	• 조선 시대에 국왕이 농사와 관련된 선농씨와 후직씨에게 풍년을 기원하는 제사를 지내던 제단
한양 도성	• 수도인 한양을 방어하기 위해 축조된 성곽 • 정도전이 설계, 도성축조도감에서 관장함 • 4대문(흥인지문, 돈의문, 숭례문, 숙정문)과 4소문 및 암문, 수문, 여장, 옹성 등의 방어 시설을 갖추고 있음
동관왕묘	• 중국 촉나라 장수 관우의 제사를 지내던 곳 • 임진왜란 이후에 세워짐
환구단	• 고종이 황제 즉위식을 거행한 곳 • 현재는 황궁우만 남아있음
구 러시아 공사관	• 을미사변 이후 신변에 위협을 느낀 고종이 거처를 옮긴 곳
손탁 호텔	• 대한 제국 시기에 독일 여성 손탁이 세운 최초의 서양식 호텔

09 근대의 문물

빈출주제 2위 문화유산

최근 3개년 시험에서 **12회 출제** ★★

연표

- **1883**
  - 전환국(화폐), 박문국(출판) 설치
  - 한성순보 발행 
  - 원산 학사 설립

- **1884**
  - 우정총국 설치

- **1885**
  - 광혜원 설립
  - 배재 학당 설립 

- **1886**
  - 육영 공원 설립 ★★
  - 이화 학당 설립
  - 한성주보 발행

- **1887**
  - 경복궁에 전등 설치

- **1890**
  - 구 러시아 공사관 완공

- **1896**
  - 독립신문 발간

- **1897**
  - 독립문 건립

- **1898**
  - 명동 성당 건립
  - 한성 전기 회사 설립 
  - 황성신문 발간

- **1899**
  - 서대문~청량리 전차 개통 
  - 경인선 개통

- **1900**
  - 만국 우편 연합 가입 ★★
  - 한성 전기 회사 가동
  - 서울에 가로등 설치
  - 원각사 설립

- **1904**
  - 대한매일신보 발간
  - 세브란스 병원 설립

- **1905**
  - 경부선 개통

- **1906**
  - 광혜궁 거서감(?)

- **1907**
  - 원산 학교 설립

- **1908**
  - 동양 척식 주식회사 설립

- **1910**
  - 덕수궁 석조전 완공

유네스코에 등재된 우리 문화재

빈출주제 2위 문화유산

최근 3개년 시험에서 7회 출제 ★☆☆

1. 유네스코 세계유산

창덕궁

- 광해군 때부터 고종 때까지 임금 이 정사를 보던 정궁
- 자연과 건물이 조화롭게 배치된 후원이 특징(대표 건축물: 주합루)

🔖 **또 나올 기출 선택지**
① 태종이 도읍을 한양으로 다시 옮기며 건립하였다. 70·66·64회
② 후원에 왕실 도서관인 규장각이 있었다. 60회

수원 화성

- 정조가 건설하려고 한 이상 도시로, 군사적·상업적 기능 보유
- 정약용이 거중기와 같은 과학 기구를 활용하여 건축

종묘 ✨

- 조선의 왕과 왕비 및 추존된 왕과 왕비의 신주를 모시고 제사를 지내던 사당
- 건축물과 함께 제사, 음악, 무용 등 이 무형유산으로 함께 보존됨

🔖 **또 나올 기출 선택지**
역대 국왕과 왕비의 신주가 모셔져 있다. 68회

불국사
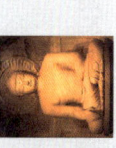
- 경덕왕 때 김대성이 불국토를 실현하기 위해 건립

🔖 **또 나올 기출 선택지**
『무구정광대다라니경』이 발견된 삼층 석탑이 있다. 70회

합천 해인사 장경판전

- 팔만대장경을 보관하기 위해 지은 조선 시대 건축물

🔖 **또 나올 기출 선택지**
팔만대장경판을 보관하고 있는 장경판전이 있다. 70회

석굴암

- 경덕왕 때 김대성이 건립
- 본존불을 모시기 위해 화강암으로 만든 인공 석굴

유네스코에 등재된 우리 문화재

제주 화산섬과 용암 동굴

- 제주도에 위치한 한국 최초의 세계 자연유산 지구

남한산성

- 유사시 임시 수도의 기능을 담당할 수 있게 축조됨
- **병자호란** 때 인조가 피난간 곳

🔖 **도 나올 기출 선택지**
병자호란 때 인조가 피란하여 항전하였다. 73회

경주 역사 유적 지구

- 경주에 몰려있는 신라의 유적 대표 유적지
  - 월성 지구: 월성, 안압지, **첨성대** 등
  - 남산 지구: 경주 배동 석조여래삼 존입상, 포석정 등
  - 대릉원 지구: 대릉원 일원 등
  - 황룡사 지구: 황룡사지, **분황사지** **모전 석탑**
  - 산성 지구: 명활산성 등

한국의 역사 마을: 하회와 양동

- 안동의 **하회** 마을과 경주의 **양동** 마을로 구성됨
- 두 마을 모두 양반 주거 문화의 원형을 보존하고 있음

고창·화순·강화 고인돌 유적
- 고창, 화순, 강화 세 지역에 남아 있는 **고인돌 고분**

조선 왕릉

- 조선의 왕과 왕비 및 추존된 **왕, 왕비의 무덤**

10 유네스코에 등재된 우리 문화재

백제 역사 유적 지구

- 백제의 옛 수도인 공주시, 부여군과 천도를 시도했던 익산시의 역사 유적 대표 유적지
  - 공주: 공산성, 송산리 고분군
  - 부여: 부소산성, 능산리 고분군, 정림사지(정림사지 5층 석탑)
  - 익산: 왕궁리 유적, 미륵사지(미륵사지 석탑)

산사, 한국의 산지 승원

한국 불교의 깊은 역사성을 보여주는 양산 통도사, 영주 부석사, 안동 봉정사, 보은 법주사, 공주 마곡사, 순천 선암사, 해남 대흥사 등 7곳의 산지 승원

> **또 나올 기출 선택지**
> 배흘림기둥에 주심포 양식으로 축조된 무량수전이 있다. 70회

한국의 서원

- 사림에 의해 건립된 조선 시대의 성리학 교육 시설
  영주 소수서원, 함양 남계서원, 경주 옥산서원, 안동 도산서원, 장성 필암서원, 대구 도동서원, 안동 병산서원, 정읍 무성서원, 논산 돈암서원 등 9곳의 서원으로 구성됨

반구천의 암각화

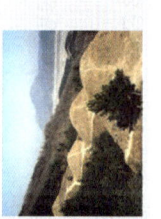

울주 대곡리 반구대 암각화와 울주 천전리 명문과 암각화를 포함한 단일 유산

가야 고분군

김해 대성동 고분군, 함안 말이산 고분군, 합천 옥전 고분군, 고령 지산동 고분군, 고성 송학동 고분군, 창녕 교동과 송현동 고분군, 남원 유곡리와 두락리 고분군 등 7개의 가야 고분군

한국의 갯벌

서천갯벌(충남 서천), 고창갯벌(전북 고창), 신안갯벌(전남 신안), 보성-순천갯벌(전남 보성·순천) 등 총 4개로 구성된 자연유산

10 유네스코에 등재된 우리 문화재

2. 유네스코 세계 기록유산

『훈민정음』해례본	• 조선 시대 세종과 집현전 학자들이 창제한 문자 • 훈민정음에 대하여 설명한 일종의 한문 해설서를 편찬 → 이 책의 이름을 '훈민정음' 또는 '훈민정음 해례본'이라 함	
『조선왕조실록』	왕의 사후에 춘추관 내에 설치된 실록청에서 사관들이 작성한 『사초』를 기본으로 『시정기』, 『승정원일기』, 『의정부등록』, 『비변사등록』, 『일성록』 등을 통합하여 편찬한 편년체 책판	
『직지심체요절』	고려 우왕 때 청주 흥덕사에서 금속 활자로 인쇄 현존하는 세계에서 가장 오래된 금속 활자 인쇄본 현재 프랑스 국립 도서관에 소장되어 있음	
『승정원일기』	조선 시대에 승정원의 업무를 기록한 세계 최대의 연대기 기록물 왕과 신하 간에 오고간 문서와 국왕의 일과를 기록	
조선 왕조 『의궤』	• 조선 시대 왕실의 주요 행사(결혼식, 장례식, 연회, 사신 영접 등)에 대한 내용을 그림과 글로 기록한 것 • 강화도의 외규장각에서 보관하던 중 병인양요 때 프랑스에 약탈당함 → 2011년에 대여 형식으로 반환됨	
고려대장경판 및 제경판	• 고려 시대 부처의 힘으로 몽골의 침입을 극복하고자 강화도에서 제작 • 합천 해인사 장경판전에 보관 중	
『동의보감』	광해군 때 허준이 동양 의학을 집대성해 저술한 백과 사전식 의서	
일성록	• 정조가 세손 시절부터 공식적인 국정 일기로 전환됨 • 국정에 관한 제반 사항들이 기록되어 있는 일기	
5·18 민주화 운동 기록물	5·18 민주화 운동이 발발과 진압, 이후의 진상 규명 및 보상 등과 관련된 자료를 포함하는 기록물	
난중일기		이순신 장군이 임진왜란 때에 진중(진영 안)에서 저술한 친필 일기
새마을운동 기록물		새마을 운동(1970~1979)에 관한 정부의 행정 문서와 성공 사례 원고, 편지, 교재, 관련 사진과 영상 등의 자료
한국의 유교 책판		조선 시대에 718종의 유교 서책을 간행하기 위해 판각한 책판
'이산가족을 찾습니다' 기록물		남한 내에서 흩어진 이산가족을 찾기 위해 1983년 KBS에서 방영된 특별 생방송의 녹화 원본, 업무 수첩, 이산가족이 직접 작성한 신청서, 일일 방송 진행표, 큐시트, 기념 음반, 사진 등의 기록
조선 왕실 어보와 어책		조선 왕실에서 책봉하거나 존호를 수여할 때 제작돼 의례용 도장을 보여주는 그 교서인 어책
국채 보상 운동 기록물		1907년부터 1910년까지 일어난 국채 보상 운동의 전 과정을 보여주는 기록물
조선 통신사 기록물		1607년부터 1811년까지 일본 에도 막부에 초청으로 총 12회에 걸쳐 파견되었던 조선 통신사에 관한 기록물
4·19 혁명 기록물		2·28 대구 학생 시위부터 4·19 혁명까지의 전후 과정과 관련된 기록물
동학 농민 혁명 기록물		1894년~1895년 조선에서 발발한 동학 농민 혁명과 관련된 기록물
제주 4·3 사건 기록물		제주 4·3 사건 당시 이해 당사자들이 각자 생산한 기록물
산림녹화기록물		황폐한 산림을 녹화하기 위해 추진된 산림녹화사업에 관한 기록물

빈출주제 3위 ──── 왕

학습 꿀팁

시험 전날까지는 왕의 이름과 왕의 업적을 연결하여 꼼꼼히 외우고, 사료와 선택지를 읽으며 눈에 익혀두세요. 시험장에서 빠르게 마무리할 때는 왕의 업적 중 강조된 부분만 외우세요.

01 고구려의 왕
02 백제의 왕
03 신라(통일 이전)의 왕
04 신라(통일 이후)와 발해의 왕
05 고려의 왕
06 조선의 왕
07 조선의 왕(근대)

빈출주제 3위 왕

01 고구려의 왕

최근 3개년 시험에서 6회 출제 ★★☆

기원전 1세기 ~ 4세기

동명성왕
- 고구려 건국

태조왕
- 옥저 정복 → 동해안으로 진출

고국천왕
- 진대법(빈민 구제 제도) 시행

동천왕
- 관구검이 이끄는 군대의 침입을 받음

미천왕
- 서안평 공격, 낙랑군·대방군 축출

고국원왕
- 백제 근초고왕의 침입으로 평양성에서 전사

📖 나올 기출 사료 **고국원왕의 전사** 65회
10월에 백제 왕이 병력 3만 명을 거느리고 평양성을 공격해 왔다. 왕이 군대를 내어 막다가 날아온 화살에 맞아 이달 23일에 서거하였다.

소수림왕
- 태학 설립, 율령 반포, 불교 수용

📖 나올 기출 사료 **소수림왕의 업적** 68회
전진 왕 부견이 사신과 승려 순도를 파견하여 불상과 경문을 보내오자, 왕이 사신을 보내 답례로 방물(方物)을 바쳤다.
- 『삼국사기』

5세기

꼭 알기!! 고구려 전성기인 왕은 광개토 대왕과 장수왕의 업적

광개토 대왕
- 연호 영락 사용, 후연 공격, 백제 한성 공격 (한강 이북 진출), 신라에 침입한 왜 격퇴

📖 나올 기출 사료 **광개토 대왕의 신라 구원** 66회
경자년에 왕이 보병과 기병 5만 명을 보내어 신라를 구원하게 하였다. [고구려군이] 남거성을 거쳐 신라성에 이르니, 그곳에 왜적이 가득하였다. 고구려군이 막 도착하니 왜적이 퇴각하였다.

장수왕
- 평양 천도 및 남진 정책 실시, 백제 한성 함락(개로왕 전사), 광개토 대왕릉비 건립

📖 나올 기출 사료 **장수왕의 한성 함락** 60회
고구려 왕 거련(巨璉)이 군사 3만 명을 이끌고 와서 도읍인 한성을 포위하였다. … 왕이 어찌할 바를 몰라 수십 명의 기병을 거느리고 성문을 나가 서쪽으로 달아나니, 고구려 군사가 추격하여 왕을 해쳤다.

문자왕
- 부여 복속(고구려 최대 영토 확보)

6 ~ 7세기

영양왕
- 온달 장군이 한강 수복 노력
- 역사서 『신집』 편찬(이문진)
- 수 양제의 침입(살수 대첩)

📖 나올 기출 사료 **살수 대첩** 59회
살수에 이르러 [수의 군대가] 반쯤 건너자 을지문덕이 군사를 보내 그 후군을 공격하였다. 우둔위 장군 신세웅을 죽이니, (수의) 군대가 전열을 잃어 모두 무너져 9군의 장수와 병졸이 도망쳐 돌아갔다.
- 『삼국사기』

영류왕
- 천리장성 축조 시작, 연개소문의 정변

📖 나올 기출 사료 **연개소문의 정변** 73회
연개소문은 왕이 장성 쌓는 일을 감독으로 세우고 스스로 막리지가 되었다. 그 관직은 당의 병부상서 겸 중서령의 직임과 같다.

보장왕
- 천리장성 축조 완성
- 신라 김춘추의 원병 요청 거절
- 당 태종의 침입(안시성 전투)
- **고구려 멸망**

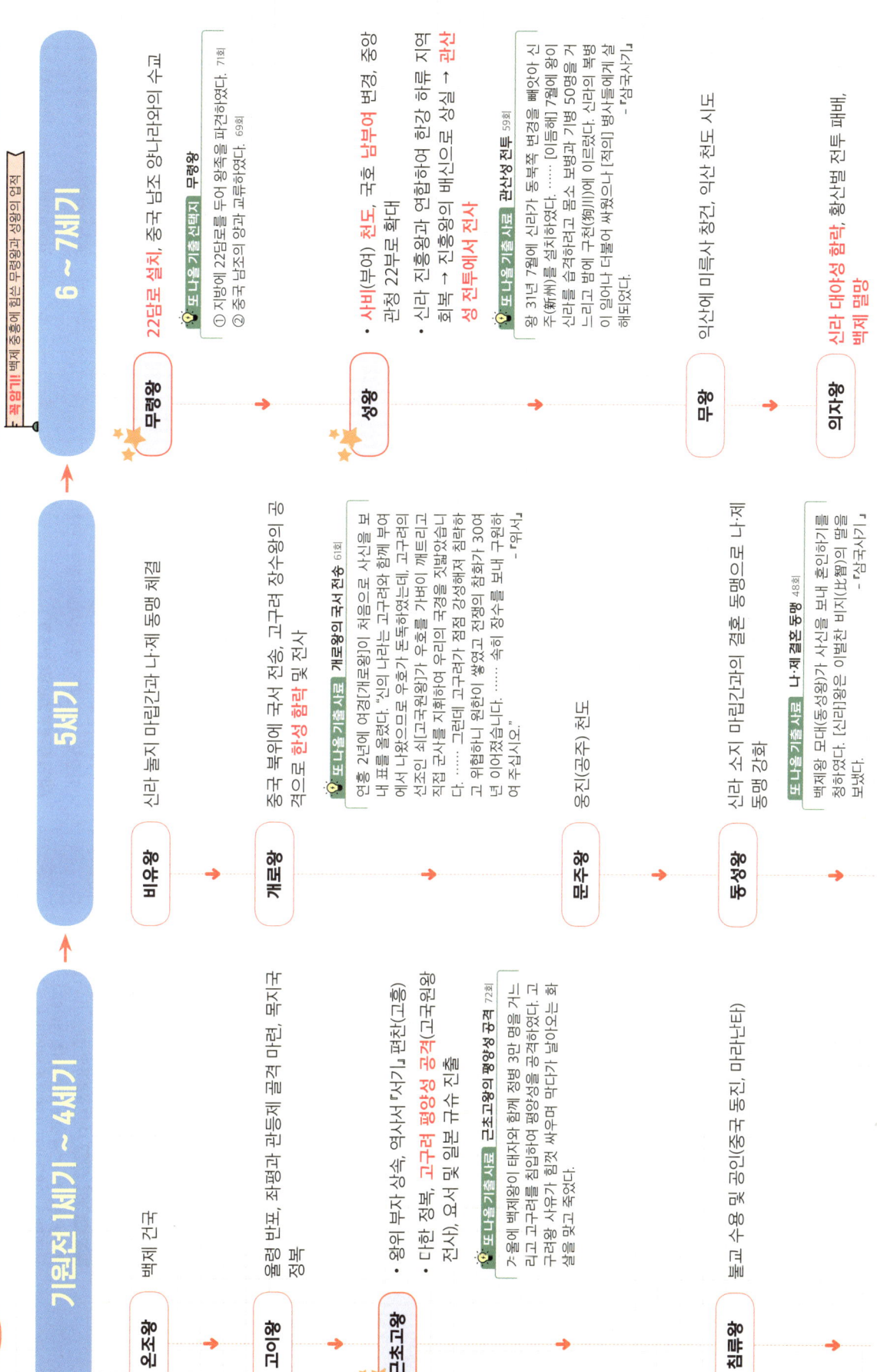

빈출주제 3위 왕

03 신라(통일 이전)의 왕

최근 37개년 시험에서 5회 출제 ★☆☆

꼭 알기! 신라 전성기의 왕인 진흥왕의 업적

기원전 1세기 ~ 5세기

박혁거세
- 신라 건국

내물 마립간
- 김씨 왕위 세습 확립, 지배자의 칭호를 **마립간**으로 변경, 고구려 광개토 대왕의 도움을 받아 왜 격퇴

  🔍 **또 나올 기출 선택지** **내물 마립간**
  ① 신라가 고구려의 도움으로 왜를 격퇴하였다. 48회
  ② 마립간이라는 칭호를 처음 사용하다. 62회

눌지 마립간
- 나·제 동맹 체결(백제 비유왕)

소지 마립간
- 백제 동성왕과 결혼 동맹 체결

  🔍 **또 나올 기출 선택지** **나·제 결혼 동맹** 48회
  백제왕 모대가 사신을 보내 혼인하기를 청하였다.
  [신라왕은] 이벌찬 비지의 딸을 보냈다.
  - 『삼국사기』

6세기

지증왕
- 체제 정비: 국호를 **신라**, 지배자의 칭호를 **왕**으로 개칭
- 정복 활동: 우산국(울릉도) 정벌(이사부)
- 경제·사회: 우경 보급, 순장 금지, 동시·동시전 설치

  🔍 **또 나올 기출 사료** **지증왕 때의 체제 정비** 51회
  "...... 신라(新)는 '덕업이 날로 새로워진다'는 뜻이고, 라(羅)는 '사방을 망라한다'는 뜻이므로 이를 나라 이름으로 삼는 것이 마땅하다고 여겨집니다. ...... 이제 여러 신하들이 한 마음으로 삼가 신라국왕(新羅國王)이라는 칭호를 올립니다." 라고 하였으니 왕이 이를 따랐다.
  - 『삼국사기』

법흥왕
- 체제 정비: **병부**와 **상대등** 설치, 율령 반포, 공복 제정
- 왕권 강화: 연호 사용(건원), 이차돈의 순교를 계기로 불교 공인
- 정복 활동: **금관가야 정복**

진흥왕
- 정복 활동: **한강 유역 확보**, 대가야 정복, 단양 신라 적성비 건립, 순수비(북한산비, 창녕비 등) 건립
- 화랑도 개편, 역사서 『**국사**』(거칠부) 편찬

  🔍 **또 나올 기출 선택지** **진흥왕**
  ① 대가야를 정복하여 영토를 확장하였다. 66회
  ② 국가적인 조직으로 화랑도를 개편하였다. 68회
  ③ 거칠부에게 『국사』를 편찬하게 하였다. 74회

7세기

선덕 여왕
- 정치: 백제 의자왕의 공격으로 대야성 함락
- 문화 사업: **황룡사 구층 목탑** 건립(자장의 건의), 첨성대 축조

  🔍 **또 나올 기출 선택지** **선덕 여왕**
  ① 자장의 건의로 황룡사 구층 목탑을 건립하였다. 59회
  ② 첨성대를 세워 천체를 관측하였다. 52회

진덕 여왕
- 나·당 동맹 체결(김춘추)

무열왕
- 최초의 진골 출신 왕(김춘추)
- 백제 정복 → 삼국 통일의 기초 마련

문무왕
- 고구려 정복 → 당과의 매소성·기벌포 전투(나·당 전쟁) 승리 → 삼국 통일 완성
- 외사정 파견(지방관 감찰)

  🔍 **또 나올 기출 선택지** **문무왕**
  ① 매소성 전투에서 당의 군대를 격파하였다. 71회
  ② 나·당 전쟁에서 승리하여 삼국 통일을 이룩하였다. 74회
  ③ 지방관을 감찰하고자 외사정을 파견하였다. 31회

빈출주제 TOP5로 끝내는 합격직행노트

빈출주제 3위 왕

04 신라(통일 이후)와 발해의 왕

최근 3개년 시험에서 7회 출제
★★☆

> 독립개가 통일 후 왕권 강화에 힘쓴 신문왕의 업적

1. 신라(통일 이후)

7세기 말 ~ 8세기

신문왕
- 체제 정비: 집사부 이하 14관부(중앙) 완성, 9주 5소경(지방) 완비, 9서당 10정(군사) 편성
- 왕권 강화: 귀족 세력 숙청(김흠돌의 난), **관료전 지급, 녹읍 폐지**
- 문화: **국학 설립**, 감은사 창건

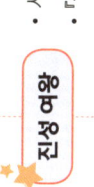

도 나올 기출 선택지 신문왕
① 9서당 10정의 군사 조직을 갖추었다. 70회
② 김흠돌을 비롯한 진골 귀족 세력을 숙청하였다. 7회
③ 관료전을 지급하고 녹읍을 폐지하였다. 74회
④ 국학을 설립하여 유학 교육을 실시하였다. 44회

성덕왕
- 독서삼품과 실시

↑

9 ~ 10세기

흥덕왕
→ 청해진 설치(장보고)

진성 여왕
- 사회 혼란과 백성에 대한 수탈 심화 → 원종과 애노의 난, 전국적인 난 발생
- 『삼대목』(향가집) 편찬

도 나올 기출 자료 진성 여왕 49회
2년 『삼대목』을 편찬하다
3년 원종과 애노가 반란을 일으키다
10년 서남쪽에서 적고적이라 불리는 도적이 일어나다

경순왕
→ 고려 왕건에게 항복 → 신라 멸망

선왕
- 연호(건흥) 사용, 5경 15부 62주의 지방 제도 완비, 중국으로부터 해동성국(바다 동쪽의 융성한 나라)이라 불림

도 나올 기출 선택지 선왕
① 5경 15부 62주의 지방 행정 제도를 갖추었다. 70회
② 전성기를 이루어 당으로부터 해동성국이라 불렸다. 32회

대인선
- 거란의 침입을 받아 멸망함

2. 발해

고왕(대조영)
- 고구려 유민을 모아 만주 지린성 동모산에서 **발해 건국**

무왕
- 연호(인안) 사용, 장문휴를 보내 **등주 공격**(대당 강경책)

문왕
- 연호(대흥, 보력) 사용, **3성 6부제 도입**, 천도(중경 → 상경 → 동경), 신라도 개설

빈출주제 3위 왕

05 고려의 왕

최근 3개년 시험에서 14회 출제 ★★☆

고려 초기 (10세기)
꼭 암기! 고려 초 기틀 마련에 힘쓴 광종과 성종의 업적

태조 왕건
- 정치: 고려 건국, 후삼국 통일, 역분전 지급, 사심관 제도인 제도 실시, 독자적 연호(천수) 사용, 『정계』, 『계백료서』, 훈요 10조 제시
- 외교: 서경(평양) 중시, 거란에 대한 강경책 실시(만부교 사건)
- 사회: 흑창(빈민 구제 기관) 설치

도 나올 기출 선택지 태조 왕건
① 『정계』와 『계백료서』를 지어 관리가 지켜야 할 규범을 제시하였다. 59회
② 천수라는 독자적 연호를 사용하였다. 72회
③ 훈요 10조를 남겼다. 69회
④ 빈민 구제 기관인 흑창을 설치하였다. 69회

정종
- 거란의 침략에 대비해 광군 설치

광종
- 정치: 독자적 연호(광덕·준풍) 사용, 노비안검법 실시, 과거 제도 실시, 백관의 공복 제정(4색 공복)
- 사회: 제위보(빈민 구제) 설치

도 나올 기출 선택지 과거 제도 실시 62회
쌍기가 의견을 올리니 처음으로 과거를 시행하였다. 시(詩)·부(賦)·송(頌) 및 시무책으로 시험하여 진사를 뽑았으며, 겸하여 명경업·의업·복업 등도 뽑았다.

경종
- 시정 전시과 실시

성종
- 정치: 유교 정치 이념 확립, 최승로의 시무 28조 수용, 12목 설치 및 지방관 파견, 향리 제도 정비
- 사회: 흑창을 개편하여 의창 설치, 상평창(물가 조절 기관) 설치

도 나올 기출 선택지 고려 성종
① 최승로의 시무 28조를 받아들여 통치 체제를 정비하였다. 75회
② 12목에 지방관을 처음으로 파견하였다. 70회

문벌 귀족 집권기 (11세기)
꼭 암기! 인종 때 발생한 사건과 문화 정책

연종
- 정치: 5도 양계의 지방 제도 확립
- 외교: 거란의 2·3차 침략을 받음

숙종
- 외교: 별무반 조직(여진 정벌 목적)
- 경제: 의천의 건의로 주전도감 설치(화폐 주조 기관), 해동통보 등 화폐 주조
- 문화: 관학 진흥을 위해 국자감에 서적포 설치

도 나올 기출 선택지 고려 숙종
① 별무반을 창설하여 군사력을 강화하였다. 70회
② 주전도감을 설치하여 해동통보를 발행하였다. 56회
③ 국자감에 서적포를 설치하였다. 69회

예종
- 외교: 윤관을 파견하여 여진을 정벌하고 동북 9성 축조
- 문화: 관학 진흥책으로 국자감에 7재(전문 강좌) 설치, 양현고(장학 재단) 설치, 청연각·보문각 설치

도 나올 기출 선택지 예종
① 청연각과 보문각을 두어 학문 연구를 장려하였다. 75·73·67회
② 국자감에 전문 강좌인 7재를 개설하였다. 72·71·67회

인종
- 정치: 이자겸의 난 발생, 묘청의 난 발생
- 문화: 『삼국사기』(김부식) 편찬, 경사 6학 정비(관학 진흥책)

의종
- 무신 정변 발발: 정중부, 이의방 등이 무신들이 문신 제거 → 무신들에 의해 폐위됨

05 고려의 왕

꼭 알기! 명종과 고종 때 집권한 무신의 활동

무신 집권기 ~ 원 간섭기 (12세기 말 ~ 14세기)

명종
- 무신 정권 수립: 정중부 → 경대승(도방 설치) → 이의민 → 최충헌
- 최충헌 집권기: 봉사 10조 제시, **교정도감 설치**(최씨 무신 정권의 최고 권력 기구로 활용), 도방 확대
- 사회 혼란: 망이·망소이의 난, 만적의 난 발생

도 나올을 기출 선택지 고려 명종
① 최충헌이 봉사 10조를 올렸다. 73회
② 망이·망소이가 가혹한 수탈에 저항하여 봉기하였다. 68회

고종
- 최우 집권기: 정방(인사 행정 담당 기구), 서방(문신 숙위 기구) 설치, 삼별초 조직: 몽골의 침입에 맞서 항전, **강화 천도**
- 대몽 항쟁: 몽골의 침입에 맞서 항전, 처인성 전투의 군사적 기반

원종
- 몽골과 강화, 개경 환도 → 원 간섭기 시작
- 영토 상실: 원이 쌍성총관부, 동녕부, 탐라총관부 설치
- 삼별초의 항쟁: 강화도(배중손) → 진도(배중손) → 제주도(김통정)

충렬왕
- 원의 내정 간섭: 부마국(사위국) 체제 성립, 중앙 관제 격하(2성 → 첨의부, 6부 → 4사), 왕실 용어 격하, **정동행성** 설치
- 도평의사사로 개편
- 문화: 『**삼국유사**』(일연), 『제왕운기』(이승휴) 편찬

고려 후기 (14세기 말)

꼭 알기! 개혁에 힘쓴 공민왕의 업적

공민왕
- 반원 자주 정책: 정동부 → 경대승(도방 설치) → 이의민 → 최충헌, 정동행성 이문소 폐지, 2성 6부 체제 복구, 몽골풍의 의복(호복)과 변발 금지
- 왕권 강화 정책: 정방 폐지, 신진 사대부 등용, **전민변정도감 설치**(신돈)
- 문화: 국자감을 성균관으로 개칭, 유학 교육 강화

도 나올을 기출 선택지 고려 공민왕
① 인사 행정을 담당하던 정방을 폐지하였다. 67회
② 권문세족을 견제하기 위해 전민변정도감을 운영하였다. 54회
③ 국자감을 성균관으로 개칭하였다. 73회

우왕
- 요동 정벌: 명이 철령위 설치 요구 → 최영이 요동 정벌 주장 → 이성계의 반대에도 요동 정벌 단행(이성계 파견)
- **위화도 회군**: 이성계가 위화도에서 회군하여 최영 제거, 우왕 폐위 → 정치·군사적 실권 장악

도 나올 기출 사료 우왕 축위 『직지심체요절』 인쇄
왕이 시해당하자 태후가 종실에서 [후사를 골라 세우고자 하나, 시중 이인임이 백관들과 - 『고려사』

공양왕
- 과전법 제정: 신진 사대부의 경제적 기반 마련
- 고려 멸망: 혁명파 사대부가 정몽주 등 온건파 사대부 제거 → 이성계가 즉위하여 조선 건국

빈출주제 3위 왕

06 조선의 왕

최근 37개년 시험에서 **37회 출제** ★★★

목탐키: 조선의 기틀 마련에 힘쓴 태종, 세종, 성종의 업적

조선 전기 (15세기)

태조 이성계
- 도읍 기틀 마련: 한양 천도, 경복궁 건설
- 정도전 등용: 조선의 기틀 마련, 『조선경국전』, 『불씨잡변』 등 저술
- 제1차 왕자의 난(이방원) → 정도전 등 제거됨

태종
- 정치: 6조 직계제 실시, 사병 폐지, 사간원 독립 → 왕권 강화 정책
- 경제·사회: 양전 사업과 호패법 실시, 신문고 설치
- 문화: 주자소 설치, 계미자 주조, 혼일강리역대국도지도 제작

도 나올 기출 선택지
① 왕권 강화를 위해 6조 직계제가 실시되었다. 70회
② 문하부를 폐지하고 낭사를 사간원으로 독립시켰다. 70회
③ 주자소가 설치되어 계미자가 주조되었다. 72·68회

세종
- 정치: 의정부 서사제 실시, 집현전 설치
- 외교: 4군 6진 개척, 대마도 정벌(이종무), 3포 개항
- 경제: 공법(전분 6등법, 연분 9등법) 실시
- 문화: **훈민정음 창제**·반포, 『칠정산』, 자격루 제작, 『농사직설』, 『향약집성방』, 『삼강행실도』 등 편찬, 갑인자 주조
- 『농사직설』, 직전법 실시

세조
- 6조 직계제 부활, 집현전과 경연 폐지, 유향소 폐지

성종
- 정치: 『경국대전』 완성·반포, 홍문관 설치, 사림 등용
- 경제: 관수 관급제 실시
- 문화: 『국조오례의』, 『동국여지승람』, 『동국통감』, 『동문선』 등 편찬

연산군
- 무오사화, 갑자사화 발발, 중종반정으로 폐위

조선 전기 (16세기)

목탐키: 명종 때 발생한 주요 사건

중종
- 조광조 등용: 현량과 실시, 소격서 폐지, 향약 실시, **위훈 삭제** 건의
- **기묘사화** 발발 → 조광조 등 제거
- 외교: 3포 왜란 → 비변사 설치

도 나올 기출 선택지
① 반정 공신의 위훈 삭제를 주장한 조광조가 사사되었다. 60회
② 조선 정부의 통제에 반발하여 삼포왜란이 일어났다. 56회
③ 외침에 대비하기 위해 임시 기구로 비변사가 설치되었다. 56회

명종
- **을사사화** 발발, 양재역 벽서 사건(정미사화) 발발, 임꺽정이 난 발발
- 외교: 을묘왜변 발생 → 비변사 상설 기구화
- 경제: 직전법 폐지
- 사회: 『구황촬요』 간행(기근에 대비)

선조
- 정치: 사림의 동·서 분당 → **붕당 형성** → 정여립 모반 사건(기축옥사), 건저의 사건 → 동인의 남북 분화
- 외교: **임진왜란** 발발 → 한산도 행주 대첩 → 휴전 협상 → 정유재란 발발 → 명량·노량 해전
- 임진왜란 중 훈련도감(중앙군) 설치

06 조선의 왕

조선 후기 (17세기)

광해군
- 외교: 기유약조 체결, 명과 후금 사이에서 중립 외교 전개
- 경제·사회: **대동법** 실시(경기도에 한정), 『동의보감』(허준) 편찬
- 인조반정으로 폐위

💡 또 나올東 기출 선택지
① 재한된 무역을 허용한 기유약조가 체결되었다. 69회
② 경기도에 한하여 대동법을 시행하였다. 61회
③ 전통 한의학을 집대성한 『동의보감』이 완성되었다. 69회

인조
- 외교: 친명 배금 정책 → 정묘호란 발발, **병자호란** 발발, 어영청·총융청·수어청 설치
- 경제: 영정법 실시

효종
- 북벌 운동 추진, 어영청 강화, 청의 요청으로 나선(러시아) 정벌에 동원

현종
- 두 차례의 예송 발생
  - 1차(기해예송): 효종 사후에 효종비 사후에
  - 2차(갑인예송): 효종비 사후에 효종비 사후에 → 서인 1년 vs 남인 3년 → 서인 승리
  - 2차(갑인예송): 효종비 사후에 → 서인 9개월 vs 남인 1년 → 남인 승리

숙종
- 세 차례의 환국 발생
  - 경신환국: 허적의 역적질 천막 무단 사용, 허견의 역모설 → 남인 몰락, 서인 집권
  - **기사환국**: 서인 송시열이 희빈 장씨 소생의 원자 책봉 반대 → 인현왕후 폐위(서인) 몰락, 남인 집권
  - 갑술환국: 서인의 인현왕후 복위 운동 → 남인 몰락, 서인 집권
- 외교: **백두산 정계비** 건립(청과의 국경을 설정)

💡 또 나올東 기출 선택지
① 허번 장씨 소생의 원자 책봉 문제로 환국이 발생하였다. 66회
② 청과의 국경을 정한 백두산 정계비를 세웠다. 70회

복습하기 영조와 정조의 다양한 개혁 정책

조선 후기 (18~19세기)

영조
- 정치: 이인좌의 난 진압, 온건한 탕평책(연립 탕평) 전개, **탕평비** 건립
- 경제·사회: **균역법** 실시, 신문고 부활, 청계천 준설
- 문화: 『속대전』 편찬, 『동국문헌비고』 간행

💡 또 나올東 기출 사료 **균역법 실시** 69회
앞은 논 양역의 폐단들을 염려하여 군포 한 필을 감하고 백성들을 싫어하게 기쁘하였다. 이런 사책으로 화기(和氣)를 끓어 올려 대명(大命)을 이룸 만하였다.

정조
- 정치: 적극적인 탕평책(준론 탕평) 전개, **초계문신제** 시행, 규장각·**장용영**
- 경제·사회: **신해통공** 반포(육의전 제외 시전 상인의 금난전권 폐지), 신해박해(진산 사건)
- 문화: 『대전통편』, 『무예도보통지』 간행, 거중기 발명(정약용)

💡 또 나올東 기출 선택지
① 친위 부대로 장용영을 설치하였다. 71회
② 초계문신제를 실시하여 젊은 문신들을 재교육하였다. 74회
③ 육의전을 제외한 시전 상인의 금난전권을 폐지하였다. 61회

순조
- 정치: 안동 김씨 일파의 세도 정치 시작, 홍경래의 난 발생
- 사회: 공노비 해방, 신유박해

💡 또 나올東 기출 선택지
① 홍경래 등이 봉기하여 정주성을 점령하였다. 75·71회
② 각 궁방과 중앙 관서의 공노비 6만여 명을 해방하였다. 74·68회

철종
임술 농민 봉기 발생 → 삼정이정청 설치
삼정(전정, 군정, 환곡)의 문란 → 임술 농민 봉기 발생 → **삼정이정청 설치**

빈출주제 3위 왕
07 조선의 왕(근대)

최근 3개년 시험에서
12회 출제
★★☆

복합키워드 고종 황제가 대한 제국 수립/실시한 개혁

흥선 대원군 집권기 ~ 개항기

고종 (흥선 대원군 집권기)

- 고종이 어린 나이에 즉위 → 고종의 아버지인 흥선 대원군이 집권함
- 왕권 강화 정책
  - 세도 가문 축출: 안동 김씨 세력 축출
  - 비변사 폐지: 의정부와 삼군부 부활
  - 법전 정비: 통치 기강을 바로잡고자 『대전회통』(법전) 편찬
  - 경복궁 중건: 왕실의 위엄을 높이고자 소실된 경복궁 중건
    → 당백전 남발, 백성의 부역 강제 동원 등으로 불만을 삼
- 민생 안정책
  - **서원 철폐**: 47개소만 남기고 모두 철폐, 만동묘 철폐
  - 삼정의 문란 시정: 양전 사업(전정), 호포제(군정), 사창제(환곡) 실시

도 나올을 기출 선택지
① 통치 체제를 정비하기 위해 『대전회통』을 편찬하였다. 70회
② 왕실의 위엄을 높이기 위해 경복궁을 중건하였다. 57회
③ 재정 문제를 해결하기 위해 당백전을 발행하였다. 71회
④ 호포제를 시행하여 양반에게도 군포를 징수하였다. 74회

고종 (개항기)

- 흥선 대원군이 하야하고 고종의 친정이 시작됨
- **강화도 조약** 체결: 운요호 사건을 구실로 체결 → 부산·원산·인천 개항, 일본의 해안 측량권과 치외 법권 인정
- 초기 개화 정책 실시: **통리기무아문** 및 12사 설치, 별기군(신식 군대) 설치, 사절단(수신사, 조사 시찰단, 영선사, 보빙사) 파견
- 제1차 갑오개혁: **군국기무처** 설치, 신분제·과거제 폐지, 개국 기원 사용 등
- 제2차 갑오개혁: **홍범 14조** 반포, 교육 입국 조서 반포
- 을미개혁: '건양' 연호 사용, 단발령 시행, 태양력 사용
- 을미사변 후 러시아 공사관으로 처소를 옮김(아관 파천)

대한 제국 성립기 ~ 국권 피탈기

고종 황제

- 고종이 아관 파천 후 약 1년 만에 경운궁(덕수궁)으로 환궁
- 고종이 대한 제국을 선포하고 황제로 즉위(연호 광무)
- **광무개혁**: 구본신참에 입각하여 개혁 추진 → **대한국 국제** 반포, **원수부** 설치, 양전 사업 실시 및 **지계 발급** 등
- 을사늑약 체결에 반발하여 헤이그 특사를 파견하였다가 이를 구실로 퇴위
- 1919년 사망 → 3·1 운동의 배경이 됨

도 나올을 기출 선택지 **광무개혁**
① 원수부를 설치하였다. 71회
② 대한국 국제를 반포하였다. 65회
③ 구본신참에 입각하여 개혁이 추진되었다. 52회
④ 지계아문을 설치하여 지계를 발급하였다. 74·72회

순종 황제

- 고종 황제에 뒤를 이어 즉위로 국권이 피탈됨
  → 한·일 병합 조약으로 국권이 피탈됨
- 1926년 사망 → 6·10 만세 운동의 배경이 됨

도 나올을 기출 자료 **순종 황제의 사망(6·10 만세 운동의 배경)** 69회

우리들 민중의 통곡과 복상을 저들 이척(순종)의 죽음에 있지 않고 오히려 망곡하는 충성스러운 백성을 총칼로 위협하여 해산시키고 그 여력을 빌려 우리들의 정당한 시위 운동을 탄압하는 지배 계급의 횡포와 폭학에 있다. …… 금일 우리 조선 민중의 골수에 깊이 박힌 설움과 종격은 서로 뭉치고 엉기어서 어떤 기회를 만나면 그것을 풀어 버리려고 할 것은 충분히 알 수 있는 일이다. 우리는 이에 슬픔과 비애에 울고 있는 민중을 대신하여 원수인 왜적에게 향하여 3천만 조선 민족의 총궐기를 재촉하는 이 격문을 보내며 눈물로써 민족 투쟁에 바치자!

빈출주제 4위 — 인물

01 승려
02 학자
03 관리 및 정치인
04 독립운동가
05 여성
06 외국인

학습 꿀팁

시험 전날까지는 인물과 활동을 연결해서 외우고, 사료와 선택지를 꼼꼼히 읽으며 눈에 익혀두세요.
시험장에서 빠르게 마무리할 때는 인물이 활동을 강조된 부분만 외우세요.

빈출주제 4위 인물

최근 3개년 시험에서 11회 출제 ★★☆

01 승려

최근 3개년 시험에서 11회 출제

> 목월개 각 승려의 이름과 저술

고대

자장 (590~658)
- 신라 선덕 여왕에게 **황룡사 구층 목탑**의 건립 건의

또 나올 기출 선택지
① 황룡사 구층 목탑의 건립을 건의하였다. 71회

원효 (617~686)

- 일심 사상과 아미타 신앙 강조
- 불교의 대중화를 위해 **무애가**를 지어 민간에 유포
- 『**십문화쟁론**』, 『**금강삼매경론**』, 『대승기신론소』 등 저술

또 나올 기출 선택지
① 무애가를 지어 불교 대중화에 기여하였다. 71회
② 종파 간의 사상적 대립을 해소하기 위해 『십문화쟁론』을 지었다. 56회
③ 『금강삼매경론』을 저술하였다. 57회

의상 (625~702)
- 화엄 사상 전파 및 해동 화엄종 개창
- 관음 신앙 전파
- **영주 부석사**, 양양 낙산사 건립
- 『**화엄일승법계도**』 등 저술

또 나올 기출 자료
의상은 화엄 사상의 요지를 정리한 『화엄일승법계도』를 저술하였다. 또한 부석사를 비롯한 여러 사원을 건립하였고, 현세의 고난에서 구제받고자 하는 관음 신앙을 강조하였다. 6회

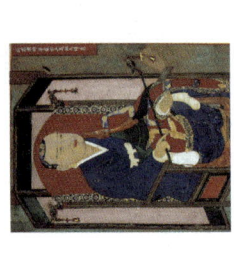

혜초 (704~787)
- 인도와 중앙아시아를 여행하고 기행문인 『**왕오천축국전**』 저술

또 나올 기출 선택지
① 인도와 중앙아시아를 여행하고 『왕오천축국전』을 저술하였다. 74회

승려

01 | 쪽집게 강의 각 승려의 이름과 활동

고려 시대

의천 (1055~1101)

- 고려 문종의 아들이자 숙종의 동생
- 국청사를 중심으로 해동 천태종 개창
- 불교 교단 통합 운동 전개(교종 중심으로 선종 통합 시도)
- 교관겸수 제시(디(의)론 연마와 수행을 함께 강조)
- 속종에게 화폐 주조 및 유통을 주장
- 교장 및 『신편제종교장총록』 편찬

또 나올 기출 선택지
① 불교 교단을 통합하기 위해 천태종을 개창하였다. 66회
② 이론 연마와 수행을 함께 강조하는 교관겸수를 제시하였다. 70회
③ 『신편제종교장총록』을 편찬하였다. 57회

지눌 (1158~1210)

- 순천 송광사에서 수선사 결사 조직
- 불교 개혁 운동 전개
- 선종을 중심으로 교종을 포용하고자 함
- 정혜쌍수, 돈오점수 주장
- 『권수정혜결사문』 작성

또 나올 기출 선택지
① 『권수정혜결사문』을 작성하여 정혜쌍수를 강조하였다. 70회
② 수선사 결사를 제창하여 불교계를 개혁하고자 하였다. 65회
③ 돈오점수를 바탕으로 꾸준한 수행을 강조하였다. 74회

요세 (1163~1245)

- 법화 신앙에 중점을 두고 참회를 강조
- 강진 만덕사(백련사)에서 백련 결사 운동 전개

또 나올 기출 자료
요세는 12세에 출가하였다. 수행상의 제약을 넘어서기 위해서는 수행자 자신이 부처임을 강조한 만덕사에서 백련 결사를 결성하였다. 61회

혜심 (1178~1234)

- 심성의 도야를 강조한 유·불 일치설 주장

또 나올 기출 선택지
① 심성의 도야를 강조한 유·불 일치설을 주장하였다. 70회

02 빈출주제 4위 인물 학자

최근 3개년 시험에서 24회 출제 ★★☆

고려 시대

최충 (984~1068)

- 고려 문종 때 활동한 유학자
- **9재 학당**(문헌공도)을 설립하여 유학 교육에 힘씀

📘 또 나올지 기출 선택지
① 지공거 출신으로 9재 학당을 설립하였다. 75회

김부식 (1075~1151)

- 고려의 문벌 귀족이자 유학자
- 묘청의 난 진압
- 인종의 명을 받아 역사서인 『**삼국사기**』 편찬

📘 또 나올지 기출 선택지
① 관군을 이끌고 묘청의 난을 진압하였다. 72회
② 김부식 등이 왕명으로 『삼국사기』를 편찬하였다. 64회

고대

설총 (655~?)

- 이두를 체계적으로 정리함
- 신문왕에게 「**화왕계**」를 지어 바침

📘 또 나올지 기출 선택지
① 한자의 음훈을 빌려 우리말을 표기한 이두를 정리하였다. 62회
② 「화왕계」를 지어 국왕에게 바쳤다. 74·70회

꼭 알아둬! 최치원의 시무책 10여 조

최치원 (857~?)

- 신라 6두품 출신, 당에 유학하여 빈공과에 합격
- 황소의 난 때 「토황소격문」을 지어 문장가로 활약
- 『**계원필경**』을 정강왕에게 바침
- 진성 여왕에게 **시무책 10여 조**를 올림

📘 또 나올지 기출 자료
이 숙은 당에서 귀국한 최치원이 전령군(현 함양군) 태수로 부임하였을 때 홍수 피해를 막기 위해 조성하였다고 합니다. 백성들이 살던 집을 직접 살펴본 최치원은 개척 방안을 담은 시무책 10여 조를 진성 여왕에게 올렸습니다. 57회

02 학자

> 꼭 암기! 학자들의 이름과 성리학 전파 과정

고려 시대

안향 (1243~1306)
- 고려 후기의 유학자
- 원나라에 다녀온 후 성리학을 최초로 소개함

또 나올을 기출 선택지
① 고려에 성리학을 최초로 소개하였다. 35회

이색 (1328~1396)
- 고려 후기 성리학 보급에 노력한 성리학자
- 성균관의 대사성이 되어 정몽주 등을 학관으로 천거함

또 나올을 기출 선택지
① 성균관의 대사성이 되어 정몽주 등을 학관으로 천거하였다. 75·62회

이제현 (1287~1367)
- 만권당에서 원나라 학자들과 교유함
- 충선왕을 수행하여 중국 곳곳을 여행
- 공민왕 즉위 후 문하시중으로 국정을 총괄
- 주요 저술: 『역옹패설』, 『사략』

또 나올을 기출 선택지
① 역사서인 『사략』을 저술하였다. 56회
② 만권당에서 원의 학자들과 교유하였다. 75·72·71회

정몽주 (1337~1392)
- 고려 후기의 성리학자이자 온건파 신진 사대부
- 개성 선죽교에서 이방원 세력에 의해 피살됨

또 나올을 기출 선택지
① 정몽주가 이방원 세력에 의해 피살되었다. 37회

02 학자

> 복습하기 이황과 이이의 저술

조선 전기

퇴계 이황 (1501~1570)

- **도산 서당** 설립 및 제자자 양성
- 기대승과 사단칠정 논쟁을 벌임
- **예안 향약** 실시
- 주요 저술: 『성학십도』, 『주자서절요』

※ 또 나올 기출 선택지
① 기대승과 사단칠정 논쟁을 전개하였다. 71회
② 예안 향약을 시행하여 향촌 교화를 위해 노력하였다. 74회
③ 성리학의 개념을 도식으로 설명한 『성학십도』를 지었다. 73회

율곡 이이 (1536~1584)

- 공물을 쌀로 받는 **수미법**을 제안
- **해주 향약** 실시
- 주요 저술: 『성학집요』, 『격몽요결』, 『동호문답』

※ 또 나올 기출 자료

이곳 파주 자운 서원에는 율곡 이이의 위패가 모셔져 있습니다. 그는 군주가 수양해야 할 덕목과 지식을 담은 『성학집요』를 집필하여 임금에게 바쳤으며, 해주 향약 등을 시행하였습니다. 51회

조선 후기

우암 송시열 (1607~1689)

- 노론의 영수
- 『**기축봉사**』를 올리고 북벌을 주장함
- 기사환국 때 희빈 장씨의 소생을 원자로 정한 것을 비판하다 사약을 받음
- 주요 저술: 『송자대전』

※ 또 나올 기출 선택지
① 기축봉사를 올려 명에 대한 의리를 내세웠다. 74회

담헌 홍대용 (1731~1783)

- 중상학파 실학자
- 양반 문벌 제도 비판 및 교육 기회의 균등 주장
- 천문 관측 기구인 **혼천의** 제작
- 주요 저술: 『**의산문답**』, 『임하경륜』, 『담헌집』

※ 또 나올 기출 선택지
① 『의산문답』에서 중국 중심의 세계관을 비판하였다. 69회
② 천체의 운행과 위치를 측정하는 혼천의를 제작했다. 50회

02 학자

▶ 조선기 실학자의 주요 저술과 호

조선 후기

다산 정약용 (1762~1836)

- 중농학파 실학자
- 토지 개혁론인 여전론(토지 공동 소유) 주장
- 거중기, 주교(배다리) 제작
- 주요 저술: 『경세유표』, 『목민심서』

📖 또 나올 기출 선택지
① 『경세유표』를 저술하여 국가 제도의 개혁 방향을 제시하였다. 68회
② 『목민심서』에서 지방 행정의 개혁안을 제시하였다. 56회
③ 기기도설을 참고하여 거중기를 설계하였다. 69회

연암 박지원 (1737~1805)

- 중상학파 실학자
- 토지 개혁론인 한전론 주장
- 청에 연행사로 다녀옴
- 수레·선박의 이용과 화폐의 필요성 주장
- 주요 저술: 『열하일기』, 『양반전』, 「허생전」 등

📖 또 나올 기출 선택지
① 「양반전」에서 양반의 허례와 무능을 풍자하였다. 72회
② 『열하일기』에서 수레와 선박의 사용을 강조하였다. 71회

초정 박제가 (1750~1805)

- 중상학파 실학자
- 서얼 출신으로, 정조 때 규장각 검서관으로 등용됨
- 소비를 촉진하여 생산을 늘릴 것을 주장
- 주요 저술: 『북학의』

📖 또 나올 기출 자료
박제가는 연행사의 일원으로 여러 차례 청에 가서 그곳의 문인들과 폭넓게 교유하였습니다. 이 과정에서 『북학의』를 저술하여 청의 문물을 적극적으로 수용할 것을 주장하였습니다.

추사 김정희 (1786~1856)

- 『금석과안록』에서 북한산비가 진흥왕 순수비임을 고증함
- 독자적인 서체인 추사체를 창안
- 세한도와 같은 수준 높은 문인화 작품을 남김

📖 또 나올 기출 선택지
① 『금석과안록』에서 북한산비가 진흥왕 순수비임을 고증하였다. 65회
② 역대 명필을 연구하여 추사체를 창안하였다. 72회

03 관리 및 정치인

빈출주제 4위 인물

최근 3개년 시험에서 29회 출제 ★★★

북한개 견훤과 궁예의 활동

고대

견훤 (867~936)

- 완산주를 도읍으로 하여 후백제 건국
- 중국의 오월·후당과 외교 전개
- 신라를 침략하여 경애왕 제거
- 아들 신검에 의해 김제 금산사에 유폐되었다가 왕건에게 투항

또 나올 기출 선택지

① 후당과 오월에 사신을 파견하였다. 66회
② 신라를 공격하여 경애왕을 죽게 하였다. 61회

궁예 (?~918)

- 신라 왕족 출신, 송악을 도읍으로 하여 후고구려 건국
- 도읍을 송악에서 철원으로, 국호를 마진에서 태봉으로 변경
- 국정 총괄 기구인 광평성 등의 정치 기구 마련
- 미륵불을 자처하며 공포 정치를 펼치다 신하들에 의해 축출됨

또 나올 기출 선택지

① 국호를 마진으로 바꾸고 철원으로 천도하였다. 63회
② 광평성을 비롯한 각종 정치 기구를 마련하였다. 73회
③ 미륵불을 자처하며 왕권을 강화하였다. 61회

고려 시대

묘청 (?~1135)

- 고려 중기의 승려
- 인종에게 서경 천도와 금국 정벌, 칭제 건원을 주장
- 서경 천도 운동이 실패하자 난을 일으킴(묘청의 난)

또 나올 기출 사료

묘청 등이 왕에게 말하기를 "신들이 보건대 서경의 임원역은 음양가들이 말하는 대화세(大華勢)이니 만약 이곳에 궁궐을 세우고 옮기시면 천하를 병합할 수 있을 것이요, 금국 공물을 바치고 스스로 항복할 것입니다."라고 하였다. 42회

윤관 (?~1111)

- 숙종 때 여진 정벌을 위해 별무반 조직을 건의
- 예종 때 별무반을 이끌고 여진 정벌 후 동북 9성 축조

또 나올 기출 선택지

① 여진을 정벌한 후 동북 9성을 축조하였다. 74회

03 관리 및 정치인

> 꼭 알기! 최충헌과 최우가 설치한 기관

고려 시대

최충헌 (1149~1219)

- 고려 무신 집권기의 집권자
- 사병 조직인 도방 확대
- 명종에게 개혁안인 봉사 10조를 올림
- **교정도감**을 설치하고 교정별감의 자리에 올라 국정을 총괄함

또 나올 기출 선택지
① 최충헌이 봉사 10조를 올려 시정 개혁을 건의하였다. 73회
② 최충헌이 교정별감이 되어 국정을 총괄하였다. 69회

최우 (?~1249)

- 고려 무신 집권기의 집권자(최충헌의 아들)
- 인사 기구인 **정방**을 설치하고, 문신 숙위 기구인 서방 설치
- 특수군인 **삼별초** 설치(야별초에서 유래)
- 몽골이 침입하자 **강화도로 천도**

또 나올 기출 선택지
① 좌·우별초와 신의군으로 삼별초를 조직하였다. 56회
② 강화도로 도읍을 옮겨 몽골의 침략에 대비하였다. 74회

신돈 (?~1371)

- 공민왕에 의해 등용됨
- **전민변정도감**의 책임자(판사)가 되어 권문세족을 견제함

또 나올 기출 선택지
① 전민변정도감의 책임자로 임명되어 권문세족을 견제하였다. 64회

최무선 (1325~1395)

- 우왕에게 **화통도감** 설치를 건의함
- 화약 제조법 습득·화포 제작
- 진포 대첩에서 왜구를 격퇴함

또 나올 기출 선택지
① 화약과 화포 제작을 위한 화통도감 설치를 건의하였다. 69회

03 관리 및 정치인

조선 전기

신숙주 (1417~1475)
- 집현전 학사로 『훈민정음』 해례본 편찬에 참여함
- 계유정난으로 공신에 책훈됨
- 세조 대 사대교린의 외교 정책을 주도함
- 일본에 다녀와서 『해동제국기』를 저술함

또 나올 기출 선택지
① 일본의 정치, 사회, 지리 등을 정리한 『해동제국기』를 저술하였다. 73회

꼭 알기! 조광조의 개혁 정책

조광조 (1482~1519)
- 중종 때 등용된 사림파 인물
- 현량과 실시, 소격서 폐지, 반정 공신의 위훈 삭제 등 개혁 정치를 펼침
- 기묘사화 때 처형됨

또 나올 기출 선택지
① 인재 등용을 위해 현량과 실시를 제안함 60회
② 반정 공신의 위훈 삭제를 주장하였다. 67회
③ 소학의 보급과 현량과 실시를 주장하였어요. 69회

조선 후기

윤휴 (1617~1680)
- 1, 2차 예송에서 각각 3년설, 1년설을 주장함
- 북벌론 주장
- 유교 경전의 재해석을 시도해 '사문난적'이라고 비판받음
- 경신환국으로 제거됨

또 나올 기출 선택지
① 청의 정세 변화를 계기로 북벌을 주장하였다. 4회

박규수 (1807~1876)
- 박지원의 손자로 출생
- 임술 농민 봉기 당시 안핵사로 파견
- 평안도 관찰사 재직 중 대동강을 침범한 미 상선 제너럴셔먼호를 불태움

또 나올 기출 자료
박규수는 박지원의 손자이며, 진주에서 농민 봉기가 일어나자 안핵사로 파견되었다. …… 청에 다녀온 경험을 바탕으로 문호 개방을 주장하는 등 개화 사상 형성에 선구적인 역할을 하였다. 63회

03 관리 및 정치인

근대

최익현 (1833~1906)

꼭 함께 최익현의 주요 활동

- 흥선 대원군의 하야를 주장하는 상소를 올림
- 「지부복궐척화의소」를 올려 **왜양 일체론** 주장
- 태인에서 을사의병 거병, 체포된 후 쓰시마 섬에서 순국

또 나올 기출 선택지
① 「지부복궐척화의소」를 올려 왜양 일체론을 주장함 60회
② 을사늑약 체결에 반대하여 태인에서 의병을 일으켰다. 75·74회

유길준 (1856~1914)

- 조사 시찰단의 일원으로 일본에 가서 시찰 후 유학
- 보빙사로 미국에 건너가 미국 시찰 후 유학
- **조선 중립화론**을 주장
- 주요 저술: 『서유견문』

또 나올 기출 선택지
① 조선 중립화론을 주장하였다. 63회
② 『서유견문』을 집필하여 서양 근대 문물을 소개하였다. 74회

현대

조봉암 (1898~1959)

- 제헌 국회의원에 당선, 초대 농림부 장관으로 농지 개혁 단행
- 제3대 대통령 선거에서 2000여만 표 이상을 얻어 선전함
- 진보당 창당, **진보당 사건**으로 구속된 후 사형 집행됨

또 나올 기출 선택지
① 평화 통일론을 주장한 진보당과 간부들이 구속되었다. 65회

장준하 (1918~1975)

- 학도병 강제 징집 후 탈출하여 한국광복군 입대
- 국내 진공 작전 투입
- 이승만·박정희 정부의 독재 정치 비판
- 박정희 정부 때 **개헌 청원 100만인 서명 운동** 주도

또 나올 기출 선택지
① 한국광복군의 일원으로 국내 진공 작전을 준비하였다. 40회

04 빈출주제 4위 인물
독립운동가

최근 3개년 시험에서 6회 출제 ★☆☆

근대

양기탁 (1871~1938)

- 만민 공동회 간부로 활약
- 영국인 베델과 **대한매일신보** 창간
- **국채 보상 운동 주도**, 신민회 조직

또 나올 기출 선택지
① 베델과 함께 대한매일신보를 창간하였다. 63회

안중근 (1879~1910)

- 국채 보상 운동에 참가
- 하얼빈에서 **이토 히로부미 사살**
- 『**동양평화론**』 저술, 뤼순 감옥에서 순국

또 나올 기출 자료
안중근은 뤼순 감옥에서 사형 집행을 눈앞에 두고 온 힘을 다해 『동양평화론』을 집필하였다. …… 국가 간의 평등과 상호 협력으로 평화를 이룩하자는 그의 주장은 오늘날에도 시사점을 준다. 71회

일제 강점기

※ 함께 박은식이 저술한 책

박은식 (1859~1925)

- 독립 협회에 가입, 황성신문 주필 담당
- 대한민국 임시 정부 제2대 대통령 취임
- 유교 개혁을 주장(실천적인 유교 정신 강조)
- 저술: 『유교구신론』, 『**한국통사**』, 『**한국독립운동지혈사**』

또 나올 기출 선택지
① 실천적인 유교 정신을 강조하는 『유교구신론』을 저술하였다. 72회
② 국권 피탈 과정을 정리한 『한국통사』를 집필하였다. 75·65회

이승훈 (1864~1930)

- 신민회 가입 후 **오산 학교(정주) 설립**
- 3·1 운동 때 민족 대표 33인 중 기독교 대표로 활동
- 동아일보 사장 취임, 민립 대학 설립 추진

또 나올 기출 선택지
① 민족 교육을 위해 오산 학교를 설립하였다. 67회

04 독립운동가

꼭 알기! 독립운동가들이 활동한 단체

일제 강점기

홍범도 (1868~1943)

- 정미의병 때 평민 의병장으로 활약함
- **대한독립군 총사령관으로 봉오동 전투와 청산리 전투**에서 승리
- 소련 스탈린에 의해 중앙아시아로 강제 이주

또 나올 기출 선택지
① 봉오동 전투에서 일본군을 상대로 승리를 거두었다. 53회

이동휘 (1873~1935)

- 신민회 참여
- 서북학회 창립
- **대한 광복군 정부 부통령 취임**
- 대한민국 임시 정부 국무총리 취임

또 나올 기출 선택지
① 대한 광복군 정부 수립을 주도하였다. 52회

이회영 (1867~1932)

- 신민회 조직
- 국권 피탈 이후 전 재산을 정리해 서간도로 이주
- **경학사, 신흥 강습소 설립**

또 나올 기출 선택지
① 독립군을 양성하기 위하여 신흥 강습소를 설립하였다. 65회

이상설 (1870~1917)

- 북간도에 서전서숙 설립
- 헤이그 특사로 파견
- **대한 광복군 정부의 정통령으로 취임**

또 나올 기출 선택지
① 민족 교육을 위해 서전서숙을 설립하였다. 65회
② 헤이그에서 열린 만국 평화 회의에 특사로 파견되었다. 70회
③ 대한 광복군 정부 수립을 주도하였다. 49회

04 독립운동가

일제 강점기

신채호 (1880~1936)

- 신민회 조직
- 대한민국 임시 정부에서 활동
- 의열단의 활동 지침인 「조선혁명선언」 작성
- 저술: 「독사신론」, 「조선사연구초」, 「조선상고사」

또 나올음 기출 선택지
① 의열단의 활동 지침인 「조선혁명선언」을 작성하였다. 68회
② 「독사신론」을 저술하여 민족주의 사학의 기반을 마련하였다. 74회
③ 「조선상고사」를 저술하였다. 57회

지청천 (1888~1957)

- 신흥 무관 학교에서 독립군 양성
- 대한 독립 군단에 참여
- 한국 독립군 총사령관으로 쌍성보·대전자령 전투에서 승리
- 한국광복군 총사령관에 취임

꼭 암기! 지청천이 승리로 이끈 전투

또 나올음 기출 선택지
① 쌍성보, 대전자령 전투에서 일본군을 격파하였다. 62회

안창호 (1878~1938)

- 신민회 조직, 대성 학교(평양) 설립
- 미국에서 대한인 국민회 조직
- 미국에서 흥사단 조직
- 대한민국 임시 정부의 내무총장 겸 국무총리 대리로 취임

또 나올음 기출 선택지
① 샌프란시스코에서 흥사단을 창립하였다. 67회
② 대한민국 임시 정부에서 내무총장 겸 국무총리 대리로 취임하였다. 59회

조소앙 (1887~1958)

- 무오 독립 선언서 작성
- 김구·안창호 등과 한국 독립당 창당, 삼균주의 제창
- 임시 정부 건국 강령의 이론적 기초 마련(1941년 임시 정부가 건국 강령 발표)

또 나올음 기출 자료
나는 1917년에는 대동 단결 선언을 작성했다오. 여기에서 나는 주권이 국민에게 있음을 밝혔는데, 이것이 공화정을 지향하는 정치 사상으로 평가 받고 있다오. 1930년에는 안창호 등과 한국 독립당을 창당하였소. 이후 대한민국 임시 정부 건국 강령 초안도 작성하였다오. 70회

04 독립운동가

일제 강점기

김좌진 (1889~1930)

- 대한 광복회에서 활동
- 북로 군정서 총사령관에 취임
- 청산리 전투에서 승리, 대한 독립 군단 결성

또 나올듯 기출 선택지
① 독립군 연합 부대를 이끌고 청산리 전투에서 승리하였다. 41회

양세봉 (1896~1934)

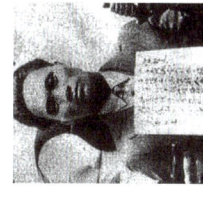

- 육군 주만 참의부 소대장에 취임
- 국민부에서 활동
- **조선 혁명군 총사령관으로 영릉가 전투에서 승리**
- 흥경성 전투에서 승리

또 나올듯 기출 선택지
① 조선 혁명군을 이끌고 영릉가 전투에서 승리 32회

김원봉 (1898~1958)

- 만주 지린에서 **의열단 조직**
- 조선 혁명 간부 학교 설립
- 중국 관내에서 민족 혁명당 창당
- **조선 의용대 창설, 이후 한국광복군에 합류**

또 나올듯 기출 선택지
① 의열단을 조직하여 단장으로 활동하였다. 50회
② 중국 국민당과 협력하여 조선 의용대를 창설하였다. 46회
③ 조선 혁명 간부 학교를 세워 독립군을 양성하였다. 63회

쏙쏙깨알 김원봉이 조직한 단체들

윤봉길 (1908~1932)

- 한인 애국단 가입
- **상하이 훙커우 공원에서 열린 일본군의 상하이 점령 기념식에서 폭탄을 투척해 일본인 고관인 사살**

또 나올듯 기출 사료

윤군과 같이 김해산의 집에 가서 마지막으로 식탁을 같이하여 아침밥을 먹었다. …… "홍커우 공원 일본인의 경축대 위에서 대양을 폭탄이 투하되자 가와바타 거류민단장은 즉사하고, 시라카와 대장, 시게미츠 주중 공사, 우에다 중장, 노무라 중장 등 문무 대관이 모두 중상" …… 34회

 05 여성

빈출주제 4위 인물

최근 3개년 시험에서 **0회 출제** ☆☆☆

▶꼭함께 조선 시대 여성들의 이름과 활동

조선 시대

이빙허각 (1759~1824)
- 실학을 학문화한 실학자
- 가정 생활의 지혜를 담은 『규합총서』를 저술함

🟧 **또 나올올 기출 선택지**
① 가정 생활의 지혜를 담은 『규합총서』를 저술하다 60회

김만덕 (1739~1812)
- 조선 정조 때 제주도에서 활동한 거상이자 자선가
- 전 재산을 기부해 흉년에 굶주린 제주도민을 구제함

🟧 **또 나올올 기출 선택지**
① 재산을 기부하여 흉년에 굶주린 백성들을 구제하다 60회

일제 강점기

남자현 (1872~1933)
- 간도에서 여자 권학회 조직, 서로 군정서에서 활동
- 사이토 마코토 총독 암살을 계획하였으나 실패
- 국제 연맹 조사단에 독립 의지를 표명하는 혈서 전달을 시도

🟧 **또 나올올 기출 선택지**
① 간도에서 여자 권학회를 조직하여 계몽활동에 힘썼다. 48회

김마리아 (1892~1944)
- 일본 유학 중 2·8 독립 선언에 참여
- 3·1 운동으로 인해 구속
- 대한민국 애국 부인회의 회장을 맡아 임시 정부에 군자금 전달

🟧 **또 나올올 기출 자료**

정신 여학교 교사로 재직하던 중 일본에 유학하였다. 2·8 독립 선언에 참여한 후 이를 알리기 위해 독립 선언서를 숨긴 채 귀국하였다. 고종이 인산일을 계기로 3·1 운동이 일어나자 여성들이 시위 참여를 촉구하던 중, 여학생들이 전개한 독립운동의 배후자로 지목되어 체포되었다. 46회

05 여성

일제 강점기

꼭암기! 여성 운동가들의 이름과 활동한 단체

유관순 (1902~1920)

- 이화 학당 출신
- **3·1 운동** 때 천안 아우내 장터에서 만세 운동을 주도함
- 체포되어 서대문 형무소에서 순국

또 나올 기출 자료

이것은 일제가 작성한 유관순 열사의 감시 대상 인물 카드입니다. 그는 3·1 운동에 참여하였다가 체포된 후 옥중에서 순국하였습니다. 39회

강주룡 (1901~1931)

- 일제에 항거하여 노동 운동을 벌인 여성 노동자
- 평원 고무 공장 임금 파업과 사업을 주도함
- **평양 을밀대 지붕 위에서 고공 농성**을 벌임

또 나올 기출 자료

을밀대 지붕 위에서 고공 농성을 벌이는 강주룡의 모습입니다. 그녀는 대공황 이후 열악해진 식민지 노동 환경에서 임금 삭감 등에 반대하며 평원 고무 공장 쟁의를 주도하였습니다. 50회

박차정 (1910~1944)

- 중국으로 망명 후 의열단에 가입
- 근우회 중앙집행위원으로 활동 중 근우회 사건으로 구속
- 조선 혁명 간부 학교의 교관으로 활동
- **조선 의용대의 부녀복무단장**으로 활약

또 나올 기출 자료

박차정은 근우회에서 활동하다가 보다 적극적인 독립운동을 위해 중국으로 망명하였다. 1938년 조선 민족 전선 연맹 산하의 군사 조직으로 우한에서 창설된 조선 의용대의 부녀복무단장으로 무장 투쟁을 전개하다가 35세의 젊은 나이로 순국하였다. 43회

오광심 (1910~1976)

- 대한민국 임시 정부 산하의 한국광복군에 참여
- 한국광복군의 기관지인 『광복』의 간행 업무를 담당함

또 나올 기출 자료

1940년 9월 17일에 충칭에서 대한민국 임시 정부 산하의 한국광복군이 창설될 때, 김정숙 지복영 등과 함께 참여하였다. 또한 기관지인 『광복』의 간행 업무를 담당하고 방사 모집과 선전파괴 활동을 전개하는 등 독립 투쟁에 큰 업적을 남겼다. 37회

06 외국인

빈출주제 4위 인물

최근 3개년 시험에서 1회 출제 ★☆☆

함께! 외국인들의 활동 시기와, 그와 연관된 사건

근대 ~ 현대

호머 헐버트 (1863~1949)

- **육영 공원**에서 영어와 근대 학문을 가르침
- 한글로 된 교재인 **'사민필지'**를 저술함
- 을사늑약 체결의 무효를 알리는 고종 황제의 친서를 미국 정부에 전달함
- 고종에게 **헤이그 특사 파견**을 건의함

또 나올 기출 선택지
① 육영 공원에서 학생들에게 영어를 가르쳤다. 48회
② 세계 지리 교과서인 '사민필지'를 저술하였다. 64회

조지 루이스 쇼 (1880~1943)

- 중국 안동(단둥)에서 무역 회사인 **이륭양행**을 운영함
- 김구 등 독립운동가들이 상하이로 갈 수 있게 도움을 줌
- 이륭양행 내에 대한민국 임시 정부의 **교통국을 설치**함

또 나올 기출 선택지
① 중국 안동에서 무역 회사인 이륭양행을 운영하였다. 48회

프랭크 윌리엄 스코필드 (1889~1970)

- 캐나다 선교사이자 수의학자 겸 세균학자
- 3·1 운동(**제암리 학살 사건**)을 세계에 알림
- 광복 이후 한국인의 복지와 인권에 함씀
- 한국 이름으로 '석호필' 사용

또 나올 기출 자료
파고다 공원에 모였던 수 백 명의 학생들이 10여 년간 억눌려 온 감정을 터뜨려 '만세, 독립 만세'를 외치자 저성 벽력 같은 소리에 공원 근처에 살던 시민들도 크게 놀랐다. - 스코필드 56회

위르겐 힌츠페터 (1937~2016)

- 독일 제1공영방송 기자
- **5·18 민주화 운동** 현장을 담아 광주의 참상을 외국에 알리는 데 큰 기여를 함 (영 '푸른 눈의 목격자'로 불림)

또 나올 기출 자료
사진 속 외국인이 푸른 눈의 목격자로 불리는 독일 기자지? 맞아. 위르겐 힌츠페터야. 그는 1980년에 택시 기사 김사복과 함께 광주로 가서 5·18 민주화 운동을 취재하여 세계에 알렸어. 39회

빈출주제 5위

___ 제도

 학습꿀팁

시험 전날까지는 시대별로 제도가 어떻게 변화되었는지 비교해가며 꼼꼼하게 외우세요.
시험장에서 빠르게 마무리할 때는 내용 중 강조된 부분만 빠르게 외우세요.

01 통치 체제

02 토지·수취 제도

03 교육 제도

빈출주제 5위 제도
통치 체제

최근 3개년 시험에서
30회 출제 ★★★

1. 중앙 정치 조직과 지방 행정 조직

구분	중앙 정치 조직	지방 행정 제도
통일 신라	집사부와 13부로 구성 - 집사부: 왕명 출납과 국정 총괄 - 13부: 병부(군사 담당), 위화부(인사 담당), 사정부(관리 감찰) 등	9주 5소경 - 9주: 전국을 9주로 나누고 지방관 파견 - 5소경: 군사적 행정적 요충지에 설치 - 외사정(지방관 감찰), 상수리 제도(지방 세력 견제)
발해	3성 6부제: 당의 제도 수용, but 독자성 유지 - 3성: 정당성(최고 기관), 선조성, 중대성 - 6부: 충인의이부(좌사정), 지·예·신부(우사정) → 유교적 명칭 사용(독자성)	5경 15부 62주: - 5경: 수도 상경을 포함하여 설치 - 15부: 지방 행정의 중심지, 도독을 장관으로 둠 - 62주: 15부의 하위 행정 단위
고려	• 2성 6부제 - 2성: **중서문하성**(국정 총괄), 상서성(정책 집행) - 6부: 이부, 병부, 호부, 형부, 예부, 공부 - 도병마사, 식목도감: 고려의 독자적인 기구 - **도병마사**: 국방·군사 문제 논의, 원 간섭기에 도평의사사로 개편 - **식목도감**: 입법 기능 - 중추원(왕명 출납, 군사 기밀), 어사대(관리 감찰·탄핵), 삼사(회계), 국자식(국식이 출납나 회계)	• 5도 - 일반 행정 구역, 안찰사 파견 - 주현(지방관 파견)과 속현(지방관 파견, 간접 통치) → 주현의 수 < 속현의 수 - 양계(동계·북계): 특수 군사 지역, 병마사 파견 - 특수 행정 구역: 향·부곡·소: **향리**가 실질적인 행정 업무 수행
조선 전기	• 의정부와 6조 중심 → 왕권과 신권의 조화 추구 - 의정부: 국정 총괄, 최고 권력 기관 - 6조: 이조, 호조, 예조, 병조, 형조, 공조 - 왕권 강화 기구: 승정원(왕명 출납), 의금부(대역 죄인 심판) - 삼사: **사헌부**(관리 감찰·간언), **사간원**(국왕에게 간언), **홍문관**(경연 담당) → 언론 기능	• 8도 - 부·목·군·현 설치, 향·부곡·소 폐지 - **모든 군현에 지방관 파견** - 관찰사: 전국 8도에 파견, 수령을 지휘·감독 - 수령: 8도 이래 모든 지역에 파견, 수령 7사 수행 - 향리: 수령 보좌, 지위 격하 - **유향소**(향촌 자치 기구), 경재소(유향소 통제) 설치
조선 후기	**비변사**가 임진왜란 이후 모든 정무를 총괄하여 의정부와 6조 중심의 행정 체계가 유명무실화 → 세도 정치 시기에 국정 총괄 기구가 됨	
근대	• 흥선 대원군: 비변사 축소·폐지, 의정부 부활 • 개항 이후: **통리기무아문**과 12사 • 갑오개혁: 궁내부·의정부 80문(1차) → 내각·7부(2차)	• 제2차 갑오개혁: 8도를 23부로 개편 • 대한 제국: 23부를 13도로 개편

제도 86

통치 체제

2. 군사 제도와 관리 등용 제도

구분	군사 제도	관리 등용 제도
통일 신라	• 중앙군(9서당): 민족 융합 정책에 따라 고구려·백제 유민을 포함하여 편성 • 지방군(10정): 9주에 1정씩 배치, 한주(국경 지역)에만 2정 배치	독서삼품과: 인재를 등용하기 위해 원성왕 때 실시
발해	• 중앙군(10위): 왕궁과 수도 경비 • 지방군: 농병 일치 군사 조직	-
고려	• 중앙군(2군 6위) - 2군(응양군, 용호군): 국왕의 친위 부대 - 6위: 수도 방어와 국경 방어 담당 • 지방군: 주현군(5도), 주진군(양계) • 특수군 - 광군: 정종 때 거란 침입에 대비하기 위해 창설 - **별무반**: 숙종 때 여진 정벌을 위해 창설(윤관이 건의) - **삼별초**: 최씨 무신 정권의 군사적 기반	• 과거 제도 - **광종 때 쌍기의 건의로 처음 실시** - 제술과(논술), 명경과(경전 이해), 잡과(기술), 승과(승려) - 음서: 과거를 거치지 않고 관리의 등용, 공신·5품 이상 관리의 자손을 대상으로 적용
조선 전기	• 중앙군: 5위(궁궐과 수도 경비) • 지방군: 육군, 수군, 농민군 등으로 구성 • 잡색군: 유사시에 향토 방어를 맡는 예비군 • 방어 체제 - 진관 체제: 지역 단위 방어 체제 - 제승방략 체제: 유사시에 각 고을의 수령이 군사를 이끌고 지정된 지역에서 방어	• 과거 종류: 문과, 무과, 잡과 - 문과: 소과와 대과를 실시 - 무과: 대과만 실시 - 잡과: 특수 기술관 선발 • 시험 종류: 식년시(3년에 한 번), 증광시(국가 행사 때 실시), 알성시(국왕이 성균관 문묘 제례 시 실시) 등 • 기타: 음서, 취재(간단한 시험), 천거(고관의 추천)
조선 후기	• **훈련도감**: 임진왜란 중 설치, 포수·사수·살수의 삼수병으로 편성 - 장기간 근무를 하고 일정한 급료를 받는 상비군(일종의 직업 군인) • **5군영**: 훈련도감(선조), 어영청·총융청·수어청(인조), 금위영(숙종)으로 구성 • 개항 이후: 5군영을 2영(무위영, 장어영)으로 개편, 별기군(신식 군대) 창설	
근대	• 제2차 갑오개혁: 훈련대·시위대 설치 • 을미개혁: 친위대(중앙군)·진위대(지방군) 설치 • 대한 제국: 원수부 설치, 군사력 증강	제1차 갑오개혁 때 과거 제도 폐지 → 신분 구분 없이 능력에 따른 관리 등용 제도 마련

빈출주제 TOP5로 끝내는 합격직행노트

5위 제도

빈출주제 5위 제도
02 토지·수취 제도

최근 37개년 시험에서
9회 출제
★☆☆

1. 토지 제도

구분	제도명	시행 시기	특징
고대	녹읍·식읍	–	• 녹읍: 귀족들에게 수조권(세금 수취)과 노동력 징발권 지급 → 신라 신문왕 때 폐지, 경덕왕 때 부활 • 식읍: 공신들에게 수조권과 노동력 징발권 지급
고대	관료전	신문왕(신라)	• 관리들에게 관등에 따라 처음 있게 수조권 지급 • 경덕왕 때 왕권이 약화되면서 폐지
고대	정전	성덕왕(신라)	일반 백성들에게 정전 지급
고려	역분전	태조	공신에게 공로와 성품에 따라 지급
고려	시정 전시과	경종	전·현직 관리에게 인품, 관등에 따라 지급
고려	개정 전시과	목종	• 전지와 시지 지급 • 토지에 대한 수조권 지급	• 전·현직 관리에게 관등에 따라 지급 • 문관 우대, 현직 우대
고려	경정 전시과	문종	현직 관리에게 관등에 따라 지급, 무관 대우 상승
고려	과전법	공양왕(고려)	• 고려 말 신진 사대부의 주도로 시행 • 경기 지역에 한하여 전·현직 관리에게 수조권 지급 • 원칙적으로 세습 금지, 수신전·휼양전 등으로 세습
조선	직전법	세조	현직 관리에게만 수조권 지급, 수신전·휼양전 폐지
조선	관수 관급제	성종	지방 관청에서 세금을 거둔 후 관리에게 나누어 줌
조선	직전법 폐지	명종	농장 확대로 수조권 지급이 유명무실해지자 직전법 폐지, 녹봉 지급

02 토지·수취 제도

2. 수취 제도

구분	전세 (토지에 부과하는 세금)	공납 (지방의 토산물을 수취)	역 (노동력을 수취)
통일 신라	**신라 촌락 문서**(민정 문서): 서원경 주변 4개 촌락에 대한 정보 기록 - 촌주가 3년마다 작성, 촌락 단위로 세금 부과 - 세금 징수의 근거가 됨		
고려	· 생산량의 1/10 수취 · 토지 비옥도에 따라 3등급으로 나누어 차등 징수	중앙에서 필요한 현물을 양현 각 주현에 할당하여 집집마다 부과	군역과 요역 부과
조선 전기	· **공법**(세종) - 전분 6등법(토지 비옥도) - 연분 9등법(풍흉) - 1결당 최대 20두~최저 4두 징수	· 현물을 집집마다 징수 · 상공(정기), 별공(부정기), 진상(지방관이 상납) · 공납의 폐단: 중앙 관청의 서리, 상인이 공물을 대신 내 주고 큰 대가를 챙기는 방납의 폐단이 발생	· 군역과 요역 부과 · 군역의 폐단 - 방군수포제: 관청이나 군대에서 포를 받고 군역 면제 - 대립: 사람을 사서 군역을 대신 지게 함
조선 후기	**영정법**(인조) - 배경: 양 난 이후 토지 황폐화, 전세 제도 문란 가중 - 내용: 풍흉에 관계없이 토지 1결당 4~6두로 고정 - 한계: 지주에게 부과된 각종 잡세가 농민에게 전가됨	**대동법**(광해군) - 배경: 과중한 공물 부담, 방납의 폐단 - 내용: **토지 결수에 따라 쌀, 동전 등 납부**(1결당 12두) - 결과: 상품 화폐 경제 성장, 화폐 유통 확대, 공인 성장	**군역법**(영조) - 배경: 군역에 대한 농민 부담 증가 - 내용: 군포를 **1년에 1필 납부**, 부족한 재정은 결작·선무 군관포 등으로 보충

빈출주제 TOP5로 끝내는 합격직행노트

빈출주제 5위 제도

03 교육 제도

1. 고대

고구려	• **태학(소수림왕)**: 기록상 우리나라 최초의 교육 기관, 귀족 자제에게 유교 경전과 역사 교육을 한 국립 학교
	• **경당(장수왕)**: 지방에 설립된 사립 교육 기관으로 지방 평민 자제에게 한학과 무술 교육
백제	교육 기관에 대한 기록은 없으나 5경 박사, 의박사 등을 통해 유교 경전과 기술학 등을 교육하였을 것으로 추측
신라	통일 이전	• **화랑도**를 통해 학문을 가르치고 무술을 교육
		• 임신서기석을 통해 유교 경전을 공부하였던 사실 확인 가능
	통일 이후	• **국학(신문왕)**: 유학 교육 기관, 『논어』와 『효경』 등 유교 경전 교육, 경덕왕 때 태학(감)으로 명칭 변경
		• **독서삼품과(원성왕)**: 유교 경전 이해 수준을 시험하여 관리로 채용, 국학과 유기적으로 연결
발해	주자감을 설치하여 귀족 자제에게 유교 경전과 한문학 교육

2. 고려

초기	• 개경과 서경에 학교 설립(태조) → **국자감(중앙)**과 향교(지방) 설치(성종)
	• **국자감**: 유학부(국자학, 태학, 사문학) + 기술학부(율학, 서학, 산학)로 구성
중기	• 사립 교육 기관 발달: **최충의 문헌공도** 등 사학 12도 융성 → 관학 위축
	• 관학 진흥책: 숙종(서적포 설치), 예종(**관학 7재, 양현고**, 청연각·보문각 설치), 인종(**경사 6학**을 정비)
후기	**공민왕**: 국자감을 성균관으로 개칭, 성균관을 순수 유학 교육 기관으로 개편

3. 조선

성균관	• 서울에 위치한 **조선 최고의 학부**이자 고등 교육 기관
	• 입학: 원칙적으로 소과에 합격하면 입학 가능
	• 구조: **대성전**(공자를 비롯한 성현의 위패를 봉안하고 제사 지내는 사당), 명륜당(유학을 가르치던 강당), 동·서재(기숙사) 등으로 이루어짐
	• 특권: 성균관 유생 대상으로 알성시 실시, 정치적 입장을 표명하기 위한 집단 상소 보장
4학	• 중앙의 중등 교육 기관, 중학·동학·남학·서학으로 구성
	• 입학: 8세 이상이 양인 남성
	• 구조: 문묘(공자 사당)가 없는 순수 교육 기관
향교	• **지방의 중등 교육 기관**, 성현에 대한 제사·유생 교육·지방민 교화 담당, 전국 부·목·군·현에 하나씩 설립
	• 입학: 8세 이상의 양인 남성
	• 구조는 성균관과 동일하게 대성전, 명륜당, 동·서재 등으로 이루어짐
	• **중앙에서 교관인 교수와 훈도를 파견하여 교육**
서당	초등 교육을 담당하던 사설 교육 기관, 선비와 평민의 자제 입학
서원	• 선현에 대한 제사를 지내고 **성리학을 연구하던 사립 교육 기관**
	• 시초: 주세붕이 백운동 서원 → 사액 서원으로 공인됨(소수 서원)

해커스한국사 history.Hackers.com

가장 빠른 합격을 위해 해커스에서 **더** 준비했습니다!

시대 흐름 정리로 탄탄한 기본기 쌓기

탄탄한 기초 쌓기!
시대흐름잡기 무료 특강

한국사 시대 흐름을 한 번에 정리!
데일리 셀프 쪽지 시험

데일리 학습으로 한국사 2주안에 끝장내기

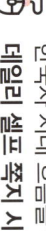
문 안에 쏙!
빈출 문화재 퀴즈

더 빠른 합격의 비결!
본 교재 인강

목표 점수 단번에 달성,
지텔프도 역시 해커스!

해커스 지텔프 교재 시리즈

유형 + 문제				
32점+	43점+	47~50점+	65점+	75점+

목표 점수에 맞는 교재를 선택하세요! : 교재별 학습 가능 점수대

한 권으로 끝내는
해커스 지텔프 32-50+
(Level 2)

해커스 지텔프 문법
정답 찾는 공식 28
(Level 2)

2주 만에 끝내는   2주 만에 끝내는
해커스 지텔프 문법 해커스 지텔프 독해
(Level 2)   (Level 2)

보카

해커스 지텔프
기출 보카

기출·실전

지텔프 기출문제집   지텔프 공식   해커스 지텔프
(Level 2)   기출문제집 7회분   최신기출유형
                       (Level 2)   실전문제집 7회
                                              (Level 2)

해커스 지텔프   해커스 지텔프   해커스 지텔프
실전모의고사   실전모의고사   실전모의고사
문법 10회   독해 10회   청취 5회
(Level 2)   (Level 2)   (Level 2)

해커스한국사 단기 합격생이 말하는
한능검 합격의 비밀!

한달 만에 노베이스에서 1급 따기!

교재는 개념만 나와있지 않고 **바로 뒷장에 해당 개념에 관한 문제들이 나와있어서** 공부하기 편했습니다.
시대별로 기출문제를 정리해 푸니까 머릿속에 정리되는 느낌이 들더라구요.
선생님께서 강의 중간중간에 암기꿀팁 같은 거 알려주셔서 시험볼 때까지 절대 까먹지 않았습니다.

선*진 (icecr****012)

박*규 (vp****76)

꼼꼼하고 꽉찬 개념 정리 덕에 수월하게 공부했습니다!

무료로 볼 수 있는 인강이어도 꼼꼼하고 꽉찬 개념 정리 덕에 수월하게 공부했습니다!
특히 후반부에 출제예상 부분과 빈출, 지역과 문화재를 정리를 잘해주셔서 두 번이나 보고 제대로
외워가려 했습니다. 덕분에 다소 어려웠던 출제 난이도였음에도 좋은 성적으로 합격할 수 있었습니다.

이동할 때도 편리하게 한국사 공부!

해커스 교재가 가장 맘에 든 이유는 매 **기출 주제마다 초성 키워드가 있어서** 암기에 도움이 된다는 것과
문제풀이를 하고 나서 **오답 클리어를 보면** 오답에 대해 정확하고 짧은 설명으로 암기에 도움을 주고자
노력한 게 보인다는 겁니다. 또 해커스 사이트를 통해 **빈출 키워드와 문화유산 사진 등을 다운받아서
스마트폰에 저장하고 지하철로 이동할 때 공부**하니 더욱 편리하게 공부할 수도 있었어요!

김*철 (mc****3)

김*경 (ga****13)

노베이스도 거뜬히 합격했어요!

저 같은 경우는 문화재를 외우는 게 너무 어려워서 포기를 해야 하나 싶었는데 울며 겨자 먹기로
하루에 한 번씩 미니북과 빈출 문화재 퀴즈만 보면서 외웠습니다. 결과는 성공 ㅎㅎ!!
57회 문화재 파트 문제 다 정답! 많은 수험생들을 합격으로 이끌어주셔서 너무 감사합니다.
노베이스였던 저한테 도움이 많이 됐어요!

한국사 단기합격의 모든 것, 해커스한국사 history.Hackers.com